梅荣政文集

（上）

Collected Works of Mei Rongzheng

梅荣政 著

中国社会科学出版社

图书在版编目（CIP）数据

梅荣政文集：全 3 册 / 梅荣政著．—北京：中国社会科学出版社，2020. 12

ISBN 978 - 7 - 5203 - 7558 - 0

Ⅰ. ①梅… Ⅱ. ①梅… Ⅲ. ①马克思主义—文集 Ⅳ. ①A81 - 53

中国版本图书馆 CIP 数据核字（2020）第 244147 号

出 版 人 赵剑英
责任编辑 田 文 刘 艳
责任校对 张爱华
责任印制 王 超

出 版 中国社会科学出版社
社 址 北京鼓楼西大街甲 158 号
邮 编 100720
网 址 http://www.csspw.cn
发 行 部 010 - 84083685
门 市 部 010 - 84029450
经 销 新华书店及其他书店

印刷装订 北京君升印刷有限公司
版 次 2020 年 12 月第 1 版
印 次 2020 年 12 月第 1 次印刷

开 本 710 × 1000 1/16
印 张 86.5
字 数 1458 千字
定 价 488.00 元（全三卷）

编辑说明

较长时间以来，我在教学和研究中，将学习马克思主义经典著作、马克思主义基本原理、马克思主义发展史、马克思主义中国化理论、研究社会思潮和马克思主义理论学科建设形成的一些认识写成论文，陆续发表在《求是》《马克思主义研究》《政治学研究》《人民日报》《光明日报》《思想理论教育导刊》《中国社会科学》（内刊）等报刊上，截至2020年3月，有350余篇。现为了查找的方便，从中选出部分论文编辑成文集出版，共分三卷。上卷：马克思主义经典著作及其原理研究；中卷：马克思主义中国化研究；下卷：当代中国重大理论问题和现实问题研究。各卷基本按主题编排，同一主题内按其论文发表的时间先后编排。选入文集的各篇论文，在文字表述上特别是引文略有改动。在文集的论文选编过程中，我曾指导的博士生张乾元教授、杨军教授、王飞霞副教授进行了论文收集、文集初步编排工作，荣枢副教授、何萍校对了涉及全部经典作家著作的引文。他们都花费了大量时间和精力，在此表示感谢。武汉大学马克思主义学院党委书记谭玉敏、院长佘双好教授和学校人文社会科学院的领导提供了多方面帮助。中国社会科学出版社的田文等同志为本文集的出版给予有力支持，并做了大量工作，在此一并致谢！

梅荣政

2020年10月于武昌珞珈山

上卷目录

马克思主义经典著作及其原理研究

上　卷

马克思主义经典著作及其原理研究

马克思《资本论》中科学抽象方法的运用形式

经济科学和其他社会科学的研究，要运用科学抽象法。马克思在《资本论》第一卷第一版序言中说："分析经济形式，既不能用显微镜，也不能用化学试剂。二者都必须用抽象力来代替。"① 这充分说明了科学抽象法在理论分析中的重要意义。

《资本论》是最充分、最熟练地运用科学抽象法的典范。本文试对《资本论》中的科学抽象方法的运用形式作初步探索，以期对理解《资本论》整个理论体系结构、各部分理论的具体内容有些助益。

一 自始至终撇开某些因素和现象

这是《资本论》科学抽象法的一种很重要的运用形式。它对研究对象和研究范围的选定和确立，具有重大的意义和作用。此种运用形式主要包括下列各个例证。

第一，在选定和确立研究对象上，从各个社会经济形态中取出一个形态：资本主义生产形态。马克思以前的所有经济学家都谈论"一般社会"，而马克思却说"现代社会"，把资本主义作为研究的中心内容，撇开其他社会经济形态。这就是撇开次要的阶级关系，抓住资本主义社会中主导的阶级关系进行分析。马克思指出，这里只有两个阶级存在：支配自己劳动力的劳动者阶级，和独占着社会生产资料也独占着货币的资本家阶级。这就是说，在《资本论》整个理论体系中，把残留着的封建关系——封建地主阶级和农民阶级丢开不谈，同时也把小资产阶级——手工业者和自耕农存而不论。在资本主义社会中，无产阶级和资产阶级这两个

① 《马克思恩格斯文集》第5卷，人民出版社2009年版，第8页。

矛盾着的力量是主要的矛盾，其他的矛盾力量都为这个主要的矛盾力量所规定、所影响。这种“纯粹”资本主义的阶级分析方法，能剔除这些次要阶级关系的干扰，避免主次不分的头绪过分纷繁，以便集中地对主要阶级关系深入分析。

同时，这个分析仅限于社会成员间的生产关系，马克思一次也没有利用这些生产关系以外的什么因素来说明问题。马克思指出：“这里涉及的人，只是经济范畴的人格化，是一定的阶级关系和利益的承担者”①，把资本家看作是“人格化的资本”，把劳动者看作是“人格化的劳动时间”，标志为资本价值增殖的直接手段。这就是舍掉一切足以掩盖和模糊生产关系的其他关系，赤裸裸地对资本主义剥削关系加以揭露。

第二，撇开资本主义发展中的一些曲折的具体过程，阐明调节这个社会机体的产生、存在、发展和死亡，以及这一机体由另一更高的机体来代替的规律。

首先，马克思研究资本主义生产关系时，把当时资本主义的典型处所——英国的情况作为主要例解。但《资本论》绝对不是一部描写英国资本主义发展具体过程的历史著作，而是把英国资本主义发展中曲折的具体过程加以排除，只揭露其发展趋势的理论巨著。马克思指出，“历史常常是跳跃式地和曲折地前进的，如果必须处处跟随着它，那就势必不仅会注意许多无关紧要的材料，而且也会常常打断思想进程”②。这是在资本主义之“纵”的发展方面，进行这样的抽象。当然，在《资本论》中也包括着资本主义一些具体实况的描述，但这只是在阐述理论所必要的限度内，作为理论的例证，才加以提示的。这和历史著作的处理方法完全不同。

其次，撇开资本主义各国所表现的具体特点，而专揭露放之四海而皆准的资本主义发展的共同规律。列宁指出：“把各国制度概括为一个基本概念，即社会形态。只有这种概括才使我们有可能从记载社会现象（和从理想的观点来估计社会现象）进而极科学地分析社会现象，譬如说，划分出一个资本主义国家和另一个资本主义国家不同的东西，研究出一切资本主义国家所共有的东西。”③ 例如，资本主义的原始积累，各资本主

① 《马克思恩格斯文集》第5卷，人民出版社2009年版，第10页。

② 马克思：《政治经济学批判》，人民出版社1976年版，第176页。

③ 《列宁选集》第1卷，人民出版社1972年版，第8页。

义国家有其共同的本质规律，同时也各有其独特的次要差异。例如，资本主义在农业中的发展道路方面，各国也自有其具体特点，如普鲁士的道路，美国的道路。又例如，资本主义各国最初发动的产业部门也是有差异的。如英国是从纺织业开始的，瑞典是从木材业开始的，丹麦是从发展肉类生产开始的。马克思把这些次要的、非本质的具体差异存而不论，只揭示资本主义的本质规律，这是就资本主义各国之“横”的差异方面进行这样的抽象。最后，资本主义各国的发展是不平衡的，参差不齐的。如英国发展最早，德法美等发展较晚。马克思把这些参差不齐的具体差异撇开不说，因为工业较发达的国家，在工业较不发达的国家面前，不过指示了他们未来的景象。马克思明确地指出：“问题本身并不在于资本主义生产的自然规律所引起的社会对抗的发展程度的高低，问题在于这些规律本身，在于这些以铁的必然性发生作用并且正在实现的趋势。”① 基于上述三方面的理由，《资本论》所揭示的资本主义生产的自然法则，即能放之四海而皆准，普遍适用：不仅适用于老牌资本主义的英国，也适用于后进资本主义的德法美等国，不仅适用于资本主义国家，也适用于资本主义生产尚未大量发展的殖民地国家、半殖民地半封建国家。因此，马克思对“以德国的情况远不是那样坏而乐观地自我安慰”的德国读者，大声警告说：“这正是说的阁下的事情。”②

不仅就《资本论》整个理论体系来说是如此，而且就其单个理论来说，也是把一些次要的具体特点加以抽掉。例如，马克思关于经济危机的可能性、现实性、周期性及其后果等等均有精辟的科学论断，而把各次危机所表现的具体特点，则都存而不论。又例如，马克思在探索价值形态的发展时，虽然逻辑联系在顺序上完全与历史联系符合，但把历史发展过程中的曲折变化及各个地区的一些次要差异都舍弃掉了。

第三，把一些现象形态舍弃掉，抓住事物的本质关系。例如，马克思在《资本论》中自始至终把市场供求作用对于价格的影响不列入考察范围之内，而假定价格等于价值。首先，以一般商品而论，马克思始终假定商品按其价值购买。如，讨论生产资本的循环时，明确地指出：“假定商

① 《马克思恩格斯文集》第5卷，人民出版社2009年版，第8页。

② 《马克思恩格斯文集》第5卷，人民出版社2009年版，第8页。

品是按照它们的价值买卖的。”① 其次，以特殊商品——劳动力而论，也是假定工资等于劳动力的价值。马克思指出：在购买劳动力时，资本家是依照商品交换的永久法则办事的，并且假定工资等于劳动力的价值。再其次，马克思在《资本论》第三卷第二十九章“银行资本的各个构成部分”中，论证股票价格时，也是假定股票所代表的现实资本价值不变，它所代表的现实资本的价值增殖也不变，并且排除了市场供求关系对股票价格的影响。劳动价值学说是剩余价值学说的基础，在探究剩余价值的生产、实现和分配时，假定价格等于价值，可以排除市场供求作用对价格所起的影响和干扰，这有助于对剩余价值的深入分析。

第四，把资本主义机构的具体组织形式、技术知识等排除在叙述范围之外。《资本论》第三卷中接触到资本主义的一些机构和信用工具等等，这里只论及它们的性质和作用，对于它们的组织形式和技术、方法等具体问题，则一律不列入讨论范围之内。例如，对作为资本主义剥削机构的银行、英格兰银行，股份公司的性能和作用曾加以论述，而对它们的具体组织形式和业务实践的技术知识，则存而不论。例如，《资本论》第三卷中也讨论到股票、汇票和支票的性质、机能和作用等，而对于公司法关于股票发行的技术性规定，和票据法关于汇票、支票之签发、流通和兑付等实务性的规定，则一律从略。等等。

综合上述四个方面的抽象方法，把这许多因素完全地、自始至终地丢开不谈，这就严谨地选定了《资本论》这部博大精深的巨著的研究对象和研究范围，从而明确地规定了它的理论分析的内容和面貌，免除了庞杂不清的缺点。

二　对物质技术前提的处理

资本主义社会中，许多事物包括着技术性和社会性的两个方面。对这些事物的这两个方面，马克思具体的处理办法是：一方面把社会性的方面作为研究对象，深入分析；另一方面把技术性的方面作为研究对象的物质前提与历史前提，在必要的程度以内，简要地加以提示，提示一作出即到此为止，不再作深入的考察和分析。科学抽象法的这种运用形式，在《资本论》中也是很重要、运用得很广泛的。例证如下：

---

① 《马克思恩格斯文集》第6卷，人民出版社2009年版，第77页。

第一，马克思在《资本论》中对资本主义社会形态的分析仅限于社会成员间的生产关系，而以一定水平的生产力作为它的历史前提。有人认为《资本论》的研究对象是资本主义的生产方式，如果是这样，则势必把生产力和生产关系两者并重，但马克思绝对不是这样，而是正如列宁所指出的："马克思一次也没有利用这些生产关系以外的什么因素来说明问题"，[①] 它的严格的研究对象只能是生产关系。然则资本主义生产关系的发生是以一定高度的生产力水平为历史前提的。同时，资本主义生产关系一旦形成以后，对相对剩余价值的追逐，迫使资本家发展生产力。因此，马克思考察了资本主义提高劳动生产率的三个阶段：协作、分工和工场手工业、机器和大工业。生产力的这些阶段性的发展，一方面是相对剩余价值的生产的发展，另一方面也是资本主义从属关系的发展。马克思正是严格地从这种剥削关系和隶属关系之不断加强的角度出发，在必要的限度以内简要地触及生产力的发展，因此对于生产力发展中技术改良与发明的具体情况，以及发展过程中使用机械和机器的曲折变化等等一并从略。

第二，在商品二重性的分析中，把使用价值作为交换价值的物质基础，作为价值的承担者来看待，仅在这一限度内，简要地对使用价值作必要的触及；中心任务在于透过交换价值来考察商品的价值。人类社会的物质财富永远是由使用价值构成的。但仅在一定社会条件下，使用价值才具有商品的形态，因而才是交换价值的承担者。《资本论》是把使用价值当作历史范畴，与一定的社会关系联系起来进行研究的。这里，马克思运用了两重抽象：一是把商品满足人们欲望的各种自然属性撇开不谈，因为这是属于商品学的范围。二是不把人们对商品使用价值—效用的主观评价和商品价值发生任何丝毫的联系，因为这是资产阶级庸俗的唯心主义"边际效用理论"的谬说，同科学的劳动价值理论是水火不相容的。所以，马克思从上述角度出发对使用价值作必要的触及以后，在进一步考察商品价值的实体时，即把商品实体的使用价值丢开，它们就只留下一种属性，那就是劳动生产物的属性了。

三　暂时撇开某些因素，以后再行补入

与上述把某些因素自始至终加以排除的运用形式不同，这里所列举的

---

① 《列宁选集》第1卷，人民出版社1972年版，第9页。

运用形式是：在考察某一问题时，最初暂时舍弃掉某些复杂因素，对一问题的“纯粹”形态进行分析，当进到下一阶段的考察时，再把原被舍弃掉的因素适当地补入。这种运用形式和从抽象逐渐上升到具体的方法密切结合，并且直接成为这种方法的具体步骤和组成部分。这种运用形式对《资本论》各部分理论的表述是极为重要的。离开了这种运用形式，则从抽象逐渐上升到具体的方法即完全无法实行。因此，这种运用形式在《资本论》中是非常广泛的，在每卷、每篇，甚至每章中均可遇到。主要例证如下：

第一，考察价值问题时，暂时把剩余价值的资本主义剥削关系撇开，等到劳动价值理论得到充分论述以后，再考察由货币到资本的转化，进而分析剩余价值的问题。而在考察剩余价值时，暂时撇开其具体形态——利润，等到把剩余价值这种“纯粹”形态充分阐明以后，再行转入利润的分析。马克思认定把剩余价值与其各种特殊形态分别处理，是《资本论》的最优点之一。资产阶级古典派经济学讨论这各种特殊形态，不断把它们和一般形态混同。所以他们的讨论像是一种杂拌。由此足见这一科学抽象运用之重大意义。

第二，在第一卷考察资本主义的生产过程时，暂时假定了资本在流通领域内所经过的形态变化和物质变化，但未进一步考察它们。同时更撇除了剩余价值的分割问题。以资本积累和无产阶级贫困化规律而言，马克思明确指出了积累过程的基本形态，会由剩余价值的分割及当作媒介的流通运动而弄得暧昧不明。所以，在积累过程的分析上，必须暂时把这一切现象除外，因为这一切现象会把它的内部作用隐蔽起来。马克思这种提示虽系指资本积累问题而言，但对剩余价值的生产这个问题的考察同样适用。等到剩余价值的生产和资本积累问题解决以后，再去分别考察剩余价值的实现和分割的问题。

又在第一卷考察资本主义的生产时，把“如何由资本产生剩余价值”，和“如何从剩余价值造出更多的资本”两个问题分开来处理。在该卷第二篇到第六篇论述前一问题时，把资本积累问题暂时撇开。等到前一问题分析完毕后，再来论述资本积累与无产阶级贫困化的规律。

第三，在讨论“如何由资本产生剩余价值”时，以单个生产过程为范围进行考察，暂时撇除了再生产过程的因素。等到进入资本积累过程时，则就生产过程之不断更新的流——再生产过程来考察。而就再生产过程来考察工资的实质——“谁养活谁”的问题和劳动者对于资本之真正隶属关系时，先就简单再生产进行分析，暂时撇开扩大再生产的因素。等到进入资本主义积累的一般法则时，则以扩大再生产来加以分析。马克思指出：“简单再生产由规模扩大的再生产，为积累所代替时，事情也还是一样。在前一个场合，资本家消费全部剩余价值；在后一个场合，他仅只消费剩余价值的一部分，而把余下的部分转化为货币。”① 又在考察资本主义社会资本再生产时，先从简单再生产分析开始，撇开扩大再生产的因素。等到简单再生产情况下社会资本实现的条件弄清楚以后，再就扩大再生产进行考察。

第四，在《资本论》第二卷中讨论资本的循环与周转时，以价值的补偿为限，而未涉及自然形态的补偿。等到考察社会总资本的再生产与流通时，则不仅从资本各个构成部分的价值补偿的观点，而且从它们的物质替换的观点来考察。又在考察资本的循环与周转时，假定商人还没有专业化，产业资本家自己兼管资本的流通。又把象征的货币及信用货币暂时排除在外，假定银行还不存在，因而把信用制度存而不论。等到第三卷讨论剩余价值的分割时，才分别考察商业资本和借贷资本的问题。

第五，在第三卷考察分割剩余价值的各种具体利润形态时，先谈一般利润及其规律，暂时把商业利润、利息和地租存而不论。等到一般利润率问题充分阐述以后，再来分别讨论其他的利润形态。又如在第三卷讨论级差地租时，暂时假定最劣等土地不支付地租，即撇开绝对地租的问题。等到级差地租考察完毕以后，才放弃上述假定，进入绝对地租的论述。

四　浅一层抽象和深一层抽象的前后推演

上述各种运用形式都是指单层抽象而言。实际上，在《资本论》中充分运用着多层抽象：浅一层抽象和深一层抽象前后推演，上述单层抽象的各种形式都构成《资本论》多层抽象图景的有机部分。这样，相对于深一层抽象而言，浅一层抽象即成为“具体”。一层、二层、三层以至多层抽象前后推演，抽象与“具体”互相转换，形成《资本论》中科学抽象法运用的宏伟图景。这种运用形式包括下列两种用法：

第一，由深一层抽象逐步上升到浅一层抽象，使考察对象越来越

---

① 马克思：《资本论》第1卷，人民出版社1965年版，第642页。

"具体"；也就是把原被舍弃掉的因素一个个加入进去。这就是从抽象逐步上升到"具体"的方法。例如，《资本论》整个理论体系的结构，即为深一层抽象和浅一层抽象前后推演的典范。《资本论》从商品分析开始，最初并未立即和货币联结起来。一方面撇开货币因素，完全避免了资产阶级经济学家从货币现成形态开始的错误；另一方面由商品分析导出货币。到进一步考察货币时，又暂时撇开资本的因素。而更进一步讨论资本时，又作种种假定，自始至终把一些非本质的因素存而不论。由此可见，相对于资本而言，商品是深一层抽象，货币是浅一层抽象；而相对于《资本论》中自始至终舍弃掉的一些因素而言，资本是浅一层抽象，货币是深一层抽象。如果我们用另一些术语来表述，也可得出同样的结论。在讨论价值时，又把它的具体形态——利润暂时丢开不谈；更进一步考察利润时，又把一些现象形态和次要因素划在研究范围之外。这样，相对于利润而言，价值是深一层抽象，剩余价值是浅一层抽象；而相对于《资本论》始终舍弃掉的因素而言，利润是浅一层抽象，剩余价值是深一层抽象，价值是更深一层的抽象。

不仅就《资本论》的整个结构来言是如此，就其理论之某一部分来言也是如此。以《资本论》第二卷"资本的流通过程"为例，首先讨论资本的循环时，把研究范围限于资本运动的一个循环，而把这种循环之周期性丢开不谈。而考察资本的周转时，又作出种种假定，舍掉一些因素；如只考察个别的资本，只考察社会资本的一个独立的部分，而把社会总资本的运动存而不论。到第三篇讨论社会总资本的再生产与流通时，才把个别资本结合起来，从它们的总体的见地去考察。而在讨论社会总资本的再生产与流通时，又作了一些假定，如假定商人和银行家还未专业化，由产业资本家自己兼管资本的流通。这样，相对于社会总资本的再生产与流通而言，资本的周转是浅一层抽象，资本的循环是深一层抽象；又相对于《资本论》第三卷更为具体的内容而言，社会总资本的再生产与流通又成了浅一层抽象，资本的周转是深一层抽象，资本的循环是更深一层抽象。

第二，由浅一层抽象逐步深入到深一层抽象，使考察对象愈来愈抽象，愈"纯粹"；也就是一层层深入下去，探寻问题之最本质的核心。例如，从商品分析开始，深入到价值实体问题的解决，是经过好几层抽象过程的。商品是从头绪纷繁，事态非常复杂的资本主义社会这一混沌整体中抽象出来的，舍弃掉了许许多多事项和因素，才能把这种"社会（商品社会）里最简单、最普通、最基本、最常见、最平凡、碰到过亿万次的关系：商品交换”① 抽象出来。相对于这一社会混沌总体而言，商品已经是一个抽象。但是，对于探寻商品价值实体的分析过程来说，商品是分析的出发点，是一种具体事态，必须由此一层层深入抽象分析下去。

首先，从商品分析到交换价值。商品具有两种属性：使用价值和交换价值。在一定社会条件下，使用价值是交换价值的物质承担者。马克思把使用价值作为交换价值的物质前提，对使用价值作必要的，也是简要的触及以后，即抽出交换价值作为深入分析的研究对象。这是第一层抽象。

其次，从交换价值到价值的推演。交换价值表现为一种使用价值与另一种使用价值相交换的量的关系或比例。商品的交换价值由什么决定呢？各种商品的唯一的共同点——生产商品所消耗的劳动。商品作为人类劳动耗费的结果是价值。劳动创造了商品的价值。商品的价值是交换价值的基础。交换价值是商品价值借以表现的形式。交换价值和价值之间，既有联系，又有区别。马克思在这种联系的前提下，严格地把价值和交换价值区分开来，从交换价值中把价值抽象出来。这是第二层抽象。

再次，价值实体的探索。已经确定劳动创造了商品的价值以后，必须进一步追索商品价值的实体是什么？这就需要对劳动作抽象分析。商品生产者的劳动具有二重性：具体劳动和抽象劳动。具体劳动的形式和性质是千差万别的。把商品生产的具体劳动舍弃掉，还原为同一的人类劳动——抽象劳动。分析劳动的二重性，撇开具体劳动，抽出作为价值实体的抽象劳动，这是第三层抽象。

最后，把价值量和价值实体区别开来，分别考察。亚当·斯密把价值实体和价值量两者混淆起来。李嘉图自始就只把价值量看成为问题，全然没有在形态方面——劳动当作价值实体所采取的一定的形态——研究价值，不过研究了价值量。马克思纠正了这些缺点，把价值实体和价值量两个问题区别开来，在探索价值实体时，撇开了价值量的问题。等到价值实体的探索工作完成后，再去考察价值量的问题。这是第四层抽象。

综括上述，从商品开始，一层层地逐步抽象，浅一层抽象和深一层抽象的前后推演，相互转化，分析愈来愈深入，最后探索到价值实体问题的核心。

---

① 《列宁选集》第2卷，人民出版社1995年版，第558页。

《资本论》中，除上述四种运用得很广泛的抽象法形式外，还有其他一些运用形式。这些形式对于揭示资本主义社会中种种现象的内部基础也都具有重大意义。有关这些形式的例证分析，此处从略。

五 结束语

《资本论》中科学抽象法的运用形式，其一，是由整个理论内容在表述上的需要所决定的。资本主义生产形态的高度复杂性——过程多、机构多、部门多、现象形态多，决定了《资本论》理论体系的博大精深。由此决定抽象法运用形式的多样性，又正是多种多样的抽象法运用形式，使《资本论》理论体系的展开，收到层次分明、条理清晰、逻辑严谨、论断精确的优异效果。否则，这部巨著整个理论体系的完善布局和确切表述，实属不可想象的事。

其二，抽象法之每一种特定形式的选择与运用，也是由其所在一定部分之理论内容在表述上的需要所决定的。因此，《资本论》中抽象法的每一种运用形式，与其所在部分之理论内容都是相适应的。这里，没有任何巧合或随意滥用。

总之，《资本论》的理论内容与抽象法运用形式之间，关系既如此密切，那么对这些运用形式的科学分析，则一定有助于对其理论内容的深入理解。

［原载《武汉大学学报》（哲学社会科学版）1979 年第 5 期，第一作者为刘涤源］

马克思《资本论》中从抽象上升到具体的科学分析方法

从抽象上升到具体的方法，是马克思对自己研究政治经济学的方法的概括。这种方法，作为唯物辩证法的一种运用形式，始终如一地贯穿于《资本论》这部博大精深的巨著之中。

一　马克思科学分析方法的总体

马克思说，当我们从政治经济学方面观察某一个国家的时候，思想运动有两条道路："在第一条道路上，完整的表象蒸发为抽象的规定，在第二条道路上，抽象的规定在思维行程中导致具体的再现。"① 马克思讲的这两条道路：从感性的具体到理性的抽象；再从理性的抽象上升到理性的具体，作为人类认识运动的一般规律，正是马克思科学分析法的根据。这样两个过程，前者解决着抽象的物质性问题；后者在于综合关于客体的各侧面的反映，造成概念和逻辑的系统，在思维中再现客观整体。二者以实践为基础，辩证结合，相互为用，就构成马克思科学分析方法的总体。

《资本论》的科学分析是从商品开始的。而商品，已经是一种抽象物。从搜集、分解、研究关于资本主义生产方式的大量材料，到析出商品范畴，这一过程正是从具体到抽象的认识运动。然后，回过头来，从商品分析开始，逐步上升，把物化为资本、利润、工资等等的资本主义生产关系，呈梯形地显现出来：后一范畴凭借前一范畴而上升。这正是从抽象上升到具体的认识过程。

列宁说："在《资本论》中，逻辑、辩证法和唯物主义的认识论（不

---

① 《马克思恩格斯文集》第8卷，人民出版社2009年版，第25页。

必要三个词：它们是同一个东西）都应用于同一门科学。”[①]《资本论》以唯物辩证法为基础，展开它严整而巨大的科学体系。其中每一个概念和范畴，都是资本主义社会现实关系的反映。因事物及其相互关系是不断变化发展的，故《资本论》中各概念和范畴之间，毫无例外地处于相互依赖和转化之中，而资本主义经济运动中的现实从属关系，就从中得到全面具体地复制。可见，巨著以认识从具体到抽象，再从抽象到具体的统一过程作为科学分析的总体，是十分自然的事情。

那么，为什么马克思说“从实在和具体开始，从现实的前提开始”[②]是错误的呢？为什么马克思把《资本论》中的分析方法只称谓“从抽象上升到具体的方法”[③] 呢？

这是因为，在马克思看来，“说明的方法，在形式上当然要与研究的方法相区别。”但是，理解马克思科学分析方法的实质，要明确两个问题：其一，马克思这个论点是针对古典经济学家斯密、李嘉图等人的。斯密、李嘉图等人基于唯心史观和形而上学的思维方法，不能了解一般与个别、抽象与具体的真正关系，在研究工作中不能解决抽象界限的基本问题：应该和必须抽掉什么，不应该和不能抽掉什么。不能彻底贯彻从抽象上升到具体的原则。其二，马克思这个论点所强调的是建立理论体系不能用关于对象的整体的浑沌表象作为逻辑分析的起点。17 世纪的经济学家不懂得这一点，“总是从生动的整体”开始建立理论体系，结果矛盾重重，趋于破产。显然，马克思这个意见并不排斥认识要从感性的具体开始，事实上，整个《资本论》不是别的，“正是把堆积如山的实际材料总结为几点概括的、彼此相联系的思想”[④]。

二 从抽象上升到具体的分析

《资本论》的研究目的，是要揭露资本主义社会经济运动的规律。但是，如马克思所说，“如果现象形态和事物的实质是直接合而为一的，一切科学就都成为多余的了。”[⑤] 只有借助于抽象力，把资本主义整体分解

① 列宁：《哲学笔记》，人民出版社 1956 年版，第 233—234 页。

② 《马克思恩格斯文集》第 8 卷，人民出版社 2009 年版，第 24 页。

③ 《马克思恩格斯文集》第 8 卷，人民出版社 2009 年版，第 700 页。

④ 马克思：《资本论》第 1 卷，第二版跋，人民出版社 1965 年版，第 17 页。

⑤ 马克思：《资本论》第 3 卷，人民出版社 1953 年版，第 1069 页。

为个别组成方面、部分，分别单独考察，剥开层层外壳，剔除种种假象，抽象出一些必然的本质的单纯规定，然后从中找出一种决定着一切其余现象的基础和发展的基本趋势，将其凝结成科学范畴，并循序而进，探溯它在资本主义关系中的发展，按结构层次，把其他一切概念或范畴连成一个整体，资本主义经济运动规律就在这种概念体系中得到全面具体地复制。

《资本论》是把价值作为现实的基本趋势①，开始其巨大精深的考察过程的，这很有意义。价值本身并不是资本主义生产方式所独有。任何资本主义所特有的东西，为雇佣劳动，剩余价值等等，在这个简单范畴中还没有产生。但是，“那些通过较具体的范畴在精神上表现出来的较多方面的联系和关系”②，都是从价值这个最简单关系发展来的。价值规律是剩余价值的基础，要知道剩余价值，就要先知道价值。由此才有创立剩余价值学说的根据。正因为这样，所以马克思以最纯粹的抽象方法，撇开剩余价值及其转化了的利润、平均利润等具体形态，把价值作为资本主义生产的抽象的极限，从它开始进行深入的分析研究。如若不是这样，一开始就把剩余价值混杂其间，就无法对价值实体、价值量等问题进行考察。从而也就无法揭示剩余价值规律，也更无法理解资本主义生产中发展了的、转化了的范畴：利润、平均利润、地租等等。

那么，马克思是通过什么步骤从价值最抽象的范畴最后上升到利润、地租这些范畴呢？

一切都是经过中介，连成一体的。作为对立事物之间相互联系环节的“中介”是唯物辩证体系中的重要范畴。因此，马克思特别强调，分析经济范畴时要重视分析“中介”或“中间环节”。这些“中间环节”的分析不是别的，正是从抽象到具体的逐步上升。马克思在分析地租前正是把相互制约着的各个重要环节：价值、剩余价值、利润、平均利润、生产价格等逐步分析，向地租这个具体范畴作层次井然地上升推移。范畴的排列秩序，依次表现出更为具体的关系。循序渐进，一切范畴都在历史或逻辑的行程过程中得到合理安排和阐明。

与马克思相反，李嘉图不懂得“一切差异都在中间阶段融合，一切

---

① 马克思：《资本论》第1卷，第二版跋，人民出版社1965年版，第16页。

② 《马克思恩格斯选集》第2卷，人民出版社1972年版，第105页。

对立都经过中间环节而互相过渡”。[①] 不顾从最一般的抽象范畴发展出较复杂的具体范畴的逻辑层次，企图“直接把具体物表属于抽象物，直接使具体物符合于抽象物”[②]。把剩余价值同利润简单等同起来；“这不是用剩余价值的本性，而是荒唐地用资本家的‘兴趣’来明释利润。”[③]

三 从抽象上升到具体的分析方法决定着《资本论》的结构

从抽象上升到具体的分析方法，使《资本论》三大卷的结构呈现着逻辑严谨、条理清晰、层次分明的特点。而且这种分析方法，在《资本论》每一卷中都得到精确而透辟地贯彻。

剩余价值规律是《资本论》的中心内容。在表述方法上，剩余价值的生产（即资本的生产过程），成为第一卷的内容；剩余价值的实现（即资本的流通过程），成为第二卷的内容；剩余价值的分配（即资本主义生产的总过程），成为第三卷的内容。

在第一卷中，分成四项主要内容：（1）商品与货币如何转化为资本；（2）资本如何产生剩余价值（生产）；（3）剩余价值如何转化为更多的资本（资本的积累过程）；（4）所谓原始积累。这四项作为一个整体贯彻着从抽象上升到具体的科学分析。如从商品上升到价值、到货币、到资本、到剩余价值的生产，到更多的资本，最后回过头来，追查资本的发家史。这四项中的每一项也都贯彻着从简单到复杂，从抽象到具体的分析。

关于《资本论》第一卷所作的抽象，马克思曾明确地说过：“在第一卷中，我们研究的是资本主义生产过程本身作为直接生产过程考察时呈现的各种现象，而撇开了这个过程以外的各种情况引起的一切次要影响。”[④]“在本书第一卷，我们把资本主义生产过程，既作为孤立过程，又作为再生产过程来分析，我们分析了剩余价值的生产和资本本身的生产。资本在流通领域所经历的形式变换和物质变换被假定为前提，而没有进一步加以论述”。“我们在那里需要考察的流通领域中的唯一行为，是作为资本主义生产的基本条件的劳动力的买和卖。”[⑤]

---

① 恩格斯：《自然辩证法》，人民出版社 1971 年版，第 190 页。

② 马克思：《剩余价值学说史》第 3 卷，生活・读书・新知三联书店 1957 年版，第 98 页。

③ 马克思：《剩余价值学说史》第 1 卷，生活・读书・新知三联书店 1951 年版，第 155 页。

④ 《马克思恩格斯全集》第 25 卷，人民出版社 1974 年版，第 29 页。

⑤ 《马克思恩格斯全集》第 24 卷，人民出版社 1972 年版，第 391 页。

《资本论》的第二卷的研究对象是资本的流通过程。在这里，资本从其内部生活过程过渡到“外部生活关系”。马克思指出：把流通过程作为社会再生产过程的补充而加以研究，正足以说明，资本主义生产，整个地考察起来，是生产过程与流通过程的统一体。从这一点来说，马克思的研究进入第二卷考察资本的流通过程，即从单纯的资本主义生产过程进入了较为具体的资本主义生产过程的研究之中。

马克思在这里也没有一下子就分析资本流通过程的全部复杂性和具体性，而同样是严格地贯彻着从抽象上升到具体的分析方法。

在现实世界中，社会资本的运动，是由个别资本周转的总和构成的。各个别资本的循环是互相交错在一起的，它们互为前提和条件，并恰好在这种交错中，形成社会总资本的运动。马克思先暂时撇开所有一切个别资本的联系和交织，只是考察一个个别资本的循环，以便确定其在循环中经过的具体阶段，及其相互联系和依赖关系。然后才着手考察所有一切个别资本的联系，在社会资本的全部复杂性的联系和媒介中，把它作为一个统一的整体来考察。

对个别资本循环的考察，也不是立刻从其所有一切联系中开始的。马克思最初注意的是个别资本循环的个别方面、阶段，然后把它们结合为一个统一的整体。在“循环过程的三个公式”一章中，总结出整个产业资本的循环。

在《资本论》第二卷的逻辑结构中，每一分篇都可看作是流通过程复杂化和具体化的一个小阶段。第一篇主要考察了资本在循环中不断采取和放弃的依次继起的各种形式；第二篇研究了资本周转对生产过程和价值增殖过程的影响；第三篇考察了社会总资本的再生产和流通。

总起来看，第二卷中考察的资本流通过程，较之前卷研究的生产过程是更具体、更复杂了。但是，这种流通过程仍含有抽象成分。如它把经济危机——价值和剩余价值实现所受到的阻滞抽象掉了，待第三卷中再去考察它们。

在《资本论》第三卷中，马克思要发现和说明“资本的运动过程当作一个全体来看所产生的各种具体形态”[①]。这里，无论是从资本运动的整个过程看，还是从其整个过程所产生的各种具体形态看，都贯彻着从抽

① 马克思：《资本论》第3卷，人民出版社1955年版，第5页。

象上升到具体的分析方法。

从资本运动的整个过程看，第三卷副标题“资本主义生产的总过程”表明，在第一卷研究“资本的生产过程”，第二卷研究资本的流通过程以后，它要对整个资本主义生产方式进行分析。在第一卷中，资本及其相应的范畴——剩余价值，是以资产阶级社会阶级关系的最抽象的形式表现出来的。资本主义生产方式的阶级实质，在这些最抽象的形式中表现得最为明显和透彻。在第二卷中，资本表现为货币资本、生产资本、商品资本等较具体的形式，资本在循环中实现了生产和流通的统一。这较之第一卷，无疑是上升到具体了。然而阶级关系却在资本的具体形态中被歪曲和掩盖了。在第三卷中，所要研究的是，构成资本现实运动的一切要素的总和，是资本的生产过程、流通过程和分配过程的统一体，或说是资本“在社会的表面上”直接呈现出来的实际情况。在这些形式中资本主义生产方式的阶级实质极为隐蔽，然而资本主义生产方式特有的阶级关系却展现得异常丰富和具体。因而，具有强烈的现实性。马克思的科学分析工作到这里，就完成了从第一卷开始的资本主义阶级关系的研究。

从资本运动过程所产生的各种具体形态看，在第三卷中，马克思采用从抽象到具体的分析方法，全面展开了自己的转化形式的学说。按照资本从其内部有机生活过渡到外部生活的关系，由此至彼地导致一些新的经济范畴：生产费用、利润、平均利润、生产价格、商业利润、利息、地租等等。这些范畴和概念反映出资本主义的全部关系。

生产费用和利润分别是价值和剩余价值的转化形式。它们是一些最一般、最抽象的转化形式。马克思从这些形式逐渐上升到比较个别的和具体的转化形式。首先，马克思以利润为出发点，进行抽象地考察。他舍弃一切个别资本的相互联系和相互作用，并探讨了剩余价值转化为利润的原因。由此揭露出资本主义利润的本质，继而马克思以更为具体的方式，考察了平均利润率如何形成的问题。马克思先假定剩余价值率和资本周转速度在各个部门相同的情况下，资本的有机构成对各个部门的利润率的差别所发生的影响。在价值规律的基础上，分析了竞争，阐明了平均利润形成的过程。利润转化为平均利润，价值也就转化为生产价格。价值是在理性的抽象阶段上被揭示出来的远离表面具体形象的范畴，生产价格是在理性的高级阶段上被揭示出来的复制着具体的范畴，马克思通过大量而艰难的科学分析，揭示了两个极端之间的联系，论证了在全社会范围内，生产价格的总和等于价值的总和，生产价格的变动受价值的规定，由此克服了资产阶级经济学家所不能解决的一个表面上的矛盾：为什么在价值规律作用下资本家按照价值交换却得到平均利润的问题。在理论上作出了重大的贡献。

此后，马克思探究了利润率降低的趋势。对利润和剩余价值之间的关系，进行了更具体的研究。在这里，马克思着重论证了一个二重的规律：随着资本主义的发展，利润率下降而利润量增加的规律。这个规律表明利润同剩余价值“疏远”的趋势，利润率和剩余价值率之间的差别日益增加着。马克思以论述利润率下降的形式，分析了资本主义的基本矛盾——生产关系和生产力的矛盾，揭示了资本主义经济危机产生的必然性。但到此为止，还只是说到了产业资本，流通尚未独立，商业资本也还没有出现，剩余价值只是在各个工业部门之间进行分配，而还没有在各个不同的剥削集团之间进行分配。在第四篇中，出现了商品资本独立为商业资本，相应的，利润表现为商业利润和产业利润。商业利润同剩余价值，一个在流通中让渡，一个在生产中产生，两者的距离更大，抽象上升到了更具体的过程。

往下的分析是《利润分为利息与企业主收入。生息资本》。借贷资本列入了分析之中，资本分裂为“资本——职能”和“资本——所有权”，利息形式的部分利润作为资本所有权的结果出现。利润同剩余价值的联系消失了。关于剩余价值的分配的分析也就告之结束。其后，马克思上升到地租的分析。地租是剩余价值借以“在社会的表面上”出现的最具体的形式。马克思在此结束了关于“资本的运动过程当作一个全体来看所产生的”[①] 各种具体形式的分析。最后，马克思在《各种收入及其源泉》一篇中，总结了《资本论》三大卷的研究结果，对资本主义生产关系神秘化的秘密，作了透彻地揭露；对资产阶级经济学家“三位一体的公式”的全部虚伪性作了深刻地批判。

四　两种不同规定性的“具体”

《资本论》第三卷中从抽象上升来的具体，具有哪些规定性？它同从具体到抽象这一研究过程中作为出发点的具体，又有何区别？这里可以作

---

① 马克思：《资本论》第3卷，人民出版社1955年版，第5页。

个概括性的比较。

从具体到抽象的认识运动之出发点的具体，是感性的具体东西。其主观映象是一团浑沌表象。就《资本论》的研究对象——资本主义生产方式而论，在这一研究过程的出发点上，就是这样的浑沌表象一团。其中充满着许多虚幻现象和转化形态，夹杂着某些陈旧的生产方式的残余，并存着由经济基础所派生出来的许多社会关系和意识形态，混含着对研究主要对象来说，属于次要的偶然因素（如国际贸易等），真是五花八门，乱丝一团，混杂不堪。从这一浑沌总体的感性知识出发，一步一步地进行抽象分析，达到这一认识运动的最终点：商品——资本主义生产方式支配下的社会财富的元素形式。这个“元素形式”，就是隐藏在现象外表背后的资本主义生产方式的实质之“最简单的规定”，或说最抽象的形式。

于是行程回过头来，从商品这一最抽象的形式的分析开始，又逐渐上升到具体——资本主义生产的总过程。这种具体，呈现出构成资本的现实运动的一切要素的总和。这样两种“具体”：作为从具体到抽象这一认识运动之出发点的具体——资本主义生产方式；通过思维从抽象上升来的具体——资本主义生产方式。两者既密切相关，又有所不同。相关的是，它们是一个统一认识过程之两端。黑格尔说过：“结果包含着自己的开端，而开端的运动用某种新的规定丰富了它。”① 在唯物主义基础上加以改造，黑格尔这一思想是很深刻的。开端之具体和结果之具体有着内在的必然联系。所不同的是“开端”是浑沌一团的感性认识，“结果”因“开端”的辩证运动，使自己的内部不断丰富和充实起来，转变为完全合乎规律的实质的表现形态，即是对感性材料进行了思维改造制作加工。一方面，它撇除了混杂在资本主义生产方式总体中的次要因素、现象形态、具体的技术细节及其发展过程中的曲折和反复。另一方面，它又有最根本的保留：资本主义社会的内在的、本质的关系及其发展趋势。具体说来，主要包括下列一些实质性的内容：

如主要的阶级结构及其相互关系。资本主义阶级关系表现得极为迂回和曲折，整个工人阶级对整个资本家阶级的关系神秘化为资本对资本的关系，然而由于马克思抓住资本主义生产关系这个骨骼，深入进行阶级分析，所以在《资本论》中“把整个资本主义社会形态作为活生生的东西

① 转引自列宁《哲学笔记》，人民出版社 1956 年版，第 220 页。

向读者表明出来，将它的生活习惯、将它的生产关系所固有的阶级对抗的具体社会表现，将维护资产阶级统治的资产阶级政治上层建筑，将资产阶级的自由平等之类的思想，将资产阶级的家庭关系都和盘托出"①，使《资本论》中的骨骼有血有肉。

如剩余价值的剥削。资本主义生产的目的和动机就是剩余价值的剥削，这一点是《资本论》的中心内容。在第一卷、第二卷探溯剩余价值的生产和实现的基础上，第三卷重点探溯了剩余价值在剥削阶级内部如何进行分配的问题，而且依照从抽象上升到具体的程序，逐步地把剩余价值借以"在社会的表面上"呈现的各种具体形态排列出来。

如资本主义生产方式在充满着矛盾的基础上的运行、发展。在第三卷中，不仅研究了资本运动过程中产生的具体形式，而且研究了在这种实际运动中，"资本以具体的形式彼此互相对立"。资本主义的周期性的经济危机，就是这种矛盾运动的结果。而这些矛盾的深刻原因，又在于资本主义生产关系与生产力的基本矛盾运动。因此，要消灭经济危机，就必须消灭资本主义的制度。从而深刻地论证了资本主义制度因劳动社会化而转变为社会主义制度的必然性。

总之，经过从抽象逐渐上升到具体这种科学分析，资本主义的生产方式已再不是浑沌庞杂的乱丝一团，而是剔除了种种假象、撇开了种种非本质关系的资本主义实体，而且这个实体，在认识上已经是脉络分明、层次井然、逻辑严谨、论断精辟、以剩余价值剥削为中心内容，以资产阶级和无产阶级之间的斗争为主要结构的资本主义发展规律。它的发生、发展、衰亡及其由另一种高级生产方式所代替的必然性，已为我们深刻理解。在这种意义上，它仍然是一种"抽象"，一种"更深刻、更正确、更完全地"反映资本主义"具体"的抽象。

（原载《社会科学辑刊》1981 年第 2 期，第一作者为刘涤源）

① 《列宁选集》第 1 卷，人民出版社 1972 年版，第 9 页。

《资本论》中逻辑和历史的统一

逻辑和历史的统一，是马克思主义政治经济学的最重要的方法论原则。马克思在《资本论》中，模范地运用这个原则，对资本主义的历史和概述资本主义历史的那些概念，作出了杰出的分析，为哲学—经济学的科学研究树立了光辉的典范。在本文中，我们试从以下几方面，对《资本论》中的逻辑和历史相统一的原则，作些初步探讨。

一　逻辑和历史统一性原则的制定是透彻批判黑格尔方法的重大成果

在科学史上，制定一门科学的方法论原则，同创立科学理论本身一样，其过程都是复杂的和艰苦的。马克思的《〈政治经济学批判〉导言》表明，在马克思的经济理论发展史上，于1857年秋季，马克思已经详细制定了自己经济理论的方法论原理。在该著的重要一节《政治经济学方法》里，马克思第一次阐述了从抽象上升到具体的科学方法，断定它是“科学上正确的方法”[①]。这种方法在本质上“只是思维用来掌握具体并把它当做一个精神上的具体再现出来的方式”[②]，决不是具体本身的产生过程。那么，在思维掌握具体的进程中，抽象的思维过程和现实的历史过程是怎样一种关系呢?

马克思明确地指出：“不管怎样总可以说，简单范畴是这样一些关系的表现，在这些关系中，不发展的具体可以已经实现，而那些通过较具体的范畴在精神上表现出来的较多方面的联系和关系还没有产生；而比较发展的具体则把这个范畴当做一种从属关系保存下来。”接下去又说：“比较简单的范畴可以表现一个比较不发展的整体的处于支配地位的关系，或

① 《马克思恩格斯选集》第2卷，人民出版社1972年版，第103页。

② 《马克思恩格斯选集》第2卷，人民出版社1972年版，第105页。

者可以表现一个比较发展整体的从属关系，后面这些关系，在整体向着以一个比较的具体范畴表现出来的方面发展之前，在历史上已经存在。在这个限度内，从最简单上升到复杂这个抽象思维的进程符合现实的历史过程。”[①] 从这段话看出，从抽象上升到具体的思维过程和现实的历史过程的关系的原则，马克思已经在这里制定出来了。这个原则就是：理论在历史之后，逻辑以历史为依据，逻辑的思维进程整理和复写着现实的历史过程。这个原则后来深入地贯彻到《资本论》之中。《资本论》所研究的对象“是资本主义生产方式以及和它相适应的生产关系和交换关系”[②]。与此相适应，著作中各种经济范畴和规律，就是这种资本主义生产方式及其相应的关系历史发展之生动的、深刻的理论反映和总结。

这里要指出的是，马克思关于历史和逻辑相统一的原则的制定，是科学上一件巨大的开创性工作，它是同马克思主义哲学的建立连在一起的。我们知道，历史和逻辑的关系问题，在一般形态上，实际上就是哲学的基本问题，即存在和思维的关系问题。在哲学史上，唯心主义者康德把逻辑视为脱离客观历史内容的纯粹的思维形式，黑格尔批判了康德的逻辑形式主义，首先发现了思维发展中逻辑和历史的统一。但是，“黑格尔是唯心主义者。就是说，在他看来，他头脑中的思想不是现实的事物和过程多少抽象的反映，相反地，在他看来，事物及其发展只是在世界出现以前已经在某个地方存在着的‘观念’的现实化的反映。这样，一切都被弄得头足倒置了，世界的现实联系完全被颠倒了”[③]。逻辑的东西成了基本的东西或历史的创造者，而历史的东西倒成了逻辑的东西的体现。因此，“黑格尔的方法在它现有的形式上是完全不适用的”[④]。要用它，就要对它作一番透彻的批判。然而，对这个方法的批判不是一件小事，全部官方哲学都一直害怕把这件事承担下来，而且随着自然科学的发展，形而上学的方法重新时兴，黑格尔学派再不知道可以用黑格尔方法干些什么，以至将它遗忘掉。正是在这种时候，马克思和恩格斯发现了黑格尔的思维方式有“巨大的历史感作基础”，他的思想发展总是与世界历史的发展紧紧地平行着，“他是第一个想证明历史中有一种发展、有一种内在联系的人”，

---

① 《马克思恩格斯选集》第 2 卷，人民出版社 1972 年版，第 205 页。

② 《马克思恩格斯选集》第 2 卷，人民出版社 1972 年版，第 206—207 页。

③ 恩格斯：《反杜林论》，人民出版社 1970 年版，第 22 页。

④ 《马克思恩格斯选集》第 2 卷，人民出版社 1972 年版，第 120—122 页。

他的基本观点是宏伟的。[①] 于是勇敢地担当起批判黑格尔哲学的工作。他们摒弃了黑格尔的唯心主义外壳，把他的哲学遗产——“辩证的思维方式以及关于自然的、历史的和精神的世界在产生和消失的不断过程中无止境地运动着和转变着的观念”[②]，奠立在唯物主义的永久性基础上，赋予他的辩证方法以现代的科学的形态，并以此为基础，对资产阶级政治经济学展开了巨大的批判工作。（批判资产阶级经济理论和制定自己的经济理论，是马克思的统一的经济研究过程的两个不可分割的方面。）

从此，历史和逻辑相统一的方法论原则，就以马克思主义的唯物辩证法为基础，被运用于马克思的政治经济学的研究中，从此，黑格尔关于概念的见解，就被确立为客观的真实关系；客观的历史过程（这个范畴包括两个方面：客观事物本身的发展过程和人类认识的历史发展过程）是逻辑认识的根源，而逻辑的东西则只不过是发展着的客观现实在意识中的反映。在这种意义上，逻辑方法和认识的一般方法是吻合的，列宁的下述原理：“在《资本论》中，逻辑、辩证法和唯物主义的认识论（不必要三个词：它们是同一个东西）都应用于同一门科学”[③]。正是在这种意义上作出的规定。透彻地批判黑格尔的方法，在唯物辩证法基础上制定出历史和逻辑相统一的原则，不仅对马克思经济理论的研究有着巨大的意义，而且对于制定出《资本论》的逻辑结构，将苦心研究的成果叙述出来，也十分重要。我们知道，无论是从复杂性看，或是从重要性看，制定《资本论》的逻辑结构，同发现马克思主义的经济理论本身，是具有同等意义的工作。马克思为了使自己的研究成果获得尽可能完美的表达方式，曾用了4年多的时间来琢磨《资本论》的辩证概念和范畴系统。其间曾多次参阅过黑格尔的《逻辑学》的概念体系。如1858年1月14日马克思给恩格斯的信中说：“我又把黑格尔的《逻辑学》浏览了一遍，这在材料加工的方法上帮了我很大的忙。”[④] 后来，马克思的《资本论》的结构、整个的内部联系被誉为“德国科学的辉煌成就”，德意志“全民族的功绩”，与改造黑格尔的方法是不能分割的。正是因为这样，列宁曾经指出：“不

① 《马克思恩格斯选集》第2卷，人民出版社1972年版，第120—122页。

② 恩格斯：《反杜林论》，人民出版社1970年版，第21页。

③ 列宁：《哲学笔记》，人民出版社1956年版，第233—234页。

④ 《马克思恩格斯文集》第10卷，人民出版社2009年版，第143页。

钻研、不理解黑格尔的全部逻辑学，就不能完全理解马克思的《资本论》。”[①] 在透彻地批判中确立自己的方法论原则，这是马克思区别于其他人的创作特点。譬如当时一些人，如机会主义者拉萨尔也是“用黑格尔式的方式来阐述政治经济学”的，但是拉萨尔根本不懂得：“通过批判使一门科学第一次达到能把它辩证地叙述出来的那种水平，这是一回事，而把一种抽象的、现成的逻辑体系应用于关于这一体系的模糊观念上，则完全是另外一回事。”[②] 只知道把黑格尔的体系当作刻板公式应用于经济学上，甚至“在一些最无聊的琐事上也表现得象是老黑格尔的绝对精神”[③]。结果，不仅笨拙得可笑，而且错误重重。

与此根本相反，马克思通过对黑格尔逻辑体系的透彻批判，撇除了他的诡辩和烦琐言辞，吸取了“合理内核”，制定了自己的科学的方法论原则。马克思的确不愧为科学开创的巨匠。

二　思维的逻辑进程复写着实际的历史发展过程

现在我们来具体讨论《资本论》中历史和逻辑的一致性关系。

这里，马克思主义方法论的重要原则是：“历史从哪里开始，思想进程也应当从哪里开始”[④]。在历史上，商品是资本主义生产方式的出发点，在逻辑上“表现资产阶级财富的第一个范畴是商品范畴”[⑤]。由此向更为具体的范畴——价值形态——货币——资本过渡；而马克思考察商品，又不是从资本主义商品开始，而是从简单商品开始，因为简单商品生产是资本主义商品生产的历史前提，资本主义商品生产是从简单商品生产演变过来的，简单商品生产的矛盾是资本主义商品生产的矛盾的萌芽。

剩余价值理论是马克思全部经济学说的基石。马克思考察剩余价值，先从价值开始考察。因为在历史上只有价值形态的发展才产生出货币，而在货币中则包含着资本的要求，“资本的太古形式是经常发展出货币的商业资本。同时，真正的资本是从货币或占有生产的商业资本中产生出来

① 列宁：《哲学笔记》，人民出版社1956年版，第191页。
② 《马克思恩格斯文集》第10卷，人民出版社2009年版，第147页。
③ 《马克思恩格斯〈资本论〉书信集》，人民出版社1976年版，第154页。
④ 《马克思恩格斯选集》第2卷，人民出版社1972年版，第120—122页。
⑤ 马克思：《政治经济学批判大纲》第4分册，人民出版社1964年版，第176页。

的”[①]。由资本中的可变部分再生产出自己原来的等价以外的剩余价值。所以价值关系是分析资本主义生产实质的出发点。与资本主义现实过程相适应，在《资本论》中，价值概念先行于资本概念。这个内在关系，甚至连资产阶级经济学家也看到了，1868 年一个德国庸俗经济学家写道：“驳倒价值理论是反对马克思的人的唯一任务，因为如果同意这个定理，那就必然要承认马克思以铁的逻辑所做出的差不多全部结论。”[②] 对于价值问题的分析，又以商品生产和流通发展的现实的历史过程为依据，追溯到货币的起源和发展。马克思说：“以货币形式为其完成形态的价值形式，是极无内容和极其简单的。”[③] 资产阶级经济学家正是错误地以货币的现成形态为起点来谈货币的“起源”和形成的。（他们把通过货币而进行的“间接交换”算作货币的开始，把物物交换割裂开来不谈。）马克思的货币理论则是从商品交换开始的；在考察货币的形成过程时，又是从简单的、个别的或偶然的价值开始的。

当马克思从资本转到剩余价值的考察时，先从绝对剩余价值开始，再转向相对剩余价值；考察相对剩余价值生产时，先从协作开始，进而考察分工和工场手工业到机器大工业；考察资本主义再生产时，先从简单再生产开始，进而分析扩大再生产。因为简单再生产是扩大再生产的基础和出发点，是扩大再生产的一个组成部分，所以，尽管资本主义再生产的特点是扩大再生产，但问题的分析只有从简单再生产入手，才符合历史的真实。此外，在考察货币职能时，先从价值尺度这一职能开始，进而分析流通手段——货币贮藏、支付手段、世界货币等职能；在考察生产价格之前，先考察商品价值，因为价值在历史上先于生产价格。

如此等等，这些例证充分表明，《资本论》中思想的逻辑进程与资本主义经济关系发展的历史进程是相符合的。

《资本论》中，逻辑和历史的统一，还表现在另外一个方面，即经济范畴的顺序性与经济理论的历史发展的一致性。经济理论的历史不过是资产阶级社会的历史在文献上的反映而已，马克思在资产阶级政治经济学的历史中，发现了这个历史的反映。恩格斯写道：“政治经济学文献的历史

---

① 《马克思恩格斯〈资本论〉书信集》，人民出版社 1976 年版，第 134—135 页。

② 《马克思恩格斯全集》第 16 卷，人民出版社 1964 年版，第 353 页。

③ 《马克思恩格斯选集》第 2 卷，人民出版社 1972 年版，第 205 页。

发展就提供了批判所能遵循的自然线索，而且，大体说来，经济范畴出现的顺序同它们在逻辑发展中的顺序也是一样的。……这正是跟随着现实的发展……”① 这说明，逻辑和历史的统一，还表现为在逻辑中思想史与思维规律相吻合。《资本论》的整个结构比较明显地表现出这方面的一致性。马克思在《资本论》中对资产阶级政治经济学的批判，从第一卷到第三卷，主要是从逻辑观点进行的；在第四卷《剩余价值理论》中，主要是从历史观点进行的。这两大部分的内在联系，正是逻辑和历史的统一关系。如，《资本论》第一卷对价值主要是对剩余价值作了分析，与此相适应，在《剩余价值理论》第一册中，历史的批判基本上是围绕劳动与资本间按价值规律进行交换的问题来完成分析的，《资本论》第二卷对资本的再生产过程作了分析，与此相适应，在《剩余价值理论》中，批判的分析是以考察资产阶级经济学家描绘整个资本主义生产方式的尝试而告终的。《资本论》第三卷中考察了剩余价值向利润的转化、利润向平均利润的转化、价值向生产价格的转化，与此相适应，在《剩余价值理论》的后面两册中，主要分析了剩余价值与利润的差别，利润的一般形态的形成，价值与生产价格间的相互关系。最后，与《资本论》第三卷对庸俗政治经济学的批判相适应，在《剩余价值理论》的最后部分考察了资产阶级政治经济学庸俗化的过程。可见，《资本论》历史部分的内在结构和其理论部分的结构，基本上是吻合的，理论的历史基本上再现了理论及其他由以出发的前提。展开这两幅画卷，清晰地显现出这样一种类比：随着《资本论》第一卷依次向第三卷的过渡，资本主义生产关系“同资本在社会表面上，在各种资本的互相作用中，在竞争中，以及在生产当事人自己的通常意识中所表现出来的形式，是一步一步地接近了”②。与此相适应，《资本论》的历史部分批判地再现了资本主义生产关系在资产阶级经济学家的头脑中的反映，也实现了上升到资产阶级社会表面的过程。《资本论》关于政治经济学的历史的批判分析，是其理论建设的必然结果。历史和逻辑在这里呈现出复杂的多方面的统一。③

---

① 《马克思恩格斯文集》第 2 卷，人民出版社 2009 年版，第 603 页。

② 《马克思恩格斯文集》第 7 卷，人民出版社 2009 年版，第 30 页。

③ 参见［苏］维·索·维戈茨基《卡尔·马克思的一个伟大发现的历史》第 8 章《〈资本论〉结构的探讨》，人民出版社 1979 年版，第 114—129 页。

三 实际历史过程在逻辑中得到“修正”的反映

思想的逻辑进程默写着实际的历史过程，但是，这种默写决不是简单的写照，决不是消极的、摄影式的反映，而是如恩格斯所说的，“是经过修正的”[①] 反映。这种“修正”在科学上是绝对必要的。诚然，任何事物都是由它的先行阶段合乎规律地准备起来的，为要正确地认识和把握它，就必须从历史上把它的全部发展过程加以考察。但是这种历史考察的目的，在于表明现象历史发展的客观逻辑。而我们知道，历史发展中有种种曲折和偶然因素，这些历史展开的外部形态，却掩蔽着历史的本质和发展的基本线索。我们在理论研究中，若不对历史过程进行修正，剔除这些现象形态，而处处跟随历史前进，“那就势必不仅会注意许多无关紧要的材料，而且也会常常打断思想进程”[②]。历史的“自然法则”就无法揭明。

在经济形态的分析上，马克思和恩格斯特别强调逻辑方法的正确性，其意义就在于，它把分析和综合的方法运用于历史的研究中，对具体的历史过程进行“修正”和整理，摆脱一切使历史本质混杂不清的东西，从理论上总结出历史进程，表明历史发展的内在逻辑。

在《资本论》中，逻辑进程对历史过程的“修正”有些什么特点呢?

（一）从最纯粹的形态上分析研究对象的内在逻辑。

这是马克思对历史过程进行“修正”工作的总方针。马克思在《资本论》第一卷初版序中明确地指出：“物理学者考察自然过程时，要在它表现在最精确的形态且最不受扰乱影响的地方去考察；如可能，还在各种条件保证过程正常进行的地方做实验。我要在本书研究的，是资本主义生产方式及与其相应的生产关系和交换关系。直到现在，它的典型处所是英国。就是为这个理由，所以在我的理论的说明上，英国成了我的主要例解。”[③] 经济形态上的“典型处所”，就相似物理学实验中的“最精确的形态且最不受扰乱影响的地方”。资本主义发展的具体历史进程是多种多样的，英、德、美、法等国各有其具体历史特点，与资本主义发展的一般规律比较，各有许多迂回曲折以及与发展的主要方向相背离的情况，为不损

① 《马克思恩格斯文集》第2卷，人民出版社2009年版，第603页。

② 《马克思恩格斯文集》第2卷，人民出版社2009年版，第603页。

③ 马克思：《资本论》第1卷，人民出版社1953年版，第3页。

坏研究的逻辑线索，必须撇开资本主义社会各国的具体历史特征，从最纯粹的形态上（即“典型处所”英国）揭示出具有普遍意义的资本主义经济运动规律。

《资本论》中有大量的类似分析。如资本主义的经济危机，在实际生活中，各个国家、各次经济危机的具体情景是不同的，但是为避免“许多无关紧要的材料”的扰乱，马克思在考察经济危机问题时，撇开了那些对于研究本问题来说是枝节性的材料，从最纯粹的形态上去揭示出经济危机的根源，作出经济危机周期性变化等实质性的论断。

考察对象的纯粹形态，必须有特定的场合。因为只有这样，才能决定舍弃什么，保留什么。对于一个特定场合来说，舍弃的是次要的、非本质的、妨碍研究经济规律的东西，但是在另外的研究场合，情况可能完全不同。也许在前一个场合要舍弃的东西，在这里是头等重要的因素，必须坚决保留住。如国际贸易，对于资本主义生产方式本身来说，是一种外部因素，马克思在分析资本主义扩大再生产的理论中，把它作为次要的从属的因素舍弃掉了。在这个理论的说明中，马克思完全是以资本主义生产的内部条件为根据的；但是在具体考察资本主义生产发生作用的机制时，国际贸易就提到了重要的地位。因为“如果剩余劳动和剩余价值只表现在国民的剩余产品中，那末，为了价值而增加价值，从而榨取剩余劳动，就会受到（国民）劳动所创造的价值借以表现的使用价值的局限性或狭隘范围的限制。但是只有对外贸易才使作为价值的剩余产品的真正性质显示出来”①。在资本主义生产的实现过程中，国际贸易和世界市场，既是前提又是结果。这个例证说明，关于纯粹形态的分析，具有具体的历史的性质。

考察对象的纯粹形态，必须有理论上的假设。一切经济规律和范畴，在现实社会生活中，只能作为一种趋势而存在。但是，为使理论分析的主要任务得到解决，必须在分析中假定理论范畴和经济现象的完全一致。如，在价格形式中，本来包含有价格和价值量之间的量的不一致的可能性。在自发的资本主义商品经济条件下，市场价格偏离价值正好是价值规律作用的表现。但马克思在《资本论》第三卷中说：“我们的全部研究都

① 《马克思恩格斯全集》第26卷（第3册），人民出版社1974年版，第277—278页。

是从下面这个前提出发的：价格的提高或降低，是实际价值变动的表现。”① 假定商品的价格同它们的价值是一个东西。这是怎么回事呢？这是因为，马克思在这里的任务是要发展价值理论，对于这一任务来说，最重要的是，价值是资本主义生产全过程的基础，其他如价格只是“物化在商品内的劳动的货币名称”。或者说价值范畴在资本主义商品生产条件下，只存在于自己的货币表现形式中，存在于价格形式中，所以价格在理论上应该和价值完全相等，只有这样，才能把价格范畴看作是完全相符地表现了价值，价格才能被看作是直接的生产过程的范畴。而价格对价值的偏离，产生于商品的实现条件，只不过是已经生产出来的价值的再分配。在马克思研究的主要任务中，是次要的第二位的因素，应该抽象掉，而把商品的市场价格和价值的一致，作为价值理论的基本前提。同样的道理，适用于表现在直接生产过程的其他范畴，如马克思把剩余价值的转化形式——利润范畴，看作和剩余价值是一回事。这里，把表面形态不同的范畴假设成完全等同的范畴，从中把握研究对象发展的基本脉络，这正显示出逻辑对历史过程调整的力量。

（二）从完全成熟而具有典型性的发展点上考察各个要素。

马克思对资本主义经济形态的考察，整个说来，是从“摆在我们面前的、最初的和最简单的关系出发”② 的，这在逻辑进程中，表现为从原因到结果。这种顺序是同现实的历史过程（事物的产生、发展和灭亡的发展过程）相吻合的。但是，为了在思维中复制出现实的历史过程本身的规律，恩格斯指出：“每一个要素可以在它完全成熟而具有典型性的发展点上加以考察。”③ 这种考察，按马克思的说法，是从后面、从发展过程的完成的结果开始。这是与人类生活形态的现实发展相反的道路。这种考察的意义是：在最丰富的具体的发展点上，“一种东西为许多东西所共有，为一切所共有。”④ 在这里进行考察，易于得到最一般的抽象。原因是，一类现象在低级阶段上所有的本质特征，只有在充分成熟的高级阶段上，才表现得特别明显。或者说，以铁的必然性发生作用的自然法则，在不发达的阶段上只透露出一种暗示，而在充分发展的阶段上，则是深入贯

① 《马克思恩格斯文集》第7卷，人民出版社2009年版，第128页。
② 《马克思恩格斯文集》第2卷，人民出版社2009年版，第603页。
③ 《马克思恩格斯文集》第2卷，人民出版社2009年版，第603页。
④ 《马克思恩格斯文集》第8卷，人民出版社2009年版，第28页。

彻下去的法则本身。正是因为这样，恩格斯强调说，认识某一时代社会存在形式和政治存在形式的内在联系，总是发生在这些形式已经半衰退和濒于瓦解的时候。马克思在《资本论》中正是这样来考察经济范畴的。商业资本、利息、地租等都是先于资本主义生产方式的历史范畴，但马克思并不是把他们作为历史上过时的形态来考察的，相反，是把它们作为资本主义生产方式的范畴考察的。只是为了更正确地认识和把握它们，在考察中，追溯了它们在历史上的发展过程，如马克思写了《关于商人资本的历史考察》一章。又如商品，在资本主义以前存在了几千年，但对商品价值性质的规定，只是通过对资本主义生产方式下的商品进行分析才引出来。同样，货币是价值形式的完成形式，然而价值在资本上的独立化程度却比在货币上要高得多，价值规律正是马克思从资本主义生产的条件中引申出来的。

从完全成熟而具有典型性的发展点上考察，还能为理解以往的历史形态提供指南。马克思说："人体解剖对于猴体解剖是一把钥匙。反过来说，低等动物身上表露的高等动物的预兆，只有在高等动物本身已被认识之后才能理解。因此，资产阶级经济为古代经济等等提供了钥匙"[①]。如商业资本、高利贷资本的剥削本质，在古代社会中为封建宗法性的外罩掩盖着。当马克思解剖了资本主义生产方式，给我们以资本主义生产方式规律性知识以后，我们就能透过古代社会的宗法外壳，认清商业资本、高利贷资本这些"资本的古老形态"的剥削本质。

（三）寻出支配着一切关系的"普照的光"

马克思在《政治经济学批判》一书中指出："在一切社会形式中都有一种一定的生产支配着其他一切生产的地位和影响，因而它的关系也支配着其他一切关系的地位和影响。这是一种普照的光，一切其他色彩都隐没其中，它使它们的特点变了样。这是一种特殊的以太，它决定着它里面显露出来的一切存在的比重。"[②] 马克思根据自己规定的方法论原则，在研究现代资产阶级社会时，总是从各种现实的复杂的关系中，用力寻出这种"普照的光"。这种分析方法，实际上就是找出主要矛盾的方法。毛泽东在《矛盾论》中说："研究任何过程，如果是存在着两个以上矛盾的复杂

① 《马克思恩格斯选集》第 2 卷，人民出版社 1995 年版，第 23 页。
② 《马克思恩格斯选集》第 2 卷，人民出版社 1972 年版，第 109 页。

过程的话，就要用全力找出它的主要矛盾。捉住了这个主要矛盾，一切问题就迎刃而解了。这是马克思研究资本主义社会告诉我们的方法。列宁和斯大林研究帝国主义和资本主义总危机的时候，列宁和斯大林研究苏联经济的时候，也告诉了这种方法。万千的学问家和实行家，不懂得这种方法，结果如堕烟海，找不到中心，也就找不到解决矛盾的方法。”①

《资本论》是怎样具体贯彻这个原则呢？

如，农业在历史上是先于资本主义而存在的，但马克思在研究资本主义生产方式时，却没有以地租开始研究，而是把资本作为研究的出发点和终结点，在土地所有权之前予以说明之。这是因为资本才是资本主义社会中支配一切的经济力量，其他一切关系都由资本主义制度基本经济规律来决定比重，所以不懂得资本就不懂得资本主义社会的地租，不懂得地租却可能懂得资本。从矛盾总体上看，资本是主，地租是从，先研究资本，后研究地租，符合客观的必然联系。同样，从历史中展开对象的内在结构时，《资本论》在考察工业资本以后，再研究商业资本、借贷资本、土地地租，这种顺序没有任何违背历史真实的。因为工业资本在这里是“普照的光”，是资本主义生产方式历史形成的基础。而所有别的形式都是从属的、第二位的；所以，尽管在历史上商业资本和借贷资本、土地地租的产生和发展是在工业资本出现以前很久，但是把工业资本放到研究的首位，仍然是历史发展的真实的和合乎规律的秩序。

这种分析方法成为《资本论》中经济范畴顺序安排的根据。马克思说“把经济范畴按它们在历史上起决定作用的先后次序来安排是不行的，错误的。它们的次序倒是应该按它们在现代资本主义社会中的相互关系来决定的，这种关系，同看来是它们合乎自然的关系或合乎历史发展的次序，恰好是相反的。问题不在于各种经济关系在不同社会形式的相继更替的序列中在历史上占有什么地位，更不在于它们在‘观念’上，（蒲鲁东）（在历史运动的一个模糊的表现中）的次序。而在于它们在现代资产阶级社会内部的结构。”② 在现代资产阶级社会内部，剩余价值的生产是整个历史发展的骨骼和基础，它是决定、支配和影响资产阶级社会的一切方面的基本经济规律，因而它决定《资本论》中一切经济范畴的研究和

① 《毛泽东选集》第2卷，人民出版社1952年版，第788页。

② 《马克思恩格斯选集》第2卷，人民出版社1972年版，第110页。

排列。很明显，这样一来，《资本论》中的经济范畴的运动和历史的秩序就只是在基本环节上一致，在具体点的排列上是不一致的。概括前面的例证，这种不一致与三种情况有直接联系：（1）在客体发展的进程中，它的某些方面的关系的改变，如结果变成了原因，理由变成了根据；如资本的原始积累，在历史上，自然是先于资本主义生产方式本身的，但是，真正要理解资本原始积累的实质和规律——财产和生产者的分离过程，只有在揭示资本主义生产本质以后。因为资本的本质就在于占有生产资料的资本家对失去了生产资料的工人进行剥削，从对资本本质的认识出发，资本原始积累是合乎规律的现象。正是这样，《资本论》在科学分析的进程中，离开历史发展的线索，先分析了资本本身，而把资本原始积累问题放在第一卷之末才讨论。如在历史上，商业资本先于工业资本，然而商业利润的源泉（也即商业资本存在的源泉）不是发生在流通范围内，而是在生产范围内所创造的剩余价值，所以对认识商业资本的本质和规律来说，认识工业资本是前提和基础。正是这样，马克思先分析工业资本再分析商业资本。（2）旧关系的某些成分包括在新的生产关系的体系中，尽管它在历史上是原初的关系，然而在新的体系中，它只能作为历史的碎片处于从属地位，成为派生的东西。如前面分析的地租这样的经济范畴便是。（3）在某些情况下，被研究的现象同时产生了，逻辑的秩序没有历史的东西对照，范畴的逻辑秩序自然和历史上产生的个别关系不能够完全符合。如此等等。

如前所述，《资本论》中经济范畴的顺序和历史进程的“分离”，并不是主观人为的产物。恰恰相反，这种“分离”是按照现实的历史过程本身的规律进行的修正。由于它摆脱了历史的形式以及起扰乱作用的偶然性，在关节点上逻辑和历史一致，范畴顺序这种排列就更好地反映了现实本身的实质和规律。《资本论》的研究目的是“揭示现代社会的经济运动规律”①。因而这种逻辑顺序正与《资本论》的研究目的相吻合。在这种意义上，我们也可以说，对于《资本论》中的研究对象，逻辑的方式是唯一适用的方式。

［原载《西北大学学报》（哲学社会科学版）1981 年第 3 期，第一作者为刘涤源，第二作者为张旭初］

---

① 《马克思恩格斯选集》第 2 卷，人民出版社 1972 年版，第 207 页。

《资本论》中的辩证矛盾在科学抽象中的作用

在《资本论》中，马克思运用作为逻辑的辩证法来分析资本主义这一特殊社会经济形态的时候，提供了研究辩证矛盾的范例，发展了唯物辩证法的一般矛盾的学说。《资本论》逻辑中所运用的全部逻辑概念及其它们由简单到复杂、由抽象到具体的联系和转化，不过是资本主义这个“不断在变化过程中的有机体”的矛盾发生、发展和克服的理论抽象。《资本论》的逻辑可以说就是辩证矛盾的逻辑。本文试就辩证矛盾在科学抽象中的作用作些粗浅的探讨。

一　科学抽象以基本的矛盾范畴作为逻辑起点

《资本论》中从抽象上升到具体的科学概念发展的逻辑运动，是从商品分析开始，逐步上升到对资本主义生产总过程的分析的。由阐明隐藏在商品和商品流通后面的生产关系，逐步上升到分析外形上物化为资本、利润、工资的生产关系，最后把资本主义生产关系从整体上显露出来。对于作为全书、也作为第一卷科学抽象分析的逻辑起点——商品，马克思没有采用形式逻辑下定义的方法，把它封闭在硬结的定义中，而是从其历史和逻辑的发展中阐明它的辩证的矛盾本性。马克思指出，作为资本主义商品世界最抽象的具体性的商品，是一个矛盾物：使用价值和价值，价值实体和价值量，价值和价值形式的对立统一。不仅商品整个说来被矛盾所占有和渗透，而且制造商品的劳动，也具有二重的矛盾性质：具体劳动和抽象劳动、个人劳动和社会劳动的对立统一。这是商品内在的矛盾。

《资本论》以商品这一最基本的矛盾范畴作为逻辑起点，在科学抽象的行程中有什么意义呢?

黑格尔在其《逻辑学》中说过：“唯有当演绎出来的思想规定可以重

新分析时，认识才像是具有内在的行进，在这种情况下，思想规定才是具体的东西。”[①] 他又说：“矛盾的思维乃是概念的本质因素。”[②] 辩证法就是“在对象的本质中发现他自身所具有的矛盾”[③]。可见，在黑格尔看来，分析起点的概念，关系着思维的逻辑行程，它必须是能使思维活动向具体真理行进的、具有内在逻辑力量的东西。这种东西自然不能是硬结的晶体，必须是“可以重新分析”的概念。而“可以重新分析”的概念的本质因素，又只能是“矛盾的思维”。因此，发现概念本身所具有的矛盾，就是辩证逻辑的任务。黑格尔是从唯心主义基础出发的，观念被他变成了独立主体和现实事物的创造主，这是同马克思的辩证法“截然相反”的。马克思最终克服了客观与主观之间、研究客体与思维逻辑之间的脱离状态。在他看来，逻辑无非是经过人脑加工过的客观世界，“抽象只是用思想形式反映出已存在于事物中的内容”[④]。但是，黑格尔关于只有概念的内在矛盾性才能使思维过程具有内在行进力量的论断，则是作为逻辑的辩证法的一般要求。恩格斯曾指出：“绝对没有变化的、而且从来就处于这种状态的东西，不能靠它自己走出这种状态而转入运动和变化的状态。”[⑤] 列宁更直接地指出：“对某一物体或在某一现象范围内或在某个社会内部发生作用的各种力量和趋势的矛盾或冲突造成发展的内因。”[⑥] 这说明从辩证法的发展论看来，包括思维过程在内，任何发展都不是在绝对静止的物中发生的，而是在矛盾物中实现的。对立物的统一和斗争是发展的动力。在思维的抽象中，概念的自相矛盾性才包含着创造性力量。所以，只有以最基本的矛盾范畴作为科学抽象分析的起点，才能解决好逻辑出发点和逻辑展开的发展关系问题。如若选择的分析起点是没有矛盾在其中开动的东西，那势必导致一种非逻辑的观点，把逻辑展开的运动描绘成一种外加的“职能运转序列。”正是因为这样，马克思把关于经济范畴的二重性分析，当作“批判地理解问题的全部秘密”[⑦]。并且特别声明关于“商品

---

① ［德］黑格尔：《逻辑学》下卷，商务印书馆 2001 年版，第 489 页。
② ［德］黑格尔：《逻辑学》下卷，商务印书馆 2001 年版，第 342 页。
③ 《马克思恩格斯〈资本论〉书信集》，人民出版社 1976 年版，第 448 页。
④ 《马克思恩格斯〈资本论〉书信集》，人民出版社 1976 年版，第 498 页。
⑤ 《马克思恩格斯文集》第 9 卷，人民出版社 2009 年版，第 57 页。
⑥ 《列宁选集》第 2 卷，人民出版社 1972 年版，第 584 页。
⑦ 《马克思恩格斯〈资本论〉书信集》，人民出版社 1976 年版，第 214 页。

中包含的劳动的这种二重性”，首先是由他批判地证明了的，“这一点是理解政治经济学的枢纽”①。因此，“商品”之所以成为资本主义经济的“细胞”，就在于它的二重性以及潜伏于其中的往后发展的一切矛盾的胚芽，使其概念具有灵活的创造性，有力量推动理性思维严格地按照对象的逻辑行进，在抽象的理论形态上，形成关于对象的“自我发展”的逻辑。

人类以往的思维经验给我们提供了这方面的证明。我们知道，关于商品和价值范畴的辩证矛盾，在马克思以前，两千多年来人们一直在进行努力的探讨，但并未得到什么结果。古代的亚里士多德在其《国家论》第一卷第九章、斯密在《国民财富的性质和原因的研究》（上卷）、加利阿尼在其《货币论》中，都对商品的个别方面提出过深刻的见解，甚至熟知商品一方面是“使用价值”，另一方面是“交换价值”，但都未从理论上判断出商品范畴的一般辩证本性。正是因为这样，他们的政治经济学的逻辑只能作片面的展开。如李嘉图以价值作为自己政治经济学理论体系的逻辑起点，这无疑具有重要方法论意义，因为价值是资本主义社会中的一个普遍存在。然而，李嘉图并没有把价值理解为一个辩证矛盾的范畴。同样，斯密也不理解商品的内在矛盾，在他那里，“这个矛盾还只表现为一个并列于另一个之旁的并列状态”。“交换价值的两个定义在他那里是外在的、一个与一个并列的。商品的内在本质整个来说还没有表现为被矛盾所占有和渗透。”② 因而，他们由此展开的经济学逻辑是存在种种逻辑矛盾的片面分析，资本主义制度的内在矛盾没有得到全面清晰的理论表述。与古典经济学家相反，马克思借助分析和综合的科学逻辑方法，着力去揭明商品的内在矛盾。他首先抽去生产商品的社会形式和所耗费的劳动的多少，只考察其使用价值，揭明商品质的差别；然后抽去商品的使用价值，使其不包括任何一个使用价值的原子，只考察其交换价值，阐明商品量上的差别。当马克思撇开商品体的使用价值，因之也撇开组成使用价值的物质部分和形式、撇开生产使用价值的各种劳动的有用性质和具体形式，只把它作为劳动产品进行考察时，就发现了抽象人类劳动。这种抽象的人类劳动就是劳动产品所共有的社会实体，其凝结形式，就是商品的价值。进

① 《马克思恩格斯文集》第5卷，人民出版社2009年版，第55页。

② 《马克思恩格斯文库》第4卷，苏联国家政治书籍出版社1982年版，俄文版，第110—112页。

而马克思以社会必要劳动时间为尺度，分析了价值量。因为“作为价值，一切商品都只是一定量的凝固的劳动时间”[①]。这样就展露出商品内在矛盾的基本结构：使用价值与价值的矛盾统一，价值实体与价值量的矛盾统一。进而，马克思分析了生产商品的劳动二重性，然后由分析转向综合，阐述价值表现的两极——相对价值形式和等价形式的对立统一。他指出：“相对价值形式和等价形式是同一价值表现的互相依赖、互为条件、不可分离的两个要素，同时又是同一价值表现的互相排斥、互相对立的两端即两极；这两种形式总是分配在通过价值表现互相发生关系的不同商品上。”[②] 马克思通过这样一系列的抽象过程，就把商品的内在矛盾及其表现，十分清晰地揭示出来。在这里，我们看到马克思运用分析与综合的手段揭明矛盾的方法，实质上就是辩证矛盾的分析方法。因为“统一物之分为两个部分以及对它矛盾着的部分的认识……是辩证法的实质”,[③] 分析矛盾的特殊性，“不但要在各个矛盾的总体上，即矛盾的相互联结上，了解其特殊性，而且只有从矛盾的各个方面着手研究，才有可能了解其总体。所谓了解矛盾的各个方面，就是了解它们每一方面各占何等特定的地位，各用何种具体形式和对方发生互相依存又互相矛盾的关系……”[④] 等等。马克思把商品作为一种特殊矛盾进行辩证分析，揭明商品内部各种对立因素既互相依存、互相渗透又互相排斥、互相斗争的关系，了解到商品范畴的全部丰富性和多样性的内容，发现商品是一个矛盾的总体。马克思在最后做逻辑加工时，又用大量兰皮书[⑤]提供的事实证实了自己的科学发现。这样，马克思就得到了分析资本主义经济一切过程“自己运动”、自生发展和蓬勃生活的良好出发点，得到了在自己的逻辑构思中去揭示对象一层层新的方面的能动力量，从而就能够把研究资本主义内在联系所获得的科学成果表述为富有生命力的概念体系。

在《资本论》中出现的正是这样一种生动的画面体系。由于《资本论》以最基本的辩证矛盾为分析起点，现实运动就像一种“活灵魂”在逻辑结构中由此及彼地活跃起来。第一卷从商品这一“简单的规定性开

---

① 《马克思恩格斯文集》第5卷，人民出版社2009年版，第53页。
② 《马克思恩格斯文集》第5卷，人民出版社2009年版，第62—63页。
③ 《列宁全集》第38卷，人民出版社1986年版，第407—409页。
④ 《毛泽东选集》第1卷，人民出版社1991年版，第312页。
⑤ 参见《马克思恩格斯〈资本论〉书信集》，人民出版社1976年版，第225页。

始”，在发展中获得了一般等价物的新规定，转化成了货币；劳动力成为商品，货币转化为资本进而展开分析可变资本与不变资本。这正如恩格斯所评述的，“…在商品的概念中货币如何已经作为自在地存在的东西被表述出来，货币如何转化成资本。”① 第二卷以货币资本的循环为分析起点，论述剩余价值在一定生产关系、阶级关系中如何实现，即从流通过程研究资本。马克思写道：“资本作为自行增殖的价值，不仅包含着阶级关系，包含着建立在劳动作为雇佣劳动而存在的基础上的一定的社会性质。它是一种运动，是一个经过各个不同阶段的循环过程，这个过程本身又包含循环过程的三种不同的形式。因此，它只能理解为运动，而不能理解为静止物。”② 很明显，在产业资本的变形运动中，一通到底的是阶级矛盾和运动过程的矛盾，而作为逻辑分析起点的货币资本循环公式已包含这两个矛盾，因之它获得了逻辑展开的推动力量，并依次转化为生产资本和商品资本。第三卷要发现和说明“资本的运动过程当作一个全体来看所产生的各种具体形态”。它是以利润作为逻辑分析起点的。利润不仅掩盖着资本和雇佣劳动的真实关系，包含着本质和现象的矛盾，而且它将分割为产业利润、商业利润及其更为具体的形态：企业主收入和利息、地租等等。从而包含着资本家内部的各种矛盾。这样，资本就因此而展开为社会生活表面上的种种具体形态。

《资本论》在阐述一些重大的理论问题上，也是选择一种基本的矛盾关系为逻辑分析起点的。如马克思分析资本的本质时，确定以资本的总公式为起点。而资本的总公式正是这样一种矛盾，“资本不能从流通中产生，又不能不从流通中产生。它必须既在流通中又不在流通中产生”③。出发点概念中存在着的这种辩证矛盾，像燃烧着的活火，促使逻辑行程过渡到劳动力的买和卖，说明资本的增殖，既产生在生产场所，又必须在流通过程中实现。

总之，基本的矛盾范畴是整个《资本论》及其各卷的理论体系得以建立起来的基点，是《资本论》科学抽象行程的出发点。

---

① 《马克思恩格斯全集》第 21 卷，人民出版社 2003 年版，第 306 页。

② 马克思：《资本论》第 2 卷，人民出版社 2004 年版，第 180 页。

③ 《马克思恩格斯全集》第 23 卷，人民出版社 1972 年版，第 188 页。

二 科学抽象由辩证矛盾的作用再现对象的具体

在思维行程中再现研究对象的具体性，是《资本论》中科学抽象的一个原则。1857 年 8 月马克思在《〈政治经济学批判〉导言》中谈到政治经济学的方法时，就要求把“整体的浑沌表象”经过更为切近的规定，使“抽象的规定在思维行程中导致具体的再现”[①]。1865 年 7 月马克思致恩格斯的信中进一步表示，要把思维行程中达到的对象的具体在《资本论》中完整地表现出来，使著作的逻辑体系成为“一个艺术整体”。他写道：“不论我的著作有什么缺点，它们却有一个长处，即它们是一个艺术的整体；但是要达到这一点，只有用我的方法。”[②] 这里，马克思说的“具体”是多样性的统一，整体是辩证地分解了的整体，这两个概念在很大程度上是相互重叠的。

马克思要求思维行程中再现对象的具体的原则，有重要的方法论意义。第一，唯有坚持这种原则，才能获得关于资本主义生产方式的真理性认识。因为“抽象的真理是没有的”，“真理总是具体的”，或者说总是“具有许多规定和关系的丰富的总体”。如果认识活动仅停留在资本主义生产方式的“最简单的规定”上，就不可能获得真理性认识。第二，唯有坚持这种原则，才能判明关于资本主义生产方式的“最简单的规定”是否正确。因为各种经济范畴不管是抽象的，还是较为具体的，都只是作为表现资产阶级生产方式这一现实整体的个别侧面，它们只有在生动的整体内部才能得到必要规定。脱离了整体的“最简单的规定”无法判明其真伪性。第三，唯有坚持这种原则，才能全面地说明资本主义生产方式。因为经济现象与其本质规定既相联系又不一致。各种经济现象之间怎样联系着，它们背后受什么特定规律的支配，经济现象与资本主义生产方式本质之间怎样对立，怎样统一，所有这些问题只有在思维行程中达到具体整体阶段时才能得到全面的说明。

被研究对象的具体性（或整体性）为什么会在思维行程中得到再现呢？

我们知道，在社会生活表面上，资本主义生产方式的众多方面，诸如

---

① 《马克思恩格斯全集》第 12 卷，人民出版社 1962 年版，第 750 页。

② 《马克思恩格斯〈资本论〉书信集》，人民出版社 1976 年版，第 196 页。

生产、流通、分配错综复杂地交织着。仅就剩余价值的表现形式说，多种变异形态如利润、平均利润、商业利润、利息、地租等等真叫人眼花缭乱。然而，这些多方面的、复杂的乃至自相矛盾的现象，在《资本论》中却变得那样井然有序，各种发展形式及其内在联系十分清晰，整个理论结构呈现为生动的、发展着的、严密的整体。这样的理论成果，完全得亏于矛盾思维的创造性。起初，资本主义生产方式这一有机整体被辩证地分解为各个局部、方面，各自得到严格的特殊规定；然后，这些得到特殊规定的局部和方面又在思维行程中被逐渐综合起来，以理论的形态再现出具体整体。无疑，从唯物论的反映论原则看，资本主义作为辩证思维的具体客体，理论上的辩证矛盾运动以及由此构成的具体整体是从现实中“取来的”，思维的矛盾逻辑不过是体现了被研究对象的矛盾形成、展开、发展的客观逻辑。正是被研究对象中矛盾着的局部、方面存在着相互联系、相互作用的性质，正是这些被分解的部分，只是现实整体的内在本质与自身发展出来的各种必要规定的冲突，所以，它们才能够在概念运动的逻辑中被综合成一个充满动态的具体整体。正如马克思讲到交换关系的多样性统一即具体性时所指出的，它是由“一个条件的实现同另一个与它对立的条件的实现直接结合而出现”的“一个相互矛盾的要求的总体”①。因此，尽管组成资本主义结构的各种要素从外部看是各自独立的，但由于矛盾对立面的关联，由于辩证矛盾的作用，却避免了思维抽象力把这一整体肢解为各种断裂的、毫无联系的片断知识，保证了它的完整性，其中每个概念只是达到在精神上再现具体整体的一个环节。《资本论》三大卷，第一卷论述的是资本的生产过程，第二卷论述的是资本的流通过程，第三卷论述的是资本主义生产的总过程。尽管资本的生产、流通、分配三个过程分别展开在三卷著作中，但正是它们彼此之间的相互联系、相互制约、相互作用，才构成整个的资本运动过程。同样，在资本主义生产总过程里，由产业资本分裂而来的各种资本形式，尽管从其现实运动上看，资本联系着利润，产业资本联系着产业利润，商业资本联系着商业利润，生息资本、银行资本联系着利息，土地所有权联系着地租，各种资本以其具体形式互相对立着。然而，正是这些具体形式的相互联系和相互作用，资本才成为资产阶级社会中支配一切的经济权力，成为全部生活过程的起点和终

① 《马克思恩格斯全集》第 13 卷，人民出版社 1962 年版，第 33 页。

点，资本主义生产总过程才是一个具有多样性的统一的具体整体。

相反相成。资产阶级思想家囿于形而上学的世界观，完全不能理解这个道理。例如，詹姆斯·穆勒总是用抽象的“直接等同”来代替包含着矛盾的等同。“在经济关系——因而表示经济关系的范畴——包含着对立的地方，在它是矛盾，也就是矛盾统一的地方，他就强调对立的统一因素，而否定对立。”① 这是穆勒消除“矛盾”的逻辑，另一方面，结构主义者出自一种非逻辑的观点，认为矛盾只存在于“两个结构之间，因为结构与结构是不可调和的，它们没有真正的统一性”。总之，资产阶级思想家的全部粗俗性格就在于，在看出有差别的地方就看不见统一，在看见有统一的地方就看不出差别，当他们在规定差别的定义时，这些定义立即在他们手下硬化为顽石，而假如使这些僵化的概念互相撞击而打出火花，他们就认为是最有害的诡辩。于是，他们都“以明智的中庸态度到处搜集‘最好的东西’，但如果他们遇到了大矛盾，他们就‘抹去它们的一切棱角’”②，至于辩证矛盾对于事物整体性有什么意义，他们全然是不能理解的。相反，马克思的矛盾逻辑则认为，对象内在具有的客观矛盾则是维系事物整体性力量的源泉。马克思在《资本论》中讲到两极对立时，大量地说明了这一点。如第一卷所论述的商品内部使用价值和价值的对立，具体劳动和抽象劳动、私人劳动和社会劳动的对立，在价值形态上，相对价值形态和等价形态的对立，商品与货币的对立，在资本的价值增殖中，可变资本和不变资本的对立；在资本主义积累的一般规律中，财富的积累和贫困积累的对立；在第二卷中关于剩余价值的生产条件和实现条件的对立，第三卷中关于生产的社会性质与资本主义私人占有形式的对立；等等。所有这些两极对立形式，马克思认为，它们都不是彼此毫无联系的静止不动的结构，也不是本身各具片面性而独立存在的实体。它们是“把两个对立面汇合在一起”的对比过程，是同时产生于同一种“完成的经济关系”的同样必要的规定，极的真实性只存在于同一本质的事物的内在统一性之中，彼此具有充满矛盾的同一性并作为统一体内在矛盾的外在形式表现出来。因而，归根到底，它们都是资本主义生产方式这个运动着的整体的内在固有物。思维的任务就是要在相互矛盾的表面分裂、对立状

---

① 《马克思恩格斯全集》第26卷（第3册），人民出版社1974年版，第91页。

② 《马克思恩格斯全集》第26卷（第3册），人民出版社1974年版，第558页。

态后面，发现它的内在的统一性。马克思正是这样来阐明工人和资本家为劳动日的长短而斗争的。斗争的一方是资本家阶级，他方是劳动者阶级。资本家阶级力图延长工作日，劳动者阶级要把工作日限制在正常量以内。这里，对抗、斗争着的资本家的要求和工人的要求，是矛盾的两极，然而这两极都是同一本质的表现，即资本和劳动之间的商品交换规律的表现。马克思对这种对立统一的两极作出规定说："……这里出现了二律背反，权利同权利相对抗，而这两种权利都同样是商品交换规律所承认的。"①

在理论上再现具体整体，是要通过一种媒介关系的。这种媒介关系是思维由抽象上升到具体的桥梁。马克思曾经指出，资产阶级财富就是这样一种最初的"媒介"关系，它在运动中扬弃两极性的独立存在而确立起自身主体的独立性。马克思写道："资产阶级财富，当它表现为媒介，表现为交换价值和使用价值这两极间的媒介时，……这个中项总是表现为完成的经济关系，因为它把两个对立面综合在一起……因为最初在两极间起媒介作用的运动或关系，按照辩证法必然会导致这样的结果，即这种关系表现为它自己的媒介，表现为主体，两极只是这个主体的要素，它扬弃这两极的独立的存在，以便通过这两极的扬弃本身来把自己确立为唯一独立的东西。"② 理性思维中再现的具体整体就是由媒介转化而来的具体主体，而"媒介"本身就是矛盾。

在思维行程中再现具体整体，必须清除虚假的矛盾。因为真矛盾是对象自身固有的客观规定性，它的发展和解决的过程就是思维上升到具体的过程，所以清除虚假矛盾就是必然的。虚假矛盾出自于曲解辩证法的庸俗的矛盾观。正如马克思在揭露爱堆砌虚假矛盾的蒲鲁东时所指出的："蒲鲁东的貌似深刻的和不可解决的经济悖论往往如此。它们归结起来就是：他把经济现象在他头脑里引起的混乱当作现象的规律来叙述。"③ 这种庸俗的矛盾观，没有表达清楚真正的矛盾本身，或者，混淆矛盾的一般的抽象形式同它的任何一个特殊形式，或者，只注意到矛盾的个别表现形式，而不是真正的普遍形式。因此它不能为理性思维铺设通向新高度的道路。在《资本论》中，马克思对虚假矛盾的清除，一个重要方法是透过假象

① 《马克思恩格斯全集》第43卷，人民出版社2016年版，第239页。

② 《马克思恩格斯全集》第46卷（上），人民出版社1979年版，第295页。

③ 《马克思恩格斯文库》第2卷（VI），苏联国家政治书籍出版社1933年版，第225页。

判明隐藏于背后的真实矛盾。如 1859 年马克思在《关于商品分析的历史》中，把在古典政治经济学中“得到了理论上中肯的、尽管是无意识的表现”[①] 的矛盾，概括为四点加以扬弃，发现了“真正的普遍的矛盾”：在“劳动价值”这一伪概念背后发现了“劳动力”商品的特点，在工人的工资和其劳动产品不相等背后，发现了资本的普遍公式的真矛盾；通过“交换价值规律……只是在自己的对立物中实现”的矛盾，发现了存在于不同有机结构的资本之间竞争的真矛盾；在劳动决定价值，自然力具有价值而不包含劳动的矛盾背后，发现了如“土地的价格”等被改变了形式的矛盾，等等。在科学史上，曾有这样的教训：为追求形式逻辑的连贯性而去证明矛盾的虚伪性，招致了“政治经济学中李嘉图学派的解体”[②]。因而马克思通过批判，在似是而非的虚假矛盾的后面发现真正的、实际的矛盾，对于“引导”理性思维严格按照对象的矛盾逻辑行进，并不断导向新的高度，把对象自我发展的逻辑转变成思维具体的逻辑，就具有十分重要的意义。因为客观的矛盾正是逻辑展开的内在必要性。

三　科学抽象由矛盾自身的解决而构成思维的上升运动

在《资本论》逻辑中，具体真理是作为自我形成的方式来展示的概念体系。从价值概念发展出剩余价值概念，从剩余价值概念发展出利润概念，这是一种从抽象上升到具体的运动，即从被研究对象的抽象的普遍的规定出发，到达由具体的普遍的诸规定构成的发达体系，并在思维中再现出被研究客体的生动的、“自我发展的”整体。马克思早年曾指出：“真理探讨本身应当是合乎真理的，合乎真理的探讨就是扩展了真理……”[③]，《资本论》中的真理探讨最好地实现了这一要求。

《资本论》为什么能把具体真理表现为一个不断以上升了的具体的新的规定来丰富自己，以普遍的新的特殊体现来扩展自己的真理呢？这同样得亏于辩证矛盾运动的力量。恩格斯在评论马克思《政治经济学批判》的逻辑方法时写道，在分析经济关系过程中，“出现了需要解决的矛盾。……这些矛盾也是在实践中发展着的，并且可能已经得到了解决。我

---

① 《马克思恩格斯全集》第 13 卷，人民出版社 1962 年版，第 52 页。
② 《马克思恩格斯全集》第 26 卷（第 3 册），人民出版社 1974 年版，第 87 页。
③ 《马克思恩格斯全集》第 1 卷，人民出版社 1956 年版，第 8 页。

们考察这种解决的方式，发现这是由建立新关系来解决的，而这个新关系的两个对立面我们现在又需要加以说明，等等。”① 后来，列宁在《谈谈辩证法问题》中也指出：马克思从资产阶级社会的最简单和最普通的关系——商品开始自己的分析，马克思的分析在这个最简单的现象中发现了资本主义社会一切矛盾的萌芽，然后指出这些矛盾及这个整个社会及其各部分的总和从头至尾的发展。

这里说得极为明白，从理论上研究、说明在实际中发展着的矛盾的解决方式，构成了从抽象上升到具体的思维运动。《资本论》中的范畴次序就是与这种思维运动相适应的。《资本论》研究的对象是资本，而“资本本身是处于过程中的矛盾”②。其范畴运动从价值概念到资本概念，再到剩余价值“被歪曲的形式”——利润、地租、利息等概念，没有消灭矛盾，只是创造了资本在矛盾中前进的形式。“现实的矛盾借以解决的方法，一般来说，就是这样。”“矛盾以解决的方式实现。”③

马克思指出，辩证矛盾在解决的过程中，获得了进一步的规定。他写道：“两个矛盾方面的共存、斗争以及融合成一个新范畴，就是辩证运动的实质。”④ “融合”成新范畴，是矛盾的一种解决。每次这样的解决，都是研究对象内部生活中形成新鲜事物的生气勃勃的创造性过程，也是现实在理论中获得具体再现的创造性过程。因为在我们掌握对象的逻辑的过程中，每当对象的矛盾获得一种解决，我们对对象的内部规定的认识就获得一个新的突破，思维行程就上升到一个新的阶段。这也说明，在马克思的矛盾逻辑中，深刻地理解矛盾和彻底地解决矛盾是紧密联系的。具有客观现实性的矛盾正是作为解决着的矛盾来理解的。不研究矛盾的解决，就不会有按研究对象的逻辑展开的创造性上升运动。古典经济学家正是在这方面受到马克思的批评。马克思指出：“李嘉图发现了斯密的矛盾，但没有觉察到这个更深刻的基础，没有对它所发现的矛盾做出正确的评价，因此也没有解决这个矛盾。”⑤ 西斯蒙第模糊地猜测到资产阶级形式只是暂时的、充满矛盾的形式，财富在资产阶级形式中始终只是获得矛盾的存在，

---

① 《马克思恩格斯文集》第2卷，人民出版社2009年版，第604页。
② 《马克思恩格斯文集》第8卷，人民出版社2009年版，第197页。
③ 马克思：《资本论》第1卷，人民出版社1983年版，第82—83页。
④ 《马克思恩格斯全集》第4卷，人民出版社1958年版，第146页。
⑤ 《马克思恩格斯全集》第26卷（第1册），人民出版社1975年版，第48页。

同时处处表现为它自己的对立面。但是“他不理解这是矛盾，因此也不理解解决这些矛盾的过程”①。反过来说，不理解解决矛盾的过程，也就表明不理解矛盾本身，不理解矛盾的客观起源、性质、内容和发展趋势，也就根本不可能理解由矛盾开动起来的由抽象上升到具体的思维运动。

与此相反，马克思对整体内部固有的不断解决着和再生着的矛盾，进行了严格而客观的研究，每次都揭开了对象中过去逻辑运动未曾了解的方面，都从已掌握的矛盾一般中，发现了更为发展的特殊因素，并以此丰富、完成了本质的发展过程。

解决矛盾的过程，是一个川流不息的过程。如商品交换过程，既是商品矛盾的展开，又是这些矛盾的解决。这些矛盾在交换过程中是通过商品分为商品和货币得到解决的。马克思写道：商品的矛盾，“只有通过商品的这种二重化——分为商品和金，通过这二重对立的关系——每方观念上是对方实际上的东西，而实际上是对方观念上的东西，也就是说，只有通过商品表现为两极对立物，商品的交换过程所包含的矛盾才得到解决”②。然而货币作为一种特殊商品，“只是用它们赋予矛盾以普遍性的办法来解决矛盾”,③ 使原来的直接物物交换的矛盾，具有了普遍的性质，或者说，商品世界的普遍矛盾在货币形态上以更丰富的内容被再生产出来。而货币却是浸透了具体矛盾的特殊现象，正由于它“有矛盾的新的泉源”，要求解决新的问题。因为“现在商品必须同一般交换手段相交换，而商品的特殊性同这种一般交换手段则陷入更大的矛盾之中”④。资本主义产生在矛盾中的运动，就是这样一个不断被扬弃、而又不断重新产生、不断在新的形式下、在更高的阶段上发展的过程。在《资本论》中，矛盾的解决形式和运动形式，正如马克思指出的，是这样一种过程：“我们越是深入地研究这种经济，一方面，这个矛盾的越来越新的规定就必然被阐明，另一方面，这个矛盾的比较抽象的形式会再现并包含在它的比较具体的形式中这一点，也必然被说明。”⑤

关于“矛盾越来越新的规定”的阐明，有两点值得注意：第一，不

① 《马克思恩格斯全集》第 26 卷（第 3 册），人民出版社 1974 年版，第 55 页。

② 《马克思恩格斯全集》第 13 卷，人民出版社 1962 年版，第 80 页。

③ 《马克思恩格斯文库》第 4 卷，俄文版，苏联国家政治书籍出版社 1982 年版，第 179 页。

④ 《马克思恩格斯全集》第 46 卷（上），人民出版社 1979 年版，第 149 页。

⑤ 《马克思恩格斯全集》第 26 卷（第 2 册），人民出版社 1973 年版，第 582 页。

能由简单的形式主义的方法，从最初的抽象形式中推导出来。因为在形式主义方法中，“一般规律同进一步发展了的具体关系之间的矛盾，不是想用寻找中介环节的办法来解决，而是想用把具体的东西直接列入抽象的东西，使具体的东西直接适应抽象的东西的办法来解决”①。

李嘉图正是用这种方法来证明不同经济范畴或关系同价值理论的一致性，结果并没有揭示出价值理论发展过程的内在矛盾，从而受到马克思的批评。只有进行创造性的思维才能通过中间环节把对象的复杂的、具有特殊规定性的系统加以展开，由此及彼地把那些不可预先测定的因素揭示出来。第二，既然要说明“矛盾越来越新的规定”，那么这样一种见解就是不对的，即认为《资本论》最初的抽象就具有资本主义的所有矛盾；进一步的理论研究仅仅被描述为揭明出发点之中就有的矛盾。实际上，在“细胞形态”中只不过包含着“已经潜在地包含着后来才暴露出来的那些矛盾”②。后来揭明的矛盾，是经历了一个发展过程，是对过去逻辑运动未曾了解方面的新的突破。这里涉及对列宁一段名言的理解。列宁说：“马克思在《资本论》中首先分析资产阶级社会（商品社会）里最简单、最普通、最基本、最常见、最平凡、碰到过亿万次的关系——商品交换。这一分析从这个最简单的现象（从资产阶级社会的这个‘细胞’中）揭示出现代社会的一切矛盾（或一切矛盾的胚芽）。”③ 我们认为，在这里，列宁并不是肯定“细胞”之中“预先就有”所有矛盾，而只是说明《资本论》的逻辑起点。列宁一贯强调研究和解决矛盾时创造性思维的意义。他认为，只是阐明预先存在的“现成知识”，就排除了思维的矛盾性和创造性，这是思想领域中的一种贫困，它同马克思主义的矛盾逻辑的历史主义原则是不相容的。马克思主义逻辑的历史主义原则要求思维在研究对象的领域中，发挥创造性，不断研究新矛盾，解决新问题，不断走向新的境界。如果把矛盾描绘成没有辩证运动和历史起源的东西，实际上就是把辩证矛盾的范畴化为了乌有，思维就只会作平面的移动，不会有从抽象到具体的真正上升运动。

应该指出，创造性思维对“矛盾越来越新的规定”的阐明，不仅表

① 《马克思恩格斯全集》第26卷（第3册），人民出版社1974年版，第91页。

② 《马克思恩格斯全集》第46卷（上），人民出版社1979年版，第398页。

③ 《列宁选集》第2卷，人民出版社1972年版，第712—713页。

现在各种经济范畴之间的递演上，而且表现在对同一经济范畴的本质属性的历史的全面的说明上。这在《资本论》中是非常突出的。如对商品的分析，《资本论》第一卷第一章从总的方面分析商品的属性，指明商品是使用价值和价值的统一体，在研究资本时，又指明商品既是资本的出发点，又是资本的产物。继后，在第二卷和第三卷又都发挥了商品是资本的产物的原理。关于使用价值的说明，《资本论》第一卷第一章、二章、三章、四章、五章，第三卷第二十一章，从多方面指出了商品的使用价值、货币的使用价值、劳动力的“特殊的”使用价值、利润是资本的使用价值。关于劳动的二重性，《资本论》第一卷第一章揭示了商品中包含的劳动的二重性；在第五、六章里，指出了劳动二重性同剩余价值生产过程之间的有机联系；第二卷第二十章里，又揭示了劳动二重性学说同把整个社会生产划分为生产资料生产和消费品生产两大部类之间的密切联系。关于货币范畴，马克思在《资本论》第一卷第一、二、三、四章，第二卷第一、六、十五、十七、十八、二十、二十一章，第三卷第五篇，从货币的发生、货币变为资本的过程、货币在个别资本的循环和周转中以及在社会总资本的再生产和流通过程中的地位、作用、机能、流通情况，从货币同资本主义信贷的有机联系等等方面研究和说明了货币范畴。① 由此可见，对“矛盾越来越新的规定”的阐明，绝不允许思维停留或徘徊在现成知识的范围内，而要以思维的创造性为契机，究明从抽象的规定中如何自我发展成丰富的具体。

马克思在《资本论》中曾经作出高度的概括性的结论：“一种历史生产形式的矛盾的发展，是这种形式瓦解和改造的唯一的历史道路。”② 资本主义矛盾发展的客观逻辑，就是日益增长的生产社会化同私人资本主义占有之间对立的展开和加深的逻辑。这种客观矛盾在资本主义固有的度量关系内，不仅不会消除，而且会以日益尖锐化的趋势造成自身“瓦解和改造的唯一的历史道路”。并决定它自身存在的每一特殊形式的历史暂时性。正是因为这样，我们的理论思维就能够把它作为不断被解决、又不断以新的形式再生产的矛盾体系来研究，从而由此及彼地探索它的各种可能存在的、复杂的特殊形式，揭明它在自我否定的运动中穷尽制度本身一切

---

① 参见［苏］普·费古尔诺夫《怎样研究马克思的〈资本论〉》，《经济译丛》1956 年 1 月号。

② 《马克思恩格斯全集》第 23 卷，人民出版社 1972 年版，第 535 页。

可能的状态和变化过程，进而革命地转变为更高的、共产主义社会形态的规律性。《资本论》之所以能够“在理论方面给资产阶级一个使它永远翻不了身的打击”①，就在于它以概念和范畴运动的铁的逻辑，生动地再现了资本主义现实发展的这一自然历史过程。

［原载《山西大学学报》（哲学社会科学版）1985 年第 1 期］

① 《马克思恩格斯〈资本论〉书信集》，人民出版社 1976 年版，第 189 页。

自由资本主义向垄断资本主义过渡的历史趋势的科学分析

——《资本论》第3卷第27章研究

一

长期以来，理论界对于《资本论》第3卷第27章《信用在资本主义生产中的作用》中两段话有不同的解读，一段是，股份公司“在资本主义体系本身的基础上对资本主义的私人产业的扬弃”，“这是资本主义生产方式在资本主义生产方式本身范围内的扬弃，因而是一个自行扬弃的矛盾，这个矛盾首先表现为通向一种新的生产形式的单纯过渡点”。[①] 另一段是，“在股份公司内，职能已经同资本所有权相分离，因而劳动也已经完全同生产资料的所有权和剩余劳动的所有权相分离。资本主义生产极度发展的这个结果，是资本再转化为生产者的财产所必需的过渡点，不过这种财产不再是各个互相分离的生产者的私有财产，而是联合起来的生产者的财产，即直接的社会财产。”[②] 一种解读是，马克思恩格斯在这里是对自由资本主义向垄断资本主义发展历史趋势的科学分析；另一种解读是，马克思恩格斯在这里讲的是资本主义向社会主义的和平过渡，如近期谢韬先生在《只有民主社会主义才能救中国》一文中引了《资本论》第3卷第27章的这两段话，然后很自信地作出结论：资本主义就这样完成了向社会主义的和平过渡，《资本论》第3卷推翻了《资本论》第1卷的结论“不再需要‘炸毁’资本主义的‘外壳’了”。

《资本论》第3卷真的推翻了《资本论》第1卷的结论么？我们认

① 《马克思恩格斯全集》第25卷，人民出版社1974年版，第495—496页。

② 《马克思恩格斯全集》第25卷，人民出版社1974年版，第494页。

为，关于这个问题需要通过查阅原文来核证。《资本论》第3卷第27章总结了前面关于信用制度的一般评论，归纳了信用制度的四点作用：Ⅰ．信用促进利润平均化运动。Ⅱ．信用可以减少流通费用。Ⅲ．信用促进股份公司的成立。Ⅳ．信用为资本家提供在一定界限内绝对支配别人的资本、别人劳动的权利。最后在结论中概括了信用制度的二重性质。与本文讨论的问题有关的内容，是在Ⅲ、Ⅳ部分和结论中。

1. 在Ⅲ部分，指出了股份公司的成立使资本主义商品生产出现了三大变化

（1）生产规模有了惊人的扩大。以前个别资本举办不了、而由政府经营的那种大企业，现在成了公司的企业。

（2）在生产社会化基础上，生产资料和劳动更加集中，以此为前提，资本在这里直接取得了社会资本的形式，而与私人资本相对立。股份公司也表现为社会企业而与私人企业相对立。其意义在于：这是作为私人财产的资本在资本主义生产方式本身范围内的扬弃。这就是说，生产的空前积聚所引起的生产力的巨大增长，同资本的个人形式形成尖锐的矛盾，股份公司因之而生，并解决了日益增长的生产力同资本的个别形式之间的矛盾，促进了生产力的进一步发展。但是，股份公司这种社会资本的形式只是对私人财产的资本形式的否定，这个否定并没有超出资本主义制度的范围，并没有改变资本主义私有制的本质。股份制只是表明企业由归单个资本家所有改变为归一批资本家即“许多结合在一起谋利的人”共同所有，它并没有改变所有制的性质和雇佣劳动制度，更没有改变整个社会制度的性质。

（3）在股份公司里，实际执行职能的资本家变成了单纯的经理，即别人的资本的管理人。而资本所有者变成了单纯的货币资本家。因此，即使资本所有者所得的股息包括利息和企业主收入，即包括全部利润，但它仍然是在利息形式上，即作为资本所有权的报酬获得的。这样一来，资本所有权就同现实再生产过程中的职能完全分离开来。利润也因此全部（而不只是它的一部分）表现为对别人剩余劳动的占有。资本职能同资本所有权相分离，劳动也完全同生产资料以及剩余劳动所有权相分离，这是资本主义生产极度发展的结果。这个结果，一方面是资本再转化为生产者的财产所必需的过渡点，另一方面是至今还同资本所有权结合在一起的再生产过程中的职能转化为联合生产者的单纯职能，转化为社会职能的过渡

点。这里讲的两个“过渡点”是资本主义经济中出现的趋向于垄断的征兆。这种征兆所包含的深刻矛盾的发展，预示着未来“两个转化”的伟大前途。

恩格斯指出，自从马克思论述股份公司以后，已经有新的产业经营形式（neue FormendesIndustriebetriebs）出现，“这些形式代表着股份公司的二次方和三次方”①。这就是说，新的产业经营形式比股份公司的规模大许多倍。大工业生产以越来越快的速度增长，而商品市场的扩大却变慢了。大工业几个月的生产量，几年都未必能销售完，再加上每个工业国家都实行保护关税政策，人为地提高了本国的生产能力，结果发生了经常的全面的生产过剩，商品价格下跌，利润下降甚至完全消失，历来被人吹嘘的自由竞争面临着末日。自由竞争的没落表现在：一些国家的大工业家联合成一个卡特尔，甚至是国际卡特尔来调节生产。卡特尔调节生产的方法是对它的各个企业分配接到的订货，确定每个企业的生产量。但是，卡特尔所联合起来的各企业利益的对立过于频繁地破坏这种联合，恢复了竞争。所以，卡特尔这种形式的生产社会化还嫌不够，于是有些生产部门，只要是生产发展程度所允许，就把该部门的所有企业组成一个大股份公司，实行统一领导，这就是托拉斯。英国联合制碱托拉斯就是把英国全部的制碱业生产集中在一家公司手里。托拉斯的联合形式是，所联合的各个工厂以股票形式取得其全部投资的估定价值，技术方面仍由原工厂的人管理，营业方面则集中到总管理处，流动资本则向公众筹集。在这种生产部门中，竞争已为垄断所代替，为将来由整个社会实行剥夺做好了准备。在现象上的表现是：“它在一定部门中造成了垄断，因而要求国家的干涉。它再生产出了一种新的金融贵族，一种新的寄生虫，——发起人、创业人和徒有其名的董事；并在创立公司、发行股票和进行股票交易方面再生产出了一整套投机和欺诈活动。这是一种没有私有财产控制的私人生产。”②这里不仅说明了矛盾没有消除，而且还揭露了金融寡头统治对于其他阶级的欺骗与掠夺，资本主义基本矛盾在股份公司中进一步尖锐化了。这种“没有私有财产控制的私人生产”，在内在矛盾的作用下，终于还会被扬弃，即被辩证地否定。所以从发展趋势说，它是“通向一种新的生产方

① 《马克思恩格斯全集》第25卷，人民出版社1974年版，第494—495页。
② 《马克思恩格斯全集》第25卷，人民出版社1974年版，第496页。

式的单纯过渡点”。它同“完成了过渡”显然是两个不同的意思。这段话只是说明，由资本主义私有制过渡到社会主义公有制更为方便了，并没有说股份制的出现就已经过渡到社会主义了。

2. 在Ⅳ部分中，马克思阐述了信用给资本家个人提供了对社会资本的支配权问题

马克思指出，“信用为单个资本家或被当作资本家的人，提供在一定界限内绝对支配别人的资本，别人的财产，从而别人的劳动的权利”①。即使资本家个人有很少资本也能靠信用来支配社会资本。因为取得了社会资本的支配权，也得以支配社会劳动。因此，马克思把资本家个人自有的资本比喻为基础，而把借以支配社会资本的信用比喻为“上层建筑”，说“一个人实际拥有的或公众认为他拥有的资本本身，只是成为信用这个上层建筑的基础”②。这里指出了资本和信用之间的辩证关系：信用是在资本关系的基础上发展起来的，它一旦形成，又起着异乎寻常的反作用，使资本关系扩展和加深。

由于少数资本家支配了社会资本，他们就拿社会财产进行投机冒险活动。这种投机活动，“成功和失败同时导致资本的集中，从而导致最大规模的剥夺。在这里，剥夺已经从直接生产者扩展到中小资本家自身”③。但是，在资本主义制度下，这种剥夺是以对立的形态表现出来的。这就是表现为“社会财产为少数人所占有；而信用使这少数人越来越具有纯粹冒险家的性质”④。这是因为财产在这里采取股票形式，“它的运动和转移就纯粹变成了交易所赌博的结果；在这种赌博中，小鱼为鲨鱼所吞掉，羊为交易所的狼所吞掉”⑤。但是，旧形式下的那种社会的生产资料作为个人财产表现出来的特点，在股份制度内还是存在。因此，旧形式向股份制度的新形式转化，并没有克服财富作为社会财富的性质和财富的私人占有的矛盾，只是在股份制度的新形式下发展了这种对立。

马克思把工人合作工厂归到信用所加强的那些瓦解旧生产方式的因素中，认为工人自己的合作工厂是在旧形式（alte Form）内对旧形式最早的

① 《马克思恩格斯全集》第25卷，人民出版社1974年版，第496页。
② 《马克思恩格斯全集》第25卷，人民出版社1974年版，第496页。
③ 《马克思恩格斯全集》第25卷，人民出版社1974年版，第497页。
④ 《马克思恩格斯全集》第25卷，人民出版社1974年版，第497页。
⑤ 《马克思恩格斯全集》第25卷，人民出版社1974年版，第497页。

破坏，尽管它在实际组织中，由于利用资本主义信用，深受资本压制，要适应整个资本主义环境，不得不到处都再生产出并且必然会再生产出现存制度的一切缺点。重要的是，资本和劳动的对立在这种工厂内已经被扬弃了。信用制度是资本主义的私人企业转化为股份企业的主要基础，也是合作企业扩大的手段。资本主义的股份企业和合作企业都应被看作是资本主义生产方式转化为联合的生产方式的过渡形式。不同点只在于“在前者那里，对立是消极地扬弃的，而在后者那里，对立是积极地扬弃的”①。所谓“对立是消极地扬弃”，是指在股份企业内部从经理到工人都是雇佣劳动者，已经扬弃了对立，但是资本家还作为食利者存在于企业之外，所以这种扬弃是消极的。所谓“对立是积极地扬弃”是指不仅在合作企业内部扬弃了资本和劳动的对立，而且扬弃的形式是“工人作为联合体是他们自己的资本家”。

3. 在结论中论述了信用制度的二重作用

“信用制度表现为生产过剩和商业过度投机的主要杠杆”。信用起到生产过剩和商业投机的杠杆作用，是因为有弹性的（elastisch）再生产过程被信用拉紧到了极点。它所以被拉紧到极点，是因为社会资本的很大部分被非所有者使用，“这种人办起事来和那种亲自执行职能、小心谨慎地权衡其私人资本的界限的所有者完全不同”②。这表明了信用不断打破资本主义生产对立性质所造成的生产发展的束缚和限制，加速物质生产力的发展和世界市场的形成，到达一定高度就成为新生产形式（neueProduktionsfoum）的物质基础。同时，信用也加速了矛盾发展，引发危机，因而加强了资本主义生产方式解体的要素。因此，“信用制度固有的二重性质是：一方面，把资本主义生产的动力——用剥削别人劳动的办法来发财致富——发展成为最纯粹最巨大的赌博欺诈制度，并且使剥削社会财富的少数人的人数越来越少；另一方面，又是转到一种新生产方式的过渡形式”③。

二

以上就是《资本论》第 3 卷第 27 章在归纳信用制度在资本主义生产

---

① 《马克思恩格斯全集》第 25 卷，人民出版社 1974 年版，第 498 页。

② 《马克思恩格斯全集》第 25 卷，人民出版社 1974 年版，第 498—499 页。

③ 《马克思恩格斯全集》第 25 卷，人民出版社 1974 年版，第 499 页。

中的作用时所讲的基本内容。从这些内容中我们可以看出：

（1）马克思恩格斯在这里所讲的，是关于自由资本主义向垄断资本主义发展的历史趋势的理论分析，即恩格斯在那一大段插语最后指明了的，“竞争已经为垄断所代替，并且已经最令人鼓舞地为将来由整个社会即全民族来实行剥夺做好了准备”①。这里没有说、也不包含“资本主义就这样完成了向社会主义的和平过渡”的意思，而是对自由资本主义向垄断资本主义转变的原则和规律的科学说明。

（2）马克思恩格斯在这里所作的理论分析，同《资本论》第1卷的分析，在思路上完全一致。即资本为了无限地追求剩余价值，尽量提高劳动生产率，为此要求变革劳动技术过程和社会生产组织，这就要求不断扩大资本规模。“集中补充了积累的作用，使工业资本家能够扩大自己的经营规模。不管经营规模的扩大是积累的结果，还是集中的结果；不论集中是通过强制的道路进行吞并……还是通过建立股份公司这一比较平滑的办法把许多已经形成或正在形成的资本溶合起来，经济作用总是一样的。工业企业规模的扩大，对于更广泛地组织许多人的总体劳动，对于更广泛地发展这种劳动的物质动力，也就是说，对于使分散的、按习惯进行的生产过程不断地变成社会结合的、用科学处理的生产过程来说，到处都成为起点。”② 这个资本集中或“资本吸收资本的规律”中，包含资本主义向着社会主义变革的可能性和必然性，即：“……随着这种集中或少数资本家对多数资本家的剥夺，规模不断扩大的劳动过程的协作形式日益发展，科学日益被自觉地应用于技术方面，土地日益被有计划地利用，劳动资料日益转化为只能共同使用的劳动资料，一切生产资料因作为结合的社会劳动的生产资料使用而日益节省，各国人民日益被卷入世界市场网，从而资本主义制度日益具有国际的性质。随着那些掠夺和垄断这一转化过程的全部利益的资本巨头不断减少，贫困、压迫、奴役、退化和剥削的程度不断加深，而日益壮大的、由资本主义生产过程本身的机构所训练、联合和组织起来的工人阶级的反抗也不断增长。资本的垄断成了与这种垄断一起并在这种垄断之下繁盛起来的生产方式的桎梏。生产资料的集中和劳动的社会化，达到了同它们的资本主义外壳不能相容的地步。这个外壳就要炸毁

① 《马克思恩格斯全集》第25卷，人民出版社1974年版，第495页。
② 《马克思恩格斯全集》第23卷，人民出版社1972年版，第688页。

了。资本主义私有制的丧钟就要响了。剥夺者就要被剥夺了。”[1] 很清楚，《资本论》第1卷所作的这种分析，同前面援引的《资本论》第3卷第27章的理论分析，在逻辑思路、理论内容、根本结论上完全一致。只是第1卷是对资本的生产过程的考察，而第3卷是对资本主义经济过程整体的综合考察，其结论是从更为丰富具体的内容中得出的。可见，从《资本论》第3卷第27章中看不出这样的论断：《资本论》第3卷推翻了《资本论》第1卷的结论，不再需要“炸毁”资本主义外壳了。王亚南先生在论及《资本论》第1卷结论的普遍指导意义时曾指出，“它是从资本主义的私有制出发，是从资本主义商品生产出发，是从资产阶级凭借所占有的生产资料榨取剩余价值，剥削工人阶级的阶级关系出发。这些基本事实、基本关系没有改变，而基于这些事实关系得出的价值——剩余价值理论、分配理论、剥削理论、危机理论、资本积累的一般规律理论，就不会因为资本所有制的某些形式改变、资本经营的形式改变、资本家剥削榨取的花样的改变、资产阶级相互间争权夺利的方式方法的改变，而改变它的社会本质和社会发展趋势及其规律……一个社会的基本生产关系没有改变，有关它的基本理论与规律，就还是正确有效的。”[2] 这些论断是十分中肯的。

（3）《资本论》第3卷第27章所考察的对象，是马克思恩格斯19世纪70年代以来，就密切关注的问题。他们的科学分析是始终如一，不断深化的。19世纪60—70年代，资本主义发展的自由竞争阶段，在欧洲各先进工业国家已经达到了高峰。1873年的世界经济危机，垄断组织急剧增长，标志着自由资本主义向垄断资本主义过渡的开始。到19世纪90年代，这种重大历史转变的征兆更多。马克思恩格斯密切注意着资本主义发展的这种新趋势，早在19世纪70年代中期就指出，这是值得注意的现象。19世纪70年代末，马克思在给丹尼尔·逊的信中认为，铁路业这种同现代生产资料相适应的交通联络工具，是巨大的股份公司的基础，“它给资本的积聚以一种从未预料到的推动力，而且也加速了和大大扩大了借贷资本的世界性活动，从而使整个世界陷入财政欺骗和相互借贷——资本主义形式的‘国际’博爱——的罗网之中”[3]。1882年，恩格斯在《论美

① 《马克思恩格斯全集》第23卷，人民出版社1972年版，第831—832页。

② 王亚南：《〈资本论〉研究》，上海人民出版社1973年版，第325—326页。

③ 《马克思恩格斯选集》第4卷，人民出版社1995年版，第635页。

国资本的积聚》一文中指出："……统计资料表明，美国的资本积聚是以多么惊人的速度在进行。"[①] 这表明，资本主义在其资本集中规律的作用下，其自由竞争阶段正向着垄断阶段发展。马克思去世以后，恩格斯在《英国工人阶级状况》的英文版和德文第2版序言（1892年）、《关于英国的经济和政治发展的若干特点》（1892年）、《美国的总统选举》（1892年）、《1891年社会民主党纲领草案批判》等文中进一步分析了垄断经济形成发展的特点，如恩格斯指出："据我所知，资本主义生产是一种社会形式，是一个经济阶段，而资本主义私人生产则是在这个阶段内这样或那样表现出来的现象。但是究竟什么是资本主义私人生产呢？那就是由单个企业家所经营的生产；可是这种生产已经愈来愈成为一种例外了。由股份公司经营的资本主义生产，已不再是私人生产，而是为许多结合在一起的人谋利的生产。"[②] "第27章"对股份制度所作的理论和历史的分析，是马克思恩格斯自19世纪70年代以来关于自由资本主义向垄断资本主义转变的原则、规律以及由此必然发生的剥夺者被剥夺趋势研究的进一步深化和发展。

（4）恩格斯在批评斯蒂贝林时曾说："一个人如想研究科学问题，首先要在利用著作的时候学会按照作者写的原样去阅读这些著作，首先要在阅读时，不把著作中原来没有的东西塞进去。"[③] 我以为，研究、解读马克思主义经典著作，或者其他的著作，应取这种态度。如若不然，把别人著作中原来没有的东西塞进去，而把其原有的东西又阉割掉，这就不能说是"想研究科学问题"。

（原载《马克思主义研究》2007年第4期）

---

① 《马克思恩格斯全集》第19卷，人民出版社1965年版，第337页。
② 《马克思恩格斯全集》第22卷，人民出版社1965年版，第270页。
③ 《马克思恩格斯全集》第25卷，人民出版社1974年版，第26页。

《资本论》对科学社会主义的科学论证

一　科学社会主义是从剩余价值问题的解决为起点、并以此为中心的

《资本论》对科学社会主义的重大贡献，集中起来说，就是它从经济学上科学论证了历史唯物主义，完成了剩余价值学说的创造和科学论证，为科学社会主义的产生提供了理论基础。这里集中探讨剩余价值学说对科学社会主义理论的经济学论证。

应该说，在《资本论》以前，马克思曾在多部著作中，做过这方面的深浅不同的论证。如：马克思在《1844 年经济学哲学手稿》中，在“社会形态”范畴的最初形态上，使用过“社会状态”① 的概念。马克思在《德意志意识形态》中，仍然没有形成社会经济形态的概念，但马克思在创造了一定理论前提之后，即制定唯物史观、对历史进程进行分期、特别是对全世界历史发展的最重要阶段作出初步表述，从人类社会历史发展一般规律的角度，揭示出由一种社会制度向另一种社会制度过渡的历史必然性的基础上，提出并初步论证了他毕生最为关注的问题：从资本主义向社会主义和共产主义过渡的历史必然性问题。但总的说来，这种论证还提的非常抽象，只用了最一般的概念和说法。

对这个问题的科学论证，是由《资本论》完成的。首先，《资本论》以博大精深的经济学内容和周密分析，表明了科学社会主义和政治经济学的内在联系。科学社会主义关于社会发展的结论和政治事件的预言，必须有经得起考验的经济学的论据和论证。如果缺乏根据经济分析的事实，只是根据逻辑的推论，这样的政治结论和预言就只能是乌托邦的幻想。其次，《资本论》运用唯物辩证法对资本主义生产方式及其相应的生产关系和交换关系进行了鞭辟入里的分析，揭示了这个社会的活动规律和发展规

① 《马克思恩格斯全集》第 42 卷，人民出版社 1979 年版，第 127 页。

律，科学论证了社会主义和共产主义到来的历史必然性、资本主义社会阶级斗争的鲜明特点和无产阶级在世界历史伟大转折中的历史使命。这样，就彻底地克服了空想社会主义的缺陷，使社会主义从空想变成科学。

二 对资产阶级灭亡、无产阶级胜利“两个必然”的科学论证

《资本论》作这种论证的逻辑思路是这样进行的：

第一，马克思首先对商品及其价值进行剖析，揭示出商品经济的价值规律，进而揭示出资本主义社会的最基本的规律即剩余价值规律，然后概括总结关于资本主义生产的详细阐明，作出社会主义革命必然性的结论。

第二，马克思又通过流通过程的考察，揭示出利润、利息和地租等剩余价值的转化形态的规律，更深刻、更透彻地论证剩余价值规律是资本主义生产方式的最基本的规律，从而为认识资本和劳动的关系提供了前提和基础。这就证明了：“以商品生产和商品流通为基础的占有规律或私有权规律，通过它本身的、内在的、不可避免的辩证法转变为自己的直接对立物。……所有权和劳动的分离，成了似乎是一个以它们的同一性为出发点的规律的必然结果”。① 接下去再证明资本主义积累的一般规律。

马克思对资本主义生产方式发展趋势的论证，在方法上运用了“历史考察”。如，马克思在《资本论》第一卷，首先考察了资本主义积累的一般规律，然后考察所谓原始积累，通过对前者的考察，揭示出资本积累的对抗性质：一极是财富的积累，另一极是贫困、劳动折磨、受奴役、无知……的积累；在掌握了资本积累的一般规律这把钥匙之后，反过来才考察所谓原始积累，发现这个过程是完成劳动者和劳动条件相分离的过程：它的一极是形成资本，另一极是形成雇佣工作。这样，资本主义生产方式不仅充分地表现出来，而且也论证了它是怎样产生的。

对于资本主义积累这个发达机体作这样的“历史考察”，提供了分析原始积累这个不发达机体的钥匙，更重要的是，“会得出预示着生产关系的现代形式被扬弃之点，从而预示着未来的先兆，变易的运动”②。即从资本主义向社会主义过渡的“界限”。这里，如果说，资产阶级前的阶段仅仅表现为历史的，即已经被扬弃的前提，那么，根据这个前提，就可以

---

① 《马克思恩格斯文集》第5卷，人民出版社2009年版，第673—674页。

② 《马克思恩格斯全集》第46卷（上册），人民出版社1979年版，第458页。

合乎逻辑地作出这样的推论：现代的生产条件就表现为正在扬弃自身，从而正在为新的社会制度创造历史前提的生产条件。

马克思就是通过这样的考察，指出资本主义的发展趋势是根源于这个生产方式的物质内容，根源于生产的不断积累和集中的经济事实，揭示整个资本的积累过程是形成在危机中暴露出来的那些现象的内在基础。正是由于这个趋势决定着资本主义要为共产主义所代替的历史必然性，同时它又决定着共产主义代替资本主义的客观可能性。这就是马克思所说的："规模不断扩大的劳动过程的协作形式日益发展，科学日益被自觉地应用于技术方面，土地日益被有计划地利用，劳动资料日益转化为只能共同使用的劳动资料，一切生产资料因作为结合的、社会的劳动的生产资料使用而日益节省，各国人民日益被卷入世界市场网，从而资本主义制度日益具有国际的性质。"① 这是说的生产社会化的不断发展、扩大，由此必然加剧资本主义社会内部的阶级矛盾和对抗："随着那些掠夺和垄断这一转化过程的全部利益的资本巨头不断减少，贫困、压迫、奴役、退化和剥削程度不断加深，而日益壮大的、由资本主义生产过程本身的机制所训练、联合和组织起来的工人阶级的反抗也不断增长。"② 社会主义革命必然到来："资本的垄断成了与这种垄断一起并在这种垄断之下繁盛起来的生产方式的桎梏。生产资料的集中和劳动的社会化，达到了同它们的资本主义外壳不能相容的地步。这个外壳就要炸毁了。资本主义私有制的丧钟就要响了。剥夺者就要被剥夺了。"③

这里要提出的问题是，剥夺者被剥夺了的社会，为什么只能是社会主义社会而不可能是别的什么社会形态呢?《资本论》指出，随着资本主义的发展，它本身已经创造出一种新的经济制度的因素，这是一种以集体生产为基础的资本主义所有制，由这种资本主义所有制只能转变为社会所有制。而适应它的社会形态，自然不可能再是资本主义本身，更不可能是前资本主义社会形态。只能是高于资本主义的社会主义社会形态。这就揭明了社会主义代替资本主义的发展趋势是一种客观必然性，是不以人的意志为转移的。

---

① 《马克思恩格斯文集》第5卷，人民出版社2009年版，第874页。
② 《马克思恩格斯文集》第5卷，人民出版社2009年版，第874页。
③ 《马克思恩格斯文集》第5卷，人民出版社2009年版，第874页。

《资本论》这种科学论证，划清了同空想社会主义的思想界限。空想社会主义曾提出过各种各样社会改造的计划、方案、理想，但是正如前面说到过的，因为他们根本不理解、更谈不上从经济学上论证资本主义社会发展的经济规律，因而不能指出社会改造的正确道路，不能找到实现社会主义改造所依靠的社会力量，不能不陷于空想之中。

《资本论》这种科学论证，也划清了同资产阶级经济学中的辩护论者的思想界限。资产阶级经济学中的辩护论者萨伊之流说，如果生产按资产阶级教科书上说的那样发展，即资本主义生产方式不是社会生产的一个发展的特殊形式，而是资本主义最初萌芽产生以前就出现的“物物交换”那样“最简单的经济关系”，那么，资本主义生产方式所固有的对抗矛盾、冲突、经济危机的灾难也就不存在了。马克思在《剩余价值理论》中以无可辩驳的分析，揭明资本主义生产方式，资本主义内部生产的社会性和占有的私人性质的基本矛盾，经济危机的发生等等之间的必然联系。资本主义内部生产的社会性和占有的私人性质的基本矛盾的发展，必然要导致尖锐的冲突，经济危机的发生，这是不以人们的意志为转移的客观规律。客观规律是不能抹杀的，要消除这些矛盾和危机，只有消灭资本主义制度本身，使其失去发生作用的条件。

三 对无产阶级在整个资本主义制度中的真正地位的科学论证

在《资本论》以前，马克思恩格斯在《共产党宣言》等一系列著作中，已经论述过无产阶级的社会地位和历史使命，但未作深入的经济学的论证。关于这个问题，《资本论》作出了五个方面的深刻论证。

1. 对一种历史规定性的科学论证：资本和劳动关系的产生及其对立

《资本论》在关于货币转化为资本和资本原始积累的论述中，从历史和理论的结合上对资本家和雇佣工人这两个阶级产生的历史进程进行了考察。马克思指出，自15世纪以来，发生的资本剥夺小生产、使劳动者和生产资料分离的原始积累过程，这是社会生产力发展和商品经济发展的必然结果。这一历史过程，一方面把直接生产者变成了雇佣工人，另一方面把货币所有者变成了资本家。这个过程是“用血和火的文字载入人类编年史的”①。正因为这一过程是资本采用暴力剥夺小生产，使劳动者遭受

---

① 《马克思恩格斯文集》第5卷，人民出版社2009年版，第822页。

苦难的历史过程，这就决定无产阶级和资产阶级的关系及其对立、对抗并非偶然，而是一种历史规定了的必然性。

2. 对一种经济利益根本对立关系的科学论证：资产阶级和无产阶级

《资本论》考察了剩余价值生产过程。所谓剩余价值生产，就是资本家的生产资料和雇佣工人的劳动力在资本家手中结合起来，生产资料所有者的资本家无偿占有丧失一切生产资料的雇佣工人的剩余劳动创造的剩余价值。马克思以无可辩驳的事实证明，剩余价值生产是无产阶级和资产阶级在经济利益上根本对立的经济基础。它是现代社会中资本和劳动关系的核心。剩余价值生产表明，资本家和工人这种经济利益上的对立关系，不是任意的或者人为的，而是深深植根于社会物质生产中的一种客观的、必然的关系。只要剩余价值生产过程存在，无产阶级和资产阶级之间，就不可能有利益一致的和谐关系。

3. 对一种不可调和的阶级矛盾的科学论证：无产阶级和资产阶级

《资本论》考察了剩余价值生产的两种方法，表明资本主义生产的目的就是对剩余价值的无止境的贪求。资本家采取绝对剩余价值生产与相对剩余价值生产两种方法剥削劳动者，此外还采用降低工资的办法把工人的必要劳动的一部分变为剩余劳动。《资本论》在揭露资本家对剩余劳动的贪欲时，特别指出了资本剥削劳动力的几种手段的残酷性，如延长工作日和强化劳动手段等。马克思通过以上的揭露，使资本主义生产的目的和实质，雇佣劳动制度对工人阶级剥削的残酷性，均大白于天下。人类历史上一种不可调和的阶级矛盾——无产阶级和资产阶级这两大对抗阶级之间的矛盾，得到最深刻的经济学论证。

4. 对一种无法避免的影响的科学论证：资本积累和工人阶级的命运

《资本论》在资本积累过程部分，论证了资本积累对工人阶级命运的深刻影响。资本积累，就是把工人创造的剩余价值再转化为资本，把资本对工人过去无酬劳动的所有权变为现今以日益扩大的规模占有活的无酬劳动的唯一条件。资本家积累得越多，就越能更多地积累。资本积累过程的机制本身，会在增大资本的同时增加雇佣工人的数量，这些雇佣工人不得不把自己的劳动力转化为日益增大的资本的日益增大的增值力，由此把自己对资本的从属关系永久化。

马克思揭示的资本主义积累的一般规律指明，“一切生产剩余价值的方法同时就是积累的方法，而积累的每一次扩大又反过来成为发展这些方法的手段。由此可见，不管工人的报酬高低如何，工人的状况必然随着资本的积累而恶化。最后，使相对过剩人口或产业后备军同积累的规模和能力始终保持平衡的规律把工人钉在资本上，比赫斐斯塔司的楔子把普罗米修斯钉在岩石上钉得还要牢。这一规律制约着同资本积累相适应的贫困积累。因此，在一极是财富的积累，同时在另一极，即在把自己的产品作为资本来生产的阶级方面，是贫困、劳动折磨、受奴役、无知、粗野和道德堕落的积累"。[①] 这样，马克思就从经济学上证明，资本主义制度本身是工人阶级贫困的命运和深重灾难的根源，资产阶级和无产阶级之间的矛盾不仅不可避免，而且必然日趋尖锐化。

5. 对一种整体对立关系的科学论证：无产阶级和一切剥削阶级

《资本论》科学论证了三个重要问题：一是通过平均利润和生产价格理论，论证了资本剥削的内涵。即资本对雇佣劳动的剥削，不是个别资本家对个别工人的剥削，而是全体产业资本家阶级对全体产业工人阶级的剥削；二是论证了剥削阶级和被剥削阶级的指向。即通过对资本的各种具体形式即产业利润、商业利润、利息、地租的分析，论证了所有这些形式均根源于工人的剩余劳动，因此，剥削阶级不只是产业资本家阶级，而是包括产业资本家、商业资本家、借贷资本家和大土地所有者在内的全体剥削阶级。被剥削阶级不只是产业工人阶级，而是包括产业工人、商业工人、农业工人等在内的全体无产阶级。三是两个利益根本对立的群体必然各自分别结成为阶级。马克思明确指出："工人只有团结起来作为一个阶级来行动才能实现自己的历史使命。"[②]

四 对工人阶级的历史使命作出的更深入、更完善、更科学的论证

关于无产阶级历史作用的思想是马克思主义学说的主要之点。《资本论》对无产阶级的历史使命作出了更深入、更完善、更科学的经济分析，提出了一系列重要思想。

第一，明确地提出了无产阶级的历史使命。

《资本论》第一卷第二版的跋文明确指出："这个阶级的历史使命是

---

① 《马克思恩格斯文集》第 5 卷，人民出版社 2009 年版，第 743—744 页。

② 《马克思恩格斯文集》第 5 卷，人民出版社 2009 年版，第 349 页。

推翻资本主义生产方式和最后消灭阶级。这个阶级就是无产阶级”。[①]

第二，论证了提出无产阶级历史使命的依据。

其一，无产阶级历史使命学说是建立在剖析资本主义阶级关系的基础的。马克思在《资本论》第三卷最后一章《阶级》中，试图全面分析资本主义社会的阶级结构，指出：“雇佣工人、资本家和土地所有者，形成建立在资本主义生产方式基础上的现代社会的三大阶级。”此外，还有若干中间的和过渡的阶级。由此，马克思揭示了资本主义生产方式发展的历史趋势是剥夺者被剥夺。执行剥夺一切剥削者任务的就是联合起来的广大工人阶级和劳动群众。

其二，无产阶级历史使命学说是建立在剖析资本主义社会发展的客观规律的基础上的。《资本论》中的阶级分析以分析资本主义社会的根本矛盾——生产力和生产关系的矛盾为依据，阶级关系不过是生产关系的人格化。当资本主义关系成为阻碍先进生产力发展的桎梏时，推翻落后生产关系的任务便落在代表新的生产力的无产阶级的肩上。无产阶级的历史使命就是由此而来。

其三，无产阶级历史使命学说是建立在唯物史观关于人民群众是社会历史发展动力的思想基础上的。马克思把唯物主义观点应用于资本主义社会的分析，认为人民群众是社会历史发展动力。他明确指出，革命的无产阶级是代表新的生产力的物质力量，是资本主义社会发展的历史动力。在资本主义生产各大中心的城市，都聚集着革命无产阶级这种“社会的历史动力”[②]。无产阶级之所以被称为“社会的历史动力”，是因为，正是它创造了资本主义社会的巨大财富；推动了资本主义的发展；破坏资本主义旧社会，创立社会主义的新社会。

第三，科学论证了无产阶级实现历史使命的发展阶段。

《资本论》以19世纪上半叶的工人运动连同无产阶级先驱早期斗争的全部经验为依据，指出了无产阶级斗争的路径。马克思恩格斯在《共产党宣言》中曾论述过无产阶级的成熟要经历各个不同发展阶段的思想。《资本论》第一卷在《机器和大工业》这一章的第五节进一步发挥了这一思想，并将其提升到工人运动发展规律的高度，具体而透彻地论述了采用

① 《马克思恩格斯文集》第5卷，人民出版社2009年版，第18页。
② 《马克思恩格斯文集》第5卷，人民出版社2009年版，第579页。

机器以后，无产阶级发展的两个阶段，一是反对资本的物质存在形式的阶段，二是攻击物质资料的社会使用形式的阶段。马克思更看重工人运动第二个阶段发展的意义，他认为工人学会把机器和机器的资本主义应用加以区别，从而学会把自己的攻击的目标从物质资料本身转向物质生产资料的社会使用形式，这是工人阶级在实现自己历史使命的途程中，开始走上正确的革命道路的标志。

第四，论证了无产阶级实现历史使命的策略原则。

《资本论》根据对无产阶级和资产阶级经济利益的根本对立的分析，基于对工人运动历史经验的总结，基于对英国、法国资产阶级剥削和镇压工人的血淋淋的事实的考察，提出了无产阶级斗争三个方面的策略原则。

其一，充分肯定经济斗争的意义，但经济斗争必须向前发展。

马克思指出，经济斗争仅仅是一种雇佣劳动者对出卖劳动力的讨价还价，并非从根本上消灭雇佣劳动，铲除雇佣劳动者的奴隶地位的斗争，若不克服这种局限性，提高斗争的水平，转向更高级的斗争形式，向思想斗争和政治斗争发展，工人就不能获得解放。

其二，工人运动发展成政治斗争和思想斗争的必然性和深远意义。

《资本论》以英国工厂视察员提供的血淋淋的材料、以法国资产阶级政权绞杀工人用鲜血换来的立法活动的权利等事实为根据，揭示资产阶级法律和国家机器的阶级实质，并通过对资产阶级经济学说等各种观点、学说的评论，科学论证了无产阶级进行思想斗争和政治斗争的必要性、必然性和它的重大的、深远的意义。

其三，按照一般常规和通例，工人阶级的政治斗争必然发展为暴力革命。

《资本论》第一卷德文版作出一个结论：“暴力是每一个孕育着新社会的旧社会的助产婆。暴力本身就是一种经济力。”《资本论》第一卷的法文版再次表述了这个结论：“暴力是每一个临产的旧社会的助产婆。暴力就是一种经济动因。”《资本论》之所以作出这样的结论，是因为无产阶级实现自己的历史使命的过程必然遭到资产阶级残酷的镇压，无产阶级只有摧毁资产阶级的国家机器，代之以无产阶级专政，才能扫除自己实现历史使命的严重障碍，开拓建设共产主义新世界的道路。

正是因为《资本论》对无产阶级的历史地位、历史作用、历史使命的科学论证，从理论上武装了无产阶级，推动了无产阶级解放的斗争，也正是这样，无产阶级及其政党把《资本论》称之为工人阶级的圣经。

（原载《科学社会主义》2011年第4期）

《资本论》对唯物主义历史观的科学论证

马克思的主要著作《资本论》不仅是一部伟大的经济学著作和科学社会主义著作，而且是一部伟大的哲学著作。作为一部伟大的哲学著作，它对马克思主义哲学的重大贡献是多方面的：如关于研究方法和叙述方法，辩证法、认识论和逻辑学的辩证统一，辩证法及其基本规律，唯物主义认识论，唯物主义历史观，逻辑中的方法（归纳和演绎的方法、分析与综合的方法、抽象与具体的方法、逻辑与历史相统一的方法），经济范畴的特征及方法论意义等提出的丰富思想和科学论证。这里我们只探讨它对唯物主义历史观的科学论证。

列宁说："现在，自从《资本论》问世以来，唯物主义历史观已经不是假设，而是科学地证明了的原理。"① 这是很中肯的。

在马克思主义发展史上，在马克思《1844 年经济学哲学手稿》中提出"社会状态"这一"社会形态"范畴雏形②的基础上，马克思、恩格斯的《德意志意识形态》第一次奠定了唯物史观的基石，而且第一次使用了"唯物主义历史观"的科学术语。1848 年 2 月出版的《共产党宣言》，有一个版本取名为《历史哲学》，第一次公开地运用唯物主义历史观粗略研究了全部近代史。1859 年马克思的《〈政治经济学批判〉序言》，用经典式的语言对唯物主义历史观作了科学表述。这表明，在《资本论》以前，马克思（还有恩格斯）对唯物主义历史观已经做过多次科学论证工作。但是，这些论证都还不能说是系统的、全面的，更没有通过解剖一个特殊的、发达的资本主义社会形态，通过像以英国为经济分析的典型、以法国为政治分析的典型，从社会发展在当时一个最成熟的形态上进行科学

① 《列宁选集》第 1 卷，人民出版社 1995 年，第 10 页。

② 《马克思恩格斯全集》第 42 卷，人民出版社 1979 年版，第 127 页。

论证。这种科学论证工作是由《资本论》完成的。

一 生产力和生产关系是社会的物质力量

1. 对唯物史观作科学论证，要解决几个关键问题

一是要找到确定的物质事实，确立社会物质观。社会发展，归根到底，只有物质的力量才是最后的决定力量，才能成为历史运动的唯物主义基础。二是要论证历史唯物主义的两个基本规律：生产力决定生产关系，生产关系反作用于生产力；经济基础决定上层建筑，上层建筑反作用于经济基础。这样来确立历史唯物主义关于社会存在决定社会意识的根本原理。

关于社会物质观，在马克思以前，尽管唯物主义自然观早已确立，但是由于社会历史领域一直被唯心主义统治着，所以没有人探索过。

马克思怎样确立社会物质观呢？马克思、恩格斯的《德意志意识形态》在奠定唯物史观的基础时，已经从理论上解决了两个问题：一是已经明确了寻找物质，一定要到具有客观必然性的领域中去，这反映在社会科学中就是要到经济学领域中去寻找。因为唯有这个领域，才是“确定的物质事实的领域”。二是制定了用以阐明这个领域问题的生产方式的范畴。马克思认为，生产方式的两个方面——生产力和生产关系都是社会的物质力量，因而它是社会发展的决定力量。

有什么根据说生产力和生产关系都是社会的物质力量呢？对此，马克思在《资本论》中进行了科学论证。

（1）马克思论证了生产力的物质性。这是比生产关系较容易论证的问题。生产力包括劳动者、劳动资料、劳动对象。这三个方面都因为有显明的物质结构，其物质性人们容易接受。劳动者：它作为革命阶级本身，是生产过程中“最大的生产力”。它本身“也是自然对象，是物，不过是活的有意识的物”①。它是作为一种自然力，而与自然物质相对立的。劳动资料：它是一种物和物的综合体。其作用是，劳动者用它来把自己的活动传导到劳动对象上去。劳动对象：它是土地及其周围的无机物和有机物。因为它也具有物质的结构，它的物质性人们也不怀疑。

这三者的结合称之为“物质生产力”，而且其物质性人们很少怀疑。

---

① 《马克思恩格斯全集》第23卷，人民出版社1979年版，第228页。

尽管如此，马克思还是对生产力的物质性作了论证。其目的在于，生产力作为一种物质力量，是一切变化的主体（因为运动是物质不可分离的根本属性，物质运动是绝对的、永恒的），是社会发展的最终决定力量，生产、生产方式的变化发展，是首先从生产力的变化发展开始的。反过来说，只要论证了是由生产力的变化发展，引起了生产、生产方式乃至整个社会的发展，也就证明了它是社会发展最终的决定力量。

马克思引用了从古代到19世纪中叶极其丰富的技术史资料，对这个问题大致进行了五个方面的论证：第一，在资本主义生产力发展中，是怎样从资本主义简单协作向资本主义工场手工业生产、资本主义机器大工业不停地过渡的。第二，作为物化的知识力量的机械化劳动资料，是一个社会生产时代具有决定意义的特征。机器的发展是促使生产方式和生产关系发生革命变革的重要因素。第三，从根本上说，在资本主义生产方式发展史上，从价值向生产价格、从剩余价值向利润、利息和地租等生产关系具体形态的发展，是生产力发展的结果。第四，革命的这个时代是以现代工业为技术基础的。生产力、生产工具、技术革命同生产关系、生产方式和生产方式上的改变之间是辩证统一的关系。第五，大量的实践材料证明，机械的发明引起生产方式上的改变，并由生产关系上的改变而引起社会关系、工人生活方式的改变，最后导致整个社会的变化发展。

所有这些，充分体现和模范运用了社会历史的唯物辩证法，证明了生产力的状况决定生产关系，生产关系要适应生产力发展状况的辩证规律。《资本论》把对历史唯物主义理论的这种论证，归结为“关于生产资料决定劳动组织的理论”①。后来列宁把这种论证科学概括为把社会关系归结于生产关系，把生产关系归结为生产力的水平。

（2）论证了生产关系（经济关系）的物质性。只有论证和说明了生产关系的物质性，才能回答两个问题：为什么生产关系比上层建筑对生产力的影响作用（推动或者阻碍）更直接？又为什么经济基础（作为生产关系的总和）能够对上层建筑起决定作用？而又只有从理论上证明了这两个问题，唯物史观的基础才能得到科学论证。

2. 马克思对生产关系（经济关系）的物质性的集中论证

（1）确立论证方法。马克思的论证方法包括两大基本方面：一是运

---

① 《马克思恩格斯全集》第31卷，人民出版社1972年版，第236页。

用从抽象上升到具体等一系列辩证方法。在研究阶段，坚持从资本主义社会的现实具体到抽象思维，制定出反映资本主义社会本质及规律的概念、范畴；在叙述阶段，坚持在思维中从抽象到具体，用概念、范畴的体系再现出资本主义社会从简单发展到复杂的社会体系及其各个方面的经济关系。从而证明资本主义的产生、发展和必然灭亡是完全合乎规律的过程。二是马克思自己的理论观点的确立和论证，基本上是在批判地分析前人和当时代人的思想理论过程中完成的。

（2）论证过程。马克思没有作抽象的、一般的论证，他是运用历史唯物主义这把“钥匙”，从具体分析一个特定社会——资本主义社会的经济细胞即商品入手的。

马克思指出，商品是使用价值和价值的统一，是生产力和生产关系统一的体现。商品中使用价值是价值的物质承担者，不反映任何生产关系，必须将其撇开，只集中分析价值。因为只有价值才是一定的社会关系的体现，要证明社会关系的物质性，必须确定价值是一个具有物质规定性的概念。于是，马克思对价值的物质性进行了论证。

其一，他从唯物主义自然观和社会观的统一上，指出商品是一个存在于人之外的客观对象，不依赖我们任何个人而存在。这是其客观实在性的重要表现。

其二，他从使用价值和价值的统一上，指出价值的载体是使用价值，即可感觉的物。价值是以使用价值这种物质承担者的形式而存在的。

其三，他指出，价值是抽象劳动的产物，而抽象劳动则是通过具体劳动表现出来的，是“客体化”了的一定量的劳动时间。这里，进入劳动过程的劳动力是一种自然物质，只不过是转化为人的机体的自然物质。没有这种“自然物质”的消耗，就不能创造出作为“物的社会存在”的价值实体来。只不过这种物质实体不是自然实体，而是“社会实体”。

其四，价值形成过程即劳动过程是物。虽然这是一个抽象劳动过程，然而如前所说，抽象劳动是通过人类劳动的“物的形式”或“物的社会存在”、通过具体劳动表现出来的。

马克思进一步分析了价值物质性的特点：资本主义生产关系的突出特点是具有拜物教的迷人性质，从商品拜物教发展到货币拜物教，直到资本拜物教。作为一定的社会物质关系的体现的价值，是在物的后面“隐藏得很深的”人和人、无产阶级和资产阶级之间的关系的表现形式。它是通过物来表现一定历史时期的社会物质关系。因此，认识它，不能用望远镜，也不能用显微镜，还不能用化学试剂，只能运用分析、抽象的方法。否则不能得到真理性的认识。俄国的“合法马克思主义者”司徒卢威荒谬地视科学的价值规律为“神学家的‘伦理’规律”[①]。把马克思的价值学说歪曲为纯粹抽象的思辨的“形而上学的假设”[②]。他之所以会如此，自然主要是出自他反马克思主义的本性，但从方法论上说，正是他用经验主义眼光看问题，不懂得马克思的科学抽象所致。在资本主义生产中，价值及其规律“最终支配着一切经济过程”。因此，马克思确立价值的物质性及其发展规律的客观性，对于从理论上论证其他范畴的“社会的生理形式”具有前提和基础的意义。正是由于价值的物质性的确立，进而确立了一系列范畴的社会物质性。这些范畴反映的是更为发展、更为复杂的社会关系。如：货币这种一般的等价物，是以价值为前提并表现价值的，是完成形态的价值；资本是用于剥削雇佣工人而带来剩余价值的价值；剩余价值是由雇佣工人的剩余劳动所创造而被资本家无偿占有的价值；资本积累是由剩余价值的一部分转化来的。

马克思依次论证了价值、资本、剩余价值等范畴的起源、本质，所反映内容的物质性。还进一步论证了利润、利息、地租的性质、起源，它们所反映内容的物质性。一般利润是剩余价值的形式，本质上同剩余价值是一回事，同样是来自资本对工人所创造的剩余价值的无偿占有。利息是一般利润被分割的形式，即被分割为利息和企业主收入所采取的形式。它是一般利润向具体的利润形式的转化。它是剩余价值以利润形式占有后在不同的人之间的进一步分配；地租反映着更为复杂的生产关系，较之产业利润、商业利润、利息范畴更为繁杂，但它仍然是价值的一种形态，即超额利润向地租的转化。概括起来说，以价值为基础而产生的一系列资本主义的经济范畴都是“从生产本身的自然必然性产生的，不以意志、政策等等为转移的形式。这是物质规律”[③]。

这样，马克思就科学地证明了，从商品及其价值范畴开始直到地租范畴，反映整个资本主义生产关系的经济范畴的总体系，都是具有社会物质

---

① 《列宁全集》第20卷，人民出版社1984年版，第181页。

② 卢森贝：《政治经济学史》第2卷，生活·读书·新知三联书店1958年版，第1012页。

③ 《马克思恩格斯全集》第26卷（第1册），人民出版社1972年版，第15页。

规定性的价值在资本主义生产关系中的发展的不同梯级的形态。体现商品生产内部必然联系的价值规律，是一般规律和政治经济学的基础。这样，通过对“一个在价值上建立起自己的生产方式”[①] 的资本主义生产关系的全面剖析，就为唯物主义历史观关于社会存在决定社会意识的原理，提供了一个完整的体系的证明。这个范畴体系不过是资本主义发展的历史过程和对这个过程的内部联系加以说明的思想表现。

二 阶级社会中，生产关系总要体现为一定的阶级关系

《资本论》对历史唯物主义的论证，不仅要科学论证生产力决定生产关系的原理，而且必须科学论证经济基础决定上层建筑的原理。这就必须通过一个中介进行过渡。这个中介在阶级社会中就是体现生产关系的阶级关系。而要对阶级关系作科学分析，首先需要科学解决政治经济学研究的出发点问题。

政治经济学研究，是从人出发，还是从人的关系即一定的生产关系（在阶级社会表现为一定的阶级关系）出发，有历史唯物主义和历史唯心主义两条不同路线。两条不同的认识路线会产生两种不同的结果。一些资产阶级、小资产阶级学家总是从人出发，把经济学视为研究“人类”，而不是研究生产关系的“科学”。如庸俗经济学家威·罗雪尔等称：“国民经济并非单纯的货殖学或单纯的致富术，而归根到底是一种认识人类、支配人类的政治科学”[②]。德国庸俗经济学家瓦格纳、小资产阶级社会主义者蒲鲁东也是如此。显然，这是一条唯心主义路线。与此相反，《资本论》坚持了彻底的唯物主义路线。马克思指出：《资本论》一贯到底的不是从人出发，而是从一定的社会经济时期出发的分析方法。马克思强调，如果不从资本主义时期的商品生产分析出发，而从人出发，绝不能理解和揭示它的生产关系、阶级关系及其本质，自然也不能真正理解人的本质。马克思指出，整个商业和整个生产表明，单个人的生产和交换总是以一定的生产关系为前提的。“单个人本身的交换和他们本身的生产是作为独立于他们之外的物的关系而与他们相对立。在世界市场上，单个人与一切人

① 《马克思恩格斯全集》第 25 卷，人民出版社 1974 年版，第 963 页。

② ［德］威廉·罗雪尔：《历史方法的国民经济学讲义大纲》，朱绍文译，商务印书馆 1981 年版，第 7 页。

发生联系，但同时这种联系又不是以单个人为转移”①。他还进一步指出，唯心史观论者忘记了，“交换价值这个前提决不是从个人的意志产生，也不是从个人的直接自然产生，它是一个历史的前提，它已经把个人当作是由社会决定的人了”②。

马克思运用历史唯物主义科学论证经济学研究的出发点的重要意义之一在于，以此为理论铺垫，论证历史唯物主义又一个基本原理。即一个社会的生产关系所包含的生产资料所有制关系和分配关系，前者是决定的、基础的方面，是原生的生产关系，其内部结构是这个社会“基本的阶级的依据”。后者则是派生的生产关系，是前者的结果。寻找一个社会基本的阶级关系的出发点只能是前者，而不能是后者。马克思正是从原生的生产关系出发，进而找到了社会中基本的阶级关系。

马克思在《资本论》中集中考察了资产阶级的生产资料所有制关系，注意分析了土地所有者、资本家和工人这三个阶级，在这个前提下，也考察了同一个阶级内部因收入不同而产生的阶级差别。如由于利润分成了两种特殊的收入形式，才形成了两个特殊阶级：货币资本家与产业资本家。这清楚地表明，与庸俗经济学家从分配关系去寻找阶级实体的理论路线根本相反，马克思认为，一定的生产关系首先是基本的生产关系，是关于阶级和阶级关系的出发点。

《资本论》第1卷，从考察直接的生产过程中分析了资本和劳动这一最基本的生产关系以及由此决定的最基本的阶级关系；《资本论》第3卷没有孤立地、而是紧密结合生产分析分配问题，从而有力地证明了必须到生产关系、首先是最基本的生产关系中去寻找阶级的分野。正是因为在阶级社会中，基本的生产关系是各个不同阶级存在及其相互之间各种内在联系的根据，所以当人类进入阶级社会以后，一定历史类型的生产关系总是要体现为一定的阶级关系，或者社会集团的关系。而分析每个阶级所处的地位、发展条件，揭示社会的阶级关系，也就是分析人格化的生产关系。因此，在阶级社会和有阶级存在的条件下，要做到用客观态度去分析现代社会中整个阶级所处的地位，并且同对整个阶级的发展条件的分析结合起来。首先就必须弄清其赖于依存的生产关系。具体到资本主义社会，占统

① 《马克思恩格斯全集》第46卷（上），人民出版社1979年版，第108页。

② 《马克思恩格斯全集》第46卷（上），人民出版社1979年版，第200—201页。

治地位的、起决定作用的生产关系是资本。与此相应，作为这个社会占统治地位的人格化的生产关系和阶级利益的承担者，就是占统治地位的资本家阶级。

三　社会的上层建筑根源并反作用于物质的经济基础

《资本论》揭示了一个社会的生产关系以及人格化的生产关系——阶级关系的特点、性质，就为从经济基础的物质性论证、说明，过渡对上层建筑依赖于物质的论证和说明提供了前提。

《资本论》研究的“是资本主义生产方式以及和它相适应的生产关系和交换关系”①。其基本逻辑结构中并不包括上层建筑。但是，它在考察经济基础必要的范畴内对上层建筑进行一定考察是必要的。第一，只有这样，才能从整体上理解一个社会的发展。因为任何一个社会形态都是上层建筑和经济基础的内在统一。否则不能把唯物主义一元论历史观贯彻到底。第二，只有这样，才能有效地反驳对历史唯物主义的庸俗化和歪曲。如俄国自由主义民粹派首脑米海洛夫斯基曾把历史唯物主义歪曲为“经济唯物主义”，攻击历史唯物主义不顾及社会生活的全部总和；而让·饶勒斯则把历史唯物主义歪曲为相对主义、折中主义，说什么“唯物主义历史观并不妨碍作历史唯心主义的理解”②。可见，只有科学地阐明了上层建筑和经济基础的内在联系，才能抵制并战胜这些反马克思主义的奇谈怪论。

如前所述，马克思从对经济基础的考察转到对上层建筑的考察，是通过阶级这个范畴作为过渡环节的。《资本论》第 3 卷第 6 篇主要考察地租，从对资本主义生产关系的考察说，这是最后一个经济范畴；而《资本论》第 3 卷第 7 篇第 52 章即最后一章却是阶级，阶级又成为全书最后一个范畴。《资本论》这种结构安排并非随意而为，而是体现了一个历史唯物主义的重要原理：在阶级社会中，一定的生产关系总是要体现为一定的阶级关系。按照这个原理，把阶级及其关系的考察作为全部著作的总结和完成就是理所当然了。

马克思对上层建筑的考察，包括政治上层建筑和意识形态两大部分。

---

① 《马克思恩格斯文集》第 5 卷，人民出版社 2009 年版，第 8 页。

② 转引自许征帆等主编《马克思主义学说史》第 2 卷，吉林人民出版社 1987 年版，第762 页。

政治上层建筑部分又包括国家和法律。

首先，从最接近经济基础的环节——国家考察起。依次考察了国家起源、本质、职能和在政治上层建筑中地位问题。马克思明确指出，国家是生产关系自身的统治表现。它是资本的发展（从对劳动的指挥权发展成为对政治的统治权、精神的指导权）的结果。它是生产关系本身适应一定的生产力发展水平，又“产生出新的统治和从属关系（它又生产出自己本身的统治表现等）”①。国家的性质是一个阶级压迫另一个阶级的工具。就其职能说，它是执行经济必然性的工具。资本主义国家履行着从资本的原始积累到生产的管理等职能，在这个意义上，国家是一种经济力。

其次，马克思强调，法律也是适应阶级统治的需要，从一定的生产关系、阶级关系中产生的。阶级性是法律的本质特征。诸如雇佣劳动的立法，就是适应资本家剥削工人的需要而产生的，又始终以工人为敌的。同样，“作为法律的、政治的和社会的关系上发展了的东西，自由和平等不过是另一次方上的再生产物而已”②。

再次，马克思考察了上层建筑中的意识形态。这是离经济基础更远的部分。但是，人们的各种认识、思想、意识等“观念的东西不外是移入人的头脑并在人的头脑中改造过的物质的东西而已”③。事实上，《资本论》中从商品及其价值范畴开始直到地租这个资本主义生产关系的最后的一个范畴，反映整个资本主义生产关系的经济范畴及其体系，都是先有了这个范畴链反映的客观对象本身及其形成的过程，然后才可能在人的头脑中产生这个范畴体系。它们不是观念的产物，而是一定的社会物质过程的产物。

综合上述，《资本论》就证明了，包括社会意识、政治上层建筑在内的全部上层建筑，其根源都深藏在物质基础之中。

《资本论》对一个特定的社会即资本主义社会，从经济基础到上层建筑所作的唯物主义一元论的全面论证，是要说明社会发展的各个方面归根到底都是物质运动的形态或者物质的反映。人们的“物质关系形成他们的一切关系的基础”④。但是如何使这种对一种特定社会的论证适合整个

---

① 《马克思恩格斯全集》第49卷，人民出版社1982年版，第86页。
② 《马克思恩格斯全集》第46卷（下），人民出版社1980年版，第477页。
③ 《马克思恩格斯文集》第5卷，人民出版社2009年版，第22页。
④ 《马克思恩格斯全集》第27卷，人民出版社1972年版，第478页。

人类社会的历史发展呢？这是需要在理论上进一步解决的问题。

解决这个问题，马克思在方法论上，运用了“人体解剖是猴体解剖的钥匙”的方法。马克思说：“人体解剖对于猴体解剖是一把钥匙。反过来说，低等动物身上表露的高等动物的征兆，只有在高等动物本身已被认识之后才能理解。因此，资产阶级经济为古代经济等等提供了钥匙。”[①]这说明，一类现象在低级阶段上所有的本质特征，只有在充分成熟的高级阶段上，才能表现得特别明显。或者说，以铁的必然性发生作用的自然法则，在不发达的阶段上只透露出一种暗示，而在充分发展的阶段上，则是深入贯彻下去的法则本身。这种考察，虽然是从后面、从发展过程的完成的结果开始的，与人类生活形态的现实发展道路相反。然而，在这样最丰富的具体的发展点上，“一种东西为许多东西所共有，为一切所共有”[②]。在这里进行考察，就容易得到最一般的规律。

在《资本论》中，马克思为了从完全成熟而具有典范形式的发展点上考察问题，他采取了双重抽象的方法，一是从人类社会历史发展的纵向中抽取一个当时最发达、最复杂的社会——资本主义社会进行解剖；二是从当时资本主义社会发展的横向中，又抽取英国作为理论阐述的典型地点。因为“到现在为止，这种生产方式的典型地点是英国”[③]。通过这二重抽象，使得每一个要素可以在它完全成熟而具有典型形式的发展点上加以考察。这样，从前者的解剖，不仅显示出未来社会的某些征兆，而且提供了解剖以往社会的钥匙，从而导出整个人类社会发展的一般辩证法；从后者的解剖，就突破了“辩证法的局部情况”，导出资本主义社会发展的“一般辩证法”。这样，就解决了这里的一般与个别的矛盾，揭示出资本主义社会的生产关系的重复性和常规性。从而一定社会经济形态发展的自然史过程的性质，一个社会的经济形态为另一个社会经济形态所代替的必然性得到了科学论证。

《资本论》就这样全面地、完整地实现了“对唯物主义历史观的论证”[④]。

（原载《马克思主义研究》2011 年第 5 期，第二作者为杨芳）

---

① 《马克思恩格斯选集》第 2 卷，人民出版社 1995 年版，第 23 页。

② 《马克思恩格斯全集》第 46 卷（上），人民出版社 1979 年版，第 42 页。

③ 《马克思恩格斯全集》第 23 卷，人民出版社 1972 年版，第 8 页。

④ 《列宁全集》第 1 卷，人民出版社 1984 年版，第 115 页。

《资本论》对马克思主义政治经济学的奠基性贡献

《资本论》是马克思的重要著作之一。它是马克思主义哲学和科学社会主义的杰作，而首先是伟大的政治经济学著作。作为伟大的政治经济学著作，它对无产阶级政治经济学的贡献是杰出的、多方面的。这里仅从三个方面作粗浅的探讨。

一　在全面深入的批判中，实现了政治经济学的彻底变革

《资本论》的副标题为《政治经济学批判》，表明了它在批判资产阶级政治经济学方面的重大贡献。正是在批判资产阶级政治经济学的基础上，《资本论》实现了政治经济学的彻底的革命性变革。

（一）马克思对前人劳动成果的辩证扬弃

列宁在谈到马克思时曾深刻指出："凡是人类社会所创造的一切，他都有批判地重新加以探讨，任何一点也没有忽略过去"。[①] 在政治经济学领域也是如此。《资本论》的创作史、《资本论》叙述的基本内容、其中大量的附注表明，马克思对资产阶级古典政治经济学，包括李嘉图以前的资产阶级经济学（主要是重农学派和亚当·斯密的经济理论）、李嘉图的经济学理论体系及其以后的资产阶级政治经济学（主要是古典政治经济学的瓦解过程和庸俗政治经济学）进行了透彻的分析，对前人的成果既尊重，又不盲从，总是对其中的科学因素加以继承发展，对庸俗的因素予以彻底批判。概括起来，主要有三个方面：

一是吸收别人的理论观点、范畴和材料，都加以注明，绝不简单取用。2009 年 12 月由人民出版社出版的《马克思恩格斯文集》第 5 卷《编

① 《列宁专题文集·论马克思主义》，人民出版社 2009 年版，第 296 页。

辑说明》中指出，在目录和正文中，引文中尖括号〈〉内的文字和标点符号是马克思加的，引文中加圈点处是马克思恩格斯加着重号的地方；未注明“编者著”的脚注是马克思恩格斯的原注。这其中很多就是马克思对他所吸收的理论观点、范畴和使用的材料的注明。

二是对有价值的见解都给予肯定，积极评价其科学价值和贡献。如马克思肯定了古典政治经济学家试图阐明经济现象的内在联系，指出他们第一次把理论考察从流通领域转移到生产领域，对资本主义生产关系作了初步分析。认为他们所奠定的劳动价值论基础，不同程度上对利润、利息、地租等剩余价值各种形式的研究，为政治经济学的发展作出重要贡献。

三是对错误观点给予有理有据有说服力的批判，不仅揭露其实质，而且剖析其产生的原因。如指出古典政治经济学家陷于资产阶级立场、唯心主义历史观和形而上学的泥淖，研究政治经济学总是从抽象的人性出发，因而不可能彻底地了解资本主义经济的发展规律，在其理论体系中，除了科学因素之外，还包含着把资本主义生产说成是永恒的等庸俗因素。

（二）《资本论》对资产阶级政治经济学的整体批判

首先，马克思在批判资产阶级政治经济学研究对象的基础上，实现了政治经济学研究对象上的革命变革。

马克思指出，资产阶级政治经济学基于资产阶级立场、唯心主义历史观和形而上学的方法，总是从人的本性出发来描述经济现象，不是把他们的政治经济学理论视为那个时代物质生活的关系和需要的产物，而是永恒理性的表现；其任务不是要阐明历史地规定的生产和交换的规律，而是从人的本性中引申出来的永恒的自然规律。如斯密和李嘉图这些18世纪的经济学家们，把“单个孤立的猎人和渔夫”作为研究生产的出发点；资产阶级政治经济学本来研究的是资产阶级的财富，但是他们把这种研究对象抽象成一般国民财富的生产或分配规律，总是侈谈“生产一般”，不谈社会生产的特殊形式，以图把资本主义生产规律说成“生产的一般规律”，把政治经济学搞成研究“生产一般规律”的科学，通过把资本主义生产方式以及和它相适应的生产关系和分配关系永恒化，把资本主义社会说成是永恒的社会形态；与上述特点密切相连，他们只研究物与物的关系，被物的关系所掩盖的物质生产中的人与人的关系在他们的理论视野之外。资本主义生产的拜物教特征在资产阶级政治经济学中表现得十分鲜明。

马克思用历史唯物主义观点批判了资产阶级政治经济学关于政治经济学研究对象的错误观点，明确指出，《资本论》运用的“不是从人出发，而是从一定的社会经济时期出发的分析方法”①，科学说明了生产的社会性和历史性，把狭义政治经济学的研究对象确定为资本主义生产方式以及和它相适应的生产关系和分配关系，确定为资产阶级社会中人和人的经济关系。《资本论》在第 1 版序言中明确指出：“我要在本书研究的，是资本主义生产方式以及和它相适应的生产关系和交换关系。”② 这样，马克思就在政治经济学研究对象上实现了革命变革。

其次，马克思在批判资产阶级政治经济学研究方法的过程中，确立了无产阶级政治经济学的唯物主义历史观和唯物辩证法的基础。

斯密、李嘉图从生动的整体开始，通过分析，抽象出劳动、分工、需要、货币、价值、交换价值等这些有决定意义的一般的要素以后，又从这些简单的、抽象的要素上升到国家、国际交换和国际市场等，对资本主义生产的内在联系进行了一定程度的考察，从而对资产阶级经济这个具体的整体获得某些科学的认识。

但是，18 世纪古典经济学家在研究方法上既有科学的一面，又有不科学的甚至庸俗的一面。斯密的著作中有“两种理解方法，一种是深入研究资产阶级制度的内在联系，可以说是深入研究资产阶级制度的生理学，另一种则是把生活过程中外部表现出来的东西，按照它表现出来的样子加以描写、分类、叙述并归入简单概括的概念规定之中”③。前一种是分析资产阶级制度内在联系的方法，后一种是描述外部表现的方法，这两种方法在斯密著作中互相交替，自相矛盾。相对斯密来说，李嘉图在方法上又前进了一大步，但是他仍然是“一方面具有科学的合理性和巨大的历史价值，另一方面，它在科学上的缺陷也是很明显的”④。归纳起来说，李嘉图对科学抽象方法的运用有四个方面的根本错误：

一是抽象过头。如他在研究资产阶级生产时，把这种特殊形式的生产抽象为一般的生产，把资产阶级财富抽象为一般国民财富，使资产阶级生产失去了具体社会性和历史性。

---

① 《马克思恩格斯全集》第 19 卷，人民出版社 1963 年版，第 415 页。
② 《马克思恩格斯文集》第 5 卷，人民出版社 2009 年版，第 8 页。
③ 《马克思恩格斯全集》第 26 卷（第 2 册），人民出版社 1973 年版，第 182 页。
④ 《马克思恩格斯全集》第 26 卷（第 2 册），人民出版社 1973 年版，第 183 页。

二是抽象不足。例如，在研究剩余价值时，李嘉图没有把它和由资本主义的竞争所引起的剩余价值转化形式，即平均利润区分开。没有把价值与生产价格、剩余价值与平均利润区分开。马克思说：“同其它一切经济学家一样，李嘉图从不研究剩余价值本身，就是说，他不是撇开它的特殊形式如利润、地租等去进行研究。这一点在比前一点大得多的程度上损害了他的分析。”[①]

三是跳过中介环节。他“跳过必要的中介环节，企图直接证明各种经济范畴相互一致”[②]。例如，他在碰到商品的费用价格和价值不一致时就是如此。所以说李嘉图的“抽象是形式的，本身是虚假的”。

四是强制抽象。李嘉图还往往“想通过强制的抽象把多种多样的现象只归结为唯一的一种情况”[③]。

马克思在批判资产阶级政治经济学研究方法的过程中，把唯物史观和唯物辩证法运用于政治经济学研究，明确指出他所使用的方法与黑格尔的方法是根本相反的。关于政治经济学研究路径，应该遵循“具体—抽象—具体”这一完整的理性认识方法，通过两条道路来进行。“在第一条道路上，完整的表象蒸发为抽象的规定”，就是从一个浑沌的关于整体的表象，经过更切近的规定之后，在分析中达到越来越简单的概念；从表象中的具体达到越来越稀薄的抽象，直到一些最简单的规定（即从现象进到本质）如商品、货币、价值、资本、剩余价值这些抽象的一般形式；然后，“在第二条道路上，抽象的规定在思维行程中导致具体的再现”，就是从已达到的一些最简单的规定回过头来，在思维中又回到最初的整体，即从上述抽象的一般形式上升到产业资本、商业资本、借贷资本这些资本的具体形式，上升到利润、利息、地租这些剩余价值的具体形式，再现资本主义经济这个复杂的具体整体，但这时已不是一个浑沌的关于整体的表象，而是一个阐明了资本主义经济的内在矛盾及其发展规律、具有许多规定和关系的丰富的总体。

这样，《资本论》就成为唯物史观和辩证法最深刻、最全面、最详尽的证实和运用的具体体现，成为政治经济学方法变革的生动证明。

---

① 《马克思恩格斯文集》第5卷，人民出版社2009年版，第598页。

② 《马克思恩格斯全集》第26卷（第2册），人民出版社1973年版，第181页。

③ 《马克思恩格斯全集》第26卷（第2册），人民出版社1973年版，第300页。

（三）马克思对资产阶级政治经济学各种理论观点的批判

《资本论》第一卷研究了资本的生产过程。在整卷分析和论证中，马克思集中对古典政治经济学的价值理论、利润理论和资本积累理论，对科学的价值理论，商品理论和货币理论，狭义剩余价值理论、资本理论和工资理论，资本积累理论等作了科学表述。

《资本论》第二卷研究了资本的流通过程。在这一卷的分析和论证中，马克思批判改造了资产阶级经济学家的资本流通和再生产理论，包括批判他们只考察某种资本形式运动的片面性、关于固定资本和流动资本的错误观点。在批判“斯密的教条”的基础上，第一次研究了产业资本运动的三个阶段和三种职能形式，考察了产业资本循环的三种形式即货币资本的循环、生产资本的循环、商品资本的循环和保证其循环连续性的条件；第一次分析了资本周转对剩余价值生产的影响，第一次分析了社会资本再生产的实现条件等，系统阐述了资本形态变化及其循环的理论、资本周转的理论、社会资本再生产和流通的理论。

《资本论》第三卷研究了资本主义生产的总过程。在这一卷中，马克思深入批判了资产阶级经济学家的利润理论、费用价格理论和地租理论，在此基础上，对平均利润和生产价格理论、商业资本和生息资本理论、地租理论作了科学叙述。展开来说，马克思纠正了古典政治经济学混淆剩余价值与其特殊形式——利润和平均利润、混淆价值和由商品的成本价格加平均利润构成的生产价格的错误，纠正了资产阶级经济学家混淆商业资本和产业资本、生息资本的错误观念。在批判地研究资产阶级经济学家关于地租理论的基础上，纠正了李嘉图否定绝对地租存在和级差地租问题上的错误。与上述批判研究相应，马克思科学分析了剩余价值转化为利润和平均利润、价值转化为生产价格的过程，以价值规律为基础阐明了平均利润率的形成，解决了古典政治经济学体系中平均利润率和价值规律的矛盾，深刻揭示了资本主义生产方式内部的种种对抗性矛盾；分析了商业资本的特性以及最复杂的生息资本和信用问题；运用平均利润和生产价格理论，正确分析了绝对地租和级差地租产生的原因和条件。

二 《资本论》是马克思的主要著作和经济理论成熟的主要标志

无论是从《资本论》的创作历程，还是从《资本论》的结构和理论内容看，《资本论》都是马克思的主要著作和经济理论成熟的主要标志。

从马克思的经济理论发展史看，《资本论》已经接近完美。马克思从1843年10月始直到他逝世，对政治经济学的科学研究长达40年。这40年中，马克思的经济科学研究工作包含两个相互交融而又统一的过程：对古典政治经济学从否定到批判地继承和革命地改造的过程；自己的经济理论从初步提出、逐步成熟到科学化的过程。

马克思的经济理论研究始于19世纪40年代。在《1844年经济学哲学手稿》中，马克思使用"异化劳动"的概念，揭露了建立在生产资料资产阶级私有制基础上的工人阶级和资产阶级的根本对立。这时他对古典政治经济学的劳动价值理论持否定态度，也未确定自己经济理论的基础和出发点。1845年，马克思恩格斯在《德意志意识形态》中初步形成了唯物主义历史观，也就为无产阶级政治经济学奠定了最重要的方法论基础。

40年代后半叶，马克思的经济理论研究获得重要进展。这充分反映在《哲学的贫困》《雇佣劳动与资本》《共产党宣言》等著作中。这时马克思已经肯定了古典政治经济学的劳动价值论，并以此为基础开始探求资本主义剥削的秘密，非常清楚地知道价值论中的货币数量论等错误理论的影响，还未提出剩余价值范畴，还没有克服资产阶级经济学关于最低限度工资的错误观点。

50年代前半叶，马克思为形成自己的经济理论进行了充分准备。这时他对经济理论的探讨一是涉及面广泛，二是特别注重资产阶级政治经济学史材料的积累，三是批判和克服了资产阶级经济学的一系列错误理论。在有关批判分析中，马克思相应提出了关于地租理论的新观点，阐述了经济危机理论。这些理论成果为马克思经济理论研究取得重大进展铺平了道路。正是在这些成果的基础上，19世纪50年代后半叶，马克思在《1857—1858年经济学手稿》《政治经济学批判》第一分册中，初步形成了马克思主义政治经济学体系，其中包括系统的价值理论和狭义剩余价值理论。

60年代上半期，马克思最终确立了自己政治经济学的主要著作——《资本论》的"四卷结构"；进一步发展和系统阐述了价值理论、狭义剩余价值理论和资本积累理论；创立了科学的政治经济学史；形成了社会资本再生产理论、平均利润和生产价格理论、地租理论，进一步发展了经济危机理论。

上述科学成果表明，马克思的包括广义剩余价值理论在内的经济理论科学体系已经确立。60年代中期以后至80年代初，马克思又对资本循环和资本周转的理论、社会资本再生产理论作了进一步地系统阐述，还对土地所有制和地租问题、银行和信用问题作了深入研究。

从结构和理论内容看，《资本论》是马克思政治经济学研究的理论结晶。《资本论》第一卷德文第一版分六章：（1）商品和货币；（2）货币转化为资本；（3）绝对剩余价值生产；（4）相对剩余生产；（5）绝对剩余价值生产和相对剩余生产的进一步研究；（6）资本的积累过程。马克思于1873年对《资本论》第一卷进行了修订并出版了第二版，改章为篇，将第五章中的工资问题另立一篇，全书变成七篇二十五章（将第一版中的小节提升为章）。《资本论》第一卷德文第三、四版由恩格斯主持，结构同第二版。《资本论》第一卷经马克思一再修订，成为对资本的生产过程进行科学表述的、具有科学化形态的著作，成为“一个艺术整体”①。

第二卷是《资本论》第一卷理论部分的续篇。恩格斯根据马克思生前的亲口指定，以马克思的“遗著处理人”② 的身份，编辑出版了《资本论》第二、三卷。但恩格斯是根据马克思写的第二册的八个手稿中后七个手稿进行编辑的。恩格斯在编辑中对马克思的“每一个字都贵似金玉”③。《资本论》第二卷反映了马克思对资本的流通过程研究的主要成果。

第三卷也是恩格斯编辑而成的。但恩格斯同样是根据马克思遗稿中关于这一册的材料进行编辑的，包括四个部分：马克思在1864—1865年间写的手稿，这是编辑第三卷的主要内容来源；马克思在1867—1880年间所形成的个别章节的手稿；一本用方程式说明剩余价值率和利润率关系的笔记；1867年以后阅读各种有关书籍、报刊所作的大量摘录、评注的札记。④ 这些材料反映了马克思对资本主义生产总过程研究得出的一系列结论。

第四卷是历史文献部分，按马克思《1861—1863年经济学手稿》的主要部分编排出版。这一卷是马克思对政治经济学说史的详细阐述。作为《资本论》第四卷出版的《剩余价值理论》，共分三册，正文结构按马克

---

① 《马克思恩格斯〈资本论〉书信集》，人民出版社1976年版，第196页。

② 《马克思恩格斯全集》第36卷，人民出版社1975年版，第3—4页。

③ 《马克思恩格斯全集》第36卷，人民出版社1975年版，第28页。

④ 许征帆等编著：《马克思主义学说史》第2卷，吉林人民出版社1987年版，第268页。

思原稿的次序编排，章节和段落根据马克思在手稿笔记本封面写的目录和有关提示划分，章节标题有的是根据马克思自己为手稿所拟的标题或制定的有关计划中的标题加的。[①]

《资本论》四卷的出版，表明马克思研究经济理论的宏伟计划最基本的部分已得到了实现：马克思于 1862 年确定的《资本论》四卷写作计划，尽管后三卷的内容还是手稿形式，但预定计划已基本完成；马克思研究经济学要得到的种种理论原理，《资本论》已制定出来；马克思研究政治经济学的目的，即批判资产阶级经济学，阐明资本主义经济的发展规律，相应地提出各种经济理论等，也已基本达到。因此我们说，作为马克思“主要著作”[②] 的《资本论》，是马克思经济理论成熟的主要标志。

三 《资本论》是对工人阶级政治经济学的科学表述

恩格斯在《卡尔·马克思》中的一句名言就是，《资本论》是对工人阶级政治经济学的科学表述。[③] 恩格斯还说，自从地球上有资本家和工人以来，没有一本书像《资本论》那样，对于工人阶级具有如此重要的意义。因为它所涉及的不是鼓动性的词句，而是严密的科学结论。

马克思以坚定的工人阶级立场，运用唯物主义的历史观，批判地证明了资本主义取代封建的生产形式和交换形式的必然性，正面阐述了资本主义的生产形式和交换形式的规律，进而对它进行了社会主义的批判。通过这个过程，马克思作出了“三大证明”：

——资本主义取代封建主义以后，由于它生产方式本身内在矛盾的发展，其生产形式、交换形式由生产力的发展形式逐渐变为生产力发展的桎梏。

——由资本主义生产性质所决定的分配形式，必然造成资产阶级和工人阶级穷富两极尖锐对立。

——资本主义生产方式内部所造成的巨大生产力，既是置自身于死地的强大武器，又是催生新的社会的物质基础，还将成为未来新社会保证全体社会成员得到自由发展的手段。

---

① 许征帆等编著：《马克思主义学说史》第 2 卷，吉林人民出版社 1987 年版，第 401—402 页。

② 《马克思恩格斯全集》第 31 卷，人民出版社 1972 年版，第 236 页。

③ 《马克思恩格斯全集》第 16 卷，人民出版社 1964 年版，第 411 页。

马克思通过"三大证明"，揭示了资本主义内在的否定之否定规律，使资本主义社会中工人阶级被剥削、被压迫的地位和命运得到了最真切的分析，通过剩余价值学说，使资本家剥削工人的秘密得到了最深刻的说明。在社会主义思想史上第一次科学地揭示了资本和劳动的关系的真相，从而阐明了资本主义产生、发展和必然灭亡的规律。

这样，《资本论》就成为马克思"第二个伟大发现"最深刻、最详尽、最全面、最系统的论证和阐述。因此，工人阶级总是把《资本论》的科学分析及其结论，看成对自己的生存状况、历史命运和前途期望所作的最真切的表达，看成本阶级伟大革命运动的基本原则，看成"我们的剑，我们的铠甲，是进攻和防御的武器"①。如恩格斯所说，工人阶级把《资本论》"看做自己理论的圣经，看作一个武库，他们将从这个武库中取得自己最重要的论据"②。也正是在这个意义上，恩格斯把《资本论》称为"工人阶级政治经济学的科学表述"③。

四 深入研究《资本论》的重大意义和现实针对性

重温《资本论》，深入把握其所阐述的政治经济学原理，把握其在马克思主义政治经济学形成和发展中的奠基性贡献，有强烈的现实针对性。

1. 返本开新——《资本论》作为马克思最为重要的政治经济学著作，是马克思主义政治经济学基本原理和根本原则的理论宝库，它不仅全面地、集中地表达了马克思主义的立场、观点和方法，而且它在揭示资本主义经济运动规律的同时，揭示了社会主义经济运动和人类社会普遍适用的一系列经济规律，提出了许多极为重要的思想，有重大的现实指导意义。此外，《资本论》所揭示的资本主义某些特有的经济规律，在抛弃它的资本主义性质和目的以后，某些具体操作性的办法，对于发展社会主义经济也有一定的借鉴作用。因此，从中国特色社会主义建设事业的伟大实践出发，深入挖掘《资本论》阐述的基本理论并和当代世界、当代中国的具体实际结合起来，大胆进行理论创新，将开拓马克思主义政治经济学的新境界。

---

① 《约·菲·贝克尔致列斯纳（1867年10月11日）》，转引自《第一国际》第1卷，生活·读书·新知三联书店1980年版，第124页。

② 《马克思恩格斯全集》第16卷，人民出版社1964年版，第236—237页。

③ 《马克思恩格斯全集》第16卷，人民出版社1964年版，第411页。

2. 拨云见日——重温《资本论》，用马克思所揭示的资本主义社会的本质特征、发展规律和历史命运的理论来研究今天的资本主义世界，就会发现，今天的资本主义虽然进行了种种改革，一度出现了短时间的繁荣和相对稳定，在与社会主义阵营的长期较量中取得了暂时的胜利，但其根本的经济制度没有改变，所有制形式没有改变，无产阶级与资产阶级的对立与矛盾关系依旧，因而，它必然为社会主义所代替的历史命运也没有改变。2008年席卷全球的国际金融危机就是对《资本论》中所阐明的资本主义危机理论的又一次有力证明，对马克思主义政治经济学理论真理性的再次证实。

3. 拨乱反正——重温《资本论》，深刻把握其所阐发的马克思主义政治经济学基本原理和根本方法，对我们深入批判各种反马克思主义思潮，有效抵制现代西方经济学理论对我国理论工作者和青年大学生的不良影响，正确应对当前意识形态领域的复杂局势，有着迫切的意义。确实，由于西方敌对势力的西化与分化，由于世界社会主义运动的暂时挫折，部分学者和青年学生对我国的社会主义市场经济建设实践产生误解，对马克思主义政治经济学的信仰发生动摇，认为马克思主义政治经济学过时了，《资本论》的结论被“证伪”了，要用西方自由主义经济学理论来补充甚至取代马克思主义政治经济学。在这种背景下，深入研究《资本论》对形形色色资产阶级经济学批判的理论和方法，对我们今天科学分析和研究现代西方经济学，揭示西方经济学的阶级基础和意识形态本质，扭转和改变经济学理论研究和实践中存在的种种不良现象，坚持马克思主义政治经济学的指导地位，具有重要的现实指导意义。

（原载《高校理论战线》2012年第1期）

试论马克思早期的革命现实主义历史观点*

马克思的唯物史观，在马克思和恩格斯合著的《德意志意识形态》中第一次作了全面的论述。1845 年以前，马克思历史观的发展大体上可以分为两个阶段：1835 年—1843 年春，是唯物史观创立之前的时期，1843 年夏—1845 年春，是转向唯物史观的时期。这两个阶段虽然都具有过渡的性质，但是既有质的不同，又有紧密的内在联系。可以说，前一时期是后一时期的必要准备，后一时期是前一时期合理因素发展的必然归宿。长期以来，学术界对于马克思创立唯物史观之前的历史唯心主义，论述较多，而对于他这个时期历史观中的合理的理论因素及其特点，系统发掘和研究不够。这种情况实际上把前后两个阶段割裂开了，很难从内部联系上说明马克思唯物史观形成的有机过程。为克服这一缺陷，具体地、准确地把握马克思这一时期历史观的特点，本文试图对 1843 年春以前蕴藏于马克思历史观中的革命现实主义的内容、特点作些初步探讨，恳求得到指教。

一　革命现实主义历史观点产生的历史必然性

1843 年春以前，马克思的历史观从总体上说是唯心主义的，但是其中包含不少为后来转向唯物主义历史观奠定基础的合理因素。这些因素构成马克思早期历史观中的革命现实主义。如果说“低等动物身上表露的高等动物的征兆，反而只有在高等动物本身已被认识之后才能理解”①，那么，以历史唯物主义的观点，来探讨这种革命现实主义，就自然会感到

---

* 注：本文所说的马克思早期历史观限于 1835—1843 年春。

① 《马克思恩格斯文集》第 8 卷，人民出版社 2009 年版，第 29 页。

它是历史唯物主义的一种征兆。

马克思青年时期，在思想上一度产生这种独特的社会历史观点，绝不是偶然的。它是德国社会政治、经济的现实同黑格尔庞大唯心主义哲学体系之间的尖锐矛盾的一种反映，不能不带有某种时代的特点。我们知道，19 世纪的 30—40 年代，德国日益发展起来的资本主义工业经济同封建专制制度的矛盾不断加深，社会各阶级的根本利益的冲突日益加剧。面对着错综复杂的社会矛盾，各个阶级的思想代表，按各阶级的利益和要求提出了整治社会的种种药方。在当时诸思想派别中，影响最大的要算是德国资产阶级世界观的代表黑格尔哲学体系，它有极其宏伟的历史观。但是，由于德国资产阶级本身的软弱性和妥协性，黑格尔没有从他的辩证法原则本身，而是从建立他的哲学体系时的社会环境作出了保守的政治结论，因而他未能对社会矛盾提出的现实任务，作出科学的解释。继后的青年黑格尔派抛弃了黑格尔哲学的保守的论点，对当时的思想解放起过重大的作用，但是他们在自我意识哲学的支配下，把革命限制在理论变革的范围内。这种社会历史特点，在思想理论战线上，一方面客观上要求人们透过各种思想体系，特别是作为当时“德国思想发展的最复杂但也最准确的指标”①的黑格尔哲学体系，去重新探索真实的历史过程，科学地解释德国错综复杂的现实社会矛盾，找出改造德国社会的正确道路。另一方面，长久以来庞大的黑格尔哲学体系，仍然以一种巨大的精神力量，禁锢着人们的思想，直接强烈地影响着包括青年马克思在内的一代人，使之不能在短期内根本摆脱黑格尔观念的束缚。青年马克思就是在这种特定的历史环境下，开始自己的理论与革命实践活动的。作为坚定的革命民主主义者的青年马克思，从彻底变革社会现实的强烈热望出发，力图抓住社会历史的真实，探索改造现实社会的客观规律。但是这种探索又没有根本摆脱黑格尔唯心主义哲学体系，因此，这就不能不在青年马克思早期理论创作活动中产生矛盾：力图反映社会历史真实同受黑格尔客观唯心主义哲学体系的深刻影响之间的矛盾。马克思在 1843 年以前的革命现实主义的历史观点，就是他思想上已经产生但又尚未充分发展的上述矛盾的理论反映。它是马克思唯物史观形成以前，以客观现实主义态度去认识和理解社会历史的观点。这种观点若明若暗地存在于黑格尔唯心主义体系的外壳之中，而又表现出

---

① 《马克思恩格斯选集》第 1 卷，人民出版社 1972 年版，第 510 页。

独特的内容。

列宁说：解决社会科学问题，最可靠、最必需、最重要的就是不要忘记基本的历史联系。① 为弄清马克思早期革命现实主义的历史观点，我们对它的发展作些粗略的历史考察。

二 革命现实主义历史观点的初步确立

马克思革命现实主义的历史观点，最初表露在他中学毕业论文《青年选择职业的考虑》（1835 年）中，他在那里提出了关于客观社会现实决定人们寻求职业的主观意念的独特见解。在大学时代，马克思研究黑格尔哲学，照其客观性、辩证性和能动性原则，着力去观察社会历史和现实，确定哲学要反映现实社会内部所固有的、作为社会历史“自我运动”、自我发展的规律性，从而滋长着自发的唯物主义倾向，构成他历史观上的黑格尔哲学体系同对现实生活的客观解释的矛盾。

1841 年马克思完成的《博士论文》，第一次以一种哲学形态表现了自己的革命现实主义历史观点。四十年代初的德国，社会矛盾日益尖锐。已经确立了革命民主主义立场的青年马克思，苦苦思索着：怎样消除社会灾难，使人摆脱专制压迫？哲学同生活如何联系起来？在思考和探索中，他广泛地钻研哲学史，从中发现伊壁鸠鲁等哲学体系同希腊生活的关联，认为伊壁鸠鲁在自己生活的时代，已经以素朴的形式初步提出了近代卓越思想家们力求解决的根本性的政治和哲学问题。于是，他企图通过对古希腊早期哲学思想的批判认识来为分析现代的社会关系找出理论根据。这一根本出发点决定了《博士论文》中的革命现实主义的历史观点。

第一，把积极干预和改变现存社会制度规定为哲学的根本目标。

马克思从哲学和历史发展的关系上探讨了哲学的本质。他根据黑格尔关于精神和具体世界之间的内在联系的原则，提出哲学精神的发展是通过与世界的一种特殊的相互作用而实现的。这是一个既对立又统一的过程：当世界合理发展时，精神就和世界协调一致，当世界变得不合理时，精神就从世界分离出来，作为意志同它对立，以便扬弃自己，在世界哲学化的过程中，使世界重新获得合理的性质。整个世界历史就是哲学和世界的辩证过程。这里，虽然精神是绝对创造活动的力量，但是，世界历史内部的

① 参见《列宁全集》第 37 卷，人民出版社 1986 年版，第 61 页。

辩证矛盾却是发展的动力。这个区别于黑格尔，也区别于鲍威尔的崭新哲学见解，为哲学积极干预和改变现存社会制度提供了理论根据。在马克思看来，当时的普鲁士，正是哲学和变得不合理的社会现实处于分裂、矛盾的时期。马克思对德国社会现实的愤愤懑讲话在他的政治诗里就强烈地表现出来了。在这里，马克思论证了哲学精神有规律地向革命实践过渡的原则。指出改造不合理的世界，建立新生活，是哲学生活途径之最集中的表现，是哲学的根本目标，“正象普罗米修斯从天上盗来天火之后，开始从土地上建屋安家一样，哲学把握了整个世界之后，就起来反对现存世界”[①]。马克思认为，伊壁鸠鲁原子偏离直线运动学说的价值，在于论证了个人意识在无能为力和受压迫的世界中，如何不受外部命运的支配而确立自由。但是，伊壁鸠鲁把个人意识同世界对立起来，使精神不能作用于周围环境，这种绝对自由不可能是现实的。马克思的这些思想在某种程度上摒弃了黑格尔关于哲学是“纯思想的王国”的说教，也突破了青年黑格尔派“批判哲学”的局限性。

第二，把攻击神灵信仰作为同现存社会制度作斗争的重要方面。

在当时的普鲁士基督教国家中，宗教统治就是“政府意志的崇拜”。对宗教的批判是反映反对派政治观点的主要表现形式，对马克思来说，是他强烈要求改造不合理的社会现实的一个重要侧面。马克思在论文的附录中，通过论述普卢塔克对伊壁鸠鲁的政治批判，捍卫了伊壁鸠鲁的无神论，驳斥了普卢塔克关于神灵信仰的论证，并利用了谢林早期著作中所持的反宗教的论点驳斥了他晚年的反动神学世界观。谢林是在 1841 年 2 月被普鲁士国家聘请到柏林来宣传反动的浪漫主义，讨伐革命民主主义的，所以马克思抨击年老的谢林本身，就具有尖锐的性质。不仅如此，在论文的序言中，马克思借普罗米修斯的格言公开宣布：“说句真话，我痛恨所有的神灵”[②]，“反对一切天上的和地下的神灵。”[③] 所谓“地下的神灵”，无疑是指当时德国的反动幕政和压迫制度。马克思还指出：“一定的国家对于异国的特定神灵来说，就同理性的国家对于一般的神灵来说一样，就是这个神灵停止其存在的地方。”[④]“上帝存在的证明——不外是对于本质

---

① 《马克思恩格斯早期著作选》，莫斯科出版社 1956 年俄文版，第 195 页。

② 马克思：《博士论文》，人民出版社 1961 年版，第 2 页。

③ 马克思：《博士论文》，人民出版社 1961 年版，第 3 页。

④ 马克思：《博士论文》，人民出版社 1961 年版，第 94 页。

的人的自我意识的存在的证明，自我意识的逻辑的说明。”① 这些论点是马克思同当时反动的邪恶势力展开斗争的重要反映，在世界观上接近了费尔巴哈《论基督教的本质》一书的观点。

第三，对黑格尔哲学的疑义和初步批判。

马克思对黑格尔哲学的态度，在相当大的程度上是马克思独特的革命现实主义历史观点初步确立的标志。如列宁所说，马克思在博士论文中，按其观点来说，当时还是一个黑格尔唯心主义者。因为马克思当时还把世界历史的发展视为精神的自由进步。但是，这时的马克思，绝不是像普列汉诺夫所说的，“是黑格尔哲学的绝对崇拜者”②。事实是，在这篇学位论文中，马克思对黑格尔哲学提出了疑义和作出了初步批判。他指出，黑格尔出自“主要叫做思辨的观点”③，不能正确认识伊壁鸠鲁等体系“对于希腊哲学史和一般希腊精神的重要意义”④。黑格尔政治上的保守结论的“内在根源在于对他的原则本身的不充分或没有充分掌握”⑤。即黑格尔辩证法的缺陷。黑格尔关于“上帝或绝对者存在”的证明，“不外是空洞的同语反复”⑥。

马克思博士论文中的许多独特的革命现实主义的见解，受到了当时哲学界的极大推崇，因此，这篇论文于1841年4月在耶拿大学以通信方式顺利地完成了答辩。它标志马克思的思想发展的一个重要阶段。革命现实主义的历史观点也就初步地确立起来。

三 革命现实主义历史观点的不断深化

马克思从1842年初，特别是参加《莱茵报》写稿、任主编以后，把理论研究和政治斗争直接结合起来，不断深化了革命现实主义的历史观点。

第一，批判普鲁士专制，争取民主自由。

在当时的普鲁士，出版自由问题是社会民主势力同封建专制势力斗争

---

① 《列宁选集》第2卷，人民出版社1960年版，第576页。
② 马克思：《博士论文》，人民出版社1961年版，第2页。
③ 马克思：《博士论文》，人民出版社1961年版，第2页。
④ 马克思：《博士论文》，人民出版社1961年版，第64页。
⑤ 马克思：《博士论文》，人民出版社1961年版，第93页。
⑥ 马克思：《博士论文》，人民出版社1961年版，第93页。

的一个焦点。国王威廉四世的新的书报检查令从一个侧面反映了封建专制主义的本质。怎样对待这个检查令，是对人们政治立场和社会见解的检验。在这个问题上，黑格尔在《法哲学》中的结论是保守的，青年黑格尔派中布尔等人也抱着自由主义的幻想。相反，马克思既不从黑格尔的既定结论出发，也不醉心于虚妄的梦幻，他以独特的现实主义态度对新指令作了冷静的分析，并第一次以革命政论家的辉煌论辩才能发表了政治评论。他指出，威廉四世的新指令不是什么"恩泽"，而是专制政治的欺骗，实质在加强镇压人民的精神自由。因此，要坚决"废除书报检查制度"①。马克思这一结论，暗示出对整个普鲁士封建专制制度的否定。

进而，马克思直接批判了普鲁士君主专制制度。黑格尔在《历史哲学》中吹捧"君主政体是国家的最高形式"②。马克思却认为君主专制是以宗教为法衣的被颠倒了的社会现实，"把人兽化，已经成了政府的信仰和政府的原则"③，因而批判它是第一位的任务。马克思痛斥了自由主义派宣扬的君主立宪制思想。1842 年 3 月 5 日马克思在致卢格的信中说，他要写一篇文章批判黑格尔的法的和政治的概念，主要内容是同君主立宪制作斗争，同彻底自相矛盾和自相毁灭的这种混合物作斗争。

马克思历史观中，人民占有中心地位，反对封建专制政治和争取人民民主权利是二位一体的。所以在否定君主专制以后，马克思提出了人民政府的思想。断言没有人民政府，就没有自由的政治生活，代表权应当是人民的自我代表权。

第二，对社会各等级的初步分析。

马克思在《关于出版自由和公布等级会议记录的辩论》中，把出版自由同不同等级对待该问题的态度联系起来加以考察，开始认识到不同等级的不同观点是由不同的等级利益所决定的，从而把对社会关系的认识奠立在更为具体的现实基础上。他指出：出版辩论是一场等级论战。诸侯、贵族、资产阶级、农民各等级的代表，各受其所代表的利益的制约，政治立场各不相同：诸侯、贵族代表为书报检查制度辩护，"资产者反对派"不同于"市民反对派"的意见多受压迫的农民代表能说出"真正的历史

① ［德］黑格尔：《历史哲学》，王造时译，生活·读书·新知三联书店 1956 年版，第 343 页。
② 《马克思恩格斯早期著作选》，莫斯科出版社 1956 年俄文版，第 243 页。
③ 《马克思恩格斯全集》第 27 卷，人民出版社 1972 年版，第 422 页。

观点”。基于这种具体的独立分析，马克思从被压迫的劳动人民的政治立场出发，热烈赞同农民代表的“英勇果敢的可贵观点”[①]。

马克思在作等级分析时，还表述了两个很重要的思想。一是要求对待社会问题不要流于清谈，而要从具体的现实关系出发。他认为市民代表以企业经营自由的名义要求出版自由的方式，“比德国自由派那种毫无根据、含糊其词、模棱两可的议论来得高明”[②]。二是马克思同意农民代表的一个论点，即在时间的推移中，必须制定相应的法律来调整必然会产生的新的要求、新的社会状态。在稍后写的《关于林木盗窃法的辩论》中，马克思又从人类史的发展上写道：“不自由的世界要求不自由的法。”[③] 这些观点是社会关系产生政治法律制度的思想萌芽，表明马克思对社会中的思想、政治、物质诸方面的真实关系的认识，尽管还是以黑格尔主义为前提的，但是具有了较多的合理成分。

第三，接近发现社会的物质和经济利益在整个社会关系中的决定作用。

1842 年秋至 1843 年夏，随着社会矛盾的日益尖锐，政治斗争的扩展，马克思对黑格尔唯心主义哲学体系的信念更加动摇了，他开始注意将自己革命现实主义的历史观点进行改造和提高，向着建立新的唯物史观的目标前进。因而，马克思历史观中唯物主义的倾向有了明显的增长。这里试分析几例。

例如，马克思通过分析议会确定的“盗窃林木”概念和建立的惩罚标准，发现了私人利益对国家制度和职能的制约作用。他批判地写道：“把林木所有者的奴仆变为国家权威的逻辑，使国家权威变成林木所有者的奴仆。整个国家制度，各种行政机构的作用都应该脱离常规，以便使一切都沦为林木所有者的工具，使林木所有者的利益成为左右整个机构的灵魂。一切国家机关都应成为林木所有者的耳、目、手、足，为林木所有者的利益探听、窥视、估价、守护、逮捕和奔波。”[④] 这段话虽然是就林木占有者和国家机关的关系这一具体问题而说的，但它表明，马克思在

① 《马克思恩格斯全集》第 1 卷，人民出版社 1995 年版，第 199 页。
② 《马克思恩格斯全集》第 1 卷，人民出版社 1995 年版，第 188 页。
③ 《马克思恩格斯全集》第 1 卷，人民出版社 1995 年版，第 248 页。
④ 《马克思恩格斯全集》第 1 卷，人民出版社 1995 年版，第 267 页。

“现实生活的戏”里发现。现实的国家不是什么“存在于地上的神性理念”[①]，而是林木占有者即统治者的工具。林木占有者的利益决定着国家机构及其活动内容。这种论点，自然还未能彻底克服掉黑格尔哲学原则和对现实的客观解释之间的矛盾，所借用的还是黑格尔的国家理论的某些概念和术语。但是，对于马克思历史观来说，最紧要的是，他没有停留在一般国家的抽象概念上，而是努力去探索国家的制度、职能、现行政策同私人利益的联系，这就为最后突破黑格尔哲学体系准备了基础。就政治目的来说，马克思借用黑格尔主义的铠甲，是为了同现存的普鲁士反动国家进行战斗。如他说：“当一个国家离开了国家的观念时，世界历史就要决定其是否还值得继续保存的问题”[②]，这毋宁说，普鲁士国家“按私有制的性质而不按自己本身的性质来行动”[③]，降低了一般国家的水平，已经失去了存在的依据，应该扫入历史的垃圾堆。

再如，马克思揭露了在对抗性的私有财产关系上有产者与无产者的矛盾。马克思指出，在广义的封建制度下，即资产阶级社会里，私有财产关系表现出来的不是自由主义者设想的什么普遍福利，而是人类世界的分裂：“雄蜂杀死工蜂——用工作把它们折磨死。”[④] 就是说，社会中的劳动阶级同寄生阶级之间的尖锐对立。要消除这种对立，就要用“人类世界”来取代“被分裂的人类世界”。这些论点，表明马克思开始超越革命民主主义立场，而接近无产阶级立场了。

又如，马克思关于“要求出版自由的必然性是从摩塞尔河沿岸地区的贫困状况的特性中产生的”[⑤] 证明。在《摩塞尔记者的辩护》中，马克思根据故乡的生活条件，应“周围居民因贫困压在头上而发出的粗鲁的呼声”。[⑥] 用“迫于贫困的人民的语言”[⑦] 展开了锋锐的论证。马克思指出：国家某一地区的经常的贫困状况揭示出社会现实和国家管理原则之间的矛盾，但是由于“管理机构内部的官僚关系以及管理机构和被管理机

---

① ［德］黑格尔：《历史哲学》，商务印书馆 1963 年版，第 79 页。
② 《马克思恩格斯全集》第 1 卷，人民出版社 1956 年版，第 184 页。
③ 《马克思恩格斯全集》第 1 卷，人民出版社 1956 年版，第 155 页。
④ 《马克思恩格斯全集》第 1 卷，人民出版社 1956 年版，第 143 页。
⑤ 《马克思恩格斯全集》第 1 卷，人民出版社 1956 年版，第 216 页。
⑥ 《马克思恩格斯全集》第 1 卷，人民出版社 1956 年版，第 210 页。
⑦ 《马克思恩格斯全集》第 1 卷，人民出版社 1956 年版，第 210 页。

构之间的官僚关系”[①]的势力，农民的利益和权力受到轻蔑，“世界的真实景象，被歪曲成“官僚在办公室里所构成的世界景象”[②]。“官僚的现实”掩盖了农民贫困的“真正的现实”。结果，劳动人民贫困的原因被归之为治理之外的、自然的和市民私人的范围之内，或个别政权代表者的过失，忽视了社会关系的客观性。事实上，农民的贫困状况，并不是治理之外的原因，也不能用个别官吏的意志、感情来解释，因为“决定私人和个别政权代表者的行动，而且就像呼吸一样不以他们为转移”[③]的，是一些客观关系，这就是普鲁士国家官僚化的本质关系。马克思通过援引特利尔农民要求减轻税负的请愿书上的数据——“以前这个地方有 27 个官员，其薪金共为 29000 塔勒，现在则有 63 个官员，其薪金共为 105000 塔勒，其中还不包括领取养老金的退休官员”。[④]——从事实上表明日益庞大的普鲁士官僚国家，管理原则同现实冲突的一个重要表现就是对农民的剥削日益加深。普鲁士官僚国家及其同劳动人民对立的深刻经济根源，摩塞尔河沿岸地区农民贫困状况的真正原因就在这里。马克思指出，为了引起祖国对农民贫困状况的普遍注意和普遍同情，批评官方的管理原则，减轻农民的贫困状况，就产生了摩塞尔河沿岸地区农民对自由报刊的必然要求。马克思这一论证，就在事实上说明了政治因素是由经济的物质利益的要求而产生的。

关于这种经济有重大作用的见解，在马克思稍后写给《莱茵报》的《论科伦省议会的选举》一文中，表述得更加清晰。在那里，马克思在更普遍的意义上，开始懂得政治斗争是社会经济斗争的特殊表现形式。

1859 年马克思在《〈政治经济学批判〉序言》中说：“1842—1843 年间，我作为‘莱茵报’的主编，第一次遇到要对所谓物质利益发表意见的难事。……是促使我去研究经济问题的最初动因。”[⑤]马克思对经济问题的初步研究及其用经济关系来说明社会关系的结果，最终解决了头脑中的唯心主义哲学原则与对现实的客观解释之间的矛盾。于是，他历史观中的革命现实主义便升华为唯物主义的历史观。

---

① 《马克思恩格斯全集》第 1 卷，人民出版社 1956 年版，第 229—230 页。
② 《马克思恩格斯全集》第 1 卷，人民出版社 1956 年版，第 224 页。
③ 《马克思恩格斯全集》第 1 卷，人民出版社 1956 年版，第 216 页。
④ 《马克思恩格斯全集》第 1 卷，人民出版社 1995 年版，第 240 页。
⑤ 《马克思恩格斯全集》第 13 卷，人民出版社 1962 年版，第 7—8 页。

四 革命现实主义历史观的基本特点

综合上述，可以看出马克思早期革命现实主义历史观点的特点：

其一，这种历史观点以认识和变革社会现实为其根本出发点。青年马克思对当时的德国社会现实有浓厚兴趣，因而立志找到科学解释现实的钥匙，把哲学和现实生活联系起来，成了他早期理论活动的轴心。他把实际政治活动同黑格尔关于历史辩证运动的原理结合起来，逐渐开始独立地探索社会历史发展的客观规律性。马克思认为，不能“坐在抽象概念的安乐椅上”① 去对待社会历史和现实，只有现实才是理论的立足点。所以他十分厌恶那种迷醉于脱离实际的空谈习气，坚决要求着力研究社会现实问题，“少发些不着边际的空论，少唱些高调，少来些自我欣赏，多说些明确的意见，多注意一些具体的现实”②。马克思这种力图批判地认识现实社会关系、深刻地反映周围世界、积极地参加政治斗争的革命现实主义思想，使他思想解放，能够批判地思考现实生活中所发生的一切，并勇敢地着力地去敲打黑格尔哲学体系封闭着的大门，让哲学走向现实生活，真正成为革命的斗争武器。

其二，这种社会历史观，直接承认社会历史的客观性。马克思说，如果“忽视各种关系的客观本性，而用当事人的意志来解释一切”，就会在研究社会生活现象时走入歧途。③ 他十分强调社会客观关系的作用，这虽然还不能说是一种成熟的唯物主义历史观点，因为他还没有提出生产方式在社会历史发展中的地位和作用，但是这里已经肯定了社会关系及其客观性是人们历史活动的前提。正因为马克思这时还不能做到以成熟的唯物史观来理解社会历史和现实，因而他的革命现实主义的历史观点具有一种明显的直观性，对于社会现实生活的解释往往还停留在表象上，还不能完全科学地揭示出历史和社会的本质及其规律性。但这些情形表明马克思革命现实主义历史观点向唯物史观过渡的明显倾向。

其三，这种历史观点，在表现形式上往往是以黑格尔哲学形式表述其现实主义内容的，因而，决定了它的复杂性。当马克思以现实主义的态度

---

① 《马克思恩格斯全集》第 27 卷，人民出版社 1972 年版，第 433 页。

② 《马克思恩格斯文集》第 10 卷，人民出版社 2009 年版，第 3 页。

③ 《马克思恩格斯全集》第 1 卷，人民出版社 1956 年版，第 216 页。

分析社会政治现象、社会经济生活，自发的素朴的唯物主义因素像只悄悄地前进的田鼠在历史观中逐渐增长起来的时候，他暂时还不能从本质上意识到自己思想上的新因素，而只能常常用黑格尔哲学方式，来表述自己关于社会和历史的现实主义见解，由此带来马克思这一时期革命现实主义历史观点的复杂性。因此，在揭露现实时，马克思的观点具有鲜明的战斗精神，具体的真实内容，而作理论概括时又把问题自觉不自觉地归结到了黑格尔的哲学体系上。过去有些研究者对于这种复杂性具体分析不够，把马克思现实主义的合理因素也一概作为唯心主义的东西加以评述，这是不符合实际的。其实，马克思这一时期革命现实主义历史观点，是马克思对于黑格尔客观唯心主义历史观中某些合理内核初步改造的表现，是黑格尔哲学体系外壳掩盖下的真正现实生活的理论反映。

其四，这种历史观，是马克思彻底革命民主主义政治立场的理论反映。马克思的革命现实主义是由马克思彻底的劳苦大众的立场决定的。在《莱茵报》工作后期，马克思相信劳苦大众的信念越来越坚定，代表劳动人民的立场愈来愈明确。他把是否符合劳动人民的利益作为判断现实生活的是非。马克思的革命现实主义的历史观点，当然就是劳动人民利益的理论反映，因而也就决定了这种历史观点向唯物主义历史观过渡的必然性。当时德国的现实，促使马克思去研究经济问题。尽管马克思把德国林木占有者的利益斥为“下流唯物主义”，但他已经开始以严格的科学态度探索革命现实主义向历史唯物主义过渡的途径。

我们强调发掘马克思唯物史观形成前的历史观中的革命现实主义，决不是要说明在唯物史观和唯心史观之间还存在着第三种独立的历史观，而是想找出青年马克思转向唯物史观的基本联结点。马克思早期的革命现实主义历史观点，是马克思从客观唯心主义历史观转向唯物主义历史观过程中出现的一种暂时的过渡性的理论形态，与唯物史观有原则区别。它虽然在某种程度上超越了客观唯心主义的视野，但还没有脱离它的羁绊。因为这时马克思在哲学上并没有完成对黑格尔的精神和物质关系的颠倒，也没有认识到物质生产方式是历史发展的真正根源，未能揭示出社会经济形态运动的规律性，更没有构成新的成熟的哲学体系。但就其所包含的那些合理因素讲，它与唯物史观又有某种内在的联系。因为这种把社会关系作为客观实在，立足于变革现实的革命现实主义的观点，在它自身发展的过程中不断地增长着素朴的唯物主义倾向，为后来马克思的唯物史观作了必要的准备。当他从社会舞台暂时退回书房，认真研究和吸收了费尔巴哈人本主义合理成分，彻底批判了黑格尔关于社会和国家的唯心主义观点，探索社会过程的真正动力、革命改变现存制度的道路和形式时，马克思历史观中的这种革命现实主义，也就必然被改造、熔融在历史唯物主义和科学社会主义之中了。

［原载《武汉大学学报》（哲学社会科学版）1982 年第 5 期，第二作者为刘德厚］

包含着新世界观的天才萌芽的第一个文献

——读《关于费尔巴哈的提纲》

历史唯物主义的创立，是“科学思想中的最大成果”[①]。它作为人类认识史上一次壮丽的日出，实现了人类哲学思想的革命变革，照亮了人类历史及其解释历史的理论领域，使“唯心主义从它的最后的避难所即历史观中被驱逐出去了”[②]。1845 年春天，马克思写作的《关于费尔巴哈的提纲》，表明马克思不仅同唯心主义，而且同旧唯物主义彻底划清了界限。它对费尔巴哈和一切旧唯物主义者忽视人的主观能动性、忽视实践作用的主要缺点的批判，对马克思主义实践观的阐述，对实践是检验真理的标准的论述，对“全部社会生活在本质上是实践的”“环境的改变和人的活动或自我改变的一致”“哲学家们只是用不同的方式解释世界，而问题在于改变世界”等的说明，表明马克思哲学思想所发生的根本性转折以及人类哲学思想革命变革的实现，标志“关于现实的人及其历史发展的科学”[③] 的创立（《关于费尔巴哈的提纲》和《德意志意识形态》一起被马克思主义学界大多数学者认为是马克思主义哲学、特别是唯物主义历史观创立的基本标志），在马克思主义史上占有极为重要地位。本文试从三个部分来谈谈读《关于费尔巴哈的提纲》这一伟大思想纲领的粗浅体会。

一　《关于费尔巴哈的提纲》的写作和基本框架

《关于费尔巴哈的提纲》（下称《提纲》），是马克思 1845 年春天在布

---

① 《列宁专题文集·论马克思主义》，人民出版社 2009 年版，第 68 页。

② 《马克思恩格斯文集》第 3 卷，人民出版社 2009 年版，第 544—545 页。

③ 《马克思恩格斯文集》第 4 卷，人民出版社 2009 年版，第 295 页。

鲁塞尔以《1. 关于费尔巴哈》为标题，“匆匆写成的供以后研究用的笔记，根本没有打算付印。但是它作为包含着新世界观的天才萌芽的第一个文献，是非常宝贵的”[①]。正是这样，1888 年恩格斯在出版他的著作《费尔巴哈和德国古典哲学的终结》时，就以《马克思论费尔巴哈》为标题，将其作为该书的附录首次发表出来。后来，《马克思恩格斯全集》俄文版和德文版编者根据恩格斯在《费尔巴哈和德国古典哲学的终结》一书出版序言中的提法，将这一笔记定名为《关于费尔巴哈的提纲》。

1844 年底到 1845 年春，马克思居住在巴黎布鲁塞尔，他给自己提出的总体任务是解剖资本主义社会，深刻理解无产阶级革命任务。实现这一任务包含两个相互联系的重要方面：继续钻研和批判资产阶级政治经济学理论；进行哲学批判，制定马克思主义哲学世界观。对于这两个方面，马克思根据他经济研究工作的经验，认为创建新的哲学世界观和方法论，对于钻研和批判资产阶级政治经济学理论具有奠定历史观、方法论的理论前提和理论基础意义。这是因为，对批判者本身来说，只有这样，才能科学地批判资本主义经济制度及其作为理论表现的资产阶级政治经济学，揭露其本质和活动规律；对接受者来说，只有先有了科学的世界观和历史观，才能自觉接受马克思主义的政治经济学理论。《提纲》就是哲学批判工作方面的科学成果。自然，在《提纲》中，马克思还只能以纲领形式来表达新的世界观天才萌芽的伟大思想，其唯物主义历史观中的科学实践观及其他基本思想，在随后的《德意志意识形态》这部巨著的第一卷第一章中才得到深入发掘和系统阐述。但正是这一伟大思想纲领的首次明确提出，对于一切历史科学具有了革命意义的发现，无产阶级才有了完成伟大历史使命的指导思想的理论基础。

《提纲》的基本框架由 11 条纲要组成。着眼于唯物主义历史观理论整体结构的内在关系，理论框架大体可以分为三个部分。第一部分，即第一条。批判黑格尔和青年黑格尔派的思辨唯心主义、特别是费尔巴哈和一切旧唯物主义，明确提出“‘革命的’、‘实践批判的’活动”新的实践观，确立了实践在社会历史中的基础地位，为唯物史观理论框架的构建奠立起基础性哲学概念，克服了过去历史观割裂历史与社会实践内在联系的根本缺陷。

---

① 《马克思恩格斯文集》第 4 卷，人民出版社 2009 年版，第 266 页。

第二部分，即第二至九条。运用新的实践观在对黑格尔和青年黑格尔派的思辨唯心主义、特别是费尔巴哈和一切旧唯物主义批判分析中阐述科学世界观、历史观中重大的基本问题。包括“主体与客体、理论与实践、改造客观世界与改造主观世界的辩证关系，以及社会本质、人的本质、哲学的功能等基本原则”。①

第三部分，第十、十一条。指明以实践为基本概念的新唯物主义的阶级性质和历史使命。

将三个部分概括起来说，《提纲》从批判思辨唯心主义、特别是旧唯物主义的片面性、不彻底性入手，明确提出新唯物主义哲学、特别是唯物史观的中心概念（实践范畴），建立起科学实践观，为自己全面创立和阐发新世界观、特别是新历史观找到正确的立足点和生长点。进而阐发了社会生活的实践本质、社会历史发展的动力。正确解决了社会存在和社会意识的关系这一历史观的基本问题，并简明地指出了实践在认识论中的基础地位和决定性意义，搭建起唯物主义历史观的科学框架。

二 《提纲》理论框架中的基本问题

（一）批判德国旧哲学，超越费尔巴哈，提出实践中心概念（第一条）

马克思把对“旧哲学”的批判，作为创建“新唯物主义”的必要前提和逻辑先导。所谓“旧哲学”，原本是费尔巴哈的用语。他称德国神学和黑格尔思辨哲学为“旧哲学”，称自己的唯物主义为新哲学。本文使用的“旧哲学”一词不同于费尔巴哈的用语含义，它统称德国神学和黑格尔思辨哲学，也包括费尔巴哈人本主义哲学。

1845 年前几年，马克思已经从经济关系及其发展来解释政治及其历史，他和恩格斯已经逐渐接近于发现唯物史观。到 1845 年春天，马克思为完成他的唯物主义历史理论工作，从两个方面展开了自己的哲学批判：批判当时德国哲学的最积极成果——费尔巴哈的唯物主义；继续批判反动的思辨唯心主义。

关于旧唯物主义。马克思指出，“从前的一切唯物主义（包括费尔巴

① 黄楠森、庄福龄、林利主编：《马克思主义哲学史》第 1 卷，北京出版社 1991 年版，第 65 页。

哈的唯物主义）的主要缺点是：对对象、现实、感性，只是从客体的或者直观的形式去理解，而不是把它们当做感性的人活动，当做实践去理解，不是从主体方面去理解”。[①] 这里肯定了包括费尔巴哈在内的唯物主义者区别于思辨唯心主义的观点，即把对象、现实、感性理解为客观实在和认识的客体的唯物主义观点。同时又批评他们看不到实践在社会生活和认识过程中的作用。离开社会实践去理解客观事物（含社会历史），把客观外界仅视为认识对象，而不是改造的对象；忽视人对客观世界的能动作用。没有把人当作现实的、能动地改变世界的主体，其活动也是感性客体中的一部分，对象性的活动，即改变客观对象的物质活动；不理解他们生活于其中的感性世界是工业和社会状况的产物，人们世世代代实践活动的结果，历史的产物，而非开天辟地以来就是如此。主体和客体、人和自然的关系，在他们眼里，只是反映与被反映的关系，而不是改造和被改造的关系。费尔巴哈也讲过实践，然而他所讲的实践与马克思讲的实践不同。他把实践的直观视为不洁的、为利己主义所玷污的直观，即狭隘的物质占有欲望和唯物质利益是图。所以马克思批评他只从其卑污的犹太人的表现形式去理解和确定实践。实际上他仅承认理论活动的意义，贬斥实践，完全没有认识到社会的物质生产活动是人类最基本的实践活动及伟大意义。正是因为“他不了解‘革命的’、‘实践批判的’活动的意义”[②]，就不得不陷入唯心主义的泥坑，既不能真正地理解物，也不能真正地理解人及其认识本质、社会生活的本质。

关于思辨唯心主义者。马克思在《提纲》（第一条）中同时批判了思辨唯心主义者。马克思指出，思辨唯心主义者，如德国古典哲学的代表人物费希特和青年黑格尔派的领袖布鲁诺·鲍威尔，都认为人的思维是万能的主体，它通过客体世界来任意地表现自己，客体世界不过是自我意识的表现形式而已。所以马克思批判说，被唯心主义者表达并片面夸大了的能动性，仅仅是一种抽象的能动性，即把意识夸大成世界的本源，把主体能动性夸大成精神创造客观世界。他们虽然从主体方面、能动方面发展了对象、现实、感性，但只是抽象地发展了，表明思辨唯心主义也不真正知道“现实的、感性的活动本身的”，即“实践”的意义。由于马克思此前在

① 《马克思恩格斯文集》第1卷，人民出版社2009年版，第499页。
② 《马克思恩格斯文集》第1卷，人民出版社2009年版，第499页。

《黑格尔法哲学批判》《神圣家族》等著作中，对黑格尔以来的德国思辨唯心主义做过多次系统的批判，揭露了它们的错误观点，所以《提纲》所突显出来的只是对费尔巴哈为代表的旧唯物主义的批判。但正是这一点有极为重要的意义。此前马克思对费尔巴哈哲学虽然也曾有所批评和保留，但总的是肯定，甚至是过高评价的，没有从哲学体系上与费尔巴哈哲学划清界限。《提纲》在深化和发展以往研究成果的基础上，对费尔巴哈人的本质观进行深入批判，第一次把实践作为马克思主义哲学的基本范畴提了出来，表明马克思已经公开树立起“新唯物主义”的鲜明旗帜，划清了同包括费尔巴哈哲学在内的旧唯物主义的界限。

（二）以新的实践观为基础，解开了人类历史的奥秘（第二至九条）

马克思以人改造客体世界的实践观为基础，使社会历史的一系列重大问题得到解密。《提纲》这一部分表明，实践是马克思主义认识论的依据，更是马克思制定唯物史观的基石。如列宁所说，马克思在《提纲》中所讲的实践，主要不是论证认识论，而是为了论证“完备的”唯物主义，即制定唯物主义历史观。这是马克思主义哲学区别于一切旧哲学的基本特征。

1. 确立实践概念，解决了检验真理的唯一标准和人的认识基础问题，为马克思主义认识论，更为其科学历史观立起一块基石

人们认识世界及其发展历史，必须以确定认识活动的立足点和判断认识的真理性标准为前提。① 然而，究竟应该在什么范围（领域）内证明思维的真理性，如何去判定人的思维和认识的真理性，以往的哲学家们，包括旧唯物主义在内，都长期未能解决。费尔巴哈把感性直观当作判定认识和理论的真理性的标准。如他所写的：“只有那通过感性直观而确定自身、而修正自身的思维，才是真实的、反映客观思维——具有客观真理性的思维”；或者以众人见解为标准。也如他所写的：“真理的东西是……大家的创造物。那种把我和您联合起来的思想，就是真理的思想。只有这种联合才是真理的标准、标志和确证”。这种标准与历史上哲学家们固守的观点一样，显然是不科学的。因为直观认识具有局限性，人们共同的意见也不具有明确性和稳定性，所以不能以这些作为判断认识真理性的标

---

① 田心铭：《历史唯物主义的起源——马克思〈关于费尔巴哈的提纲〉的研读》，《思想理论教育导刊》2010 年第 2 期。

准。马克思针对这些错误，认为首先要从根本上改变经院哲学的思想方法。马克思指出："人的思维是否具有客观的真理性，这不是一个理论的问题，而是一个实践的问题。人应该在实践中证明自己思维的真理性，即自己思维的现实性和力量，自己思维的此岸性。"① 这是一种全新的思路。它告诫人们，绝不能在理论的或者纯思维的范围内来判定主观思维是否正确。否则不仅不能科学地解决认识的真理性标准问题，而且还必然导致神秘主义。人们的社会实践，是连接主体和客体的桥梁。唯有实践才能把主观认识与客观现实联系起来，使人们从预期和效果的比较中，来判断自己的思维是否与它反映的客观事物的本性相符合。实践既能证实也能证伪，即使被神化了的理论，只要把它置于实际社会生活之中，用实践去检验它，也会使它的神秘性云消雾散。所以，人的实践能证明自己思维的真理性，即现实性、力量和此岸性。

在哲学史上，康德的不可知论认为，人的认识由自在之物引起，自在之物独立于人之外，在彼岸，人的认识仅停留于现象的此岸，不能至彼岸。《提纲》关于"自己思维的此岸性"② 的论断，一针见血，有力地回应了康德不可知论。马克思批判说，人的实践能够证明自己思维的现实性和力量，自己思维的此岸性。它的对象就在"此岸"，没有什么不可知的"彼岸"。康德的错误思维，根源于离开了实践。人类历史一旦被剔除实践，联结主体和客体、社会存在和社会意识的桥梁就断裂了，包括历史事件、历史人物的评价在内，就统统只是人的认识、价值判断，谈不上认识的真理性问题。康德的观点，把历史的客观性及对其科学研究的可能性化为乌有，所提供的只不过是任意地解释、曲解、篡改历史的依据。所以马克思说，离开实践的思维的现实性或非现实性的争论，如同欧洲中世纪基督教学院的烦琐哲学一样，是想通过烦琐的抽象推理的方法来解释基督教和信条。然而这除了把哲学沦为"神学的婢女"以外，不可能有任何好结果。马克思批判了康德的错误思想，提出人应该在实践中证明自己思维的真理性的观点，为人们指明了从现实出发对社会历史进行科学研究的正确道路。同时把实践的观点引入历史观，不仅为马克思主义的认识论，而且也为唯物主义历史观构建起基本范畴。

---

① 《马克思恩格斯文集》第1卷，人民出版社2009年版，第500页。
② 《马克思恩格斯文集》第1卷，人民出版社2009年版，第500页。

《提纲》第五条指出："费尔巴哈不满意抽象的思维而喜欢直观；但是他把感性不是看做实践的、人的感性的活动。"① 马克思这里使用的三个概念："抽象的思维""感性的直观"和"实践"，表达了黑格尔、费尔巴哈和马克思关于人类认识基础的三种不同观点。费尔巴哈不满意黑格尔哲学的抽象思维，用"理性化和现代化的神学"称谓黑格尔的逻辑学，自己诉诸感性的直观。然而，费尔巴哈并不知道实践这种"人的感性的活动"，如《提纲》第九条所批评的："直观的唯物主义，即不是把感性理解为实践活动的唯物主义，至多也只能达到对单个人和市民社会的直观。"② 这说明，费尔巴哈离开实践去观察人与社会，所观察到的只是孤立的个体，看不到人们在实践中结成的社会关系，社会生活的本质及其发展规律。这是旧的唯物主义在认识论上的严重缺陷，更是它在历史观中陷入唯心主义的根源。

2. 正确回答了社会进步的动力问题（第三条）

在本条，马克思运用实践的观点，对社会发展和人的发展相互关系中的重要问题——人与环境、教育的相互关系问题作了正确地回答，从而解决了社会进步的历史动力问题。

18 世纪法国唯物主义哲学家，如爱尔维修认为：人的一切观念都是后天获得的。人们精神上之所以存在差异，是不同的环境（主要是社会环境，最重要的是法律和政治制度）和教育的产物，改变了的人是另一种环境和改变了的教育的产物。包括费尔巴哈的唯物主义者都认为，现实社会之所以存在罪恶和灾难，根源于人性太坏或者太愚昧。要改变这种现实，消除社会罪恶和灾难，促使其进步，关键是要变革扼杀人们的思想和美德的政治法律制度，使人类脱离丑恶的社会环境。同时主张给人以教育，使之改变原有本性，去恶从善。为谋得新的社会秩序之建立，他们求助于天才用好法律去代替坏法律。这表明，他们作为环境决定论和教育万能论的信奉者，全然不理解环境怎样改变，教育者的良好素质（知识、智慧、才能等）又从哪里来，其结果，他们本来是从唯物主义经验论出发来说明人的观念是环境的产物的，最后却走向反面，得出了天才人物的观念决定环境的荒唐结论。这表明，就上层建筑领域的问题来解决上层建

① 《马克思恩格斯文集》第 1 卷，人民出版社 2009 年版，第 501 页。
② 《马克思恩格斯文集》第 1 卷，人民出版社 2009 年版，第 502 页。

筑领域的问题，不仅不能彻底，还会导致历史唯心主义的结局。

《提纲》批评说，旧唯物主义“忘记了：环境是由人来改变的，而教育者本人一定是受教育的。因此，这种学说必然会把社会分成两部分，其中一部分凌驾于社会之上”[①]。即是说，环境是人们实践活动的结果，教育者及其良好素质是从实践中来的。旧唯物主义学说把社会分为教育者和被教育者，英雄和群氓，高贵者和卑贱者，不可避免地会导致英雄史观。因为离开人的实践，就只能寄希望于少数天才人物来改变社会环境，由改变了的环境再来改变人，就不能不如此。恩格斯在1888年整理发表《提纲》时，加上了一个例证：“在罗伯特·欧文那里就是如此。”[②] 这说的是空想共产主义者欧文的试验。他企图通过天才人物来改变社会环境和教育群众，真诚地作出了种种努力，结果遭到的只是失败。原因在于他离开了社会实践这个基础，就不懂得人本身的双重品格：社会主体、改造者和自身活动的客体、被改造者。人改造客观世界（环境的改变）与改造自身（人的改变）是同一的过程。社会的进步正是这种统一的实践过程的表现。这里根本不需要高于人类的上帝或者超越历史时空的天才。此前，马克思在《神圣家族》中就论述过人民群众是历史主体，指出广大人民群众自身的革命实践活动是社会历史前进的动力。在《提纲》这一条，马克思以更为概括的哲学表达指出：“环境的改变和人的活动的一致，只能被看做是并合理地理解为变革的实践。”[③]

3. 剖析费尔巴哈的宗教观，彻底解决了宗教的社会根源和宗教消亡的现实途径问题（第四条）

在宗教问题上，费尔巴哈作为坚定的无神论者所遇到的矛盾是，力图以宗教的批判来解决社会问题，但却又未能得到解决。他认为，一切宗教都把世界二重化为宗教的想象的世界和现实的世界。“这是宗教的起点”。即是说，宗教是人的本质的自我异化，是人按照自己的特性创造了神，反过来神又成为一种统治和支配人的外在力量，成为受人崇拜的偶像。他从世界二重化这一事实出发分析了宗教，“把宗教世界归结于它的世俗基础”。费尔巴哈对宗教的这种分析批判，在人类思想史上是有积极意义

① 《马克思恩格斯文集》第1卷，人民出版社2009年版，第500页。

② 《马克思恩格斯文集》第1卷，人民出版社2009年版，第504页。

③ 黄楠森、庄福龄、林利主编：《马克思主义哲学史》第1卷，北京出版社1991年版，第504页。

的。马克思充分肯定了他的功绩。但是马克思批评费尔巴哈“没有注意到，在做完这一工作之后，主要的事情还没有做”①。就是他只是把用人本学来说明宗教当作主要任务。自称：“我们把上帝的全世界的、超自然的和超人类的本质归结为人类本质的组成部分，即人类的基本部分”，“我们的主要任务就完成了。”② 显然，费尔巴哈没有从社会实践出发，从分析世俗基础本身即现实的社会矛盾来说明宗教的根源。自然他更未找到宗教消亡的现实途径。

马克思揭示了宗教产生的社会根源。他指出：“世俗基础使自己从自身中分离出去，并在云霄中固定为一个独立王国，这只能用这个世俗基础的自我分裂和自我矛盾来说明。”③ 这就是说，对宗教的根源，应该到世俗世界自身的矛盾中去寻找。在人类历史的初期，宗教首先是人们对无法理解和控制的自然力量的一种盲目反映。进入阶级社会后，与一定经济关系相联系的支配着人们的异己的社会力量也获得了这种反映，并且得到历代占统治地位的剥削阶级不断强化，这就是宗教产生和存在的社会的、阶级的根源。

马克思进而揭示了宗教消亡的途径。他指出：“对于这个世俗基础本身应当在自身中，从它的矛盾中去理解，并且在实践中使之发生革命。”④ 就是用实践的力量和手段来解决社会矛盾，消除宗教产生的社会根源，促使宗教消亡。这些论断，应该说是马克思关于社会革命思想的最早哲学论证。

4. 人的本质是一切社会关系的总和（第六条）

费尔巴哈批判宗教时，把宗教的本质归结于人的本质。马克思批判费尔巴哈的宗教观，必然深入到批判费尔巴哈关于人的本质的观点。

马克思指出：费尔巴哈离开人的社会实践和社会联系去认识人，没有对作为一切社会关系的总和的人的现实本质进行分析，“因此他不得不：(1) 撇开历史的进程，把宗教感情固定为独立的东西，并假定有一种抽象的——孤立的——人的个体。(2) 因此，本质只能被理解为‘类’，理

① 《马克思恩格斯文集》第1卷，人民出版社2009年版，第504页。

② 黄楠森、庄福龄、林利主编：《马克思主义哲学史》第1卷，北京出版社1991年版，第212页。

③ 《马克思恩格斯文集》第1卷，人民出版社2009年版，第500页。

④ 《马克思恩格斯文集》第1卷，人民出版社2009年版，第500页。

解为一种内在的、无声的、把许多个人自然地联系起来的普遍性。”[①] 这两点就是，在费尔巴哈那里，人是没有主体性的孤立个体的机械性的自然物；“人的本质只包含在共同性中，包含在人和人的统一中”，“在类中一切人都是共同一致的，他们的种族、部族和民族的差别都消失了”。这种类本质就是被理想化了的、具有完善性、最高的力的理性、爱、友情、意志，至于人们在实践基础上形成的现实社会关系，则完全在他们的视野之外。

马克思在对费尔巴哈的批判中揭示了人的本质。他指出：“人的本质不是单个人所固有的抽象物，在其现实性上，它是一切社会关系的总和。”[②] 这里清楚地说明，现实中的个人，不是费尔巴哈所想象的抽象的孤立的人的个体，人的本质也不是抽象、无声的类，不是种种自然关系的共同性，更不能归结为社会意识的本质。人是在一定社会关系中从事物质生产、社会实践的人。由于人的社会实践活动必然结成人与他人的关系。人的社会实践活动的内容又丰富多样，必然表现为社会关系的总和。换句话说，社会关系的总和就是人的对象化活动，即社会实践活动的内容表现。而人的本质就是人们实践活动创造的社会关系的体现。它不是固化不变的，而是随着时代、实践的变化发展而变化发展的。马克思的这些观点奠定了马克思主义关于人的学说的科学理论基础，为我们科学地分析抽象的人性论提供了锐利的思想武器。

马克思科学揭示人的本质以后，在《提纲》第七条中进一步作出分析，指出：“费尔巴哈没有看到，‘宗教感情’本身是社会的产物，而他所分析的抽象的个人，是属于一定的社会形式的。”[③] 现实社会中的每一个人都属于一定的社会形式，人的感情或费尔巴哈所说的“宗教感情”也是一定的社会历史条件、社会关系的产物。

5. 对社会生活实践本质的深刻揭示（第八条）

马克思指出：“全部社会生活在本质上是实践的。”[④] 说明实践是人们社会生活的基础和人类社会存在发展的条件。人们之所以结成社会关系，人们社会生活本质的规定，人类社会历史发展规律，都是由人的实践活动决定的。何谓社会呢？1848 年 12 月，马克思在《雇佣劳动与资本》的演

---

① 《马克思恩格斯文集》第 1 卷，人民出版社 2009 年版，第 501 页。
② 《马克思恩格斯文集》第 1 卷，人民出版社 2009 年版，第 501 页。
③ 《马克思恩格斯文集》第 1 卷，人民出版社 2009 年版，第 501 页。
④ 《马克思恩格斯文集》第 1 卷，人民出版社 2009 年版，第 501 页。

说中进一步指出："生产关系总合起来就构成所谓社会关系，构成所谓社会，并且是构成一个处于一定历史发展阶段上的社会，具有独特的特征的社会。"① 马克思对社会的界定和全部社会生活本质的论断，清楚地表明两点：其一，由人的实践活动构成的社会与自然界有本质上区别。所有的人都生活于、实践于一定的、具体历史的、具有独特的特征的社会形态之中。在人类社会中，离开具体的社会历史形态、处于离群索居状态的人，即孤立的个体和抽象的实体是根本不存在的。人之所以为人，都是具体的、历史的、现实社会的人。其二，只有把握了社会历史的特殊本质，才能正确理解社会意识与社会存在的关系，懂得一切社会意识，包括"把理论引向神秘主义的神秘东西"，都是在人的社会实践中及对实践理解中产生的，"都能在人的实践中以及对这种实践的理解中得到合理的解决"②。

这样，《提纲》第五、六、七、八、九条实际上以人的实践活动为基础和中心范畴，把历史的主体和客体，社会存在和社会意识、社会进步的历史动力等问题联结起来，搭建成唯物主义历史观的构架内容。

（三）新唯物主义与旧唯物主义的社会阶级基础和历史使命（《提纲》的最后两条）

《提纲》的第十、十一条，马克思指出了新唯物主义与旧唯物主义的不同"立脚点"，揭明了两者根本对立的社会阶级基础和根本目的。

1. 新唯物主义世界观的社会阶级基础（第十条）

《提纲》第十条指出："旧唯物主义的立脚点是市民社会，新唯物主义的立脚点则是人类社会或社会的人类。"③ 这里，"'市民'社会"和"人类社会或社会的人类"，是两种根本不同的社会。以费尔巴哈为代表的旧唯物主义虽然因不懂得人的实践及人的社会历史性，形似立足于抽象的个体，实际上落脚于资产阶级及其代表的社会；马克思新唯物主义的"立脚点"（社会阶级基础），则公开申明是无产阶级及其代表的未来社会。

马克思关于两个"立脚点"的思想表明，任何理论都是一定社会的

① 《马克思恩格斯文集》第1卷，人民出版社2009年版，第724页。
② 《马克思恩格斯文集》第1卷，人民出版社2009年版，第501页。
③ 《马克思恩格斯文集》第1卷，人民出版社2009年版，第502页。

经济政治关系（阶级关系）的反映，不是超阶级、超历史的抽象东西。同时马克思主义新世界观的创立也表明，“社会发展到了今天的时代，正确地认识世界和改造世界的责任，已经历史地落在无产阶级及其政党的肩上”①。所以新唯物主义世界观从萌芽时起，就把无产阶级和它所代表的未来的人类新社会作为自己的立脚点。

如何理解马克思说的“人类社会”或“社会的人类”呢？所谓“人类社会”或“社会的人类”就是指无产阶级在解放全人类的斗争中，实现了消灭阶级的共产主义社会。在科学共产主义创始人马克思、恩格斯看来，此前的社会只是人类的史前史，进入到共产主义社会才开始真正的人类史。“一旦社会占有了生产资料，商品生产就将被消除，而产品对生产者的统治也将随之消除。社会生产内部的无政府状态将为有计划的自觉的组织所代替。个体生存斗争停止了。于是，人在一定意义上才最终地脱离了动物界，从动物的生存条件进入真正人的生存条件。人们周围的、至今统治着人们的生活条件，现在受人们的支配和控制，人们第一次成为自然界的自觉的和真正的主人，因为他们已经成为自身的社会结合的主人了。人们自己的社会行动的规律，这些一直作为异己的、支配着人们的自然规律而同人们相对立的规律，那时就将被人们熟练地运用，因而将听从人们的支配。人们自身的社会结合一直是作为自然界和历史强加于他们的东西而同他们相对立的，现在则变成他们自己的自由行动了。至今一直统治着历史的客观的异己的力量，现在处于人们自己的控制之下了。只是从这时起，人们才完全自觉地自己创造自己的历史；只是从这时起，由人们使之起作用的社会原因才大部分并且越来越多地达到他们所预期的结果。这是人类从必然王国进入自由王国的飞跃。”②

2. 新唯物主义世界观的历史使命（第十一条）

《提纲》的最后，马克思把创立新世界观和改变世界统一起来，以此作为新唯物主义世界观的根本目的和历史使命。马克思说：“哲学家们只是用不同的方式解释世界，问题在于改变世界。”③ 这是《提纲》最后一条的内容，也是整个思想纲领的总结论，鲜明体现了新唯物主义世界观理

① 《毛泽东选集》第 1 卷，人民出版社 1991 年版，第 296 页。

② 《马克思恩格斯文集》第 9 卷，人民出版社 2009 年版，第 300 页。

③ 《马克思恩格斯文集》第 1 卷，人民出版社 2009 年版，第 502 页。

论与实践高度统一的特点。此前马克思就说过："对实践的唯物主义者即共产主义者来说，全部问题都在于使现存世界革命化，实际地反对并改变现存的事物。"[①]《提纲》以高度概括的哲学表达进一步凝聚这一深刻思想，表明马克思和恩格斯从事哲学研究，根本不同于以往的哲学家们离开实践，坐而论道，只是用不同的哲学学说这样或那样解释世界，而是为了寻找无产阶级解放和人类解放的道路，即为科学社会主义的理论和实践奠定世界观方法论基础。他们重视科学解释世界，正在于要为无产阶级改变世界提供精神武器。

三 读《提纲》后的几点感想

《提纲》的写作距今天近170年了，但它蕴含的基本原则和科学精神至今仍光彩夺目，具有重要理论指导和实践指南意义。

（一）科学的哲学世界观对经济学研究的前提意义

如前所述，马克思认为，在哲学世界观研究和政治经济学研究之间，创建科学的哲学世界观和方法论具有理论基础和方法论前提的意义。因此，马克思虽然在1845年就为写作《政治和政治经济学批判》一书做好了准备，但是一直没有展开对该书的写作工作。原因是，马克思总结其经济研究工作发现，要科学地批判资本主义制度及其理论表现——资产阶级政治经济学，批判者本身首先必须具有系统的、完整的科学世界观和方法论。同时，为了使人们接受自己的新的经济学和社会理论，也必须首先赋予人们以新的世界观和社会历史观。正是这样，马克思把哲学问题提到了经济学问题的前面。1845年春天马克思先写下《提纲》，形成哲学批判工作方面的科学成果，这标志马克思哲学思想的发展发生了重大的飞跃。1846年8月他在致《政治和政治经济学批判》一书的出版者的信中进一步阐发了自己的思考。他写道："我认为，在发表我的正面阐述以前，先发表一部反对德国哲学和那一时期产生的德国社会主义的论战性著作，是很重要的。为了使读者能够了解我的同迄今为止的德国科学根本对立的政治经济学的观点，这是必要的。"[②] 这就是全面展开了《提纲》思想的《德意志意识形态》，它所阐述的历史唯物主义原理和方法，为马克思探

① 《马克思恩格斯文集》第1卷，人民出版社2009年版，第527页。

② 《马克思恩格斯全集》第27卷，人民出版社1972年版，第473页。

索、创立政治经济学奠立了哲学基础。以此为基础，马克思又在《哲学的贫困》（1847 年）等著作中确立了科学的政治经济学的研究对象，为科学的劳动价值论的创立开辟了道路，而且还孕育了剩余价值论的思想，从而为完成第二个伟大发现奠定了基础。[①] 后来，马克思在《资本论》第一版序言中还说，“分析经济形式，既不能用显微镜，也不能用化学试剂。二者都必须用抽象力代替。”[②] 在《资本论》第二版序言中马克思指出：“人们对《资本论》中应用的方法理解得很差”，并肯定了伊·伊·考夫曼专谈《资本论》的方法的文章对他所用的辩证法的描述很恰当。[③] 这些都表明了马克思对哲学之于经济学研究的前提意义。关于这个问题，恩格斯也曾明确说：唯物史观的发现，“不仅对于经济学，而且对于一切历史科学（凡不是自然科学的科学都是历史科学）都是一个具有革命意义的发现”。[④] 马克思主义政治经济学“本质上是建立在唯物主义历史观的基础上的”[⑤]。

马克思这一思想方法蕴含的深刻哲理，对后继者有很大影响。毛泽东在《读苏联〈政治经济学教科书〉的谈话（节选）》中曾批评该教科书没有说服力和吸引力。他说，一看就可以知道该教科书是一些只写文章，没有实际经验的书生写的。他批评了两种人，一种人是做实际工作的人，没有概括能力，不善于利用概念逻辑这一套东西；而做理论工作的人又没有实际经验，不懂得经济实践。两种人，两方面——理论和实践没有结合起来，同时作者们没有辩证法。没有哲学家头脑的作家要写出好的经济学来是不可能的。马克思能够写出《资本论》，列宁能够写出《帝国主义论》，因为他们同时是哲学家，有哲学家的头脑，有辩证法这个武器。[⑥] 这些论断发挥了马克思的上述思想，它启示我们：其一，只有以科学的哲学世界观为指导才能透过经济现象深入到它的本质，揭示其内部的矛盾运动的特点及其变化发展规律；其二，只有掌握了科学的哲学世界观和方法论，才能具有概括能力，概括从经济实践中提炼出的带规律性的

---

① 参见庄福龄主编《简明马克思主义史》，人民出版社 1999 年版，第 63—64 页。
② 《马克思恩格斯文集》第 5 卷，人民出版社 2009 年版，第 8 页。
③ 《马克思恩格斯文集》第 5 卷，人民出版社 2009 年版，第 19—21 页。
④ 《马克思恩格斯选集》第 2 卷，人民出版社 1995 年版，第 38 页。
⑤ 《马克思恩格斯选集》第 2 卷，人民出版社 1995 年版，第 38 页。
⑥ 《毛泽东文集》第 8 卷，人民出版社 1999 年版，第 139—140 页。

实际经验，再上升到经济理论：其三，只有掌握了科学的哲学世界观和方法论，才善于利用概念逻辑这一套东西把经济理论表述出来，形成科学体系。

当然，这丝毫不意味着政治经济学的研究对新哲学的创立没有意义，事实上，在马克思主义科学体系创立中，马克思对经济学的研究，也促进了马克思哲学、特别是唯物主义历史观的诞生。马克思在《〈政治经济学批判〉序言》中说过，他对唯物主义历史观的精辟概括，是他在巴黎开始研究、后来在布鲁塞尔继续研究政治经济学得出的“总的结论”。恩格斯也讲过，马克思是“从经济关系及其发展中来解释政治及其历史”这一历史唯物主义基本原理的。事实上，马克思的经济学研究和哲学研究，唯物史观和剩余价值论两大发现，是一个相互促进、互为因果、相辅相成、密不可分的过程。

（二）实践的观点是马克思主义认识论的最基本的、首要的观点，更是唯物主义历史观的最基本的、首要的观点

列宁曾指出：“马克思和恩格斯的学说是从费尔巴哈那里产生出来的，是在与庸才们的斗争中发展起来的，自然他们所特别注意的是修盖好唯物主义哲学的上层，也就是说，他们所特别注意的不是唯物主义认识论，而是唯物主义历史观。……特别坚持的是**历史**唯物主义，而不是历史**唯物主义**。”① 这就清楚地说明，马克思在《提纲》中讲实践，主要不是论证认识论，而是为了论证唯物主义历史观。这对马克思哲学思想发展来说是很自然的。因为，如果不建立实践这一哲学的基本范畴，不仅不能解决认识的来源、发展动力、检验认识真理性的标准，也根本不能把唯物主义观点贯彻到对社会历史的认识之中，解决关于社会生活的实践本质、社会历史发展的动力、人的本质和社会的本质、人与环境的关系、宗教的社会根源、辩证唯物主义的哲学功能，正确解决社会存在和社会意识的关系这一历史观的基本问题，历史唯物主义科学体系就不能构建起来。在哲学史上，费尔巴哈从唯物主义的立场出发，正确地区分了思想客体和现实客体。但是，因不懂得实践的意义，他在社会历史领域未能达到历史唯物主义的高度，依然把社会历史发展的动力看作精神的作用，在社会历史观的

---

① 《列宁专题文集·论辩证唯物主义和历史唯物主义》，人民出版社 2009 年版，第 115—116 页。

基本问题上滞留于唯心主义。马克思能够离开黑格尔转向费尔巴哈，又超过费尔巴哈走向历史唯物主义，关键在于他提出了唯物主义历史观最基本的、首要的观点，确立了革命的实践观，并以此为立足点和生长点解决了历史观的基本问题和实践在认识论中的地位问题。

这个问题的重大意义是显而易见的。我们党一贯强调实践的观点是马克思主义认识论和历史观最基本的、首要的观点，总是坚持实践观和历史观的结合。把一切从实际出发，在实践中检验真理和发展真理，把尊重实践、尊重群众作为马克思主义基本理论的特征之一，这对中国的革命、建设和改革，实现社会主义现代化意义重大。在今天，面对新的时代特点和实践要求，我们党明确提出："时代是思想之母，实践是理论之源。实践发展永无止境，我们认识真理、进行理论创新就永无止境。今天，时代变化和我国发展的广度和深度远远超出了马克思主义经典作家当时的想象。同时，我国社会主义只有几十年的实践、还处在初级阶段，事业越发展新情况新问题就越多，也就越需要我们在实践上大胆探索、在理论上不断突破。"① 这对于坚持和发展中国特色社会主义，对于加快构建中国特色哲学社会科学体系有极为重要的理论指导作用，我们必须加倍努力践行。

但是值得注意的是，马克思主义的创始人强调实践的重要意义，以至把自己正在阐发的新哲学称为"实践的唯物主义"，"这决不意味着他们把实践置于本体论的地位，因为，无论主体的活动对社会历史起着怎样巨大的作用，他们的活动绝不是没有前提的。这个前提就是必须承认'自然优先存在'的事实，同时，这种实践活动对历史影响的程度，以及它自身的状况，还受着前人实践活动的结果的制约。因此，无视实践的重要意义就不可能突破旧唯物主义的束缚，上升到辩证唯物主义和历史唯物主义的高度，而离开物质的决定作用，把实践抬高到本体论的地位，使实践脱离物质，或颠倒物质与实践的关系，这无疑又会走向另一个错误的极端。离开马克思主义创始人的本意，把'实践唯物主义'看成是'从主体出发'而排斥物质第一性原则，否定辩证唯物主义的基本观点，都是不正确的。对马克思主义创始人的观点无疑应该、也必须加以创造性的发挥，但必须在唯物主义基础上向前推进，而不能背离它的基本原则追求

① 《习近平在庆祝中国共产党成立 95 周年大会上的讲话》，人民出版社 2016 年版，第 9 页。

‘创新’”。[①] 这一评论在今天仍有很强的现实针对性，我们当予以重视。

（三）坚持和发扬马克思主义批判精神

马克思主义的本质是批判的和革命的。《提纲》正是马克思哲学批判工作的伟大的思想成果。他既批评了德国思辨的唯心主义哲学，也批判了包括费尔巴哈在内的旧唯物主义。正是在批判中，提出了实践这一新的哲学基本范畴，由此解决了认识论上的一系列重要问题，解决了人类社会历史发展中的一系列重要问题，构建起历史唯物主义的理论框架，使《提纲》成为历史唯物主义的起源。可以说，科学批判是马克思主义创始人思想不断向前推进的精神动力。这对于我们加快构建中国特色哲学社会科学具有重要启发作用。今天，加快构建中国特色哲学社会科学需要各个方面的资源，包括中华优秀传统文化的资源、国外哲学社会科学的资源等。在加快构建中国特色哲学社会科学过程中，对这些古今中外的资源能不能加以融通，为我所用，关键在于我们善不善于运用马克思主义的精髓和活的灵魂，即马克思主义基本原理和贯穿其中的立场观点和方法，对这些资源进行科学的批判分析。马克思的思想发展表明，科学的批判分析是追求真理、发现真理的科学之路。只有科学的批判分析，才能分清各种思想的是与非，鉴别材料的真与伪，弄明理论的精与粗，并适应中国特色社会主义哲学社会科学根本特征的要求，做到取是剔非，去粗取精，去伪存真，实现创造性运用和创造性转化，推进思想理论的发展。同时加快构建中国特色哲学社会科学，必须用马克思主义的批判分析，清理一些原有学科中的教材内容、学术体系，自觉地来做取是剔非，去粗取精，去伪存真的工作，解决好习近平总书记指出的马克思主义在初建工作中，在有的领域被“三化”“三失”的问题，[②] 清理好基地，否则充分体现中国特色、中国风格、中国气派的哲学社会科学体系就难以建立。

要指出的是，在对待批判分析的问题上要注意克服两种错误倾向。一是把批判简单化，甚至庸俗化和污名化。以为批判就是乱“打棍子”，不让人说话。二是不分是非，放弃批判。读了什么人的书就相信什么人的话。特别是对于西方的哲学社会科学理论，完全丧失判断能力，盲目相信

① 参见黄楠森、庄福龄、林利主编《马克思主义哲学史》第 1 卷第 6 章，北京出版社 1991 年版。

② 《习近平在哲学社会科学工作座谈会上的讲话》，人民出版社 2016 年版，第 10 页。

那些披着伪装的反马克思主义者著的书、说的话，甚至将其吹捧为什么“创新马克思主义”的“新探索”、开辟“发展马克思主义的新路径”，云云。对这两种错误倾向，我们都应予科学分析，划清思想界限，否则不能科学地吸取前人的和现时代创造的丰富思想成果，以为加快构建中国特色哲学社会科学之所用。

（原载《马克思主义理论学科研究》2017年第3期）

科学批判在新的世界观创立、阐述中的意义

马克思恩格斯合著的《共产党宣言》（以下简称《宣言》）于1848年2月底在伦敦正式出版，标志马克思主义科学体系的形成和首次完整而系统的论述[①]，无产阶级从此具有了独立的阶级的革命意识和科学的世界观。《宣言》作为世界上第一个国际性的无产阶级政党——共产主义同盟"公布的完备的理论和实践的党纲"，[②] 标示国际共产主义运动从此开启。《宣言》的问世在人类历史上创造了一个时代。《宣言》内容宏丰，本文仅就科学批判在其形成、内容阐述和划清思想界限中的意义做些初步探讨。

一　在科学批判中形成新的世界观

列宁指出：《宣言》"以天才的透彻而鲜明的语言描述了新的世界观，即把社会生活领域也包括在内的彻底的唯物主义、作为最全面最深刻的发展学说的辩证法以及关于阶级斗争和共产主义新社会创造者无产阶级肩负的世界历史性的革命使命的理论"[③]。

列宁的这些思想，是对马克思恩格斯关于构成《宣言》核心的基本思想的论述。马克思恩格斯指出，《宣言》的基本思想包含三层含义：一是历史唯物主义的根本原理。即"每一历史时代主要的经济生产方式和交换方式以及必然由此产生的社会结构，是该时代政治的和精神的历史所

---

① 列宁指出："马克思恩格斯合著的，于1848年问世的《共产党宣言》，已对这个学说（即马克思主义——引者注）作了完整的、系统的、至今仍然是最好的阐述。"参见《列宁专题文集·论马克思主义》，人民出版社2009年版，第61页。

② 《马克思恩格斯文集》第2卷，人民出版社2009年版，第11页。

③ 《列宁专题文集·论马克思主义》，人民出版社2009年版，第5页。

赖以确立的基础，并且只有从这一基础出发，这一历史才能得到说明”①。就是社会存在决定社会意识、经济基础决定上层建筑。二是关于阶级斗争的历史杠杆作用的理论——阶级斗争是阶级社会发展的直接动力。即“人类的全部历史（从土地公有的原始氏族社会解体以来）都是阶级斗争的历史，即剥削阶级和被剥削阶级之间、统治阶级和被压迫阶级之间斗争的历史”②。三是无产阶级历史作用的思想。即：“这个阶级斗争的历史包括有一系列发展阶段，现在已经达到这样一个阶段，即被剥削被压迫的阶级（无产阶级），如果不同时使整个社会一劳永逸地摆脱一切剥削、压迫以及阶级差别和阶级斗争，就不能使自己从进行剥削和统治的那个阶级（资产阶级）的奴役下解放出来。”③ 即无产阶级的阶级解放和人类解放不可分离，无产阶级要获得解放，就必须解放全人类。这三层含义从历史的深处到社会生活的现实，从历史的客观规律到创造历史的主体，构成一个科学的新的世界观，完整地向世界宣示了共产主义理论原理的根本性质，共产党人改造旧世界、创建新世界的根本依据；推进人类史前史即阶级社会发展的动力，共产党人改造旧世界、创建新世界的根本道路；共产党人改造旧世界、创建新世界的根本目的即落脚点：“每个人的自由发展是一切人的自由发展的条件。”④

众所周知，马克思、恩格斯在《宣言》中描述的新的世界观，是批判吸收人类先进思想成果，特别是德国古典哲学、英国古典政治经济学、法国和英国空想社会主义、法国历史优秀成果之集大成。这是一个批判吸取人类优秀文化、先进思想成果，上升到时代的高度，回答前人已经提出而没能解决的重大课题的过程。然而，这不是一个平静的过程，而是一个充满复杂的思想理论的斗争过程。正如列宁所精辟指出的，“马克思的学说直接为教育和组织现代社会的先进阶级服务，指出这一阶级的任务，并且证明现代制度由于经济的发展必然要被新的制度所代替，因此这一学说在其生命的途程中每走一步都得经过战斗，也就不足为奇了。……马克思主义在它存在的头半个世纪中（从19世纪40年代起）一直在同那些与它根本敌对的理论进行斗争。在40年代前5年，马克思和恩格斯清算了站

---

① 《马克思恩格斯文集》第2卷，人民出版社2009年版，第14页。
② 《马克思恩格斯文集》第2卷，人民出版社2009年版，第14页。
③ 《马克思恩格斯文集》第2卷，人民出版社2009年版，第14页。
④ 《马克思恩格斯文集》第2卷，人民出版社2009年版，第53页。

在哲学唯心主义立场上的激进青年黑格尔派。40 年代末，在经济学学说方面进行了反对蒲鲁东主义的斗争。50 年代完成了这个斗争，批判了在狂风暴雨的 1848 年显露过头角的党派和学说。60 年代，斗争从一般的理论方面转移到更接近于直接工人运动的方面：从国际中清除巴枯宁主义。70 年代初在德国名噪一时的是蒲鲁东主义者米尔柏格，70 年代末则是实证论者杜林。"[①] 列宁在这里所概述的马克思主义在斗争中发展的历程表明，科学批判是推动新的世界观诞生，并得到日益广泛传播的强大武器。本文仅勾画一下马克思、恩格斯在 19 世纪 40 年代批判非无产阶级的社会学说，创立新的世界观的斗争轨迹。

1845 年 2 月，马克思恩格斯在合著的第一部理论巨著《神圣家族》中，在对其思想先驱黑格尔的批判的基础上，对当时已经堕落了的青年黑格尔派的反动理论进行了清算。深刻地揭露和批判了其思辨唯心主义的实质，帮助广大读者识破思辨哲学的幻想。马克思也就在这个时期的批判斗争中进入了建立无产阶级世界观的最初阶段，由黑格尔哲学转向社会主义新的思想领域。恩格斯这个时期已经形成了比较成熟的历史唯物主义世界观和关于无产阶级历史使命的思想。在完成《神圣家族》后不久，马克思又批判了李斯特的"生产力"理论和"交换价值"理论，初步考察了生产力与生产关系之间的辩证关系，表述了生产力决定生产关系、生产关系适应生产力发展状况这一唯物史观的根本原理。在经济学领域，对资本主义社会经济关系的分析，从以私有财产为对象转到以劳动为对象，这就开始接近剩余价值理论。

马克思写于 1845 年春的《关于费尔巴哈的提纲》（简称《提纲》）依据科学实践观，从根本上揭露了从前一切唯物主义，包括费尔巴哈唯物主义在内的根本缺陷。费尔巴哈的唯物主义在内的旧唯物主义由于不理解实践的意义，因而不能正确地解决主体和客体的关系，更看不到主体基于实践基础上的能动性，因而在本质上是一种消极、直观的唯物主义。这种消极、直观的唯物主义将社会历史发展的动力看做是精神的作用，在社会历史观上仍旧是唯心主义的。

马克思通过对消极、直观的唯物主义的批判，创立起"新唯物主义"，克服了包括费尔巴哈唯物主义在内的旧哲学的局限性，把认识世界

---

① 《列宁专题文集 · 论马克思主义》，人民出版社 2009 年版，第 148—149 页。

与改造世界统一起来。阐明了“新唯物主义”的无产阶级性质和实践性质，深刻地揭示了“新唯物主义”的基本特征，表明了其在哲学领域中实现的革命变革的实质。并且第一次系统地明确地提出了建立马克思主义哲学理论体系的伟大思想提纲，作为无产阶级完成伟大历史使命的思想理论基础。

1845 年 4 月初，马克思和恩格斯在《德意志意识形态》中，深化、发挥了《提纲》的基本思想，进一步批判了青年黑格尔派、费尔巴哈哲学和德国“真正的社会主义”，确立了唯物史观的基本理论和基本原则，实现了哲学史上的伟大革命。

1846 年春，宗教色彩日趋浓烈的魏特林的空想共产主义在工人运动中造成了危害，阻碍着工人阶级精神的发展。马克思揭露了魏特林玩弄空洞虚伪的传教把戏，批判了他拒绝革命知识分子参加无产阶级运动的狭隘的宗派主义倾向，谴责了他充当救世主的狂妄无知和轻视科学的革命理论的态度，明确地指出魏特林根本没有严格的科学思想和正确的学说来号召工人，他只不过是一个慷慨激昂的预言家。马克思对魏特林的空想共产主义和救世主的批判，更加坚定了他为无产阶级制定科学的社会革命理论的决心。

1845 年至 1847 年间，“真正的社会主义”这种小资产阶级的社会思潮在德国十分活跃，在社会上广为流传，对工人形成科学的革命意识的阻碍作用相当大。马克思恩格斯在《德意志意识形态》第 2 卷中对这种反动思潮进行了批判，给予了沉重打击。但是这种思潮并没有销声匿迹。不久，“真正的社会主义”又披着共产主义的外衣，在美国出现，这就是德国记者海尔曼 · 克利盖的“爱的共产主义”。海尔曼 · 克利盖在美国创办《人民论坛报》，极力将自己打扮成德国共产主义在美国的代表，以宣传共产主义的名义，贩卖“真正的社会主义”。

马克思和恩格斯在《反克利盖的通告》中，首先指出了克利盖的宣传的反动性质，批判了克利盖对共产主义的歪曲，指出克利盖根本不是一个共产主义者，对共产主义一窍不通，掀掉了克利盖假共产主义者的伪装，取得了对克利盖斗争的胜利。但是马克思和恩格斯对“真正的社会主义”的斗争并未因此而结束。相反，他们之后的不少著作继续展开了这一斗争。1847 年 3—4 月，恩格斯所写的关于德国的制宪问题的小册子中，不仅包括有批判“真正的社会主义”的论述，而且内容十分突出。

值“真正的社会主义”在德国泛滥之际，以反动的普鲁士政府的御用文人格·瓦盖纳为代表的封建的和基督教的社会主义也开始了自己的宣传。封建的和基督教的社会主义的基本特点，就是从维护封建专制利益出发，宣扬国王代表人民的利益，对人民进行欺骗性的说教，作出种种根本不切实际的许愿，以指望利用无产阶级和广大人民群众来反对自由资产阶级，巩固封建专制统治。马克思对封建的和基督教的社会主义进行了解剖，揭穿了它的反动本质和欺骗性质，捍卫了无产阶级共产主义的革命原则。

1847 年秋，曾是德国自由派小官吏的海因岑，大张旗鼓地开始同共产主义论战，荒唐而狭隘地对共产主义进行责难。他完全脱离德国复杂的阶级关系及其同政府之间的复杂关系，对政治问题采取庸俗的激进主义主观随意态度，从小资产阶级的思想意识出发，号召立即举行起义，宣布进行革命，按北美合众国的方式，建立“具有社会主义制度的联邦共和国”——德意志共和国。

马克思恩格斯揭露了海因岑的哲学是用费尔巴哈的无神论与关于人的学说、黑格尔的影响和施蒂纳的高调拼凑而成的杂乱无章的东西，批判了海因岑的唯心主义的道德说教，批驳了他反共产主义的过激言论，正面阐述了共产党人在德国现实条件下对待资产阶级民主运动的态度。马克思恩格斯同海因岑的这些论战，为在德国进一步消除其思想障碍，建立无产阶级革命政党、制定正确的策略原则创造了条件。

以赖特律－洛兰和路易·勃朗为领袖的法国社会民主政团是一个小资产阶级社会主义者和民主主义者的组织，在法国有广泛的社会活动和较大的社会影响。《改革报》是这个组织的机关报，所以他们也称《改革报》派。1840 年出版的路易·勃朗的《劳动组织》一书是《改革报》派的代表性理论著作。该书对资本主义社会的无政府状态、自由竞争等弊端进行了揭露。但是，它反对暴力革命，企图靠社会改革建立一个以工人自治的协作工场为社会结构主体的“社会共和国”，还把建立这一制度的希望寄托于当时的资产阶级国家的资助，提出了“国家应当成为贫民的银行”的观点，主张通过阶级合作来实现社会主义。

恩格斯对法国《改革报》派进行了批判，指出了它的非无产阶级性质，并用共产主义观点对他们进行了积极引导，对他们在国际民主主义运动问题上表现出的相当严重的民族主义偏见和以老大自居的傲慢态度予以批判，强调在国际民主主义运动中，“各国民主主义者的团结并不排斥相互间的批评。没有这种批评就不可能达到团结。没有批评就不能互相了解，因而也就谈不到团结”[①]。

恩格斯在批判《改革报》派时提出的一系列思想，对于当时提高各国无产阶级的阶级意识，加强各国无产阶级民主运动之间的团结、克服民族主义和宗派主义倾向，起了重要的指导作用。

以上所述表明，马克思主义新的世界观理论的成熟，《宣言》的诞生，是马克思主义创始人坚持明确的无产阶级革命立场，坚持唯物主义的社会历史观，不断同一切非马克思主义、反马克思主义进行理论斗争、划清思想界限所取得的战略性胜利成果。由此可见，科学的批判和严肃的斗争是推动马克思主义发展的强大动力。

二 在科学批判中全面阐述新世界观的原理

马克思恩格斯在《宣言》中用了较大的篇幅阐明了新的世界观中的理论原理。首先，阐明了新的世界观中理论原理的历史唯物主义根本性质。《宣言》指出，在新的世界观中，共产党人的理论原理决不是以所谓的世界改革家发明的思想和原则为依据的，它只“不过是现存的阶级斗争、我们眼前的历史运动的真实关系的一般表现”。其次，论述了新的世界观中共产党人关于所有制、家庭、民族、宗教等方面的理论原理。《宣言》对这些理论原理的阐述，是通过对资产阶级的责备和非难的批驳来阐发的。

关于所有制。马克思恩格斯写道，所有制问题是共产主义运动中的基本问题。共产主义的特征并不是要废除一般的所有制，而是资产阶级的私有制。因为现代的资产阶级私有制是最后而又最完备的表现，在这个意义上，“共产党人可以把自己的理论概括为一句话：消灭私有制”[②]。资产阶级对此进行诬蔑，攻击共产党人要消灭个人的劳动所得，消灭作为个性、自由的基础的财产。马克思主义创始人反驳说，小资产者、小农的财产已经被并正在被工业的发展所消灭，全社会十分之九成员的私有财产已不存在，用不着共产党人去消灭。而资产阶级的私有制是建立在阶级对立上

---

① 《马克思恩格斯全集》第4卷，人民出版社1958年版，第423页。

② 《马克思恩格斯文集》第2卷，人民出版社2009年版，第45页。

面、建立在一些人对另一些人的剥削上面的产品生产和占有的表现，其私有财产即资本，是工人的雇佣劳动所创造的，它是社会许多成员共同活动的集体产物，是一种社会力量，它本来就不该被资产者个人据为己有，所以把它变为社会全体成员的公共财产，并不是把个人财产变为社会财产，而只是使社会财产失去被资产阶级霸占的性质。同时，在资本主义社会，雇佣工人靠自己的劳动占有的勉强维持生命的东西，根本没有剩余可用于去支配别人的劳动，所以共产党人决不去消灭这种个人占有，但要消灭它的可怜的性质。

所谓个性，马克思恩格斯指出，在资产阶级社会里，工人仅仅为增殖资本而生活，它早已被剥夺了个性，只有“资本具有独立性和个性，而活动着的个人却没有独立性和个性”[①]，共产党人就是要消灭这种状况。资产阶级把消灭资本有个性而活动着的个人没有个性的关系，说成是消灭个性，那么，资产阶级说对了，共产主义就是要消灭资产阶级私有者的这种个性。

所谓自由，资产阶级的“所谓自由就是贸易自由、自由买卖”[②]。这种自由只是对于中世纪被奴役的市民的不自由的买卖来说才有意义，而对于要消灭买卖、消灭资产阶级生产关系、消灭资产阶级的共产主义来说是毫无意义的。马克思恩格斯总结说：“共产主义并不剥夺任何人占有社会产品的权力，它只剥夺利用这种占有去奴役他人劳动的权力。”[③] 至于“私有制一消灭，懒惰之风就会兴起”的谬论，也同资产阶级关于自由、教育、法等观念一样是这个阶级由其物质生活条件所决定的偏私观念。

关于家庭问题。马克思恩格斯首先揭露了资本主义社会的家庭的实质。他们写道：资产阶级的家庭“是建立在资本上面，建立在私人发财上面的”[④]。资产者是把自己的妻子看做单纯的生产工具的，并且他们的婚姻实际上是公妻制；而无产者的一切家庭联系却已被并正在被大工业的发展所破坏，无产者的被迫独居或公开卖淫完全是资本的罪过。马克思恩格斯写道：“不言而喻，随着现在的生产关系的消灭，从这种关系中产生

---

① 《马克思恩格斯文集》第 2 卷，人民出版社 2009 年版，第 46 页。
② 《马克思恩格斯文集》第 2 卷，人民出版社 2009 年版，第 47 页。
③ 《马克思恩格斯文集》第 2 卷，人民出版社 2009 年版，第 47 页。
④ 《马克思恩格斯文集》第 2 卷，人民出版社 2009 年版，第 48 页。

的公妻制，即正式的和非正式的卖淫，也就消失了。”①

关于祖国和民族问题，马克思恩格斯针对资产阶级诬蔑共产党人要取消祖国、取消民族的论调写道：“工人没有祖国。决不能剥夺他们所没有的东西。”② 同时，随着资本主义自由贸易和世界市场的建立，民族隔绝和对立已经日益消失。而“联合的行动，至少是各文明国家的联合的行动，是无产阶级获得解放的首要条件之一”③。马克思主义创始人还阐明了无产阶级的解放同民族解放之间的关系。他们写道：“人对人的剥削一消灭，民族对民族的剥削就会随之消灭。……民族内部的阶级对立一消失，民族之间的敌对关系就会随之消失。”④

关于宗教、哲学和一般意识形态问题，马克思主义创始人首先阐明了唯物主义历史观关于社会意识与社会存在的基本原理。他们写道：“人们的观念、观点和概念，一句话，人们的意识，随着人们的生活条件、人们的社会关系、人们的社会存在的改变而改变”。“思想的历史”就是“精神生产随着物质生产的改造而改造”的历史，“任何一个时代的统治思想始终都不过是统治阶级的思想”。⑤ 旧思想的瓦解是同旧生活条件的瓦解步调一致的，而使整个社会革命化的思想，则是旧社会内部已经形成了的新社会的因素的反映。其次，马克思恩格斯具体地论述了宗教、道德等所谓“永恒真理”并非永恒的性质。他们指出，关于宗教信仰的观念也是随着历史时代的发展而改变的。所谓信仰自由和宗教自由，也只不过是资本主义自由竞争社会的观点。至于有人说共产主义要废除宗教、道德、哲学、政治和法等意识形态的问题，马克思恩格斯回答道：迄今为止的人类历史都是在阶级对立中运动的，所以剥削是各个世纪所共有的事实，因此，“各个世纪的社会意识，尽管形形色色、千差万别，总是在某些共同的形式中运动的”。“共产主义革命就是同传统的所有制关系实行最彻底的决裂”，所以，“它在自己的发展进程中要同传统的观念实行最彻底的决裂”。因此，剥削阶级社会的旧的意识形式，“只有当阶级对立完全消

① 《马克思恩格斯文集》第2卷，人民出版社2009年版，第50页。
② 《马克思恩格斯文集》第2卷，人民出版社2009年版，第50页。
③ 《马克思恩格斯文集》第2卷，人民出版社2009年版，第50页。
④ 《马克思恩格斯文集》第2卷，人民出版社2009年版，第50页。
⑤ 《马克思恩格斯文集》第2卷，人民出版社2009年版，第50—51页。

失的时候才会完全消失”。[①]

三 在科学批判中划清思想界限，确立新世界观的地位

《宣言》除了正面阐明科学共产主义思想体系之外，还通过批判当时的非科学的社会主义和共产主义的思想流派，阐明科学共产主义同它们的根本性质的差别，来深化科学共产主义思想体系，进一步确立新世界观的历史地位。

《宣言》将同时代的非科学的社会主义和共产主义学说划分为三类：一是反动的社会主义。包括封建的社会主义、小资产阶级的社会主义、德国的或“真正的”社会主义。二是保守的或资产阶级的社会主义。三是批判的空想的社会主义和共产主义。

第一，关于反动的社会主义。

封建的社会主义。《宣言》指出，封建的社会主义表现于法国和英国的贵族的作品中，这些贵族按照自己的历史地位所负的使命，在其作品中尖锐地抨击现代资产阶级社会。他们为激起无产阶级的同情，“不得不装模作样，似乎他们已经不关心自身的利益，只是为了被剥削的工人阶级的利益才去写对资产阶级的控诉书”[②]。封建的社会主义向资产阶级泄愤的手段是，唱唱诅咒资产阶级的歌，并叽叽咕咕地说些或多或少凶险的预言。其中“半是挽歌，半是谤文；半是过去的回音，半是未来的恫吓；它有时也能用辛辣、俏皮而尖刻的评论刺中资产阶级的心，但是它由于完全不能理解现代历史的进程而总是令人感到可笑”。[③] 贵族们把无产阶级的乞食袋当作旗帜挥舞，企图欺骗、拉拢人民。但是每当人们发现他们臀部带有旧的封建纹章，便哈哈大笑，哗然而散。《宣言》进一步指出，封建的社会主义在理论上完全不懂得社会历史发展的规律和客观进程，不懂得资产阶级产生的历史必然性，主张开历史的倒车；在政治实践中，参与对工人采取的一切暴力措施，而且按资本主义方式剥削工人。与封建社会主义携手同行的僧侣的社会主义，只不过是给基督教禁欲主义涂上一层社会主义的色彩，它是“僧侣用来使贵族的怨愤神圣化的圣水”[④]。

---

① 《马克思恩格斯文集》第 2 卷，人民出版社 2009 年版，第 51—52 页。
② 《马克思恩格斯文集》第 2 卷，人民出版社 2009 年版，第 54 页。
③ 《马克思恩格斯文集》第 2 卷，人民出版社 2009 年版，第 54—55 页。
④ 《马克思恩格斯文集》第 2 卷，人民出版社 2009 年版，第 56 页。

小资产阶级的社会主义。小资产阶级的社会主义是小农和小手工业者的社会理想。《宣言》指出，小资产阶级社会主义立足于小资产阶级的立场，抨击了资本主义生产方式几乎所有的消极因素，梦想倒退到工业中的行会制度和农业中的守法经济。这种醉梦的自我欺骗性、反动性和空想性是昭然若揭的。“按其实际内容来说，或者是企图恢复旧的生产资料和交换手段，从而恢复旧的所有制关系和旧的社会，或者是企图重新把现代的生产资料和交换手段硬塞到已被它们突破而且必然被突破的旧的所有制关系的框子里去。它在这两种场合都是反动的，同时又是空想的。”[①]

德国的或“真正的”社会主义。德国的或“真正的”社会主义，是从法国生硬地搬到德国的特产。法国的社会主义和共产主义的文献被搬到德国的时候，德国的资本主义工业发展比较落后，资产阶级才刚刚开始反对封建专制的斗争。在当时的德国，由于缺乏法国的文献得以产生并实际反映的社会条件，这种文献则完全失去了直接实践的意义，而只有纯粹文献的形式。“它必然表现为关于真正的社会、关于实现人的本质的无谓思辨”[②]。德国的小市民把自己的哲学词句硬塞进法国的理论，从他们的哲学观点出发去掌握法国的思想，在法国的原著下面写上自己的哲学胡说，把法国社会主义庸俗化，完全阉割法国原著革命批判的内容。如此一来，法国的社会主义和共产主义文献“在德国人手里已不再表现一个阶级反对另一个阶级的斗争，于是德国人就认为：……他们不代表真实的要求，而代表真理的要求，不代表无产者的利益，而代表人的本质的利益，即一般人的利益，这种人不属于任何阶级，根本不存在于现实界，而只存在于云雾弥漫的哲学幻想的太空”[③]。随着德国反封建的自由主义运动的日益发展，“真正的”社会主义“成了德意志各邦专制政府及其随从——僧侣、教员、容克和官僚求之不得的、吓唬来势汹汹的资产阶级的稻草人”,[④] 不仅如此，而且成了“这些政府用来镇压德国工人起义的毒辣的皮鞭和枪弹的甜蜜的补充”[⑤]。

《宣言》揭露了“真正的”社会主义反动本质。指出它是在德国资产

① 《马克思恩格斯文集》第 2 卷，人民出版社 2009 年版，第 57 页。
② 《马克思恩格斯文集》第 2 卷，人民出版社 2009 年版，第 58 页。
③ 《马克思恩格斯文集》第 2 卷，人民出版社 2009 年版，第 58 页。
④ 《马克思恩格斯文集》第 2 卷，人民出版社 2009 年版，第 59 页。
⑤ 《马克思恩格斯文集》第 2 卷，人民出版社 2009 年版，第 59 页。

阶级的工业统治和政治统治发展起来和革命无产阶级兴起的时候，代表德国现存制度的小资产阶级的阶级要求的理论反映。“现今在德国流行的一切所谓社会主义和共产主义的著作，除了极少数的例外，都属于这一类卑鄙龌龊的、令人委靡的文献。”①

第二，关于保守的或资产阶级的社会主义。

保守的或资产阶级的社会主义，是资产阶级中的一部分人想要消除资本主义社会的弊病，以便保障资产阶级社会生存的理论。这部分人数量不少，所含的职业、信仰广泛，甚至被制成一些完整的体系。如蒲鲁东的社会主义，在《贫困的哲学》一书中表现为小资产阶级社会主义和资产阶级社会主义的融合。在《宣言》中，马克思恩格斯以《贫困的哲学》为例对保守的或资产阶级的社会主义展开了批判。他们指出，这种社会主义反映了资产者的矛盾心理：他们“愿意要现代社会的生存条件，但是不要由这些条件必然产生的斗争和危险。他们愿意要现存的社会，但是不要那些使这个社会革命化和瓦解的因素。他们愿意要资产阶级，但是不要无产阶级”②。社会主义的资产者要求无产阶级留在现今的社会里，但是要求无产阶级抛弃对这个社会的可恶的观念，厌弃一切革命运动。

保守的或资产阶级的社会主义反对政治改革和一切革命运动，一味鼓吹在资本和雇佣劳动关系的基础上实行行政上的改良，以改变物质生活条件，即减少资产阶级的统治费用，而绝对不是废除资产阶级的生产关系，因而不能改变工人阶级的状况。资产阶级社会主义在“为了工人阶级的利益”骗局下，高呼的“自由贸易”“保护关税”等口号，如马克思恩格斯所讽刺的“资产阶级的社会主义就是这样一个论断：资产者之为资产者，是为了工人阶级的利益”③。

第三，关于批判的空想的社会主义和共产主义。

《宣言》较详尽地评价了“本来意义的社会主义和共产主义的体系”④，即以圣西门、傅立叶、欧文等人为代表的批判的空想的社会主义和共产主义。

马克思恩格斯首先简略地评价了法国资产阶级大革命时期产生的巴贝

---

① 《马克思恩格斯文集》第2卷，人民出版社2009年版，第60页。
② 《马克思恩格斯文集》第2卷，人民出版社2009年版，第61页。
③ 《马克思恩格斯文集》第2卷，人民出版社2009年版，第61页。
④ 《马克思恩格斯文集》第2卷，人民出版社2009年版，第62页。

夫等人的共产主义学说。这是无产阶级本身不够发展、无产阶级解放的物质条件还未具备的产物。作为早期无产阶级利益的最初尝试。这种文献在内容上必然是反动的，实质上是倡导普遍的禁欲主义和粗陋的平均主义。

《宣言》着重阐明了圣西门、傅立叶、欧文等人为代表的批判的空想的社会主义和共产主义体系的特点。指出这些体系的发明者虽然看到了资本主义社会的阶级对立，但看不到无产阶级的任何历史主动性，看不到无产阶级所特有的任何政治运动；也不可能看到无产阶级解放的物质条件，于是他们就用幻想的条件来代替无产阶级解放的历史条件，以自己的发明、幻想和设计来安排未来的社会组织；他们虽然意识到自己的计划主要是代表工人阶级的利益，但“在他们的心目中，无产阶级只是一个受苦最深的阶级”①，值得深受同情的阶级。由于当时的工业发展不足，相应的社会阶级斗争也不够发展，他们总是认为自己超乎阶级对立之上，自己的计划不只是反映无产阶级的利益要求，而是要改善包括富人在内的一切人的生活状况。“因此，他们总是不加区别地向整个社会呼吁，而且主要是向统治阶级呼吁”②，并拒绝一切政治行动、特别是革命行动，他们只是想和平地改变社会。

这些社会主义和共产主义的著作也含有批判的成分，它们的积极意义就在于抨击了现存社会的全部基础。“它们关于未来社会的积极的主张，例如消灭城乡对立、消灭家庭、消灭私人营利、消灭雇佣劳动、提倡社会和谐、把国家变成纯粹的生产管理机构。”③ 这些思想，“提供了启发工人觉悟的极为宝贵的材料”④。

马克思恩格斯客观地分析说，这些社会主义和共产主义体系“对未来社会的幻想的描绘，在无产阶级还很不发展，因而对本身的地位的认识还基于幻想的时候，是同无产阶级对社会普遍改造的最初的本能的渴望相适应的”⑤。由于阶级对立在这些体系创立的年代刚刚开始发展，所以，“它们所知道的只是这种对立的早期的、不明显的、不确定的形式”。对

---

① 《马克思恩格斯文集》第2卷，人民出版社2009年版，第63页。
② 《马克思恩格斯文集》第2卷，人民出版社2009年版，第63页。
③ 《马克思恩格斯文集》第2卷，人民出版社2009年版，第63—64页。
④ 《马克思恩格斯文集》第2卷，人民出版社2009年版，第63页。
⑤ 《马克思恩格斯文集》第2卷，人民出版社2009年版，第63页。

未来社会的“主张本身还带有纯粹空想的性质”①。对于其历史作用，马克思恩格斯写道：“批判的空想的社会主义和共产主义的意义，是同历史的发展成反比的。阶级斗争越发展和越具有确定的形式，这种超乎阶级斗争的幻想，这些反对阶级斗争的幻想，就越失去任何实践意义和任何理论根据。所以，虽然这些体系的创始人在许多方面是革命的，但是他们的信徒总是组成一些反动的宗派。”②

《宣言》对上述非科学的社会主义和共产主义学说的评判，以批判的方式深化了共产党人的科学共产主义理论原理，进一步划清了马克思主义与一切非科学的社会主义和共产主义流派的学说的思想界限，突显了马克思主义新的世界观的独有特征。《宣言》的结语，鲜明地表达了共产党人与一切非科学的社会主义和共产主义流派的学说本质不同的主张：“共产党人不屑于隐瞒自己的观点和意图。他们公开宣布：他们的目的只有用暴力推翻全部现存的社会制度才能达到。让统治阶级在共产主义革命面前发抖吧。无产者在这个革命中失去的只是锁链。他们获得的将是整个世界。全世界无产者，联合起来！”③

列宁曾经多次高度评价《宣言》的意义。他深情地写道：“这本书篇幅不多，价值却相当于多部巨著：它的精神至今还鼓舞着、推动着文明世界全体有组织的正在进行斗争的无产阶级。”④

《宣言》的发表距今已经170周年了。今天，全世界的无产阶级和社会进步力量正在以各种不同的方式纪念这部伟大的著作，笔者以为最好的纪念方式，就是结合今天的时代、实践和科学的发展，进一步深入学习、领悟、践行其精神，将其化为巨大的物质力量。这包括多个方面，本文集中探讨了马克思主义创始人运用科学批判武器，在促成《宣言》诞生、新世界观的原理阐述、划清思想界限、确立新世界观的历史地位方面的重大作用，旨在透过这些史实使人们看到，科学批判对于理论创新所具有的巨大推动意义。不破不立，不批判、清算错误思潮的影响，就不能推动理论的创新发展。其次，当下国内一些鼓吹私有化、自由化等反马克思主义错误思潮并非一日偶然泛起，而是伴随私有制经济发展，渊源久远，且早

① 《马克思恩格斯文集》第2卷，人民出版社2009年版，第64页。

② 《马克思恩格斯文集》第2卷，人民出版社2009年版，第64页。

③ 《马克思恩格斯文集》第2卷，人民出版社2009年版，第66页。

④ 《列宁专题文集·论马克思主义》，人民出版社2009年版，第57页。

受到马克思主义创始人的批判，现在不过是在新的历史背景下重新泛起、甚至打着“马克思主义”的旗号复活。但是它们的基本特征始终是顽固地坚持唯心主义的历史观，企图用抽象的人道主义来取代马克思主义。再次，我们可以学习到马克思主义创始人的高尚品格。马克思恩格斯为了实现无产阶级解放的伟大事业，不仅呕心沥血为无产阶级锻造理论武器，用以教育无产阶级，而且以坚定的无产阶级立场、共产主义的革命精神、科学的斗争方法，不停地向一切阻碍工人阶级精神发展、危害无产阶级解放的伟大事业的非社会主义学说进行论战，处处注意彻底揭穿它们的伪装和一切丑恶行径，捍卫共产主义的世界观，防止党的堕落。这种高度的历史责任感、使命感，对无产阶级解放事业无限忠诚的高尚品格，永远激励着马克思主义理论工作者砥砺奋进，这在当代中国，就是不忘初心、牢记使命，为实现中华民族伟大复兴，坚持和发展中国特色社会主义而奋斗。

（原载《马克思主义理论学科研究》2018 年第 1 期）

用唯物史观生动描述和精辟分析重大历史事件的科学典范

——马克思《路易·波拿巴的雾月十八日》（节选）研读

《路易·波拿巴的雾月十八日》是马克思总结法国1848年革命经验和评述1851年12月2日路易·波拿巴政变的重要著作。

马克思在19世纪40年代创立唯物主义历史观之后，即以此为指导，对社会历史问题进行重新的研究。恩格斯认为，《路易·波拿巴的雾月十八日》这部著作，“是运用这个理论的十分出色的例子”①。马克思用这段历史检验了他的理论；“这个检验获得了辉煌的成果”②。

马克思把这部著作定名为《路易·波拿巴的雾月十八日》，含有讽刺意味。法国大革命后的共和八年雾月十八日，即1799年11月9日，拿破仑发动政变，实行军事独裁，后改行帝制。1851年12月2日，他的侄子路易·波拿巴步他的后尘，发动政变，废除“二月革命”后重新建立起来的共和政体，后来他在1852年12月2日正式宣布自己为法兰西皇帝，称拿破仑第三，复辟帝制。马克思用这个标题，意在讽刺路易·波拿巴的政变“演出了雾月十八日的可笑的模仿剧”③。

《路易·波拿巴的雾月十八日》共七篇，完稿于1852年3月25日以前。1852年5月，魏德迈以单行本形式出版了这部著作，作为不定期出版的刊物《革命》的第一期。本文解读的是《路易·波拿巴的雾月十八日》一书的第六、七两节，马克思1869年为该书写的第二版序言，恩格斯于1885年为该书写的第三版序言。

---

① 《马克思恩格斯文集》第10卷，人民出版社2009年版，第593页。
② 《马克思恩格斯文集》第2卷，人民出版社2009年版，第469页。
③ 《马克思恩格斯文集》第10卷，人民出版社2009年版，第97页。

学习《路易·波拿巴的雾月十八日》这部著作，通过了解马克思对法国1848年革命经验的总结和对路易·波拿巴政变的评述这个范例，不仅可以帮助我们进一步领会历史唯物主义的一些重要原理，而且可以帮助我们提高运用科学的历史观和方法论研究历史问题的能力。

一　从1848年二月革命到1851年路易·波拿巴的政变

马克思在《路易·波拿巴的雾月十八日》一书的第六节中，概述了法国1848年革命的历史。这里对有关情况作一些说明。因为了解这些情况，是理解马克思在本书中提出的有关论断的必要条件。

1848年的法国革命，根源于当时法国社会的经济状况和阶级关系。以主要代表大金融资本家利益的路易·菲力浦为国王的七月王朝统治法国18年，引起了人民的不满。1845年和1846年马铃薯遭遇病虫害和歉收，地主和资本家乘机提高粮价，加剧了人民生活的贫困。1847年英国爆发的工商业总危机对大陆经济的连锁性影响，使法国工业生产急剧下滑，工厂倒闭，工人失业，小资产阶级大量破产。工人不断掀起罢工浪潮，饥民暴动几乎遍及全国，社会阶级矛盾加剧。1848年2月24日，法国爆发起义。

法国1848年革命从1848年2月24日起到1851年12月止，可以划分为三个主要时期，即：二月时期；共和国建立时期，或制宪国民议会时期；立宪共和国时期，或立法国民议会时期。

1. 1848年二月时期（2月24日至5月4日）

这是革命的序幕时期。

1848年2月24日，巴黎起义群众对政府各主要据点发动猛烈进攻，获得胜利，成立了临时政府，但胜利果实落在资产阶级手中。临时政府于2月25日宣布成立共和国即法兰西第二共和国。这个共和国是工业资本家与金融贵族的联合统治。共和国成立后，工人阶级同资产阶级的矛盾迅速上升到首位。当政的资产阶级共和派要求通过共和国来确立对工人阶级和其他劳动人民的全面统治。工人阶级则提出建立“社会共和国”的模糊口号，要求实现没有剥削、没有压迫的愿望。

当时工人群众手中掌握着武器，一度争得了一些胜利：如实行普选，规定劳动日减少一小时，保证工人的劳动权利，设立劳动委员会，建立国家工场等。但是资产阶级共和派在被迫同意颁布这些法令的同时，却在暗中采取多种手段迫害和孤立工人。4 月 16 日，巴黎 10 万工人集会进行抗议。临时政府煽动小资产阶级群众举行反对工人的示威，提出了“打倒共产主义者”的口号，政治气氛对工人阶级十分不利。4 月 23 日举行制宪议会选举，结果资产阶级共和派获得胜利。

2. 共和国成立和制宪国民议会时期（从 1848 年 5 月 4 日到 1849 年 5 月底）

这是资产阶级共和国创立、奠定的时期。大致包括三个基本过程：

（1）从 1848 年 5 月 4 日起至 6 月 25 日止

5 月 4 日，制宪会议开幕，选出执行委员会，组成共和国的新政府。5 名执委成员中，资产阶级共和派 4 名，小资产阶级民主派 1 名，工人阶级的代表全被排斥在外。执行委员会通过了禁止集会请愿的法令。在对外政策上，决定支持俄国和奥地利镇压波兰民族革命运动。

执行委员会的反人民政策，激起了巴黎工人的愤慨。5 月 15 日，巴黎 15 万工人举行示威游行。示威群众向制宪议会提出给失业者工作，对富豪征课重税，成立劳动部，允许工人代表参加政府，援助波兰革命等要求。执行委员会调集军队，驱散示威群众，逮捕了布朗基、阿尔伯等工人领袖。5 月 17 日，执行委员会任命前阿尔及利亚总督卡芬雅克（1802—1857）为军政部长，把大批军队调进巴黎，禁止群众集会。6 月 22 日，制宪会议下令封闭国立工场，18 至 25 岁的未婚男工一律编入军队，其余工人则送往常有霍乱流行的沼泽地带——索伦垦荒或做其他苦役。

巴黎工人为回应资产阶级的挑衅于 6 月 22 日举行游行示威，进行抗议。当晚，示威工人发动起义。起义工人以建立“社会民主共和国”为中心口号，以 45000 人对抗 25 万以上的政府军队，经过 6 月 23 日至 26 日四天的浴血奋战，最后被镇压下去。

六月起义虽然失败，但意义重大。马克思说：“这是分裂现代社会的两个阶级之间的第一次大规模的战斗。这是保存还是消灭资产阶级制度的斗争。”①

（2）从 1848 年 6 月 25 日起至 12 月 10 日止

六月起义失败后，卡芬雅克被任命为国家首脑，组成了清一色的资产阶级共和派政府，巩固了资产阶级共和派右翼的专政。卡芬雅克采取一系

① 《马克思恩格斯文集》第 2 卷，人民出版社 2009 年版，第 101 页。

列反动措施，如解散全国所有的国家工场、封闭政治团体和进步报刊等，严重地打击了工人阶级，也损害了农民和小资产阶级的利益。1848 年 11 月，制宪议会通过法兰西第二共和国宪法，即 1848 年宪法。根据宪法规定，立法权赋予一院制的议会，3 年改选一次；总统每 4 年一选，不得连任，但握有军政大权，有权直接任免官吏。但是资产阶级共和派右翼的统治并不巩固。它的税收和财政政策引起众多的农民和小资产者的怨恨；大资产阶级多数属于保皇派，不拥护共和而拥护君主政体。这样，在 12 月 10 日进行的总统选举中，代表大资产阶级中最反动、最富有侵略性阶层利益的路易·波拿巴当选为总统。

（3）从 1848 年 12 月 10 日起至 1849 年 5 月 28 日止

路易·波拿巴就职后，任命“七月王朝”的最后一个大臣、君主派分子巴罗组阁。巴罗集结代表金融巨头、大工业家的奥尔良派和代表大地主的正统派组织了秩序党内阁。但是资产阶级共和派在制宪国民议会中仍占多数，并依靠立法大权与波拿巴及其秩序党内阁进行斗争。秩序党内阁利用各阶层对共和政府的不满，在全国各地掀起要求立即解散制宪议会的请愿运动，并以武力相威胁，迫使制宪会议于 1849 年 1 月自动宣布解散，并决定在 1849 年 5 月进行立法国民议会的选举。

1849 年初，立法国民议会的选举运动开始。2 月间，小资产阶级民主派和小资产阶级社会主义者联合组成“新山岳派”决定参加议会选举，提出了共和制度、普选权和劳动权等为内容的竞选纲领。5 月 13 日选举结束，资产阶级共和派和“新山岳派”均遭失败。秩序党以绝对优势完全控制了议会。资产阶级共和派统治彻底垮台。

3. 立宪共和国和立法国民议会时期

这个时期从 1849 年 5 月 28 日立法国民议会召开，到 1851 年 12 月 2 日被解散，大致分为三个小阶段。

（1）从 1849 年 5 月 28 日起至 1849 年 6 月 13 日止

1849 年 5 月 28 日，立法议会开幕，开始了立宪共和国的正常活动。当时秩序党与“新山岳派”之间在对外政策问题上发生冲突。路易·波拿巴为得到天主教会的支持，出兵协助罗马教皇镇压意大利革命。小资产阶级民主派利用宪法关于禁止动用军队干涉别国人民自由的规定，在立法国民议会上提出反对意见，并于 6 月 13 日发动保卫宪法的示威游行，结果遭军队驱散，其领袖人物赖德律－洛兰逃往英国。小资产阶级民主派被击败。

（2）从1849年6月13日起至1850年5月31日止

从1849年6月13日起，秩序党独揽议会制共和国大权，实行议会专政。它着手制定一系列镇压人民、禁止任何民主活动和出版进步书刊的法令，使革命沿着下降线发展。路易·波拿巴则依靠秩序党逐步加强了自己的统治。

击败共和派、摧毁民主派后，统治集团内部的纷争日趋表面化，由哪个君主派来恢复王权成为斗争焦点。路易· 波拿巴既反对正统派复辟波旁王朝，也反对奥尔良派复辟七月王朝，力图自己称帝。他一面成立反动组织“十二月十日社”，加强自己的力量；一面竭力削弱秩序党。他罢免了秩序党的巴罗内阁，组织并亲自领导由波拿巴分子组成的新内阁，使秩序党失去了行政权。继后，由于小资产阶级民主派与无产阶级的联合势力又再次兴起，波拿巴不得不暂时联合秩序党对付这种威胁。民主势力的威胁消除以后，路易·波拿巴又转而对付秩序党。1850年5月31日，在波拿巴的策动下，通过了《1849年3月15日选举法修正案》。该法案规定，在固定居住地居住三年以上并直接纳税的人才有表决权。这实际上废除了普选权。该法案的通过，使秩序党人把持的立法议会在人民心目中更加威信扫地。

（3）从1850年5月31日起至1851年12月2日止

波拿巴在同秩序党的斗争中集注意力于军权。

1851年1月，他用自己的亲信取代了奥尔良派尚加涅尔将军的巴黎卫戍司令的职务，使军队脱离了秩序党的控制。部分议员出于私利也离开秩序党阵营，天主教的首领亦投向路易·波拿巴。1851年2月开始的工商业危机，使大资产阶级和地方官吏要求加强行政权，拥护路易·波拿巴建立稳定的“强有力的政府”。路易·波拿巴从各方面巩固自己的统治地位以后，于1851年10月间，要求议会修改宪法，包括恢复普选权，取消总统不得连任的条款等，借以取悦群众，进一步打击秩序党的残余，为政变作准备。1851年7月19日议会拒绝修改宪法后，路易·波拿巴决心以武力来保持统治地位。1851年12月2日，是奥斯特利茨战役和拿破仑加冕称帝的纪念日。路易·波拿巴于12月1日深夜调集7万多军队占领巴黎，解散立法国民议会，逮捕秩序党分子及一切反对他的议员。这就是法国历史上有名的路易·波拿巴政变。紧接着他调集重兵，镇压了共和派在巴黎和外省进行的武装反抗，逮捕反抗者，在全国实行警察恐怖。

4. 路易 · 波拿巴对帝制复辟的拙劣模仿

1851 年 12 月 2 日路易·波拿巴的政变，开始了对帝制复辟的拙劣模仿。1852 年 1 月 14 日，他公布新宪法，把总统任期改为 10 年。政府对总统负责。11 月 21—22 日，路易·波拿巴强迫人民赞同参议员提出的恢复帝制的决议。12 月 2 日，他正式宣布自己为法兰西皇帝，称拿破仑三世。法兰西第二帝国由此代替法兰西第二共和国。

路易·波拿巴（1808—1873）是拿破仑一世的侄儿。拿破仑帝国倾覆后，他被逐出法国，寄居瑞士。1832 年拿破仑的儿子死后，他被确定为法定的继承人。路易·波拿巴效仿拿破仑，时刻梦想恢复帝业，1836 年、1840 年，他两次组织暴动，企图夺取政权，均遭失败，后被判终身监禁。1846 年，他越狱逃往英国。1848 年法国二月起义爆发后，回国重登政治舞台。他一面伪装同情劳动人民，写了反资本主义的小册子《论消灭贫困》；一面暗中同大资产阶级勾结。路易·波拿巴之所以能当选总统，主要是在当时特殊的阶级斗争背景下，他不仅得到了流氓无产阶级的支持，而且得到多方面的拥护。首先是得到占法国人口大多数的农民的拥护。这是因为，卡芬雅克政府的反动措施加重了农民负担，处于破产境地的农民把路易·波拿巴看做是“好皇帝”拿破仑一世的再现。他们高呼着“取消捐税，打倒富人!”“打倒共和，皇帝万岁”的口号，投路易·波拿巴的票。城市小资产阶级出于对资产阶级共和派政府财政政策的抗议也投路易·波拿巴的票。大资产阶级和大土地所有者把路易·波拿巴视为复辟君主制的象征也投了他的票。路易·波拿巴利用这些矛盾，巧施诡计，便从一个普通军官一跃而成为总统，直到发动政变，后来直接称帝。

二　法国阶级斗争的局势、条件与波拿巴的政变

如何解释 1848 年革命这一历史事件和评价波拿巴这个历史人物？一场人民革命为何以帝制复辟而终结呢？对此，人们提出了各自不同的看法。

恩格斯指出：“当时事变像晴天霹雳一样震惊了整个政治界，有的人出于道义的愤怒大声诅咒它，有的人把它看做是脱离革命险境的办法和对于革命误入迷途的惩罚，但是所有的人对它都只是感到惊异，而没有一个

人理解它。”[①] 如法国作家雨果·维克多·玛丽（1802—1885）撰著了《小拿破仑》一书。他在书中对政变的主要发动者作了一些尖刻的和机智的痛骂。事变本身被描绘成一个晴天霹雳。他认为这个事变只是某一个人的暴力行为。然而当他说这个人表现了世界历史上空前强大的个人主动性时，他就不是把这个人写成小人物而是写成巨人了。再如蒲鲁东写的《从十二月二日政变看社会革命》，想把政变描述成以往历史发展的结果。但是，他关于政变的历史构想不知不觉地变成了对政变主角所作的历史辩护，从而陷入了客观历史编纂学家所犯的主观唯心主义错误。

马克思与雨果、蒲鲁东等不同，他不仅深知法国历史，更为重要的是，他运用自己创立的唯物主义历史观对 1848 年革命进行科学的分析，从而证明了“法国阶级斗争怎样造成了一种局势和条件，使得一个平庸而可笑的人物有可能扮演了英雄的角色”[②]。他并且通过总结这场革命的历史经验，提出了许多有重要意义的科学论断。

1. 基于经济利益的阶级斗争：“马克思用以理解法兰西第二共和国历史的钥匙”[③]

法国的阶级斗争在欧洲国家中具有典型性。“法国是这样一个国家，在那里历史上的阶级斗争，比起其他各国来每一次都达到更加彻底的结局；因而阶级斗争借以进行、阶级斗争的结果借以表现出来的变换不已的政治形式，在那里也表现得最为鲜明。”[④] “正因为如此，马克思不仅特别热衷于研究法国过去的历史，而且还考察了法国时事的一切细节，搜集材料以备将来使用。因此，各种事变从未使他感到意外。”[⑤]

根据马克思最先发现的重大历史运动规律，“一切历史上的斗争，无论是在政治、宗教、哲学的领域中进行的，还是在其他意识形态领域中进行的，实际上只是或多或少明显地表现了各社会阶级的斗争，而这些阶级的存在以及它们之间的冲突，又为它们的经济状况的发展程度、它们的生产的性质和方式以及由生产所决定的交换的性质和方式所制约。这个规律

① 《马克思恩格斯文集》第 2 卷，人民出版社 2009 年版，第 468 页。
② 《马克思恩格斯文集》第 2 卷，人民出版社 2009 年版，第 466 页。
③ 《马克思恩格斯文集》第 2 卷，人民出版社 2009 年版，第 469 页。
④ 《马克思恩格斯文集》第 2 卷，人民出版社 2009 年版，第 468 页。
⑤ 《马克思恩格斯文集》第 2 卷，人民出版社 2009 年版，第 469 页。

对于历史，同能量转化定律对于自然科学具有同样的意义”。[①] 马克思运用这个规律解释了法兰西第二共和国的历史。

马克思认为，运用这个规律来分析历史问题，必须看到各个阶级之间、同一阶级不同集团之间的斗争，都有着深刻的经济原因。“在不同的财产形式上，在社会生存条件上，耸立着由各种不同的，表现独特的情感、幻想、思想方式和人生观构成的整个上层建筑。整个阶级在其物质条件和相应的社会关系的基础上创造和构成这一切。通过传统和教育承受了这些情感和观点的个人，会以为这些情感和观点就是他的行为的真实动机和出发点。”[②] 而在实际上，其“真实动机和出发点”恰恰是人们由自身的阶级地位所决定的物质利益。比如，正统派和奥尔良派是秩序党中的两个大集团。它们彼此分离，“决不是由于什么所谓的原则，而是由于各自的物质生存条件”[③]，由于资本和地产的竞争。怎样看待政治家、著作家与社会阶级的关系？

马克思指出，确定一些个人是否为某一阶级的代表人物，决不应只简单地以他们外观上属于哪一阶级来作出判断，而要以这些人物的思想是受哪个阶级的社会生活界限的限制为依据。他在揭露民主派代表人物的小资产阶级性时说：“不应该认为，所有的民主派代表人物都是小店主或崇拜小店主的人。按照他们所受的教育和个人的地位来说，他们可能和小店主相隔天壤。使他们成为小资产者代表人物的是下面这样一种情况：他们的思想不能越出小资产者的生活所越不出的界限，因此他们在理论上得出的任务和解决办法，也就是小资产者的物质利益和社会地位在实际生活上引导他们得出的任务和解决办法。一般说来，一个阶级的政治代表和著作界代表同他们所代表的阶级之间的关系，都是这样。”[④]

进行阶级分析，这就是马克思从迷离混沌的阶级社会历史中找出其规律性时所把握的基本线索。他用这种方法来理解法兰西第二共和国的历史，许多问题就迎刃而解了。

2. 资产阶级为反对无产阶级统治把政权送给波拿巴

法国资产阶级为什么接受波拿巴的政变？马克思指出：“法国资产阶

---

① 《马克思恩格斯文集》第 2 卷，人民出版社 2009 年版，第 469 页。
② 《马克思恩格斯文集》第 2 卷，人民出版社 2009 年版，第 498 页。
③ 《马克思恩格斯文集》第 2 卷，人民出版社 2009 年版，第 498 页。
④ 《马克思恩格斯文集》第 2 卷，人民出版社 2009 年版，第 501 页。

级反对劳动无产阶级的统治，它把政权送给了以十二月十日会的头目为首的流氓无产阶级。”①

1848 年法国的二月革命不同于 1789 年法国大革命的重要特点在于：伴随资本主义的发展，无产阶级已经走上政治斗争的舞台。不仅资产者的背后到处都有无产阶级，而且在革命的第二天，无产阶级总要提出完全不是资产者和小市民所希望的要求。在六月起义中，工人提出了“社会的民主的共和国”的要求，虽然这种奋斗被“扼杀在巴黎无产阶级的血泊中”②，但是其性质已经“是保存还是消灭资产阶级制度的斗争”③ 了。这种两个根本对立的阶级之间的斗争与资产阶级内部不同阶层之间的斗争在性质上是根本不同的。

马克思把法国资产阶级划分为共和派、秩序党（又分为正统派和奥尔良派）、波拿巴派。共和派代表了普遍的资产阶级统治的愿望和要求，它的政治理想就是将资产阶级不成熟的统治形式君主国转变为成熟的统治形式共和国。秩序党是大资产阶级的政治代表（正统派代表大地产所有者，奥尔良派代表金融贵族），它极力坚守旧秩序，以维护自己集团的特殊利益，反对普遍的资产阶级共同利益，因而反对任何变革。波拿巴派代表的是资产阶级的独裁专政的行政权力，因而坚决反对共和国的政体形式。尽管在整个 1848 年至 1850 年法国的阶级斗争中，资产阶级各派别之间的斗争占有重要的地位，但是相对于资产阶级和无产阶级之间的斗争来说，这种斗争是处在次要地位的。正如马克思在分析金融贵族复辟时所指出的，共和派资产阶级感到直接的大量的威胁自己财产和利益的是工人，“诚然，金融巨头是在削减他们的利润，但是这和无产阶级消灭利润比起来，又算得了什么呢?”④。因此在他们感到资产阶级成熟的统治形式——共和国不足以有力地镇压无产阶级时，它们就从比较完备的形式后退，放弃议会权力，赋予行政机关以愈来愈大的权力，即采用更加残暴的专制统治形式。波拿巴的胜利不是政权的转移，只不过是代表资产阶级独裁专政的行政权力的胜利。它表明资产阶级在不同时期可以根据不同情况采取不同的统治形式。

① 《马克思恩格斯文集》第 2 卷，人民出版社 2009 年版，第 560 页。
② 《马克思恩格斯文集》第 2 卷，人民出版社 2009 年版，第 560 页。
③ 《马克思恩格斯文集》第 2 卷，人民出版社 2009 年版，第 101 页。
④ 《马克思恩格斯文集》第 2 卷，人民出版社 2009 年版，第 155 页。

波拿巴和秩序党对资产阶级共和派的胜利，是法国资产阶级结束革命、开始走向全面反动的标志。这是法国阶级斗争的必然结局。

3. 波拿巴的突然袭击使巴黎无产阶级失去起义的指挥者

1851 年 11 月 2 日夜间，路易·波拿巴发动军事政变。12 月 4 日，资产者和小店主曾经唆使无产阶级起来战斗，然而巴黎无产阶级为什么没有举行起义呢?

原因在于：其一，由于资产阶级的镇压，“革命工人阶级当中的基本力量和精华，有的已经在六月起义中被残杀，有的则在六月事件之后在数不清的种种借口下被流放或者被关进监狱”,[①] “无产阶级从这次失败后，就退到革命舞台的后台去了”,[②] 因此革命力量的损失已使无产阶级很难立即行动起来。其二，巴黎无产阶级知道，这时任何重大起义都会使资产阶级重新活跃起来，使它和军队协调起来，反过来镇压工人。加之，12 月 1 日深夜，路易·波拿巴以突然的袭击使巴黎的无产阶级又一次失掉了它的领袖，失掉了街垒战的指挥者，又使工人成为一支没有指挥官的军队，自然没有力量组织起义。其三，从根本上说，法国无产阶级还不成熟，思想上还在一定程度上受着小资产阶级民主派的影响，马克思主义并未在法国无产阶级中取得统治地位；政治上没有解决同盟军问题，特别是没有获得农民的支持；组织上还只是秘密团体，还没有组成为坚强的无产阶级革命政党。

对于这些情况，马克思在《1848 年至 1850 年的法兰西阶级斗争》中曾经做过分析。

4. 波拿巴与保守的农民。“小农的政治影响表现为行政权支配社会”[③]

波拿巴能够获胜，一个决定性的因素，是得到了法国社会中人数最多的一个阶级——小农的支持。这是因为，1793 年宪法，特别是雅各宾派的土地法，使农民得到好处，他们把这些同拿破仑联系在一起，以为一个名叫拿破仑的人将会把一切美好的东西送还他们。路易·波拿巴就是借助“拿破仑观念”在农民中的广泛影响，把自己冒充为拿破仑。另一方面，

---

① 《马克思恩格斯全集》第 8 卷，人民出版社 1961 年版，第 247 页。
② 《马克思恩格斯文集》第 2 卷，人民出版社 2009 年版，第 478 页。
③ 《马克思恩格斯文集》第 2 卷，人民出版社 2009 年版，第 567 页。

从临时政府时期起，农民就因资产阶级增加税收所产生的不满日益加剧，这样，农民就在1848年12月选举中投票给路易·波拿巴，拥他为总统，使他后来能够变成法国的皇帝。

马克思指出，小农的政治影响表现为行政权支配社会。这是因为：一方面，数百万家庭的经济条件使他们的生活方式、利益与教育程度与其他阶级的生活方式、利益与教育程度各不相同并互相敌对，所以他们就形成一个阶级。另一方面，由于“各个小农彼此间只存在地域的联系，他们利益的同一性并不使他们彼此间形成共同关系，形成全国性的联系，形成政治组织”，所以“他们又不是一个阶级”①。正因为如此，“他们不能以自己的名义来保护自己的阶级利益，无论是通过议会或通过国民公会。他们不能代表自己，一定要别人来代表他们。他们的代表一定要同时是他们的主宰，是高高站在他们上面的权威，是不受限制的政府权力，这种权力保护他们不受其他阶级侵犯，并从上面赐给他们雨水和阳光”②。分散的小农经济的生产方式，使得他们希望能有一个善良的真命天子，有一个强有力的行政权力，来保持小农经济的农村社会秩序的安定并保护自己。所以，在国民会议与波拿巴、立法权与行政权的斗争中，小农支持后者，不是偶然的。

正是在这个意义上，即小农把自己的希望和幻想寄托在波拿巴的身上，马克思才说：波拿巴“代表法国社会中人数最多的一个阶级——小农”③。这个论断并不表明，马克思认为波拿巴真正是劳动农民利益的代表者。他在当时就指出：“要正确地理解我的意思。波拿巴王朝所代表的不是革命的农民，而是保守的农民”；④“是愚蠢地固守这个旧制度，期待帝国的幽灵来拯救自己和自己的小块土地并赐给自己以特权地位的农村居民”⑤。而在这之前，他还曾经明确地讲过，是“农民的轻信使他当上了总统”⑥。

---

① 《马克思恩格斯文集》第2卷，人民出版社2009年版，第567页。
② 《马克思恩格斯文集》第2卷，人民出版社2009年版，第567页。
③ 《马克思恩格斯文集》第2卷，人民出版社2009年版，第566页。
④ 《马克思恩格斯文集》第2卷，人民出版社2009年版，第567页。
⑤ 《马克思恩格斯文集》第2卷，人民出版社2009年版，第568页。
⑥ 《马克思恩格斯文集》第2卷，人民出版社2009年版，第129页。

三 对二月革命到波拿巴政变时期法国阶级斗争历史经验的总结

马克思深刻地总结了二月革命至波拿巴政变时期法国阶级斗争的历史经验。

1. 要认识资产阶级害怕群众的本性

马克思指出："当群众墨守成规的时候，资产阶级害怕群众的愚昧，而在群众刚有点革命性的时候，它又害怕起群众的觉悟了。"① 这是因为：资产阶级在反对封建专制主义、为资本主义的发展扫清障碍的斗争中，感到自己力量的弱小，不能不利用工人和农民的力量，所以这时它害怕群众的愚昧；可是，从根本上说，资产阶级的利益与工农群众的利益是不一致的，如果群众在斗争中觉醒，日益意识到自己独立的利益，进而组织起来为自己利益而斗争，这是它不能容许的，所以在群众刚有点革命性的时候，它又害怕起群众的觉悟了。出于资产阶级这种本性，所以它一旦获得胜利，第一个信条就是剥夺工农手中的武装，进而用血腥镇压来回报工人农民的独立要求。

2. 必须"摧毁"资产阶级的国家机器

马克思对1848—1851年法国阶级斗争中尖锐提出的一个重大理论问题即无产阶级革命同资产阶级国家的关系问题作出了科学回答。他明确指出：过去一切革命都是使国家机器更加完备，而这个机器是必须打碎，必须摧毁的。这个结论，"是马克思主义国家学说中主要的基本的东西"②。

马克思是怎样作出这个结论的呢？

第一，通过历史地考察法国资产阶级国家机器的演变过程，深化了对资产阶级国家机器的结构、职能的认识。他说：法国的行政权力有庞大的官僚机构和军事机构，有复杂而巧妙的国家机器。这个可怕的寄生机体，"是在专制君主时代，在封建制度崩溃时期产生的，同时这个寄生机体又加速了封建制度的崩溃"③。第一次法国革命是要破坏一切地方的、区域的、城市的和各省的特殊权力，造成全国的公民的统一，它必须把君主专制已经开始的中央集权加以发展，这就同时扩大了政府权力的容量、属性

---

① 《马克思恩格斯文集》第2卷，人民出版社2009年版，第568页。

② 《列宁选集》第3卷，人民出版社1995年版，第134页。

③ 《马克思恩格斯文集》第2卷，人民出版社2009年版，第564页。

和走卒数目。拿破仑完成了这个国家机器。正统王朝和七月王朝并没有增添什么新的东西，不过是扩大了分工。最后，在镇压 1848 年巴黎工人六月起义中，实行了纯粹的资产阶级共和派专政，加强了政府权力的工具和集中化。继后，资产阶级面对无产阶级等被奴役的阶级及其斗争，感觉到自己软弱无力，从其阶级统治比较完备的状况下退缩下来，放弃议会权力，赋予行政机关以愈来愈大的权力，依靠军事官僚机器来加强自己的统治。

1851 年 12 月 2 日波拿巴发动政变，实行独裁统治，用行政权力消灭了议会权力，使国家似乎成了完全独立于社会之上的力量。一个基本事实是，以往"一切变革都是使这个机器更加完备，而不是把它摧毁。那些相继争夺统治权的政党，都把这个庞大国家建筑物的夺得视为胜利者的主要战利品"[①]。正因为资产阶级国家机器是资产阶级压迫和奴役无产阶级的工具，所以无产阶级就不能简单地把压迫自己的国家机器拿过来作为解放自己的工具，而必须把它摧毁。

第二，考察了法国资产阶级国家的本质特征。他指出，常备军和官僚机构是中央集权的资产阶级国家的本质特征。这个庞大的资产阶级国家机器通过压制、镇压社会特别是被奴役阶级的不满和反抗，维护资产阶级的政治利益；通过安插人员、高额薪俸和各种形式的政府补贴等肥缺，来补充其用利润、利息、地租和酬金形式所不能获得的东西，以维护资产阶级的经济利益。所以他提出了"推翻资产阶级！工人阶级专政！"[②] 的口号。

3. 农民的两重性与实现工农联盟的重要性

第一，农民具有两重性。

马克思认为，农民作为劳动者，他们具有伟大的革命潜力。农民之所以能够具有革命性，一是因为它作为劳动者，同剥削者、压迫者存在着根本利害冲突，天然具有反抗剥削和压迫的本性；二是由于资本主义的发展，必然不断剥夺农民，使广大农民落入无产阶级的队伍。但是，作为小私有者，他们又有保守的一面。法国农民中根深蒂固的"拿破仑观念"，他们对波拿巴的幻想，集中地反映了法国农民的这一面。

---

① 《马克思恩格斯文集》第 2 卷，人民出版社 2009 年版，第 565 页。

② 《马克思恩格斯文集》第 2 卷，人民出版社 2009 年版，第 104 页。

第二，农民是无产阶级同盟军。

这主要有两方面原因：其一，小块土地所有制和资产阶级的利益不能相协调。在法国大革命时期，拿破仑实行的土地政策使农民摆脱了封建土地所有制的压迫，农民曾是资产阶级的同盟军。但是，在1848年革命中，农民被资产阶级出卖了。从临时政府时期起，资产阶级就增加农民的税收负担，到波拿巴政权下农民的处境更加恶化了。由于资本主义生产方式日益发展，小块土地所有制和资产阶级的利益已经不能相协调，而只能日益成为大资本榨取和吞食的对象，成为农民受奴役和贫困的根源。处境日益恶化的农民，逐渐革命化，开始接受无产阶级的革命思想宣传，逐渐地站到无产阶级方面。

其二，无产阶级和农民根本利益的一致。在资本主义奴役下，农民所受的剥削和工业无产阶级所受的剥削，只是在形式上不同罢了。剥削者是同一个："资本"。"只有资本的瓦解，才能使农民地位提高；只有反资本主义的无产阶级的政府，才能结束农民经济上的贫困和社会地位的低落。"[①] 这样，在无产阶级革命进程中，"农民就把负有推翻资产阶级制度使命的城市无产阶级看做自己的天然同盟者和领导者"[②]。

第三，无产阶级应当与农民实行联合。

马克思指出，无产阶级领导的工农联盟，是夺取革命胜利的基本阶级力量和前提条件。在一个农民占人口多数的国家里，无论是反对封建主义还是反对资本主义的革命斗争，无产阶级能否与农民结成联盟，直接关系到革命的成败。法国二月革命的结局和巴黎工人六月起义的失败充分地证明了这一点。在二月革命尤其是巴黎工人六月起义中，由于农民的态度是冷淡的、甚至是仇视的；由于资产阶级竭力唆使农民仇视工人，致使工人陷入孤军奋斗的境地，终于遭到失败。因此，马克思指出："在革命进程中站在无产阶级与资产阶级之间的国民大众即农民和小资产者发动起来反对资产阶级制度，反对资本统治以前，在革命进程迫使他们承认无产阶级是自己的先锋队而靠拢它以前，法国的工人们是不能前进一步，不能丝毫触动资产阶级制度的。"[③] 又说："法国农民一旦对拿破仑帝制复辟感到失

① 《马克思恩格斯文集》第2卷，人民出版社2009年版，第160—161页。

② 《马克思恩格斯文集》第2卷，人民出版社2009年版，第570页。

③ 《马克思恩格斯文集》第2卷，人民出版社2009年版，第89页。

望，就会把对于自己小块土地的信念抛弃；那时建立在这种小块土地上面的全部国家建筑物都将会倒塌下来，于是无产阶级革命就会形成一种合唱，若没有这种合唱，它在一切农民国度中的独唱是不免要变成孤鸿哀鸣的。”①

第四，无产阶级是工农联盟的领导者。

马克思指出：无产阶级是彻底革命的阶级，它能成为社会革命利益汇集中心，“会直接在自己的处境中找到自己革命活动的内容和材料：打倒敌人，采取适合斗争需要的办法，它自身行动的结果就推动它继续前进”②。农民会在斗争实践中逐渐认识到，只有无产阶级才能真正代表他们的利益，从而把无产阶级看作自己的先锋队和天然同盟者。

马克思的这些观点，进一步阐明了唯物主义历史观关于国家与革命等的重要原理，丰富了无产阶级革命的战略策略思想。

（原载《思想理论教育导刊》2011 年第 3 期）

① 《马克思恩格斯文集》第 2 卷，人民出版社 2009 年版，第 573 页。
② 《马克思恩格斯文集》第 2 卷，人民出版社 2009 年版，第 88 页。

革命权是唯一的真正“历史权利”

——恩格斯《〈1848 年至 1850 年的法兰西阶级斗争〉一书导言》研究

1895 年，《1848 年至 1850 年的法兰西阶级斗争》一书在柏林出版单行本，恩格斯于 2 月 14 日至 3 月 6 日之间为该单行本写了导言。这篇导言可以说是恩格斯一生最后的一篇重要理论文章。长期以来，人们对恩格斯这一著作存在争议。通常认为，恩格斯这篇文章对 19 世纪和 20 世纪之交的新形势下无产阶级革命战略和策略进行了新的探索，对无产阶级政党怎样根据各自不同的情况转变自己的斗争方针进行了认真的思索。但是也有人持不同的看法，认为这一著作表明，恩格斯主张工人阶级在任何情况下都只能通过和平途径取得政权。这种看法或强或弱，或明或暗，一直存在着。最近又有文章说，恩格斯这篇文章“对马克思主义的理论体系进行了最后的反思和修正”，晚年的恩格斯是主张走议会和平道路的反暴力论者，“是和平长入社会主义的首创者”。那么，实际情况是如何呢？下面谈一下这方面的看法。

一

恩格斯在《〈1848 年至 1850 年的法兰西阶级斗争〉一书导言》（以下简称《导言》）中究竟是怎样讲的？我们通过查对原文和有关历史资料，对有关争议的问题有以下几点看法：

首先，恩格斯在《导言》中讲的“我们错了”指的是什么？关于这个问题，《导言》讲得很清楚，它是指对当时欧洲无产阶级革命形势估计错了。恩格斯指出，当时欧洲大陆经济的发展还远没有成熟到可以铲除资本主义生产方式的程度。这一点已为 1848 年至 1850 年以后的几十年的经济革命历史所证明。1848 年以后的经济革命（即工业革命）席卷了整个欧洲大陆，产生了真正的资产阶级和真正的大工业无产阶级，并把他们推到社会发展的前台，革命的客观前提和斗争的主观力量、阶级基础都发生了变化。历史表明，1848 年以后，在社会主义者国际大军的人数、组织、纪律、觉悟程度和胜利信心都与日俱增的情况下，无产阶级还远不能用一次重大的打击取得胜利，即不能铲除资本主义，“那么这就彻底证明了，在 1848 年要以一次简单的突然袭击来实现社会改造，是多么不可能的事情”①。因而，恩格斯说“历史表明我们也曾经错了。我们当时所持的观点只是一个幻想”。很明显，这里说的“错了”，是指对当时革命形势的错误估计，即：以为能很快铲除资本主义，很快就可以消灭资本主义。不是说，不要铲除资本主义、不要消灭资本主义。

其次，《导言》阐述了无产阶级的斗争方式要同客观革命形势相适应的思想。1848 年革命时期，无产阶级斗争的方式主要是巷战。因为那个时期资产阶级的军队还不像后来武装得那样精良，城市的街道也不像后来那样宽敞笔直。此后，资本主义国家经过几十年的发展，经济、政治、科技条件发生了很大的变化，如大城市的扩展、政府军队种类和数量的增多、军队调遣交通的便利、武器装备的精良等等，这一切变化都对政府军队有利，而对起义者不利。因此，无产阶级斗争的策略和方法必须作相应的改变。“旧式的起义，在 1848 年以前到处都起过决定作用的筑垒巷战，现在大大过时了。”采取巷战形式已不能取得胜利。恩格斯总结了欧洲无产阶级从 1848 年到 1871 年巴黎公社的革命经验，并结合 90 年代阶级斗争条件的新变化，强调要重视议会斗争，把议会斗争提到重要位置上来，因为在当时的斗争条件下，通过议会可以和资产阶级直接辩论，宣传我们的主张，争取群众，亦可以检验我们的力量。对于德国社会民主党当时曾巧妙地利用了合法斗争和议会民主，特别是利用了 1864 年实行的普选权，一步一步地扩大了自己的阵地，取得了重大胜利的情况，恩格斯给予了充分的肯定，说德国党的重大贡献在于“他们给予了世界各国同志们一件新的武器——最锐利的武器中的一件武器，他们向这些同志表明了应该怎样利用普选权”②。但是，恩格斯并没有完全否定巷战形式，他指出，“这是不是说，巷战在将来就不会再起什么作用了呢？决不是。这只是说，自 1848 年以来，各种条件对于民间战士已经变得不利得多，而对于军队则

---

① 《马克思恩格斯文集》第 4 卷，人民出版社 2009 年版，第 541 页。

② 《马克思恩格斯全集》第 22 卷，人民出版社 1965 年版，第 601 页。

已经变得有利得多了。所以说，将来的巷战，只有当这种不利的情况有其他的因素来抵消的时候，才能达到胜利。”[①] 这里很清楚，在恩格斯看来，巷战形式和和平议会都只是无产阶级夺取政权、争取社会主义胜利的手段，至于采取哪一种，则必须依当时的具体情况而定。这里既没有绝对否定筑垒巷战，更没有半点否定暴力革命的意思。

关于利用议会的问题，马克思恩格斯的认识有一个过程。19 世纪 60 年代他们一度认为普选权在德国这样的国家，对工人来说是陷阱，是政府的欺骗工具。到 70 年代初，随着形势的变化，他们从德国社会民主党利用普选权的最初战绩中，看出“普选权赋予我们一种卓越的行动手段”[②]开始逐步阐明它的重要作用。70 年代末，他们进一步指出，议会斗争使工人党“有可能统计自己的力量，向世界显示它的组织得很好的和不断壮大的队伍”[③]。

80 年代中，他们作出了“普选是衡量工人阶级成熟性的标尺”的重要论断。到 90 年代中期，恩格斯更明确地把它看作是无产阶级手中的一件武器，认为工人政党在决战到来之前，应当利用选举运动与资产阶级进行斗争，要有成效地利用从统治阶级那里争得的民主权利，启发、训练、教育、组织工人群众，为未来的革命发动做好充分的准备。这就要求，通过合法斗争，提高工人队伍的组织性、纪律性、觉悟程度和胜利信心，要做到“凡是问题在于要把社会制度完全改造的地方，群众自己就应该参加进去，自己就应该明白为什么进行斗争，他们为什么流血牺牲”和“明白应该做什么”[④]。

再次，恩格斯强调了暴力革命的根本性和必要性。恩格斯强调无产阶级要掌握革命权和作好暴力准备。他反复告诫各国工人党，不要因为德国社会党利用普选权就放弃自己的革命权。他说，“不言而喻，我们的外国同志们是决不会因此而放弃自己的革命权的。须知革命权是唯一的真正‘历史权利’，——是所有现代国家一无例外都以它为基础建立起来的唯一权利。”[⑤] 并指出，为了保证不放弃革命权，还需要建立一支“决定性

① 《马克思恩格斯文集》第 4 卷，人民出版社 2002 年版，第 548—549 页。
② 《马克思恩格斯文集》第 3 卷，人民出版社 2009 年版，第 92 页。
③ 《马克思恩格斯全集》第 19 卷，人民出版社 1965 年版，第 137 页。
④ 《马克思恩格斯全集》第 22 卷，人民出版社 1965 年版，第 607 页。
⑤ 《马克思恩格斯全集》第 22 卷，人民出版社 1965 年版，第 608 页。

的‘突击队’”，为“决定性的搏战”那一天做好准备。因为如果没有了突击队，“决定性的搏战就会延迟、拖远并且要求付出更大的牺牲”①。因此，“我们的主要任务就是毫不停手地促使这种力量增长到超出政府统治制度所能支配的范围，不是要把这个日益增强的突击队在前哨战中消灭掉，而是要把他好好地保存到决战的那一天”②。注意在决战时刻未到来之前，决不接受统治阶级的挑战，以避免把工人引到“枪响箭鸣”的地方，而是要聚集力量，为决定性搏斗作准备。

总之，恩格斯在《导言》中阐述的思想是无产阶级的斗争形式要同客观形势相适应。一次性的突然袭击、一次性决定性打击的巷战已经同当时的形势不相适应，为了把革命推向前进，必须善于利用议会制和普选权来教育群众，聚集力量。显然，这同否定暴力革命是两回事。

二

恩格斯在撰写《导言》的前后的很多历史资料证明恩格斯根本不是什么暴力革命的反对者，更不是议会迷，而是一贯坚决反对机会主义的斗士。恩格斯在导言发表之前，曾不顾德国社会民主党内拉萨尔分子的激烈反对和爱森纳赫派的某些领导人的竭力阻挠，毅然公布了马克思1875年批判拉萨尔机会主义的《哥达纲领批判》。

《哥达纲领批判》是马克思在1875年为批判德国社会主义工人党的拉萨尔机会主义纲领而写的。该著批判了“德国工人党……用一切合法手段去争取建立自由国家”的机会主义观点，谴责庸俗民主派“居然向一个以议会形式粉饰门面、混杂着封建残余、同时已经受到资产阶级影响、按官僚制度组成、以警察来保护的军事专制国家，要求只有在民主共和国里才有意义的东西，并且还向这个国家庄严地保证，他们认为能够‘用合法手段’从它那里争得这类东西”③。马克思考虑到当时的客观形势和党内的状况，衡量得失，没有公开发表这部著作。随着德国工人运动的发展，统治阶级改变了斗争手法，他们企图把工人运动限制在资产阶级的合法秩序范围内，以达到取消工人运动的目的。在这种情况下，党内一些

① 《马克思恩格斯全集》第22卷，人民出版社1965年版，第609页。
② 《马克思恩格斯全集》第22卷，人民出版社1965年版，第609页。
③ 《马克思恩格斯文集》第3卷，人民出版社2009年版，第446页。

不坚定分子思想上滋生了机会主义倾向。恩格斯为了使第二国际，特别是德法两党能坚持马克思主义的思想指导，不顾年迈多病和整理出版《资本论》第2、3卷的繁重工作，挺身而出投入了反对机会主义的斗争，于1891年1月决定发表马克思十五年前写的但一直没有公布的《哥达纲领批判》，还亲自写了序言。他一再声明，绝不同意为了照顾情面和避免党内可能出现的不满而把马克思批判拉萨尔主义的历史真相掩盖起来，强调指出：“既然哈雷党代表大会已把关于哥达纲领的讨论提到了党的议事日程，所以我认为，如果我还不发表这个与这次讨论有关的重要的——也许是最重要的——文件，那我就要犯隐匿罪了。”[①] 这部被埋没了长达15年之久的伟大著作，由于它深刻阐明了有关科学共产主义的一系列重大理论问题，尖锐地批判了改良主义，因此一公开发表就受到社会主义者的热烈欢迎，这对嚣张一时的右倾机会主义者无疑是个当头一棒。恩格斯坚决捍卫巴黎公社的革命原则，再版了马克思《法兰西内战》（1871）并写了导言，进一步阐明马克思关于资产阶级国家机器的压迫性质和必须把它彻底打碎这一公社的原则，论证了以无产阶级专政代替资产阶级专政的历史必然性。

恩格斯在《〈法兰西内战〉导言》中着重揭露了资产阶级民主共和国的实质，批判了党内那伙议会迷对资产阶级议会民主的顶礼膜拜。他写道：“国家无非是一个阶级镇压另一个阶级的机器，而且在这一点上民主共和国并不亚于君主国。”[②] 指出谋求自身解放的无产阶级绝不能依仗资产阶级国家使资本主义和平长入社会主义，而必须掌握革命武装，通过暴力革命，彻底打碎资产阶级的国家机器，建立无产阶级专政，打开通向共产主义的道路。恩格斯指摘那些一听到无产阶级专政就吓得大喊救命的社会民主党庸人说：“先生们，你们想知道无产阶级专政是什么样子吗？请看巴黎公社。这就是无产阶级专政。”[③] 恩格斯写这篇《导言》，是反击右倾机会主义的一项重大举措。列宁说它“完全可以称为马克思主义在国家问题上的最高成就”[④]。

1891年6月底，恩格斯写了《1891年社会民主党纲领草案批判》，即

---

① 《马克思恩格斯选集》第3卷，人民出版社1995年版，第293页。

② 《马克思恩格斯选集》第3卷，人民出版社1995年版，第13页。

③ 《马克思恩格斯选集》第3卷，人民出版社1995年版，第13—14页。

④ 《列宁选集》第3卷，人民出版社1995年版，第177页。

《爱尔福特纲领草案批判》，进一步清算德国党内的机会主义垃圾。恩格斯在《〈法兰西内战〉导言》一书中所提出的警告，并没有为德国社会民主党领导者们所接受，他们制定的准备提交爱尔福特党代会讨论的纲领草案中无视马克思恩格斯对“哥达纲领”的尖锐批评，完全否定暴力革命，避而不谈无产阶级专政这个根本问题，没有提出推翻君主制和建立民主共和国的要求，对机会主义作了很大的让步。于是恩格斯在 1891 年 6 月间对纲领草案进行了详细的分析和批判，即著名的《爱尔福特纲领草案批判》。恩格斯指出纲领的政治要求部分“没有说本来应当说的东西”①。即它没有旗帜鲜明地提出无产阶级革命和夺取政权的要求，而是力图使党相信“资本主义正在长入社会主义”。恩格斯质问道：“他们……不问一下自己，是否这样一来，这个社会就会不像虾要挣破自己的旧壳那样必然要从它的旧社会制度中长出来，就会无需用暴力来炸毁这个旧壳”②。恩格斯强调，必须用暴力炸毁半专制制度的桎梏，德国无产阶级才有可能获得解放。右倾机会主义者鼓吹“和平长入社会主义”的谬论，是“为了眼前暂时的利益而忘记根本大计，只图一时的成就而不顾后果，为了运动的现在而牺牲运动的未来”③，“这样的政策归根到底只能把党引入迷途”④，葬送掉革命。

关于“和平过渡”的问题，恩格斯认为这只是一种可能。这种可能能否实现，完全取决于客观的具体条件。恩格斯针对当时英国还是纯粹资本主义的、没有军阀并在很大程度上没有官僚的国家，指出，可以设想，在人民代议机关把一切权力集中在自己手里，只要取得大多数人民的支持，就能够按照宪法随意办事的国家里，旧社会可能和平地长入新社会。但是，恩格斯在《爱尔福特纲领草案批判》中随即否定了像德国这样的国家和平过渡的可能性，他指出，在德国这样行政权力强大几乎无所不能，帝国议会只是一个门面装饰的情况下，谈和平过渡，简直是开玩笑，无稽之谈。恩格斯当时还深刻地批判了“议会迷”。这就是 1893 年法国工人党在议会选举中的胜利，使党的一些领导人冲昏了头脑。米勒兰之流乘机鼓吹可以利用资产阶级共和国来实现社会主义。恩格斯揭露说：“共

① 《马克思恩格斯全集》第 22 卷，人民出版社 1965 年版，第 272 页。
② 《马克思恩格斯全集》第 22 卷，人民出版社 1965 年版，第 273 页。
③ 《马克思恩格斯全集》第 22 卷，人民出版社 1965 年版，第 274 页。
④ 《马克思恩格斯全集》第 22 卷，人民出版社 1965 年版，第 273 页。

和国取决于它的内容，当它还是资产阶级统治的形式时，它就和任何君主国一样地敌视我们（撇开敌视的方式不谈）。因此，把它看成本质上是社会主义的形式，或者当它还为资产阶级所掌握时，就把社会主义的使命委托给它，都是毫无根据的幻想”。①

1892 年 7 月，恩格斯针对考茨基散布的“革命不一定非采用暴力手段或流血手段”的“和平长入论”，在《英国工人阶级状况》德文第二版序言中又指出：“现在也还有不少人，站在不偏不倚的高高在上的立场向工人鼓吹一种凌驾于一切阶级对立和阶级斗争之上的社会主义，这些人如果不是还需要多多学习的新手，就是工人的最凶恶的敌人，披着羊皮的豺狼。”②

三

关于恩格斯写作《〈法兰西阶级斗争〉导言》的背景材料，这里还要作点特别说明。这就是恩格斯 1895 年写成《导言》后，本拟作为马克思的《1848 年至 1850 年的法兰西阶级斗争》的导言交出版社出版。但是，当时德国社会党执行委员会以德国帝国国会正在讨论《防止政变法》草案，国内又形成了紧张局势为由，要求恩格斯修改手稿，把这部著作中在执行委员会看来是过分革命的调子冲淡，放低革命的基调，使它具有更为谨慎的形式。恩格斯为了顾全大局，同意改变一些提法或删去某些词句，因而使原稿受到了一些损害。对此，恩格斯是不满意的。关于这个问题，恩格斯在同年 3 月 28 日给劳拉的信中做过说明，他说，由于我们的柏林朋友们在我看来是过分的要求，这篇导言受到了一些损害，他们希望凡是会被帝国国会作为通过防止政变法草案的借口的话都不要讲。在目前条件下我只好让步。恩格斯为此在《导言》完成后的第二天，即 1895 年 3 月 8 日，在《致查理·费舍》中指出，不要因为法兰西阶级斗争导言用的语言比较缓和一些，就根本否定暴力革命，主张和平过渡，“如果你们宣扬绝对放弃暴力行为，是决捞不到一点好处的。没有人会相信这一点，也没有一个国家的任何一个政党会走得这么远，竟然放弃拿起武器对抗不法行

① 《马克思恩格斯全集》第 39 卷，人民出版社 1974 年版，第 209 页。
② 《马克思恩格斯选集》第 4 卷，人民出版社 1995 年版，第 423—424 页。

为这一权利”[①]。

恩格斯还就一些别有用心的人对《导言》的断章取义甚至篡改歪曲表示过多次抗议。早在1892年2月，恩格斯就批驳过意大利资产阶级学者卓·博维奥把“社会党将取得多数，然后就将取得政权”的观点强加给他。他抗议道：“首先，我根本没有说过什么‘社会党将取得多数，然后就将夺取政权’。相反，我强调过，十之八九我们的统治者早在这个时候到来以前，就会使用暴力来对付我们了；而这将使我们从议会斗争的舞台转到革命的舞台。”[②] 1895年3月30日，德国社会民主党机关报《前进报》在报纸的社论《目前革命应该怎样进行》一文中未经恩格斯同意，从恩格斯的《导言》中断章取义地摘引了几处。恩格斯得知后非常气愤，向《前进报》编辑李卜克内西提出坚决抗议，并于4月1日写信给《新时代》主编考茨基，指出，“《前进报》事先不通知我就发表了我的《导言》的摘录，在这篇经过修饰整理的摘录中，我是以一个爱好和平的、无论如何要守法的崇拜者出现的。我特别希望《导言》现在能全文发表在《新时代》上，以消除这个可耻印象”[③]。并且申明，守法“绝不是不惜任何代价的守法，即使是口头上也罢！”[④] 1895年4月3日恩格斯在给保·拉法格的信中再次谈到了李卜克内西在发表导言时的这种不光彩做法，说他在《前进报》上“摘引了所有能为他的、无论如何是和平的和反暴力的策略进行辩护的东西”。并请拉法格等待未经删改的原文发表后再作评论。[⑤]在恩格斯的抗议和要求下，《新时代》杂志1895年27期和28期刊登了经恩格斯删节后的全文，直到1930年，未经修改、删节的《导言》全文才第一次在苏联出版。

上述历史资料表明，恩格斯撰写的《〈法兰西阶级斗争〉导言》中的整体思想是前后一贯的。《〈法兰西阶级斗争〉导言》不能说明晚年的恩格斯是主张走议会和平道路的反暴力论者，“是和平长入社会主义的首创者”。恩格斯一生都是伟大的马克思主义者、伟大的共产主义者，他坚持

① 《马克思恩格斯全集》第39卷，人民出版社1975年版，第401页。
② 《马克思恩格斯全集》第22卷，人民出版社1965年版，第327页。
③ 《马克思恩格斯全集》第39卷，人民出版社1974年版，第432页。
④ 《马克思恩格斯全集》第39卷，人民出版社1974年版，第403页。
⑤ 《马克思恩格斯全集》第39卷，人民出版社1974年版，第436页。

无产阶级革命和无产阶级专政的革命立场是坚定的、始终如一的。“向社会主义和平过渡的首创者”同恩格斯及其思想毫无关系。

（原载《政治学研究》2007 年第 1 期，第二作者为李静）

历史唯物主义发展的丰碑（一）

——《家庭、私有制和国家的起源》研读

《家庭、私有制和国家的起源》（以下简称《起源》）一书，写于1884年3月至5月，是恩格斯晚年运用历史唯物主义分析原始社会的一部全面、系统的重要著作。它对原始社会的家庭关系、氏族制度、私有制和国家起源的科学探讨，进一步丰富和发展了历史唯物主义的基本原理。《起源》首次于1884年10月以单行本形式在苏黎世出版，后多次再版。现流行的是第4版的文本，其结构由第1版、第4版的序言和九章正文构成。第九章是全书的概括和总结。该章概括地分析了氏族制度的解体、私有制、阶级、国家产生的一般条件和基本过程，阐述了私有制、阶级和国家的必然灭亡，文明社会必将为无阶级的共产主义社会所代替的历史必然性。

一　从《古代社会》到《家庭、私有制和国家的起源》

（一）摩尔根的《古代社会》及其在“原始的历史观中引起的革命”

在19世纪60年代以前，“社会的史前状态，成文史以前的社会组织，几乎还没有人知道”[①]。这是马克思写作《资本论》时遇到的一个难题。60年代后情况发生了很大的变化。到70年代，西欧资本主义开始了和平的发展时期，对世界其他地区的掠夺和渗透加强，随之马克思主义也在向东方国家传播，并开始成为这些国家先进分子观察国家命运和社会发展的指针。时代提出了如何根据马克思主义的基本原理去科学认识各种古老的甚至原始社会结构的问题；[②] 这时科学的发展，已有了研究史前状态的条

① 马克思，恩格斯：《共产党宣言》，人民出版社1992年版，第26页。

② 参见《马克思古代社会史笔记》的《说明》，人民出版社1996年版，第1—2页。

件。这就是以1860年出版的巴斯提安三卷本的《历史上的人》一书为标志，人们开始对人类文化作系统的、科学的研究，多种文化人类学专著纷纷问世。其中主要有巴霍芬的《母权论》（1868年）、拉伯克的《文明的起源和人的原始状态》（1870年）、麦克伦南的《原始婚姻》（1865年）、泰勒的《人类早期史研究》（1865年）、《原始文化》（1871年）、梅恩的《古代法制史演讲录》（1875年）、摩尔根的《人类家庭的血亲》等。这些文化人类学论著的出版，兴起了研究原始社会组织、原始婚姻家庭、原始宗教、国家等问题的热潮，从而形成了文化人类学史上的进化论学派。这个学派为了追溯人类的起源，弄清楚人类从野蛮到文明的复杂文化现象，用进化论观点和实证研究方法，对除西欧以外的亚非拉多民族的民族志资料进行了梳理、说明和排列，以图把握和描绘出人类社会发展、进化的一般过程。

在当时的文化人类学论著中，美国杰出的社会科学家、氏族学家、文化人类学进化论学派的代表人物之一摩尔根发表的《古代社会》，在人类学和文化学研究史上是一部划时代的科学巨著，具有重大的学术价值，为人类文化特别是原始社会史的研究，作出了重大的贡献。摩尔根提出的进化论学说认为，其一，“人类历史的起源相同，经验相同，进步相同”，在同一阶段具有类似的需要，有同样的心理的基本原则。[①] 其二，“人类经验的成果在相同文化阶段上的一切时代和地区都是基本相同的”。[②] 其三，在研究中注意将落后部落的文化和先进氏族的文化加以对照。他认为，制度的发明与发现是标志人类顺序相承各个进步阶段的尺度，从现存的氏族中探索人类进步过程是一个主要途径。

摩尔根依据进化论学派的方法论原则，认为美洲印第安人诸部落的历史和经验，包括其制度、技术、发明和实际经验“多少可以代表我们的远祖处于相等状态下的历史和经验”，作为“构成人类记录的一个部分”，“特殊宝贵之处在于它们的意义远远超出了印第安人本族的范围”。[③] 他通过对印第安人的氏族、制度、家庭、婚姻等具体社会结构、社会形式的详细探讨，提出了一系列关于追溯人类社会早期历史的独到见解。

---

① ［美］摩尔根：《古代社会》，杨东尊、张栗原、冯汉骥译，商务印书馆1971年版，第1—2页。

② 《马克思恩格斯全集》第45卷，人民出版社1985年版，第398页。

③ ［美］摩尔根：《古代社会》，杨东尊、张栗原、冯汉骥译，商务印书馆1971年版，第6页。

1. 关于原始家庭发展的科学说明

摩尔根在论证中，通过对美洲印第安人部落和夏威夷群岛上的土著居民的亲属关系和亲属称谓制度之间的矛盾的分析，推断出在原始社会史上相继出现的各种家庭形式，认为婚姻和家庭是一个历史范畴，包括原始家庭在内，家庭是随着社会的发展而不断演变发展的。

2. 关于氏族起源和本质的揭示

摩尔根用从北美印第安人的血缘团体中找到的钥匙，解开了氏族这一原始社会制度基本组织的起源和本质之谜，提出了氏族发展的基本概念，明确区分了氏族和部落，证明了母系氏族是原始社会的基本单位，人类社会从母系氏族向父系氏族、从母权制向父权制发展的普遍性。

3. 关于人类社会的更替及其动力的发现

摩尔根认为，"人类的各种主要制度都起源于蒙昧社会，发展于野蛮社会，而成熟于文明社会"。[①] 人类社会早期状态是文明时代一切东西的起始地，私有制的产生导致专偶家庭产生和文明社会的建立。人类从蒙昧时代向野蛮时代和文明时代转变、过渡的动力、决定性力量是生产资料生产的进步。因而生产资料生产的进步是划分史前文化阶段的标准。

4. 关于资产阶级社会制度的分析

摩尔根将上述发展思想运用于资产阶级社会中家庭、私有制和国家等制度的分析，对这些现象的原初形式进行了探讨和科学说明。

这样，摩尔根的《古代社会》一书就在原始历史观中引起了革命。"在他自己的研究领域内独立地发现了马克思的唯物主义历史观，并且最后还对现代社会提出了直接的共产主义的要求。"[②] 恩格斯还指出："在论述社会的原始状况方面，现在有一本象达尔文学说对于生物学那样具有决定意义的书，这本书当然也是被马克思发现的，这就是摩尔根的《古代社会》（1877 年版）"。[③]

（二）马克思关于以唯物主义历史观阐述摩尔根研究成果的计划和准备

文化人类学的兴起，引起了马克思的高度关注。在资产阶级史学家对

---

① ［美］摩尔根：《古代社会》，杨东尊、张栗原、冯汉骥译，商务印书馆 1971 年版，第 1—2 页。

② 《马克思恩格斯选集》第 4 卷，人民出版社 1995 年版，第 661 页。

③ 《马克思恩格斯全集》第 36 卷，人民出版社 1975 年版，第 112 页。

摩尔根《古代社会》保持沉默、大加排斥的时候，马克思却以极大的兴趣和热情精心研读了大量的文化人类学论著，并作了详细的摘录、译注。他计划在综合整理文化人类学成果和资料的基础上，开辟出一个新的研究领域，写出一部恢宏的新著，来全面系统的总结、整理自己的思想和观点，完整地阐释人类社会发展的多样性与统一性相统一的总体进程，以发展和丰富唯物史观。

马克思对摩尔根的《古代社会》一书尤为重视。他从1881年5月至1882年2月，花了近十个月的时间精心研究了摩尔根的《古代社会》这部书，并作了大量摘录、分析、批判性批注和补充。这部分内容在马克思《人类学笔记》中占了很大的篇幅。其主要内容包括：

1. 对摩尔根研究原始社会重大贡献的高度评析

摩尔根对无阶级的原始社会的社会结构的发现，对原始社会基本氏族亲属制度和家庭婚姻形态、私有制起源和发展，以及如何产生出法治、法律制度、国家和法治组织等的阐明，证实了马克思对原始社会的见解和唯物史观。如恩格斯评价的，“摩尔根的伟大功绩，就在于他在主要特点上发现和恢复了我们成文史的这种史前的基础，并且在北美印第安人的血族团体中找到了一把解开希腊、罗马和德意志上古史上那些极为重要而至今尚未解决的哑谜的钥匙”。[①] 马克思高度重视摩尔根的贡献，对其中有科学价值的材料作了详细摘录，肯定了其中的正确观点。

2. 对摩尔根原书结构的改造

摩尔根的《古代社会》一书原来的结构，依次是“生产、技术的发展——法治观念的发展——家庭婚姻形式的变化——财产观念的产生”。这种论述，把财产的起源和发展放在法治组织、管理观念之后，表明摩尔根对私有制产生的深远意义的忽视，马克思在摘要中对之进行了改造，将原结构变成为生产、技术的发展——家庭婚姻形式的变化——氏族组织——私有制和国家的产生。经马克思改造后的《古代社会》一书，体系得到科学调整，更加突出了私有财产的作用和意义，克服了摩尔根的唯物主义思想的不彻底性，消除了他从观念的角度追溯人类社会制度起源的唯心主义倾向，鲜明地体现出历史唯物主义的观点：原始社会建立的基础是物质资料的生产和人自身的生产；私有制导致阶级、国家的产生和氏族

① 《马克思恩格斯选集》第4卷，人民出版社1995年版，第2—3页。

制度的灭亡。

3. 对摩尔根思想的进一步说明和补充

马克思在摘录中，一是增加了许多自己掌握的材料，如古希腊、古罗马的大量具体材料，使其内容更加充实。二是对某些论点作了重要纠正。如摩尔根把取火当作人类早期的次要发明，马克思指出："与此相反：一切与取火有关的东西都是主要的发明。"[①] 马克思还否定了摩尔根"只有人类可以说达到了绝对控制食物生产的地步"的错误观点。[②] 三是对原始材料和观点给以新的概括和总结。如对摩尔根关于亲属制度、亲属称谓落后于亲属关系的论断，马克思从更为一般的意义上作了理论概括，指出："同样，政治的、宗教的、法律的以至一般哲学的体系，都是如此。"[③] 四是对摩尔根的观点作了发挥和补充。如对摩尔根关于专偶制度家庭的起源和性质，从母系氏族过渡到父系氏族的原因和意义，对希腊罗马社会的分析，希腊罗马社会中私有制的产生，氏族的瓦解以及阶级和国家的形成，阶级之间的关系等内容，马克思都作了发挥和补充。

马克思晚年对摩尔根《古代社会》所做的科学研究工作，意在"联系他的——在某种限度内我可以说是我们两人的——唯物主义的历史研究所得出的结论来阐述摩尔根的研究成果"[④]，以开辟马克思主义文化人类学的新领域，发展和丰富唯物主义历史观，完善自己的社会形态理论。但马克思没有来得及写出系统的著作就逝世了，这一遗志是由恩格斯完成的。

（三）恩格斯对摩尔根研究成果的引用、补充和独创性的阐述

恩格斯在19世纪70年代末到80年代初，也极为重视人类社会早期演变的历史探索。他不仅研读了大量的文化人类学论著，发表了《法兰克时代》等多部著作，计划撰写一部关于日耳曼人的古代历史的论著，而且还就一些问题，如东方各氏族为什么没有达到土地私有制，甚至没有达到西欧式的封建土地所有制，亚细亚所有制等问题，同马克思展开过讨论。

1884年初，恩格斯在整理马克思的遗物时，发现了马克思的路易·

① 《马克思古代社会史笔记》，人民出版社1996年版，第173页。
② 《马克思古代社会史笔记》，人民出版社1996年版，第126页。
③ 《马克思古代社会史笔记》，人民出版社1996年版，第148页。
④ 《马克思恩格斯选集》第4卷，人民出版社1995年版，第1页。

亨·摩尔根《古代社会》一书摘要，他认为极为重要和珍贵。他详尽而透彻地研究了马克思的摘录、评语，又深入研究了摩尔根的原著，他认为“摩尔根在美国，以他自己的方式，重新发现了40年前马克思所发现的唯物主义历史观，并且以此为指导，在把野蛮时代和文明时代加以对比的时候，在主要点上得出了与马克思相同的结果”①。

恩格斯没有对摩尔根的著作作客观的叙述。他认为对摩尔根的著作“不作批判的探讨，不利用新得出的成果，不同我们的观点和已经得出的结论联系起来阐述，那就没有意义了”②。恩格斯充分利用了马克思对《古代社会》一书摘要的结构、评语和评论中所表述的思想，用历史唯物主义观点对其进行了科学整理。此前，恩格斯在1881—1882年期间就写作了《论日耳曼人的古代社会历史》《马尔克》等著作，他利用这些已有的科学研究成果，结合自己掌握的人类学、民族学、考古学、社会学、历史学、法治学等多学科的知识和材料，系统阐述了人类早期社会阶段的历史，考察追溯了家庭、私有制和国家的起源，科学地证明了人类走向未来共产主义社会的历史必然性，从而修正、丰富了摩尔根著作的内容。恩格斯指出：“在关于希腊和罗马历史的章节中，我没有局限于摩尔根的例证，而是补充了我所掌握的材料。关于克尔特人和德意志人的章节，基本上是属于我的；在这里，摩尔根所掌握的差不多只是第二手的材料，而关于德意志人的章节—除了塔西佗以外—还只是弗里曼先生的不高明的自由主义的赝品。经济方面的论证，对摩尔根的目的来说已经很充分了，对我的目的来说就完全不够，所以我把它全部重新改写过了。最后，凡是没有明确引证摩尔根而作出的结论，当然都由我来负责。”③《起源》出版之后被列宁誉为“现代社会主义的基本著作之一”。恩格斯自己则认为，这部书“在某种程度上是实现遗愿”④，补偿亡友马克思的未竟事业。因为“这种东西对于我们共同的观点，将有特殊的重要性”。

二　原始社会：“共产制共同体”

原始公社制（primitive commune system）是以生产资料原始公社所有

① 《马克思恩格斯选集》第4卷，人民出版社1995年版，第1页。
② 《马克思恩格斯全集》第36卷，人民出版社1975年版，第144页。
③ 《马克思恩格斯选集》第4卷，人民出版社1995年版，第3页。
④ 《马克思恩格斯选集》第4卷，人民出版社1995年版，第1页。

制为基础的社会制度，是人类历史上“完全形成人”的第一个社会形态，是人类历史发展的第一个阶段。始于二三百万年之前人类的出现，终于国家的产生。在《起源》一书中恩格斯赞成摩尔根提供的时代划分法。摩尔根根据“生活资料生产的进步”“生产上的技能”的进步，借用16世纪西班牙神父塞·法·阿科斯塔的分类法和术语，把人类社会分为蒙昧时代、野蛮时代和文明时代。前两个时代属于“史前各文化阶段”，即原始社会。蒙昧时代和野蛮时代各自内部又分为低级、中级、高级三个阶段。蒙昧时代是以获取现成的天然产物为主的时期。人工产品主要是用作获取天然产物的辅助工具；野蛮时代是学会畜牧和农耕的时期，是学会靠人的活动来增加天然产物生产的方法的时期；文明时代则包括整个阶级社会的有史过程。

原始社会有三个本质特征。

（一）生产力水平低下与共同生产

在原始公社制度下，生产力水平极为低下。这种极为低下的生产力，从生产工具说，经过了旧石器时代、中石器时代、新石器时代、纯铜时代（也称金石并用时代）、青铜时代直至向铁器时代过渡几个发展阶段。人类在蒙昧时代的高级阶段以前，是属于旧石器时代、中石器时代。到蒙昧时代的高级阶段，则进入新石器时代。

蒙昧时代是人类社会发展的第一个时期，以采集天然植物为主，人类制造品主要是采集活动的辅助工具。蒙昧时代又可分为三个阶段：蒙昧时代低级阶段，它是“人类的童年时代”。它开始于人类社会的产生，终结于猎取鱼类和用火以前。人住在热带和亚热带森林中，没有人工制造的工具；主要靠天然石块和木棒作工具，采集天然果实而生存；在劳动中产生了分节语言；蒙昧时代中级阶段，开始于用火和食用鱼类食物，终结于弓箭发明以前。人类的活动范围拓宽到江河湖海，开始制造粗糙的石器和木器，开始形成按性别和年龄的自然分工，获得摩擦取火的方法，“第一次使人支配了一种自然力，从而最终把人同动物界分开”①。生产力依旧十分低下，由于食物的匮乏，相当普遍地出现了“食人之风”。蒙昧时代高级阶段，开始于弓箭发明之前，终结于制陶术以前。弓箭的发明是这个时期的突出标志，“弓箭对于蒙昧时代，正如铁剑对于野蛮时代和火器对于

① 《马克思恩格斯选集》第3卷，人民出版社1995年版，第456页。

文明时代一样，乃是决定性的武器”[①]，使集体狩猎成为普遍的劳动部门之一，同时出现了手工织物、编织品、独木舟、木制房屋，等等。

野蛮时代是继蒙昧时代之后原始社会发展的第二个阶段，这个时代开始于制陶术的发明，结束于文字的出现，包括新石器时代和青铜时代。在这个时代，人类学会经营畜牧业、农业、耕作，由攫取经济发展为生产经济，学会了靠人类活动来增加天然产物的方法。野蛮时代也划分为三个阶段：野蛮时代低级阶段，开始于制陶术的发明，人类开始经营畜牧业和农业，终结于青铜器发明、家畜驯养、灌溉农业和砖石建筑以前；野蛮时代中级阶段，开始于东半球饲养动物，西半球种植玉米，以及使用石头、土壤从事建筑，原始农业和原始畜牧业得到发展。这一阶段，终结于铁矿冶炼之前。野蛮时代高级阶段，开始于冶铁术的发明和铁器的使用，终结于有文字记载出现的前夕。由于金属工具特别是铁器的使用，“其生产的进步，要比过去一切阶级的总和还要来得丰富”[②]。恩格斯进一步描述说：首先，野蛮时代低级阶段始于人类学会制陶术。陶器是生产发展到一定程度和人类相对定居的产物。采集业、狩猎业和渔业的发展，需要烫煮食物的炊具和装置液体的容器。经过长期的生产和生活的实践，人类学会用粘土制造陶器的技术。这一发明，对原始人的生活产生了很重要的影响，带来了很大的便利，人们既可以用陶器煮、盛食物，又可以用陶片作为收割谷物的工具。其次，野蛮时代的特有的标志是动物的驯养、繁殖和植物的种植。具体说来，原始畜牧业是从狩猎活动中逐渐发展起来的。由于弓箭的发明和使用，人们捕获的野兽多了，有时就将吃不完的狗、羊、猪之类的小动物围圈，作为储备食物暂时保管起来。而这些动物的繁殖现象启发了原始人，使他们逐渐懂得通过驯养而获得更多的动物。而原始农业是从采集植物果实的活动中逐渐发展起来的。原始初民在长期的采集过程中，多次看到一些种子落在地上又长出植物的现象，逐步认识了植物撒种、萌芽、开花、结籽、成熟的生长过程，于是便将暂时不吃的野麦、稻谷、玉米等撒到泥土中，到成熟的季节再去收获。这种过程循环往复，逐步形成了原始农业，当然，在野蛮时代低级阶段，这种畜牧业和农业规模还很小，生产力水平低下，只是狩猎实践和采集实践的辅助活动。不过，原始

① 《马克思恩格斯选集》第4卷，人民出版社1995年版，第20页。
② 《马克思恩格斯选集》第4卷，人民出版社1995年版，第22—23页。

畜牧业和农业的出现，具有十分重大的历史意义，它标志着原始社会生产力发展到一个新的历史阶段，由以采集和狩猎自然物为主要生活来源的时代过渡到通过人工控制动植物的生产和繁殖而取得主要生活资料的时代。

在原始社会初期，由于那时人类刚从动物界分离出来，广大地区内人口极度稀少，差不多完全受着陌生的、对立的、不可理解的外部大自然的支配，生产力十分低下，生活资料非常贫乏。在这种情况下，只有聚处群居，彼此协作，共同生产，以群体的联合力量与集体行动来弥补个体自卫力量的不足，才能抵御毒蛇猛兽及自然力的袭击，维持人类自身的生存和延续。

（二）消费：共同体内部直接分配产品

马克思主义认为，“一定的分配关系只是历史规定的生产关系的表现”，“分配关系不过表示生产关系的一个方面”。[①] 原始社会制度，是以生产资料原始公社所有制为基础的社会制度。生产力低下，全体社会成员共同劳动，产品按平均原则在公社全体成员间实行分配，生活资料极有限，没有剩余，没有私有财产，也没有剥削，没有阶级。在氏族公社里“男女分别是自己所制造的和所使用的工具的所有者：男子是武器、渔猎用具的所有者，妇女是家内用具的所有者。家户经济是共产制的，包括几个、往往是许多个家庭。凡是共同制作和使用的东西，都是共同财产：如房屋、园圃、小船”[②]。即实行原始共产制，氏族成员集体生产劳动，产品共同消费。在母系氏族公社里，财产的继承也与母系世系相一致，土地等财产为母系氏族公社所有，公社世代继承。氏族成员死后，其个人少量财物的继承原则是：属女性死者的，由她的子女及姐妹分享；属男性死者的，转归他的兄弟姐妹和姐妹的子女，或者母亲的姐妹的子女所有，他本人的子女由于不属于父亲的氏族，则不能继承他的财务。进到父系氏族公社时期，父系家庭公社为社会的基本经济单位。其经济基础依然是土地共有共耕，集体生产，共同消费。

（三）氏族制度：没有任何内部对立的社会

原始社会，社会的基本组织和生产单位是氏族公社。根据原始公社各阶段生产力、生产关系的发展状况，家庭婚姻及社会组织等不同特点，原

---

① 《马克思恩格斯选集》第2卷，人民出版社1995年版，第585—586页。

② 《马克思恩格斯文集》第4卷，人民出版社2009年版，第178页。

始公社可划分为血缘家族公社和氏族公社两个阶段；后一阶段，又可分为母系氏族公社和父系氏族公社两个时期。氏族在蒙昧时代中级阶段发生、蒙昧时代高级阶段得到发展、在野蛮时代低级阶段达到全盛时代。

恩格斯说：氏族制度、特别是母系氏族是伟大的、美妙的，“这种十分单纯质朴的氏族制度是一种多么美妙的制度呵！”① 恩格斯这句话意指氏族制度是没有任何内部对立的社会。

氏族的美妙和伟大之处具体体现在以下几个方面：

第一，没有强制性质和压迫性质的权力机构，社会结构简单而自然。恩格斯说：“氏族制度是从那种没有任何内部对立的社会中生长出来的，而且只适合于这种社会。除了舆论以外，它没有任何强制手段。”② 在氏族制度下，“没有士兵、宪兵和警察，没有贵族、国王、总督、地方官和法官，没有监狱，没有诉讼，而一切都是有条有理的。”③ 社会组织是自然生成的，组织结构仅仅由氏族、部落、胞族、部落联盟这样的简单机构组成，它们代表着不同的血缘集团，各自管理着自己内部的事务。在血缘组织内部，这些组织机构的权利代表全体氏族成员的意愿，执行人民大会的决议。

母系氏族公社时期，实行原始共产制，氏族成员集体生产劳动，产品共同消费。每个氏族都有一个氏族长，一般选举年长而德高望重的妇女担任。氏族长领导和组织氏族的生产和生活，与氏族其他成员的社会地位平等，一起参加劳动而不享有特权。氏族内的重大事情，如选举、撤换氏族长或军事领袖，实行战争或媾和，收养外人入族，决定血族复仇等，由氏族议事会民主讨论决定。氏族长对内管理氏族的日常公共事务，如调解纠纷、安排生产生活、裁定氏族成员遗物的继承、主持宗教祭祀活动等；对外代表氏族参加部落议事会，拥有决策权。

父系氏族公社时期，父系家庭公社为社会的基本经济单位，成员包括同一男性始祖所生的几代子孙。其经济基础是土地共有共耕，集体生产，共同消费。父系氏族公社的氏族长由氏族成员选举产生，一般由年龄最高的男子担任。任氏族长无一定的年限，不是终身职务，不世袭，不称职者

---

① 《马克思恩格斯文集》第4卷，人民出版社2009年版，第111页。

② 《马克思恩格斯文集》第4卷，人民出版社2009年版，第188页。

③ 《马克思恩格斯文集》第4卷，人民出版社2009年版，第111页。

可以罢免。氏族长从事生产劳动，无特权。氏族长按习惯法有权处理氏族内部的事务，遇有重大事宜，由氏族长召开各家族长老组成的氏族会议民主讨论解决。在氏族成员心目中“部落、氏族及其制度，都是神圣而不可侵犯的，都是自然所赋予的最高权力，个人在感情、思想和行动上始终是无条件服从的”①。

第二，有自我解决冲突的能力。氏族时代生产和生活的内容都非常简单，氏族成员之间的关系主要是血缘关系，再加上外界自然的压力，“自尊心、公正、刚强和勇敢”是社会风尚的主流，即使发生一些争端和纠纷，也“都由当事人的全体即氏族或部落来解决，或者由各个氏族相互解决；血族复仇仅仅当做一种极端的、很少应用的威胁手段”②。

第三，权利和义务没有区别。由于氏族事务是大家共同的事情，所以，“在氏族制度内部，还没有权利和义务的分别；参与公共事务，实行血族复仇或为此接受赎罪，究竟是权利还是义务这种问题，对印第安人来说是不存在的；在印第安人看来，这种问题正如吃饭、睡觉、打猎究竟是权利还是义务的问题一样荒谬”③。

（原载《思想理论教育导刊》2010 年第 4 期，第二作者为阳黔花）

① 《马克思恩格斯文集》第 4 卷，人民出版社 2009 年版，第 112 页。
② 《马克思恩格斯文集》第 4 卷，人民出版社 2009 年版，第 111 页。
③ 《马克思恩格斯文集》第 4 卷，人民出版社 2009 年版，第 178 页。

历史唯物主义发展的丰碑（二）

——《家庭、私有制和国家的起源》研读

一　私有制和阶级的产生

私有制和阶级都是历史范畴，不是从来就有的，也不是永恒存在的。它是在历史发展到一定阶段上产生的，也只存在于一定阶段上。恩格斯指出："氏族制度的伟大，但同时也是它的局限，就在于这里没有统治和奴役存在的余地。"① 因而它注定要走向解体和灭亡，随着社会生产力发展到一定高度，则产生了私有制和阶级。

1. 生产力的发展与劳动力提供出超过维持生产者生存需要的产品

人类进入野蛮时代的低级阶段，开始由采集经济向原始农业畜牧业过渡，动物驯养成为野蛮时代的重要特征。"游牧部落从其余的野蛮人群中分离出来——这是第一次社会大分工。游牧部落生产的生活资料，不仅比其余的野蛮人多，而且也不相同。同其余的野蛮人比较，他们不仅有数量多得多的乳、乳制品和肉类，而且有兽皮、绵羊毛、山羊毛和随着原料增多而日益增加的纺织物。"② 也有了原始纺织手工业。这时出现了少量剩余产品。到野蛮时代中级阶段，有了织布机、矿石冶炼和金属加工、用青铜制造有用的工具和武器，生产力得到进一步提高，进入到稳定的原始农业和畜牧业阶段，在地球东半部和西半部原始农业和畜牧业都有相当的发展，普遍出现剩余产品。如恩格斯所描绘的，"一切部门——畜牧业、农业、家庭手工业——中生产的增加，使人的劳动力能够生产出超过维持劳动力所必需的产品。"③ 到了野蛮时代高级阶段，"一切文明民族都在这个

---

① 《马克思恩格斯文集》第 4 卷，人民出版社 2009 年版，第 178 页。

② 《马克思恩格斯文集》第 4 卷，人民出版社 2009 年版，第 179 页。

③ 《马克思恩格斯文集》第 4 卷，人民出版社 2009 年版，第 177 页。

时期经历了自己的英雄时代：铁剑时代，但同时也是铁犁和铁斧的时代”①。社会生产力得到了进一步提高，剩余产品进一步增多。

2. 三次社会大分工，交换和商品生产、货币财富的发生

三次社会大分工，发生在原始社会末期和文明时代初期。第一次社会大分工发生在野蛮时代的中级阶段，是畜牧业与原始农业的分离，游牧部落从其余野蛮部落分离出来。在这个阶段上，以冶陶术的发明为标志，生产工具得到改善，劳动生产率得到提高，原始农业、原始畜牧业进一步发展，工业方面开始使用织布机和冶炼。特别是青铜器的发明和使用使年龄和自然分工，发生社会职业和阶级分化。这是第一次大分工发生的根本原因。第二次社会大分工出现在野蛮时代高级阶段，是手工业和农业的分工。分工的动因同样是社会生产力的发展和劳动工具的改造，铁器的发明和普遍使用，使生产的工具和战争的武器都发生了改变，使有规模的耕作、建筑业、织布业、金属加工迅速提高。生产日益多样化，生产分工进一步加深，同时一个人还可以从事多种生产活动。第三次社会大分工发生在文明时代之初，其主要内容是产生了一个不从事生产而只从事商品交换的商人阶级，从而使商业同生产部门分离。这一次大分工是在前两次社会大分工的基础上产生的，巩固了第二次社会大分工的成果，标志着人类彻底告别野蛮时代。交换的经常化发生在第一次社会大分工之后，在野蛮时代低级阶段，人们只是直接为了自身的消费而生产，间或发生的交换也是个别的，限于偶然的剩余物。在这个阶段上，除了部落内部发生的交换以外，决不可能有其他的交换，而且，即使是部落内部的交换，也仍然是一种例外的事件。在第一次社会大分工之后，具备了各不同部落的成员之间进行交换以及它作为一种经常制度来发展和巩固的一切条件，具有相当规模，可以经常提供超出自身消费的若干余剩，同时游牧氏族和没有畜群的落后部落之间的分工，两个并存的不同的生产阶段的氏族也有了交换的需求，起初是部落和部落之间通过各自的氏族酋长来进行交换；但是当畜群开始变为特殊财产的时候，个人交换便越来越占优势，终于成为交换的唯一形式。不过，游牧部落用来同他们的邻人交换的主要物品是牲畜；牲畜变成了一切商品都用它来估价并且到处都乐于同它交换的商品，即牲畜获得了货币的职能，在这个阶段上起货币的作用。在野蛮时代高级阶段，进

---

① 《马克思恩格斯文集》第4卷，人民出版社2009年版，第182页。

一步发生了农业和手工业之间的分工，劳动产品中日益增加的一部分是直接为了交换而生产的，这就把单个生产者之间的交换提升为社会的生活必需。文明时代巩固和加强了所有这些已经发生的各次分工，特别是通过加剧城市和乡村的对立，而使之巩固和加强，此外它又加上了一个第三次的、它所特有的、有决定意义的重要分工：它创造了一个不再从事生产而只从事产品交换的阶级——商人，随着商人阶级的形成，出现了金属货币即铸币，随着金属货币就出现了非生产者统治生产者及其生产的新手段。“谁有了它，谁就统治了生产世界”。[①] 在使用货币购买商品之后，出现了货币借贷，随着货币借贷出现了利息和高利贷。

3. “个人占有成为占优势的规则”、土地逐步成为私有财产

野蛮时代中级阶段（相当于新石器时代），氏族社会的共产制经济内部开始发生趋向财产私有的变化。随着生产力的发展进步，公有逐渐减少，到新石器晚期，原为公有的多转变成私人所有。此时，生活在水草丰茂地区的猎人，开始驯养捕获的野兽，很快繁殖成群，给人们提供丰富的生活资料。动物驯养业使当时的社会出现四个方面的新景象：其一，由大家族集体狩猎变为对偶家庭（以后是个体家庭）饲养和看管牲畜，牲畜逐渐变为家庭的私产。其二，原先从事采集的妇孺也渐次放弃采集，转为饲养牲畜和家务劳动。其三，由于牲畜迅速繁殖，需要更多人看管，人们遂以俘虏为奴，补充驯养业发展所需的劳动力。《起源》指出：“第一次社会大分工，在使劳动生产率提高，从而使财富增加并且使生产领域扩大的同时，在既定的总的历史条件下，必然地带来了奴隶制。”[②] 其四，可以生产食用后有余的肉、皮、毛等生活资料，促进游牧部落与非游牧部落的交换。这四方面显示，一旦动物饲养业发生，便开始财富私有的历史。与动物饲养业产生的同时，亚洲亚热带地区的一些部落，开始在住所附近种些可食植物，进而种植谷类，供人畜食用，猪狗家禽渐次被饲养起来。以前人们用主要精力采集，现在则用于园圃种植。种植业兴起，向农业部落发展。种植所获属种植人所得，园圃也属自家所有，唯大面积可耕地仍是公有。“耕地仍然是部落的财产，最初是交给氏族使用，后来由氏族交给家庭公社使用，最后交给个人使用；他们对耕地或许有一定的占有权，

① 《马克思恩格斯文集》第4卷，人民出版社2009年版，第185页。
② 《马克思恩格斯文集》第4卷，人民出版社2009年版，第180页。

但是没有更多的权利。"① 到野蛮时代的高级阶段，随之向文明时代过渡，专职商人出现、铸造货币流行，出现了地产这种财富。土地完全私有，并且成为可以出卖和作为债务抵押的商品。土地私有"现在变得如此牢固，以致这些小块土地作为世袭财产而属于他们了"②。财富便迅速地积聚和集中到一个人数很少的阶级手中。

4. 社会的第一次大分裂：奴隶制的出现和自由民的阶级分化

原始社会末期和文明时代初期，生产力的发展引发的三次社会大分工对人类社会发展产生了重大影响。第一次社会大分工的社会意义，"在使劳动生产率提高，从而使财富增加并且使生产领域扩大的同时，在既定的总的历史条件下，必然地带来了奴隶制。从第一次社会大分工中，也就产生了第一次社会大分裂，分裂为两个阶级：主人和奴隶、剥削者和被剥削者"③。第二次社会大分工的社会意义在于，"生产的不断增长以及随之而来的劳动生产率的不断增长，提高了人的劳动力的价值；在前一阶段上刚刚产生并且是零散现象的奴隶制，现在成为社会制度的一个根本的组成部分；奴隶们不再是简单的助手了；他们被成批地赶到田野和工场去劳动"④。随着商品生产的出现、贸易的发展、货币商品的出现，在氏族社会内部，"除了自由民和奴隶的差别以外，又出现了富人和穷人的差别——随着新的分工，社会又有了新的阶级划分。各个家庭家长之间的财产差别，炸毁了各地迄今一直保存着的旧的共产制家庭公社"⑤。第三次社会大分工的社会意义在于，阶级形成不再是直接与生产相联系，新出现的商人阶级根本不从事生产但完全夺取了生产领导权，成为不可缺少的中间剥削人。这样就使前两次社会大分工已经开始的奴隶制生产方式最终确立起来，使奴隶的强制成为整个社会的基础。氏族制度彻底解体，由作为阶级统治的国家最终代替了氏族组织。

5. 母权制向父权制、对偶婚制向专偶婚制的过渡，个体家庭成为社会的经济单位

在蒙昧时代中级阶段发生、在高级阶段继续发展起来的氏族，到野蛮

① 《马克思恩格斯文集》第4卷，人民出版社2009年版，第180页。
② 《马克思恩格斯文集》第4卷，人民出版社2009年版，第186页。
③ 《马克思恩格斯文集》第4卷，人民出版社2009年版，第180页。
④ 《马克思恩格斯文集》第4卷，人民出版社2006年版，第182页。
⑤ 《马克思恩格斯文集》第4卷，人民出版社2009年版，第183页。

时代的低级阶段达到了全盛时代。氏族制度已经完全形成。先是母系氏族，后来发展到父系氏族。第一次社会大分工以后，“随着畜群和其他新的财富的出现，便发生了对家庭的革命。谋取生活资料总是男子的事情，谋取生活资料的工具是由男子制造的，并且是他们的财产。畜群是新的谋取生活资料的工具，最初对它们的驯养和以后对它们的照管都是男子的事情。因此，牲畜是属于他们的；用牲畜交换来的商品和奴隶，也是属于他们的。这时谋生所得的全部剩余都归了男子；妇女参加它的享用，但在财产中没有她们的份儿。”① 这样，男子就依恃自己的财富挤上了首位，把妇女挤到了第二位，在家中占统治地位。“随着男子在家中的实际统治的确立，实行男子独裁的最后障碍便崩毁了。这种独裁，由于母权制的倾覆、父权制的实行、对偶婚制向专偶制的逐步过渡而被确认，并且永久化了。但是这样一来，在古代的氏族制度中就出现了一个裂口：个体家庭已经成为一种力量，并且以威胁的姿态起来与氏族对抗了。”② 随着个体化劳动和个体家庭的发展、财产继承的需要、个体家庭逐渐成为整个社会的经济单位。

二 国家的起源和实质

恩格斯在《起源》中结合古代社会的研究，系统阐述了马克思主义国家理论。《起源》一书的第五、六、八章先分别描述了历史上国家产生的三种类型，在第九章中概括解释了国家起源的特征、本质及其消亡的历史必然性。国家不是从来就有的，而是随经济的发展、社会关系的变化、阶级的产生而产生的。

在原始社会条件下，没有产生国家的条件。随着生产力的发展，社会生产率不断提高，剩余产品开始产生，伴随着社会分工的发展，私人占有和阶级陆续出现，社会财富日益集中到少数人手中，两极分化的过程逐渐显著。“现在产生了这样一个社会，它由于自己的全部经济生活条件而必然分裂为自由民和奴隶，进行剥削的富人和被剥削的穷人”③，他们之间的对立不但不能调和，反而日益尖锐化。从那种没有任何内部对立的社会

① 《马克思恩格斯文集》第4卷，人民出版社2009年版，第181页。
② 《马克思恩格斯文集》第4卷，人民出版社2009年版，第181—182页。
③ 《马克思恩格斯文集》第4卷，人民出版社2009年版，第188页。

中生长出来的氏族制度，“面对着没有它的参与而兴起的新因素，它显得软弱无力”[①]。历史发展到这个阶段，“所缺少的只是一件东西，即这样一个机关，它不仅保障单个人新获得的财富不受氏族制度的共产制传统的侵犯，不仅使以前被轻视的私有财产神圣化，并宣布这种神圣化是整个人类社会的最高目的，而且还给相继发展起来的获得财产从而不断加速财富积累的新的形式，盖上社会普遍承认的印章；所缺少的只是这样一个机关，它不仅使正在开始的社会分裂为阶级的现象永久化，而且使有产者阶级剥削无产者阶级的权利以及前者对后者的统治永久化”[②]。在这样的社会条件下，“氏族制度已经过时了。它被分工及其后果即社会之分裂为阶级所炸毁。它被国家代替了”[③]。

恩格斯认为，国家的产生是社会内部发展的结果，但是，根据各民族不同的条件，国家产生的途径也是多样的。在分别描述了雅典国家、罗马国家、德意志国家的形成过程后，恩格斯对国家的起源作了经典性的概括：“国家决不是从外部强加于社会的一种力量。国家也不像黑格尔所断言的是‘伦理观念的现实’，‘理性的形象和现实’。确切地说，国家是社会在一定发展阶段上的产物；国家是承认：这个社会陷入了不可解决的自我矛盾，分裂为不可调和的对立面而又无力摆脱这些对立面。而为了使这些对立面，这些经济利益互相冲突的阶级，不致在无谓的斗争中把自己和社会消灭，就需要有一种表面上凌驾于社会之上的力量，这种力量应当缓和冲突，把冲突保持在‘秩序’的范围以内；这种从社会中产生但又自居于社会之上并且日益同社会相异化的力量，就是国家。”[④]

1. 国家与氏族组织的不同点

与氏族组织相比较，国家有两个突出的特征：

第一，国家的第一个特征，是按地区而不是按血缘关系来划分国民。以前的氏族组织是以血缘关系为纽带，而血缘关系是只局限于血缘集团内部的纽带，范围狭小，严重地限制了人们的视野和交往空间。现在人口大量流动，按血统划分被按地区划分所取代。恩格斯说：“国家和旧的氏族组织不同的地方，第一点就是它按地区来划分它的国民。正如我们所看到

① 《马克思恩格斯文集》第 4 卷，人民出版社 2009 年版，第 187 页。
② 《马克思恩格斯文集》第 4 卷，人民出版社 2009 年版，第 125 页。
③ 《马克思恩格斯文集》第 4 卷，人民出版社 2009 年版，第 188 页。
④ 《马克思恩格斯文集》第 4 卷，人民出版社 2009 年版，第 189 页。

的，由血缘关系形成和联结起来的旧的氏族公社已经很不够了，这多半是因为它们是以氏族成员被束缚在一定地区为前提的，而这种束缚早已不复存在。地区依然，但人们已经是流动的了。因此，按地区来划分就被作为出发点，并允许公民在他们居住的地方实现他们的公共权利和义务，不管他们属于哪一氏族或哪一部落。这种按照居住地组织国民的办法是一切国家共同的。”① 按地区来组织社会成员进行社会管理，打破了狭隘的血缘关系，把居住在同一地区的人组成行政单位，许多个这样的行政单位组成一个国家，经济关系、政治关系、地域关系等非血缘关系成为人们之间联系的重要纽带。按地域划分国民，使人类冲出了血缘关系的限制，拓宽了人类的社会视野和交往范围，与非血缘者发生大量的、高频率的联系，这种新的联系扩大了经济、文化交流范围和人类通婚的范围，分别从不同的方面促进着经济、政治、文化，乃至人类体质的长足发展。此外，在氏族制度下，管理机构简单，管理的范围局限于血缘集团，管理效力和能力都非常有限，对血缘集团之外的人和事几乎是无能为力，实行按地域划分国民，把居住同一地区的人，包括有血缘关系的人和没有血缘关系的人，全部纳入了管理范围之内，为凌驾于整个社会之上的公共权力的建立奠定了社会基础。

第二，国家的第二个特征，是公共权力的设立。恩格斯说“这种公共权力已经不再直接就是自己组织为武装力量的居民了。这个特殊的公共权力之所以需要，是因为自从社会分裂为阶级以后，居民的自动的武装组织已经成为不可能了”②。氏族是以血缘关系为纽带的社会组织，氏族酋长代表全体氏族成员的意志，管理氏族的内部事务，权限极小，不存在强制性，管理机构本身也没有任何物质实体。国家与氏族不同，它是在具有暴力性质的阶级斗争中产生的，像原始社会那样依靠习俗来调整一切已经完全不可能了，所以“构成这种权力的，不仅有武装的人，而且还有物质的附属物，如监狱和各种强制设施，这些东西都是以前的氏族社会多没有的。在阶级对立还没有发展起来的社会和偏远的地区，这种公共权力可能极其微小，几乎是若有若无的，像有时在美利坚合众国的某些地方所看到的那样。但是，随着国内阶级对立的尖锐化，随着彼此相邻的各国的扩

---

① 《马克思恩格斯文集》第 4 卷，人民出版社 2009 年版，第 189—190 页。

② 《马克思恩格斯文集》第 4 卷，人民出版社 2009 年版，第 190 页。

大和它们人口的增加，公共权力就日益加强”[①]。国家的公共权力，是凌驾于全社会之上的、与人民大众分离的权力。它所代表的意志和利益不再是全体社会成员的，而只是部分人的，具体地说就是统治阶级的，但是它的管理对象却是全体社会成员，自身拥有独立于全体社会成员之外的物质实体，使管理具有了强制性质，从根本上改变了人类社会的管理方式。国家诞生于阶级斗争，可是它的职能除了控制阶级斗争、调控社会冲突之外，还有管理社会经济、防卫外敌侵犯、对外代表全社会等职能，国家的公共权力就是全面履行这些职能的平台。

除了以上两个主要特征，恩格斯还探讨了氏族社会时期所没有过的捐税与职业官吏问题。捐税是维持国家政权运行的经济来源，恩格斯说：“为了维持这种公共权力，就需要公民缴纳费用——捐税。捐税是以前的氏族社会完全没有的。”[②] 在氏族社会时期，氏族管理简单，又无专职人员，所以不需要专项经济支出，捐税问题也无从谈起。国家机器则与氏族截然相反，它管理复杂事务，有军队、监狱、法庭和其他许多专门从事政府工作的官吏。所以，捐税不是国家的本质特征，却是国家制度的必然产物。职业官吏是公共权力的掌握者，“官吏既然掌握着公共权力和征税权，他们就作为社会机关而凌驾于社会之上”[③]。职业官吏拥有很大的权力，“文明国家的一个最微不足道的警察，都拥有比氏族社会的全部机构加在一起还要大的‘权威’”[④]。然而遗憾的是他们权力虽然大，可是无法赢得类似于氏族酋长享有的威望与尊重，“他们作为同社会相异化的力量的代表，必须用特别的法律来取得尊敬，凭借这种法律，他们享有了特殊神圣和不可侵犯的地位”[⑤]。“但是文明时代最有势力的王公和最伟大的国家要人或统帅，也可能要羡慕最平凡的氏族酋长所享有的，不是用强迫手段获得的，无可争辩的尊敬。”[⑥] 因此，捐税与官吏不是国家的主要特征，但捐税是国家特征的经济支撑，官吏是国家机器的主体，两者分别从不同的角度支持着国家的主要特征。

---

① 《马克思恩格斯文集》第 4 卷，人民出版社 2009 年版，第 190 页。
② 《马克思恩格斯文集》第 4 卷，人民出版社 2009 年版，第 190 页。
③ 《马克思恩格斯文集》第 4 卷，人民出版社 2009 年版，第 191 页。
④ 《马克思恩格斯文集》第 4 卷，人民出版社 2009 年版，第 191 页。
⑤ 《马克思恩格斯文集》第 4 卷，人民出版社 2009 年版，第 191 页。
⑥ 《马克思恩格斯文集》第 4 卷，人民出版社 2009 年版，第 191 页。

2. 国家是阶级矛盾不可调和的产物

恩格斯指出："国家并不是从来就有的。曾经有过不需要国家，而且根本不知国家和国家权力为何物的社会。在经济发展到一定阶段而必然使社会分裂为阶级时，国家就由于这种分裂而成为必要了。"① 这说明：这个社会陷入了不可解决的自我矛盾，分裂为不可调和的而又无力摆脱的对立面，为了使这些对立面，这些经济利益互相冲突的阶级，不致在无谓的斗争中把自己和社会消灭，就需要有表面上站在社会之上的力量来抵制冲突，把这种冲突保持在有利于维护统治阶级利益的秩序范围以内，以保持其统治地位的巩固，这个时候就产生了国家。这充分说明，国家是阶级矛盾不可调和的产物和表现。在阶级矛盾客观上不能调和的时候和条件下，就产生了国家。

3. 国家是在经济上占统治地位的阶级的国家

恩格斯说："由于国家是从控制阶级对立的需要中产生的，由于它同时又是在这些阶级的冲突中产生的，这个阶级借助于国家而在政治上也成为占统治地位的阶级，因而获得了镇压和剥削被压迫阶级的新手段。"② 这段话揭明了国家的阶级本质。它集中体现了在社会中占统治和主导地位的经济关系，这是因为，经济上占统治地位的阶级需要一种强制力量维护自身的统治利益，其次，国家作为上层建筑的核心部分，它既需要有专门从事政治、艺术、司法活动、管理的人员，又需要有军队、警察、法庭、监狱、行政机关，没有一定经济基础是不行的，因此不是任何阶级都可以把它掌握在手中，在社会主义以前的阶级社会中，被剥削阶级没有条件建立自己的国家。再次，国家一经建立，由统治阶级赋予管理以特权地位，它就为统治阶级的利益服务，提供剥削的新手段。所以，国家总是经济上占统治地位阶级的国家。

恩格斯指出，国家是在经济上占统治地位的阶级的国家，这是一个普遍的原则。在国家发展的低级阶段，奴隶制和中世纪封建国家是直接宣告国家是有产阶级用来对付无产者阶级的机关，在国家的最高形式——民主共和制下，不再正式讲什么财产的差别，但是财富采用了间接的也是更可靠的运用它的权力的方式。即：（1）直接收买官吏；（2）政府和交易所

① 《马克思恩格斯文集》第4卷，人民出版社2009年版，第193页。
② 《马克思恩格斯文集》第4卷，人民出版社2009年版，第191页。

结成联盟。公债愈增长，股份公司愈是不仅把运输业而且把生产集中在自己手中，愈是把交易所变成自己的中心，这一联盟就愈容易实现。美国、法兰西共和国、瑞士等都是这方面显著的例证。所以，民主共和国是资产阶级所能采用的最好的政治外壳。

恩格斯还指出，在现实的资产阶级国家里，资产阶级是直接通过普选制来统治的。对于工人阶级政党来说，普选制只不过是测量工人阶级成熟性的标尺，普选制不能而且永远不会为它提供更多的东西。

4. 国家是阶级压迫的工具

恩格斯指出，国家是镇压和剥削被压迫阶级的手段。“国家是文明社会的概括，它在一切典型的时期毫无例外地都是统治阶级的国家，并且在一切场合在本质上都是镇压被压迫被剥削阶级的机器”。[①]“古希腊罗马时代的国家首先是奴隶主用来镇压奴隶的国家，封建国家是贵族用来镇压农奴和依附农的机关，现代的代议制的国家是资本剥削雇佣劳动的工具。但也例外地有这样的时期，那时互相斗争的各阶级达到了这样势均力敌的地步，以致国家权力作为表面上的调停人而暂时得到了对于两个阶级的某种独立性。17 世纪和 18 世纪的专制君主制，就是这样，它使贵族和市民等级彼此保持平衡；法兰西第一帝国特别是第二帝国的波拿巴主义，也是这样，它唆使无产阶级去反对资产阶级，又唆使资产阶级来反对无产阶级。使统治者和被统治者都显得同样滑稽可笑的这方面的最新成就，就是俾斯麦国家的新的德意志帝国：在这里，资本家和工人彼此保持平衡，并为了破落的普鲁士土容克的利益而遭受同等的欺骗。”[②] 这表明了国家的职能和本质特征。国家的暴力机关，是国家作为阶级压迫工具的主要标志，其中常备军和警察是国家权力的主要强力工具。历史上出现的特殊的例外现象和表面上的某种“独立性”是由各国的具体社会历史条件和阶级力量对比的情况决定的。欧洲近代史上有三个例子：如 17 和 18 世纪的法国封建贵族专制君主制。这时，法国资产阶级已在封建制度内部发展和成熟，封建贵族势力已大大削弱；但新兴的资产阶级力量还没有达到夺取政权的地步，出现了封建贵族与资产阶级暂时处于势均力敌的状态。于是，封建统治者一方面依靠贵族阶级的势力限制资产阶级；另一方面又从资产阶级

---

① 《马克思恩格斯文集》第 4 卷，人民出版社 2009 年版，第 195 页。

② 《马克思恩格斯文集》第 4 卷，人民出版社 2009 年版，第 191—192 页。

那里取得大量的经费，所以要在一定程度上废除关卡，统一关税，以适应资产阶级的要求，用这种暂时的平衡来维持统治。又如法兰西第一帝国和第二帝国的波拿巴主义。第一帝国时，代表资产阶级势力的拿破仑·波拿巴，取消了代议制，这在表面上似乎是限制了资产阶级的一些权力，但实际上也剥夺了无产阶级的权利，以利于大资产阶级统治；在农村，他一方面反映新的农村资产阶级利益的要求，另一方面又保证了农民在大革命中得到土地，因而也得到农民的拥护。第二帝国时的路易·拿破仑·波拿巴，用伪装代表一切阶级利益的手法欺骗群众。他对工人阶级采取“皮鞭加蜜糖”的办法。一方面给予小恩小惠，废除禁止工人结社和罢工的法律；另一方面又迫害工人组织，宣布罢工为非法，而对资产阶级既限制它的一些政治权利，逐步取消代议制，但又采取保护关税、开设银行信贷等措施，使资产阶级从中获利。这些，都是在阶级力量势均力敌时，用搞平衡的手法来维持自己的统治地位的手段。再如俾斯麦的新德意志帝国。当时，首相俾斯麦，面对资产阶级向封建贵族地主要求分享政治权力和工人运动重新高涨的局面，一方面实行一些有利于资产阶级的新的经济措施，以满足其要求；另一方面又借用无产阶级的力量来吓唬资产阶级，使它与贵族妥协，以巩固贵族地主的统治。而对无产阶级，一方面千方百计地削弱工人运动，拉拢机会主义拉萨尔派；另一方面又实行反社会党人法，残酷镇压工人运动。可见，俾斯麦的帝国，在资本家和工人运动之间保持平衡，使二者都遭受同等的欺骗。这反映了国家履行自己职能时表现出复杂性和统治阶级的虚伪性。

三　“文明时代”的历史演进与未来发展

1. 文明时代的基础：阶级对阶级的剥削

恩格斯指出：“由于文明时代的基础是一个阶级对另一个阶级的剥削，所以它的全部发展都是在经常的矛盾中进行的。”[①] 这种矛盾表现在，生产的每一进步，同时也就是被压迫阶级即大多数人的生活状况的一个退步。对一些人是好事，对另一些人必然是坏事，一个阶级的任何新的解放，必然是对另一个阶级的新的压迫。这种情况在一切阶级社会都是如此，最明显的是在资本主义社会中，由于机器的采用，资产阶级从行会、

---

① 《马克思恩格斯文集》第4卷，人民出版社2009年版，第196页。

工场手工业中成长起来成为经济上独立的阶级，最后推翻了封建地主阶级成为统治阶级，同时却迫使广大的生产者破产，转化成受其剥削的工人阶级。再如，在野蛮人中间，权利和义务是统一的。但文明时代权利和义务则处于明显的区别和对立之中，就是把一切权利都赋予了剥削阶级，而把一切义务都推给了被剥削阶级。这种区别和对立，表明了剥削阶级和被剥削阶级之间在一切方面的不平等和利益上的尖锐对立。但是历史上一切统治阶级都竭力掩盖这种对立，它们把自己等同于整个社会，以整个社会利益的代表自居，制造种种舆论，鼓吹“凡对统治阶级是好的，对整个社会也应该是好的”①。文明时代越是向前进，他就越是要给“它所必然产生的种种坏事披上爱的外衣，不得不粉饰它们，或者否认它们，——一句话，即实行流俗的伪善，这种伪善，无论在较早的那些社会形式下还是在文明时代初期阶段都是没有的，并且最后在下述说法中达到了极点：剥削阶级对被压迫阶级进行剥削，完全是为了被剥削阶级本身的利益；如果被剥削阶级不懂得这一点，甚至想要造反，那就是对行善的人即对剥削者的一种最卑劣的忘恩负义行为”②。

2. 历史上的三大奴役形式和三种剥削阶级国家机关

恩格斯指出，随着奴隶制的出现，社会分裂成为剥削阶级和被剥削阶级，整个文明时期社会都存在着大分裂。按历史进程看，“奴隶制是古希腊罗马时代世界所固有的第一个剥削形式；继之而来的是中世纪的农奴制和近代的雇佣劳动制。这就是文明时代的三大时期所特有的三大奴役形式”③。在这三大时期所特有的三大奴役形式中，前两大时期的两大奴役形式是公开的、赤裸裸的，而近代的雇佣劳动制则是隐蔽的、更巧妙、更狡猾的奴役形式，是在虚伪的、平等、自由的口号下进行的。按马克思的话说：“罗马的奴隶是由锁链，雇佣工人则由看不见的线系在自己的所有者手里。他的独立性这种假象是由雇主的经常更换以及契约的法律抑制来保持的。”④ 所以资本主义私有制是“以剥削他人的但形式上是自由的劳动为基础的私有制”⑤。

---

① 《马克思恩格斯文集》第4卷，人民出版社2009年版，第197页。
② 《马克思恩格斯文集》第4卷，人民出版社2009年版，第197页。
③ 《马克思恩格斯文集》第4卷，人民出版社2009年版，第195页。
④ 《马克思恩格斯文集》第5卷，人民出版社2009年版，第662页。
⑤ 《马克思恩格斯文集》第5卷，人民出版社2009年版，第873页。

与历史上的三大奴役形式相适应，产生了三种剥削阶级国家机关，即奴隶制国家机关、中世纪封建国家机关、资产阶级国家机关。这些国家在本质上都是剥削阶级镇压被剥削阶级的国家。但具体的阶级内涵不同，“古希腊罗马时代的国家首先是奴隶主用来镇压奴隶的国家，封建国家是贵族用来镇压农奴和依附农的机关，现代的代议制的国家是资本剥削雇佣劳动的工具”①。

3. 未来社会将是氏族社会“在更高形式上的复活”

恩格斯指出：“自从文明时代开始以来所经过的时间，只是人类已经经历过的生存时间的一小部分，只是人类将要经历的生存时间的一小部分。”② 随着生产力的高度发展，技术的进步，人类将会进入到一个没有剥削、没有压迫的共产主义社会。这正如摩尔根对文明时代所评断的，“总有一天，人类的理智一定会强健到能够支配财富，一定会规定国家对它所保护的财产的关系，以及所有者的权利范围。社会的利益绝对地高于个人的利益，必须使这两者处于一种公正而和谐的关系之中。只要社会进步仍将是未来的规律，像它对于过去那样，那么单纯追求财富就不是人类的最终的命运了。自从文明时代开始以来所经历的时间，只是人类已经经历过的生存时间的一小部分，只是人类将要经历的生存时间的一小部分。社会的瓦解，即将成为以财富为唯一的最终目的的那个历程的终结，因为这一历程包含着自我消灭的因素。管理上的民主，社会中的博爱，权利的平等，普及的教育，将揭开社会的下一个更高的阶段，经验、理智和科学正在不断向这个阶段努力。这将是古代氏族的自由、平等和博爱的复活，但却是在更高级形式上的复活。”这样，摩尔根在美国，就在自己研究的领域，描绘了人类社会发展一个完整的否定之否定的过程：“前文明时代”——“文明时代”——“后文明时代”，独立的、重新发现了马克思的唯物史观，并得出了共产主义必然到来的结论。人类通过广泛而深刻的一系列的革命，必将实现这种理想境界。

（原载《思想理论教育导刊》2010 年第 7 期，第二作者为阳黔花）

① 《马克思恩格斯文集》第 4 卷，人民出版社 2009 年版，第 191 页。
② 《马克思恩格斯文集》第 4 卷，人民出版社 2009 年版，第 198 页。

每个觉醒工人必读的书籍（上）

——恩格斯《反杜林论》对唯物主义历史观的科学论述

《反杜林论》是恩格斯1876年5月底至1878年6月撰写的著作，该著第一次系统地阐发了马克思主义三个主要组成部分及其内在联系。马克思说，《反杜林论》是很重要的。[①]“百科全书式地概述了我们在哲学、自然科学和历史问题上的观点。”[②] 列宁也曾指出，《反杜林论》“分析了哲学、自然科学和社会科学中最重大的问题”[③]，它同《共产党宣言》一样，是每个觉醒工人必读的书籍。1894年1月25日，恩格斯在致博尔吉乌斯的信中说过：关于唯物主义历史观的“大多数问题都已经在《反杜林论》第一编第九至十一章、第二编第二至四章和第三编第一章或导言里，后来又在《费尔巴哈》（指《路德维希·费尔巴哈和德国古典哲学的终结》一书——作者注）最后一章里谈到了”[④]。下面，我们根据恩格斯的这个提示，着重对《反杜林论》上述章节中有关问题的论述做一些阐释。

一　唯物主义历史观的产生及其意义（引论第一章）

《反杜林论》“引论”的第一章“概论”是全书的总论。它概述了马克思主义的基本思想。把握其丰富而深刻的内容，是理解和掌握全书的基础。

（一）辩证的思维方式把人类历史如实地看作人类的发展过程

为了给人们提供一个考察自然界或人类历史的正确的世界观和方法论，恩格斯历史地考察人类认识的思维方法发展史，全面探讨了辩证法发

---

① 《马克思恩格斯全集》第34卷，人民出版社1972年版，第322页。

② 《马克思恩格斯全集》第36卷，人民出版社1975年版，第139页。

③ 《列宁全集》第2卷，人民出版社1984年版，第9页。

④ 《马克思恩格斯文集》第10卷，人民出版社2009年版，第670页。

展的三种历史形态，即从古代自然的辩证法，到唯心主义辩证法，再到唯物辩证法的历史发展；并从辩证思维方法和形而上学思维方法的比较中，说明只有以辩证的思维方法为前提，才能对人类社会历史作出唯物主义的科学解释。

1. 古代朴素辩证法与近代形而上学思维方式

古代朴素辩证法是辩证法的第一种历史形态。恩格斯指出，古希腊哲学家是自发的辩证论者。他们认为世界是一幅由种种联系和相互作用无穷无尽地交织起来的画面，其中一切都在运动、变化、生成和消逝着。其杰出代表赫拉克利特说：这个世界“它过去、现在和未来永远是一团永恒的活火”。“一切皆流，无物常住。”“人不能两次踏入同一条河流。”这是一种原始的、素朴的、但实质上正确的世界观。[①] 但是这种观点也有局限性。它“虽然正确地把握了现象的总画面的一般性质，却不足以说明构成这幅总画面的各个细节；而我们要是不知道这些细节，就看不清总画面”[②]。“为了认识这些细节，我们不得不把它们从自然的或历史的联系中抽出来，从它们的特性、它们的特殊的原因和结果等等方面来分别加以研究。这首先是自然科学和历史研究的任务。”[③] 比如，把自然界分解为各个部分、门类，把人类历史分解为政治、思想、文化等各个方面，而后进行分别的研究。

有分析，才能进行综合。把自然界分解为各个部分、门类，进行分门别类的研究，这是认识自然界一般规律的基础或必要条件。从 15 世纪下半叶以来近代自然科学得到了发展，人类“在认识自然界方面获得巨大进展的基本条件”[④]。但是，人们对自然界进行分解、分门别类进行研究的做法也“给我们留下了一种习惯：把各种自然物和自然过程孤立起来，撇开宏大的总的联系去进行考察”。不仅如此，这种考察方法还被培根和洛克等一些哲学家从自然科学中移植到哲学中，上升到哲学世界观和方法论的高度，这“就造成了最近几个世纪所特有的局限性，即形而上学的思维方式”[⑤]，并在思维方式中占据了统治地位。

---

① 《马克思恩格斯文集》第 9 卷，人民出版社 2009 年版，第 23 页。
② 《马克思恩格斯文集》第 3 卷，人民出版社 2009 年版，第 539 页。
③ 《马克思恩格斯文集》第 9 卷，人民出版社 2009 年版，第 23 页。
④ 《马克思恩格斯文集》第 9 卷，人民出版社 2009 年版，第 24 页。
⑤ 《马克思恩格斯文集》第 9 卷，人民出版社 2009 年版，第 24 页。

形而上学思维方法的特点是，把事物看作是孤立、静止、片面的，而不是从其联系、联结、运动、产生和消逝方面去考察。这种思维方法具有很大的局限性，因为从根本上说，这是与自然界和人类社会本身发展的实际情况相违背的，自然界的一切是辩证地而不是形而上学地运行的。

2. 黑格尔唯心主义辩证法的历史功绩及局限

社会实践和自然科学的发展越来越要求人们突破形而上学的狭隘眼界。黑格尔（1770—1831）恢复了辩证法这一最高的思维形式，形成了它的第二种历史形态——唯心主义辩证法。恩格斯指出，黑格尔的巨大功绩是，他第一次“把整个自然的、历史的和精神的世界描写为一个过程，即把它描写为处在不断的运动、变化、转变和发展中，并企图揭示这种运动和发展的内在联系”①。依照黑格尔的观点，人类的历史不是乱七八糟的暴力行为，“而是人类本身的发展过程，而思维的任务现在就是要透过一切迷乱现象探索这一过程的逐步发展的阶段，并且透过一切表面的偶然性揭示这一过程的内在规律性”②。

但是，黑格尔颠倒思维和存在的真实关系，辩证方法的革命精神被其唯心主义的、保守封闭的哲学体系闷死了。黑格尔在历史观上虽然靠辩证法把人类历史当作一个有规律的过程，但是，他却把人类历史的发展当作“绝对精神”的实现过程。这样，一切都被头足倒置了。因为“事情不在于把辩证法规律硬塞进自然界，而在于从自然界中找出这些规律并从自然界出发加以阐发”③。体系和方法的矛盾造成了黑格尔哲学的流产。

3. 费尔巴哈恢复唯物主义的贡献和局限

费尔巴哈打破了黑格尔体系，使唯物主义重新登上王座。但是，他简单地把黑格尔体系抛在一旁，而不是从其本来意义上“扬弃”它，即批判地消灭它的形式，救出通过这个形式获得的新内容。

4. 马克思、恩格斯创立唯物辩证法

马克思和恩格斯从德国唯心主义哲学中拯救了自觉的辩证法，并把它运用于唯物主义的自然观和历史观，创立了辩证法的第三种历史形态——唯物辩证法。

---

① 《马克思恩格斯文集》第 9 卷，人民出版社 2009 年版，第 26 页。
② 《马克思恩格斯文集》第 9 卷，人民出版社 2009 年版，第 27 页。
③ 《马克思恩格斯文集》第 9 卷，人民出版社 2009 年版，第 15 页。

马克思、恩格斯认为："现代唯物主义本质上都是辩证的。""现代唯物主义把历史看做人类的发展过程，而它的任务就在于发现这个过程的运动规律。"[①] 这样一来，就不再需要任何凌驾于其他科学之上的哲学了。历史学，应成为关于历史的实证科学。这是在历史观上发生的决定性转变。

（二）唯物主义历史观的产生和唯心主义在历史观中被驱逐

以往，唯心主义历史观把理性即概念、判断、推理等思维形式和思维活动，作为衡量历史发展的标准和动力，根本不知道在人们的思想动机背后支配着人们行动的物质利益以及基于物质利益的阶级斗争在人类历史中的重要作用；生产和一切经济关系只是当作"文化史"的从属因素被顺便提一下而已。

马克思、恩格斯之所以能够发现唯物主义历史观，是因为"在这期间一些在历史观上引起决定性转变的历史事实却老早就发生了"[②]。恩格斯列举了 1831 年在里昂发生的第一次工人起义，1838—1842 年英国第一次全国性的工人运动，即英国的宪章派运动，说明"无产阶级和资产阶级之间的阶级斗争一方面随着大工业的发展，另一方面随着资产阶级新近取得的政治统治的发展，在欧洲最先进的国家的历史中升到了重要地位"[③]。而阶级斗争的根源正是不同阶级在社会经济关系中所处的不同地位及其物质利益的对立。这些社会的基本事实，是以往的唯心主义历史观根本不知道、也从来没有说明过的。

需要探讨的问题在于：既然在资本主义社会中，基于物质利益的阶级斗争具有如此重要的作用，那么在其他社会中，情况是不是也这样呢？正是这个"新的事实迫使人们对以往的全部历史作一番新的研究"[④]。

马克思、恩格斯进而研究了以往的全部历史，结果发现：第一，"以往的全部历史，都是阶级斗争的历史"（1883 年，恩格斯在《社会主义从空想到科学的发展》德文第 1 版中，对这个原理作了如下更加确切的表述："以往的全部历史，除原始状态外，都是阶级斗争的历史。"）[⑤]；第

---

① 《马克思恩格斯文集》第 3 卷，人民出版社 2009 年版，第 545 页。
② 《马克思恩格斯文集》第 3 卷，人民出版社 2009 年版，第 544 页。
③ 《马克思恩格斯文集》第 3 卷，人民出版社 2009 年版，第 544 页。
④ 《马克思恩格斯文集》第 9 卷，人民出版社 2009 年版，第 387 页。
⑤ 《马克思恩格斯文集》第 9 卷，人民出版社 2009 年版，第 387 页。

二，“这些互相斗争的社会阶级在任何时候都是生产关系和交换关系的产物，一句话，都是自己时代的经济关系的产物”①；第三，“每一时代的社会经济结构形成现实基础，每一个历史时期的由法的设施和政治设施以及宗教的、哲学的和其他的观念形式所构成的全部上层建筑，归根到底都应由这个基础来说明”②。

由于这些原理的发现，唯物主义的历史观被提出来了。其基本思想是：社会存在决定社会意识，而不是相反。与以往唯心主义的历史观用人们的意识说明他们的存在不同，它用人们的存在说明他们的意识。这就为人们科学地研究和认识人类社会及其历史，开辟了一条新的道路。

如果说，费尔巴哈使唯物主义重新登上了王座，主要是指对自然界的认识，那么，在历史观方面，情况就远不是这样了。在这个领域中，唯心主义仍然占据着支配地位。费尔巴哈本人，也不过是一个“半截子”的唯物主义者。而随着唯物主义历史观的发现，情况才发生了根本性变化。

（三）唯物史观与社会主义从空想变为科学

马克思、恩格斯把唯物主义历史观运用于对资本主义生产方式的分析，创立了剩余价值理论。这个理论证明：剩余价值是由劳动力这种特殊商品在实现其使用价值时创造出来的、比自己具有的价值更多的价值，它被资本家无偿占有。无偿占有剩余价值是资本主义剥削的基本形式。③ 这个理论揭破了资本主义生产的秘密，阐明了资本主义的产生、发展和灭亡的客观规律。

19 世纪初期的空想社会主义，是近代空想社会主义发展的最高阶段。恩格斯指出：科学社会主义“永远不会忘记，它是站在圣西门、傅立叶和欧文这三个人的肩上的。虽然这三个人的学说含有十分虚幻和空想的性质，但他们终究是属于一切时代最伟大的智士之列的，他们天才地预示了我们现在已经科学地证明了其正确性的无数真理”④。但是，他们的社会历史观在总体上仍然是唯心主义的。他们从抽象的“理性原则”出发，一方面指责资本主义违背了理性，另一方面把社会主义看成人类理性、永恒正义的体现，而不是以社会生产方式的辩证运动为依据，把社会主义看

① 《马克思恩格斯选集》第 9 卷，人民出版社 2009 年版，第 387 页。
② 《马克思恩格斯文集》第 9 卷，人民出版社 2009 年版，第 387 页。
③ 《马克思恩格斯文集》第 5 卷，人民出版社 2009 年版，第 714 页。
④ 《马克思恩格斯文集》第 2 卷，人民出版社 2009 年版，第 218 页。

作资本主义高度发展的必然产物。他们幻想通过宣传、教育、示范和向统治者及有产者呼吁等手段实现自己的社会改革方案，只把无产阶级当作一个受苦受难的阶级来给予同情，不了解他们担负着的埋葬资本主义、实现社会主义的历史使命。

恩格斯指出："为了使社会主义变为科学，就必须首先把它置于现实的基础之上。"[①]"立足现实"，首先是指：一切社会变迁和政治变革的终极原因，不应当到所谓绝对真理或先天理性中去寻找，而应到现实的生产方式和交换方式中去寻找；揭露和消除资本主义社会弊病的手段，"不应当从头脑中发明出来，而应当通过头脑从生产的现成物质事实中发现出来"[②]。这项任务，由于唯物主义历史观的创立而完成了。"立足现实"，还必须具体解剖资本主义经济关系的发展过程，"一方面应当说明资本主义生产方式的历史联系和它在一定历史时期存在的必然性，从而说明它灭亡的必然性，另一方面应当揭露这种生产方式的一直还隐蔽着的内在性质"。这项任务，由于剩余价值的发现而完成了。唯物主义历史观和剩余价值学说这两大发现，使社会主义理论获得现实基础，从空想变成了科学。

二　道德和法的历史性（第一编第九、十、十一章）

（一）"人的思维是至上的，同样又是不至上的"

杜林哲学体系的一个部分，是《哲学教程》中"关于人的学说"，其核心内容是关于"道德和法"的理论。杜林认为，道德的世界，和一般知识的世界一样，有其恒久的原则和单纯的要素，它是由善恶、正义、平等……要素组成的。这些原则凌驾于"历史之上和现今的民族特性的差别之上"，具有普遍适用性和最后的终极真理的性质。他不是从"现实本身推论出现实，而是从观念推论出现实"。这是十足的唯心主义历史观。

恩格斯通过对杜林在"道德和法"的问题上表现出来的唯心主义历史观的批判，科学地论述了马克思主义的真理观、道德观、平等观以及关于自由与必然的辩证关系等一系列基本原理。

由于杜林把正义、平等等看作"永恒真理"和社会的现实基础，恩

① 《马克思恩格斯文集》第9卷，人民出版社2009年版，第22页。

② 《马克思恩格斯文集》第3卷，人民出版社2009年版，第547页。

格斯首先对所谓“永恒真理”，即“人的认识的产物究竟能否具有至上的意义和无条件的真理权”这个问题，展开了剖析。

恩格斯主要阐明以下几个思想：

第一，从根本上说，“人的思维是至上的，同样又是不至上的，它的认识能力是无限的，同样又是有限的”①。这是因为，从一方面来说，人的认识“按它的本性、使命、可能和历史的终极目的来说，是至上的和无限的”②。即是说，客观世界是可以被人类认识的。从另一方面来说，人的认识“按它的个别实现情况和每次的现实来说，又是不至上的和有限的”③。这即是说，作为认识主体的人，总是在一定历史条件下从事实践活动的，人们的认识能力不能不受到各种主客观条件的限制，因而不可避免地有其局限性。正因为如此，恩格斯说：“思维的至上性是在一系列非常不至上地思维着的人中实现的；拥有无条件的真理权的认识是在一系列相对的谬误中实现的；二者都只有通过人类生活的无限延续才能完全实现。”④

第二，从已经获得的认识成果来看，人类并没有提供最后的终极真理。恩格斯是在具体地分析整个认识领域的三大部分，即研究非生物界的科学、研究活的有机体的科学以及研究人类社会的历史科学的状况之后，得出这样的结论的。他指出，“很可能我们还差不多处在人类历史的开端，而将来会纠正我们的错误的后代，大概比我们有可能经常以十分轻蔑的态度纠正其认识错误的前代要多得多”。⑤

第三，“真理和谬误，正如一切在两极对立中运动的逻辑范畴一样，只是在非常有限的领域内才具有绝对的意义”。在一定的条件下，“对立的两极都向自己的对立面转化，真理变成谬误，谬误变成真理”⑥。这说明真理和谬误是辩证统一的关系，既相互排斥又相互联系，在一定的领域内，真理和谬误的对立具有绝对的意义。超出这个领域，在另外的条件下，二者又会互相转化，一切以具体条件为转移。

---

① 《马克思恩格斯文集》第9卷，人民出版社2009年版，第92页。
② 《马克思恩格斯文集》第9卷，人民出版社2009年版，第92页。
③ 《马克思恩格斯文集》第9卷，人民出版社2009年版，第92页。
④ 《马克思恩格斯文集》第9卷，人民出版社2009年版，第91页。
⑤ 《马克思恩格斯文集》第9卷，人民出版社2009年版，第91页。
⑥ 《马克思恩格斯文集》第9卷，人民出版社2009年版，第96页。

由此可见，把人们在一定历史阶段上的某种认识宣布为永恒的绝对的真理，是不符合人类认识发展的实际的。恩格斯通过论证真理的相对性和绝对性的辩证关系，驳斥了杜林关于超历史的“永恒真理”的观点，这就从根本上否定了他关于“道德和法”的学说立论的主要依据。为了批判杜林在真理观上的绝对主义，恩格斯在这里着重强调的是真理的相对性。但他并没有因此走向相对主义。他认为，相对之中有绝对。事实上，在绝对真理的长河中，人们对于各个一定发展阶段上的具体过程的认识只具有相对的真理性。无数相对真理之总和，就是绝对真理。

（二）道德和法的观点是人们社会关系和政治关系的相应表现

在批驳杜林关于绝对的终极真理和超历史的道德原则的基础上，恩格斯深入论证了道德的历史性。他着重阐明以下三个观点：

第一，道德和法的观点是历史的范畴

恩格斯指出：道德观念是随着历史的发展而发展的，在不同的民族不同的时代，由于社会物质生活条件的差别，道德观念也存在差别和对立。“善恶观念从一个民族到另一个民族、从一个时代到另一个时代变更得这样厉害，以致它们常常是互相直接矛盾的。”① 这是因为，道德属于社会上层建筑。道德和法这种意识形态是人们社会关系和政治关系的反映。“一切以往的道德论归根到底都是当时的社会经济状况的产物。”② “人们自觉地或不自觉地，归根到底总是从他们阶级地位所依据的实际关系中——从他们进行生产和交换的经济关系中，获得自己的伦理观念。”因此，人们的经济关系和政治关系变化了，道德和法的观念就会随之发生变化。杜林所说的适用于一切世界、一切时代的道德，在现实的社会中是根本不存在的。

第二，阶级社会的道德“始终是阶级的道德”

恩格斯指出：“社会直到现在是在阶级对立中运动的，所以道德始终是阶级的道德；它或者为统治阶级的统治和利益辩护，或者当被压迫阶级变得足够强大时，代表被压迫者对这个统治的反抗和他们的未来利益。”③ 它始终是一定阶级的经济利益的反映，并且是为一定阶级服务的。

---

① 《马克思恩格斯文集》第 9 卷，人民出版社 2009 年版，第 98 页。
② 《马克思恩格斯文集》第 9 卷，人民出版社 2009 年版，第 99 页。
③ 《马克思恩格斯文集》第 9 卷，人民出版社 2009 年版，第 99—100 页。

强调阶级社会的道德“始终是阶级的道德”，并不意味着道德在阶级社会中没有进步。恩格斯指出：“道德方面也和人类认识的所有其他部门一样，总的说是有过进步的。”①

封建道德、资产阶级道德和无产阶级道德，哪一种是合乎真理的呢?恩格斯指出：“如果就绝对的终极性来说，哪一种也不是；但是，现在代表着现状的变革、代表着未来的那种道德，即无产阶级道德，肯定拥有最多的能够长久保持的因素。”②“只有在不仅消灭了阶级对立，而且在实际生活中也忘却了这种对立的社会发展阶段上，超越阶级对立和超越对这种对立的回忆的、真正人的道德才成为可能。”③

第三，道德的某种共同性问题

既然阶级社会的道德“始终是阶级的道德”，而不同的阶级又有着各自的利益，那么各种道德论之间是否有共同之处，这也是需要思考和回答的一个问题。在肯定道德的发展依赖于社会经济关系的发展和阶级社会中道德具有阶级性的前提下，恩格斯论述了道德发展中的相对独立性和某种共同性的问题。

首先，恩格斯指出，封建贵族的、资产阶级的和无产阶级的道德论，分别“代表同一历史发展的三个不同阶段，所以有共同的历史背景，正因为这样，就必然有许多共同之处”④。比如，封建道德和资产阶级道德，都是剥削阶级的道德，后者同前者有共同之处和直接的继承关系，是不难理解的。无产阶级道德主要继承历史上劳动人民的优秀道德传统，同时也批判地继承历史上处于进步时期的剥削阶级的某些优秀道德传统，经过改造，使之成为构成无产阶级道德的某种因素。其次，恩格斯还指出：“对同样的或差不多同样的经济发展阶段来说，道德论必然是或多或少地互相一致的。”⑤ 比如，“切勿偷盗”就是在从动产的私有制产生以来的一切私有制社会里存在着的共同的道德戒律。不过，这些共同的道德因素，不仅在不同阶级的道德论中有着不同的阶级内容，而且随着社会经济状况的变化终究要发生变化。比如，当社会发展到物质财富极大丰富、消灭了私有

---

① 《马克思恩格斯文集》第9卷，人民出版社2009年版，第100页。

② 《马克思恩格斯文集》第9卷，人民出版社2009年版，第98—99页。

③ 《马克思恩格斯文集》第9卷，人民出版社2009年版，第100页。

④ 《马克思恩格斯文集》第9卷，人民出版社2009年版，第99页。

⑤ 《马克思恩格斯文集》第9卷，人民出版社2009年版，第99页。

制和阶级、人们思想境界大大提高、偷盗动机随之消除的时候，“切勿偷盗”的道德戒律就成为多余。所以，它并不是超历史、超民族的永恒道德规范。

（三）平等观念是历史的产物

杜林在研究社会平等问题时，把两个抽象的人作为社会的“简单要素”，认定这两个人的意志本来是“完全平等”的；只是由于一方对另一方使用暴力才造成了不平等。他把过去不平等的社会历史一概斥之为谬误。恩格斯指出，杜林“不是从对象本身去认识某一对象的特性，而是从对象的概念中逻辑地推导出这些特性”①，这纯粹是本末倒置的唯心主义方法。事实上，不平等产生的根源在于私有财产的出现，暴力不过是一种表现形式，而不是根源。抹杀不平等产生的经济根源，实际上就掩盖了剥削阶级对广大劳动人民奴役的实质。恩格斯在揭露了杜林平等观念的谬误之后，着重从以下几个方面阐明了马克思主义的平等观：

第一，平等观念的历史发展及其阶级内容

平等是一个法权观念，属于上层建筑。各个历史时期的平等观念都是当时历史的产物，是各个社会的经济基础、阶级关系在社会意识中的反映。在以往社会中，与生产力发展水平和阶级斗争状况相适应，平等只能是局部的、范围有限的。

在原始社会末期的农村公社中，由于私有制和奴隶的出现以及妇女经济地位的下降等，就开始出现了不平等。当时只有男性公社成员之间的平等，奴隶和外地人根本就没有平等。奴隶社会只有自由民之间的平等，自由民和奴隶之间没有什么平等可言。就是在自由民内部，工商业奴隶主、贵族和一般平民在政治地位和社会地位上也都是不平等的。在封建社会里，更存在着复杂的社会等级制度，不仅农奴和封建主之间毫无平等权利，就是在封建统治阶级内部各阶层之间，也没有什么平等。现代的平等观念要求：“一切人，或至少是一个国家的一切公民，或一个社会的一切成员，都应当有平等的政治地位和社会地位。”② 这种观念是在西欧和中欧形成的文化区域内，建立了民族国家所组成的体系的基础上才形成的。

---

① 《马克思恩格斯文集》第 9 卷，人民出版社 2009 年版，第 101 页。

② 《马克思恩格斯文集》第 9 卷，人民出版社 2009 年版，第 109 页。

"只是在这个基础上才有可能谈人的平等和人权的问题。"①

第二，资产阶级平等观的阶级本质和历史作用

恩格斯指出：在封建社会内部孕育了"这样一个阶级，这个阶级在它进一步的发展中，注定成为现代平等要求的代表者，这就是资产阶级"②。

首先，资产阶级要求废除封建特权、冲破地方关卡，取得平等的权利进行交换，以便于发展大规模的贸易；它要求冲破行会的束缚，使工人能够作为权利平等的一方与厂主订立契约出租自己的劳动力，以便于发展雇佣劳动制。这就是说，社会的经济进步"把摆脱封建桎梏和通过消除封建不平等来确立权利平等的要求"③ 提上日程。

其次，为了实现这个要求，资产阶级不能不利用农民的力量。这样，只要为工业和商业的利益提出这一要求，就必须为广大农民要求同样的平等权利。因为农民遭受封建制度的严重压迫，是反对封建压迫的主要群众。

再次，由于人们生活在那些相互平等地交往，并且处在差不多相同的资产阶级发展阶段的独立国家所组成的体系中，这种要求很自然地获得普遍的、超出个别国家范围的性质。在这样的社会历史条件下，自由和平等也就"很自然地被宣布为人权"④。

在反封建的资产阶级革命的历史条件下，资产阶级提出的平等要求，曾经在不同程度上代表过各被压迫阶级的共同诉求，起过积极的历史作用。那么，这是不是意味着，自由和平等由此真正成了普遍的人权呢？不是。恩格斯尖锐地揭露了这种人权的特殊资产阶级性质，即资产阶级提出的这种平等要求，主要是为了反对妨碍它自由发展的封建阶级的特权。资产阶级标榜的个人的人身自由和平等的权利，不过是资产阶级处理自己的财产和雇佣工人的自由，在市场上进行商品交换的平等。这种平等没有也不可能改变资本家剥削和压榨工人的事实。对于广大农民来讲，要求平等固然有助于解除他们对封建主的人身依附，摆脱封建压迫，但是他们中的大多数在获得这种"自由平等"之后，却将随着资本主义的发展而走向

① 《马克思恩格斯文集》第9卷，人民出版社2009年版，第110页。

② 《马克思恩格斯文集》第5卷，人民出版社2009年版，第110页。

③ 《马克思恩格斯论道德》，人民出版社2011年版，第254页。

④ 《马克思恩格斯文集》第9卷，人民出版社2009年版，第112页。

破产，沦为一无所有、仅仅有自由出卖自己劳动力的无产者。

资产阶级平等观的虚伪性，在1787年美国宪法中表现得最为明显：它一方面把自由、平等标榜为“人权”，另一方面却明文规定保留奴隶制，允许贩卖黑奴。所以，恩格斯说，这是“这种人权的特殊资产阶级性质的典型表现”①。

资产阶级平等观，是资产阶级商品经济关系在思想上的反映。因为根据价值规律，“商品的价值是由其中所包含的社会必要劳动来计量的”，而一切劳动由于都是人类劳动因而具有等同性和同等意义。在资本主义社会中，商品生产占统治地位，由于体现这种“平等”的价值规律在普遍地起着作用，所以在这个社会中就必然会提出关于自由平等的要求。现代平等观念，正是“从资产阶级社会的经济条件中”② 产生出来的。

第三，无产阶级平等要求的双重意义和实际内容

伴随着资产阶级平等观念的提出，无产阶级也提出了自己的平等要求。“从消灭阶级特权的资产阶级要求提出的时候起，同时就出现了消灭阶级本身的无产阶级要求”③。

无产阶级平等观与资产阶级平等观有本质区别。无产阶级只有解放全人类才能最终解放无产阶级自己，所以它不仅仅要求废除某一阶级的特权，而且要废除私有制，建立公有制，消灭阶级和阶级差别，实现人类在政治上和与之相适应的社会地位上，以及经济权利上的真正平等。

从历史上看，无产阶级提出平等的要求具有双重意义。或者它是在无产阶级斗争的初期对极端的社会不平等，对富人和穷人之间、主人和奴隶之间、骄奢淫逸者和饥饿者之间的对立的自发反应，这反应本身只是革命本能的简单表现；或者它是从对资产阶级平等要求的反应中产生的，吸收了资产阶级平等要求中或多或少正确的、可以进一步发展的要求，成了用资本家本身的主张发动工人起来反对资本家的鼓动手段。

在上述两种情况下，“无产阶级平等要求的实际内容都是消灭阶级的要求”④。这就是平等观念的科学内容。任何超出这个范围的平等要求都必然要流于荒谬。这就意味着，无产阶级要实现真正的事实上的平等，必

---

① 《马克思恩格斯文集》第9卷，人民出版社2009年版，第112页。

② 《马克思恩格斯文集》第9卷，人民出版社2009年版，第111页。

③ 《马克思恩格斯文集》第9卷，人民出版社2009年版，第112页。

④ 《马克思恩格斯文集》第9卷，人民出版社2009年版，第113页。

须通过社会革命，推翻资本主义制度，消灭一切阶级和阶级差别。

确立平等观念的上述科学内容具有重要意义，这一观念在差不多所有国家的社会主义运动中都起着巨大的鼓动作用。因此，“这一观念的科学内容的确立，也将确定它对无产阶级鼓动的价值”①，从而有助于推动社会主义运动摆脱资产阶级的影响，沿着正确的方向发展。

（四）自由在于根据对必然的认识来支配自己和外部自然

自由与必然的关系问题是世界观和历史观的一个重要问题。恩格斯指出：“如果不谈所谓自由意志、人的责任能力、必然和自由的关系等问题，就不能很好地议论道德和法的问题。”② 认识自由与必然的辩证关系，是运用道德和法律规范、评价人们行为的前提。

杜林说，自由是理性认识和本能冲动的合力。这也就是说，自由完全是由主观条件决定的，与客观规律无关。他又说，自由受着自然规律不可避免的强制。这两个定义是互相矛盾的，表明他在人的意志自由问题上陷入了折中主义。而第二个定义不过是对黑格尔思想的庸俗化。他的基本观点，是把自由说成是绝对的，不受客观规律的支配。这同他关于永恒真理等的观点一脉相承。

恩格斯揭露了杜林的错误观点，批判地吸收了黑格尔的合理思想，对自由与必然的关系作了科学的概括和阐述。他指出：“自由不在于幻想中摆脱自然规律而独立，而在于认识这些规律，从而能够有计划地使自然规律为一定的目的服务。”③“意志自由只是借助于对事物的认识来作出决定的能力。”④ 这就是说，只有在认识了事物必然性的基础上，人们才能作出正确的判断和切实可行的决定，才有意志自由。行动的自由，并不意味着人们可以摆脱事物的规律性而为所欲为，而是承认事物规律的客观存在，在认识和把握它的基础上在实践中有目的地驾驭和利用它。所以，“自由就在于根据对自然界的必然性的认识来支配我们自己和外部自然”⑤。只有坚持这样的观点，我们才能既同不承认客观规律的“唯意志论”又同不承认人的主观能动作用的“宿命论”划清界限。

---

① 《马克思恩格斯文集》第9卷，人民出版社2009年版，第108页。
② 《马克思恩格斯文集》第9卷，人民出版社2009年版，第119页。
③ 《马克思恩格斯文集》第9卷，人民出版社2009年版，第120页。
④ 《马克思恩格斯文集》第9卷，人民出版社2009年版，第120页。
⑤ 《马克思恩格斯文集》第9卷，人民出版社2009年版，第120页。

自由是历史的产物。人本身的发展就是不断地从必然走向自由的过程。由于人类各个历史时代认识自然和改造自然的成果，积淀在各时代的科学、技术和文化之中，所以，“文化上的每一个进步，都是迈向自由的一步”①。只有到了生产力高度发达的社会状态，任何阶级差别以及任何对个人生活资料的忧虑一起消失，才“能够谈到真正的人的自由，谈到那种同已被认识的自然规律和谐一致的生活”②。

（原载《高校理论战线》2011 年第 4 期，第二作者为姚锡长）

① 《马克思恩格斯文集》第 9 卷，人民出版社 2009 年版，第 120 页。
② 《马克思恩格斯文集》第 9 卷，人民出版社 2009 年版，第 121 页。

每个觉醒工人必读的书籍（下）

——恩格斯《反杜林论》对唯物主义历史观的科学论述

一　经济、政治权力及其相互关系（第二编第二、三、四章）

（一）关系的经济方面比政治方面具有大得多的基础性

暴力论是杜林唯心主义经济学体系的基础。他认为，“政治关系的形式是历史上基础性的东西”。“本原的东西必须从直接的政治暴力中去寻找，而不是从间接的经济力量中去寻找。”① 这种观念曾支配以往的整个历史观。

恩格斯在“经济学编”中用三章的篇幅揭露杜林的错误，进一步论证了经济决定政治、政治与经济相互关系的原理。恩格斯在论证这个问题时，主要阐明了以下思想：

第一，“暴力仅仅是手段，相反，经济利益才是目的。目的比用来达到目的的手段要具有大得多的‘基础性’”。② 比如，一个民族对另一个民族的武力征服，是为了掠夺对方的财富，奴役那里的人民，总之，是为了获得经济利益。

第二，古代奴隶制是在生产发展到一定阶段的历史条件下产生的。恩格斯指出：要迫使人们去从事奴役劳动，强迫者就必须事先拥有使被强迫者从事劳动的生产资料和维持困苦生活的生活资料。因此，“先要在生产上达到一定的阶段，并在分配的不平等上达到一定的程度，奴隶制才会成为可能”③。现代雇佣劳动制的出现，是由于商品生产达到一定的发展程度，劳动力成为商品，货币转化为资本，从而就转变为资本主义的生产。

① 《马克思恩格斯选集》第3卷，人民出版社1995年版，第501页。
② 《马克思恩格斯文集》第9卷，人民出版社2009年版，第167页。
③ 《马克思恩格斯文集》第9卷，人民出版社2009年版，第168页。

资本主义形成和发展的“全部过程都由纯经济的原因来说明，而根本不需要用掠夺、暴力、国家或任何政治干预来说明”[①]。这就是说，奴役制度的产生，是基于经济的原因，而不是基于暴力。

第三，强迫者奴役他人的条件是，必须拥有超出平均水平的财产，而私有财产的形成也是由于经济的原因，而不是暴力。关于这个问题，恩格斯讲得很明白：虽然财产可以由掠夺而得到，但是财产必须先由劳动者生产出来，然后才能被掠夺。在历史上，“私有财产的形成，到处都是由于生产关系和交换关系发生变化，都是为了提高生产和促进交换——因而都是由于经济的原因。在这里，暴力没有起任何作用”[②]。

第四，“经济状况”的改变，促使政治状态的改变。恩格斯以资产阶级的发展史为例，来证明这一点。历史地说，资产阶级反对封建贵族、取得统治以前，贵族始终掌握着政治暴力。资产阶级依靠什么去占领一个一个阵地的呢？其决定性的武器是他们手中的经济权力，这种权力手段随着工业（起初是手工业，后来扩展成为工场手工业）的发展和商业的扩展而不断增长起来。所以，资本主义发展的全部过程都可以由纯经济原因来说明。历史的事实表明，随着“经济状况”的改变，政治状态的改变总是要或迟或早地、或自愿或通过斗争随之发生的。所以，“如果‘政治状态是经济状况的决定性的原因’，那么，现代资产阶级就不应当是在反对封建制度的斗争中发展起来的，而应当是封建制度自愿生产的宠儿”[③]。显然这是不符合历史实际的。

第五，暴力本身，是以“经济力量”“经济状况”为基础的。恩格斯指出，暴力不是单纯的意志行为。它要求有实现意志行为的工具、武器。暴力的胜利是以武器的生产为基础的，而武器的生产又是以整个生产为基础的，因而是以“经济力量”“经济状况”，是以可供暴力支配的物质手段为基础的。还要看到，现代化的军队的全部组织和作战方式以及与之有关的胜负，也“取决于物质的即经济的条件：取决于人和武器这两种材料，也就是取决于居民的质和量以及技术”[④]。比如，现代的军舰不仅是现代大工业的产物，同时还是现代大工业的样板，是浮在水上的工厂。

---

① 《马克思恩格斯文集》第 9 卷，人民出版社 2009 年版，第 171 页。
② 《马克思恩格斯文集》第 9 卷，人民出版社 2009 年版，第 169 页。
③ 《马克思恩格斯文集》第 9 卷，人民出版社 2009 年版，第 171 页。
④ 《马克思恩格斯文集》第 9 卷，人民出版社 2009 年版，第 178 页。

“现代军舰为基础的海上政治暴力，表明它自己完全不是‘直接的’，而正是借助于经济力量，即冶金术的高度发展、对熟练技术人员和丰富的煤矿的支配。”① 这就进一步说明，暴力不是“本原的东西”，经济状况才是暴力的基础。

总之，“在任何地方和任何时候，都是经济条件和经济上的权力手段帮助‘暴力’取得胜利，没有它们，暴力就不成其为暴力”②。

（二）生产的发展和相对不发展与统治和奴役关系

统治和奴役关系的形成，并非像杜林断言的那样是同生产的发展和相对不发展相联系的，是由于暴力，而是由于经济的原因。恩格斯在批驳杜林时论证了以下几个重要观点：

第一，阶级统治和奴役关系的形成，是同经济发展的一定历史阶段相联系的。

恩格斯阐述了统治和奴役关系形成的两种过程。

一个过程是社会职能独立化上升为对社会的统治，社会公仆变成社会主人。

在原始社会里，由于生产力水平很低，人人都必须参加劳动，都享受着生活状况和社会地位的某种平等。但是，每个公社内部，“一开始就存在着一定的共同利益，维护这种利益的工作，虽然是在全体的监督之下，却不能不由个别成员来担当”③。这些职位被赋予了某些全权，这是国家权力的萌芽。随着社会成员由于原始公社的瓦解而变为私人生产者，而和社会公共职能的执行者更加疏远，这种权力不断得到加强。后来，社会职能对社会的这种独立化逐渐上升为对社会的统治，起初的社会公仆逐步变成社会的主人，成为具有特权的统治者，各个统治人物结合成一个统治阶级。

这就是说，“政治统治到处都是以执行某种社会职能为基础，政治统治到处都是以执行某种社会职能为基础，而且政治统治只有在它执行了它的这种社会职能时才能持续下去”④。

另一个过程是生产力发展到出现剩余产品的条件下，形成阶级和统治

① 《马克思恩格斯文集》第9卷，人民出版社2009年版，第181页。
② 《马克思恩格斯文集》第9卷，人民出版社2009年版，第179页。
③ 《马克思恩格斯文集》第9卷，人民出版社2009年版，第186页。
④ 《马克思恩格斯选集》第3卷，人民出版社1995年版，第523页。

关系。

随着生产力发展到劳动力可以生产出超过单纯维持自身所需要的产品的数量，劳动力就获得了某种价值。“在这时已经达到的‘经济状况’的水平上，战俘获得了某种价值；因此人们就让他们活下来，并且使用他们的劳动。”这样，奴隶制就被发现了。①

以上表明，统治和奴役关系的形成，主要是由于经济的原因。从历史上看，不是暴力支配经济状况，而是相反，暴力被迫为经济状况服务。

第二，阶级统治和奴役关系在一定历史阶段存在和被消灭的必然性。

杜林认为，人类原本是自由、平等的，只是由于使用暴力，才产生统治和奴役的关系。因此，全部以往的历史都应当加以唾弃。这种观点，完全是非历史的。

阶级统治和奴役关系在一定历史阶段的存在，有其必然性。因为随着生产力的发展，交往和分工逐步扩大。而分工的规律，正是阶级划分的基础。“只要实际从事劳动的居民必须占用很多时间来从事自己的必要劳动，因而没有多余的时间来从事社会的公共事务——劳动管理、国家事务、法律事务、艺术、科学等等，总是必然有一个脱离实际劳动的特殊阶级来从事这些事务；而且这个阶级为了它自己的利益，从来不会错过机会来把越来越沉重的劳动负担加到劳动群众的肩上。”②

在当时的情况下，采用奴隶制是一个巨大的历史进步。“我们的全部经济、政治和智力的发展，是以奴隶制既成为必要、又得到公认这种状况为前提的。”③ 事实上，“当一种生产方式处在自身发展的上升阶段的时候，甚至在和这种生产方式相适应的分配方式下吃了亏的那些人也会欢迎这种生产方式”④。奴隶制是一种极残酷的奴役制度。但是，在开始时，“甚至对奴隶来说，这也是一种进步；成为大批奴隶来源的战俘以前都被杀掉，在更早的时候甚至被吃掉，现在至少能保全生命了”⑤。

只有当一种生产方式已经走完自身的没落阶段的颇大一段行程，而它的后继者已经在敲门的时候，不平等的分配才会被普遍认为是非正义的。

---

① 《马克思恩格斯文集》第 9 卷，人民出版社 2009 年版，第 188 页。
② 《马克思恩格斯文集》第 9 卷，人民出版社 2009 年版，第 189 页。
③ 《马克思恩格斯文集》第 9 卷，人民出版社 2009 年版，第 188 页。
④ 《马克思恩格斯文集》第 9 卷，人民出版社 2009 年版，第 155 页。
⑤ 《马克思恩格斯文集》第 9 卷，人民出版社 2009 年版，第 189 页。

这种道义上的愤怒只是一个征兆，表明这种生产方式即将走向灭亡了。

第三，统治和奴役关系消灭的经济社会条件。

恩格斯指出：如果说，“剥削阶级和被剥削阶级、统治阶级和被压迫阶级之间的到现在为止的一切历史对立，都可以从人的劳动的这种相对不发展的生产率中得到说明”①；那么，“只有通过大工业所达到的生产力的极大提高，才有可能把劳动无例外地分配给一切社会成员，从而把每个人的劳动时间大大缩短，使一切人都有足够的自由时间来参加社会的公共事务——理论的和实际的公共事务。因此，只是在现在，任何统治阶级和剥削阶级才成为多余的，而且成为社会发展的障碍；也只是在现在，统治阶级和剥削阶级，无论拥有多少‘直接的暴力’，都将被无情地消灭”②。

（三）政治权力对于经济发展的两种相反方向的作用

恩格斯在详细论证了经济决定政治的原理之后，又论述了政治权力对于经济发展的反作用。

恩格斯指出，政治权力一旦对社会独立起来并且形成对社会的统治力量，可以朝着两个方向发展，即对于经济的发展有两种相反的作用。

一种是“按照合乎规律的经济发展的精神和方向发生作用，在这种情况下，它和经济发展之间没有任何冲突，经济发展加快速度”③。在这里，政治权力起着适应和促进经济的发展的作用。另一种是“违反经济发展而发生作用，在这种情况下，除去少数例外，它照例总是在经济发展的压力下陷于崩溃”④。这里的例外是指个别的征服事件。比较野蛮的民族历史上的每一次对较为文明的民族的征服，毫无例外地都阻碍了经济的发展，摧毁了大批的生产力。但是比较野蛮的民族在长时期的征服中绝大多数情况下，都不得不适应由于征服而面临的比较高的“经济状况”，为被征服者较为先进的经济所同化，而且甚至不得不采用被征服者的语言。在一般情况下，当某一国家内部的国家政权同它的经济发展处于对立地位时，“斗争每次总是以政治权力被推翻而告终。经济发展总是毫无例外地和无情地为自己开辟道路”⑤。

---

① 《马克思恩格斯文集》第 1 卷，人民出版社 2009 年版，第 189 页。
② 《马克思恩格斯文集》第 9 卷，人民出版社 2009 年版，第 189—190 页。
③ 《马克思恩格斯文集》第 9 卷，人民出版社 2009 年版，第 190 页。
④ 《马克思恩格斯文集》第 9 卷，人民出版社 2009 年版，第 190 页。
⑤ 《马克思恩格斯文集》第 9 卷，人民出版社 2009 年版，第 191 页。

（四）革命：造成新的“经济状况”能够存在和发展的政治状态

当一种生产方式走到了自身的尽头，而陈腐的政治权力又竭力维护陈腐的生产关系、从根本上阻碍生产力发展的时候，革命就会被提上历史的日程。革命的目的不是为了使经济状况适应政治状态；相反，是为了把陈腐的政治废物抛开，并造成使新的“经济状况”能够存在和发展的政治状态。[①] 陈腐的政治权力的主要依靠，是军队等暴力工具。因此，在一定的历史条件下，革命的阶级和政治力量为了摧毁陈腐的政治权力，为经济的发展扫清障碍、开辟道路，就不能不使用革命的暴力。正因为如此，恩格斯认为，对暴力的性质和历史作用必须进行具体的分析，必须区别反动的暴力和革命的暴力。他指出：“暴力在历史中还起着另一种作用，革命的作用；暴力，用马克思的话说，是每一个孕育着新社会的旧社会的助产婆；它是社会运动借以为自己开辟道路并摧毁僵化的垂死的政治形式的工具。”[②]

由于革命者用暴力摧毁了陈腐的政治权力、造成了使新的“经济状况”能够存在和发展的政治状态，这就必然会带来人们思想上的极大解放，把人们引向新的精神境界。杜林认为，暴力的任何使用都会使暴力使用道德堕落。这是违背历史实际的。恩格斯指出，正是每一次革命的胜利都带来了人们在“道德上和精神上的巨大跃进”[③]。这是任何人都无法否认的历史事实。

二　唯物主义历史观与科学社会主义（第三编第一章）

在社会主义编，恩格斯运用了历史唯物主义的基本观点科学地评述了三大空想社会主义者的学说，系统地阐明了科学社会主义的原理，彻底批判了杜林的反动的小资产阶级社会主义。第一章是全编的重点。恩格斯在《反杜林论》第二版序言中指出，这一章是“我所主张的观点的一个核心问题的表述”[④]。

（一）用唯物主义历史观对社会主义基本理论的科学阐明

恩格斯对历史唯物主义基本原理作了进一步的概括。科学社会主义就

---

① 《马克思恩格斯文集》第 1 卷，人民出版社 2009 年版，第 172 页。

② 《马克思恩格斯文集》第 9 卷，人民出版社 2009 年版，第 191—192 页。

③ 《马克思恩格斯文集》第 9 卷，人民出版社 2009 年版，第 192 页。

④ 《马克思恩格斯文集》第 9 卷，人民出版社 2009 年版，第 12 页。

是在唯物主义历史观的基础上发展起来的。

1. 科学社会主义是资本主义的矛盾和冲突在工人阶级头脑中的正确反映。到19世纪三四十年代，新的生产力已经发展到同资本主义生产关系不能相容的地步，无产阶级同资产阶级之间的阶级斗争日益激化。恩格斯说："现代社会主义不过是这种实际冲突在思想上的反映，是它在头脑中，首先是在那个直接吃到它的苦头的阶级即工人阶级的头脑中的观念上的反映。"①

2. 资本主义社会基本矛盾的发展必然导致资本主义的灭亡。资本主义的基本矛盾是生产的社会化和资本主义的私人占有之间的矛盾。恩格斯始终以分析这个矛盾为中心来考察资本主义的整个发展过程。

第一，资本主义的基本矛盾表现在阶级关系上就是"无产阶级和资产阶级的对立"②，它的另一种表现是"个别工厂中生产的组织性和整个社会中生产的无政府状态之间的对立"③。

第二，资本主义基本矛盾的不断发展，社会贫富两极分化的加剧，造成了生产无限扩大的可能性和劳动群众的有效需求即有购买力的需求相对缩小的矛盾。竞争和社会生产无政府状态的推动力，又使这一矛盾日益尖锐。结果，"市场的扩张赶不上生产的扩张。冲突成为不可避免的了，而且，因为它在把资本主义生产方式本身炸毁以前不能使矛盾得到解决，所以它就成为周期性的了"④。经济危机表明，"经济的冲突达到了顶点：生产方式起来反对交换方式，生产力起来反对已经被它超过的生产方式"⑤。

第三，在资本积累和集中高度发展的基础上，作为生产力社会化形式的各种股份公司相继产生，某些部门和企业的资本主义国有化也随之出现。但是，无论是股份公司，还是资本主义国有化，都是资本主义的占有形式，根本不能消除生产力的资本主义属性。

3. 只有社会主义革命才能解决资本主义社会的矛盾。恩格斯指出，要解决资本主义的基本矛盾，只能在事实上承认现代生产力的社会本性。即必须消灭以生产资料私有制为基础的资本主义生产关系，建立以生产资

① 《马克思恩格斯文集》第9卷，人民出版社2009年版，第285页。
② 《马克思恩格斯文集》第9卷，人民出版社2009年版，第288页。
③ 《马克思恩格斯文集》第9卷，人民出版社2009年版，第290页。
④ 《马克思恩格斯文集》第9卷，人民出版社2009年版，第292页。
⑤ 《马克思恩格斯文集》第9卷，人民出版社2009年版，第293页。

料公有制为基础的新的生产关系，使生产关系与现代化生产力的社会本性相适应。为此，就必须进行社会主义革命，用暴力打碎资产阶级的国家机器、实行无产阶级专政。

“无产阶级将取得国家政权，并且首先把生产资料变为国家财产。”[①]由于实行了生产资料公有制，一切阶级差别和阶级对立消灭了。“对人的统治将由对物的管理和对生产过程的领导所代替。国家不是‘被废除’的，它是自行消亡的。”[②] 最后，恩格斯说：“完成这一解放世界的事业，是现代无产阶级的历史使命。深入考察这一事业的历史条件以及这一事业的性质本身，从而使负有使命完成这一事业的今天受压迫的阶级认识到自己的行动的条件和性质，这就是无产阶级运动的理论表现即科学社会主义的任务。”[③]

（二）人们将成为自身社会结合的主人

1. 社会占有生产资料即建立生产资料公有制。无产阶级夺取国家政权之后，“国家真正作为整个社会的代表所采取的第一个行动，即以社会的名义占有生产资料，同时也是它作为国家所采取的最后一个独立行动”[④]。劳动者在生产过程中和社会上的地位都将发生根本的变化。生产资料的社会占有决定了与之相适应的劳动产品的占有方式：“一方面由社会直接占有，作为维持和扩大生产的资料，另一方面由个人直接占有，作为生活资料和享受资料。”[⑤] 通过社会生产，不仅可以保证一切社会成员有富足的和一天比一天充裕的物质生活，而且还可能保证他们的体力和智力获得充分的自由的发展和运用。这就阐明了新社会的生产的性质和目的。社会占有生产资料是社会主义社会的最基本特征，社会主义社会的其他特征都是由其决定的。

2. 商品生产将要被消灭。“一旦社会占有了生产资料，商品生产就将被消除。”[⑥] 在社会占有生产资料的条件下，生产是直接为了社会消费的生产，因而不再具有商品生产的形式。随着商品生产的消亡，产品对生产

---

① 《马克思恩格斯文集》第 9 卷，人民出版社 2009 年版，第 297 页。
② 《马克思恩格斯文集》第 9 卷，人民出版社 2009 年版，第 297 页。
③ 《马克思恩格斯文集》第 9 卷，人民出版社 2009 年版，第 300 页。
④ 《马克思恩格斯文集》第 9 卷，人民出版社 2009 年版，第 297 页。
⑤ 《马克思恩格斯文集》第 9 卷，人民出版社 2009 年版，第 296 页。
⑥ 《马克思恩格斯文集》第 9 卷，人民出版社 2009 年版，第 300 页。

者的统治也将随之消除。生产者由自己产品的被奴役者成为自己产品的主人。

3. 社会有计划地自觉地组织生产。代替商品生产内部无政府状态的，将是社会有计划地自觉地组织生产。有计划的自觉的组织，使人“从动物的生存条件进入真正人的生存条件”①，使一直统治历史的客观的异己力量处于社会结合的主人的控制之下，变成了他们自己的自由行动。“只是从这时起，人们才完全自觉地自己创造自己的历史；只是从这时起，由人们使之起作用的社会原因才大部分并且越来越多地达到他们所预期的结果。这是人类从必然王国进入自由王国的飞跃。”②

在社会占有生产资料的条件下，社会“通过有计划地利用和进一步发展一切社会成员的现有的巨大生产力，在人人都必须劳动的条件下，人人也都将同等地、愈益丰富地得到生活资料、享受资料、发展和表现一切体力和智力所需的资料”③。而随着阶级差别和阶级对立的消灭，国家也将走向自行消亡。

恩格斯关于社会主义社会基本特征的描述，以及关于在未来社会里人们将完全自觉地自己创造自己的历史的科学设想，是指已经充分发展了的社会主义，是对人类社会发展总趋势的揭示和展望。只有从这个角度进行解读，我们才能对恩格斯关于社会主义社会基本特征的描述有一个正确的把握。

各国无产阶级在取得政权以后，应当按照马克思主义经典作家揭示的人类社会发展总趋势，从本国的实际出发，具体探索什么是社会主义、如何建设社会主义的问题，经过各自独特的道路，逐步走向充分发展的社会主义，进而走向共产主义，使人们完全成为“自身社会结合的主人”。

（原载《高校理论战线》2011 年第 5 期，第二作者为姚锡长）

---

① 《马克思恩格斯文集》第 9 卷，人民出版社 2009 年版，第 300 页。

② 《马克思恩格斯文集》第 9 卷，人民出版社 2009 年版，第 300 页。

③ 《马克思恩格斯文集》第 1 卷，人民出版社 2009 年版，第 709—710 页。

恩格斯论道德和法的历史性及其启示

——《反杜林论》第一编九、十、十一章研读

一 《反杜林论》第一编第九至十一章和全书简介

《反杜林论》第一编九、十、十一章，是恩格斯针对杜林提出的永恒真理观、永恒道德观和超阶级、超历史的平等观作出的科学批判。通过分析批判，论述了马克思主义的真理观、道德观和平等观，论述了道德和法的社会历史性。1894 年 1 月 25 日，恩格斯在致瓦尔特·博尔吉乌斯的信中说过：关于唯物主义历史观的“大多数问题都已经在《反杜林论》第一编第九至十一章、第二编第二至四章和第三编第一章或导言里，后来又在《费尔巴哈》（指《路德维希·费尔巴哈和德国古典哲学的终结》一书——引者注）最后一章里谈到了”①。可见第一编第九至十一章是恩格斯阐述、补充和丰富唯物主义历史观的重要文献，在《反杜林论》一书中具有重要地位。

要全面正确地把握恩格斯《反杜林论》第一编九、十、十一章的内容，不能孤立地进行研究，必须联系《反杜林论》全书。因为第一编九、十、十一章只是全书的部分内容，脱离了全书就不能从整体上把握这部分内容的精神。《反杜林论》一书的原名叫《欧根·杜林先生在科学中实行的变革》，撰写于 1876 年 5 月底至 1878 年 6 月。其一、二、三编，从 1877 年 1 月至 1878 年 7 月，分别在《前进报》及其附刊上发表。《反杜林论》首版于 1878 年 7 月在莱比锡出版，第二版于 1886 年在苏黎世出版，经过修订的第三版于 1894 年在斯图加特出版。在马克思主义发展史上，《反杜林论》第一次系统地阐发了马克思主义三个主要组成部分及其内在联系。马克思曾评价说：《反杜林论》是很重要的。②“百科全书式地

---

① 《马克思恩格斯文集》第 10 卷，人民出版社 2009 年版，第 670 页。

② 《马克思恩格斯全集》第 34 卷，人民出版社 1972 年版，第 322 页。

概述了我们在哲学、自然科学和历史问题上的观点。”① 列宁也给予高度评价，指出《反杜林论》“分析了哲学、自然科学和社会科学中最重大的问题”②，它同《共产党宣言》一样，是每个觉醒工人必读的书籍。

杜林（1833—1921）是什么人？马克思、恩格斯为什么要批判他？杜林当时是柏林大学未经政府正式任命的私人讲师，是一个反动的小资产阶级思想家。1871—1875 年，他先后发表《哲学教程——严格科学的世界观和人生观》《国民经济学和社会经济学教程——兼论财政政策的基本问题》《国民经济学和社会主义批判史》等著作，全面诋毁马克思主义，向马克思主义发起全面进攻。他自命为社会主义理论的“行家”“改革家”，创立了新的“包罗万象的科学”，达到了永恒的最后的终极真理，实际上不过是用折中主义哲学、庸俗经济学和小资产阶级的空想社会主义拼凑起来的大杂烩，即杜林主义。杜林的思想在德国社会民主党人中间流行，产生了极为恶劣的影响，直接危害着德国工人阶级政党的健康发展。

在马克思、恩格斯的帮助下，德国社会民主党的左派领导人威·李卜克内西逐渐同杜林主义划清了界限，并于 1875 年 2 月 1 日至 11 月 1 日致信恩格斯，要求他在《人民国家报》上“收拾杜林”。恩格斯认为：为了使刚刚统一起来的党沿着正确的道路前进，“不管我们是否愿意，我们必须应战，把斗争进行到底”③。

1876 年 5 月马克思、恩格斯商量，决定彻底地批判杜林，以清除他的影响。在马克思的支持下，恩格斯用两年多时间完成了《反杜林论》的写作。这个时期，恩格斯曾多次写信与马克思商定写作计划、论述方式及基本内容。写成之后，他曾把全部原稿念给马克思听。第二编第十章《〈批判史〉论述》是由马克思撰写的。

《反杜林论》由《序言》《引论》与《哲学》《经济学》和《社会主义》三编二十九章组成。全书以辩证唯物主义和历史唯物主义为根本的理论基础和指导线索，以科学社会主义为落脚点和归宿，全面论述了马克思主义哲学、政治经济学、科学社会主义的原理，并将之熔为一炉，构建起严谨的马克思主义科学体系。恩格斯在《反杜林论》第二版序言中指

---

① 《马克思恩格斯全集》第 36 卷，人民出版社 1975 年版，第 139 页。

② 《列宁全集》第 2 卷，人民出版社 1984 年版，第 9 页。

③ 《马克思恩格斯文集》第 3 卷，人民出版社 2009 年版，第 499 页。

出："消极的批判成了积极的批判；论战转变成对马克思和我所主张的辩证方法和共产主义世界观的比较连贯的阐述，而这一阐述包括了相当多的领域"。[①] 他强调，这部书"所阐述的世界观，绝大部分是由马克思确立和阐发的，而只有极小的部分是属于我的"。

二 《反杜林论》第一编九、十、十一章论道德和法的历史性[②]

杜林《哲学教程》中"关于人的学说"的核心内容，是关于"道德和法"的理论。杜林认为，道德的世界，和一般知识的世界一样，"有其恒久的原则和单纯的要素"，它是由善恶、正义、平等等要素组成的。这些原则凌驾于"历史之上和现今的民族特性的差别之上"，是"公理"，它既是"道德上的正义的基本形式"，也是"法律上的正义的基本形式"，具有普遍适用性和最后的终极真理的性质。杜林这种以"最简单的要素"进行推理，最后得出自己结论的做法，不是从"现实本身推论出现实，而是从观念推论出现实"，是历史唯心主义的露骨表现。

恩格斯批判了杜林在"道德和法"的问题上表现出来的唯心主义历史观，运用历史唯物主义关于社会存在决定社会意识的根本论纲，科学地论述了马克思主义的真理观、道德观、平等观等一系列基本原理。杜林是把正义、平等等看作"永恒真理"和社会的现实基础的，而杜林这种具有绝对主义性质的"永恒真理"观又是以形而上学的思维方式，即夸大思维的"至上的意义"，否定认识的历史性辩证性为前提的，所以恩格斯首先对所谓"永恒真理"，即"人的认识的产物究竟能否具有至上的意义和无条件的真理权"问题展开了剖析。

1. 批判杜林形而上学的独断论，阐明人类思维的本质性矛盾和发展动力

第一，在如何看待人的思维的问题上，杜林形而上学独断论的根本错误在于，否定人的思维和认识的矛盾性。胡说什么"把认识的正确性设想成是受时间和现实变化影响的，那完全是愚蠢"[③]。针对杜林这种独断主义的"永恒真理"论，恩格斯指出："人的思维是至上的，同样又是不

① 《马克思恩格斯选集》第3卷，人民出版社1995年版，第347页。

② 该问题是作者参与中央马克思主义理论研究和建设工程教材《马克思恩格斯列宁历史理论经典著作导读》写的内容。本次发表在结构上作了调整，内容方面有多处修改、补充。

③ 《马克思恩格斯文集》第9卷，人民出版社2009年版，第90页。

至上的，它的认识能力是无限的，同样又是有限的。”[①] 其原因从一方面来说，人的认识“按它的本性、使命、可能和历史的终极目的来说，是至上的和无限的”，即是说，客观世界是可以被人类认识的；从另一方面来说，人的认识“按它的个别实现情况和每次的现实来说，又是不至上的和有限的”[②]，这即是说，作为认识主体的人，总是在一定历史条件下从事实践活动的，人们的认识能力不能不受到各种主客观条件的限制，比如生产发展的水平、阶级斗争实践的经验、整个社会的科学文化状况以及个人的知识水准等的限制，因而不可避免地有其局限性。人的认识具有历史性，任何一个具体真理都是相对真理和绝对真理的统一，不能把每个时代人们在一定历史条件下获得的相对真理作非历史的理解。正因为如此，恩格斯说：“思维的至上性是在一系列非常不至上地思维着的人中实现的；拥有无条件的真理权的认识是在一系列相对的谬误中实现的；二者都只有通过人类生活的无限延续才能完全实现。”[③]

第二，恩格斯通过对整个认识领域三大部分，即研究非生物界的科学、研究活的有机体的科学以及研究人类社会的历史科学状况的具体的分析，得出真理是一个过程的结论。他指出，在人类历史长河中，现今并未提供出最后的终极真理。不仅如此，而且“很可能我们还差不多处在人类历史的开端，而将来会纠正我们的错误的后代，大概比我们有可能经常以十分轻蔑的态度纠正其认识错误的前代要多得多”[④]。

第三，恩格斯批判了杜林无条件地把真理和谬误绝对对立起来的绝对主义观点，指出，从认识的辩证性看来，“真理和谬误，正如一切在两极对立中运动的逻辑范畴一样，只是在非常有限的领域内才具有绝对的意义”。在一定的条件下，“对立的两极都向自己的对立面转化，真理变成谬误，谬误变成真理”[⑤]。这说明真理和谬误是辩证统一的关系，既相互排斥又相互联系。在一定的领域内，真理和谬误的对立具有绝对的意义，不能混淆。超出这个领域，在另外的条件下，二者又会互相转化，一切以具体条件为转移。恩格斯以波义耳定理为例，说明了科学真理的具体性和

① 《马克思恩格斯文集》第 9 卷，人民出版社 2009 年版，第 92 页。
② 《马克思恩格斯文集》第 9 卷，人民出版社 2009 年版，第 92 页。
③ 《马克思恩格斯文集》第 9 卷，人民出版社 2009 年版，第 91 页。
④ 《马克思恩格斯文集》第 9 卷，人民出版社 2009 年版，第 91 页。
⑤ 《马克思恩格斯文集》第 9 卷，人民出版社 2009 年版，第 96 页。

适用性。说明把人们在一定历史阶段上的某种认识宣布为永恒的绝对的真理，是不符合人类认识发展的实际的。实际上，认为人们对客观世界及其规律的认识已经达到极致，等于取消了科学研究的任务本身。人类认识的辩证法告诉我们，相对之中有绝对。在绝对真理的长河中，人们对于各个一定发展阶段上的具体过程的认识只具有相对的真理性。无数相对真理之总和，就是绝对真理。

恩格斯通过论证思维的至上性和非至上性、真理的相对性和绝对性、真理和谬误等的辩证关系，驳斥了杜林关于超历史的“永恒真理”论，摧毁了他关于“道德和法”的学说的立论依据，并阐述了马克思主义的思维观，说明思维、认识中的矛盾不仅是人的认识本质属性，而且是其发展的内在动力。否定它就等于取消思维本身及其发展的内在动力。

恩格斯还批判了杜林在自由与必然的关系上陷入的混乱，指出自由在于根据对必然的认识来支配自己和外部自然。

杜林关于自由与必然的观点是他关于道德和法的谬论的理论根据。所以恩格斯说：“如果不谈所谓自由意志、人的责任能力、必然和自由的关系等问题，就不能很好地议论道德和法的问题。”① 正确认识这对辩证关系，关系运用道德和法律规范、评价人们行为的前提。

杜林从形而上学的思维出发，认为自由与必然是绝对对立的。恩格斯首先揭露了杜林关于自由定义的自相矛盾。即：杜林说，自由是理性的认识和本能的冲动的合力。这也就是说，自由完全是由主观条件决定的，与客观必然性无关。可是他又说，自由是人的理性“对自觉动机的感受”，自觉动机要受到自然规律不可避免的强制。这两个前后显然矛盾的定义，表明杜林在人的意志自由问题上陷入了折中主义和混乱。实际上，他的第二个定义不过是对黑格尔思想的庸俗化。

而杜林的基本观点，是同他关于永恒真理的观点一脉相承的，即自由是绝对的，不受客观规律的支配。恩格斯揭露了杜林的错误观点，批判地吸收并发展了黑格尔关于自由是对必然的认识的合理思想，对自由与必然的辩证关系作了科学的概括和阐述。

恩格斯指出：“自由不在于幻想中摆脱自然规律而独立，而在于认识

---

① 《马克思恩格斯文集》第9卷，人民出版社2009年版，第119页。

这些规律，从而能够有计划地使自然规律为一定的目的服务。”① “意志自由只是借助于对事物的认识来作出决定的能力。”② 只有在认识了事物必然性的基础上，人们才能作出正确的判断和切实可行的决定，才有意志自由，行动的自由。

这种自由并不意味着人们可以摆脱事物的规律性而为所欲为。“自由就在于根据对自然界的必然性的认识来支配我们自己和外部自然”。③ 这就表明，自由作为一个认识论范畴，是以承认事物规律的客观存在为前提的，在认识和把握客观规律的基础上，通过社会实践有目的地驾驭和利用它，这才有自由。这同马克思的论断是完全一致的。在《资本论》第三卷第七篇第四十八章中，马克思指出自由王国只是在必要性和外在目的规定的劳动终止的地方才开始，它存在于真正物质生产领域的彼岸。“在这个必然王国的彼岸，作为目的本身的人类能力的发挥。真正的自由王国，就开始了。这个自由王国只有建立在必然王国的基础上，才能繁荣起来。”④ 这些科学论断，一方面同不承认客观规律的“唯意志论”划清了界限；一方面又同不承认人的主观能动作用的“宿命论”划清界限，就是以承认事物规律的客观存在为前提，在认识和把握客观规律的基础上，通过社会实践有目的地驾驭和利用它。只有坚持这样的观点，我们才能一方面同不承认客观规律的“唯意志论”划清界限，一方面又同不承认人的主观能动作用的“宿命论”划清界限。

自由又是历史发展的产物。自由作为一个历史范畴，它反映了人类本身是在社会实践的基础上，不断地从认识必然，走向自由的发展过程。按毛泽东的说法：“人类的历史，就是一个不断地从必然王国向自由王国发展的历史。”⑤ 由于人类各个历史时代认识自然和改造自然的成果，积淀在各时代的科学、技术和文化之中，所以，“文化上的每一个进步，都是迈向自由的一步”⑥。只有到了在科技推动下的生产力高度发达的社会状态，任何阶级差别以及任何对个人生活资料的忧虑一起消失，才“能够

---

① 《马克思恩格斯文集》第 9 卷，人民出版社 2009 年版，第 120 页。

② 《马克思恩格斯文集》第 9 卷，人民出版社 2009 年版，第 120 页。

③ 《马克思恩格斯文集》第 9 卷，人民出版社 2009 年版，第 120 页。

④ 《马克思恩格斯文集》第 7 卷，人民出版社 2009 年版，第 929 页。

⑤ 《毛泽东文集》第 8 卷，人民出版社 1999 年版，第 325 页。

⑥ 《马克思恩格斯文集》第 9 卷，人民出版社 2009 年版，第 120 页。

谈到真正的人的自由，谈到那种同已被认识的自然规律和谐一致的生活”[①]。在这之前去侈谈什么普适性的“真正的人的自由”，只能是一种欺骗。应该说，恩格斯这一系列的重要思想，对于我们今天认识和批判西方“普世价值论”提供了强大的理论武器。

2. 批判杜林超阶级、超历史的永恒道德观，阐述道德和法的观念“归根到底都是当时的社会经济状况的产物”

恩格斯在批驳杜林终极真理和永恒道德的基础上，深刻论述了道德和法的历史性。

第一，道德和法的观念是一定的生产和交换的经济关系的产物。恩格斯指出：在社会历史领域，道德和法属于社会的上层建筑。“一切以往的道德论归根到底都是当时的社会经济状况的产物。”[②] 作为一种社会意识形态是人们社会关系和政治关系的反映。“人们自觉地或不自觉地，归根到底总是从他们阶级地位所依据的实际关系中——从他们进行生产和交换的经济关系中，获得自己的伦理观念。”[③] 人们的经济关系和政治关系变化了，道德的观念就会随之变化。“善恶观念从一个民族到另一个民族、从一个时代到另一个时代变更得这样厉害，以致它们常常是互相直接矛盾的。”[④] 所以根本不存在什么永恒道德。法的观念也一样。

在欧洲国家里存在着封建道德、资产阶级道德和无产阶级道德。它们都是历史的产物，分别代表着社会的过去、现在和未来的不同阶段，各自起着不同的作用。杜林所说的适用于一切世界、一切时代的道德，是从其数学公理和抽象的人性论出发进行的捏造，在现实的社会中根本不存在。

第二，在阶级对立中运动的社会，道德“始终是阶级的道德”。

恩格斯指出：“社会直到现在是在阶级对立中运动的，所以道德始终是阶级的道德；它或者为统治阶级的统治和利益辩护，或者当被压迫阶级变得足够强大时，代表被压迫者对这个统治的反抗和他们的未来利益。”[⑤] 阶级社会的道德由其赖于产生的经济状况所决定，始终是一定阶级的经济利益的反映，并且为一定阶级服务。不同阶级的道德具有不同的阶级

---

① 《马克思恩格斯文集》第 9 卷，人民出版社 2009 年版，第 121 页。

② 《马克思恩格斯文集》第 9 卷，人民出版社 2009 年版，第 99 页。

③ 《马克思恩格斯文集》第 9 卷，人民出版社 2009 年版，第 99 页。

④ 《马克思恩格斯文集》第 9 卷，人民出版社 2009 年版，第 98 页。

⑤ 《马克思恩格斯文集》第 9 卷，人民出版社 2009 年版，第 99—100 页。

本质。

强调道德在阶级社会中“始终是阶级的道德”，并不意味着道德没有进步。事实上“道德方面也和人类认识的所有其他部门一样，总的说是有过进步的”[①]。

封建道德、资产阶级道德和无产阶级道德，哪一种合乎绝对真理呢？恩格斯回答说：“如果就绝对的终极性来说，哪一种也不是；但是，现在代表着现状的变革、代表着未来的那种道德，即无产阶级道德，肯定拥有最多的能够长久保持的因素。”[②]

恩格斯指出：“只有在不仅消灭了阶级对立，而且在实际生活中也忘却了这种对立的社会发展阶段上，超越阶级对立和超越对这种对立的回忆的、真正人的道德才成为可能。”[③]

第三，道德的共同性由共同的经济基础的存在而存在。

既然阶级社会的道德“始终是阶级的道德”，而不同的阶级又有着各自不同的利益，那么，各种道德论之间是否有某种共同之处？恩格斯为此论述了道德发展中的相对独立性和某种共同性问题。

首先，封建贵族的、资产阶级的和无产阶级的道德论，分别“代表同一历史发展的三个不同阶段，所以有共同的历史背景，正因为这样，就必然有许多共同之处”[④]。比如，封建道德和资产阶级道德都是剥削阶级的道德，后者同前者有共同之处和直接的继承关系，是不难理解的。无产阶级道德主要继承历史上劳动人民的优秀道德传统；同时也批判地继承历史上处于进步时期的剥削阶级的某些优秀道德传统，经过改造，使之成为构成无产阶级道德的某种因素。

其次，历史唯物主义承认，不同阶级道德之间存在着一定的或多或少的承继关系，相互影响、相互作用。“对同样的或差不多同样的经济发展阶段来说，道德论必然是或多或少地互相一致的。”[⑤] 比如，“切勿偷盗”就是在从动产的私有制产生以来的一切私有制社会里存在着的共同的道德戒律。不过，这些共同的道德因素，不仅在不同阶级的道德论中有不同的

① 《马克思恩格斯文集》第9卷，人民出版社2009年版，第100页。
② 《马克思恩格斯文集》第9卷，人民出版社2009年版，第98—99页。
③ 《马克思恩格斯文集》第9卷，人民出版社2009年版，第100页。
④ 《马克思恩格斯文集》第9卷，人民出版社2009年版，第99页。
⑤ 《马克思恩格斯文集》第9卷，人民出版社2009年版，第99页。

具体内涵，而且随着社会经济状况的变化终究要发生变化。当社会发展到物质财富极大丰富、消灭了私有制和阶级、人们思想境界大大提高、偷盗的动机随之消除的时候，“切勿偷盗”的道德戒律就成为多余的了。所以，它也不是什么超历史、超民族的永恒的道德规范。

3. 批判杜林超阶级、超历史的抽象平等观，阐明平等观念是历史的产物

与杜林的永恒道德相联系，杜林的平等观也是非历史的、抽象的。杜林研究社会平等的前提，是把两个摆脱了一切社会关系和特性的抽象的人作为社会的“简单要素”，然后把所谓“普遍公平”应用于这两个意志“完全平等”的人，以构成其理想的“共同社会”；认为只是由于一方对另一方使用暴力才造成了不平等；过去不平等的社会历史都是谬误。

恩格斯首先揭露了杜林先验主义方法：“不是从对象本身去认识某一对象的特性，而是从对象的概念中逻辑地推导出这些特性”[①]，事实是，不平等产生的根源在于私有财产的出现，暴力不过是一种表现形式，而不是根源。抹杀不平等产生的经济根源，旨在掩盖剥削阶级对广大劳动人民奴役的实质。

恩格斯在对杜林的批判中阐明了马克思主义平等观的基本内容。

第一，平等观念的历史发展及其阶级内容。

平等是一个法权观念，属于上层建筑。各个历史时期的平等观念，都是当时历史发展的产物，是各个社会的经济基础、阶级关系在社会意识中的反映，不是什么永恒的。在不同的历史时代和不同阶级那里，平等要求的具体内容不同。

在以往的社会中，与生产力的发展水平和阶级斗争的状况相适应，平等只能是局部的、范围有限的。

在原始社会末期的农村公社中，由于私有制和奴隶的出现，以及妇女经济地位的下降等，就开始出现了不平等。当时只有男性公社成员之间的平等，奴隶和外地人根本就没有平等。奴隶社会只有自由民之间的平等，自由民和奴隶之间没有什么平等可言。就是在自由民内部，工商业奴隶主、贵族和一般平民在政治地位和社会地位上也都是不平等的。在封建社会里，更存在着复杂的社会等级制度，不仅农奴和封建主之间毫无平等权

---

① 《马克思恩格斯文集》第 9 卷，人民出版社 2009 年版，第 101 页。

利，就是在封建统治阶级内部各阶层之间，也没有什么平等。

现代的平等观念要求："一切人，或至少是一个国家的一切公民，或一个社会的一切成员，都应当有平等的政治地位和社会地位。"① 这种观念直到在西欧和中欧形成的文化区域内，建立了民族国家所组成的体系的基础上才形成的。"只是在这个基础上才有可能谈人的平等和人权的问题。"②

第二，资产阶级平等观的本质和作用。

恩格斯指出：在封建社会内部孕育了"这样一个阶级，这个阶级在它进一步的发展中，注定成为现代平等要求的代表者，这就是资产阶级。"③

资产阶级平等要求是一切以建立、巩固和发展资本主义经济关系为转移的。资产阶级平等要求废除封建特权、冲破地方关卡，取得平等的权利进行交换，以便于发展大规模的贸易；它要求冲破行会的束缚，使工人能够作为权利平等的一方与厂主订立契约出租自己的劳动力，以便于发展雇佣劳动制；它为了工业和商业的利益，要求利用农民的力量。"为广大农民要求同样的平等权利。"因为农民遭受封建制度的严重压迫，是反对封建压迫的主要群众。也就是说，社会的经济进步，资产阶级"把摆脱封建桎梏和通过消除封建不平等来确立权利平等的要求"提上了日程。由于人们生活在那些相互平等地交往并且处在差不多相同的资产阶级发展阶段的独立国家所组成的体系中，资产阶级平等要求很自然地获得了普遍的、超出个别国家范围的性质。在这样的社会历史条件下，自由和平等也就"很自然地被宣布为人权"④。应该说，在反封建的资产阶级革命的历史条件下，资产阶级提出的平等要求，曾经在不同程度上代表过各被压迫阶级的共同诉求，起过积极的历史作用。

那么，这是不是意味着，资产阶级的自由和平等由此真正成了普遍的人权呢？根本不是。恩格斯尖锐地揭露这种人权的特殊资产阶级性质，即资产阶级提出的这种平等要求，主要是为了反对妨碍它自由发展的封建阶级的特权。资产阶级标榜的个人的人身自由和平等的权利，不过是资产阶

① 《马克思恩格斯文集》第 9 卷，人民出版社 2009 年版，第 109 页。
② 《马克思恩格斯文集》第 9 卷，人民出版社 2009 年版，第 110 页。
③ 《马克思恩格斯文集》第 9 卷，人民出版社 2009 年版，第 110 页。
④ 《马克思恩格斯文集》第 9 卷，人民出版社 2009 年版，第 112 页。

级处理自己的财产和雇佣工人的自由，在市场上进行商品交换的平等。这种平等，没有、也不可能改变资本家剥削和压榨工人的事实。对于广大农民来讲，要求平等，固然有助于解除他们对封建主的人身依附，摆脱封建压迫，但是，他们中的大多数在获得这种“自由平等”之后，却将随着资本主义的发展而走向破产，沦为一无所有、仅仅有自由出卖自己劳动力的无产者。资产阶级平等观的这种虚伪性，在 1787 年美国宪法中表现得最为明显：它一方面把自由、平等标榜为“人权”，另一方面却明文规定保留奴隶制，允许贩卖黑奴。这是“这种人权的特殊资产阶级性质的典型表现”①。

综上所述，资产阶级平等观，作为商品经济关系在思想上的反映，是“从资产阶级社会的经济条件中”② 产生出来的。恩格斯当年对资产阶级平等观的批判，对我们今天正确认识和对待西方资产阶级民主、自由、人权具有重要指导意义。

第三，消灭阶级本身是无产阶级平等要求的实际内容。

恩格斯指出：“从消灭阶级特权的资产阶级要求提出的时候起，同时就出现了消灭阶级本身的无产阶级要求。”③

无产阶级平等观不同于资产阶级平等观的本质区别在于，无产阶级只有解放全人类，才能最终解放无产阶级自己，所以它不仅仅要求废除某一阶级的特权，而且要废除私有制，建立公有制，消灭阶级和阶级差别，实现人类在政治上和与之相适应的社会地位上，以及经济权利上的真正平等。

无产阶级的平等要求经过了从不成熟到成熟的发展过程。在无产阶级发展过程中，无产阶级的平等要求具有双重意义。即：或者它是在无产阶级斗争的初期对极端的社会不平等，对富人和穷人之间、主人和奴隶之间、骄奢淫逸和饥饿者之间的对立的自发的反应。这种自发反应本身只是革命本能的简单表现；或者它是从对资产阶级平等要求的反应中产生的，吸收了资产阶级平等要求中或多或少正确的、可以进一步发展的要求，成了用资本家本身的主张发动工人起来反对资本家的鼓动手段。

① 《马克思恩格斯文集》第 9 卷，人民出版社 2009 年版，第 112 页。
② 《马克思恩格斯文集》第 9 卷，人民出版社 2009 年版，第 111 页。
③ 《马克思恩格斯文集》第 9 卷，人民出版社 2009 年版，第 112 页。

在上述两种情况下，“无产阶级平等要求的实际内容都是消灭阶级的要求”①。这就是无产阶级平等观念的科学内容。任何超出这个范围的平等要求都必然要流于荒谬。这也就意味着，无产阶级要实现真正的事实上的平等，必须通过社会革命，推翻资本主义制度，消灭私有制这个产生人类不平等的根源和基础，直至消灭一切阶级和阶级差别。

无产阶级平等观念的实际内容具有重要作用。这就是，在差不多所有国家的社会主义运动中都起着巨大的鼓动作用。因此，“这一观念的科学内容的确立，也将确定它对无产阶级鼓动的价值”②，这有助于提高无产阶级为实现自身解放而斗争的自觉性，推动社会主义运动摆脱资产阶级的影响、沿着自己独立的正确方向发展。

三　恩格斯关于道德和法的社会历史性理论的重要启迪和指导意义

《反杜林论》第一编九、十、十一章，恩格斯对杜林的永恒真理观、永恒道德观和超阶级、超历史的平等观的分析批判，对马克思主义真理观、道德观和平等观的论述，对我们有重要启迪和指导意义，这里结合《反杜林论》整本著作的精神，谈谈读后得到的初步体会。

第一，要努力学习恩格斯为捍卫党的思想理论旗帜，敢于担当的责任意识，敢于在风口浪尖上进行斗争的大无畏精神。

恩格斯撰著关于道德和法的社会历史性理论，同撰著整个《反杜林论》一样，不是在书斋里做学问，更不是坐而论道，而是为了适应国际无产阶级革命形势和解决德国社会主义工人党内部的思想斗争。在当时无产阶级革命面临的形势是很严峻的。一是19世纪70年代欧洲工人运动虽进入新的发展阶段，但是形势依然严峻，资产阶级为达到瓦解工人运动的目的，仍加紧对马克思主义进行攻击和歪曲。二是德国工人运动内部，爱森纳赫派和拉萨尔派在达成合并协议的过程中，由于爱森纳赫派的领导人作了无原则的妥协，把一些拉萨尔主义的错误观点写进了纲领草案，在思想上、理论上导致了混乱。三是在工人运动的内部，有些人也试图通过对马克思主义的攻击和歪曲等手段，夺取思想上的主导权。德国小资产思想家欧根·杜林及其追随者是这方面的突出代表势力。欧根·杜林以社会主

---

① 《马克思恩格斯文集》第9卷，人民出版社2009年版，第113页。

② 《马克思恩格斯文集》第9卷，人民出版社2009年版，第108页。

义的“行家”和“改革家”的旗号向马克思主义发起全面进攻。在哲学方面，他抹杀马克思主义的辩证法和黑格尔的辩证法的原则区别，将二者混为一谈；在经济学方面，他攻击马克思的劳动价值学说和剩余价值学说；在社会主义理论方面，他企图否定马克思主义关于社会主义取代资本主义的客观必然性。欧根·杜林的错误观点，一时之间受到许多青年大学生的拥护和迷信。鼓吹杜林“是一个有创见的人”。杜林本人也以自己的追捧者为骨干，在周围形成了一些宗派，严重地威胁了党在思想和组织上的统一。四是恩格斯手头的事情很多，他从19世纪40年代就开始研究自然界的辩证性质，当时正在进一步深入，工作压力很大。批判杜林，就其材料性质来看，“包罗万象”，涉及哲学、经济学、社会主义理论，是一个巨大的酸果。五是德国工人党内的杜林分子竭力阻挠和破坏恩格斯对杜林的批判。他们攻击恩格斯批判杜林的文章，是对杜林进行人身攻击的报复，是“对人的健全理智的谋杀”，反对在党的机关刊物《前进报》上继续发表恩格斯批判杜林的文章。还有人搞折中主义，鼓吹马克思的观点和杜林的观点都是对的。六是恩格斯批判杜林的文章，到了1878年10月底，又遭到俾斯麦政府颁布的反社会党人法的查禁，等等。面对重重困难和险恶形势，恩格斯没有回避、没有旁观、没有假装开明、没有退让，而是主动迎战。他放下了自己已经研究了几十年的自然辩证法工作，集中精力集中时间来“收拾”杜林。当他的论文在党的机关杂志上发表受到阻碍时，他就将已出版的论文编辑成书出版；当他出版的书籍遭到查禁后，他又将书的基本内容编成《社会主义从空想到科学的发展》的小册子进行出版。经过长达两年多的时间（1876年5月底—1878年6月），终于完成了对杜林的批判，达到了清算杜林主义的目的。

恩格斯这种为了维护党的思想理论统一，面对错误思潮勇于批判、肃清其影响的担当精神，在今天具有特别重要的意义。现在西方反共反华势力加紧对我国进行意识形态渗透，策动颜色革命；国内的新自由主义、民主社会主义、历史虚无主义、“普世价值”论、西方宪政民主等错误思潮，也与西方反共反华势力相呼应，不断发出种种噪音杂音，把矛头直接指向共产党领导和社会主义制度，企图最终推翻中国共产党领导和中国社会主义制度。如果听任这些言论大行其道，指鹿为马，三人成虎，势必搞乱党心民心，危及党的领导和社会主义国家政权安全。在事关坚持还是否定四项基本原则的大是大非和政治原则问题上，我们应以恩格斯敢于担当的责任意识，敢于在风口浪尖上进行斗争的大无畏精神为光辉榜样，增强阵地意识，增强主动性、掌握主动权、打好主动仗，敢抓敢管，敢于亮剑，着眼于团结和争取大多数，有理有利有节开展舆论斗争，帮助干部群众划清是非界限、澄清模糊认识。然而在这样的大是大非问题，政治原则问题面前，有的同志却含糊其辞，退避三舍，“千呼万唤始出来，犹抱琵琶半遮面”，不敢站在风口浪尖上进行斗争，搞“爱惜羽毛”那一套。有的面对大是大非问题绕着走，态度暧昧，独善其身，怕丢分，怕人家说自己不开明。这种形象，这种“开明”姿态在广大党员、干部和人民群众心中的形象很差。应该对照恩格斯敢于担当的精神，深刻反省，纠正其错误。

第二，要充分认识经济关系是意识形态的基础。

恩格斯在论述道德属于社会的上层建筑，道德和法这种意识形态是人们社会关系和政治关系的反映时，强调“一切以往的道德论归根到底都是当时的社会经济状况的产物”①。“人们自觉地或不自觉地，归根到底总是从他们阶级地位所依据的实际关系中——从他们进行生产和交换的经济关系中，获得自己的伦理观念。”因此，人们的经济关系和政治关系变化了，道德和法的观念就会随着发生变化。在论述平等观念的历史发展及其阶级内容时，强调平等是一个法权观念，属于上层建筑。各个历史时期的平等观念，都是当时历史的产物，是各个社会的经济基础、阶级关系在社会意识中的反映。这些深刻思想，一再提醒我们要充分认识，经济关系对意识形态来说是基础的东西。观察、批判分析错误思潮，不能忽视其经济根源，而“加强社会主义意识形态建设，基础的东西是坚持和完善社会主义的社会关系特别是经济关系”②。如果社会主义国家失去了生产资料社会主义公有制这个根本经济基础，皮之不存，毛将焉附，要确保社会主义意识形态的主流地位是不可想象的。

第三，要努力学习恩格斯批判杜林主义的科学方法。

恩格斯批判杜林主义的方法非常富有特色，概括起来有三个“结合”。一是破和立结合。有破有立，破字当头，立在其中。破是指揭露批判，立是指正面地发挥对争论问题的见解。如恩格斯在《反杜林论》

---

① 《马克思恩格斯文集》第9卷，人民出版社2009年版，第99页。

② 《世界社会主义跟踪研究报告（2015—2016）》，社会科学文献出版社2016年版，第8页。

1878年版“序言”中指出的，对杜林主义的批判，“使我在这本书所涉及到的各种极其不同的领域中，有可能正面地发挥我对争论问题的见解，这些问题在现时具有极为普遍的、科学的或实践的意义。”① “消极的批判成了积极的批判；论战转变为马克思和我所主张的辩证方法和共产主义世界观的比较连贯的阐述。”②

恩格斯对杜林的揭露批判，包括揭示杜林主义出现的社会根源，反科学的内容，反动的政治目的和手法等。关于杜林向当代挑战的社会根源，恩格斯指出，这决不是个别的偶然现象，而是有着深刻的社会背景。这就是，在当时社会主义思想得到前所未有的传播，社会主义运动受到严重外部威胁的形势下，统治阶级推出了形形色色的，诸如新康德主义、经验批判主义、庸俗唯物主义等假科学，加强了对社会主义运动和广大群众进行资产阶级思想的侵蚀。对这种社会意识形式的背景，恩格斯描述道：“近来在德国，天体演化学、自然哲学、政治学、经济学等等体系，雨后春笋般地生长起来，最蹩脚的哲学博士，甚至大学生，不动则已，一动至少就要创造一个完整的‘体系’。……杜林先生正是这种放肆的假科学的最典型的代表之一，这种假科学，现在在德国很流行，并把一切淹没在它的高超的胡说的喧嚷声中。”③ 杜林主义正是在这种社会历史背景下流行开来的。

恩格斯揭露了杜林主义反科学的内容、反动的政治目的，特别是杜林主义的先验主义和形而上学的观点和方法。在第一编第九至十一章，恩格斯对杜林关于道德的世界“有其恒久的原则和单纯的要素”，是由善恶、正义、平等……等要素组成的。这些原则凌驾于“历史之上和现今的民族特性的差别之上”，具有普遍适用性和最后的终极真理的性质，云云，着重予以批判。揭露批判了杜林主义不是从“现实本身推论出现实，而是从观念推论出现实”的唯心史观的实质。

二是坚持理论批判和政治批判的结合。在理论方面，恩格斯从多个方面揭露批判了杜林主义永恒真理观、永恒道德观和超阶级、超历史的平等观的反科学性。如恩格斯针对杜林绝对主义的思维方式，深刻论证了人的

---

① 《马克思恩格斯全集》第20卷，人民出版社1971年版，第8页。
② 《马克思恩格斯全集》第20卷，人民出版社1971年版，第11页。
③ 《马克思恩格斯全集》第20卷，人民出版社1971年版，第8—9页。

知识是至上性和非至上性的统一。从人类认识的无限延续上来看，是至上的；从个别人的认识来看，则是非至上的。证明杜林未能排除主观上受到的多方面的局限性。指出，这位在思维方式上“排除主观上受限制的世界观”的任何倾向的哲学家，不仅在主观上被他的已经证实是极端贫乏的认识、被他的狭隘的形而上学思维方式和他的滑稽可笑的自高自大所限制，而且甚至被他本人的幼稚的奇奇怪怪的想法所限制。证明杜林主义确立最后的终极真理只不过是当时德国的假科学，高超的胡说和妄想完全是反科学的。在政治方面，杜林把自己种种妄自尊大和大言不惭的胡说，贴上“彻底独创的结论和观点”的标签，硬把自己说成和教皇一样没有谬误的很不寻常的人物，意在对马克思主义理论进行全面的恶毒的攻击，图谋取代马克思主义对工人政党和社会主义运动的指导。19 世纪 70 年代，资产阶级正在加紧对马克思主义进行攻击和歪曲，以达到瓦解工人运动的目的。在这种背景下，杜林的所作所为，集中地反映了德国反动统治阶级对马克思主义和工人运动的猖狂进攻。

三是揭露错误表象和深挖其世界观根源相结合。恩格斯在《反杜林论》第一编九、十、十一章和全书中，对杜林主义的反科学性和反动的政治目的及其手法，作了淋漓尽致的揭露和批判。如指出杜林主义反科学性的提出是出自妄自尊大和大言不惭，是以超越个人主观局限性为依据的；杜林的“最后的、终极的真理”的发现是以毫无根据对先驱者进行恶意的诋毁和否定为基础的。如揭露杜林在哲学方面，对康德、费希特、谢林、黑格尔等先驱者颇多诋毁；在自然科学方面，攻击达尔文主义“是一种与人性对抗的兽性”；在经济学方面，痛骂李嘉图，否定他关于劳动价值的发现；在社会主义理论方面，把圣西门、傅立叶、欧文等诬为“社会炼金术士”，等等。杜林的最后的终极的真理，是各种谬误的堆积。

恩格斯的这些批判分析，应该说已经将杜林的种种谬论驳得体无完肤，但是恩格斯并没有止于对杜林错误表象的揭露，而是进一步深挖其思想根源并追溯至世界观，指出杜林妄自尊大的思想根源，所承袭的是剥削阶级的思想方式；杜林“从他作为对象的概念中逻辑地推论出来”外部世界的思维方式，是以先验主义和形而上学为基本特征的，颠倒了原则与现实、意识与物质的关系。因为“原则不是研究的出发点，而是它的最终结果；这些原则不是被应用于自然界和人类历史，而是从它们中抽象出来的；不是自然界和人类去适应原则，而是原则只有在适合于自然界和历史的情况下才是正确的。这是对事物的唯一唯物主义的观点，而杜林先生的相反的观点是唯心主义的，它把事情完全头足倒置了"[①]。杜林主义的思维方式概括起来说就是先验主义和形而上学的结合。恩格斯还进一步揭露了杜林的形而上学的思维方式和先验主义思维方式的内在联系，指出以先验主义为指导必然采取形而上学的思维方式，而采用形而上学的思维方式，又必然导致先验主义的结论。[②]

《反杜林论》第一编九、十、十一章及全书对杜林主义全面、具体、深刻而有力的批判，给杜林主义以摧毁性的打击，维护了当时德国社会主义工人党内部思想的统一，巩固了马克思主义的指导地位，也给我们提供了反对错误思潮的基本经验和理论武器，我们当好好学习领会。

（原载《马克思主义理论学科研究》2016 年第 2 期）

① 《马克思恩格斯全集》第 20 卷，人民出版社 1971 年版，第 38 页。

② 参见黄楠森、庄福龄、林利主编《马克思主义哲学史》第 3 卷，北京出版社 1991 年版，第 125—126 页。

唯物史观、剩余价值理论和科学社会主义学说

——读恩格斯的《社会主义从空想到科学的发展》（节选二、三部分）

《社会主义从空想到科学的发展》是1880年恩格斯应保·拉法格的请求，根据《反杜林论》中的《引论》第一章、第三编第一章和第二章第三章内容改编而成。改编时对原书的相关内容作了补充和修改。保·拉法格将该著译成法文，恩格斯亲自校阅后，先以《空想社会主义和科学社会主义》为题发表在法国社会主义杂志《社会主义评论》1880年第3—5期上，同年出版了单行本。马克思为法文版写了前言，称这本册子中摘录了《反杜林论》理论部分最重要的部分，“是科学社会主义的入门”。《社会主义从空想到科学的发展》后来译成欧洲多种文字，广泛传播于工人运动，对宣传马克思主义起了巨大作用。本文节选其中的二、三部分进行研读。

恩格斯在第一部分概述社会主义思想的历史发展，评述三大空想社会主义者的理论贡献和历史局限性，在其结尾处指出：“为了使社会主义变为科学，就必须首先把它置于现实的基础之上，”① 这个科学论断蕴含着实现社会主义从空想飞跃到科学的根本条件，蕴含着唯物史观、剩余价值理论和科学社会主义学说之间深刻的内在联系和转化关系。社会主义“现实的基础”，即人类历史发展规律，资本主义生产方式内部的运动规律以及以此为基础的无产阶级对资产阶级的阶级斗争及其规律。而要揭示这三大规律，前提是要有科学的理论基础，即实现历史观和经济学领域的革命变革，创立唯物史观和剩余价值理论，而这必须借助于辩证法。

---

① 《马克思恩格斯文集》第3卷，人民出版社2009年版，第537页。

一 唯物辩证法的创立及在历史观上引起的决定性的转变

恩格斯指出：科学社会主义的产生“必须有德国的辩证法”①，因为“唯物主义历史观及其在现代的无产阶级和资产阶级之间的阶级斗争的特别应用，只有借助于辩证法才有可能”②。或者说“只有在英国和法国所产生的经济和政治状态受到德国辩证法的批判以后，才能得出确实的结论”③。因此，科学社会主义的产生首先要通过哲学理论的变革，创立唯物辩证法，以为它提供考察自然界或人类历史的正确的世界观和方法论。正是这样，恩格斯在第二部分历史地考察和阐述了人类哲学思维方式的发展过程，即辩证法发展的三种历史形态，即从古代自然的辩证法到唯心主义辩证法，再到唯物辩证法的历史发展；并从辩证思维方法和形而上学思维方法的比较中，说明只有以辩证的思维方法为前提，才能对人类社会历史作出唯物主义的科学解释。

1. 古代的朴素辩证法与近代的形而上学思维方式

古代的朴素辩证法是辩证法的第一种历史形态。恩格斯指出，古希腊的哲学家是自发的辩证论者。他们认为世界是一幅由种种联系和相互作用无穷无尽地交织起来的画面，其中的一切都在运动、变化、生成和消逝。其杰出代表赫拉克利特（公元前540—前480）最先明白表述出来的：一切都存在而又不存在，因为一切都在流动，都在不断地变化，不断地生成和消逝。所谓“人不能两次踏入同一条河流”。这种古希腊哲学的世界观是一种“原始的、素朴的、但实质上正确的世界观”④。但是这种观点也有局限性，它“虽然正确地把握了现象的总画面的一般性质，却不足以说明构成这幅总画面的各个细节；而我们要是不知道这些细节，就看不清总画面”⑤。为了认识这些细节，就要把它们从自然的或历史的联系中抽出来，从其特性、特殊的原因和结果等方面来分别加以研究。这首先是自然科学和历史研究的任务。比如，把自然界分解为各个部分，把各种自然过程和自然对象分成一定的门类，而后进行分别的研究。

---

① 《马克思恩格斯文集》第3卷，人民出版社2009年版，第495页。

② 《马克思恩格斯文集》第3卷，人民出版社2009年版，第495—496页。

③ 《马克思恩格斯文集》第3卷，人民出版社2009年版，第496页。

④ 《马克思恩格斯文集》第3卷，人民出版社2009年版，第538页。

⑤ 《马克思恩格斯文集》第3卷，人民出版社2009年版，第539页。

把自然界、自然过程和自然对象分解为各个部分、门类，进行分门别类的研究，这是认识自然界一般规律的基础或必要条件。从15世纪下半叶以来近代自然科学获得了日益迅速的进展。但是，这种做法也“给我们留下了一种习惯：把各种自然物和自然过程孤立起来，撇开宏大的总的联系去进行考察”①。不仅如此，这种考察方式被培根和洛克从自然科学中移植到哲学中，这“就造成了最近几个世纪所特有的局限性，即形而上学的思维方式”②，并在思维方式中占据了统治地位。

形而上学思维方法的特点是，把事物看作是孤立、静止、片面的，而不是从其联系、联结、运动、产生和消逝方面去考察。这种思维方法在常识范围内似乎极为可信，但它具有很大的局限性，因为从根本上说，这是与自然界和人类社会本身的发展的实际情况相违背的，自然界的一切是辩证地而不是形而上学地运行的。为了正确地描绘自然界、人类社会的发展，以及这些发展在人们头脑中的反映，我们必须用辩证的方法。

2. 黑格尔唯心主义辩证法的巨大功绩及其局限性

社会实践和自然科学的发展越来越要求人们突破形而上学的狭隘眼界。近代德国哲学家黑格尔（1770—1831）恢复了辩证法这一最高的思维形式，形成了它的第二种历史形态——唯心主义辩证法。恩格斯指出，黑格尔的巨大功绩是，他第一次“把整个自然的、历史的和精神的世界描写为一个过程，即把它描写为处在不断的运动、变化、转变和发展中，并企图揭示这种运动和发展的内在联系”③。依照黑格尔的观点，人类的历史不是乱七八糟的暴力行为，“而是人类本身的发展过程，而思维的任务现在就是要透过一切迷乱现象探索这一过程的逐步发展的阶段，并且透过一切表面的偶然性揭示这一过程的内在规律性”④。

但是，黑格尔是唯心主义者。在他看来，“事物及其发展只是在世界出现以前已经以某种方式存在着的‘观念’的现实化的反映。这样，一切都被头足倒置了。世界的现实联系完全被颠倒了”⑤。黑格尔体系作为体系来说，还包含着一个无法解决的内在矛盾：一方面，它以历史的观点

① 《马克思恩格斯文集》第3卷，人民出版社2009年版，第539页。
② 《马克思恩格斯文集》第3卷，人民出版社2009年版，第539页。
③ 《马克思恩格斯文集》第3卷，人民出版社2009年版，第542页。
④ 《马克思恩格斯文集》第3卷，人民出版社2009年版，第542页。
⑤ 《马克思恩格斯文集》第3卷，人民出版社2009年版，第542—543页。

作为基本前提，另一方面，它又硬说它自己就是这种绝对真理的化身，是最终完成的认识体系。辩证方法的革命精神被其保守封闭的哲学体系闷死了。黑格尔虽然把历史观从形而上学中解放出来，使它成为辩证的，人类历史被视为一个有规律的过程。但是，他的历史观本质上是唯心主义的。在他看来人类历史的发展只不过是“绝对精神”的实现过程，这又是完全荒谬的。

恩格斯指出：“一旦了解到以往的德国唯心主义是完全荒谬的，那就必然导致唯物主义。”① 费尔巴哈打破了黑格尔的体系，使唯物主义重新登上王座。但是，他简单地把黑格尔的体系抛在一旁，而不是从它的本来意义上“扬弃”它，即批判地消灭它的形式，救出通过这个形式获得的新内容。恩格斯批评说：“费尔巴哈打破了黑格尔的体系，简单地把它抛在一旁。但是简单地宣布一种哲学是错误的，还制服不了这种哲学。像对民族的精神发展有过如此巨大影响的黑格尔哲学这样的伟大创作，是不能用干脆置之不理的办法来消除的。”②

3. 马克思恩格斯创立了唯物辩证法

马克思和恩格斯从德国唯心主义哲学中拯救了自觉的辩证法，并把它运用于唯物主义的自然观和历史观，即创立了辩证法的第三种历史形态——唯物辩证法。

马克思、恩格斯认为：“现代唯物主义把历史看做人类的发展过程，而它的任务就在于发现这个过程的运动规律……现代唯物主义本质上都是辩证的。”③

这样一来，任何凌驾于其他科学之上的哲学，就不再是需要的了。历史学，应当成为关于历史的实证科学。这是在历史观上发生的决定性的转变。

二 唯物主义历史观的创立对科学社会主义产生的意义

1. 唯物主义历史观的创立和唯心主义在历史观中被驱逐

以往，唯心主义历史观把理性即概念、判断、推理等思维形式和思维

① 《马克思恩格斯文集》第 3 卷，人民出版社 2009 年版，第 545 页。

② 《马克思恩格斯文集》第 4 卷，人民出版社 2009 年版，第 276 页。

③ 《马克思恩格斯文集》第 3 卷，人民出版社 2009 年版，第 545 页。

活动，作为衡量历史发展的标准和动力，根本不知道在人们的思想动机背后支配着人们行动的物质利益以及基于物质利益的阶级斗争在人类历史中的重要作用；生产和一切经济关系只是当作“文化史”的从属因素被顺便提一下而已。

然而，唯心主义历史观同历史事实是相违背的。19 世纪三四十年代所发生的历史事实引起了历史观上的决定性转变。这就是 1831 年在里昂发生的第一次工人起义，1838—1842 年英国第一次全国性的工人运动，即英国的宪章派运动。这些历史事实说明：“无产阶级和资产阶级之间的阶级斗争一方面随着大工业的发展，另一方面随着资产阶级新近取得的政治统治的发展，在欧洲最先进的国家的历史中升到了重要地位”①，而阶级斗争的根源正是不同阶级在社会经济关系中所处的不同地位及其物质利益的对立。这些社会的基本事实，是以往的唯心主义历史观根本不知道、也从来没有说明过的。然而，所有这些事实日益令人信服地证明，资产阶级经济学关于资本和劳动的利益一致，关于自由竞争必将带来普遍和谐和人们的普遍福利的学说完全是撒谎。

不过问题还在于：在资本主义社会中，基于物质利益的阶级斗争具有如此重要的作用，那么在其他社会中，情况是不是也这样呢？这个“新的事实迫使人们对以往的全部历史作一番新的研究”②。

马克思、恩格斯应时代的要求研究了以往的全部历史。结果发现：第一，“以往的全部历史，除原始状态外，都是阶级斗争的历史”③。人类的全部历史运动，除原始社会外，都是在阶级对立和阶级斗争的状态中发展的。

第二，“这些互相斗争的阶级在任何时候都是生产关系和交换关系的产物，一句话，都是自己时代的经济关系的产物。”④ 阶级斗争归根结底是代表新的生产力进一步发展要求的先进阶级，同束缚它发展的、代表旧生产关系的反动阶级之间的斗争。阶级的产生及阶级斗争不可调和的原因正存在于一个时代的生产关系和交换关系即经济关系中。因此，人们必须从生产力和生产关系的矛盾冲突去理解阶级斗争史。

---

① 《马克思恩格斯文集》第 3 卷，人民出版社 2009 年版，第 544 页。
② 《马克思恩格斯文集》第 3 卷，人民出版社 2009 年版，第 544 页。
③ 《马克思恩格斯文集》第 3 卷，人民出版社 2009 年版，第 544 页。
④ 《马克思恩格斯文集》第 3 卷，人民出版社 2009 年版，第 544 页。

第三，“每一时代的社会经济结构形成现实基础，每一个历史时期的由法的设施和政治设施以及宗教的、哲学的和其他的观念形式所构成的全部上层建筑，归根到底都应由这个基础来说明。”①

这些发现，一种崭新的“唯物主义历史观就被提出来了，用人们的存在说明他们的意识，而不是像以往那样用人们的意识说明他们的存在这样一条道路已经找到了”②。即为人们开辟了一条科学地研究和认识人类社会及其历史的新道路。

如果说，费尔巴哈使唯物主义重新登上了王座，主要是指的对自然界的认识，那么，在历史观方面，情况就远不是这样的了。在这个领域中，唯心主义仍然占据着支配的地位。费尔巴哈本人，也不过是一个“半截子”的唯物主义者。而随着唯物主义历史观的提出，情况就发生了根本性的变化：“唯心主义从它的最后的避难所即历史观中被驱逐出去了”③。

2. 新历史观使社会主义越出了乌托邦的荒野

唯物史观的创立，“历史破天荒第一次被置于它的真正基础上”④。人们从社会的生产和经济关系中找到历史发展的动因，社会历史发展的规律被清晰地揭示出来。这种新的历史观，对于社会主义的观点有极其重要的意义。先前空想社会主义基于唯心史观，只看到资本主义生产方式所造成的社会后果不合理、不正义，应在道义上加以谴责和反对，“但是，它不能说明这个生产方式，因而也就不能对付这个生产方式”⑤，找不到消灭这种剥削制度，实现无产阶级解放的路径。现在新的历史观证明了：至今的全部历史都是在阶级对立和阶级斗争中发展的；统治阶级和被统治阶级，剥削阶级和被剥削阶级是一直存在的；大多数人总是注定要从事艰苦的劳动而很少能得到享受。这是因为在人类发展的以前一切阶段上，生产还很不发达，以致历史的发展只能在这种对立形式中进行，历史的进步整个说来只是成了极少数特权者的事，广大群众则注定要终生从事劳动，为自己生产微薄的必要生活资料，同时还要为特权者生产日益丰富的生活资料。现在不同了，“由于现时生产力如此巨大的发展，就连把人分成统治

---

① 《马克思恩格斯文集》第3卷，人民出版社2009年版，第544页。
② 《马克思恩格斯文集》第3卷，人民出版社2009年版，第545页。
③ 《马克思恩格斯文集》第3卷，人民出版社2009年版，第545—546页。
④ 《马克思恩格斯文集》第3卷，人民出版社2009年版，第459页。
⑤ 《马克思恩格斯文集》第3卷，人民出版社2009年版，第545页。

者和被统治者、剥削者和被剥削者的最后一个借口，至少在最先进的国家里也已经消失了；居于统治地位的大资产阶级已经完成了它的历史使命，它不但不能再领导社会，甚至变成了生产发展的障碍，如各国的商业危机，尤其是最近的一次大崩溃以及工业不振的状态就是证明；历史的领导权已经转到无产阶级手中，而无产阶级由于自己的整个社会地位，只有完全消灭一切阶级统治、一切奴役和一切剥削，才能解放自己；社会生产力已经发展到资产阶级不能控制的程度，只等待联合起来的无产阶级去掌握它，以便建立这样一种制度，使社会的每一成员不仅有可能参加社会财富的生产，而且有可能参加社会财富的分配和管理，并通过有计划地经营全部生产，使社会生产力及其成果不断增长，足以保证每个人的一切合理的需要在越来越大的程度上得到满足”①。新历史观作出的这些证明，使社会主义不再被看作某个天才头脑的偶然发现，而被看作两个历史地产生的阶级即无产阶级和资产阶级之间斗争的必然产物。它的任务不再是构想出一个尽可能完善的社会制度，而是研究必然产生这两个阶级及其互相斗争的那种历史的经济的过程；并在由此造成的经济状况中找出解决冲突的手段。这就从根本上越出了空想社会主义的理论立场和视野。

三　剩余价值学说的发现及对科学社会主义产生的意义

马克思、恩格斯运用唯物史观的基本原理，发现了剩余价值理论，从而揭示了现代资本主义生产方式和它所产生的资产阶级社会的特殊的运动规律。先前，无论是资产阶级经济学家还是社会主义批评家，在这个方面所做的一切研究，都只是在黑暗中摸索，因为他们并未说明资本主义生产方式及其后果，不能明白指出资本主义剥削是怎么回事，它是怎样产生的。剩余价值的发现就豁然开朗了。它对于科学社会主义创立的意义，如恩格斯所说：“这个问题的解决使明亮的阳光照进了经济学的各个领域，而在这些领域中，从前社会主义者也曾像资产阶级经济学家一样在深沉的黑暗中摸索。科学社会主义就是以这个问题的解决为起点，并以此为中心的。”② 这是因为，剩余价值学说彻底弄清了资本和劳动的关系，即揭示了在资本主义生产方式下，资本家对工人的剥削是怎么回事，它是怎样产

① 《马克思恩格斯文集》第3卷，人民出版社2009年版，第459—460页。

② 《马克思恩格斯文集》第9卷，人民出版社2009年版，第212页。

生的，怎样进行的。这一方面说明了资本主义生产方式的历史联系和它在一定历史时期存在的必然性，从而说明了它灭亡的必然性；另一方面，揭露了这种生产方式的一直还隐蔽着的内在性质。它证明，无偿劳动的占有是资本主义生产方式和通过这种生产方式对工人进行的剥削的基本形式，剩余价值构成了有产阶级手中日益增加的资本量由以积累起来的价值量。这样，就说明了资本主义生产和资本生产过程。

剩余价值的发现不是偶然的。古典政治经济学对剩余价值也曾作过探讨，有不少合理的思想，如：肯定了剩余价值的存在，并探讨了它的具体形式（如配第的地租理论讲的就是剩余价值的理论形式）；探讨了剩余价值的起源。认为剩余价值是劳动创造的（如亚当·斯密把利润归结为对无酬的别人劳动的占有），马克思称他认识到了剩余价值的真正起源；探讨了剩余价值的涵义。认为剩余价值就是生产资料的占有者所无偿占有的那部分劳动产品的价值（如李嘉图坚信，由工人创造的全部劳动产品的价值是社会各个剥削阶级一切收入的源泉。资本家无偿占有劳动产品扣除工资后的余额）；研究了产品在工人和生产资料占有者之间的分配比例。（如李嘉图和亚当·斯密等人把产品划分为工资、利润和地租。李嘉图还专门探讨了工资、利润和地租分别在工人、资本家和地主之间的分配比例问题，这就在一定程度上揭示了三个阶级之间矛盾的经济根源）。这表明，马克思的剩余价值学说是以先前的优秀经济思想——古典经济学家剩余价值探讨中的合理因素为理论前提的。但古典经济学并未建立起科学的剩余价值理论。因为古典经济学家只讨论了如地租、利润等剩余价值的特殊形式，而没有深入研究剩余价值的纯粹形式、剩余价值本身的内容。他们这种零碎的、不系统的关于剩余价值内容的见解，只局限于剩余价值的外部形态，没有揭示出剩余价值的内在本质和规律；古典经济学家混淆而没有区分劳动和劳动力两个概念，这就造成了认识上的一系列混乱（如按着劳动价值学说，同资本进行交换的是劳动，这就产生了一个不可解决的矛盾：承认了劳动创造价值就否定了资本能带来利润；承认了资本能带来利润就否定了劳动创造价值）。事实上，用“劳动的价值”取代“劳动力的价值”，在理论上必定说不清利润、地租等剩余价值的来源，必定不能理解剩余价值的实质（如亚当·斯密），因而不能建立科学的劳动价值学说。

马克思在批判继承前人合理思想的基础上，把剩余价值作为一个专门的范畴来探讨。他分析了货币向资本的转化，认为货币是资本的最初表现形式，资本总是要表现为一定数量的货币。但货币并不一定就是资本，货币变为资本的条件是货币的增殖。货币有两个表现，一是作为流通媒介的表现，这种形式表现的货币不会带来货币的增殖；二是作为增殖手段的表现，即资本流通的表现形式，资本家用货币去进行交换，目的是为了获得更多的货币。即资本家经过买卖活动，最后获得大于他原先所支付的货币额的货币额。这样，货币带来了增殖，变成了资本，这个增殖额就是剩余价值。

马克思还指出，货币的增殖不会在流通领域产生，因为流通过程是按等价交换的原则进行的。剩余价值来源于生产过程。即，资本家从市场上购买了劳动力这种特殊商品，它不但能够创造价值，而且能创造大于它本身价值的价值。他将劳动力投入到生产中加以使用，而“劳动力的价值和劳动力在劳动过程中实现的价值，是两个不同的量”①。劳动力的使用过程所创造的价值要大于劳动力本身的价值，即工人的劳动过程由两部分时间组成，在必要劳动时间内工人就可创造出补偿其生活费用的价值，而此外的剩余劳动时间则是为资本家无偿劳动。工人劳动过程的结果，资本家不仅能够收回他购买劳动力所支付的货币，而且能获得更多的货币，即剩余价值。这说明，剩余价值完全来源于资本家对工人劳动的剥削。这就揭示了资本主义生产方式的本质和剩余价值的来源，揭露了资本家剥削的秘密。这也就为科学社会主义的产生奠定了客观基础。因为它清楚地说明了资本家和雇佣工人之间阶级对立的经济根源，指出了无产阶级和资产阶级的关系，是剥削和被剥削的关系。两大阶级对抗性的矛盾不可调和。从此，社会主义再不是什么绝对真理、理性和正义的体现，而是无产阶级对资产阶级斗争的必然结果，是资本主义生产方式固有矛盾发展的必然产物。这样，社会主义就被奠定在无产阶级对资产阶级斗争的现实基础之上。不仅如此，剩余价值学说还指出了实现社会主义的依靠力量。剩余价值学说揭示出雇佣劳动阶级是受剥削、受压迫最深的阶级。随着资本主义生产方式的发展，资本家对剩余价值的贪婪占有，必然带来两极分化的加剧，这必将使无产阶级日益陷入贫困化的境地，迫使它进行彻底革命，推翻资本主义制度，以实现自身的解放。剩余价值学说对无产阶级历史地位

① 《马克思恩格斯文集》第9卷，人民出版社2009年版，第213页。

和历史使命的揭示，不仅使社会主义找到了依靠的力量，而且还指明了实现目标追求的正确途径。因为它证明：资本主义生产方式的本质就是追求剩余价值，在这种生产方式下，无产阶级同资产阶级的矛盾绝对不可调和，亦不可能在资本主义制度本身内得到解决。幻想通过宣传、示范的和平改良来改变资本主义是行不通的。并且，资产阶级对剩余价值的占有，使它具有镇压无产阶级任何反抗的雄厚物质力量。这就决定了，要改变资本主义制度，只能用物质的、革命的手段。即通过暴力革命，推翻资产阶级专政，建立无产阶级政权，才是实现社会主义的唯一正确途径。

综上所述，唯物史观的发现，揭示了人类历史发展的一般规律，科学说明了社会历史的发展是由社会基本矛盾运动引起的由低级到高级的发展过程，这就使社会主义从理性、天才人物的发现等唯心主义观点的束缚下解放出来，走向了它的物质和经济的现实基础。而剩余价值学说的创立，则揭示了资本主义社会矛盾运动的规律，找到了实现社会主义的依靠力量和正确途径。这样，科学社会主义产生的两大理论基石就牢固地奠立起来。如恩格斯所说：由于这两大发现，“社会主义已经变成了科学”①。现在需要做的是对科学社会主义这门科学本身作进一步探讨。

四　科学社会主义学说的理论说明

1. 科学社会主义的理论基础

科学社会主义是怎样的一门科学？恩格斯在（三）的开篇，先简要地概括了它的理论基础，即唯物主义历史观的原理。他指出：“唯物主义历史观从下述原理出发：生产以及随生产而来的产品交换是一切社会制度的基础；在每个历史地出现的社会中，产品分配以及和它相伴随的社会之划分为阶级或等级，是由生产什么、怎样生产以及怎样交换产品来决定的。”② 这里恩格斯讲了两个基本点：一是唯物史观的出发点：生产以及随之而来的交换是一切社会制度的基础。人类的实践活动包含广泛的方面，其中物质资料的生产实践是最基本的，它决定着人类其他一切形式的社会实践。因此它是人类社会生存和发展的首要前提和物质保证。如马克思所说：“任何一个民族，如果停止劳动，不用说一年，就是几个星期，

① 《马克思恩格斯文集》第3卷，人民出版社2009年版，第546页。
② 《马克思恩格斯文集》第3卷，人民出版社2009年版，第547页。

也要灭亡，这是每一个小孩都知道的。”① 二是产品分配和阶级划分，取决于生产什么、怎样生产和怎样交换。生产什么、怎样生产和怎样交换讲的是生产方式和交换方式。生产方式是生产力和生产关系的统一体，它决定交换方式和人类其他一切活动，决定着社会的结构、性质和面貌，是整个社会大厦的基础。一个社会有什么样的生产力就有什么样的生产关系，随之也就有为之服务的相应的政治法律制度和社会意识形态。如马克思所说“物质生活的生产方式制约着整个社会生活、政治生活和精神生活的过程”②，自然也就决定着阶级的划分和产品的分配形式。因为，阶级作为一个经济范畴，表明的是人们在生产过程中的相互地位和相互关系。人们这种地位和关系，首先直接决定于生产资料所有制形式。人们对生产资料的关系不同，在生产中的地位及相互关系就不同。占有生产资料的集团处于主导和支配的地位，它凭借这种优势占有另一个集团的劳动，从而产生了不同的阶级。很清楚，阶级的划分，完全是由生产什么、怎样生产和怎样交换所决定的。恩格斯对这个问题讲得十分透彻：“这些互相斗争的社会阶级在任何时候都是生产关系和交换关系的产物，一句话，都是自己时代的经济关系的产物。”③

产品的分配形式也一样。人们之间之所以会出现不同的分配方式和取得不同的收入数量，正是源于人们对生产资料的关系不同以及由此所决定的在生产中的地位和作用的不同。产品分配方式不过是生产方式的一种反映而已。

根据上述原理，恩格斯认为，探索一切社会变迁和政治变革的终极原因，“应当到生产方式和交换方式的变更中去寻找；不应当到有关时代的哲学中去寻找，而应当到有关时代的经济中去寻找”④。因为，决定整个社会历史变化、社会形态更替、推动人类社会由低级向高级发展的根本动力，正存在于生产方式和交换方式的变更中，即生产方式的矛盾运动。在生产方式的统一体中，生产力是最活跃、最革命的因素，又是决定性的因素，它决定着生产关系的性质和生产关系的变革。马克思曾概括这种情形说：“社会的物质生产力发展到一定阶段，便同它们一直在其中运动的现

① 《马克思恩格斯选集》第 4 卷，人民出版社 1995 年版，第 580 页。
② 《马克思恩格斯文集》第 2 卷，人民出版社 2009 年版，第 597 页。
③ 《马克思恩格斯文集》第 9 卷，人民出版社 2009 年版，第 29 页。
④ 《马克思恩格斯文集》第 3 卷，人民出版社 2009 年版，第 547 页。

存生产关系或财产关系（这只是生产关系的法律用语）发生矛盾。于是这些关系便由生产力的发展形式变成生产力的桎梏。那时社会革命的时代就到来了。随着经济基础的变更，全部庞大的上层建筑也或慢或快地发生变革。”[①] 这是很精辟的。

生产的物质事实作为推动人类社会由低级向高级发展的根本动力，内含着用来消除已经发现的现存生产关系弊病的手段（如人们对经济运动规律和发展趋势、对旧制度的不合理性和不公平性的日益清楚的认识，对现存制度的不满和变革现存制度的愿望以及解决问题的方法和途径的把握，等等）。这些手段以或多或少发展了的形式存在于已经发生变化的生产关系本身中。因此我们能够通过头脑从生产的现成物质事实中去发现它。

科学社会主义从上述历史唯物主义原理出发，就从根本上划清了同空想社会主义的界限，为科学分析资本主义必然灭亡、社会主义必然胜利的原因奠定了深刻的历史哲学基础。

2. 科学社会主义的内涵

恩格斯指出，科学社会主义是人类历史合乎规律发展的结果，是从资本主义生产方式的矛盾冲突中产生出来的。“现存的社会制度是由现在的统治阶级即资产阶级创立的。资产阶级所固有的生产方式（从马克思以来称为资本主义生产方式），是同封建制度的地方特权、等级特权以及相互的人身束缚不相容的；资产阶级摧毁了封建制度，并且在它的废墟上建立了资产阶级的社会制度，建立了自由竞争、自由迁徙、商品占有者平等的王国，以及其他一切资产阶级的美妙东西。资本主义生产方式现在可以自由发展了。自从蒸汽和新的工具机把旧的工场手工业变成大工业以后，在资产阶级领导下造成的生产力，就以前所未闻的速度和前所未闻的规模发展起来了。”[②] 这说明，资本主义生产方式代替封建制度，是历史规律发生作用的不可避免的结果。资本主义制度取代封建制度是人类历史的巨大进步。

然而，人类历史总是按照自身的矛盾运动有规律地向前发展的，它不会停止在某一点上。随着资本主义生产力的巨大发展又导致了同运行于其

① 《马克思恩格斯文集》第2卷，人民出版社2009年版，第591页。

② 《马克思恩格斯文集》第3卷，人民出版社2009年版，第547—548页。

中的生产关系的矛盾冲突。“正如从前工场手工业以及在它影响下进一步发展了的手工业同封建的行会桎梏发生冲突一样，大工业得到比较充分的发展时就同资本主义生产方式对它的种种限制发生冲突了。新的生产力已经超过了这种生产力的资产阶级利用形式”。[①] 生产力和生产方式之间的这种冲突，不是产生于人们头脑中，而是实际地、客观地、在我们之外、甚至不依赖于引起冲突的那些人的意志或行动而存在着。科学社会主义正是这种实际冲突在思想上的反映，首先是在那个直接吃到它的苦头的工人阶级头脑中的观念上的反映。

恩格斯指出生产力和生产方式之间的这种冲突具体表现为两大冲突：

其一，生产的社会化同生产资料私人占有制的冲突。生产的社会化和生产资料的社会性使用，要求生产资料适应生产越来越社会化的趋势，为社会所占有、管理和支配。但是，资本主义生产关系却不能适应这一趋势，依然是私人占有生产资料，这种形式就同生产的社会化发生了尖锐对立。其突出表现是个别企业生产的有组织性和整个社会生产的无政府状态的矛盾。这种矛盾导致经济危机的周期性发生，造成生产力的巨大破坏。这表明资本主义生产资料私人占有制已阻碍生产力的发展，不再适应生产的社会化趋势。

其二，无产阶级和资产阶级的矛盾冲突。在资本主义生产方式下，生产的本质是追求剩余价值。无产阶级创造了大量财富，但这个物质生产的主体，在资产阶级的残酷剥削和压迫下却日益贫穷。日益社会化的生产过程，没有改善工人的生活和劳动条件．反而加重了工人的苦难。机器的广泛使用，使大批工人被排挤、遭到失业，造成失业大军，进一步导致工人购买力的下降，从而加剧了生产过剩的经济危机。经济危机中工厂倒闭，失业人数暴增，工人的生活更是苦不堪言。这就迫使饥寒交迫的奴隶们起而反抗。

资本主义社会基本矛盾运动要经历一个发展过程。恩格斯对此作了具体分析。

首先分析了资本主义生产社会化的形成。

在中世纪的封建社会，普遍地存在着以劳动者对他的生产资料的私人占有为基础的小生产：小农的即自由农或依附农的农业和城市的手工业。

---

① 《马克思恩格斯文集》第 3 卷，人民出版社 2009 年版，第 548 页。

由于社会分工的发展，使封建社会小生产的产品也带有商品的形式。这是以个体劳动为基础的简单商品生产，以后在个体劳动出现了社会化的生产即采取协作和有计划生产形式的大作坊和手工工场。其生产效率要比个体劳动高得多，它的产品在同一市场上出卖，比分散的小生产者制造的便宜。致使个体生产在一切部门遭到失败，全部旧的生产方式实现革命化，使资本主义的商品经济代替了小生产的简单商品经济。

资本主义的商品生产把分散的小的生产资料加以集中和扩大，使之变成现代生产的强有力的杠杆。从 15 世纪起，资本主义生产经过简单协作、工场手工业和大工业三个阶段，到 18 世纪 70 年代—19 世纪中叶完成产业革命，在欧洲先进国家基本实现了生产社会化。这包括生产资料使用的社会化（由大批人共同使用的生产资料）、生产本身的社会化（生产本身从一系列的个人行动变成一系列的社会行动过程）、产品的社会化（产品由个人的劳动成果变成了社会的劳动成果），使生产力得到空前的发展。

在资本主义私人占有的基础上实现的生产社会化，生产资料的使用、生产的过程和劳动产品都已经社会化了，但简单商品生产的私人占有形式并没有被触动，仍然起着作用。"这些社会化的生产资料和产品还像从前一样仍被当做个人的生产资料和产品来处理。"① 这就使社会化的生产同私人占有制发生了尖锐的对立。简单商品生产以私人生产为前提，占有的是自己的劳动产品，故没有这种矛盾；资本主义的私人占有则是以社会化的生产力前提，在这种条件下，"现在按社会化方式生产的产品已经不归那些真正使用生产资料和真正生产这些产品的人占有，而是归资本家占有"②。资本家占有的并不是自己的劳动成果，而是他人的劳动成果。这就是说，新的生产方式虽然已经消灭了私人占有形式的前提，但是它仍然服从于这一占有形式。这就赋予了新的生产方式以资本主义性质的矛盾，这种矛盾已经包含着现代一切冲突的萌芽。资本主义生产方式越是发展，"社会化生产和资本主义占有的不相容性，也必然越加鲜明地表现出来"③。

社会化生产和资本主义占有的不相容性具体表现为上述两大对立。恩

① 《马克思恩格斯文集》第 3 卷，人民出版社 2009 年版，第 550 页。
② 《马克思恩格斯文集》第 3 卷，人民出版社 2009 年版，第 550 页。
③ 《马克思恩格斯文集》第 3 卷，人民出版社 2009 年版，第 551 页。

格斯具体而深入地论述了这两大对立及其必然导致的经济危机。他通过对经济危机发生的起因、性质、机理和后果的透辟分析，说明资本主义生产方式已没有出路，资本主义制度最终不可避免地会走向灭亡。恩格斯进而指出，猛烈增长着的生产力对它的资本属性的反抗，要求承认它的社会本性的这种日益增长的必要性，迫使资本家在资本关系内部一切可能的限度内，愈来愈把生产力当作社会生产力看待。于是，相应出现了股份公司、托拉斯、资本主义国有化等垄断形式。但是，“无论向股份公司和托拉斯的转变，还是向国家财产的转变，都没有消除生产力的资本属性”[①]。因为“现代国家，不管它的形式如何，本质上都是资本主义的机器，资本家的国家，理想的总资本家。它越是把更多的生产力据为己有，就越是成为真正的总资本家，越是剥削更多的公民”[②]。资本主义的垄断组织并不能真正解决生产的社会化和生产资料的资本主义占有方式之间的矛盾，相反，反而把矛盾推到了顶点。因为在垄断形式下，工人仍然是雇佣劳动者、无产者。而资本家则完全成了多余的，他们的全部社会职能都由雇佣的职员来执行了，他们成了寄生虫，除了吃红利、持有剪息票、进行投机以外，再没有任何其他的社会活动。资本主义大生产开始排挤资本家，像对待工人那样把他们赶到过剩人口中去。恩格斯说：“在这里剥削变得这样明显，以致它必然会被废除。任何一个民族都不会容忍由托拉斯领导的生产，不会容忍由一小撮专靠剪息票为生的人对全社会进行如此露骨的剥削。”[③] 无产阶级和资产阶级的矛盾更加尖锐了，正像资本主义的灭亡不可避免一样，社会主义的胜利也是历史发展的必然趋势。

历史发展的必然趋势同远景的实现有内在联系，但不是等同的事。恩格斯认为，资本主义的矛盾和冲突的解决，只能是在事实上承认现代生产力的社会本性，因而也就是使生产、占有和交换的方式同生产资料的社会性相适应。而要实现这一点，只有把它转到“联合起来的生产者手中”，“让位于那种以现代生产资料的本性为基础的产品占有方式：一方面由社会直接占有，作为维持和扩大生产的资料，另一方面由个人直接占有，作为生活资料和享受资料。”[④] 即把生产资料变为公共财产，以为每个社会

① 《马克思恩格斯文集》第3卷，人民出版社2009年版，第559页。
② 《马克思恩格斯文集》第3卷，人民出版社2009年版，第559页。
③ 《马克思恩格斯文集》第3卷，人民出版社2009年版，第558页。
④ 《马克思恩格斯文集》第3卷，人民出版社2009年版，第561页。

成员造福。

恩格斯论证了社会占有生产力的实现，只能通过无产阶级的社会主义革命来完成。无产阶级由其阶级地位所决定，是社会主义革命的依靠力量。因为它是资本主义生产方式本身所造成的一种“在死亡的威胁下不得不去完成这个变革的力量”[①]。实现社会主义革命的途径是，“无产阶级将取得国家政权，并且首先把生产资料变为国家财产”[②]。即通过暴力夺取政权的道路，推翻资产阶级的统治，建立无产阶级专政、从而把生产资料转变为公共财产。这样一来，它就消灭了作为无产阶级的自身，消灭了一切阶级差别和阶级对立，它就消灭了作为国家的国家。

然而，消灭阶级和消灭国家，是一个非常复杂的历史过程。为了使无产阶级清楚地了解和把握这一过程，恩格斯用大量篇幅细致地阐述了国家的起因、性质、职能、国家消亡的条件。恩格斯指出：在阶级对立中运动着的社会，都需要有国家，即需要一个剥削阶级的组织，以便维护这个社会的外部生产条件，特别是用暴力把被剥削阶级控制在当时的生产方式所决定的那些压迫条件下。说国家是整个社会的正式代表，这仅仅是说，它是当时独自代表整个社会的那个阶级的国家。当国家终于成为整个社会的代表时，它就使自己成为多余的了。“国家真正作为整个社会的代表所采取的第一个行动，即以社会的名义占有生产资料，同时也是它作为国家所采取的最后一个独立行动。那时，国家政权对社会关系的干预在各个领域中将先后成为多余的事情而自行停止下来。那时，对人的统治将由对物的管理和对生产过程的领导所代替。国家不是被废除的，它是自行消亡的”。[③] 恩格斯这一段论述深刻地阐明了马克思主义国家观同机会主义、无政府主义国家观的根本界限。

消灭国家是同消灭阶级紧密相连的问题。为此，恩格斯进一步阐述了消灭阶级的经济条件。恩格斯具体分析了阶级的产生和存在是同生产发展的一定历史阶段相联系的。“社会分裂为剥削阶级和被剥削阶级、统治阶级和被压迫阶级，是以前生产不大发展的必然结果。”[④] 阶级的划分是以生产的不足为基础的，它将被现代生产力的充分发展所消灭。“社会阶级

① 《马克思恩格斯文集》第 3 卷，人民出版社 2009 年版，第 561 页。
② 《马克思恩格斯文集》第 3 卷，人民出版社 2009 年版，第 561 页。
③ 《马克思恩格斯文集》第 3 卷，人民出版社 2009 年版，第 562 页。
④ 《马克思恩格斯文集》第 3 卷，人民出版社 2009 年版，第 563 页。

的消灭是以生产高度发展的阶段为前提的。”[①] 当生产资料的扩张力撑破资本主义生产方式，转为社会所有，造成生产力不断加速发展、生产实际无限增长的唯一条件，又消除了经济危机和统治阶级及其政治代表的挥霍浪费时，生产必定会得到高度发展。在社会发展的这种阶段上，社会化生产“不仅可能保证一切社会成员有富足的和一天比一天充裕的物质生活，而且还可能保证他们的体力和智力获得充分的自由的发展和运用”[②]。这时，不仅某个特定的统治阶级而且任何统治阶级的存在，从而阶级差别本身的存在，都将成为时代的错误，成为过时的现象。

接下来恩格斯论述了人类由必然王国向自由王国的飞跃。他指出：一旦社会占有了生产资料，商品生产、产品对人的统治、社会生产内部的无政府状态都将被消除，社会生产将有计划地进行。个体生存斗争停止。这意味着人在一定意义上最终脱离了动物界，从动物的生存条件进入了真正人的生存条件。人们因已成为自身的社会结合的主人，也第一次成为自然界的自觉的和真正的主人。人们因掌握了社会规律和自然规律，其自身的社会结合变成自由行动。以往一直统治着历史的客观的异己力量，现在都处在人们的控制之下，“只是从这时起，人们才完全自觉地自己创造自己的历史；只是从这时起，由人们使之起作用的社会原因才大部分并且越来越多地达到他们所预期的结果。这是人类从必然王国进入自由王国的飞跃”[③]。

最后，恩格斯阐明了科学社会主义的任务。他指出，实现共产主义和解放全人类，这是无产阶级的历史使命。而科学社会主义的任务则是从理论上去说明完成这一解放世界事业的历史条件和性质，并用以武装无产阶级，使之“认识到自己的行动的条件和性质”[④]，自觉地完成自己的历史使命。

五 读后的感悟

读完这部著作感悟甚多，简要地表述几点：

第一，恩格斯（无疑包括马克思）具有无与伦比的理论穿透力。上

---

① 《马克思恩格斯文集》第3卷，人民出版社2009年版，第563页。
② 《马克思恩格斯文集》第3卷，人民出版社2009年版，第563—564页。
③ 《马克思恩格斯文集》第3卷，人民出版社2009年版，第564—565页。
④ 《马克思恩格斯文集》第3卷，人民出版社2009年版，第566—567页。

述恩格斯对资本主义生产方式内部矛盾的精辟分析迄今已经一百多年了，在这漫长的时间里，资产阶级和一切剥削阶级的代言人无时不在千方百计地诋毁它，诅咒它，但是不仅没有能摧毁它，而且社会生活日益强烈地鲜明地证明它的真理性。由金融危机引起，于2011年9月17日拉开帷幕的“占领华尔街”运动，标志当代资本主义陷入了更加深刻的矛盾与危机，同时也生动地表明，当今时代历史正以不可抗拒的力量按照马克思主义关于“两个必然”的预见加速行进。

第二，恩格斯透彻地说明了唯物史观、剩余价值理论与科学社会主义内在联系与转化关系。马克思主义作为工人阶级的科学世界观和方法论，是一个逻辑十分严密的整体。把握马克思主义理论的整体性，对于准确把握和科学应用马克思主义立场、观点和方法极为重要。如何领会和把握马克思主义理论的整体性？精读恩格斯这部著作，我们定会豁然开朗。

第三，恩格斯为实现马克思主义通俗化树立了光辉典范。推进马克思主义通俗化是马克思主义理论工作者的不可推卸的责任。什么是通俗化？通俗化与媚俗化、庸俗化的区别在哪里？如何才能实现通俗化？精读恩格斯这部著作，我们也会豁然开朗。

第四，恩格斯在《社会主义从空想到科学的发展》中，处处都把理论分析与历史的、现实的事实紧密联系起来，提供了理论联系实际的光辉范例。书中从对资本主义生产方式的批判分析中揭明了未来社会的发展趋势，但没有描述任何束缚后人手脚的细节，包括消除商品生产，他没有具体说未来社会究竟发展到什么阶段才消除，也没有说像中国这样经济落后的国家在无产阶级取得政权，处于社会主义初级阶段的条件下应不应该发展商品生产，相反恩格斯（无疑包括马克思）强调他们的理论只是供进一步研究的出发点，而不是教义。要求各国无产阶级及其政党在运用他们的理论的时候，要结合各国具体的经济政治条件，即同本国的实际相结合。今天学习恩格斯的这部著作，我们更要很好地把握把马克思主义的普遍真理同时代的特点、各国的实际情况相结合这一精髓，以助力建设中国特色社会主义的伟大事业。

（原载《思想理论教育导刊》2013年第2期）

马克思主义是完整世界观

马克思主义是完整世界观，这是马克思主义创始人昭之于世的名言。坚持这一根本观点对于坚持和发展马克思主义，培养马克思主义政治家，具有十分重大的意义。

一　在国际范围内肢解马克思主义的风气流行的时候，坚持马克思主义是完整世界观具有根本的性质

自从马克思主义诞生，特别是它在工人运动中取得指导地位以来，反对肢解马克思主义的斗争，一直是马克思主义发展史中的重要内容。早在20年代，德国社会民主党理论家亨利·库诺曾描述过马克思主义当时在德国的遭遇："以马克思主义为基础的德国社会民主党，今天分裂为一系列相互敌对的党派。它们在引证马克思主义学说时，都是从五花八门的社会哲学的基本观点出发。不仅如此，在他们自己的队伍内部，连许多大相径庭的理论都一概标榜为马克思主义。马克思的学说，以及由其产生的政治斗争已完全变得莫衷一是。"① 现在社会主义运动在国际范围内暂时处于低潮，亨利·库诺当时描述的这种现象倍加突出和严重了。各种各样的非马克思主义思想用肢解的手法来毁坏马克思主义科学体系更加风行一时。

从国际范围说，早在1917年列宁就揭露过一种现象，即在对马克思主义进行歪曲和糟蹋这件事情上，资产阶级和工人运动中的机会主义者"正在一致起来。他们忘记、抹杀和歪曲这个学说的革命方面，把资产阶级可以接受或者似乎可以接受的东西放在第一位来加以颂扬。"② 现在已

---

① ［德］亨利·库诺：《马克思的历史·社会和国家学说》第1卷，商务印书馆1988年版，第1页。

② 《列宁选集》第3卷，人民出版社1972年版，第174页。

处在20世纪和21世纪之交，时代的主题已不同于21世纪头20年的情况，反马克思主义者攻击马克思主义的重点方面也有变化，但是国际资产阶级、民主社会主义者等，在反对、肢解马克思主义这件事情上却仍然是协同一致的。他们的手法多种多样，归纳起来大抵是三种：

一是从马克思主义科学体系中取出某些观点，把它片面地加以夸大，使其脱离马克思主义其他原理、失去马克思主义的根本精神。如卢卡奇在《什么是正统的马克思主义?》中称，即使改变了马克思主义的一切结论、原理，只要仍然坚持辩证法，就是坚持马克思主义，而且是正统的马克思主义。工人国际法国支部书记摩勒说："任何一个法国社会党人无须要承认辩证唯物主义……不过所有法国社会党人把历史唯物主义视为研究人类社会史的无懈可击的方法。"[①] 有的西方学者，如科拉科夫斯基、塔克尔等宣称马克思主义发挥了宗教的作用，把马克思歪曲为"道德学家或宗教思想家"。

二是制造马克思主义创始人之间、创始人和后继人之间的对立，抬高或者贬低后继人，借以否定马克思主义作为完整世界观的整体性质和发展性质，宣称马克思主义"过时"。在这方面，法国"马克思学家"M. 吕贝尔制造的迷惑性言论是最富有代表性的。如他在《反恩格斯提纲》中称，马克思主义"不是马克思思维方式的真正产物，而是恩格斯精神的合法果实"，是"20世纪的神话"。在这种谎言的蛊惑下，所谓"马克思反对恩格斯"，"恩格斯背离了马克思主义"的怪论流行一时。至于编造马克思、恩格斯同其后继人思想对立的神话更十分离奇。

三是把五花八门的哲学社会学观点嫁接到马克思主义头上，把马克思主义篡改成非马克思主义的东西。

透视肢解马克思主义的思想流派的观点和方法，可以发现一些明显的特点。这就是：其一，它们都是按自己的利益需要来篡改马克思主义的。显然，按照资产阶级利益的观点来说明的马克思主义，只能是资产阶级的种种主义，而绝非马克思主义；其二，它们都不承认马克思主义是科学的完整世界观，而且总是竭尽所能，把马克思主义的科学世界观和方法论攻击为教条主义，意在否定它改造世界的巨大能动作用；其三，西方敌对势力已把肢解马克思主义纳入"腐蚀共产主义意识形态"战略计划，以图

---

① ［奥］J. 布劳恩塔尔：《国际史》第3卷，上海译文出版社1992年版，第246—247页。

毁灭马克思主义作为完整世界观的科学体系。共产主义意识形态若失去了马克思主义世界观的基础，就不再成其为共产主义意识形态。这就提醒我们注意，在肢解马克思主义的风气流行的时候，坚持马克思主义是完整世界观，具有根本的性质。

二 共产主义世界观是马克思主义整个理论体系中有决定意义的东西，坚持共产主义世界观才能坚持马克思主义

马克思列宁主义的创始人历来把他们创立的学说归结为世界观，而且认为这是以马克思主义为指导的共产党的一种优势。关于这个问题，恩格斯在1885年写的关于马克思《政治经济学批判》的一篇评论中说："我们党有个很大的优点，就是有一个新的科学的世界观作为理论的基础"①。继后，恩格斯在《反杜林论》（1876—1878年）及其第二版序言（1885年）中，在《路德维希·费尔巴哈和德国古典哲学的终结》（1888年）中，在《致纳尔·桑巴特》（1893年）的书信中，都多次说过他们创立的学说是共产主义世界观。后来，列宁在《马克思主义的三个来源和三个组成部分》一文中也说：马克思的学说"十分完备而严整，它给予人们一个决不同任何迷信、任何反动势力、任何为资产阶级压迫所作的辩护相妥协的完整世界观"②。列宁还认为，在《哲学的贫困》《共产党宣言》《资本论》等马克思主义全部著作中都贯穿着共产主义世界观。《共产党宣言》就是以天才的透彻鲜明的笔调叙述了一种新的世界观，"即包括社会生活在内的彻底的唯物主义、最全面最深刻的发展学说辩证法以及关于阶级斗争、关于共产主义新社会的创造者无产阶级所负的世界历史革命使命的理论"③。

马克思主义是完整的世界观意味着什么呢?

第一，这并不是说马克思主义宏伟理论体系本身全都是世界观，而是说世界观是马克思主义理论体系中具有决定意义的东西，正是它使马克思主义成其为马克思主义。马克思主义的各个具体原理都是它的科学世界观的具体运用和体现。

---

① 《马克思恩格斯文集》第2卷，人民出版社2009年版，第599页。

② 《列宁选集》第2卷，人民出版社1972年版，第441页。

③ 《列宁选集》第2卷，人民出版社1972年版，第578页。

第二，说马克思主义是完整世界观，是因为它是对整个物质世界、特别是对人类社会历史发展、对资本主义社会发展和转变为社会主义以及社会主义和共产主义发展普遍规律的理论概括。客观物质世界的各个方面、各个发展阶段是相互联系、相互贯通、前后相继的整体，作为它的普遍规律的理论反映也是一个发展着的整体。马克思主义是由各个组成部分，各种具体原理构成的，这些部分、原理作为对客观物质世界相互联系、相互渗透、相互转化的各个部分和方面的反映，各有其特定地位和特有作用，不承认或者轻视这种地位和作用是错误的，但是它们之所以有这种地位和作用，正在于它们是整体的部分或方面。其中每个部分、方面都离不开其他部分、方面，每个部分、方面都是对其他方面的阐释，使其他方面得到理解、丰富和发展，每个部分、方面和其余部分、方面都是马克思主义科学世界观在一定时空范围内的具体体现，若把任何一个部分、方面从整体中或与其他部分的联系中割裂出来，片面地加以夸大或缩小，都会使其失去原有本性而变得不可理解。特别是在三个主要组成部分之间，更要注意把握其整体性。关于这个问题，列宁曾写下一段极为深刻的话。他说："马克思主义的全部精神，要求人们对每一个原理都要（α）历史地，（β）都要同其他原理联系起来，（γ）都要同具体的历史经验联系起来加以考察。"① 列宁这段话说明，如果忽视以世界观为基础的体系的整体性，就会失去"马克思主义的全部精神"。这对每一个马克思主义坚信者捍卫者是一个重要警示！当然，马克思主义的各个不同方面、不同原理会因历史条件的变化、革命政党面临的任务不同而突出出来，或按列宁的话说会被提到首要的地位加以强调。但无论怎样，它们仍然是体现马克思主义完整世界观的一个部分、方面。再则，作为马克思主义科学世界观的具体运用的某些个别原理，会因时空范围的变化失去现实性，但是这种变化并不影响其整体世界观的性质和功能，相反这正是其科学性质的表现。

第三，马克思主义作为马克思主义哲学、政治经济学和科学社会主义三个主要组成部分构成的完整世界观，是贯通在马克思主义发展的各个阶段上的。如邓小平同志建设有中国特色社会主义理论体系，它也是融马克思主义哲学、政治经济学、科学社会主义于一体的。它的形成正是邓小平同志运用唯物辩证法分析中国社会主义初级阶段的社会生产方式和当代世

---

① 《列宁全集》第2卷，人民出版社2012年版，第785页。

界，揭示其内部的矛盾特点、运行规律及相互作用、相互影响的关系，从而引申出了像中国这样经济落后国家建立社会主义制度以后，如何建设、巩固和发展社会主义的一系列规律性结论。邓小平同志建设有中国特色社会主义理论被称之为当代中国马克思主义，这一理论命题中逻辑地包含着一个思想：它是立足于当代中国伟大实践的、对马克思主义哲学、政治经济学、科学社会主义理论作了全面发展的马克思主义。

第四，马克思主义作为科学的完整世界观，其含义在纵向上也包括各发展阶段的统一性和贯通性。马克思主义、列宁主义、毛泽东思想和邓小平同志建设有中国特色社会主义理论，世界观基础是统一的，实现无产阶级历史使命的目的是共同的，理论与实践相结合的本质特征是共同的。所以它们都是不断发展、完善和丰富着的马克思主义整体的一部分。由于时代和各国的具体历史条件不同，由于无产阶级实现自己历史使命的斗争实践是不断深入和扩大的，所以马克思主义的不同发展阶段各具特色。但无论怎样说马克思主义后续阶段作为马克思主义科学体系的构成部分，都是马克思主义世界观的展开、运用和体现。所以坚持马克思主义是完整世界观，包括坚持马克思主义、列宁主义、毛泽东思想、邓小平同志建设有中国特色社会主义理论之间的继承和发展关系。

三　坚持马克思主义是完整世界观，才能坚持马克思主义的指导作用，不给马克思主义“过时论”留下空隙

马克思主义是科学世界观，又是科学方法论，恩格斯曾就他和马克思创立的学说说过一段带总结性的话。他说：“马克思的整个世界观不是教义，而是方法。它提供的不是现成的教条，而是进一步研究的出发点和供这种研究使用的方法。”① 马克思主义提供给人们的不是关于某个问题的现成答案，更不是什么终极真理，而是伟大的认识工具：普遍真理的体系。“没有革命的理论，就不会有革命的运动。”② 无产阶级只有借助于马克思主义这个伟大的认识工具，才能深入理解自己所进行的斗争的性质、条件以及由此产生的一般目的。才能面向世界、面向实际，一切从实际出发，在实践中去开拓、创新，争取革命、建设和改革的胜利。马克思主义

① 《马克思恩格斯选集》第4卷，人民出版社2012年版，第884页。

② 《列宁选集》第1卷，人民出版社1995年版，第153页。

创始人创立的科学世界观所具有的认识功能和价值功能都是巨大的。列宁主义、毛泽东思想、邓小平同志建设有中国特色社会主义理论，都是马克思主义科学世界观与当时代、与俄国的和中国的具体实际相结合的产物。俄国十月革命的胜利和以后苏联社会主义建设的巨大成就、中国新民主主义革命和社会主义革命的胜利，中国社会主义建设的成就，特别是改革开放以来的巨大发展，都是马克思主义创造的辉煌。

马克思主义是一个决不同任何迷信、任何反动势力、任何为资产阶级压迫所作的辩护相妥协的世界观。它对无产阶级历史使命、解放的条件、性质和目的的科学论证，经常是在清算剥削阶级思想理论的欺骗影响中进行的。因此无产阶级和广大劳动人民，只有坚持马克思主义才能保持清醒的头脑和政治上的坚定性。

有人常常责难马克思主义不能提供解决当代问题的现成答案。其实，这个问题列宁早作过回答。他说：想从“一般真理的单纯逻辑发展中去寻找具体问题的答案，就是把马克思主义庸俗化，并且完全是对辩证唯物主义的嘲笑。”① 列宁这个回答是深刻的，世界上除了神学自诩可以包医百病以外，有哪一种科学理论体系会这样庸俗地嘲弄科学呢？马克思主义的活力恰恰不在于提供什么一切问题的现成答案，而在于其内部的一种力量，即它作为科学世界观和方法论的严整体系，必然同时是工人阶级的行动指南。作为科学世界观，它并不直接提供解决各种具体问题的现成答案，只给人们以普遍真理的体系；作为科学方法论，它又必然面向实际生活，同实际相结合，以指导工人阶级解决面临的实际斗争任务为己任。马克思主义理论内部这种动力，实际上是一种深刻的辩证法，即毛泽东同志称之为“事物矛盾问题的精髓”的道理：一般与个别，共性与个性的关系。一般寓于个别之中，个别又总是同一般相联系而存在。离开一般的个别就会失去发展方向，脱离个别的一般是空调的抽象。所以马克思主义的普遍真理必然同各国的实际相结合。坚持这种结合，就能找到回答和解决当前问题的正确答案。正是这样，马克思主义者特别重视理论与实际相结合，也就是列宁所讲的“马克思主义的最本质的东西、马克思主义的活的灵魂：具体地分析具体的情况”②。坚持这个原则，马克思主义就能够

① 《列宁专题文集·论资本主义》，人民出版社2009年版，第2页。

② 《列宁选集》第4卷，人民出版社1972年版，第290页。

面对现实世界发展中出现的新情况、提出的新问题，从总结人民群众创造新生活的历史的、现实的经验中，从吸收现时代自然科学和社会科学的优秀成果中，在解决一切现实问题、寻求重大问题的答案中丰富和发展自己。相反，若离开马克思主义与实际相结合这个普遍原理，把马克思主义当作百科全书，或日用大全，不考虑具体时间、具体环境里的历史过程的客观内容，从而也不对具体运用马克思主义一般原则的条件进行特别的分析，这就把马克思主义绝对化为抽象的真理，而这种真理是没有的。这样就会由责难马克思主义不解决现实问题，过渡到马克思主义“过时论”。实则是对马克思主义的偏见和无知。

（原载《高校理论战线》1996 年第 8 期）

什么是马克思主义基本原理

——五个马克思主义文本有关论述的研究

在前一段时期里，为了真正从理论上做到中央提出的“四个分清”：分清哪些是必须长期坚持的马克思主义基本原理，分清哪些是需要结合新的实际加以丰富发展的理论判断，分清哪些是必须破除的对马克思主义的教条式的理解，分清哪些是必须澄清的附加在马克思主义名下的错误观点。我们组织力量以“马克思主义”“马克思主义基本原理”为主题词，对《马克思恩格斯选集》《列宁选集》《斯大林选集》《毛泽东选集》《邓小平文选》进行了查阅，将其中关于马克思主义、马克思主义基本原理的论述加以收集、整理。现就有关问题归纳、阐释如下。

一　什么是马克思主义

从我们初步查阅的马克思恩格斯的著作看，马克思主义的两位创始人说明过由他们创立的马克思主义，但是并没有对什么是马克思主义作出过明确的界定。如恩格斯在《路德维希·费尔巴哈和德国古典哲学的终结》一文中就指出过：“请允许我在这里作一点个人的说明。近来人们不止一次地提到我参加了制定这一理论的工作，因此，我在这里不得不说几句话，把这个问题澄清。我不能否认，我和马克思共同工作40年，在这以前和这个期间，我在一定程度独立地参加了这一理论的创立，特别是对这一理论的阐发。但是，绝大部分基本指导思想（特别是在经济和历史领域内），尤其是对这些指导思想的最后的明确的表述，都是属于马克思的。我所提供的，马克思没有我也能够做到，至多有几个专门的领域除外。至于马克思所做到的，我却做不到。马克思比我们大家都站得高些，看得远些，观察得多些和快些。马克思是天才，我们至多是能手。没有马克思，我们的理论远不会是现在这个样子。所以，这个理论用他的名字命名是理所当然的。”① 从恩格斯这段论述中，我们可以把马克思主义理解为，以马克思的名字命名的，包括马克思恩格斯的观点、理论和学说的体系。

列宁给马克思主义下过明确的定义。他认为：“马克思主义是非常深刻的和多方面的学说”②，需要从不同角度说明什么是马克思主义。概括起来，列宁从四个角度（或层面）给马克思主义下过定义。这就是：(1)从学说创立者的角度讲，马克思主义是马克思的观点和学说的体系。(2)从世界观和方法论的角度讲，马克思主义即辩证唯物主义理论，善于把握住实际生活中的、资本主义和工人运动实际历史中的这些矛盾。马克思和恩格斯曾多次声明，马克思主义的哲学基础是辩证唯物主义，它完全继承了法国18世纪和德国19世纪上半叶费尔巴哈的唯物主义历史传统，即绝对无神论的、坚决反对一切宗教的唯物主义的历史传统。正因为马克思主义不是死的教条，不是什么一成不变的学说，而是活的行动指南，所以它就不能不反映社会生活条件的异常剧烈的变化。（3）从马克思主义阶级属性的角度讲：马克思主义是由资本主义训练出来的无产阶级的思想体系，马克思主义是无产阶级解放运动的理论。是无产阶级和人类解放的科学，尤其是关于无产阶级斗争的性质、目的和解放条件的学说。（4）从马克思主义的核心问题的角度讲，科学社会主义学说，也就是马克思主义。“社会主义的学说，即马克思主义的学说”③，“主要由马克思创立的共产主义理论，共产主义科学，即马克思主义学说……成为全世界千百万无产者的学说”④。从列宁对马克思主义的界定可以看出，在列宁看来，马克思主义就是由马克思恩格斯创立的、以辩证唯物主义和历史唯物主义为基础的、为无产阶级解放运动服务的科学社会主义理论体系。

斯大林曾对马克思主义、列宁主义下过明确的定义。关于马克思主义，他指出：“马克思主义是关于自然和社会的发展规律的科学，是关于被压迫和被剥削群众的革命的科学，是关于社会主义在一切国家中胜利的科学，是关于建设共产主义社会的科学。”⑤ 这显然是从马克思主义的研

① 《马克思恩格斯选集》第4卷，人民出版社1995年版，第242页。
② 《列宁全集》第32卷，人民出版社1985年版，第407页。
③ 《列宁全集》第13卷，人民出版社1986年版，第263页。
④ 《列宁选集》第4卷，人民出版社1995年版，第284页。
⑤ 《斯大林选集》下卷，人民出版社1979年版，第538页。

究对象，马克思主义所揭示的关于自然和社会的发展规律，关于无产阶级的社会主义革命和社会主义建设规律的角度去下定义的。关于列宁主义，他指出："列宁主义是帝国主义和无产阶级革命时代的马克思主义。确切些说，列宁主义是无产阶级革命的理论和策略，特别是无产阶级专政的理论和策略。"① 突出了列宁主义的时代性和对马克思主义的新贡献。

毛泽东、邓小平对什么是马克思主义也有相关的论述，但也没有下过明确的定义。如毛泽东指出："马克思列宁主义是马克思、恩格斯、列宁、斯大林他们根据实际创造出来的理论，从历史实际和革命实际中抽出来的总结论。"② "马克思列宁主义并没有结束真理，而是在实践中不断地开辟认识真理的道路。"③ 邓小平强调，"马克思主义理论从来不是教条，而是行动的指南。它要求人们根据它的基本原则和基本方法，不断结合变化着的实际，探索解决新问题的答案，从而也发展马克思主义理论本身。"④

从以上经典作家的论述是否可以作出这样的小结：马克思主义是由马克思恩格斯创立，由列宁、毛泽东、邓小平等后继者所丰富和发展了的观点和学说的体系；马克思主义是深刻而多方面的学说，是关于自然、社会和思维发展普遍规律的科学，是关于工人阶级及其政党的科学世界观的科学，是关于工人阶级和劳动人民革命、建设社会主义和共产主义的科学。

二　什么是马克思主义基本原理

从上述"五个文集"的有关原论中，可以得出几点看法。

1. 马克思恩格斯肯定马克思主义基本原理的存在，但是他们也没有给什么是马克思主义基本原理作出过明确界定

马克思、恩格斯在1872年给《共产党宣言》写的德文版序言中指出："不管最近25年来的情况发生了多大的变化，这个《宣言》中所阐述的一般原理整个说来直到现在还是完全正确的。……这些原理的实际运用，……随时随地都要以当时的历史条件为转移。"⑤ 在其1888年英文版

---

① 《斯大林选集》上卷，人民出版社1979年版，第185页。
② 《毛泽东选集》第3卷，人民出版社1991年版，第814页。
③ 《毛泽东选集》第1卷，人民出版社1991年版，第296页。
④ 《邓小平年谱》下卷，中央文献出版社2004年版，第1079页。
⑤ 《马克思恩格斯选集》第1卷，人民出版社1995年版，第248页。

序言中，恩格斯又重复了这样的话。《共产党宣言》是标志马克思主义诞生的著作，这个《宣言》中所阐述的“一般原理”，显然是指马克思主义的基本原理。

2. 最能代表马克思恩格斯关于马克思主义基本原理核心思想的，是《共产党宣言》的核心的基本思想

关于《共产党宣言》核心的基本思想，马克思恩格斯先在1883年德文版序言中做过表述、后又在1888英文版序言中重申过。即是：“每一历史时代主要的经济生产方式和交换方式以及必然由此产生的社会结构，是该时代政治的和精神的历史所赖以确立的基础，并且只有从这一基础出发，这一历史才能得到说明；因此人类的全部历史（从土地公有的原始氏族社会解体以来）都是阶级斗争的历史，即剥削阶级和被剥削阶级之间、统治阶级和被压迫阶级之间斗争的历史；这个阶级斗争的历史包括有一系列发展阶段，现在已经达到这样一个阶段，即被剥削被压迫的阶级（无产阶级），如果不同时使整个社会一劳永逸地摆脱一切剥削、压迫以及阶级差别和阶级斗争，就不能使自己从进行剥削和统治的那个阶级（资产阶级）的奴役下解放出来。”①

说它是马克思主义基本原理中最核心的思想有两点理由：一是这“两个序言”写于1883年6月28日和1888年1月30日，都在马克思的几个经济学手稿（1857—1858、1861—1863、1863—1867）、《资本论》第一卷（1867年）、恩格斯的《反杜林论》（1876年）等著作之后。按照马克思关于“人体解剖是猴体解剖的一把钥匙”的思维方法，这“两个序言”中所概括的核心思想，不仅仅是《共产党宣言》中已经得到阐释和论证的思想，而且包括《共产党宣言》中没有得到充分阐释和论证、在后来马克思的几个经济学手稿、《资本论》第一卷、恩格斯的《反杜林论》等等著作中才得到充分阐释和论证的思想。换个角度说，《共产党宣言》“两个序言”中所概括的核心思想，不仅仅是《共产党宣言》这部著作中的核心思想，而且是整个马克思主义理论体系中最重要、最根本、最核心的思想。1880年恩格斯的《社会主义从空想到科学的发展》、1883年3月17日恩格斯《在马克思墓前的讲话》表述过“两大发现”和“社会主义变成了科学”。“两大发现”是：“发现了人类历史的发展规律”即

① 《马克思恩格斯选集》第1卷，人民出版社1995年版，第257页。

唯物主义历史观。"发现了现代资本主义生产方式和它所产生的资产阶级社会的特殊的运动规律"[①] 即剩余价值学说。"社会主义变成了科学"即：由于这两大发现，"社会主义变成了科学"。恩格斯 1885 年在《反杜林论》"三个版本的序言"中提出、第三编第二章的社会主义理论部分所涉及的"仅仅是我所主张的观点的一个核心问题的表述"[②]，而《共产党宣言》1883 年德文版序言、1888 年英文版序言中讲的核心的基本思想，正是马克思主义的社会主义理论的核心的基本观点，所以它是马克思主义基本原理中所包含的最根本的观点和科学精神。

恩格斯曾经指出：我们所主张的共产主义世界观，"首先在马克思的《哲学的贫困》和《共产党宣言》中问世，经过足足 20 年的潜伏期，到《资本论》出版以后，就越来越迅速地为日益广泛的各界人士所接受。"[③] 列宁也指出过，《共产党宣言》以天才的透彻鲜明的笔调叙述了一种新的世界观，"即把社会生活领域也包括在内的彻底的唯物主义、作为最全面最深刻的发展学说的辩证法、以及关于阶级斗争和共产主义新社会创造者无产阶级肩负的世界历史性的革命使命的理论"[④]。恩格斯讲的由马克思确立和阐发的共产主义世界观和列宁讲的"新的世界观"是一致的。这是马克思主义理论体系中具有决定意义的东西，马克思主义正是有了它才成其为马克思主义。这个共产主义世界观在《共产党宣言》1883 年德文版序言、1888 年英文版序言中得到了集中的科学的概括，其中一连串的相互联系的原理揭示了客观世界发展、人的发展、人类社会发展最一般的规律。它贯穿在马克思主义整个理论体系和全部著作中。

二是从产生于 19 世纪末 20 世纪初的伯恩施坦主义及其在各国的变种起，迄今为止的一些有较大影响的反马克思主义派别，他们攻击、否定、修正马克思主义，大致都集中在几个方面：在哲学上否定辩证唯物主义和历史唯物主义，用庸俗进化论和诡辩论代替革命的辩证法；在政治经济学上修改马克思主义的剩余价值学说，竭力掩盖帝国主义的矛盾，否认资本主义制度的经济危机和政治危机；在政治上鼓吹阶级合作和资本主义和平长入社会主义，传播改良主义和机会主义思想，反对马克思主义的阶级斗

---

① 《马克思恩格斯选集》第 3 卷，人民出版社 1995 年版，第 776 页。
② 《马克思恩格斯选集》第 3 卷，人民出版社 1995 年版，第 348 页。
③ 《马克思恩格斯选集》第 3 卷，人民出版社 1995 年版，第 347 页。
④ 《列宁选集》第 2 卷，人民出版社 1995 年版，第 416 页。

争学说，特别是无产阶级革命和无产阶级专政的学说。他们攻击的这些内容，正是马克思主义最根本的东西，也就是先在《共产党宣言》1883 年德文版序言中表述、后又在其 1888 年英文版序言中重申的核心的基本思想。这表明，这些核心的基本思想恰恰是马克思主义同一切反马克思主义的分水岭，是划分真假马克思主义的试金石。

3. 列宁等后来的马克思主义经典作家是从不同层次、不同方面去阐释马克思主义基本原理的

列宁有时用马克思主义基本原理，有时用马克思主义基本原则，有时用马克思主义根本观点或根本问题等称谓，从多个角度表述马克思主义基本原理。如从马克思主义辩证法的角度，称“马克思主义中有决定意义的东西，即马克思主义的革命辩证法”①，把对具体情况作具体分析称为马克思主义的精髓，马克思主义的活的灵魂。② 自然界和社会中的一切界限都是有条件的和可变动的，没有任何一种现象不能在一定条件下转化为自己的对立面。民族战争可能转化为帝国主义战争，反之亦然，称为基本原理。③ 从历史唯物主义的角度，说“自从《资本论》问世以来，唯物主义历史观已经不是假设，而是科学地证明了的原理”④。他把马克思恩格斯合著的《神圣家族，或对批判的批判所做的批判》一书中的一个论点“历史活动是群众的事业，随着历史活动的深入，必将是群众队伍的扩大”⑤ 称为最简单明了的马克思主义原理。从阶级斗争的角度，称阶级斗争问题是马克思主义最根本的问题之一。阶级斗争学说是马克思主义的基础。把社会主义的胜利必须通过无产阶级同资产阶级的阶级斗争而取得，称为马克思主义基本原理。从无产阶级专政的角度，称无产阶级专政是“马克思主义在国家问题上一个最卓越最重要的思想”⑥，“只有懂得这一点的人，才算掌握了马克思国家学说的实质”⑦，“只有承认阶级斗争、同时也承认无产阶级专政的人，才是马克思主义者”，“必须用这块试金石

① 《列宁选集》第 4 卷，人民出版社 1995 年版，第 775 页。
② 《列宁选集》第 4 卷，人民出版社 1995 年版，第 213 页。
③ 《列宁选集》第 2 卷，人民出版社 1995 年版，第 693 页。
④ 《列宁选集》第 1 卷，人民出版社 1995 年版，第 10 页。
⑤ 《马克思恩格斯全集》第 2 卷，人民出版社 1957 年版，第 104 页。
⑥ 《列宁选集》第 3 卷，人民出版社 1995 年版，第 129 页。
⑦ 《列宁选集》第 3 卷，人民出版社 1995 年版，第 140 页。

来检验是否真正理解和承认马克思主义"[①]。从政治斗争策略上，把"共产党人为工人阶级的最近的目的和利益而斗争，但是他们在当前的运动中同时代表运动的未来"，称为《共产党宣言》提出的马克思主义的一个基本原理。[②] 他又从掌握斗争形式上，把承认各种各样的斗争形式，历史地来考察斗争形式的问题称为基本原理。在上述不同层次、不同方面又包含着一些具体原理。

斯大林从无产阶级革命论的角度，论述了列宁主义的三个基本原理。

毛泽东也从不同层次、不同方面阐释过马克思主义基本原理，如他从理论和实践的统一上论述过马克思主义的基本原则。他指出："我们学的是马克思主义，但是我们中的许多人，他们学马克思主义的方法是直接违反马克思主义的。这就是说，他们违背了马克思、恩格斯、列宁、斯大林所谆谆告诫人们的一条基本原则：理论和实际统一。"[③] 又如，他认为，唯物主义和阶级的观点是马克思主义的基本观点。他说："用马克思主义的基本观点，即阶级分析的方法，作几次周密的调查，乃是了解情况的最基本的方法"[④]。"马克思主义的一个基本观点，就是存在决定意识，就是阶级斗争和民族斗争的客观现实决定我们的思想感情"[⑤]。他还说，实践的观点是辩证唯物论的认识论的基本观点。"马克思主义的哲学辩证唯物论有两个最显著的特点：一个是它的阶级性，公然申明辩证唯物论是为无产阶级服务的；再一个是它的实践性，强调理论对于实践的依赖关系，理论的基础是实践，又转过来为实践服务。判定认识或理论之是否真理，不是依主观上觉得如何而定，而是依客观上社会实践的结果如何而定。真理的标准只能是社会的实践。实践的观点是辩证唯物论的认识论之第一的和基本的观点。"[⑥] 等等。

4. 马克思主义经典作家坚持从历史和逻辑的发展中阐明马克思主义基本原理的辩证的本性

从马克思到邓小平都一再强调，马克思主义的学说不是教条，而是行

---

① 《列宁选集》第3卷，人民出版社1995年版，第139页。
② 《列宁选集》第2卷，人民出版社1995年版，第445页。
③ 《毛泽东选集》第3卷，人民出版社1991年版，第798页。
④ 《毛泽东选集》第3卷，人民出版社1991年版，第789页。
⑤ 《毛泽东选集》第3卷，人民出版社1991年版，第852页。
⑥ 《毛泽东选集》第1卷，人民出版社1991年版，第284页。

动的指南。他们坚持从历史和逻辑的发展中阐明马克思主义基本原理的辩证本性，避免把马克思主义这一活的学说封闭在硬结的定义中。列宁对这个问题有过精彩说明。列宁说："恩格斯在谈到他本人和他那位著名的朋友时说过：我们的学说不是教条，而是行动的指南。这个经典性的论点异常鲜明有力地强调了马克思主义的往往被人忽视的那一方面。而忽视那一方面，就会把马克思主义变成一种片面的、畸形的、僵死的东西，就会抽掉马克思主义的活的灵魂，就会破坏它的根本的理论基础——辩证法即关于包罗万象和充满矛盾的历史发展的学说，就会破坏马克思主义同时代的一定实际任务，即可能随着每一次新的历史转变而改变的一定实际任务之间的联系。"①

这里提出一个问题，就是经典作家从历史和逻辑的发展中阐明马克思主义基本原理，避免把马克思主义这一活的学说封闭在硬结的定义中，这是不是说我们就不能对马克思主义基本原理作出严格定义，并概括出其基本内容呢？显然不是。的确，这种情形给我们从学理上对马克思主义基本原理作出科学概括、严格界定，带来了一定困难。然而这是符合马克思主义基本原理辩证发展的科学本性的。它有利于我们把马克思主义基本原理作为科学来对待，给一代一代追求真理的人们留下研究和发展马克思主义基本原理的空间。我们马克思主义学者依据一定原则，如遵循坚持与发展、理论与实际、整体与部分、科学性与意识形态性、学术性与政治性相统一等原则，是可以从马克思主义本身固有的内容中抽象出马克思主义基本原理的科学定义，概括出马克思主义基本原理的基本点的。事实上我们从马克思、恩格斯、列宁、斯大林、毛泽东、邓小平等经典作家的大量论述中，可以看到，他们各自所强调的马克思主义基本原理的主要内容。

例如，马克思恩格斯强调的是：（1）一定历史时代主要的经济生产方式和交换方式以及必然由此产生的社会结构，是该时代政治和精神的历史所赖以确立的基础。（2）阶级斗争是阶级社会发展的动力。（3）阶级斗争必然导致无产阶级革命和无产阶级专政。（4）无产阶级使整个社会一劳永逸地摆脱一切剥削、压迫以及阶级差别和阶级斗争，是使自己摆脱资产阶级的剥削和统治前提。（5）劳动价值理论、资本积累理论、剩余价值理论揭示了资本主义剥削的秘密，论证了资本主义必然灭亡的历史趋

① 《列宁选集》第2卷，人民出版社1995年版，第278页。

势。(6) 未来的新社会实行的是生产资料公有制。(7) 在未来的自由人联合体中，实现了人的自由而全面发展。

列宁强调马克思主义理论的全部价值“在于这个理论‘按其本质来说，它是批判的和革命的’”①。从列宁上面的论述中，我们认为列宁所阐述的马克思主义基本原理包括：(1) 辩证唯物主义与历史唯物主义的原理。(2) 关于阶级斗争原理。(3) 资本主义发展的历史趋势理论。(4) 无产阶级革命和斗争的策略的原理。(5) 关于无产阶级专政和国家理论 (6) 人民群众是历史的创造者理论。(7) 建设社会主义新社会的原理。(8) 无产阶级政党的原理。

斯大林认为“列宁没有给马克思主义‘补充’任何‘新原则’，同样列宁也没有取消马克思主义的任何一个‘旧’原则”，列宁只是在以下几个问题上发展了马克思主义。(1) 关于垄断资本主义问题，关于帝国主义是资本主义的新阶段的问题。(2) 关于无产阶级专政问题。(3) 关于在无产阶级专政时期，在由资本主义过渡到社会主义的时期，在一个被资本主义国家所包围的国家里顺利地建设社会主义的方式和方法问题。(4) 关于无产阶级在革命中，在任何人民革命中，在反对沙皇制度的革命中以及在反对资本主义的革命中的领导权问题。(5) 关于殖民地问题。(6) 关于无产阶级政党问题。②

毛泽东、邓小平等人很少直接用马克思主义基本原理。毛泽东用的较多的是马克思主义普遍真理、马克思列宁主义基本原则；邓小平用的较多的是马克思列宁主义的基本原理、马克思主义普遍真理、马克思主义根本观点等。

1956 年，毛泽东明确地从发展的视觉概括了马克思列宁主义的基本原理。他说：“列宁主义学说发展了马克思主义。在那些地方发展了呢? 1，在世界观，就是唯物论和辩证法方面发展了它；2，在革命的理论、革命的策略方面，特别是在阶级斗争、无产阶级专政和无产阶级政党等问题上发展了它。列宁还有关于社会主义建设的学说。从一九一七年十月革命开始，革命中间就有了建设，他已经有了七年的实践，这是马克思所没有

① 《列宁选集》第 1 卷，人民出版社 1995 年版，第 82—83 页。
② 《斯大林选集》上卷，人民出版社 1979 年版，第 610、611—615 页。

的。我们学的就是这些马克思列宁主义的基本原理。”①

同年，在毛泽东的主持下，我们党在批评赫鲁晓夫的错误观点时，把“人类社会发展长途中的一个特定阶段内关于革命和建设工作的普遍规律”概括为五条，认为这是“放之四海而皆准的”②。

邓小平面临的任务是要回答经济落后的国家无产阶级夺取政权以后，正确认识什么是社会主义，怎样巩固、建设和发展社会主义的问题，所以他结合变化着的新实际，着重从马克思主义世界观、方法论和如何认识、建设社会主义的角度归纳了一系列马克思主义基本原理。即是：（1）辩证唯物主义和历史唯物主义。“马克思主义最根本的观点就是辩证唯物主义和历史唯物主义”③，“搞社会主义一定要遵循马克思主义的辩证唯物主义和历史唯物主义。”④ 并指出，“马克思主义的活的灵魂，就是具体地分析具体情况”⑤；理论与实践的统一是马克思主义最基本的原则。（2）大力发展社会主义生产力。“马克思主义的基本原则就是要发展生产力。”“在社会主义国家，一个真正的马克思主义政党在执政以后，一定要致力于发展生产力”。⑥（3）公有制，按劳分配。“马克思主义又叫共产主义，马克思主义的基本原则是，在社会主义阶段实行‘各尽所能，按劳分配’，在共产主义阶段实行‘各尽所能，按需分配’。”⑦ 邓小平强调，一个公有制占主体，一个共同富裕，这是必须坚持的社会主义的根本原则。（4）无产阶级专政。“在社会主义社会，不要专政不行，无产阶级不搞专政，社会主义一天也维持不下去。无论哪个阶级都搞专政，资产阶级也搞资产阶级专政。”⑧ 邓小平还指出，“依靠无产阶级专政保卫社会主义制度，这是马克思主义的一个基本观点。马克思说过，阶级斗争学说不是他的发明，真正的发明是关于无产阶级专政的理论。历史经验证明，刚刚掌握政权的新兴阶级，一般来说，总是弱于敌对阶级的力量，因此要用专政的手段来巩固政权。对人民实行民主，对敌人实行专政，这就是人民民主

① 《毛泽东选集》第5卷，人民出版社1977年版，第322页。

② 《再论无产阶级专政的历史经验》，《人民日报》1956年12月29日。

③ 《邓小平年谱》下卷，中央文献出版社2004年版，第974页。

④ 《邓小平文选》第3卷，人民出版社1993年版，第118页。

⑤ 《邓小平文选》第2卷，人民出版社1994年版，第118页。

⑥ 《邓小平文选》第3卷，人民出版社1993年版，第28页。

⑦ 《邓小平文选》第3卷，人民出版社1993年版，第254页。

⑧ 《邓小平年谱》下卷，中央文献出版社2004年版，第944页。

专政。”①（5）发展社会主义政治、文化，建设社会主义精神文明。

三　研究马克思主义基本原理在方法论上应注意的问题

研究马克思主义基本原理在方法论上要注意一些问题。这里只讲两点。

1. 要注意区分层次

从马克思主义文本中我们可以看到，马克思主义的经典作家是在不同层次上使用“原理”“基本原理”的。列宁曾经指出，把问题提到一定历史范围以内，是马克思主义的绝对要求。这就提示我们，把握马克思主义基本原理，首先指向要明确，确定是在什么范围内谈论问题。在不同的范围内反映客观规律的某一原理，其性质和功能作用是不同的。辩证唯物主义和历史唯物主义揭示的是自然、社会和人类思维的一般规律。历史唯物主义揭示的是人类社会历史规律。马克思主义的政治经济学揭示的是人类社会生产方式内部运动的规律，特别是资本主义生产方式内部矛盾运动的规律，以及资本主义向社会主义过渡的规律和建设社会主义的规律。马克思主义的社会主义理论揭示的是从资本主义向社会主义，由社会主义向共产主义过渡的规律。马克思主义作为一个理论整体，它是其哲学、政治经济学和科学社会主义的辩证综合，即以哲学作为世界观和方法论，去分析现实社会，特别是资本主义社会和社会主义社会的基本矛盾运动及其规律，从中得出社会主义结论的。它所揭示的是整个客观世界、人类社会和人类发展的规律中最本质的东西。马克思主义的理论整体、马克思主义哲学、政治经济学和科学社会主义本身各自内部又包括一系列重要原理。我们讲基本原理，首先，要明确是在什么意义上讲的，是指马克思主义理论整体的原理，还是讲的马克思主义哲学、政治经济学和科学社会主义的某一部分的原理，或是某一部分原理中的重要理论观点？只有范围明确，才能确定其基本原理的内容。其次，马克思主义基本原理不论是哪一个层次，都是客观真理。因此，在它适用的范围内具有普遍性，不存在过时的问题。值得注意的是，不能把马克思主义基本原理等同于经典作家的个别论断。毛泽东曾经指出：“至于马克思、列宁关于个别问题的结论做得不合适，这种情况是可能的，因为受当时条件的限制，例如马克思关于无产

① 《邓小平选集》第3卷，人民出版社1993年版，第379页。

阶级革命首先在西方几个国家同时取得胜利的结论。”① 再次，强调马克思主义基本原理要体现时代性，反映规律性。正如邓小平强调的：“马克思主义理论从来不是教条，而是行动的指南。它要求人们根据它的基本原则和基本方法，不断结合变化着的实际，探索解决新问题的答案，从而也发展马克思主义理论本身。”② 研究马克思主义基本原理的目的，不是为了寻找万古不变的僵化的公式，或某种莫里逊氏的“万应灵丹”，而是寻求科学的理论指导和思想武器。因此，在无产阶级解放运动的不同时期，由于政治形势和政治任务的不同，会突出马克思主义基本原理中的不同重点。马克思、恩格斯、列宁、斯大林、毛泽东、邓小平，他们所强调的马克思主义基本原理的侧重点是不尽相同的，都具有强烈的时代性。

在经济全球化、新的科学技术革命和我国建设中国特色社会主义的今天，我们要注重坚持的马克思主义基本原理应该是什么呢？一些专家认为，应坚持物质决定意识、社会存在决定社会意识原理；客观世界相互联系永恒发展原理；人类社会形态由低级向高级演进和发展规律原理；剩余价值学说和资本主义基本矛盾与主要矛盾原理；社会主义历史必然性和工人阶级历史使命原理；阶级斗争与无产阶级革命原理；国家学说与无产阶级专政原理；人民群众是历史的创造者原理；无产阶级战略策略原理；无产阶级政党及其建设原理；科学社会主义本质特征原理；人的全面发展与共产主义原理。也有专家认为，应坚持十三条马克思主义基本原理：第一，关于客观世界相互联系、相互作用和运动发展的原理；第二，人类社会形态由低级向高级演进和发展规律的原理；第三，关于时代本质和阶段性特征的原理；第四，生产力和生产关系、经济基础和上层建筑辩证统一的原理；第五，阶级观点与无产阶级革命和无产阶级专政的理论；第六，剩余价值学说和资本主义社会基本矛盾与主要矛盾的理论；第七，社会主义历史必然性和工人阶级历史使命的学说：第八，科学社会主义本质特征和发展规律的学说；第九，社会主义革命（包括改革）和建设规律的理论；第十，社会主义国家执政党建设的学说；第十一，人与自然、人与社会的和谐和全面、协调、可持续发展理论；第十二，人的全面发展和共产

① 《毛泽东文集》第 8 卷，人民出版社 1999 年版，第 2 页。

② 《邓小平年谱》下卷，中央文献出版社 2004 年版，第 1079 页。

主义的原理；第十三，马克思主义在意识形态领域指导地位的原理，等等。[①] 这些都值得认真研究。我以为解决这个问题，在思路上，要从纵向和横向两个角度来考量。纵向即马克思主义的历史发展过程，横向即马克思主义的基本理论观点。从纵和横两个角度来考察、归纳马克思主义基本原理，也就是从历史和逻辑的结合上来找寻答案，这样也许会比较全面地把握住马克思主义基本原理的主要内容。

2. 要注意区分马克思主义基本原理与对马克思主义基本原理的运用

马克思主义基本原理不管从哪个层次说，在其适用的范围内所揭示的客观规律是普遍的，而它的运用则是特殊的，因此不能用运用的特殊情况去判定其固有的普遍原理的正确或错误。如马克思主义阶级斗争的理论和阶级分析的方法是科学社会主义的基本原理，而我国进入社会主义初级阶段以后，曾经一度坚持“以阶级斗争为纲”，这已为历史证明是错误的，因为它不符合社会主义初级阶段社会主要矛盾的客观要求。但我们以此否定马克思主义阶级斗争理论和阶级分析方法的科学性，因为上述我们的错误，只不过是我们一个国家一定时期在具体运用这一理论中出现的错误，不能用一个国家一定时期一度出现的错误这一特殊性，去否定马克思主义阶级斗争理论的普遍真理性。以往我们往往混淆马克思主义基本原理与对马克思主义基本原理的具体运用两者的界限，造成一些思想混乱，这是要引以为戒的。

（原载《马克思主义研究》2009 年第 4 期）

---

① 靳辉明：《马克思主义基本原理不是老生常谈》，《社会科学报》2008 年 1 月 24 日。

深化马克思主义基本原理的认识和创造性运用

对“马克思主义基本原理”这一概念，现在至少可以从三个角度去理解：一是指马克思主义基本原理本身；二是指马克思主义理论学科中的二级学科；三是指高校思想政治理论课程中的一门课程。本文侧重从马克思主义基本原理本身谈一点深化研究的认识。

一　要重视突出马克思主义基本原理及其科学体系整体性的研究

马克思主义是科学，马克思主义基本原理是这门科学的核心。研究和说明马克思主义基本原理及其科学体系，是科学论证马克思主义科学性的必要条件。这是因为，任何一门科学之所以能够确立，必须有三个条件，“一是明确的对象，二是一系列正确的原理，三是比较完整严密的科学体系”①。正是这样，邓小平在讲到毛泽东思想科学体系时指出：“毛泽东思想是个体系，是发展了的马克思主义。”② 他强调，“做理论工作的同志，要花相当多的功夫，从各个领域阐明毛泽东思想的体系。要用毛泽东思想的体系来教育我们的党，来引导我们前进。”③ 2005 年 5 月 11 号，中宣部和教育部联合下发的《关于加强和改进高等学校哲学社会科学学科体系和教材体系建设的意见》，也提出要大力开展马克思主义理论体系研究。在这个方面，学界作出了一些努力，取得了一些重要成果，但是，总的来看，目前大多数研究还是按照马克思主义三个主要组成部分来进行的。应该说，从马克思主义的某一组成部分的视角进行研究，对于深化某一个部

① 黄枬森：《关于马克思主义基本原理若干理论问题的思考（上）》，《思想理论教育导刊》2007 年第 10 期。

② 《邓小平文选》第 2 卷，人民出版社 1994 年版，第 43 页。

③ 《邓小平文选》第 2 卷，人民出版社 1994 年版，第 44 页。

分、某一个领域具体问题的认识是必要的、有益的，对这种研究成果的价值不可低估。然而，这种分部分研究对人们完整地把握马克思主义基本立场、观点和方法是有缺陷的。按照马克思主义本性的要求，在原有研究的基础上，更应该对它进行整体性研究，以便完整把握它的科学体系。之所以如此，是因为，其一，这是马克思主义作为完整世界观的内在要求。列宁曾说过："马克思主义的全部精神，要求人们对每一个原理都要（α）历史地，（β）都要同其他原理联系起来，（γ）都要同具体的历史经验联系起来加以考察"。[①] 马克思主义本身历史方面和逻辑方面的严整性要求加强马克思主义整体性研究。其二，只有做这方面的研究，才能够说明马克思主义三个主要组成部分内部各个原理之间的相互联系、相互贯通，说明三个主要组成部分之间的相互联系、相互贯通。目前总体说来，对这个问题的科学研究和理论说明是不够的，特别是从一个主要组成部分怎样转化为另一个组成部分、从前面的一个比较抽象的具有最大普遍性的范畴、原理出发，怎样一步一步具体地、日趋深入地形成后面一系列的范畴、原理，使这些范畴、原理前后一致而不互相矛盾，尚未得到充分的论证和深刻的说明，这影响了人们对马克思主义理论体系的完整性的认识，也影响了马克思主义功能作用的发挥，不利于人们完整把握马克思主义立场、观点、方法及其运用。其三，是反对肢解马克思主义的根本要求。较长时期以来，各种各样的非马克思主义、反马克思主义思潮惯于用肢解的手法来诋毁马克思主义，它们或者把马克思主义不同的部分、不同的发展阶段割裂开来，或者突出一些部分抛弃另一些部分，或者制造不同部分之间的对立，为维护马克思主义科学体系的严整性，必须加强马克思主义的整体性研究。其四，这也是马克思主义理论学科建设的内在要求。整体性是马克思主义理论学科的重要特征和学科规定性。这一规定性既体现在马克思主义原理上，也体现在马克思主义理论一级学科及不设二级学科之间的有机联系上。要加强马克思主义理论学科建设，就应根据其内在要求加强马克思主义原理及其科学体系整体性研究。

怎样理解马克思主义基本原理的整体性，多位专家已发表了一些富有启发意义的见解。国务院学位委员会、教育部学位委员会（2005）64 号文件对此有一个明确的表述，指出，无论从横向上还是从纵向上说，马克

---

① 《列宁选集》第 2 卷，人民出版社 1995 年版，第 785 页。

思主义都是一个发展着的整体。对马克思主义基本原理进行整体性研究，“与马克思主义哲学、政治经济学和科学社会主义分门别类的研究不同，它要求把马克思主义的这三个组成部分有机结合起来，揭示它们的内在逻辑联系，从总体上研究和掌握马克思主义”①。从这段明确的表述中，我们对马克思主义基本原理的整体性可以作出四个方面的解读。第一，在研究对象上，马克思主义的基本原理不是对于客观物质世界某一个发展阶段、某一个部分、某一方面的反映，而是对于包罗万象、充满矛盾和历史发展的物质世界整体的本质和发展规律的科学反映。第二，在逻辑范畴上，它不是马克思主义某一构成部分、领域的范畴，而是从马克思主义哲学、政治经济学、科学社会主义各主要组成部分中抽象出来的，同时又贯通于各主要组成部分之中，涵盖多学科的范畴。这些范畴按照马克思主义作为一个完整世界观的要求，依据一定的逻辑规则形成概念体系，概念之间的逻辑联系是严整的。第三，在根本属性上，它具有科学性与阶级性、理论与实践、绝对与相对、普遍性与特殊性辩证统一的基本性质。这些基本性质贯穿于马克思主义理论各二级学科之中，并且将各二级学科内在地联系起来，形成一个不可分割的整体，这个整体最集中的表达就是马克思主义的立场、观点、方法及其运用。第四，在学科结构上，它们是以马克思主义基本原理为核心和基础，以创造性实践为中介的原本形态、展开形态、发展形态或者运用形态的统一体。这四个方面紧密联系、一以贯之，构成马克思主义基本原理的整体性。

二 要对马克思主义若干重要原理、重要范畴作深入的科学解读

现在出版了一些有关马克思主义理论的优秀著作，概念清晰，原理讲得深透，读后使人感到很有收获。但是，也有一些论述马克思主义理论的著作在对重要原理和重要范畴的使用上存在着这样或那样的一些情况。一是直接使用某个原理和范畴，不作解读。二是有解读，但是不够深透。三是解读不科学、不正确，甚至有错误。四是解读不全面。五是解读的史实有误。这些情况不仅使人们难以全面准确地、深刻地把握马克思主义原理或重要范畴的精髓和实质，影响了对它的创造性运用，而且也难以有针对

① 王秀阁、杨仁忠主编：《马克思主义理论学科前沿问题研究》，人民出版社 2010 年版，第 434 页。

性地回答对马克思主义基本原理提出的有关挑战。以第一种情况来说，如对生产关系要适合生产力的发展状况这个规律只使用不作科学解读，就很难使读者明辨是非。如有人提出这个规律“纯粹是一种思辨的思维活动”，“在人类历史实际进程中根本就不存在，找不出任何一条历史事实来支持这个规律存在”。这里提出的问题是，通过思维抽象并用逻辑表述出来的规律是不是就不具有客观性，对这样的问题必须做深入的理论说明。应该指出，如果这种责难能够成立，那么一切规律都要被取消、被否定。因为任何规律作为普遍性的东西，作为事物的本质或本质的关系，都不是可以直接感知到的，而是通过思维的抽象揭示出来，并用逻辑的方式凝结和概括起来的。所以，决不能因为规律要通过思维抽象和逻辑表述出来，就否定它的客观实在。生产力决定生产关系的规律也一样，它虽然是通过思维抽象和逻辑表述出来的，但是它是客观存在于人类历史实际进程中的，其中的生产关系是作为人的本质活动的社会物质生产过程的内在要素，或说人与人的关系的基本方面而存在的。正是“生产关系”概念的提出，“社会生产”概念由抽象变得具体了，社会生产的矛盾运动过程被揭示出来，进而揭示出社会形态发展的自然历史过程性质。所以，生产力决定生产关系，实际上是人类认识社会改造社会的实践活动，它绝非“纯粹是一种思辨的思维活动”。人类历史发展的实际进程，人们的物质生产过程处处都证明着这个规律的客观存在。逻辑表述只不过是历史发展规律的理论表现。

还必须指出，对这个规律的客观性，不能凭列举个别的所谓“历史事实”来否定。这是因为，生产力决定生产关系作为普遍规律，总是存在于特殊之中，并在一定历史条件下起作用的。它在不同的地区、国家、民族及其不同的历史发展阶段，其具体表现形式是不同的。要证明或否定这样的普遍规律，需要“事实”，更需要理性思维。离开了理性思维，单靠个别“事实”既不能证明它，也不能否定它。因此，仅仅用列举几件“历史事实”来证明这个规律的存在，这种做法在科学上是站不住脚的。因为这种事实，不是从整体上、从联系中去把握的，而是随意挑出来的，不反映历史发展的主流和本质。

关于第二种情况，比如说“物质”这一概念。我以为，如果只讲物质是个哲学概念，它相对于思维来说，是客观存在的，而不论证社会关系也是物质的，这种解读还是远远不够的。为了增强理论的说服力，还必须对马克思关于社会物质观的科学论证作理论阐述，因为社会的发展归根到底只有物质的力量才是最后的力量，只有物质才能成为历史运动的唯物主义的基础。现在，有些否定历史唯物主义规律及其逻辑表述的观点，正是以我们对社会的物质性及其运动规律实现的机制和特点理论阐述不足为根据的。实际上，我们知道，马克思恩格斯在《德意志意识形态》中开始奠定唯物史观的基础时，就规定了生产方式的范畴。他们认为生产方式是社会发展的决定力量，它的两个方面生产力和生产关系都是物质力量。马克思的《资本论》完成了这一科学论证。它首先论证了生产力的物质性，科学地说明了生产力包括劳动者、劳动资料和劳动对象。而劳动者是"活的有意识的物"，是自然力。劳动资料是物和物的综合体。劳动对象是无机物和有机物，从而说明了生产力是物质的生产力，进而论证了生产关系的物质性。人所共知，生产力的物质性是比较容易说明的。需要说明的是，生产关系作为人与人之间在物质生产过程中的关系，也是物质的。只有说明了生产关系的物质性，才能回答为什么生产关系较之上层建筑对生产力的直接影响作用，作为生产关系总和的经济基础对上层建筑的决定作用。马克思从对一个特定社会——资本主义社会的分析入手，通过分析资本主义社会的经济细胞——商品切入，说明了商品的物质性。证明商品是一个外界的对象，它作为物质，存在于人之外。他指出，商品是使用价值和价值的统一，是生产力和生产关系统一的体现。要说明商品的物质性，关键在于说明商品价值的物质性，因为使用价值并不反映任何生产关系，而且它是可感觉的物体，人们容易承认它的物质性，而价值则不同，看不见、摸不着，如果能说明它是作为"物的社会存在"，那么社会的物质规定性也就得到了论证。马克思用科学抽象的方法，通过一系列的科学论证，说明了价值是以使用价值为物质载体的，同时形成商品价值的劳动也是物质的，这样就说明了商品价值是作为人类劳动的"物的形式"存在的。它作为一定社会关系的体现，是通过具体劳动表现出来的抽象劳动的产物，是一定量的劳动时间的客体化，即价值的对象性，它所表现的一定社会历史时期的社会关系，是人和人的关系的表现形式，是物，是社会实体，而不是自然实体。价值具有物质的规定性。马克思进而以价值为基础，论证了资本主义一系列经济范畴如资本、剩余价值、利润、利息和地租等，都是价值在资本主义生产关系中发展的不同层次、梯级的形态，或者说发展的形式和转化的形式，所反映的内容也都具有物质性。表明资本、剩余价值、利润、利息和地租等都是“从生产本身的自然必然性产生的，不以意志、政策等等为转移的形式。这是物质规律”。[①] 这样就论证了反映整个资本主义生产关系经济范畴所概括的内容的物质性，从而为唯物史观关于社会存在是社会发展的基础的原理提供了一个完整的体系性的证明。正如恩格斯总结的，“这里所涉及的，不仅是纯粹的逻辑过程，而且是历史过程和对这个过程加以说明的思想反映，是对这个过程的内部联系的逻辑研究”，[②] 正是这样，马克思把资本主义社会的经济制度称为物质的制度或者物质制度。进而马克思从这个基本的生产关系出发，寻找到了基本的阶级关系，再过渡到对社会上层建筑的论证，科学地论证了上层建筑和经济基础的内在联系，这样，就做到了从整体性来理解一个社会的发展，彻底确立了唯物主义一元论的历史观。所以列宁指出，《资本论》的问世，使唯物史观从假设变成了科学。

弄清了马克思关于社会物质性的科学论证，对于马克思主义关于物质概念的把握就比较全面了，从而也才能够更深刻地理解生产关系要适合于生产力的发展状况、上层建筑要适合于经济基础状况的规律，正如列宁所说的，马克思“从社会生活的各种领域中划分出经济领域，从一切社会关系中划分出生产关系，即决定其余一切关系的基本的原始的关系”[③]。“只有把社会关系归结于生产关系，把生产关系归结于生产力的水平，才有可靠的根据把社会形态的发展看作自然历史过程。不言而喻，没有这种观点，也就不会有社会科学。”[④]

关于第三种情况，如对马克思关于生产力、生产方式和生产关系三个范畴之间关系思想的解读，从有的著作看，作者对马克思关于生产力、生产方式和生产关系三个范畴之间关系的思想并不清楚，从而也影响了对马克思关于生产方式这个概念的理解。马克思在从 19 世纪 40 年代中下叶一直到 70 年代的著作，包括《资本论》中的有关思想，关于生产力、生产方式、生产关系三个范畴之间的关系的基本内容是，生产方式决定生产关系，生产方式以及同它相适应的生产关系具有特殊的、历史的和暂时的性质。马克思说的资本主义生产方式指的是生产的资本主义的社会形式，即

---

① 《马克思恩格斯全集》第 26 卷（第 1 册），人民出版社 1972 年版，第 15 页。

② 《马克思恩格斯全集》第 25 卷，人民出版社 1974 年版，第 1013 页。

③ 《列宁选集》第 1 卷，人民出版社 1995 年版，第 6 页。

④ 《列宁选集》第 1 卷，人民出版社 1995 年版，第 8—9 页。

资本主义条件下劳动者和生产资料相结合以生产人们所需要的物质资料的特殊方式，也就是雇佣劳动和资本相结合以生产人们所需要的物质资料的特殊方式。了解了这个思想，才能够更深刻更全面地把握马克思关于生产方式的概念。

关于第四种情况，比如财产关系和生产关系的问题，有的教材上讲得不够全面，致使读者读后只知道生产关系，弄不清有关产权的问题。其实，马克思的产权概念是明确的，它是与财产有关的多种权利的复合体，马克思深刻揭示了产权的性质，指明了财产关系是生产关系的法律用语，财产权是生产关系的法律表现，所有权是所有制的法律形态，它是产权的基础和核心，这是上层建筑中的问题。所有制是经济基础中的问题，一定的所有制决定着一定的所有权，所有权又反作用于所有制。我国国有企业的改革就是要在不改变社会主义性质的前提下对法律上的财产关系和经济上的生产关系进行有利于发展社会主义生产力的改革和调整。

关于第五种情况，比如，关于马克思主义哲学是不是斗争哲学的问题。有文章根据毛泽东曾讲过的马克思主义哲学是一种斗争哲学，就肯定马克思主义哲学是斗争哲学，并主张现在建设和谐社会要用和谐哲学来代替辩证唯物论，因为辩证唯物论是斗争哲学。这种解释如黄枬森教授所指出的，立论的依据是不可靠的。确实，毛泽东曾经讲过，马克思主义哲学是一种斗争哲学。但他是在回答有人说马克思主义哲学是斗争哲学时说的："是的，马克思主义哲学是斗争哲学。"其用意是肯定马克思主义主张要斗争、要战斗、要奋斗等。但毛泽东在正面讲到马克思主义哲学的时候，从来都是讲它是辩证唯物主义，当然还有历史唯物主义，《毛泽东选集》里有很多地方，都是这样命名的。毛泽东讲对立统一规律的时候，就不赞成斯大林只讲斗争不讲统一，而他在《矛盾论》里讲对立统一的时候，总是不仅讲斗争也讲统一，所以毛泽东正式称呼马克思主义哲学的时候，他还是承认辩证唯物论和历史唯物论。因此，根据他在某种特殊场合使用过斗争哲学的概念，就认为马克思主义哲学是斗争哲学，这是不合适的。和谐实际上就包含在统一里面，和谐就是一种统一，这个统一怎么才能达到？要达到统一有时恐怕也离不开斗争。

以上都说明，对马克思主义基本原理中的一些重要的原理、范畴需要作深刻的解读，才能增强理论的说服力、吸引力和感召力。因为理论越彻底，越能说服人。所谓彻底，就是抓住了事物的根本。

三 坚持从继承与创新的统一中丰富马克思主义基本原理的范畴

马克思主义基本原理是马克思主义科学体系中核心内容的理论表达。而其基本范畴则是理论体系、逻辑构成的要素。马克思主义的基本范畴及科学体系研究是马克思主义基本原理学科中规定的一门课程。丰富马克思主义基本原理的范畴是该学科建设的基础性工作，也是深化马克思主义基本原理及科学体系研究的基础性工作。

丰富马克思主义基本原理的范畴，要坚持继承与创新的统一。

一是对马克思主义三个主要组成部分——马克思主义哲学、马克思主义政治经济学、科学社会主义等原理及其发展史中的范畴进行系统的梳理和筛选，从中提炼出一些最基本的范畴，将其提升为整个马克思主义理论学科的范畴。如在马克思主义世界观和方法论层次上，提出辩证唯物主义、历史唯物主义的基本范畴；在马克思主义的基本观点和基本结论层次上，选择马克思恩格斯运用马克思主义基本原理分析不同历史时期的历史任务而得出的若干重大结论，比如，马克思恩格斯运用唯物史观分析资本主义社会基本矛盾得出的资本主义必然灭亡、社会主义必然胜利的重要结论，劳动价值论和剩余价值论，未来社会必须坚持公有制、按劳分配的思想，关于阶级斗争、社会主义革命、无产阶级专政原理，人的自由而全面发展的原理等。这些基本范畴、概念、重要结论、观点经提升之后，按照从总体上揭示马克思主义科学体系的要求，运用历史和逻辑、抽象和具体、简单和复杂等规则将其排列起来，使这些范畴不再限于原有的涵义，而是被赋予新的意义，不再只是对原有研究对象的反映，而是升华为对整个世界的本质和发展过程最普遍规律的科学反映。

二是制定新的范畴。马克思主义基本原理总是在新的科技发展和哲学社会科学成果的基础上，结合时代特征和当时的社会实践不断得到丰富和发展的，与此相应，必须制定新的范畴和概念。关于这个方面，应遵循恩格斯和毛泽东讲的原则。恩格斯说：现代社会主义“同任何新的学说一样，它必须首先从已有的思想材料出发，虽然它的根子深深扎在物质的经济的事实中”。[①] 毛泽东说：“马克思主义必须在斗争中才能发展，不但过去是这样，现在是这样，将来也必然还是这样。正确的东西总是在同错误

① 《马克思恩格斯选集》第 3 卷，人民出版社 1995 年版，第 719 页。

的东西作斗争的过程中发展起来的。真的、善的、美的东西总是在同假的、恶的、丑的东西相比较而存在，相斗争而发展的。”① 制定马克思主义基本原理的新范畴是否可以考虑按照四种路径来进行，即：其一，对马克思主义的文本、文献做深入的挖掘，马克思主义的文本、文献中含有关于马克思主义的基本原理的丰富思想，对马克思恩格斯的著作及当代马克思主义者的著作中有关基本原理的思想进行深入的研究，进行理论概括和科学说明，承继这一笔丰厚的理论遗产，是深刻把握马克思主义基本原理、科学精神必不可少的；其二，从当今时代、实践和科学发展中抽象、概括出一些反映时代特征和发展规律的概念列入马克思主义基本原理的范畴；其三，从古今中外优秀文化思想中发掘出一些富有生命力的概念，经过改造、提升，形成马克思主义的基本范畴；其四，从国内外非马克思主义思潮中吸取一些积极的营养成分，经过批判、改造、加工、制作，形成一些新的概念来补充、丰富马克思主义基本原理的范畴。这方面的工作有相当的困难，不仅工作量大，而且需要做长期的努力，正如列宁所说，谁怕用功夫谁就无法找到真理。只要坚持不懈地努力就可以逐渐形成和完善马克思主义基本原理的科学范畴体系。

四　要把马克思列宁主义的基本原理和中国特色社会主义的基本原理联系起来加以考量

把马克思列宁主义的基本原理和中国特色社会主义的基本原理联系起来加以考量，是有力证明马克思主义基本原理仍然是我们正确认识和运用人类社会发展规律的锐利武器，证明中国特色社会主义是坚持和发展了马克思主义。中国特色社会主义之所以是正确的，关键在于它既坚持了科学社会主义的基本原则，又根据时代特征和中国实际赋予其鲜明的中国特色。中国特色社会主义理论体系，从中国社会主义初级阶段的实际出发，用中国的话语系统，把科学社会主义创始人关于科学社会主义的基本原则，作了富有中国特色的理论表达，如科学社会主义关于在未来社会要发展社会生产力的原理，马克思恩格斯在《共产党宣言》等著作中强调，无产阶级建立自己的统治，建立新的社会以后，要“尽可能快地增加生

① 《毛泽东文集》第7卷，人民出版社1999年版，第230页。

产力的总量”。[①] 生产力的巨大增长和高度发展是未来社会的重要特征。这一原理在中国特色社会主义理论体系中，表述为“马克思主义最注重发展生产力”，“社会主义原则第一是发展生产”，“社会主义阶段的根本任务是发展生产力”，“以经济建设为中心”；按照马克思主义原理，一个社会的性质取决于生产关系的性质，一种生产关系的性质取决于生产资料所有制的性质。因此，马克思恩格斯把生产资料从私有制转变为公有制视为社会主义最基本的特征。他们在《共产党宣言》中指出，“共产党人可以把自己的理论概括为一句话：消灭私有制”。[②] 恩格斯认为，社会主义社会“同现存制度的具有决定意义的差别当然在于，在实行全部生产资料公有制（先是单个国家实行）的基础上组织生产”[③]。这一科学社会主义的基本原则在中国特色社会主义理论体系中，根据我国社会主义初级阶段生产力呈多层次分布的客观要求，表述为以公有制为主体、多种所有制经济共同发展的基本经济制度；马克思恩格斯认为，根据未来社会生产力的发展状况，在分配制度上，只能实行按劳分配原则。科学社会主义这一基本原则在中国特色社会主义理论体系中，同我国现阶段基本经济制度相适应，被表述为以按劳分配为主体，多种分配方式并存的分配制度，并确立了劳动、资本、技术、管理等生产要素按贡献参与分配的原则；马克思恩格斯认为，未来社会在经济体制和运行机制上，应实行产品经济，商品和货币将从社会上消失。在中国特色社会主义理论体系中，在经济体制和运行机制上，则确立了社会主义市场经济体制，使市场经济体制、运行机制和社会主义的公有制得到了结合，这一重大创新发展了经典马克思主义的经济理论，极大地推动了中国经济的发展；马克思恩格斯认为，未来社会在国家政权上，无产阶级专政只存在于从资本主义进入社会主义的过渡时期，进入共产主义社会第一阶段后，国家将消亡。列宁发展了马克思关于无产阶级专政的学说，认为在共产主义第一阶段国家正在消亡，但还没有完全消亡。在中国特色社会主义理论体系中，则强调无产阶级专政将存在于整个社会主义历史阶段，并且几十代人都不能掉以轻心。结合中国实际，无产阶级专政命名为人民民主专政，更加鲜明地凸显出人民在国家政

① 《马克思恩格斯选集》第 1 卷，人民出版社 1995 年版，第 293 页。
② 《马克思恩格斯选集》第 1 卷，人民出版社 1995 年版，第 286 页。
③ 《马克思恩格斯选集》第 4 卷，人民出版社 1995 年版，第 693 页。

权中当家作主的地位，表明政权具有民主和专政两个方面的职能和政权的民主性质，强调人民民主是社会主义的生命；马克思恩格斯认为，在社会的意识形态上，“任何一个时代的统治思想始终都不过是统治阶级的思想”，[①] 未来社会必须实行“两个彻底决裂”，在共产主义社会的第一阶段上，社会的统治思想必然是工人阶级的意识形态和科学世界观——马克思主义。在中国特色社会主义理论体系中，坚持马克思列宁主义、毛泽东思想被确定为四项基本原则之一。党的十七大报告又指出，中国特色社会主义理论体系“坚持和发展了马克思列宁主义、毛泽东思想”。“在当代中国，坚持中国特色社会主义理论体系，就是真正坚持马克思主义”。[②] 并且创造了一系列具体体现马克思主义指导地位的原则。此外，马克思主义关于共产主义社会发展阶段、社会主义的本质特征、社会主义的领导力量、党的最低纲领和最高纲领的统一、科学技术是生产力、社会成员的富裕、军事理论、党的学说等重要原理，在中国特色社会主义理论体系中，都被赋予鲜明的中国特色。这些都显示了马克思主义基本原理的创造性活力和时代精神，同时也反映了中国特色社会主义理论体系具有深厚的马克思主义根基。

五 划清一些重大原则问题的理论是非界限

在改革开放新时期，我们党多次提出在原则问题上要旗帜鲜明，注意分清一些基本界限。比如马克思主义同反马克思主义的界限，社会主义公有制为主体、多种所有制经济共同发展同私有化的界限，社会主义民主同西方议会民主的界限，辩证唯物主义同唯心主义形而上学的界限，社会主义思想同封建主义、资本主义腐朽思想的界限，学习西方先进东西同崇洋媚外的界限，文明健康生活方式同消极颓废生活方式的界限，等等。我以为，划清基本界限对深化马克思主义的研究是极为重要的，因为正确的东西总是在同错误的东西作斗争的过程中发展起来的。真的、善的东西总是同假的、恶的东西相比较而存在，相斗争而发展的。这是真理发展的规律，也是马克思主义的发展规律。划清基本界限，就是对马克思主义与非马克思主义、反马克思主义进行比较、对照、批判分析，这样必定会深化

---

① 《马克思恩格斯选集》第1卷，人民出版社1995年版，第292页。

② 《中国共产党第十七次全国代表大会文件汇编》，人民出版社2007年版，第12页。

对马克思主义基本原理的认识。当前，就有一些重要问题需要深入研究，划清彼此之间的原则界限，比如，我们党提出的科学发展观中的“以人为本”与西方人本主义、与中国传统文化中的民本思想，在提出的背景上、人的具体内涵上、发展的前景上以及历史观上有原则的区别。又如，构建社会主义和谐社会的理论基础与和合思维的界限。现在有一种意见认为，传统文化中的和合思想是我们构建社会主义和谐社会的理论基础。我以为这种看法是不当的。我们要构建的社会主义和谐社会，是在人民根本利益一致的基础上，是在中国特色社会主义道路上，中国共产党领导全体人民共同建设、共同享有的和谐社会。我们在构建社会主义和谐社会中，当然要继承、吸取和合思维中的合理要素，但是，不能把含义模糊的“和合”概念作为中华和谐文化的理论基础，更不能把它作为构建社会主义和谐社会的理论基础，社会主义和谐社会与古代关于社会和谐的思想有某些因素的联系，但是在经济根源、利益基础、科学基础、历史观等多个方面，特别是在本质内容上是根本不同的。又如，要注意党的十七大报告中的关注民生的概念与孙中山的“三民主义”中的“民生”概念的联系和区别。在海外，有学者讲“三民主义”就是社会主义，现在我们讲关注民生是回到了“三民主义”。应该说这是抹杀了二者之间的原则界限，我们讲关注民生是从中国共产党的根本立场上、根本宗旨上，从社会主义本质规定上提出问题的，同“三民主义”中的民生问题有某种联系，但是，在基础和前提、根本立场和历史观、在未来社会的发展目标等方面，是有原则区别的。

这里有一个很重要的问题，就是语言是思维的外壳，是表达思想的工具，一种思想总是要通过一定的话语系统表达出来。理论也是这样，任何一种理论总要通过特定的概念、范畴表达出来，如果表达一种理论的基本概念、主要范畴受到了曲解，或者被置换，这种理论的内涵不改变是不可能的。马克思主义无疑要从中国传统文化中、一切世界进步文化中吸取积极的要素，以不断丰富和完善自己，包括语言系统，这是没有疑问的。但是，马克思主义理论体系中一些最基本的概念、范畴、原理必须坚持，对它的取代、补充必须经过严格的科学论证，采取慎重的态度，如果在这方面有随意性，忽视科学性，必然会损害马克思主义基本原理及其科学精神，这在当前我国多种文化相互交锋、碰撞、某种程度的交融中是值得注意的问题。

（原载《思想理论教育导刊》2008 年第 7 期）

马克思和恩格斯的基本思想及其真髓

马克思和恩格斯的基本思想，是丰富多彩的、多方面的和非常深刻的。它构成了马克思主义体系的理论基础。要在有限的文字内阐述清楚马克思和恩格斯的基本思想，具有相当的难度，难免挂一漏万。本文以《马克思恩格斯文集》十卷中的主要文章为依据，遵循恩格斯《反杜林论》和列宁的《马克思主义的三个来源和三个组成部分》等著作的思路，试从马克思主义理论体系的高度对这个问题作出初步概括。

一　马克思、恩格斯的世界观和方法论：完备的哲学唯物主义

列宁说："马克思的学说……是用深刻的哲学世界观和丰富的历史知识阐明的经验总结。"[①] 哲学世界观是马克思、恩格斯全部学说的理论基础，论述马克思、恩格斯的基本思想，宜先论述马克思、恩格斯的哲学世界观。关于这个问题，列宁在《卡尔·马克思》的词条中写道：马克思和恩格斯于1848年2月发表的著名的《共产党宣言》这部著作，"以天才的透彻而鲜明的语言描述了新的世界观，即把社会生活领域也包括在内的彻底的唯物主义"[②]。列宁在另一个地方还指出："马克思的哲学是完备的哲学唯物主义"。[③]

完备的哲学唯物主义是马克思、恩格斯创立的哲学世界观和方法论。它是对欧洲近代，特别是18世纪末叶以来法国唯物主义哲学的发展。当时法国唯物主义哲学在同农奴制和农奴制思想等展开决战中，忠于一切自然科学学说、仇视一切迷信和伪善行为，是唯一彻底的哲学。马克思、恩

---

① 《列宁专题文集·论马克思主义》，人民出版社2009年版，第201页。

② 《列宁专题文集·论马克思主义》，人民出版社2009年版，第5页。

③ 《列宁专题文集·论马克思主义》，人民出版社2009年版，第68页。

格斯在批判地吸收其基本内容的基础上，创立了自己的完备的唯物主义哲学。

马克思、恩格斯对这种唯物主义哲学的根本立场和具体态度是捍卫、丰富和发展。

马克思、恩格斯反复多次地指出：“一切离开这个基础（唯物主义——引者注）的倾向都是极端错误的。”① 恩格斯在《路德维希·费尔巴哈与德国古典哲学的终结》、马克思在《资本论》等著作中，最明确最详尽地阐述了这种立场。

尽管18世纪的法国唯物主义是进步的，但是马克思、恩格斯没有停止在这个水平上，而是向前推进了这一哲学唯物主义，用德国古典哲学中有价值的成果丰富了它。这主要是用黑格尔体系中的合理内核——辩证法丰富了它。

马克思、恩格斯不仅用辩证法丰富了哲学唯物主义，而且极大地加深和发展了它，把它贯彻到底，从对自然界的认识推广到对人类社会的认识，通过探寻人类社会“现实的联系”，从社会生活的各个领域中划分出经济领域，从一切社会关系中划分出生产关系，并把它当作决定其余一切关系的基本的原始的关系，把生产关系归结到生产力的高度，把历史看做是一个自然过程，这就推翻了他们之前的所有思想家把历史看做是某种观念的逐渐实现的观点，把唯心主义从它的最后的避难所——历史观驱逐出去，创立了历史唯物主义，从而产生了把社会生活领域也包括在内的彻底的唯物主义。

历史唯物主义“是科学思想中最大成果”②，是人类思想史上一次真正的壮丽的日出。1859年，马克思在他的《〈政治经济学批判〉序言》中对历史唯物主义的内容作了经典概括。这包括四个基本点，一是关于“社会形态”的构成；二是关于“社会形态”内部两个基本方面的正确关系；三是社会形态发展的规律；四是人类社会形态一般演进的几个时代。这四个方面集中起来说，就是“阐明了生产力决定生产关系、经济基础决定上层建筑、人们的社会存在决定人们的社会意识等历史唯物主义基本原理，揭示了人类社会发展的一般规律，论证了旧的社会形态为新的更多

① 《列宁专题文集·论马克思主义》，人民出版社2009年版，第67页。

② 《马克思恩格斯文集》第2卷，人民出版社2009年版，第592页。

的社会形态所取代的历史必然性和必要条件”[①]。

正是由于马克思这一伟大发现，过去在历史观和政治观方面占支配地位的那种混乱和随意性，被一种极其严密的科学理论所代替了。从此使得研究人类社会的学问变为像自然科学一样精确的科学。这里必须强调说明三点：一是尽管科学共产主义创始人恩格斯在多处讲过，完备的哲学唯物主义世界观“绝大部分是由马克思确立和阐发的”，但是应该公正地说，这是由马克思、恩格斯共同创立的。二是正像不能把马克思主义政治经济学和科学社会主义视为只是对英国古典政治学和法国社会主义学说简单的、单线继承一样，这里不能把马克思主义哲学的形成只视为对德国古典哲学的继承。马克思主义的三个主要组成部分同三个来源不是单线的简单的对口衔接关系。马克思主义的三个主要组成部分同三个来源之间的联系是复杂的。事实上马克思主义的任何一个来源都与三个主要组成部分、而三个组成部分中的任何一个组成部分也都与三个来源有关，问题只是密切的程度有所不同，不能简单化。三是马克思、恩格斯不是书斋的学者，在他们看来，如果唯物主义缺少革命实践活动，就是不彻底、片面的、毫无生气的唯物主义。他们创立了完备的唯物主义哲学世界观，便“把伟大的认识工具给了人类，特别是给了工人阶级”[②]，从而把完备的唯物主义哲学世界观和由现代经济制度造成，并意识到自己的利益和历史使命的力量即无产阶级结合起来；他们严格地根据辩证唯物主义世界观的一切前提来确定无产阶级策略，指导无产阶级进行胜利的斗争。

二 马克思、恩格斯思想的主要内容：无产阶级的经济理论

马克思、恩格斯运用完备的唯物主义哲学来修改整个政治经济学，深入剖析资本主义生产方式和交换方式，形成了他们思想中的主要内容：无产阶级的经济理论。马克思、恩格斯的经济论著十分丰富。其中，由马克思撰写、恩格斯精心雕琢的《资本论》，是他们经济理论成熟、完善和完成的主要标志，是他们批判资产阶级政治经济学的最高总结，也是他们理论体系的全面论证。这里以《资本论》为代表，来概述他们经济理论中最基本的方面，应该是适当的。

① 《马克思恩格斯文集》第2卷，人民出版社2009年版，第5页。

② 《列宁专题文集·论马克思主义》，人民出版社2009年版，第68页。

1. 创立科学的劳动价值论

马克思、恩格斯以前，在英国这个最发达的资本主义国家形成了古典政治经济学。其主要代表人物亚当·斯密和大卫·李嘉图通过对经济制度的研究，奠定了劳动价值论的基础。这是古典政治经济学经过一个半世纪以上的研究才最后得到的智慧之果。但是，古典经济学家由于资产阶级立场、唯心主义历史观和形而上学的思维方法，并未科学地解决这个问题。其一，他们对劳动的分析，"在任何地方也没有明确地和十分有意识地把表现为价值的劳动同体现为产品使用价值的劳动分开"。[①] 不懂得劳动的二重性质。什么劳动形成价值，价值的本质是什么，他们是不清楚的。当然更不会运用劳动价值论去批判地理解现实的经济问题。其二，他们将价值和交换价值的价值形式混同，未能通过商品价值的分析，发现交换价值的价值形式，也未打算探索其发展来说明货币的起源。

马克思运用唯物辩证法，批判地研究古典经济学，继承了它的科学因素，摒弃了其中不科学的成分，创立了科学的劳动价值理论，解决了科学上未曾解决的难题。其一，马克思从概念上严格区分开价值和交换价值。其二，建立了劳动二重性学说。马克思详尽地分析和论证了商品二因素和劳动二重性的内在联系，透彻地说明了生产商品的劳动具有二重性，正是它决定了商品的二因素。从理论上奠定了科学劳动价值论和剩余价值学说的基础。其三，创立了价值形式学说。价值形式即价值的表现形式，亦即交换价值。它和价值是形式和内容的关系。马克思完成了对价值本质、价值形式及其历史发展过程的分析，科学地说明了货币的起源和本质。其四，创立了商品的拜物教理论。

正是由于马克思在商品分析中，论述了商品的二因素及其体现在其中的劳动的二重性；在价值分析中，研究了价值的质和量，包括对价值实体和价值量、价值的内容和形式的考察；在商品理论分析中，揭示了这些经济范畴的社会本质和历史性质；在货币分析中，深层地考察了货币的起源、本质和种种职能，这样就完成了价值理论的革命变革，创立了科学的价值理论，并以此为基础和出发点，创立了剩余价值理论。

2. 创立了剩余价值理论

剩余价值理论是马克思的第二个发现，是马克思经济理论的基石。在

---

① 《马克思恩格斯文集》第5卷，人民出版社2009年版，第98页注（31）。

马克思、恩格斯以前，包括古典政治经济学家和空想社会主义者在内，一直没有搞清楚现代社会中资本和劳动关系的真相，不懂得资本主义剥削的秘密所在。弄不清或者察觉不到资本和劳动的交换与价值规律之间的矛盾，这是导致古典政治经济学家破产或解体的第一大难题。与此不同，“马克思的第二个重要发现，就是彻底弄清了资本和劳动的关系，换句话说，就是揭示了在现代社会内，在现存资本主义生产方式下，资本家对工人的剥削是怎样进行的”①。

马克思的第二个伟大发现，从19世纪40年代开始研究，完成于50和60年代，直到他去世还一直在深化研究。对第二个伟大发现最详细、最全面、最系统的论述当数《资本论》。《资本论》第一卷《资本的生产过程》，通过对资本主义生产过程本身作为直接生产过程呈现的各种现象的考察，创建了完整的剩余价值生产的理论。《资本论》第二卷《资本的流通过程》，考察了在生产和流通统一中剩余价值和资本自身怎样通过流通过程得到实现的问题。在这一“异常出色的研究著作”中，以剩余价值实现的理论为中心，“所取得的崭新成果”② 成为狭隘剩余价值理论向广义剩余价值理论过渡的中介。《资本论》第三卷《资本主义生产的总过程》，通过对资本运动过程作为整体考察时所产生的各种具体形式的探讨，以剩余价值的转化和分割的理论为中心，考察了资本和剩余价值等抽象关系在现实运动中呈现出来的各种具体形式，说明了剩余价值如何进行分配的问题。最终完成了剩余价值理论，作为剩余价值理论部分的终结，也完成了政治经济学的最终变革。《资本论》第四卷《剩余价值理论》，是对剩余价值理论史的集中分析。这一卷围绕剩余价值理论这一核心，对资产阶级政治经济学各派的观点做了全面的评述，进一步深入地阐发了马克思的科学理论。这样，《资本论》四卷就以“巧妙的辩证的结构”③ 制定了关于剩余价值理论的完整严谨的科学体系。

《资本论》对剩余价值理论的系统阐明，使资本主义社会经济运动规律被清晰地揭示出来，使历史唯物主义得到科学论证，同时也使科学社会主义得到全面论证。

---

① 《马克思恩格斯文集》第3卷，人民出版社2009年版，第460页。

② 《马克思恩格斯文集》第6卷，人民出版社2009年版，第25页。

③ 《马克思恩格斯全集》第16卷，人民出版社1964年版，第233页。

三 马克思、恩格斯基本思想的核心：社会主义学说

马克思、恩格斯是在与空想社会主义相对应的意义上，使用“科学社会主义”概念的。它的基本含义是“无产阶级必须采取政治行动。必须把实行无产阶级专政作为达到废除阶级并和阶级一起废除国家的过渡”[①]。集中起来说，科学社会主义是关于无产阶级解放的条件、性质和一般目的的学说。其内容以唯物史观和剩余价值理论为基础，大致包括三个基本方面：社会主义、共产主义的历史必然性；无产阶级解放的基本道路和主要任务；无产阶级的建党思想和策略原则。

1. 马克思、恩格斯的社会主义学说是在批判空想社会主义学说中形成的

空想社会主义是伴随“自由”资本主义社会的出现而产生的。它作为社会主义的最初形态，是反映资本主义压迫和反对这种压迫的学说。空想社会主义“批判资本主义社会，谴责它，咒骂它，幻想消灭它，臆想较好的制度，劝富人相信剥削是不道德的”[②]。特别是三大空想社会主义者对资本主义的批判在广度和深度上都达到了前所未有的水平，成为其学说中最突出、最精彩、最有生命力的一部分。这种批判，对于人们认识资本主义的本质，提高工人的思想觉悟，起了积极的作用；空想社会主义对未来社会提出了许多积极的主张和合理的预测，为科学社会主义的形成提供了有益的思想材料；空想社会主义提出了一些具有唯物史观思想萌芽的观点，为科学地论证人类社会历史提供了宝贵的思想资料。但是，由于空想社会主义诞生在资本主义生产状况及其阶级状况都不成熟的历史条件下，其历史观是唯心主义的，因而不了解社会发展、特别是资本主义社会发展的客观规律，不能科学地阐明社会主义代替资本主义的历史必然性，对未来社会的设想，更多的还是处于价值上的判断；不了解无产阶级的社会地位和历史使命，找不到变革资本主义的社会力量；不了解阶级斗争是阶级社会发展的直接动力，找不到实现社会主义的正确途径。因此，“空想社会主义没有能够指出真正的出路。它既不会阐明资本主义制度下雇佣奴隶制的本质，又不会发现资本主义发展的规律，也不会找到能够成为新

---

① 《马克思恩格斯文集》第 3 卷，人民出版社 2009 年版，第 310 页。

② 《列宁专题文集 · 论马克思主义》，人民出版社 2009 年版，第 70 页。

社会的创造者的社会力量。”①

马克思、恩格斯的科学社会主义学说，正是应新时代的呼唤，在批判空想社会主义学说的过程中，继承其思想遗产而创立起来的。

2. 马克思、恩格斯“从全世界历史的提示中”得出了“阶级斗争学说”

在马克思和恩格斯以前很久，资产阶级的历史学家就叙述过阶级斗争的历史发展，资产阶级的经济学家也对这些阶级作过经济的剖析。但是，这些理论的问题是，或者只赞成资产阶级对封建贵族的斗争，否认无产阶级对资产阶级的斗争；或者没有分析地主、资本家、工人三大阶级关系产生的根源，无产阶级的本质和发展趋势；或者把资本看作是一种永恒的自然关系，极力掩饰资本主义生产力和资本主义生产关系的矛盾冲突，否定资本主义普遍存在的生产过剩导致经济危机的可能性，表现出鲜明的资产阶级本性，因此资产阶级思想家的阶级斗争理论是不彻底的。与此不同，马克思的天才就在于他最先从这里得出了全世界历史所提示的结论，并且彻底地贯彻了这个结论。这个结论就是阶级斗争学说。

马克思明确指出，他的“阶级斗争理论”有三点新贡献，就是他证明了：（1）阶级的存在仅仅同生产的一定的历史发展阶段相联系；（2）阶级斗争必然导致无产阶级专政；（3）这个专政本身不过是达到消灭一切阶级和达到无阶级社会的过渡。② 马克思和恩格斯的阶级斗争理论，给我们认识复杂的社会现象“提供了一条指导性的线索，使我们能在这种看来扑朔迷离、一团混乱的状态中发现规律性”③。这是因为，每个社会分成的各个阶级的地位和生活条件不同，必然产生各种矛盾的意向，只有用阶级斗争的理论分析每个阶级以至一个阶级内部各个集团或阶级所处的地位，各种社会关系以及一个阶级到另一个阶级，从过去到将来的各个过渡阶段，才能科学地确定这些意向的结果，测定历史发展的整个合力。

3. 马克思和恩格斯创立了无产阶级历史作用的学说

找出现代资本主义社会中能够除旧布新的力量是时代提出的课题。当时社会主义者就是要了解：究竟哪种社会力量因其在现代社会中所处的地

---

① 《列宁专题文集·论马克思主义》，人民出版社 2009 年版，第 71 页。

② 《马克思恩格斯文集》第 10 卷，人民出版社 2009 年版，第 106 页。

③ 《列宁专题文集·论马克思主义》，人民出版社 2009 年版，第 15 页。

位而关心社会主义的实现，并使这种力量意识到它的利益和历史使命。而马克思、恩格斯创立的哲学唯物主义，看出人类社会的发展同一切自然现象一样，也是受物质力量即生产力的发展所制约的。生产力的发展决定人们在生产人类必需的产品时彼此所发生的关系。用这种关系才能解释社会生活中的一切现象，人的意向、观念和法律。生产力的发展造成了以私有制为基础的社会关系，现在生产力的发展正在消灭私有制，即现代社会制度的基础，这种发展本身就是朝社会主义者所指定的那个目标前进的。无产者因其在现代社会中所处的地位而关心社会主义的实现，必须使他们意识到它的利益和历史使命。马克思、恩格斯在科学上，而且也从斗争实践上真正找到了改造资本主义旧世界，创建共产主义新世界的社会力量。他们用这个原理去教育无产阶级，使其产生明确的阶级意识，团结起来，组成自己阶级的政党，为自己的解放而斗争。

4. 马克思、恩格斯关于未来社会的科学预见

马克思、恩格斯当时面临的主要任务是要从科学上论证社会主义取代资本主义的必然性，但是他们对于未来新社会也有许多科学预见。这里简明地概述三点。

一是关于未来共产主义的未来发展阶段问题。马克思、恩格斯认为，共产主义是历史地从资本主义中产生、发展出来的。从向着共产主义发展的资本主义社会过渡到共产主义社会，要经过三个阶段：从资本主义变为共产主义的“革命转变时期”，共产主义社会的第一阶段，共产主义社会的高级阶段。马克思、恩格斯论述了这三个阶段各自的特征。

二是关于共产主义社会第一阶段经济和政治的特征。共产主义社会第一阶段，“它不是在它自身基础上已经发展了的，恰好相反，是刚刚从资本主义社会中产生出来的，因此它在各方面，在经济、道德和精神方面都还带着它脱胎出来的那个旧社会的痕迹”①。在共产主义社会的这个阶段，经济方面的基本特征是，“以生产资料公有制为基础”，它与资本主义旧社会的根本差别在于在生产资料公有制基础上组织生产；“消费资料的任何一种分配，都不过是生产条件本身分配的结果”。在生产资料公有制基础上，“生产的物质条件是劳动者自己的集体生产”，由此决定，消费资料的分配应同资本主义生产方式基础上的分配不同，要实行按劳分配，即

① 《马克思恩格斯文集》第3卷，人民出版社2009年版，第434页。

“以一种形式给予社会的劳动量，又以另一种形式领回来”[①]。这种分配制度中的“平等的权利按照原则仍然是资产阶级权利”，存在着事实上的不平等，但是“在经过长久阵痛刚刚从资本主义社会产生出来的共产主义社会第一阶段，是不可避免的。权利决不能超出社会的经济结构以及由经济结构制约的社会的文化发展”[②]。此外，马克思、恩格斯还预见到未来社会中要合理调节社会生产，仍将保留“价值决定”，进行社会再生产，仍存在剩余劳动、剩余产品。因此，这反映在政治方面，“还需要有国家在保卫生产资料公有制的同时来保卫劳动的平等和产品分配的平等”[③]。对劳动和消费量实行极严格的监督。国家正在消亡，还没有完全消亡。

三是共产主义社会高级阶段的特征。马克思描述了共产主义社会高级阶段的特征。“在共产主义社会高级阶段，在迫使个人奴隶般地服从分工的情形已经消失，从而脑力劳动和体力劳动的对立也随之消失之后；在劳动已经不仅仅是谋生的手段，而且本身成了生活的第一需要之后；在随着个人的全面发展，他们的生产力也增长起来，而集体财富的一切源泉都充分涌流之后，——只有在那个时候，才能完全超出资产阶级权利的狭隘眼界，社会才能在自己的旗帜上写上：各尽所能，按需分配！”[④] 马克思、恩格斯认为，实现共产主义社会是人类最崇高的社会理想，但是达到共产主义高级阶段是非常漫长的历史过程，需要经过长时期的努力。这个过程的长短取决于共产主义的发展速度，实现的前提是劳动生产率和人们思想觉悟的极大提高。

四　马克思、恩格斯基本思想中的真髓

以上是从马克思主义整体性的角度对其三个组成部分的基本观点的概述。这对深入把握马克思主义理论体系及其某一主要组成部分的思想观点是必要的，必不可少的，但是仅仅停留在这个层面的认识还是不够的。我们还应该以此为基础，进一步从总体上来把握马克思主义思想体系的真髓。

---

① 《马克思恩格斯文集》第3卷，人民出版社2009年版，第434页。

② 《马克思恩格斯文集》第3卷，人民出版社2009年版，第435页。

③ 《列宁专题文集·论马克思主义》，人民出版社2009年版，第266页。

④ 《马克思恩格斯文集》第3卷，人民出版社2009年版，第435—436页。

1. 马克思主义思想体系极其完备而严整

恩格斯和列宁都强调，马克思的学说极其彻底、完备而严密，是完整的严格的无产阶级世界观。马克思、恩格斯基本思想的严整性，集中表现在它的主要三个组成部分之间的相互联系、相互渗透、相互贯通。完备的唯物主义哲学是马克思、恩格斯思想理论体系的世界观和方法论原则，是根本的理论基础。以剩余价值学说为基石的经济理论是唯物辩证法达于资本主义社会的现实，对资本主义生产方式和交换方式的剖析，是马克思、恩格斯理论最深刻、最全面、最详尽的证明和运用，是他们思想的主要内容；社会主义学说则是运用唯物辩证法分析资本主义生产方式的内在矛盾及其发展得出的结论，是其哲学、政治经济学研究的落脚点和归宿。正是因为马克思、恩格斯思想理论体系中三个组成部分存在着内在联系，因此，无论在理论内容上，还是在逻辑思维形式上彼此都不能分割。马克思、恩格斯思想的严整性是一种内在的规定。

首先，无产阶级实现伟大的历史使命需要完备的科学理论。无产阶级的历史使命是要根本改变旧世界，创立新世界。实现这样的使命，无论是破旧还是立新，所要面对、解决的是包括经济、政治、文化等领域在内的整个社会的问题，回答这样总体性的问题是涉及多个学科的综合性任务。而在马克思主义诞生以前，在英国、法国、德国已有的理论成果，如政治经济学、古典哲学和社会主义学说，不仅都彼此分离，而且同以往一切理论一样，有两个根本缺陷：一是至多只考察了人们的历史活动的思想动机，而没有探究出物质生活资料的生产和再生产是决定一切社会关系，因而也决定人们思想动机的根源；二是只看到个人在历史上的作用，而没有看到人民群众的决定作用。这种精神上的片面性和理论上的根本缺陷，决定这些学说不可能科学地揭示社会历史发展规律，对社会历史只能限于片面的了解，甚至所持的是极其混乱和武断的见解。无产阶级自然不能从这些理论中取得革命信念，并用以确立奋斗目标、斗争方法和活动方式。无产阶级要实现自己的历史使命，所需要的科学理论形态，必须是全新的，即克服了以往一切理论在精神上的片面性和理论内容上的根本缺陷、适应自己变革旧世界、创立新世界整体要求的，熔哲学、政治经济学和科学社会主义理论为一块整钢的，形成了观点和学说体系的理论，即马克思主义。

其次，马克思主义自身的内在逻辑要求完备的科学理论。马克思主义需要哲学，这是无产阶级的“头脑”和“精神武器”，唯有它无产阶级才能摆脱旧世界的精神奴役，科学地认识世界、能动地改造世界。马克思主义需要政治经济学。马克思主义的真理性在于以事实为依据。马克思、恩格斯所创立的无产阶级经济理论，如实地揭示了资本主义社会内在矛盾、运行机制和规律，才有马克思主义科学的主要内容。马克思主义需要科学社会主义。马克思主义的目的、任务和使命在于彻底解放无产阶级、进而解放全人类。科学社会主义集中表现了马克思主义的目的、任务和使命。因此没有科学社会主义，马克思主义就将失去自己的核心内容。

这里还应指出，马克思、恩格斯思想体系的严整性不排除其各个组成部分的形成，在不同历史时期某一方面特别突出。如在德国，1848 年以前马克思主义哲学的形成特别突出，1848 年突出的是马克思主义的政治思想；在 50 年代和 60 年代，马克思的经济思想又特别突出。这当然也不是绝对的，它只是表明某个历史时期由于总的历史条件的变化，马克思主义创始人把注意力主要放在某一方面，那一方面的思想被提到了首位。

2. 为工人阶级的解放而创作

我们在前面引述的恩格斯《在马克思墓前的讲话》中的那段话清楚地说明了马克思（自然也包括恩格斯本人）全部理论和实践活动的根本宗旨。马克思、恩格斯在很多研究领域都有独到的发现。但是作为科学家，科学研究在他们身上远不是主要的。他们之所以重视科学，是因为“科学是一种在历史上起推动作用的、革命的力量”①。所以，任何一门理论科学中的每一个新发现，特别是那种对工业、对一般历史发展立即产生革命性影响的发现，都使他们非同寻常地喜悦。正是这样，马克思、恩格斯的思想内容虽然丰富多彩，但他们学说中的“主要的一点，就是阐明了无产阶级作为社会主义社会创造者的世界历史作用”②。“马克思和恩格斯的具有世界历史意义的伟大功绩，在于他们向各国无产者指出了无产者的作用、任务和使命就是率先起来同资本进行革命斗争，并在这场斗争中把一切被剥削的劳动者团结在自己的周围。”③ 在这个意义上，列宁把马克思主义直接称为“严格的无产阶级世界观”④。

---

① 《马克思恩格斯选集》第 3 卷，人民出版社 1995 年版，第 777 页。

② 《列宁专题文集·论马克思主义》，人民出版社 2009 年版，第 61 页。

③ 《列宁专题文集·论马克思主义》，人民出版社 2009 年版，第 81—82 页。

④ 《列宁专题文集·论马克思主义》，人民出版社 2009 年版，第 297 页。

众所周知，以往一切社会科学理论都受它所代表的那个阶级的地位所局限，劳动者的根本利益和要求是在其视野之外的。与此根本相反，马克思、恩格斯思想的根本价值取向，是彻底的全心全意地为工人阶级解放而斗争，这是人类开天辟地以来从未有过的。马克思、恩格斯的思想在最完备的形式上实现了真理的科学性和价值的合理性的高度统一，则更是如此。历史是人民创造的，人民同历史同存。在这个意义上我们完全应该说，永远的马克思和恩格斯。

3. 理论与实践的高度统一

马克思、恩格斯倡导了理论与实践相统一的根本原则，在社会主义思想史上，第一次实现了理论与实践的统一，他们自身又是坚持理论与实践统一的典范。马克思在任《莱茵报》主编时，就关注农民的切身利益，为利益受损的农民进行辩护。1845 年至 1847 年，恩格斯在布鲁塞尔和巴黎时，经常到工人中间进行实际工作。在这一期间，马克思和恩格斯与德国“共产主义者同盟”发生了联系。1848 年革命爆发后，他们回德国，在莱茵普鲁士主编在科隆出版的民主派的《新莱茵报》。1870 年以前，恩格斯住在曼彻斯特，马克思住在伦敦。后恩格斯移居伦敦，直到 1883 年马克思逝世为止，他们始终过着充满紧张工作的共同精神生活。一方面从事科学研究，另一方面积极参加和指导工人运动。马克思在 1864 年创立了国际工人协会，在整整十年内领导了这个协会，恩格斯也积极地参加了协会的领导工作。这个协会依照马克思、恩格斯的主张，联合全世界的无产者，对工人运动的发展起了巨大的作用。在 70 年代国际工人协会解散后，他们所起的团结作用也没有停止。作为工人运动和工人政党的精神领导者，马克思、恩格斯所起的作用不断增长，有力地促进了工人运动和工人政党的不断发展。马克思逝世后，恩格斯一个人继续担任欧洲社会党人的顾问和领导者，成为社会主义的“保姆”。西班牙、罗马尼亚和俄国的社会党人都向恩格斯征求意见，请求指示，都从老年恩格斯的知识和经验的丰富宝库中得到教益。

马克思、恩格斯还非常关心俄国和中国等国家的情况，以同情的态度注视这些国家的革命运动，一直与俄国的革命者保持联系，并以极大的热情和同情心给予革命者以指导。

理论与实践的统一贯穿于马克思主义的形成、发展的整个过程。马克思主义始终以生动的生活实践和丰富的社会实践为基础和原动力。正是这样，列宁说马克思主义是从“世界各国的革命经验和革命思想的总和中生长出来的”[①]，而且它总是能够不断回答时代、实践提出的新课题，在不断总结历史经验和现实的新鲜经验中得到提升和发展，不至于重蹈历史上那些保守的、故步自封的学说的覆辙，真正体现出它是科学的世界观、方法论，是开放的、发展的体系，而不是封闭的、僵化的教义。

马克思、恩格斯所确立的普遍真理与实践相结合的原则，所树立的理论与实践相结合的风范，发展为马克思主义的普遍真理同各国具体实践相结合的普遍原理，永远指导和激励着无产阶级和进步人类，指导他们去夺取民族民主革命和社会主义革命、社会主义建设和改革的伟大胜利。

4. 在斗争中创新科学理论

马克思主义的本质是批判的、革命的。马克思主义取得的每一步胜利，都得经过战斗，在斗争中发展是马克思主义的发展规律。马克思、恩格斯正是在同错误思潮和反对势力不断的斗争中创立和推进自己的理论的。

在马克思主义创立后的第一个50年里，马克思、恩格斯一直在同那些与他们根本对立的势力和理论观点进行斗争。19世纪40年代的前5年，马克思、恩格斯清算了站在哲学唯心主义立场上的激进青年黑格尔派；40年代末，他们在经济学方面开始进行反对普鲁东主义的斗争，到50年代完成了这个斗争；60年代，马克思、恩格斯将斗争从一般的理论方面转移到更加接近于直接工人运动的方面：从第一国际中清除巴枯宁主义。70年代初主要是与在德国名噪一时的普鲁东主义者米尔柏格进行斗争，70年代末主要与实证论者杜林进行斗争。经过斗争，使这两人对无产阶级的影响日益式微，马克思主义绝对地战胜了工人运动中的其他思想体系。到19世纪90年代，这一胜利大体完成。甚至在普鲁东主义传统保持得最久的罗曼语各国，工人政党实际上也把自己的纲领和策略建立在马克思主义的基础上。重新恢复起来的国际工人运动组织，即定期举行的国际代表大会，几乎没有经过什么斗争就立即在一切重大问题方面都站到马克思主义立场上来了。

---

① 《列宁专题文集·论马克思主义》，人民出版社2009年版，第298页。

在马克思主义把一切比较完整的、同马克思主义相敌对的学说排挤出去以后，这些学说就开始给自己另找出路。斗争的形式和起因改变了，但是斗争还在继续。列宁继承了马克思、恩格斯的伟大事业，同第二国际的修正主义展开了激烈的斗争，捍卫了马克思主义的伟大旗帜，使国际社会主义运动的理论思想有了颇有成效的活跃，在帝国主义新的时代条件下，把马克思主义发展成为列宁主义，并使这场斗争成为“不顾小市民的种种动摇和弱点而向着本阶级事业的完全胜利迈进的无产阶级所进行的伟大革命战斗的序幕”。[①]

要特别指出的是，马克思、恩格斯敢于和善于同一切旧的观点实行彻底的决裂。但是，他们并不是历史虚无主义者，相反，他们比任何派别都更加尊重历史，尊重人类文明成果。他们的学说正是在批判地继承德国的古典哲学、英国古典政治经济学和法国的空想社会主义的积极因素中创立和完善起来的，而且在哲学、政治经济学和社会主义理论的每一个部分，都在继承和创新的统一中作出了新的建树。譬如说，在社会主义理论领域，在 19 世纪 40 年代，许多有才能的或无才能的人，正直的或不正直的人，都醉心于争取政治自由的斗争，醉心于反对皇帝、警察和神父专横暴戾的斗争，而看不见资产阶级利益同无产阶级利益的对立。他们根本没有想到工人能成为独立的社会力量。另一方面，当时有许多幻想家，有些甚至是一些天才人物，都以为只要说服统治者和统治阶级相信现代社会制度是不合理的，就很容易在世界上确立和平和普遍福利。他们幻想不经过斗争就实现社会主义。最后，几乎当时的所有社会主义者和工人阶级的朋友，都认为无产阶级只是一个脓疮，他们怀着恐惧的心情看着这个脓疮如何随着工业的发展而扩大。因此，他们都没法阻止工业和无产阶级的发展，阻止“历史车轮”的前进。与这种害怕无产阶级发展的普遍心理相反，马克思、恩格斯在继承资产阶级学者关于阶级斗争的正确观点基础上，把自己的全部希望寄托在无产阶级的不断增长上，认为无产者人数愈多，这一阶级的革命力量就愈大，社会主义的实现也就愈接近，愈有可能。马克思、恩格斯的这些思想在当时是完全崭新的。

---

① 《列宁专题文集·论马克思主义》，人民出版社 2009 年版，第 156 页。

马克思、恩格斯在斗争中创新理论的品格，教育和影响着一代代的马克思主义者，激励着他们在无产阶级革命、社会主义建设和改革的奋斗中，在同形形色色的错误思想、思潮的斗争中，不断划清是非界限，推进马克思主义民族化、时代化和大众化，创新马克思主义的新观点、新思想、新结论、新公式、新体系。

（原载《马克思主义研究》2010 年第 11 期）

马克思主义基本原理的几个问题

自从马克思主义理论学科设置以来，一个十分可喜的现象是关于马克思主义基本原理的研究成果日益增多。这些成果有力地促进了马克思主义理论研究和马克思主义理论学科建设。同时，随着马克思主义基本原理研究的深入，也提出了一些新的问题。其中一些问题带有基础理论性，对其研究和回答直接关系着马克思主义理论学科的建设，很有必要搞清楚。本文试在吸收前人研究成果的基础上，对以下四个问题再作一些探讨，以求教于同仁。

一　马克思主义本质的同一性与解读的多样性

马克思主义是严整的科学体系，有确定的本质。唯心主义的哲学解释学提出的寻找“真正马克思”的难题，即米尔斯在《马克思主义者》一书中说的：“马克思并没有得到人们的统一认识。我们根据他在不同发展阶段写出的书籍、小册子、论文和书信对他的著述做出什么样的说明，取决于我们自己的观点，因此，这些说明中的任何一种都不能代表‘真正的马克思’。”他还说：“在马克思死后发展起来的种种对马克思主义的解释中，究竟哪一种最接近他的原意？斯大林是不是马克思的唯一（甚或一个）合法的继承人？是列宁吗？是社会民主党吗？不言而喻，他们谁也不是，至少不完全是。”作为唯心主义的哲学解释学者米尔斯提出这个“难题”，实际上是一个伪命题，其理论基础是相对主义和不可知论。

第一，他混淆了马克思主义本质与对其本质的解读。马克思主义本质（即质的规定性，由马克思主义基本原理决定）自马克思主义诞生以来是始终如一、一以贯之的，同时是客观的、按其自身规律发展的。它绝对不以人们对它的解读为转移，或解读成什么样就是什么样的。的确，如同唯心主义的哲学解释学强调的一样，马克思主义解释者因政治倾向、所处历史条件、时代背景以及个人的学识不同对马克思主义本质的解释会不同，但是这表明的只是对马克思主义本质的解释不同，而不是马克思主义自身的本质不同，更不会因对其解释的不同，就改变了马克思主义本质。因为解读只是对马克思主义质的规定性的一种反映，反映得正确与否、深浅如何，直接表明的只是解读者自身的认识，与作为客观对象的马克思主义本质并无关系。所谓“有一千个解释者就有一千个马克思”的说法是荒唐的。

第二，正如有专家指出的，马克思主义是受着马克思主义创始人和后继者所处的历史条件、时代提出的问题、全部政治活动、科学研究活动和无产阶级政治活动制约的。由这些不可分离的条件所决定的马克思主义本质十分确定。它存在于共产主义运动的实践和文献中，现代无产阶级和人类解放的斗争历史中，马克思主义的经典文本中。因此，由马克思主义基本原理决定的本质，不是凭主观想象随意推测出来的，而是从史实中“发现”“寻找”到，并用理论的形式概括和表述出来的。自然，如果一个解释者离开了上述那些客观条件，就不可能“发现”“寻找”到“真正马克思”，也就不可能正确把握和解释马克思主义，谈不上对什么是马克思主义的回答。按理说，这样的解释应称为别的什么主义，就是不能称之为马克思主义。因为，它根本没有正确反映马克思主义本质。

第三，马克思主义本质是什么？恩格斯对马克思一生的评价，从根本上确定了正确理解它的真谛。即：“马克思首先是一个革命家。他毕生的真正使命，就是以这种或那种方式参加推翻资本主义社会及其所建立的国家设施的事业，参加现代无产阶级的解放事业，正是他第一次使现代无产阶级意识到自身的地位和需要，意识到自身的解放条件。斗争是他的生命要素。很少有人像他那样满腔热情、坚忍不拔和卓有成效地进行斗争。”① 这表明回答什么是马克思主义本质，要抓住三个层次：它的创立者和继承者；它的主要内容；它的阶级属性和实践功能。从这三个角度的统一上，给马克思主义作出的界定就是，马克思主义是由马克思恩格斯创立的，由他们在各国的继承人所丰富发展了的关于自然、人类社会和人的思维发展规律的学说；马克思主义是工人阶级的科学世界观和方法论，是由资本主义过渡到社会主义，由社会主义过渡到共产主义，最终实现人类解放，达

---

① 《马克思恩格斯选集》第3卷，人民出版社1995年版，第777页。

到人的自由全面发展的学说。

第四，米尔斯所说的谁都不是真正马克思的继承人，表明他不懂得马克思主义革命的批判的本质、基本原理、科学精神与马克思主义创始人个别论断的区别，也不懂得马克思主义是开放的发展的体系。马克思主义创始人的后继者当然不会完全地、毫无遗漏地重复马克思主义创始人的一切言论和实践。如果是这样，马克思主义就不是科学，就不能发展。但是一代一代的后继者继承、坚持了马克思主义的精神实质，或说是基本原理及贯穿其中的精髓立场、观点和方法，如我们党在论述马列主义、毛泽东思想和中国特色社会主义理论体系之间既一脉相承又与时俱进的关系时，曾经概括出“四个最”：马克思主义最根本的理论特征——辩证唯物主义与历史唯物主义方法论和世界观；马克思主义最崇高的理想——把党的最低纲领和最高纲领结合起来，最终实现共产主义的最高理想；马克思主义最鲜明的政治立场——植根于人民，一切为了人民、服务于人民；马克思主义最宝贵的理论品格——解放思想，实事求是，一切从实际出发，在实践中检验真理和发展真理。只要始终如一地坚持、实践和发展这“四个最”，就是把握了马克思主义的本质，继承了马克思主义创始人的事业。

马克思主义本质是共同的，但对其解读会是多种多样的，这是不可避免的。因为马克思主义作为一种客观存在，各种各样的人都有可能面对它、反映它，而面对者、反映者总是带有不同的政治倾向、历史条件、时代背景以及个人学识，这种不同必然制约着他们对马克思主义本质的反映和表达。这就会产生多种多样的解读。本质同一的马克思主义被作出多种多样的解释，大抵有两种情况：或者表明马克思主义在不同国家和地区具体实践中形成的特色。如学界常说的苏联马克思主义、东欧马克思主义、南斯拉夫马克思主义、西方马克思主义或者其他各种名称的马克思主义；或者表明对马克思主义的歪曲和泛化。如学界有人说的存在主义的马克思主义、弗洛伊德的马克思主义，将五花八门的主义嫁接到马克思主义的头上。然而，这两种情况都不表明世界上有多种多样的马克思主义，所表明的只是人们对马克思主义本质的不同程度的正确反映，或者歪曲的反映而已。

一般说来，对马克思主义多种多样的解释，具有相当大的挑战性和消极作用。因为它会导致对马克思主义质的规定性和客观价值的否定，混淆马克思主义与非马克思主义甚至是反马克思主义的界限，所以必须保持高度警惕，注意划清马克思主义同非马克思主义、反马克思主义的界限，以捍卫马克思主义的根本立场、科学精神、科学态度、科学方法。但是事物总有两面性。这种情况的存在也并非绝对是消极的，因为马克思主义本质是多样性的统一，并且同其他任何事物一样，有一级本质、二级本质……马克思主义是开放的，要随实践、时代、科学的发展而丰富发展。马克思主义的拥护者、实践者从多方面多视角对它进行探讨，不断创造出新概念、新范畴、新术语、新论断，来表达探讨的成果，有助于更加全面、更加深刻认识和把握马克思主义本质。如对马克思主义的界定，1914 年 11 月，列宁在《卡尔·马克思》一文中指出："马克思主义是马克思的观点和学说的体系。"① 而现在有专家把马克思主义表述为："马克思主义是由马克思和恩格斯创立，由他们的各国后继者继承、发展和实践的，以追求通过不同方式改变以私有制为基础的资本主义社会，最终达到无产阶级和人类解放，达到人的自由全面发展的学说。"② 显然，这种界定不仅不违背列宁上述定义的基本精神，而且内容更加具体和丰富，使人们对马克思主义的了解更加深刻。

正是因为这种情况的存在，有专家强调："马克思主义的本质是确定的，这并不意味着某一个国家或政党是唯一的马克思主义学派。马克思主义没有'世袭权'，也没有自奉为唯一正确的'解释权'或'唯一模式'。当年苏联曾经垄断马克思主义的'世袭权'和'解释权'，结果由于教条主义或后来对社会主义事业的背叛，失去了这种'世袭'和'解释'的绝对权威。"③ 这一论断反映了马克思主义科学的内在要求，也是对马克思主义发展的历史经验总结，是很中肯的。

二 马克思主义原理与发展了的理论形态

这里说的马克思主义原理，即指马克思主义基本原理。因为所谓"基本"，正是包括根本的、主要的和大体上等含义。所谓"原理"，即指"带普遍性的、最基本的，可以作为其他规律的基础的规律；具有普遍意义的道理"④，这两个词并在一起形成一个重叠概念，强调原理的根本性、

① 《列宁专题文集·论马克思主义》，人民出版社 2009 年版，第 7 页。

② 侯惠勤主编：《马克思主义基本原理研究》，中国社会科学出版社 2011 年版，第 3 页。

③ 侯惠勤主编：《马克思主义基本原理研究》，中国社会科学出版社 2011 年版，第 5 页。

④ 中国社会科学院语言研究所词典编辑室编：《现代汉语词典》，商务印书馆 1986 年版，第 519、1421 页。

基础性、最高性、普遍性、原创性。从词意上说，原理既然是作为其他规律的基础的规律，它同在自身基础上已经发展了的形态既一脉相承又不完全等同。所谓一脉相承，是指它的基本性质（对马克思主义基本原理来说，就是它具有的科学性与阶级性、理论与实践、绝对与相对、普遍性与特殊性辩证统一的基本性质）相同。所谓不完全等同，是说已经发展了的形态在保持马克思主义基本性质的同时，它适应时代、科学和实践发展提供的条件、提出的新的要求，已经具有相对独立、更为丰富的理论内容和表达形式。或者说它已经发展到了一个相对独立的新的阶段。这个新的阶段已经不止于基本原理本身，而是对基本原理的创造性运用和丰富发展。按照这种逻辑，从严格的狭义的原创意义上说，只有马克思恩格斯提出并加以阐述的最基本、最基础的理论观点和学说才称之为马克思主义基本原理。列宁主义、毛泽东思想、中国特色社会主义等等，都不是原创意义上的马克思主义基本原理，而是以马克思主义基本原理为理论基础，将其与时代特征和各个国家具体实际结合起来，所产生的马克思主义基本原理的创造性运用和丰富发展了的形态（当然如果使用的是马克思列宁主义基本原理概念，自然也包括列宁的最基本的思想）。马克思主义基本原理与列宁主义、毛泽东思想、中国特色社会主义理论体系之间的关系，按照毛泽东的提法，就是总店和分店、根和叶的关系。它体现了马克思主义发展中的一条规律，即发展的连续性和发展阶段性的统一。在这个统一体中，没有总店就没有分店，没有根就没有叶。反过来说，没有分店，总店就不能发展。没有叶，根就不能繁茂。总店和分店、根和叶在争取现代无产阶级和人类解放斗争的丰厚的实践土壤上生长、发展。所以我们党总是强调："理论创新必须以坚持马克思主义基本原理为前提，否则就会迷失方向，就会走上歧途，而坚持马克思主义又要以根据实践的发展不断推进理论创新为条件，否则马克思主义就会丧失活力，就不能很好地坚持下去；最广大人民群众改造世界、创造幸福生活的伟大实践是理论创新的动力和源泉，脱离了人民群众的实践，理论创新就会成为无源之水，就不能对人民群众产生感召力、对实践发挥指导作用。"①

这样讲，我想不至于受到三点质疑：一是基本原理是不是发展的？二

① 中央文献研究室编：《十六大以来重要文献选编》（上），中央文献出版社2005年版，第365页。

是不把发展了的阶段列入原创意义上的基本原理会不会降低其地位？三是会不会引起对原创意义上的基本原理与其发展了的阶段相互关系的误读？我以为，从逻辑上说，这三个问题同什么是基本原理有密切联系，但不是同一个问题。什么是基本原理？这是给基本原理定性，作出界定；而这里提出的三个质疑讨论的是基本原理的特性和功能问题。毫无疑问，基本原理是发展的，世界上没有不发展的事物。基本原理发展了，就叫基本原理的发展。发展到什么阶段就根据当时指导实践的要求命名相应的名称。基本原理与其发展了的阶段，形成于不同的历史条件，面临不同的历史任务，回答不同的历史课题，直接指导不同时期的实践斗争，这是一场“接力赛跑”，不存在哪个地位高或低的问题；基本原理发展了的阶段，在本质上是马克思主义基本原理与时代特征和各个国家具体实际结合的产物，它以马克思主义基本原理为思想理论基础，或者说贯穿着马克思主义的立场、观点和方法，又根据新的历史条件、新的历史任务，回答新的历史课题，总结出新的实践经验，丰富发展了马克思主义基本原理，使之具有新的理论内容和形式（有如中国特色社会主义理论体系较之马克思列宁主义、毛泽东思想一样，它们的理论内容和形式不尽相同，但其本质都是马克思主义）。这是马克思主义 160 多年来发展的事实，我想不会给人造成“过时论”“对立论”的错觉。

三　马克思主义原理与马克思主义各主要部分的原理

我曾经在《什么是马克思主义基本原理?》的习作中论述过三个观点，第一，马克思恩格斯肯定马克思主义基本原理的存在，但是他们没有给什么是马克思主义基本原理作出过明确界定。第二，列宁等后来的马克思主义经典作家是从不同层次、不同方面去阐释马克思主义基本原理的。第三，我们讲基本原理，要明确是在什么层面上讲的，是指马克思主义理论整体的原理，还是讲马克思主义哲学、政治经济学和科学社会主义的某一主要部分的原理，或是某一部分原理中的重要理论观点？

只有范围明确，才能确定其基本原理的内容。这三点看法是通过查阅《马克思恩格斯选集》《列宁选集》《斯大林选集》《毛泽东选集》《邓小平文选》五个文本得出的。在这一看法中，当然也就包含着作为马克思主义理论整体的原理，同作为其某一主要部分的原理，如马克思主义哲学原理，或政治经济学原理，或科学社会主义原理，有所同又有所不同。有所同的是根本立场、观点和方法，如前所述的“四个最”；有所不同的是，如研究对象的普遍性的层次和范围、理论表达的具体思想观点和逻辑顺序，等等。我以为，据此，马克思主义理论工作者完全可以依据一定原则，如遵循理论与实践、革命性与科学性、学术性与意识形态性、坚持与发展、整体与部分相统一等原则，从马克思主义三个主要组成部分的原理中，抽象出有别于其某一主要部分，如马克思主义哲学、政治经济学和科学社会主义原理，又贯通三个主要组成部分的、作为整体的马克思主义基本原理的科学定义，概括出作为整体的马克思主义基本原理的基本点。（事实上，已经有多位专家做过这种概括，见后面的引证）

我们既然是从马克思主义理论整体意义上进行概括的。那么概括出的原理在横断面上均应具有马克思主义最根本的理论特征、最崇高的社会理想、最鲜明的政治立场、最宝贵的理论品质；在纵向上均应反映其与马克思主义既一脉相承又与时俱进的本质关系。只有这样才能准确地揭示马克思主义完整概念的科学内涵，凸显出马克思主义理论体系的科学性、整体性、实践性和创新性原则，才能从总体上正确把握和运用马克思主义的立场、观点和方法分析现实社会问题、认识问题和科学发展中的问题。

有专家认为，马克思主义基本原理就是马克思主义哲学、政治经济学和科学社会主义三个主要组成部分的基本原理，这种见解无疑是有根据的。马克思主义基本原理不能离开马克思主义三个主要组成部分的原理。在研究中，必须牢牢把握住马克思主义三个主要组成部分的原理。如果离开了、违背了马克思主义哲学、政治经济学和科学社会主义三个主要组成部分的原理，还来谈马克思主义基本原理，那是很滑稽的，因为这已经不是马克思主义了。

但是，将作为整体的马克思主义基本原理同作为各主要组成部分的基本原理完全等同起来是否得当，有待进一步说明。因为作为整体的马克思主义基本原理同作为各主要组成部分的基本原理彼此之间毕竟有层次、整体与分体的区别。这里有待进一步论证清楚几个问题。

一是马克思主义基本原理是由三个主要组成部分的基本原理，按照一定逻辑规则和要求由此及彼、由表及里形成的范畴体系，还是由其简单相加构成的呢？若是前者就有一个把三个主要组成部分的基本原理重新作科学抽象解读的问题。若是后者，就有一个部分之和是不是一定等于整体的问题。

二是如若都不是，而是说：马克思主义基本原理就是指三个主要组成部分的基本原理，或者指某个组成部分的基本原理。反过来，说马克思主义某个组成部分的原理，也就是指马克思主义基本原理。这在不严格要求的情况下通常也是可以的。但在严格的意义上，就包含着是否有必要区分三个主要组成部分基本原理的问题。而众所周知，正是马克思主义三个主要组成部分，才形成其严整、完备的理论体系。

三是在当代，马克思主义三个主要组成部分和马克思主义理论已分别成为独立的学科。国务院学位委员会和教育部学位〔2005〕64 号文件附件 2 指出："马克思主义基本原理，是马克思主义基本理论、基本范畴，也是其立场、观点和方法的理论表达。这些基本原理和范畴是人类社会的本质和规律的科学概括。"马克思主义基本原理学科，"旨在研究马克思主义主要经典著作和基本原理，从整体上研究和把握马克思主义科学体系。与马克思主义哲学、政治经济学和科学社会主义分门别类的研究不同，它要求把马克思主义的三个组成部分有机结合起来，揭示它的内在逻辑联系，从整体上研究和掌握马克思主义，给学生以马克思主义的完整概念，并引导学生运用马克思主义立场、观点和方法来分析现实社会问题、认识问题和科学发展中的问题。要按照科学性、整体性，实践性和创新性原则建设好马克思主义基本原理这门学科"。

2012 年 6 月 6 日，国务院学位委员会发布的学位〔2012〕17 号文件《关于进一步加强高校马克思主义理论学科建设的意见》，再次强调"马克思主义理论学科是对马克思主义进行整体性研究的学科"。"注重马克思主义理论整体性研究，加强马克思主义各主要组成部分内在关系的研究和把握"。这几段话清楚地表明，作为整体的马克思主义基本原理与作为其主要组成部分——马克思主义哲学基本原理、政治经济学基本原理、科学社会主义基本原理之间存在着普遍性与特殊性、共性与个性的关系。再具体地从马克思主义三个主要组成部分所揭示的对象的普遍性看，事实上普遍性的程度是不一样的。哲学原则具有最大的普遍性，同政治经济学原理的普遍性和科学社会主义原理的普遍性，不在同一层次上。

马克思主义哲学基本原理具有最大的普遍性，它的科学原则、科学精神理所当然地贯穿于政治经济学和科学社会主义基本原理之中，成为这两个组成部分基本原理的理论基础。但是它不一定都成为这两个组成部分基本原理的内容，特别是它揭示的自然和思维的规律。反过来说，政治经济学基本原理和科学社会主义基本原理，是建立在哲学原理基础之上的，但是它们所包含的基本原理有一些可以上升到哲学基本原理层次上，有一些虽体现着哲学基本原理的精神和原则，但并非能直接称之为哲学原理。如在政治经济学中关于社会主义基本经济规律的原理、关于社会主义建设的一些原理，不能够简单地说就是马克思主义哲学基本原理。同样，在科学社会主义原理中关于马克思主义执政党执政和建设的规律，也不能够简单地说就是马克思主义哲学原理。就马克思主义政治经济学基本原理和科学社会主义基本原理的关系来说，就像它们各自同马克思主义哲学原理的关系一样，是彼此贯通的，但是也总有一些规律不能直接互相转换。否则就不成其为三个组成部分。

如此看来，仅说马克思主义基本原理就是马克思主义哲学、政治经济学、科学社会主义的基本原理，还需要作进一步的深入论证，才能解除人们认识上的疑点。有学者着眼于马克思主义三个主要组成部分的内在逻辑联系，从马克思主义三个主要组成部分的有机结合、相互渗透和贯通中进行科学抽象，提出马克思主义基本原理，就是从马克思主义哲学、政治经济学和科学社会主义基本原理中抽象出来，又贯穿于马克思主义整个发展过程和各个组成部分、全面体现马克思主义理论整体精神实质的原理。这种探索思路是值得重视的。

四　从马克思主义理论整体上概括出基本内容

能否从马克思主义三个主要组成部分的有机结合、相互渗透和贯通中进行科学抽象，提出马克思主义基本原理？上面已经说到，是可以的。事实上，有多位专家做过这种概括工作。如有专家认为，马克思主义基本原理包括物质决定意识、社会存在决定社会意识原理；客观世界相互联系永恒发展原理；人类社会形态由低级向高级演进和发展规律原理；剩余价值学说和资本主义基本矛盾与主要矛盾原理；社会主义历史必然性和工人阶级历史使命原理；阶级斗争与无产阶级革命原理；国家学说与无产阶级专政原理；人民群众是历史的创造者原理；无产阶级战略策略原理；无产阶级政党及其建设原理；科学社会主义本质特征原理；人的全面发展与共产主义原理。也有专家认为，马克思主义基本原理主要包括 13 条：第一，关于客观世界相互联系、相互作用和运动发展的原理；第二，人类社会形态由低级向高级演进和发展规律的原理；第三，关于时代本质和阶段性特征的原理；第四，生产力和生产关系、经济基础和上层建筑辩证统一的原理；第五，阶级斗争与无产阶级革命和无产阶级专政的理论；第六，剩余价值学说和资本主义社会基本矛盾与主要矛盾的理论；第七，社会主义历史必然性和工人阶级历史使命的学说；第八，科学社会主义本质特征和发展规律的学说；第九，社会主义革命（包括改革）和建设规律的理论；第十，社会主义国家执政党建设的学说；第十一，人与自然、人与社会的和谐与全面、协调、可持续发展的理论；第十二，人的全面发展和共产主义的原理；第十三，马克思主义在意识形态领域指导地位的原理，等等。①

2011 年 5 月 13 日，习近平在中央党校春季学期第二批入学学员开学典礼上的讲话中，把马克思主义基本原理概括为 11 条。这些显然都是从纵横两个维度作出的归纳，纵向即马克思主义的整个历史发展直到今天的时代高度，横向即贯通马克思主义理论各主要组成部分的最基本观点。从纵和横两个角度来思考、归纳马克思主义基本原理的内容，体现了列宁关于“马克思主义的全部精神，它的整个体系，要求人们对每一个原理只是（α）历史地，（β）都要同其他原理联系起来，（γ）都要同具体的历史经验联系起来加以考察”② 的精神，对什么是马克思主义基本原理的问题作出了清晰的回答，给了人们几个便于掌握的基本点。

现在还需要做的事情，就是要进一步研究这些原理之间的联系和转化，即科学体系问题。同时，就概括基本原理的内容，陶德麟先生于 2012 年 12 月 31 日在给我的信中说：“我觉得应当把实践的观点列入并放在首位（根据马克思的《关于费尔巴哈的提纲》），因为这是马克思主义哲学根本区别于一切旧哲学（包括唯心主义和旧唯物主义）的关键，是马克思完成的哲学革命的关键；它不仅是马克思主义认识论的‘首要的和基本的观点’（列宁语），而且是全部马克思主义的首要的和基本的观点”。这是一个极为重要的见解。随后我们将对这些问题做专门探讨。

（原载《马克思主义研究》2013 年第 3 期）

① 靳辉明：《马克思主义基本原理不是老生常谈》，《社会科学报》2008 年 1 月 24 日。
② 《列宁选集》第 2 卷，人民出版社 1995 年版，第 785 页。

领会马克思主义的整体性

马克思主义作为科学的理论体系，始终是我们认识世界、把握规律、追求真理、改造世界的强大思想武器。习近平同志强调：“对待科学的理论必须有科学的态度。”① 马克思主义提供给人们的是完整的世界观，它具有内容的全面性、结构的系统性、逻辑表述的严整性、方法的科学性等本质特征。学习、传承和发展马克思主义，需要注重从整体上理解和把握马克思主义理论体系。

马克思主义主要由哲学、政治经济学、科学社会主义三大部分组成，恩格斯的《反杜林论》和列宁的《马克思主义的三个来源和三个组成部分》这两篇经典文献对此都有过阐述。今天，我们对马克思主义进行分门别类的研究是十分必要的，但不能因此孤立地研究马克思主义三个组成部分而忽视从整体上把握和理解马克思主义。实际上，马克思主义经典作家从来都认为马克思主义是严整的理论体系。恩格斯在阐述马克思主义哲学、政治经济学、科学社会主义时，也深刻阐释了它们之间的内在联系。他认为，马克思主义哲学和政治经济学是科学社会主义的理论基础，科学社会主义是前两者的落脚点和归宿。列宁也认为，马克思主义完备而严密。

马克思主义理论体系博大精深，如何从整体上理解和把握？可以有以下几个角度。

以马克思主义基本原理为内核来理解和把握其整体性。马克思主义不是对客观物质世界某一发展阶段、某一部分、某一方面的反映，而是对包罗万象、充满矛盾的物质世界整体的本质和发展规律的科学反映。马克思主义的内容极其丰富，涵盖政治、经济、文化、军事、历史、社会生活、

---

① 习近平：《在纪念马克思诞辰200周年大会上的讲话》，《人民日报》2018年5月5日。

人类发展等诸多领域。在这个庞大的思想体系里，马克思主义基本原理及贯穿其中的立场、观点、方法是马克思主义活的灵魂和精髓。把握住灵魂和精髓，才能在整体上理解和把握马克思主义。

从马克思主义的发展历史来理解和把握其整体性。纵观马克思主义170年的发展历史，可以看出其中蕴含着发展的阶段性与连续性相统一的规律，即各个发展阶段既一脉相承又与时俱进。习近平同志指出："马克思主义博大精深，归根到底就是一句话，为人类求解放。"① 马克思主义植根于人民之中，指明了依靠人民推动历史前进的人间正道。马克思主义进入中国，中国共产党将其基本原理与中国具体实际相结合，形成了毛泽东思想、邓小平理论、"三个代表"重要思想、科学发展观、习近平新时代中国特色社会主义思想，指引中国创造了人类历史上前所未有的发展奇迹。中国的发展本身就是对人类文明进程的巨大推动，中国共产党肩负着为中国人民谋幸福、为中华民族谋复兴的使命，将继续为人类的解放事业作出新的更大的贡献。在这一进程中，必将不断开辟当代中国马克思主义、21世纪马克思主义新境界。

从马克思主义的理论品格来理解和把握其整体性。马克思主义具有科学性、人民性、实践性、开放性的理论品格。这些理论品格一以贯之，体现于马克思主义三个组成部分之中，体现于马克思主义各个基本概念、原理及其联系转化之中。马克思主义提供给我们的思想武器，不是支离破碎的，而是一个严整的思想体系。深刻理解和把握马克思主义的整体性，就能更好地用马克思主义观察时代、解读时代、引领时代，并用鲜活丰富的当代中国实践推动马克思主义不断发展。

（原载《人民日报》2018年11月20日第7版）

---

① 习近平：《在纪念马克思诞辰200周年大会上的讲话》，《人民日报》2018年5月5日。

社会主义的基本特征及其民族特色的多样性

社会主义社会的发展史表明，社会主义的基本特征及其民族特色的多样性，是科学社会主义理论和实践中的一个重大的原则问题。从理论上深入地探讨这个问题，对于社会主义建设和整个社会主义社会的发展，对于建设有中国特色的社会主义，都有极为重要的意义。

一

社会主义究竟有没有共同的基本特征？从世界范围来说，在种种社会主义理论中，是有原则分歧的。

有些人认为，社会主义因民族差别和国家差别而异，没有本质统一的根本的经济政治制度，不存在共同的基本特征。社会主义国家，不过是些组织结构不同，行使职能相异的各种社会组织的综合体。

无疑，这种社会主义见解同马克思主义的科学社会主义原理是没有共同之点的。马克思主义经典作家一贯重视社会主义的基本面貌，而且为此作了长期的探讨。早在科学社会主义形成时期，马克思和恩格斯就通过对资本主义的经济基础、阶级关系和政治上层建筑的矛盾运动的总体分析，指明了未来社会一般特征的内容，并使用了“共产主义的特征”的概念。① 当时他们还不可能区分出共产主义社会形态的两个阶段。到 19 世纪 60 年代后期和 70 年代初期，《资本论》（1867 年）第一卷的出版，第二、三卷手稿的大体完成和 1871 年巴黎公社的实践，大大推进了马克思恩格斯关于社会主义基本特征的思想。《资本论》运用最彻底、最完整的发展论考察了未来共产主义的发展及其许多重要特征。尤其是对共产主义

① 《马克思恩格斯选集》第 1 卷，人民出版社 1995 年版，第 286 页。

社会（就其内容看，实际上是第一阶段）的经济特点有非常卓越的见解。巴黎公社为探讨未来社会发展的特征提供了非常实际的宝贵材料。马克思先是在《法兰西内战》中，以后在《哥达纲领批判》中，对公社的经验作出了高度的理论总结，从而把他们关于未来共产主义社会发展阶段的思想形成为完整的理论（参见葛锡有《马克思和恩格斯的思想》）。按后来列宁的解释，马克思把通常所说的社会主义称作共产主义社会的第一阶段或低级阶段。马克思运用辩证法这一发展学说，把社会主义看成是从资本主义中产生出来的，在经济、道德和精神许多方面都还带着它脱胎出来的那个旧社会的痕迹。他根据经济上发展成熟程度的不同，具体揭示了把共产主义社会两个阶段区别开来的经济的、政治的特点. 这一时期，恩格斯在《反杜林论》中，也以“社会主义基本特征”的经济方面为重点，在当时可能的范围内，比较详细地叙述、解释了未来社会发挥职能和发展的一些重要特征，从生产方式开始一直到对人们进行共产主义教育为止，在这些科学成果的基础上，1886 年恩格斯在给英国社会主义者、费边社的创始人和领导人之一爱德华·皮斯的信中，明确地说明了社会主义特征的科学规定，不能离开它赖以存在的历史事实和发展过程；社会主义特征包括经济的、政治的和非经济的社会方面。

概括地说，马克思恩格斯认为，社会主义的基本特征是：在社会化生产高度发展的基础上实行全社会共同占有生产资料；根据社会的需要有计划地调节生产；个人消费品的分配，在社会总产品中作了各项扣除之后，实行按劳分配：个人的劳动直接作为社会总劳动的组成部分，因而“价值”形式消失，商品和货币退出经济生活。“但社会生产依然存在的情况下，价值决定仍会在下述意义上起支配作用：劳动时间的调节和社会劳动在各类不同生产之间的分配，最后，与此有关的簿记，将比以前任何时候都更重要”①。与此同时，由于阶级对立和阶级差别消失了，国家的社会职能就失去其政治性质而变成管理社会公众利益的职能，因而国家也就随之消亡。但是在此之前，为了实现对整个社会的革命改造，以便过渡到无阶级社会，无产阶级首先必须使自己上升为统治阶级，争得民主。社会主义要改变由旧的生产关系和社会关系产生出来的一切观念，要使教育、科

① 《马克思恩格斯全集》第 25 卷，人民出版社 1974 年版，第 963 页。

学、艺术得到充分的发展，造就全面发展的新人①。

马克思和恩格斯关于社会主义特征的基本思想，经过列宁在十月革命胜利后，结合俄国的具体历史条件的实践，有了重大的发展。列宁坚持了马克思恩格斯关于生产资料公有制、计划经济和按劳分配、社会化大生产是社会主义的物质基础等设想，又丰富了下列基本内容：（一）高度发达的生产力和比资本主义更高的劳动生产率，是社会主义应当具备的物质技术基础。但是在资本主义不发达的国家里，它不是社会主义产生的前提，而是社会主义的必然要求和最终结果，（二）在工人阶级掌握国家政权和主要生产资料的前提下集体所有制的合作社本身就是社会主义性质的，社会主义要有两种（国家的、集体的）所有制形式。（三）社会主义不能消灭商品、货币。（四）无产阶级夺取政权以后，国家不能立即消亡，无产阶级专政的国家政权及其政治制度是社会主义的政治前提和根本保证。要不断地改革社会主义的政治制度，克服官僚主义，扩大社会主义民主。（五）要大力发展科学、技术和文化，大力进行共产主义（其中还包括共产主义道德、共产主义劳动态度、共产主义纪律）教育，建立新型的共产主义社会关系。

后来斯大林又把人们的社会主义意识以及人们的社会主义教育作为社会主义社会的必要条件②，补充了列宁关于社会主义特征的思想。

我们党在长期的社会主义实践中，进一步概括了社会主义特征。十二大报告明确指出："过去在讲到社会主义特征的时候，人们往往强调剥削制度的消灭和生产资料的公有、按劳分配、国民经济有计划按比例的发展，以及工人阶级和劳动人民的政权。人们还强调，高度发达的生产力和比资本主义更高的劳动生产率，作为社会主义发展的必然要求和最终结果，也是它的一个特征。这些无疑是正确的，但是还不足以完全包括社会主义的特征，社会主义还必须有一个特征，就是以共产主义思想为核心的社会主义精神文明。没有这种精神文明就不可能建设社会主义。"③

我们党对社会主义特征的全面系统地概括，高度总结了以往人们对社会主义研究的成果，科学地反映了当代实践中的社会主义的历史经验，形

① 参见范若愚、江流主编《科学社会主义概论》，江苏人民出版社 1993 年版，第 31—32 页。

② 参见《斯大林全集》第 1 卷，人民出版社 1953 年版，第 308 页。

③ 《中国共产党第十二次全国代表大会文件汇编》，人民出版社 1982 年版，第 29—30 页。

成了关于社会主义的系统性认识和全面性认识。这样，就把社会主义制度及其建设方向、途径的概念具体化了，这对于坚持和发展科学社会主义的意义是不能低估的。

二

我们如何才能正确地对待社会主义基本特征？有一种理论认为，社会主义特征业经概括出来，似乎就成了先验的原则，各个社会主义国家在贯彻这些原则时，无须考虑本国的具体历史条件，只要机械地照搬照套就行了。更有甚者，似乎某一国的具体做法和经验可以捧为社会主义的唯一的标准模式。无疑，这种理论同科学社会主义理论的实践性和创造性是不相容的，在实践中也是非常有害的。

马克思主义认为一般和特殊是辩证的统一的社会主义制度的共同本质，在不同国家和民族的社会主义实践中，会呈现出丰富多彩的民族特色。其理由是：

第一，世界历史发展的进程表明，由于社会发展水平不同，一种新的社会形态在不同国度里确立的起始时间、条件不同，它会按不同的顺序、不同的历史时代通过自己发展的不同阶段。因而本质同一的社会经济形态，必然会以无穷多样的变态形式存在。奴隶社会、封建社会、资本主义社会，这些社会形态在各个国家都没有刻板划一、彼此雷同的形式。社会主义社会也是如此。历史唯物论作为人类科学思想中的最大成果，科学地说明了社会发展规律的历史性，说明了某种本质同一的社会经济形态，同它在不同国家、不同地理区域、不同人类发展的历史时期，发展的具体表现形态不是一回事。

第二，“历史的每一个阶段都遇到有一定的物质结果，一定数量的生产力总和，人和自然以及人与人之间在历史上形成的关系，都遇到有前一代传给后一代的大量生产力、资金和环境。尽管一方面这些生产力、资金和环境为新一代所改变，但另一方面，它们也预先规定新的一代的生活条件，使它得到一定的发展和具有特殊的性质”①。任何一国的社会主义建设，都是在非常确定的时间、非常确定的历史环境中进行的。历史“预先规定”的生活条件，诸如一个国家的经济发展状况、社会的阶级结构、

① 《马克思恩格斯选集》第1卷，人民出版社1972年版，第43页。

阶级力量的对比、思想文比、生活习惯、历史传统、民族结构和民族心理、自然资源、自然生态环境、国际历史背景等等具体条件，都会对社会主义建设和社会主义社会发展的一般规律产生作用，使其发生变异，打上民族的烙印，具有特殊的性质。对于历史发展的这种情况，马克思曾作过经典的说明。他写道："相同的经济基础——按主要条件来说相同——可以由于无数不同的经验的事实，自然条件，种族关系，各种从外部发生作用的历史影响等等，而在现象上显示出无穷无尽的变异和程度差别。"①正是因为这样，任何一国的社会主义建设都会按照自己的方式发展，任何一国的社会主义制度都是社会主义基本特征的实际变异形体。

第三，历史活动是群众的事业，"生气勃勃的创造性的社会主义是由人民群众自己创立的"②。人民群众以社会主义社会的积极创造者的身份进行历史活动，就具有无限的创造性。它绝不会永远机械地按照某种预定的格式，呆板地依样画葫芦。相反，它们会像列宁所教导的那样，在社会主义一般原则的指导下．如果一个办法行不通，可以改换另一个办法来建设社会主义，从而作出最光辉灿烂的成就，以至"从市侩的渐进主义的狭小尺度看来是不可思议的奇迹"③，由此就决定具有普遍性的社会主义制度在各国的具体历史形态是生动和绚丽多彩的。

正是因为这样，科学社会主义的大师们，从来就反对教条式地预料未来。1893 年 5 月，恩格斯在同法国《费加罗报》记者的谈话中，郑重申明："我们是不断发展论者，我们不打算把什么最终规律强加给人类。关于未来社会组织方面的详细情况的预定看法吗？您在我们这里连它们的影子也找不到。"④ 马克思和恩格斯强调，他们关于社会主义特征的预示，只是在于对于资本主义生产方式各个方面的正确认识，只是一种科学论证，不是脱离当时具体事实和发展过程的永恒定义。至于未来社会中人们实施社会主义的具体步骤和方案，则"完全取决于人们将不得不在其中活动的那个既定的历史环境"⑤。同样，列宁在对社会主义建设和社会发展道路进行历史性探索时，在方法论上也明显地表现出两个原则：一是强

---

① 《马克思恩格斯全集》第 25 卷，人民出版社 1974 年版，第 892 页。
② 《列宁全集》第 33 卷，人民出版社 1985 年版，第 53 页。
③ 《列宁选集》第 1 卷，人民出版社 1995 年版，第 616 页。
④ 《马克思恩格斯文集》第 4 卷，人民出版社 2009 年版，第 561—562 页。
⑤ 《马克思恩格斯文集》第 10 卷，人民出版社 2009 年版，第 458 页。

调要把共产主义的基本原则在细节上加以正确地改变，使之正确地适应和运用于民族差别和国家差别。他强调说：“当每个国家采取具体的途径来解决统一的国际任务……的时候，都必须考察、研究、揣测和把握民族的特点和特征”①，因为一切民族在以一种历史不可避免性走向社会主义的时候，具体走法是不完全一样的。“在民主的这种或那种形式上，在无产阶级专政的这种或那种类型上，在社会生活各个方面的社会主义改造的速度上，每个民族都会有自己的特点”②。二是列宁强调社会主义是在实践中发展的。他着重指出：“应当懂得，现在一切都在于实践，现在已经到了这样一个历史关头：理论在变为实践，理论由实践赋予活力，由实践来修正，由实践来检验”③。正是因为这样，列宁对社会主义基本特征的描述是慎之又慎的。十月革命前夕，列宁曾经依据马克思和恩格斯的设想说过：“既然生产资料已成为公有财产，那么‘共产主义’这个名词在这里也是可以用的，只要不忘记这还不是完全的共产主义。”④ 列宁当时把生产资料公有制和按劳分配看作社会主义的主要特征。十月革命后，列宁根据俄国的历史特点，在组织社会主义建设的现实任务中，经过曲折反复，深深感到不能根据书本，而要根据实际经验来谈论社会主义。社会主义者如果不愿落后于实际生活，就需要对马克思的理论所提供的一般指导原理加以独立地探讨，根据各国的不同情况把科学社会主义推向前进。基于这种深刻的见解，在1918年俄共七大讨论修改党纲时，列宁表示：“我们还不能阐述社会主义的特征；社会主义将来是个什么样子，什么时候达到完备的形式——这些我们不知道，也不能说”⑤，“因为还没有材料用来说明社会主义的特征”⑥，因为马克思和恩格斯所设想的新社会“仍然是一种抽象的东西，只有经过一些想建立某种社会主义国家的各种各样尚不完善的具体尝试，这种抽象的东西才会在实际生活中体现出来”⑦。实践是推动认识发展的动力，列宁直到晚年才对实践中的社会主义提出了较为系统

---

① 《列宁全集》第31卷，人民出版社1958年版，第74页。
② 《列宁专题文集·论社会主义》，人民出版社2009年版，第398页。
③ 《列宁选集》第3卷，人民出版社1995年版，第381页。
④ 《列宁选集》第3卷，人民出版社1995年版，第200页。
⑤ 《列宁全集》第27卷，人民出版社1959年版，第134页。
⑥ 《列宁全集》第27卷，人民出版社1959年版，第135页。
⑦ 《列宁全集》第27卷，人民出版社1959年版，第315—316页。

的看法。如前所述，列宁对马克思和恩格斯关于未来社会的设想做了较多的补充丰富。

由此可见，能否善于创造性地应用社会主义基本特征的理论，来建立符合本国实际的社会主义的政治体制、社会所有制形式、国民经济结构、社会经济发展的管理和计划的形式，以及劳动人民管理上层建筑、管理企业的民主形式，而不是照抄照搬某国共产党的政策和实践，这应当是衡量一个马克思主义政党是否成熟的标志。

像列宁说过的那样，民族差别和国家差别就是无产阶级专政在全世界范围内实现以后，也还要保持很久很久，而只要各个民族之间、各个国家之间的民族差别和国家差别还存在，各国共产主义工人运动国际策略的统一，就不能要求消除多样性，消灭民族差别，否则只能是荒唐的幻想。事情正是这样，从40年代末到50年代初，一些社会主义国家逐渐摆脱苏联单一类型的模式，探索适合本国特点的社会主义道路，建设具有本国特点的社会主义。到70年代以后，南斯拉夫建成了“自治的社会主义”，罗马尼亚根据本国的特点，建设着“全面发展的社会主义”，朝鲜发展了“主体社会主义”，匈牙利建设了“民族式共产主义”，中国建设着“有中国特色的社会主义”，等等。这说明，根本制度统一的社会主义从单一形式到多样形式的向前发展，是一种历史的基本趋势，这不以任何人的意志为转移。

我们党的十二大对科学社会主义理论和实践的发展，作出了两大建树，一是全面系统地概括了社会主义的基本特征；二是明确地提出了“建设有中国特色的社会主义”。这两大建树有紧密的内在联系。对社会主义基本特征的全面概括，是我们党在长期探索有中国特色的社会主义建设道路的实践中，经过反复地思索而凝聚成的。而社会主义基本特征一经全面概括出来，它又直接成为“建设有中国特色的社会主义”的理论基石。这两者相互作用，彼此映照，表明我们党已经把中国今天的社会主义实践，奠定在对社会主义建设和社会主义社会发展的规律性认识的理论高度上。正如邓小平同志所说的，“和八大的时候比较，现在我们党对我国社会主义建设规律的认识深刻得多了，经验丰富得多了，贯彻执行我们正确方针的自觉性和坚定性大大加强了”①。“建设有中国特色的社会主义”，

① 《邓小平文选》第3卷，人民出版社1993年版，第2页。

作为我们党现阶段纲领的最概括的提法，既凝结了国际的经验，包含社会主义的共性，又集中了国内的经验，符合中国民族的个性。它以最符合中国民族现实的实际形式，体现了科学社会主义的普遍原理、社会主义基本特征和中国社会主义建设的特殊规律的高度统一。它是科学社会主义关于社会主义基本特征的理论，在中国特定社会历史条件下的具体历史形式。

十二大作出的这两大建树，是毛泽东思想在新的历史时期的创造性发展，是我们党的历史经验的基本总结。我们党一贯以毛泽东思想为指导思想，毛泽东思想的本质特点就是理论和实践的统一。我们的社会主义建设，从毛泽东同志阐发中国社会主义建设的十大关系，到八大制定的路线，正是在坚持以马克思主义为指导，寻找符合中国特点的社会主义建设道路。其后二十多年，我们有成功，但也有失败，其原因之一，正是在下述两个方面及其相互联结上，我们缺乏科学研究。一是社会主义作为共产主义社会形态的第一阶段，它究竟应该有怎样的基本特征？如我们曾经一度批判按劳分配的原则就反映了这一点；二是究竟应该怎样把社会主义基本特征应用到中国社会客观发展的特点上来？如我们曾一度搞“一大、二公”、经济建设的高速度高指标就是例证。对这两个方面我们在未取得规律性认识和成熟的经验以前，就不能不在具体工作中造成失误。然而，实践中的错误和挫折却教训了我们，使我们在理论上更加明确、坚定起来，从而把毛泽东思想推进到一个新的高度。这就大大提高了我们在中国这块土地上驾驭社会主义建设和社会发展的客观规律的自觉能动性。

归结起来说，社会主义的基本特征及其民族特色的多样性，是社会主义发展的一个客观法则，这是一切真正走社会主义道路的人们所不能违背的。我们党一贯坚持，在新的历史时期尤其强调马克思主义的普遍真理与中国实际相结合，要求全党像列宁教导的那样，要“善于把共产主义共同的基本的原则应用到……向共产主义客观发展的特点上去”①。只要遵循党指引的路线前进，我们就一定能排除左右干扰，达到具有中国特色的社会主义的标准，建设起一个高度民主、高度文明的现代化的社会主义强国。

（原载《江汉论坛》1984 年第 1 期）

---

① 《列宁全集》第 31 卷，人民出版社 1958 年版，第 71 页。

全面把握马克思主义关于政治和经济关系的含义

一般地说，对于马克思主义关于政治与经济关系原理，人们都比较熟悉一个根本观点：经济是基础，政治是经济的集中表现。但以往我们往往滞留于对这个根本观点的简单化理解上，忽视了政治与经济之间存在的多层次的错综复杂关系，也因此忽视了马克思主义在这方面的丰富思想。为此，我们需要在这里作较为深入的研究，以求全面把握马克思主义关于政治和经济关系的含义。

马克思主义创始人关于政治和经济关系的丰富思想，概括起来大体是从三个基本方面论述的。论述的角度不同，内容亦不同。

第一，从揭示社会经济形态发展的自然历史过程的角度论述政治和经济关系，确立了经济基础决定政治上层建筑的唯物主义观点。

马克思和恩格斯在揭示历史唯物主义的主要原理时，面临着驱逐历史领域里占统治地位的历史唯心主义，科学揭示社会历史发展规律的艰巨任务。为了给无产阶级以经济运动规律的科学知识，帮助其懂得资本主义必然灭亡，社会主义必然胜利的历史逻辑，以鼓励其自觉地为实现自己的历史使命而斗争，他们必须首先从唯物主义方面确认政治和经济关系。因此，在理论思路上，他们“首先是把重点放在从基本经济事实中引出政治的……观念”[①]。恩格斯说，马克思或他都从来没有肯定过比这更多的东西。马克思用这个根本观点去观察分析社会，就得出了他关于社会经济形态发展的自然历史过程的基本思想。他表述这一基本思想的论述有多处，最集中的是在《〈政治经济学批判〉序言》中简要表述自己研究政治经济学得到的结果的那一段话。这段话包含的内容很多，其中包括：①对

① 《马克思恩格斯选集》第4卷，人民出版社1995年版，第726页。

社会经济形态结构的说明。“人们在自己生活的社会生产中发生一定的……关系，即同他们的物质生产力的一定发展阶段相适合的生产关系。这些生产关系的总和构成社会的经济结构，即有法律的和政治的上层建筑竖立其上并有一定的社会意识形式与之相适应的现实基础。”① 即社会经济形态是由经济基础和上层建筑构成的（政治上层建筑是上层建筑的核心部分）；②对社会经济形态两个基本方面之间的关系的说明。“物质生活的生产方式制约着整个社会生活、政治生活和精神生活的过程。不是人们的意识决定人们的存在，相反，是人们的社会存在决定人们的意识”②；③对社会经济形态发展规律的说明。“社会的物质生产力发展到一定阶段，便同它们一直在其中运动的现存生产关系或财产关系（这只是生产关系的法律用语）发生矛盾。于是这些关系便由生产力的发展形式变成生产力的桎梏。那时社会革命的时代就到来了。随着经济基础的变更，全部庞大的上层建筑也或慢或快地发生变革。”③ 这里很显然，马克思从揭示社会经济形态发展的自然历史过程的角度阐述政治和经济时，所确认的政治与经济的关系，就是经济基础和政治上层建筑的关系。在这个矛盾统一体中，经济决定政治，政治必然与经济基础相适应。这里强调的是经济基础在历史发展中的终极的、根本的动因作用。这正如列宁所评论的，马克思得出关于社会经济形态发展的自然过程这一基本思想的方法，“就是从社会生活的各种领域中划分出经济领域，从一切社会关系中划分出生产关系，即决定其余一切关系的基本的原始的关系”④。

第二，从揭示历史创造活动的最终结果的角度论述政治与经济的关系，确立了政治与经济相互作用的观点。

恩格斯在致约·布洛赫（1890 年 9 月 21—22 日）、致康·施米特（1890 年 10 月 27 日）两封信中都谈到政治与经济之间的相互作用。他指出：历史过程中，“经济状况是基础，但是对历史斗争的进程发生影响并且在许多情况下主要是决定着这一斗争的形式的，还有上层建筑的各种因素：阶级斗争的政治形式及其成果——由胜利了的阶级在获胜以后确立的宪法等等，各种法的形式以及所有这些实际斗争在参加者头脑中的反映，

---

① 《马克思恩格斯选集》第 2 卷，人民出版社 1995 年版，第 32 页。
② 《马克思恩格斯选集》第 2 卷，人民出版社 1995 年版，第 32 页。
③ 《马克思恩格斯选集》第 2 卷，人民出版社 1995 年版；第 32—33 页。
④ 《列宁选集》第 1 卷，人民出版社 1995 年版，第 6 页。

政治的、法律的和哲学的理论，……这里表现出这一切因素间的相互作用”①。他还指出：“这是两种不相等的力量的相互作用：一方面是经济运动，另一方面是追求尽可能大的独立性并且一经确立也就有了自己的运动的新的政治权力。总的说来，经济运动会为自己开辟道路，但是它也必定要经受它自己所确立的并且具有相对独立性的政治运动的反作用，即国家权力的……反作用”②。恩格斯还具体指出了“国家权力对于经济发展的反作用”可以出现的三种情况。这就是，它可以沿着同一方向起作用，在这种情况下就会发展得比较快；它可以沿着相反方向起作用，在这种情况下，像现在每个大民族的情况那样，它经过一定的时期就要崩溃；或者是它可以阻止经济发展沿着既定的方向走，而给它规定另外的方向。显然，恩格斯在这个时期，针对论敌保·巴尔特的歪曲和“青年们有时过分看重经济方面”的误解，根据历史唯物主义理论自身发展的要求，在政治和经济关系上着重强调的是，“经济运动的政治等等的反映对这个运动本身的……反作用”③，政治斗争和政治事件在它们一般依赖于经济条件的范围内所起的特殊作用，或对“生产发生决定性的反作用”④；马克思在自己的著作中，特别是在《路易·波拿巴的雾月十八日》《资本论》这些名著中一贯重视政治的重大作用。恩格斯在充分肯定政治作用的基础上，进一步指出了争取无产阶级的政治专政对于发展经济的意义。他说：“如果政治权力在经济上是无能为力的，那么我们何必要为无产阶级的政治专政而斗争呢？暴力（即国家权力）也是一种经济力量！”⑤

第三，从描述某个历史时期和实际应用的角度论述政治与经济关系，确认了政治起决定作用的观点。

科学共产主义创始人之一恩格斯在论述政治和经济关系时，明确指出不能混淆制定历史唯物主义主要原则与这一原则的实际应用的区别。在具体地实际应用政治与经济关系原理时，恩格斯指出两种情况，一是政治在许多情况下决定斗争的形式；二是政治在特定历史环境、特定的事件中起决定作用。关于前一种情况，前面已经引证过恩格斯的论述。后一种情

---

① 《马克思恩格斯选集》第 4 卷，人民出版社 1995 年版，第 696 页。
② 《马克思恩格斯选集》第 4 卷，人民出版社 1995 年版，第 701 页。
③ 《马克思恩格斯选集》第 4 卷，人民出版社 1995 年版，第 704 页。
④ 《马克思恩格斯全集》第 25 卷，人民出版社 1975 年版，第 891 页。
⑤ 《马克思恩格斯选集》第 4 卷，人民出版社 1995 年版，第 705 页。

况，恩格斯举例说，由于侵占和粗暴地毁灭经济资源，在一定条件下某个地方和某一民族的全部经济发展可能被毁灭；他举例说，普鲁士国家归根到底是经济的原因而产生出来和发展起来的。但是，恐怕只有书呆子才会断定，在北德意志的许多小邦中，勃兰登堡成为一个强国，这只是由经济的必然性，而不是也由其他因素所决定的。事实上这里首先起作用的是，勃兰登堡由于掌握了普鲁士而卷入波兰事件，并因而卷入了国际政治关系，这种关系在奥地利王室领地形成的过程中起过决定作用。恩格斯还指出，要从经济上说明每一个德意志小邦的过去和现在的存在，或者要从经济上说明那种把苏台德山脉至陶努斯山所形成的地理划分扩大成为贯穿全德意志的真正裂痕的高地德意志语的音变的起源，那么，很难不闹出笑话来。①

恩格斯认为，由于政治和经济关系的复杂性，如果不把唯物主义历史观主要原理和它在某一具体历史时期的实际应用加以区分，以为把唯物史观的主要原理简单地应用于任何历史时期，就像比解一个最简单的一次方程式更容易，实际上这既没有充分理解唯物史观关于政治与经济关系的原理，也未弄清楚如何实际应用这一原理。在社会实际生活中必定会造成惊人的混乱。

科学共产主义奠基人关于政治和经济关系的思想，由列宁继承并加以创造性发展。列宁在同社会学中的主观主义作斗争中捍卫了马克思恩格斯关于政治和经济关系的唯物主义观点，强调任何政治上层建筑“归根到底是由该社会中的生产关系决定的”②。强调政治同阶级、阶级关系、阶级利益的联系。在此基础上，他根据无产阶级革命斗争和经济建设实践的需要，着重发挥了政治和经济关系上的辩证法观点。概括起来有两个方面：其一，在马克思主义发展史上第一次提出了“经济方面的政治”“从事国家建设的政治”的概念，而且提出在无产阶级政权得到巩固以后，无产阶级的国家就要把斗争的中心逐渐转向“经济方面的政治”，使之成为“主要的政治”③。这一概念的提出，是列宁深化无产阶级政治概念，把政治同社会主义经济关系及其表现的工人阶级和人民群众的根本利益密

① 《马克思恩格斯选集》第4卷，人民出版社1995年版，第696—697页。

② 《列宁选集》第4卷，人民出版社1995年版，第405页。

③ 《列宁选集》第4卷，人民出版社1995年版，第308—309页。

切联系起来的结果。正因为经济建设直接关系着工人阶级和人民群众的根本利益，关系着工人阶级的国家政权和社会主义制度的巩固与发展，关系着社会主义与资本主义斗争的成败，所以经济建设是政治。这就突出了经济建设的政治意义；其二，他结合俄国革命的新的实际，创造性地发展了恩格斯关于“某个历史时期”政治的特殊重要作用的观点。提出了在无产阶级革命斗争和建设实践活动中，“从政治上正确地看问题”的意义。他在批判俄国经济派所谓“无产阶级为自己的经济利益而进行的斗争对它的阶级发展和解放斗争也应当有首要的意义”的错误观点时，作出了一个充满活生生辩证法的重要论断：“根据经济利益起决定作用这一点，决不应当作出经济斗争（等于工会斗争）具有首要意义的结论，因为总的说来，各阶级最重大的、‘决定性的’利益只有通过根本的政治改造来满足。”① 进而他在批判托洛茨基和布哈林的错误时，提出了“政治是经济的集中表现”，“政治同经济相比不能不占首位”的观点②，这些观点不仅突出了政治上层建筑归根到底是为生产服务的思想，而且把政治视为无产阶级完成自己生产任务的前提。在列宁看来，无产阶级政党只有从政治上正确地看问题，才不至于发生政治上的危险和政治上的错误，才能维持无产阶级的阶级统治，因而也才能完成自己的生产任务。否则，就会迫使党离开经济任务，离开“生产”工作。

列宁提出的“经济方面的政治”和政治“占首位”的两个命题，前者强调的是经济的政治功能意义，后者强调的是政治的经济能动作用，二者结合恰好反映了政治与经济的辩证统一。统一的根基深深扎根在无产阶级和人民群众最根本的利益之中。在这两个命题中，政治“占首位”比经济的政治功能作用更难以为人们理解，这里需要就这个问题作必要的阐释。

政治“占首位”并非在历史唯物主义关于经济决定政治的基本原理意义上讲的。不能把“占首位”理解成政治对于经济的“第一性”“基础性”的意义。如前所述，这是把马克思主义关于政治与经济辩证关系的原理实际应用到“某一个历史时期”，应用到革命斗争和经济建设的具体实践活动而提出的问题。在一个特定历史时期，人们进行具体实践活动的

---

① 《列宁选集》第1卷，人民出版社1995年版，第333页。

② 《列宁选集》第4卷，人民出版社1995年版，第407页。

前提和条件是十分确定的。这里经济前提和条件归根到底是决定性的。但是在这种十分确定的前提和条件下，真正要实际进行经济建设，还必须解决一些根本性的问题，如：把经济建设摆在工作的什么位次？经济建设的发展方向如何？为谁进行生产？按什么原则进行分配？依靠什么力量进行生产？采用什么样的经济管理体制？等等。这些问题若得不到解决，经济建设就不可能前进一步。而这些问题的解决，经济建设自身是无能为力的，只有依靠政治来解决。正是在政治不解决经济建设中的这些问题，经济就不能发展这个意义上，政治同经济相比就具有了首要地位。政治又为什么能起这种功能作用呢？这就在于“政治是经济的集中表现”。所谓“政治是经济的集中表现”，其涵义是：①一个阶级最根本的、最重要的、有决定作用的经济利益，必然集中于政治而表现出来；②升华为政治形态的一个阶级的根本利益是把该阶级的整体利益与个别利益、长远利益与目前利益、全局利益与局部利益协调统一起来了的利益。它集中了由该阶级的根本要求所代表的生产关系的本质，集中了那个特定历史阶段上由劳动群众的创造性劳动所发现的客观经济法则，集中了一个阶级共同的目的意志、力量和智慧；③作为经济集中表现的政治，是以政治中最本质的东西即国家政权确认的政治观点、政治制度、路线方针和法律、法规的形态综合起来，且有相应系统的暴力作为后盾，发生作用的。因此这是一种有组织的、系统的整合力量，它对经济关系的调节和驾驭，对保证经济正常发展的内部外部条件的构建，对经济、社会发展的障碍的消除，对保证经济工作和其他各项工作沿着本阶级所要求的方向更好更有秩序地进行，起着高屋建瓴、统揽全局的作用。这是任何分散的、个别的经济利益的作用力量所无可比拟的。在社会主义社会里，在集中了无产阶级和广大人民群众根本利益的政治形态上，人民群众创造历史、决定历史结局、决定国家命运前途的历史作用得到最充分、最鲜明的体现。

正是政治的这种功能作用，毛泽东同志后来发展列宁关于政治同经济相比不能不占首位的思想，提出了政治总是率领经济的，政治“是统帅、是灵魂”、是“生命线”的著名思想。这些思想对于保证我国经济建设的健康发展有长久的指导意义。

这里必须明确指出，政治“是统帅、是灵魂”、是“生命线”的科学论断与“文化大革命”中的“政治可以冲击一切”“代替一切”的谬论有本质区别。第一，“冲击”“代替”论是从政治决定经济的唯心史观出发的。而政治“是统帅”等，不是从经济基础与政治上层建筑谁是第一性意义上讲的，而是从某一特定历史时期的实践活动，即在确定的经济前提条件下，不从政治上解决经济建设所要求解决的一些根本性问题，经济建设就无法进行的意义上讲的；第二，“冲击”“代替”论主张政治可以脱离经济，取代经济。政治“是统帅”等正是为了使全党同志更好地全面贯彻执行党的“一个中心、两个基本点”的基本路线，坚持经济建设这个中心不动摇，为集中力量把经济搞上去提供强有力的政治保证，创造良好的政治环境，以保证建设不受干扰；第三，“冲击”“代替”论旨在破坏经济和政治的统一，它以“贫穷的社会主义”论为支撑点，而政治“是统帅”等旨在保证经济和政治的统一，它奠定在“社会主义社会是全面发展全面进步的社会”论的基础上；第四，“冲击”“代替”论从根本上否定人民群众的实践，无视和牺牲人民群众的利益；而政治“是统帅”则把党和政府对人民群众的态度问题、同人民群众的关系问题、人民的利益，视为政治问题的主要内容和根本立足点。为此要求党的领导干部要牢固树立正确的世界观、人生观和价值观。因此政治同经济相比不能不占首位，政治“是统帅、是灵魂”、是“生命线”的科学思想，绝不因受政治可以“冲击一切”“取代一切”的唯心主义歪曲而失去真理的灿烂光辉。

（原载《社会主义研究》1999 年第 4 期）

马克思主义经典作家对资产阶级民主的批判分析及当代意义

关于资产阶级民主在资本主义上升时期的历史进步性，马克思曾认为，从“人的依赖关系”的社会形态过渡到“以物的依赖性为基础的人的独立性”的社会形态，是一种历史的进步。资产阶级民主取代封建主义的历史进步性，是资产阶级在历史上所起的革命作用的一部分。欧洲文艺复兴运动，是人类以往从来没有经历过的一次最伟大的进步的变革。在法国为行将到来的革命启发过人们头脑的那些伟大人物，以非凡的革命精神，以自由、平等、人权和民主等口号作为价值观念和思想武器，无情地批判了神权、王权、特权、等级和人身依附等封建观念，批判了宗教、社会和国家制度，在欧洲历史上掀起了一场巨大的思想解放运动，启发了人们的头脑，为资本主义发展和行将到来的资产阶级革命作了思想上和舆论上的准备，起了革命先导作用；适应资本主义市场经济发展的要求而产生的资产阶级代议制的民主制度，消除了特权贵族、土地贵族和行会师傅的势力，消灭了生产资料、财产和人口的分散状态，使人口密集、生产资料集中、财产聚集在少数人手里，资本成为社会的决定力量。使资本家、资产者能以社会上的第一阶级建立起统一的国内市场，并不断开拓世界市场，把人类历史推进到资本主义市场经济的新时代；资产阶级民主政治制度消灭了封建等级特权制度，从法律上废除了人身依附关系，实行了法律面前的资产阶级平等和司法中的资产阶级正义原则，使人类社会进入以物的依赖性为基础的人的独立性的社会形态，这就使工人阶级和劳动人民摆脱了封建的超经济剥削和人身依附关系，获得了独立性。这种社会形态形成着普遍的社会物质交换、人的多方面的需求以及“具有尽可能丰富的属性和联系的人"[①]。从而为未来的共产主义社会形态创造着条件。同时，人类走到了资本主义，被压迫的无产阶级凭借城市文化的教育和影响，在政治上得到成长，才有可能认清自己的地位，从而掀起世界工人运动，造就千百万工人，建立自觉地领导群众斗争的社会主义政党。资产阶级创立的民主共和国形式，则"是无产阶级和资产阶级之间的最后决定性斗争只能在其中进行到底的国家形式"[②]，"甚至是无产阶级专政的特殊形式。"[③]

关于资产阶级民主的阶级实质，马克思恩格斯在《共产党宣言》中明确指出："现代的国家政权不过是管理整个资产阶级的共同事务的委员会罢了。"[④] 巴黎无产阶级在1848年6月起义和1871年的巴黎公社起义中遭到的血腥镇压，充分证明了《共产党宣言》中这个结论的科学性。六月起义失败之后，马克思在《路易·波拿巴的雾月十八日》中用血和火的文字愤怒地写道："六月起义者的失败，……表明，欧洲的问题并不是争论'共和国还是君主国'的问题，而是别的问题，它揭示出，资产阶级共和国在这里是表示一个阶级对其他阶级实行无限制的专制统治。"[⑤] 在无产阶级未觉悟且还显得很驯服的时候，资产阶级民主共和国尚能表现出伪善的文明面孔，一旦奴隶们觉醒，反对主人奴役的阶级斗争达到一定程度时，资产阶级民主制就会露出资产阶级专政的狰狞面目。然而，与资产阶级的愿望相反，它的暴行撕碎了虚伪的资产阶级民主的外衣，暴露它的阶级本质。马克思说：资产阶级"生产关系本身又要产生出新的统治和从属关系（它又生产出自己本身的政治表现等）"[⑥]。资本对政治的统治权、对精神的指导权不过是生产过程中对劳动（工人）指挥权的发展。因此，资产阶级民主必然对工人实行专政。列宁在十月革命后，批判迷信资产阶级民主的考茨基时，尖锐地指出："考茨基完全背弃了马克思主义，他分析俄国革命时，用法律上形式上的'民主'概念，用帮助资产阶级掩盖它的统治、欺骗群众的'民主'概念来支吾搪塞，忘记了'民

① 《马克思恩格斯全集》第46卷（上册），人民出版社1979年版，第392页。
② 《马克思恩格斯选集》第4卷，人民出版社1995年版，第173页。
③ 《马克思恩格斯选集》第4卷，人民出版社1995年版，第412页。
④ 《马克思恩格斯选集》第1卷，人民出版社1995年版，第274页。
⑤ 《马克思恩格斯选集》第1卷，人民出版社1995年版，第593页。
⑥ 《马克思恩格斯全集》第49卷，人民出版社1982年版，第86页。

主’实际上有时表现资产阶级专政，有时表现服从这个专政的市侩的软弱无力的改良主义，等等。”① 列宁还进一步教导工人说：“一分钟也不要忘记这种‘民主’的资产阶级性质，忘记它是有历史条件的和有历史局限性的，不要‘迷信’‘国家’，不要忘记，不仅在君主制度下，就是在最民主的共和制度下，国家也无非是一个阶级镇压另一个阶级的机器。资产阶级不得不伪善地把实际上是资产阶级专政，是剥削者对劳动群众的专政的（资产阶级的）民主共和国说成‘全民政权’或者一般民主、纯粹民主。”② 列宁的这些论断，一针见血地揭露了资产阶级民主实为对无产阶级和劳动群众实行阶级专政的实质。

马克思主义关于资产阶级民主的实质的论断，是马克思主义国家学说的重要内容。恩格斯曾经指出，国家是社会在一定发展阶段上的产物，当“社会陷入了不可解决的自我矛盾，分裂为不可调和的对立面而又无力摆脱这些对立面。而为了使这些对立面，这些经济利益互相冲突的阶级，不致在无谓的斗争中把自己和社会消灭，就需要有一种表面上凌驾于社会之上的力量，这种力量应当缓和冲突，把冲突保持在‘秩序’的范围以内；这种从社会中产生但又自居于社会之上并且日益同社会相异化的力量，就是国家”③。资产阶级民主共和国是国家的最高形式，它已经不再正式讲什么财产差别了，但它所改变的只是国家或民主的实现形式，实为资产阶级专政的阶级本质并没有变。然而资产阶级思想家总想回避这个问题，竭力混淆国家的阶级实质和国家实现形式的区别，企图利用国家的实现形式去掩盖、抹煞国家维护资产阶级的统治和根本利益的阶级实质。这就要求我们在分析资产阶级民主时，要用马克思主义的解剖刀揭破资产阶级思想家的欺骗，科学阐明资产阶级民主的实现形式是随着资产阶级国家的经济、政治、文化状况及国际形势等具体条件的发展而变化的，在一定时间内会抛弃资产阶级议会民主形式，建立法西斯专政。在另一个时期，又会改革国家的政治体制，使民主形式翻新。我们在研究资产阶级民主的各种实现形式及其发展变化的新特点时，一定不要忘记揭露它的阶级实质。不过值得注意的是，本质总是隐藏在现象背后的。资产阶级民主的实质是资

① 《列宁选集》第3卷，人民出版社1995年版，第658页。
② 《列宁选集》第3卷，人民出版社1995年版，第684—685页。
③ 《马克思恩格斯选集》第4卷，人民出版社1995年版，第170页。

产阶级专政，但是这一事实却被资产阶级民主的种种虚伪的表现所掩盖。即是：

其一，在观念的表达上，资产阶级民主思想被赋予了普遍性的形式。马克思、恩格斯在《德意志意识形态》中写道：“每一个企图取代旧统治阶级的新阶级，为了达到自己的目的不得不把自己的利益说成是社会全体成员的共同利益，就是说，这在观念上的表达就是：赋予自己的思想以普遍性的形式，把它们描绘成唯一合乎理性的、有普遍 意义的思想。”① 资产阶级在思想表达上的这种标榜，为什么在一定时期内又能得到社会某种程度的认同呢？这有三个原因。一是在推翻封建统治、摧毁封建制度的过程中，资产阶级和广大劳动群众有共同的要求，面临着反封建的共同任务，新兴资产阶级在当时作为新生产方式的代表，所提出的反封建的口号代表了劳动群众的愿望。资产阶级自己的利益与社会普遍利益基本上是一致的。资产阶级当时充当着全社会普遍利益的代表，它倡导的自由、平等、民主等价值观念成为社会全体成员的价值观念。资产阶级取得政权以后，虽然阶级状况和阶级关系已经发生了根本变化。资产阶级国家的社会财富绝大部分集中在资产阶级手里，贫富两极分化日益扩大，国家统治权力实际上掌握在大资产阶级、金融寡头及其政党手中，主要的大众传媒手段为资产阶级所垄断，社会舆论、立宪外活动集团和各级政治机构为资产阶级所控制，国家的一切重大决定的作出以维护资产阶级的利益为宗旨。特别是像 1848 年 6 月资产阶级的暴行、1871 年的巴黎公社起义失败以后的罪恶，露出了资产阶级的文明、正义的野蛮和凶残，但由于上述历史的原因，资产阶级民主还能欺骗群众一时；二是资产阶级善于利用不断翻新的民主形式，如相继取消选举权的财产、教育程度、性别和种族的限制，选举制度更加周密，权力制衡机制更为有效，等等，来掩盖民主的本质。三是由于民主除了阶级性外，还具有一般社会性的特点，等等。

其二，在政治法律形式上，把经济上事实上的不平等，虚幻地表现为平等。资本主义的生产是剩余价值的生产。在剩余价值的生产、资本积累过程中，工人只要还有一滴血、一块肉、一条筋还没有榨干，资本家是不会罢休的。所以劳动者根本谈不上有什么平等、自由、民主权利。按马克

① 《马克思恩格斯选集》第 1 卷，人民出版社 1995 年版，第 100 页。

思恩格斯的说法是，“平等地剥削劳动力，是资本的首要的人权”①，“金钱代替刀剑成了社会权力的第一杠杆”。② 资本的这种权利得亏于资产阶级的政治统治，即资产阶级民主造成了一个前提，就是人及其权利的分离。“一方面把人变成市民社会的成员，变成利己的、独立的个人，另一方面把人变成公民，变成法人。”③ 即现实生活中的人和抽象的法人。与此相应，人权也分成政治权利和市民社会的成员的权利。政治权利的内容就是，“参加政治共同体、参加国家。这些权利属于政治自由的范畴，属于公民权利的范畴”④。这种权利法律是有明文规定的。然而由于这种权利“决不能超出社会的经济结构以及由经济结构制约的文化发展”⑤。所以公民权能够在多大的程度上实现，完全取决于社会成员的经济地位。在资本主义社会中，社会成员分裂为有产阶级和无产阶级。劳动者与生产资料早已经分离，工人除了自己的劳动力以外已经一无所有。这样，法律规定的公民在政治上的自由、平等、民主等政治权利，在社会关系中的真实内容，就只是体现为维护私有财产占有和使用上的自由、平等，工人和资本家在流通领域进行等价交换的自由、平等，然而这只是资本项下的权利。劳动力和资本之间在市场上的自由、平等，一到生产领域，平等就变成了不平等。所以资产阶级民主以政治法律形式上的平等造成了资本占有剩余价值的前提，造成了经济上事实上的深刻不平等，又保护这种不平等。可见资产阶级的法律具有很大的欺骗性。

其三，在国家政权形式上，用权力分立来维护其阶级的总体利益。资产阶级民主的阶级实质是资产阶级专政。资产阶级国家权力是凌驾于社会之上的力量概念，人民群众根本无法对国家权力进行监督，更无法控制代议制政治的运转。在西方发达国家中，统治者作出的重大决定，总以维护其阶级利益为宗旨，经常违反广大人民群众的根本利益。资产阶级“三权分立”原则，不过是资产阶级为维护其总体利益而在国家机构内部实行的一种权力分工，是阶级统治的一种形式。资产阶级在代议机构和行政权力的关系上有竭力扩大行政权力、限制议会权力的趋向。但是由于

① 《马克思恩格斯全集》第23卷，人民出版社1972年版，第324页。
② 《马克思恩格斯选集》第3卷，人民出版社1995年版，第723页。
③ 《马克思恩格斯选集》第1卷，人民出版社1956年版，第443页。
④ 《马克思恩格斯选集》第1卷，人民出版社1956年版，第436页。
⑤ 《马克思恩格斯选集》第3卷，人民出版社1995年版，第305页。

“在议会中，国民将自己的普遍意志提升为法律，即将统治阶级的法律提升为国民的普遍意志”；[①] 靠辩论生存的议会形式不仅保证资产阶级不同利益集团可以彼此辩论争吵、协调关系，而且还在一定程度上为被统治阶级提供了一种在“一般的思想”外观下，为自己的利益进行斗争的可能性。这就为资产阶级掩盖其专政的实质找到了借口。马克思主义对资产阶级民主的批判分析，有很强的现实指导意义。

第一，马克思主义经典作家对资产阶级民主制的批判分析贯穿着彻底的历史唯物主义原则。从马克思主义观点看来，资本主义社会结构的上层建筑，同整个资本主义一样，必将灭亡并被社会主义所取代，但是他们没有对资产阶级民主作简单的否定，而是把它放到人类历史的长河中进行考察，在揭露它的阶级实质的同时，充分肯定其历史地位和历史作用，既肯定了它和封建主义相比，“是在‘自由’、‘平等’、‘民主’、‘文明’的道路上向前迈进了具有世界历史意义的一步”；又肯定它在阶级对抗中客观地为未来的共产主义社会形态创造着条件，特别是使无产阶级在政治上得到成长。他们指出：“没有议会制度，没有选举制度，工人阶级就不会有这样的发展”[②]。资产阶级创立的民主共和国形式，则“是无产阶级和资产阶级之间的最后决定性斗争只能在其中进行到底的国家形式”[③]。这种辩证的历史主义原则对于我们观察社会历史现象具有重大的方法论指导意义。

第二，马克思主义经典作家在分析批判资产阶级民主制时善于从各种花样翻新的民主形式中抓住其阶级实质。二战以来，西方发达国家的资产阶级民主形式，随国内经济关系、阶级关系、国际形势的变化，发生了许多新变化。例如，公民政治参与形式日益多样化，选举权的限制减少，选举制度更加周密，法治机制更加健全，权力制衡机制更为有效。西方发达国家的政治制度和社会秩序也因此相对稳定。这样一来，“自由国家”“民主国家”“法治国家”“福利国家”等标榜之声也就更高。20 世纪 70 年代以来，美国等国利用经济全球化浪潮，仰仗其经济、军事、文化实力，打着人权、民主、自由的旗号，提出“人权高于主权”的干涉主义

① 《马克思恩格斯选集》第 1 卷，人民出版社 1995 年版，第 674 页。
② 《列宁选集》第 4 卷，人民出版社 1995 年版，第 38 页。
③ 《马克思恩格斯选集》第 4 卷，人民出版社 1995 年版，第 173 页。

"新原则"，极力推行资本主义全球一体化的战略，到处称霸，干涉别国内政。面对这种情况，如何正确看待美国等发达资本主义国家的民主是一个大问题。马克思主义经典作家批判分析资产阶级民主的理论，为我们揭穿垄断资产阶级民主仍然是资产阶级专政的实质提供了理论的指南。

第三，马克思主义经典作家对资产阶级民主制的批判分析对丰富人民民主专政的历史经验有重要借鉴意义。资产阶级民主的实质是资产阶级专政，这本来是一个不争的事实，但是如前所述，资产阶级善于采用各种伪装形式来掩盖它。表现在观念的表达上，它赋予资产阶级民主思想以普遍性的形式。在政治法律形式上，它把经济上的事实上的不平等虚幻地表现为平等。在国家政权形式上，它用权力分立的原则来维护资产阶级的总体利益，把本来是用来调节资产阶级不同利益集团之间关系的原则，让被统治阶级在"一般的思想"外观下，也有为自己利益进行斗争的可能性等等。资产阶级通过这样一些形式保持了社会的相对稳定，巩固了本阶级的统治。这就提示我们，在注重揭露资产阶级民主的选举制度、代议制度、政党制度、分权制度的阶级实质的同时，要看到当今资产阶级民主制度已发展为十分复杂而又精致的机器，必须认真研究其民主形式，特别是它在按程序运作过程中形成的诸如参与机制、竞争机制、制衡机制、监督机制、法治机制等运行机制。通过批判、分析、改造，研究其是如何为资产阶级统治服务，维护社会稳定、促进经济发展的，从建设有中国特色社会主义民主的实际出发，有分析地汲取人类政治文明中某些共同的东西，借以为我们进行各方面的体制和运行机制的创新，巩固和加强人民民主专政服务。

（原载《社会主义研究》2002 年第 6 期）

马克思主义意识形态理论与做好意识形态工作

在新世纪新阶段，由于国际国内因素的影响，我国意识形态领域很不平静，其斗争呈现出尖锐复杂的局面，以强烈的政治意识、政权意识、责任意识主动做好意识形态工作，确保领导权牢牢掌握在忠诚于党和人民手里，是摆在我们面前的一项艰巨任务。全面理解和正确把握马克思主义的意识形态理论，是我们主动做好意识形态工作的基本理论前提。我们党的历史使命要求我们以马克思主义意识形态理论为指导，做好意识形态工作。

一　意识形态概念的演化过程

何谓意识形态？学界的看法不一。如，西方权威的《简明不列颠百科全书》指出，意识形态可以表示为任何一种注重实践的理论，是一种以理性为基础的“现世”的信念，因此，意识形态多种多样，有实证主义、共产主义、社会主义、法西斯主义、国家主义等，[①] 它侧重强调意识形态与实践、“现世”之间的关系，因实践、“现世”不同，意识形态也多种多样。《中国大百科全书》认为，意识形态是“系统地、自觉地、直接地反映社会经济形态和政治制度的思想体系，是社会意识诸形式中构成观念上层建筑中的部分”[②]。显然，这是根据唯物主义历史观的实质下的定义。同样，肖前、李秀林、汪永祥主编的《历史唯物主义原理》哲学教材也认为，在现代生活中，“意识形态”大半已不具有“一般观念的学说体系”的意思，而是特指同人们的社会经济基础、利益、立场和主张

① 《简明不列颠百科全书》第9卷，中国大百科全书出版社1985年版，第101—102页。

② 《中国大百科全书（精粹本）》，中国大百科全书出版社2002年版，第1716页。

相适应的思想体系。[①] 这都强调了意识形态的社会经济根源和阶级性。

“意识形态”这一概念是随着社会历史条件的变化而不断发展变化的。马克思主义产生以前，在西方，意识形态概念被认为是社会科学领域里最有歧义的概念之一。人们大多认为，法国哲学家和经济学家 D. 特拉西（1754—1836）是第一个使用意识形态概念并将其引入思想史的人。特拉西由于受到当时法国启蒙精神的影响，主张建立“属于理性的观念学（意识形态）”，他在 19 世纪初所著的《意识形态概论》一书中把“意识形态”界定为“观念的科学”，认为意识形态是考察观念的普遍原则和发生规律的学说。他作出的这种界定，我们可以从他给法国国家研究所的倡议书中了解其含义。他说：“我宁愿采用‘意识形态’的名字，或者应该用意识科学。它是一个恰当的名字，因为它没有隐藏任何怀疑和未知的东西；它的确没有给思想带来任何原因意识。它的含义对所有的人都是非常明晰的，只要认识法语‘观念’一词，每个人都知道‘意识’的含义，尽管很少有人知道它的真实含义到底是什么。这是一个恰当的名字，因为‘意识形态’是意识科学的文字转变。”[②] 这种“观念的科学”把一切观念的根源归结于感觉和经验，反对一切虚妄的观念，主张在感觉经验的基础上，重新阐发出经济、政治、法律、教育等各门科学的基本观念，以获得科学思想。特拉西建立“观念的科学”，其目的是为了驱逐宗教神学对科学的统治，以张扬科学理性。正因为如此，它迎合了当时法国大革命中先进阶级向官方的政治与宗教进行宣战的需要，无疑成为当时革命的思想武器。然而，建立在唯心史观基础上的特拉西的“意识形态”，其本身强调的是通过人的外部感觉经验以获得科学，并极力宣扬“千年理性王国”，因而常常被视为一种空想。由于这种“意识形态”与当时拿破仑恢复帝制、追求独裁权力的思想政治意图严重冲突，拿破仑便把以特拉西为代表的法国的意识形态家斥为空想家，赋予“意识形态”这个术语以完全贬义的含义，这也成为长期以来很多学者将这一概念作否定性理解的源头。特拉西的“观念的科学（意识形态）”作为法国启蒙运动的思想成果，在德国和欧洲流行开来。德国古典哲学家康德与黑格尔对意识形态作

① 肖前、李秀林、汪永祥主编：《历史唯物主义原理（修订本）》，人民出版社 1991 年版，第 274 页。

② 转引自张秀琴著《马克思意识形态理论的当代阐释》，中国社会科学出版社 2005 年版，第 2 页。

了进一步的探讨。黑格尔认为精神现象学也就是意识形态学，它以意识发展的各个形态、各个阶段为研究的具体对象，把“精神现象”和“意识形态”当作同义语来使用。在他看来，道德、宗教、文学、哲学等都属于意识形态的范畴。无论是特拉西的“观念学”，还是黑格尔对意识形态的探讨，都为马克思主义的意识形态理论的产生提供了思想资源。

将意识形态改造成为和经济形态相对应的一个历史唯物主义重要范畴的是马克思、恩格斯。马克思、恩格斯在很多场合都使用过“意识形态”一词，还常用“意识”“观念”“思想”“思想体系”等词汇来描述。但从没有给“意识形态”下过完整、明确而清晰的定义。值得注意的是，马克思、恩格斯在使用“意识形态”及相关词汇时，有时是从一般的意义上，有时是从特殊的意义上使用的，在很多情况下带有明确的指向性，即是针对特定社会、特定社会关系中的观念和意识而言，认为意识形态是与一定社会的经济和政治直接相联系的观念、观点、概念的综合，并不是都从普遍意义上作为泛指性概念使用的。

二　马克思主义意识形态理论的主要内容

对于马克思主义意识形态理论，可以从广义和狭义两个角度来研究和阐释。我们在本文中主要从狭义的角度，即从马克思主义经典作家（马克思、恩格斯、列宁）的有关意识形态理论来阐述。因为后人对马克思主义意识形态理论理解上的分歧，主要是源于对马克思主义经典作家相关理论的不同认识与把握。因此，弄清马克思主义经典作家（马克思、恩格斯、列宁）有关意识形态理论的原意是十分必要的。马克思主义意识形态理论的内涵十分丰富。正确理解和把握这一理论，至少应注意以下几个方面的内容。

1. 社会意识是人们物质关系的直接产物

在《德意志意识形态》一书中，马克思、恩格斯在阐述唯物主义历史观关于社会意识学说的基本原理时写道：“思想、观念、意识的生产最初是直接与人们的物质活动，与人们的物质交往，与现实生活的语言交织在一起的。人们的想象、思维、精神交往……是人们物质行动的直接产物。”① 意识形态是可以通过经验来确定的、与物质生活过程的必然升华

① 《马克思恩格斯选集》第1卷，人民出版社1995年版，第72页。

物。意识在任何时候都只能是被意识到了的存在，即人们的实际生活过程。“不是意识决定生活，而是生活决定意识。”① 这表明了意识形态起源于以生产劳动为基础的社会物质生活。社会存在和社会意识，前者是第一性的，后者是第二性的，前者决定后者，而不是相反。这里所说的社会存在就是一定社会的经济基础和政治制度、人与人的经济关系和政治关系。马克思在《路易·波拿巴的雾月十八日》一文中明确指出：“在不同的占有形式上，在社会生存条件上，耸立着由各种不同的、表现独特的情感、幻想、思想方式和人生观构成的整个上层建筑。”② 继后，马克思在《〈政治经济学批判〉序言》这一历史唯物主义基本原理的经典著作中，把意识形态作为他的社会结构理论的一个重要范畴。他作出结论说：“人们在自己生活的社会生产中发生一定的、必然的、不以他们的意志为转移的关系，即同他们的物质生产力的一定发展阶段相适合的生产关系。这些生产关系的总和构成社会的经济结构，即有法律的和政治的上层建筑竖立其上并有一定的社会意识形式与之相适应的现实基础。”③ 恩格斯在《反杜林论》中对建立在经济基础之上的，由宗教、哲学等构成的观念上层建筑也做过透彻的说明，他指出：“每一时代的社会经济结构形成现实基础，每一个历史时期的由法的设施和政治设施以及宗教的、哲学的和其他的观念形式所构成的全部上层建筑，归根到底都应由这个基础来说明。”④

这些都充分表明，在马克思主义的意识形态论中，社会意识从一开始就是社会的产物，社会意识依存于社会关系，意识和现实的矛盾在本质上也是现存的社会关系和现存的生产力之间的矛盾的反映。

2. 意识形态在阶级社会中具有阶级性，集中体现一定阶级的利益和要求

意识的统治依附于物质力量的统治。在《德意志意识形态》一文中，马克思、恩格斯指出，“统治阶级的思想在每一时代都是占统治地位的思想。这就是说，一个阶级是社会上占统治地位的物质力量，同时也是社会上占统治地位的精神力量。支配着物质生产资料的阶级，同时也支配着精神生产资料，因此，那些没有精神生产资料的人的思想，一般地是隶属于

---

① 《马克思恩格斯选集》第1卷，人民出版社1995年版，第73页。

② 《马克思恩格斯选集》第1卷，人民出版社1995年版，第611页。

③ 《马克思恩格斯选集》第2卷，人民出版社1995年版，第32页。

④ 《马克思恩格斯选集》第3卷，人民出版社1995年版，第365页。

这个阶级的。占统治地位的思想不过是占统治地位的物质关系在观念上的表现，不过是以思想的形式表现出来的占统治地位的物质关系”①。根据马克思这一重要思想，意识形态按其阶级内容和它所反映的社会经济形态可分为：奴隶主意识形态、封建主意识形态、资产阶级意识形态、无产阶级意识形态。值得注意的是，每个特定社会的意识形态不是单一的，而呈现出复杂的特征，它往往存在三种不同的体系：反映社会占统治地位的经济制度和政治制度并为其服务的占统治地位的意识形态；反映已被消灭的经济制度和政治制度的意识形态残余；反映现存社会里孕育着的新社会因素并为建立新的经济制度和政治制度服务的新的意识形态。不同意识形态之间既相互斗争又相互影响，其相互斗争构成阶级斗争的一个重要内容，其相互影响是意识形态发展继承性的表现。相互斗争在社会形态更迭时期显得尤为激烈，相互影响一般说来是在有共同所有制，如私有制基础的意识形态之间发生的，在公有制基础上产生的意识形态与私有制基础上产生的意识形态之间虽然在思维形式上也有某种联系，但在内容上是有根本区别的。因此，如马克思主义创始人所说，“一定时代的革命思想的存在是以革命阶级的存在为前提的”，② 无产阶级革命意识的产生，是以无产阶级的存在以及它在现实物质关系中的革命化为基础的。这里要说明的是，“每一个企图取代旧统治阶级的新阶级，为了达到自己的目的不得不把自己的利益说成是社会全体成员的共同利益，就是说，这在观念上的表达就是：赋予自己的思想以普遍性的形式，把它们描绘成唯一合乎理性的、有普遍意义的思想”③。正是这样，在《德意志意识形态》中，马克思、恩格斯把“德意志意识形态”归结为“虚假的意识形态”，因为这种意识形态把统治阶级即资产阶级的利益说成是全社会的共同利益，如把贵族统治时期统治阶级所要求的“荣誉”“忠诚”，把资产阶级统治时期统治阶级所要求的“自由”“平等”赋予人类普遍的共同利益诉求，以掩盖其内在的为统治阶级的利益而服务的本质。在《共产党宣言》中，马克思、恩格斯进一步强调了意识形态与阶级对立之间的内在联系，说明世界上根本不存在超阶级关系的意识形态。

---

① 《马克思恩格斯选集》第1卷，人民出版社1995年版，第98页。
② 《马克思恩格斯选集》第1卷，人民出版社1995年版，第99页。
③ 《马克思恩格斯选集》第1卷，人民出版社1995年版，第100页。

马克思、恩格斯认为，无产阶级在和资产阶级的斗争中，不屑于隐瞒自己的观点和意图，而是始终强调和坚持整个无产阶级共同的不分民族的利益，因为无产阶级本身是大工业的产物，它不同于过去的为少数人谋利益的运动，而是绝大多数人的、为绝大多数人谋利益的独立的运动，所以它的阶级利益和人民群众的普遍利益是高度契合的。正如有学者指出的，“无产阶级革命和其他阶级革命的区别，并不在于它不需要意识形态，不需要以全社会的唯一代表的面目出现，而在于它的阶级利益确实是人类根本利益的体现，因而不仅在革命时期，而且在革命以后都能保持同其他群众共同利益的密切关系”①。当然，马克思、恩格斯并没有提出“无产阶级意识形态”这一概念，他们主要用“意志形态”来批判资产阶级意识以及唯心主义理论，他们把无产阶级的思想观念表述成“共产主义意识”。

列宁在继承马克思、恩格斯意识形态理论的基础上，第一次把马克思主义与意识形态统一起来，区分了资产阶级意识形态和无产阶级意识形态，并强调了它们之间斗争的不可调和性：“或者是资产阶级的思想体系，或者是社会主义的思想体系。这里中间的东西是没有的（因为人类没有创造过任何第三种思想体系，而且在为阶级矛盾所分裂的社会中，任何时候也不可能有非阶级的或超阶级的思想体系）。”② 从而赋予意识形态以鲜明的阶级特征。列宁认为，无产阶级的意识形态是无产阶级根本利益的体现，具有鲜明的阶级性，然而它是对社会发展规律的正确的阐述，又具有严格的科学性，实现了阶级性与科学性的统一，因此，无产阶级必须划清两种根本对立的思想体系（意识形态）之间的原则界限，同资产阶级思想体系（意识形态）展开坚决斗争。

3. 意识形态相对于物质关系存在着局限性

马克思恩格斯指出：“历史上周期性地重演的革命动荡是否强大到足以摧毁现存一切的基础；如果还没有具备这些实行全面变革的物质因素，……尽管这种变革的观念已经表述过千百次，但这对于实际发展没有任何意义。”③ 意识形态这种局限性要求我们重视客观现实，使思想符合

① 侯惠勤：《析马克思主义意识形态理论的“冲突”》（上），《中共南京市委党校南京市行政学院学报》2007 年第 1 期。

② 《列宁选集》第 1 卷，人民出版社 1995 年版，第 326—327 页。

③ 《马克思恩格斯选集》第 1 卷，人民出版社 1995 年版，第 93 页。

于客观现实的要求。

列宁的意识形态学说是马克思意识形态学说在20世纪复兴的最重要标志。这不仅因为列宁继承了马克思意识形态学说的基本精神，而且因为他根据自己所处的时代的实践需要和理论需要，对意识形态的含义作出了新的说明。[①] 如果说，马克思、恩格斯因为对资产阶级意识形态的批判，曾一度赋予意识形态以虚假性、否定性意义，而列宁则因为现实革命实践（领导俄国革命实践，与国际共产主义运动中的修正主义作斗争）的需要，旗帜鲜明地赋予意识形态以肯定性质。列宁认为，意识形态有科学和非科学之分，“任何科学的思想体系（意识形态——引者注，列宁著作的汉译本常把英译本中的‘意识形态’译为‘思想体系’）都与客观真理和绝对自然相符合”，而马克思主义（社会主义）则正确地反映了历史发展的客观规律，揭示了人类社会发展的必然趋势，所以是科学的意识形态。在列宁看来，资产阶级意识形态之所以是“虚假的”和“非科学的”，正是因为它的“资产阶级”属性，而马克思主义（社会主义）作为无产阶级解放的学说，它表达了一种与资产阶级思想体系相反的思想体系（意识形态），它是为无产阶级的根本利益服务的，是与“工联意识”相区别的、无产阶级真正的自觉的阶级意识。列宁认为马克思主义（社会主义）是无产阶级自觉的科学的阶级意识，这是对马克思主义意识形态学说的重要贡献。

4. 意识形态没有绝对独立的历史

如前所述，马克思主义认为，社会存在是一切意识形态和观念的基础和根源。而思辨的唯心主义者却脱离现实生活来讨论宗教和精神的自身发展，认为意识形态是绝对独立于现实生活的，有完全独立的历史。马克思、恩格斯在《德意志意识形态》中，对此进行了批判，并指出其错误根源在于与唯物史观相对立的唯心史观。而唯物史观的“出发点是从事实际活动的人，而且从他们的现实生活过程中还可以描绘出这一生活过程在意识形态上的反射和反响的发展。甚至人们头脑中的模糊幻象也是他们的可以通过经验来确认的、与物质前提相联系的物质生活过程的必然升华物。因此，道德、宗教、形而上学和其他意识形态，以及与它们相适应的意识形式便不再保留独立性的外观了。它们没有历史，没有发展，而发展

① 俞吾金：《意识形态论》，上海人民出版社1993年版，第203页。

着自己的物质生产和物质交往的人们，在改变自己的这个现实的同时也改变着自己的思维和思维的产物”①。意识形态的发展，归根结底是社会存在和物质生产在人们观念上的发展。在《共产党宣言》中，马克思、恩格斯又再次给予了说明。指出：“人们的观念、观点和概念，一句话，人们的意识，随着人们的生活条件、人们的社会关系、人们的社会存在的改变而改变，这难道需要经过深思才能了解吗？”② “思想的历史除了证明精神生产随着物质生产的改造而改造，还证明了什么呢？”③ 马克思在《〈政治经济学批判〉序言》中作了进一步的更为具体的说明：“随着经济基础的变更，全部庞大的上层建筑也或慢或快地发生变革。在考察这些变革时，必须时刻把下面两者区别开来：一种是生产的经济条件方面所发生的物质的、可以用自然科学的精确性指明的变革，一种是人们借以意识到这个冲突并力求把它克服的那些法律的、政治的、宗教的、艺术的或哲学的，简言之，意识形态的形式。”④ 马克思、恩格斯还认为，一种意识形态的消灭，不是可以通过精神的批判就能实现的，而只有通过实际地推翻这一意识形态所产生的现实的社会关系，才能把它消灭，因为旧思想的瓦解是同旧生活条件的瓦解步调一致的。这就进一步说明了意识形态的历史只是社会存在的历史发展在观念上的表现，它只能随着社会物质生活的改变而改变，不是脱离于社会存在的绝对独立的历史。

5. 意识形态具有能动作用

在马克思、恩格斯看来，意识形态虽然是“人们物质行动的直接产物”，但它并不是物质世界的消极分泌物，被动地反映社会存在及人们的社会关系，而是积极、主动地参与社会关系的建设，为维护、巩固统治阶级的统治提供思想和文化条件，在一定条件下它甚至会“变成物质力量”。当今，有些人认为马克思只单纯注重社会存在对意识形态的决定作用，而忽视了意识形态对社会存在的能动作用。其实这是对马克思主义意识形态理论的一种误解。恩格斯在他晚年的一系列书信中，集中论述了意识形态对经济基础的能动作用。他指出，马克思和他自己一向认为，物质的生活条件、经济因素，在社会发展中起着决定作用，它们归根到底决定

① 《马克思恩格斯选集》第1卷，人民出版社1995年版，第73页。
② 《马克思恩格斯选集》第1卷，人民出版社1995年版，第291页。
③ 《马克思恩格斯选集》第1卷，人民出版社1995年版，第292页。
④ 《马克思恩格斯选集》第2卷，人民出版社1995年版，第33页。

政治、意识形态、国家制度。但是政治、意识形态等因素一旦产生出来，就具有相对的独立性，又对物质条件，对经济运动发生反作用。1890 年，他在致约·布洛赫的一封信中写道，“根据唯物史观，历史过程中的决定性因素归根到底是现实生活的生产和再生产。无论马克思或我都从来没有肯定过比这更多的东西。如果有人在这里加以歪曲，说经济因素是唯一决定性的因素，那么他就是把这个命题变成毫无内容的、抽象的、荒诞无稽的空话。经济状况是基础，但是对历史斗争的进程发生影响并且在许多情况下主要是决定着这一斗争的形式的，还有上层建筑的各种因素”①。1893 年，他在致弗·梅林的信中，再次谈到了早期由于革命实践的需要，马克思和他主要是把重点放在从基本经济事实中引出政治的、法的和其他意识形态的观念以及以这些观念为中介的行动，但并没有否认意识形态对经济事实的能动作用。在这封信中，他还针对有些思想家们的一个愚蠢观念，即这些思想家认为：因为马克思、恩格斯否认历史中起作用的各种意识形态有独立的历史发展，所以也否认它们对历史有任何影响。这些思想家之所以会有这样的错误观念，在于把原因和结果非辩证地看作僵硬对立的两极，而完全忘记了它们的相互作用，他们没有看到或故意忽视“一种历史因素一旦被其他的、归根到底是经济的原因造成了，它也就起作用，就能够对它的环境，甚至对产生它的原因发生反作用”② 这一事实。可见，马克思、恩格斯始终是从经济基础与意识形态二者辩证关系的角度来理解意识形态的能动作用的。正如他们所说：“政治、法、哲学、宗教、文学、艺术等等的发展是以经济发展为基础的。但是，它们又都互相作用并对经济基础发生作用。并非只有经济状况才是原因，才是积极的，其余一切都不过是消极的结果。这是在归根到底总是得到实现的经济必然性的基础上的互相作用。”③ 马克思恩格斯的这些思想在后来的马克思主义者的著作中得到了极大的发展。如列宁提出：“只有以先进理论为指南的党，才能实现先进战士的作用。”④ 毛泽东强调，“一定的文化（当作观念形态的文化）是一定社会的政治和经济的反映，又给予伟大影响和作

① 《马克思恩格斯选集》第 4 卷，人民出版社 1995 年版，第 695—696 页。

② 《马克思恩格斯选集》第 4 卷，人民出版社 1995 年版，第 728 页。

③ 《马克思恩格斯选集》第 4 卷，人民出版社 1995 年版，第 732 页。

④ 《列宁选集》第 1 卷，人民出版社 1995 年版，第 312 页。

用于一定社会的政治和经济”。[1] 高度地评价了意识形态的能动作用。毛泽东还强调，从社会实践活动说，在思想、理论、路线问题不解决，社会经济就不能发展的特定历史条件下，思想、理论、路线问题的解决还具有决定意义。这就从辩证法方面进一步发展了意识形态反作用的思想。

6. 要自觉地对工人阶级进行意识形态教育

列宁认为，由于无产阶级意识形态和客观真理相符合，实现了科学性与阶级性的统一，而且赢得了世界历史性的意义，所以它是无产阶级争取解放的巨大思想武器。“没有革命的理论，就不会有革命的运动”[2]。无产阶级政党要夺取革命的胜利，必须自觉地对工人阶级进行马克思主义意识形态教育。列宁说：“马克思和恩格斯对工人阶级的功绩，可以这样简单地来表达：他们教会了工人阶级自我认识和自我意识，用科学代替了幻想。”[3] 无产阶级政党之所以必须对工人阶级进行意识教育，是因为无产阶级意识（马克思主义意识、社会主义意识）不可能由自发的工人运动产生。列宁曾指出：“工人本来也不可能有社会民主主义的意识。这种意识只能从外面灌输进去，各国的历史都证明：工人阶级单靠自己本身的力量，只能形成工联主义的意识”[4]，而这恰恰导致工人运动受资产阶级思想体系的支配。由于对社会主义思想体系的任何轻视和任何脱离，都意味着资产阶级思想体系的加强，所以无产阶级政党必须有计划有组织地对工人阶级进行无产阶级意识形态（马克思主义意识形态）的教育和灌输。这种灌输，就是“应当积极地对工人阶级进行政治教育，发展工人阶级的政治意识”[5]。

三 以马克思主义意识形态理论为指导，主动做好意识形态工作

以胡锦涛为总书记的党中央多次强调，历史和现实告诉我们，经济工作搞不好要出大问题，意识形态工作搞不好也要出大问题，在集中精力进行现代化建设的同时，一刻也不能放松意识形态工作。当前，面对国际国内的严峻形势，我们必须以马克思主义意识形态理论为指导，主动做好以

① 《毛泽东选集》第 2 卷，人民出版社 1991 年版，第 663—664 页。
② 《列宁选集》第 1 卷，人民出版社 1995 年版，第 153 页。
③ 《列宁选集》第 1 卷，人民出版社 1995 年版，第 89 页。
④ 《列宁选集》第 1 卷，人民出版社 1995 年版，第 317 页。
⑤ 《列宁选集》第 1 卷，人民出版社 1995 年版，第 342 页。

下一些方面的工作。

1. 要清醒认识意识形态工作的极端重要性

意识形态工作是党的一项极为重要的工作。这可从多方面说明。从社会结构说，任何社会都是在一定生产力发展的基础上的经济基础、政治上层建筑和意识形态的统一体。其中，作为统治阶级意志集中体现的意识形态是整个社会机体的灵魂，它为统治阶级的统治提供理论依据、思想基础和精神支柱。从共产党执政地位说，正因为意识形态能为统治阶级的统治提供理论依据、思想基础和精神支柱，意识形态工作就关系到党和国家的全局，关系中国特色社会主义的顺利发展，关系社会和谐稳定、国家长治久安。这对于党的执政地位的维护自然十分重要。从综合国力构成说，以意识形态为核心的思想道德文化，是综合国力构成中不可缺少的重要软实力，它越来越成为民族凝聚力和创造力的重要源泉。在当今世界，一个不重视本国意识形态的民族是不能屹立于世界民族之林的。因此，我们集中精力进行社会主义现代化建设，一刻也不能放松意识形态工作。从贯彻落实科学发展观来说，中国特色社会主义是全面发展、全面进步的事业，是物质文明和精神文明相辅相成的事业。贯彻落实科学发展观，必然要求思想道德文化建设与经济社会建设协调发展，全面加强意识形态工作。从意识形态领域的斗争规律说，社会意识形态领域历来是敌对势力同我们激烈争夺的重要阵地，如果这个阵地出了问题，就可能导致社会动乱甚至丧失政权。敌对势力要搞乱一个社会、颠覆一个政权，往往总是先从意识形态领域打开突破口，先从搞乱人们的思想下手。正如毛泽东同志所说："凡是要推翻一个政权，总要先造成舆论，总要先做意识形态方面的工作。革命的阶级是这样，反革命的阶级也是这样。"20 世纪 80 年代末 90 年代初，发生在世界社会主义阵营内的苏联的解体、东欧的演变就是有力证明。

2. 要科学把握当前我国意识形态领域的斗争形势

首先，我国的改革开放和社会主义现代化建设是在复杂的国际环境中进行的，意识形态领域面临人类历史上空前未有的，世界范围的社会思潮激荡的局面，其局势的复杂和斗争的尖锐是不可避免的。在这样的背景下，正确认识和把握意识形态领域的斗争形势极为重要。历史的经验证明，对意识形态领域的斗争形势估计得太严重，或者看不到意识形态领域斗争的尖锐性、复杂性，都会犯错误。其次，要对我国意识形态领域这些年来的总形势有个全面判断。这就是，从主导方面看，我们党高度重视意识形态工作，面对信息化、经济全球化时代意识形态领域的许多新情况、新变化，全面推进理论武装、新闻宣传、文艺出版、思想道德建设、精神文明建设、文化体制改革等方面的工作，促进了社会主义文化的大发展大繁荣，全党全国各族人民团结奋斗的共同思想基础不断得到巩固。另一方面，意识形态领域并不平静，特别是渗透和反渗透的斗争仍十分尖锐复杂。各种敌对势力正加紧在意识形态领域对我国进行渗透破坏活动。国内也出现了一些噪音和杂音，既有否定党的领导、否定社会主义制度的言论，也有否定改革开放、否定党的理论和路线方针政策的言论。虽然发表这些言论的只是极少数人，但我们决不能掉以轻心。再次，要清醒认识敌对势力在意识形态领域对我国进行渗透破坏活动的特点。这概括起来主要有四点：一是各种敌对势力在意识形态领域对我国进行的渗透破坏活动正在加紧，且组织越来越周密，方式越来越多样。二是他们总是拿自由、民主、人权、民族、宗教这些议题大肆炒作，鼓吹“普世”价值（实际上是鼓吹美国的价值），利用一些重大事件和活动，对我们党和国家进行造谣攻击；三是他们的基本手法是把个别问题扩大化、把单一问题复杂化、把一般问题政治化，最终把所有问题都说成是我国“社会制度弊端”造成的，始终把矛头指向中国共产党的领导和社会主义制度；四是他们利用媒体特别是互联网等现代媒体作为渗透的重要渠道，散布大量有害信息，极力抹黑中国、丑化中国、妖魔化中国。对此，我们必须有清醒的认识和冷静的分析。最后，要清醒认识高校意识形态工作面临的复杂形势。无论从高校面临的国际国内环境看，还是从其自身环境看，高校都处在意识形态斗争和较量的前沿。大量事实表明，高校做好意识形态工作的难度很大，高校的思想理论建设和意识形态工作只能加强、不能削弱。

3. 要大力推进建设社会主义核心价值体系

意识形态领域的斗争，本质上是社会主义价值体系与资本主义价值体系的斗争。建设社会主义核心价值体系是社会主义意识形态的本质表现，也是加强意识形态工作的根本任务。我们必须按照党的十七大的要求，大力推进社会主义核心价值体系四个主要方面的建设。这就要巩固马克思主义指导地位，坚持不懈地用马克思主义中国化最新成果武装全党、教育人民；用中国特色社会主义共同理想凝聚力量；用以爱国主义为核心的民族精神和以改革创新为核心的时代精神鼓舞斗志；用社会主义荣辱观引领社会风尚，巩固全党全国各族人民团结奋斗的共同思想基础。

大力推进建设社会主义核心价值体系，要坚持和巩固马克思主义在意识形态领域中的指导地位。这是国际共产主义运动中的重要历史经验。苏东剧变的一个重要原因就是放弃了马克思主义的指导地位，搞意识形态的多元化，使得反马克思主义、反社会主义的思潮在意识形态领域泛滥，从而葬送了社会主义事业。正如有学者指出的，苏联剧变的关键和主要原因恰恰在于：斯大林逝世后，正当苏联面临解决存在的问题，更加需要苏共正确领导的历史时期，从赫鲁晓夫到勃列日涅夫再到戈尔巴乔夫，苏共领导却逐步彻底背叛了马克思列宁主义，打起了抽象人道主义旗帜，相继推行了一条以资产阶级人道主义历史观为思想理论基础的“民主社会主义”路线，使苏共党内和苏联社会中资产阶级自由化势力滋生蔓延，使苏共和苏联社会主义制度发生了向现代修正主义政党和资本主义制度的“和平演变”。[①] 这个教训深刻地告诉我们，意识形态领域的阵地无产阶级、马克思主义不去占领，资产阶级、非马克思主义和反马克思主义必然会去占领。因此，我们要“始终坚持和不断巩固马克思主义在意识形态领域的指导地位。要加强马克思主义理论研究，不断增强说服力和战斗力，真正使马克思主义成为全党全国人民团结奋斗的精神支柱。要坚持弘扬主旋律，对错误的思想政治观点和言论，对否定四项基本原则的挑战和攻击，要坚持原则，敢抓敢管，理直气壮地予以批驳和抵制，决不能不闻不问、听之任之。要加强宣传阵地的建设和管理，不能为错误的思想观念提供传播渠道。在工作中要注意区分思想认识问题、学术问题和政治问题的界限，做到具体问题具体分析，是什么问题就解决什么问题，以免影响经济建设这个中心，影响改革发展稳定的大局”[②]。

坚持马克思主义在意识形态领域的指导地位，必须坚决反对“意识形态趋同论”和“意识形态终结论”。许多西方学者站在各自的不同立场，对意识形态进行研究，并提出了相应的理论，其中比较典型的是“意识形态趋同论”与“意识形态终结论”。美国经济学家约瑟夫·熊彼特和美国社会学家索罗金最先提出“意识形态趋同论”，他们故意抹煞各

---

① 曹长盛、张捷、樊建新：《苏联演变进程中的意识形态研究》，人民出版社 2004 年版，第 3 页。

② 《十六大以来重要文献选编》（中），中央文献出版社 2006 年版，第 318—319 页。

种社会制度和意识形态的根本区别，认为社会主义和资本主义随着发展，相似点越来越多，两种制度和意识形态可以相互妥协、交融，直至趋同。20 世纪 50 年代以后，“意识形态趋同论”向完善、成熟的理论形态发展。并且为资本主义国家向社会主义国家实施“和平演变”战略提供理论说明，其实质在于把社会主义演变成资本主义。20 世纪 30 年代，德国社会学家卡尔·曼海姆最先提出了“意识形态终结论”，他认为意识形态是“乌托邦”，应当把它“排斥”或“置于一旁”。二战以后，以美国的未来学家丹尼尔·贝尔和法国社会学家雷蒙·阿隆为主要代表的西方学者掀起了否定意识形态的高潮，他们提出要把意识形态从“西方社会中排除出去”。苏东剧变，世界社会主义运动遭受严重挫折后，“意识形态终结论”更是甚嚣尘上。“马克思主义已经死亡”“共产主义已经死亡”等类似的标题和口号在欧洲国家出版的一些论著和报刊中随处可见。某些别有用心的西方政客大肆吹嘘资本主义的“胜利”，宣告马克思主义已“破产”，称“20 世纪是最后埋葬共产主义的世纪”。西方的一些思想家也认为，马克思主义作为“最后一个宏大的意识形态就要终结”，人们的思想观念将在没有党派和阶级性的社会共同意识中统一起来。美籍日裔学者弗朗西斯·福山的“历史终结论”曾经风靡一时，他认为历史将终结于资产阶级的“自由民主制”，“西方自由民主已取得最终胜利，再没有什么意识形态力量可以挑战西方的自由民主”，并宣称资本主义的自由民主制度，是人类历史发展的终极状态，是人类意识形态发展的终点。从马克思主义观点看来，“意识形态终结论”的荒谬性是不言而喻的。意识形态作为一种思想体系，是一定阶级、国家和政党根本利益的体现。只要阶级、国家和政党还存在，意识形态就不会“趋同”，也不会“终结”。因此，无论是“意识形态趋同论”还是“意识形态终结论”，其实质是要消除、否定马克思主义意识形态的主导地位，以实现资产阶级意识形态一体化。因此，我们要坚决抵制和反对“意识形态趋同论”“意识形态终结论”等错误观点，在这个关系社会主义存亡的问题上不能有任何含糊。

坚持马克思主义在意识形态领域的指导地位，必须以马克思主义指导哲学社会科学的发展，重视高校的马克思主义力量建设。值得重视的是，目前在我国某些高校的哲学社会科学教学中，新自由主义、民主社会主义、历史虚无主义等社会思潮盛行，马克思主义往往被边缘化。本应作为马克思主义坚强阵地的高校，有些也成了错误思潮传播的场所，这对社会和青年一代的负面影响是很大的。对这个问题必须引起高度重视。我国高校是社会主义性质的大学，必须坚持用社会主义核心价值体系占领这个思想文化阵地，坚定不移地强化马克思主义在高校的指导地位，加强校报、校刊、校内广播电视和学校出版社的建设，严格社团、课堂、讲座和网络的管理，坚持研究无禁区、讲课有纪律，坚决反对否定、诋毁、淡化马克思主义的错误倾向，绝不以任何理由为借口，给错误思想提供传播渠道，以确保导向正确。要坚持用社会主义核心价值体系引领高校校园文化建设，开展丰富多彩、积极向上的学术、科技、体育、艺术和娱乐活动，弘扬主旋律、突出高品位，建设体现社会主义特点、时代特征和学校特色的校园文化。特别是要充分调动和发挥高校广大理论工作者的积极性、主动性、创造性，把高校建设成研究和传播马克思主义的重要阵地。要组织高校理论工作者开展联合攻关，及时总结我们党带领人民在实践中创造的新鲜经验，以重大现实问题为主攻方向，努力拿出一批有价值、有分量的理论成果。要组织高校理论工作者积极参与马克思主义理论研究和建设工程，大力促进学科体系、学术观点和科研方法创新，形成具有中国特色的政治学、经济学、法学等理论体系。努力在高校造就强大马克思主义理论队伍，为其提供良好的条件，以便他们充分发挥在巩固马克思主义阵地中的作用。

4. 要加强党对宣传文化教育单位的领导

中国的一切问题，关键在于党。在这方面，首先，要按照中央的要求配备好领导班子。各级党委重视选拔培养意识形态领域领导干部，配备好领导班子，确保领导权牢牢掌握在忠诚于党和人民的人手里。并且要求各级领导班子按照谁主管谁负责和属地原则，管好自己的队伍。要求宣传文化教育单位领导干部要有良好的精神状态，看好自己的阵地。要明辨是非，旗帜鲜明，对本地区本部门本单位意识形态领域出现的问题，要理直气壮、敢于负责、及时处置，把问题解决在萌芽状态，不能敷衍塞责、互相推诿、任其蔓延，决不给错误思想观点提供传播渠道，确保意识形态安全。其次，要切实把意识形态工作摆上重要议事日程。自觉从政治上观察和处理问题，经常分析意识形态领域的形势，及时掌握思想理论动向和社会舆情动态，及时发现倾向性、苗头性问题；认真总结我们党意识形态工作的成功经验，深入研究信息化、经济全球化和市场经济条件下意识形态工作的特点和规律，不断研究和探索做好意识形态工作的有效途径和办法，不断改进思想政治工作的方式方法，不断提高驾驭意识形态大局的本领和能力。再次，要做好新形势下知识分子的教育引导工作。知识分子在意识形态建设中具有不可替代的作用。意识形态工作，在一定意义上说，就是知识分子工作。我们党一贯重视对知识分子的团结、教育和引导工作，在新的形势下，我们更要进一步落实和完善党的知识分子政策，这方面要做的事情很多。首当其冲的是，要高度重视在知识分子中培养坚定的马克思主义者，努力造就政治坚定、与党同心同德、具有广泛社会影响的理论家、思想家。这是党在知识分子中最坚定的依靠力量。应该说，这个问题目前还未引起所有宣传文化教育单位的领导的重视，有的领导做得很好，有的负领导责任的同志却至今是见物不见人，甚至没有想到在这方面要做些什么。这是一些单位多年淡化意识形态的表现，应得到纠正；同时要正确把握思想理论建设中的一些重大关系。即正确处理学术自由和坚持正确政治方向的关系，正确处理一元指导思想和文化多样性的关系，正确处理先进性和广泛性的关系，正确处理解决思想问题和解决现实问题的关系。正确处理这些关系对团结大多数知识分子关系极大；要善于适应新的形势，鼓励和引导广大知识分子坚持“二为”方向；要支持我国学者加强对外学术交流，不断增强在国际学术论坛上的话语权；要多听知识分子的意见，特别是有重大影响的知识分子的意见，加强思想引导，主动提供服务。即使对那些有不同意见甚至发表过错误观点的知识分子，也要多做教育引导工作，从政治上关心和帮助他们，最大限度地把知识分子团结和凝聚在党的周围，发挥他们在社会主义改革开放和现代化建设中特别是在社会主义意识形态建设中的作用。

（原载《思想政治教育研究》2009 年第 1 期）

恩格斯晚年对科学社会主义的卓越贡献

卡尔·马克思曾评价自己最亲密的战友说“弗里德里希·恩格斯是当代社会主义最杰出的代表人物之一”[①]。卡尔·马克思逝世之后，晚年的“恩格斯是整个文明世界中最卓越的学者和现代无产阶级的导师”[②]。他面临革命形势的深刻变化、资产阶级意识形态和党内机会主义的严重挑战，在一系列重大问题上，进行了新的探索，坚决捍卫和创新发展了他和马克思共同创立的科学社会主义原理、原则。这包括多个方面的丰富内容，本文仅就恩格斯晚年深化科学社会主义学说的科学方法、实现社会主义道路、共产主义社会本质规定及其基本特征方面的卓越贡献，谈点学习研究的思考，以诚表对永恒恩格斯的缅怀、敬重之情！

一　恩格斯晚年关于科学社会主义的主要著作和对其研究的方法

（一）恩格斯晚年的重要著作

恩格斯晚年笔耕不辍，著述甚丰。如1891年3月为马克思著的《法兰西内战》一书再版写的导言，1891年写的《1891年社会民主党纲领草案批判》，1892年为《英国工人阶级状况》英文版和德文第2版写的序言，1894年写的《法德农民问题》，1884年写的《家庭、私有制和国家的起源》，1895年3月写的《卡·马克思〈1848年至1850年的法兰西阶级斗争〉一书导言》等，恩格斯晚年还给各国工人运动的领袖写了大量书信。这些书信，按中央编译局编译、人民出版社2009年12月出版的《马克思恩格斯文集》第十卷书信选编收集的，从1883年3月14日恩格斯致爱德华·伯恩斯坦的信，至1895年4月15日恩格斯致理查·费舍的

① 《马克思恩格斯选集》第3卷，人民出版社2012年版，第741页。

② 《列宁专题文集·论马克思主义》，人民出版社2009年版，第51页。

信，一共 89 封。此外，恩格斯整理出版了马克思《资本论》第二、三卷。在这些著作、书信中，恩格斯根据社会发展和思想斗争的新形势、新情况和科学领域里的新成果，以科学社会主义为重点和核心，对马克思主义多方面的重大理论和运用问题，作出了精辟高深的新阐述，或提出了富有创造性的新见解、新观点，为后人研究现代社会主义的历史和理论以及与之有关的一切科学问题留下了珍贵的思想材料。

（二）把握恩格斯对科学社会主义新贡献的几个理论原则

1. 恩格斯和马克思一起共同创立了科学社会主义

第一，科学社会主义成果的马克思方面和恩格斯方面。在科学社会主义史上，马克思、恩格斯从 19 世纪 40 年代参加社会主义的宣传和当时的社会运动起，直到 1883 年马克思逝世，两位现代无产阶级导师共同创立了科学社会主义成果。为了具体说明两位导师在这种共同精神生活成果中各自的独特贡献，列宁曾将其称为“在马克思方面”和“在恩格斯方面”,[①] 分别列举了各自一些代表性的著作。在马克思方面，如《资本论》从经济学上科学论证了历史唯物主义，完成了剩余价值学说的创造和深刻说明，为科学社会主义的诞生奠定了理论基础。《资本论》对资产阶级灭亡和无产阶级胜利、对无产阶级在整个资本主义制度中的真正地位、对工人阶级的历史使命等的科学论证，深化了科学社会主义的内容；在恩格斯方面，如《反杜林论》（写于 1876 年 9 月—1878 年 6 月）中的概论和社会主义编，论述了社会主义从空想到科学的发展，论述了从生产、分配和社会组织等方面消灭旧的分工，消灭城乡差别等实现共产主义的必要条件，论述了共产主义社会将消灭商品生产，论述了马克思主义的国家观、家庭观和教育观等科学社会主义基本原理，成为“科学社会主义的入门”[②] 之作。不仅如此，无论是马克思创作《资本论》，还是恩格斯撰著《反杜林论》，两位导师都经常就各自手中在研的重要理论问题及其叙述形式进行讨论、交换意见、相互启发，乃至互审文稿、为对方著作撰写某个部分，等等。列宁在介绍恩格斯“对工人阶级的功绩”时，基本上是把“马克思恩格斯”并提的。这清楚地说明，科学社会主义学说是马克思、恩格斯共同为无产阶级锻造的精神生活成果。研究和评价马克思逝世

---

① 《列宁专题文集 · 论马克思主义》，人民出版社 2009 年版，第 57 页。

② 《马克思恩格斯文集》第 3 卷，人民出版社 2009 年版，第 493 页。

之后恩格斯的独特贡献，不可忽视、忘记科学社会主义是恩格斯和马克思的共同精神生活成果，更要警惕国内外那些拨弄是非的人，置两位导师共产主义世界观、根本理论原理、无产阶级立场观点方法的高度一致于不顾，以比较研究为借口，把事关我们党的理论基础和指导思想的重大政治问题和理论问题学院化、碎片化、去意识形态化，编织楔子打进马克思、恩格斯共同精神生活成果的内在联系中，编造马克思、恩格斯"对立"说，制造思想混乱，败坏人们的信念。

第二，深刻领悟在科学批判中发现新世界的原则。马克思、恩格斯对未来新社会的本质规定和基本特征的揭示，与空想社会主义者对未来社会的构想，由于根本的理论基础不同，不可同日而语。恩格斯不是从什么绝对真理理性、正义性出发，去虚无缥缈地构想未来社会是什么、应该做些什么、马上做些什么。他和马克思一样，运用最彻底、最完整、最周密的发展论去考察未来共产主义的发展，在批判旧世界中发现新世界。他在批判一些工人政党纲领、非科学的社会主义流派、资产阶级和小资产阶级思想家等的错误思想、庸俗观点中，对未来社会的本质规定和基本特征进行了预想。如后来列宁所说，他们提出共产主义这个问题，不是制造乌托邦，凭空猜测无法知道的事情，而是根据"共产主义是从资本主义中产生出来的，它是历史地从资本主义中发展出来的，它是资本主义所产生的那种社会力量发生作用的结果。……提出共产主义的问题，正象一个自然科学家已经知道某一新的生物变种是怎样产生以及朝着哪个方向演变才提出该生物变种的发展问题一样"[①]。恩格斯揭示未来新社会本质规定和基本特征的这一方法论原则，是科学社会主义学说的本质[②]在方法论上的体现，其研究成果的理论逻辑构建，则运用了科学抽象方法。

第三，着力把握实现未来社会预想的科学抽象方法。恩格斯和马克思一样，为了给工人阶级政党树立一面引领斗争前进的光辉旗帜，以加强其内部的团结统一，并带领广大人民群众为实现党的崇高理想而奋斗，对未来社会的发展前景、趋势和大致轮廓作出预想，既同当时坚持"运动就是一切，目的是没有的"机会主义划清了界限，也同几个世纪以来一直

---

① 《列宁全集》第31卷，人民出版社1985年版，第81页。

② 列宁指出："马克思认为他的理论的全部价值在于这个理论'按其本质来说，它是批判的和革命的'。后一性质的确完全地和无条件地是马克思主义所固有的。"见《列宁全集》第1卷，人民出版社2013年版，第297页。

沉溺于臆想未来社会具体方案的空想社会主义划清了界限，有助于工人阶级政党从历史发展规律的高度来把握斗争的前景。关于这个问题恩格斯做过多次说明："无论如何，共产主义社会中的人们自己会决定，是否应当为此采取某种措施，在什么时候，用什么办法，以及究竟是什么样的措施。我不认为自己有向他们提出这方面的建议和劝导的使命。"① 1886 年 1 月，恩格斯在致爱德华·皮斯的信中说："我们对未来非资本主义社会区别于现代社会的特征的看法，是从历史事实和发展过程中得出的确切结论；不结合这些事实和过程去加以阐明，就没有任何理论价值和实际价值。"② 马克思也就这个问题说过："在将来某个特定的时刻应该做些什么，应该马上做些什么，这当然完全取决于人们将不得不在其中活动的那个既定的历史环境。"③

马克思、恩格斯根据一定历史事实和发展过程，对未来社会发展趋势和大致轮廓作出理论表达，是借助科学抽象法实现的。即他们首先撇开了其他社会经济形态，仅对资本主义进行透彻的批判。而对资本主义的批判，又是在其每一个要素都在"它完全成熟而具有典型性的发展点上加以考察"④ 的，即把英国作为资本主义的典型处所，撇开各资本主义国家发展不平衡、参差不齐等具体差异，进而撇开资本主义发展中曲折的具体过程，资本主义机构的具体组织形式、技术知识等，只从最纯粹的形态上分析资本主义"社会机体的产生、存在、发展和死亡，以及这一机体由另一更高的机体来代替的特殊规律（历史规律）"⑤，从而展示出共产主义与资本主义两种社会形态在本质上的根本对立，又有某些要素方面的继承关系。说根本对立，是指资本主义根本制度是这样，社会主义根本制度就应该是那样。如资本主义制度实行以生产资料私有制为基础的雇佣劳动制度，社会主义就应是废除了生产资料私有制、消灭了人剥削人、实行社会主义生产资料公有制的制度；说要素继承，是指社会主义不是离开世界文明大道褊狭的孤舟，它必须和必然充分地批判吸收资本主义的文明成果。

① 《马克思恩格斯文集》第 10 卷，人民出版社 2009 年版，第 455—456 页。
② 《马克思恩格斯文集》第 10 卷，人民出版社 2009 年版，第 548 页。
③ 《马克思恩格斯文集》第 10 卷，人民出版社 2009 年版，第 458 页。
④ 《马克思恩格斯选集》第 2 卷，人民出版社 2012 年版，第 14 页。
⑤ 《列宁全集》第 1 卷，人民出版社 1955 年版，第 147 页。

2. 从恩格斯思想总体上把握其晚年的科学社会主义贡献

从恩格斯思想总体上把握他晚年对科学社会主义的贡献，包括两个基本方面。一是在理论逻辑方面，要明确恩格斯的科学社会主义思想和他的哲学思想、政治经济学思想的内在联系。恩格斯晚年对科学社会主义的贡献，与他在哲学、政治经济学方面的贡献是相互支撑、相互贯通的，绝不能把它们割裂开来。若撇开另外两个方面对一个部分孤立地进行研究，会使其本身失去原有性质。二是在历史逻辑上，要深刻领悟恩格斯自完成“两个转变”以来，早期、中期、晚期包括科学社会主义思想在内的整体思想，是一脉相承又与时俱进的。长期以来国内外一些人把恩格斯的早期思想和晚期思想对立起来，制造“两个恩格斯”，十分荒唐。对这个问题需要另写专门文章来澄清（实际上已有多位学者发表过这方面的好文章），但本文阐述以下问题时所列举的事实，也证明“两个恩格斯”制造者之说荒诞无稽。

二　恩格斯晚年关于实现社会主义道路的卓见

实现社会主义道路问题，是科学社会主义的重大原则问题。不正确解决这个前提问题，社会主义只能是一纸空谈。欧洲资本主义国家在巴黎公社失败以后，在相对和平时期有了新的发展。其社会冲突和阶级矛盾随资本主义各国经济实力和政治统治权力的增强，相对趋于缓和。在新的社会背景下，如何通往社会主义的问题考问着各国工人运动的领袖们。马克思逝世以后，恩格斯成为世界社会主义运动的旗帜，历史赋予他肩负起回答这个时代课题的任务。恩格斯针对新形势的挑战和机会主义的泛滥，在深刻总结1848年革命以来经验的基础上，以卓越的见解回答了如何通往社会主义的问题。

（一）坚持“用暴力推翻资产阶级而建立自己的统治”的原则不动摇

马克思、恩格斯的《共产党宣言》明确指出：“工人革命的第一步就是使无产阶级上升为统治阶级，争得民主。无产阶级将利用自己的政治统治，一步一步地夺取资产阶级的全部资本，把一切生产工具集中在国家即组织成为统治阶级的无产阶级手里，并且尽可能快地增加生产力的总量。”[①] 这段名言异常明确地指出了通往社会主义的道路是推翻资产阶级

① 《马克思恩格斯文集》第2卷，人民出版社2009年版，第52页。

的统治，由无产阶级夺取政权。这是无产阶级的“最近目的”，也是把资本变为公共的、属于社会全体成员的财产的政治前提。恩格斯在晚年书信中对这一根本点再次做了强调：“马克思和我从1845年起就持有这样的观点。……为了达到未来社会革命的这一目的以及其他更重要得多的目的，工人阶级应当首先掌握有组织的国家政权并依靠这个政权镇压资本家阶级的反抗和按新的方式组织社会。这一点在1847年写的《共产主义宣言》的第二章末尾已经阐明。”①

（二）要采用适应客观革命形势变化的斗争方式

无产阶级夺取政权的“最近目的”是坚定不移的，如何夺取政权的方式是可以因势而变的。1848年革命时期，无产阶级斗争的主要方式是筑垒巷战。时过三四十年，到恩格斯晚年时，资本主义经济、政治、科技条件变化很大。如资本主义国家大城市扩展，街道宽敞笔直，反动国家机器空前加强，其军种及数量剧增，装备精良，调遣便利，对无产阶级“旧式的起义……筑垒巷战”② 极为不利，一次性的突然袭击、一次性决定性打击的巷战，已不适应变化了的革命形势。无产阶级必须采用新的斗争策略和方法。

从19世纪70年代到90年代中期，恩格斯应时而对，不再把国家的普选权视为工人的“陷阱”和“欺骗工具”，而是把议会民主、合法斗争形式提到重要位置上。他从德国社会民主党利用普选权所取得的最初战绩中，发现利用合法斗争和议会民主，一是便于工人党同资产阶级直接辩论，宣传主张，争取群众。二是可以检验自己的力量。“普选制是测量工人阶级成熟性的标尺”③，使工人党“有可能统计自己的力量，向世界显示它的组织得很好的和不断壮大的队伍”④。因此，工人政党在决战到来之前，应当利用从统治阶级那里争得的民主权利，参加选举运动，卓有成效地与资产阶级进行斗争，借以启发、训练、教育、组织工人群众，提高工人队伍的组织性、纪律性、觉悟程度和胜利信心，为未来的革命发动做好充分的准备。因此，恩格斯充分肯定了德国社会民主党当时在这方面作出的重大贡献：“他们给了世界各国的同志们一件新的武器——最锐利的

① 《马克思恩格斯文集》第10卷，人民出版社2009年版，第506页。
② 《马克思恩格斯文集》第4卷，人民出版社2009年版，第545—546页。
③ 《马克思恩格斯文集》第4卷，人民出版社2009年版，第193页。
④ 《马克思恩格斯全集》第19卷，人民出版社1963年版，第137页。

武器中的一件武器……应该怎样使用普选权。”[①] 他认为“凡是要把社会组织完全加以改造的地方，群众自己就一定要参加进去”和“明白这为的是什么，他们为争取什么而去流血牺牲”。[②] 同时，恩格斯又提醒各国工人党的领袖：“这是不是说，巷战在将来就不会再起什么作用了呢？决不是。这只是说，自1848年以来，各种条件对于民间战士已经变得不利得多，而对于军队则已经变得有利得多了。所以说，将来的巷战，只有当这种不利的情况有其他的因素来抵消的时候，才能达到胜利。”[③] 无产阶级夺取政权究竟是用筑垒巷战的武装起义，还是利用议会民主和平争取，应根据特定环境来决定。夺取政权是根本战略问题，采用什么手段去夺取政权获得社会主义胜利是手段问题。不仅如此，用暴力革命夺取政权依然是恩格斯晚年思想的基点。他正是这样强调的，“革命权是唯一的真正‘历史权利’——是所有现代国家无一例外都以它为基础建立起来的唯一权利”[④]。为此必须建立一支“决定性的‘突击队’”，如若不这样，“决定性的战斗就会推迟、拖延并且会造成更大的牺牲”[⑤]。工人党应抓住的主要任务是，“不停地促使这种力量增长到超出现行统治制度的控制能力，不让这支日益增强的突击队在前哨战中被消灭掉，而是要把它好好地保存到决战的那一天”[⑥]。为聚集足够的力量，要避免在革命时机不成熟时轻易接受统治阶级的挑战，把工人突击队引到“枪响箭鸣”的地方。

（三）批判党内“和平长入社会主义”的议会迷论

19世纪70年代以后，德国社会民主党利用普选权取得的战绩，特别是1893年法国工人党在议会选举中获得胜利，使欧洲工人党的一些领导人头脑发昏，陷入了“议会迷”，乘机鼓吹可以利用资产阶级共和国实现社会主义。考茨基称“革命不一定非采用暴力手段或流血手段”，散布“和平长入社会主义”论。不仅如此，党内议会迷们为找到蛊惑人心的根据，还对恩格斯有关论文的观点断章取义，进行了歪曲。恩格斯以强烈的

---

① 《马克思恩格斯文集》第4卷，人民出版社2009年版，第544页。
② 《马克思恩格斯文集》第4卷，人民出版社2009年版，第549页。
③ 《马克思恩格斯文集》第4卷，人民出版社2009年版，第548—549页。
④ 《马克思恩格斯文集》第4卷，人民出版社2009年版，第550—551页。
⑤ 《马克思恩格斯文集》第4卷，人民出版社2009年版，第552页。
⑥ 《马克思恩格斯文集》第4卷，人民出版社2009年版，第551页。

义愤给予了坚决回击。

第一，发表马克思尖锐批判拉萨尔主义的《哥达纲领批判》一文。因顾全大局，这部深刻阐明科学共产主义重大理论问题、批判充满拉萨尔主义的《哥达纲领》的伟大著作，被搁置 15 年之久没有公开发表。时下右倾机会主义再度泛起，猖狂放肆，恩格斯于 1891 年 1 月决定发表《哥达纲领批判》全文，并亲自写了序言。恩格斯郑重指出："既然哈雷党代表大会已把关于哥达纲领的讨论提到了党的议事日程，所以我认为，如果我还不发表这个与这次讨论有关的重要的——也许是最重要的——文件，那我就要犯隐匿罪了。"[①]《哥达纲领批判》的发表，沉重打击了右倾机会主义者的嚣张气焰。

第二，再版 1871 年马克思的《法兰西内战》并为之写了导言。恩格斯写的《〈法兰西内战〉导言》是一篇"完全可以称为马克思主义在国家问题上的最高成就"[②] 的佳作。它针对风行一时、威势逼人的右倾机会主义谬论，深度剖析和批判了资产阶级民主共和国的实质及党内议会迷顶礼膜拜之卑劣。恩格斯指出，无产阶级绝不能依仗资产阶级国家使资本主义和平长入社会主义。因为"国家无非是一个阶级镇压另一个阶级的机器，而且在这一点上民主共和国并不亚于君主国"[③]。革命的实践经验一再证明，唯有彻底打碎资产阶级专门用以镇压无产阶级的国家机器，建立无产阶级专政的国家，才能通向共产主义。

第三，撰著《1891 年社会民主党纲领草案批判》，即《爱尔福特纲领草案批判》。德国社会民主党领导者们准备提交爱尔福特党代会讨论的纲领草案中，充斥着机会主义观点，即完全否定暴力革命，回避无产阶级专政问题，力图使党相信"现代的社会正在长入社会主义"，而不去考虑"这个社会是否还要像虾挣破自己的旧壳那样必须从它的旧社会制度中破壳而出，并且必须用暴力来炸毁这个旧壳"。[④] 恩格斯于 1891 年 6 月底写了《爱尔福特纲领草案批判》，给以尖锐批判。恩格斯指出右倾机会主义者"为了眼前暂时的利益而忘记根本大计，只图一时的成就而不顾后果，

① 《马克思恩格斯选集》第 3 卷，人民出版社 2012 年版，第 352 页。
② 《列宁选集》第 3 卷，人民出版社 2012 年版，第 177 页。
③ 《列宁选集》第 3 卷，人民出版社 2012 年版，第 182 页。
④ 《马克思恩格斯文集》第 4 卷，人民出版社 2009 年版，第 414 页。

为了运动的现在而牺牲运动的未来”[①]。他强调像德国这样行政权力强大到几乎无所不能，谈和平过渡简直是无稽之谈，右倾机会主义鼓吹的政策“长此以往只能把党引入迷途”[②]。至于说到共和国的性质和职能，则完全“是由它的内容决定的；只要它是资产阶级的统治形式，它就同任何君主国一样敌视我们（撇开敌视的形式不谈）。因此，无论把它看做本质上是一种社会主义的形式，还是当它还被资产阶级掌握时，就把社会主义的使命委托给它，都是毫无根据的幻想”[③]。

1892 年 7 月，恩格斯又针对考茨基散布的“和平长入论”，在《英国工人阶级状况》德文第二版序言中再次给予痛斥：“现在也还有不少人，站在不偏不倚的高高在上的立场向工人鼓吹一种凌驾于一切阶级对立和阶级斗争之上的社会主义，这些人如果不是还需要多多学习的新手，就是工人的最凶恶的敌人，是披着羊皮的豺狼。”[④]

以上史实揭破了一种谣言。一个时期以来，诋毁恩格斯的人说，晚年的恩格斯为马克思《1848 年至 1850 年的法兰西阶级斗争》一文写的“导言”，“对马克思主义的理论体系进行了最后的反思和修正”，主张走议会和平道路，“是和平长入社会主义的首创者”。铁一般的事实澄清了真相。不仅如此，我们如寻根究底的思考，还会深入地领会到，恩格斯晚年在革命形势发生重大变化、机会主义气焰嚣张之时，重申他和马克思关于暴力革命的观点，更有其精辟高深之意，即无论在革命风暴时期，还是在资本主义相对和平发展时期，无产阶级革命的具体形式、手段会根据情况而定，但经过长期的历史检验和深刻的哲学论证过的暴力革命，则是马克思主义国家学说的基础，是无产阶级革命的一般规律，是肩负无产阶级和人类解放的历史主体——无产阶级的基本权利。是否坚持这个原则，是区分科学社会主义和机会主义的一块试金石。

三　恩格斯晚年对未来社会本质和基本特征的阐明

马克思、恩格斯著作中的未来社会称谓，即指共产主义社会形态。马克思生前，在和恩格斯透彻批判资本主义过程中，对未来社会共产主义社

---

① 《马克思恩格斯文集》第 4 卷，人民出版社 2009 年版，第 414 页。
② 《马克思恩格斯文集》第 4 卷，人民出版社 2009 年版，第 414 页。
③ 《马克思恩格斯文集》第 10 卷，人民出版社 2009 年版，第 671 页。
④ 《马克思恩格斯选集》第 1 卷，人民出版社 2012 年版，第 70 页。

会形态的本质和基本特征发表过多次看法。恩格斯晚年对这些看法做了进一步说明、提升或者说提出了更为明确的结论。

（一）关于共产主义社会的本质规定

任何社会都有贯通于自身产生发展全过程和各个方面的本质规定性或根本属性，以此展现出区别于其他社会的鲜明特征。共产主义社会形态也是这样。

关于共产主义社会形态的本质规定性，恩格斯早在《共产主义原理》、马克思和恩格斯在《共产党宣言》、马克思在《资本论》第一卷和给《“祖国纪事”杂志编辑部的信》等著作中多有论断。其硬核是“以每个人的全面而自由的发展为基本原则的社会形式”。[①] 恩格斯晚年更为明确地阐明这一重大思想在科学社会主义中的理论地位和历史地位。1894年1月3日，意大利友人朱泽培·卡内帕请求恩格斯给从1894年3月起在日内瓦出版的周刊《新纪元》找一段题词，用简短的字句来表述未来的社会主义新纪元的基本思想，以区别于但丁曾说的“一些人统治，另一些人受苦难”的旧纪元。恩格斯在同年的1月9日致朱泽培·卡内帕的回信中说：“马克思是当代唯一能够和那位伟大的佛罗伦萨人相提并论的社会主义者。但是，除了《共产主义宣言》中的下面这句话……我再也找不出合适的了：‘代替那存在着阶级和阶级对立的资产阶级旧社会的，将是这样一个联合体，在那里，每个人的自由发展是一切人的自由发展的条件’。”[②] 恩格斯明确肯定，这句话是马克思和他关于未来的社会形态的本质规定。

（二）共产主义社会本质规定中的思想精髓

1. 共产主义社会是人类社会最美好最理想的社会

“当人们还不能使自己的吃喝住穿在质和量方面得到充分保证的时候，人们就根本不能获得解放”[③]；而在共产主义，社会劳动生产力高度发展和人类最全面的发展都同时得到充分的保证，“每一个社会成员都能够完全自由地发展和发挥他的全部力量和才能”[④]，其“体力和智力获得

---

① 《马克思恩格斯全集》第23卷，人民出版社1972年版，第649页。
② 《马克思恩格斯文集》第10卷，人民出版社2009年版，第666页。
③ 《马克思恩格斯选集》第1卷，人民出版社2012年版，第154页。
④ 《马克思恩格斯选集》第1卷，人民出版社2012年版，第302页。

充分的自由的发展和运用”[①]，“人终于成为自己的社会结合的主人，从而也就成为自然界的主人”[②]。在这个意义上，“人在一定意义上才最终地脱离了动物界，从动物的生存条件进入真正人的生存条件”[③]。人作为社会、自然、自身三位一体的主人，能够“完全自觉地自己创造自己的历史”[④]，进入真正人类史的纪元。这是世界历史发展的大趋势，一切民族不管他们所处的历史环境如何，最后都注定要进入这样一种理想的经济形态。

2. 共产主义社会的基本特征

第一，经济方面，“生产资料……已归全社会所有”及相应的分配制度。实现生产资料公有制的途径是，无产阶级在夺取政权争得民主以后，要把所有制的问题作为共产主义运动的基本问题。利用无产阶级政权实行生产资料所有制的社会主义改造，消灭私有制（也就是消灭了雇佣劳动制度），把一切生产资料集中在无产阶级国家的手里，建立社会主义公有制，同传统的所有者关系实行彻底决裂，造成社会主义和资本主义有决定意义的本质差别：在公有制基础上进行生产，包括对农业实行社会主义改造，实现生产资料的公共占有。这是工农联盟的经济基础。1894 年 11 月恩格斯专门写了法德农民问题，提出了农业社会主义改造的纲领和政策，强调只有实行生产资料由生产者公共占有并进行大规模经营，才是农民唯一得救的途径。具体路径是通过经济的道路，引导农民走向社会主义。

由于“消费资料的任何一种分配，都不过是生产条件本身分配的结果”[⑤]，在共产主义社会，生产的物质条件是劳动者自己的集体财产，同样要产生一种和资本主义社会不同的消费资料的分配。在第一阶段实行按劳分配，在高级阶段实行按需分配。马克思解释说：“在迫使个人奴隶般地服从分工的情形已经消失，从而脑力劳动和体力劳动的对立也随之消失之后；在劳动已经不仅仅是谋生的手段，而且本身成了生活的第一需要之后；在随着个人的全面发展，他们的生产力也增长起来，而集体财富的一切源泉都充分涌流之后……社会才能在自己的旗帜上写上：各尽所能，按

---

① 《马克思恩格斯选集》第 3 卷，人民出版社 2012 年版，第 814 页。
② 《马克思恩格斯选集》第 3 卷，人民出版社 2012 年版，第 817 页。
③ 《马克思恩格斯选集》第 3 卷，人民出版社 2012 年版，第 815 页。
④ 《马克思恩格斯选集》第 3 卷，人民出版社 2012 年版，第 815 页。
⑤ 《马克思恩格斯选集》第 3 卷，人民出版社 2012 年版，第 365 页。

需分配！”①

第二，政治方面，由实行无产阶级的革命专政，发展到公共权力失去政治性质。从资本主义社会变为共产主义社会，有一个革命转变时期，与此相适应，有一个政治上的过渡时期，这个时期的国家是无产阶级的革命专政。这种新型的国家坚持巴黎公社的重要原则。在国家体制及国家的阶级性上，管理不再沿用旧的国家机器。对旧政府的物质权力和精神压迫工具，全部予以摧毁；在国家形式，即组织形式上，把资产阶级民主共和国改造成为无产阶级国家现成的政治形式，以担负起实现社会主义的使命。

要防止无产阶级专政国家和国家机关由社会公仆变为社会主宰。为此要把行政司法和国民教育方面的一切职位交给由普选选出来的人担任。规定选举者可以随时撤换被选举者；所有公职人员不论职位高低，都只付给跟其他工人同样的工资，意在废除国家高级官吏所享有的一切特权。对这些举措的要义，后来列宁评价说：“事实上意味着两类根本不同的机构的大更替……由资产阶级民主转化成无产阶级民主，即由国家（=对一定阶级实行镇压的特殊力量）转化成一种已经不是原来意义上的国家的东西。”② 所有这些对社会进行的国家的即纯政治的改造，只有同变生产资料资本主义私有制为公有制联系起来，才会显示出全部意义和作用。而“当阶级差别在发展进程中已经消失而全部生产集中在联合起来的个人的手里的时候，公共权力就失去政治性质”③。国家就不再是“政治国家”，原来的政治职能就变为简单的管理职能。

第三，精神文明方面，精神压迫的工具已经全部铲除，人们同传统的观念实行了彻底决裂，思想政治觉悟得到极大提高，对于人类一切公共生活的简单的基本规则已变成习惯于遵守。

3. 共产主义社会本质及其特征的完整实现，既是分阶段逐步推进的过程，又是经常变化和不断改革的过程

共产主义这种经济形态的发展，因受经济社会发展成熟程度不同的制约，不仅历史过程会漫长，而且必然呈现出阶段性。马克思在1875年写

① 《马克思恩格斯选集》第3卷，人民出版社2012年版，第364—365页。

② 《列宁全集》第31卷，人民出版社1985年版，第40页。

③ 《马克思恩格斯选集》第1卷，人民出版社2012年版，第422页。

的《哥达纲领批判》中清楚地指明，共产主义社会形态包含两个经济发展、社会发展程度不同，彼此相联系又相区别的阶段：第一阶段和高级阶段。第一阶段是经过长久阵痛，刚刚从资本主义社会中产生出来的阶段，“在各方面，在经济、道德和精神方面都还带着它脱胎出来的那个旧社会的痕迹”①。即是说，共产主义社会形态第一阶段，不是在它自身基础上发展起来的，而是从“旧社会”这个异己的社会中“脱胎出来”的，社会生产力还未得到高度发展，受其制约，经济和社会的发展还存在着许多不成熟、不充分、不完善的地方。不仅如此，“旧社会的痕迹”还存在于社会的多个方面。这个阶段的共产主义还不是完全的共产主义。只有经过第一阶段艰难的努力，才会逐步地使包括社会生产力、社会生产关系和人自身的发展程度在内的各个方面，得到充分发展，达到高度发达的水平，逐步地彻底地消除“旧社会的痕迹”。进入共产主义社会的高级阶段，社会物质财富得到极大丰富，人民精神境界得到极大提高，每个人得到自由而全面的发展。显然这个历史过程包含着一系列的、多方面的物质的以及由此决定的精神的要素的客观变化，由此需要漫长的时间，需要不断改革和建设。因此，恩格斯晚年结合一些政党领导人提出未来社会的种种具体问题，多次强调共产主义不是凝固的，一成不变的，而是经常变化和不断改革的社会。后来列宁发挥这一重要思想，指出“只是从社会主义实现时起，社会生活和个人生活的各个领域才会开始出现迅速的、真正的、确实是群众性的即有大多数居民参加然后有全体居民参加的前进运动”②。表明虽然未来社会本质充分的完全的展现是漫长的，但在新的社会形态下因其制度的优越性又是会必然地加快实现。

恩格斯晚年对科学社会主义的卓越贡献，特别是他关于共产主义社会本质及其特征的完整实现的思想，对于世界各国马克思主义政党都有重要指导意义。对于今天正在坚持和发展中国特色社会主义的中国共产党人来说，沿着马克思、恩格斯的科学社会主义道路前进，就要像习近平总书记所指出的那样，“共产党员特别是党员领导干部要做共产主义远大理想和中国特色社会主义共同理想的坚定信仰者和忠实践行者。我们既要坚定走中国特色社会主义道路的信念，也要胸怀共产主义的崇高理想，矢志不移

① 《马克思恩格斯选集》第3卷，人民出版社2012年版，第363页。

② 《列宁专题文集·论马克思主义》，人民出版社2009年版，第270页。

贯彻执行党在社会主义初级阶段的基本路线和基本纲领，做好当前每一项工作。革命理想高于天。没有远大理想，不是合格的共产党员；离开现实工作而空谈远大理想，也不是合格的共产党员。衡量一名共产党员、一名领导干部是否具有共产主义远大理想，是有客观标准的，那就要看他是否坚持全心全意为人民服务的根本宗旨，能否吃苦在前、享受在后，能否勤奋工作、廉洁奉公，能否为理想而奋不顾身去拼搏、去奋斗、去献出自己的全部精力乃至生命。一切迷惘迟疑的观点，一切及时行乐的思想，一切贪图私利的行为，一切无所作为的作风，都是与此格格不入的”①。

（原载《马克思主义研究》2020 年第 10 期）

① 《习近平谈治国理政》，外文出版社 2014 年版，第 23—24 页。

列宁在创建俄国社会民主工党时期建党理论的几个问题

19世纪末20世纪初，世界历史发展到了帝国主义和无产阶级革命时代。列宁应时代的革命要求，在俄国创建了在指导思想、政治纲领和组织原则上同第二国际各国党有根本区别的新型无产阶级政党。列宁在建党过程中，把马克思和恩格斯关于无产阶级政党的基本思想，发展成为适合于帝国主义时代无产阶级斗争新条件的完整理论。在我们全面从严治党的今天，重温列宁这些理论，有很重要的现实意义。

一　牢固地确立马克思主义的思想基础，形成思想上的高度统一

思想上的高度统一，是无产阶级政党政治上和组织上一致的思想基础和夺取革命斗争胜利的基本条件。而党的思想统一是建立在科学的思想理论基础上的。马克思恩格斯认为，无产阶级政党一个很大的优点，“就是有一个新的科学的世界观作为理论的基础”①。

列宁一开始建党活动，就注重首先从思想上建党。1897年列宁第一次发挥了普列汉诺夫的著名原理：没有革命的理论，就没有真正意义上的革命运动。强调只有革命的马克思主义理论，才能成为工人阶级运动的旗帜。继后，列宁从革命纲领的高度，精辟地阐明了马克思主义理论对于一切社会主义者确定革命信念、斗争方法和活动方式的决定意义。他明确而坚定地指出：“没有革命理论，就不会有坚强的社会主义政党。”②

1898年以后，由于经济派在俄国社会民主主义者中间逐渐滋长，而党内很大一部分地方委员会及其工作人员，又醉心于细小的实际工作，不

---

① 《马克思恩格斯文集》第2卷，人民出版社2009年版，第599页。

② 《列宁选集》第1卷，人民出版社1972年版，第203页。

懂得党内缺乏组织上和思想上的统一的害处，习惯于党的涣散状态和思想上的混乱，使党处于思想上组织上更加混乱的状态。面对这种形势，列宁坚定地站在马克思主义立场上，从党的思想理论基础入手，进一步系统地论证了马克思主义理论对于无产阶级政党的根本意义。

第一，只有坚持科学社会主义与工人运动相结合，才能巩固社会主义运动的基础。

针对经济派对自发性的崇拜，列宁指出：向无产阶级灌输社会主义意识，是工人运动本身发展的客观要求，是工人运动由自发转为自觉的关键。“各国的历史都证明：工人阶级单靠自己本身的力量，只能形成工联主义的意识”。[①] 经济派胡说社会主义意识能自发地从工人运动中产生出来，所采用的正是“纯粹工联主义者”的论据。他们降低社会主义意识和理论的作用，要害在于“加强资产阶级思想体系对于工人的影响”[②]，使党蔑视理论，完全彻底地滚进机会主义泥潭。而事情的规律是，只有当社会主义和工人运动结合以后，才能造成社会主义和工人运动的牢固基础。马克思主义政党是工人运动同社会主义相结合的产物。

强化社会主义思想体系的重要性还在于，在为阶级矛盾所分裂的社会中，任何时候也不能有非阶级的或超阶级的思想体系。既然工人群众自己不能在他们的运动进程中自发地创造出独立的思想体系，那么在两种对立的思想体系严重斗争的情况下，工人就有可能产生两种自发倾向：一是接受资产阶级思想的倾向，一是接受社会主义理论的倾向。这两种自发倾向不是并行不悖的。当社会主义理论不是支配而是屈服于自发性的时候，最流行的资产阶级思想体系，就会“自发地而又最厉害地迫使工人接受它”[③]。因此，“对于社会主义思想体系的任何轻视和任何脱离，都意味着资产阶级思想体系的加强”[④]。因为资产阶级思想体系的渊源比社会主义思想体系久远得多，它经过了更加全面的加工，而且拥有相当多的传播工具，所以赞美自发的工人运动就意味着否认党的领导作用，使工人陷于没有政党、没有武器的地位，而听凭资产阶级思想体系奴役、支配工人。其结果就是葬送工人运动同社会主义思想的结合，葬送无产阶级政党。因

---

① 《列宁选集》第1卷，人民出版社1972年版，第247页。
② 《列宁选集》第1卷，人民出版社1972年版，第254页。
③ 《列宁选集》第1卷，人民出版社1972年版，第258页。
④ 《列宁选集》第1卷，人民出版社1972年版，第256页。

此，社会民主党要坚决反对自发性，以高度的热情把科学社会主义意识日益广泛地传播到工人群众中去。

列宁针对当时党在思想上政治上受到严重损伤的情况，认为加强马克思主义的理论修养，是党摆脱危机和困难，在政治上坚定起来的根本条件。他严肃地指出："社会主义的危机应当会使稍微严肃一点的社会主义者都更加注意理论"，"没有理论，革命派就会失去生存的权利，而且迟早注定要在政治上遭到破产。"[①] 俄国无产阶级要经受住严峻的考验，它的领袖们有责任越来越透彻地理解种种理论问题，克服守旧心理和狭隘的实际主义，"只有以先进理论为指南的党，才能实现先进战士的作用"[②]。

列宁关于把理论、自觉性和党的意义提到应有高度的思想，当时像重型炮弹一样，从理论上彻底摧毁了经济派自由主义的思想体系，克服了党内的困难，从思想上把党凝为一体。这些深刻的思想，多年来一直成为革命共产党人的精神武器。今天它仍然是我们对党员进行系统的马克思主义基本理论教育，加强思想理论建设，反对和清除精神污染的光辉指南。

第二，只有坚决而明确地同一切机会主义划清界限，才能保证党在马克思主义原则上的思想统一。

列宁认为，要保持党在思想上的统一，就绝不能对违反马克思主义和社会主义的思想熟视无睹，更不能任凭反马克思主义的机会主义思想随意占领阵地。从思想上击溃一切机会主义，是实现党的思想统一的前提。"在统一以前，并且为了统一，我们首先必须坚决而明确地划清界限。"[③] 为了保证俄国社会民主党的正确发展，列宁特别注意对日益流行的伯恩施坦思想及其在俄国的变种狭隘的"经济主义"进行批判，把它们反对马克思主义的种种"新"论据和"新"理由打得粉碎。列宁指出，机会主义打着"批评自由"的旗帜，宣布反对"工人运动和社会主义运动中的教条主义"，实则它们攻击的正是马克思主义的主要之点，如它们否认有可能科学地论证社会主义和根据唯物史观证明社会主义的必要性和必然性；宣布社会主义者的"最终目的"这个概念不能成立，绝对否定无产阶级专政的思想；否认自由主义和社会主义在原则上的对立；否认阶级斗

① 《列宁全集》第6卷，人民出版社1959年版，第163页。
② 《列宁选集》第1卷，人民出版社1972年版，第242页。
③ 《列宁全集》第4卷，人民出版社1958年版，第316页。

争的理论；它们打着“批评自由”的旗帜，传播反马克思主义的资产阶级理论，从思想上腐蚀社会民主党，贬低、歪曲科学社会主义的革命理论，把它变成资产阶级可以接受的东西；它们打着“批评自由”的旗帜，反对党的纲领和策略，企图把工人运动变为资产阶级自由主义的消极附属品，否定党在工人运动中的领导作用，如此等等。由此可见，伯恩施坦主义的“批评自由”，并不是别的什么东西，而是要求让机会主义派别在社会民主党中享有自由，把资产阶级思想搬进社会主义的自由，用种种时髦的资产阶级观点批评马克思主义的一切基本思想的自由，把社会民主党从革命政党变成改良主义政党的自由。列宁尖锐地指出：“只要不是故意闭起眼睛，就不会看不到，社会主义运动中的新的‘批评’派无非是机会主义的一个新的变种。”①

20 世纪初，列宁对国际伯恩施坦主义的批判，捍卫了马克思主义的纯洁性，捍卫了党的思想旗帜，保证了党的思想统一。列宁高度的原则性和责任心，对各种反马克思主义思潮不妥协的斗争精神，对机会主义的基本特征和表现形态的深刻揭露和透辟分析，为捍卫马克思主义政党的纯洁性树立了光辉榜样。

第三，只有独立地探讨马克思主义，党才能获得正确的思想路线。

1885 年，恩格斯在给俄国女革命家查苏利奇的信中写道：“马克思的历史理论是任何坚定不移和始终一贯的革命策略的基本条件；为了找到这种策略，需要的只是把这一理论应用于本国的经济条件和政治条件。”②列宁十分重视恩格斯这个思想。他认为只有结合本国的具体历史条件，以具体研究俄国的历史和现实为基础，独立地探讨马克思主义理论，才能避免教条主义和宗派主义，使党获得正确的思想路线，实现革命理论和革命实践的密切统一。这是组成一个统一的革命无产阶级政党的必要条件。列宁指出，马克思的理论，“所提供的只是总的指导原理，而这些原理的应用具体地说，在英国不同于法国，在法国不同于德国，在德国又不同于俄国”③。这种独立探讨，对于一个担负开创性任务的无产阶级政党，意义更加重大。俄国社会民主工党担负着世界上任何一个社会主义政党都没有

---

① 《列宁选集》第 1 卷，人民出版社 1995 年版，第 296 页。
② 《马克思恩格斯文集》第 10 卷，人民出版社 2009 年版，第 532 页。
③ 《列宁选集》第 1 卷，人民出版社 1995 年版，第 274 页。

担负过的特殊任务，“实现这个任务，即摧毁这个不仅是欧洲的同时也是……亚洲的反动势力的最强大的堡垒，就会使俄国无产阶级成为国际革命无产阶级的先锋队”①。所以特别需要根据本国国情，独立地探讨马克思主义，以便批判地考察、利用别国的经验，实现自己的任务。

列宁关于根据本国的具体历史情况独立地探讨马克思主义理论，并根据其实质来解决革命运动的实际问题的思想，同企图把马克思主义变成教条的机会主义划清了界限，发展和推进了马克思主义理论，把党的思想路线完全建立在科学的基础上。

二　以革命纲领为政治基础形成政治上的高度统一

党的纲领是阐明无产阶级斗争目的和任务，判断党的性质和活动方向的一面旗帜。有一个革命纲领，是一个无产阶级政党政治上成熟的主要标志之一，是团结全党进行伟大斗争的政治基础。马克思恩格斯说过，没有一个“明确的积极的纲领”的无产阶级政党，不能成为真正的无产阶级政党。

在俄国社会民主党形成时期，列宁在制定党纲的过程中，发展了马克思恩格斯有关党纲的基本原理，为党的团结统一奠定了坚实的政治基础。

这一时期，列宁在三个党纲草案里，尤其是第二个纲领草案《我党纲领草案》，比较集中地阐明了他关于党纲的基本原理。

关于制定纲领的必要性。

列宁指出，纲领之所以对于政党的团结一致、始终一贯的活动有头等重要的意义，在于它把党关于无产阶级革命运动的性质、最终目的和实现最终目的的根本手段以及种种要求，用纲领的形式确定下来了，这不仅使全党有明确的奋斗目标，而且也有了在政治上约制全党的法规和纪律。一旦党内出现分歧和争论，只要从党纲的高度去判别其实质和程度，就容易真相大白。这样就有利于发扬积极因素，克服消极因素。同时党既然有了这种政治纪律，那么是否自觉地为实现党的政治纲领而斗争，就成为衡量一切地方党组织和所有党员思想、政治和纪律的主要标志。这就能够使党摆脱“手工业方式”，组成坚强的政治大军。再则，党纲又是一面旗帜，人民通过这面旗帜了解党的真正任务、要求和斗争方法。这就有利于密切

① 《列宁选集》第1卷，人民出版社1995年版，第315页。

党和人民群众的联系，把最广泛的革命力量集合在党的旗帜之下。

关于党纲的实质。

列宁指出，无产阶级政党的纲领，“实质就是组织无产阶级的阶级斗争，领导这一斗争，而斗争的最终目的是由无产阶级夺取政权和组织社会主义社会”①。

按照党纲实质的要求，工人阶级的一切斗争，包括经济斗争，绝不能离开社会主义这个总的目的和原则。工人阶级为实现社会主义而斗争的一切活动，都必须在自己的政党领导之下进行。因此，经济派所谓政治斗争对于工人阶级是无关紧要的观点，工人主要是关心经济斗争的观点，党不应是工人运动的领导力量的观点，都是同党纲的实质不相容的。与经济派的机会主义主张相反，党必须时刻注意加强自己的领导和组织的责任，把工人的自发运动同革命政党的活动结合成一个不可分割的整体，引导工人和其他劳动群众遵照党的近期目的和长远目的相结合的方针，把近期目的和长远目的、工人阶级的利益和整个社会发展的利益结合起来，并且坚持社会发展的利益高于无产阶级的利益，整个工人运动的利益高于工人个别部分或运动个别阶段的利益。

关于制定党纲的依据。

为了使党纲具有科学性和先进性，列宁要求制定党纲必须以马克思主义的基本原理为依据，注意吸取国际工人运动的经验。尤其要充分反映本国的特点。因为正是这些特点关系到俄国社会民主党的具体政治任务、斗争手段，诸如对农民等问题的特殊提法和政策。

列宁的这些思想，当时击中了经济派自发论的要害，也避免了小资产阶级、无政府主义对无产阶级斗争任务的曲解，从政治上保持了新型政党的革命性和先进性，从世界观和方法论上，给了党以深刻的理论武装。

列宁制定党纲的过程是一个充满斗争的过程。斗争的焦点集中在无产阶级专政问题上。当时列宁同普列汉诺夫在党纲的一系列问题上发生了分歧，而是否坚持无产阶级专政，是最主要之点。普列汉诺夫在 1902 年 3 月 12 日完成的第二个草案中，用“无产阶级在受资本主义剥削的其他居民阶层的支持下即将完成的革命”来代替“无产阶级专政”。列宁认为，普列汉诺夫的观点违背了《共产党宣言》的基本原则。于是，列宁在

① 《列宁选集》第 1 卷，人民出版社 1995 年版，第 275 页。

1902 年初起草的第三个纲领草案中，坚决捍卫了无产阶级专政的原则。经过列宁坚决有力的斗争，在 1902 年 4 月 14—17 日苏黎世召开的《火星报》编辑部会议上，关于无产阶级专政和无产阶级领导权的思想被列入了纲领草案。在俄国社会民主工党第二次代表大会上，列宁又击溃了崩得分子、托洛茨基等其他机会主义者的进攻，捍卫了纲领中关于无产阶级专政的条文。这样，俄国社会民主工党第二次代表大会通过的纲领，就在马克思恩格斯逝世以后，第一个把争取无产阶级专政作为主要目标，以此显示了新型无产阶级政党的革命政治纲领，同欧洲大多数社会民主党的纲领的根本区别，在国际共产主义运动史上竖起了一面鲜艳的战斗红旗。

三　以民主集中制为组织原则形成组织上的高度统一

无产阶级政党的组织统一，是发挥党的战斗堡垒作用的物质保证。要实现党的组织上的高度统一，就要在党组织内部，坚持民主集中制的组织原则。马克思恩格斯早在《共产主义者同盟章程》中，就为无产阶级政党初步制定了民主集中制的原则。列宁在创立新型无产阶级政党的过程中，进一步从理论上丰富和发展了马克思主义的这一组织原理。

列宁关于新型无产阶级政党的组织原则的形成，大体分两个阶段：从 1894 年到 1903 年，列宁在反对机会主义的斗争中，主要是形成了集中制思想；从 1903 年到 1905 年，列宁在同孟什维克斗争中，全面地完善了党的组织原理。

列宁组织原理中的一个核心问题，就是党要按照民主集中制的原则，形成严密的组织体系。早在 1903 年以前，列宁针对党当时处于险恶的复杂斗争环境和党内存在的“手工业方式”的狭隘性、分散性，就强调集中制思想“是唯一的原则性思想，应该贯穿在整个党章中”①。1903 年秋后，列宁针对新出现的机会主义派别——孟什维克“抽象地承认组织关系”，反对集中制，倾向于自治制，主张任何一个大学教授、中学生以及每一个罢工者都可以自行宣布为党员，反对每个党员必须加入党所承认的一个组织等等谬论，为了建设一个一元化的、战斗性的、组织严密的党，进一步阐明了民主集中制等组织原则。

① 《列宁全集》第 7 卷，人民出版社 1959 年版，第 228 页。

首先，列宁阐明了作为先进部队的党同整个阶级的界限，党必须有严格的组织性，严格坚持入党的条件。只有承认党纲，在物质上帮助党并且参加党的一个组织的人才能成为党员。新型无产阶级政党，应当是组织的总和。在这里，“思想威信变成了权力威信，党的下级机关应该服从党的上级机关”①。只有用组织的物质统一巩固在马克思主义基础上的思想统一，党才能在革命进程中实现工人阶级组织的核心作用。列宁特别尖锐地指出，组织是无产阶级解放自己的武器，是无产阶级所特有的阶级斗争的武器。如果没有少数服从多数、部分服从整体的组织原则，“就不可能有稍微称得上工人党的党”②。马尔托夫派妄图把党建成成分复杂、组织涣散和没有定形的东西，同党的性质、任务是根本不相容的。它们崇尚组织上的软弱涣散状态和无政府状态，仇视无产阶级政党的组织性和纪律性，把党的结合规律——民主集中制攻击为“官僚主义”“形式主义”“农奴制”等等，实际上是一种组织上的尾巴主义。这种组织问题上的尾巴主义是无政府个人主义者的心理的必然产物，“是组织问题上的机会主义所固有的根本特征”③。后来，列宁进一步强调了民主集中制的原则，并在1906年俄国社会民主工党第四次代表大会上，第一次正式把这一原则载入党章。

其次，党要以正式的章程作为约制全党活动的基础。孟什维克在二大以后，保持和赞美小组习气，坚持宗派活动，攻击党章“太狭隘”“太累赘”“太官僚主义化”等等。同样，在党的二大上，崩得分子也实质上要求在党组织里把工人分成不同的民族类别，放弃工人阶级统一的阶级组织。显然，如果容忍这些庸俗的宗派观念，党组织就会遭到瓦解。为消除这些东西，列宁深刻地论证了党章对全党活动的意义。列宁指出，党章是组织性的正式表现，是党员行动的准绳。党的组织统一，“如果没有正式规定的党章，……那是不可想象的”④。党内的广泛联系，必须以正式制定的党章为基础。维护党章的威信，遵守党章，循章办事，这是党内任何一级组织和党员（包括党内的“上层人物”在内）的义务。党绝对不容许破坏党章，违反党员的义务的行为，绝对不容许任何人凌驾于党的组织

① 《列宁全集》第7卷，人民出版社1959年版，第360页。
② 《列宁全集》第7卷，人民出版社1959年版，第442页。
③ 《列宁选集》第1卷，人民出版社1972年版，第491页。
④ 《列宁选集》第1卷，人民出版社2012年版，第499页。

之上，置身于党章的约制之外。清除小组习气、庸俗观念、无政府主义、宗派主义、任意胡闹、无谓争吵等不良现象，坚持党性、对革命义务的自觉性和严守纪律性，这是使无产阶级政党肩负起特别重大的责任的必然要求。

再次，党要按照正确的原则，积极地开展反对错误思想的批评斗争。列宁认为，一般说来，党内斗争是不可避免的。正当的、一定限度内的斗争，是建立起真正统一的、朝气蓬勃的和强有力的社会民主党的必要条件。但是，党内斗争要坚持正确的原则，即要从全党的利益和整个运动的利益出发，反对以牺牲党的利益来满足宗派小组的利益，以牺牲工人运动的利益来满足狭隘的地位观念的利益的企图。特别要警惕故意在党内制造分裂的人，坚决斥责一切旨在瓦解党的企图。党内的争论和斗争要限制在党内，按党的原则解决分歧。列宁写道："问题正在于我们的思想斗争究竟是由更高级的形式，即由大家必须遵守的党的组织形式包着呢，还是由过去的涣散状态和小组习气的形式包着。"① 同时，党员如对某个中央机关的活动，某个方针或某些成员不满，可以而且应当通过同志式的交换意见来说明自己不满的原因和性质，或者在党的代表大会上展开批评，解决分歧。但是，不容许违反党章，破坏党纪，使用非法的诸如施加压力、秘密抵制、暗中拒绝中央机关领导等手段，妨碍党的正常工作；解决党内分歧，要提倡开诚布公、光明磊落的态度，不容许采取诡诈欺骗、生硬粗暴的斗争手段，因为这种手段不仅解决不了任何问题，反而会彻底破坏最完整最集中地体现了革命者的良好愿望的整个党。

此外，列宁还要求有系统地、循序渐进地和坚定不移地培养和考察领导集团，把每个领袖人物放在适当的位置上，让党组织和群众熟悉他们的个人特点、优缺点、成功和失败的经验，并在党的机关报上展开评论。列宁认为，只有在许多这样的公开议论中，才能形成一个真正合唱得很好的领导集团。

列宁关于新型无产阶级政党的组织原理，战胜了孟什维克在组织上的机会主义，当时从组织上保持和巩固了布尔什维克在政治上的高度统一，今天仍然是加强党的纪律性，坚持民主集中制的组织原则，反对无组织无纪律的家长制、无政府主义、自由主义、宗派主义，改变党组织的软弱涣

---

① 《列宁选集》第1卷，人民出版社1972年版，第483页。

散状态的武器。

列宁建党的基本理论，是马克思列宁主义宝库中极为重要的组成部分，至今光辉闪烁，照耀着各国马克思主义政党建设的道路。

［原载《武汉大学学报》（哲学社会科学版）1984 年第 2 期］

列宁一贯坚持共产党对国家政权的领导作用

——纪念列宁诞辰120周年

坚持共产党对国家政权的领导作用，是列宁关于执政党建设理论中的瑰宝。在这个根本原则问题上，列宁的思想是始终如一的。十月革命前，列宁在强调无产阶级专政，即承认不与任何人分掌而直接凭借群众武装力量的政权的时候，同时强调马克思主义教育工人党，“使它能够夺取政权并引导全体人民走向社会主义，规划并组织新制度，成为所有被剥削劳动者在没有资产阶级参加并反对资产阶级而建设自己社会生活的事业中的导师、领导者和领袖”①。十月革命胜利后，列宁在一系列报告、论文、讲话中，一直坚持共产党是无产阶级专政国家政权的领导核心。他反复多次地指出，只有工人阶级的先锋队，才能领导无产阶级自己的国家，苏维埃共和国的任何国家机关未经党中央指示，都不能解决任何重大政治问题或组织问题。他提醒国家工作人员注意：从原则上说，对于应该有共产党领导这一点，不应该有任何怀疑。在讨论如何进行活动，如何进行组织建设的时候，决不能忽视共产党的领导问题。然而，马克思列宁主义的历史命运是，它宝库中越是重要的原理，越容易受到资产阶级和一切机会主义者的攻击。列宁主义中这个以共产党为核心的无产阶级专政理论，每到一个历史转折关头，它总要遭受攻击，遇到严重挑战。一切资产阶级代表人物，党内的机会主义者，总想抛弃这个原则，取消共产党的领导作用；而一切革命的马克思列宁主义者不能不为之战斗，捍卫共产党的领导作用。列宁在领导苏维埃俄国的年代里，一再遇到这种斗争。

1921年初，列宁领导的布尔什维克党，在苏维埃俄国面临“政治危

---

① 《列宁选集》第3卷，人民出版社1972年版，第192页。

机和经济危机”的紧急关头，以最大的胆略和远见卓识果断地实行了战略重点的转移，由战时共产主义转移到新经济政策。在苏维埃俄国用粮食税代替余粮收集制，允许商品生产、商品交换和自由贸易，发展以租借制、租让制为核心的资本主义的“中间环节”，欲通过“迂回”的道路向完全的社会主义过渡。在这种情况极其复杂，最需要共产党加强领导的历史转折时期，要不要共产党对国家生活实行领导的问题，反而成了严重疑问。这就是：早在军事共产主义时期，就由萨普龙诺夫、奥新斯基等人领导，建立了“民主集中派”（民集派）。1920 年下半年由施略普尼柯夫、梅德维捷夫等人成立了“工人反对派”。这是两个反党的无政府工团主义派别，它们和党内的列宁路线进行斗争，否认党在苏维埃和职工会中的领导作用，要求在党内有派别和集团活动的自由。它们嘲笑和咒骂布尔什维克说：“看！他们竟认为必须有共产党才能实现无产阶级专政”。它们散发各种提纲和其他作品，向社会表明自己的工团主义和无政府主义的倾向。它们这种倾向在理论上最确定和形式上最完备的表现标本，就是所谓“组织国民经济管理之权应属于联合在生产职工会内的生产者的全俄代表大会，由这些生产者选出管理共和国全国民经济的中央机关”①。而共产党对组织国民经济管理以及职工会的领导权，则被它们排除了。

熟悉社会主义运动史的人都知道，“工人反对派”等所宣扬的这套理论不是什么新玩意，它不过是对英国基尔特社会主义的抄袭和对俄国经济派观点的重复。基尔特社会主义就是主张在资本主义社会内发展生产者联合组织，由职工选举代表管理企业，实行企业自治和经济民主，劳动者直接分配自己的果实，最终目标是使整个国家变成生产者和消费者的联合组织。俄国的经济派认为，党不应是工人运动的领导力量。“工人反对派”所不同的是，它们处在苏维埃政权下，企图通过援引俄共党纲上经济部分关于职工会作用的条款，来否定党的领导作用。该条文说，职工会应当从事把作为经济整体的全部国民经济的全部管理权都切实集中在自己手中、职工会“因此才能保证国家中央管理机关，国民经济与广大劳动群众之间的密切联系”，并“吸收”这些群众来“直接参加管理经济事宜”。这里表明，用“引证”经典文献来反对经典文献的完整内容和精神实质，也是党内反对派的一个巧妙手法。

---

① 《马列主义研究资料》（1982 年第 3 辑）（总第 21 辑），人民出版社 1982 年版，第 159 页。

但是，“工人反对派”这一切都是徒劳的，列宁的马克思主义慧眼，洞察秋毫之末，适时地揭露和批判了党内反对派的无政府工团主义倾向。列宁指出，这两个派别的声明，其基本思想在理论上是根本错误的，因为它既与马克思主义和共产主义完全脱离，又与一切半无产阶级革命和现实无产阶级革命的实际经验总结完全分割。

第一，“生产者”的概念，把无产者和半无产者以及小商品生产者混为一谈，变成模糊不清的概念。它完全离开了阶级斗争的基本概念，离开精确区分阶级的基本要求。

第二，专靠非党群众，或者逢迎非党群众，从根本上背弃了马克思主义。

“马克思主义教导说……只有工人阶级的政党，即共产党，才能团结、教育和组织无产阶级和全体劳动群众的先锋队，也只有这个先锋队才能抵制这些群众中不可避免的小资产阶级动摇性，抵制无产阶级中不可避免的种种行会狭隘性或行业偏见的传统和恶习的复发，并领导全体无产阶级的一切联合行动，也就是说在政治上领导无产阶级，并且通过无产阶级领导全体劳动群众。不这样，便不能实现无产阶级专政。”① 列宁指出，马克思主义的这一教导，即由整个共产国际第二次代表大会（1920 年）关于无产阶级政党的作用的决议中正式加以肯定，也已经为俄国革命的实践所证实。然而，由于“工人反对派”和“民集派”在理论上根本违背共产主义，浸透着工团主义和无政府主义的倾向，所以不能正确地了解共产党对非党无产阶级的作用以及共产党和非党无产阶级对全体劳动群众的作用。

反党小集团靠“援引”来维护自己的错误观点是根本不正确的。列宁指出，被“工人反对派”所引证的俄共党纲经济部分有关工会作用的第五条同时还指出：要使“工会逐渐摆脱行会的狭隘性”，包括大多数劳动者“并且逐渐地包括全体”劳动者，这个过程是工会“应当做到”的情况的先决条件。“根据俄罗斯苏维埃联邦社会主义共和国的法律和已有的实践，工会已经成为一切地方的和中央的工业管理机关的参加者。”②

由此可见，俄共党纲经济部分有关工会作用的第五条是非常明确的。而“工人反对派”等反党小集团，根本不考虑参加管理的这种实际经验，

① 《列宁选集》第 4 卷，人民出版社 1972 年版，第 483 页。
② 《列宁选集》第 4 卷，人民出版社 1972 年版，第 484 页。

不严格地根据已经取得的成就和已经纠正的错误的教训去继续发展这一经验，就直接提出召集“选举”经济管理机关的“各级生产者代表或全俄生产者代表大会”的口号。“这样，党对无产阶级工会以及无产阶级对半小市民和纯小资产阶级劳动群众的领导、教育和组织作用，便完全被取消了。因此，这不是继续进行并且改进苏维埃政权已经开始的建设新型经济的实际工作，而是用小资产阶级无政府主义来破坏这种工作，而这样做只能促使资产阶级反革命获得胜利。”① 列宁进一步指出，否定党的领导作用的严重性在于，它“是一种威胁着无产阶级专政本身的存在的直接的政治危险”②。因为18、19和20世纪的历次革命的全部经验都十分清楚和令人信服地说明：“只要无产阶级的革命先锋队的统一、力量和影响稍微受到削弱，这种动摇只能是促成资本家地主的政权和私有制的复辟（恢复）。”③

列宁举出喀琅施塔得叛乱的例子，来说明坚持共产党对国家政权的领导，在政治上的尖锐性。列宁指出，俄国大资产阶级的首脑人物—“立宪民主”党首领米留可夫在说到叛乱情形时扬言，他赞成“没有布尔什维克参加的苏维埃”的口号。米留可夫称，因为孟什维克、社会革命党人肩负着最初把政权从布尔什维克手中移走的任务，所以应该欢迎孟什维克和社会革命党人。这个例子生动地说明，当阶级依然存在，资产阶级正在国际范围内十倍努力地加紧向社会主义进攻的时候，不仅无产阶级专政是绝对必需的，而且坚持共产党对无产阶级专政的领导，才能保持苏维埃政权的社会主义性质，如若否定了共产党的领导，无产阶级就会失去政权，或者使已取得的政权改变性质、颜色和旗号，而成为大地主大资产阶级所欢迎、所要求的政权。这些反动势力一旦掌握了国家政权，就会充分利用它来复辟资本主义。正是这样，大资产阶级代表人物才扬言赞成“没有布尔什维克参加的苏维埃”。因为无产阶级失去了自己革命先锋队的领导，也就失去了一切。资产阶级代表人物提出这种口号，是估计了革命的全部经验的。而革命的历史经验也提示无产阶级，正是由于小资产阶级民主派反对共产党的领导作用，反对无产阶级专政的核心，所以在无产

① 《列宁选集》第4卷，人民出版社1972年版，第484页。
② 《列宁选集》第4卷，人民出版社1972年版，第484页。
③ 《列宁选集》第4卷，人民出版社1972年版，第484—485页。

阶级革命取得国家政权以后，绝不能把政权“转归表面上最象承认苏维埃政权的那些政治派别”①，因为“小资产阶级民主派没有能力掌握政权，他们始终只能充当资产阶级专政的掩护物，或走向资产阶级独裁的阶梯”②。

列宁为了唤起共产党人深刻记取革命历史教训，特别重申了恩格斯一段《政治遗教》。列宁写道：“俄国无产阶级革命一再地证实了1789—179年的革命和1848—1849年的革命的这个经验，证实了恩格斯在1884年12月11日给倍倍尔信中所说的话，当时他写道：……‘纯粹民主派’——在革命关头……作为整个资产阶级经济、甚至封建经济的最后一个救生锚，在短时间内暂时起作用……在1848年时也是如此：一切封建官僚从3月到9月都支持自由派来镇压革命群众……不管怎样，在危机的日子和危机后的日子，我们唯一的敌人将是聚集在纯粹民主派周围的整个反动派，这一点，我认为是不能忽视的。”③

列宁在这里批判的小资产阶级民主派政党，不仅是指俄国的社会革命党和孟什维克党，而且是指第二国际和第二半国际政党。列宁当时在批判小资产阶级的动摇性时，还指出它的两股“潮流”：“小资产阶级的改良主义，也就是用民主主义和‘社会民主主义’的善良词句和不能实现的愿望掩盖着的对资产阶级的卑躬屈膝。小资产阶级的革命主义，也就是口头上来势汹汹，夸夸其谈，妄自尊大，实际上则是分离涣散、毫无头脑、空洞无物。”④ 历史上每一次独特的转变，都使小资产阶级的动摇在形式上有所改变，但是在资本主义的老根还没有挖掉以前，这两股“潮流”现象总是无法避免的。这两股“潮流”的实质都一样，其形式也可以相互转化，从它们之中都会不断地产生出象1921年春天“喀琅施塔得的”口号。⑤ 因为它们“得到整个国际资产阶级（仍是称霸世界的）的支持。”⑥

列宁的这些话写于1921年，距今已有69年了。但是这些论断的力

---

① 《列宁选集》第4卷，人民出版社1972年版，第479页。
② 《列宁选集》第4卷，人民出版社1972年版，第551页。
③ 《列宁选集》第4卷，人民出版社1972年版，第551页。
④ 《列宁选集》第4卷，人民出版社1972年版，第553页。
⑤ 《列宁选集》第4卷，人民出版社1972年版，第553页。
⑥ 《列宁选集》第4卷，人民出版社1972年版，第555页。

量，只要稍微思考一下国际风云变幻和1989年我国发生的事情，我们就会感到十分真切。

列宁在新经济政策时期，除了论述共产党对国家政权实行领导的必要性以外，还大量论述了党对国家实行“总的领导”问题。

所谓“总的领导”，即政治领导、思想领导和组织领导的统一。其中政治领导具有首要意义，所以列宁有时将政治领导同“总的领导”相提并论。政治领导首先是党的路线方针政策的领导。这关系到国家生存发展的方向，决定着国家机关和组织活动的内容。列宁要求布尔什维克党应把自己的主要精力放在制定各种方针政策上，根据当时的国际国内形势，结合人民群众的实际愿望和要求，制定有关国家的政治、经济、文化、外交等各方面的方针政策，除了如实行租让制这类事关全局的具体经济问题以外，一般不要对政府部门和业务部门的具体决策和具体业务领导方案进行过分频繁的干涉，以免影响它们的积极主动性。因此列宁要求明确地划分党（及其中央）和苏维埃政权的职权。政治领导还包括党对国家政权工作的监督，决定国家政权建设的方向和原则，协调各政权机关的关系。列宁非常重视国家机关的日臻完善和与公职人员的官僚主义及舞弊行为作斗争。在国家政权建设的方向性、原则性问题上，列宁强调，政权建设应该服从于党的政策的领导，沿着党引导的方向发展，适应党的方针政策的需要。凡是有关政权建设的重大问题，诸如政权机构的设置改组、各级党政机构的职权范围和活动方式等等。经有关部门讨论后，还必须交党中央作出最后决定。机关必须服从党的政策，而不是党的政策服从机关，如果机关不能做到这一点，那就没有任何用处了。

列宁认为，思想领导应始终列为管理的任务之列。善于克服群众运动的自发性，引向人民群众走向自觉的奋斗目标。这正是无产阶级政党先进性和领导作用的表现。列宁强调，要通过强有力的思想教育工作去激发人民群众建设社会主义的主动精神，动员人民群众的力量实现党的纲领，重要的是要向人民群众注入马克思主义理论。列宁当时非常重视出版马列原著。到1923年，《共产党宣言》再版了58次，《马克思恩格斯文集》出版了头两卷。《列宁全集》第一版也陆续与读者见面。列宁亲自到党校讲课。为了培养一代“全面发展的，受到全面训练的人”①，列宁特别重视

① 《列宁选集》第4卷，人民出版社1972年版，第205页。

培养和造就一支专门的思想教育工作队伍。这批专职的组织干部和宣传干部必须各司其职，各负其责，“只有在特殊情况下才能把他们调去做别的工作”[①]。列宁强调党的思想工作，要遵循党性原则，有鲜明的阶级性、科学性、真实性和针对性。为此要深入群众，深入基层，同人民群众保持密切联系，沟通教育者和被教育者之间的感情。

组织领导是党的思想政治领导得以实现的保证，在党的领导主要表现为政策领导的情况下，“如果制定政策的是这些人，执行政策的是另一些人，那就不会得出什么结果”，“没有分配人员的权利”，党就“不能确定方针政策”，因此，“任何组织问题都有政治意义”[②]。组织领导的关键在于配好各级领导干部。这就需要“尽量仔细地耐心地去考验和识别真正的组织家”，保证选出全心全意为人民服务的，符合党的要求的优秀干部。列宁认为，担任某项工作的领导人还必须“经过极严格的考试”，掌握国家机关基本理论、行政管理和公文处理等等基本知识。[③]。

列宁关于坚持和加强党对国家生活的领导的光辉思想，为社会主义各国的马克思主义执政党的建设指明了方向，在现在更具有特别重大的意义。列宁是永远值得我们纪念的，而我们对列宁的最好纪念，就是牢记他的教诲，加强我们党的执政意识，强化共产党对国家政权的领导，同一切企图否定、取消共产党领导作用的倾向作斗争。

（原载《学校思想教育》1990 年第 3 期）

---

① 《苏共决议汇编第二分册》，人民出版社 1958 年版，第 185 页。

② 《列宁全集》第 4 卷，人民出版社 1995 年版，第 111 页。

③ 《列宁选集》第 4 卷，人民出版社 1972 年版，第 702 页。

列宁在同“民主社会主义”的斗争中坚持马克思主义的建党学说

一

19 世纪最后的二三十年，资本主义社会处于相对稳定的发展时期，资产阶级用其攫取的超额利润和帝国主义思想体系培植工人贵族，国际共产主义运动中出现了机会主义思潮。

1895 年恩格斯逝世以后，右倾机会主义思潮迅速滋长成为一种国际现象，1899 年 1 月伯恩施坦的《社会主义的前提和社会民主党的任务》一书的出笼，是第二国际修正主义彻底背叛马克思主义的纲领和宣言。伯恩施坦在这一“叛卖变节作品”中，公然要求把社会民主党变成“民主社会主义的改良党”，他以阶级妥协与合作代替阶级斗争，反对暴力革命和飞跃，鼓吹和平长入社会主义，宣称无产阶级专政“已经过时”，竭力美化资产阶级民主制，奢谈“民主在原则上是阶级统治的消灭”，提出“最终目的微不足道，运动就是一切”的行动纲领。这样，伯恩施坦就把“民主社会主义”概念同当时作为科学社会主义同义语的“社会民主主义”概念尖锐地对立起来，并赋予它以完全的改良主义的、机会主义的内容。而以最完整的形式“修改”马克思主义的伯恩施坦修正主义，也就成为“民主社会主义”最初的完整理论形态。问题的严重性还在于，伯恩施坦这本“登峰造极的机会主义”著作，是在法国社会民主党和第二国际的领袖和理论家考茨基的支持、鼓励下出笼的。考茨基对伯恩施坦的民主社会主义观点，“大半是衷心同意的”。正是由于考茨基主动把阵地让给机会主义，使得伯恩施坦的民主社会主义在第二国际正式社会民主党内逐渐占了统治地位，致使第二国际大多数社会民主党滑进了右倾机会主义的泥潭。

在这样严重的历史时期，列宁站在时代的高度，应时代的革命要求，团结第二国际各国党的左派，向民主社会主义的第一个完整形态——伯恩施坦修正主义及其在俄国的变种——经济派、孟什维克等展开了无情的战斗，并且预言，这种思想斗争，“只是不顾市侩们的种种动摇和懦弱而向着本阶级事业的完全胜利迈进的无产阶级所进行的伟大革命战斗的序幕”①。历史的进程证实了列宁的伟大预见。列宁在向伯恩施坦主义及其在俄国的变种进行斗争中，创建了新型无产阶级政党。列宁的新型政党虽然在1918年以前仍沿用俄国社会民主工党的名称，但是它却以其指导思想、政治纲领和组织原则上的全新的鲜明特点，显示出同第二国际各国党的根本区别。列宁在建党过程中，把马克思和恩格斯关于无产阶级政党的基本思想，发展成适合于帝国主义时代无产阶级斗争新条件的完整理论。列宁主义培育的新型革命政党领导俄国无产阶级和广大劳动人民向帝国主义战线发起冲击，取得了十月革命的伟大胜利，开辟了人类历史的新纪元，加速了社会主义发展的历史进程。伯恩施坦在十月革命后卖身投靠资产阶级，成为可耻叛徒，由他倡导的“民主社会主义”第一个理论形态也随之破产，而列宁的新型无产阶级政党却被无产阶级和广大劳动人民誉为时代的智慧、荣誉和良心。

历史常常有类似之处。当前列宁主义遭到了马克思主义当年的命运。一切反社会主义势力都把矛头对准列宁主义，否定它的存在，诋毁它的声誉，损害它的形象，特别集中地攻击列宁主义关于共产党的指导思想、阶级性质、组织原则、领导作用；最终目标等理论，欲取消共产党的领导和执政地位、“铲除共产主义制度”而后快。在这种形势下，我们重新学习、研究、坚持和发展列宁的党建学说及其整个列宁主义，像当年列宁捍卫马克思主义旗帜一样，高扬列宁主义，回击反共反社会主义逆流，具有紧迫和深远的意义。

二

无产阶级政党一个很大的优点，“就是有一个新的科学的世界观作为理论的基础”②。这就是马克思主义。而伯恩施坦要求的“民主社会主义

---

① 《列宁选集》第2卷，人民出版社1972年版，第9页。

② 《马克思恩格斯文集》第2卷，人民出版社2009年版，第599页。

的改良党”则根本抛弃了马克思主义。伯恩施坦的思想基础是小资产阶级社会主义、工联主义和费边主义的大杂烩。当时第二国际的大多数党之所以由革命党变成了改良党，也在于它们糟蹋了马克思主义理论，用改良主义偷换了马克思主义。针对这种情况，列宁一开始就十分注重首先从思想上建党。他指出，马克思主义理论对于一切社会主义者确定革命信念、斗争方法和活动方式有决定意义。

1898 年以前，由于伯恩施坦主义的变种经济派的滋长，在俄国社会民主主义者中间发生两种倾向：一些人说马克思主义学说不完备和过时了；很大一部分地方委员会及其工作人员醉心于细小的实际工作，不懂得革命理论的重要和思想统一的意义，习惯于党的涣散状态和思想上的混乱。这两种倾向结合，“过时论”者更得势，由此加剧了党内思想上组织上的混乱。面对这种形势，列宁认为，只有从党的思想理论基础建设入手，使全党“完全站在马克思理论的基础上”①，才能摆脱涣散、混乱状态。为此，列宁进一步系统论证了马克思主义理论对于无产阶级政党的根本意义。

列宁总结社会主义和政治斗争的全部历史经验，批判了经济派的自发论，强调指出：向无产阶级灌输社会主义意识，是无产阶级由“自在阶级”转变为“自为阶级”的关键。“各国的历史都证明：工人阶级单靠自己本身的力量，只能形成工联主义的意识。”② 只有科学社会主义和工人运动相结合，才能造成社会主义和工人运动的牢固基础，产生无产阶级政党。在国际社会民主运动处于思想动摇时期，经济派诡称社会主义意识能自发地从工人运动中产生出来，是以“纯粹工联主义者”的论据，降低科学社会主义意识和理论的作用，要害在于“加强资产阶级思想体系对于工人的影响”③。因为在为阶级矛盾所分裂的社会中，任何时候也不能有非阶级的或超阶级的思想体系。既然工人群众自己不能在他们的运动进程中自发地创造出独立的思想体系，那么在两种对立的思想体系严重斗争的情况下，工人就有可能产生两种自发倾向：一是接受资产阶级思想的倾向；一是接受社会主义理论的倾向。当社会主义理论不是支配而是屈服于

① 《列宁选集》第 1 卷，人民出版社 1972 年版，第 202 页。
② 《列宁选集》第 1 卷，人民出版社 1972 年版，第 247 页。
③ 《列宁选集》第 1 卷，人民出版社 1972 年版，第 254 页。

自发性的时候，最流行的资产阶级思想体系，就会“自发地而又最厉害地迫使工人接受它”①。因为这两种思想体系的斗争最终要解决的是国家政权掌握在谁手里的问题，彼此不能调和；资产阶级思想体系的渊源又比社会主义思想久远得多，它经过了更加全面的加工，而且拥有相当多的传播工具，所以“对于社会主义思想体系的任何轻视和任何脱离，都意味着资产阶级思想体系的加强”②。致使工人陷于没有革命政党、没有思想武器的地位，而听凭资产阶级思想体系的奴役和支配，从而葬送无产阶级政党和社会主义事业。列宁严肃指出：“没有理论，革命派就会失去生存的权利，而且迟早注定要在政治上遭到破产。”③

列宁认为，从思想上建党，保持党的思想统一，首先必须坚决而明确地同一切机会主义划清界限，从思想上击溃它们。若对反马克思主义的机会主义妥协退让，就等于政治上的自杀。当时伯恩施坦主义及其在俄国的变种的重要特征，就是竭力抹煞阶级界限，模糊工人的阶级意识，取消阶级斗争。其主要手法之一是打着“批评自由”的幌子攻击马克思主义。列宁针锋相对，处处以深刻的阶级分析，剖析机会主义种种新手法的阶级实质。列宁指出，机会主义借“批评自由”反对“工人运动和社会主义运动中的教条主义”，不过是一种策略。他们的真实意图是，攻击马克思主义的主要之点，如一方面攻击“宣告现代资产阶级所有制必然灭亡”的《共产党宣言》，攻击“被称为‘工人阶级’的圣经”的《资本论》；另一方面肆无忌惮地传播资产阶级理论，贬低、篡改、歪曲科学社会主义，否认自由主义和社会主义的原则对立，妄图把马克思主义变成资产阶级的自由主义，借以腐蚀工人阶级政党，破坏党对工人运动的领导作用，把工人运动变为资产阶级的附属品。可见，伯恩施坦主义的“批评自由”，是要求用“民主社会主义”把社会民主党从革命党变成机会主义的改良党的自由，用种种时髦的资产阶级理论诋毁马克思主义、否认用社会主义取代资本主义、用无产阶级专政取代资产阶级专政的斗争。列宁一针见血地指出：“只要不是故意闭起眼睛，就不会看不到，社会主义运动中的新的‘批评’派无非是机会主义的一个新的变种。”④

---

① 《列宁选集》第1卷，人民出版社1972年版，第258页。
② 《列宁选集》第1卷，人民出版社1972年版，第256页。
③ 《列宁全集》第6卷，人民出版社1959年版，第163页。
④ 《列宁选集》第1卷，人民出版社1972年版，第226页。

列宁当时在思想战线上的战斗，从理论上摧毁了伯恩施坦主义，为党牢固地奠立了马克思主义的思想理论基础。今天当一些人正用民主社会主义取代共产党的马克思列宁主义思想理论基础时，列宁的这些光辉思想为我们提供了进行战斗的锐利武器。

三

马克思恩格斯说过，没有“明确的积极的纲领”的政党，不能成为真正的无产阶级政党。但是恰恰在这个最重要的政治问题上，第二国际的大多数党背叛了马克思主义。伯恩施坦主义的行动纲领是“最终目的微不足道，运动就是一切”。这面白旗表明的核心内容，就是反对无产阶级革命和无产阶级专政这一马克思主义的精髓和灵魂。因此列宁在俄国社会民主工党形成时期，高度重视从政治上建党，制定革命的政治纲领。他先后拟定了三个纲领草案，尤其在第二个纲领草案《我党纲领草案》里，比较集中地阐明了关于党纲的基本原理。

列宁指出，纲领对于政党的团结一致、始终一贯的活动的头等重要意义，在于它用纲领的形式确定了党关于无产阶级革命运动的性质、最终目的和实现最终目的的根本手段以及种种要求，使党有明确的奋斗目标，团结统一的政治基础。同时它也是衡量一切地方党组织和所有党员思想政治和纪律状况的主要标志，有利于党摆脱“手工业方式”，组成坚强的政治大军。再则，党纲是一面判断党的性质和活动方向的旗帜，人民通过这面旗帜了解党的真正任务、要求和斗争方法。这有利于团结全党进行伟大的政治斗争，密切联系群众，凝聚最广泛的革命力量于党的旗帜之下。

列宁指出，无产阶级政党的纲领，“实质就是组织无产阶级的阶级斗争，争取达到最终目的——由无产阶级取得政权和组织社会主义社会”①。党纲的这一实质，同伯恩施坦主义的种种观点，如政治斗争对于工人阶级无关紧要，工人主要是关心经济斗争，党不应是工人运动的领导力量，“无论何处，阶级斗争都采取比较温和的形态”，“人类已经达到了一个能够不使用暴力革命的发展阶段”，等等，是完全不相容的。列宁强调，党必须时刻注意加强自己的领导和组织的责任，把工人的自发运动引导到党纲的高度，促使其遵照党的近期目的和长远目的相结合的方针开展斗争，

① 《列宁选集》第1卷，人民出版社1972年版，第204页。

并把近期目的和长远目的、工人阶级的利益和整个社会发展的利益一致起来，坚持整个工人运动的利益高于工人个别部分或运动个别阶段的利益。

马克思主义政党和伯恩施坦“民主社会主义的改良政党”制定党纲的依据是根本对立的。列宁要求制定党纲必须以马克思主义的基本原理为依据，同时结合本国的实际，充分反映本国的特点，并注意吸取国际工人运动的经验。伯恩施坦主义及其当时在俄国的变种则坚持党纲以民主社会主义为依据，同时借口在资本主义的新阶段，“经济发展中的新材料”篡改、“修正”马克思主义基本原理，为他们的资本主义和平长入社会主义寻找论据。

在制定党纲的过程中，列宁主义同机会主义斗争的焦点集中在无产阶级专政问题上。如前所述，伯恩施坦修正主义的要害就在于反对无产阶级专政。当时普列汉诺夫关于党纲的思想，突出地反映了这一根本之点。他在 1902 年 3 月完成的第二个纲领草案中，用“无产阶级在受资本主义剥削的其他居民阶层的支持下即将完成的革命”来代替“无产阶级专政”。对于普列汉诺夫这个违背《共产党宣言》基本原则的观点，列宁毫不含糊，旗帜鲜明地与之进行斗争。1902 年初列宁在起草的第三个纲领草案中，坚决捍卫了无产阶级专政的原则，并经过在苏黎世召开的《火星报》编辑部会议上、俄国社会民主工党第二次代表大会上的斗争，无产阶级专政的条文载入了俄国社会民主工党第二次代表大会通过的纲领。这样的纲领就在马克思恩格斯逝世以后，别开生面地在国际共产主义运动史上竖起了一面鲜艳的战斗红旗。

列宁从政治上建党的思想，在当时伯恩施坦修正主义政策即“临时应付，迁就眼前的事变，迁就微小的政治变动，忘记整个资本主义制度、整个资本主义演变的基本特点，为谋取实际的或可以设想的一时的利益而牺牲无产阶级的根本利益”① 日益流行的时候，从政治上保证了新型政党的革命性和先进性，党的政治战略和策略的正确性。十月革命胜利后，列宁在这方面的思想发展，特别突出了在国家问题上无产阶级不与任何阶级分掌领导权的思想即共产党必须对国家政权的全部政治经济工作实行领导的思想。当时出现了否定共产党领导作用的无政府工团主义倾向，列宁给予坚决的揭露和批判。在列宁看来，否定了共产党领导作用的国家政权，

---

① 《列宁选集》第 2 卷，人民出版社 1972 年版，第 7 页。

不可能是无产阶级的革命专政，而只能是为一切资产阶级所欢迎的变相的资产阶级专政。因为共产党的领导权是通过它的执政地位来实现的，如果否定了共产党的执政地位，就从根本上取消了共产党的领导作用，因此，列宁维护共产党对国家政权的领导作用的斗争，保证了苏维埃政权的科学社会主义性质，有效地防止和反对了帝国主义“和平地瓦解苏维埃政权”的阴谋，也为我们今天批判分析民主社会主义的政纲树立了样板。

四

马克思恩格斯早在《共产主义者同盟章程》中，就为无产阶级政党制定了民主集中制的原则。但是第二国际的大多数党在把革命政党变为自由主义的改良党的时候，也就从根本上抛弃了这一原则。因此列宁在创立新型无产阶级政党过程中，非常重视从组织上建党，恢复并进一步丰富和发展了马克思主义这一组织原则。

早在1903年以前，列宁就强调集中制思想“是唯一的原则性思想，应该贯穿在整个党章中”①。1903年秋后，新出现的机会主义派别孟什维克“抽象地承认组织关系”，反对集中制，倾向于自治制，主张任何一个大学教授、中学生以及每一个罢工者都可以自行宣布为党员，反对每个党员必须加入党所承认的一个组织等等，这是伯恩施坦右倾机会主义纲领的翻版。列宁坚决批判了这类瓦解无产阶级政党的机会主义谬论，进一步阐明了党的马克思主义的组织原则。

首先，列宁阐明了作为先进部队的党同整个阶级的关系。无产阶级政党不仅必须以无产阶级为其阶级基础，始终保持同本阶级的联系，而且它作为无产阶级中最先进的一部分，还必须有严格的组织性。只有承认党纲，在物质上帮助党并且参加党的一个组织的人才能成为党员。新型无产阶级政党，应当是组织的总和。在这里，“思想威信变成了权力威信，党的下级机关应该服从党的上级机关”②。只有用组织的物质统一巩固在马克思主义基础上的思想统一，党才能在革命进程中实现工人阶级组织的核心作用。组织是无产阶级解放自己的武器，是无产阶级所特有的阶级斗争的武器。如果没有少数服从多数、下级服从上级、部分服从整体的组织原

---

① 《列宁全集》第7卷，人民出版社1958年版，第228页。

② 《列宁全集》第7卷，人民出版社1958年版，第360页。

则，“就不可能有稍微称得上工人党的党”①。马尔托夫派妄图把党建成为成分复杂、组织涣散和没有定形的东西，同党的性质、任务根本不相容。崇尚组织上的软弱涣散状态和无政府状态，仇视无产阶级政党的组织性和纪律性，把党的结合规律——民主集中制攻击为“官僚主义”“形式主义”“农奴制”等等，实际上是一种组织上的尾巴主义。这是无政府个人主义者的心理的必然产物，“是组织问题上的机会主义所固有的根本特征”②，是自由资产阶级观点体系在组织上的顽强表现。经过列宁的斗争，1906 年俄国社会民主工党第四次代表大会，第一次把民主集中制原则载入了党章。

其次，列宁深刻地论证了党章对全党活动的意义，批判了孟什维克、崩得分子坚持宗派活动，要求党放弃工人阶级统一的阶级组织的错误。列宁指出，清除小组习气、庸俗观念、无政府主义、宗派主义、任意胡闹等不良现象，坚持党性、对革命义务的自觉性和严守纪律性，这是使无产阶级政党肩负起特别重大责任的必然要求。

再次，列宁论述了党内斗争的意义和原则。他认为，按照正确原则积极地开展反对错误思想的批评斗争，是建立起真正统一的、朝气蓬勃的和强有力的革命政党的必要条件。列宁特别指出，党内斗争要从全党的和整个运动的利益出发，反对以牺牲党的利益来满足宗派小组的利益，以牺牲工人运动的利益来满足狭隘的地位观念的利益企图。要特别警惕、坚决斥责一切旨在瓦解党的阴谋。

列宁还特别注意到党的领导人、领导集团的极端重要性，他要求对其加强考察、监督。

十月革命胜利后，俄国社会民主工党改名为“俄国共产党”（布尔什维克），列宁在党的组织建设上，强调健全和扩大党内民主，同时强调党的统一。他领导党粉碎了“工人反对党”和“民主集中派”等小集团派别活动，进一步从组织上巩固了党。

列宁在同第二国际后期民主社会主义斗争中提出的创建新型无产阶级政党的理论，多年来一直以它的灿烂光辉照耀着各国马克思主义政党的建设道路。今天在国际风云变幻剧烈，当年遭到破产的民主社会主义适应帝

---

① 《列宁全集》第 7 卷，人民出版社 1958 年版，第 442 页。

② 《列宁选集》第 1 卷，人民出版社 1972 年版，第 491 页。

国主义和平演变战略以新的形态再度蔓延，向革命的共产党人提出严峻挑战，社会主义运动遭到曲折的时候，列宁的党建学说以及整个列宁主义宝库更加显示出旺盛的生命力。绝对忠诚于无产阶级利益的马克思列宁主义政党，一定会沿着马克思、恩格斯、列宁开辟的航道，“不顾市侩们的种种动摇和懦弱”，加强自身的全面建设，提高执政的自觉性，领导无产阶级和广大劳动群众，继续向前奋勇推进伟大壮丽的共产主义事业，民主社会主义必将再度宣告破产！

（原载《高校社会科学》1990 年第 5 期）

列宁社会主义思想的历史演进、思想内容和启示

——读《列宁专题文集·论社会主义》

从列宁领导俄国十月革命取得胜利开始，社会主义从理论成为现实。列宁对社会主义建设的理论探索，不仅深刻影响着苏俄的社会主义实践探索，而且对实践中的其他社会主义国家产生了深远影响。深刻把握列宁社会主义思想的历史演进及思想内容，对于我们坚定不移地走中国特色社会主义道路、推进中国特色社会主义理论创新具有重要的意义。

一　列宁社会主义思想的历史演进

科学理论的特质是面向实践，始终保持对实践的高度关注、回答实践提出的问题，并根据实践的要求调整、完善理论的内容。实践过程的阶段性往往赋予理论发展的阶段性。列宁社会主义思想主要围绕什么是社会主义、怎样建设社会主义这个主题展开，随着苏俄社会主义实践的发展不断调整、深入和创新。关于列宁对社会主义的认识历程，理论界有不同观点。根据苏俄社会主义运动实践的发展进程和对列宁社会主义思想相关文献的分析，可以大致把列宁社会主义思想分为三个阶段：第一阶段是十月革命以前关于社会主义的构想；第二阶段是从苏维埃政权建立到 1921 年春列宁直接向社会主义过渡的思想；第三阶段是从 1921 年春到列宁去世前关于以间接迂回的方式向社会主义过渡及未来社会主义建设的新构想。

总的说来，十月革命后列宁生活的年代，苏俄还处在社会主义过渡阶段，他的思想有的是应对过渡时期的实践要求，有的是根据过渡时期的探索对未来社会主义建设的设想。从政治上看，主要的、基本的是要维护和巩固工农联盟，巩固无产阶级领导权。

十月革命胜利以前，列宁主要是根据马克思主义基本理论、结合当时

国际国内的形势创新社会主义革命的理论，主要包括三个方面：一是关于社会主义将首先在少数甚至单独在一个国家获得胜利的思想，这些思想体现在《论欧洲联邦口号》《无产阶级革命的军事纲领》等文中。面对推动俄国进行社会主义革命的现实任务，适应革命形势的发展要求和批判各种错误观点的需要，列宁通过研究帝国主义时期资本主义固有矛盾的表现和特点，创造性提出“一国胜利”论，这是他这一时期社会主义思想中最为耀眼的创新。二是关于俄国无产阶级在社会主义革命中的任务和策略的思想。列宁提出了全部国家政权归工人代表苏维埃、将地主土地收归国有、组建全国性的银行、由工人代表苏维埃监督社会的产品生产和分配等主张。这些思想在《论无产阶级在这次革命中的任务》等文中得到了阐述。三是关于未来社会的认识。列宁坚持马克思恩格斯关于未来社会的基本思想，在1902年起草俄国社会民主工党的纲领时，明确提出社会主义的价值目标是“以保证社会全体成员的充分福利和自由的全面发展”。在《国家与革命》中，列宁系统阐述了马克思主义的国家学说、无产阶级革命和无产阶级专政的理论，还论述了关于共产主义社会分为第一阶段和高级阶段的思想，论述了这两个阶段的基本特征，并明确把马克思所说的“共产主义第一阶段”或初级阶段称为社会主义。

十月革命胜利后，社会主义从理论形态变成了活生生的实践。根据马克思主义关于过渡时期和未来社会的理论，列宁着重思考了苏俄向社会主义过渡的问题。在探索中，列宁开始看到理想与现实之间的差距，一方面，反对脱离社会主义实践来谈社会主义，认为在社会主义实践尚未展开之前，不可能知道过渡到社会主义还需要多少阶段、完全建成的社会主义将是什么样子；另一方面，面对国际帝国主义的包围和压力，又希望能够尽快完成过渡，巩固无产阶级专政的政权。1918年春，列宁提出了“直接过渡”的构想，即通过国家资本主义向社会主义过渡，其思路是把资本主义特别是小商品生产纳入国家资本主义轨道，限制并逐步取消私人贸易，在发展大工业的基础上建立国家控制的工农业产品直接交换的体系；引导小农实现共耕制，最终使全部国民经济由国家实行统一计划、统一领导。列宁认为，过渡时期不能不兼有资本主义和社会主义这两种社会经济结构的特点，要发展社会主义的因素和力量，应该建立和巩固工农联盟，实行“计算和监督”，组织竞赛发展生产，提高劳动生产率，实行银行国有化和土地国有化，等等。可以说，“直接过渡”的构想是列宁十月革命前关于社会主义构想的继续，但其中利用国家资本主义这一环节，又带有“间接过渡”的色彩，这正是列宁当时思想矛盾的反映。

国内战争的爆发和大规模的外国武装干涉，促使列宁的“直接过渡”计划向更为激进的“战时共产主义”政策转化。列宁放弃了发展国家资本主义的想法，主张通过强制性的国家垄断体制消灭商品经济，通过高度的国有化消灭私有制，通过国家计划供应生活必需品和义务劳动实现按劳分配。列宁一度乐观地认为，实行战时共产主义，既可应对严峻的战争形势需要，也可以使苏俄完成“直接过渡”，战时共产主义是实现社会主义的捷径。1920 年 10 月，国内战争基本结束。但由于战争的破坏和严重干旱导致饥荒，农民对余粮收集制严重不满，1921 年初苏俄的经济状况和社会矛盾出现激化。列宁清楚地认识到，在一个落后的小农经济占优势的国家里通过“强攻”的方法直接过渡到社会主义是不正确的，当和平建设提到首位的时候，必须建立无产阶级和农民的正常经济关系，建立正常的商品交换关系。“战时共产主义”不是而且也不能是一项适应无产阶级经济任务的政策。

“直接过渡”的构想，特别是其特殊形式“战时共产主义”政策，虽然受当时战争环境的严重影响，但从主观上讲，这种过渡方案也带有理想色彩，在一定程度上脱离了苏俄的国情，因而不能解决苏俄向社会主义过渡的问题。然而，正是这种探索中的曲折，推动列宁调整认识社会主义的视角，寻求理想和现实的结合，从苏俄的国情出发思考向社会主义过渡和社会主义建设问题。

1921 年初，列宁开始构想一个包含多种经济成分的新的经济体制，其核心是“退到国家资本主义的阵地上去”①，间接地向社会主义过渡。1921 年 3 月苏俄开始实行新经济政策。新经济政策的实施既是一种政策调整，也是一种体制创新，它标志着列宁突破社会主义理论初定的模式，开始探索在没有经过典型的资本主义发展、经济文化落后的苏俄如何建设社会主义的问题。随着列宁对社会主义建设道路思考的日益深入，新经济政策在实施中不断调整、发展。从 1921 年 3 月到秋季，列宁主张无产阶级与小生产者长期共存，在支持小农经济、活跃小农经济的基础上建设大工业，为社会主义奠定物质基础。但要通过合作社等国家资本主义的形式

① 《列宁专题文集·论社会主义》，人民出版社 2009 年版，第 280 页。

限制农民的自由贸易，实行有组织的“商品交换”。1921 年秋，农民的自由贸易冲垮了不考虑市场作用和市场经济规律的“商品交换”，列宁从中看到私人市场的强大，认为还需要从国家资本主义作进一步退却，“要退到由国家调节商业和货币流通”[①]，要用改良主义的办法，即活跃商业、小企业、资本主义，审慎地逐渐地掌握他们，对它们实行国家调节来建设社会主义。[②] 列宁提出了“商业是社会主义建设中必须全力抓住的特殊环节”和收缩国有企业经营范围的思想。这意味着列宁在实践探索中得出了苏俄经济离不开市场机制和发展混合经济的结论。1922 年春，列宁进一步提出了国营企业实行商业原则、在市场上与资本主义企业竞争的主张。这些思想主张总起来，就是通过新经济政策，实现体制创新，建立社会主义物质基础。

从 1922 年底开始列宁身体状况日益恶化，他通过口授的方式写下《日记摘抄》《论合作社》等五篇论文和《给代表大会的信》等信件，对社会主义建设作了全面构想。在《论合作社》中，列宁总结探索社会主义道路的经验，明确指出“我们对社会主义的整个看法根本改变了。这种根本的改变表现在：从前我们是把重心放在而且也应该放在政治斗争、革命、夺取政权等等方面，而现在重心改变了，转到和平的‘文化’组织工作上去了”[③]。在这些被称为“政治遗嘱”的文章中，列宁对取得执政地位的无产阶级政党自身建设、社会主义经济建设、社会主义民主建设、社会主义文化建设和社会主义与资本主义关系等重大问题提出了许多创见，并对各国社会主义道路的特殊性、多样性作了哲学概括。

列宁的社会主义思想是动态发展的，这不仅表现为在不同阶段列宁对社会主义的认识、对过渡到社会主义的路径构想等有明显区别，而且表现为在同一个阶段内，列宁思考关注的重点也有所不同，如在新经济政策实施阶段，1921 年春侧重于对国家资本主义的认识，1921 年秋以后着重说明商品货币关系对于无产阶级国家的重要性，1923 年初重点强调合作社的意义。这种理论思考的不断调整、转换，正是社会主义从理论变为现实后，实践探索的开创性、艰巨性、复杂性在理论思维中的反映。在经济文

---

① 《列宁专题文集·论社会主义》，人民出版社 2009 年版，第 283 页。
② 《列宁专题文集·论社会主义》，人民出版社 2009 年版，第 289 页。
③ 《列宁专题文集·论社会主义》，人民出版社 2009 年版，第 354 页。

化落后、资本主义发展不足、被战争破坏得满目疮痍的小农经济占优势的国家建设社会主义，是人类史无前例的创造。在马克思恩格斯那里还是抽象的东西，只有“经过一系列建立这个或那个社会主义国家的各种各样的、不尽完善的具体尝试才会成为现实”①。正如列宁自己所描述，探索苏俄社会主义道路是这样试试，那样试试，犹如“攀登一座还没有勘察过的非常险峻的高山”②。列宁始终以对共产主义无比坚定的信念和热诚，坚持实践第一的观点，及时总结实践中的经验教训，检验理论的科学性，修正理论的错误，不断升华对社会主义的认识。列宁说：“现在一切都在于实践，现在已经到了这样一个历史关头：理论在变为实践，理论由实践赋予活力，由实践来修正，由实践来检验。”③ 这样，列宁用短暂的七年历程，为苏俄找到了一条符合国情的社会主义建设道路，也用内涵丰富和意义深远的理论成果丰富了社会主义理论，显示了马克思主义实事求是的科学精神和与时俱进的强大生命力。

二　列宁关于社会主义建设的主要思想

列宁关于社会主义的思想非常丰富，总体上看分为三个部分，即关于社会主义革命“一国胜利”的理论，关于经济文化落后的国家如何向社会主义过渡的理论和关于社会主义建设的构想。当然在社会主义过渡理论中，也包含了与社会主义建设方面具有共性的思想。限于篇幅，本文集中对列宁关于社会主义建设的主要思想作些论述。

第一，无产阶级在夺取政权之后，要把主要力量转向经济建设，努力提高全社会的劳动生产率。

在领导社会主义革命和建设过程中，列宁始终高度重视发展生产力，强调经济建设的重要性。十月革命以后，列宁及时提出无产阶级政权的工作重点要由“夺取苏俄”过渡到“管理苏俄”，从阶级斗争转向经济建设。1918 年 4 月他指出：“在任何社会主义革命中，当无产阶级夺取政权的任务解决以后，随着剥夺剥夺者及镇压他们反抗的任务大体上和基本上解决，必然要把创造高于资本主义的社会结构的根本任务提到首要地位，

---

① 《列宁专题文集·论社会主义》，人民出版社 2009 年版，第 124 页。

② 《列宁选集》第 4 卷，人民出版社 2012 年版，第 637 页。

③ 《列宁专题文集·论社会主义》，人民出版社 2009 年版，第 59—60 页。

这个根本任务就是：提高劳动生产率。”① 因为“劳动生产率，归根到底是使新社会制度取得胜利的最重要最主要的东西”②。他认为，为提高劳动生产率，必须发展大工业。他结合当时世界以电力技术为核心的现代化运动，生动地提出了“共产主义就是苏维埃 + 全国电气化”的公式，并且提出了“经济方面的政治”和“经济建设中的政治”的科学概念。

列宁在建设社会主义的探索中，在不同阶段，先后设想了多种方式和体制，如实行国家资本主义、利用商品货币关系和采用合作社引导农民走社会主义道路，这都是围绕发展生产力这个社会主义根本任务，在上层建筑领域进行的调整。列宁提出必须尊重科学技术，尊重科技人才，发展文化教育，提高农民的文化素质，利用资本主义创造的一切文化成果，加强执政党和国家机关的建设，等等，都是为了更好地发展生产力，实现社会化大生产，为社会主义制度奠定坚实的物质基础。可以说，列宁关于社会主义建设的思想明确了经济建设在社会主义建设中的中心地位，明确了发展生产力是社会主义的根本任务，这在理论上遵循了唯物史观的基本观点，是对马克思恩格斯在《共产党宣言》中阐述的“无产阶级上升为统治阶级后，要尽可能快地增加生产力总量”思想的运用。从思想方法看，这是与庸俗的唯生产力论完全不同的理论创新，实际上开辟了一条经济落后的国家建设社会主义的新道路。列宁指出，“既然建立社会主义需要有一定的文化水平（虽然谁也说不出这个一定的‘文化水平’究竟是什么样的，因为这在各个西欧国家都是不同的），我们为什么不能首先用革命手段取得达到这个一定水平的前提，然后在工农政权和苏维埃制度的基础上赶上别国人民呢?”③

第二，吸收和借鉴资本主义在劳动组织方面的一切有价值的科学技术成果，加快发展生产力。

十月革命后，由于苏俄经济文化的落后，新生的苏维埃政权面临着资本主义发展水平更高所带来的压力，两种制度的优势比较成为不可回避的历史课题。如何发挥新生社会制度的优越性，用事实证明苏维埃制度能够使经济文化落后的国家迅速赶上并超越资本主义国家，不仅关系到社会主

① 《列宁专题文集·论社会主义》，人民出版社 2009 年版，第 96 页。

② 《列宁专题文集·论社会主义》，人民出版社 2009 年版，第 151 页。

③ 《列宁专题文集·论社会主义》，人民出版社 2009 年版，第 359 页。

义革命历史合理性的证明，更是关系到苏维埃政权和社会主义国家的生死存亡。列宁清醒地看到，要搞经济建设，必须有先进的科学技术和管理经验，这些东西恰恰是刚刚夺取政权、有高涨的劳动热情的无产阶级所缺乏的。因此列宁坚决反对把社会主义与资本主义抽象地对立起来，认为社会主义不是在一块空地上仅仅依靠这种制度的优越性建立起来的新大厦，“仅靠摧毁资本主义，还不能填饱肚子。必须取得资本主义遗留下来的全部文化，并且用它来建设社会主义。必须取得全部科学、技术、知识和艺术”[①]。“社会主义能否实现，就取决于我们把苏维埃政权和苏维埃管理组织同资本主义最新的进步的东西结合得好坏。”[②] 社会主义国家在组织经济建设方面有很多东西可以而且应当向资本主义国家学习。他用一个公式表达了他对社会主义的理解，即“苏维埃政权＋普鲁士的铁路秩序＋美国的技术和托拉斯组织＋美国的国民教育等等等等＋＋＝总和＝社会主义”[③]。

列宁提出，苏俄要善于利用世界经济体系。虽然苏俄与资本主义世界处于对立状态，但是“有一种力量胜过任何一个跟我们敌对的政府或阶级的愿望、意志和决定，这种力量就是世界共同的经济关系。正是这种关系迫使它们走上同我们往来的道路”。[④] 以世界市场为纽带的各国经济相互关联，是社会主义国家学习、利用资本主义先进技术和管理经验的有利条件。在晚年时，列宁更加深入地认识到，必须从世界历史和世界交往的视野上来认识社会主义的发展。在两种社会制度并存、竞争的环境里，社会主义国家“要在资本主义包围中利用资本家对利润的贪婪和托拉斯与托拉斯之间的敌对关系，为社会主义共和国的生存创造条件。社会主义共和国不同世界发生联系是不能生存下去的，在目前情况下应当把自己的生存同资本主义的关系联系起来”[⑤]。

列宁还认为，苏维埃政权向社会主义过渡，必须利用资产阶级知识分子的服务，发挥专家的作用。他把专家视为实现共产主义必需的财富，提出了重用资产阶级专家和对专家实行高薪的优待政策。“当社会主义的组

---

① 《列宁全集》第36卷，人民出版社1985年版，第48页。
② 《列宁专题文集·论社会主义》，人民出版社2009年版，第98页。
③ 《列宁专题文集·论社会主义》，人民出版社2009年版，第381页。
④ 《列宁全集》第33卷，人民出版社1957年版，第128页。
⑤ 《列宁全集》第41卷，人民出版社1986年版，第167页。

织工作提到日程上时，为了解决社会主义的实际任务，我们就必须吸收大批的资产阶级知识分子，特别是那些曾经从事过资本主义的最大生产的实际组织工作，首先是组织过辛迪加、卡特尔和托拉斯的人来协助苏维埃政权，这是毫不奇怪的。”① 为了利用专家，必须采用“旧的资产阶级的方式”付给专家高额报酬。这种办法是一种妥协，但这符合苏维埃国家发展生产的实际需要。

第三，无产阶级政党必须不断巩固无产阶级专政，加强工农联盟，积极引导农民走社会主义道路，努力激发工人阶级和广大劳动群众的首创精神。

列宁认为，社会化大生产与无产阶级专政是实现社会主义的两个必要条件。无产阶级的目的是建成社会主义，消灭社会的阶级划分，使社会全体成员成为劳动者，消灭一切人剥削人现象的基础。达到这个目的需要一个相当长的从资本主义向社会主义过渡时期，就是无产阶级专政的整个时期。在过渡时期无产阶级专政不能削弱，而是要加强。列宁反对把无产阶级专政和苏维埃仅仅归结为暴力，认为无产阶级专政承担着镇压剥削阶级反抗和组织经济建设、建立社会主义经济关系两个方面的任务。他指出：无产阶级专政“必须采取严酷无情和迅速坚决的暴力手段来镇压剥削者即资本家、地主及其走狗的反抗。……但是无产阶级专政的实质不仅仅在于暴力，而且主要不在于暴力”②，而在于实现比资本主义更高类型的社会劳动组织，“把全体被剥削劳动群众以及小资产阶级的所有阶层引上新的经济建设的道路，引上建立新的社会联系、新的劳动纪律、新的劳动组织的道路”③。第二个方面是无产阶级专政主要的任务，而且比第一个方面的任务更困难，也更重要，因为“战胜资产阶级所需力量的最深源泉，这种胜利牢不可破的唯一保证，只能是新的更高的社会生产方式，只能是用社会主义的大生产代替资本主义的和小资产阶级的生产”④。

由于苏俄是一个小农占人口大多数的国家，无产阶级人数少，保持和维护无产阶级同农民的联盟，是无产阶级能够保持领导作用和国家政权的必要条件。列宁认为：“因为雇佣工人和被剥削劳动农民的利益没有根本

① 《列宁专题文集·论社会主义》，人民出版社 2009 年版，第 391 页。
② 《列宁专题文集·论社会主义》，人民出版社 2009 年版，第 139 页。
③ 《列宁专题文集·论社会主义》，人民出版社 2009 年版，第 147 页。
④ 《列宁专题文集·论社会主义》，人民出版社 2009 年版，第 148 页。

相悖的地方。社会主义完全能够满足两者的利益。而且只有社会主义才能满足他们的利益。无产者同被剥削劳动农民之间的‘真诚的联合’是可能的，也是必要的。”① 在和平建设时期，当工农联盟从军事联盟转为经济联盟后，这种联盟关系的实质是正确处理国家与小农之间的经济关系。列宁在实践探索中，进一步发掘和深化马克思恩格斯关于绝不用暴力剥夺小农的思想，在注意克服小资产阶级自发势力的同时，从苏俄经济文化落后的实际出发，积极倡导照顾农民的物质利益和经营习惯，满足农民的要求。同时，列宁认为，苏俄是有合作社传统的国家，可以利用这一传统引导农民走社会主义道路。“这种合作社具有多么重大的意义。……在我国，人们还轻视合作社，还不了解：第一，在原则方面（生产资料所有权在国家手中），第二，在采用尽可能使农民感到简便易行和容易接受的方法过渡到新制度方面，这种合作社具有多么重大的意义。”② 这种合作社从流通领域人手，以商业为纽带，把农民联合起来，并把农民的个人利益与国家利益联系在一起，把小农经济与社会主义大工业联系在一起，是引导农民走社会主义道路的最好形式。在引导农民走社会主义道路过程中，还要加强对农民的文化教育，“在农民中进行的文化工作，这种在农民中进行的文化工作，就其经济目的来说，就是合作化”③。

列宁是伟大的马克思主义者，总是相信群众、依靠群众，一切为了群众。他认为社会主义完成了人类历史上最伟大的更替，使人民群众从受压迫者转变成为国家的主人，用为自己劳动取代了被迫劳动，“第一次造成真正广泛地、真正大规模地运用竞赛的可能，把真正大多数劳动者吸引到这样一个工作舞台上来，在这个舞台上，他们能够大显身手，施展自己的本领，发现有才能的人”④。“只有现在才广泛地、真正普遍地开辟了表现进取心、进行竞赛和发挥大胆首创精神的可能性。”⑤ 列宁高度赞扬工人举行“星期六义务劳动”的伟大创举，认为它的意义在于“表明了工人自觉自愿提高劳动生产率、过渡到新的劳动纪律、创造社会主义的经济条

① 《列宁专题文集·论社会主义》，人民出版社 2009 年版，第 50 页。
② 《列宁专题文集·论社会主义》，人民出版社 2009 年版，第 348、349—350 页。
③ 《列宁专题文集·论社会主义》，人民出版社 2009 年版，第 357 页。
④ 《列宁专题文集·论社会主义》，人民出版社 2009 年版，第 53—54 页。
⑤ 《列宁专题文集·论社会主义》，人民出版社 2009 年版，第 54 页。

件和生活条件的首创精神"[①]，是"共产主义的实际开端"。（1，第 151）苏维埃政权应通过社会主义劳动竞赛，发现、培养、提拔人才，充分发挥先进榜样的力量，推动社会的共同进步。

第四，无产阶级执政党必须清醒地认识自身地位的历史性变化，不断加强党的建设，履行好执政职能。党和国家的各级领导机关、领导干部要努力学会做经济工作，同时注意从政治上看问题。

十月革命的胜利从根本上改变了布尔什维克的地位，给党的建设提出新的要求和课题。列宁认为，无产阶级政党必须清醒地认识自身地位的历史性变化，加强党的自身建设。其一，党必须坚持对国家政权的全部政治经济工作的领导，同时也划清党和国家机关的职能，"必须十分明确地划分党（及其中央）和苏维埃政权的职责；提高苏维埃工作人员和苏维埃机关的责任心和独立负责精神，党的任务则是对所有国家机关的工作进行总的领导，不是像目前那样进行过分频繁的、不正常的、往往是琐碎的干预"[②]。其二，党要自觉地把工作中心转移到经济建设上来，党员干部要学习做经济工作。列宁批评当时党内轻视经济工作的各种错误认识，深刻论述了经济工作不同于政治、军事工作的特点，有其内在的不以人的意志为转移的客观规律，因此，不能机械地套用政治、军事工作的经验和方法。他指出全党都面临着重新学习的任务，号召全党必须向经济工作"这门科学进军，向这门艰难、严峻、有时甚至是残酷无情的科学进军，否则就没有出路"[③]。其三，党要注意提高党员质量，纯洁党员队伍。1921 年列宁分析共产党员面前都有三个敌人，就是：共产党员的狂妄自大、文盲和贪污受贿。[④] 这就指出了当时党员中存在的倾向性问题。列宁一方面主张进行清党，把欺骗分子、官僚化分子、不忠诚和不坚定的共产党员以及改头换面的孟什维克，从党内清除出去，以纯洁党的队伍，加强群众对党的信任，增加党的团结和纪律性。另一方面列宁提出要加强党内教育，提高广大党员的马克思主义理论水平，同时要求全党特别是党员领导干部认真学习科学文化，学习管理本领。他希望党员干部"要管理就要懂行，就要精通生产的全部情况，就要懂得现代水平的生产技术，就要

① 《列宁专题文集·论社会主义》，人民出版社 2009 年版，第 148 页。
② 《列宁专题文集·论社会主义》，人民出版社 2009 年版，第 396 页。
③ 《列宁专题文集·论社会主义》，人民出版社 2009 年版，第 261 页。
④ 《列宁专题文集·论社会主义》，人民出版社 2009 年版，第 267 页。

受过一定的科学教育”[①]。其四，反对官僚主义，加强同人民群众的联系。列宁认为，党取得执政地位后面临的最可怕危险是脱离群众，这种危险在当时的明显表现是官僚主义的发展。列宁结合苏俄的国情对官僚主义产生的原因作了分析，面对高度集中的政治体制和官僚主义的现实危险，列宁提出了一系列建议：把党的监察委员会和工农检察院结合起来，提高它们的地位和权限；现有国家机关在很大程度上是旧事物的残余，因此要不断改善国家机关，坚持“宁可少些，但要好些”的原则，逐步推进。要依靠工农群众的直接参与和监督来解决改善国家机关的问题，精简国家机构和人员，大力培养优秀人才，提高工作效率。其五，执政党要从政治上看问题。这是因为，总的说来，各阶级最重大的、决定性的利益只有通过根本的政治改造来满足，因此“政治是经济的集中表现”，“政治同经济相比不能不占首要地位”。[②]

第五，重视文化建设，发展科学和教育事业，提高劳动群众的思想、道德和文化素质。

列宁在领导苏俄建设社会主义的实践中，看到苏俄在文化上的落后限制了苏维埃政权的作用，并成为官僚制度和官僚主义复活的温床。他认识到，在一个文盲众多的国家里，是无法有效地开展社会主义经济建设和民主政治建设的，文化建设是关系到苏维埃建设成败的关键。列宁提出，教育工作者和共产党的基本任务就是帮助培养和教育劳动群众，使他们克服旧制度遗留下来的旧习惯、旧风气，那些在群众中根深蒂固的私有者的习惯和风气，因此要加强对劳动群众的共产主义思想和道德教育。社会主义的报刊应深入生活，用现实生活各个方面存在的生动具体的事例和典型来教育群众，抨击坏人坏事，号召学习好人好事。[③]

列宁还提出，建设社会主义文化不能脱离人类文明发展大道。无产阶级社会文化发展不能割断与整个人类文明发展历史的联系而孤立地进行，必须继承和借鉴人类历史上一切有价值的优秀文化成果，为己所用。他指出：“只有确切地了解人类全部发展过程所创造的文化，只有对这种文化加以改造，才能建设无产阶级的文化，没有这样的认识，我们就不能完成

① 《列宁专题文集·论社会主义》，人民出版社 2009 年版，第 390 页。

② 《列宁选集》第 4 卷，人民出版社 1995 年版，第 407 页。

③ 《列宁专题文集·论社会主义》，人民出版社 2009 年版，第 137 页。

这项任务。……无产阶级文化应当是人类在资本主义社会、地主社会和官僚社会压迫下创造出来的全部知识合乎规律的发展。”[①]

列宁晚年提出，要在苏俄开展“文化革命”。他设想的文化革命，包括革除文化中落后、腐朽的部分，增强文化的进步性，普及国民教育，扫除文盲，发展科学技术，提高全体人民的文化水平和劳动技能，从工人、农民中培养和造就各方面的专门人才等内容。他希望通过共产主义的思想道德教育、增加教育经费、尊重教师等途径，提高人民群众的文化素质，为社会主义建设训练群众，努力造就共产主义新人。

三 列宁探索社会主义建设的历史启示

列宁在短暂的社会主义实践探索中取得了丰硕的思想成果，虽然因为身体的原因未能全部付诸实践，但它对于在经济文化落后的国家建设社会主义提供了重要启示。

第一，实现共产主义理想需要一个长期过程。

在这个漫长的过程中，必然经历不同的发展阶段。现实的社会主义正是在阶段性的发展过程中一步步迈向理想社会主义的。建设社会主义，特别是在破坏了的封建基地和半破坏的资本主义基地上为新的社会主义大厦奠定经济基础，在文化落后、有大量文盲的国家普遍树立社会主义价值观念和道德意识，培养社会主义新人，困难必然是巨大的，不可能一蹴而就，而需要用时间和实践逐步地积累、壮大社会主义因素。因此仅凭革命热情，凭与“旧社会的残余”进行不妥协的斗争，犯“急性病”，或者因现实社会主义社会的历史起点低，而对社会主义的前景缺乏信心和热忱，甚至迷恋资本主义现代化道路，不敢创新，都是违背马克思主义科学精神的。

第二，“相信谁、依靠谁、为了谁，是否始终站在最广大人民的立场，是区分唯物史观和唯心史观的分水岭，也是判断马克思主义政党的试金石”。[②] 列宁是彻底的唯物主义者，他始终相信“生气勃勃的创造性的社会主义是由人民群众自己创立的”[③]。他的全部社会主义理论和实践都

---

① 《列宁选集》第4卷，人民出版社1995年版，第285页。

② 胡锦涛:《在“三个代表”重要思想理论研讨会上的讲话》,《人民日报》2003年7月2日。

③ 《列宁专题文集·论社会主义》，人民出版社2009年版，第399页。

表明，在他看来，无论是巩固无产阶级政权，造就社会主义强大的物质技术基础，还是改造旧的社会关系，特别是改造小生产者，改造旧的文化传统，建设崭新的社会主义文化，都存在巨大的、严重的困难。但是马克思主义政党只要紧紧依靠群众，特别是工农基本群众，尊重人民群众像"星期六义务劳动"这样的伟大创举，就一定能够战胜改造旧社会、创立新社会过程中的一切困难，一定能实现共产党人的崇高理想。

第三，马克思主义者在领导社会主义建设中，要善于从失败的经历中学习。历史活动并不是平坦笔直的涅瓦大街。社会主义建设是人类前所未有的伟大创造，在探索中难免出现失误、失败。面对失败和困难，有两种态度，一是善于总结经验，使失败成为成功之母；一是不敢正视问题、正视错误，甚至丧失信心，离开社会主义道路。列宁总是以无产阶级革命家的气质、胆略和博大胸怀，面对困难，正视失误。他强调，在同困难作斗争时，要学会革命所必需的另一种艺术：灵活机动。善于根据客观条件的变化而迅速急剧地改变自己的策略。"失败并不危险，危险的是不敢承认失败，不敢从失败中得出应有的结论。"① 列宁正是根据实践中的失败，在反复的反思、检审自己关于向社会主义过渡的思考中，不断解放思想，获得了越来越多的真理性的认识。列宁在领导社会主义建设的过程中，站在历史和理论的高度，注重把握实践的要求，洞悉人民群众的需要，适时检讨党的政策及其执行的情况，包括检讨党的领袖的言论，从中总结经验教训，及时进行政策的修改、调整，这无论是对社会主义建设探索，还是对执政党威望的提高，党的干部队伍的建设培养，都具有积极的意义。

第四，在建设社会主义的过程中，必须以劳动群众的利益为本位。马克思主义是最关注人的利益的。列宁在探索中，之所以能够不断反省、调整政策，与他关心人民群众的切身利益，特别是农民的利益分不开的。虽然面对资本主义世界的巨大压力，苏俄迫切需要建立现代化的大工业，但是当党推进工业化的政策伤害了农民的利益，也不符合农民的观念和心理时，列宁就作出了必要的妥协，寻找新的方法和途径，把小农生产与大工业生产的要求联系起来。新经济政策就是从正确对待和满足农民的个人利益开始的。如何对待个人利益与国家利益的关系，妥善处理不同利益群体之间的利益矛盾和冲突，是社会主义建设中执政党必然面临的难题。在处

① 《列宁专题文集·论社会主义》，人民出版社 2009 年版，第 280 页。

理这个难题上，列宁把国家利益与个人利益、长远利益和目前利益结合起来，高度重视和满足最大多数人的利益要求，为马克思主义执政党作出了表率。

第五，坚持社会主义方向的唯一性和建设社会主义方法多样性的有机统一。列宁指出："一切民族都将走向社会主义，这是不可避免的，但是一切民族的走法却不会完全一样，在民主的这种或那种形式上，在无产阶级专政的这种或那种形态上，在社会生活各方面的社会主义改造的速度上，每个民族都会有自己的特点。"① 他始终坚持社会主义道路，认为这是人类历史发展不可逆转的大趋势。因此，他多次批判离开马克思主义的、五花八门的社会主义，认为"一切关于非阶级的社会主义和非阶级的政治的学说，都是胡说八道"②。同时，列宁强调，在不同的国家，无产阶级用暴力夺取政权后，如何走向社会主义，如何建设社会主义社会，因不同的社会历史文化条件方面的差异，不可能有一个统一的方法和形式。因为人民群众在创立社会主义中，必然根据本国的特点和现实的需要，塑造具有民族特色的社会主义。"在到达完全的共产主义以前，任何形式都不是最终的。"③ 因此，各国进行社会主义建设，可以参考、借鉴别国的模式、形式和方法，吸收其长处，但绝不能照搬照抄。最紧要的是从自己的国情出发，依靠人民群众走好自己的路，解放思想，不断进行理论和实践的创新。

（原载《高校理论战线》2010 年第 7 期，第一作者为杨军）

① 《列宁全集》第 28 卷，人民出版社 1987 年版，第 163 页。
② 《列宁专题文集·论社会主义》，人民出版社 2009 年版，第 62 页。
③ 《列宁专题文集·论社会主义》，人民出版社 2009 年版，第 400 页。

列宁主义及其划时代意义

列宁主义这一划时代的科学概念，正式命名是1924年1月21日列宁辞世后，由联共（布）中央将布尔什维主义改为列宁主义而来。[①] 但是1903年布尔什维主义作为一种政治思潮、一种政党的出现，就标志着列宁主义的诞生。列宁（1870—1924）是列宁主义的主要创始人，他刻苦学习、潜心研究和成长为彻底的马克思主义者以后，用马克思主义的宽广眼界观察世界，揭示了帝国主义时代的本质特征及其发展规律，把马克思主义发展为适合于帝国主义时代无产阶级斗争新条件的革命理论。同时，他用马克思主义的科学世界观洞察俄国，把马克思主义基本原理和新历史时代下俄国无产阶级革命运动相结合，以创建和培育新型无产阶级政党、社会主义建设等一系列新的实践经验和新的科学理论观点丰富发展了马克思主义，把马克思主义推进到适合于帝国主义时代特点的新的发展阶段。

一 列宁把马克思主义发展到列宁主义新阶段

列宁主义作为20世纪这个伟大时代的产物，是世界无产阶级、社会主义和进步人类的实践经验、政治智慧、荣誉、良心的结晶和升华，它和整个马克思主义科学体系一样，是颠扑不破的永恒真理，无论过去、现在和未来，只要世界上还存在剥削、压迫和不平等，它就是一盏照亮历史前程的指路明灯，就是为无产阶级和人类解放而英勇奋斗的人们的光辉旗帜和恒久的理论武装。

---

① 参见赵曜、王伟光、鲁从明等《马克思列宁主义基本问题》，中共中央党校出版社2001年版，第21—22页。

（一）19世纪末20世纪初的时代条件赋予马克思主义的使命

列宁主义同任何理论一样有自己诞生的世纪。19世纪末20世纪初，即1898—1914年这一时期，世界历史形势发生了根本性的变化，美洲和欧洲然后是亚洲的资本主义经过一段时期的相对和平发展，从自由竞争阶段发展到它的最高阶段，即帝国主义完全形成。帝国主义时代的三大基本矛盾：无产阶级和资产阶级的矛盾、殖民地半殖民地国家与帝国主义国家的矛盾、帝国主义国家之间的矛盾达到空前尖锐的程度，把社会动荡和革命风暴推到历史的前台，使得无产阶级革命成为直接实践的问题，并造成直接冲击资本主义的良好机会。然而在实现社会主义革命的客观条件已经成熟，无产阶级起来进行夺取政权的伟大斗争提到日程上来的时间节点上，迫切需要马克思主义加强指导的时候，资产阶级思想家和钻进工人运动、共产主义运动内部的机会主义却逆历史大势而动，结成反动联盟，对马克思主义进行了攻击和篡改，阻碍和破坏科学真理与改造资本主义旧世界社会力量的结合。无产阶级社会主义革命受到阻碍。这种社会背景对欧洲发达资本主义国家、俄国这样经济文化相对落后国家的马克思主义者提出的要求和赋予的使命是，以做好“三个总结”（无产阶级革命运动经验、民族解放与民主运动经验、最新科学技术成就）为基础，揭露、批判种种反马克思主义思潮，击退它们的进攻，创造性地捍卫、坚持和发展马克思主义理论，用全新的革命理论和战略道路来应答时代之问，从根本上解决紧迫的社会问题。

（二）19世纪末20世纪初，俄国的无产阶级具有了成为国际革命无产阶级先锋队的条件

19世纪60年代以前，俄国是封建农奴制国家。1861年废除农奴制以后，资本主义经济得到迅速发展。20世纪初，俄国变成一个军事的封建的帝国主义国家，社会矛盾特别突出和尖锐。工人运动随无产阶级觉醒而迅速兴起。无产阶级与资产阶级之间、农民群众与封建地主阶级之间、资本主义与农奴制残余之间、人民大众与沙皇专制制度之间、各民族之间特别是俄罗斯民族与非俄罗斯民族之间、俄国人民与西方帝国主义之间，矛盾重重，盘根错节。俄国成为帝国主义时代各种矛盾的集中点。

激烈尖锐的矛盾催动着革命的社会力量的成熟和革命运动的发展，声势浩大的工人运动与迫切要求消灭农奴制残余的农民运动，工人协会陆续成立，各种力量相互呼应，汇聚成用革命手段解决错综复杂矛盾的强大动

力，俄国成了比其他任何一个国家都更加革命的国度。世界革命的中心由德国转移到了俄国。俄国有了革命深厚的阶级基础和实践基础。摧毁俄国这个不仅是欧洲的同时也是亚洲的反动势力的最强大的堡垒，成为俄国无产阶级肩负的直接革命任务。列宁描述当时的形势说：“历史现在向我们提出的当前任务，是比其他任何一个国家的无产阶级的一切当前任务都更革命的任务。实现这个任务……就会使俄国无产阶级成为国际革命无产阶级的先锋队。”①

伟大的革命，必须有革命的理论指导。因为只有革命理论才能使革命者懂得革命的根源、革命的性质、革命的进程、革命的战略策略和革命的阶段性的、最终的目标。没有革命的理论，就没有革命的运动。正是这样，从19世纪40年代到90年代的半个世纪里，俄国进步的思想界，如饥似渴地寻求着革命真理。列宁描述当时的情景说：“俄国在半个世纪里，经受了闻所未闻的痛苦和牺牲，表现了空前未有的革命英雄气概，以难以置信的毅力和舍身忘我的精神去探索、学习和实验，经受了失望，进行了验证，参照了欧洲的经验，真是饱经苦难才找到了马克思主义这个唯一正确的革命理论。”② 俄国进步的思想界寻求革命的真理，创办各种宣传马克思主义的报刊，出版多种马克思主义文献，为俄国成为列宁主义的故乡准备好了理论基础。

（三）列宁把马克思主义发展到列宁主义的新阶段

普列汉诺夫曾深刻指出：“凡是有杰出人物发挥其才能的社会条件的时候和地方，总会有杰出人物出现的。”③ 历史辩证法就是这样。当俄国成为列宁主义故乡的一切客观条件都成熟，需要有杰出人物发挥其才能的时候，列宁就应时应势出现了。

列宁，1870年4月22日出生在伏尔加河畔的辛比尔斯克城一位教育工作者的家里。1887年列宁进入喀山大学攻读法律，因参加青年学生革命小组的活动，遭受处分，被开除学籍，列宁从此开始潜心研究马克思和恩格斯的著作，在艰苦的学习和实践马克思主义中，日渐成长为一名坚定的马克思主义者。

---

① 《列宁选集》第1卷，人民出版社2012年版，第315页。

② 《列宁选集》第4卷，人民出版社1995年版，第136—137页。

③ 《普列汉诺夫哲学著作选集》第2卷，生活·读书·新知三联书店1961年版，368页。

1889 年，列宁在萨马拉建立起第一个马克思主义小组，积极宣传马克思主义，同时深入农村社会，调查研究俄国农民问题。1891 年，列宁与彼得堡的马克思主义者建立了联系，后参加了当地学生的马克思主义小组，很快得到公认，成为其领导人。工人运动的发展，使列宁强烈地意识到建立无产阶级政党的重要性和迫切性。1895 年，列宁将彼得堡的 20 多个马克思主义小组联合起来，成立了“工人阶级解放斗争协会”。莫斯科等工业中心受其影响也相继建立这样的“斗争协会”。这些具有无产阶级政党性质的“斗争协会”在罢工斗争中提出的口号，把经济斗争同反抗沙皇专制制度的政治斗争联系起来，这表明俄国的工人运动接受了马克思主义的指导，步入了新的阶段。

然而斗争并不顺利。彼得堡“工人阶级解放斗争协会”受到沙皇的镇压，列宁因此被捕并流放到西伯利亚。在流放期间，列宁时刻关注俄国和国际工人运动的发展状况，大量阅读普列汉诺夫的著作和马克思、恩格斯的著作，进一步深化了马克思主义理论研究，坚定了对马克思主义的信仰。此后列宁一直献身于反对沙皇专制制度和反对资本主义的事业。他在不屈不挠的斗争中，始终坚持马克思主义基本原理和新的历史时代俄国无产阶级革命运动的结合，对时代提出的一系列新课题，如关于帝国主义问题、无产阶级政党问题、无产阶级革命和无产阶级专政问题、民族殖民地问题、过渡时期和社会主义建设问题等，作出了马克思主义的科学回答，从理论、历史和现实的结合上提出了许多新思想、新观点、新论断，极大地丰富和发展了马克思主义理论宝库，把马克思主义发展到列宁主义阶段，实现了历史赋予马克思主义者的历史使命。

二 列宁主义基本内容及其划时代的意义

列宁主义在马克思主义理论宝库中，具有相对独立性的思想体系，内容博大精深，非常丰富。斯大林在《论列宁》一书中把列宁的功绩和列宁主义的独特贡献概括为：关于帝国主义是资本主义新阶段的问题；关于无产阶级专政的问题；关于无产阶级专政时期，在由资本主义过渡到社会主义的时期，在一个被资本主义国家所包围的国家里顺利建设社会主义的方式和方法问题；关于无产阶级在革命中，在任何人民革命中的领导权问题；关于民族殖民地问题。

关于无产阶级政党的问题。它作为列宁主义对于共产主义学说最独特的贡献，包括党是无产阶级组织的最高形式。无产阶级专政只有通过作为无产阶级专政指导力量的党才能实现。无产阶级专政只能由一个党即共产党来领导才能成为完全的专政，共产党不和而且不应该和其他政党分享领导。如果党内没有铁的纪律，无产阶级所担负的镇压剥削者以及把阶级社会改造成为社会主义社会就不能够实现。

斯大林这些经典论述，概括了列宁主义内容的基本方面。中国的马克思主义学者根据自己独立的研究和占有的史料，对列宁主义的基本内容也做过多种概括和阐释。如老一辈无产阶级革命家陈云认为，列宁的帝国主义论是一个理论问题，也是一个现实问题。“列宁写这篇著作的时候，帝国主义国家为瓜分殖民地而进行的第一次世界大战还没有结束。战争并没有解决帝国主义国家之间的基本矛盾，却引起了无产阶级的革命。从历史事实看，帝国主义的侵略、渗透，过去主要是‘武’的，后来‘文’、‘武’并用，现在‘文’的（包括政治的、经济的和文化的）突出起来，特别是对社会主义国家搞所谓的‘和平演变’。那种认为列宁的帝国主义论已经过时的观点，是完全错误的，非常有害的。”[①] 胡乔木也提出了要着重学习列宁著作的方面。如列宁怎样坚持、捍卫和发展马克思主义；列宁关于帝国主义的理论；中国革命的指导思想，中国共产党产生、发展同列宁和十月革命的影响分不开；建立和巩固社会主义国家的理论；列宁对马克思主义最重要贡献之一是他捍卫和发展了马克思主义的无产阶级专政学说；建设社会主义经济的理论；党的建设的理论；关于苏联外交政策；辩证唯物主义和历史唯物主义的方法。关于党的建设理论：胡乔木指出：马克思列宁主义的一切敌人首先集中力量来反对列宁关于党的理论，我们从中国革命和建设的实践中也深知，党的领导是我们一切胜利的源泉和保障，我们要不断加强我们的党，也就要努力学习列宁关于党的建设的理论；[②] 中央马克思主义理论研究和建设工程组织编著的《马克思主义发展史》国家重点教材，认为列宁主义的主要内容有：关于创建无产阶级新型政党的理论与实践；关于俄国民主革命理论和策略；关于帝国主义的理论，包括对帝国主义的分析和研究，对考茨基等人的帝国主义理论的分析批判；关于社会主义革命理论，包括创新社会主义革命理论的哲学基

① 《陈云文选》第 3 卷，人民出版社 1995 年版，第 370 页。
② 详见《胡乔木文集》第 2 卷，人民出版社 1994 年版，第 669—673 页。

础——唯物辩证法，创造性地提出社会主义可以在一国或数国首先胜利理论，对马克思主义国家学说和无产阶级专政理论的丰富和发展；关于探索社会主义建设的理论，包括对向社会主义过渡问题的探索，社会主义政治文化建设的理论与实践；关于无产阶级政党执政与自身建设的理论和实践；包括对改革国家机构的探索；关于社会主义发展道路特殊性和多样性的理论思考。[①] 对这些主要内容的每个方面的丰富思想都作了具体阐述。

列宁主义作为马克思主义学说的丰富发展，具有划时代的重大意义。

一是对俄国的意义。在列宁主义指导下，在以列宁为领袖的俄国共产党的领导之下，俄国无产阶级作为新世界的开路先锋，整个进步人类的向导和鼓舞者，在世界1/6的土地上，成功地进行了无产阶级革命，赢得了无产阶级对资产阶级的胜利，劳动人民对剥削阶级的胜利，建立了第一个社会主义国家，胜利地实现了无产阶级专政。这不仅结束了俄国剥削阶级在本国的统治，同时也结束了俄国沙皇在外国的统治。在十月革命以后的40年里，俄国无产阶级和广大劳动人民又在国内进行了社会主义建设，取得了辉煌的成就。过去蕴藏在地下为外国人所看不见的伟大的俄国无产阶级和劳动人民的革命精力，由革命前的被压迫者变为国家和社会的主人翁后，像火山一样突然爆发出来了，在建设新世界的劳动中发挥了巨大的积极性和创造性。苏联人民在共产党的领导下，沿着列宁主义的路线前进，充分发挥社会主义经济、政治、文化制度的强大优势，开启了世界历史上从未有过的新的社会主义现代化模式。这种现代化模式自然带有探索性和民族特点，但它的世界历史意义在于首创性，即破天荒头一次否定了资本主义基本经济规律，坚持按照“社会主义基本经济规律的主要特点和要求……用在高度技术基础上使社会主义生产不断增长和不断完善的办法，来保证最大限度地满足整个社会经常增长的物质和文化的需要”[②]，来进行社会主义现代化建设，并深深触及包括工业、农业、教育、科学、社会和日常生活在内的各个方面，因而使苏联国内的经济和文化以资本主义国家所不能比拟的速度向前发展着。在短短几十年时间内，获得的辉煌成就，改变了过去俄国贫穷、饥荒的落后面貌，通过实现社会主义工业化

---

① 参见马克思主义理论研究和建设工程教材编写课题组《马克思主义发展史》，人民出版社、高等教育出版社2020年（修订）版。

② 《斯大林全集》下卷，人民出版社1979年版，第569页。

和农业集体化，把一个“小农国家”建设成为世界工业强国。仅就工业总产量来说，1956 年就达到了革命以前最高年份 1913 年的 30 倍。一扫革命以前工业落后、文盲众多的面貌，成为世界上第二大工业强国，拥有世界上先进的科学技术力量和高度发展的社会主义文化。苏联劳动人民的物质文化生活得到根本改变。先前国内各民族的牢狱已被砸碎，各民族相互之间取得了平等地位，社会主义先进民族得以形成并得到迅速发展。

还要指出的是，苏联的发展是在严峻的斗争中获得的。1918 年至 1920 年，14 个资本主义国家进攻苏联。内战、饥荒、经济困难、党内宗派分裂活动严重折磨着苏联。在第二次世界大战中，在西方国家开辟第二战场以前的决定性时间内，苏联独立承受并且击败了希特勒及其同盟者数百万军队的疯狂进攻。艰苦卓绝的斗争及其胜利检验了列宁主义的强大生命力。

二是对国际的意义。在列宁主义指导下，十月革命的胜利是人类历史的转折点。科学的社会主义从此由理论和理想变为活生生的现实，实现了从资本主义旧社会到社会主义新世界的根本转变，改变了整个世界历史的方向，结束了人类的史前史，在共产主义运动史上创造了新纪元，也在整个人类史上开辟了一个新时代，“即无产阶级政治统治的时代，它取代了资产阶级统治的时代”①。开辟了新道路，即“为人类开辟了走向真正民主、走向社会主义的道路”②。“全世界劳动人民从苏联人民身上看见了自己解放和建设人类幸福社会的光明道路。”③

苏联的横空出世和迅速发展，使帝国主义的统治发生了根本动摇，而使一切革命的工人运动和被压迫民族解放运动获得了无限的希望、信心和勇气。苏联在外交政策中，坚持反对帝国主义侵略，承认各民族平等，维护世界和平，成为世界范围内战胜法西斯侵略的主力。苏联军队在相关各国人民大力合作下，曾解放了东欧各国、中欧一部分，积极支持中朝人民的抗日斗争，解放了中国的东北部和朝鲜的北部。第二次世界大战后，苏联对各人民民主国家的经济建设给予了重大支持，对世界各国被压迫民族争取独立的运动、世界人民争取和平的运动、新产生的亚非地区的和平国

---

① 《列宁全集》第 42 卷，人民出版社 1987 年版，第 449—450 页。
② 《季米特洛夫文集》，解放社 1950 年版，第 465—468 页。
③ 《毛泽东在欢迎伏罗希洛夫主席宴会上的讲话》，《人民日报》1957 年 4 月 18 日第 1 版。

家的建设，都给予了兄弟般的有力援助。周恩来曾经深刻指出，伟大的十月革命“把无产阶级的解放运动同被压迫民族的解放运动联合起来了。世界一切被压迫民族找到了一个伟大的社会主义国家作为自己的朋友，苏联——这个伟大的社会主义国家也从被压迫民族中找到了自己的朋友。无产阶级解放运动和被压迫民族解放运动的联合，就是全世界人类将最后摆脱帝国主义统治的保证。世界人民胜利的局面，在十月革命胜利之后就确定下来了”①。

三 列宁主义与中国社会主义道路

中国共产党人历来视自己所干的事业是伟大的十月革命的继任者。毛泽东说：“中国人找到马克思主义，是经过俄国人介绍的。在十月革命以前，中国人不但不知道列宁、斯大林，也不知道马克思、恩格斯。十月革命一声炮响，给我们送来了马克思列宁主义。十月革命帮助了全世界的也帮助了中国的先进分子，用无产阶级的宇宙观作为观察国家命运的工具，重新考虑自己的问题。”② 他强调：“我们有两个出生父母，一个是旧中国，一个是十月革命，群众路线，阶级斗争，是学列宁的。”③ 中国共产党所领导的人民革命，从来就是十月革命所开始的世界无产阶级社会主义革命的一个组成部分。“尽管我国的革命有自己的许多特点，可是中国共产党人把自己所干的事业看成是伟大的十月革命的继续。”④

中国共产党认为，在列宁主义指导下所开辟的“十月革命的道路”，反映了人类社会发展长途中一个特定阶段内关于革命和建设工作的普遍规律。其中内含着五大方面的普遍真理：

第一，无产阶级的先进分子组织成为共产主义的政党。这个政党，以马克思列宁主义为自己的行动指南。按照民主集中制建立起来，密切地联系群众，力求成为劳动群众的核心，并且用马克思列宁主义教育自己的党员和人民群众。

第二，无产阶级在共产党领导之下，联合劳动人民，经过革命斗争从资产阶级手里取得政权。

---

① 《十月革命四十周年纪念文集》，人民出版社 1958 年版，第 166—167 页。

② 《毛泽东著作选读》下册，人民出版社 1986 年版，第 676—677 页。

③ 《毛泽东年谱（1949—1976）》第 3 卷，中央文献出版社 2013 年版，第 353—354 页。

④ 《建国以来重要文献选编》，中央文献出版社 1991 年版，第 567—568 页。

第三，在革命胜利以后，无产阶级在共产党领导之下，以工农联盟为基础，联合广大的人民群众，建立无产阶级对于地主、资产阶级的专政，镇压反革命分子的反抗，实现工业的国有化，逐步实现农业的集体化，从而消灭剥削制度和对于生产资料的私有制度，消灭阶级。

第四，无产阶级和共产党领导的国家，领导人民群众有计划地发展社会主义经济和社会主义文化，在这个基础上逐步地提高人民的生活水平，并且积极准备条件，为过渡到共产主义社会而奋斗。

第五，无产阶级和共产党领导的国家，坚持反对帝国主义侵略，承认各民族平等，维护世界和平，坚持无产阶级国际主义的原则，努力取得各国劳动人民的援助，并且努力援助各国劳动人民和被压迫民族。[①] 这些放之四海而皆准的马克思列宁主义的普遍真理，是苏联及各国无产阶级和广大人民群众走上康庄大道的指南。中国在社会主义大道上所取得革命、建设和改革的伟大胜利，正是结合中国实际，始终坚持和不断推进马克思列宁主义这些普遍真理的光辉成果。这是列宁主义的国际意义方面最重要的内容。

四 像列宁那样忠诚于马克思主义

列宁的一生是忠诚于马克思主义的光辉一生。今天我们纪念列宁，就要像他那样，对马克思主义虔诚而执着，至信而深厚。列宁对马克思主义的忠诚集中表现在以下重要方面。

第一，刻苦学习马克思、恩格斯经典著作。马克思、恩格斯经典著作是马克思、恩格斯思想的载体，要懂得马克思、恩格斯的思想，就必须学习马克思、恩格斯的经典著作。列宁为掌握马克思主义的科学真理，一生都如饥似渴地学习马克思、恩格斯的经典著作。我们只要读一读列宁专门或主要论述马克思主义学说的著作，如《卡尔·马克思》《弗里德里希·恩格斯》《马克思主义的三个来源和三个组成部分》《马克思学说的历史使命》《马克思主义和修正主义》等，就会发现，列宁对马克思、恩格斯的经典著作及其蕴含于其中的马克思主义的重要论点极为熟悉。你可以从列宁的著作中了解到，马克思、恩格斯对某个重大问题，在这部著作中是怎样讲的，讲了些什么？在另一部著作中又是怎样讲的，又讲了些什么？

---

① 《建国以来重要文献选编》，中央文献出版社 1991 年版，第 567 页。

他们之间的历史联系、逻辑关系和具体历史环境是怎样的？如列宁的《国家与革命》一书，开始说："在对马克思主义的种种歪曲空前流行的时候，我们的任务首先就是要恢复真正的马克思的国家学说。为此，必须大段大段地引证马克思和恩格斯本人的著作。当然，大段的引证会使文章冗长，并且丝毫无助于通俗化。但是没有这样的引证是绝对不行的。"接下来，他在《国家与革命》各章的每个论点下，大都或长或短，引证马克思和恩格斯的《共产党宣言》、马克思1852年给魏德迈的信、恩格斯的《反杜林论》《家庭、私有制和国家的起源》等著作中一段至几段原文，来论证自己的观点，所引用的观点和自己要阐述的观点之间，逻辑联系丝丝入扣。对马克思、恩格斯国家学说形成发展的考察，从欧洲1848年革命的前夜，到1848年至1851年革命结束，再到1871年的巴黎公社革命，所展现的马克思、恩格斯国家学说的发展进程，历史脉络十分清晰。列宁对马克思、恩格斯著作的精通还表现在它对各种版本及书名的熟悉，如列宁在1914年写的《卡尔·马克思》一文中指出，《共产党宣言》曾使用过《共产主义宣言》《论共产主义》《社会各阶级和共产主义》《资本主义和共产主义》《历史哲学》等书名。[①] 这是许多专门研究者都不清楚的。

第二，精准解读马克思、恩格斯经典著作。列宁对马克思、恩格斯经典著作理论原则的解读，鲜明透彻，寓意深刻。使读者对马克思主义原理的领悟大有精准之感。如在《什么是"人民之友"以及他们如何攻击社会民主主义者?》第一编，列宁在讲到马克思的《资本论》究竟是怎样验证历史唯物主义的基本思想时说："他做到这一点所用的方法，就是从社会生活的各种领域中划分出经济领域，从一切社会关系中划分出生产关系，即决定其余一切关系的基本的原始的关系"，"由于只有把社会关系归结于生产关系，把生产关系归结于生产力的水平，才能有可靠的根据把社会形态的发展看做自然历史过程"。[②] 列宁还把资本主义生产关系比喻为"骨骼"，强调马克思《资本论》对资本主义社会形态的分析仅限于社会成员间的生产关系，马克思一次也没有利用这些生产关系以外的什么因素来说明问题。但列宁又指出："马克思并不以这个骨骼为满足……虽然

---

① 《列宁选集》第1卷，人民出版社1995年版，第9页。

② 《列宁专题文集·论辩证唯物主义和历史唯物主义》，人民出版社2009年版，第161页。

他完全用生产关系来说明该社会形态的构成和发展，但又随时随地探究与这种生产关系相适应的上层建筑，使骨骼有血有肉。”① 关于一定水平的生产力的分析仅是作为历史前提来运用的；又如，列宁对马克思、恩格斯在《共产党宣言》中所使用的“组织成统治阶级的无产阶级”一语，解读为马克思、恩格斯对“无产阶级专政”概念的最初表述。这些解读都深入问题的精髓，大大深化了对历史唯物主义基本思想、无产阶级专政学说的认识，其本身都成为马克思学说中的经典性观点。习近平曾深有体会：“学习马克思、恩格斯、列宁的经典著作，我们可以从中了解和掌握马克思列宁主义创始人阐发的一系列基本原理，比如关于客观世界相互联系、相互作用和运动发展的一般规律的原理；关于人类实践活动及其发展规律的原理；关于人类社会形态由低级向高级演进，及其发展规律的原理；关于生产力和生产关系，经济基础和上层建筑的辩证统一的原理；关于阶级、阶级斗争、阶级分析和无产阶级专政的原理；关于人民群众是历史主体和历史创造者的原理；关于剩余价值学说和资本主义社会发展规律的原理；关于社会主义历史必然性和工人阶级历史使命的原理；关于工人阶级政党学说和在执政条件下加强党的建设的原理；关于人的全面发展和建设共产主义的社会的原理等等。”② 这些论断都是十分中肯的。

第三，创造性运用马克思主义原理。列宁说：“只有以先进理论为指南的党，才能实现先进战士的作用。”③ 而要确保党的理论的先进性，必须把坚持马克思主义和发展马克思主义结合起来。所以列宁一方面强调：“我们完全以马克思的理论为依据，因为它第一次把社会主义从空想变成科学，给这个科学奠定了巩固的基础，指出了继续发展和详细研究这个科学所应遵循的道路。”④ 另一方面又说：“对于俄国社会党人来说，尤其需要独立地探讨马克思的理论，因为它所提供的只是总的指导原理，而这些原理的应用具体地说，在英国不同于法国，在法国不同于德国，在德国又不同于俄国。”⑤ 列宁对马克思主义原理的运用充满着创造性。众所周知，伟大十月革命的成功就无可辩驳地证明，列宁极善于根据时代和俄国的实

---

① 《列宁全集》第 1 卷，人民出版社 2013 年版，第 113 页。
② 《习近平党校十九讲》，中共中央党校出版社 2014 年版，第 265 页。
③ 《列宁专题文集·论无产阶级政党》，人民出版社 2009 年版，第 71 页。
④ 《列宁专题文集·论无产阶级政党》，人民出版社 2009 年版，第 338 页。
⑤ 《列宁专题文集·论马克思主义》，人民出版社 2009 年版，第 96 页。

际，创造性地解决重大而紧迫的社会问题。而列宁开辟十月革命道路这一杰出贡献，又是直接以他另一创造性理论为前提和基础的，即他运用马克思主义历史观，揭示了垄断资本主义即帝国主义时代的本质特征及其规律，由此得出在帝国主义时代，社会主义革命不可能由欧洲一些“文明国家”的无产者“联合行动”取得胜利，而可能首先在一个国家或几个国家首先取得胜利，即学界经常说的“一国胜利论”。

列宁是创新和推进唯物辩证的大师，根据变化了的客观新实际，适时确定新的目标任务及制定新的斗争方法和斗争段，是列宁得心应手的事。他说：“政治是一门科学，是一种艺术。”① “我们应当记住，任何人民运动都有千变万化的形式，要不断创造新形式，抛弃旧形式，改变形式或者把新旧形式重新配合。我们的责任就是积极地参加制定斗争方法和斗争手段的过程。”②

正是这样，列宁把马克思和恩格斯学说的各个方面都推向了前进。如他《社会民主党在民主革命中的两种策略》所阐述的无产阶级在资产阶级民主革命中的策略原理，就是对马克思、恩格斯关于无产阶级在欧洲1848年革命中的策略思想的具体运用和进一步发展。又如19世纪末和20世纪初，当无产阶级革命实践直接提上日程，迫切需要无产阶级政党的领导，而第二国际各国党又逐步蜕化变质的重要历史时刻，列宁作为俄国马克思主义者的代表，把马克思主义和工人运动结合起来，在彼得堡创建“工人阶级解放斗争协会”，并联合莫斯科基辅等地的解放斗争协会，先后批判了经济派崇拜工人运动自发性的观点，批判马尔托夫关于党员要不要参加一个组织问题方面的错误观点，创立了新型无产阶级政党的理论，完成了建立根本区别于第二国际修正主义政党的新型无产阶级政党的历史任务。再如1920年末和1921年初，国内战争结束，进入和平建设年代，列宁立即把苏维埃政权的工作重心转移到经济建设方面，并以1921年3月召开的俄共（布）“十大”为标志，改变过去的“战时共产主义政策”，实行新经济政策。又以总结新经济政策初步经验为基础，逐步形成了苏联建设社会主义的崭新构想，即夺取政权后必须及时把改革提到日程上；通过合作化实现对农业的社会主义改造；实行工业化和电气化；坚持

① 《列宁选集》第4卷，人民出版社1995年版，第189页。

② 《列宁全集》第6卷，人民出版社2013年版，第373页。

社会主义民主政治建设；开展文化建设为主要内容的文化革命；加强执政党的建设。

第四，旗帜鲜明地捍卫马克思主义。列宁对马克思主义的忠诚，突出地表现在对马克思主义的捍卫。当形形色色的资产阶级、机会主义思潮及其联盟对马克思主义发动进攻时，列宁总是以无比坚定的立场，高举马克思主义的伟大旗帜，同它们展开坚决的斗争。他先后批判了资产阶级的“人民之友”派、工人运动中的经济主义者、俄国社会民主党内的孟什维克派、布尔什维克党内经验批判主义的马赫主义者等。列宁捍卫马克思主义，批判错误思潮，有三个鲜明特点。一是特别重视揭批那些名为“马克思主义”，实为复活旧社会意识形态的变种。列宁指出：“马克思主义在理论上的胜利，逼得它的敌人装扮成马克思主义者，历史的辩证法就是如此。”这些企图借马克思主义名号复活的旧社会意识形态的变种，大多是以“发展”“创新”马克思主义为幌子，实质对马克思主义进行篡改、诋毁、阉割，否定马克思主义的基本原理。二是善于运用比较的方法，揭露修正主义的理论本质。如 1908 年，巴扎罗夫、波格丹诺夫和卢那卡尔斯基等用马赫主义的修正主义充当马克思主义哲学，攻击辩证唯物主义。列宁通过分析其论点，将其同 200 年前有名的主观唯心主义大师贝克莱主教的论点进行对比，发现这些修正主义者反对唯物主义的所谓论据，没有一个不是贝克莱主教提出过的，从而把它们的主观唯心主义实质暴露无遗。三是把对错误思潮的批判同推进深化马克思主义原理的阐释结合起来。仅就哲学方面说，列宁对民粹派唯心史观的彻底批判，进一步阐述了马克思主义唯物史观关于社会发展的客观规律性、历史必然性同个人历史作用的关系的重要思想；列宁对经济派崇拜自发论的批判，进一步阐发了马克思主义关于政治对经济的反作用和革命理论的重要性，丰富发展了马克思主义唯物史观的原理；批判资产阶级哲学流派“经验批判主义”的主观唯心主义和不可知论，推进了对 19 世纪末 20 世纪初的自然科学新成果的哲学概括和总结，丰富和发展了辩证唯物主义原理；批判“寻神说”和“造神说”，揭明了宗教与科学社会主义、宗教与无产阶级政党宗旨之间的不可调和性，马克思主义必须同宗教唯心主义作斗争的原则。

列宁对马克思主义的忠诚态度对我们是很好的教育。马克思列宁主义是我们党指导思想的理论基础。我们党一贯要求全党忠诚于马克思列宁主义，努力学习马克思列宁主义经典著作，并善于创造性地运用于实践。正如胡乔木所说："在我们这个十一亿人口的大国正在努力坚持马克思主义，正在更加高举列宁主义的旗帜，我们将使马克思主义理论和社会主义事业一天比一天昌盛。"[①] 党的十八大以来，习近平总书记反复多次强调"马克思列宁主义、毛泽东思想一定不能丢，丢了就丧失根本"[②]。"要深入学习马克思列宁主义、毛泽东思想……牢牢占据推动人类社会进步、实现人类美好理想的道义制高点。"[③] 对"《马克思恩格斯选集》《列宁选集》《毛泽东选集》《邓小平文选》《江泽民文选》这几部书，胡锦涛同志重要讲话，党的十八大以来中央重要文献，要经常学习……党的各级领导干部特别是高级干部，要原原本本学习和研读经典著作。"[④] 真正做到对马克思主义虔诚而执着，至信而深厚。在以习近平同志为核心的党中央大力倡导和推动下，一个学习马列经典著作特别是马克思主义中国化经典文献、学习习近平新时代中国特色社会主义思想的热潮正在高涨，这是坚持和发展中国特色社会主义事业兴旺发达的思想保证。但是毋庸讳言，现在仍然有为数不少的同志把学习仅挂在嘴上，停留在会议报告中，本人实际不学，自然更谈不上学理论与日常工作挂钩，以至在思想上迷迷糊糊，在政治上不明方向。更有甚者，自己不学习、不懂得马克思主义原理为何物，但却胆壮如牛，胆大包天，时而敢大言不惭，否定、批判、"创新"马克思主义原理，实在令人啼笑皆非！今天我们纪念列宁诞辰 150 周年，当从列宁忠诚于马克思主义的光辉思想和不朽业绩中受到教育，解决好如何看待马克思主义，如何正确对待马克思主义的根本问题。

（原载《马克思主义理论学科研究》2020 年第 1 期）

---

① 《胡乔木文集》第 2 卷，人民出版社 1994 年版，第 674 页。

② 《十八大以来重要文献选编》，中央文献出版社 2014 年版，第 75 页。

③ 习近平：《在庆祝中国共产党成立 95 周年大会上的讲话》，人民出版社 2016 年版，第 11—12 页。

④ 《习近平关于社会主义文化建设论述摘编》，中央文献出版社 2017 年版，第 63 页。

梅荣政文集

（中）

Collected Works of Mei Rongzheng

梅荣政　著

中国社会科学出版社

中卷目录

马克思主义中国化研究

中　卷

马克思主义中国化研究

社会主义初级阶段的阶级结构分析

社会主义初级阶段的阶级结构是我国社会构成内部一种能动的、受社会主义生产关系制约的、相互联系的各阶级、阶层之间的对比关系。它是我国基本国情的重要方面。正确认识现阶段的阶级结构是制定党和国家正确路线、方针、政策及社会发展战略的基本依据，也是确认现行体制改革的社会主义性质，团结全国人民为社会主义现代化而奋斗的基本问题。在这方面的错误估计曾导致我国社会主义建设实践中的巨大政治失误。因此，在整个社会主义初级阶段不可不注意社会阶级结构的分析。

一 进行阶级结构分析的几个方法论原则

在科学史上，制定一门科学的方法论原则，同创立科学理论本身的内容，具有同等重要的意义，也同是极其复杂和艰苦的过程。现在国内学术界已兴起对我国现阶段社会阶级结构的研究，为提高研究水平，一开始就应当注意研究方法论问题。在这方面，我以为需要提出下列几个原则。

第一，要从社会主义初级阶段的客观实际出发。列宁说："在分析任何一个社会问题时，马克思主义理论的绝对要求，就是要把问题提到一定的历史范围之内。"[①] 我国正处在社会主义初级阶段，这个论断包括两层含义：其一，我国社会已经是社会主义社会。我们必须坚持而不能离开社会主义。其二，我国社会主义社会还处在初级阶段。我们必须从这个实际出发，而不能超越这个阶段。这就是我们讨论问题的确定的历史范围和根本立足点，我们不能离开这个范围和立足点。

第二，要在关于现阶段阶级问题的现有科学成果上继续前进。关于我国社会主义初级阶段的阶级和阶级关系的认识，从党的八大一次会议到十

① 《列宁选集》第2卷，人民出版社1995年版，第375页。

一届三中全会，直至党的十三大，我们已经完成了一个认识圆圈。在这个认识圆圈的终点上，党和人民的结论是："阶级斗争在一定范围内还会长期存在，但已经不是主要矛盾。"[①] 这一科学结论，一方面，是我们进入社会主义初级阶段几十年来付出高昂的代价，反对"左倾"错误，纠正"以阶级斗争为纲"的错误方针的重大成果；另一方面，它以崭新的思想突破了科学社会主义理论缔造者的一个预想：社会主义社会是无阶级、无阶级差别的社会，"每个人都象其他人一样只是劳动者"[②]，"从事农业和工业劳动的将是同样的一些人，而不再是两个不同的阶级"[③]。现实社会主义社会至少在其初级阶段不是那回事，还存在阶级、阶级差别和阶级斗争。自然，"一定范围内"的阶级斗争，在总体上已不是社会的主要矛盾，决不可因此而过分吸引我们的注意力，干扰我们一心一意搞现代化建设。但是随着社会主义体制改革的深化，有计划商品经济的发展，我国社会中各阶级、阶层在经济政治利益上的调整和摩擦、差别和矛盾日渐突出。现在恪守"一定范围内"的阶级斗争的既成结论已远远不够了，必须以这一科学成果为认识起点，深入地分析现阶段的社会阶级结构，确认其在社会生产和社会活动中的相互作用、利益关系和矛盾，预见其发展趋势和前景，以便实施良好的社会宏观调控。

第三，要坚持社会物质生产力的历史一元论，把现阶段的社会阶级、阶层结构分析奠立在生产力这一根本标准上。马克思主义认为，生产力是历史的基础和出发点。[④] 人类社会发展是由物质力量即由生产的发展所决定的。作为社会发展一定阶段上的重要历史现象——阶级的划分，也是同生产发展的一定历史阶段相联系，由生产力状况决定的。恩格斯说得异常明白："这种划分是以生产的不足为基础的，它将被现代生产力的充分发展所消灭。"[⑤] 只有把社会阶级状况同作为"社会进步的最高标准"[⑥] 的生产力状况联系起来考察，才能从根本上弄清现实社会各阶级、阶层的存在及其根源。我国现阶段生产力的基本状况是众所周知的：水平低，多层

① 《十三大以来重要文献选编》（上），人民出版社 1991 年版，第 12 页。

② 《马克思恩格斯文集》第 3 卷，人民出版社 2009 年版，第 435 页。

③ 《马克思恩格斯选集》第 1 卷，人民出版社 1972 年版，第 223 页。

④ 参见《马克思恩格斯全集》第 46 卷（下册），人民出版社 1980 年版，第 361 页。

⑤ 《马克思恩格斯选集》第 3 卷，人民出版社 2012 年版，第 813 页。

⑥ 《列宁全集》第 16 卷，人民出版社 1988 年版，第 209 页。

次，发展不平衡。由此决定我国社会经济结构是：以社会主义公有制经济（包括全民所有制、集体所有制、全民所有制和集体所有制联合建立的公有制企业，以及各地区、部门、企业互相参股等形式的公有制企业）为主体，以个体所有制经济、私营经济、国家资本主义经济（包括中外合资企业、合作经营企业和外商独资企业）为补充，多种经济成分和多种经济形式同时存在和发展，而且在横向经济联合，特别是股份化试点中，构成网络层次，与这种所有制结构相适应，产生了由分工而导致的多种行业、职业并存和以按劳分配为主体的多种分配方式（包括按劳分配、个体劳动所得、凭债权取利息、股份分红、经营风险补偿、雇佣劳动力带来的非劳动收入，等等）的存在。现阶段的社会阶级、阶层结构，从根本上说，正是这种生产力状况、所有制结构、分配结构的“政治化”表现，其存在和发展是不以人们的主观意愿为转移的。因此，若离开生产力发展状况，关于现阶段阶级、阶层结构的分析，就会变成无本之木、无源之水。

第四，要坚持和发展列宁划分阶级的标准。列宁的论断是极其著名的：所谓阶级，就是这样一些大的集团，这些集团是按其在历史上一定社会生产体系中所处的地位不同，对生产资料的关系不同，在社会劳动组织中所起的作用不同，因而领得自己所支配的那份社会财富的方式和多寡不同而相区别的。[①] 有的同志指出，在新的形势下，关于“阶级”的划分方式和标准已难以适应，生产资料的归属关系已不能成为区分的界限，相反，技术的、职业的、专门的社会学尺度有了越来越多的意义。这里涉及对列宁上述论断的评估。我以为，列宁关于阶级划分的标准，对于我们探讨社会主义初级阶段的阶级问题仍然具有指导意义。因为，其一，我国现阶段还存在以公有制为主体的多种经济成分和多种经济形式，生产资料的归属关系仍然是区分阶级界限的重要标准。其二，如有的同志已提出过的，列宁定义中关于阶级的其他三个特征依然存在，它们仍然是揭示社会集团差别的客观依据。其三，技术、职业等等尺度没完全脱离列宁的定义，而是被具体化了。其四，在现阶段，无论是在理论上还是政治实践中都不能对社会的阶级成熟性和社会的同一性估计过高。现在我国不仅还存在着已经失败、尚未完全消灭掉的反对社会主义的敌对势力，而且劳动阶

① 《列宁选集》第 4 卷，人民出版社 1995 年版，第 11 页。

级内部阶级和阶级差别的存在还是一个客观事实。对这些势力、阶级和阶层之间的经济关系、政治关系和意识形态关系作出马克思列宁主义的分析仍然是必要的。但是，不能把列宁的定义僵化，而必须创造性地发展。这是因为：（1）按照马克思、恩格斯、列宁的阶级学说，社会主义社会已不存在阶级，"大家都是工作者"[①]。因此，他们笔下的阶级含义基本上是根据前社会主义社会中的阶级现象概括的。它虽然有一定的普遍性，但其适用程度总是受具体历史条件制约的。我国处于社会主义初级阶段，社会主义生产关系早已建立，实现了以公有制为主体的所有制结构，旧的社会阶级结构已发生变化。阶级、阶层、社会集团等概念获得了新内容。因此，对划分阶级、阶层的标准也应有新概括。（2）列宁的定义并没有完全概括马克思主义关于阶级划分的思想。马克思在《资本论》中对于雇佣工人、资本家、土地所有者的划分[②]，在《路易·波拿巴的雾月十八日》中对于互相冲突的阶级定义，并不局限于对生产资料与占有关系进行分析。马克思除分析某个阶级在生产体系（生产、分配、交换和消费）中的作用以外，还把它们在政治斗争中争取自主权的表现作为确定其阶级划分的基本因素，在后来的马克思主义著作，例如毛泽东著作中，对中国社会各阶级的分析，也是既重视"经济地位"，也重视"对于革命的态度"的。（3）从理论研究和社会实际工作的效果看，我们进入社会主义初级阶段以来，往往仅根据列宁的阶级定义，较多地注意到"一个集团可以占有另一个集团的劳动"的现象，对相互对立的阶级关系很警觉。而对劳动者内部的阶级关系及其利益结构却比较忽视，造成政策上的某些失误。值得指出的是，以往局限于对列宁阶级定义的解释，反映在有些哲学教科书中，对阶级范畴的阐述常常是自相矛盾的。一方面说阶级划分只有一个经济标准，根本不涉及政治态度和思想意识；另一方面又说，只有经济地位、政治立场、意识形态几个方面总合起来才构成阶级的有机统一体。这种自相矛盾的解释源于生活实践与僵化观念的矛盾：生活要求从实际出发突破旧说，而僵化思想又不敢越雷池一步，故左右为难。所以今天要正确认识现阶段的社会阶级结构，必须向前推进列宁的思想，确定划分阶级的综合标准。这就是：以经济地位，主要是人们对生产资料的占有关

---

① 《列宁全集》第 37 卷，人民出版社 2017 年版，第 429 页。

② 参见《马克思恩格斯全集》第 25 卷，人民出版社 1974 年版，第 1000—1001 页。

系为基础，同时要重视对社会基本分工、职业特点、收入来源、政治地位、利益要求、职务职能等方面进行综合分析。只有注意综合分析，才能完整地体现现阶段阶级的分野。

这里涉及阶级和阶层的划分标准问题。有种见解说，阶级与阶层的划分标准是不同的。阶级是个经济范畴，其划分标准具有单一性；阶层是个社会范畴，其划分标准具有综合性。这种意见值得商榷。我认为，阶级与阶层确有区别，但不能将其划分标准这样绝对划开。阶级、阶层都是社会集团这一概念的派生物。阶级是在历史上具体的生产方式中所处地位各不相同的人们的、具有稳定性的大集团。阶层相对于阶级来说有两层含义：一是指同一阶级内部由于经济地位、政治地位、分工、职业特点不同而划分的不同层次；二是阶级之外的相对独立的社会集团，其成员由各阶级中游离出来，又可能还暂时分布于各个阶级之间。它既从它所出身的那个阶级吸取力量，受其利益的制约，又正在谋求对所有制新的关系，谋求独立的社会地位，形成新的社会意识。有同志说，阶级和阶层的区别在于社会集团的大小、稳定性和独立性的程度不同。有的集团尚未形成稳定的阶级，有的具有交叉、边缘的性质。这是有道理的。因此，对于阶级、阶层的划分都宜坚持综合标准。

二　现阶段各阶级、阶层的基本构架

现阶段我国社会阶级、阶层结构究竟怎样，学术界已经有多种概括。有的根据对生产资料的占有关系不同，提出“两个阶级、一个阶层”说（工人阶级、农民阶级、小资产者阶层或个体劳动者阶层）；有的根据上述标准，提出“两个半阶级”说（工人阶级、农民阶级、半资产阶级）；有的按阶级面貌的变化，提出“两大残存阶级，五个社会阶层”说（工人、农民两大阶级；知识分子、管理者、个体劳动者、亦工亦农者、工人知识分子）；有的根据社会基本分工，提出“四大阶级”说（工人、农民、管理者、知识分子）；有的按多元标准，提出“两基本阶级、六阶层”说（公产阶级、私产阶级和工人、城镇普通职工、农民、知识分子、干部、个体劳动者）；有的把阶层作为社会分层的最基本范畴，根据不同的利益关系、社会地位、知识结构和认识能力、政治立场和思想态度，提出“四阶层”或“六阶层”说（工、农、知、干、个、私）；等等。这些划分，都提出了一些有价值的思想。笔者按照前节提出的标准，认为现阶段我国社会阶级的总体构架有深浅两层，各层之间又有交错或渗透。浅层有两个基本阶级和三个阶层，即工人阶级、农民阶级，知识分子、个体劳动者、私营企业主；深层有各阶级、阶层内部的层次。其具体情况是：

工人阶级。它占有社会主义公有财产，从事体力和脑力劳动，以工资收入为主要生活来源，代表先进生产力和社会主义生产关系，在国家政权中居于领导地位，是实现我国社会主义现代化的主导力量。进入社会主义初级阶段以来，随着工业化、生产现代化、专业化的发展，它有四大变化：一是数量增长快。到1986年底全国工人已达12768万人，比1949年增长17倍。二是联系的所有制形式多。十年前，工人队伍基本上集中在全民所有制企业里，经济改革以来，它们分布到多种所有制企业中（含全民所有制、集体所有制、个人承包、中外合资、外商独资、私人企业、企业群体等），由此其成员的各部分对生产资料的占有情况以及主人翁地位有一定变化。工人阶级的主体在公有制企业里，随着企业自主权的扩大，经营责任制形式的多样化，其主人翁地位得到加强，在非公有制企业中的部分成员则受到某种限度的剥削。但由于非公有制企业是公有制经济必要的和有益的补充，又受到政策、法律的引导、监督和管理，这部分工人的经济、政治地位、生产目的仍不同于资本主义制度下的工人。三是年龄、科学知识和思想意识结构有变化。我国工人阶级队伍基本上完成了新老换代。“据统计，在目前的职工中，老年职工仅占15%左右，年龄在35岁以下的年轻工人，到1981年底已达6000多万，约占职工总数的60%左右。”① 青年工人90%以上具有初高中文化水平，工程技术人员的数量也有大的增加。随着这种变化，工人中的信息交流程度、现代科学管理知识、个人自我意识都有所提高，其兴趣和需要、个体类型变得复杂多样，他们中的传统革命意识减弱了，而对劳动的独立性、分配的合理性、工作的创造性要求提高了，表现出强烈的参政议政、参与决策的意识，对改革的期望值比较高，科学管理他们的难度加大了。但从其科学文化、技术装备总的水平看仍然比较低。据重点工业企业的普查资料，1985年工业生产设备（按价值量计算），属于国际水平的占13%，属于国内先进水平的占22%，属于国内一般水平的占47%，属于国内落后水平的占18%，这种技术装备水平反映出生产者的素质不高，在全国4000万技术工人中，

① 龙川：《近年来我国社会阶级、阶层问题研究综述》，《科学社会主义》1988年第1期。

技术等级大多比较低，而且不少人实际技术水平低于名义上的技术等级。从企业管理人员的文化程度看，1985 年 8285 个大中型企业的领导成员中，有高级技术职称的只有 1099 人，平均每 8 个企业的领导人中才有 1 人。在 110.9 万工程技术人员中，大专文化程度的只有 52.2%，中专及高中文化程度的只有 38.1%。管理人员中，大专文化程度的只占 35.1%。这种科学文化低水平状况，是我国企业生产效率低、民主管理不充分的根本原因。四是内部分层明显。工人阶级形成了三个阶层，即直接从事物质生产者、知识分子和管理者，各阶层内部又有若干层次。如管理者阶层可分为决策者和一般执行者。直接从事物质生产者可分为第一线操作人员和工程技术人员。知识分子内部亦有多层。在工人的三个层次中，直接从事生产、流通、交换领域里劳动的工人约达 1 亿人，其中，工程技术人员是发明新技术和实用方法的主力，对生产制度发挥着直接影响，具有控制生产的实际能力。他们人数虽不多（1985 年已达到 110.9 万人），但与我国整个生产的发展、产业革命的完成、跟踪世界新技术革命有战略关系。工人阶级在政治上，是共产党和社会主义制度的社会阶级基础和主要依靠力量，它作为社会主义生产关系的代表，和建设民主政治的主体，又是社会主义体制改革的领导者和推进改革的决定性力量，但是他们中的不同层次在改革的不同时期有不同的反映。近年来由于通货膨胀、物价暴涨和企业内部民主管理上的问题，部分人存在着经济上的紧缩感、分配上的不公感和政治上的不平感，模糊认识增多，投身于改革的热情比前五年低落，长远的、全局的、国家的观念有所淡薄，甚至有人担心“历史倒退”。

农民阶级。传统的“集体农民”概念是占有集体所有制生产资料，长期固定在农村，以劳动工分值获取报酬，直接从事农业生产的体力劳动者。现在我国“农民阶级”的概念获得了新的内容。其原因：一是全国经济体制改革的展开，国民经济宏观结构发生了重大变化。二是在农村经济体制改革的深化中，农村经济新体制的构架开始形成。它包括灵活多样的经济形式和经营形式，农林牧副渔多部门综合经营的产业结构，正在发育中的市场体系。目前不同规模和类型的农村经营联合体已有 47 万多个。股份经营、租赁经营、合伙经营形式遍及各地。专业户达 370 多万个。在全国经济体制改革和农村经济新体制构架下，农民阶级有三个主要变化。其一，农村人口和劳动力在全国总人口和总劳动力中的比重下降。据 1985 年统计，我国农村人口降到 6.6 亿，占全国总人口的 63.5%，农村劳动力计3.71亿，占全国社会劳动者总数的74.3%。[①] 其二，过去很长时期内，一直把农民看成小生产者，作为被改造的对象。农村经济体制改革以来，农民实现了生产经营的自主权，提高了主人翁地位。因此他们拥护党和国家现行农村基本政策。其三，农民阶级内部结构更加细化。按其劳动性质、生产方式和经济来源的不同，他们可划分为四个层次：（1）种植和养殖业农业劳动者。这是现阶段我国农业经济和农民阶级队伍的主体。他们生产着产量居世界第一位的谷物、猪牛羊肉、棉花、油菜籽，居世界第二位的花生、茶叶，居世界第三位的大豆（1986年统计）。1978年以来，他们的人数有减少的趋势，但是其主体地位在今后四五十年内不可能改变。（2）乡镇企业工人。近十年来，农村工业、采掘业、建筑业、运输业、服务业等发展很快，1987年非农产业在农村社会总产值中的比重第一次突破50%，达到3541亿元。伴随这一过程，正从我国集体农民中独立出一支农村工人阶级队伍。其人数已达415.2万人（1985年）。过去农民出身的人转入工人队伍，主要是充实城市职工队伍，近十年来则大部转到了乡镇企业。集体农民已成为形成、发展农村工人阶级的重要社会源泉。乡镇企业工人在政治上对农业现代化和农村经济改革表现出高昂的热情。不过，目前他们在文化科学素养、思想面貌、生活方式、处事原则、理想追求等方面同城市大中型企业的职工尚有一定差别。而这又有不同情况：常年离开土地的工资劳动者，事实上已转化为工人；部分时间离开土地、户口在农村、不吃商品粮的临时工、季节工则只能称之为农民—工人。（3）农村知识阶层。这是农村的文化知识力量。近年来他们在全国农村组织了八万多个农民专业技术协会和研究会，在农村中从事文化教育，开展技术咨询、畜牧兽医、卫生防疫、农业科学研究，交流市场信息，疏通供销渠道，进行技术培训及其他社会福利事业。1984年这一阶层已达到400万人。随着城乡经济结构的进一步调整，农村产业结构的优化，城市科技体制、农业教育体制改革的深化，这支队伍必将日益扩大。他们的出现和发展标志着农民再不只是纯粹的体力劳动者。（4）专业大户。这些大户不同于分散的农户家庭经营，他们承包的土地数量大，重视农业投入和科学技术，拥有较多的物质技术手段，富有生产经验，善于经营。有的雇佣一定量劳动力，实行农业经营与社会化服务、出口创汇相结

① 龙川：《近年来我国社会阶级、阶层问题研究综述》，《科学社会主义》1988年第1期。

合。这些人在政治上不安于现状，积极拥护农村经济体制改革，热衷于发展农村商品经济，对于农业规模经营表现出极高的积极性。

知识分子阶层。从现阶段我国知识分子对生产资料所有制的关系、生活资源的获取方式、服务的阶级对象分析，其总体已是工人阶级的一部分。工人阶级造就出自身科学素质最高、代表最先进的生产力的知识阶层，是自我完善中产生的新质。国际上誉为“社会精英”的知识分子，因是具有一定科学文化知识、以脑力劳动为主要方式从事社会物质生产和精神生产的劳动者，对社会进步的影响有特殊作用，所以又需要把它视为工人阶级中相对独立的社会阶层。十年来知识分子阶层变化很大。除了数量有大的增长以外，突出的是政治地位有很大提高。长期以来，知识分子被社会上称为“臭老九”。现在这种时代彻底结束了，“知识”“人才”得到了全新的评价。知识分子内部结构，依其社会职能、在管理经济和社会中处的地位、具体劳动方式、收入水平和结构等方面的差别，大致可区分为三部分：物质资料的直接生产者（即科技知识分子）、精神生产者、社会管理服务者。作为物质资料直接生产者的知识分子，以工业、农业和流通部门为活动领域，以其科技知识，直接为建立社会主义物质技术基础作贡献。他们占有的科技知识是生产力中的重要因素。作为精神生产者的知识分子，多分布于文化教育、科学研究、文学艺术创作、医疗卫生、体育等部门，以培教、保护、优生劳动力为职，他们占有的文化科学知识，是启动、构建和发展物质生产力的重要源泉。作为社会管理服务者的知识分子，分布在党政机关、企事业和社会公共事务管理部门，执行着科学管理职能。他们占有的知识具有广泛性和综合性，大致包括哲学、经济学、社会学、统计学、控制论、数学、法学、心理学、行政管理学、工程技术等等。因此从事这种复杂劳动，要有专门训练。在整个社会发展到全体居民普遍地行使直接管理阶段以前，这支队伍必然长期存在。然而目前它在数量和质量上都难以适应我国社会主义现代化建设的需要。知识分子各层次在政治上有强烈的社会责任感。一方面，他们为社会主义体制改革欢欣鼓舞，为社会主义现代化建设呕心沥血；另一方面，他们比任何社会阶层都敏感地认识到当前社会中的困难和矛盾，为国家的“球籍”问题焦心，为社会中目前存在的某些腐败现象忧虑。他们不仅希望国家有强大的物质文明，而且希望有高度的社会主义民主和精神文明。

个体劳动者。“从事个体经济的公民，是自食其力的独立劳动者。”①这个阶层的特点是：（1）基本成分是待业青年、退休职工、社会闲散人员和部分农民，队伍构成不很稳定，内部分化大。（2）生产经营的行业繁杂，包括手工业、建筑业、运输业、商品零售、饮食服务、修理业等等。（3）经营活动流动性大。近年来仅江浙一带农民就有数十万人在西北高原、边远山区从事生产经营活动。（4）发展迅猛。从1978年到1986年底，有证个体工商业者已达1211.1万人，从业人员1845.9万人，占同期社会劳动者总数的3.6%，相当于全民和集体职工人数总和的14.4%。他们的商品零售额、资金总额、经营总收入、净收入都得到几十倍的增长，经营不善导致破产者是极少数。个体经济和社会主义公有制相联系，受公有制经济的巨大影响，是社会主义公有制经济必要的和有益的补充。它的存在和发展对于发展社会生产、方便人民生活、扩大劳动就业，具有不可替代的作用，其合法利益受到政策和法律的保护。个体劳动者在政治上拥护共产党和社会主义制度，拥护经济体制改革，但是他们感到社会地位低，在上层建筑中缺乏政治代表，担心现行政策变化，害怕重新划分阶级。有些自发倾向强的个体户时常同国家的工商行政部门、税务部门发生冲突，某些个体户甚至横向形成一股力量，成为城市的“菜霸”，欺凌菜农，哄抬菜价。

私营企业主集团。它同个体劳动者的区别在于雇佣劳动。个体劳动者主要立足于个人或家庭成员的劳动获得收入，不雇佣劳动。私营企业主大多是雇工大户，在其经济成分中含有雇佣劳动关系。国家工商行政管理局以雇工八人以上者算作私营企业，到1987年底已注册的私营企业达11.5万家，雇工总数184.7万人，其中雇工在8—30人、资金在10万元以下者达60%以上。它们大多分布于沿海和商品经济发达的地区。在经济上它们与公有制相联系，受公有制制约，仍然是公有制经济必要的和有益的补充。但是这一集团中有相当一部分人资本主义倾向严重，从事非法经营活动，其经济收入和盈利都大大超过正常经营范围。有些“倒爷”贿赂党政机关干部，形成“官倒”“私倒”勾结，冲击社会经济、政治活动的正常秩序，腐蚀社会主义上层建筑。因之，必须依法加强对他们的引导、监督和管理。对触犯刑律者要依法惩处，对私营企业主大多数要鼓励其遵

① 《国务院关于城镇非农业个体经济若干政策的规定》（1981年7月7日）。

纪守法，为社会主义现代化多做贡献。

在社会主义初级阶段，我国社会中还存在敌视和破坏社会主义建设的势力，但它们已不能构成独立的社会阶层，故这里不作分析。

三　现阶段社会阶级、阶层结构的特点

现阶段我国社会阶级、阶层结构具有三个突出特点：

第一，在构成上，有界分又有交叉。现阶段两大基本阶级、三个社会阶层，无论从其对生产资料的占有关系、在社会生产中的地位和作用、获得收入的方式和多寡等方面看，还是从社会基本分工、职业、职能和政治地位等方面看，都存在程度不同的明显区别，不能把它们混为一谈。同时各阶级、阶层之间又有某些交叉和交错，难于绝对割裂开。如乡镇企业中有相当一部分劳动者就是亦工亦农的边缘阶层，知识分子集团既是工人阶级的一部分，又是相对独立的社会阶层。它们的成员主要活跃在城市各个部门中，又活跃在乡镇科学技术文教卫生战线上。农民阶级目前仍然是一个基本阶级，区别于其他阶级、阶层，但同时又在发生剧烈的层化，其中某个阶层同工人阶级、知识分子、个体劳动者和私营企业主阶层接近，甚至可划归为某阶级、阶层。从个体劳动者与私营企业主看，其共性很多，如都是属于“先富起来”的公民，其经营活动都不需要国家投资，无权从社会基金中得到社会保障，要求个人以高度主动精神承担经济风险；按单位劳动计算他们的收入都大大高于社会生产，高于其他阶级和阶层，他们的社会地位都不高，政治权力和子女受高等教育的机会，同其他阶级、阶层相比，都存在着事实上的不平等。正是由于这些共性，以至于有人主张将他们划归同一个社会阶层。此外，知识分子同其他阶级、阶层之间的相互渗透也十分明显。这种现象一方面开辟了知识分子来源的多渠道，另一方面也扩展了知识分子作用的领域。

现阶段这种社会阶级构成显然不同于过渡时期的阶级构成。我国过渡时期阶级构成的突出特点是：（1）无产阶级和资产阶级的矛盾是社会的主要矛盾，谁胜谁负的问题未得到解决；（2）总体构架比较简单，即地主阶级、官僚买办阶级、民族资产阶级、小资产阶级、无产阶级等，农村里地、富、中、贫、雇；（3）两大敌对阶级突出，劳动阶级和非劳动阶级的内部阶层未受到充分重视。现在这些都发生了变化。

第二，在利益上，有一致又有矛盾。在根本利益上一致，在具体利益

上有矛盾和差异。其根本利益表现为国家利益、全社会的总体利益。由于我国基本经济制度和基本政治制度是社会主义性质的，国家是整个社会利益的正式代表，国家利益的实现是集体利益和个人利益得以实现的根本保障。确保国家利益是各阶级、阶层根本利益之所在。同时维护国家给予社会成员的基本权利，不允许任何人以牺牲他人生存权利来谋求自身发展，这也是各阶级、阶层的共同利益。但是这种根本利益的一致性，不能取代各阶级、阶层之间实际存在的具体利益的差别和矛盾。这些差别和矛盾存在的原因是：其一，随着社会的发展，特别是社会主义商品经济的发展，人们受教育的水平和生活水准提高，人们的利益需求也随之提高和复杂化。其二，现阶段，人们在地位上既相互平等又有主次。就总体上说，我国劳动者阶级是生产资料的共同占有者，是国家和社会的主人，相互平等。但是各阶级、阶层在整个国家和社会生活中的实际社会地位是不同的。它们对公有制的生产资料拥有的支配权和使用权，对政治、社会事务拥有的发言权和决策权事实上不相同，因而有各不相同的特殊利益和需求。其三，在全面深化改革的今天，各阶级、阶层都希望社会尽可能优先满足自己的利益。然而各种具体的、特殊的利益的实现，在条件、方向和程度上极不相同，甚至相互冲突，因而各自在追求切身利益实现的过程中必然发生矛盾和摩擦。当前利益矛盾的突出表现有：

工人阶级内部直接生产者与经营管理者之间存在的利益差别和矛盾。改革开放增强了企业的生机和活力，但企业的自我约束机制尚未真正形成。反映在一些承包企业内部关系上，厂长和工人之间不仅工资、奖金相差悬殊，而且政治地位不平等，某些领导把公平和效率对立起来，不懂得职工群众是企业的主体和活力的源泉，不尊重工人的主人翁地位。对工人滥施惩罚，任意侵犯工人的合法权益，加之有的人以权谋私，更加触怒了职工群众，以致发生局部对抗，1987 年由此引起的罢工、停工和怠工事件达 52 起之多。故有人把直接生产者和经营管理者之间的矛盾称为工人阶级内部的主要矛盾。此外，不同所有制企业的职工工资收入差距亦过大，影响着全民所有制企业职工的积极性。私营企业中雇主和雇工之间的利益矛盾更加突出。

农民阶级内部，从事种植业的农民和从事养殖、加工、储藏、运销环节的农民以及乡镇企业的职工收入悬殊；专业大户同农村知识阶层收入悬殊；在市场价格影响下，生产不同作物品种的农民收入差别大，其中尤以种粮食收入最低，致使农民不愿种粮。农民内部各阶层收入上的差别，形成了富裕型、温饱型、贫困型等不同层次的利益群体，相互之间的矛盾和摩擦也日渐突出。值得注意的动向是，在农村发展商品经济的过程中，有些经营不善的个体户、专业户破产，有些破产户因债台高筑而自杀、外逃、进行诈骗，甚至企图铤而走险，给社会治安带来了麻烦。

知识分子内部，在职称评定、学术地位方面本来就存在一些利益矛盾，自允许知识分子搞第三职业、业外创收和兼职以来，因机会不均、分配不公，出现了新的矛盾。

城乡劳动者之间的利益摩擦比较突出。其一，农业的比较利益低。1985 年农产品购销制度改革以后，粮棉等主要农产品的合同定购价明显低于市价。相反，农用生产资料价格上涨幅度大，加上市场高价倒卖，1986 年种植业每百元物质消耗创造的净产值比 1984 年减少 17 元。据推算，由于工农产品比价不合理，农民每年损失达几百亿元。其二，工农业产品交换失衡。农民难以从工业企业得到必需的生产资料。近年来，化肥、农药、农用薄膜的供应量远不能满足农业生产的需要，农用柴油平均供应量还下降了，一些地区发生了农民“抢购”化肥事件。其三，国家计划外的建设项目上得过多，对农业投资的比重下降。1980 年前的 29 年，国家对农业的基建投资占国家基建投资总额的 11.9%，而“六五”期间下降到 6% 以下，1986 年下降到 3.3%；农业事业费和国家支援农村生产支出在国家总支出中占的比重，也从 1979 年的 7% 左右下降到 1987 年的 5.5%；在国家信贷资金中，用于农业的贷款仅占 7%。有文章分析说，“六五”期间农民向国家提供各种资金达 3000 亿元，平均每年 600 多亿元，而国家对农业投资绝对数却从 1979 年的 57.9 亿元，下降到 1986 年的 38.4 亿元。①

脑体劳动者收入“倒挂”的严重情况是众所周知的。据调查，1970—1975 年参加工作的干部和专业技术人员比同期参加工作的工人，平均月工资低 10.2%；1976—1978 年参加工作的，两方平均月工资相比，前者约低 4.9%；1980—1986 年参加工作的，两方的平均月工资相比，前者低 5.9%。人们给予极大关注的是，有关调查发现，近五年来我国高中

① 参见刘纯彬《我国社会各种弊病的根子在哪里》，《世界经济导报》1988 年 6 月 6 日第12 版。

级知识分子的平均寿命比全国人均寿命短10年，知识分子中早逝者60%以上是中年知识分子，生者中47.57%的人达不到理想体重的下限。社会上有歌谣说，“知识分子光着屁股坐花轿”，这反映着知识分子的穷困状况和某种程度上受轻视的现实地位。

个体劳动者，特别是私营企业主同一般工人、农民、知识分子相比，在所得的社会财富的份额上完全不成比例，在某种意义上说，所谓社会财富占有上的不合理，主要是指这种状况。这种不合理现象的存在，加之个体劳动者，特别是私营企业主的某些不法行为，加剧了社会对他们的排他心理。

概括起来说，现阶段各阶级、阶层内部及其相互之间的利益关系具有几个明显特点：其一，多种利益群体并存，利益矛盾具有普遍性，利益群体有很大的凝聚力；其二，总体利益与多种具体利益的协调和冲突共存，离开阶级、阶层的具体利益谈论总体利益只能是空洞的抽象；其三，各阶级、阶层的具体利益不是单项的，而是物质利益、政治利益、社会利益及文化利益的综合；其四，改革打破了原有利益结构的平衡，社会利益正在经历再分配和大调整的过程，利益矛盾比以往各个时期都突出了。列宁说，利益“推动着民族的生活”①。协调社会各阶级、阶层内部及其相互之间的利益关系，是保证共产党领导作用的基本前提，是社会健康发展的必备条件。正如有的文章所指出的，如果这些利益得不到协调，“即使某一利益集团由于国家权力的安排得到一时的发展和得益，但是其他利益集团和整个社会将因此付出损失利益的沉重代价，到头来就是那个极受青睐的利益集团的发展也会受到无法克服的限制。包括解放以来30多年在内的中国现代历史和整个文明史的无数事实都说明了这个道理”②。在我们的现行政策中必须密切地注视到这一点。

第三，在发展上，阶级、阶层通过层化过程达到逐步消失。现阶段社会阶级结构的复杂化和细化，是阶级、阶级差别在逐渐消失呢，还是在日趋扩大呢？就现象形态看，差别正在扩大。这种扩大，如前所述，不是一种人为的作用，而是由社会主义初级阶段的生产力状况所决定的。以往这种现象不突出，并不是真正具备了消灭阶级、阶级差别的条件，而是因为

---

① 《列宁全集》第38卷，人民出版社1959年版，第86页。

② 吕朴：《企业家阶层的出现是社会发展的必然结果》，《马克思主义研究》1988年第2期。

受传统体制及其僵化观念的压抑，客观存在的差别和矛盾被掩盖住，处于一种不发展的状态。这种建立在关于社会主义的抽象原则基础之上的“一致性”，是没有根基的。现在从客观实际出发，按照生产力发展要求进行社会主义体制改革，主张公开性，讲究透明度，过去处于隐蔽状态的现象便明朗化了。如若透过表层往深层看，社会分层的日益细化和复杂化，正表明阶级隔阂本身的基础已经破坏，阶级界限正在“压缩”，阶级分野的边缘线渐渐模糊，社会界线的灵活性增大，居民从一个阶级、阶层转到另一个阶级、阶层的自由程度扩展了。因而人们称谓的“边缘阶层”和“交叉阶层”日趋增多，这正是阶级、阶层日趋消失的运动状态。在这一变动中，当前尤其重要的是“农村中乡镇企业异军突起，有八千万农民转入或部分转入了非农产业”①，进而有相当一部分人已转化为工人。有人预测到2000年，乡镇企业中的劳动者将达到2亿人。② 这对于我国从农业国向工业国转变，农业现代化，城乡差别和工农差别逐渐消除，意义是极其重大的。当然阶级和阶级差别的消除是一个漫长的，至少在社会主义初级阶段不能完成的过程。因为生产力的发展是一个非常现实的物质变换过程。其要素的形成、发展和最优结合，其数量指标的变化，既受我国历史条件的制约，又受现实生产水平，特别是科技进步程度的影响，在未来四五十年内难以充分发展到足以使阶级、阶层完全消失的高度。但是阶级、阶层内部的深层运动显示出一种发展趋势。这就是：在生产资料私有制的社会主义改造基本完成以后，社会主义消灭阶级、阶级差别的过程，不是直线运动，不是突变，而是以生产力的客观发展程度为基础，通过现存基本阶级、阶层不断层化而逐步实现的复杂过程。这里要指出的是，在国外有的马克思主义哲学著作中，把关于社会主义社会结构方面的阶层化观念，当作未彻底克服的资产阶级社会学思想加以批判。③ 这是值得商榷的。我以为，问题不在于是否承认社会主义社会中阶级层化的事实，而在于面对这种事实如何估计各阶级、阶层之间的相互关系。资产阶级思想家借此否认工人阶级的主导作用和共产党的领导作用，这是需要批判的。应

① 《十三大以来重要文献选编》（上），人民出版社1991年版，第5页。

② 参见桉苗《试论社会主义初级阶段我国工人阶级的状况和作用》，《科学社会主义》1988年第1期。

③ 参见［苏］梅斯里夫钦科主编《当代国外马克思列宁主义哲学》（上册），中共中央马恩列斯著作编译局译，社会科学文献出版社1986年版，第274—278页。

该肯定，在现阶段工人阶级及其执政党仍然是“社会的理智和社会的心脏”（马克思语）。但不能因此就笼统地否认社会主义社会中阶级层化的客观过程。否则在政治实践中不仅会把阶级关系凝固化，而且会把阶级和阶级差别的消除视为突变，以致在某个时候采取简单“消灭”的“左倾”错误政策。

[原载《武汉大学学报》（哲学社会科学版）1989 年第 1 期]

社会主义需要人民民主专政的权威

社会主义需要权威，更需要人民民主专政的权威。人民民主专政，是具有鲜明中国特色的无产阶级专政。在毛泽东的著述里，它被誉为“我们的公式”“主要经验”和“主要纲领”[①]。在邓小平文选中，它被概括为四项基本原则之一，与其他三项基本原则密切联系，同等重要。它的突出意义在于为其他原则提供国家政权的可靠保证和力量依托。

有人提出这样的问题：按列宁的观点，“专政的前提和意思是一个阶级对另一个阶级采用叛徒们所不喜欢的革命暴力的‘状态’”[②]。我国在生产资料私有制的社会主义改造基本完成之后，剥削阶级作为阶级已经被消灭，再强调人民民主专政的权威，究竟是要对谁专政呢？

的确，在科学社会主义创始人马克思和恩格斯的有关论述中，特别是在马克思 1875 年著的《哥达纲领批判》中，关于“革命转变时期”的国家的著名论述，讲的是从资本主义社会转向社会主义社会有一个“政治上的过渡时期，这个时期的国家只能是无产阶级的革命专政”[③]。在马克思恩格斯之后，列宁根据共产主义社会的发展进程，从社会主义社会的管理需要出发，明确地提出在共产主义社会的“低级阶段（‘第一阶段’）……和（半资产阶级的）法权一起，（半资产阶级的）国家也还不能完全消失”[④]，因为“还需要有国家来保卫生产资料公有制，来保卫劳动的平等和产品分配的平等”，对“劳动标准和消费标准实行极严格的监督”[⑤]。斯

---

① 《毛泽东著作选读》下册，人民出版社 1986 年版，第 687 页。

② 《列宁选集》第 3 卷，人民出版社 1995 年版，第 595 页。

③ 《马克思恩格斯文集》第 3 卷，人民出版社 2009 年版，第 445 页。

④ 列宁：《马克思主义论国家》，人民出版社 1964 年版，第 33 页。

⑤ 《列宁选集》第 3 卷，人民出版社 1972 年版，第 254 页。

大林认为，社会主义社会“针对国外去对付外部敌人”① 的需要，应保留工人阶级专政和全部国家机器。列宁、斯大林的这些思想无疑是对马克思主义国家学说的重要贡献。但由于历史实践和认识上的局限性，他们都没有认识到社会主义国家内部阶级斗争在一定范围内将长期存在，而且有时还会表现得相当尖锐和激烈。而这正是需要维护和加强无产阶级专政的基本前提。

有人说，“阶级斗争”是指两个“阶级”之间的斗争，既然肯定剥削阶级作为阶级已经消灭，怎么还说有阶级斗争？对于这个问题，只要是从客观存在的事实，而不是从原有的概念出发，就应该承认，剥削阶级作为阶级已经消灭和阶级斗争依然存在都是客观事实。不过，社会主义社会的“阶级斗争”概念已有了新的含义。“这是指在逐渐消灭阶级的过程中进行的阶级斗争，是掌握了生产资料和国家政权的无产阶级同已经基本消灭但还没有完全消灭、企图复活并且确实可能复活的剥削阶级之间的斗争。”② 但斗争的基本内容，依然是走社会主义道路还是走资本主义道路。“社会主义和资本主义谁战胜谁的问题还没有完全解决。消灭剥削阶级的残余，巩固社会主义制度，反对向资本主义倒退的斗争，仍然属于社会主义革命的范畴。”③

对于社会主义社会的阶级斗争这样一个重大理论和实践课题，我们在认识和处理上有过正反两方面的经验。毛泽东同志晚年几乎倾注主要精力，根据中国和其他社会主义国家的实践经验，对这个极为复杂和困难的问题进行了艰苦的探索，作出许多意义深远的重要论述，丰富和发展了马克思主义的阶级斗争理论；但是他在探索过程中，在理论和实践上，也犯有夸大阶级斗争的严重错误，教训极为深刻。从党的十一届三中全会以来，我们党关于社会主义阶级斗争的基本结论是完全正确的。中共中央《关于建国以来党的若干历史问题的决议》对于我国社会目前和今后的阶级斗争状况，作出的科学估计是：“在剥削阶级作为阶级消灭以后，阶级斗争已经不是主要矛盾。由于国内的因素和国际的影响，阶级斗争还将在一定范围内长期存在，在某种条件下还有可能激化。既要反对把阶级斗争

① 《斯大林文集（1934—1952 年）》，人民出版社 1985 年版，第 282 页。

② 思铭：《社会主义社会中的阶级斗争是一个客观存在》，《真理的追求》1990 年第 3 期。

③ 《正确认识和处理现阶段社会主义社会中的阶级和阶级斗争——论反对资产阶级自由化的历史经验》，《高校理论战线》1991 年第 1 期。

扩大化的观点，又要反对认为阶级斗争已经熄灭的观点。”① 邓小平同志针对当时开始出现的忽视阶级斗争的倾向，及时提醒全党注意：“阶级斗争虽然已经不是我们社会中的主要矛盾，但是它确实仍然存在，不可小看。”② 因而决不能放松阶级斗争，决不能削弱无产阶级专政。遗憾的是，当时党的两任总书记对党中央的科学结论和邓小平同志重申多次的基本原则置若罔闻。以致一些同志把坚持马克思主义阶级斗争的理论同“以阶级斗争为纲”、“极左”混为一谈，面对愈演愈烈的资产阶级自由化思潮和帝国主义的和平演变战略，不仅不敢坚决回击，而且还在一些部门和单位排斥、打击勇于同资产阶级自由化作斗争的人，其结果终于酿成56天的大祸。如果说，“文化大革命”十年是由夸大阶级斗争造成的，那么56天的恶果则是缩小阶级斗争带来的。邓小平同志早在1979年党的理论工作务虚会上就指出：“社会主义社会中的阶级斗争是一个客观存在，不应该缩小，也不应该夸大。实践证明，无论缩小或者夸大，两者都要犯严重的错误。”③ 生活实践证实，邓小平同志这一论断是高瞻远瞩的。

社会主义社会现阶段的阶级斗争有哪些特点呢?

（1）阶级斗争集中表现为资产阶级自由化与四项基本原则的对立和斗争。资产阶级自由化是一种否定社会主义制度，否定共产党的领导，主张走资本主义道路的政治思潮和政治势力。它将长期存在并具有一定影响。这种政治思潮和政治势力以资产阶级腐朽的世界观、历史观、人生观、价值观为思想理论基础，以国际垄断资产阶级为靠山，以私营经济、个体经济、小生产等消极方面的作用为经济根源，代表国内新生的剥削分子，密切配合西方敌对势力在意识形态领域内的渗透，从经济、伦理、文艺、新闻等意识形态领域深入政治领域，以四项基本原则为攻击目标，以颠覆人民民主专政的国家政权为中心，从多方面同我们展开斗争。这就是，在经济上，它反对以公有制为主体，要求实行私有化；反对计划经济和市场调节相结合，要求实行完全不要国家宏观调控的市场经济；反对按劳分配，主张两极分化；反对在独立自主、自力更生基础上的对外开放，主张“全盘西化”的“对外开放”；在政治上，它宣扬抽象的、超阶级的

① 《三中全会以来重要文献选编》（下），人民出版社1982年版，第841页。
② 《邓小平文选》第2卷，人民出版社1994年版，第370页。
③ 《邓小平思想年编（1975—1997）》，中央文献出版社2011年版，第232页。

民主、自由、人权，反对共产党的领导和人民民主专政；反对人民代表大会制度、中国共产党领导下的多党合作制和政治协商制度，坚持西方的“三权分立”和多党制；在意识形态上，它反对以马列主义、毛泽东思想为指导，主张以西方资产阶级的思想体系为指导；等等。因此，坚持四项基本原则，反对资产阶级自由化，将是牵动我国社会主义现代化建设全局、关系党和国家命运的持久斗争。

（2）大陆的敌对势力同海外国外的反动势力互相配合。国内的阶级斗争同国际范围内的斗争紧密联系。资产阶级自由化与四项基本原则的对立和斗争，同和平演变与反和平演变的斗争相结合。

和平演变与反和平演变是当今资本主义和社会主义两种制度斗争的重要形式。当前帝国主义对社会主义国家发动的“没有硝烟的新的世界战争”，包括思想渗透、经济诱惑和政治攻势。思想渗透主要是，传播资本主义的政治模式、经济模式、价值观念以及腐朽生活方式，散布社会主义危机论、失败论，煽动对社会主义和共产党的不满和敌对情绪，特别巧妙地用资产阶级个人主义、利己主义、英雄史观、民族虚无主义等“熏陶”社会主义国家的青年知识分子，培育“亲西方的一代”。经济诱惑主要是，利用经济援助和技术转让，诱迫社会主义国家政治上实行多元化，经济上实行私有化和市场化。政治攻势主要是，在社会主义国家内部培植、支持、收买反共反社会主义的所谓“持不同政见者”和反对派组织，重点是选择那些对决定政策有影响或者潜在影响的人，以图“打击和摧毁大批忠于社会主义事业的干将，扶植一批无国家意识的人上台”。同时，挑起民族矛盾，制造民族分裂，策动和支持以颠覆社会主义制度为目的的动乱。还动辄使用“人权外交”武器，对社会主义国家进行政治干涉和经济制裁。

帝国主义实施“和平演变”战略，以社会主义国家内部反共反社会主义敌对分子和势力的存在，资产阶级自由化思潮的泛滥，以及党内机会主义思想和腐败分子的出现为内因。它们利用国际格局的复杂变化和社会主义国家改革开放的政策，瞅准社会主义国家在发展中遇到的某些困难和发生的失误，展开全面攻势，以图颠覆社会主义国家，消灭社会主义制度。因此，我们不可避免地要把反对国内资产阶级自由化斗争，同反对国际敌对势力的和平演变斗争结合起来，并形成一整套反和平演变的战略。

（3）阶级斗争在一定条件下可能发展为全局性的问题，暂时成为社会的主要矛盾，并可激化到暴力冲突的程度。

上述阶级斗争的新特点确凿证明，在社会主义社会里，资本主义复辟的危险，不只是理论推断，而是一种现实可能。难怪毛泽东同志晚年总把党和国家的安危，作为他反复揣度的中心问题！

有人说，“坚持无产阶级专政无对象”。不对！这股反党反社会主义政治势力不就是专政对象吗？它们的构成大抵是：对党对社会主义早有异心，毛泽东同志逝世以后，总想毁灭毛泽东思想，然而其“玫瑰梦”被党的四项基本原则所打断，从此同党分道扬镳的人；过去真正的右派而至今不肯改悔的人；混入党内以图从内部搞破坏或实现个人野心的人；浸透了资产阶级世界观的“政治精英”、反党反社会主义分子；乘改革开放之机、靠投机钻营暴发起来的流氓资产者；违法犯罪屡教不改的分子。[①]

这几种人中哪种最危险？还是混入党内、特别是高层领导内反对党的四项基本原则的人。这种人总想以民主社会主义思潮取代我们党的马克思列宁主义、毛泽东思想的指导地位，包庇、怂恿反党反社会主义势力，坚持走资本主义道路。若依了他们，党和国家的性质就会发生演变。

反党反社会主义的政治势力能否形成完整的阶级？它们的确呼唤着“中产阶级”的产生。但是，只要我们始终如一地坚持党的四项基本原则，高度重视对阶级关系的分析和对阶级斗争的处理，它们就不可能形成完整的阶级；如若我们失去警惕，放弃阶级斗争，不坚持人民民主专政，它们是可以形成完整阶级的。这已经为国际经验所证明。

邓小平同志说：“没有无产阶级专政，我们就不可能保卫从而也不可能建设社会主义。”[②] 这是千真万确的。为加深对这个问题的理解，我们还有必要重温恩格斯、毛泽东的两段名言。恩格斯在1873年《论权威》中说：“获得胜利的政党如果不愿意失去自己努力争得的成果，就必须凭借它以武器对反动派造成的恐惧，来维持自己的统治。”[③] 他还忠告取得胜利的无产阶级，如果过早地破坏国家政权，“整个胜利最后一定会重归于失败，工人就会大批遭到屠杀，巴黎公社以后的情形就是这样”[④]。毛

① 参见有林、陈展超、顾民生、王茂华《我国社会主义新时期阶级斗争的若干问题》，《当代思潮》1990年第5期。

② 《邓小平思想年编（1975—1997）》，中央文献出版社2011年版，第230页。

③ 《马克思恩格斯文集》第3卷，人民出版社2009年版，第338页。

④ 《马克思恩格斯选集》第4卷，人民出版社2012年版，第559页。

泽东同志说，若不坚持人民民主专政，“革命就要失败，人民就要遭殃，国家就要灭亡”①。这些话讲得多么确切、中肯啊！

强调人民民主专政的权威会重犯“以阶级斗争为纲”的错误吗？不会。其一，人的认识和实践过程是循着螺旋式上升的。我们在近40多年的实践中，犯过夸大阶级斗争和缩小阶级斗争两方面错误，现在经验教训比较全面了，对阶级斗争的认识和处理会更加符合客观实际。其二，坚持人民民主专政同坚持以经济建设为中心是完全一致的。这在党的基本路线中已得到全面的反映。我们认为，国家的政治前途和社会稳定的基础是经济力量，资本主义可以而且一定会被最终战胜，就在于社会主义能够创造新的高得多的劳动生产率。因此，无产阶级专政的实质不在于革命暴力。无产阶级取得国家政权以后，最主要最根本的需要是增加产品数量，大大提高社会生产力。现在我们强调坚持人民民主专政，反对和平演变，反对资产阶级自由化，正在于排除干扰，保持稳定的政治形势，以便集中精力搞建设，使改革开放沿着正确的方向发展。其三，党的十三届四中全会以来，以江泽民同志为核心的党中央全面贯彻党的“一个中心、两个基本点”的基本路线，现在正领导全党和全国各族人民为完成十三届七中全会提出的光荣任务而奋斗，这个事实强有力地说明我们不会重犯以往的错误。

强调人民民主专政的权威会损害人的民主自由吗？这要作具体的分析。社会主义的民主自由同以往社会的民主自由的共同性在于，它不是抽象的、超阶级的。因此，我国宪法和法律所规定的民主自由，都会得到人民民主专政的充分保障。人民民主专政存在的意义，就在于此。而一切超越或违反我国宪法和法律规定的所谓民主自由，都将不可能越过人民民主专政的障碍。“你们专制”“不人道”“侵犯人权”，国际敌对势力和国内搞资产阶级自由化者这样咒骂人民民主专政。列宁说：“马克思主义者不应该离开分析阶级关系的正确立场。”② 对于咒骂也要坚持阶级分析。

资产阶级诅咒无产阶级专政，从世界上第一个无产阶级专政的国家制度一出现就开始了。机会主义者也一样，考茨基就把无产阶级专政诬蔑为鞑靼式的“野蛮专政”。1918年1月列宁回击国内外敌人说：“当人们咒

---

① 《毛泽东著作选读》下册，人民出版社1986年版，第682页。

② 《列宁选集》第3卷，人民出版社1995年版，第27页。

骂和责难我们实行恐怖、专政……时候……我们就回答说：是的，我们公开宣布了任何政府所不能不宣布的事情。”① 新中国成立前夕，毛泽东同志针对反动派骂我们“独裁”也回答说：“可爱的先生们，你们讲对了，我们正是这样。中国人民在几十年中积累起来的一切经验，都叫我们实行人民民主专政，或曰人民民主独裁……对人民内部的民主方面和对反动派的专政方面，互相结合起来，就是人民民主专政。”② 列宁和毛泽东这些话提供了对民主、专政（或独裁）进行具体的、历史的阶级的分析的范例。民主和专政是对立的统一。民主作为一种国家制度，总由一定的经济基础产生，又总为这种经济基础服务。从国家性质上来认识民主，就应该看到建立在生产资料私有制和以此为基础的市场经济之上的资产阶级民主制度，本质上都是资产阶级用以保护和巩固自己的财产所有权和政治统治地位的工具，即资产阶级专政。与此相反，建立在生产资料公有制基础之上的社会主义民主，或曰人民民主专政，是历史上新型的民主。它是社会主义内在的本质特征。其核心是一切权利属于人民。人民是国家和社会的主人，享有管理国家事务，管理经济和文化事业，管理社会事务的民主权利，这是多数人的民主，对少数人的专政。因而人民民主具有空前的广泛性，专政具有无可非议的正义性。现在反共反社会主义势力咒骂我们“专制”“独裁”，挑明了就是他们想恢复少数人对多数人的专政（或“专制”“独裁”）。至于说，“不人道”“侵犯人权”，究竟谁不人道，谁侵犯人权呢？事实胜于雄辩。

——讲人道、人权，首先涉及保护人的生命。可是，20 世纪上半叶，帝国主义引起两次世界大战，伤亡近 1 亿人；仅日本帝国主义 30 年代发动的侵华战争，就使中国死亡 2000 多万人；战后帝国主义向发展中国家发动了 70 多次战争，又造成成千上万人的死亡。数以万计、亿计的人伤亡于帝国主义燃起的战火，这难道还不残忍？相反，无产阶级专政的社会主义国家的存在和发展，正是制止和战胜帝国主义侵略战争、保卫世界和平的伟大力量和中流砥柱。战后之所以没有发生新的世界大战，社会主义国家的存在与发展，是一个决定性的因素。

在这个与人类生存攸关的问题上，谁人道，谁不人道，不很清楚吗？

---

① 《列宁全集》第 33 卷，人民出版社 1985 年版，第 268 页。

② 《毛泽东选集》第 4 卷，人民出版社 1991 年版，第 1475 页。

——讲人道、人权，总不应该称道奴隶制度吧！可是，据美国黑人学者杜波依斯估计，西方殖民主义者在16—19世纪，从非洲贩运到美洲的奴隶总计达1500万人。据1978年联合国教科文组织专家会议提出的报告说，在15—19世纪，大西洋区进行奴隶贸易，掠走和杀害了2.1亿非洲人，这难道是人道的吗？与此相反，我们早在40年代的陕甘宁边区、晋察冀边区施政纲领中，就作出了“保障人权”的明文规定。在1949年9月22日通过的中国人民政治协商会议共同纲领中，明文规定人民有选举权和其他多种权利。我国现行宪法中有整整一章是讲“公民的基本权利和义务”。1959年，我们在西藏进行民主改革，废除农奴制度，使百万农奴翻身做主人。在国际上我们不仅认真履行国际人权约章，而且始终赞赏和支持联合国为维护人权所做的各种努力。在这个问题上，谁尊重人权，谁侵犯人权呢？

——讲人道、人权，总不能容许抢劫别人的财富吧！可是，欧洲殖民主义者却疯狂地掠夺殖民地、半殖民地的黄金和其他财富。据历史记载，葡萄牙在16世纪从非洲攫取了27万多公斤黄金，西班牙在1545—1560年期间从殖民地运回5500公斤黄全、24.6万公斤白银；英国仅在伊丽莎白统治时期，进行海盗掠夺的价值就高达1200万英镑。1820—1840年间，英国通过鸦片战争，从中国掠夺走的银元就相当于当时中国银币总量的1/5。帝国主义列强对中国的掠夺和侵略长达100多年之久，中国赔款折合白银达13亿两。现代新殖民主义对发展中国家的“文明”掠夺更加惊人。在它们的搜刮下，1988年发展中国家的债务总额已达13200亿美元。其1/4人口处于饥饿状态，1/3人口严重营养不良，40%的人口不能满足基本需要，2000万—2500万儿童濒于死亡。所有这些，能说资产阶级人道吗？相反，新中国不仅一贯反对新老殖民主义对第三世界人民的掠夺，而且在自己还并不太发达的条件下，40多年来对第三世界国家的援助达400多亿人民币。在这里，又是谁人道，谁不人道呢？

——讲人道、人权，难道容许掠夺别国的领土，杀害土著居民吗？可是，仅在1876—1914年间，英、俄、法、德、美、日六大帝国主义强国共攫取了将近2500万平方公里的领土（等于欧洲的两倍半），使其殖民的领土从4000万平方公里增加到6500万平方公里，仅中国在100多年时间里就被割地一百多万平方公里。到20世纪初，世界已被瓜分完毕。列强杀害土著居民的暴行更是骇人听闻的。仅在美洲大陆，殖民主义者在立法会议上公然决定，每剥一张印第安人的头盖皮或俘虏一名印第安人，赏40英镑，使美洲的印第安人几乎被斩尽杀绝。相反，新中国没有在外国驻一兵一卒，也没有侵占过别国一寸领土。

——讲人道、人权，总要保证国内人民生存的物质生活条件。可是，资本主义发达国家完全失业的人数在1982年已达3000万人。“美国有很严重的人权问题。有很多人无家可归，没有房子住，找不到工作，仅在纽约就有5万多人露宿街头。”① 这是社会生产力发展不足造成的吗？不是！这是雇佣劳动制度造成的两极分化带来的。美国最富裕的1/5家庭的收入在全国占有的份额1985年达43.5%，最贫困的1/5家庭的收入仅为4.6%。没有工人们的穷，就没有富豪们的富。相反，尽管由于历史原因，特别是帝国主义的长期掠夺和封锁，现在我国人均国民生产总值才几百美元，处在世界第100位以后，但根据一些国际经济组织提供的资料，我国人民的实际生活水平的生活质量指数，如人均每日摄取的热量、婴儿死亡率、成人识字率、预期寿命、平均每名医生负担的社会人口等等，大体处于世界各国的第43—65位之间。如我国人均寿命现在是69岁，在世界上居于第43位；婴儿死亡率处在第44位；成人识字率处在第47位；平均每个医生所担负的人口指标处在第56位。中国占有世界耕地面积的7%，养活了世界人口的22%。而“在旧中国，人民生活在水深火热之中，根本就没有生存的权利。……‘听吧！满耳是大众的嗟伤。看吧！一年年国土的沦丧。’这几句话就是对旧中国当时状况的写照。”②

——讲人道、人权，还要看劳动群众在国家政权中的地位。在美国，掌权的人物只有5000多人（包括企业界总经理、董事，新闻、文化、民间组织高级人士，总统、部长、重要议员、法律顾问等）。他们能成为美国的真正主宰者，是因为他们“是一批很富的，具有世界主义思想的巨富”，尽管“他们只占全部人口的百分之零点几的社会阶级的一部分”。印第安人在联邦或州政府中无一人担任公职；1979年法律还规定，印第

① 《李鹏会见卡特时说 人权首先是人民的生存权和国家的独立权》，此处引证的是卡特的话。《光明日报》1991年4月15日第4版。

② 《江泽民会见卡特时说 中国党和政府十分重视人权》，《光明日报》1991年4月15日第4版。

安人法庭无权起诉或判决在印第安保留地犯罪的非印第安人。资本主义国家的参选率一般也只有 30%—50%。相反，在我国享有选举权和被选举权的选民占全体 18 周岁以上公民人数的 99% 以上。在实际参选中，全体选民中 90% 以上的人能参加县级和基层的直接选举，有的选区可达 100% 的选民参选。全国人民代表大会是我国最高权力机关。在七届人大 2970 名代表中，工人、农民、知识分子、干部、军队的代表占 80.2%，是主体。特别是在西藏，出身于旧社会奴隶娃子的藏族干部已占全区干部总数的 66.6%。旧西藏的《法典》曾明文规定“无予妇女议论国事之权”“奴隶与妇女不许参与军政事宜”，现在全区妇女干部占干部总数的 30%，其中 69.7% 是少数民族妇女干部。可见，在我国劳动人民享有真正广泛的、真实的民主权利。

——讲人道、人权，各国资产阶级政府是不是对无产阶级及其政党、对国内民主运动大加保护，不实行镇压呢？恰恰相反，大量的事实说明，“当无产阶级敢于起来捍卫自己的权利时，统治阶级的疯狂暴戾能达到何种程度”①。在法国，1871 年的五月流血周，资产阶级在街头杀害的工人达 2 万—3.5 万人，使 3000 人死于狱中，1.5 万人（内有 80 名妇女和 60 名儿童）被判罪、流放、监禁。其后的审判进行了几年。巴黎总共损失了约 10 万子弟，包括各行业的优秀工人。在德国，1919 年工人武装斗争失败以后，资产阶级屠杀了 1.5 万名工人，包括李卜克内西、卢森堡等社会民主党的领袖。在芬兰，资产阶级镇压了 1918 年“五月革命”以后，几天之内处死了 1.6 万多人，将 7 万多人投入集中营。在美国，仅 1950 年美国联邦调查局称，曾对 1.8 亿人的指纹和“思想有问题的人”立了卡片。它从侦察到的 1.2 万名共产党员名单中，逮捕了大量党员。至于对国内民主运动的镇压，战后美国就几乎没有停止过。如 1961 年 9 月，美国政府出动军队，对 20 多个州的 100 多个城市中的 7 万多名学生进行镇压，逮捕 3600 多人，对黑人的镇压更加凶残。在英国，仅 20 世纪 50 年代以来，使用军队直接干预人民争取民主运动的事件达 35 次之多，予以威慑干预的达 15 次。在日本，佐藤政府 1972 年 10 月的一次镇压，逮捕、拘留学生 1900 余人。

---

① 《马克思恩格斯文集》第 3 卷，人民出版社 2009 年版，第 107 页。

上述对比材料比比皆是，这里不过摘零而已。列宁说："对恐怖主义的非难如果说非难得对，那它的对象就不是我们，而是资产阶级。"[①]"资本主义社会历来就是永无尽头的恐怖。"[②] 什么是资产阶级的人权、民主自由呢？"平等地剥削劳动力，是资本的首要的人权。"[③] 资产阶级的所有权就是资本主义社会宣布的最主要人权。资产阶级的民主自由就是十足的专制暴力。如果说争取解放的无产阶级也使用了某种程度的暴力的话，那不过是"资产阶级迫使我们采取了恐怖手段"[④]，是"即以其人之道，还治其人之身。"[⑤] 值得注意的是，资产阶级在作恶的同时，为欺骗舆论，总是伪善地以全人类愿望的体现者和似乎超阶级的全人类人道主义代表者的身份，谴责无产阶级专政"不人道"。我们必须善于识别它们。列宁说："当人们还不会从任何一种有关道德、宗教、政治和社会言论、声明和诺言中揭示出这些或那些阶级的利益时，他们无论是过去或将来总是在政治上作受人欺骗和自己欺骗自己的愚蠢的牺牲品。"[⑥] 我们应该记住列宁的话。历史和现实的事实证明，只有马克思列宁主义者、共产党人才把人、人的生命视为世界上所有珍宝之中最好、最主要的珍宝，"第一个可宝贵的"事物。[⑦] 只有无产阶级才代表着9/10的人类利益。只有无产阶级革命所开辟的人类历史新纪元，才使"劳动者……可以扬眉吐气，可以感到自己是人了"[⑧]。只有无产阶级专政或曰人民民主专政，才能保障最广大人民群众的权利。"中国党和政府十分关心人权。"[⑨] 再者，我们的社会主义还处在初级阶段，民主制度还不够完善，在民主的实践方面做得不够的地方还不少，需要在共产党的领导下，通过社会主义政治体制改革加以克服。但是，从本质上说，从社会主义的基本实践说，人民民主专政对于"胜利了的人民，这是如同布帛菽粟一样地不可以须臾离开的东西。……这是一个很好的东西，护身的法宝，是一个传家的法宝，直

① 《列宁全集》第30卷，人民出版社1957年版，第156页。
② 《列宁选集》第2卷，人民出版社2012年版，第724页。
③ 《马克思恩格斯文集》第5卷，人民出版社2009年版，第338页。
④ 《列宁全集》第37卷，人民出版社1986年版，第345页。
⑤ 《毛泽东选集》第4卷，人民出版社1991年版，第1478页。
⑥ 《列宁选集》第2卷，人民出版社1972年版，第446页。
⑦ 《毛泽东选集》第4卷，人民出版社1991年版，第1512页。
⑧ 《列宁全集》第26卷，人民出版社1959年版，第381页。
⑨ 《江泽民会见卡特时说 中国党和政府十分重视人权》，《光明日报》1991年4月15日第4版。

到国外的帝国主义和国内的敌对阶级被彻底地干净地消灭之日，这个法宝是万万不可以弃置不用的。……越是反动派骂‘极权政府’，就越显得是一个宝贝”①。

［原载《武汉大学学报》（哲学社会科学版）1991年第4期］

---

① 《毛泽东选集》第4卷，人民出版社1991年版，第1502—1503页。

试论“三个有利于”判断标准的含义和科学依据

1992年4月5日发布的七届全国人大第五次会议上的《政府工作报告》写道：“判断改革开放得失成败的标准，主要是看是否有利于发展社会主义社会的生产力，是否有利于增强社会主义国家的综合国力，是否有利于提高人民的生活水平。”“三个有利于”作为判断改革开放得失成败的标准，怎样理解其含义呢？学术界曾提出不同的看法。我的看法是，它包含三层意思：（一）改革开放的具体措施只要能起“三个有利于”作用，就是符合人民根本利益的，因而是为社会主义所要求和容许的，就应该胆子大一些，解放思想，实事求是，大胆地试，大胆地创新；（二）在我国现行制度中，如经济运行的具体机制，发展经济的具体规定，只要能实现“三个有利于”作用，就应该坚持、巩固和提高，凡不能起“三个有利于”作用的，就应该进行改革；（三）对于资本主义社会中存在的东西，从中国的国情出发，只要有“三个有利于”作用，就应该大胆引进吸收，消化创新，凡没有“三个有利于”作用的，就应该坚决抵制，加以排斥。总起来说，坚持上述做法，改革开放就是“有得”和“成功”，反之就是“无得”和“失败”。由于坚持改革开放是为了更好地解放和发展生产力，所以“三个有利于”判断标准从根本上说是“生产力标准”。

这里讲的“得失成败”当然不是说讲“得”就不允许有“失”，讲“成”就不允许有“败”。“得失成败”要看较长的一段时间，要权衡“得”与“失”、“成”与“败”的大小，不能搞形而上学。如合资经营，外国资本占一半，另一半是我们社会主义公有的，至少发展了一半社会主义经济。一个企业办起来，企业的一半收入归社会主义所有，国家还可以从企业中得到税收。更重要的是，从这些合资经营的企业中，我们可以学到一些好的管理经验和先进的技术，用于发展社会主义经济。开放政策也会带来一些风险，外资企业要租用中国的土地，雇用中国的劳动力，消耗中国的能源以及某些原材料，还会带进一些资本主义的腐朽东西。但是权衡利弊，“得益处的大头是国家，是人民，不会是资本主义。……消极影响肯定会有，那是有办法的”[①]。这就是“得”和“成”。

“三个有利于”能否作为判断姓“社”姓“资”的标准呢？我以为在实践中的社会主义应如何进行建设的意义上是可以的。不过这里的“社”或“资”不是指社会经济制度或经济成分本身的性质，而是指在一定前提下利用某种事物，或采取某种具体措施的客观功效和实际作用——有利于社会主义还是不利于社会主义，从而认定是在走社会主义道路还是走资本主义道路。只要从总的来看，有利于社会主义者则姓“社”，从根本上不利于社会主义者甚至有利于资本主义者则姓“资”。邓小平同志是在社会主义内部提出“三个有利于”判断标准的。在“三个有利于”判断标准中，发展“生产力”、增强“综合国力”、提高“人民生活水平”都是在“社会主义社会”“社会主义国家”里进行的，是同“有利于巩固社会主义制度、有利于巩固党的领导”[②] 紧密联系在一起并以此为前提的。按照邓小平同志关于建设有中国特色的社会主义的构想，在我国社会主义初级阶段，从现实生产力发展状况出发，不采用过于单一的社会主义公有制形式和分配形式，而采用以公有制为主体的多种所有制结构，以按劳分配为主体的多种分配形式，学习、借鉴和汲取资本主义国家里反映现代化大生产规律的经营方式、管理经验、先进的科学技术，采用符合商品经济发展的通用做法，利用非社会主义性质的经济成分（适当发展个体经济、私营经济、“三资”企业等），作为“社会主义经济的有益的补充”，等等，这些具体措施和做法利多弊少，能起“三个有利于”作用，归根到底有利于社会主义，不利于资本主义，因而都姓“社”（是走社会主义道路）而不姓“资”（不是走资本主义道路）。

有一种意见认为，“三个有利于”是判断社会经济制度或经济成分本身性质的标准。我以为这种见解是不符合邓小平同志谈话的原意的。邓小平同志从没有用这“三个有利于”作为判别是资本主义的还是社会主义制度（经济成分）的标准。他用的判断标准是清楚的：“社会主义本身有

---

① 邓小平：《建设有中国特色的社会主义》增订本，人民出版社 1987 年版，第 78 页。

② 《邓小平文选》第 3 卷，人民出版社 1993 年版，第 241 页。

两个非常重要的方面。第一，要坚持以公有制为主体的经济。公有制包括全民所有制和集体所有制。……第二，决不能导致贫富两极分化。如果导致两极分化，改革就算失败了。”[①] 他还说：“一个公有制占主体，一个共同富裕，这是我们所必须坚持的社会主义的根本原则。”[②] 在这次南方谈话中，他说：“社会主义的本质就是解放生产力、发展生产力，消灭剥削，消除两极分化，最终达到共同富裕。”这里邓小平同志突出了“解放生产力”和“发展生产力”，但我以为，归根到底还是讲的公有制和按劳分配两条，其中最根本的是公有制。因为只有公有制取代私有制，找到公有制最佳的实现形式，实行按劳分配，剩余产品属于社会即全体劳动者才能消灭剥削，解放和发展生产力，达到共同富裕，消除两极分化。相反，以生产资料的资本家私有制为主体，实行按资分配，剩余产品属于资本家和其他剥削者，工人只获得劳动力的价值，势必两极分化，也不能从根本上解放和发展生产力。因此，这里的“解放生产力”和“发展生产力”，是从社会主义的根本任务和优越性的意义上讲的。当邓小平同志在具体判断深圳的社会性质时，他非常明确地说：“从深圳的情况看，公有制是主体，外商投资只占四分之一，就是外资部分，我们还可以从税收、劳务等方面得到益处嘛！”[③] 因之深圳姓“社”不姓“资”。这里用的标准最根本的依然是生产资料所有制的性质。不过邓小平同志把“解放生产力”“发展生产力”提到社会主义本质的高度还有更深的含义。这就是：他不仅重申了党的十二大报告中关于社会主义的一个重要特征，即社会主义发展的必然要求和最终结果是高度发达的生产力和比资本主义更高的劳动生产率，而且突出了社会主义改革这一解决其基本矛盾的形式。社会主义根本制度建立以后，其具体体制还要逐步完善，它的某些部分还可能束缚生产力的发展，只有通过改革才能解放和发展生产力。这就是说社会主义不仅要坚持公有制和按劳分配，而且要注意它们的实现形式。

我以为，邓小平同志用生产资料公有制和共同富裕来判断“资”和“社”的性质，是坚持和发展了科学社会主义理论。科学社会主义认为，任何一个社会的性质是由其根本经济制度，即由该社会中居主导地位的生

① 邓小平：《建设有中国特色的社会主义》增订本，人民出版社 1987 年版，第 117—118 页。
② 邓小平：《建设有中国特色的社会主义》增订本，人民出版社 1987 年版，第 99 页。
③ 《邓小平文选》第 3 卷，人民出版社 1993 年版，第 372 页。

产关系决定的，而生产关系的性质又是居主导地位的生产资料所有制的性质决定的。社会主义作为人类社会发展史上的一种先进制度，它同资本主义社会制度客观存在的本质区别在于：社会主义以生产资料公有制为主体，资本主义以生产资料资本家私有制为主体，由此决定，社会主义社会以按劳分配为主体，资本主义社会以按资分配为主体。因此，生产资料所有制以及相应的分配制度的性质是判断一个社会（或经济成分）是社会主义还是资本主义的标准。“三个有利于”标准——生产力、综合国力、生活水平，可以用来衡量一个国家经济发达的程度，但其本身并不是所有制和分配制度，不具有社会属性的含义，无资本主义和社会主义之分，不是姓“社”姓“资”的标准。反过来说，如果以它作为判断社会经济制度（或经济成分）是社会主义还是资本主义制度的标准，难免造成理论解释的困难和思想上的混乱。譬如，就国际间的横向比较说，在探索中前进的社会主义由于主客观上的复杂原因，在某一段时间内经济发展和人民生活提高的速度，完全可能不如条件和机遇特别优越的资本主义国家或地区。就国内发展经济说，由现实生产力发展状况决定，以公有制为主体的多种所有制的结构（其中有的成分不姓“社”），比单一的公有制构成的所有制结构（全姓社）更有利于经济的发展；以生活水平讲，目前在“三资”企业工作的职工，比某些国营企业单位的职工工资都高，生活、工作条件都好。对于这些如果以“三个有利于”来判断是社会主义性质的还是资本主义性质的东西，不是要发生极大的混乱吗？

“三个有利于”作为判断改革开放得失成败的标准绝非书斋里的畅想曲。它是马克思主义基本原理与现时代、中国国情相结合的产物，是置于现实的基础之上的，是有科学依据的。

我们试来做些初步的分析：

第一条，是否有利于发展社会主义社会的生产力。生产力是人们改造世界、创造物质财富的能力。发展生产力就是发展人们改造世界、创造物质财富的能力。这包括发展组成生产力的要素及其优化组合。科学技术是生产力。在现时代发展科学技术，特别是发展高科技有特别重要的意义。“没有科学技术的高速度发展，也就不可能有国民经济的高速度发展。”[1]

以是否有利于发展社会主义社会的生产力作为第一条判断标准，是基

---

① 《邓小平思想年编（1975—1997）》，中央文献出版社2011年版，第110页。

于三个原因：唯物史观的基本原理，社会主义的根本任务，社会主义改革开放的实质。

首先，唯物史观认为，物质生产是历史的发源地。在物质生产方式中，生产力又是历史的基础和出发点，是最终起决定作用的力量，“人们所达到的生产力的总和决定着社会状况”①。生产关系必须适合生产力的性质和发展要求。生产力的发展不仅具有绝对的历史进步性，而且是“社会进步的最高标准”。② 社会发展阶段和程度的确定是以生产力发展水平为标志的。能否促进社会生产力以更快的速度发展，或者能否为社会生产力的迅速发展创造更广泛的可能性，是衡量一种社会制度是否优越和进步的客观标准。列宁曾指出：资本主义之所以比封建主义制度优越并最终战胜它，社会主义制度之所以比资本主义制度优越并必然最终战胜它，就在于后者比前者更能解放生产力，促进生产力更快发展，创造高于前者的劳动生产率。毛泽东同志也曾指出：“所谓社会主义生产关系比旧时代生产关系更能够适合生产力发展的性质，就是指能够容许生产力以旧社会所没有的速度迅速发展。”③ 所以，能使生产力以符合客观规律的较高速度发展，正是社会主义制度优越性的集中表现。邓小平同志说：“我们一定要、也一定能拿今后的大量事实来证明，社会主义制度优于资本主义制度。……这要表现在许多方面，但首先要表现在经济发展的速度和效果方面。没有这一条，再吹牛也没有用。”④ 同时，能否促进生产力发展，也是评判一个政党路线、政策正确与错误、好与坏的标准。毛泽东同志曾指出：“中国一切政党的政策及其实践在中国人民中所表现的作用的好坏、大小，归根到底，看它对于中国人民的生产力的发展是否有帮助及其帮助之大小，看它是束缚生产力的，还是解放生产力的。”⑤

其次，社会主义的根本任务是发展生产力。这是由社会主义革命发展规律和我国社会主义社会的主要矛盾及其主要方面所决定的。早在20世纪末，马克思和恩格斯这两位赫赫有名的科学共产主义的奠基人就指出：“无产阶级将利用自己的政治统治，一步一步地夺取资产阶级的全部资

---

① 《马克思恩格斯选集》第1卷，人民出版社2012年版，第160页。

② 《列宁全集》第13卷，人民出版社1957年版，第223页。

③ 《毛泽东著作选读》下册，人民出版社1986年版，第767页。

④ 《邓小平文选》(1975—1982年)，人民出版社1983年版，第215页。

⑤ 《毛泽东选集》第3卷，人民出版社1991年版，第1079页。

本，把一切生产工具集中在国家即组织成为统治阶级的无产阶级手里，并且尽可能快地增加生产力的总量。”① 这就指明，无产阶级社会主义革命的一般进程应该是，各国无产阶级在夺取国家政权，消灭生产资料的资本主义私有制，建立社会主义生产关系以后，应立即实现工作重点的转移，把主要注意力集中到“尽可能快地增加生产力的总量”上。十月革命胜利后，列宁根据马克思主义这一基本思路和俄国的具体情况，曾多次提出要把发展生产力作为根本任务。他说：“在任何社会主义革命中，当无产阶级夺取政权的任务解决以后，随着剥夺剥削者及镇压他们反抗的任务大体上和基本上解决，必然要把创造高于资本主义社会的社会经济制度的根本任务，提到首要地位；这个根本任务就是提高劳动生产率。”② 在俄国反对外国武装干涉和粉碎白卫军的进攻取得胜利以后，列宁再次提醒全党注意：“经济任务、经济战线现在又作为最主要的任务和基本的战线提到我们面前来了。”③ 列宁还提出“经济方面的政治”（或曰“国家建设方面的政治”）的概念，要求党和苏维埃把注意力“转向经济方面的政治”④。同样，在我国民主革命胜利前夕，党中央和毛泽东在党的七届二中全会上就提醒全党要十分注意新中国成立后的经济恢复和建设工作。要求党的组织工作，政权机关、工会、民众团体、文化教育、肃反、新闻等工作都要围绕着生产建设这一个中心工作并为这个中心工作服务。毛泽东同志把问题提得很尖锐。他说：“如果我们在生产工作上无知，不能很快地学会生产工作，不能使生产事业尽可能迅速地恢复和发展，获得确实的成绩，首先使工人生活有所改善，并使一般人民的生活有所改善，那我们就不能维持政权，我们就会站不住脚，我们就会要失败。”⑤ 1952 年党中央提出“一化三改”的过渡时期总路线，从本质上体现了建立社会主义生产关系和发展社会生产力的辩证统一。当然当时主要任务是改变旧的生产关系，解放生产力。但到 1956 年社会主义改造基本完成以后，中共八大就正式提出党和国家的主要任务是集中力量发展社会生产力的问题。1957 年毛泽东同志提出，要把正确处理人民矛盾作为国家政治生活的主

---

① 《列宁选集》第 3 卷，人民出版社 1995 年版，第 129 页。
② 《列宁选集》第 3 卷，人民出版社 1995 年版，第 490 页。
③ 《列宁选集》第 4 卷，人民出版社 1995 年版，第 346 页。
④ 《列宁选集》第 4 卷，人民出版社 1995 年版，第 309 页。
⑤ 《毛泽东选集》第 4 卷，人民出版社 1991 年版，第 1428 页。

题，其目的就在于团结全国各族人民进行社会主义建设。1958 年初党更明确提出，把工作的着重点转移到技术革命和社会主义建设上来。遗憾的是，后来党在指导思想上发生了偏差，离开了正确路线。

社会主义制度建立以后，为什么必须把党和国家的工作重点转向以经济建设为中心，大力发展生产力呢？这是由社会主义时期的主要矛盾决定的。现阶段我国社会的主要矛盾是人民日益增长的物质文化需要同落后的社会生产之间的矛盾，矛盾的主要方面是落后的社会生产。只有把发展生产力摆在首位，以经济建设为中心，才能推动社会全面进步。所以从社会主义的根本任务上说，解放和发展社会生产力，是社会主义本质和优越性的表现，是建设有中国特色的社会主义理论的核心。

最后，从改革开放（对外开放也是改革的实质）说，在一般意义上，改革是社会主义制度下基本矛盾运动的要求。社会主义制度确立以后，生产关系同生产力、上层建筑同生产关系的发展基本是相适应的，同时仍然存在着一些不相适应的方面和环节，这就需要进行调整和变革。这种变革作为社会基本矛盾运动的解决形式是一个经久不息的常新过程。在社会主义社会发展的辩证法这个一般意义上，恩格斯曾指出：“所谓‘社会主义社会’不是一种一成不变的东西，而应当……是经常变化和改革的社会。”[①] 这里，生产力的发展既是改革的最深厚的根源和出发点，又是改革的目的和归宿。

我国新时期的改革更有特殊的意义。它针对的是在特定历史条件下形成的旧体制。新中国成立初期形成的高度集中的经济体制，曾经起过积极的重要作用。但由于它忽视甚至排斥商品经济和市场作用，往往把整个经济统死，使微观经济单位缺乏生机和活力，导致生产和经营的低效率，显然已不适应现代化生产力发展的要求。所以改革的核心内容，不在于对原有经济体制作细枝末节的修补，而是要在一定的阶段和时间内实现经济体制的根本变革和经济运行机制的彻底转换，建立社会主义市场经济体制。这种改革的目的当然不在于自身，而在于清除不利于生产力发展的障碍，促进经济和社会的发展。所以在这种现实意义上，发展生产力既是改革的原动力和出发点，同时也是改革的目的和归宿。因此应该把是否有利于生产力的发展，作为评价和检验改革得失成败的标准。

① 《马克思恩格斯选集》第 4 卷，人民出版社 1995 年版，第 693 页。

第二条，是否有利于增强社会主义国家的综合国力。

综合国力系指一个国家的全部实力和潜力及其影响、作用于国际社会的总体能力。它由相互作用、彼此制约的生存能力（含地理环境、人口、资源、经济、科技和国防实力、国民凝聚力等）、发展能力（含社会、经济、科技、国防等方面的综合发展能力）、适应能力、协调和抗争能力诸要素构成。反映综合国力的指标很多，如资产的数量、经济资源、人口素质、工农业总产值、国民生产总值、国民收入、人均国民收入、工农业主要产品产量、交通运输、通信的发展水平等等。所谓综合国力的增强，既指这些指标的综合增长，也指其中某些重要指标如国民生产总值、人均国民收入、工农业主要产品的产量等的增长。

以综合国力的增长作为第二个判断标准，取决于当今国际竞争的现实和我国国情。在当今世界，国际间的力量对比，主要是比较综合国力。一个国家在国际竞争中形象怎样，有没有地位，就看你综合国力的强弱。落后就要挨打，贫穷就要受欺凌，这是全部近代史向我们提示的真理。新中国成立 40 余年来，我国的综合国力远非昔比，根据综合国力动态方程测算，它已由 1949 年居世界第十三位上升到第六位[①]，其中经济力（含国民生产总值、工业总产值等）、科技力、教育力、文化力都排在第八位至第十位。[②] 对于一个起步于半殖民地半封建社会的国家来说，这是极其伟大的成绩。但是这种位次与我国人口数量和国土面积居世界的位次比较，与我国面临的国际环境、所担负的历史责任比较，还是极不相称的。若从人均产值、人均国民收入看，我们的差距更大。在资本主义和社会主义并存、竞争和交互作用的时代，在社会主义运动暂时处于低潮的历史背景下，我国社会主义建设的过程，只能是与资本主义进行激烈竞争，与资本主义制度比吸引力、比优越性的过程，在铁面无私的历史考验面前，要想不被筛选掉，要维护国家主权和民族利益，就要求我们抓住时机，发展自己，不断增强综合国力。综合国力增强了，我们处理各种矛盾和问题就可以争取主动，在激烈的国际竞争中立于不败之地。所以这个标准也是我们通过回顾历史、正视现实、面向世界、面向未来，冷静观察和思考来确定的。

---

① 参见袁木等主编《社会主义若干问题讲座》，红旗出版社 1990 年版，第 33 页。

② 参见《阵地》1992 年第 4 期，第 26、27 页。

第三条，是否有利于提高人民的生活水平。

人民生活水平指人们的实际生活消费水平，包括平均生活质量。在我国，这首先是工人、农民、知识分子的生活水平。反映这方面的指标是多方面的。有综合性的指标（如职工的平均工资、农民的人均年收入等），有物质文化生活方面的指标（反映群众的吃、穿、用、行的水平等），有文化精神生活方面的指标（反映群众的教育、卫生保健、文化娱乐水平等），有社会安全保障方面的指标（如城镇就业率、污水处理率等等）。[①] 这第三个标准，就是要看上述多种指标有无增长和增长的幅度。

以是否有利于提高人民的生活水平作为第三个判断标准，首先可以从一个方面测定我国社会主义生产方式发展状况。因为人们平均生活水平和平均生活质量的提高，是社会主义制度下生产力发展的结果，也是社会主义生产关系发展和完善的表现。没有社会物质财富的增长及其分配、消费制度的改善，就不会有人民生活水平的提高。其次，它反映了社会主义生产目的。社会主义的生产目的是最大限度地满足人们日益增长的物质和文化生活的需要。这种目的把发展生产力和提高人民生活水平内在地联结在一起，它要求社会生产实现双重满足：既要在现实的社会生产水平所能提供的条件下，也要从未来客观发展的要求和必然的趋势上，“最大限度地满足人们日益增长的物质和文化生活的需要”。这只有依靠科学技术进步和提高劳动者的素质，促进生产力和生产关系的不断完善和发展才能实现。改革开放若解放和发展了社会生产力，促进了社会主义生产关系不断完善和发展，实现了社会主义生产目的，这种改革开放自然是成功的。再次，生机勃勃的社会主义事业是人民群众自己的事业，人民群众是改革开放事业的主体，也是唯一的受益者。以不断提高全体人民的生活水平，实现共同富裕，作为改革开放得失成败的标准，体现了社会主义改革开放的根本宗旨。

“三个有利于”判断标准是邓小平同志一贯的思想，以往他分别讲得很多，这次他的南方谈话把“三个有利于”标准联结在一起，意义更加全面深刻。它既突出了解放和发展生产力对于建设有中国特色的社会主义的特殊重要的意义，又防止了对“生产力标准”作简单化、庸俗化的曲解，防止了在一定条件下可能发生的发展生产力背离共同富裕的现象。它

① 参见《阵地》1992 年第 4 期，第 26、27 页。

是我们党的实事求是的思想路线的光辉体现，是我国改革开放理论的突破。它保证了党的基本路线中“以经济建设为中心”的落实。它同我国经济发展战略紧密相连。它对于冲破教条主义的束缚、克服“左”的影响有极为重要的意义。它的高度真理性和旺盛生命力必将日益充分地显示出来。

（原载《经济评论》1993 年第 1 期）

国家利益第一　独立自主为本

——学习邓小平同志的外交思想

我国独立自主的外交路线和政策是毛泽东、周恩来同志制定的。邓小平同志在新的历史时期，继承和丰富发展了这些思想。其基本原则是：维护世界和平与促进共同发展是中国对外政策的首要目标；独立自主是中国对外政策的根本政策；和平共处五项原则是中国处理国际关系的基本准则；加强同第三世界国家的团结与合作，建立和发展同世界各国的正常外交关系；全方位对外开放，学习、吸收和利用世界文明成果。

在这些基本原则中置于首位的是国家利益。邓小平同志说："国家的主权和安全要始终放在第一位。"① 为什么要这样呢？其一，这是国际政治的实质。国家间的利益关系本来就是国际政治的核心。1989 年邓小平同志与尼克松谈到国家关系时明确指出："考虑国与国之间的关系主要应该从国家自身的战略利益出发。"② 其二，这是针对霸权主义和强权政治的。邓小平同志说："像我们这样第三世界的发展中国家，没有民族自尊心，不珍惜自己民族的独立，国家是立不起来的。"③ 因为贫弱国家、第三世界国家的国权经常被西方国家侵犯。强调国家利益的首要地位，就意味着中国要维护自己的国家利益、主权和领土完整，中华人民共和国决不会容许任何国家干涉自己的内政。邓小平同志庄严宣告："任何外国不要指望中国做他们的附庸，不要指望中国会吞下损害我国利益的苦果。……中国人民有自己的民族自尊心和自豪感……以损害社会主义祖国利益、尊严和荣誉为最大耻辱。"④

---

① 《邓小平文选》第 3 卷，人民出版社 1993 年版，第 347 页。

② 《邓小平文选》第 3 卷，人民出版社 1993 年版，第 330 页。

③ 《邓小平文选》第 3 卷，人民出版社 1993 年版，第 331 页。

④ 《邓小平文选》第 3 卷，人民出版社 1993 年版，第 3 页。

邓小平同志讲的国家利益，除了主权和领土完整之外，现在最主要的内容就是社会主义现代化建设。他说：“社会主义现代化建设是我们当前最大的政治，因为它代表着人民的最大的利益、最根本的利益。”① “我们的对外政策，就本国来说，是要寻求一个和平的环境来实现四个现代化。……这……符合中国人民的利益。”②

邓小平同志强调国家利益的首要地位与狭隘的民族主义、大国沙文主义是根本不同的。其理由是，他是从全人类利益高度提出问题的。他认为，中国占世界人口的四分之一，中国能发展起来，就改善了人类四分之一的人的生活条件。中国能有充分的安全，就意味着世界四分之一的人在和平环境中生活，这不仅有利于中国，而且有利于世界的安全、稳定和经济发展。相反，若中国动乱就会是世界性的灾难。特别是中国和所有第三世界国家的命运是共同的，中国达到中等发达国家的水平、可以“为人类做更多的事情，在解决南北问题方面可以尽更多力量”③。再则，邓小平同志所论的国家利益，既“着眼于自身长远的战略利益，同时也尊重对方的利益”④。他坚持国家不分大小强弱都相互尊重、平等相待。可见邓小平同志强调的国家利益是从中国人民和全世界人民的根本利益出发的，体现了爱国主义和国际主义的结合。

新时期我国对外政策的基本原则又是对以往外交政策调整、发展的结果。这主要表现为以下几方面：

第一，用广泛的国际交往取代“一条线”战略。邓小平同志说：“过去有一段时间，针对苏联霸权主义的威胁，我们搞了‘一条线’的战略，就是从日本到欧洲一直到美国这样的‘一条线’。现在我们改变了这个战略，这是一个重大的转变”⑤，转而“重视广泛的国际交往，同什么人都可以打交道，在打交道的过程中趋利避害”⑥。这包括对苏联、对美国都加强来往，同欧洲、日本都发展关系，更重要的是加强同第三世界的合作。总之，面对当今开放的世界，建立和发展同世界各国友好合作关系，

---

① 《邓小平思想年编（1975—1997）》，中央文献出版社2011年版，第229页。

② 《邓小平文选》第2卷，人民出版社1994年版，第241页。

③ 《邓小平文选》第3卷，人民出版社1993年版，第233页。

④ 《邓小平文选》第3卷，人民出版社1993年版，第330页。

⑤ 《邓小平文选》第3卷，人民出版社1993年版，第127—128页。

⑥ 《邓小平文选》第3卷，人民出版社1993年版，第260页。

实行全方位对外开放，以为我国现代化建设创造良好的国际环境，吸收世界文明成果为社会主义服务。这作为一项长期不变的基本国策，即使在苏联和东欧出了问题、西方七国制裁我们的风浪面前也不动摇。

第二，不结盟、不打牌，真正坚持独立自主的外交政策。邓小平同志强调中国不参加任何集团，是真正的不结盟，支持广大发展中国家所倡导和参与的不结盟运动及其所确立的独立、自主、非集团、和平、不干涉别国内政的原则。邓小平同志认为，要保持国家的独立性，就要坚持不打牌、不结盟。他说："中国不打美国牌，也不打苏联牌，中国也不允许别人打中国牌。"① 不能坐到别人的车子上去，"否则，只能是看着美国人的脸色行事，看着发达国家的脸色行事，或者看着苏联人的脸色行事，那还有什么独立性啊！"② "中国本来是个穷国，为什么有中美苏'大三角'的说法？就是因为中国是独立自主的国家。"③ 邓小平同志这些论断，表明他充分估计了中国在当今世界格局中的地位。苏联动荡发生以后，改变了过去美苏两个超级大国垄断一切、主宰世界的情况，和平与发展成为当代世界的主题，世界格局由两极走向多极。在世界多极化的趋势中，邓小平同志认为，"世界格局将来是三极也好，四极也好，五极也好"，中国作为一个政治大国必定"算一极"④。所以中国不要贬低自己，没有必要坐别人的车，它完全应该根据争取世界和平的目标，根据国际问题本身的是非曲直决定自己的态度和对策。讲公道话，办公道事，谁搞和平，我们就拥护，谁搞霸权就反对谁，谁搞战争就反对谁。"这样，我们国家的政治分量就更加重了"⑤。"这就增强了中国在国际上的地位，增强了中国在国际问题上的发言权。"⑥ 对于世界来说，"我们这种独立自主的外交政策，最有利于世界和平"⑦。

第三，用新办法解决国际争端。邓小平同志总揽世界全局，提出国际上许多争端不能老是顶着、僵持下去，以致爆发冲突，甚至武力冲突。应

① 《邓小平文选》第3卷，人民出版社1993年版，第57页。
② 《邓小平文选》第3卷，人民出版社1993年版，第311页。
③ 《邓小平文选》第3卷，人民出版社1993年版，第311页。
④ 《邓小平文选》第3卷，人民出版社1993年版，第353页。
⑤ 《邓小平文选》第3卷，人民出版社1993年版，第162页。
⑥ 《邓小平文选》第3卷，人民出版社1993年版，第128页。
⑦ 《邓小平文选》第3卷，人民出版社1993年版，第156页。

该不用战争手段而用和平方式来解决。其具体办法是，如中国解决港澳台的问题采取“一国两制”的方针，这也为解决某些国际问题提供了思路。采取新办法解决国际争端，有益于说服相关国家的人民，照顾、尊重其人民感情，有利于发展相关国家在经济、贸易、文化领域的往来，增进了解与合作，开拓合作的广阔前景。这是稳定世界局势的办法。

第四，从容应付复杂国际局势的新方针。1989 年秋国际局势急剧变化，苏联肯定要乱的局势已定，社会主义在世界上出现了低潮。邓小平同志及时提出了指导全党从容应付复杂国际局势的新方针。他说：“对于国际局势，概括起来就是三句话：第一句话，冷静观察；第二句话，稳住阵脚；第三句话，沉着应付。”① 在这个新方针中，“冷静观察”是前提。邓小平同志反复强调“要冷静、冷静、再冷静”，因为“有些问题不是一下子看得清楚”，“一些深刻的矛盾刚刚暴露出来”，“还要继续观察”；因为只有冷静，才能“埋头实干，做好一件事，我们自己的事”②。这充分显示了一个无产阶级战略家的革命胆略。“稳住阵脚”是关键。这首先是要求自己不乱，这样想打我们的主意、整我们的人就不能乘虚而入。其次要看到我们的基础和威势。我们的政权是几十年打出来的，十多年的改革开放给人民带来了实惠，人民从现行制度和政策中看到了好处。再次要真正按计划实现第二个翻番，经济增长速度快，人民生活逐步提高，实现了发展目标，我们就稳如泰山。“沉着应付”是直接的对策。这要求我们面对险恶局面，不悲观、不着急，不受挑动，泰然处之；少管别人的事。因为“别国的社会制度如何我们管不了”③。相信“只要中国不垮，世界上就有五分之一的人口在坚持社会主义”④，就会产生很大影响，“我们对社会主义的前途充满信心”⑤。“我们对外政策还是两条，第一条是反对霸权主义、强权政治，维护世界和平；第二条是建立国际政治新秩序和经济新秩序。”⑥ 注意不随便批评别人，指责别人，过头的话不要讲，过头的事不要做。只要善于把握，我们可利用的矛盾、有利条件和机遇是存在着的。

---

① 《邓小平文选》第 3 卷，人民出版社 1993 年版，第 321 页。
② 《邓小平文选》第 3 卷，人民出版社 1993 年版，第 321 页。
③ 《邓小平文选》第 3 卷，人民出版社 1993 年版，第 360 页。
④ 《邓小平文选》第 3 卷，人民出版社 1993 年版，第 321 页。
⑤ 《邓小平文选》第 3 卷，人民出版社 1993 年版，第 321 页。
⑥ 《邓小平文选》第 3 卷，人民出版社 1993 年版，第 353 页。

邓小平同志以马克思主义的远大眼光和恢宏气势，回顾历史，展望未来，深刻指出：中国在世界上不再是“无足轻重的国家”，它已是“名副其实的大国”“政治大国”，它已在国际上有特殊重要性，关系着国际局势的稳定与安全。它的发展同世界有重要关系。它“达到温饱水平”，“社会主义的中国谁也动摇不了”①；它“建立一个小康社会”，中国就“真正是强大起来了”；它“达到中等发达国家水平”，就“可以真正用事实理直气壮地说社会主义比资本主义优越了”②。他满怀信心地说：“中国人民既然有能力站起来，就一定有能力永远岿然屹立于世界民族之林。”③

（原载《学习月刊》1995年第3期）

① 《邓小平文选》第3卷，人民出版社1993年版，第328页。
② 《邓小平文选》第3卷，人民出版社1993年版，第256页。
③ 《邓小平文选》第3卷，人民出版社1993年版，第323页。

试论邓小平的社会主义政治观

一

研究邓小平的社会主义政治观，首先要解决一个方法论问题。之所以如此，是因为古往今来，关于什么是政治的问题，中外学者众说纷纭，莫衷一是。有的着眼于行为领域，从政治德行、政治技巧和手段等意义上界定政治；有的则着眼于学科，从政治哲学、政治理论、政治科学或政治艺术等意义上界定政治；还有的从社会公共权力、利益关系等领域界定政治。更有讽刺意味的是，有的学者竟把政治等同于腐败。如斯威夫特在《随想录》中说："政治一词，正如人们通常理解的那样，除了腐败外无其它涵义。因此，对于善良的国王或大臣，它是毫无用处的。也正因为如此，宫庭里才充满了政治。"① 在政治学理论中，"政治"是一个最基本的、历史久远的范畴，对它的解释分歧颇大，以至于使美国政治学者格伦·蒂德感叹说："这是一个十分难以回答的问题"，一种"永恒的困惑"。②

从唯物主义反映论的观点看来，政治是存在于认识对象之中的实实在在的东西。为什么对同一客观存在着的认识对象有如此众多的界说呢？首先，这是与人们根本的利益需求直接相关的。李景鹏教授在其《权力政治学》中有一段话很好地说明了这一点。他说："由于人们在不同的时代所面临的主要问题是不同的，因此需要政治发挥作用的侧重点、着力点就会有所不同，从而人们对政治进行解释时所强调的内容就不同，于是就形成了对什么是政治的各种各样的回答……如果我们注意考察就会发现，资产阶级政治学家给政治下的各种定义都是与资产阶级国家自身发展在不同

---

① ［美］莫特玛·查尔斯·范多伦编：《西方思想宝库》，中国广播电视出版社 1991 年版，第 685 页。

② ［美］格伦·蒂德：《政治思维：永恒的困惑》，浙江人民出版社 1988 年版。

历史阶段上的客观要求及其在当时所面临的主要政治问题相适应的。”[①]其次，存在着认识论方法论上的原因。这有三种情况，一是政治规律十分活跃、生动和多变，较难把握。列宁曾经指出：“政治是千百万人的实际命运”[②]，它的领域宽广、最灵活、最易变化。即使以最富有创造性的态度来进行政治分析，也往往难于真正揭示政治现象的本质及其活动规律。二是政治的本质存在于社会政治现象背后，透过外部政治现象科学地认识其固有的本质和规律亦并非易事。三是与认识政治的本质的立场、视角、方法直接有关。从不同的立场、视角，运用不同的方法去观察同一事物，常常会产生不同的认识，对政治现象的观察也是如此。

在上述影响主体对政治现象作出客观观察的种种因素中，根本的利益需求以及认识方面的第一、二种情况，认识主体要去改变很难，而认识的方法虽然取决于认识主体的立场和世界观，改变也不易，但毕竟是人们选用的一种认识工具，对此人们有更多的作为。邓小平的社会主义政治观，是建设有中国特色社会主义理论体系中的重要构成部分，体现了无产阶级和劳动人民的根本利益，凝结着无产阶级科学的世界观和方法论。本文尝试运用“广义政治论”[③] 的分析方法去研究邓小平关于社会主义政治的思想，以图在继承前辈、吸收同辈研究成果的基础上有所前进。

二

长期以来，在马克思主义政治学理论研究者中，关于什么是政治，有两个根本观点：一是就政治的根源说，“政治是经济的集中表现”；二是就政治的内容说，政治就是阶级之间的关系、阶级之间的斗争，其核心问题是国家政权问题。二者至今仍然光辉闪烁。这是因为，无论是观察分析人类自有文字以来的历史，还是观察分析国际政治关系，社会历史的、经济的、阶级的分析仍然是最基本的方法。即使是观察国内社会生活、特别是政治生活，也不能离开这些方法。事情很清楚，在当今非常错综复杂的国际国内环境中进行社会主义建设，要始终保持坚定的社会主义、共产主义方向，就不能不关注阶级斗争。因为“社会主义社会中的阶级斗争是

① 刘德厚：《重视对“广义政治”理论的研究》，《武汉大学学报》1996 年第 2 期。
② 《列宁全集》第 38 卷，人民出版社 1986 年版，第 144 页。
③ 刘德厚：《重视对“广义政治”理论的研究》，《武汉大学学报》1996 年第 2 期。

一个客观存在，不应该缩小，也不应该夸大。实践证明，无论缩小或者夸大，两者都要犯严重的错误”[①]。但是问题的另一面是从整个人类社会发展的全局而言，关于政治就是阶级之间的关系、阶级之间的斗争，按列宁的说法是一种“狭义的政治”[②]。进入社会主义时期以后，若局限于狭义政治观，把政治仅仅限定为各阶级之间的斗争，也难于全面认识和把握现实社会的政治生活，略有疏忽还会忽视社会主要矛盾的变化，对人们的政治行为产生误导。在马克思主义政治学发展史上，列宁和毛泽东都敏锐地觉察和预见到这个问题。他们都以彻底的唯物主义立场适时地提出了新的内容，丰富了政治的内涵。譬如，1921 年 1 月 3 日，列宁在《在全俄省、县国民教育厅政治教育委员会工作会议上的讲话》中提出了“从事国家建设的政治”“经济方面的政治”[③]；1958 年 1 月毛泽东在《工作方法六十条（草案）》中指出：“同阶级敌人作斗争，这是过去政治的基本内容……过渡时期完结、彻底消灭了阶级以后，单就国内情况来说，政治就完全是人民内部的关系。”[④] 进而他提出并论述了正确处理人民内部矛盾是国家政治生活的主题的思想。列宁、毛泽东的上述论断的主要意义还不限于这些重要见解，而在于为我们全面理解社会主义时期的政治，从而揭示政治的本质提供了新的思路。即（1）政治并不完全等同于阶级关系和阶级斗争。“从事国家建设”“人民内部的关系”在一定条件下都是政治。（2）在彻底消灭了阶级以后，即非阶级社会中也会有政治。“将来政治这个名词还是会有的，但是内容变了。”[⑤] 邓小平同志继承马克思列宁主义、毛泽东思想的有关理论（恩格斯曾论述过原始社会存在的“自然成长的民主制”和“部落自治的政治组织”），进一步探索了社会主义时期政治的本质规定，他在论述马克思主义的思想工作不能离开现实政治时指出：“我在这里说的政治，是国内外阶级斗争的大局，是中国人民和世界人民在现实斗争中的根本利害。”[⑥] 又说：“社会主义现代化建设是我们当前最

---

① 《邓小平思想年编（1975—1997）》，中央文献出版社 2011 年版，第 232 页。
② 《列宁选集》第 4 卷，人民出版社 1995 年版，第 689 页。
③ 《列宁选集》第 4 卷，人民出版社 1995 年版，第 308 页。
④ 《毛泽东文集》第 7 卷，人民出版社 1999 年版，第 351—352 页。
⑤ 《毛泽东文集》第 7 卷，人民出版社 1999 年版，第 351 页。
⑥ 《邓小平文选》第 2 卷，人民出版社 1994 年版，第 179 页。

大的政治，因为它代表着人民的最大的利益、最根本的利益。”[①] 这些论断虽然强调的侧重点不同，但贯穿着一个深刻的思想，那就是社会主义的政治就是人民的最大利益、最根本的利益问题。我以为这就是邓小平同志关于社会主义政治的本质规定。

邓小平同志基于对社会主义政治的这种界定，把凡是涉及人民群众最大、最根本的利益的问题都称为政治问题。如关于“解放思想是一个重大政治问题”；“关于真理标准问题的争论……是个政治问题”；《关于建国以来党的若干历史问题的决议》要不要提毛泽东思想，对毛泽东同志的功过评价，“是国际国内的政治问题”；“经济工作是当前最大的政治”；“培养社会主义新人就是政治”；等等。邓小平同志把社会主义的政治规定为人民最大的、最根本的利益是科学的。因为在社会主义社会中利益是多层次、多方面的，如经济的、政治的、文化的、民族的、阶级的、社团的、国家的等等利益，并非任何利益都是政治问题。个别的、局部的利益关系只是把个人和社会联结起来的原生驱动力，它本身还并不能直接表现为政治活动，还未能上升到政治的高度。只有当这些利益集中起来，升华、转化为全局的、根本的利益关系时才“是政治生活和政治活动的始源”[②]。因此，政治“是集中了的人民群众的根本利益”[③]。江泽民同志最近指出：“什么叫政治？从根本上说，政治问题主要是对人民群众的态度问题，同人民群众的关系问题。”[④] 这里说的就是党和国家机关要确保和实现人民群众的根本利益。升华为政治的利益不同于个别的、局部的利益的地方在于，个别的、局部的利益在人们的社会实践中，虽然也是作为一种以一定目的意志形态建构起来的规律，统率着行为主体的活动方式和方法，但它是以分散的、潜在的形态存在，并且只是作为行为主体的单个注意力发生作用的，因而其作用力非常有限。而升华为政治形态的人民群众的根本利益作为一种集体的、长远的、全局的利益，集中了由人民群众的根本要求所代表的生产关系的本质，集中了由人民群众的创造性劳动所发现的客观经济法则，集中了人民群众共同的目的意志、力量和智慧。而且它是以执政党和国家政权的政令政策方针和路线的形态概括起来发生作用

① 《邓小平文选》第2卷，人民出版社1994年版，第163页。

② 刘德厚：《重视对“广义政治”理论的研究》，《武汉大学学报》1996年第2期。

③ 任仲平：《为经济建设和社会发展提供强有力的政治保证》，《人民日报》1996年4月1日。

④ 任仲平：《为经济建设和社会发展提供强有力的政治保证》，《人民日报》1996年4月1日。

的。这是一种有组织的、系统的整合力量，它对经济关系的调节和驾驭，对保证经济正常发展的外部条件的构建，对经济、社会发展的障碍的消除，对保证经济工作和其他各项工作沿着正确的方向更好更有秩序地进行，起着高屋建瓴、统揽全局的作用。这是任何分散的、个别的利益的作用力量所无可比拟的。在集中了的人民群众的根本利益的政治形态上，人民群众创造历史、决定历史结局、决定国家命运前途的历史作用得到最充分、最鲜明的体现。所以，搞经济建设、搞现代化建设必须有政治保证。

三

邓小平同志对社会主义政治的本质规定，在理论上的意义表现在：

第一，它深化了“政治是经济的集中表现”，政治是阶级之间的关系、阶级之间的斗争等马克思主义的命题。因为“每一个社会的经济关系首先是作为利益表现出来的”①，不同阶级之间产生政治关系之深刻根源，就在于其最根本的利益关系，首先是经济利益关系。一个阶级内部、不同地区之间、各个民族之间、国际关系中等发生的政治关系，也都根源于根本的利益关系。

第二，从最根本的利益关系去界定政治，就突破了“狭义政治”的框架，或者说，它既包含了“狭义的政治”的内涵，又开始把政治理论的视野投向更宏广的历史领域，从而透视出一种广义政治观。它说明在我国社会主义初级阶段，尽管阶级斗争还在一定范围内长期存在，在一定的条件下还可能激化，但由于剥削阶级已经消灭，国内社会的主要矛盾已经变化，因此，政治就国内情况来说，既表现为一种特殊形式的阶级斗争，又主要表现为人民内部的关系。阶级和阶级斗争还是政治极为重要的内容（它关系着人民群众的最根本利益），但已不是主要内容。政治的无产阶级的阶级性和人民群众的最大利益性高度统一。实现或体现这种统一的社会公共权力是共产党领导下的人民民主专政的国家政权。人民是国家的主人。政治的主体、政治的根本，一句话，就是人民当家作主。列宁早就说过：“政治应该是人民的事。”② 在社会主义制度下，它才真正成为我们社

① 《马克思恩格斯选集》第2卷，人民出版社1972年版，第537页。

② 《列宁选集》第4卷，人民出版社2012年版，第308页。

会生活本质的一部分。这是一个巨大的历史性的转变。

邓小平同志这种科学论断，是站在人类社会历史发展的高处，鸟瞰我国社会发展的现阶段作出的。它提示人们：既要通晓现实社会政治生活中的复杂关系，以此作为制定路线、方针、政策的主要依据，又要注意通观存在于人类社会发展过程中伟大的和进步的历史趋势。这就是，从人类社会的整体观来看，人类社会是依次从阶级前社会、阶级社会、阶级后社会（共产主义社会）由低级向高级发展的。与此相应，人类社会的政治生活，也表现为非阶级的政治（阶级前社会和阶级后社会的政治）、阶级的政治以及阶级性政治和非阶级性政治的并存交叉三种状态。从伟大的十月社会主义革命胜利开始，一部分国家相继建立了社会主义制度，从基本制度上消灭了阶级对抗，开始了人类由有阶级社会逐步向无阶级社会过渡的漫长历史过程。我国社会主义初级阶段正处于这一历史过程的开端，相应的政治生活开始出现阶级性政治与某些部分的非阶级性政治的并存交叉状态。阶级性政治就是邓小平同志讲的“国内外阶级斗争的大局”。这种政治在国际方面，主要是指西方大国推行霸权主义和强权政治，国际敌对势力千方百计地对我国进行渗透和颠覆活动，推行“西化”“分化”的政治图谋。正如邓小平同志所说，“西方国家正在打一场没有硝烟的第三次世界大战。所谓没有硝烟，就是要社会主义国家和平演变。”① 西方国家“不喜欢中国坚持社会主义道路”②。坚持反和平演变、反渗透、反颠覆的斗争，这是当今和今后长期内资本主义和社会主义两种制度斗争的重要形式。在国内方面，这种阶级性政治“是一种特殊形式的阶级斗争，或者说是历史上的阶级斗争在社会主义条件下的特殊形式的遗留”③。它的集中表现就是资产阶级自由化和坚持四项基本原则的对立。其实质是要不要坚持共产党的领导、坚持社会主义道路的政治斗争。这种斗争将贯穿实现四个现代化的整个过程。所以，邓小平同志强调说：“运用人民民主专政的力量，巩固人民的政权，是正义的事情，没有什么输理的地方。我们搞社会主义才几十年，还处在初级阶段。巩固和发展社会主义制度，还需要一个很长的历史阶段，需要我们几代人、十几代人，甚至几十代人坚持不

① 《邓小平文选》第3卷，人民出版社1993年版，第344页。

② 《邓小平思想年编（1975—1997）》，中央文献出版社2011年版，第683页。

③ 《邓小平文选》第2卷，人民出版社1994年版，第169页。

懈地努力奋斗，决不能掉以轻心。”①

非阶级性政治，主要是经济建设中的一些重大的、关系全局的辩证关系。在江泽民同志所论的“正确处理社会主义现代化建设中的若干重大关系”中，有一些反映经济活动内部的关系，都属于非阶级性政治。它们之所以被称为政治关系，在于它们都是带有全局性的，对这些关系处理得正确与否，直接关系着人民的根本利益。当然，说它们是非阶级性的，不是说这些关系是可以脱离社会主义生产关系和上层建筑而孤立存在的，也不是说对它们的处理可以不考虑为谁的利益服务，依靠谁来进行。而仅意味着，经济活动内部的那些辩证关系并不属于阶级和阶级斗争的关系。如改革、发展、稳定之间的关系，是涉及社会主义现代化建设全局的首要关系，按江泽民同志的讲话，改革、发展、稳定是我国现代化建设总体格局中三枚关键的棋子，是一个有机的整体，发展是目的，改革是动力，稳定是前提。对这三者关系的正确处理，是关系到社会主义事业兴衰成败的关键问题，所以已经上升为政治关系。然而它们之间并不是阶级之间的关系。诸如速度和效益的关系，经济建设和人口、资源、环境的关系，东部地区和中西部地区的关系，市场机制和宏观调控的关系，国防建设和经济建设的关系，物质文明建设和精神文明建设的关系等等，都是如此。现在人们一般认为，经济活动的所有制基础，社会主义生产的目的、方向、道路及其规范这些方面的马克思主义路线、方针、政策，以及各种法律、法规和措施等，都是“经济建设中的政治”。这无疑是正确的。但是还应把上述社会主义现代化建设中影响全局的那些重大关系，视为“从事国家建设的政治”或“经济方面的政治”。我们之所以能够把经济建设中关系全局的重大关系称为政治，是基于邓小平同志关于社会主义政治的科学界定，并进而抽象出关于政治的一般界定，即政治是人们之间最根本的、全局的利益的集中表现。这种判定什么是政治的新的标尺，同政治就是阶级之间的关系、各阶级之间的斗争的界定不是对立的，而是包容的关系，即在阶级社会中，人们之间最根本的全局的利益表现为阶级之间的关系和各个阶级之间的斗争，所以政治就是阶级之间的关系、各阶级之间的斗争。“关系全部政治的主要的和根本的问题”② 是国家政权，这是“马克思主

① 《邓小平文选》第3卷，人民出版社1993年版，第379—380页。

② 《列宁选集》第4卷，人民出版社1972年版，第42页。

义者不应该离开分析阶级关系的正确立场”①；在非阶级社会里阶级和阶级斗争没有了，但社会主体之间最根本的全局性的利益关系依然存在，所以政治依然存在，只不过不再表现为各阶级之间的斗争。毛泽东在1958年1月讲过：“彻底消灭了阶级以后，单就国内情况来说，政治就完全是人民内部的关系。那时候，人和人之间的思想斗争、政治斗争以及革命一定还是会有的，并且不可能没有……但是斗争和革命的性质和过去不同，不是阶级斗争，……由社会主义过渡到共产主义是一场斗争，是一个革命。进到共产主义时代了……各种突变要飞跃都是一种革命，都通过斗争，‘无冲突论’是形而上学的。”② 这时“政治国家”消亡了，保留下来的按恩格斯1872年在国际的海牙会议上的说法是经济的集中化。按马克思在《法兰西内战》草稿中的思想，是“各种生产社会形式”“在全国范围内和国际范围内进行协调的合作”③。按列宁的说法是“国民经济的管理机关”④。实际上这是一种仅有单纯行政职能而无阶级压迫性质的社会公共权力。对于这种社会公共权力，马克思在《哥达纲领批判》中又将它称为“未来共产主义社会的国家制度”⑤。在社会主义初级阶段，政治就表现为上述的阶级的和非阶级的交叉并存状态。显然，这样的政治观同否定马克思主义阶级斗争学说、否认社会革命和无产阶级专政的政治观有根本区别。前者是通观人类社会历史发展的全局，依据历史唯物主义关于经济和政治的历史的统一的原理，依据对社会主义时期社会主义主要矛盾和阶级、阶级斗争状况的客观判断提出来的。它深化了现阶段关于阶级的政治和人民的政治高度统一的见解；而后者则是历史唯心主义的、资产阶级的政治观。

四

邓小平同志基于他关于社会主义时期社会主要矛盾的判断，认为在我国社会发展的现阶段，政治的主要方面已经不再是阶级斗争，而是四个现

---

① 《列宁选集》第3卷，人民出版社1995年版，第27页。

② 《毛泽东文集》第7卷，人民出版社1999年版，第352页。

③ 《马克思恩格斯文集》第3卷，人民出版社2009年版，第199页。

④ ［苏］H. 费多谢耶夫主编：《马克思列宁主义关于社会主义的学说与现时代》，中国人民大学出版社1983年版，第32页。

⑤ 《马克思恩格斯文集》第3卷，人民出版社2009年版，第445页。

代化。他反复强调："所谓政治，就是四个现代化"①，"就我们国内来说，什么是中国最大的政治？四个现代化就是中国最大的政治。"② 建设现代化的社会主义强国的总路线就是当前最大的政治。

邓小平同志的这些论断，科学地揭示了经济的政治功能。对于经济比较落后的中国而言，发展经济就是关系人民群众根本利益和国家安危的重大政治问题，所以"经济工作就是当前最大的政治"。至于四个现代化建设的意义就更加深远，正如江泽民同志讲到发展时所指出的："发展是硬道理。中国解决所有问题的关键要靠自己的发展，增强综合国力，改善人民生活；巩固和完善社会主义制度，保持稳定局面；顶住霸权主义和强权政治的压力，维护国家主权和独立；从根本上摆脱经济落后状况，跻身于世界现代化国家之林，都离不开发展。"③ 江泽民同志在《关于讲政治》的论述中进一步发挥说，在上述意义上，集中力量把经济搞上去，实现中国的现代化，本身就是最大的政治。这就充分说明了发展经济的国内意义和国际意义。发展经济是为我国人民民主专政的国家政权奠定雄厚的物质基础，在西方大国推行霸权主义和强权政治的背景下，这种工作按列宁的说法，实际上是"资本主义与共产主义之间拼命的激烈的斗争"④，关系着国家和民族的兴衰成败。因此，必须从这样的政治高度和角度观察经济建设问题。同时，社会主义现代化建设，除在经济上要赶上发达资本主义国家外，还包括在政治上创造比资本主义国家的民主更切实的民主，并且要造就比这些国家更多更优秀的人才。所以实现四个现代化是"全国人民的最大利益""最根本的利害"，"是今后一个相当长的时期内全国人民压倒一切的中心任务，是决定祖国命运的千秋大业"⑤，是最大的政治。

邓小平同志关于社会主义的政治的思想，继承和发展了列宁、毛泽东的有关思想。列宁把政治看成是人民的事，无产阶级的事。他根据无产阶级和广大劳动者的根本利益需求，把无产阶级夺取政权后的政治，从其任

① 《邓小平文选》第 2 卷，人民出版社 1994 年版，第 194 页。
② 《邓小平文选》第 2 卷，人民出版社 1994 年版，第 234 页。
③ 《江泽民文选》第 1 卷，人民出版社 2006 年版，第 461 页。
④ 《列宁选集》第 4 卷，人民出版社 2012 年版，第 679 页。
⑤ 《邓小平文选》第 2 卷，人民出版社 1994 年版，第 209 页。

务上概括成两个方面，即粉碎资产阶级制度遗留下来的东西及其复辟企图的斗争的政治和从事国家建设的政治（或“经济方面的政治”），并认为随着对敌武装斗争的胜利，共产主义成为实际的建设事业，政治的重心应逐渐转向“经济方面的政治”①。既然这种“经济方面的政治”是实际的共产主义建设事业，那就必须始终坚持社会主义、共产主义的方向。同样，毛泽东在我国生产资料社会主义改造完成以后也多次指出：“革命时期的大规模的急风暴雨式的群众阶级斗争基本结束，但是阶级斗争还没有完全结束”②，强调在新的条件下要正确处理人民内部矛盾，以便团结全国各族人民进行一场新的战争——向自然开战，发展我们的经济，发展我们的文化。他要求“把党的工作的着重点放到技术革命上去”，以建立现代化的工业基础和现代化的农业基础，使社会生产力有比较充分的发展，使社会主义的经济制度和政治制度有比较充分的物质基础，只有这样，我们的国家（上层建筑）才算充分巩固。同时，他认为，“政治和经济的统一，政治和技术的统一，这是毫无疑义的，年年如此，永远如此……思想工作和政治工作是完成经济工作和技术工作的保证，它们是为经济基础服务的。思想和政治又是统帅，是灵魂。只要我们的思想工作和政治工作稍一放松，经济工作和技术工作就一定会走到邪路上去。”③ 邓小平同志在新的历史时期，在深入研究中国实现四个现代化所遇到的新情况、新问题时，坚持和发展了上述列宁和毛泽东的思想。他从界定社会主义的政治本质入手，重新概括了社会主义初级阶段政治构成的两大基本方面：“特殊形式的阶级斗争”和“四个现代化是最大的政治”。在科学地说明“四个现代化是最大的政治”的同时，又说明我们是搞社会主义的现代化，绝不能走西方资本主义道路，必须坚持社会主义方向。经济建设只有受到四项基本原则的规定，其作用的发挥才是有益于人民、有利于社会主义的，也才能体现社会主义政治的本质。邓小平同志说：“到什么时候都得讲政治。”④ 这里说的“政治”在现阶段就包括了上述两个方面。这样就可以避免两种片面性，即一讲以经济建设为中心就忽视政治，埋头于具体事

① 《列宁选集》第4卷，人民出版社2012年版，第308页。
② 《毛泽东著作选读》下册，人民出版社1986年版，第769页。
③ 《毛泽东著作选读》下册，人民出版社1986年版，第803页。
④ 《邓小平文选》第3卷，人民出版社1993年版，第166页。

务；一讲政治又忘记政治根源于、服务于经济，以至于偏离经济建设这个中心任务。我们必须真正坚持“经济和政治的统一”。而全部社会主义政治的根基、内核、血脉则是人民群众最大的、最根本的利益（利害），这就是我们要坚持的根本政治立场。

（原载《政治学研究》1996 年第 3 期）

论“一国两制”构想的科学依据

中华人民共和国政府于 1997 年 7 月 1 日对香港恢复行使主权。香港，这块中国的神圣领土，在遭受殖民主义百余年屈辱之后胜利地回归祖国。这是邓小平“一国两制”构想的胜利。在中华民族圆满地写下 20 世纪 90 年代这辉煌一页的时候，我们来进一步探讨邓小平“一国两制”构想的科学依据是很有意义的。

一　归功于马克思主义的辩证唯物主义和历史唯物主义

邓小平曾指出：“一国两制”构想“要归功于马克思主义的辩证唯物主义和历史唯物主义，用毛泽东主席的话来讲就是实事求是”[①]。“一国两制”构想首先是唯物辩证法的创造性运用。马克思曾明确地指出唯物辩证法和黑格尔的唯心辩证法的对立：“在黑格尔看来，思维过程，即他称为观念而甚至把它变成独立主体的思维过程，是现实事物的创造主，而现实事物只是思维过程的外部表现。我的看法则相反，观念的东西不外是移入人的头脑并在人的头脑中改造过的物质的东西而已。”[②] 这表明“观察的客观性”[③]，即从实际出发，是唯物辩证法的内在要求。但由于政治问题集中地直接地反映着人们的利害关系，在认识、判断和处理政治问题时要做到从实际出发很不容易。列宁在扩展和发挥恩格斯关于哲学基本问题第一方面时，曾从认识的来源和出发点揭示出认识论上的两条基本路线的对立：“从物到感觉和思想呢，还是从思想和感觉到物？”[④] 这种对立，在政治生活领域往往表现得更为尖锐。其具体表现为，解决政治问题是从权

---

① 《邓小平文选》第 3 卷，人民出版社 1993 年版，第 101 页。

② 《马克思恩格斯选集》第 2 卷，人民出版社 1995 年版，第 112 页。

③ 《列宁选集》第 2 卷，人民出版社 1972 年版，第 607 页。

④ 《列宁选集》第 2 卷，人民出版社 1995 年版，第 37 页。

力人物的意志愿望、政治情绪出发，还是从历史的现实的事实出发？从马克思主义认识论的观点看来，“实事”是“求是”的前提和基础，“政治是千百万人的实际命运”①，对待政治问题，更应该从实际出发。然而，“问题在理论上的解决和实际的贯彻是有区别的”②。具体就解决香港、澳门、台湾的问题来说，这是最容易触动中国人的民族感情的。

因为香港问题是1840年鸦片战争后，英国凭借武力逼迫腐败的清政府先后签订的《南京条约》《北京条约》《展拓香港界址专条》三个不平等条约的产物；澳门问题亦是1840年鸦片战争后，葡萄牙殖民者在事实上侵占了澳门地区，于1887年逼迫腐败的清政府签订了两个不平等条约带来的历史遗留问题；台湾问题虽与港、澳问题的性质不同，属于中国的内政，但台湾与大陆的对峙、隔绝，却是由于美国支持国民党残部盘踞台湾所造成的。因此，在港澳台问题上，中国人的确很容易从自己曾经受侵略受歧视的记忆中和受敌视受威胁的强烈感受中去认识和处理问题。邓小平曾经说过，“我荣幸地以中华民族一员的资格，而成为世界的公民。我是中国人民的儿子。我深情地爱着我的祖国和人民。”③ 他还说：“凡是中华儿女，不管穿什么服装，不管是什么立场，起码都有中华民族的自豪感。”④ 这充分表达了一位伟大爱国主义者的热忱。但是，作为一个伟大的马克思主义者，邓小平在从战略上思考如何解决港澳台问题时，并没有因为坚定地“站在我们民族的立场”⑤ 就用感情代替科学，而是把辩证唯物主义和历史唯物主义贯彻到底，从实际出发作出了“一国两制”的重大决策。这是他作为历史伟人在政治智慧上高于常人之处。关于这点他曾清楚地指出：“我们采取‘一个国家，两种制度’的办法解决香港的问题，不是一时的感情冲动，也不是玩弄手法，完全是从实际出发的，是充分照顾到香港的历史和现实情况的。”⑥

贯彻“观察的客观性”原则，要求认识事物要抓住本质，按列宁的

① 《列宁全集》第38卷，人民出版社1986年版，第144页。
② 《列宁选集》第3卷，人民出版社1995年版，第780页。
③ 《邓小平思想年编（1975—1997）》，中央文献出版社2011年版，第349页。
④ 《邓小平文选》第3卷，人民出版社1993年版，第60页。
⑤ 《邓小平文选》第3卷，人民出版社1993年版，第75页。
⑥ 《邓小平文选》第3卷，人民出版社1993年版，第60页。

话说，“即不是实例，不是枝节之论，而是自在之物本身”①，因为“实例”“枝节之论”是靠不住的。列宁曾批评说：“在社会现象领域，没有哪种方法比胡乱抽出一些个别事实和玩弄实例更普遍、更站不住脚的了。挑选任何例子是毫不费劲的，但这没有任何意义，或者有纯粹消极的意义……如果不是从整体上、不是从联系中去掌握事实，如果事实是零碎的和随意挑出来的，那么它们就只能是一种儿戏，或者连儿戏也不如。”②邓小平作为无产阶级政治战略家，他关于“一国两制”的构想，不是从个别枝节之论、实例出发的，而是从对历史的和现实的、时代的和国情的全面分析中，抓住那些最本质、最具有全局意义的“实际”作出政治设计的。这就是：

（1）20 世纪 80 年代末 90 年代初以来，和平与发展成为世界的主题，尽可能采用和平方式、避免用战争方式解决国际争端和历史遗留问题，是人心所向、时代潮流。邓小平依据对世界状况、时代主题和国际形势发展变化新的观察和判断，断定新的国际背景为用“一国两制”构想解决祖国大陆和港澳台地区的和平统一提供了可能性（特别是中美关系正常化以后，尽管美国本性不改，还经常制造一些麻烦，干涉中国内政，而且不可能停止，但就一个时期来说是消除了台湾与祖国大陆统一道路上的一大障碍），而实行“一国两制”还会在国际上引起很好的反响，“为世界各国提供国家间解决历史遗留问题的一个范例”③。同时，这也有利于我国抓住时机，发展自己。

（2）中国正处于社会主义初级阶段，与我国近代史上两个基本问题（民族独立和工业化、现代化）有关的斗争还继续存在。一方面，香港、澳门、台湾问题滞留至今，本身就说明民族独立与解放问题还没有在全国范围内最后完全地彻底地解决。在中国台湾、西藏等问题上，美国的某些政治势力千方百计地干涉中国内政，不断制造麻烦和事端，妄图“西化”“分化”中国，使中国沦为国际资本主义的附庸。在香港问题上，英国的一些政治势力也想竭力保持其殖民统治地位，在中英谈判中曾坚持所谓“历史上的条约按国际法仍然有效”，在归属和主权问题上长期不肯让步。

---

① 《列宁选集》第 2 卷，人民出版社 2012 年版，第 411 页。
② 《列宁全集》第 28 卷，人民出版社 1990 年版，第 364 页。
③ 《邓小平文选》第 3 卷，人民出版社 1993 年版，第 68 页。

经济不断增强的日本，也不甘心于经济大国的地位，欲当政治大国，军国主义日趋嚣张。这种现实提示我们，在今后相当长的时间里，中国人民仍有继续维护民族和国家独立、尊严、安全，不受外敌侵犯的任务，解决港澳台问题同这一任务密切相连。就台湾来说，若“不实现同大陆的统一，台湾作为中国的领土的地位是没有保障的，不知道哪一天会被别人拿去。现在国际上有好多人都想在台湾问题上做文章。一旦台湾和大陆统一了，哪怕它实行的制度等一切都不变，但是形势就稳定了”[①]。至于实现中国工业化和现代化的任务更是任重而道远。党的十一届三中全会以后，中国开始的第二次革命，就是要在坚持社会主义制度的前提下，通过改革经济体制和其他方面的体制，解放和发展社会生产力，实现社会主义现代化，使中国由不发达的国家变成富强、民主和文明的社会主义现代化国家。为此，就需要和平与稳定的国际国内环境，需要最大限度地调动国内外、海内外一切积极因素为我国社会主义现代化建设服务。解决港澳台问题必须有利于这个大局。另一方面，近代史上两个基本问题如今已经发生了前所未有的根本变化。就民族独立而言，社会主义中国早已改变了旧中国与世界列强的关系，中国是联合国常任理事国，任何国家都不能漠视中国的国际地位，中华民族已经屹立于世界民族之林；就国家工业化、现代化来说，中国早已建立起完整的独立的国民经济体系和工业体系，小康已经在望，它的实力已为世界注目。这又为“一国两制”的提出并付诸实践提供了物质基础。邓小平在谈到香港问题谈判成功时明确指出：“香港问题为什么能够谈成呢？并不是我们参加谈判的人有特殊的本领，主要是我们这个国家这几年发展起来了，是个兴旺发达的国家，有力量的国家。”[②]另外，社会主义的生产关系还不够完善和成熟，既然在整个大陆地区坚持以公有制为主体和多种经济形式共同发展，有利于壮大和发展社会主义经济；那么，在统一的中华人民共和国内，在国家主体大陆地区实行社会主义的前提下，容许在自己身边、在小地区和小范围内实行资本主义制度亦将更有利于发展社会主义。

（3）港澳台地区长期实行资本主义制度。这些年来，台湾已发展成为国际著名的金融中心和自由港。香港同样有高度发达的生产力和商品经

① 《邓小平文选》第3卷，人民出版社1993年版，第219—220页。
② 《邓小平文选》第3卷，人民出版社1993年版，第85页。

济，是世界金融中心，也是亚洲工商贸易的重要中心、我国重要进出口口岸，在资本主义市场体系中占有重要地位。港澳台人民盼望祖国统一，但由于长期在资本主义制度下生活，对大陆的政治经济制度了解不够、疑虑甚多，普遍希望保留那里现有的社会制度、经济制度和生活方式，不降低现有生活水平。解决港澳台问题必须正视现实。就解决香港问题而言，必须考虑香港的实际情况、中国和英国的实际情况。解决问题的办法要使三方面都能接受。如若不是这样，坚持用社会主义来统一，就做不到三方面都能接受。勉强接受了，也会造成混乱局面。即使不发生武装冲突，香港也会成为一个后遗症很多的、非我们希望的香港。三方面都能接受的办法只能是“一国两制”，即在统一的中华人民共和国内，允许香港继续实行资本主义，保留其自由港和金融中心的地位。台湾、澳门的问题也是如此。

二　一切从中华民族的根本利益出发

从共产党的根本立场和最终目标说，我们坚信“社会主义经历一个长过程发展后，必然代替资本主义”①；但若从社会主义制度的深刻底蕴——代表大多数人的利益——来思考，就不难把握“一国两制”论的根本出发点。这就是：港澳台自古以来就是中国的领土，在长期历史发展中，港澳台同胞同大陆各族人民一起结成了中华民族这个稳定的共同体，共同铸就了自己的民族特点，创造了中华民族的灿烂文化，形成了活现在世代中国人身上的中华民族魂。实现祖国统一，是整个中华民族的根本利益、共同愿望所在，是中华民族魂之所系。特别是今天在西方大国欲“分化”我国的国际背景下，促进祖国早日统一，更具有迫切的意义。邓小平正是从中华民族的根本利益出发，提出了“一国两制”的构想。这一主张不仅易为港澳台地区所接受，有利于祖国统一的早日实现，因之有力地抵制了西方大国欲分化我国的图谋，维护了我国主权和领土的完整（这正是中华民族的根本利益），而且将使港澳台地区的物质文化财富受到很好保护，未来的繁荣与稳定得到可靠保证。显然，这将是整个中华民族之大幸。邓小平在说明这个问题时指出：“实现国家统一是民族的愿望，一百年不统一，一千年也要统一，怎么解决这个问题，我看只有实行

---

① 《十三大以来重要文献选编》（下），人民出版社 1993 年版，第 1865 页。

‘一个国家，两种制度’。”[①]

从中华民族的根本利益出发，也就是从最广大人民的利益和愿望出发，因为人民正是中华民族的主体和脊梁，是伟大祖国历史与文化的创造者。江泽民在评价邓小平时曾指出：“尊重群众，热爱人民，总是时刻关注最广大人民的利益和愿望，把‘人民拥护不拥护’，‘人民赞成不赞成’，‘人民高兴不高兴’，‘人民答应不答应’，作为制定各项方针政策的出发点和归宿。”[②] 关于这一点，邓小平也讲得明白。他说，制定“一国两制”的政策，没有一点勇气是不行的，“这个勇气来自人民的拥护”[③]。他在同英国前首相撒切尔夫人会见时曾指出：如果中国在1997年不把香港收回，“任何一个中国领导人和政府都不能向中国人民交待”，“人民就没有理由信任我们，任何中国政府都应该下野，自动退出政治舞台，没有别的选择”[④]。这些都反映出维护中华民族的根本利益，对全中国人民负责，是邓小平提出“一国两制”构想的出发点和根本立足点。

三 深深植根于物质生产和民族文化的丰厚沃土

在我国社会发展的现阶段，“两制”在统一的祖国内共存还有深厚的客观基础。这就是：

（1）物质生产方面。这主要包括社会化大生产和商品经济的共性。就社会化大生产而言，虽然大陆与港澳台地区的发展水平存在差距，但总体说来，生产力的性质和发展水平是相同的。就商品经济而言，虽然大陆实行的是社会主义，港澳台地区实行的是资本主义，二者在所有制结构、分配制度、宏观调控等方面各有其特殊性，彼此在发展程度上亦不同，但二者作为物质生产发展的一种经济形式，仍都具有商品经济的一般性，如都要受价值规律的调节，都具有基本相同的市场机制和企业经营机制，都具有追求价值、实现本位经济利益、商品当事人生产经营自主、竞争和开放等特征。马克思主义认为，生产力是历史的出发点和基础。物质生产发展程度是包括政治关系在内的社会关系发展的根源。即“每一历史时代

---

① 《邓小平文选》第3卷，人民出版社1993年版，第59页。

② 江泽民：《在学习〈邓小平文选〉第3卷报告会上的讲话》，《人民日报》1993年11月4日第1版。

③ 《邓小平文选》第3卷，人民出版社1993年版，第217页。

④ 《邓小平文选》第3卷，人民出版社1993年版，第13页。

主要的经济生产方式与交换方式以及必然由此产生的社会结构，是该时代政治的和精神的历史所赖以确立的基础，并且只有从这一基础出发，这一历史才能得到说明”①。大陆和港澳台地区存在的社会化大生产和商品经济运行机制的某种共性，是现阶段“一国两制”可行性的重要基础。当然，这个话不能倒过来说，即凡是具有社会化大生产和商品经济共性的地区都可以构成一个国家。这里有一个生产资料所有制形态本身所具有的相对独立性和因历史主体的创造活动而产生的历史选择性问题。这里只是说，从现实出发，在一国之内两种不同的社会制度在一定时期共存和共同发展，因为有社会化大生产和商品经济的共性——对立中的同一，而具有一定的客观基础。在这里，真理向前迈出半步就会成为谬误。

（2）民族文化方面。这里讲的民族文化是广义的，它包括在一定民族经济发展基础上产生的民族传统、生活风尚、民族语言、民族性格、民族心理、民族感情和文学艺术等等。如前所述，港澳台同胞同大陆各族人民在长期的、日益加强的经济文化联系中，在历史上结成了中华民族这个稳定的共同体，创造出光辉灿烂的物质文化和精神文化。这些物质的、精神的文化已转化为中华民族的强大生命力和伟大的向心力及凝聚力。许多西方人不明白，为什么在5000多年的中华民族的历史中，大的长时间的分裂仅600年左右，加上短时间的局部分裂，分裂时间总共也不超过1/3，而且越靠近近现代，出现分裂的时间越短，统一的时间越长？为什么近300余年间，台湾曾三次与祖国大陆分裂，又三次和祖国大陆统一？为什么每当中国遭到外强入侵时，中国各族人民总是同仇敌忾，万众一心，奋起反抗侵略者？当然可以列举多个方面原因，但首要之点在于，有共同的民族文化、民族感情、民族意志凝聚着炎黄子孙。关于这个问题，邓小平讲得很深刻：“这首先是个民族问题，民族的感情问题。凡是中华民族子孙，都希望中国能统一，分裂状况是违背民族意志的。”② 正是这种历数千年而不衰的中华民族的文化精神，成为把各族人民凝聚在中华民族旗帜下的伟大政治力量。邓小平“一国两制”的构想，就是建立在这种民族文化、民族精神基础上的。

---

① 《马克思恩格斯选集》第1卷，人民出版社1995年版，第257页。

② 《邓小平文选》第3卷，人民出版社1993年版，第170页。

四 与历史发展总进程中的特殊规律相契合

“一国两制”的构想是从中国自己的实际情况出发的，又与世界历史发展总进程中的特殊规律相契合。在世界历史发展的总进程中，既具有普遍性的社会历史发展规律，又有其特殊性的规律。世界历史发展的普遍性规律，不仅丝毫不排斥个别发展阶段在发展的形式或顺序上表现出的特殊性，反而以此为前提。我们在这里说的特殊历史规律，是指人们清楚地看到一种常见现象，即两种或两种以上性质的社会形态在一定历史时期并存于一国之内。如1861年后的俄国、南北战争前的美国、新中国成立前都存在过这种现象。其原因是在世界历史发展的总进程中，由一些具体国家或民族内部的特殊矛盾所引起，在社会形态的发展上出现了时间上的非同步性，这种非同步性展开在空间上表现为多元性。当然，这里讲的自然历史过程中的现象的成因、性质及结局，与“一国两制”作为历史主体的杰出的历史创作不尽相同，但前者作为业已存在的现象毕竟可以为前者提供历史论证。再者，前后相继的两种社会形态在一国之内的革新取代，也因为质变实现了决定其性质的主体部分变革以后，处于次导地位的旧的社会形态的残存部分往往不会立即消失，还将在一定范围内长期存在。在这一过程中，新旧社会的革新取代，就不会“非此即彼”，以单线进化的机械图式进行，而呈现几种形态（占主导地位的和不占主导地位的）在一国内交叉并存的现象。

从历史唯物主义观点看来，为什么会出现几种社会形态在一国内交叉并存的历史现象呢？

（1）任何一种社会形态都必须有自己应有的物质技术基础，没有这种基础，这种社会形态固有的规律就不会充分发生作用。然而，造就这种物质技术基础，却是一个客观的物质变换过程，即对于该社会形态来说，从异己的物质技术基础到创造出适应它自身要求的物质技术基础，这是一个从旧质过渡到新质的量的积累过程。与此相适应，新社会取代旧社会，往往出现新旧社会的革新取代和交叉并存现象。马克思恩格斯指出：人类的“‘解放’是历史的关系……是由工业状况、商业状况、农业状况、交往的状况促成的”[①]。这表明社会主义是人类历史进程中合乎规律的现象，

---

① 《马克思恩格斯选集》第1卷，人民出版社2012年版，第154页。

基于客观生产力发展的要求，它需要有一个公有制逐步取代私有制的历史过程，其时间长短只能依各国、各民族的具体条件而定。现在我们在大陆地区实行社会主义，在局部的、小范围的、次要的地区保持完整的资本主义制度，归根到底是由物质生产力发展状况决定的。

（2）任何一个国家总是历史地形成的。从地理上说，构成一个国家的各个不同地区，生产力发展水平、经济发展程度往往是很不相同的，特别是在一个大国范围内。既然以生产关系为基础的社会关系体系最终由生产力发展状况决定，那么由于各地区生产力发展程度上的不同，就不仅会使同一社会关系有发展成熟程度的不同，而且还使不同质的社会关系的存在有了客观的基础。

（3）一种新的社会形态产生以后，还受社会的思想文化状况的影响。新的思想文化发展不足以制约新的社会形态的发展。旧的思想文化的相对独立的存在发展，既制约新的社会形态的发展程度，也会延续旧的社会形态残存部分的生命。

（4）埋葬旧社会创造新社会的社会革命的深刻程度也直接影响新旧社会的革新取代与交叉并存。社会革命越深刻，留下的旧的社会残存部分就越小。

在一个国家内，几种不同的社会形态交叉并存，为处于低级阶段的社会形态的发展提供了更大的可能性和选择性。因为由于“隔代高级社会”与之交往、牵引，比单纯由低级社会自己创造的生产力及相应的文化能够更好地满足它发展的需要。[①] 所有这些客观存在，为“一国两制”构想提供了社会历史依据。

［原载《武汉大学学报》（哲学社会科学版）1997 年第 4 期］

① 参见李延明《牵引超越原理》，《马克思主义研究》1995 年第 2 期。

论依法治国建设社会主义法治国家

江泽民同志在党的十五大报告中，把依法治国，建设社会主义法治国家，作为继续推进政治体制改革，发展有中国特色社会主义民主政治的基本目标提了出来，这是我们党在治国方略上的重大进步，是对邓小平民主法制理论的创造性发展，这一基本目标是在党的十一届三中全会以后逐渐形成的。从党的十一届三中全会揭开依法治国的序幕到党的十五大，在治国方略上达到今天这样的认识高度，前后经历了长达20年理论和实践的探索。党的十五大正式提出依法治国，建设社会主义法治国家这一完整的治国方略，并作出了科学说明，而且规划了继续推进政治体制改革和实现这一方略的任务。从这段实践探索过程可以看出，依法治国，建设社会主义法治国家方略的提出是坚持党的领导和发扬人民民主相结合的重大成果。这一成果产生的动力，第一是党的十一届三中全会以来的改革开放，特别是党的十四大确定建立和发展社会主义市场经济体制的要求；第二是全党、全国人民（特别是政法界）学习、研究、宣传、贯彻邓小平民主法制思想的实践。“依法治国，建设社会主义法治国家”，立意科学、内涵丰富、要求明确。

一　科学概念的丰富内涵和法治国家的基本要求

党的十五大报告对邓小平民主法制思想的突出贡献，就是对依法治国的科学概念作了权威性的界定，揭示了它的丰富内涵，指出了实现社会主义法治国家的步骤和基本要求，从而把对邓小平民主法制思想的研究推向一个新的境界。众所周知，在此之前我国法学界曾就“以法治国”和“依法治国”两个概念的内涵展开过讨论，学者们发表过许多有价值的意见，但诠释并不统一。党的十五大报告集中全党和全国人民的政治智慧，对依法治国的概念作出了权威性的界定。它指出：“依法治国，就是广大人民群众在党的领导下，依照宪法和法律规定，通过各种途径和形式管理国家事务，管理经济文化事业，管理社会事务，保证国家各项工作都依法进行，逐步实现社会主义民主的制度化、法律化，使这种制度和法律不因领导人的改变而改变，不因领导人看法和注意力的改变而改变。依法治国是党领导人民治理国家的基本方略，是发展社会主义市场经济的客观需要，是社会文明进步的重要标志，是国家长治久安的重要保障。”这段论述是对依法治国内涵和意义的科学概括，蕴含着一些基本点。①

我国法治的性质。近半个世纪以来，依法治国，建立法治国家在西方发达国家是炒得很热的口号，特别是在社会民主党执政的国家里，的确也建立了一套比较完备的法律体系。这当然从一个侧面反映了其社会的文明进步程度，但是并没有像他们自我标榜的那样资产阶级国家已经变成了人民的“权利共同体”。相反，从本质上说，它们的法律同以往一切剥削阶级的法律一样，是以体现其狭隘的阶级或某个集团的意志、利益为宗旨的，防民制民仍然是它的主导方面。而我们依法治国则是广大人民群众在党的领导下，依照宪法和法律规定，通过各种途径和形式管理国家事务，管理经济文化事业，管理社会事务，逐步实现社会主义民主的制度化、法律化。民主、保障人民的权力和权利是其基本功能。这就充分体现了我国法治的社会主义性质。

我国法治的主体。这是社会主义法治的本源问题。在资本主义国家，法治的主体是资产阶级政府、执政党及其所代表的资产阶级。我国是社会主义国家，宪法明确规定，国家的一切权力属于人民。依法治国，人民作为法治的主体，在党的领导下通过全国人民代表大会及其常委会制定宪法和法律，依法管理国家事务和社会、经济、文化事务。社会主义民主的本质是人民当家作主，在我国的宪法和法律中得到充分的体现。

我国法治的客体。国家事务、经济文化事业、社会事务，与国家各项事务中有关的政党、政府以及其他各种社会组织，是我国法治的客体。所有执行国家管理权力的国家机构（组织）、国家的公职人员，不论其职位高低、权力大小，都只是在人民授权范围以内，在法律制度的约束、规范和监督下进行工作。它们既无权以言代法，也不能在人民授权范围以外以权制民。十五大报告明确指出，要“维护宪法和法律的尊严，坚持法律

---

① 《十五大以来重要文献选编》（上），人民出版社2000年版，第30—31页。

面前人人平等，任何人、任何组织都没有超越法律的特权。一切政府机关都必须依法行政，切实保障公民权利。实行执法责任制和评议考核制。推进司法改革，从制度上保证司法机关依法独立公正地行使审判权和检察权，建立冤案、错案责任追究制度。加强执法和司法队伍建设，深入开展普法教育，增强全民的法律意识，着重提高领导干部的法制观念和依法办事能力”。随着这些任务的落实，我国法制的客体必将进一步受到法律的规范。

依法治国，最重要的法是宪法和法律，其他行政法规、部门规章都必须依宪法和法律原则而立。按照这个原则，以往凡是从本行政部门扩张权力出发，依本部门的意志制定的行政法规和规章与依法治国的原则相悖，必须坚决纠正。

坚持党的领导，发扬人民民主和严格依法办事的统一。依法治国从制度和法律上保证了党的基本路线和基本方针的贯彻实施，保证了党始终发挥总揽全局、协调各方的领导核心作用。

“依法治国”和“建设社会主义法治国家”是一个有机整体。作为一个完整的治国方略，前者是实现后者的前提和途径，后者是前者要达到的具有价值理念的目标。实现这一目标，依法治国的内涵才会充分展现；实现和坚持依法治国，必将导致社会主义法治国家的建立。

究竟什么是社会主义法治国家呢？满足哪些基本要求才能建设社会主义法治国家呢？从目前的基本国情出发，一般说来，社会主义法治国家，就是有中国特色社会主义民主政治的法律面貌，是社会主义民主和社会主义法治的内在的高度的统一。建设社会主义法治国家，必须做到：①发展民主，健全法制，努力实现民主的法制化和法制的民主化。民主的法制化，就是要加强法制建设。首先要坚持有法可依，用立法把宪法已确认的人民权力和公民权力（特别是人民的监督权力和公民的政治权利）固定下来，使之转化成具体的法律。同时要做到有法必依、执法必严、违法必究。所谓法制的民主化，就是要健全民主制度，把民主作为法治的基础、主导原则，使人民当家作主成为法治的灵魂。发展社会主义民主，制度更带有根本性、全局性、稳定性和长期性。要坚持和完善人民民主专政的国体和人民代表大会制度的政体，坚持和完善共产党领导的多党合作和政治协商制度，坚持和完善民族区域自治制度。要扩大基层民主。②要完善民主监督制度。要深化改革，完善监督法制，建立健全依法行使权力的制约机制。坚持公平、公正、公开的原则，直接涉及群众切身利益的部门要实行公开办事制度。把党内监督、法律监督、群众监督结合起来，发挥舆论监督的作用。加强对宪法和法律实施的监督，维护国家法制统一。加强对党和国家方针政策贯彻的监督，加强对各级干部特别是领导干部的监督，防止滥用权力，严惩执法犯法、贪赃枉法。为此要进一步培育和发展人民群众的社会权力，形成既积极支持，又能够监督、制约和影响国家权力，防止其失控的社会力量，特别要重视发挥民主党派、工会、共青团、妇联等群众团体（组织）在管理国家和社会事务中的民主参与和民主监督作用。③持续深入地开展普法教育工作，以各级领导干部、执法干部为重点，切实增强广大干部和人民群众的法律意识和法制观念，提高干部依法办事的能力。同时要培育群众自觉学法守法的习惯。还要大力加强执法和司法队伍建设。④建设社会主义法治国家，关键在执政的共产党。因此，加强执政党的建设，从制度和法律上保证党的执政地位和领导核心作用具有决定意义。作为执政党，要提高全党的执政意识，特别是作为民主政治核心的责任意识，提高执政水平；作为领导党，要提高全党的领导意识，特别是作为全社会、整个社会主义事业领导核心的意识，提高领导水平。善于领导、依靠全党和全国人民对执政的党组织和党员干部，对行使权力的各级政府、国家机关及其工作人员，特别是领导干部进行监督，同时支持其正当行使权力，以保证不断发展社会主义民主，实行和坚持依法治国，建设社会主义法治国家。

二　宏伟工程建设的现实基础及向前推进的历史特点

依法治国，建设社会主义法治国家，是史无前例的面向 21 世纪的宏伟工程。实现这一宏伟工程，首先要牢牢地准确地把握我国社会主义初级阶段的基本国情。换句话说，必须以社会主义初级阶段的理论为基本依据和指针，解决好法律主体的历史定位问题。从我国现阶段的实际出发，加强法制建设，必须深入研究党的建设有中国特色社会主义的基本纲领，建立与之相适应的法律体系。根据历史经验，依法治国，我们不仅要防止超越历史阶段的失误，而且要注意纠正落后于社会主义初级阶段的错误。历史和现实生活启示我们，社会主义市场经济体制是富有生气和活力，有利于社会生产力发展的经济体制，因此现阶段的民主法制建设要按照社会主义市场经济发展的规律，努力建立和健全能够有效引导和规范经济活动，维护经济秩序，保障国家对经济运行的宏观调控和管理的法制体系。同时，党和国家的各级领导干部必须熟练地掌握各种法律和法规的基本知识，特别是有关经济法律和法规的基本知识，以利在履行领导职责时正确运用法律手段去保证和促进社会主义市场经济的健康发展。

社会主义初级阶段脱胎于半殖民地半封建社会，在法制建设领域，要充分认识这种历史包袱，在坚持批判资本主义腐朽思想、资产阶级法学思想与法制中的唯心主义、单纯维护资产阶级利益的东西的同时，要高度重视对封建专制主义残余思想的批判，而且要注意吸收资产阶级法治思想中反封建的民主性的精华。对存在于资本主义国家中的属于人类共同创造的法律文化方面的精神财富，乃至确系资产阶级的法律文化思想，只要在现阶段符合“三个有利于”原则，都应运用马克思主义立场、观点和方法进行具体分析，择其益者予以借鉴和批判吸收，以促进我国民主和法制的建设。

建设社会主义法治国家是一个逐步发展的历史过程，在这一过程中，将会出现一些历史特点，这就是它的渐进性、长期性、艰巨性、探索性、永在性。渐进性，这是由社会主义法治国家建设性质所决定的。依法治国，建设社会主义法治国家不是对原有政治制度的根本否定，而是在推进政治体制改革中，发展民主，健全法制，逐渐实现社会主义民主与法制的有机统一。社会主义政治制度这种自我完善和自我发展的过程必然是在党的领导下有步骤、有秩序地推进的渐进性过程。这个特点要求我们正确处理改革、发展、稳定的关系，保持政治稳定，搞好社会治安，为民主法制建设创造一个良好的环境。长期性，这是因为初级阶段的社会主义脱胎于半殖民地半封建社会，旧中国缺乏民主法制的传统；民主法制建设要与经济文化领域里的建设相适应，而中国要根本摆脱经济文化落后状况至少需要100年的时间；法治国家必须以法治社会为基础和最终目标，而法治社会则要求全部社会生活的民主化法治化，现实社会要达到这样高的境界不能不是一个长期的历史过程。艰巨性，这是因为建设社会主义法治国家，不仅要适应经济文化的发展，而且要涉及各条战线各级组织的体制、机制、组织机构、人事制度、人的思想方式、生活习惯和切身利益协调。处理各种关系，处理种种矛盾，不能不是艰苦、复杂、困难的任务。探索性，这是因为建设社会主义法治国家是史无前例的伟大创举，在书本上找不到现成答案，在国际上找不到成功的范例，它究竟有什么特殊规律，一下抓不住，摸不着，只能在实践中积极探索，不断创造出新鲜经验。永在性，法治建设是社会文明进步的表现。社会主义愈发展，民主也愈发展，民主与法制结合得愈紧密，法治就愈体现为一种有内在活力，能排除国家权力运用上的主观性、任意性，能发挥人们一定主动性、创造性的社会秩序。从发展远景说，经过一个漫长而遥远的民主与法治建设时期之后，国家法制由逐渐弱化到消亡，社会规范逐渐加强，最终进入法治社会。到那时法治依然存在，只不过其社会性质与现阶段不同而已。

（原载《学习与实践》1998 年第 3 期）

马克思列宁主义、毛泽东思想、邓小平理论是一脉相承的、统一的科学体系

一

今年是《共产党宣言》问世150周年。在此之际，我们来深入地研究马克思列宁主义、毛泽东思想、邓小平理论之间一脉相承的关系问题，是很有意义的。因为作为毛泽东思想的继承和发展的邓小平理论，正是结合当代中国实践和时代特征，创造性地运用《共产党宣言》基本原理的光辉典范。它不仅生动地证明《宣言》阐述的基本原理直到现在是完全正确的，而且证明马克思主义作为科学，有永不枯竭的创造活力。

马克思主义科学体系的发展过程具有连续性和发展阶段性相统一的特点。马克思列宁主义、毛泽东思想、邓小平理论之间“一脉相承”的关系，就是指马克思主义理论体系发展的连续性。这种发展的连续性是由贯穿马克思主义整个体系发展过程始终的基本性质决定的。马克思主义理论体系是开放的、发展的。它形成和发展的行程，按在各个不同的时代、不同的国情里所产生的具体历史特点，划分为各个不同的阶段：马克思主义阶段，列宁主义阶段，以及马克思列宁主义与中国实践和时代特征相结合产生的毛泽东思想阶段，邓小平理论阶段。具体说，列宁主义是马克思恩格斯的观点和学说在自由资本主义发展为垄断资本主义条件下的继承和发展，毛泽东思想是马克思、恩格斯、列宁的观点和学说在20世纪的中国这样一个东方大国中的继承和发展，邓小平理论是马克思、恩格斯、列宁、毛泽东的理论在和平与发展成为时代主题，在中国社会主义初级阶段上的继承和发展。

列宁主义、毛泽东思想、邓小平理论，各有自己特殊的完整的逻辑形

式、具体丰富的内容和深刻底蕴，但它们都是在不同时空范围内继承、丰富和发展了的马克思主义，同马克思、恩格斯的观点和学说同“根”、同“宗”。正是这样，党的十五大报告在讲到正确对待马克思主义的学风时指出：“马克思列宁主义、毛泽东思想一定不能丢，丢了就丧失根本。”这个话实际上是对邓小平同志一个科学论断的发挥。邓小平同志说：“我们搞改革开放，把工作重心放在经济建设上，没有丢马克思，没有丢列宁，也没有丢毛泽东。老祖宗不能丢啊！问题是要把什么叫社会主义搞清楚，把怎么样建设和发展社会主义搞清楚。”① 这段话表明，在新的历史条件下对马克思、恩格斯、列宁、毛泽东所提供的原则既要继承和坚持，又要以此为基础继续丰富和创造性发展。丰富发展不离师承。人们平常讲，“列宁主义科学体系”“毛泽东思想科学体系”“邓小平理论体系”等，主要是就其独创性、系统性、科学性、丰富性及其逻辑结构的严整性讲的，只具有相对独立的意义，并不是说它们是独立于马克思主义总体系框架之外的、彼此平列的“体系”。

在研究邓小平理论时，弄清它和马克思列宁主义、毛泽东思想之间一脉相承的内在联系，关系着邓小平理论的根本性质，关系着党的指导思想，关系着我们把建设有中国特色社会主义的伟大事业全面推向 21 世纪的旗帜问题。邓小平同志历来强调：“我是个马克思主义者。我一直遵循马克思主义的基本原则。”② 强调“我们必须坚持马列主义、毛泽东思想。”③“毛泽东思想过去是中国革命的旗帜，今后将永远是中国社会主义事业和反霸权主义事业的旗帜，我们将永远高举毛泽东思想的旗帜前进。”④ 每个共产党员、每个党的思想理论工作者，决不允许在这个根本立场上有丝毫动摇。⑤ 正是这个问题具有根本的性质，党的十四大以来，江泽民同志在多次讲话中指出：“马克思列宁主义、毛泽东思想、邓小平建设有中国特色社会主义理论，是统一的科学体系。”⑥（1997 年 5 月 30 日《人民日报》）因此，在这样重大的原则问题上，即使有稍许的马虎，

---

① 《邓小平文选》第 3 卷，人民出版社 1993 年版，第 369 页。
② 《邓小平文选》第 3 卷，人民出版社 1993 年版，第 173 页。
③ 《邓小平思想年编（1975—1997）》，中央文献出版社 2011 年版，第 231 页。
④ 《邓小平思想年编（1975—1997）》，中央文献出版社 2011 年版，第 231 页。
⑤ 《邓小平文选》第 2 卷，人民出版社 1994 年版，第 173 页。
⑥ 《江泽民文选》第 1 卷，人民出版社 2006 年版，第 578 页。

也是不应该的。

二

这里说“一脉相承”“统一”是指马克思主义理论整个体系发展过程中的“基本性质”十分紧要。马克思主义理论体系的逻辑结构有不同的层次。它究竟分多少层次，学术界有不同意见。但正如邓小平同志所说，“我们坚持的和要当作行动指南的是马列主义、毛泽东思想的基本原理，或者说是由这些基本原理构成的科学体系。至于个别的论断，那末，无论马克思、列宁和毛泽东同志，都不免有这样那样的失误，但是这些都不属于马列主义、毛泽东思想的基本原理所构成的科学体系。”① 这一论断给我们提供了思考问题的方法论指导。遵循这一指导原则，我以为，可以把马列主义、毛泽东思想、邓小平理论之间的一脉相承性概括为四个方面。

其一，在世界观、方法论方面。马克思主义是完整世界观。马克思主义的各个发展阶段及其在不同国家呈现的民族化形式，之所以皆能称为马克思主义，就在于共产主义世界观是贯穿于其中的具有决定意义的东西。这种世界观是以共产主义宣言的形式问世的。列宁曾经说：《共产党宣言》“这部著作以天才的透彻而鲜明的语言描述了新的世界观”②。这种“新的世界观”是工人阶级的世界观。马克思主义存在的现实前提是无产阶级，它是无产阶级解放条件的理论概括。同时这种“新”的世界观又是彻底的唯物主义和最全面、最深刻的发展学说的辩证法。其精髓是实事求是。党的十五大报告指出：“实事求是是马克思列宁主义的精髓，是毛泽东思想的精髓，也是邓小平理论的精髓。”

其二，在理论的本质特性方面。马克思主义是科学，贯通这一科学体系各个方面、各个发展阶段的有几个本质特征，即科学性和革命性、阶级性和客观性、开放性和创造性、理论和实践等的统一。这些特征彼此贯通，相互联系。列宁指出：马克思主义理论“对世界各国社会主义者所具有的不可遏止的吸引力，就在于它把严格的和高度的科学性（它是社会科学的最新成就）同革命性结合起来，并且不仅仅是因为学说的创始人兼有学者和革命家的品质而偶然地结合起来，而是把二者内在地和不可

---

① 《邓小平文选》第2卷，人民出版社1994年版，第171页。
② 《列宁选集》第2卷，人民出版社1995年版，第416页。

分割地结合在这个理论本身中。”[①] 这种特性是由马克思主义的阶级性和客观性所决定的。无产阶级是最先进最革命的阶级，科学地认识世界和改造世界是它的本质要求，实现这一要求须以观察的客观性为前提。为此必须以唯物辩证法为指导。唯物辩证法即关于包罗万象和充满矛盾的历史发展的学说，观察的客观性是它的内在要素。它在本质上是批判的和革命的，同时也是一种科学的发展的理论。马克思主义以唯物辩证法作为根本理论基础和活的灵魂，自然具有开放性和创造性，也必然始终自觉地植根于实践，坚持理论与实践的统一。1872 年，马克思和恩格斯在为《宣言》德文版所作的序言中再次强调，“这些原理的实际运用，正如《宣言》中所说的，随时随地都要以当时的历史条件为转移”[②]。列宁和毛泽东把马克思主义的普遍原理与本国的实际相结合，取得了十月社会主义革命的胜利和中国革命的胜利，各自都取得社会主义建设的初步成就和经验，并且产生了两大理论成果：列宁主义和毛泽东思想。邓小平同志遵循马克思列宁主义、毛泽东思想关于理论与实际相结合的原则，提出，“马克思主义必须是同中国实际相结合的马克思主义，社会主义必须是切合中国实际的有中国特色的社会主义。”[③] 并从世界观的高度把实事求是概括成马克思列宁主义、毛泽东思想的精髓、出发点、根本点、根本观点、根本方法。他不仅恢复了党的实事求是的思想路线，而且把实事求是同解放思想、检验真理的标准、党的政治路线、开展两条路线上反倾向的斗争联系起来。他把马克思列宁主义、毛泽东思想同当代中国的实际和时代特征相结合，创立了邓小平理论，第一次比较系统地初步回答了中国这样的经济文化比较落后的国家如何建设社会主义、如何巩固和发展社会主义的一系列基本问题，从而用新的经验和理论丰富、发展了马克思主义的理论宝库。党的十五大报告进一步提出，学习马克思主义，“一定要以我国改革开放和现代化建设的实际问题，以我们正在做的事情为中心，着眼于马克思主义理论的运用，着眼于对实际问题的理论思考，着眼于新的实践和新的发展”。

其三，在历史使命方面。马克思主义作为完整的世界观，自然包括

---

① 《列宁选集》第 1 卷，人民出版社 2012 年版，第 83 页。

② 《马克思恩格斯选集》第 1 卷，人民出版社 2012 年版，第 376 页。

③ 《邓小平文选》第 3 卷，人民出版社 1993 年版，第 63 页。

“关于共产主义新社会的创造者无产阶级所负的世界历史革命使命的理论”①。正是这样，列宁说：“马克思学说中的主要的一点，就是阐明了无产阶级作为社会主义社会创造者的世界历史作用。”② 无产阶级实现自己的世界历史作用，创造共产主义社会必定实行“两个彻底决裂”，把全部生产集中在联合起来的个人手里，消灭阶级对立和阶级本身存在的条件，建立“每个人的自由发展是一切人的自由发展的条件”的联合体。③ 无产阶级在实现自己的历史作用的过程中，它的政党坚持“为工人阶级的最近的目的和利益而斗争，但是他们在当前的运动中同时代表运动的未来”④。毛泽东思想、邓小平理论大大发展了《共产党宣言》的思想，早在新民主主义革命时期，毛泽东同志就强调指出：我们的最高纲领，是要将中国推进到社会主义社会和共产主义社会去的，这是确定的和毫无疑义的。我们党的名称和我们的马克思主义的宇宙观，明确地指出了这个将来的、无限光明的、无限美妙的最高理想。每个共产党员入党的时候，心目中就悬着为现在的新民主主义革命而奋斗和为将来的社会主义及共产主义而奋斗这样两个明确的目标。但是，一切中国共产党人，一切中国共产主义的同情者，必须为着现阶段的目标而奋斗，如果不为这个目标奋斗，看不起这个目标，对它稍许放松，稍许怠工，稍许表现不忠诚、不热情，而空谈什么社会主义和共产主义，那就不是一个自觉的和忠诚的共产主义者。⑤ 多少年来，我们党一直遵循着这个原则。江泽民同志在党的十五大报告中联系现实实际再次强调：“我们现在的努力是朝着最终实现共产主义的最高纲领前进的，忘记远大目标，不是合格的共产党员，不为实现党在社会主义初级阶段的纲领努力奋斗，同样不是合格的共产党员。”⑥ 要求共产党员在新的历史条件下，保持先进性，要体现时代的要求，胸怀共产主义远大理想，带头执行党和国家现阶段的各项政策。

其四，在科学体系的基本构成方面。马克思主义作为完整的世界观，内含着由各个部分构成之意。因此，从标志马克思主义问世的《共产党

① 《列宁选集》第2卷，人民出版社1972年版，第578页。
② 《列宁选集》第2卷，人民出版社1995年版，第305页。
③ 《马克思恩格斯选集》第1卷，人民出版社1995年版，第294页。
④ 《马克思恩格斯选集》第4卷，人民出版社1995年版，第396页。
⑤ 参见《毛泽东选集》第3卷，人民出版社1991年版，第1058—1060页。
⑥ 《江泽民文选》第2卷，人民出版社2006年版，第46页。

宣言》开始，马克思主义创始人的一些主要著作、特别是像《反杜林论》这样的著作在全面阐述马克思主义的基本理论时，就把马克思主义视为融马克思主义哲学、政治经济学和科学社会主义思想为一体的科学体系；列宁更明确地把马克思主义确定为马克思主义哲学、马克思主义政治经济学、科学社会主义三个组成部分，指出马克思主义这一活的学说的各个不同方面在逻辑上是“完备而严密”的，这些不同的方面在德国和俄国形成于不同的年代。他说：“在德国，在1848年以前，特别突出的是马克思主义哲学的形成；在1848年，是马克思主义的政治思想；在50—60年代，是马克思的经济学说。在俄国，在革命以前，特别突出的是马克思的经济学说在我国实际中的运用；在革命时期，是马克思主义的政治；在革命以后，是马克思主义的哲学。”① 毛泽东思想、邓小平理论是马克思列宁主义和中国的实际相结合实现的两次历史性飞跃的理论成果，自然也包括三个组成部分。党的十五大报告明确指出，邓小平理论是贯通哲学、政治经济学、科学社会主义等领域，涵盖经济、政治、科技、教育、文化、民族、军事、外交、统一战线、党的建设等方面比较完备而又需要从各方面进一步丰富发展的科学体系。

马克思列宁主义、毛泽东思想、邓小平理论在若干重要的或基本的理论原则方面，如“两个必然”的思想；社会主义生产关系必须建立在社会主义公有制的基础上；社会主义的根本任务是发展社会生产力，社会主义建设要从各国实际出发；社会主义社会的发展阶段；社会主义社会必须坚持按劳分配为主的分配原则；社会主义必须不断加强、改善企业经营管理，提高经济效益；社会主义社会必须有积累；工人阶级必须建立自己的政治统治，争得民主；社会主义必须健全社会主义民主和法制；社会主义社会必须坚持全面改革和建设，使经济、政治、文化诸方面得到协调发展；社会主义社会必须批判各种反社会主义思潮，划清马克思主义同非马克思主义、反马克思主义的界限，等等，其基本精神也都是一脉相承的。

三

基本性质“一脉相承”绝不等于后续阶段只是前面阶段的单纯复述，或者量的增加。如前所述，开放性、创造性是马克思主义的特点之一。事

① 《列宁全集》第20卷，人民出版社1989年版，第129页。

实上，如果没有发展、创新，马克思主义学说就会变成僵死的教条而失去行动指南的功能。如此也就不可能有理论新阶段的产生，当然也无所谓理论的“一脉相承”。十五大报告讲得很精辟：“马克思主义是科学，它始终严格地以客观事实为根据。而实际生活总是在不停的变动中……因此，马克思主义必定随着时代、实践和科学的发展而不断发展，不可能一成不变。”① 马克思主义在发展中，科学共产主义的大师们从理论上对遇到的新矛盾、新情况、新问题作出新阐述、新概括、新论证、新回答时，或者提出了新公式、新结论补充、修改或丰富、发展了旧的具体公式和结论，或者因理论活动重点发生变更，把马克思主义这一活的学说的某个方面提到首位，使某些原理、原则显得特别突出，或是出现了理论上的界碑及在理论指导下的实践上的界碑，都会使马克思主义的发展行程在某个特定时期出现具体历史特点（含理论内容和逻辑形式两方面），从而呈现出阶段性。列宁主义以及作为马克思列宁主义与中国实践相结合所产生的毛泽东思想、邓小平理论就是这样一些在现实生活中生动发展起来的新阶段。这些新阶段包含着“一脉相承”的基本性质，同时又比其基本性质丰富、生动得多。特别是邓小平理论，这是伟大的马克思主义者邓小平，在新的历史条件下，在强调“老祖宗”不能丢，四项基本原则是立国之本的同时，强调“真正的马克思列宁主义者必须根据现在的情况，认识、继承和发展马克思列宁主义”，“不以新的思想、观点去继承、发展马克思主义，不是真正的马克思主义者”②。他身体力行，近二十年来，在和平与发展成为时代主题的历史条件下，在我国改革开放和现代化建设的实践中，在总结我国社会主义胜利和挫折的历史经验并借鉴其他社会主义国家兴衰成败历史经验的基础上，把党和人民实践经验和集体智慧结晶成了新的理论成果。

邓小平理论坚持解放思想、实事求是，在新的实践基础上继承前人又突破陈规，开拓了马克思主义的新境界；邓小平理论坚持科学社会主义理论和实践的基本成果，抓住“什么是社会主义、怎样建设社会主义”这个根本问题，深刻地揭示社会主义的本质，把对社会主义的认识提高到新的科学水平；邓小平理论坚持用马克思主义的宽广眼界观察世界，对当今

---

① 《江泽民文选》第2卷，人民出版社2006年版，第12页。

② 《邓小平文选》第3卷，人民出版社1993年版，第291—292页。

时代特征和总体国际形势作出了新的科学判断；总起来说，邓小平理论形成了新的建设有中国特色社会主义理论的科学体系。所以，邓小平理论是邓小平以“老祖宗”所提供的原则为基础，加进“老祖宗”思想总宝库的、因而与邓小平的名字分不开的那些特别的和新的贡献，是比“老祖宗”当时条件下所提供的更新的东西。它同“老祖宗”的思想体系一脉相承，又是具有鲜明时代精神的当代中国的马克思主义，是马克思主义在中国发展的新阶段。因此，在当代中国，坚持邓小平理论，就是真正坚持马克思列宁主义、毛泽东思想；高举邓小平理论的旗帜，就是真正高举马克思列宁主义、毛泽东思想的旗帜。任何以教条主义或者实用主义的态度来对待邓小平理论，把它和马克思列宁主义、毛泽东思想割裂开来的做法，对立起来，都是错误的和极其有害的。

（原载《科学社会主义》1998 年第 3 期）

深刻认识邓小平理论的历史地位

邓小平同志逝世两周年了。在21世纪即将到来的时刻，我们战斗在高校马克思主义理论和思想政治教育战线的同志们，对邓小平同志的最好纪念，就是大力推进邓小平理论的“三进”工作，特别是进大学生头脑的工作，帮助大学生确立正确的世界观、人生观、价值观，培养出一批又一批热衷献身于建设有中国特色社会主义的“四有”新人。如果能做到这一点，邓小平同志定会含笑九泉，为有可靠的社会主义事业的建设者和接班人感到欣慰。

大力推进邓小平理论进学生头脑的工作是多方面的，要做很多很细致的工作。但是要使学生自觉地接受邓小平理论，真正入脑并运用于认识客观世界和主观世界的改造，首先要解决一个关键和前提就是帮助学生深刻认识邓小平理论的历史地位和指导意义，牢固确立在社会主义改革开放和现代化建设的新时期，在跨世纪的征途上，一定要高举邓小平理论的伟大旗帜，用邓小平理论来指导我们整个事业和各项工作的观念。唯如此，大学生才会懂得学习邓小平理论的重要性，从而产生学习的高度自觉性和能动性。

关于邓小平理论的历史地位，党的十五大报告已作出精辟的概括：“作为毛泽东思想的继承和发展的邓小平理论，是指导中国人民在改革开放中胜利实现社会主义现代化的正确理论。在当代中国，只有把马克思主义同当代中国实践和时代特征结合起来的邓小平理论，而没有别的理论能够解决社会主义的前途和命运问题。邓小平理论是当代中国的马克思主义，是马克思主义在中国发展的新阶段。”① 帮助学生从总体上理解和把握这一概括，我认为，要通过三个方面的教育。

---

① 《江泽民文选》第2卷，人民出版社2006年版，第9页。

第一，要进行中国艰苦求索现代化道路的历史教育，帮助学生正确认识邓小平理论是指导中国人民在改革开放中胜利实现社会主义现代化的正确理论。

鸦片战争以后，中国成为半殖民地半封建国家。中华民族面临着两大历史任务：一个是求得民族独立和人民解放；一个是实现国家繁荣富强和人民共同富裕。后一个任务就是要实现现代化。鸦片战争以来，先进的中国人为求索中国现代化道路进行了艰苦卓绝的斗争。马克思主义的历史唯物主义告诉我们：任何社会生产力的发展都是在一定生产关系下进行的，从来没有离开一定生产关系的单纯的发展生产力的过程，而生产关系对生产力发展或起推动作用，或起阻碍作用。因此，在近现代，现代化有两种：资本主义现代化和社会主义现代化。由旧中国国情和世情所决定，在帝国主义时代，在半殖民地半封建的中国社会，资产阶级的民主主义不是指导中国实现现代化的正确理论，资本主义现代化道路在中国走不通，“三民主义”不能救中国。这已为中国近现代史所证明。

中国共产党成立之后，在以毛泽东为核心的第一代领导集体的领导下完成了新民主主义革命和社会主义革命，建立了中华人民共和国和社会主义制度。这一历史性巨变，为中国实现现代化扫清了障碍，创造了必要的社会制度的前提。中国走上社会主义道路以后，明确提出了实现“四个现代化”的目标，取得了建设社会主义的巨大成就，为中国的现代化建设奠定了很大一部分物质技术基础，培养了全国经济文化建设等方面的骨干力量，积累了工作经验。但是，在中国这样经济文化落后的国家，在建立社会主义制度以后，究竟如何建设社会主义，如何巩固和发展社会主义，由于缺乏进行中国社会主义现代化建设的经验，由于认识和掌握中国社会主义现代化建设的客观规律需有一个正反面经验比较的过程，探索适合中国国情的实现社会主义现代化的道路充满艰难曲折。

党的十一届三中全会以来，以邓小平为核心的党的第二代领导集体领导中国人民进行了新的革命。这次革命在新中国成立以来革命和建设成就的基础上，总结历史经验和教训，艰苦探索，进一步地搞清楚了什么是社会主义、怎样建设社会主义这个首要的基本理论问题，以及我国处于社会主义初级阶段的基本国情，从而深刻地揭示和把握了中国社会主义现代化建设的规律，形成了由一系列互相联系的新的思想、新的观点、新的概念构成的邓小平理论，成功走出了一条建设有中国特色社会主义的新道路。

实践已经证明并将继续证明，邓小平理论是我们认识世界改造世界的新的强大思想武器。因此，一切有志于中国现代化事业的青年，要毫不动摇地坚持建设有中国特色社会主义道路，理所当然地要毫不动摇地坚持和努力学习邓小平理论。

第二，要进行马克思主义基本理论特性和优良学风的教育，帮助大学生认识邓小平理论是马克思主义同当代中国实践和时代特征相结合的理论。

马克思主义是不断发展的科学。理论和实践的统一是贯穿全部马克思主义发展史的最基本的理论特性。永远面对实际，面对世界，注视现实，关心和研究现时代出现的新情况、提出的最迫切的问题，并随时代、实践和科学的发展而不断发展，是马克思主义同客观世界的基本关系。邓小平理论是马克思主义同当代中国实践相结合的理论，主要是指它对中国社会主义初级阶段实践的科学把握。中国究竟处在什么社会发展阶段，这是最基本的国情，因而是我们党实行全部路线和政策的根本依据。党的十一届三中全会以前，正是由于我们对这个最大的实际缺乏清醒的认识，在建设社会主义实践中出现了超越初级阶段的失误。在新的历史时期，邓小平同志运用马克思主义的科学方法，通过对我国基本国情的系统分析，确立了关于社会主义初级阶段的理论。他明确指出，从我国 50 年代生产资料私有制的社会主义改造基本完成，到社会主义现代化的基本实现，至少需要上百年的时间，都处于社会主义初级阶段，即不发达阶段。社会主义初级阶段的主要矛盾，是人民日益增长的物质文化需要同落后的社会生产之间的矛盾。由此决定党和国家的中心任务是集中力量发展社会生产力，进行经济建设。社会主义初级阶段理论的确立，既为我们从根本上克服以往那种超越阶段的想法和做法，又为我们抵制抛弃社会主义基本制度的错误主张提供了理论依据。它是我们党制定“一个中心，两个基本点”的基本路线和一系列正确的方针政策的坚实基础，从而有助于我们从理论上弄清楚在经济文化落后的中国“怎样建设社会主义”的问题。

邓小平理论同时代特征的结合，就是邓小平同志通过国际的观察，深刻地分析了世界态势的发展和变化了的历史条件，敏锐地把握住时代发展的脉搏和契机，得出了和平与发展是当代世界两大主题的新结论。在这样的时代，日新月异的科技进步，深刻地改变着当代经济社会生活和世界面貌。我们党的路线和国际战略正是据此而确立起来的。邓小平理论对时代主题的认定，为我们努力争取、充分利用有利的国际条件，抓住机遇，迎接挑战，发展自己，提供了科学指南。邓小平理论应时代的要求而生，伴随时代的脚步而发展；来自现时代的实践，又指导现时代实践的发展，具有强烈的时代性和实践性。因此，唯有这样的理论才能够解决社会主义的前途和命运问题，才能使我们党在研究新情况、解决新问题的实践中，自觉地坚持、丰富和创造性地发展邓小平理论。大学生深刻地理解了邓小平理论是发展的理论，就会明白为什么在跨世纪发展的征程中，我们仍然必须高举邓小平理论的伟大旗帜，要以这一理论为指导。

第三，要进行马克思主义发展简史的教育，帮助学生正确认识邓小平理论是当代中国的马克思主义，是马克思主义在中国发展的新阶段。

首先必须使学生清楚地懂得，邓小平理论同马克思列宁主义、毛泽东思想是一脉相承的、统一的科学体系。对这个统一性的基本点至少可以概括为以下几个方面：它们都是工人阶级的完整世界观，都是作为工人阶级利益的理论表现、为工人阶级和广大人民群众的根本利益作科学论证的；它们的基本理论特性完全一致，即以实事求是为精髓，坚持理论和实践的统一，把高度的革命性和严格的科学性内在地融合在一起；它们肩负的历史使命完全一致，即为工人阶级的最近目的而奋斗同时不忘运动的未来；它们在科学体系的基本构成上是一致的，即都贯通哲学、政治经济学、科学社会主义等领域，体系完备而严整。正是因为上述基本性质的一致，邓小平同志始终坚持捍卫马列主义、毛泽东思想，反复申明自己是马克思主义者，始终坚持马克思主义的原则。他把坚持马克思列宁主义、毛泽东思想列为不可动摇的四项基本原则之一，坚持科学评价毛泽东同志，维护毛泽东思想的历史地位。正如江泽民在十五大报告中指出的："在当代中国，马克思列宁主义、毛泽东思想、邓小平理论，是一脉相承的统一的科学体系。""马克思列宁主义、毛泽东思想一定不能丢，丢了就丧失根本。"因此，任何把邓小平理论同马列主义、毛泽东思想割裂开来、对立起来的观点都是错误的。而且，只有理解了它们是"一脉相承的统一的科学体系"，方能真正领会邓小平理论的历史地位。

其次，要使学生明白，邓小平理论是马克思主义在中国发展的新阶段。马克思主义在与中国实际相结合的过程中有两次历史性飞跃。第一次历史性飞跃产生的理论成果是毛泽东思想，第二次历史性飞跃产生的理论成果是邓小平理论。作为毛泽东思想继承和发展的邓小平理论，是马克思主义在中国发展的新阶段。所谓“新阶段”，是说邓小平理论贯通哲学、政治经济学、科学社会主义三个组成部分，涵盖经济、政治、科技、教育、文化、军事、外交、统一战线、党的建设等各方面，第一次比较系统地初步回答了建设有中国特色社会主义的一系列基本问题，形成了比较完备的科学体系。

概要地说，在马克思主义哲学方面，首先，邓小平把实践观和价值观统一起来，继承和发展了马克思主义认识论。这包括他恢复了“实践是检验真理的唯一标准”权威，丰富和发展了实践观；阐明了解放思想和实事求是之间的辩证关系，强调“再认识”，丰富和深化了认识过程的理论；提出生产力标准、“三个有利于”标准，实现了实践观和价值观的统一，使实践活动既符合规律又符合于目的。其次，他把两点论和系统论统一起来，继承和发展了唯物辩证法。这包括他作出“发展才是硬道理”的论断，丰富和发展了辩证法的发展观；强调利用矛盾的同一性，提倡“求同存异”，把两点论和系统论统一起来，强调辩证系统思维，对辩证法理论及其运用作出了重大贡献。再次，他把解放生产力和发展生产力统一起来，继承和发展了唯物史观的社会基本矛盾理论。这包括提出“马克思主义基本原则是生产力”的思想，恢复了生产力是社会发展最终决定力量的原理；提出了科学技术是第一生产力的论断，解决了生产力发展的内部动力问题；把解放生产力和发展生产力统一起来，既肯定了生产力的决定作用，又承认生产关系的巨大反作用，发展了历史唯物主义的社会基本矛盾理论和社会革命理论。再次，把物质文明建设和精神文明建设协调起来，继承和发展了马克思主义的文明观。这包括对物质文明和精神文明的概念作了科学规定，为历史唯物主义增添了新范畴；阐明了物质文明和精神文明建设的辩证关系，解决了两个文明协调发展的问题；提出了经济繁荣、政治民主、精神文明“三位一体”的思想，解决了社会主义社会全面发展、全面进步的问题。再次，把独立自主与对外开放统一起来，继承和发展了马克思的“世界历史理论”。这包括提出“现在的世界是开放的世界”“中国的发展离不开世界”的论断，凸现了马克思的“世界历史理论”的当代意义；提出了市场经济可以与社会主义相结合的思想，填补了马克思世界历史理论留下的关于经济落后国家用什么经济体制去建设社会主义这一理论空白；指出社会主义是当代人类史趋势和世界历史趋势的统一，坚定了我们建设有中国特色社会主义的信念。

在政治经济学方面，最为突出的是他首次提出了社会主义市场经济理论。长期以来，计划经济和市场经济被看作是社会基本制度的范畴，把计划经济与公有制、按劳分配并列为社会主义的本质特征，把计划经济和市场经济作为区分社会主义和资本主义的重要标志之一。邓小平运用马克思主义的立场、观点和方法，重新研究和概括了社会主义的本质，重新研究了社会主义经济和资本主义经济发展的历史经验，比较了社会主义和资本主义两种不同社会制度下计划和市场的关系，认为计划和市场只是发展经济的手段，不属于社会主义的本质规定，社会主义只搞计划经济会束缚生产力的发展，把计划经济和市场经济结合起来，就更能解放生产力，加速经济发展。这样就在计划和市场关系上有了新的重大突破，从而为我国经济改革目标的确立奠定了理论基础，为进一步解放和发展生产力提供了新的强大推动力。此外，邓小平理论还在社会主义经济发展动力方面，提出了“改革也是解放生产力”“改革是一场革命”“改革是中国的第二次革命”等观点；在社会主义经济发展的速度和效益的统一上，他把加快经济发展的必要性、可能性同他对于国际形势的正确估计，把发展速度同社会稳定、社会主义制度优越性的发挥等联系在一起，对社会主义经济发展过程中的波动作出科学分析；在实现社会主义现代化的保证上，正确处理了社会政治稳定与经济建设，物质文明与精神文明，经济建设与民主法制建设，经济建设与党的领导、执政党的建设等关系。这些都是对马克思主义政治经济学的丰富和发展。

在科学社会主义方面，邓小平理论的新发展包括一系列互相关联的观点。围绕“什么是社会主义，怎样建设和发展社会主义”这个首要的基本理论问题，在科学社会主义的深层理论上实现了四项重大发展。这就是确立了社会主义初级阶段论、社会主义商品经济和社会主义市场经济论、社会主义本质论、“三个有利于”的判断是非的标准。四项重大理论发展，是我们党认识中国社会主义现代化建设规律的理论成果，它们各自本身以及与此相关的方面包含一系列新的思想、新的观点、新的观念。由此形成了邓小平新的建设有中国特色社会主义理论的科学体系。

毫无疑问，帮助学生明确这些理论是对马列主义、毛泽东思想的重大发展，有助于学生确立邓小平理论历史地位的观念，有助于用邓小平理论武装大学生的头脑。

（原载《思想理论教育导刊》1999 年第 2 期）

社会主义民主政治建设五十年

在喜庆中华人民共和国50华诞之际，回眸我国社会主义民主政治建设50年，意义深远。因为中华人民共和国的50年，就是中国人民当家作主的50年。50年来，中国人民作为历史创造者和社会主人，发扬历史主动精神，进行历史创造活动，铸就了震古烁今的历史。而这种历史本身又会给中国人民再创辉煌以经验、智慧、力量和信心。这正是21世纪的中国再造伟业的重要力量源泉。

一　波澜壮阔的前进历程

中华人民共和国的民主政治建设，以党的十一届三中全会召开划界，其历程可划为前30年（1949—1978年）和后20年（1979—1999年）。前30年是奠基，后20年是创新。

前30年，社会主义民主政治建设，经过了初创（新中国成立后头7年）、曲折前进（全面建设社会主义的10年）、严重挫折（“文革”10年）、走向历史转折的过渡（“文革”后2年）等4个时期。这30年，历史在矛盾中展开。民主政治建设，在制度方面，形成了人民民主专政的国体、人民代表大会的政体的根本政治制度，中国共产党领导的多党合作和政治协商的基本政治制度，民族区域自治和基层社会自治等重要政治制度。进行了人民民主法制建设。理论方面，提出了一系列极为有价值的重要思想。诸如，人民民主专政理论，基本民主制度理论，民主集中制理论，两类社会矛盾及国家政治生活主题的理论，“双百方针”与知识界民主理论，造成生动活泼、安定团结的政治局面的理论，防止新政权腐化变质的理论，加强人民民主法制的理论，等等。新中国民主政治建设的成就，巩固了新生的社会主义制度，保障了人民当家作主的主人翁地位，推进了社会主义建设事业，经受住了历史严重曲折的严峻考验，丰富了科学社会主义的民主理论宝库，显示了以毛泽东为代表的党的第一代领导集体在民主政治建设方面的丰功伟绩。另外，这一时期形成和日益发展的过分集权的政治经济体制，特别是权力过分集中的党和国家的领导制度，妨碍着民主集中制原则的贯彻执行；国家法制建设不足，基本法规缺乏，影响了民主政治的发展进程；50 年代中期以后党的指导思想上逐渐发展起来的“左”的错误趋向，虽经几次纠正都未能彻底克服，它干扰了克服体制内矛盾和冲突的工作，以致最终演变为“文化大革命”，使社会主义民主政治建设受到严重挫折，在中华人民共和国史册上留下深刻的历史教训。

党的十一届三中全会召开，我国社会主义民主建设随着新时期的开辟，进入新的发展阶段。此后 20 年，经过 1979—1982 年的恢复时期，步入稳定发展时期（1983—1987 年），再至深入发展时期（1988 年之后）。恢复时期为社会主义民主政治建设进一步完善奠定了思想理论、组织制度和人事上的基础。稳定发展时期以政治体制改革为动力，促进了基本民主政治制度的进一步巩固发展。其间，党的社会主义初级阶段理论的提出和全面系统的论证，为社会主义民主政治建设奠定了深刻的基本国情方面的基础。深入发展时期，国内政局稳定。围绕建立社会主义市场经济体制的要求，进一步推进政治体制改革，明确提出了依法治国，建设社会主义法治国家的要求。有关依法治国的内涵、原则和任务的具体规定，强有力地把社会主义民主政治建设推向新的高度。有中国特色社会主义民主政治理论达到成熟的水平。

中国社会主义民主政治建设 50 年，其间虽有严重曲折，但其前进历程却是波澜壮阔的。伟大的历程鲜明地显示出：

第一，中国社会主义民主政治建设以一种不可遏止的历史趋势，随着整个社会主义建设事业的发展而不断发展的历史事实，生动地说明民主是社会主义的本质属性和内在要求。“没有民主，就没有社会主义。”①

第二，尽管毛泽东晚年有过失误，但总的说来，重视社会主义民主政治建设，党的三代领导集体都是一脉相承的。正是因为党的三代领导集体坚持马克思列宁主义的民主理论与中国实际相结合，走适合中国国情的民主政治建设之路，半个世纪以来，我国社会主义民主政治建设才取得了举

---

① 《邓小平文选》第 2 卷，人民出版社 1994 年版，第 168 页。

世瞩目的巨大成就。

第三，民主政治建设是一项综合性的系统工程，其历史发展受经济、政治、文化、社会多种因素制约。这些因素只能随着社会主义建设的发展逐步成熟，并且还会出现可以预见和难以预见的情况变化，这是我国民主政治建设渐进发展，在不断克服困难中开拓前进并出现曲折的原因。

二　空前艰难的伟大创造

毛泽东同志曾经指出，中国共产党人要善于运用马列主义立场、观点和方法，进一步从中国的历史实际和革命实际的认真研究中，在各方面作出合乎中国需要的历史的理论性的创造。中国共产党人运用马列主义的民主理论，结合中国的实际，在世界上人口最多的东方大国，建立起工人阶级领导的以工农联盟为基础的人民民主专政的社会主义国家政权，实行了人民代表大会制度，保证了广大人民管理国家事务、社会事务的权力和民主权利。实行了共产党领导的多党合作制和政治协商制，实行了民族区域自治制度和基层社会自治制度。创立和发展了有中国特色的社会主义民主政治理论。这些民主政治制度及理论的进一步完善和发展，为国家政治、经济、文化、社会生活的民主化，提供了充分的可能性和广阔的前景。这是中国共产党领导下的中国人民，作出的一种合乎中国需要的空前艰难而伟大的历史创造。

所谓“空前”，就是我们创建和不断发展的社会主义民主政治制度及理论，完全是从我国的实际出发，沿着社会主义的方向和轨道，进行独立创造的成果。这是因为，西方的多党制和议会制，我们完全不能照搬。就是在马列主义著作和原苏东国家的政治建设中，我们也找不到现成的答案。

我们知道，马克思在《资本论》第三卷、《法兰西内战》和《哥达纲领批判》等著作中，曾提出过关于国家行政管理的两重性质和职能的思想，指出巴黎公社的目的是建立“真正共和国”的“真正民主制度”，公社是“通过人民自己实现的人民管理制”①。马克思在《巴枯宁〈国家制度和无政府状态〉一书摘要》中，还指出过无产阶级的革命专政将是长时期的，直至剥削阶级赖以产生的经济条件完全消灭为止。然而，另外有的马克思主义国家学说著作，却论述了无产阶级夺取政权以后，“国家消

---

① 《马克思恩格斯选集》第2卷，人民出版社1972年版，第382页。

亡”“民主制也随之消亡”的必然性。在社会主义建设实践中，苏联一方面建立起了高度集权的政治经济体制，它作为一种范式长时期影响着世界各国共产党、工人党人；另一方面又于1936年就宣布国家对内镇压职能已经消失，而在事实上却发生了滥用国家对内镇压职能的错误，造成肃反扩大化。那么，新中国成立以后，究竟怎样建立“真正民主制度”，建立“通过人民自己实现的人民管理制”呢？这完全是前人不曾遇到过的崭新的历史课题。

所谓“艰难”，是说中国是世界上人口最多的东方大国，新中国的历史前提是半殖民地半封建社会，经济文化落后。至今，这种经济文化相对落后的整体状况也未得到根本改变，如12亿多人口，9亿在农村，人均国民生产总值远远落后于世界平均水平；在经济结构中，有部分现代工业，同时存在大量落后于现代水平几十年甚至上百年的工业；有少量具有世界先进水平的科学技术，同时存在科学技术总体水平落后、文盲半文盲人口占1/4的状况；有部分经济比较发达的地区，人民生活水平较高，同时存在广大不发达地区人民生活普遍不很富裕，甚至有少数贫困地区连温饱都未解决；在思想政治领域，我们这个国家有几千年封建社会的历史，近代又受殖民主义奴役，缺乏民主和法制的传统。马克思曾经指出：“权利永远不能超出社会的经济结构以及由经济结构所制约的社会的文化发展。”① 显然，在这样的历史遗产之上建设高于资本主义民主的社会主义民主政治，该是何等的艰难！

所谓“历史创造”，是说肩负历史重任的中国共产党，带领各族人民，团结一切爱国民主力量，在中国近现代两次伟大革命中，创立和发展社会主义民主政治的过程充满活跃的伟大创造。一部中国社会主义民主政治建设史，用透彻而鲜明的笔调叙述了中国共产党人把马克思主义的民主理论与中国具体实际相结合，党的领导作用和人民的创造伟力相结合及党的三代中央领导集体，后代承前代，不断拓新的伟大创造过程。

第一，新民主主义革命的伟大实践，创造了社会主义民主政治的雏形。中国共产党领导的有中国特色的民主政治建设，包括革命民主和社会主义民主，并从前者转向后者的不断前进的统一历史过程。新民主主义时期的革命民主政治的创建和发展，是这统一历史过程中的重要阶段。这一

---

① 《马克思恩格斯选集》第3卷，人民出版社1995年版，第305页。

阶段，形成在革命根据地民主政治建设实践中所创造的工农民主共和国—人民共和国—民主共和国—新民主主义共和国，后来发展成为中华人民共和国。第二次国内革命战争时期创立的工农兵苏维埃、抗日战争时期的参议会、解放战争时期的人民代表会议等党领导人民创造的新的国家及其政权组织形式，不仅为新中国成立后的人民民主专政和人民代表大会制度积累了丰富的经验，而且是这些基本民主政治制度的初始形态。我们取得新民主主义革命胜利后，以毛泽东为代表的中国共产党人，运用马克思主义国家学说，科学分析了中国社会和中国革命的性质，在中国建立了以工人阶级为领导的，以工农联盟为基础的人民民主专政。由这一政权性质所决定，建立了既根本不同于资本主义国家的议会制，也不同于俄国十月革命后建立的苏维埃制度的政权组织形式：民主集中制的人民代表大会制度。实践充分证明，人民民主专政和人民代表大会制度，是历史的选择、人民的巨大创造。

第二，社会主义革命的伟大实践，创造了社会主义民主政治的基本成熟形态。我国从 1953 年到 1956 年下半年，进行了伟大的社会主义改造运动，这是中国有史以来翻天覆地的大革命。1956 年夏，生产资料的社会主义改造基本完成以后，国内的社会阶级关系、社会主要矛盾、国家历史任务均发生了历史性的变化，我们党据此适时地赋予业已建立的民主政治制度以社会主义性质。这一时期的历史创造，不仅在于为社会主义民主政治制度奠立了新的社会经济基础，而且赋予它以独创性的新的科学理论基础。这就是毛泽东同志应时代呼唤创立的完整的社会主义矛盾学说，特别是社会主义社会基本矛盾学说，两类不同性质的矛盾学说，正确处理人民内部矛盾的学说。我们党正是在这种新的理论高度上，对人民民主专政的理论和实践进行了新的构思。如：以对待社会主义建设持赞成或反对的态度为标准，重新规定“人民”和“敌人”两个范畴的内容；在正确区分两类矛盾性质的基础上，确定了以正确处理人民内部矛盾为国家政治生活的主题；根据矛盾性质、专政和民主的不同范围、执政党的根本路线等不同情况，确定了解决矛盾的具体方法。可见，毛泽东同志作出的新的伟大理论创造——关于社会主义的矛盾的学说，极大地丰富了社会主义民主政治的理论和实践。

第三，新时期改革开放和现代化建设的伟大实践，创造出社会主义民主政治比较成熟的形态。这就是邓小平民主法制理论及其指导下的民主制度建设。新时期社会主义民主政治建设的特点是，产生了邓小平理论。在邓小平理论指导下，经济体制改革和政治体制改革相互促进，民主与法制紧密结合，民主政治建设与经济建设、文化建设协调发展，促进社会全面进步。在制度方面，以注重建设为重点，人民民主专政制度、人民代表大会制度、共产党领导的多党合作和政治协商制度、民族区域自治制度及其他制度得到进一步巩固和完善，其内部建制和运行机制更加健全。在理论方面，初步形成了包括民主政治建设的地位、作用、目标、内容、途径、方式等多方面认识的，较系统的完整的有中国特色的社会主义民主政治理论。在地位和作用方面，明确作出“没有民主就没有社会主义，就没有社会主义现代化”的论断，把民主规定为社会主义的本质属性和内在要求，把发展社会主义民主、健全社会主义法制列为社会主义建设的基本方针。在目标方面，明确提出了“依法治国”的治国基本方略。在建设内容上，以政治体制筑起适应经济社会及民主理论要求的法律框架，形成独立行使权力、公正执法的司法体制。强调民主与法制的宣传教育，提高人民的公民意识、法律和法治意识。在途径和方式上，坚持从社会主义初级阶段的实际出发，尊重人民群众的首创精神，鼓励创新，注重把实践中的创造概括上升为制度和法律的成果。重视大胆吸收和借鉴世界上一切先进的适合中国民主政治建设需要的东西。

我国社会主义民主政治建设的 50 年，是人民进行伟大历史创造的 50 年。其铸就的伟大成果充分说明，在中国共产党领导下，我国社会主义制度，12 亿多人民，在民主政治建设方面，同经济、文化建设方面一样，具有无比巨大的创造活力。

三　开拓未来的历史经验

我们即将跨入 21 世纪，按 21 世纪中叶把我国建成富强、民主、文明的社会主义国家的要求，在社会主义民主政治建设方面，有哪些基本历史经验，必须继续加以坚持呢?

第一，坚定不移地继续推进政治体制改革。党的十五大报告明确指出，我国经济体制改革的深入和现代化建设跨越世纪的发展，要求我们在坚持四项基本原则的前提下，继续推进政治体制改革，进一步扩大社会主义民主，健全社会主义法制，依法治国，建设社会主义法治国家。这一重要论断，概括了以往民主政治建设取得成就的重要经验，提出了 21 世纪继续推进政治体制改革的总要求。按照这一总要求，努力实现党的社会主义初级阶段基本纲领规定的任务，是21世纪建设有中国特色社会主义民主政治的必由之路。

第二，发展民主必须同健全法制紧密结合，实行依法治国。发展民主必须同健全法制紧密结合，实行和坚持依法治国，这是邓小平理论的重要组成部分，是我国社会主义现代化建设的一个根本任务和原则。依法治国，就是广大人民群众在党的领导下，依照宪法和法律规定，通过各种途径和形式管理国家事务，管理经济文化事业，管理社会事务，保证国家各项工作都依法进行，逐步实现社会主义民主的制度化、法律化，使这种制度和法律不因领导人的改变而改变，不因领导人看法和注意力的改变而改变，这是党领导人民治理国家的基本方略，是发展社会主义市场经济的客观需要，是社会主义文明进步的重要标志，是国家长治久安的重要保障。我们在21世纪必须通过不懈的努力，保证依法治国基本方略的实现。

第三，必须从中国社会主义初级阶段的客观实际出发，坚持走自己的路。民主是具体的、相对的。民主属于上层建筑。一个国家实行什么样的民主，离不开那个国家的历史传统、经济文化发展状况，取决于国家和社会制度。我们的国家是社会主义国家，我们的党是全心全意为人民服务的党。我们要建立的社会主义民主政治，其核心内容，是在共产党领导下，人民当家作主，建设和管理自己的国家。这是最广大的人民民主，同少数人享有的资本主义民主有本质的不同。因此建设社会主义民主政治，必须始终坚定不移地走自己的路，不能搬用西方的那一套政治模式，如果搬用那一套，非乱不可。长期以来，美国和其他西方国家一些人总想把他们的议会民主那一套东西推广到全世界，成为普遍的模式。我们必须保持警惕。这一点在经济全球化趋势加快的今天，更值得时时注意。这当然不排斥借鉴资本主义国家的某些做法，但绝不能照搬。

为此，我们必须划清社会主义民主与资本主义民主的界限，划清社会主义民主与极端民主化、无政府主义的界限。我们要坚信，依靠全党和全国人民的智慧，我们不仅能够建立和完善充满活力的中国社会主义市场经济体制，而且也完全能够逐步建立和完善具有中国特色的社会主义民主政治。当然受社会主义初级阶段经济、文化发展程度的限制，这不是简单的一蹴而就的事情。但是经过一个渐进的长期建设过程，我们的目标一定会达到。

第四，要坚持不懈地进行反腐败的斗争。腐败是剥削制度和剥削阶级的产物，它同社会主义的廉洁政治是根本对立的。凡是腐败现象严重的地方，就没有民主的、廉洁的政治。我们党一贯重视反腐败。党的十一届三中全会以来，邓小平同志就端正党风、加强廉政建设、反对腐败作出了一系列指示，构成建设有中国特色社会主义理论的重要组成部分。在现实生活中反腐败斗争也取得了一定成绩。但是，从总体上说，反腐败工作同党中央的要求和人民群众的期望还有不小的差距。现在必须进一步加大反腐败斗争的力度，力求取得新的斗争成果。不然的话，腐败现象发展下去会形成贪污、盗窃、贿赂横行的世界，我们党会丧失民心，党和国家会改变面貌。

反腐败一靠教育，二靠法制。现在党和国家已经制定了不少反腐败的法规，关键在于坚决执行。根据历史的经验，要坚决贯彻、全面落实反腐败的各种文件精神，最根本的是要相信人民群众，依靠人民群众。要真正用党的政策和国家的法律把人民群众武装起来，发动起来，使人民群众敢于和善于用党的政策和国家的法律同腐败分子作坚决斗争。当然，强化各种职能部门，依法对腐败分子进行查处，也是必不可少的。

第五，必须坚持和改善共产党的领导。我们革命和建设的历史，不仅充分证明，中国共产党的领导是近代中国的历史选择，已显示出治理国家的伟大智慧和能力，而且表明，只有它才能制定出建设有中国特色社会主义的正确路线、方针、政策，形成社会主义现代化建设的骨干力量和核心，团结和调动最广泛的建设力量，把握改革和现代化建设的根本方向，创造有利于建设有中国特色社会主义的良好环境。民主政治建设是建设有中国特色社会主义伟大事业的重要组成部分，同整个建设有中国特色社会主义事业一样，都离不开中国共产党的领导。

要坚持共产党的领导，还必须改善共产党的领导。在这方面，要坚持一个前提，就是要强化执政意识，巩固执政地位，加强和改善党的政治领导、思想领导和组织领导。要抓好一个关键，就是要加强党的自身建设。其中最主要的是要把思想建设摆在首位，加强思想政治工作。同时要改进党的作风，加强党与人民群众的联系，坚持党的群众路线；要高度重视健全党内民主集中制，充分调动党的各级组织和全体党员的积极性和创造精神；要理顺党的领导同国家政权机关，包括人大、政府、法院、检察院和军队的关系，把加强党的领导同充分发挥国家权力机关的作用、尊重和支持人大依法行使职权、遵守党章关于“党必须在宪法和法律的范围内活动”[①] 的原则和宪法关于“任何组织或者个人都不得有超越宪法和法律的特权”[②] 的规定统一起来。特别是在继续推进政治体制改革中，坚持和实行依法治国的治国方略，要把坚持党的领导、发扬人民民主和严格依法办事统一起来，以便把党的主张贯彻于社会各个方面，从制度和法律上保证党的基本路线和基本方针的贯彻执行，保证党始终发挥总揽全局、协调各方的领导核心作用。而要做到这些，最根本的是要用邓小平理论武装全党。

（原载《湖北社会科学》1999 年第 10 期）

① 《十二大以来重要文献选编》（下），人民出版社 1988 年版，第 1250 页。
② 《十一届三中全会以来重要文献选编》（上册），人民出版社 1987 年版，第 582 页。

正确认识中国现阶段民主政治的发展

在“邓小平理论概论”课教学过程中，一些学生常常提出疑问：既然社会主义民主是迄今为止人类历史上最高类型的民主，为什么在我国政治的现实生活中还存在不少不民主的现象呢？这种困惑反映了大学生还不能全面、正确地认识我国现阶段民主的发展状况。要消除这个疑问，我认为要正确地分析以下有关问题。

一 要把握住中国现阶段民主的本质

列宁说：“民主是国家形式，是国家形态的一种。”① 这说明，我们讲的民主首先是国家政权问题。作为国家政权的民主，在人类历史上曾出现过两种类型：剥削阶级民主和社会主义民主。这两种类型的民主在性质上是根本不同的。剥削阶级民主，包括奴隶主阶级民主、封建地主阶级民主和资产阶级民主，都是以维护剥削阶级私有制为基础的、少数人的民主。资产阶级民主比起奴隶主阶级民主、封建地主阶级民主尽管有伟大的历史进步性一面，但仍然是少数人的民主。社会主义消灭了阶级压迫和阶级剥削，为把民主推向新的历史高度，创造比资本主义国家更高更切实的民主开辟了道路。社会主义民主的实质和核心就是人民当家作主。我国现阶段的民主是有中国特色的社会主义民主和人民民主。它既是社会主义民主，又适合中国国情，具有中国的民族特点。从民主的本质意义上说，它是人类历史上最高类型的民主。

把握我国现阶段的民主，应从国家政权的历史类型上，从民主的本质上，弄清它同资产阶级民主的本质区别。具体表现为：第一，我国实行的人民民主专政的国体和人民代表大会制度的政体，是建立在以生产资料公

① 《列宁选集》第3卷，人民出版社2012年版，第201页。

有制为主体的基本经济制度的基础上，又为维护这一基本经济制度服务的，是绝大多数人享有的民主。在这种民主制度下，除了极少数被依法剥夺政治权利的人，广大工人、农民、知识分子以及拥护社会主义的爱国者都是国家的主人，都享有平等的政治地位和政治权利，即平等地享有管理国家社会事务的权利和民主权利。而资产阶级民主则不同，它建立在生产资料资本家所有制的基础上，又维护这种所有制，是资产阶级当家作主的政权，是少数人享有的民主。第二，有中国特色的社会主义民主是最广泛的人民民主。我国人民在政治生活、经济生活、文化生活和社会生活的各个方面都能够当家作主，能以主人翁姿态建设和管理自己的国家，实现全体人民的利益。相反，资产阶级民主是很狭隘的。在资本主义社会里，议员和官员是人民的统治者，高高在上，与人民群众的根本利益对立。人民群众处于被统治地位，实际上被排斥在国家和社会管理的政治之外。至于经济生活更是如此，企业归资本家所有，人民群众无权决定企事业管理。第三，有中国特色的社会主义民主是有保障的民主。这包括制度保障、法律保障和经济保障。我国的民主政治制度，如人民民主专政的国家制度，人民代表大会的政体制度，共产党领导的多党合作和政治协商制度，民族区域自治制度等，都具体体现了各族人民群众当家作主的历史地位；国家机关实行民主集中制原则，从根本上保证了民主与集中，自由与纪律，统一意志与个人心情舒畅、生动活泼的统一；逐步建立和健全的以职工代表会、居民委员会、村民委员会为内容的基层民主制度，日趋加强的法律监督、行政监督、舆论监督等社会监督机制，使人民当家作主的地位得到落实和保证。我国的宪法从根本上保障了国家的一切权力属于人民。选举法、民法、民事诉讼法、刑法、刑事诉讼法等其他法律，从各个方面保证了人民群众各项民主自由权利的贯彻落实。现在实行“依法治国”，更要求民主政治相伴随，保证了广大人民群众在党的领导下，依照宪法和法律规定，通过各种途径和形式管理国家事务，管理经济文化事务，管理社会事务，保证国家各项工作都依法进行，逐步实现社会主义民主的制度化、法律化，使这种制度和法律不因领导人的改变而改变，不因领导人的看法和注意力的改变而改变。我国社会主义民主最根本的是得到了经济保障。我国是以生产资料公有制为基础的，人民以公有制的多种实现形式享有对生产资料的所有权和支配权，从而使民主对人民群众来说，成为能够真正得到享用的实实在在的权利，而不再只是一纸空文。相反，在资本主义国家里，生产资料归资产阶级所有，法律、制度不过是资产阶级利益的表现，广大人民的民主权利得不到真正的保障。

总起来说，从民主的本质上看，中国现阶段的民主，是迄今为止历史上最高类型的民主，是新型的民主。它具有资产阶级民主无可比拟的优越性。但是如果不是从我国人民民主的本质上，而是就其发展的实际状况说，应该承认，它与社会主义民主的本质要求还存在一定差距，即具有不成熟性。此外，在政治现实生活中还存在不少不民主和违反民主原则的现象。不过，对于人们日常议论的所谓“不民主”现象，必须作具体分析。一般来说，它大体有三种情形：把民主制度的不同形式误认作“不民主”，把民主实际发展的不够成熟误认作“不民主”，违背民主集中制的不民主的现象。

二　不要把民主制度的不同形式误认作“不民主”

把民主制度的不同形式误认作不民主的例子很多。这大都与人们所持的具体民主观有关。如有的人认为间接选举制的代表机构的存在是不民主的，只有直接民主才算民主。事实上这是不懂得直接民主与间接民主只是民主形式和实现途径上的差别，并非本质的不同。间接民主是人民行使民主权利必不可少的形式。正如列宁所说：“没有代表机构，我们不可能想象什么民主，即使是无产阶级民主。”① 在我国，一切权力属于人民。但我国有12亿多人口，人民只能通过自己的代表组成的国家机关来管理国家，不可能人人都来直接掌握和行使国家权力。关于这个问题，彭真同志说得很中肯。他说：“我们是社会主义国家，人民是国家和社会的主人。十亿人民当家作主，管理国家，总得有个组织形式。这个组织形式就是全国人民代表大会和地方各级人民代表大会。凡是国家根本的、长远的、重大的问题，最后都要由人大决定。没有人大，人民怎样当家作主，管理国家？人大代表由人民选举产生，人大的决定权是人民给的，是代表人民行使的。这是一种民主的组织形式。人大决定问题并不具体执行。谁执行？政府。十亿人的事情，总还得有一个行政制度。国务院就是中央人民政府，是最高国家权力机关的执行机关，是最高国家行政机关。此外，还有军委，最高人民法院和最高人民检察院。国家行政机关、审判机关、检察

① 《列宁选集》第3卷，人民出版社1995年版，第152页。

机关都由人大产生，对它负责，受它监督。这就是我们国家的民主制度。有了这个制度，坚持这个制度，人民民主就有保障，国家就会稳定。”①这就透彻地说明了把代表机构视为“不民主”，完全是民主观念上的一种偏误。又如，有的人把共产党对人民代表大会及其常委会的领导视为“不民主”，这也是一种错误认识。在我国，社会主义民主的本质就是人民当家作主，而组织和支持人民当家作主，正是共产党领导和执政的本质所在。所以，共产党领导和人民当家作主是完全统一的。一方面，是共产党领导和支持人民当家作主，即：掌握国家的权力，实行民主选举、民主决策、民主管理和民主监督，保证人民依法享有广泛的权利和自由，尊重和保障人权。另一方面，只有坚持共产党的领导，人民当家作主才能得到根本保证，人民当家作主、管理国家的组织形式、民主制度才能充分发挥作用。

三 不要把民主实际发展的不够成熟当成“不民主”

民主实际发展的不够成熟表明社会主义民主本质的丰富性尚未充分展开，自身固有的规律未能完全发挥作用，其优越性还未能充分展现出来，但这并不否定民主自身的根本性质。而“不民主”则是同民主相排斥的，它是对民主的否定或本身不具有民主的属性。以往人们不作这样的区分，把两个不同质的事情混为一谈。

1. 政治体制不完善是我国现阶段民主发展不成熟性的主要表现。它表现为，在现行政治体制中，各政治制度之间的权力关系，特别是党的领导制度与人民代表大会制度之间的关系尚未完全理顺。党的领导制度是党的领导的政治地位、党实现领导发挥政治功能的制度化规定。它包括通过怎样的途径、方法，在什么范围，按怎样的规则和程序实施政治动员，组织协调、科学决策、政治教育、政治管理、监督制约等制度化规定。人民代表大会制度是我国的根本政治制度，它是规定我国人民民主专政政权构成形式的制度。从功能方面说，它是对依法治国的基本功能，如管理国家、发扬民主、实施法制、公民教育等内容的确定。它也包括发挥这些功能的途径、方式、范围、规则、程序等内容规定。党的领导制度和人民代

---

① 彭真：《加强民主与法制建设，加强人大常委会工作》，载《论新时期的社会主义民主与法制建设》，中央文献出版社 1989 年版，第 328 页。

表大会制度之间的关系，是我国政治体制中的核心政治关系。从本质上说，由于党的主张和国家意志、国家利益都是人民意志、人民利益在不同层面上的集中体现，两者整合、统一于宪法和法律之中。两种制度是根本统一的，但是党同国家政权机关的性质不同，职能不同，组织方式和工作方式也不同。合理的政治运行机制是，党主要在思想上、政治上、组织上对国家权力机关及由人大产生的国家机关实施领导，即党通过政治原则、政治方向、重大决策的领导和思想政治工作，通过向政权机关推荐重要干部，在人大设立党组，把党的有关国家重大事务的主张，变为体现人民利益的路线、方针、政策，经过法定程序和法律形式变成国家意志。人民代表大会制度则保证国家权力机关依照宪法赋予的职权，行使人民当家作主的权利。党领导人民建立了国家政权，制定了宪法和法律，党也要领导人民遵守宪法和法律，领导和支持国家政权机关依法充分行使职权，实现人民的意志。党的领导制度与人民代表大会制度之间这种根本的统一性，保证社会主义国家权力的完整性与不可分割性。在我国现行政治体制的运行中，党的领导制度和人民代表大会制度的关系还需要进一步理顺、完善，既加强党的领导，又利于国家权力的有效运行。

2. 政治机制不健全是我国现阶段民主发展不够成熟的另一表现。一是政治体制中的民主机制不充分，还不能使保证政治权力产生和运行的民主性功能得到充分发挥。从道理上说，在社会主义制度下，党和国家的权力都是人民给予的。党是人民利益的忠实代表，始终坚持全心全意为人民服务的宗旨；人民代表大会则是人民以民主选举的程序组成的、用来行使权力的机关。人民政府及其他国家机关均由人民代表大会产生。这样，党的领导权和国家机关的权力，其形成和运行都具有民主性质。但是在我国现行政治体制下，由于一些关系尚未理顺，一些环节功能紊乱，这种民主性的展现还不充分。二是法制机制不够强有力。法制机制是由宪法加以定型的政治体制所具有的法制制约性。本来，法制制约性由宪法赋予，表达着宪法的权威力量，保障和维护着政治体制中的民主机制。一种政治体制一经由宪法定型，它内部的各根本政治制度之间就具有了法律关系，不同政治主体之间的权利与义务关系也随之确立。但是由于现行政治体制的不完善，一些地方党政不分，以党代政的现象还存在，淡化了法制观念，减弱了法制的制约性。三是现实政治生活中，监督制约机制，包括宪法和法律的监督机制等在一些地方、部门常常显得乏力。一些地方人大在听取和审议行政、审判、监察机关工作报告的制度方面，在对国家计划和预算的监督、国民经济和社会发展计划、财政预算的审查和批准、质询监督、廉政建设和惩治腐败等方面，还有待进一步改进和加强。

3. 直接民主制度不完善也是我国现阶段民主发展不够成熟的突出表现。直接民主制度是人民群众行使法定民主权利直接参与国家事务、经济文化事务和社会事务组织管理的制度，其具体形式很多，在我国现阶段最基本的直接民主形式是企业民主管理制度（主要体现为职工代表大会制度）、城乡群众自治制度和直接选举制度。这些制度目前都还不够健全和完善。如，在建立社会主义市场经济体制中，如何进一步完善职工代表大会制度，发挥其民主管理的功能；如何发挥职代会在审议企业重大决策、讨论和决定基层公共事务和公益事业、民主监督评议干部、组织职工参与改革和管理、维护职工合法权益等方面的作用，避免企业民主管理流于形式；如何加强城乡群众自治制度的理论研究，健全自治组织机构，改善其物质条件，提高其领导人的素质，以增强自治组织的吸引力和凝聚力；在直接选举方面，如何加强选举法的学习和宣传，保证选举制度的基本程序、规则和要求得到严格遵守，纠正违反选举法规定的候选人提名和介绍的方式；提高人民群众实际参与政治活动的积极性、程度和水平，等等，都还有大量工作可做。

民主实际发展的不够成熟，与我国现阶段经济文化发展程度不够高，现行政治体制中的弊端，作为民主主体的公民的素质与民主生活的要求存在差距等紧密相关，解决这个问题还不是一蹴而就的事情。但是，必须明确，这种种民主发展不成熟性的表现，非但不是社会主义制度本身所固有的，而且也是党和国家正在努力加以克服和完善的。因此，不能把这些视作社会主义制度本身不民主的表现。

四 不民主现象滋生的根源和条件

应当承认，在我国社会主义民主发展过程中，确实存在着不少不民主的现象，如有的干部在政治意识中主仆关系颠倒，把自己看作是人民的主人，搞特权，特殊化；有的以权谋私，搞权钱交易，贪污受贿；有的压制民主，强迫命令，违法乱纪；有的有法不依，执法不严，违法不究；有的以言代法，以权压法；有的司法人员徇私枉法，贪赃枉法等。群众对此强烈不满不但是完全可以理解的，而且也是正当的。这也是我们党能够消除这些不民主现象的力量源泉和保障。

对现阶段不民主现象产生的根源及其滋长的条件应当进行科学的分析。总的来说，其根源是封建主义残余和资产阶级思想的影响。中国有几千年封建社会的历史，旧中国留给我们的封建专制传统比较多，民主法制传统很少。近代开端以后，中国又沦为半殖民地半封建社会，受到殖民主义的影响。虽然资产阶级君主立宪制、资产阶级共和制在中国的试验都破了产，但是它们对中国社会的影响并没有完全消除。我国进入改革开放新时期以后，西方敌对势力借机加紧对我国进行意识形态的渗透，资产阶级政治理论、哲学观念、生活方式涌进。在新的条件下，封建主义残余、资产阶级思想相互作用、相互掺和与交融，生成一种旧的意识的杂拌物，干扰着主旋律，腐蚀着人们的灵魂。

不民主现象得以滋长的现实条件，一是民主化、法制化不完善，易受封建专制主义的影响，诸如个人迷信、家长制或家长作风。二是我国生产力不发达，经济文化比较落后，社会成员的科学文化素质不高，民主意识不强。三是由我国现阶段国情所决定，将长期允许非社会主义经济成分存在和一定发展，而一些“三资”企业和私营企业违反我国法律规定，采取资本主义原始积累时期的管理方法，侵犯工人群众的合法权益，而不少人又不知道或不敢用法律来维护自己的权益。四是某些领导干部政治素质低，法治意识淡薄，不懂得人民群众才是法治的主体；有的理想淡漠，信念动摇，容易受封建专制主义和资产阶级利己主义的影响。五是新中国成立以来，我们对封建主义残余对我国政治制度的渗透、影响估计不足，肃清其影响的工作不够一贯；进入改革开放新时期以后，一些地方存在一手硬、一手软的情况。这些都为不民主现象的滋长提供了条件，或留下了缝隙。

五　沿着社会主义方向有领导、有秩序地发展民主

克服我国现阶段政治生活中的种种不民主弊端，最根本的是要不断推进有中国特色社会主义民主政治的发展。首先要坚持历史唯物论，尊重客观历史规律，既不能看不到发展社会主义民主的紧迫性，又不能犯急性病。马克思说：“一个社会即使探索到了本身运动的自然规律……它还是既不能跳过也不能用法令取消自然的发展阶段。”① “权利永远不能超出社

① 《马克思恩格斯选集》第 2 卷，人民出版社 1995 年版，第 101 页。

会的经济结构以及由经济结构所制约的文化发展。”① 所以，社会主义的民主化和整个社会发展一样，是一个逐步发展的历史过程，需要遵循社会历史的发展规律，从我国的国情出发，在党的领导下有步骤、有秩序地推进。社会主义愈发展，民主也愈发展，不民主的现象也将逐渐得到遏制和不断克服。其次，要划清在民主问题上的原则界限。江泽民同志曾经指出：“我们必须划清社会主义民主与资本主义民主的界限，划清社会主义民主与极端民主化、无政府主义的界限。”② 当前要特别注意划清社会主义民主与资本主义民主的界限。因为有的人一提到民主就把它同美国联系起来，认为美国的民主是最理想的民主，崇尚“多党轮流执政”“三权鼎立”“西方议会”那一套。而美国和其他西方国家的一些人也总想把他们的民主观念、民主制度、民主标准、民主模式那一套东西强加给发展中国家和社会主义国家，推广到全世界，成为普遍模式。这非常值得警惕。正如有的学者所指出的，这是一种“民主中的美国中心主义”，它具有霸权性、伪善性、政治性的特征，是一种开始衰落的思潮。它在各地的推行，引起了政治混乱、经济衰退，故遭到了抵制和批判。如果我们接受它，就要把广大人民群众排除在民主之外，否定共产党的领导地位，用资产阶级共和国取代社会主义的人民共和国。所以我们决不能搬用西方那一套政治模式。再次，要继续推进政治体制改革。推进政治体制改革，就是要兴利除弊，建设有中国特色的社会主义民主政治。改革的主要内容是完善人民代表大会制度，共产党领导的多党合作制度和政治协商制度；改革的长远目标是建立高度民主、法制完备、富有效率、充满活力的社会主义政治体制；改革的近期目标，是建立有利于提高效率、增强活力和调动各方面积极性的领导体制。党的十一届三中全会以来，我国的政治体制改革已经在改善党的领导，加强人民代表大会制度，提高政府的工作效率，取消实际存在的领导职务终身制，改革干部人事制度，发挥地方政权的作用，加强社会主义法制建设等方面取得了重大进展。现在我们要按照党的十五大的要求，“在坚持四项基本原则的前提下，继续推进政治体制改革，进一步扩大社会主义民主，健全社会主义法制，依法治国，建设社会主义法治国

---

① 《马克思恩格斯选集》第3卷，人民出版社1995年版，第305页。

② 《十三大以来重要文献选编》中卷，人民出版社1991年版，第625页。

家”[①]。在当前和今后一段时间，把发展民主，加强法制，实行政企分开，精简机构，完善民主监督制度，维持安定团结，作为政治体制改革的主要任务。随着政治体制改革的深入，社会主义民主政治的扩大，不民主的现象也将逐步减少，最终得到克服。

（原载《思想理论教育导刊》2000 年第 5 期）

① 江泽民：《高举邓小平理论伟大旗帜，把建设有中国特色社会主义事业全面推向二十一世纪》，人民出版社 1997 年版，第 33 页。

经济全球化的特征、实质与中国特色社会主义

一　当今经济全球化的特征和实质

发端于西方世界的全球化潮流是一个充满矛盾的历史过程。当今的全球化，主要是指在开放世界条件下出现的经济全球化，它具有若干鲜明特征：

第一，它以科技全球化趋势为先导。科技全球化趋势突出是指：1. 谋求科学技术发展已成为世界各国发展目标的重要组成部分。“现代科学技术正在经历着一场伟大的革命。”以信息技术为代表的新技术革命对世界经济的发展，对各国综合国力的提高，对各国政治、军事、外交、人们的活动方式与思想方式的作用日趋广泛、日益深刻。它成为各国实现现代化、解决全球问题的重要依托。2. 当今科学技术革命的问题十分复杂，从科学技术发展的总趋势说，它一方面保持进一步分化和向微观进一步深入的趋势，另一方面产生了向宏观、交叉、复杂、综合集成的新趋势。认识科技革命发展问题上的复杂性，不仅需要国家力量的组织和推动，而且需要各国进步力量的共同推进。3. 以信息技术为代表的新技术革命，为科技知识迅速传播提供了条件。现今科学技术的国际性交流、合作与竞争的潮流蔚为壮观，世界技术贸易发展极快。当代科学技术以空前的规模和速度应用于生产，使社会物质生产的各个领域面貌一新，科学技术真正成为第一生产力，成为经济增长和发展国际分工的决定因素。特别是因特网的使用，使先进的服务业（涉及银行、电信、数据信息、保险、交通运输和大量的专业、商业、科学服务等）得到发展，而交通运输、电信、银行、数据信息的发展，实现了资本对“空间最小化”的追求。这就极大地提高了经济活动的效率，为跨国公司的全球生产和国际贸易的扩大起了先导作用。

第二，它以金融国际化为核心。在经济全球化趋势中，金融国际化发展很快。其特点，一是国际流动资本数额巨大。据测算，在世界各地流动的国际流动资本达数十万亿美元之巨。二是国际投资形式增多。除直接国际投资外，还有以证券形式进行的规模急剧增长的间接投资。这不仅使各国的生产资本全球化，而且使其借贷资本也走向国际化。三是资金交易规模空前扩大，传播速度空前加快。据测算，全球每天的外汇成交量达到13000亿美元。这是由于信息技术的迅速发展，在新的物质技术力量基础上，金融工具和国际金融业运作方式得到不断创新，互联网、“电子货币”的发展使资本在全球范围内的自由流动有了更为便利的条件。四是西方发达国家在金融全球化趋势中占有明显优势。五是金融活动的风险性和投机性突出。现在遍及世界各地的数十万亿美元国际流动资本，为寻找和追逐高额利润，仅有2%—3%用于直接生产和商品交易，其他绝大部分资本则流向金融投机。这样，金融垄断资本扰乱世界金融秩序的危险性就比任何时候都增大了。加之信息技术条件，一国的金融动荡很可能引发一个地区的金融动荡甚至波及全球。

第三，它以跨国公司为主要驱动力。在资本国际化中，产业资本国际化处于主体地位，跨国公司则是它的载体。现今全世界的跨国公司达4.4万家，海外分公司、子公司28万家。据统计，目前世界生产总值的1/3，对外直接投资的70%，贸易额的2/3，技术专利的80%均为跨国公司所拥有。一些大的跨国公司，其中一家的资产额或销售额都超过世界上大多数国家的国民生产总值。如美国的微软公司就拥有几千亿美元的资产。这些跨国公司以其资金、技术、管理和最新现代化科技的优势，不仅使多种产业的传统操作技术面临深刻危机，而且以其各种形式投资所拥有的金融管理权，垄断性地配置着全球资源，以多种形式影响发展中国家的经济主权，其中包括通过强化超国家机构如联合国、世界银行、WTO、国际货币基金组织，削弱民族国家的力量，强迫发展中国家放弃部分政府责任，控制一些发展中国家的部分产业甚至整个经济命脉。

第四，它以全球规模的世界市场为纽带。现今，逐渐形成了有发达资本主义国家、发展中民族主义国家、社会主义国家和其他各种类型的国家参与的真正世界市场。其联结的媒介也增多了，除了国际商品贸易、国际直接投资有了更大发展外，还发展了国际技术流动、国际劳务流动等新的联结纽带，使全球各国和地区之间的经济联系和相互依存越来越密切。

第五，它以推行自由化政策作为发达国家胁迫发展中国家的新形式。20 世纪 80 年代以来，采用自由贸易的国家越来越多，促使世界经济贸易进入新的增长时期。世界贸易自由化程度明显提高。进入 90 年代以来，世界贸易增长率一直快于世界产出增长率。除了贸易自由化以外，还有经济自由化、投资自由化、借贷自由化等等。自由化政策的加紧推行，虽有互联网和“电子货币”的发展在其间起推波助澜的作用，但这些高科技成果只不过是资本利用来掠夺世界资源、追逐高额利润的工具，这里更主要的是，美、欧等少数发达国家的政府自己在厉行干预主义政策的同时，以新自由主义经济学为理论基础，利用其所控制的如世界贸易组织、世界银行、国际货币基金组织等国际经济组织，代表跨国公司全球化生产的要求，不断对发展中国家施以重压，驱动贸易、投资的自由化和资本账户的自由兑换等。它们以投资、贷款、援助等形式相要挟，胁迫发展中国家不断降低关税，减少非关税壁垒，进一步开放国内市场，特别是金融市场，修改国内的规章制度乃至发展经济的整个国策。总之是全面推行自由化政策，对外国资本的掠夺活动不加抵制、不加控制、不加干预、不予阻挠，任其所欲。这种具有强权政治性质的政策，给拉美、东亚、中东、非洲等国家和地区的经济、社会发展造成严重影响。

第六，它由经济区域化伴随发展，又必然促进政治多极化的进程。与经济全球化相伴随，经济区域化的现象日趋突出。战后，法、德、意、荷、比、卢等西欧国家随着国家垄断资本主义的发展，适应生产和资本国际化的要求，也为了摆脱美国的控制，并更有力地刺激全欧洲的增长和创造新的就业机会，从 1957 年发起，通过欧洲煤钢共同体逐步发展，到 1958 年 1 月 1 日正式成立欧洲经济共同体，到 1986 年共同体扩大为 12 个国家。20 世纪 60—70 年代后，以欧共体为样板，逐步形成了中美洲共同市场、东盟（东南亚国家）、环太平洋地区和非洲的经济区域合作关系、北美自由贸易区等等。目前，各种形式的区域经济集团已达 35 个，有 146 个国家和地区参加。经济区域化和经济全球化均受各自的利益驱动，相互作用，进一步推动了经济全球化的进程。正是受各自的利益驱动，在经济区域化、经济全球化过程中，必然推动政治多极化的发展。

第七，它既为发展中国家所参与，又为发展中国家所抗拒。经济全球化作为社会化生产力发展的一个新阶段，其发展趋势不可抗拒，发展中国家必然参与其间，乘机谋求发展。但是当今主导经济全球化的是国际垄断资本。在经济全球化过程中，发达国家不断推行霸权主义和扩张主义，日益严重地侵犯发展中国家的主权和尊严，并且造成世界贫富两极分化的加剧，故又必然遭到发展中国家的抵制和抗拒。事实上正如墨西哥《经济学家报》的评论所说，在世界范围内已经出现了一个抵制新自由主义的浪潮，参与这一行动的阶层之广是空前的，从贫困大众到中小企业家，从知识分子到教会人士。德国《世界报》2000 年 4 月 13 日也指出："全球化创造的财富越多，反对者的行动就越咄咄逼人。"美国《国际先驱论坛报》2000 年 1 月 4 日发表美国学者罗伯特·塞缪尔逊的文章说："全球化是一把双刃剑：它既是加快经济增长速度、传播新技术和提高富国与穷国生活水平的有效途径，但也是一个侵犯国家主权、侵蚀当地文化和传统、威胁经济和社会稳定的有很大争议的过程。"所以经济全球化是一个充满矛盾的历史过程。

经济全球化的特征只是其本质的表现。经济全球化的本质是什么呢？在世界市场形成过程中，从生产关系角度考察，曾经出现过三种全球化，即商业资本全球化、借贷资本全球化、产业资本全球化。这三个阶段的全球化所不同的只是资本形态的变化，而没有改变资本关系的本质。现今经济全球化作为前三种资本形态的完备表现，其实质依然是资本剥削关系向全球的扩张。或如有的学者所说：西方强国所说的经济全球化，"从本质上说，是指以资本主义为主导的、以实现全球少数人利益为目的的资本征服整个世界的现象和过程"①。这可以从以下方面作出说明：其一，经济全球化是以跨国公司为主要驱动力的。而跨国公司正是私营资本发展的最高级的形式，是产业资本国际化的载体，是资本关系发展到国际垄断阶段的突出现象。若没有产业资本的国际化，就不会出现跨国公司，亦不会造就经济全球化；跨国公司之所以欲消除国界阻碍，谋求资本和贸易自由的"无国界性"，其目的是为了在世界范围内最大限度地配置资源，获取最大利润；经济利益又总离不开政治利益的要求，在经济全球化进程中，西方大垄断资本还总是利用世界银行和国际货币基金组织等国际组织，干涉发展中国家的内政、侵犯他国主权，通过控制别国的经济强行推行自己的政治经济制度和价值观念，所以经济全球化进程总是伴随西方现代政治民主化和文化的全球化过程。可见经济全球化的实质正是垄断资本谋求控制

① 李慎明：《全球化与第三世界》，《中国社会科学》2000 年第 3 期。

全球的历史过程。

其二，经济全球化是资本力求“征服整个地球作为它的市场”的表现。马克思曾经深刻地揭露道：资本是一种社会的、集体的产物，它要求“生产的不断变革，一切社会状况不停的动荡，永远的不安定和变动”[①]。如果停止运动，不扩大积累、不扩大剥削范围，就不能生存下去。资本的这种本性决定它“总要力求摧毁交往即交换的一切地方限制，征服整个地球作为它的市场”[②]。在自由资本主义阶段，资产阶级“由于需要不断扩大产品的销路……就不得不奔走全球各地。它不得不到处钻营，到处落户，到处建立联系”，开拓世界市场。由此，“使一切国家的生产和消费都成为世界性的了”，“过去那种地方和民族的自给自足和闭关自守状态被各个民族的各方面的互相往来和各方面的互相依赖所代替了”[③]。这生动地描述了资本的扩张当时就要求超越一切国界，把整个地球作为它的活动舞台。

资本的扩张是通过资本主义生产本身的内在规律即资本的集中进行的。马克思曾写道：“一个资本家打倒许多资本家。随着这种集中或少数资本家对多数资本家的剥夺……各国人民日益被卷入世界市场网，从而资本主义制度日益具有国际的性质。”[④] 资本主义生产经过几个世纪的发展，现今其内在规律的作用空前加剧了。今天资本主义的集中表现为：一是控制资本的权力者掌握着前所未有的巨额财富。如世界最富有的3个家族的财富总和超过最不发达国家6亿人口的年收入。世界上200个最富有的人的资产超过了处于经济阶梯另一端的20亿人的财产总和。目前世界最大的7家银行资产额均超过6000亿美元。美国基金公司管理的储备金和养老金达8000亿美元之巨。二是企业兼并之风越刮越烈。据美国证券公司统计，从1999年1月1日至12月21日，全世界已宣布的企业收购和兼并案的交易总额达到了3.31万亿美元，近乎1989年时的6倍。而近两年的大企业兼并，75%又是跨国公司之间的兼并。资本的集中不仅使财富日益迅速地集中到少数垄断寡头手中，而且十分明显地集中到美国垄断巨头手中。1999年，全球前1000家最大的公司中，美国占494家，前20强

---

① 《马克思恩格斯选集》第1卷，人民出版社1995年版，第275页。
② 《马克思恩格斯全集》第30卷，人民出版社1995年版，第538页。
③ 《马克思恩格斯选集》第1卷，人民出版社1995年版，第276页。
④ 《马克思恩格斯文集》第5卷，人民出版社2009年版，第874页。

中，美国占17家。三是加强了资本权力对世界的控制和统治。这反映在多方面，诸如由跨国公司取代国家和政府的部分职能；跨国公司以消减成千上万个就业机会或者把生产基地转移到国外相威胁，来保证自己获得国家订单、减税、降低工资成本和国家补贴。跨国公司为实现全球生产、贸易和移民，以便在各国之间转移资金和劳动力，还要求各国政府经济政策向趋同化方向发展；由于跨国公司控制了大部分国际贸易，各国政府真正能够管住的只是国内非流动资产。跨国公司在世界经济中重要性的增加，使管理世界经济的决策主体出现转移：从国家政府向私营部门的跨国公司转移；从单个国家向跨国公司的国际性机构转移。① 跨国公司还通过超国家的管理机构，控制和影响与其公司产品有关的全球的经济和社会生活。这包括贸易和投资的开放体制，全球度量衡的统一，全球交通通信网络、资源、环境的管理，对跨国污染的控制，各国金融市场的开放，国际金融市场的稳定等等广泛的方面。这些都表明，在经济全球化过程中，资本的集中已达到这种程度，全球生产、贸易和消费乃至世界政治已日趋控制、操纵在少数跨国公司垄断巨头的手中。跨国公司的壮大反过来又加强了美国等西方强国政府的职能。

其三，资本"力求用时间去消灭空间"。由于流通时间表现为劳动生产率的限制 = 剩余价值的减少 = 资本价值自行增殖过程的障碍或限制，因此，资本为追求最高的剩余价值，总是力求用时间去消灭空间。"就是说，把商品从一个地方转移到另一个地方所花费的时间缩短到最低限度。资本越发展，从而资本借以流通的市场，构成资本空间流通道路的市场越扩大，资本同时也就越是力求在空间上更加扩大市场，力求用时间去更多地消灭空间。"② 这在今天集中表现为国际服务业的高度发展。人们注意到，在经济全球化过程中，一个突出表现就是原来那种集中于大城市大工厂的生产方式、"夕阳产业"，已转移到了周边国家或半周边国家，而在美国等发达国家则发展了极为先进的服务业。如喷气式飞机、卫星电缆电话通信，特别是国际互联网的使用等等。先进服务业的发展，使人类的信息交往、物资、资金和人员的流通大大加快。这种技术成果的出现是由资本追求最大利润的冲动所推动的，目的在于"把商品从一个地方转移到

① 参见赵汇《正确认识经济全球化的本质》，《高校理论战线》2000年第10期。

② 《马克思恩格斯文集》第8卷，人民出版社2009年版，第169页。

另一个地方所花费的时间缩短到最低限度”①，使剩余价值的增殖能在最短的商品和资本流通时间中得以实现。它表明，现今资本已有相当强大的能力，能够将整个社会纳入自己控制的领域，以进一步获取新形式的剩余价值。它进一步表明现今经济全球化过程是资本征服整个世界的现象和过程。

其四，经济全球化趋势加快使世界经济中不确定因素和不稳定性增加，这是国际金融资本成为破坏性力量的表现。

在经济全球化过程中，国际金融资本以对国际金融、目的国经济、政治的熟谙，增大了它对世界经济的影响力。各国金融资本不仅竞相角逐，谋取在国际金融领域的竞争优势，而且同资金数量庞大、投机性强的跨国公司结合，更加强了其垄断地位，成为国际金融中严重的破坏力量。跨国公司以谋求超额垄断利润为目标，采取种种手段进行投机，特别是金融衍生工具的迅速发展，使其破坏力大大增长；贸易和投资自由化的发展，以至任何个人通过因特网亦可以直接进行世界性交往，也可以制造全球性的危机，更增大了世界市场受冲击的风险性。

特别是由于信息技术的进步和广泛运用，可使巨额资金变成电子信息，迅速流动于全球各个角落，使各国建立在国民经济活动基础之上的原有监管标准和措施难以适应，失去相应的控制力，由此酿成金融危机；金融流动工具的不断创新，加大了国际金融活动的投机性和易变性，由此增加了国际金融不稳和危机出现的频率，等等。世界经济中这些日趋增多的不确定因素和不稳定性，任何力量都难以控制，致使一些国家爆发金融危机并演变为政治危机造成国际社会动荡。这一切，正是国际金融资本成为一种破坏性力量的表现。这种破坏性力量是致命的。“它能够引起一种摧毁性的连锁反应，与原子武器相比，金融市场今天成了破坏稳定的更大危险。”（费利克斯·罗哈廷：《全球金融市场：必不可少的市场与风险》，《国际邮报》，1994 年秋季，第 46 期）

其五，经济全球化过程加剧了贫富两极分化。贫富两极分化是资本剥削关系发展的伴随物。经济全球化过程加剧了发达国家与不发达国家、发达国家内部、不发达国家彼此之间的两极分化。如 1998 年，全世界的国民生产总值为 28.86 万亿美元。占世界人口约 17% 的 24 个发达国家，拥

① 《马克思恩格斯文集》第 8 卷，人民出版社 2009 年版，第 169 页。

有世界生产总值的79%；而占世界人口83%的发展中国家，仅占世界生产总值的21%。世界上20%最贫困人口今天只占有世界收入的1.1%。目前世界上前10位巨富的资产已达1330亿美元，相当于所有不发达国家国民收入的1.5倍。这种情况迫使联合国《人类发展报告》承认："迄今为止的全球化是不平衡的，它加深了穷国和富国、穷人和富人的鸿沟。"

其六，国外舆论也认为，经济全球化的实质就是资本国际化。如：布热津斯基在论及全球化问题时就明确地写道："人们还必须把全球性的专门组织网，特别是'国际'金融机构，看作是美国体系的一部分。国际货币基金组织和世界银行，可以说代表'全球'利益，而且它们的构成成分可以解释为世界性。但实际上它们在很大程度上受美国的左右，而且它们本来就是在美国的倡议下产生的，特别是美国倡议的1944年布雷顿森林会议。"[①] 墨西哥《至上报》2000年5月25日发表的《新帝国主义》一文认为："全球化完全证实了马克思的理论：资本的集中越来越迅速，企业家的世界秩序正在逐步迫近。"西方一些"新左派"和第三世界的一些学者，也纷纷指出当今的经济全球化是"野蛮资本主义""全球资本主义""晚期资本主义""新帝国主义"，是"西方化甚至美国化""帝国主义变种"。目前的因特网是一种信息帝国主义，世贸组织是市场帝国主义，国际货币基金组织是金融帝国主义等等。他们认为，在全球统治方面，"如果没有美国也就不会存在"。全球化对于大多数国家来说是一个被迫的过程，"对于美国来说，这却是它的经济特点和政治精英有意识推动并维持的过程"[②]。因为"全球化对美国是好事，对其他国家是坏事"[③]。

以上说明当今经济全球化的本质即资本的国际化。

二　在应对经济全球化中发展有中国特色社会主义

如何在应对经济全球化过程中发展有中国特色社会主义，已成为国内学术界的热门话题，发表的见解众多，可以说见仁见智。我以为这里的前

---

① ［美］布热津斯基：《大棋局：美国的首要地位及其地缘战略》，上海人民出版社1998年版，第37页。

② ［德］汉斯－彼得·马丁、哈拉尔特·舒曼：《全球化陷阱对民主和福利的进攻》，中央编译出版社1998年版，第297页。

③ ［德］布·马洛：《全球化、美国谋求霸权和基辛格的担心》，《新德意志报》2000年7月22日。

提是要弄清经济全球化对我国的影响。关于这个问题，江泽民在 1998 年亚太经合组织第六次领导人非正式会议上曾经指出，经济全球化“给世界各国带来发展的机遇，同时也带来严峻的挑战和风险，向各国特别是发展中国家提出了如何维护自己经济安全的新课题。经济全球化趋势要求各国积极参与国际经济合作，但各国在扩大开放时应根据本国的具体条件，循序渐进，注重提高防范和抵御风险的能力”①。他还指出：“经济全球化是在不公正、不合理的国际经济旧秩序没有根本改变的情况下发生和发展的，因而势必继续加大穷国与富国的发展差距。根本的出路在于努力推动公正合理的国际经济新秩序，以利于各国共同发展。”② 江泽民同志的论断为我们谋求正确应对经济全球化趋势指出了大思路。对于社会主义中国来说，经济全球化确实是一柄双刃剑，既是机遇又是挑战，机遇和挑战犹如一个铜钱的两面。针对这种情况，我们要正确应对全球化大趋势，更好地发展有中国特色社会主义，大思路应该是，抓住历史机遇，积极开展开放型经济，以更加积极的态度走向世界；保持清醒认识，始终坚持独立自主、自力更生的原则方针。

关于第一点，首先要看到以更加积极的态度走向世界的必要性。一是历史昭示我们，封闭就要落后，落后就会挨打。江泽民同志指出：“历史上，不看世界发展的大势，固步自封，作茧自缚，导致国家和民族衰亡的例子比比皆是。例如，清朝从 1644 年到 1911 年共延续了 268 年。从 1661 年到 1796 年是史称的‘康乾盛世’。在这个时期，中国的经济水平在世界上是领先的。乾隆末年，中国经济总量居世界第一位，人口占世界三分之一，对外贸易长期出超。也正是在这一时期，西方发生了工业革命，科学技术和生产力快速发展。但是当时的清朝统治者却不看这个世界的大变化，夜郎自大，闭关自守，拒绝学习先进的科学技术。最后在短短一百多年的时间里，就大大落后于西方国家，直至在西方列强的坚船利炮面前不堪一击。”③ 邓小平也早运用唯物主义历史观总结过中国历史上这一刻骨铭心的教训和现代的历史经验。他指出：“中国在历史上落后，就是因为闭关自守。建国以后，人家封锁我们，在某种程度上我们也还是半闭关自

① 《江泽民论有中国特色社会主义（专题摘编）》，中央文献出版社 2002 年版，第 514—515 页。

② 《人民日报》1998 年 11 月 19 日；《江泽民思想年编（1989—2008）》，中央文献出版社 2012 年版，第 356 页。

③ 《光明日报》2000 年 7 月 17 日；《江泽民文选》第 3 卷，人民出版社 2006 年版，第 48 页。

守，这给我们带来了一些困难。……总之，三十几年的经验是，关起门来搞建设是不行的，发展不起来。”① 二是在世界历史的新发展中，关起门来搞现代化建设更不行。这是因为，现代化是一个世界性的、内涵不断更新的历史概念，如当今的现代化就融入了知识经济的内容。中国若关门搞建设，连世界上的信息都不通，就无所谓现代化。更何况中国是一个发展中国家，实现现代化有自己的特殊性，即要在一个世纪内（20 世纪中叶到 21 世纪中叶）走完发达国家曾用三个世纪完成的生产力领域里的两次革命——近代工业革命和现代技术革命，实现工业化，进而现代化。这种加速过程，要求高密度的科学技术和充足的资金。满足这两个方面的要求，仅依靠自力更生是不行的。仅就科学技术而言，长期以来，我国的经济增长主要是靠增加生产要素量的投入取得粗放型增长，经济增长的 80% 左右是靠投入规模的扩大带动，而生产要素利用效率提高的贡献只占 20% 左右。所以中国要谋求发展，摆脱贫困落后，就必须对外开放，引进国外先进技术和现代科学管理经验，走集约型经济增长道路，同时切实把贸易额的增长状况作为衡量国家经济发展水平的重要标志，以优势产业的发展为龙头，扩大出口创汇，借以带动国民经济的全面腾飞。三是 20 多年的实践证明，“中国执行开放政策是正确的，得到了很大的好处”②。目前，我国已经同 227 个国家和地区建立了贸易合作伙伴关系。1978 年，我国进出口贸易总额仅为 206 亿美元，1999 年则达到 360 亿美元，平均每年增长 15% 左右，大大高于同期我国国民经济的增长速度，而且比世界贸易的年均增长速度高出近 8 个百分点，在世界贸易中居第 10 位。从 1993 年至 1998 年，我国连续 6 年成为利用外资最多的发展中国家，在全球仅次于美国。伴随外资引进了先进技术和管理经验，对外投资也保持了良好的发展势头。这些对国内经济建设起到了重要作用。1998 年我国国内生产总值达到 78017. 8 亿元，自 1997 年起我国的经济总量已居世界第七位、发展中国家首位。许多主要的工农业产品产量居世界首位或前列。1999 年底，我国的外汇储备达 1500 多亿美元，居世界第 2 位。现在我们已经初步步入小康社会。这些成就与我国坚持扩大对外开放是密切相关的。

---

① 《邓小平文选》第 3 卷，人民出版社 1993 年版，第 64 页。

② 《邓小平文选》第 3 卷，人民出版社 1993 年版，第 202 页。

其次，经济全球化为我国社会主义现代化建设提供了新的机遇。这种机遇不仅体现在国与国之间贸易的增长快于生产的增长，出口贸易、资本的国际流动和技术贸易等增长加快，且这种增长势头可能持续到21世纪。世界资源可能得到优化配置，这就为我们有效地利用国内外“两种资源，两个市场”，特别是利用国际信息资源和技术提供了便利条件，这对于弥补我国资金、技术等生产要素的不足，加速实现产业升级、技术进步，建立高新技术的支柱产业以带动国民经济其他部门的发展，提供了有利时机。而且，更为突出的是，在经济全球化趋势中，发达国家对发展中国家的依赖，即西方经济学家称谓“颠倒的经济依赖”现象突出。这种现象从战后西方发达资本主义国家具有世界经济规模的资本增殖运动依次经过的购买、生产、出卖三个阶段可以看出。在购买阶段上，西方发达国家普遍依赖第三世界的生产性资源，如对13种工业原材料的需要，美国对第三世界的平均依赖程度达60%，欧共体达到90%，日本高达92%。对石油需要的进口，日本是99%，欧共体是96%，美国约45%。在生产阶段上，从70年代初起，发达国家跨国公司、国外企业的生产总值在资本主义历史上首次超过了母国的商品输出额。到80年代初，这种国外生产超出本国出口的情况，美国为4倍，日本为40%，西欧为25%以上。在出卖阶段上，以国际贸易为主要形式的商品资本国际化趋势，在战后发展很快，加深了西方发达国家在流通方面对国际市场的依赖程度，1990年出口占国内生产的比重，德国是36.4%，荷兰、比利时、卢森堡等小国依赖程度更高。美国20个重大贸易伙伴中有11个是发展中国家和地区，这11个国家和地区共占美国贸易总额的26%以上，占美国出口总额的近22%。① 上述情况说明第三世界的市场在国际资本流动中占有重要地位，它的盛衰关系着发达资本主义国家经济的兴衰，发达资本主义国家若离开第三世界广大市场，就可能引发经济危机。列宁早就说过：“资本主义只是广阔发展的、超出国际界限的商品流通的结果，因此没有对外贸易的资本主义国家是不能设想的，而且的确也没有这样的国家。”② 当今的国际经济生活再次证明了列宁论断的科学性。关于这个问题，邓小平也作过论述：“欧美国家和日本是发达国家，继续发展下去，面临的是什么问题？

---

① 房宁：《现代资本主义发展引论》，首都师范大学出版社1995年版，第81—89页。

② 《列宁全集》第1卷，人民出版社1995年版，第191页。

你们的资本要找出路，贸易要找出路，市场要找出路，不解决这个问题，你们的发展总是要受到限制的。我过去跟很多日本朋友谈这个问题，跟欧洲朋友、美国朋友也谈这个问题，他们脑子里也是装了这个问题。”[①] 他还对日本首相中曾根康弘说：“中国现在缺乏资金，有很多好的东西开发不出来。如果开发出来，可以更多地提供日本需要的东西。现在到中国来投资，对日本的将来最有利。”[②] 他还进一步指出，“从世界的角度看，中国的发展对世界和平和世界经济的发展有利。西方政治家要清楚，如果不帮助发展中国家，西方面临的市场问题、经济问题，也难以解决。”[③] 这说明国际经济的发展要求中国扩大对外开放，这也正是我们发展开放型经济的机遇。

面临发展的机遇，扩大对外开放要善于克服阻力。这种阻力主要是来自国外霸权主义推行的强权政治。少数几个西方发达国家想垄断世界，动辄不仅借口“民主、自由、人权”，以“制裁”“封锁”“取消最惠国待遇”相威胁，而且顽固地维护不公正、不合理的国际经济旧秩序，损害广大发展中国家的普遍利益，侵犯其国家安全。对于这种阻力，一是要使搞霸权主义的人明白，“世界上最不怕孤立、最不怕封锁、最不怕制裁的就是中国”[④]，所以外国的威胁这一套并不高明；中国是一个大市场，“封锁”“制裁”中国，就等于“封锁”“制裁”他们自己，缩小他们的市场。中国人从不怕孤立，不信邪，施以强权政治对中国无济于事。二是要发挥中国作为一个大国的作用，充分利用世界性组织积极参与对经济全球化过程的正确引导和管理，改革其不公正、不合理的“国际惯例”即需共同遵守的游戏规则，制定新的规则，建立国际经济新秩序，使国标体制中权利和义务平衡。将当今的经济全球化导向世界各国平等、互惠、共赢、共存的经济全球化，以趋利避害，有利于南北国家共同发展。三是要沉着应付，认真对待，关键是埋头实干，做好我们自己的事。

扩大对外开放，发展开放型经济，根据这些年的经验，在战略上应注意三点。一是积极完善全方位、多层次、宽领域的对外开放格局。现在这种格局已经形成，要进一步解决的问题是，坚持全方位地利用国际市场，

---

① 《邓小平文选》第 3 卷，人民出版社 1993 年版，第 105—106 页。

② 《邓小平文选》第 3 卷，人民出版社 1993 年版，第 53 页。

③ 《邓小平文选》第 3 卷，人民出版社 1993 年版，第 79 页。

④ 《邓小平文选》第 3 卷，人民出版社 1993 年版，第 329 页。

实行市场多元化战略与有重点地对外开放相统一。在当今国际社会，西方发达国家是我们对外开放的重点。这不仅是因为它们具有资金、科技、管理、产业结构、外贸、人才等等优势，在世界经济中处于主体地位，而且是历史奇特演进的客观要求，即社会主义率先在中国这种经济比较落后的国家建立起来，在较长时期内要同发达资本主义国家相峙并存。中国社会主义建设中，只有善于吸取、利用发达资本主义国家积累和创造的文明成果，才能克服严峻的冲突和压力，得到生存和发展，最终实现超越。所以确定这样的重点不是主观任意的。但是，重点必须以全方位开放为基础。这是因为，在当今由210个左右的国家和地区组成的世界经济体系中，发展中国家有180个左右，范围广大，其人口亦占总人口的4/5，这一广大的市场是不容忽视的；广大发展中国家各有自己的优势，80年代以来，随着日趋开放的贸易政策和投资政策的实施，经济有较大的发展，最不发达的国家数量在减少。从政治上说，加强与第三世界国家的团结合作意义重大。此外，我国对外贸易过于集中于日本、美国、西欧等少数国家和地区，风险性也大。因此，实施市场多元化战略对于争取我国在国际竞争中的有利地位，保持我国外贸持续、快速、健康发展有重要意义。二是以提高我国经济的整体素质和效益为中心，努力提高对外开放的水平。这里的关键是如何合理有效地引进外资、利用外资的问题。20年来，我们在引进、利用外资方面已取得了卓越的成就，但也还存在不少问题，诸如外商投资协议金额多，实际到位少；协议投资金额持续时间短，项目规模小；对引进缺乏正确导向和组织协调，对引进的外资、技术在管理上有不妥善之处，等等。这些都需要加以克服或改进。外贸的进出口在商品结构、质量、档次上亦存在待改善的问题，为外商提供国民待遇的原则也待逐步落实。今后，在对外经贸交往中必须坚持以质取胜，注意引进先进技术和关键设备，用优惠政策吸收外资，鼓励先进技术进来。注意在政策上向大跨国公司倾斜，改变现在交通、能源部门、中西部地区投资不足的状况。三是发挥我国的比较优势，实施双向推进战略。所谓我国的比较优势，包括大市场、劳动力资源丰富、成本低以及诸如石油开发、内陆煤炭等优势。利用这种优势努力发展技术含量相对较高的劳动密集型产业以及高新技术产业中的劳动密集型生产环节，以推动经济发展，促进就业问题的解决。所谓实施双向推进战略，既包括引进与走出的关系，也包括物质与文化的关系。关于引进，要坚持积极、合理、有效的原则，由以往的“两重

（速度、数量）转向“三重”（结构、质量、效益），以明确的产业政策为导向，来解决外资的正确投向问题。特别是要注意用以鼓励和支持其企业增强科技创新能力，努力发展高新技术产业，增大产品的科技含量，提高产品质量。在开放领域上，除继续注重工业和贸易外，要大力发展服务贸易，诸如航空、货运代理、铁路、保险、法律资源、会计事务所等等行业。总之，应进一步贯彻国务院公布的《指导外商投资方向暂行规定》（1995 年 6 月 30 日），以使外商投资更加符合我国现代化建设的需要。关于走出，要继续组织一批有条件的国有企业出去投资办厂，发展中国企业跨国经营，使其在更广阔的空间里进行自身的经济结构调整和资源优化配置。关于物质和文化的关系，就是在引进外资技术、管理经验时，要重视吸收发达国家先进的科学思想、艺术精品，同时要抵制资本主义社会那种消极腐朽的思想文化、生活方式对我们的侵蚀。对于现存的一些用资本原始积累的方式进行管理的企业，必须依法令其限期改进，以保护我国工人阶级的权益。

关于第二点，即保持清醒认识，始终坚持独立自主、自力更生为主的原则方针问题。

既然当今经济全球化的实质是资本国际化，那么在这种意义上说，经济“全球化”就意味着在现代科学技术和生产力的推动下，资本主义生产的社会化、资本主义生产力和各种社会关系向全世界扩展和延伸。资本主义的固有矛盾随之在全球范围内展开，资本主义的一切运动规律力图在全世界范围内发生作用，从而给包括我国在内的发展中国家带来灾难。针对经济全球化趋势的负面影响，要求我们在扩大对外开放时，要认真研究邓小平的经济理论，特别是对外开放的理论，并以邓小平理论为指导，认真研究世界经济及其有关理论。在处理自力更生和对外开放的关系上，要按江泽民同志所说的，我们这样大的社会主义国家搞现代化建设，必须“把立足点放在依靠自己力量的基础上”①，绝不能把扩大对外开放变成仰赖国外，受制于人。实际上，坚持独立自主是一个普遍的原则。现在美国和欧盟都带头实行“经济民族主义”（即为保护本国贸易上的利益而歧视他国的利益），法国人提出“必须要有一种经济爱国主义”、“要有真正的民族意识”，韩国人提倡“爱国主义”。据估计，现在欧盟用于保护制度的总费用达到 6000 亿美元/年。所以处于发展中的中国更应如此。对于中

---

① 《江泽民文选》第 1 卷，人民出版社 2006 年版，第 344 页。

国来说，坚持独立自主，自力更生，首先要坚持社会主义道路。邓小平曾明确指出："整个帝国主义西方世界企图使社会主义各国都放弃社会主义道路，最终纳入国际垄断资本的统治，纳入资本主义的轨道。现在我们要顶住这股逆流，旗帜要鲜明。因为如果我们不坚持社会主义，最终发展起来也不过成为一个附庸国，而且就连想要发展起来也不容易。只有社会主义才能救中国，只有社会主义才能发展中国。……不走社会主义道路中国就没有前途。……中国是独立自主的国家。为什么说我们是独立自主的？就是因为我们坚持有中国特色的社会主义道路。否则，只能是看着美国人的脸色行事，看着发达国家的脸色行事，或者看着苏联人的脸色行事，那还有什么独立性啊！现在国际舆论压我们，我们泰然处之，不受他们挑动。"① 我以为邓小平这个论断以中华民族的尊严和英雄气概，向我们讲明了在扩大开放中必须坚持的最根本原则。

这里有几点特别值得我们注意：（1）整个帝国主义西方世界的企图。我们在观察经济全球化时绝不能犯近视眼的错误，误认为经济全球化只是各国经济之间的联系，而必须把国际垄断资本集团主导、操纵的经济全球化同美国的"政治民主化"，乃至"全球战略"联系起来。（2）中国的发展道路。"如果我们不坚持社会主义，最终发展起来也不过成为一个附庸国"，而且难于发展。因此，"发展是硬道理"，我们要利用经济全球化提供的机遇加快发展。但是我们讲的是社会主义的发展，只有坚持社会主义中国才能发展。社会主义与资本主义并不是只有前者"忽视社会动力机制"，后者"忽视社会平衡机制"的差异，而是有根本性质的不同，因此我们只能积极"参与"而不能被动地把中国的经济"融入"经济全球化的过程。（3）不能看着发达国家的脸色行事。中国在经济全球化过程中，必须把国家利益、国家主权、国家安全（最基础的是经济安全）放在首位，根据社会主义国家对外开放的原则和社会主义现代化的实际需要，根据我国的国情，制定和完善相应的具有竞争性的市场体系，有效的宏观经济调控体系，完备的法律法规体系，科学技术创新体系，并参与制定国际通行的规则和惯例。开放什么，什么时候，在什么地方，开放到怎样的程度，要从我国国情出发，循序渐进。不能放弃我国政府在对外开放过程中的主导权，笼统地提出与国际接轨，无原则地讲"保证国内各有

① 《邓小平文选》第3卷，人民出版社1993年版，第311—312页。

关领域都严格执行国际规则”。必须坚持改革不公正、不合理的国际惯例。（4）国际舆论压我们。国际舆论压力范围广泛，其中西方一些政要在“全人类的共同利益”的幌子下，大加鼓噪经济全球化过程中“意识形态的作用下降了”。实际上这只不过是要淡化“社会主义意识形态”，以便利他们向社会主义国家进行思想文化的渗透。这正如美国一位社会学家称：“美国流行文化的传播是长久以来人们为实现全球统一而作出的一连串努力中最近的一次行动。它代替了罗马帝国和基督教徒推行的拉丁语以及（共产党政府推行的）马克思列宁主义。”（1998 年 10 月 25 日《华盛顿邮报》）可见，美国没有淡化意识形态。这表明经济全球化绝不可能离开政治。

其次，在目前我国外贸、外资和外债都达到一定规模，对外经济依存度较高的情况下，对外开放中对某些国家所抱的政治企图、附加的政治条件应有更高的警惕；对西方国家控制高精尖技术，在产品出口上以次充好的坑蒙欺骗行为应有有效的对策；对资本市场的开放，要与国内经济、金融体制的健全程度相适应，持谨慎的态度，避免受国际游资的炒作，爆发经济危机；人民币汇率要在一定时期注意保持基本稳定；在对外贸易和引进外资方面，要实行多元化战略。外贸出口市场不能过于倚重美国，直接投资来源不能过于倚重亚洲一些国家和地区。要注意采取包括调整一定税收政策在内的相应措施，拓宽吸收、利用外资的渠道。对国外大公司的资本和先进技术应注重吸收，并注意消化和努力创新。国有大型企业与跨国公司合作，要统筹协调，制定得力措施，趋利避害，保持国有经济对关系国家经济命脉的重要行业和关键领域的支配地位，注意保护国内幼稚产业。保护民族工业，美国、德国和日本在实现工业化过程中都曾长期实行高关税政策保护本国工业，坚决反对英国推行的损人利己的“自由贸易主义”。至今欧盟有效的平均关税为 13% 至 15%，是官方的 2 到 3 倍。在有增长潜力的服务业领域并不开放市场。我们应注意这些西方国家的经验和动向。在金融体制改革上，我们要按党的十五大以及继后历次重要会议的精神，抓紧建立健全与社会主义市场经济发展相适应的金融机构体系、金融市场体系和金融调控监管体系，继续实施积极的财政政策和稳健的货币政策，使金融稳定和安全得到保证。对国内隐藏着的金融风险应继续予以高度重视，坚持采取得力措施予以解决，以有效防范和化解金融风险，保障国家的经济安全。在这方面，一定要吸取泰国在自由化压力下，过早地、过度地开放金融市场，撤掉自我保护的屏障，导致严重的金融危机，并由此引发东南亚金融危机、亚洲金融危机、俄罗斯和巴西金融危机的教训。对外开放中还要重视国内市场的发展。在货币贬值、国际市场难做的形势下，要鼓励内需，鼓励人民买国产货，避免生产积压产品。此外，对部分外商投资企业存在的经济效益不高、违反劳动法的现象以及发生的劳资纠纷应予重视，采取有效措施加以解决。总之，在我们迈入21世纪的时候，面对经济“全球化”趋势，我国扩大对外开放要始终坚持和努力实践邓小平的深刻指示：“中国的事情要按照中国的情况来办，要依靠中国人自己的力量来办。独立自主、自力更生，无论过去、现在和将来，都是我们的立足点。中国人民珍惜同其他国家和人民的友谊和合作，更加珍惜自己经过长期奋斗而得来的独立自主权利。任何外国不要指望中国做他们的附庸，不要指望中国会吞下损害我国利益的苦果。我们坚定不移地实行对外开放在平等互利的基础上积极扩大对外交流。同时，我们保持清醒的头脑，坚决抵制外来腐朽思想的侵蚀，决不允许资产阶级生活方式在我国泛滥。中国人民有自己的民族自尊心和自豪感，以热爱祖国、贡献全部力量建设社会主义祖国为最大光荣，以损害社会主义祖国利益、尊严和荣誉为最大耻辱。”① 这是经济问题，也是重大的政治问题。在世纪之交，党的十五届五中全会通过的《中共中央关于制定国民经济和社会发展第十个五年计划的建议》，提出以发展为主题，以结构调整为主线，以改革开放和科技进步为动力，以提高人民生活水平为根本出发点。这具体体现了党的基本路线，具体体现了独立自主、自力更生的原则方针。坚持这一“建议”就能借经济全球化提供的机遇，实现我国现代化建设的宏伟蓝图，发展有中国特色社会主义。

（原载《马克思主义研究》2001年第4期）

---

① 《中国共产党第十二次全国代表大会文件汇编》，人民出版社1982年版，第4页。

当今世界的两大历史趋势

一　要正视当今时代客观存在的两大历史趋势

当今时代客观存在着两大相互作用的历史趋势：经济全球化趋势；“社会主义经历一个长过程发展后必然代替资本主义……的总趋势”[①]。时下世界各国密切关注的是前一历史趋势。在2000年9月6—8日的联合国千年首脑会议上，“经济全球化”问题成为会议的焦点就是明证。应该说，人们关注这一趋势是可以理解的。社会存在决定社会意识。90年代以来，随着世贸组织的建立（1995年），信息技术及其产业的迅猛发展，运输和通信成本的大幅度降低，世界全球化作为社会生产力和科学技术发展的客观要求和必然结果，作为高科技条件下现代化、社会化大生产的历史性新阶段，作为千年和世界更迭中的重大历史新现象，提供了在全球范围内优化配置资本、技术、知识等生产要素的可能性，给发展中国家提供了新的发展机遇。同时，从生产关系的角度看，经济全球化作为资本国际化，它所造成的各国各地区在全球发展中的地位和水平的更大差异，南北贫富差距的进一步扩大，以及经济霸权主义对发展中国家主权的侵犯、民族文化和历史传统的侵蚀、经济稳定的威胁，等等，不能不引起人们的关注。面对经济全球化的正负面影响，如何将经济全球化由资本国际化导向世界各国平等、互惠、共赢、共存的经济全球化，以趋利避害，有利于南北国家的共同发展，更是人们渴求解决的问题。但是，所有这些都不能成为人们忘记、忽视，甚至抹煞“社会主义必然取代资本主义”这一历史趋势的理由，如果人们真的忽视了这一更为根本的“不可逆转的总趋势”，那就离开了历史唯物主义的科学观察，就偏离了对当今时代本质的正确认识。对时代本质、世界形势和矛盾的科学认识，是保持政治上坚

---

① 《邓小平文选》第3卷，人民出版社1993年版，第382—383页。

定、正确的起点。我们看到，苏联东欧国家出现严重曲折以后，一些人惊慌失措，认为马克思主义要消失了，没用了，失败了。有些党的干部，热衷于以权谋私，热衷于傍大款，对广大群众的疾苦不闻不问、冷若冰霜。有的党员和干部对经济上贫富悬殊和干部中的腐败现象，以及理想失落、道德沦丧等类问题熟视无睹，甚至听任腐败现象滋长蔓延等等。出现这些现象的原因也许很多，但在相当大的程度上，同不坚信“社会主义必然代替资本主义”的历史发展总趋势有关系。这说明解决对历史发展总趋势的正确认识在政治上有重要意义。事实上，经过科学社会主义理论严格论证的，从伟大的俄国十月社会主义革命业已开始的，社会主义必然代替资本主义的世界历史发展的总趋势，作为人类社会发展规律的表现，依然是不可逆转的。

苏联解体、东欧剧变以后，西方资产阶级政客和御用学者曾竭力宣称社会主义已经“失败”，共产主义理论已“被埋葬”，21 世纪将与共产主义无缘，西方的“自由民主制度乃是地球上不同地区和文化共同拥有的唯一一致的政治愿望”。但正如英国《卫报》1991 年 12 月 10 日发表的一篇文章所说：“事实并未证明资本主义在西方获得胜利”，“资本主义拿不出什么战利品证明它战胜共产主义，资本主义仍然面临挑战。”美国《纽约时报》甚至认为，苏联东欧剧变之后，在美国面临种种社会问题的情况下，假如硬说已证明了资本主义的成功，“那么，美国的意识形态就陷入了错误逻辑的困境”。

较长时期以来，趋同论者从唯心史观出发，也曾从多种角度（诸如科学技术进步、计划与市场结合、收入分配政策变化、建立“混合秩序”等）论证社会主义制度与资本主义制度的“趋同”。但是，至今世界历史既没有终结于资本主义制度，也没有出现既非社会主义、也非资本主义的“大同”境界。社会主义和资本主义的并存、竞争，仍然是当今世界的客观现实。现在，美国的统治者坚持对中国实行“遏制”和“接触”的政策。所谓“遏制”就是要阻挠中国的发展，“接触”就是实行逐步的演变，对中国进行“西化”和“分化”，把中国变成它的附庸。这不就正好证明世界既未“趋同”，也未终结于资本主义制度吗？江泽民同志指出：“今天，社会主义在世界范围内已经成为活生生的现实，成为亿万群众的实践。新生的社会主义制度在其发展过程中会有迂回和曲折，但是已经证明并将继续证明，社会主义具有强大的历史活力和蓬勃生机。仅仅看到某些旋涡和逆流而看不到历史长河的奔腾，只能说明观察者的政治短视。社会主义代替资本主义是真正的历史大趋势，是人类从必然王国进入自由王国的一个决定性阶段。……我们回顾过去，展望未来，立足中国，放眼世界，对社会主义事业充满信心。”① 这段至理名言从世界发展规律性的高度洞察历史，阐明了时代发展的主旋律，给正在深刻反思社会主义曲折征程和郑重思考以什么样的新面貌进入21世纪的人们，以强大的理论武装。它清楚地告诉人们，只有被历史长河中某些旋涡和逆流所迷惑的政治短视者，才看不清社会主义代替资本主义的真正历史大趋势。

二　经济全球化历程总伴有世界社会主义的发展

从历史眼光看，经济全球化的发展进程总伴有世界社会主义的发展。关于全球化（主要是经济全球化）的历史进程，学界的不同看法很多。按我国著名学者费孝通先生的意见，全球化始于15世纪末的航海大发现，到19世纪70年代第一阶段告一段落。在这一阶段，以航海技术和继后的机械化大生产为特征的工业革命为代表，使西方那些生产力领先的国家在世界各地的扩张成为现实。它们对世界市场的拓展和向亚非国家的殖民活动是全球化过程开始阶段的根本特征。在这一阶段，最具典型意义的例子是大英帝国霸权的确立。

经济全球化的第二个历史阶段，即大约从19世纪末叶到20世纪70年代初，美国崛起，并长期保持生产力领先的发达国家地位。在美国霸权维持的经济秩序中，全球化进程加快了。运输和通信技术的革新，使物资和信息的流动可以跨越种种空间障碍。经济交往的规模和频次大为提高，促进了经济组织的革新，以跨国公司为代表的经济力量和世界市场进行新的整合。“国际惯例”即市场上共同的“游戏规则”作为经济全球化进程在贸易交往制度上的反映，是与经济活动伴生的文化现象。由美国霸权主导的全球化进程，使美国模式的社会制度、文化价值观念等成了许多后起国家模仿的对象。

经济全球化是第三个阶段，从20世纪70年代开始直到现在，目前还在继续发展。这个历史时期最突出的特点，是霸权受到强有力的挑战并在事实上将逐渐淡出中心地位，全球化进程的参与者以反驱动力呈现多元化

---

①《十三大以来重要文献选编》（中），人民出版社1991年版，第634—635页。

局面。[①]

费老关于经济全球化历史进程的分期能否取得共识，将由学术界去争鸣，本文借此所论及的是历史辩证法的不可抗拒性。这就是，在全球化的每一阶段，都有社会主义的兴起或发展。在第一阶段上，资产阶级奔走于全球各地，到外落户、到处开发、到处建立联系，它“开拓了世界市场，使一切国家的生产和消费都成为世界性的了。……资产阶级挖掉了工业脚下的民族基础。……过去那种地方的和闭关自守状态，被各民族的各方面的互相往来和各方面的互相依赖所代替了”[②]。但是，正是在这个阶段，以劳动和资本的矛盾为轴心，随着经济、政治、社会、阶级、民族、国家间多方面矛盾的激化，产生了空想社会主义学说。空想社会主义经过300多年的徘徊，到19世纪40年代末，随资本主义经济关系和阶级关系的成熟，无产阶级反对资产阶级斗争的展开，经科学共产主义创始人马克思恩格斯的伟大创造，发展为科学，诞生了马克思主义和共产党。马克思恩格斯当时以世界历史眼光作出了伟大预言：“资产阶级的灭亡和无产阶级的胜利是同样不可避免”的[③]，论证了“无产阶级只有在世界历史意义上才能存在”，它的事业——共产主义也只有作为“‘世界历史性的’存在才有可能实现”[④]，并且发出了“全世界无产者联合起来”的伟大号召。正是在这一伟大号召下，欧洲工人运动走向国际联合，于1864年成立第一国际，把欧美整个战斗的工人阶级联合成一支大军。在第一国际的后期，爆发了震撼全球的巴黎3月18日起义，法国无产阶级创建了巴黎公社，进行了无产阶级专政的英勇尝试。巴黎公社以后，欧美各主要资本主义国家带来相对和平发展的时期，无产阶级进入“准备和慢慢聚集力量的时代”[⑤]。在1869—1891年间先后成立了各国社会主义政党，进而在1889年在巴黎成立了第二国际。第二国际的建立，促进了各国社会主义运动的发展。

在经济全球化的第二阶段，资本主义过渡到它的垄断阶段。修正主义借口当时出现的新情况、新问题，对马克思主义提出了严重的挑战。列宁

---

① 费孝通：《论中华文化在全球化中的历史定位》，《北京日报》2000年11月6日。

② 《马克思恩格斯选集》第1卷，人民出版社1995年版，第276页。

③ 《马克思恩格斯选集》第1卷，人民出版社1995年版，第284页。

④ 《马克思恩格斯选集》第1卷，人民出版社1995年版，第87页。

⑤ 《列宁全集》第26卷，人民出版社1990年版，第144页。

在同修正主义的论战中把马克思主义发展成为适合于帝国主义时代的完整理论——列宁主义。20 世纪上半叶，由于资本帝国主义矛盾的发展，革命与战争充斥着世界历史舞台。战争引起了革命，在列宁缔造的俄国共产党的领导下，爆发了伟大的十月革命，俄国走上了社会主义道路。在十月革命的影响下，在列宁的“全世界无产者和被压迫民族联合起来”的伟大号召下，世界无产阶级运动和民族解放运动风起云涌。在中国，产生了中国共产党，以毛泽东为代表的中国共产党人把马克思主义普遍原理同中国革命实际相结合，中国共产党领导中国人民取得了新民主主义革命的伟大胜利，进而由新民主主义走上了社会主义道路。战后，至 1976 年，在世界欧亚拉三大洲产生了一批社会主义国家。在整个 20 世纪的上半叶社会主义凯歌高奏，由一国到多国，深刻地改变了世界历史进程，使 20 世纪成为人类历史上最伟大的世纪。

在经济全球化的第三阶段，资本主义致力于进行生产力、生产关系和上层建筑等各个领域内的多方面调整和改革，取得了成效，得到了发展。特别是于 80 年代发展到高峰的第三次科技革命，极大地推动了资本主义经济的迅速发展，使美国等西方强国仍主导全球化进程，并在世纪交替的政治格局中占着上风。社会主义则进入了艰难探索的时期。苏联东欧由于经济、民族、社会的多种矛盾的发展，特别是党内民主的、人道的社会主义蔓延取代了马克思主义，发生了历史的大倒退，社会主义转入了低潮。但是经济全球化浪潮并没有淹没社会主义，社会主义依然在世界范围内继续发展着。其主要表现是，首先在中国诞生了当代中国的马克思主义——邓小平理论。在邓小平理论的指导下，建设有中国特色社会主义伟大事业获得了巨大的成功。其次，朝鲜、越南、老挝、古巴等共产党执政的社会主义国家，社会主义改革和建设都不同程度地取得了新成就。其三，世界范围内研究马克思主义、研究社会主义的热潮正悄然兴起。其四，在世界范围内，除中、越、朝、老、古等社会主义国家以外，仍有相当规模的共产党在斗争着，发展着。

上述历史分析表明，经济全球化过程与社会主义的发展有紧密的内在联系，这种联系的深刻根源，在于社会经济形态发展规律的作用。生产力是社会发展的最终决定力量。生产力决定生产关系。生产关系一定要适应生产力状况的客观规律是决定人类历史发展的根本规律。人类社会在生产力发展推动下，总是这样由低级形态向高级形态不断地运动发展，任何一种特定的社会形态都不可能是永恒的。资产阶级社会也是如此。资本主义社会由其内部发生作用的各种力量和趋势的矛盾或冲突造成了它发展的动因，决定了它自身存在的历史暂时性。当然，资产阶级对资本主义社会的矛盾绝不是毫无作为的。在资本主义制度三四百年的历史长河中，它采取了多种调节方式，如凯恩斯主义、新自由主义、新保守主义及所谓“第三条道路”，等等，对资本主义社会的经济、政治、思想文化和世界体系中的矛盾进行调整，的确起到了一定作用。但是，资本主义的基本矛盾不能消除。解决的方式就是改造旧的生产方式，建立新的生产方式。马克思说：“一个历史生产形式的矛盾的发展，是这种形式瓦解和改造的唯一的历史道路。”① 经济全球化过程，作为资本主义生产方式不断向世界扩展的过程，不可避免会在世界范围内不断扩大和加深资本主义基本矛盾及其各种社会矛盾，这正是社会主义必然与经济全球化紧相伴随的深刻根据。

三 当今社会主义代替资本主义可能出现的实现形式

在现时的“一球两制”的总格局下，“社会主义代替资本主义的总趋势”的逐步实现，会通过两种特殊而又相互影响的方式进行。一是社会主义社会体系按自身独特方式，经过艰难曲折向前发展。而它的发展又引起资本主义体系内部矛盾的发展和激化；二是资本主义社会体系由自身内在矛盾的作用走向否定方面，转向社会主义。可能会出现多种情况：

（1）资本主义社会内部已经创造出的新的经济制度因素，如资本主义社会中的股份公司、资本主义的信用制度、资本主义的国有化、资本主义的大银行、没有资本家的合作工厂和合作社，分配方面的社会保障制度、最低工资限额、超额累进所得税、低收入补贴等等，实际形成一种以“集体生产为基础的资本主义所有制”②。这是资本主义生产方式准备转向新的社会主义生产方式的过渡形式。这些过渡形式一旦受到社会主义革命的洗礼，就会转变成社会主义所有制。

（2）在资本主义世界体系的中心区发生严重危机，造成全球范围内的资本主义严重震荡、灾难和混乱，使共产党人有可能在一些发达资本主义国家取得政权。有学者指出，美国经济有其潜在的严重危机一面。它表

① 《马克思恩格斯全集》第23卷，人民出版社1972年版，第535页。

② 《马克思恩格斯全集》第19卷，人民出版社1963年版，第130页。

现为，1999 年中期，美国股市价格已达到国内生产总值的 180%，泡沫经济明显。1929 年经济危机的前夜，其股市价格为国内生产总值的 82%。若美国股市下跌 10%，即要“缩水”1.4 万亿美元，这对其经济是一个不小的冲击。美国现在有近 6 万亿美元的内外债，其债权债务相抵，净外债多达 1.5 万亿美元。美元是国际货币，其总量的 2/3 在境外流通和储备。1994 年以来，美国的贸易逆差逐年升高，1998 年已达到 2540 亿美元，1999 年预计有近 3000 亿。消费者掀起借贷热潮，1998 年的个人储备几乎跌到只占收入的 0.5%，这是 1933 年以来的最低点，而 1997 年是 2.1%。不仅如此，还有不少人借贷炒股。若净资产与债务相抵，有近 20% 的家庭没有净资产甚至是负资产。美国家庭现在的全部债务几乎占了全部可供支配的年收入的 98%。在第二次世界大战后生育高峰期出生的一代美国人，现在正是拼命工作、肆意消费的时候，这一代人将从 2010 年开始陆续退休，其后劳动力在总人口中所占的比例将迅速下降。另外，美国的社会保障制度和民间退休收入保障制度都没有做好应对的准备，这无疑会对美国的经济产生严重影响。美国经济若遇到大灾难，发生大衰落，会造成资本主义多种矛盾激化、产生综合效应，这从根本上说，将有利于第三世界在经济政治上的重新崛起乃至全球范围内社会主义的复兴。① 一些西方的学者也看到了这一趋势。如美国科罗拉多大学教授 M. 马布拉尔早就指出：“资本主义的经济、社会和教育的危机在增强我们的信念；社会主义的选择仍然既有重大意义又有政治必然性。……我们必须……敢于做马克思主义者。”②

（3）经济全球化过程的严重后果，将促使一些国家摆脱资本主义，走上社会主义的道路。目前明显见到两种情况：一是全球贫富悬殊差距拉大。这反映在物质财富方面，据世界银行发表的 1998—1999 年世界发展报告提供的数字，低收入国家人口占世界人口的 35%，这些国家的国民生产总值（GNP）却只占世界总产值的 2.4%，而高收入国家人口仅占世界人口的 15.9%，这些国家的 GNP 却占世界总产值的 79.5%。一些国家越来越贫穷，有 100 多个国家今天的状况比 15 年前更糟糕，47 个被联合国划为最不发达国家的贸易收缩到历史最低点。联合国开发计划署 1996

① 李慎明：《全球化与第三世界》，《中国社会科学》2000 年第 3 期。

② 马布拉尔：《改造美国的马克思主义》，《美国每月评论》1991 年第 8 期。

年发表的《人文发展》报告指出：1965年至1980年间，发展中国家的贫困人口约为2亿，而1980年至1993年这个数字上升为10亿。1965年，最富的7个国家的人均收入是25510美元，而在第三世界最贫困国家，只有520美元。反映在文化知识上，以信息技术为主体的科技掌握在发达国家手中。发达国家竭力推行文化帝国主义，文化霸权主义对不发达国家实行高科技封锁和文化侵略，致使发展中国家对信息社会的参与程序低，以信息科技和生命科技为核心的现代科学技术没有给不发达国家的经济、社会、文化的发展提供应有的新动力，甚至反而使一些最落后的国家越来越远离当代最新的科学技术。据有关资料统计，目前发达国家每年用于科技研究与开发的支出占全世界的95%以上，而包括中国在内的发展中国家只占不到5%。科技人员90%左右集中在发达国家，发展中国家拥有的科技人员占10%，出现严重的“数字鸿沟”。与此同时一些国家的民族文化遭到破坏，造成人的素质下降。二是局部战争。在以美国为主导的全球化过程中，西方强国为维持和扩大对国际垄断资本具有战略意义的通道和战略资源产地的控制权，为遏制其主要敌人，为扶持反社会主义力量，建立自己的傀儡政权，为镇压受其掠夺、奴役、压迫的人民、民族和国家的反抗，为打破西方强国之间的实力不平衡，重新分配全球利益，它们到处实行控制、干涉、军事侵略和文化渗透，这些都可能引发局部战争。如海湾战争、对南联盟的入侵等。现在美国的监听体系遍及全球，美国的国家安全局拥有美国最庞大的情报机构和人员，每年的总预算支出竟高达80亿美元。美国还不顾国际方面的阻拦，强力推行国家导弹防御系统，等等。这都是在进行战争的准备。由于美国集中了当代世界资本主义一切最恶劣、最危险的矛盾和特点，它的霸权主义酝酿着它与所有国家和地区的矛盾以至仇恨。① 如果美国经济在预期内发生严重危机，各种各样的局部战争，乃至大规模的战争更将难以避免。战争必将从整体上削弱资本主义的力量，社会主义制度就可能从一系列危机深重的资本主义国家中诞生。

（4）苏东国家重新选择社会主义制度。苏东国家演变之后，随着资本主义的基本矛盾和活动规律开始发生作用，人民生活水平下降，两极分化严重；民族矛盾空前激化，战火此起彼伏；世风日下，犯罪率呈上升趋势。十多年来的艰难日子，使人们当初那种对资本主义的狂热渐渐烟消云

---

① 参看卢之超《世纪之交谈共产主义理想》，《高校理论战线》2000年第8期。

散，转而用新的眼光来看待社会主义。在俄罗斯，1993 年进行的民意测验中，1/3 的人完全同意“苏联不复存是很大的不幸”的说法，而到 1995 年则有 3/4 的人持这种看法。在 1995 年纪念反法西斯战争 50 周年期间，在斯大林的故乡格鲁吉亚出现了一股“斯大林热”。在各种纪念场合，只要一提到斯大林的名字，就立即全场起立，掌声经久不息。在格鲁吉亚的一些地方，还重新为斯大林树起了纪念碑；在保加利亚，人们怀念共产党和社会主义时代。1998 年 8 月 5 日，保加利亚前领导人日夫科夫病故，8 月 8 日保《言论报》刊发了“是否应为日夫科夫举行国葬?”的问题，结果有一半人持肯定态度。8 月 9 日，约两万名索非亚市民自发参加了日夫科夫的追悼会，还有人称“日夫科夫时代是保加利亚的黄金时代”。在捷克，一舆论研究所 1997 年 10 月所作的民意调查结果显示，在被调查的人中，有 77.7% 的人承认和怀念社会主义制度的优点，特别是怀念免费的医疗和教育制度，不用担心失业。正是这种情绪，使他们在新一轮大选中投了前共产党的票。于是，俄罗斯共产党在 1993 年议会大选中得票率居第三位，1995 年则再次获胜，一跃成为议会中第一大党团。匈牙利、保加利亚、立陶宛、波兰、捷克等国的左派曾先后上台执政。[①]上述情况表明社会主义的信念仍然深植于人们的心中，人民终将抛弃资本主义制度，重新选择社会主义制度。

从上面的论述我们可作出研究结论，现今世界的现实中存在着两大历史进程：经济全球化的客观历史进程与社会主义取代资本主义的客观历史进程。前一历史进程只是世界历史发展的一个侧面，后一历史进程才是世界历史发展的总趋势。现今经济全球化的主导者总想把资本主义关系推向全球，这正如邓小平所说，“整个帝国主义西方世界企图使社会主义各国都放弃社会主义道路，最终纳入国际垄断资本的统治，纳入资本主义的轨道。”[②] 但由于历史辩证法的不可抗拒性，由于资本主义基本矛盾及其内在规律在世界范围内发生作用，特别是对于第三世界，对于占人口大多数的穷人来说，资本主义是灾难性的。因此，在受资本奴役和支配的地方，在历史的深层，社会主义作为资本主义的对立面以一种历史必然性不断滋

---

① 参看周新城、关雪凌等著《苏联东欧国家的演变及其历史教训》，安徽人民出版社 2000 年版。

② 《邓小平文选》第 3 卷，人民出版社 1993 年版，第 311 页。

生着，从小到大，从弱到强，从一国到多国地发展壮大着。其间，社会主义作为新生事物由以自身的根本性质和历史使命，必然遭到反社会主义势力的摧残，加之探索中的艰难等原因，只能经过长期的迂回曲折的道路前进，暂时的和局部的失误，甚至暂时的历史倒退，都难以避免。但是只要我们站在世界历史的高度，用马克思主义的宽广眼界来观察当今人类社会历史的发展，深刻思考其中的内在逻辑，就会坚信社会主义最后的胜利依然是确定无疑的，“资本主义的未来将是一片黑暗”（《日本经济新闻》1991 年 9 月 2 日社论:《从发表〈共产党宣言〉到宣布共产党解散》)。

（原载《高校理论战线》2002 年第 3 期）

世纪之交马克思主义中国化的历史特点

马克思主义是科学，它始终严格地以客观事实为根据，并随着时代、实践和科学的发展而不断发展。江泽民同志在“七一”重要讲话中，全面回顾和展望了两个80年（从1840年到1921年再到现今），两个100年（从1840年到1949年再到21世纪中叶），两个50年（从1949年到现在再到2050年），向全党阐明了“一个历史事实”，作出“一个历史结论”，概括出“三条基本经验”。在这些概括中，总结了马克思主义中国化历史发展的根本经验，揭示了创造性推进党的建设关键，阐述了世纪之交推进马克思主义中国化的若干历史特点。

世纪之交推进马克思主义中国化的特殊历史条件

在党的十四大、十五大报告中，江泽民同志都强调邓小平理论“还要在研究新情况、解决新问题的过程中，在实践检验中继续丰富、完善和发展”①。这是在怎样的历史背景下提出的问题呢？反映了这个时期什么特殊需要呢？

关于这个问题，以江泽民同志为核心的第三代领导集体在多个场合做过精辟的分析。

20世纪90年代以来，特别是进入21世纪之初，世界历史的发展，使我们面临着良好的机遇和严峻的挑战。国际方面，苏联解体和东欧剧变，续后10年，世界社会主义运动依然暂时处于低潮。霸权主义、强权政治有新的发展，它们妄图阻挡世界要和平、人民要合作、国家要发展、社会要进步的时代潮流。以美国为首的西方发达国家继续在经济、科技、军事上保持着对社会主义国家的优势，“西强我弱”的格局短期内难以根

① 《江泽民文选》第1卷，人民出版社2006年版，第221页。

本改变。国际格局总的特点是，和平与发展仍然是时代的主题，政治多极化、经济全球化在曲折中发展，科技进步日新月异，世界的力量组合和利益分配正在发生新的深刻变化。西方敌对势力利用其自身的优势，不断对我实施“西化、分化”战略，施加压力，竭力阻挠中国的强大和统一。

国内从20世纪70年代末以来，在邓小平理论指导下，遵循党的“以经济建设为中心，坚持四项基本原则，坚持改革开放”的基本路线，沿着中国特色的社会主义道路进行建设，使中国的经济迅速崛起，中国的发展举世瞩目。到90年代初，随着改革的深化、开放的扩大，社会主义现代化建设进入新的阶段，中国特色社会主义事业朝气蓬勃，成就巨大，基础日坚，发展机遇良好。改革、发展、稳定各项工作呈现新的特点。同时，改革进入攻坚阶段，一些深层次矛盾日益暴露出来，改革任务更加艰巨、复杂。社会经济成分、组织形式、物质利益和就业方式日益呈现多样化趋势。在发展市场经济和改革开放的条件下，党的建设在取得重大成绩的同时，存在的突出问题是，一些党员理想信念淡薄，甚至腐化堕落，一些基层党组织软弱涣散。这些又使我们党和国家面临新的情况和严重挑战。

综合国际国内形势，机遇与挑战并存，成就与困难同在，这是新时期推进马克思主义中国化的经济、政治背景。

这一时期，推进马克思主义中国化的理论背景，从主导方面看，进入世纪之交，我们党已实现了马克思主义中国化的两次历史性飞跃，创立了毛泽东思想、邓小平理论两大理论成果，积累了创造性运用和发展马克思主义的丰富经验和更多的智慧，能够回应新时期、新实践的呼唤，科学回答关系我国改革开放和现代化建设全局的重大而带根本性的问题，能够产生出反映时代精神和社会发展趋势、引导社会前进的具有深远影响的代表性成果。另一方面，在改革开放和发展市场经济条件下，各种社会思潮相互激荡。“全盘西化”即资产阶级自由化思潮，和复兴儒学的思潮企图消解当代中国的主流政治、主流意识形态。此外，经验主义和教条主义也在一定程度上束缚着人们的思想。这种理论背景，也要求我们排除干扰，克服阻力，进行理论创新，继续推进马克思主义中国化事业，以使我们党的基本理论在继承的基础上不断吸取新的实践经验、新的思想而向前发展。

世纪之交推进马克思主义中国化的问题焦点

马克思主义中国化的历史进程表明，每当我国社会历史发展的重要时期或面临重大社会变革实践，实践就会向中国共产党人提出影响革命、建设和改革全局的重大而带根本性的问题。科学回答这样的问题，作出新的重要结论，就会把马克思主义中国化推向前进。毛泽东思想、邓小平理论都是马克思列宁主义的普遍真理与中国的实际相结合，在回答这样的问题中，实现的马克思主义中国化的历史性飞跃所产生的重大理论成果。

在千年和世纪更迭之际，面对世界大势，在国际社会中，要促使各国都遵守联合国宪章的宗旨和原则以及公认的国际关系基本准则，保证各国的事务由本国政府和人民决定，世界上的事情由各国政府和人民平等协商，反对一切形式的霸权主义和强权政治。树立起以互信、互利、平等、协作为核心的新安全观，营造长期稳定、安全可靠的国际和平环境。加强各国在经济技术方面的交流与合作，逐步改变不公正不合理的国际经济秩序，使经济全球化达到共赢和共存的目的。特别是要使西方发达国家尊重各国的历史文化、社会制度和发展模式，承认世界多样性的现实，中国人民和世界人民还得经过艰苦努力和严重斗争。

国内，我国已进入了全面建设小康社会、加快推进社会主义现代化的新的发展阶段。在新的世纪，继续全面推进改革开放和现代化建设，完成祖国统一大业，维护世界和平与促进共同发展，是我们党肩负的重大历史任务。

在这样的历史转折关头，继续推进马克思主义中国化，要解决的问题焦点是什么？在当代中国，办好中国的事情，关键在我们党。这是毛泽东、邓小平党建思想中首要之点，也是我们革命、建设和改革取得胜利的根本保证。因此，进入 20 世纪 90 年代以后，从 1992 年始，江泽民同志多次讲到这个问题。是年 6 月，他在中央党校省部级干部进修班上的讲话中指出："要全面推进有中国特色的社会主义事业，关键是把党搞好，切实加强和改善党的领导，努力提高党的战斗力。"① 1993 年 6 月，江泽民同志在《在纪念中国共产党成立七十二周年座谈会上的讲话》中又指出："在中国，没有共产党的坚强领导，就不会有社会生产力的不断解放和发

① 《十三大以来重要文献选编》（下），人民出版社 1993 年版，第 2082—2083 页。

展，就不会有社会的全面进步，就谈不上社会主义现代化。”[①] 他强调：“要团结凝聚十一亿多人民，通过改革进一步解放和发展社会生产力，集中力量把经济搞上去，实现社会主义现代化建设的宏伟目标，关键在党；要深化改革，成功地创建人类历史上没有先例的社会主义市场经济体制，关键在党；要坚持‘两手抓’，搞好两个文明建设，关键在党；要保持社会主义政治稳定，实现国家长治久安，关键也在党。”[②] 2000 年 10 月，在党的十五届五中全会上，江泽民同志再次强调：“实现社会主义现代化建设的宏伟目标，完成祖国统一大业，履行维护世界和平与促进共同发展的国际责任，关键在党。”[③] 江泽民同志这些重要论断，深刻论述了党在推进建设中国特色社会主义伟大事业中的战略地位，同时也尖锐地提出了加强党的建设的重要任务。经过 80 年的发展，我们的党员队伍，党所处的地位和环境，党所肩负的任务，都发生了重大变化。我们党已经从一个领导人民为夺取全国政权而奋斗的党，成为一个领导人民掌握着全国政权并长期执政的党；已经从一个在受到外部封锁的状态下领导国家建设的党，成为全面改革开放条件下领导国家建设的党。新党员的数量大幅度增加，干部队伍新老交替不断进行，一大批年轻干部走上领导岗位。这给党的发展带来了活力，也提出了新挑战。就挑战方面说，我们党成为执政党以后，党内一些人逐渐滋长了不思进取、好逸恶劳、不愿意艰苦奋斗、贪图享乐的思想，利用手中权力谋取私利的现象日趋增多，形式主义、官僚主义开始泛滥。苏东国家出现严重曲折以后，一些人惊慌失措，认为马克思主义要消失了，没用了，失败了。特别是随着国际经济全球化进程加快，国内市场经济体制建立，有些党的干部方向模糊、理想失落、道德沦丧，热衷于以权谋私，权钱交易，甚至骄奢淫逸、贪赃枉法。一些干部对经济上的贫富悬殊熟视无睹，对广大群众的疾苦不闻不问，冷若冰霜。腐败现象日益加剧。这种状况严重地损害了我们党的光辉形象和崇高威望，损害了党同人民群众的血肉联系。

面对党内存在的突出问题，1989 年以后，邓小平同志提出党要管党，并且警告说：“这个党该抓了，不抓不行了”，“要聚精会神地抓党的建

---

① 《十四大以来重要文献选编》（上），人民出版社 1996 年版，第 326 页。

② 《十四大以来重要文献选编》（上），人民出版社 1996 年版，第 327 页。

③ 《江泽民文选》第 3 卷，人民出版社 2006 年版，第 128 页。

设。"[①] 江泽民同志主持中央工作以后，在全力贯彻邓小平同志的指示时，越来越深刻地认识到，"党内确实存在一些同党的性质、宗旨不相符的突出问题，如果我们不下最大的决心加以解决，就会带来严重的后果。一些腐败案件触目惊心，必须引起全党的高度警觉。九十年代以来，一些执政几十年的政党先后下台，有的已经衰亡。其中的根本原因是党的内部出了问题。认真分析这些政党的兴衰，加以借鉴，对我们加强党的建设很有意义。历史和现实都表明，一个政权也好，一个政党也好，其前途与命运最终取决于人心向背，不能赢得最广大群众的支持，就必然垮台。我们现在总的形势是好的，但也面临着不少问题，既有内忧也有外患，切不可掉以轻心。"[②] 因此，他把党的建设问题提到战略全局中关键问题和突出问题的高度。治国必先治党。这是因为在社会主义新型文明的伟大创造中，共产党的建设和社会主义现代化建设、社会主义国家综合国力的提高是紧密联系、高度统一的。由于共产党的执政和领导是人民创造历史作用的最高表现，所以共产党的自身建设对社会主义新型文明的创造、对中国社会主义现代化事业的发展起着核心和主导作用。只要我们党在世界形势深刻变化的历史进程中始终走在时代前列，在应对国内外各种风险考验的历史进程中始终成为全国人民的主心骨，在建设中国特色社会主义的历史进程中始终成为坚强的领导核心，建设中国特色社会主义伟大事业的胜利前进就有了根本保证。为此，必须从新的实际出发，以改革的精神研究和解决党的建设面临的重大理论和现实问题，使党保持先进性和纯洁性，不断增强党的创造力、凝聚力和战斗力。这样，解决"建设一个什么样的党和怎样建设党"的问题，就成为世纪之交"怎样建设社会主义"和推进马克思主义中国化的重大而紧迫的焦点问题。

世纪之交推进马克思主义中国化的特定认识对象

科学的理论是对认识对象的正确把握。认识对象的特殊性从根本上规定着理论内容和形式的特点。在马克思主义发展的各个历史阶段上，都有要解决的特定时代的特殊矛盾、特殊问题，即把握特定的认识对象，从而

---

① 《邓小平文选》第 2 卷，人民出版社 1993 年版，第 314 页。

② 《十五大以来重要文献选编》（中），人民出版社 2001 年版，第 1407 页。

创造出带有标志性的理论成果，所以“每个原理都有其出现的世纪”①。在我国改革开放和现代化建设的新时期，以江泽民同志为核心的党中央，站在时代的高处，高屋建瓴，总揽全局，提出要深化对共产党执政规律、对社会主义建设规律、对人类社会发展的规律认识，这就确定了今天推进马克思主义中国化要把握的特殊认识对象。这“三大规律”是从社会实践活动不同层面上抽象出的党的活动和建设规律，社会主义这一特定社会形态的活动发展规律和相应的建设规律，人类社会活动和发展的普遍规律。这“三大规律”贯通经济、政治、文化三大领域，渗透于经济、政治、科技、教育、文化、民族、军事、外交、统一战线、党的建设等多方面实践活动之中，把握“三大规律”，必然带动思想理论建设的全局，推进马克思主义中国化的伟大事业。

然而，社会规律总是具体的、历史的。认识某种社会规律的任务，只有在社会历史发展到一定阶段，某种规律的作用发挥到一定程度才能提出来，提出的认识任务也才能得到解决。现在中国共产党执政并领导中国人民进行社会主义建设已长达50余年，包括改革开放时期的20多年，我们已经具有了胜利和挫折的历史经验。世界上其他无产阶级政党执政并领导本国人民进行社会主义建设，有的长达70余年，已向人们提供了兴衰成败的历史经验。人类跨过20世纪进入21世纪，对人类社会发展的本质和动力、人类与自然关系、个人与社会的关系、人类社会发展不可逆转的总趋势与人类文明的多样性都有新的醒悟。

这种特定的具体环境，就是提出深化“三个规律”认识的时代规定性。提出这一认识任务，意在从“三个规律”及其内在联系上，主观与客观、个别与一般的辩证统一上，从中国与世界的关联上，揭示这些规律及其整体在当今时代条件下的具体内容、表现形式和发挥作用的特点，以便在实践上进一步把我们党的活动和建设、社会主义现代化建设奠立在客观规律基础上；在理论上，从现时代的具体环境和新的实践出发，概括深化对“三个规律”的认识成果，推进马克思主义中国化的历史进程。因此，深化对“三大规律”认识任务的提出，反映了我们党在政治上更加成熟，也反映了处在社会主义初级阶段的中国特色社会主义、推进马克思主义中国化的客观进程已经达到的历史高度，我们党以马克思主义的宽广

① 《马克思恩格斯选集》第1卷，人民出版社2012年版，第227页。

眼界观察世界、观察当代中国已达到的认识高度。

世纪之交推进马克思主义中国化，必须坚持“两个坚定不移、两个不能含糊”的原则

世纪之交，中国社会发展又处在一个重大历史关头：邓小平同志辞世之后，在实践上，如何把邓小平开创的建设中国特色社会主义伟大事业继续推向前进？在理论上，如何使马克思主义中国化的科学理论继续向前发展？这是摆在我们党面前的重大历史课题，也是世界进步人类和世界舆论所密切关注的问题。以江泽民同志为核心的第三代领导集体适时地作出了高举邓小平理论伟大旗帜，把建设中国特色社会主义伟大事业全面推向21世纪的历史决策。号召全党发扬马克思主义的科学精神和优良学风，始终坚持“两个坚定不移、两个不能含糊”的原则，向国人世人表明了我们党的原则立场。在党的十五大报告中，江泽民同志在论及如何对待马克思主义时就指出：“马克思列宁主义、毛泽东思想一定不能丢，丢了就丧失根本。同时一定要以我国改革开放和现代化建设的实际问题，以我们正在做的事情为中心，着眼于马克思主义理论的运用，着眼于对实际问题的理论思考，着眼于新的实践和新的发展。离开本国实际和时代发展来谈马克思主义，没有意义。静止地孤立地研究马克思主义，把马克思主义同它在现实生活中的生动发展割裂开来，对立起来，没有出路。”① 这里概括的“一个根本”“三个着眼于”，旨在强调邓小平理论对马克思列宁主义、毛泽东思想的坚持和发展、继承和创新。1998年，江泽民同志进一步讲到正确对待邓小平理论的态度，他指出：“学习邓小平理论，既要坚持它的基本观点，又要通过实践使它不断丰富和发展。这是对待马克思主义的科学态度。列宁对待马克思主义，毛泽东同志对待马克思列宁主义，邓小平同志对待马克思列宁主义、毛泽东思想，采取的就是这种态度。”②2001年7月1日，江泽民《在庆祝中国共产党成立八十周年大会上的讲话》中，从贯彻“三个代表”要求的高度论述道：“马克思主义的基本原理任何时候都要坚持，否则我们的事业就会因为没有正确的理论基础和思想灵魂而迷失方向，就会归于失败。这就是我们为什么必须始终坚持马克

---

① 《江泽民文选》第2卷，人民出版社2006年版，第12页。

② 《江泽民论有中国特色社会主义（专题摘编）》，中央文献出版社2002年版，第22页。

思主义基本原理的道理所在。马克思主义具有与时俱进的理论品质。如果不顾历史条件和现实情况的变化，拘泥于马克思主义经典作家在特定历史条件下，针对具体情况做出的某些个别论断和具体行动纲领，我们就会因为思想脱离实际而不能顺利前进，甚至发生失误。这就是我们为什么必须始终反对以教条主义的态度对待马克思主义理论的道理所在"①。这里强调要深刻认识我们党在历史上胜利和挫折的根本原因，从而自觉坚持我们党的马克思主义的思想路线，大力发扬求真务实、勇于创新的精神，创造性地推进党和国家的各项工作，在实践中不断丰富和发展马克思主义。江泽民同志还进一步从哲学认识论的高度强调："认识真理是不断前进的过程，改造世界也是不断前进的过程。我们要始终不渝地追求真理，为真理而奋斗。"② 继"七一"重要讲话之后，江泽民同志在一次重要讲话中明确地将上述科学思想概括成"两个坚定不移、两个不能含糊"的原则，即必须在坚持马克思主义立场、观点、方法，坚持马克思主义的基本原理上坚定不移，不能含糊；必须在解放思想、实事求是，追求真理、探索真理、与时俱进、不断创新上坚定不移，不能含糊。这"两个坚定不移、两个不能含糊"体现了马克思主义的科学原理和科学精神，表明了对待马克思主义的科学态度。毛泽东同志在20世纪50年代末60年代初就从马克思主义发展史的高度指出："马克思这些老祖宗的书必须读，他们的基本原理必须遵守，这是第一。但是，任何国家的思想界，都要创造新的理论，写出新的著作，产生自己的理论家，来为当前的政治服务，单靠老祖宗是不行的。只有马克思和恩格斯，没有列宁，不写出《两个策略》等著作，就不能解决1905年和以后出现的新问题。单有1908年的《唯物主义和经验批判主义》，还不足以对付十月革命前后发生的新问题。适应这个时期革命的需要，列宁就写了《帝国主义论》、《国家与革命》等著作。列宁死了，又需要斯大林写出《论列宁主义基础》和《论列宁主义的几个问题》这样的著作，来对付反对派，保卫列宁主义。我们在第二次国内战争末期和抗战初期写了《实践论》、《矛盾论》，这些都是适应于当时的需要而不能不写的。现在，我们已经进入社会主义时代，出现了一系列的新问题，如果单有《实践论》、《矛盾论》，不适应新的需要，写出

---

① 《江泽民论加强和改进执政党建设（专题摘编）》，中央文献出版社2004年版，第120页。
② 《江泽民文选》第3卷，人民出版社2006年版，第299页。

新的著作，形成新的理论，也是不行的。”[①] 江泽民同志提出的“两个坚定不移、两个不能含糊”的原则，是在新的历史条件下，针对新的实际，对毛泽东同志的上述那番话作出的新概括。它反映了马克思主义发展的内在规律，提供了我们党坚持和发展马克思主义的新鲜经验，反映了当代中国社会意识形态领域斗争的新特点，即在自由化思潮和教条主义都存在的条件下，推进马克思主义中国化必须始终坚持“两个坚定不移、两个不能含糊”的原则。这一原则贯穿在十四大到十六大马克思主义中国化的发展历程中。

［原载《武汉大学学报》（哲学社会科学版）2003 年第 1 期］

① 《毛泽东文集》第 8 卷，人民出版社 1999 年版，第 109 页。

党在指导思想上又一次与时俱进的特点探讨

中国共产党第十六次全国代表大会的报告，科学阐述了“三个代表”重要思想的时代背景、实践基础、科学内涵、精神实质和历史地位，进一步阐明了贯彻“三个代表”重要思想的根本要求，把“三个代表”重要思想同马克思列宁主义、毛泽东思想、邓小平理论一道确立为我们党必须长期坚持的指导思想，要求全党把这一重要思想贯彻到社会主义现代化建设的各个领域，体现在党的建设的各个方面，实现了我们党指导思想上的又一次与时俱进。这是一个历史性的决策，也是一个历史性的贡献。本文试就党在指导思想上实现这一次与时俱进的若干特点作些初步探讨。

一　正确地反映了党的历史方位的变化

“三个代表”重要思想是在科学判断党的历史方位的基础上提出来的。党的历史方位是对党的历史定位、现实定位和未来发展定位的总和。党的历史定位是党对成立以来经验的科学总结。我们党历经革命、建设和改革，已经从领导人民夺取全国政权的党成为领导人民掌握全国政权而长期执政的党；已经从受到外部封锁和实现计划经济条件下领导国家建设的党成为对外开放发展社会主义市场经济条件下领导国家建设的党。这两个转变实际上一是讲党长期执政，二是讲党执政条件与环境的深刻变化。这表明党所处的地位和环境、党所肩负的历史任务、党自身的状况都发生了新的重大变化。党面临的世情、国情和党情是“三个代表”重要思想形成的时代背景、实践基础和现实依据。当今国际形势的巨大变化，是“三个代表”重要思想形成的时代背景。改革开放以来，特别是十三届四中全会以来，党和人民建设中国特色社会主义的伟大探索是“三个代表”重要思想实现的重要基础。党的建设面临的新形势新任务是“三个代表”

重要思想形成的现实依据。党的历史方位的变化正是党面临的世情、国情、党情深刻变化的结果。党的未来发展定位是，坚定地站在时代潮流的前头，团结和带领全国各族人民，实现推进现代化建设、完成祖国统一、维护世界和平与促进共同发展这三大历史任务，在中国特色社会主义的道路上实现中华民族的伟大复兴。在 21 世纪的头 20 年这一重要战略机遇期，要集中力量全面建设惠及十几亿人口的更高水平的小康社会，使经济更加发展、民主更加健全、科教更加进步、文化更加繁荣、社会生活更加殷实。为了完成历史和时代赋予党的庄严使命和历史任务，要求继续进行实践探索和理论探索，继续回答我国社会主义自我完善和发展的重大课题。比如，如何切实抓好发展这个党执政兴国的第一要务，如何进一步完善公有制为主体、多种所有制经济共同发展的基本经济制度，如何建成完善的社会主义市场经济体制，如何走新型工业化道路、统筹城乡经济社会发展，如何扩大就业和促进再就业，如何进一步深化收入分配制度改革、健全社会保障体系，如何在更大范围、更广领域和更高层次上参与国际经济技术合作和竞争，如何推动整个社会走上生产发展、生活富裕、生态良好的文明发展道路，如何更好地实现坚持党的领导、人民当家作主和依法治国的有机统一，如何最广泛最充分地调动一切积极因素、不断为中华民族的伟大复兴增添新力量，如何在新的历史条件下不断巩固马克思主义在意识形态领域的指导地位，如何弘扬和培育民族精神，如何改革和完善党的领导方式和执政方式，如何以加强党的执政能力建设为重点全面推进党的建设新的伟大工程，等等。这就要求以加强党的执政能力建设为重点，不断提高党的创造力、凝聚力和战斗力，不断巩固党的阶级基础和群众基础，保证我们党能在世界形势深刻变化的历史进程中始终走在时代前列，在应对国内外各种风险考验的各种实践中始终成为全国人民的主心骨，在建设中国特色社会主义的历史进程中始终成为坚强领导核心。“三个代表”重要思想的创立正确地反映了党的历史方位的变化和肩负的历史任务的要求。

二　形成了同马克思列宁主义、毛泽东思想、邓小平理论一脉相承而又与时俱进的科学体系

“三个代表”重要思想中有三个基本命题。这就是：“中国共产党始终代表中国先进生产力的发展要求，代表中国先进文化的前进方向，代表

中国最广大人民的根本利益”。这三个命题是对“三个代表”重要思想的集中概括，但是“三个代表”重要思想并不仅仅限于这三个命题本身，而是以它为核心内容形成了一个系统的科学理论，即是同马克思列宁主义、毛泽东思想、邓小平理论一脉相承而又与时俱进的科学体系。这个体系包括三方面内容：一是马克思主义关于人类社会前进的基本原理，即人类社会前进最终是由生产力发展决定的、由先进文化引导的、由人民群众推动的基本原理。二是中国特色社会主义发展进程的理论。中国特色社会主义是社会主义市场经济、社会主义民主政治和社会主义先进文化的有机统一，是社会主义物质文明、政治文明和精神文明的全面发展，是党领导的伟大事业同党的建设新的伟大工程相互促进的过程。三是党的建设新的伟大工程的理论。创造性地把党的建设同当今世界和当代中国的发展趋势，同我国社会主义的自我完善和发展，同实现中国特色社会主义的宏伟目标和各项任务联系起来，赋予党的性质和宗旨、党的指导思想和党的任务以鲜明的时代内容和时代特征。

“三个代表”重要思想这一科学体系具有历史和逻辑方面的严整性。

它以马列主义、毛泽东思想、邓小平理论为理论基础。“三个代表”重要思想同马列主义、毛泽东思想、邓小平理论，虽然形成于不同的历史时期，面对着不同的历史任务，但是它是以马列主义、毛泽东思想、邓小平理论为理论基础的。坚持了马克思主义的世界观和方法论，坚持了科学共产主义学说，特别是共产主义理想与现实的关系及党的最高纲领和最低纲领的统一，坚持了马克思主义关于无产阶级政党必须植根于人民的政治立场，坚持了马克思主义与时俱进的理论品质，坚持了中国特色社会主义理论，是一脉相承的科学思想体系。“三个代表”重要思想是在新的历史条件下运用马克思主义的立场、观点和方法的典范，是我们学习马克思主义最现实、最生动的教材。

它以建设中国特色社会主义为主题。“三个代表”重要思想是在建设中国特色社会主义的思想路线、发展道路、发展阶段和发展战略、根本任务、发展动力、依靠力量、国际战略、领导力量和根本目的等重大问题上取得的丰硕成果。贯穿这些成果的红线是对什么是社会主义和如何建设社会主义问题的进一步回答、对建设一个什么样的党和怎样建设党的问题的创造性回答，集中起来就是深化了中国特色社会主义的认识。

它以凸显改革发展稳定、内政外交国防、治党治国治军等方面一系列相互联系、相互贯通的新思想、新观点、新论断为主要内容。这些新思想、新观点、新论断内容丰富。其中如：关于建立社会主义市场经济体制的思想，关于公有制为主体、多种所有制经济共同发展是我国社会主义初级阶段的基本经济制度的思想，关于按劳分配为主体、多种分配方式并存的思想，关于实行全方位对外开放战略的思想，关于社会主义物质文明、政治文明和精神文明协调发展的思想，关于正确处理改革发展稳定的思想，关于建设社会主义法治国家的思想，关于依法治国和以德治国相结合的思想，关于走中国特色的精兵之路的思想，关于巩固党的阶级基础和扩大党的群众基础的思想，等等。这些都是对马克思主义理论的重大发展，构成“三个代表”重要思想的主要内容。

它以立党为公、执政为民为本质。“三个代表”是相互联系、辩证统一的整体，在这一统一整体中，实现人民的愿望，满足人民的需要，维护人民的利益是其根本的出发点和落脚点。发展先进生产力和先进文化是实现最广大人民的基础和前提，实现最广大人民的根本利益是发展先进生产力和先进文化的目的和归宿。始终做到“三个代表”，是我们党的立党之本，执政之基，力量之源。这里的“本”“基”“源”，说到底就是人民群众的支持和拥护。“三个代表”重要思想以立党为公、执政为民的本质，鲜明地体现了我们党作为一个马克思主义政党同资产阶级政党的根本区别。

“三个代表”重要思想理论体系的创立，标志着我们党对共产党执政规律、社会主义建设规律和人类社会发展规律认识的新高度，是马克思主义中国化的最新理论成果。

三　对辩证唯物主义和历史唯物主义科学世界观和方法论的创造性运用和阐发

坚持从物质生产特别是生产力和生产关系的矛盾运动来解释世界，把生产力作为推动社会前进最活跃、最革命的力量，认为生产力的总和决定着社会状况。这是提出“三个代表”的深刻的马克思主义理论依据。

“始终代表中国先进生产力的发展要求，是对马克思主义关于生产力和生产关系经济基础和上层建筑的辩证关系这一基本原理的运用和阐发。”[①] 这表明，这个命题不是讲的生产力本身，而是讲的党自身。讲中

① 胡锦涛：《在“三个代表”重要思想研讨会上的讲话》，《人民日报》2003年7月2日。

国共产党作为一个马克思主义政党，必须创造性地运用马克思主义关于社会基本矛盾运动这一基本原理，使自己的理论、路线、纲领、方针、政策和各项工作，适应中国先进生产力的发展要求，不断推动中国先进生产力的发展。这里关键在于，要弄清楚先进生产力发展要求是什么？怎样才能满足？无疑，先进生产力的发展，要求资金、技术、高素质的劳动者和先进的管理，但是怎样才能满足这些条件呢？我们知道，包括先进生产力在内的任何生产力的发展都不是孤立进行的。它作为一个社会历史过程，只能在一定的生产关系、政治关系、思想关系中进行，因此对生产力发展影响、制约最大的是生产关系和上层建筑，只有同先进生产力发展要求相适应的先进的生产关系和上层建筑，才能满足它发展的要求。在当代中国，什么样的生产关系才能适应先进生产力的发展要求，什么样的上层建筑才能适应经济基础的发展？中国的历史和现实都表明，这就是社会主义生产关系和上层建筑。在现阶段由中国基本国情所决定，这就是中国特色社会主义的基本经济制度、政治制度和思想文化制度。党始终代表中国先进生产力的发展要求，就必须使党的理论、路线、纲领、方针、政策和各项工作，保证这些制度的自我完善和发展，而不是相反。我们党的“四个基本”正是这样的理论、路线、纲领和方针政策的综合。所以党始终代表中国先进生产力的发展要求，同坚持党的“四个基本”完全是一致的。这表明“党始终代表中国先进生产力的发展要求”不是一个物质力量的概念，而是一个政治概念，一个阶级概念。

如果这里要进一步问，为什么只有中国共产党才能代表中国先进生产力发展的要求呢？这是因为，任何一个社会都是由一定的阶级来体现的，按照一定阶级利益、愿望和要求建立起来的。在当代中国，体现社会主义制度的阶级就是中国工人阶级。唯有它的阶级利益与生产力发展趋势完全一致。生产力越发展越有助于它肩负的历史使命的实现，所以唯有它对先进生产力发展必然引起的社会后果抱着积极支持的态度。从这个意义上说，在今天的中国，只有代表社会主义生产关系的工人阶级才能够代表先进生产力的发展要求。中国共产党是中国工人阶级的先锋队，自然是唯一能代表中国先进生产力发展要求的政治力量。任何其他的力量只有在接受中国共产党的理论、路线、纲领、方针和政策的前提下，才能为发展中国先进生产力作出贡献。在今天要形成与社会主义初级阶段基本经济制度相适应的思想观念和创业机制，营造鼓励人们干事业、支持人们干成事业的社会氛围，放手让一切劳动、知识、技术、管理和资本的活力竞相迸发，让一切创造社会财富的源泉充分涌流，以造福于人民，就要进一步加强和改善中国共产党的领导。同样，我们对中国共产党必须始终代表中国先进文化的前进方向，代表中国最广大人民的根本利益也要有一个正确的、全面的理解。这就是要把党始终代表先进文化的前进方向看成是对马克思主义关于物质生活和精神生活、社会存在和意识形态的辩证关系这一基本原理的运用和阐发，把党始终代表中国最广大人民的根本利益看成是对马克思主义关于人民群众是推动历史前进的动力这一基本原理的运用和阐发，而且要把马克思主义的这些基本点同坚持党的先进性联系在一起，上升到党的性质和宗旨的高度，上升到党的指导思想的高度，作为一个完整的体系来把握和运用。只有这样，我们才能科学地理解“三个代表”重要思想是同马克思列宁主义、毛泽东思想、邓小平理论一脉相承而又与时俱进的科学体系。

四　正确把握了马克思主义理论创新的科学精神

党的理论创新有确定的科学内涵。按照胡锦涛同志的“七一”重要讲话，坚持理论创新的科学精神，需要坚持几个基本观点。“三个代表”重要思想都正确地把握了这些观点。

1. 正确把握理论创新的含义。这就是：“坚持一切从实际出发，理论联系实际，实事求是，在实践中检验真理和发展真理”。坚持理论创新同坚持党的思想路线是一致的，这是马克思主义最重要的理论品质，即与时俱进的理论品质。

2. 正确把握理论创新的前提。这就是：必须坚持马克思主义基本原理。离开这个前提，就会迷失方向，走入歧途。坚持马克思主义基本原理，按胡锦涛同志“七一”重要讲话的精神，最根本的是要坚持马克思主义的世界观和方法论，坚持科学共产主义学说，特别是共产主义理想与现实的关系即党的最高纲领和最低纲领的统一，坚持马克思主义关于无产阶级政党必须植根于人民的政治立场，坚持马克思主义与时俱进的理论品质。

3. 正确把握理论创新的动力和源泉。这个动力和源泉就是最广大人民改革世界、创造幸福生活的伟大实践。脱离了人民群众的实践，理论创新就会成为无源之水，就不能对人民群众产生感召力，对实践发挥指导作用。实践性是马克思主义的显著特点之一，实践的观点是马克思主义认识论之第一的和基本的观点，马克思主义本质上是实践的科学。社会实践及其发展同社会实践的主体及其发展是共存的。只要人类社会还存在，还在延续，社会实践就一定要不断发展和提升到更高一级程度。这是一个永无止境的发展过程。马克思主义始终自觉地面向社会，深深植根于社会实践，强调理论对于实践的依赖关系，理论的基础是实践，又转过来为实践服务，以实践作为检验真理的唯一标准。所以它必然随时代、实践和科学的发展而不断发展创新，不可能一成不变。关于这一个问题，从《共产党宣言》以来，都强调马克思主义基本原理的实际运用，要依时间、空间及具体历史条件为转移。当时代的主题发生变化时，或将马克思主义基本原理应用于不同民族、国家时，或客观实际条件发生变化时，或科学的发展出现重大突破时，马克思主义理论中的某些结论、某些具体理论和实践策略、某些公式都会发生改变，代之以新结论、新方式、新理论。事实上，我们党在理论上的创新，都源于党和人民事业发展的实践进程中，又为党和人民事业发展的现实所需要。我们在实现全面建设小康社会的宏伟目标过程中，要正确地认识和处理在改革开放和发展社会主义市场经济实践中的一系列重大课题。譬如说要科学判断和全面把握国际形势的变化，要科学判断和全面把握我国将长期处于社会主义初级阶段的基本国情，要科学判断和全面把握我们党所处的历史方位和肩负的历史使命等等，必须推进理论创新。“三个代表”重要思想正是应新的伟大实践的要求而创立的。

马克思主义理论创新动力和源泉还包含着更丰富的内涵，如马克思主义的阶级基础本性的创新要求。马克思主义是以工人阶级为阶级基础和现实前提的。在现代社会中工人阶级既是先进生产力的代表，也是先进生产关系的代表。它与社会化大生产和科学技术发展以及由此引起的社会制度变革的方向完全一致。它必然要求发展、创新。同时工人对生产的关系及其在现代社会中的地位，使工人阶级肩负着解放全人类的历史革命，即马克思说的“工人的解放还包含普遍的人的解放”①，工人阶级是革命最坚决最彻底的阶级。工人阶级为完成自己肩负的历史使命，必然要求不断发展自身和不断提高自己认识世界、改造世界的能力。所以，“无产阶级和

① 《马克思恩格斯选集》第1卷，人民出版社1995年版，第51页。

革命人民改造世界的斗争，包括实现下述任务：改造客观世界，也改造自己的主观世界——改造自己的认识能力，改造主观世界同客观世界的关系”①。马克思主义是无产阶级运动的理论表现，它必然随无产阶级解放运动的展开、扩大和深入而不断发展和创新。再如，马克思主义的哲学理论基础的创新要求。马克思主义的哲学基础是辩证唯物主义和历史唯物主义。其中辩证法是关于包罗万象和充满矛盾的历史发展的学说，它不崇拜任何东西，按其本质来说，它是批判的和革命的。它认为，那种最终完成的关于自然和历史的认识的体系，是和辩证思维的基本规律相矛盾的。客观世界是不断运动、发展着的，科学反映客观物质世界的理论整体，也必然是对包含着一连串互相衔接的阶段的那种发展过程的阐明。如若不是那样，而是固步自封，把某几个论点奉为终极真理，没有使结论成为继续发展的前提，这种学说就是不完备和不可取的。因此，马克思主义者若要不落后于时代，就要与时俱进，从各方面把自己的理论向前推进。又如，马克思主义深厚群众基础的创新要求。马克思主义的实践论离不开群众基础。马克思主义的群众基础就是进行历史创造活动的人民群众。而人民群众总要在社会矛盾的运动中不断开辟前进的道路。人民也总是从历史活动的实践和比较中，不断寻求、揭示和发展指导自己前进的真理。马克思主义是普遍真理，它必定随人民群众创造历史活动的深入而不断发展创新，成为不断发展的科学理论。

4. 正确把握理论创新的目的。这就是为了实现最广大人民的根本利益。马克思主义认为，马克思主义政党的一切理论和奋斗都应致力于最广大人民的根本利益，这是马克思列宁主义最鲜明的政治立场，是我们党全部奋斗的最高目的；建设中国特色社会主义的根本目的是不断实现好、维护好、发展好最广大人民的根本利益。这决定了实现最广大人民的根本利益是我们党始终如一地倡导和坚持理论创新的根本目的所在。

5. 正确把握理论创新的途径。这就是理论与实践相结合。实现“相结合”的中介是深入群众，调查研究。“三个代表”重要思想正是正确把握了这些基本观点，坚持理论联系实际，坚持尊重实践，尊重群众，坚持在科学理论指导下观察世界、观察中国、观察党，不断总结广大干部群众在实践中创造的新经验、新观念、新办法，从理论上不断作出新概括，才

---

① 《毛泽东选集》第1卷，人民出版社1991年版，第296页。

创立出来并形成科学体系的。

这里与此相关，还有一个对与时俱进概念的理解问题。一些文章在论与时俱进时，比较注重从优秀传统文化当中考察其辞源，这是必要的、有益的。因为与时俱进集中体现了中华民族的哲学智慧。推进马克思主义中国化，结合中国的实际，包含着从中国优秀传统文化中批判地汲取丰富的营养。考察与时俱进这个概念在我国优秀传统文化中的运用，有利于我们从历史文化的角度全面把握这一概念的丰富内容，但是应该说，对于我们正确把握与时俱进这个概念，从优秀传统文化中作考察不是最主要的。我们研究的注意力应集中到把握它在马克思主义理论创新中的精神实质上。从根本上说，对于这一概念，关键是要科学把握“时”和“进”的内涵。关于“时”，即时代性。其一是时代的本质。任何理论都是被把握在思想中的时代。现时代的本质是马克思列宁主义立论的根本依据。现时代的本质变没变？如果没有变，还是处于资本主义向社会主义过渡这样的大时代，那就必须坚持马列主义的基本原理，这是与时俱进的前提。因为马克思列宁主义正是根据这个时代本质作出的基本判断或者说是这个时代本质和发展规律的理论表现。时代的本质没有变，它在今天就仍然适用，不能轻易否定。其二是时代的主题，时代的主题表现着时代的特征。它变没变？如果它变了，那么马克思主义关注的主题则应随之变化。20 世纪 70 年代末以来，和平与发展成为时代的主题，马克思主义关注的主题应该与此相适应。党的十三届四中全会以来，虽然我们面临的大时代没有发生质变，但是整个世界却发生了复杂而深刻的变化。面对国际国内这种深刻的变化，从党的十四大到十六大，我们党顺应时代的要求和实践的需要，先后提出“三个不能停留”“一个中心、三个着眼于”“四个如何认识”“三个解放出来”“四个一定要”，使我们党始终保持了与时俱进，开拓创新的精神状态，创造出“三个代表”重要思想的新体系。其三，是社会发展的阶段。社会发展阶段问题不完全是一个时间的问题，但是，时间与空间是不能分割的，时间的流变总是与空间的运动结合着的。社会发展到今天，最根本的就是要正确认识我国正处在并将长期处在社会主义初级阶段。从 1956 年中国社会进入社会主义初级阶段，到现在这个阶段的基本性质没有变，而且一直会延至 21 世纪中叶。既然如此，我们党依据社会主义初级阶段制定的基本路线不能动摇。其四，是改革开放和现代化建设的基本格局，这是由前一个问题派生出来的。从 1978 年以来到现在，我国改革开放、社会主义现代化建设基本格局有没有发生根本变化？如果这个基本格局到今天没有根本的变化，那么与此紧密相关，邓小平理论中的很多重要原理，如反对资产阶级自由化，坚持四项基本原则，这不能动摇；在四个坚持中，坚持人民民主专政这一条不低于其他三条，要坚持两手抓，两手都要硬；社会主义有两个非常重要的方面，一是以公有制为主体，二是不能搞两极分化。社会主义的目的就是要使全国人民共同富裕，不是两极分化；改革开放要达到的总的目的是，要有利于巩固社会主义制度，有利于巩固共产党的领导，有利于在党的领导和社会主义制度下发展生产力；只要我国经济中公有制占主体地位，就可以避免两极分化，惩治腐败等等，在今天都应该坚持。但是另一方面要看到，党的十三届四中全会以来，世界、中国和我们党自身发生了深刻变化，党的历史方位发生了深刻变化，又要在实践中继续丰富和发展邓小平理论。胡锦涛同志在“七一”重要讲话中，从关于建立社会主义市场经济体制的思想，到关于巩固党的阶级基础和扩大党的群众基础的思想，共提出了十个方面的新观点、新论断、新思想，这都是对马克思主义理论的重大贡献，特别是对邓小平理论的重大发展。其五是时机，就是机遇。所谓机遇就是在特定的时间、空间和环境给我们提供的展示才能，求得进步、发展和成就的优越客观条件。能不能抓住机遇，是衡量我们判断形势和总揽全局的能力、执政能力和领导水平的标志。现在要紧紧抓住 21 世纪头 20 年的重要战略机遇期，集中力量全面建设小康社会。

关于“进”，一要明确原有基础，从什么地方出发。我们是从社会主义初级阶段的基本国情出发，以党的基本理论、基本路线、基本纲领、基本经验作为深化理论探索的崭新起点。二要体现规律性，要求从事物发展规律的高度明确事物的变化及其性质和程度。这里，前提是要善于把握客观情况的变化。世界总是处在矛盾运动和变化之中，不可能一成不变。我们要敏锐地发现并适应这种变化，不断前进。同时把握客观情况的变化，包括分清事物变化的性质是量变还是质量？是局部的质变还是根本性的质变？是前进性的变还是倒退性的变？与时俱进性的“变”是前进性的“变”，不是倒退性的“变”。就马克思主义和社会主义来说，理论创新中的“变”是局部性的“变”，不是全盘否定马克思主义的基本原理，是在坚持中发展，在发展中坚持。“三个代表”重要思想正是我们党创造性地运用马克思主义立场、观点和方法，紧密结合《共产党宣言》发表 150

多年来世界政治、经济、文化、科技等发生的重大变化，我国社会主义建设发生的重大变化，广大党员干部和人民群众的工作、生活条件和社会环境的变化等新实践，在近13年来提出了十个重大观点：关于建立社会主义市场经济体制的思想，关于公有制为主体、多种所有制经济共同发展是我国社会主义初级阶段的基本经济制度的思想，关于按劳分配为主体、多种分配方式并存的思想，关于实行全方位对外开放战略的思想，关于社会主义物质文明、政治文明和精神文明协调发展的思想，关于正确处理改革发展稳定的思想，关于建设社会主义法治国家的思想，关于依法治国和以德治国相结合的思想，关于走中国特色的精兵之路的思想，关于巩固党的阶级基础和扩大党的群众基础的思想等等。这是对马克思主义的重大发展，是我们党与时俱进的最新成果。

五 充分体现了20世纪马克思主义发展的历史特点

20世纪马克思主义总是随着纷繁复杂的历史进程不断发展，总是面对历史发展的机遇和挑战而不断创新，总是在回答实践提出的高难度历史课题中不断开拓新境界。马克思主义是真正不断发展的理论。

20世纪马克思主义发展史，显示出两个鲜明的特点。第一，马克思主义的基本原理是稳定的，但它的理论主题是随时代主题和时代特征的不断转化而不断变化的。正是因为它能够顺应时代潮流和应对时代挑战，不断破解时代课题，才实现了新的突破，完成了新的飞跃，使其理论之果随着实践生活之树而长青。如果说20世纪前半叶，无产阶级革命和夺取政权是马克思主义关注的理论主题的话，那么20世纪后半叶，随着和平与发展逐渐取代战争与和平而成为时代主题，如何巩固、建设和发展社会主义则成为马克思主义关注的重点或核心问题。因为现实需要把这个任务尖锐地提到马克思主义者的面前。这当然不意味着无产阶级革命和夺取政权已经不是问题，应该说这个问题依然存在，特别是在发达资本主义国家里，无产阶级如何实现社会主义革命，夺取政权，还是当代社会主义面临的高难度的历史课题之一；但是从当今世界的战略全局讲，要解决资本主义和社会主义两种制度时间上的继起性和空间上的并存性的统一，开辟马克思主义新境界，就必须抓住社会主义的发展，以巩固发展已取得的阵地。从社会主义国家来说，发展是解决一切问题的关键，不发展一切都无从谈起。对于中国化的马克思主义来说，20世纪后半叶从整体上来说一切探索都是围绕理论主题的转换展开的。毛泽东为此进行了20年的艰辛探索，提出了不少有价值的思想和观点，给人以多方面的有益的启迪，探索中发生的曲折和失误，也是留给我们的经验教训。邓小平理论和“三个代表”重要思想则是实现理论主题转换中的丰硕成果。第二，理论与实践的统一是马克思主义的本质特征。坚持这个本质特性就是坚持马克思主义普遍真理与各个国家、民族的特点相结合。马克思主义是国际性的学说，它的基本理论原则是从世界各国历史发展的总和中抽象出来的，对于世界各个国家、各个民族都具有普遍的指导意义。但是这种指导作用只有在它同各个国家、各个民族的具体实践相结合中才能实现。这是因为：（1）一般只能在个别中存在。离开个别的一般只能是空洞的抽象。（2）马克思主义既是关于普遍真理的体系，又是无产阶级解放斗争的指南。这种本性必然要求马克思主义的基本理论原则同无产阶级和广大劳动人民的斗争实践相结合。（3）各个国家、各个民族进行社会主义革命、建设和改革的具体条件是特殊的，有差异的。马克思曾对历史发展的这种情况作过经典的说明。他写道：“相同的经济基础……按主要条件来说相同……可以由于无数不同的经验的事实，自然条件，种族关系，各种从外部发生作用的历史影响等等，而在现象上显示出无穷无尽的变异和程度差别。”[①] 列宁在讲到这种问题时也曾指出，地方差别、经济结构、生活方式、居民的觉悟程度和实现这种或那种计划的尝试等等的特点。正是这样，列宁强调：“在每个国家通过具体的途径来完成统一的国际任务……的时候，都必须查明、弄清、揣摩出和把握住民族的特点和特征。”[②] 赋予引导社会前进的马克思主义以各国民族化的形式和风格。为此，列宁认为，马克思主义的最本质的东西、马克思主义的活的灵魂：具体地分析具体的情况。毛泽东同志指出：“马列主义的基本原理在实践中的表现形式，各国应有所不同。在中国，马列主义的基本原理要和中国的革命实际相结合。”[③] 邓小平更直接地指出：“马克思主义必须是同中国实际相结合的马克思主义，社会主义必须是切合中国实际的有中国特色的社会主义。”[④] 20世纪马克思主义的发展史证明，凡是遵循了这些原则，社会主

---

① 《马克思恩格斯全集》第25卷，人民出版社1974年版，第892页。
② 《列宁选集》第4卷，人民出版社1995年版，第200页。
③ 《毛泽东著作选读》下册，人民出版社1986年版，第747页。
④ 《邓小平文选》第3卷，人民出版社1993年版，第63页。

义就取得成功，马克思主义就得到发展，反之，就都遭到挫折。马克思列宁主义、毛泽东思想、邓小平理论和“三个代表”重要思想都是坚持这些原则的伟大成果和光辉范例。具有国际性内容的马克思主义只能在同时代的特征、各国的具体实际相结合中才能实现与时俱进。马克思主义创造性运用的民族性要求，同任何形式的机会主义和教条主义都是不相容的。

“三个代表”重要思想的创立充分地体现了 20 世纪马克思主义发展的历史特点。

其一，“三个代表”重要思想是十四届三中全会以来，以江泽民同志为主要代表的当代中国共产党人，高举马列主义、毛泽东思想、邓小平理论的伟大旗帜，准确把握时代特征，科学判断我们党所处的历史方位，围绕建设中国特色社会主义这个主题，集中全党智慧，以马克思主义的巨大理论勇气进行理论创新，逐步形成的系统的科学理论。这是在神州大地上生长出来的活生生的中国化的马克思主义。

其二，“三个代表”重要思想是当代中国共产党人在邓小平理论的基础上，在新时代条件下创造性地运用辩证唯物主义和历史唯物主义分析当今世界和中国的实际，认识和把握社会发展规律，对什么是社会主义、怎样建设社会主义的问题作出的进一步回答，对建设什么样的党、怎样建设党的问题作出的创造性回答。这些回答集中起来，就是深化了对中国特色社会主义的认识，即在建设中国特色社会主义的思想路线、发展道路、发展阶段和发展战略、根本任务、发展动力、依靠力量、国际战略、领导力量和根本目的等重大问题上取得的丰硕成果，它是对我国现阶段改革发展稳定、内政外交国防、治党治国治军等各方面取得的理论成果的系统概括，是我们党对共产党执政规律、社会主义建设规律和人类社会发展规律的认识达到新的理论高度的表现。

（原载《马克思主义研究》2003 年第 6 期）

我们党艰辛探索和伟大实践的必然结论

——对党的十条基本经验的思考

我们党以马克思主义开拓创新的理论勇气，坚持党的解放思想、实事求是的思想路线，深化对什么是社会主义、怎样建设社会主义，建设什么样的党、怎样建设党的认识，从政治、经济、文化、社会等不同侧面，回顾了13年来的奋斗历程，得出了十条基本经验。这十条基本经验是中国特色社会主义理论的新成果，是科学社会主义理论在20世纪末至21世纪初中国人民伟大实践中的重大发展。

十条基本经验是我们党与时俱进、理论创新的又一成果。建设中国特色社会主义是前无古人的伟大事业，中国人民既无现成的本本可抄，也无成功经验可资借鉴。中国共产党人只有坚持把马克思主义的基本原则同中国建设、改革实际相结合，不断推进马克思主义中国化，坚定不移地走自己的路。我们党通过艰苦奋斗，不断探索，开拓创新，找到了一条建设中国特色社会主义道路，相应地形成了一整套理论、路线、纲领、方针和政策，十条基本经验就是这一系列理论、路线、纲领、方针和政策的具体体现，是我们党坚持在科学理论的指导下观察世界、观察中国、观察党，不断总结广大干部群众在实践中创造的新经验、新观念、新办法，从理论上不断地作出新概括，在实践中不断创造新业绩，从中国社会主义现代化本身中引出的固有的规律性结论，是中国化的马克思主义。这十条基本经验，十六大报告都分别用两句话来表述，前一句讲必须坚持什么，后一句强调在实践中还应做什么。前十句是“十个坚持”，后十句是“十个创新”。这种实事求是、高屋建瓴的总结性论述，把坚持邓小平理论和推进理论创新统一起来，把总结过去、发扬革命传统和指明未来、弘扬时代精神统一起来，把“三个代表”重要思想用于丰富的鲜活的具体的实践经验之中，体现了时代性，把握了规律性，富于创造性，具有很强的理论指导性和实践操作性，是我们党领导人民建设中国特色社会主义的强大思想武器，是党领导人民建设中国特色社会主义必须坚持的基本经验。

21 世纪我国进入全面建设小康社会，加快推进社会主义现代化的新的阶段。这是一个承前启后，继往开来的重要发展阶段。处在这样的阶段，13 年的基本经验弥足珍贵。这些经验联系党成立以来的历史经验，是我们党必须始终代表中国先进生产力的发展要求，代表中国先进文化的前进方向，代表中国最广大人民的根本利益。“三个代表”重要思想是对马克思列宁主义、毛泽东思想和邓小平理论的继承和发展，反映了当代世界和中国的发展变化对党和国家工作的新要求，是加强和改进党的建设、推进我国社会主义自我完善和发展的强大理论武器，是中国共产党集体智慧的结晶，是党必须长期坚持的指导思想。

十条基本经验在中国这样一个经济文化比较落后的国家中，作为我们党对什么是社会主义，如何建设社会主义历史课题的回答，包含着社会主义近百年的实践经验。社会主义自列宁领导的俄国十月革命胜利，由科学理论转化为社会制度以来，在近百年的实践中，积累了正反两个方面的丰富经验，这些经验寓于各国社会主义建设的理论和实践中。

苏联的社会主义建设经过了七代领导人和六个时期。它从生气勃勃的、创造性的社会主义建设开始，促进了经济的快速发展。20 世纪 40 年代末 50 年代初，苏联的体制开始僵化，进行有根据的体制改革，经过几代领导人曲折反复、前进和后退的折腾，到戈尔巴乔夫领导时期，改革日趋严重背离社会主义方向，最后导致苏联解体。东欧各国的具体情况虽有差异，但是他们的社会主义建设经历了与苏联大体相同的过程。苏东国家社会主义建设中的成功和失败，留下的经验和教训是：

第一，社会主义建设必须坚持马克思主义的指导地位。

社会主义社会还是一个有阶级存在的社会，社会的根本经济基础和国家的根本性质，是在马克思主义指导下确立的，又是靠马克思主义作为精神支柱来维系的。马克思主义是指导社会主义事业的根本理论基础和社会主义时代精神的象征。社会主义国家如果削弱或脱离了这个基础，那就必定导致社会主义大厦的倒塌。因此是否坚持马克思主义的指导地位，关系着国家的根本性质、社会的发展方向、社会主义的前途和命运。苏东演变的深刻原因，就在于苏东国家的执政党逐步地否定了马克思列宁主义的指导地位。戈尔巴乔夫以“人道的、民主的社会主义”思想作指导，以建立人道的、民主的社会主义社会为目标，来推动苏东的“革新”，在经济领域，实行非国有化和私有化；在政治领域，实行西方民主制和多党制；在意识形态领域，推行多元化的方针，取消马克思主义的指导地位。这就把社会主义改革变成了资本主义化的改向，造成了历史的倒退。这个深刻教训告诉我们，任何社会主义国家的建设和改革都必须始终如一坚持马克思主义的指导地位。既然社会主义建设规律总是要通过各国独特的发展道路实现，既然社会主义各国的具体国情存在着许多差异，那么坚持马克思主义的指导地位就要按照唯物辩证法的共性和个性关系的要求，把马克思主义的普遍真理与本国的实际结合起来，从本国的国情出发，走自己的路，建设具有本国特色的社会主义。具有国际性内容的科学社会主义只能在同时代的特征、各国的具体实践相结合中得到实现。离开本国的实际，照搬别国的做法，无论是照搬社会主义国家的还是照搬资本主义国家的都是违背社会主义建设发展规律的，必然给本国的建设造成危害。东欧各国的教训充分表明了这一点。

第二，社会主义建设必须把发展社会生产力摆在首要地位，保证社会主义始终具有最深厚的经济源泉。

大力发展生产力是社会主义的本质和社会主义社会主要矛盾运动的要求。社会主义的本质就是解放生产力、发展生产力，消灭剥削，消除两极分化，最终达到共同富裕。解放和发展生产力是全面实现社会主义本质的基础。社会主义社会的主要矛盾就是人民群众日益增长的物质文化需求同落后的社会生产力之间的矛盾。只有大力发展生产力，才能使社会主义的主要矛盾得到解决。一般说来，社会主义制度之所以比资本主义制度优越，归根到底是它的生产力比资本主义发展得更快一些，更高一些，并且在发展生产力、经济不断增长的基础上不断改善人民的物质文化生活。社会主义之所以能战胜资本主义，在于它能够创造出比资本主义更高的劳动生产力和劳动生产率。这一点对于社会主义首先在经济文化落后国家中取得胜利的国家来说更具有紧迫性。苏东国家剧变的一个深层原因就在于长期经济上不去，与西方发达国家的差距大，人民群众的生活水平提高缓慢，对社会主义制度失去了信心。因此社会主义制度要得到发展，就必须把发展社会生产力摆在首位，坚持以经济建设为中心不动摇，以保证社会主义始终具有深厚的经济泉源。这个问题实际上也涉及科学社会主义发展中主题转换的问题。

马克思恩格斯在《共产党宣言》中曾经指出：无产阶级上升为统治阶级、争得民主以后，要“利用自己的政治统治，一步一步地夺取资产阶级的全部资本，把一些生产工具集中在国家即组织成为统治阶级的无产阶级手里，并且尽可能快地增加生产力的总量”①。因此，无产阶级在建立社会主义制度之后，大力发展生产力是社会主义发展的规律性要求，如果违背这一客观规律，社会主义的发展就必然遭到挫折。

第三，社会主义建设过程中必须全面加强马克思主义执政党的建设，不断提高党的领导水平和执政能力。

在社会主义国家里，社会主义建设规律是通过人民群众的历史创造活动实现的，而共产党的领导是人民群众创造历史活动的最高表现，唯有共产党的领导，才能把人民群众团结起来，组织起来，凝聚成建设新社会、创造幸福新生活的力量，保证人民群众的历史创造活动有正确方向并不断地被提到新的高度。所以共产党是社会主义事业的领导核心，是社会主义建设事业兴衰成败的决定性因素。共产党之所以具有这样关键的意义，是因为它是由马克思主义武装起来的工人阶级的先锋队。因此要保证共产党的领导作用就要全面加强党的建设，始终保持党的工人阶级先锋队性质，保持党和人民群众的血肉联系，不断提高党的领导水平和执政能力。苏东国家共产党的失败就在于长期疏于党的建设，在指导思想上背离马克思列宁主义，让民主社会主义在党内占了统治地位；政治上，长期不讲社会主义方向，不讲反对“和平演变”，不开展反对党内外的资产阶级自由主义思潮的斗争，使广大党员干部失去了坚定的理想和信念，不能明辨是非，丧失了抵抗力和战斗力；在组织上，民主集中制原则受到破坏，组织涣散，派别林立，民主监督机制不健全；在作风上，特权腐败和官僚主义盛行，严重脱离人民群众。苏东国家共产党失去政权和合法地位的惨痛教训告诉我们，始终坚持和改善党的领导，始终坚持全面加强党的建设，坚定不移地把党建设成为一个用马列主义武装起来，思想上组织上完全巩固，真正得到人民群众支持和拥护，能够经受住各种风险和考验，始终走在时代前列，不断向前推进社会主义事业的工人阶级政党，是巩固和发展社会主义的根本保证。

第四，社会主义建设必须高度重视意识形态领域的斗争，有效地反对

---

① 《马克思恩格斯选集》第1卷，人民出版社1995年版，第293页。

资产阶级自由主义思潮。

社会主义的意识形态是社会主义根本经济政治制度的反映，是党的路线、方针、政策的直接表现，又是社会主义根本经济政治制度的精神支柱。马克思说："如果从观念上来考察，那么一定的意识形态的解体足以使整个时代覆灭。"① 对社会主义时代来说也如此，毛泽东早在20世纪60年代就讲过："凡是要推翻一个政权，总是先造舆论，总是先做意识形态方面的工作。革命的阶级是这样，反革命的阶级也是这样。"② 苏东国家根本性质的演变，国内外反社会主义势力就是通过"先做意识形态方面的工作"，搞乱党的思想理论基础开始的。戈尔巴乔夫炮制的"新思维"，就是在改革过程中用西方资产阶级的意识形态多元化、政治多元化、经济私有化来根本改变社会的经济基础和国家制度，改变人们的思想观念和生活方式，这是他倡导的"从上层建筑到经济基础""根本改造社会大厦""改变制度"的实质所在。

苏东演变的惨痛教训告诉我们，社会主义国家必须高度重视意识形态领域的斗争，在今天要特别警惕新自由主义的渗透和影响。在东欧国家的演变中，作为西方新自由主义变种的东欧经济学派成为主流学派，它打着改革的旗号反对社会主义，提出所谓的异化论和失衡论、改革理论、所有制理论（如社会所有制理论、非国有化理论、企业所有制理论、非国有化的实现形式）等等。这些理论的提出和蔓延对苏联东欧国家的改革进程发生了深刻的影响，造成了这些国家经济大幅度滑坡、通货恶性膨胀、国家分裂、民族矛盾纠纷加剧、社会动乱不已，使人民蒙受苦难。鉴于苏联和东欧国家演变的教训，我们必须旗帜鲜明地大力组织和支持马克思主义理论工作者，对形形色色资产阶级的自由主义、特别是新自由主义思潮展开批判，以巩固社会主义思想阵地，保证改革和建设的社会主义方向。

苏东国家的社会主义成功与失败的经验对我国社会主义建设的影响是深刻的。鉴于新中国成立初期的国际条件，我们借鉴甚至在很大程度上是照搬苏联的建设经验，这在当时的历史条件下是必需的，也起了积极的作用。到50年代中期，我国社会主义改造基本完成以后，开始转入大规模的社会主义建设，苏联方面暴露出在建设社会主义过程中的一些缺点和错

---

① 《马克思恩格斯文集》第8卷，人民出版社2009年版，第170页。

② 《建国以来毛泽东文稿》第10册，中央文献出版社1996年版，第194页。

误，使我们党在实践中意识到，苏联的经验不完全符合中国的客观实际，以苏联的建设经验教训为鉴戒，开始根据本国实际进行社会主义建设，走自己的路，并总结我国的经验，形成了像《论十大关系》那样的许多新认识，提出了调动一切积极因素，为社会主义服务的方针，对适合我国的社会主义建设道路进行了初步探索。后来由于“文化大革命”的发生，这种探索被打断了，但是这种探索取得了成就。党的十一届六中全会审议和通过的《中国共产党中央委员会关于建国以来党的若干历史问题的决议》，对新中国成立32年的历史作出了基本估计，把新中国成立32年的主要成就概括成十个方面，同时指出，党的领导对形势的分析和国情的认识有主观主义偏差，犯过把阶级斗争扩大化和在经济建设上急躁冒进的错误，包括“文化大革命”这样全局性的、长时间的严重错误。但是，总体来看，我们取得的成就是主要的，“我们的成就和成功经验”是党和人民创造性地运用马克思列宁主义的结果，是社会主义制度优越性的表现，是全党全国各族人民继续前进的基础。新中国成立32年以来，我们党对社会主义建设规律的探索，在主要的基本的方面是正确的。党的十一届三中全会重新确立了解放思想、实事求是的思想路线，以邓小平同志为核心的党的第二代领导集体，围绕什么是社会主义，怎样建设社会主义等一系列问题，系统地进行拨乱反正，正本清源，对社会主义进行再认识，开创改革开放和现代化建设的新局面，并在此基础上从党的十二大到十五大，不断总结实践经验，包括总结我国社会主义胜利和挫折的历史经验并借鉴其他社会主义国家兴衰成败的历史经验；集中全党智慧，逐步形成了党在社会主义初级阶段的基本理论、基本路线和基本纲领，抓住什么是社会主义，怎样建设社会主义这个根本问题，深刻地揭示社会主义本质，开拓了马克思主义关于社会主义认识的新境界。这些理论成果在当代中国马克思主义——邓小平理论中得到了集中的、全面的阐述，其主要之点是：在社会主义发展道路问题上，强调走自己的路，建设有中国特色社会主义；在社会主义发展阶段问题上，作出中国还处在社会主义初级阶段的科学论断；在社会主义的根本任务问题上，指出社会主义的本质是解放生产力，发展生产力，消灭剥削，消除两极分化，最终达到共同富裕；在社会主义的发展动力问题上，强调改革也是一场革命，也是解放生产力，是中国现代化的必由之路；在社会主义建设的外部条件问题上，指出和平与发展是当代世界两大主题，必须坚持独立自主的和平外交政策，为中国现代化建设创造有利的国际环境；在社会主义建设的政治保证问题上，强调坚持社会主义道路，坚持人民民主专政，坚持中国共产党的领导，坚持马克思列宁主义、毛泽东思想；在社会主义建设的战略问题上，提出基本实现现代化分三步走；在社会主义的领导力量和依靠力量上，强调中国共产党是社会主义事业的领导核心，要求依靠广大工人、农民、知识分子，依靠各族人民的团结，依靠全体社会主义劳动者、拥护社会主义的爱国者和祖国统一的爱国者的最广泛的统一战线，以及依靠党领导的人民军队来建设社会主义；在祖国统一的问题上，提出“一个国家、两种制度”的创造性构想。

这九个方面的新观点，以解放思想，实事求是为红线，以什么是社会主义，怎样建设社会主义为首要的核心理论问题，以坚持经济建设为中心，坚持四项基本原则，坚持改革开放为骨架，构成一个有联系的理论整体。这个理论整体就是邓小平理论（即党的基本理论）的科学体系。这是把马克思列宁主义普遍真理与中国具体实践和时代特征相结合实现的第二次飞跃，是建立在社会主义建设规律基础上的马克思主义中国化的第二个理论形态。从世界社会主义运动发展的历史看，这些新观点在很大程度上也是包含着对世界社会主义实践再认识的成果。

十五大之后，我们党在新的理论和实践探索中，进一步加深了对什么是社会主义，怎样建设社会主义，和建设一个什么样的党，怎样建设党的认识，积累了新的经验。这些新鲜经验，集中体现了党领导人民在建设中国特色社会主义实践中形成的重大认识和重大方针，标志着我们党对共产党执政规律、社会主义建设规律和人类社会发展规律的认识达到了一个新的高度。党的十六大联系我们党 80 多年的历史经验，将这些新鲜经验进行理论概括，形成了十条基本经验。这十条基本经验既反映了以邓小平同志为核心的第二代中央领导集体对马克思主义的继承和发展，也反映了以江泽民同志为核心的第三代中央领导集体对中国化的马克思主义、特别是对邓小平理论的继承和发展。

（原载《社会主义研究》2003 年第 6 期）

毛泽东是马克思主义中国化的伟大开拓者

马克思主义中国化是马克思主义世界化、民族化、本土化、具体化的一种具体表现形式。按毛泽东同志的解释，即“按照中国的特点去应用”马克思主义。马克思主义中国化是一个生生不息的过程，在实现这一历史伟业的艰苦奋斗中，一代一代的共产党人和党外的马克思主义者、马克思主义理论工作者都付出了艰辛的劳动和大量的心血，但是一部马克思主义中国化史清楚地记载着，毛泽东同志是实现马克思主义中国化的伟大开拓者。他是继十月革命和列宁主义之后创造性地实现马克思主义民族化、本土化、具体化的又一成功的范例。他的历史功勋在于：他率先冲破教条主义的罗网，第一次鲜明地提炼出“相结合”的科学概念，向全党提出了“使马克思主义在中国具体化”的任务，要求全党同志运用马克思主义的立场、观点和方法，来具体地研究中国的现状和历史，具体地分析中国革命问题和解决中国革命问题，以中国的具体实践为基点，来独立自主地制定和完善自己的方针政策；他明确指出了马克思主义中国化的核心，即马克思列宁主义的普遍真理同中国革命和建设的具体实践相结合，强调“成为伟大中华民族的一部分而和这个民族血肉相联的共产党员，离开中国特点来谈马克思主义，只是空洞的抽象的马克思主义”①；他首创了马克思主义与中国实际相结合的革命道路——具有中国特色的农村包围城市、武装夺取政权的道路，并积累了包括武装斗争、统一战线、党的建设、政权建设等方面的丰富的历史经验；他确定了马克思主义中国化的基本出发点、立足点（或说根本立场），就是始终坚持全心全意为人民服务，把中国革命和建设的利益放在一切关系的首要地位，独立自主地根据中国革命和建设的实际需要和可能考察一切问题，制定中国共产党的路线、方针和政策；他赋予马克思主义中国化以民族形

① 《毛泽东选集》第2卷，人民出版社1991年版，第534页。

式，就是经过中国化的加工、提炼，赋予马克思主义以新鲜活泼的、为中国老百姓所喜闻乐见的中国作风和中国气派；他奠定了马克思主义中国化的深刻哲学基础，就是通过总结两次国内革命战争的丰富经验，提出了关于矛盾问题的精髓——共性和个性辩证统一关系的原理，揭示了马克思主义中国化的内在根据，从中国这个客观“世界本身的原理中为世界阐发了新原理”，他又从马克思主义认识论的高度，制定了“从群众中来，到群众中去”的群众路线，解决了马克思主义在中国的群众化、实践化的问题；他还解决了实现马克思主义中国化所要求的学风问题，即通过整风运动解决学风党风问题这一切实有效的最好形式和方法。这是国际共产主义运动和马克思主义发展史上的一个伟大创举。以上七个方面总起来说，就是毛泽东同志从理论和实践的双重探索中，解决了马克思主义为什么必须和怎样实现中国化的问题，并将这一过程中积累的一系列独创性经验加以提升，创立了新民主主义革命理论，实现了马克思主义与中国实际相结合的第一次历史性飞跃，形成了反映时代特点和适合于中国情况的科学指导思想——毛泽东思想。毛泽东思想是马克思主义中国化的第一个鲜明的民族形式。毛泽东同志还以超人的智慧和胆略，以后半生的全部心血投入了新中国成立后的社会主义建设及其特殊规律的探索，为中国社会主义制度的建立，适合中国社会主义特点的建设道路的选择，中国社会主义经济、政治、文化的发展，国际地位的提高，作出了不可磨灭的贡献。如，毛泽东同志在 20 世纪中叶最先提出了要进行马克思主义基本原理与中国实际的第二次结合，并且在理论和实际的探索中创立了关于社会主义改造的学说，关于正确处理人民内部矛盾的学说，关于建立完善的独立工业体系和国民经济体系的四个现代化学说，关于发展商品生产、重视价值规律的思想，关于完善和发展人民民主专政的国家学说，关于马克思主义执政党的领导作用和建设的学说，关于运用社会存在和社会意识相互关系的马克思主义原理对思想政治工作和文化工作进行指导，防止和平演变的学说，关于反对帝国主义和霸权主义的学说等等。所有这些都是以毛泽东同志为代表的那一代共产党人所建立的中国化的马克思主义的重要组成部分，是实现马克思主义基本原理与中国实际相结合的第一次历史性飞跃的延伸，或说是实现第二次飞跃的初步的但是具有奠基意义的工程。

（原载《湖北社会科学》2004 年第 2 期）

马克思主义商品经济理论在当代中国的最高成就

邓小平社会主义市场经济理论是邓小平理论的一块重要基石，它对当代中国社会主义改革开放和现代化建设实践发挥了极为重要的指导作用。它之所以对社会实践有如此巨大的指导意义，是因为它具有马克思主义商品经济理论的丰厚沃土，从理论和实践的结合上科学地解决了社会主义基本制度和市场经济相结合的高难度的历史课题。它以解放思想、实事求是为哲学认识论基础，以马克思主义所具有的与时俱进的理论品格，在改革开放和社会主义现代化建设伟大实践中，不断得到丰富和发展。邓小平社会主义市场经济理论是马克思主义商品经济理论在当代中国的最高成就。

一　马克思主义商品经济理论的丰厚沃土

邓小平社会主义市场经济理论具有深厚的马克思主义商品经济理论的基础。在以往的研究中，人们更多地注意到马克思主义创始人关于作为资本主义基本矛盾尖锐化产物的社会主义社会没有商品经济的论述，而对于以下几点研究得不够充分：第一，马克思恩格斯认为当社会占有“一切生产资料”“全部生产资料”时，将消除商品生产，对于社会主义社会只占有主要部分生产资料时，是否会消除商品生产，他们并没有讲到。第二，马克思恩格斯讲的“自由人联合体”的未来社会，是建立在欧洲发达资本主义国家生产基础上的社会主义，它将消除商品生产，但是他们并没有具体指明在生产力落后的国家建立起来的未来社会，在其初级阶段上，是否会消除商品生产，也没有具体说明达到消除商品生产这种境界是在什么发展阶段上。对于处于从资本主义向社会主义过渡时期，或者过渡时期结束后像中国这样的社会主义初级阶段，是否会存在商品生产的问题，他们也没有作出说明。第三，马克思恩格斯在东方社会理论中，论述了像俄国这样的经济文化落后的国家，有可能跨越资本主义“卡夫丁峡谷”，即跨越资本主义制度，但以俄国土地公有制为起点建立起来的社会主义国家，应该取得资本主义制度的全部成果，而又不必经受资本主义制度的苦难。这里他们并没有说明这样的社会主义国家可以超越经济市场化、社会化充分发展的阶段。从这个视角看，他们讲的“取得资本主义全部成果”，理应包括资本主义发达国家的一切反映现代社会化生产规律的先进经营方式和管理方法，当然也包括在发达资本主义国家中得到充分发展的商品生产和商品流通。

将充分发展的商品生产和商品流通作为社会主义必须取得的资本主义的全部成果之一，符合马克思关于商品经济的理论。马克思关于商品经济的理论十分丰富，其中一个重要思想就是他不把商品经济看成一种独立存在的经济制度。马克思认为：“商品生产和商品流通是极不相同的生产方式都具有的现象，尽管它们在范围和作用方面各不相同，因此，只知道这些生产方式所共有的抽象的商品流通范畴，还是根本不能了解这些生产方式的不同特征，也不能对这些生产方式作出判断。”[①] 说商品生产和商品流通不同于独立存在的经济制度，这隐含着商品经济与特定社会基本制度的本质区别。商品经济的社会属性，是由与其相结合的社会制度决定的，商品经济本身是一种为实现一定经济制度的利益关系服务的经济运行机制、一种资源配置方式，如果“把它看作独立的制度，那么，这只是一种假象……必然的假象”[②]。在资本主义社会中，商品经济只是资本主义生产关系中的表面现象。因此吸收资本主义社会中发展得很充分的商品经济，并非是吸收资本主义的生产资料所有制和分配制度。马克思恩格斯作为唯物辩证法的大师，他们根据自己已经揭明的社会历史发展规律，预想未来社会是一种“保证社会劳动生产力极高度发展的同时又保证每个生产者个人最全面的发展的这样一种经济形态”[③]。不同民族由于所处的历史环境不同，走上这条道路的过程、方式和时间是不同的，因而他们并未说过一切走上社会主义道路的国家都绝对不应该存在商品生产和商品流通，问题在于条件。马克思关于社会历史发展的“三形态”的理论指出：

① 《马克思恩格斯全集》第23卷，人民出版社1972年版，第133页。
② 《马克思恩格斯全集》第46卷（上），人民出版社1979年版，第513页。
③ 《马克思恩格斯选集》第3卷，人民出版社1995年版，第342页。

“人的依赖关系（起初完全是自然发生的），是最初的社会形态……以物的依赖为基础的人的独立性，是第二大形态……建立在个人全面发展和他们共同的社会生产能力成为他们的社会财富这一基础上的自由个性，是第三阶段。”① 只要自由个性赖以建立的个人全面发展和他们共同的社会生产能力成为他们的社会财富的基础尚未形成，人的独立性就还必须以物的依赖性为基础，不能摆脱商品经济及其得以充分发展的机制——市场。

马克思恩格斯关于商品经济的理论，为后来的马克思主义者认识商品经济，尤其是认识社会主义社会的商品经济提供了理论指南。

在社会主义思想史上，首先从理论和实践上解决资本主义向社会主义过渡时期需要保留商品生产和货币者是列宁。列宁在实施战时共产主义政策遇到困难后，很快清醒地认识到，“在从资本主义向共产主义过渡的初期，立即消灭货币是不可能的。……我们没有做到一下子废除货币。我们说，目前货币还要保留着，而且在从资本主义旧社会向社会主义新社会过渡的时期，还要保留一个相当长的时间。”② 他领导苏维埃推行新经济政策，鼓励商品生产，扩大商品流通，发挥税收、价格等经济杠杆的作用，在国营企业中实行经济核算制，从国家资本主义转到国家调节商品货币流通。新经济政策的实质，主要就是利用商品经济引导农民过渡到社会主义，进一步巩固苏维埃政权。新经济政策的实施，使苏维埃政权摆脱了经济困境。列宁倡导的新经济政策，是社会主义发展史上第一次以市场为导向的重大改革，它的成功证明了从资本主义向社会主义过渡阶段保留商品和货币并利用其为社会主义事业服务的必要性。但是，列宁过早逝世，没有经历过渡时期结束后社会主义建设的实践，因而亦未能提出和解决社会主义社会是否存在商品生产和商品流通的问题。

斯大林在社会主义发展史上，从理论和实践的结合上初步解决了社会主义商品生产的历史难题。为了从理论上澄清苏联国内在商品生产问题上的混乱思想，斯大林写了《苏联社会主义经济问题》一书，解释了恩格斯在《反杜林论》中关于“一旦社会占有了生产资料，商品生产就将被消除”的论断，说明恩格斯的公式是建立在一切生产资料都归国有的基础上，而苏联只是部分生产资料收归了国有，并不具备消除商品生产的条

---

① 《马克思恩格斯全集》第46卷（上），人民出版社1979年版，第104页。

② 《列宁全集》第36卷，人民出版社1985年版，第340页。

件。斯大林认为，苏联存在着社会主义生产的两种基本形式：一种是国家的即全民的形式，一种是集体农庄形式，这是社会主义社会存在商品生产和商品交换的条件；社会主义商品生产存在的范围只限于消费品，苏联的商品生产“并不是通常的商品生产，而是特种的商品生产，是没有资本家参加的商品生产，它所涉及的基本上都是联合起来的社会主义生产者（国家、集体农庄、合作社）所生产的商品。它的活动范围只限于个人消费品”①。同时社会主义由于消除雇佣劳动制度，劳动力不再是商品；在社会主义制度下，由于“决定性的经济条件”的存在，商品生产和商品流通并不引导到资本主义，商品生产的作用是为社会主义社会服务；价值规律在社会主义社会中依然有重要作用。其发生作用的范围，一是在商品流通领域，价值规律是在一定的范围内保持着调节者的作用，即主要是在个人消费的商品的交换中起作用；二是扩展到生产方面，影响生产。这种影响表现在商品（主要是消费品）的价格影响着企业的成本、赢利，推动企业加强经济核算，改善经营管理，还表现在合理的商品价格，有利于社会各部门的生产按比例进行。但是价值规律不能起生产调节者的作用。斯大林的这些思想，从理论和实际的结合上初步解决了社会主义商品生产的历史难题，这是他对科学社会主义理论和实践的重大贡献。其中的不彻底性、不明确性，甚至说是局限性也给苏联和其他社会主义国家的社会主义建设带来一定消极影响。

在中国，破解这一高难度历史课题之谜者是毛泽东。毛泽东沿着列宁的理论思路，在 1958—1960 年期间读《苏联社会主义经济问题》、苏联《政治经济学教科书》（修订第 3 版）过程中，认真研究和深入思考苏联和中国的社会主义经济问题，系统地阐发了他关于社会主义经济的基本理论，给我们留下了丰富而宝贵的理论遗产。毛泽东从多方面论证了发展社会主义商品生产和商品交换的必要性，指出大力发展商品生产和商品交换，是客观规律的要求和社会的需要，是集体经济组织成员的需要，是走向富裕之路。关于社会主义社会存在商品生产的条件，毛泽东认为斯大林的分析是正确的，但不完整。他指出：“两种所有制存在，是商品生产的主要前提。但商品生产的命运，最后和社会生产的水平有密切关系。因此，即使是过渡到单一的社会主义全民所有制，如果产品还不很丰富，某

① 《斯大林文集（1934—1952 年）》，人民出版社 1985 年版，第 609 页。

些范围内的商品生产和商品交换仍然有可能存在。"① 他清楚地说明了社会主义商品生产存在的三个条件：两种所有制的存在，社会生产力尚未高度发展和产品还不很丰富，中央组织还无权支配一切产品。关于社会主义商品生产和资本主义商品生产的根本区别，毛泽东提出的判断标准是"要看它是同什么经济制度相联系，同资本主义制度相联系就是资本主义商品生产，同社会主义制度相联系就是社会主义商品生产"②。这个判断标准，把商品生产同根本经济制度既区别又联系起来，表明不能孤立地看待商品生产。一种商品生产的性质不是自身固有的，而是由与它相联系的经济制度赋予的。这就从认识上澄清了两点。一是把发展商品生产等同于资本主义的错误；二是否认社会主义商品生产与资本主义商品生产有原则区别的错误。关于社会主义商品生产存在的范围，毛泽东同意斯大林关于社会主义社会的个人消费品都是商品、社会主义社会的劳动力都不是商品的观点，但不同意斯大林把全部生产资料都排除在商品生产的范围之外的主张，认为正确的看法应当是，在社会主义计划经济中，只有全民所有制内部调拨的生产资料不是商品，而全民所有制企业卖给集体所有制企业的生产资料都是商品，集体所有制企业之间相互转让的生产资料也全都是商品。关于商品生产在社会主义社会中的积极作用，毛泽东予以肯定，并明确规定我国发展商品生产的目的在于服务于社会主义建设，即"利用商品生产为社会主义服务"。毛泽东还高度评价社会主义商品生产中价值规律的作用，认为价值法则"是一个伟大的学校，只有利用它，才有可能教会我们的几千万干部和几万万人民，才有可能建设我们的社会主义和共产主义"③。但是价值规律对社会主义社会发展的作用，比起社会主义的所有制、社会主义经济的基本规律、全国有计划地进行生产和分配来说，是非决定性的，后者才是决定性的。他主张认真研究客观经济规律，强调用哲学方法研究经济学，以获得关于社会主义经济建设的正确认识。毛泽东这些关于社会主义商品生产和价值规律的思想，破解了社会主义商品生产这一马克思主义发展史上的难题。

---

① 《毛泽东著作专题摘编》(上)，中央文献出版社 2003 年版，第 977 页。
② 《毛泽东文集》第 7 卷，人民出版社 1999 年版，第 439 页。
③ 《毛泽东文集》第 8 卷，人民出版社 1999 年版，第 34 页。

二 社会主义基本制度和市场经济相结合的根本内容

邓小平在领导全党开创建设中国特色社会主义道路的进程中，继承马克思列宁主义、毛泽东思想关于商品生产和商品交换的理论遗产，面对当代日新月异的科学技术进步和生产力的迅猛发展，总结国外社会主义国家70多年，特别是新中国成立30多年实行计划经济体制的经验教训，批判地借鉴现代西方经济学的有关理论，总结西方发达资本主义国家经济调节的实践以及国家获得相对稳定发展的经验教训，以马克思主义者的宏大政治战略眼光和巨大理论勇气，既继承前人又突破陈规，从更广阔的历史背景上，创立了社会主义市场经济理论。

邓小平的社会主义市场经济理论，凝聚在他1979年到1992年9次谈话中，概括起来最根本的内容就是社会主义与市场经济的结合。1979年11月26日，邓小平在会见美国和加拿大客人时说："说市场经济只存在于资本主义社会，只有资本主义的市场经济，这肯定是不正确的。社会主义为什么不可以搞市场经济，这个不能说是资本主义的。我们是计划经济为主，也结合市场经济，但这是社会主义的市场经济。虽然方法上基本上和资本主义社会的相似，但也有不同，是全民所有制之间的关系，当然也有同集体所有制之间的关系，也有同外国资本主义的关系，但是归根到底是社会主义的，是社会主义社会的。市场经济不能说只是资本主义的。市场经济，在封建社会时期就有了萌芽。社会主义也可以搞市场经济。同样地，学习资本主义国家的某些好东西，包括经营管理方法，也不等于实行资本主义。这是社会主义利用这种方法来发展社会生产力。把这当作方法，不会影响整个社会主义，不会重新回到资本主义。"① 邓小平的这段谈话表达了他关于社会主义市场经济理论的基本思想，谱写了当代中国马克思主义政治经济学的理论新篇，他以后的历次论述都是对这些基本思想进一步的说明、丰富和展开。

邓小平社会主义市场经济理论包含多方面的主要内容，其根本之点是社会主义基本制度和市场经济相结合。展开来说，主要内容包括：第一，提出了"社会主义的市场经济"的全新概念。邓小平在回答客人提问时直接使用"市场经济"概念，这涉及事情的本质。"市场经济，按其本意

① 《邓小平文选》第2卷，人民出版社1994年版，第236页。

是指市场导向经济（Market－Directed Economy），即指在这种经济运作方式下，生产什么，用什么方法生产，生产出来后销售到哪里，都由供求力量来决定。”[①] 邓小平直接使用“市场经济”概念的特殊意义在于，意味着他认为在社会主义条件下，可以有以市场为导向的经济运作方式或资源配置方式。先前，斯大林、毛泽东关于社会主义商品生产理论中，都肯定社会主义商品货币关系和价值规律的作用，但都否定市场机制配置资源的作用，否定市场经济和价值规律起生产调节者的作用。邓小平对“市场经济”概念的使用，表明他承认在社会主义条件下，价值规律对生产的调节作用，承认价格波动成为合理配置资源的基本力量以及由市场来引导生产方向，实际上就提出了建立社会主义市场经济体制的理论。这种观点较之前人的看法是认识上的飞跃。

第二，明确指出“计划和市场都是经济手段（方法）”。邓小平在1979年11月26日、1987年2月6日、1991年初、1992年初先后四次讲到“计划”和“市场”的本质问题。他指出：社会主义搞市场经济，“这是社会主义利用这种方法来发展社会生产力”[②]，“不要以为，一说计划经济就是社会主义，一说市场经济就是资本主义，不是那么回事，两者都是手段，市场也可以为社会主义服务”[③]。1992年初邓小平在视察南方的讲话中进一步明确指出：“计划和市场都是经济手段。”[④] 邓小平的这些深刻论断，是对市场经济在社会主义社会中的地位作出的定位。以往很多人总把计划和市场两种经济手段（方法）同两种社会的基本制度等同起来，误把计划经济等同于社会主义，市场经济等同于资本主义。这种误解的一个可能的原因，是对斯大林的一个观点的理解。斯大林曾讲过：有计划按比例发展是社会主义的基本特征。应该说，斯大林的这种见解同马克思、恩格斯和列宁关于未来社会的基本特征的论断是不一致的。马克思、恩格斯、列宁按照历史唯物主义的基本原理，一直明确地把生产资料公有制和实行按劳分配作为未来社会的基本特征，以便同以私有制为基础，以压迫剥削雇佣劳动为特征的资本主义基本制度相区别，同时也同“各尽所能，按需分配”的共产主义高级阶段相区别。但他们都没有明确讲过计划经

① 胡钧：《中国社会主义市场经济研究》，山东人民出版社1999年版，第126页。
② 《邓小平文选》第2卷，人民出版社1994年版，第236页。
③ 《邓小平文选》第3卷，人民出版社1993年版，第367页。
④ 《邓小平文选》第3卷，人民出版社1993年版，第373页。

济是社会主义的基本特征。恩格斯曾说："社会一旦占有了生产资料……社会生产内部的无政府状态将为有计划的自觉的组织所代替。"① 这并不等同于"计划经济是社会主义的基本特征"。列宁曾指出：在资本主义社会里，"有计划性并不能使工人摆脱奴隶地位，相反地，资本家将更'有计划地'攫取利润。现在资本主义正直接向它更高的、有计划的形式转变"②。同样，马克思恩格斯也没有讲过市场经济是资本主义的基本特征。资本主义生产是高度发达的商品生产，但不能借此作出市场经济是资本主义基本特征的结论。相反，马克思明确指出："商品生产和商品流通是极不相同的生产方式都具有的现象，尽管它们在范围和作用方面各不相同。"③ 可见，把市场经济等同于资本主义并非马克思的原意。

邓小平关于"计划和市场都是经济手段"的科学论断，不仅澄清了社会主义思想史上的一种模糊认识，而且划清了同两种错误观点的界限。这两种错误观点是：只有实行资本主义，搞私有化，才能实行市场经济；搞市场经济必然引导到资本主义。划清这些界限，使人们的思想得到进一步解放，从而使我们能够在社会主义现代化建设中，大胆吸收和借鉴人类社会创造的一切文明成果，吸收和借鉴当今世界各国包括资本主义发达国家的一切反映现代化生产规律的先进经营方式、管理方式，运用好市场经济、证券、股市等经济手段，发展社会主义商品生产，促进社会主义经济的繁荣。从国际上看，这一论断还在理论上揭破了西方资产阶级思想家、政治家的谎言。这就是，他们出于阶级的利益，总是试图模糊市场经济与资本主义的界限，把二者直接等同起来，"他们一方面把自己的资本主义国家称为市场经济国家，一方面把社会主义国家实行市场经济的改革看作是向资本主义屈服，是社会主义的大失败。资产阶级的前一观点是企图用市场经济这个抽象的关系掩盖资本主义实在的剥削关系，后一观点只不过反映了他们的一种主观判断或主观愿望，他们希望通过市场经济的转换，使社会主义倒退到资本主义"④；邓小平关于"计划和市场都是经济手段"的论断，从理论上解除了资产阶级这一武装，使其从此难以成立。

第三，强调"计划和市场都得要"。关于计划与市场的关系问题，邓

---

① 《马克思恩格斯选集》第3卷，人民出版社1995年版，第633页。

② 《列宁全集》第29卷，人民出版社1985年版，第436页。

③ 《马克思恩格斯文集》第5卷，人民出版社2009年版，第136页。

④ 胡钧：《中国社会主义市场经济研究》，山东人民出版社1999年版，第189页。

小平曾讲过四次。每次提法不尽相同，有时讲“计划调节与市场调节相结合”，有时讲“计划与市场相结合”，有时讲“计划经济和市场经济相结合”，有时说“把计划经济和市场经济结合起来”，但精神实质都一样，就是要把计划和市场这两种手段有机结合起来。邓小平指出：“计划与市场的关系如何解决？解决得好，对经济的发展就很有利，解决不好，就会糟。”[①] 他强调“计划与市场相结合”，这是因为，既然计划和市场都是方法、经济手段，那么，全面利用这两种经济手段、方法，就会相得益彰，共同促进，更有利于解放和发展社会生产力，实现社会主义的本质要求。加上计划或市场手段的使用各有利弊，将两者结合起来，取长补短，就更利于达到我们的目的，保证社会主义赢得与资本主义相比较的优势。计划与市场的关系就是国家宏观调控与市场机制作用的关系。这是社会主义现代化建设若干重大关系中具有全局意义的一对关系，必须解决好。

第四，明确了社会主义市场经济在经济运行的形式上基本与资本主义社会的市场经济相似，但有本质的不同。社会主义市场经济和资本主义市场经济相似之处在于经济运行的形式上，都是运用市场手段配置资源。生产者和消费者之间都要通过买卖关系发生联系。但是二者的性质又有不同，这是由各自所服务的社会性质决定的。社会主义市场经济体制是同社会主义基本制度结合在一起的，建立社会主义市场经济体制，就是要使市场在国家宏观调控下对资源配置起基础性作用。具体说，在所有制结构上，是以公有制为主体，多种所有制形式共同发展；在收入分配制度上，是以按劳分配为主体，多种分配方式并存，实行效率优先，兼顾公平；在宏观调控上，党中央和国务院有关经济管理机关具有很高的权威，它们运用计划和市场相结合的方法，保证国民经济的运行，做到全国一盘棋，即全国各地区、各产业、各部门、各行业都能保持合理均衡、持续协调地发展。同时国家采用经济的、行政的、法律的手段，保证重点项目建设的完成，保证企业的生产经营活动能符合国民经济发展的总体要求。资本主义市场经济是同资本主义基本制度结合在一起的。在所有制结构、分配制度和宏观调控上都不同于社会主义市场经济。它以资本主义私有制为主体、以剥削雇佣工人的剩余价值为前提，以维护资产阶级利益和整个资本主义制度为目的。所以，笼统地说“市场经济不存在姓社姓资的问题”是错

---

① 《邓小平文选》第3卷，人民出版社1993年版，第17页。

误的。在现实中市场经济总是同一定的社会基本经济制度联系在一起的。市场经济与资本主义经济制度相联系，是资本主义市场经济，市场经济与社会主义经济制度相联系，是社会主义市场经济。社会主义市场经济和资本主义市场经济具有本质的区别。刻意模糊两种不同性质的市场经济的原则界限，旨在用资本主义市场经济取代社会主义市场经济，同邓小平社会主义市场经济理论是不相容的。

可见，邓小平社会主义市场经济理论是对马克思主义关于社会主义与市场经济相结合理论的重大突破，是对科学社会主义理论的重大发展。

三　在改革开放和现代化建设实践中不断发展和创新

党的十三届四中全会、特别是党的十四大以来，邓小平社会主义市场经济理论，同整个邓小平理论体系一样，在改革实践中得到了继续发展和创新。以江泽民同志为核心的党的第三代领导集体根据邓小平关于社会主义市场经济体制的理论，结合我国改革开放和社会主义现代化建设新的实际，针对我国加入世界贸易组织带来的新的机遇和挑战，从“三个代表”重要思想的高度，认真总结、提升我国建设社会主义市场经济的经验，建立了一套比较完整的社会主义市场经济理论体系，向前推进、发展了社会主义市场经济理论。

1. 确立社会主义市场经济体制及其各项重大原则

我国社会主义改革的根本问题，就是要从根本上改变束缚生产力发展的原有经济体制，建立充满生机和活力的新经济体制，使我国社会主义得到自我完善和发展。邓小平提出了社会主义可以和市场经济结合的问题，但是没有对将要建立的新经济体制的内涵、特点、运行原则作具体论述。我国经济体制改革确定什么样的目标模式，是关系整个社会主义现代化建设全局的一个重大问题，其核心是正确认识和处理计划与市场的关系。党的第三代领导集体从切合我国的经济发展实际，易于为大多数人所接受，有利于促进我国经济建设这三个方面考虑问题，最终确立了“社会主义市场经济体制”的目标模式。党的十四大正式把建立社会主义市场经济体制确立为我国经济体制改革的目标。这标志着社会主义市场经济理论正式确立并付诸实践。

在社会主义条件下建立市场经济体制，是一项前无古人的探索，是社会主义中国的伟大试验和艰辛创造，社会主义市场经济体制的内涵、特点、运行规律都需要在理论上和实践中去认识、把握。江泽民同志系统阐述了社会主义市场经济体制的丰富内容。他指出："我们要建立的社会主义市场经济体制，就是要使市场在社会主义国家宏观调控下对资源配置起基础性作用，使经济活动遵循价值规律的要求，适应供求关系的变化；通过价格杠杆和竞争机制的功能，把资源配置到效益好的环节中去，并给企业以压力和动力，实现优胜劣汰。运用市场对各种经济信号反应比较灵敏的优点，促进生产和需求及时协调。"① 这里说的市场在资源配置中起基础性作用，就是在企业生产中起主要调节者的作用，这与计划体制下由计划安排全社会经济活动是不同的。江泽民同志还指出，建立和完善市场经济体制是一个复杂的社会系统工程，要做持久的努力，要经历相当长的过程；社会主义市场经济体制必须反映和体现市场经济的一般规律，那么在建设中，要努力学习西方国家市场经济中一切合乎市场规律和社会化生产规律的好经验；社会主义市场经济体制是与社会主义基本经济制度结合在一起的，在所有制和分配制度上是实行以公有制和按劳分配为主体的，这是社会主义市场经济体制与西方市场经济体制的根本区别；建设社会主义市场经济体制要走自己的路，有所创新，有所发展；建立完善的市场体系，建立完善的国家宏观调控体系，都是社会主义市场经济体制的重要组成部分，二者相互结合、相辅相成、缺一不可；在社会主义市场经济体制中，必须实行政企分开，各种经济成分的企业都要走向市场，成为市场的主体，而政府的职能是实施宏观调控；发展社会主义市场经济，不仅要发展各种商品市场，而且要培育、健全各种生产要素市场，形成全国统一、开放、有序的市场体系；发展社会主义市场经济，一切反映社会化生产规律的经营方式和组织形式都可以大胆利用，建立现代企业制度是国有企业改革的方向；坚持效率优先、兼顾公平，完善按劳分配为主体、多种分配方式并存的分配制度，确立劳动、资本、技术和管理等生产要素按贡献参与分配的原则；继续提倡和鼓励一部分人和一部分地区先富起来，通过社会生产力水平的大幅度提高，扩大中等收入者比重，提高低收入者收入水平，最终达到共同富裕。对于市场经济发展中产生的各种消极腐败现象要坚决抵制和克服。

江泽民同志深刻论述了我国在建设社会主义市场经济体制中应遵循的

---

① 《江泽民论有中国特色社会主义（专题摘编）》，中央文献出版社 2002 年版，第 71 页。

基本原则和要求：

第一，社会主义市场经济体制是与社会主义基本制度结合在一起的，坚持社会主义制度是实现社会主义与市场经济相结合的根本前提。我们的市场经济不同于西方国家市场经济的“创造性和特色也就体现在这里”。“我们搞的是社会主义市场经济，‘社会主义’这几个字不能去掉，它不是多余的，不是‘画蛇添足’，而是‘画龙点睛’，所谓‘点睛’，就是点明我们市场经济的性质。”“搞市场经济……如果离开了社会主义基本制度，就会走向资本主义。……不但发展不起来，富强不起来，而是连国家和民族的独立也保不住，势必变成帝国主义国家的附庸，变成发达资本主义国家的附庸。”①

第二，在我国具体条件下，市场经济既是一种资源配置的方式，又是建设中国特色社会主义经济采取的基本形式。这是江泽民同志在党的十五大报告中提出的新论断。他说：“建设有中国特色社会主义经济，就是在社会主义条件下发展市场经济，不断解放和发展生产力。”② 作为建设中国特色社会主义经济采取的基本形式，其内涵和内在要求较之经济体制广泛得多。按党的十五大报告的表述，“这就要坚持和完善社会主义公有制为主体、多种所有制经济共同发展的基本经济制度；坚持和完善社会主义市场经济体制，使市场在国家宏观调控下对资源配置起基础性作用；坚持和完善按劳分配为主体的多种分配方式，允许一部分地区一部分人先富起来，带动和帮助后富，逐步走向共同富裕；坚持和完善对外开放，积极参与国际经济合作和竞争。保证国民经济持续快速健康发展，人们共享经济繁荣成果。”③ 我国社会主义现代化建设找到这种经济的基本形式，完成这项前无古人的创新任务，不仅能保证我国通过市场化走向经济的现代化，而且在社会主义发展史上开辟了一条新的社会主义建设道路。

第三，健全宏观调控体系是社会主义市场经济体制不可分割的重要方面。建立和完善社会主义市场经济体制，要求充分发挥市场机制作用，即发挥市场对资源配置的基础性作用，但也内在地要求健全宏观调控体系，以克服市场的自发性、盲目性和滞后性等弱点和不足。健全宏观调控体系

① 《江泽民论有中国特色社会主义（专题摘编）》，中央文献出版社2002年版，第69页。
② 《十五大以来重要文献选编》（上），人民出版社2000年版，第18页。
③ 《十五大以来重要文献选编》（上），人民出版社2000年版，第18—19页。

是建立社会主义市场经济体制的重要内容，也是我国深化改革的重要方面。我国宏观调控体系的主要任务是“保持经济总量平衡，抑制通货膨胀，促进重大经济结构优化，实现经济稳定增长，充分就业，公正的收入分配，国际收支平衡”①。

2. 勾画社会主义市场经济体制的蓝图和基本框架

为建立社会主义市场经济体制，党的十四届三中全会通过了《中共中央关于建立社会主义市场经济体制若干问题的决定》，对社会主义市场经济体制的基本框架作了具体规划，党的十五大又进一步提出要建立比较完善的社会主义市场经济体制。这两次会议全面勾画了社会主义市场经济体制的蓝图：

第一，建立以公有制为主体、多种经济成分共同发展的所有制结构。在这种所有制结构下，首先必须毫不动摇地巩固和发展社会主义公有制经济，坚持公有制的主体地位，这是坚持社会主义方向的要求。公有制经济的主体地位体现在公有资产在社会总资产中占优势，国有经济控制国民经济命脉，对经济发展起主导作用。而要保持公有制经济的主体地位，“必须努力寻找公有制的多种实现形式，更好地发挥公有制的优越性，增强国有经济的控制力。公有制实现形式可以而且应当多样化。在公有制为主体，国家控制国民经济命脉的前提下，一切反映社会化生产规律的经营方式和组织形式都可以大胆利用”②。同时，必须毫不动摇地鼓励、支持和引导非公有制经济的发展，充分发挥它对调动社会各方面的积极性、加快生产力发展的重要作用，使非公有制经济和公有制经济一起在市场竞争中发挥各自优势，互相促进，共同发展。

第二，转化国有企业经营机制，建立现代企业制度。我国国有大中型企业要在改革中探索和选择公有制经济的多种实现形式，改革的方向和目标是建立适应市场经济要求、产权清晰、权责明确、政企分开和管理科学的现代企业制度。“现代企业制度是社会主义市场经济体制的基础。……企业要通过建立现代企业制度，建立和健全适应社会化大生产和市场要求的科学的企业领导体制与组织管理体制，形成一套促进企业提高劳动生产

① 《十五大以来重要文献选编》（上），人民出版社2000年版，第25页。

② 《江泽民论有中国特色社会主义（专题摘编）》，中央文献出版社2002年版，第55页。

效率和经济效益的经营机制。”① 国有企业要成为自主经营、自负盈亏的商品生产者，成为独立的法人实体和市场主体，积极参与市场竞争，在市场竞争中发展壮大。

第三，培育和完善社会主义市场体系。市场经济要求在国内建立统一、开放的市场体系，保持健康的市场秩序。我国根据市场发育的实际情况，应把培育和完善市场体系的重点放在发展生产要素市场上，建立包括金融市场、劳动力市场、房地产市场、技术信息市场等在内的市场体系。同时推进价格改革，发展市场中介机构，加强对市场的管理和监督。加快和健全市场经济法制体系建设，制定完善市场主体法、市场主体行为法、市场管理规则法、市场体系法、市场宏观调控法、社会保障法六大系列的法律法规，对以前有关的法律进行系统的整理和完善，依法保证良好的市场秩序和竞争秩序。

第四，转变政府职能，建立和健全宏观经济调控体系。转变政府管理经济的职能，就是把不应该由政府行使的生产经营职能，逐步转移给企业和市场中介组织。政府主要是制定宏观调控政策，搞好基础设施建设，培育市场体系，监督市场运行和维护平等竞争，管理国有资产和监督国有资产经营，调节社会分配和组织社会保障，控制人口增长，保护自然资源和生态环境，实现国家的经济和社会发展目标。政府不直接干预企业的生产经营活动，而采用经济手段、法律手段和必要的行政手段进行宏观调控。政府按照政企分开、精简、统一、效能原则，改革和调整政府机构，为企业经营机制转换和新体制的建立创造条件。

第五，建立合理的个人收入分配制度和社会保障制度。实行按劳分配为主体，多种分配方式并存的分配制度，贯彻效率优先、兼顾公平的原则，鼓励一部分地区一部分人通过诚实劳动和合法经营先富起来。国家依法保护法人和居民的一切合法收入和财产。同时，通过分配政策和税收调节，防止收入过分悬殊和两极分化，提倡先富帮后富，逐步实现共同富裕。以社会保险特别是养老保险、失业保险和医疗保险的改革为重点，建立多层次的社会保障制度，注意社会保障水平与生产力发展水平和各方面的承受能力相适应。同时，积极发展商业性保险业，并把它作为社会保险的补充。

---

① 《江泽民论有中国特色社会主义（专题摘编）》，中央文献出版社 2002 年版，第 153 页。

3. 逐步完善社会主义市场经济体制

建立和完善社会主义市场经济体制非一日之功。这“既要做持久的努力，又要有紧迫感；既要坚定方向，又要从实际出发，区别不同情况，积极推进。……必须抓紧制定总体规划，有计划、有步骤地实施”①。我们党建立和完善社会主义市场经济体制的战略部署，大致分为两个阶段：第一阶段是到20世纪末21世纪初，初步建立社会主义市场经济体制的基本框架。第二阶段是到2020年，建立完善的社会主义市场经济体制和更加开放的经济体系，社会保障体系比较健全，社会就业比较充分，人民过上更加富足的生活。

按照这一部署，到世纪之交，我国社会主义市场经济体制初步建立的历史任务基本完成，整个国民经济开始按照新体制的轨道和规则运行。但是现在仍存在经济结构不合理、分配关系尚未理顺、农民收入增长缓慢、就业矛盾突出、资源环境压力加大、经济整体竞争力不强等问题，简言之就是生产力的发展仍存在诸多体制性的障碍。2002年，党的十六大根据经济全球化和我国加入世界贸易组织的客观需要，根据社会主义市场经济体制运行的内在要求和经济生活中存在的突出问题，适时地提出了完善社会主义市场经济体制的任务。

党的十六届三中全会以邓小平理论和“三个代表”重要思想为指导，全面贯彻党的十六大精神，制定了《中共中央关于完善社会主义市场经济体制若干问题的决定》。该《决定》提出了完善社会主义市场经济体制的目标和任务，并对各项改革作出了全面部署。强调我国进一步的经济体制改革要在坚持社会主义基本制度的前提下进行，坚持市场取向，在更大程度上发挥市场在资源配置中的基础性作用，不断探索社会主义基本制度与市场经济有机结合的途径和方式。要按照统筹城乡发展、统筹区域发展、统筹经济社会发展、统筹人与自然和谐发展、统筹国内发展和对外开放的要求，完成这些经济体制改革任务；完善公有制为主体、多种所有制经济共同发展的基本经济制度，推进公有制的多种有效实现形式，建立健全现代产权制度，完善国有资产管理体制；建立有利于逐步改变城乡二元经济结构的体制，完善农村经济体制；形成促进区域经济协调发展的机制；建立统一开放竞争有序的现代市场体系；完善宏观调控体系、行政管

---

① 《江泽民论有中国特色社会主义（专题摘编）》，中央文献出版社2002年版，第63页。

理体制和经济法律制度；健全就业、收入分配和社会保障制度；深化科技教育文化卫生体制的改革，建立促进经济社会可持续发展的机制，提高国家创新能力和国民整体素质。在深化改革中，要坚持社会主义市场经济的改革方向，注重制度建设和体制创新；坚持尊重群众的首创精神，充分发挥中央和地方的积极性；坚持正确处理改革发展和稳定的关系，有重点、有步骤地推进改革；坚持统筹兼顾，协调好改革进程中的各种利益关系；坚持以人为本，树立全面、协调、可持续的发展观。（注：参见：《中共中央关于完善社会主义市场经济体制若干问题的决定》，人民出版社 2003 年第 1 版。）这个《决定》既与十四届三中全会的《决定》紧密衔接，又根据改革的实践提出了新思路和新要求，具有承前启后、开拓创新的历史作用，是指导今后一个时期我国经济体制改革的纲领性文件，反映了我们党对社会主义市场经济的内容和运行规律的认识不断深入和日益成熟，丰富和发展了邓小平社会主义市场经济理论。

（原载《马克思主义研究》2004 年第 4、5 期）

对社会主义市场经济理论的几点认识

社会主义市场经济理论是邓小平理论的重要内容。这一理论谱写了当代中国马克思主义政治经济学的理论新篇，推进了马克思主义关于社会主义与市场经济相结合的思想，丰富了科学社会主义的理论宝库。纪念邓小平诞辰百年之际，本文拟谈谈自己重温邓小平有关论述的体会。

一　关于邓小平社会主义市场经济理论的根本内容

邓小平关于社会主义市场经济的论述，主要集中在他从 1979 年到 1992 年的 9 次谈话中。这些谈话有着丰富的内容。他认为在社会主义条件下，可以有以市场为导向的经济运行方式或资源配置方式，突破了否定市场机制配置资源、否定市场经济和价值规律起生产调节者作用的思想，承认在社会主义条件下价值规律对生产的调节作用，承认价格波动成为合理配置资源的基本力量以及由市场来引导生产方向。他提出“计划和市场都是经济手段”和方法，对“计划”和“市场”作了定位，澄清了把市场经济视为社会基本制度范畴而不是看作经济运行机制范畴的错误观点，强调“计划和市场都得要”，坚持“计划调节和市场调节相结合”，使计划和市场两者取长补短，相得益彰，互为补充，以保证社会主义赢得与资本主义相比较的优势。他明确指出社会主义市场经济在经济运行的形式上与资本主义社会的市场经济基本相似，但有本质的不同。相似之处在于，在经济运行的形式上，二者都是运用市场手段配置资源，生产者和消费者之间都要通过买卖发生联系；不同之处在于，由各自所服务社会的性质不同，决定了二者的根本性质不同。

贯通上述思想的核心思想是社会主义基本制度与市场经济相结合，其他思想都是由这一思想派生的。社会主义基本制度与市场经济相结合这一思想既包含市场经济的一般性，又包含我国市场经济的特殊性。市场经济的一般性表明它是发达商品经济的一种运行机制，通过价值规律、竞争规律、供求规律等自身固有的规律作用，实现高效益的资源配置，优胜劣汰，协调好生产和需要的关系。市场经济的这种一般性是在一切生产方式下所共有；市场经济的特殊性回答了在我国社会主义条件下，运用市场经济的主体是谁，目的是什么的问题。社会主义基本制度与市场经济相结合，正好实现了市场经济的一般性和特殊性的结合。这种结合恰恰是邓小平在马克思主义商品经济理论史上的贡献，使社会主义市场经济的概念得以确立，在根本性质上不同于西方国家市场经济的概念。将社会主义同市场经济结合起来，是一个伟大创举。①

重视我国市场经济的特殊性是不言而喻的。邓小平讲得很清楚，社会主义市场经济“虽然方法上基本上和资本主义社会的相似”，但它“归根到底是社会主义的，是社会主义社会的”②。江泽民同志针对忽视我国市场经济特殊性的错误倾向，指出：“我们搞的市场经济，是同社会主义的基本制度紧密结合在一起的。如果离开了社会主义基本制度，就会走向资本主义”，“我们搞的是社会主义市场经济，‘社会主义’这几个字是不能没有的，这并非多余，并非‘画蛇添足’，而恰恰相反，这是‘画龙点睛’。所谓‘点睛’，就是点明我们市场经济的性质”③。他还提醒全党要高度注意，搞市场经济，如果离开社会主义基本制度，就会走向资本主义，这样“不但发展不起来，富强不起来，而且连国家和民族的独立也保不住，势必变成帝国主义的附庸，变成发达资本主义国家的附庸”④。可见，这个问题不仅是非清楚，而且带有根本性。

二　关于生产资料公有制与市场经济相容的问题

由于生产资料公有制是社会主义经济制度的基础，所以生产资料公有制与市场经济能否相容的问题实质上是社会主义制度能否与市场经济相结合的问题。对于这个问题，一种意见认为，社会主义基本制度与市场经济不能相容。在社会主义条件下，搞市场经济就是搞资本主义。另一种意见认为，只有私有制才能与市场经济相容。在社会主义条件下，要发展市场

---

① 《十五大以来重要文献选编》（上），人民出版社 2000 年版，第 17 页。
② 《邓小平文选》第 2 卷，人民出版社 1994 年版，第 236 页。
③ 《江泽民论有中国特色社会主义（专题摘编）》，中央文献出版社 2002 年版，第 69 页。
④ 《江泽民论有中国特色社会主义（专题摘编）》，中央文献出版社 2002 年版，第 69 页。

经济，就只能搞私有化。这是从“左”和右两个极端否认生产资料公有制、社会主义基本制度能与市场经济相结合，理论上、实践上都是站不住脚的。

第一，生产资料公有制与市场经济相容是以马克思主义商品经济理论为基础的。

马克思的商品经济理论认为：“商品生产和商品流通是极不相同的生产方式都具有的现象，尽管它们在范围和作用方面各不相同。”[①] 这说明，在马克思看来，商品生产和商品流通不是独立存在的社会经济制度，而是多种生产方式所共有的现象。如果“把它看作独立的制度，那么，这只是一种假象……必然的假象”[②]。既然商品关系可以存在于许多极不相同的生产方式中，那么它当然也可以存在于社会主义生产方式中，同生产资料公有制相容。在社会主义思想史上，继列宁从理论和实践上解决由资本主义向社会主义过渡时期需要保留商品生产和货币之后，斯大林《在苏联社会主义经济问题》一书中，论述了商品生产和商品交换在社会主义社会存在的条件，指出苏联的商品生产是“特种的商品生产，是没有资本家参加的商品生产，它所涉及的基本上都是联合起来的社会主义生产者（国家、集体农庄、合作社）所生产的商品”[③]。毛泽东更加明确地指出：在社会主义条件下，“两种所有制存在，是商品生产的主要前提。但商品生产的命运，最终和社会生产力的水平有密切关系。因此，即使是过渡到了单一的社会主义全民所有制，如果产品还不很丰富，某些范围内的商品生产和商品交换仍然有可能存在”[④]。邓小平继而提出市场经济是发展生产的方法、调节经济的手段，这就从理论上说明了以公有制为基础的社会主义可以与市场经济这种运行机制相容。

第二，在生产资料公有制条件下，能够造就市场经济运行需要的市场主体。

市场经济这种运行机制的运用，必须有相适应的市场主体。没有这种市场主体，当然谈不上搞市场经济的问题。市场主体必须拥有独立的经营决策权和经济利益，并且能够根据自身的利益对市场信号自主地作出反

---

① 《马克思恩格斯全集》第23卷，人民出版社1972年版，第133页。

② 《马克思恩格斯全集》第46卷（上），人民出版社1979年版，第513页。

③ 《斯大林文集（1934—1952）》，人民出版社1985年版，第609页。

④ 《毛泽东著作专题摘编》（上），中央文献出版社2003年版，第977页。

应。一种生产资料所有制只要能造成这样的市场主体，就可以搞市场经济。

我国经济体制改革的实践寻找到了生产资料公有制新的实现形式，并造就出市场经济运行需要的市场主体，为建立市场经济体制创造了必要的前提条件，从而使公有制得以和商品经济兼容。有经济学家指出，这是通过两个过程完成的。第一个过程是实行所有权同经营权适当分开，使国有企业沿着自主经营、自负盈亏的道路发展，真正成为独立的经济实体，成为相对独立的社会主义商品生产者和经营者，具有自我改造、自我发展的能力，成为具有一定权利和义务的法人。这一过程使国有企业之间建立起商品交换关系，通行等价交换或等生产价格交换的原则。第二个过程是，社会通过宏观调控手段把企业由于生产资料优良而获得的超额价值即级差收益提取出来，在全社会范围内加以分配和使用，用于满足全社会成员的需要。这一过程实际上就把商品等价交换关系转换成了等量劳动交换关系，在全社会范围内贯彻了按劳分配原则。这一过程已不属于商品交换过程了。[①] 这说明，社会主义的公有制形式和由它所决定的本质利益关系，与市场经济体现的一般利益关系的结合，尽管是一个复杂的过程，但是可以实现的。

第三，教条的思维方式是否定公有制与市场经济相容性的认识论根源。

通过经济体制改革，可以实现公有制与市场经济的结合，那么为什么总有人否定二者之间的相容性呢？这里有多种原因，从认识的视角说，是受了僵化思维的影响。其表现，一是在社会主义公有制确立以前，市场经济的运行一直与私有制相结合，以资本主义私有制为基础。人们由此认为，市场经济只能同私有制、同资本主义制度相结合，从而形成了私有制是市场经济唯一前提的观念；二是把社会主义公有制的某一实现形式如国家所有、国家直接经营、统负盈亏的形式绝对化，以为这是公有制的唯一形式。因为这种形式不能与市场经济相容，就否定公有制与市场经济的相容性。

教条的思维方式不适应发展变化着的客观事实，无法得出科学结论。市场经济的运行并非要以私有制为基础。资本主义制度也并不能与市场经

---

① 参看胡钧《对公有制和商品经济兼容问题的思索》，《中国社会科学》1989 年第 6 期。

济直接结合。资本主义制度的本质利益关系是等量资本获得等量利润。资本的这种权力要求同市场经济中通行的等价交换原则是矛盾的。因为按照等价交换原则，同量资本由于资本有机构成的差别获得的利润会极不相同。若坚持等价交换原则，资本的这种权力要求就不可能实现，而要实现资本的这种权力要求，保证它获得平均利润，就必须取消等价交换原则。所以在资本主义社会的现实生活中，交换不是按等价而是按生产价格成本价格加平均利润进行的。这正是适应资本主义制度本质利益的要求，改造商品经济的结果。这表明资本主义制度并不具有与商品经济结合的天性。

三 关于与社会主义市场经济相适应的社会主义思想道德体系

十六大报告中有一段极为重要的关于建立社会主义思想道德体系的论述。建立社会主义思想道德体系，必须以为人民服务为核心，以集体主义为原则，以诚实守信为重点，社会主义、集体主义、爱国主义是其中的灵魂。这些内容主要是由什么决定的呢？有一种观点认为这是由市场经济决定的。理由是，搞市场经济，要讲求“顾客至上”“信誉第一”“团队精神”，这就是社会主义、集体主义、爱国主义精神等等。这种理解值得商榷。“顾客至上”“团队精神”等等只是产品生产和流通过程中一种经营性、技术性的原则，它的最终目的在于赢利，实现企业利益的最大化。这一动机和目的无论在东方还是西方都是一样的。为人民服务、集体主义精神是不同的。

为人民服务是共产党人的根本宗旨，是社会主义道德区别和优越于其他道德的显著标志，它是建立在人民群众是历史的创造者、历史的主体基础之上的。集体主义是社会主义政治、经济、文化的必然要求，它提倡个人利益服从集体利益，局部利益服从整体利益，当前利益服从长远利益，反对个人本位的观点。市场经济的一般性决定不了这些精神和原则。这是因为，市场经济所包含的经济关系和所体现的经济利益，对政治上层建筑和思想道德上层建筑是有影响的。但是，商品关系一般所表现的仅仅是彼此独立的生产者之间、彼此独立的平等的买者和卖者之间的关系，至于这些买者和卖者是什么性质的经营主体，有怎样的特殊经济利益要求，则与商品关系本身无关，而由它所在的特殊生产方式的性质决定。在一定的生产关系系统的层次联系中，商品关系只是一种表面过程，是本质关系的表层，而且它只能按照一定特殊生产方式的要求加以改造后与之结合。[1] 所以它对特定的政治上层建筑和思想道德上层建筑的影响不是主要的、根本性的和决定性的。

在社会主义市场经济中也一样。它作为一个整体性概念，是指一种经济运行机制、资源配置方式、发展生产力的方法、调节经济的手段。但分析其内部结构，它是同社会主义基本制度结合在一起的。这种结合不是并列、平行的关系，而是一种从属和被改造的关系。市场经济这种经济运行机制要服从并为社会主义基本制度所改造，要反映社会主义基本制度的特点和本质利益要求，并为社会主义基本制度的巩固和发展服务。社会主义基本制度反映了社会主义经济形态的本质，是根本的；而市场经济这种运行机制反映的是在具体组织生产、交换、分配过程中发生的经济关系，只是社会基本制度的具体实现形式。社会主义市场经济的社会性质是由社会主义基本制度决定的。邓小平说：社会主义市场经济“归根到底是社会主义的，是社会主义社会的”[2]，就是在这个意义上讲的。

上述分析表明，市场经济的一般性可以产生竞争意识、自主意识、平等观念等等，但是不能形成社会主义意识。因此建立与社会主义市场经济相适应的社会主义思想道德体系，不能理解为市场经济的一般性决定、产生了社会主义思想道德体系，而是应社会主义市场经济的特殊性、我国市场经济的社会主义性质、社会主义基本制度的要求，要建立和完善社会主义思想道德体系。

四 关于中国特色社会主义经济的内涵

有一种见解，认为建设中国特色社会主义经济，就是发展市场经济。这种理解可能是出自对党的十五大报告一段论述的误解。党的十五大报告指出：“建设有中国特色社会主义的经济，就是在社会主义条件下发展市场经济，不断解放和发展生产力。”[3] 这段话是很清楚的。发展市场经济的前提是“在社会主义条件下”，其直接目的是“解放和发展生产力”。它的完整内涵就是接下去的五句话。即“坚持和完善社会主义公有制为主体、多种所有制经济共同发展的基本经济制度；坚持和完善社会主义市

---

① 胡钧：《中国社会主义市场经济研究》，山东人民出版社1999年版，第15—16页。

② 《邓小平文选》第2卷，人民出版社1994年版，第236页。

③ 《十五大以来重要文献选编》（上），人民出版社2000年版，第18页。

场经济体制，使市场在国家宏观调控下对资源配置起基础性作用；坚持和完善按劳分配为主体的多种分配方式，允许一部分地区一部分人先富起来，带动和帮助后富，逐步走向共同富裕；坚持和完善对外开放，积极参与国际经济合作和竞争。保证国民经济持续快速健康发展，人民共享经济繁荣成果"①。这里既包括基本经济制度、分配制度，包括经济体制及其运行机制，包括经济波浪式发展的规律，发展对外开放的外向型经济，还包括全面发展观和发展经济的目的，内容是很全面的。如果把建设中国特色社会主义经济等同于发展市场经济，原有的丰富内容就只剩下经济体制或经济运行机制，其他内容即基本经济制度、分配制度、发展生产力的规律和目的，都被删除；仅剩下的市场经济也就既没有生产的主体，也没有生产目的和发展生产力的规律了。而"社会主义市场经济优越性在哪里?就在四个坚持"②。一些同志之所以会把建设中国特色社会主义经济等同于发展市场经济，在于他们忽视了"在社会主义条件下"这一前提，忽视了"解放和发展生产力"这一目的。前一句话是对市场经济从属的特殊生产关系的规定，后一句话讲的是经济体制改革的直接目的和社会主义的根本任务。抽掉这一头一尾的重要内容，不仅把"建设有中国特色社会主义的经济"中本来具有的丰富内容变得贫乏了，而且把市场经济看成了社会基本制度的范畴，在理论上后退了。

（原载《高校理论战线》2004 年第 10 期）

① 《十五大以来重要文献选编》（上），人民出版社 2000 年版，第 18—19 页。
② 《邓小平年谱》（下），中央文献出版社 2004 年版，第 1363 页。

新世纪推进马克思主义中国化历程的重大战略任务

——关于构建社会主义和谐社会的几个问题

马克思主义中国化是一个生气勃勃的创造性的历史过程，它同近现代中国社会的进步发展，同中国共产党实现历史使命、完成历史任务的过程是内在统一的。因此，它在中国革命、建设和改革的各个时期都有要解决的特定历史任务。进入充满希望的21世纪，不断推进马克思主义中国化的重大战略任务，就是要在全面建设小康社会过程中，围绕什么是社会主义和谐社会、怎样建设社会主义和谐社会，以及如何提高我们党构建社会主义和谐社会的能力这一中心问题，作出新的理论创造，为构建社会主义和谐社会的实践提供科学的理论指导。

一　系统研究构建社会主义和谐社会的理论基础

构建社会主义和谐社会的理论基础，是社会主义和谐社会的起点，对于构建社会主义和谐社会具有根本的、全局的意义。加强对构建社会主义和谐社会的理论研究，首先就要重视其理论基础的研究。

构建社会主义和谐社会的理论基础不同于理论来源。构建社会主义和谐社会的理论来源是多元的，除了马克思主义关于建设社会主义社会理论以外，还有中国传统文化和西方社会建设学说中有关和谐的丰富思想。我们在完善构建社会主义和谐社会的理论研究中，要加强对我国历史上关于社会建设理论的研究，按照去伪存真、去粗取精的要求，努力做到古为今用。要注意研究国外社会建设理论，借鉴其积极成果，以促进我们对新形势下和谐社会建设的特点和规律的探索。

构建社会主义和谐社会的理论基础是一元的、唯一的，即马克思列宁主义、毛泽东思想、邓小平理论和“三个代表”重要思想。它规定着当代中国要建立的和谐社会的根本性质以及建设的根本方向和道路。这一理论基础，可细分为哲学、制度、实践运行三个层次。它是唯一性和多层次性的统一。其最深层次是哲学基础，即辩证唯物主义和历史唯物主义的世界观和方法论，这是马克思主义最根本的理论特征。构建社会主义和谐社会的一切认识活动和实践活动都必须自觉地以辩证唯物主义和历史唯物主义为指导。按照马克思主义的基本道理，社会主义和谐社会并不是没有矛盾的社会。矛盾运动是社会发展的基本动力。“构建社会主义和谐社会的过程，就是在妥善处理各种矛盾中不断前进的过程，就是不断消除各种不和谐因素、不断增加和谐因素的过程。随着我国改革发展进入关键时期，我国社会存在的一些人民内部矛盾出现了多发多样的状况。这是我国社会深刻变革中难以完全避免的现象。关键是我们要正视矛盾，找到化解矛盾的正确途径和有效方法，形成妥善处理矛盾的体制机制，而不能让矛盾积累和发展起来，以致影响国家改革发展稳定的大局。要深刻分析现阶段人民内部矛盾产生的原因特别是深层次原因，注重从源头上减少人民内部矛盾的发生。”① 这是十分精辟的论断。其次是制度层面的理论，即马克思主义关于社会主义社会建设的理论，特别是其中关于基本制度的理论。我们党主张建立的和谐社会叫社会主义和谐社会，社会主义制度是大前提。再次是实践运行层面的理论，即胡锦涛同志概括的构建社会主义和谐社会必须坚持的六个重要原则：必须坚持以邓小平理论和“三个代表”重要思想为指导，坚持社会主义的基本制度，坚持走中国特色社会主义道路；必须树立和落实科学发展观，坚持以经济建设为中心，坚持“五个统筹”，促进社会主义物质文明、政治文明、精神文明建设与和谐社会建设全面发展；必须坚持以人为本，始终把最广大人民的根本利益作为党和国家工作的根本出发点和落脚点，在经济发展的基础上不断满足人民群众日益增长的物质文化需要，促进人的全面发展；必须尊重人民群众的创造精神，通过深化改革、创新体制、调动一切积极因素，激发全社会的创造活力；必须注重社会公平，正确反映和兼顾不同方面群众的利益，正确处理人民内部矛盾和其他社会矛盾，妥善协调各方面的利益关系；必须正确处理改革发展稳定的关系，坚持把改革的力度、发展的速度和社会可承受的

---

① 胡锦涛：《在省部级主要领导干部提高构建社会主义和谐社会能力专题研讨班上的讲话》，《人民日报》2005 年 6 月 27 日第 1 版。

程度统一起来，使改革发展稳定相互协调、相互促进，确保人民群众安居乐业，确保社会政治稳定和国家长治久安。这六个重要原则是构建社会主义和谐社会最直接的指导思想。以上三个层面的内在联系和统一即形成关于构建社会主义和谐社会理论基础的思想体系。

关于马克思主义的社会主义社会建设理论，胡锦涛同志在《在省部级主要领导干部提高构建社会主义和谐社会能力专题研讨班上的讲话》中作过扼要的科学论述，我们以为，这些论述集中起来有四个要点：一是构建社会主义和谐社会是同消灭阶级，消灭私有制紧相联系的。马克思主义主张建立的和谐社会是不同于资本主义社会，又高于、优于资本主义社会的一种新社会制度中的和谐社会。二是构建社会主义和谐社会完全是为了人民群众，使劳动者过最美好、最幸福的生活，同时又要充分依靠人民群众，最大限度地发挥人民群众建设和谐社会的积极性和创造性。三是要正确认识和处理社会矛盾，特别是要正确处理人民内部矛盾，造成生动活泼的政治局面，警惕和防止人民内部矛盾向对抗性矛盾转化。四是要促进社会的物质文明、政治文明、精神文明的协调发展，人和自然关系的和谐，人的全面发展。以这些基本点为导索，从历史和现实的结合上，对马克思列宁主义、毛泽东思想、邓小平理论和“三个代表”重要思想关于社会主义社会建设理论加以系统的研究，揭明它们之间一脉相承又与时俱进的关系。既把握住它们各自在多方面探索中积累的经验，形成富有独创性、标志性的重要思想；又把握住它们之间的内在统一和发展的逻辑联系，前者对后继者的启示和传承，后者在新的实践探索、工作重心的转移中，对前者的继承、发展与创新。通过这种研究，形成通晓社会主义思想的理论思维，分清哪些是必须长期坚持的马克思主义基本原理，哪些是需要结合新的实际加以丰富发展的理论判断，哪些是必须破除的对马克思主义的教条式的理解，哪些是必须澄清的附加在马克思主义名下的错误观点。对那些必须长期坚持的马克思主义基本原理，在理论形态上通过一些最基本的范畴表述出来，以理论原理的形式来鲜明地体现马克思列宁主义、毛泽东思想、邓小平理论和“三个代表”重要思想关于社会主义社会建设理论体系的严整性、发展性。这样，构建社会主义和谐社会的实践就会得到社会主义社会建设理论史和科学原理的支撑。

二　全面把握社会主义和谐社会的基本特征

胡锦涛同志明确指出："我们所要建设的社会主义和谐社会，应该是民主法治、公平正义、诚信友爱、充满活力、安定有序、人与自然和谐相处的社会。"① 这一界定科学地表达了中国社会主义和谐社会的基本特征，从理论上回答了什么是我们要形成的使全体人民各尽所能、各得其所而又和谐相处的社会的问题。

第一，要深刻把握提出社会主义和谐社会基本特征的依据。胡锦涛同志概括的社会主义和谐社会的"六大基本特征"，是根据马克思主义基本原理和我国社会主义社会建设的实践经验，根据新世纪新阶段我国经济社会发展的新要求和我国社会出现的新趋势新特点作出的，它是马克思主义关于社会主义和谐社会建设理论的生动体现，也是马克思主义关于社会主义社会建设理论在新世纪的丰富和发展，要从理论和实际的结合上对这一根据作出科学的理论说明。

1. 要正确地阐明它赖以提出的马克思主义基本原理。马克思主义基本原理的精髓是它的立场、观点和方法，但是马克思主义的立场、观点和方法的运用总是与具体事物、具体历史环境联系在一起的。要把握它，就需要我们通过系统的全面的研究，对散见于各种文献中的有关论述作充分发掘，探明其提出的历史背景、科学内涵、基本要求、彼此之间的内在联系，将其系统化。从辩证法看来，社会主义和谐社会的基本特征就是它的实质或本质之一，这应该表述为马克思主义基本原理，因为马克思主义基本原理正是人类社会的本质和发展规律的科学概括。我们要正确地阐明"六大基本特征"赖以提出的马克思主义基本原理，首先要在研究中将有关的大量论述系统化，使之上升到原理的高度，并加以理论说明。

2. 要科学总结我国社会主义社会建设的实践经验。我们党非常重视总结实践经验，每一次党的代表大会、每一届中央全会都要总结一个时期的经验，这些基本经验均弥足珍贵。特别是党的十六大报告在总结我们党80多年特别是十三届四中全会以来奋斗历程的基础上，得出了中国特色社会主义建设的十条基本经验，这十条基本经验以实事求是的态度和高屋

---

① 胡锦涛：《在省部级主要领导干部提高构建社会主义和谐社会能力专题研讨班上的讲话》，《人民日报》2005年6月27日第1版。

建瓴的气势把建设中国特色社会主义的一整套理论、路线、纲领、方针和政策，高度浓缩在一些总结性论述中，把坚持邓小平理论和推进理论创新，把总结过去，发扬革命传统和指明未来、弘扬时代精神统一起来，这些丰富而鲜活的具体实践经验连同我们党的历史经验之集中表现，就是马克思列宁主义、毛泽东思想、邓小平理论和“三个代表”重要思想。这正是胡锦涛同志概括社会主义和谐社会“六大基本特征”的重要根据。“六大基本特征”是我们党在社会主义社会建设理论和实践上取得新进展、马克思主义中国化历程向前推进的鲜明体现。

3. 要科学分析新世纪新阶段我国经济发展的新要求和我国社会出现的新趋势和新特点。这就是新的实际。把握这一新的实际是推进马克思主义中国化历程的规律性要求。胡锦涛同志指出，我国经济社会发展正面临着并将长期面对一些亟待解决的突出矛盾和问题，一些必须认真把握的新趋势和新特点，主要是：资源能源紧缺压力加大，对经济社会发展的瓶颈制约日益突出，转变经济增长方式要求十分迫切；城乡发展不平衡、地区发展不平衡、经济社会发展不平衡的矛盾更加突出，缩小发展差距和促进经济社会协调发展任务艰巨；人民群众的物质文化需要不断提高并更趋多样化，社会利益关系更趋复杂，特别是受经济文化发展水平等多方面的限制，统筹兼顾各方面利益的难度加大；体制创新进入攻坚阶段，深化改革，扩大开放，进一步触及深层矛盾和问题；劳动者就业结构和方式不断变化，人员流动性大大加强，社会组织和管理面临新问题；人民群众的民主法制意识不断增强，政治参与的积极性不断提高，对发展社会主义民主政治和落实依法治国基本方略提出了新要求，等等。除国内形势外，我们还面临着处于深刻复杂多变中的国际形势。这是来自外部的挑战和风险。只有全面地把握国内外这些矛盾，花大力气来研究这些矛盾及其产生的原因和表现，并采取正确的应对措施，才能正确理解社会主义和谐社会的基本特征。

第二，要深入研究“六大基本特征”的内涵。六大基本特征的内涵非常明确。民主法治，就是社会主义民主得到充分发扬，依法治国基本方略得到切实落实，各方面积极因素得到广泛调动。这主要是社会的政治关系、政治生活的和谐。公平正义，就是社会各方面的利益关系得到妥善协调，人民内部矛盾和其他社会矛盾得到正确处理，社会公平和正义得到切实维护和实现。这主要是社会的经济关系、经济生活的和谐，以及以此为基础的广泛的社会生活、人际关系的和谐。诚信友爱，就是全社会互帮互助、诚实守信，全体人民平等友爱、融洽相处。这主要是社会的伦理道德关系、人际关系的和谐。充满活力，就是能够使一切有利于社会进步的创造愿望得到尊重，创造活动得到支持，创造才能得到发挥，创造成果得到肯定。这是社会人际关系和谐、人自身关系和谐和人与社会关系和谐所出现的一种社会生气勃勃的局面。安定有序，就是组织机制健全，社会管理完善，社会秩序良好，人民群众安居乐业，社会保障安定团结。这主要是社会的经济、政治、文化等的全面和谐。人与自然和谐相处，就是生产发展、生活富裕、生态良好。这是人和自然的关系的和谐统一。

社会主义和谐社会的六大基本特征相互联系相互作用，全面体现和统一于全面建设小康社会的实践过程中。这表明：

第一，它是一种实实在在的现实关系，不仅仅是一种社会理想。实现社会和谐，建设和谐社会，作为一种社会理想，是人类的共同追求，古已有之，而且在历史上追求建设美好社会的人们，不仅提出过有关社会和谐的思想，而且进行过长期的试验。现在关于这方面的论著很多，发掘的材料不少。诸如，孔子说过“和为贵”，墨子提出了“兼相爱”“爱无差等”的理想社会方案；孟子描绘了“老吾老以及人之老，幼吾幼以及人之幼”的社会状态；《礼记·礼运》中描绘了“大道之行，天下为公，选贤与能，讲信修睦。故人不独亲其亲，不独子其子，使老有所终，壮有所用，幼有所长，矜、寡、孤、独、废、疾者皆有所养”这样一种理想社会；太平天国运动的领袖洪秀全提出要建立“务使天下共享”“有田同耕，有饭同食，有衣同穿，有钱同使，无处不均匀，无人不饱暖”的社会；康有为在《大同书》中提出要建立一个“人人相亲，人人平等，天下为公”的理想社会。这些思想虽然带有不同时代和提出者阶级地位的烙印，但都在一定程度上反映了广大人民群众对美好生活的向往。在西方文化中，和谐思想也源远流长。从古希腊哲学家毕达哥拉斯提出“和谐”哲学范畴，赫拉克利特提出“对立和谐”观，到柏拉图阐述“公正即和谐”的观点，亚里士多德要求很好地协调贫富两个阶层的利益避免矛盾和冲突，实现社会的稳定与和谐，到 19 世纪初法国空想社会主义者傅立叶发表《全世界和谐》的论文，英国空想社会主义者欧文为实现“新和谐”进行共产主义试验，德国空想社会主义者魏特林在《和谐与自由的保证》一书中，把社会主义社会称为“和谐与自由”的社会，指出新社会的“和谐”即“全体和谐”，等等。这些都是人们对和谐社会的一种美好理想。这些美好的理想是可贵的，它们所留下的文献资料作为人类的优秀文化遗产至今对人们有激励意义。但是，和谐社会作为一种全面的社会现实关系，古往今来，在存在阶级压迫和阶级剥削的旧制度下，在存在阶级矛盾和阶级斗争对抗的社会里，则是根本无法实现的。因此，构建和谐社会必须以建立、坚持和完善社会主义制度为根本前提。在当代中国，这种根本前提就是要在经济上坚持以公有制为主体、多种经济形式共同发展的基本经济制度；在政治上坚持中国共产党的领导和人民当家作主的社会主义民主政治制度；在思想文化上坚持马克思主义的指导地位，坚持社会主义文化的先进性和多样性的统一。概括起来说，就是要坚持党的四项基本原则，因为党的四项基本原则是社会主义基本制度、本质特征的集中体现。我们党提出构建社会主义和谐社会建立在深化对共产党执政规律、社会主义建设规律、人类社会发展规律认识的基础上，集中起来说是建立在中国特色社会主义建设规律认识的基础上。胡锦涛同志非常明确地指出了这一点，他说：“我们党把马克思主义基本原理同中国具体实际相结合，取得了新民主主义革命的胜利，建立了人民当家作主的新中国，进而建立了社会主义制度，为构建社会主义和谐社会创造了根本的政治前提。”① 又强调：“构建社会主义和谐社会，必须坚持以邓小平理论和‘三个代表’重要思想为指导，坚持社会主义的基本制度，坚持走中国特色社会主义道路。”② 这些论断是透彻而明了的。

第二，它是社会主义和谐社会全面关系的概括，不同于历史上出现过的社会部分关系的和谐。在中外历史上，在一定时期，在占统治地位的剥削阶级内部是可以实现部分社会关系的和谐的。这种和谐是统治阶级内部一种暂时的稳定状态。诸如中国历史上出现的汉唐盛世就是统治阶级内部关系得到调整出现的一种暂时的稳定关系。这种稳定关系的出现符合当时生产力发展的要求，它在一定程度上有利于社会的进步，使下层广大劳动群众能够得到一定安宁，有利于他们的社会生产和生活得到一定改善。

但是，在社会主义制度建立之前，是不可能建立起囊括整个社会关系

---

① 胡锦涛：《在省部级主要领导干部提高构建社会主义和谐社会能力专题研讨班上的讲话》，《人民日报》2005 年 6 月 27 日第 1 版。

② 胡锦涛：《在省部级主要领导干部提高构建社会主义和谐社会能力专题研讨班上的讲话》，《人民日报》2005 年 6 月 27 日第 1 版。

以及人与自然关系的和谐社会的。这是由社会中的对抗性的矛盾决定的。从奴隶制度到资本主义制度的漫长文明时代是以压迫和剥削阶级为本质特征的，正是“由于文明时代的基础是一个阶级对另一个阶级的剥削，所以它的全部发展都是在经常的矛盾中进行的。生产的每一进步，同时也就是被压迫阶级即大多数人的生活状况的一个退步”①。这就是“在存在阶级压迫和阶级剥削的旧制度下”，关于构建和谐社会的设想“根本无法实现的”原因所在。② 正是因为这样，在存在阶级压迫和阶级剥削的旧制度下，才会爆发奴隶推翻奴隶主阶级的起义、农民推翻封建地主阶级的起义、工人阶级推翻资本主义的革命。马克思主义创始人正是在科学地分析这种历史现象，特别是在科学分析资本主义社会阶级和阶级斗争特点的基础上，提出了阶级斗争是阶级社会发展的直接动力的观点，论述了无产阶级的伟大历史作用，指出无产阶级如果不同时使整个社会永远摆脱剥削、压迫和阶级斗争，就不能使自己从剥削它、压迫它的那个阶级（资产阶级）下解放出来。恩格斯把这一思想称为贯穿《共产党宣言》的“基本思想”。马克思、恩格斯在《共产党宣言》中明确指出：“代替那存在着阶级和阶级对立的资产阶级旧社会的，将是这样一个联合体，在那里，每个人的自由发展是一切人的自由发展的条件。”③

恩格斯还针对资产阶级思想家所宣扬的资本主义制度盛行利益普遍和谐的空话，在《卡尔·马克思》一文中评述剩余价值学说的贡献时指出：“这样一来，有产阶级胡说现代社会制度盛行公道、正义、权利平等、义务平等和利益普遍和谐这一类虚伪的空话，就失去了最后的立足之地，而现代资产阶级社会就像以前的各种社会一样真相大白：它也是微不足道的并且不断缩减的少数人剥削绝大多数人的庞大机构。”④ 这都表明，从马克思主义观点看来，只有在消除了阶级对立的社会中，才能实现整个社会关系的和谐，建立和谐社会。因为在社会主义社会中，人民的根本利益一致，对抗性的矛盾不再占主导地位，整个社会占主导地位的是非对抗性的人民内部矛盾，这就使社会有可能形成全面的和谐关系。而且在无产阶级

① 《马克思恩格斯选集》第4卷，人民出版社1995年版，第176—177页。

② 胡锦涛：《在省部级主要领导干部提高构建社会主义和谐社会能力专题研讨班上的讲话》，《人民日报》2005年6月27日第1版。

③ 《马克思恩格斯选集》第1卷，人民出版社1995年版，第294页。

④ 《马克思恩格斯选集》第3卷，人民出版社1995年版，第388页。

专政或曰人民民主专政的制度下，敌我矛盾也会受到抑制，一般来说，不至于让其发展到破坏整个社会关系和谐的地步。因此，不能把我们要建设的和谐社会非社会主义化。

三　努力深化对构建社会主义和谐社会的规律性认识

胡锦涛同志向全党提出了深化对构建社会主义和谐社会的规律性认识的任务[①]，这既是构建社会主义和谐社会的客观要求，也是新世纪推进马克思主义中国化的重大课题。对构建社会主义和谐社会的规律性认识，是对怎样建设社会主义和谐社会和如何提高我们党构建社会主义和谐社会的能力的问题的回答。规律就是“本质的关系或本质之间的关系”[②]，它是深藏在事物背后并贯穿始终的，不是僵化凝固的，其完整构成和充分发挥作用同事物本身的发展和完善相伴随，而且它的实现在每一个具体场合都与个别的多样性联系在一起，不会以纯粹的形式，只会以比一般更丰富的形式出现。构建社会主义和谐社会的规律也是如此。所以研究它的规律不能以已有的认识成果为满足，而应该把已有的成果只当作研究的开端，而让“开端的进程用新的规定性丰富”它。[③] 这样我们就能够达到马克思早年提出的要求：“真理探讨本身应当是合乎真理的，合乎真理的探讨就是扩展了的真理。”[④] 深化对构建社会主义和谐社会的规律性认识，包含活生生的、多方面的（且方面的数目永远增加着）途径。这里仅就以下三个方面作些粗浅探讨。

第一，开展调查研究。黑格尔在其《逻辑学》中说过：“在探讨的认识中，方法也就是工具，是在主体方面的某个手段，主体方面通过这个手段同客体相联系……”[⑤] 调查研究正是这种主体方面借以和客体相联系的方法、工具、手段，或曰理论联系实际的中介、环节，就是从经验开始理解、研究。如果说在一般意义上，“方法掌握着研究的命运”[⑥]，那么，在

---

① 胡锦涛：《在省部级主要领导干部提高构建社会主义和谐社会能力专题研讨班上的讲话》，《人民日报》2005 年 6 月 27 日第 1 版。

② 《列宁全集》第 55 卷，人民出版社 1990 年版，第 128 页。

③ 《列宁全集》第 55 卷，人民出版社 1990 年版，第 199 页。

④ 《马克思恩格斯全集》第 1 卷，人民出版社 1956 年版，第 8 页。

⑤ 《列宁全集》第 55 卷，人民出版社 1990 年版，第 189 页。

⑥ ［俄］巴甫洛夫：《巴甫洛夫全集》第 5 卷，人民卫生出版社 1959 年版，第 18 页。

研究构建社会主义和谐社会规律的对象上，调查研究方法则决定着这方面的探索能否弘扬科学精神，把握住真理。因为坚持调查研究这一科学方法正是坚持科学精神的体现，其精义又在于求索真理，所以要高度重视调查研究。正是这样，我们党的几代领导集体都反复强调要高度重视并身体力行，亲自动手进行调查研究。通过调查，充分地占有历史的现实的具体材料，写出有分析有见解的调研报告，对于深入地认识当代中国构建社会主义和谐社会发展的特点和规律，对于各级党委和政府深入认识和研究解决当代中国社会发展的重大问题和突出问题，建立有效的联系机制和工作机制，制定和完善政策措施都是必不可少的。

第二，加强理论分析。恩格斯曾经说过："一切真实的、穷尽的认识都只在于：我们在思想中把个别的东西从个别性提高到特殊性，然后再从特殊性提高到普遍性。"① 恩格斯的论断指明了我们认识事物，应从感性认识上升到理性认识，也就是后来毛泽东同志所说的达到理论的认识。这是因为感觉到的东西我们不一定理解它，而只有理解到了的东西我们才能更深刻地感觉它。如果我们在认识事物时犯经验主义的错误，就事论事，停留于事物的表面，就不可能认识事物的本质和规律。这就是列宁所说的"从现象到本质、从不甚深刻的本质到更深刻的本质"② 的过程。事实上，马克思主义经典著作家都是这样，总是一进门，就注意抓住事物的本质，反对一、二、三、四罗列事物。这是很值得我们学习的。从认识论上说，忽视理论分析，只就事论事，就不能把本质和现象分开，这样就会把研究对象的本质特征淹没在大量非本质的偶然的因素中。从现象上看，这"似乎考虑到了过程的一切方面、发展的一切趋势、一切相互矛盾的影响等等，但实际上并没有对社会发展过程做出任何完整的革命的解释"③，把握不到任何科学规律。也许有人认为，就事论事是从事实出发，但是这种事实以及依据这种事实提出的论断和观点是根本靠不住的。这就是列宁所说的："在社会现象领域，……如果不是从整体上，不是从联系中去掌握事实，如果事实是零碎的和随意挑出来的，那么他们就只能是一种儿戏，或者连儿戏也不如。"④ 这里所谓从整体上、从联系上去掌握事实，

---

① 《马克思恩格斯选集》第4卷，人民出版社1995年版，第341页。
② 《列宁选集》第2卷，人民出版社2012年版，第412页。
③ 《列宁选集》第3卷，人民出版社2012年版，第127页。
④ 《列宁全集》第28卷，人民出版社1990年版，第364页。

就是要对大量的实际材料做去粗取精、去伪存真、由表及里、由此及彼的加工改造制作工作，就是要“从生动的直观到抽象的思维”[①]，做深刻的理论分析。

当前，对构建社会主义和谐社会开展理论研究，加强理论分析，重点要突出胡锦涛同志提出的九大问题，即如何有效整合社会关系，促进社会各种力量良性互动；如何建立健全有关社会建设和管理的法律法规，为构建社会主义和谐社会提供有力的法制保障；如何切实维护和实现社会公平和正义，保障全体社会成员共享改革发展的成果；如何在党的领导下更好地发挥城乡基层自治组织、人民团体、社会团体、行业组织、中介组织等的积极作用，形成社会管理的整体合力；如何加强全社会的思想道德建设，进一步形成良好的社会氛围和人际关系；如何认识和把握新形势下人民内部矛盾产生的特点和规律，形成正确处理人民内部矛盾的有效机制；如何建立社会协调机制，促进社会成员和组织的自我管理、自我服务；如何建立健全维护公共安全的有效机制，保障广大人民群众安居乐业；如何促进物质文明、政治文明、精神文明协调发展，促进人与自然和谐发展，等等。[②] 这些都是具有全局性、前瞻性、战略性的重大课题。就这些问题开展调查研究，进行深入的理论分析，取得卓有见解的研究成果，对于深化构建社会主义和谐社会的规律性认识，为社会实践提供理论指导，其意义是巨大的。

第三，加强和改善党对理论研究的领导。在当代中国，做好一件工作的关键在于党的领导。理论研究工作也是如此。为了加强和改善党对构建社会主义和谐社会理论研究工作的领导，要着力抓好几方面事情。一是要把构建社会主义和谐社会的理论研究工作摆到重要位置上，充分认识理论研究是关系构建社会主义和谐社会全局的大事，是关系和谐社会的根本性质和建设的根本道路的基础性建设。二是要组织好力量。理论研究的力量既包括理论界也包括实际工作部门的同志，这种力量的凝聚是需要党去组织的。有组织有规划地开展理论研究，这对于深化构建社会主义和谐社会规律性认识定会起重要推动作用。三是领导干部带头。我们以为，在理论

① 《列宁全集》第55卷，人民出版社1990年版，第142页。

② 胡锦涛：《在省部级主要领导干部提高构建社会主义和谐社会能力专题研讨班上的讲话》，《人民日报》2005年6月27日第1版。

研究方面，领导干部带头，除了个人研究问题以外，主要在于了解情况，把握方向，掌握政策，协调关系，凝聚力量，给予充分的物质保证和精神方面的支持。

马克思主义中国化是一个不断揭示其新的方面、新的关系的无限过程，新世纪对构建社会主义和谐社会的研究必将把这一过程推进到新的高度。

[原载《武汉大学学报》（人文科学版）2005 年第 6 期，第二作者为周燕]

马克思主义中国化的直接理论基础

1956年4月25日，毛泽东在《论十大关系》中讲到要努力学习马克思列宁主义时，指出："我们要学的是属于普遍真理的东西，并且学习一定要与中国实际相结合。"他强调："我们的理论，是马克思列宁主义的普遍真理同中国革命的具体实践相结合。"① 毛泽东的这一科学论断不仅阐明了当今马克思主义发展的重要特点和历史趋势，而且指明了马克思主义中国化过程的实质、核心以及推进马克思主义中国化历史进程的直接理论基础。本文试对马克思主义中国化的直接理论基础进行探讨。

一 前提：始终坚持马克思主义基本原理

按照马克思主义的内在要求和根本原则，实现和推进马克思主义的普遍真理和中国具体实际相结合，前提是要坚持马克思主义基本原理。马克思主义基本原理是构成马克思主义科学体系的基本范畴和基本理论，是其立场、观点和方法的理论表达。这些基本范畴、基本理论科学概括了人类社会的本质和发展规律，鲜明地体现了马克思主义科学真理绝对和相对、普遍性和特殊性的辩证统一，体现了马克思主义理论与实践、科学性与阶级性的高度结合，是马克思主义学说的精髓所在。

坚持马克思主义的基本原理，首先是要认真学习和研究马克思主义基本原理。对马克思主义基本原理的研究可以有多种视角，笔者以为应坚持从以下几个方面突出对马克思主义基本原理的研究。

第一，注重从整体上研究马克思主义基本原理和科学体系。即是从马克思主义三个主要组成部分的有机结合中，揭示其内在逻辑联系，注重从整体上研究马克思主义基本原理和科学体系，全面体现马克思主义在最根

---

① 《毛泽东文集》第7卷，人民出版社1999年版，第42页。

本的理论特征、最崇高的社会理想、最鲜明的政治立场、最宝贵的理论品质上的一脉相承和与时俱进的关系，凸显马克思主义理论的科学性、整体性、实践性和创新性原则，正确把握马克思主义整体性研究与按组成部分分门别类研究的关系，准确地揭示马克思主义完整概念的科学内涵，正确运用马克思主义的立场、观点和方法分析认识现实社会和科学发展中的问题。第二，注重在深化经典著作、发展史的研究中全面地历史地把握马克思主义基本原理。即是以马克思主义经典著作为依据，根据马克思主义经典作家的原意，着力结合时代特征和当代的社会实践，深入挖掘、研究和准确阐述经典著作中的基本观点，包括对新发现的马克思主义经典文献或者以往被忽视的马克思主义理论的研究，阐明它的历史价值和时代意义。通过研究，注意分清哪些是必须长期坚持的马克思主义基本原理，哪些是需要结合新的实际加以丰富发展的理论判断，哪些是必须破除的对马克思主义的教条式的理解，哪些是必须澄清的附加在马克思主义名下的错误观点；马克思主义发展史是得出马克思主义基本原理的过程，应把马克思主义基本原理研究置于马克思主义发展过程及其基本历史阶段中，注意把握基本原理形成的时代背景和历史必然性、发展的轨迹和脉络，所体现的绝对与相对、普遍性与特殊性相统一的特征，不断深化对基本原理的科学内涵、科学精神和科学价值的认识，为推进马克思主义基本原理的发展和创新提供前提和基石。第三，注重突出马克思主义基本原理在当代中国的新发展研究。即密切关注马克思主义基本原理在新的科技发展和哲学社会科学成果基础上，结合时代特征和当时的社会实践的发展，注重突出马克思主义基本原理同当代中国新实际结合的重要特点和历史趋势，着力研究马克思主义基本原理在当代中国的新发展、新成果。第四，注重突出对错误思潮的科学评析。马克思主义是在与种种非马克思主义思潮斗争中不断丰富和发展的。学习和研究马克思主义基本原理必须按照马克思主义批判的、革命的本质，高度重视对错误思潮及其理论基础的批判分析，在当前，特别要重视对新自由主义、历史虚无主义、公共知识分子思潮的评析。在科学评论中推进马克思主义基本原理研究。

坚持马克思主义基本原理研究，还要正确对待各种传统的和西方的社会历史理论，对其进行具体分析。一方面，对其丰富深刻思想中的宝贵遗产要注意继承和借鉴。对其谬误和偏见，在批判其思想内容时，也不要忽略借鉴它所提供的理论思维中的经验教训。坚决摒弃对待人类文明思想成果的历史虚无主义态度，对人类社会创造的一切先进文明成果，我们都要积极继承和发扬。另一方面，要看到以往社会历史理论由于受社会历史发展程度、阶级偏见和思维认识的限制，存在着根本缺陷。这就是：它们只考察了人们历史活动的思想动机，而没有探究出物质生活资料的生产和再生产是决定一切社会关系，因而也是决定人们思想动机的根源；只看到个人的历史作用，没有看到人民群众的作用，由此决定它们不可能科学地揭示社会历史的发展规律。而“马克思的全部天才正是在于他回答了人类先进思想已经提出的种种问题”①，实现了人类思想史上的根本转变。在十月革命以前，中国人不知道马克思、恩格斯、列宁，尽管向西方资本主义学得不少，但都行不通，理想总是不能实现。十月革命一声炮响，给我们送来了马克思列宁主义，中国的先进分子用无产阶级宇宙观作为观察国家命运的工具，重新思考问题，从此中国革命的面目焕然一新。所以，一切中国传统的和西方的社会历史理论都不能救中国和建设新中国，不能取代马克思主义的指导地位。

坚持马克思主义基本原理要特别注意批判马克思主义过时论。20 世纪 40 年代以来，新的科技革命使人类创造了超过以往任何一个时代的科学成就和物质财富。经济全球化、政治多极化、文化多样化等发展趋势加快，社会生活也发生了巨大的变化。但是科学的最新成果和社会实践的发展并没有否定马克思主义基本原理，也未出现推翻马克思主义基本原理的新理论。流派纷呈的现代西方哲学和社会历史理论对某些局部问题的探索尽管也不乏真知灼见，但是在总体上由于受到阶级立场和唯心史观的限制，它们根本无法与马克思主义相提并论。现在，“让马克思活起来”的呼声在西方日渐高涨，从一个侧面反映出马克思主义是不可超越的，断言马克思主义基本原理过时是毫无根据的。正如胡锦涛《在纪念真理标准讨论二十周年座谈会上的讲话》中所指出的：“马克思主义是科学。一百五十年来，马克思主义经历了各种风风雨雨的考验，始终有着强大的生命力。我们党一直把马克思主义作为指导思想的理论基础。马克思主义老祖宗不能丢，丢了就丧失根本。”②

---

① 《列宁选集》第 2 卷，人民出版社 1995 年版，第 309 页。

② 《十五大以来重要文献选编》上，人民出版社 2000 年版，第 337 页。

二 基础：准确把握中国实际

准确地把握中国实际，是坚持马克思列宁主义普遍真理与中国实际相结合原理的又一内在要求。“中国的实际”内涵丰富，在推进马克思主义中国化的过程中，首要的是要抓住三个方面：

第一，要全面把握我国所处的社会发展阶段。我国现在处于并将长期处于社会主义初级阶段。社会主义初级阶段，是整个建设中国特色社会主义的很长历史过程中的初始阶段。这是中国最大的最根本的实际，是中国制定一切路线、方针、政策的根本依据。把握中国社会主义初级阶段这一实际又要突出两个重点。一是中国社会主义初级阶段的主要矛盾。抓不准当前中国的主要矛盾，就抓不住中国最大、最根本的实际。主次不分或主次颠倒，就会掩盖、忽视主要矛盾。我国社会主义初级阶段的主要矛盾是人民日益增长的物质文化需要与落后的社会生产之间的矛盾。生产力发展水平和全民族的文化水平落后于发达国家，这是矛盾的主导方面。从这个客观实际出发，就要始终坚持党的基本路线，在很长的历史时期里集中力量抓好经济建设，把大力发展社会生产力摆在中心地位。二是要把握好中国发展变化了的新实际。我国已进入全面建设小康社会阶段，社会主义市场经济体制已经基本建立起来，社会主要矛盾的具体内容和表现形式都发生了变化，社会经济成分、组织形式、就业方式、利益关系和分配方式等都发生了重大变化。在改革开放和市场经济进一步发展的条件下，这些变化还会加快，更多新的情况、新的问题还会不断涌现，这些将会深刻影响我们的政策措施。所以要十分重视变化了的新实际。

第二，要充分认识人民群众的利益。人民群众是社会实践的主体，是先进生产力和先进文化的创造主体，也是实现自身利益的根本力量，是一定经济关系的体现者，还是社会主要矛盾运动状况的反映者，即当生产关系不适应生产力发展状况的时候，生产工具不会讲话，劳动对象不会讲话，而人会讲话，劳动者会讲话。所以把握中国的具体实际，要高度重视人民群众的利益。江泽民提出的“三个代表”重要思想的落脚点就是代表最广大人民群众的利益。他指出：“最重要的是必须首先考虑并满足最大多数人的利益要求，这始终关系党的执政的全局，关系国家经济政治文化发展的全局，关系全国各族人民的团结和社会安定的全局。最大多数人的利益是最紧要和最具有决定性的因素。这是马克思主义的基本观点，各级领导机关和领导干部必须充分认识和认真实践。”①

第三，要正确地估计中国在世界全局中所处的地位。当今的世界是开放的世界。经济全球化进程加快，各国和地区之间的经济联系和相互依存越来越密切。在这种背景下，正确把握当代世界全局以及中国在其中的地位，成为全面了解中国实际的重要组成部分。我们党长期以来一直善于以马克思主义的宽广眼界观察世界的主题和发展趋势，无论是总结历史的经验，确定现实的任务，还是探索未来的发展，总是把中国放到世界全局中，作为世界的一部分来进行考察；总是强调要用世界眼光，重视对当代世界经济、政治、科技、文化的研究，以把握历史发展的潮流，注意从国际激烈竞争的大格局出发，把近期效应和长远效应、原则性和灵活性结合起来，制定我们的总体战略和一切方针政策乃至各项工作的具体措施，从而扬长避短，利用矛盾，通过参与国际竞争，加速我国社会主义现代化建设。这正如胡锦涛所说：“改革开放以来，我们正是认清了和平与发展是当代世界的主题；认清了现在的世界是开放的世界，中国的发展离不开世界，中国要发展起来就必须对外开放；认清了世界各种经济体制的长短利弊，建立社会主义市场经济体制是我们的唯一选择；认清了科学技术是第一生产力，当今世界科学技术的发展日新月异，世界各国的竞争突出地表现在综合国力特别是科技创新能力上，等等，我们才制定了许多不同于过去的政策，才使我们所做的一切更加符合实际，更加符合时代要求。在跨越世纪的新征途上，整个世界还会发生许多新的变化。我们仍然必须坚持解放思想、实事求是的思想路线，正确把握当代世界发展的趋势，坚定不移地实行对外开放的基本国策，进一步走向世界。”② 可以说，在强调重视中国社会主义初级阶段客观实际的同时，更加重视当今世界的发展状况，这是近些年来我们党的新贡献。

其次，准确地把握中国实际，要善于把握客观情况的变化。中国的实际是不断地发展变化的，要准确地把握它，就要善于把握客观情况的变化，力求准确地把握中国的新实际。这是我们党坚持马克思主义科学原理和科学精神，不断丰富和发展马克思主义理论、推进马克思主义中国化的基本条件和重要经验。

---

① 《十五大以来重要文献选编》下，人民出版社2003年版，第1910页。

② 《十五大以来重要文献选编》上，人民出版社2000年版，第339页。

第一，善于把握客观情况的变化，反映了马克思主义认识论的基本原则。早在《实践论》中，毛泽东就指出："任何过程，不论是属于自然界的和属于社会的，由于内部的矛盾和斗争，都是向前推移向前发展的，人们的认识运动也应跟着推移和发展。依社会运动来说，真正的革命的指导者……当某一客观过程已经从某一发展阶段向另一发展阶段推移转变的时候，须得善于使人员在主观认识上也跟着推移转变，即是要使新的革命任务和新的工作方案的提出，适合于新的情况的变化。"① 20 世纪 60 年代，毛泽东又指出："在生产斗争和科学实验范围内，人类总是不断发展的，自然界也总是不断发展的，永远不会停止在一个水平上。因此，人类总得不断地总结经验，有所发现，有所发明，有所创造，有所前进。停止的论点，悲观的论点，无所作为和骄傲自满的论点，都是错误的。其所以是错误，因为这些论点，不符合大约一百万年以来人类社会发展的历史事实，也不符合迄今为止我们所知道的自然界（例如天体史，地球史，生物史，其他各种自然科学史所反映的自然界）的历史事实。"② 邓小平在论述实事求是思想时也指出："世界天天发生变化，新的事物不断出现，新的问题不断出现，我们关起门来不行，不动脑筋永远陷于落后不行。"③ 他还指出："世界形势日新月异，特别是现代科学技术发展很快。现在的一年抵得上过去古老社会几十年、上百年甚至更长的时间。不以新的思想、观点去继承、发展马克思主义，不是真正的马克思主义者。"④ 可见，要准确地把握中国实际，就必须遵循马克思主义认识论的原则，善于把握客观情况的变化。

第二，善于把握客观情况的变化，反映了马克思主义发展的重要规律。密切注视形势的变化和实践的发展，适应客观实际情况和斗争需要，及时地补充、修改和发展自己的理论，以解决当前发生的独特而复杂的问题，是马克思主义向前发展的规律性表现。江泽民在论及这个问题时指出：坚持马克思主义，"我们决不能停留在对马克思主义的某些原则、某些本本的教条式理解上，或者停留在对社会主义的一些不科学的甚至扭曲

---

① 《毛泽东选集》第 1 卷，人民出版社 1991 年版，第 294 页。
② 《毛泽东著作选读》下册，人民出版社 1986 年版，第 845 页。
③ 《邓小平文选》第 2 卷，人民出版社 1994 年版，第 128 页。
④ 《邓小平文选》第 3 卷，人民出版社 1993 年版，第 291—292 页。

的认识上，或者停留在那些超越社会主义初级阶段的不正确的思想上”[①]。要“坚持一切从发展变化着的实际出发”，就必须用辩证唯物主义和历史唯物主义世界观、方法论去分析和解决问题，善于把握客观情况的变化。在马克思主义发展史上，正是后继人善于把握客观情况的变化，从新的实际出发，科学回答面临的新问题，才把马克思主义发展到新的阶段。毛泽东曾经形象地说：“马克思活着的时候，不能将后来出现的所有的问题都看到，也就不能在那时把所有的这些问题都加以解决。俄国的问题只能由列宁解决，中国的问题只能由中国人解决。”[②] 邓小平也讲过同样的话。他说：“绝不能要求马克思为解决他去世之后上百年、几百年所产生的问题提供现成答案。列宁同样也不能承担为他去世以后五十年、一百年所产生的问题提供现成答案的任务。”[③] 人类历史进入帝国主义时代，列宁善于把握客观情况的新变化，创造性地运用马克思主义的立场、观点和方法，独立地解决俄国独特而复杂的问题，把马克思主义推进到列宁主义阶段；在半殖民地半封建社会的中国，毛泽东善于把握客观情况的新变化，创造性地运用马克思列宁主义的基本原理，实现了马克思主义中国化，极大地丰富和发展了马克思列宁主义的理论宝库；毛泽东去世之后，在中国“文化大革命”结束，中国向何处去的重大历史关头，邓小平善于把握客观情况的变化，创造性地运用马克思列宁主义、毛泽东思想的基本原理，围绕“什么是社会主义、怎样建设社会主义”这一中心，创造性地回答了经济落后国家如何建设社会主义，如何巩固和发展社会主义的一系列基本问题，创立了邓小平理论，以新的思想、观点继承和发展了马克思主义，把当代中国马克思主义发展到新阶段。同样，邓小平辞世之后，我们党继续沿着这一理论路径前进，创立了“三个代表”重要思想，十六大以来又提出了科学发展观、构建社会主义和谐社会、加强党的执政能力建设等新的重要思想，丰富、发展了马克思主义中国化理论。

第三，善于把握客观情况的变化，反映了马克思主义中国化的内在要求。马克思主义中国化，就是结合中国国情创造性地运用马克思主义，或者说用马克思主义的立场、观点和方法来研究和解决中国的现实问题。为

---

① 《十四大以来重要文献选编》上，人民出版社 1996 年版，第 40 页。

② 《毛泽东文集》第 8 卷，人民出版社 1999 年版，第 5 页。

③ 《邓小平文选》第 3 卷，人民出版社 1993 年版，第 291 页。

此必须始终严格地以客观事实为根据。然而事物总是在运动中。在当代中国，就要在马克思列宁主义、毛泽东思想、邓小平理论和“三个代表”重要思想的指导下，以我国改革开放和现代化建设的实际问题和我们正在做的事情为中心，着眼于马克思主义理论的运用，着眼于对实际问题的理论思考，着眼于新的实践和新的发展。只有弘扬这样的马克思主义学风，才能掌握马克思主义的立场、观点和方法，解决我们面临的各种复杂矛盾和问题，把改革开放和现代化建设的伟大实践不断推向前进。马克思主义发展史证明：“离开本国实际和时代发展来谈马克思主义，没有意义。静止地孤立地研究马克思主义，把马克思主义同它在现实生活中的生动发展割裂开来、对立起来，没有出路。”①

实现马克思主义中国化，要求解放思想、实事求是，认真探索社会的发展规律，努力研究并回答当代中国和世界全局性、战略性、前瞻性的重大理论和实践问题，与时俱进、开拓创新。实现这一要求，就必须善于掌握客观情况的变化，在“相结合”的过程中克服不正确的乃至错误的思想。因为正确的思想只能从实践中来，不善于掌握客观情况的变化，我们的头脑就不可能产生新的正确思想。

三 关键：坚持理论与中国的具体实际相结合

坚持理论与实际相结合是实现和推进马克思主义中国化的关键，否则马克思主义的普遍真理体系就不能对中国这个客观世界的认识和改造发挥作用，而中国的社会实践也不可能得到马克思主义的指导，以至陷入盲目的实践。

在我们党的历史和马克思主义中国化史上，“理论与实际相结合”是一条“最基本的经验”，它包含着深厚的历史底蕴。在马克思主义与中国实践相结合的80多年中，毛泽东是伟大的奠基人，他确定了我们党一贯的思想原则：“把马克思列宁主义的理论和中国革命的实践密切地联系起来。”② 他率先开辟了马克思主义的普遍真理同中国革命的具体实践相结合的道路。他从哲学的高度对“理论与实际相结合”进行了理论提升，提出了关于矛盾的普遍性和特殊性、共性和个性的关系，即“事物矛盾

---

① 《十五大以来重要文献选编》上，人民出版社2000年版，第13页。

② 《毛泽东文集》第7卷，人民出版社1999年版，第116页。

问题的精髓”的理论。他集中全党的智慧实现了马克思主义和中国具体实际相结合的第一次历史性飞跃，创立了毛泽东思想，并且发出了实现马克思主义普遍真理和中国具体相结合的第二次历史飞跃的号召，进行了社会主义建设的伟大探索，留下了宝贵的理论遗产。邓小平继承和发展了“理论与实际相结合”的思想。邓小平称颂列宁之所以是一个真正的伟大的马克思主义者，就在于他不是从书本里、从个别论断上，而是从实际、逻辑、哲学思想、共产主义理想上找到了革命道路。邓小平指出：“把马克思主义的普遍真理同我国的具体实际结合起来，走自己的道路，建设有中国特色的社会主义，这就是我们总结长期历史经验得出的基本结论。”① 他把马克思主义普遍真理与当代中国的建设和改革实际相结合，开创了建设中国特色社会主义的新道路。他要求按照实践的发展来推动马克思主义的前进，强调只有结合中国实际的马克思主义，才是我们所需要的真正的马克思主义。他身体力行，在新的历史条件下，集中全党的智慧，成功地实现了马克思主义和中国具体实际相结合的第二次历史性飞跃，创立了邓小平理论。党的十四大以来，以江泽民为代表的党中央坚持邓小平理论，又在实践中继续丰富和发展了这个理论，创造性地提出了“三个代表”重要思想，这是马克思主义与中国实际相结合的新的成果。党的十六大以来，以胡锦涛为总书记的党中央，面对 21 世纪新的实际、新的形势，铸造了马克思主义与中国实际相结合的新的辉煌。

“理论与实际相结合”具有深刻的哲学内涵，从一定角度上说，它是辩证法的精髓。辩证法认为，世上一切事物的一切过程都是矛盾。矛盾无所不在、无时不有，具有普遍性；然而世上一切事物的一切过程，又无不以特殊的形式而存在，脱离特殊形式的矛盾普遍性不可思议，矛盾具有特殊性，矛盾的普遍性寓于矛盾的特殊性之中。矛盾的普遍性与矛盾的特殊性的关系，或事物的共性与事物的个性的关系问题，是关于事物矛盾问题的精髓，亦即辩证法的精髓，这是普遍性的真理。毫无疑义，马克思主义的普遍真理与各国具体实际相结合的关系，正是这种普遍真理。所以从马克思主义创始人开始就十分重视并坚持理论与实际相结合的原则，强调正确的理论应结合具体情况并根据现存条件加以阐明和发挥。恩格斯明确指出马克思主义不是教义，“而是进一步研究的出发点和供这种研究使用的

① 《邓小平文选》第 3 卷，人民出版社 1993 年版，第 3 页。

方法”[①]，强调要把马克思主义理论应用于各国的经济条件和政治条件。列宁要求对具体情况作具体分析，并将之提升为“马克思主义的精髓”和“马克思主义的活的灵魂”[②]。毛泽东把实践、认识、再实践、再认识的循环往复以至无穷，概括为辩证唯物论的全部认识论、辩证唯物论的知行统一观。邓小平把毛泽东提出的实事求是概括成无产阶级世界观的基础，马克思主义的思想基础、根本观点、根本方法，毛泽东思想方法和工作方法。

“理论与实际相结合”具有深刻的革命内涵。在人类思想史上，就对人类历史发展进程的影响说，马克思主义所造成的根本性的变革，是其他任何理论体系都无法相比的。马克思主义所产生的划时代的创新意义，如马克思墓碑上的名言：“哲学家们只是用不同的方式解释世界，问题在于改变世界”[③]。正是马克思主义实现了人类思想史上的根本性变革，才结束了社会主义理论与工人运动的分离状况，完成了两者的融合。恩格斯在总结共产主义者同盟的历史经验时曾清楚地指明了这一点。他指出：“德国的社会主义在 1848 年以前很久就产生了。起初它有两个独立的派别。一方面是纯粹工人运动，即法国工人共产主义的支流；这个运动产生了作为它的发展阶段之一的魏特林的空想共产主义。其次是由于黑格尔哲学的解体而产生的理论运动；在这一派中马克思的名字从一开始就占有统治地位。1848 年 1 月出现的‘共产主义宣言’标志着两个派别的融合，这个融合是在革命熔炉中完成和巩固起来的。”[④] 社会主义理论与工人运动相结合，才为无产阶级政党的建立提供了必要条件和奠定了坚实的基础。中国共产党在 80 多年奋斗历程中，始终坚持《共产党宣言》的原则，实行马克思主义普遍真理与中国具体实际相结合，取得了中国革命、建设和改革的成功。历史经验证明，中国革命、建设和改革的成功，离不开马克思主义科学真理的指导，也决不能脱离中国的具体实际。坚持从实际出发，把理论运用于实践并在实践中发展理论，这是推进马克思主义中国化的唯一道路。

实现马克思主义普遍真理与中国实际相结合的中介是深入群众，调查

---

① 《马克思恩格斯选集》第 4 卷，人民出版社 1995 年版，第 742—743 页。
② 《列宁选集》第 4 卷，人民出版社 1995 年版，第 213 页。
③ 《马克思恩格斯选集》第 1 卷，人民出版社 1995 年版，第 57 页。
④ 《马克思恩格斯全集》第 22 卷，人民出版社 1965 年版，第 288 页。

研究。只有紧紧抓住这个中介环节，才能够把人民群众在实践中创造的新鲜经验总结起来，并上升到理论的高度。在党的历史上，我们党的“三大法宝”、人民民主专政的“主要经验”、“走自己的路，建设有中国特色社会主义”的基本经验、“一个中心、两个基本点”的战略布局、从党80年历史中总结出的三条基本经验、党的十六大总结的十条宝贵经验等等，都是这样总结出来，并丰富到马克思主义中国化的理论大厦中来的。

总起来说，实现和推进马克思主义的普遍真理和中国具体实际相结合的关键，就是要善于运用马克思列宁主义的立场、观点和方法，从对中国的历史实际以及革命、建设和改革的实际的认真研究中，在各方面作出合乎中国需要的理论创造，以对中国的经济、政治、军事、文化种种问题作出科学的解释和理论的说明。这是坚持马克思主义中国化的关键，也是我们对待马克思主义唯一正确和科学的态度。

（原载《思想理论教育导刊》2006年第2期）

马克思主义指导思想是社会主义核心价值体系的灵魂

党的十六届六中全会在思想文化建设上的一个重大的理论创新，是第一次明确提出了建设社会主义核心价值体系的重大战略任务。《决定》明确把社会主义核心价值体系概括为四个方面，即马克思主义指导思想、中国特色社会主义共同理想、以爱国主义为核心的民族精神和以改革创新为核心的时代精神、社会主义荣辱观。这四个方面，相互联系、相互贯通、相互促进，作为一个有机统一的整体，构成社会主义意识形态最重要的部分、社会主义核心价值体系的基本内容。在这个体系中，马克思主义指导思想决定了社会主义核心价值体系的性质和方向，是社会主义核心价值体系的灵魂。

一　坚持马克思主义指导思想的科学定位

任何一个社会都有一定的价值观念体系。其中，居于核心地位、起着主导和统领作用的即核心价值体系。它是一定社会意识本质的集中体现。它一经形成，就作用于经济、政治和社会生活的各个方面，深刻影响人们的世界观、人生观和价值观，从精神上支撑一定社会系统的正常运转。

马克思主义指导思想是社会主义核心价值体系的灵魂。这是我们党在准确把握当代中国社会性质和意识形态本质，深刻总结国内外历史经验，科学分析中国现实、特别是科学分析意识形态领域总体态势的基础上，对社会主义核心价值体系中的首要问题作出的科学定位。这一定位，在我国经济体制深刻变革、社会结构深刻变动、利益格局深刻调整、思想观念深刻变化的新形势下，在各种思想文化相互交织、相互激荡的复杂背景下，具有极强的针对性和重大的政治意义。

马克思主义指导思想在社会主义核心价值体系中的灵魂作用在于，它提供了科学的世界观，提供了认识、改造客观世界和主观世界的立场、观点、方法，提供了建设社会主义的理论基础和行动指南，提供了激励全国各族人民为振兴中华而团结奋斗的思想基础和精神动力。马克思主义指导思想作为灵魂活现于社会主义核心价值体系的一切方面和建设的全部过程，对于确定社会主义核心价值体系根本性质和发展方向，发挥社会主义核心价值体系在社会稳定和发展中的基本精神依托作用，具有决定意义。所以，坚持马克思主义的指导地位，就抓住了社会主义核心价值体系的灵魂。把握了这一点，就把握了和谐文化建设的性质和方向。中国特色社会主义共同理想，即在中国共产党领导下，走中国特色社会主义道路，实现中华民族的伟大复兴，在马克思主义揭示的人类社会发展规律的基础上，把党在社会主义初级阶段的目标、国家的发展、民族的振兴与个人的幸福紧密联系在一起，把各个阶层、各个群体的共同愿望有机结合在一起，因而具有强大感召力、亲和力和凝聚力。这正是现阶段我国各族人民在中国共产党的领导下，把马克思主义指导思想转化为对美好生活的向往、认同和共同追求的集中表现。坚定中国特色社会主义共同理想，重要的是坚持用马克思主义的立场、观点和方法来认识世界，从人类社会发展规律的高度来认识当今世界、当代中国的变化及其趋势。以爱国主义为核心的民族精神是民族文化最本质最集中的体现，它作为各族人民团结一心、共同奋斗的价值取向，已经深深地融入我们的民族意识、民族风格、民族气质之中。在当代中国，爱国主义是同社会主义紧密结合的。高扬爱国主义、社会主义的旗帜，就可以最大限度地凝聚和动员全民族的力量，为振兴中华而奋斗。以改革创新为核心的时代精神，是马克思主义与时俱进的理论品格、中华民族富于进取的思想品格、改革开放和现代化建设实践相结合的伟大成果，是深深地融入我国经济、政治、文化、社会建设的各个方面，激励我国各族人民不断开创中国特色社会主义事业新局面的强大精神力量。这是马克思主义指导思想融入民族文化和时代精神的辉煌成果。社会主义荣辱观，是对与社会主义市场经济相适应、与社会主义法律规范相协调、与中华民族传统美德相承接的社会主义思想道德体系全面系统、准确通俗的表达，它旗帜鲜明地指出了在社会主义市场经济条件下，应当坚持和提倡什么、反对和抵制什么，为全体社会成员判断行为得失、作出道德选择、确定价值取向提供了基本的准则和规范。这是马克思主义指导思想深入道德领域的生动体现。

有一种似是而非的议论，说马克思主义是共产党的指导思想，为什么要作为社会主义核心价值体系的灵魂，从而成为全社会的指导思想？这实际上提出了马克思主义指导思想作为社会主义核心价值体系灵魂的客观依据问题。对这个问题，我们的看法是：

首先，主流意识形态反映占统治地位的阶级的思想体系是一个普遍的社会规律。李长春同志指出，“任何一个社会的主流意识形态，都是统治阶级意志和思想体系的反映。这是一个普遍的社会规律。”① 这一论断是对马克思主义一个重要原理的发挥。马克思恩格斯认为，“统治阶级的思想在每一个时代都是占统治地位的思想。……占统治地位的思想不过是占统治地位的物质关系在观念上的表现，不过是以思想的形式表现出来的占统治地位的物质关系；因而，这就是那些使某一个阶级成为统治阶级的各种关系在观念上的表现，因而这也就是这个阶级的统治的思想。”② 其所以如此，是因为支配着物质生产资料的阶级，同时也支配着精神生产资料，生产着反映自己阶级统治关系的各种思想观念，并使之成为那个社会占统治地位的思想。任何一个国家的统治阶级，为了巩固其政治统治，都要竭力维护和发展其占统治地位的意识形态。中国封建社会形成的“三纲五常”从精神观念层面维护封建统治秩序达两千多年；西方资产阶级在发展资本主义过程中形成的拜金主义、享乐主义、极端个人主义，一直维系着资产阶级在西方国家的统治。西方国家至今绝不允许马克思主义在他们的意识形态中居指导地位。他们有一套系统的方法和手段，来对他们的官员、学生、群众、军队灌输资产阶级价值观和政治信条。从马克思主义关于社会发展规律的观点观察问题，就应该承认，在中国，随着新民主主义革命和社会主义革命的胜利，中国已建立起工人阶级领导的、以工农联盟为基础的人民民主专政的社会主义国家。以马克思主义为自己的指导思想的中国共产党作为执政党，已成为领导中国特色社会主义事业的核心力量。由中国社会的根本性质、共产党的执政和领导地位所决定，马克思主义作为无产阶级和广大人民群众根本利益的理论概括，作为我们党的根本指导思想，必然被确立为整个社会的指导思想，成为社会主义意识形态的旗帜，成为我们认识社会和指导实践的理论基础。

---

① 《十六大以来重要文献选编》（中），中央文献出版社 2006 年版，第 49 页。

② 《马克思恩格斯选集》第 1 卷，人民出版社 1995 年版，第 98 页。

其次，马克思主义被确立为我们党和整个社会的指导思想，还由于马克思主义理论是科学，具有巨大的威力。一般说来，理论是行动的指南，能够管思想、管方向。一种理论体系一经形成，就会对人们的认识能力、思想观念、思维方式、实践行为产生强大的导向作用，从而对社会发展产生普遍、深刻的影响。理论对社会影响的作用和方向，依其本身的性质而定。马克思主义是在深刻总结历史运动规律的基础上形成的严密而完整的科学思想体系，它揭示了世界发展的普遍规律，揭示了社会主义必然代替资本主义和建设社会主义、最终实现共产主义的普遍规律，是无产阶级和劳动人民认识世界、改造世界的强大思想武器。一百多年来，没有哪一种理论、学说能像马克思主义这样保持勃勃生机，对推动社会进步起这样巨大的作用，造成这样深远的影响。马克思主义的强大生命力还在于它不是静止的封闭的教条，而是深深根植在实践中反复接受检验、不断发展的科学。马克思主义诞生以来，世界发生了很大变化。一代又一代马克思主义者，从时代的发展和本国的国情出发，以创造性的态度对待马克思主义，从而保持了它的巨大影响力和旺盛生命力。今天，面对世界情况的新变化，马克思主义经典作家的一些具体论述可能不再适用，但世界历史发展的轨迹和总趋势，并没有越出马克思主义所揭示的基本规律。所以，人们的精神世界一旦得到马克思主义理论的武装，思想就会发生升华。人们树立了马克思主义的世界观、人生观、价值观，思维和工作中的原则性、系统性、预见性、创造性就会大大增强。对于中国共产党人，特别是党的领导干部来说，树立马克思主义的世界观、人生观、价值观，是解决好权力观、地位观、利益观的前提。领导干部正确的世界观、人生观、价值观、权力观、地位观、利益观又会具体体现到执政党的路线和政策中。党的路线和政策的正确贯彻执行，会深刻影响我国社会的经济、政治、文化、社会生活的各个领域，影响到政策环境、体制环境、社会环境等各个方面，极大地推进中国特色社会主义事业。

再次，确立马克思主义的指导地位是一种历史的结论。中国革命、建设和改革的历史证明，正是中国共产党坚持马克思主义并把它同中国的实际结合起来，才取得了中国革命、建设和改革的胜利。邓小平说：“如果我们不是马克思主义者，没有对马克思主义的充分信仰，或者不是把马克思主义同中国自己的实际相结合，走自己的道路，中国革命就搞不成功，中国现在还会是四分五裂，没有独立，也没有统一。对马克思主义的信仰，是中国革命胜利的一种精神动力。新中国成立以后，我们从旧中国接受下来的是一个烂摊子，工业几乎等于零，粮食也不够吃，通货恶性膨胀，经济十分混乱。我们解决吃饭问题，就业问题，稳定物价和财经统一问题，国民经济很快得到恢复，在这个基础上进行了大规模经济建设。靠的是什么？靠的是马克思主义，是社会主义。”① 中国改革开放的历史经验进一步证明，马列主义、毛泽东思想、邓小平理论、“三个代表”重要思想是指导中国人民胜利实现社会主义现代化的伟大理论。正是因为我们党坚定地坚持马克思主义的指导地位不动摇，坚持用发展着的马克思主义指导实践，进入新世纪又突出强调树立和落实以人为本，全面、协调和可持续发展的科学发展观，我国跨世纪的发展才具有了最根本的保证。

二 坚持马克思主义指导地位必须反对指导思想多元化

江泽民同志在谈到如何坚持马克思主义的指导地位时指出：“必须坚定不移地巩固和加强马克思主义的指导地位，绝不允许搞指导思想的多元化。”② 这一重要论断在我国社会思想出现多样化的情况下，有极强的现实针对性。

社会存在决定社会意识。在我国，出现社会意识多样化倾向，表明人们思想活动的独立性、选择性、多样性和差异性不断增强，社会思想空前活跃。社会思想的活跃、观念的碰撞、文化的交融，有利于激发人们的自主意识和民主法治意识，有利于营造浓厚的学术研究氛围，有利于激发创造活力，促进社会的进步。就国际范围说，伴随经济全球化、传媒数字化的进展，世界各国、各民族的文化交流达到了前所未有的广度和深度。世界各种思想文化相互间的吸纳与排斥、渗透与抵制、融合与扬弃是合乎历史规律的正常现象，正确地对待这种现象有助于博采各国文化之长。

我们肯定社会意识的多样性，并不意味着可以削弱马克思主义的指导地位，搞指导思想的多元化。相反，不管社会经济结构和社会思想多么复杂、多样、多元、多变，我们都必须坚定不移地坚持马克思主义指导地位不动摇。其一，人类社会历史的发展表明，一个健康、稳定、协调发展的社会，多种思想价值体系可以同时并存，但必须有一个占支配地位的指导

---

① 《邓小平文选》第3卷，人民出版社1993年版，第63页。

② 江泽民：《论“三个代表”》，中央文献出版社2001年版，第126页。

思想和共同理想。因为，事物的性质是“由取得支配地位的矛盾的主要方面所规定的”①。在我国存在多种社会思潮相互作用的情况下，只有坚持马克思主义的指导地位，高举马克思主义这面社会主义意识形态的旗帜，不断扩大社会主义意识形态的影响，才能保持社会主义核心价值体系乃至整个社会的根本性质。其二，经济基础决定上层建筑。我国现阶段的基本经济制度是公有制为主体、多种所有制经济共同发展。与“公有制为主体”相适应，在上层建筑中也必须确立、巩固和加强以马克思主义为指导的社会主义意识形态。唯有如此，才能反映中国社会发展的规律与最广大人民的根本利益和要求，保证我国先进文化建设的根本性质和前进方向。其三，近些年来，西方敌对势力凭借本国经济、科技和文化优势，正在通过各种方式，采用多种手段加紧对我国实施西化、分化的政治图谋，直接威胁我国意识形态安全和文化安全，进而危害中国共产党的领导和中国的社会主义制度。面对西方文化霸权主义的侵犯，确保我国以马克思主义为指导的、以中国特色社会主义文化为基本内容的意识形态安全，关系着国家和民族的命运。其四，历史的经验值得注意。在世界当代史上，因意识形态问题导致国家衰亡和政权丢失的例子屡见不鲜。江泽民同志在谈到这个问题时说：“苏联解体，东欧剧变，以及最近南斯拉夫政局的演变等事件，除了政治、经济等方面的原因外，执政党内和群众中发生思想变化、思想混乱也是一个很重要的原因。”② 其五，现在我国社会思想环境中，在主流意识形态不断巩固的同时，各种非马克思主义和反马克思主义的思潮也有所滋长，享乐主义、拜金主义、极端个人主义在一些地方严重存在，是非混淆、善恶颠倒、良莠不分的现象还时有发生，马克思主义的指导地位受到严重挑战。面对这种情况，“如果放弃马克思主义的指导地位，在指导思想上搞多元化，势必导致人心大乱、天下大乱，给党和国家带来灾难。这是绝不允许的”③。

坚持马克思主义指导地位，要“尊重差异，包容多样，最大限度地形成社会思想共识”。“指导”本身就意味着将各种有差异的、多样的社会思想包容、整合在马克思主义统领下的社会意识之中。只有在尊重差异

① 《毛泽东选集》第1卷，人民出版社1991年版，第322页。

② 江泽民：《论“三个代表”》，中央文献出版社2001年版，第125—126页。

③ 《江泽民文选》第3卷，人民出版社2006年版，第86页。

中扩大社会认同，在包容多样中增进思想共同性，才能“减少思想冲突，增进社会认同，有效避免因认识差异引发社会动荡；有利于形成百花齐放、百家争鸣的生动局面，使先进的文化得到发展，健康文化得到支持，落后文化得到改造，腐朽文化得到抵制，使民族文化与外来文化、传统文化与现代文化、高雅文化与通俗文化在交流比较中互相融和、相互促进，使各种文化形式、文化门类、文化业态各展所长，共同发展”①。这种局面的形成，正是马克思主义、社会主义意识形态影响扩大的表现。对“尊重差异，包容多样”不能作随意解释。《中共中央关于构建社会主义和谐社会若干重大问题的决定》对这个问题的阐述非常明确。其一，“尊重差异，包容多样”是有确定的前提的。这就是我们必须更加坚定地坚持马克思主义的指导地位不动摇，坚持用发展着的马克思主义指导实践，牢牢掌握意识形态领域的指导权、主动权、话语权。其二，“尊重差异，包容多样”的目的是明确的。这就是要充分挖掘和鼓励不同阶层、不同群体所蕴含的积极向上的思想精神，更好地用社会主义核心价值体系引领社会思潮，最大限度地形成思想共识，凝聚力量，齐心协力地建设中国特色社会主义。其三，“尊重差异，包容多样”的内涵是清楚的。这里的“差异”“多样”，是指丰富多彩的民族优秀文化传统、人类有益文明成果，包括科学上的不同学派、文化艺术上的不同风格、多样化的思想文化形式等，决不是允许各种反马克思主义的社会思潮滋长，更不允许动摇我们的主流意识形态，在指导思想上搞多元化。我们党历来主张，“在事关政治方向和根本原则的问题上，我们一定要旗帜鲜明，理直气壮，毫不含糊。对于违反以经济建设为中心、违反四项基本原则、违反改革开放政策的错误思想政治观点，对于反马克思主义的挑战和攻击，必须进行积极的思想斗争，不能听之任之”②。

三 坚持马克思主义在哲学社会科学各学科领域中的指导地位

坚持马克思主义指导思想在社会主义核心价值体系中的灵魂地位，必须坚持马克思主义在哲学社会科学各学科领域中的指导地位，在哲学、经

---

① 刘云山：《建设和谐文化巩固社会和谐的思想道德基础》，《〈中共中央关于构建社会主义和谐社会若干重大问题的决定〉辅导读本》，人民出版社 2006 年版，第 42 页。

② 《江泽民文选》第 3 卷，人民出版社 2006 年版，第 88 页。

济学、政治学、法学、社会学、史学、新闻学、文学等各学科领域，用马克思列宁主义、毛泽东思想、邓小平理论和“三个代表”重要思想统领其教学、研究和建设工作，把马克思主义的立场、观点和方法贯穿到这些学科领域中，用发展着的马克思主义指导哲学社会科学各学科领域一切方面的工作。在这方面，近些年来出现了一些值得重视的倾向。一些人以西方学术理论和价值观念为圭臬，散布各种诋毁马克思主义的观点，否定马克思主义指导地位。如有人宣扬社会科学与意识形态的分离，提出社会科学只有同意识形态相分离，才能保障其科学性和客观性；有人宣扬马克思主义只是意识形态，是共产党的指导思想，不是科学，没有学术价值；有人宣扬社会科学纯学术化，要求从学术中清除政治性的东西；有人宣扬马克思主义“学派论”，提出马克思主义只是一个学派，各个学派都有真理，彼此是“平权”的，不存在谁指导谁的问题；有人在“学术争鸣”的口号下，把否定马克思主义基本原理说成仅仅是学术问题，与政治无关；如此等等。这些说法在理论上是不能成立的。

第一，哲学社会科学就其总体和本质来说，是一定阶级的意识形态。意识形态是一定社会经济、政治在观念形态上的反映，反过来又作用、服务于该社会的经济、政治。在阶级消灭之前，任何社会经济、政治制度都是由一定的阶级来代表的，所以意识形态就其本质而言，又必然是一定阶级利益的理论表达，具有阶级性。当然，社会科学中也有不同情况，有些学科，如语言学、逻辑学和考古学等，其内容本身不具有阶级性。但在阶级存在的条件下，直接或间接地反映一定社会阶级关系、阶级利益的哲学社会科学都不可能超然于阶级利益之外。马克思对社会意识和社会阶级的关系问题有过大量论述。如他在分析小资产者代表人物时曾指出：“他们的思想不能越出小资产者的生活所越不出的界限，因此他们在理论上得出的任务和解决办法，也就是小资产者的物质利益和社会地位在实际生活上引导他们得出的任务和解决办法。一般说来，一个阶级的政治代表和著作代表同他们所代表的阶级之间的关系，都是这样。”① 因此，那种主张社会科学同意识形态绝对分离的观点，是同哲学社会科学的本质、历史的经验、现实意识形态领域的客观实际相悖的。

第二，马克思主义是阶级的意识形态，又是反映客观事物本质及其运

① 《马克思恩格斯选集》第1卷，人民出版社1995年版，第614页。

动规律的科学真理。马克思主义是其创始人和继承者的观点、学说的体系，是由哲学、政治经济学和科学社会主义三个主要组成部分以及其他领域的思想组成的严整的世界观和社会历史观。它深刻地揭示了自然界、人类社会和思维的规律，特别是提供了关于社会生活的本质和错综复杂的社会关系内在联系的科学认识，揭示了人类社会运动发展的一般规律，并以此为基础，揭示了社会主义代替资本主义的历史必然性，科学预见了未来共产主义最一般的特征。

马克思主义以前的社会科学，虽然包含着许多有科学价值的思想，但是从总体上说，它们至多只是考察了人们的历史活动的思想动机，而没有探究出物质生活资料的生产和再生产是决定一切社会关系、因而也决定人们思想动机的根源；只看到个人在历史上的作用，而没有看到人民群众的决定作用。这个根本缺陷决定了它们不可能科学地揭示社会历史的发展规律。马克思和恩格斯站在新的历史高度，批判地吸取了思想史的成果，总结了社会发展的实际情况和社会实践的新鲜经验，创立了人类思想中的伟大成果——历史唯物主义，社会科学才因此真正变成了科学。马克思主义作为历史上最先进阶级——无产阶级的意识形态，它的科学性同历史发展的方向、同其阶级性是一致的。它的阶级性无损于其客观真理性，它越是深刻地揭示历史发展的客观规律，就越是符合无产阶级和广大劳动人民的利益。马克思主义既是一定阶级利益的表达，又是科学真理的体系，它把意识形态功能和理论思维功能熔为一炉，合为一体。这一本质特征，规定了其社会历史观不同于以往的任何历史观，而是高于和优于以往一切社会历史观的“唯一的科学的历史观”①，成为社会科学的别名。因此，任何要求把马克思主义排除在科学之外的观点都是错误有害的。

第三，宣扬哲学社会科学的纯学术化，意在否定马克思主义的指导地位。如前所述，哲学社会科学在总体上和本质上是意识形态，除个别学科外，与政治无关的纯学术在哲学社会科学领域是不存在的。有些问题从表面上看似乎仅仅是学术问题，但是从本质上看同时也关乎重大的原则问题。如有人在论到学术发展时，只强调学术发展的内在逻辑性，否认学术发展要受客观环境的制约。这个问题表面看来似乎只是一个学术问题，但从深层看，它涉及坚持还是否定唯物史观关于社会存在决定社会意识的基

---

① 《列宁选集》第1卷，人民出版社1972年版，第10页。

本观点。又如，有人否定马克思主义经典作家提出的社会形态学说，这在一定层面上也是一个学术问题，但从深层看，否认马克思主义社会形态学说，会导致否定社会主义制度必定要取代资本主义制度这一客观规律，这就决不仅仅是学术问题[①]，如此等等。这表明，学术理论争论往往也是意识形态领域斗争的表现，争论的内容可能蕴含现实政治问题，争论的展开可能由隐及显地触及政治，影响到执政党的指导思想、政治路线和方针政策。所以要从学术领域清除政治是不可能的。邓小平曾指出："马克思主义的思想理论工作是不能离开现实政治的。我这里说的政治，是国内外阶级斗争的大局，是中国人民和世界人民在现实斗争中的根本利害。不能设想，离开政治的大局，不研究政治的大局，不估计革命斗争的实际发展，能成为一个马克思主义的思想家、理论家。"[②] 邓小平在这里讲的是马克思主义的思想理论工作和现实政治的关系，但其精神实质适用于整个哲学社会科学与政治的关系。事情很清楚，既然哲学社会科学不能脱离现实政治，那么宣扬哲学社会科学纯学术化，要求从中清除政治性的东西，真实的意图在于否定马克思主义的指导地位，把马克思主义排除出哲学社会科学领域。

第四，马克思主义是科学指南，不是普通的学派。马克思主义"学派论"是以"真理多元"论为理论根据的。然而，"真理多元"论是站不住脚的。真理是对客观事物的本质和客观规律的正确反映。在同一条件下，对同一对象的真理性认识，可以有深浅度的区别，但不可能两种截然相反的认识同时都是真理。人们对社会历史现象的认识因受到阶级利益的制约，有很大的差异。历史上一切剥削阶级，即使在上升时期，其思想家也是以不触动本阶级根本利益为认识的极限的。马克思主义作为无产阶级的科学世界观和方法论，实现了其他任何理论体系、任何世界观和历史观都不可能有的价值功能和科学功能的完美结合，把人们对社会历史的认识变成了科学。在当代中国，只有以马克思主义为指导，才能保证哲学社会科学沿着正确的方向繁荣发展。近些年来，西方敌对势力从"攻心"入手，对我进行意识形态渗透，加紧搞所谓"精神和灵魂的征服"，国内出现了日益多样化的社会思想环境。在这样的条件下，只有坚持马克思主义

---

① 参看陈祖武《谈谈史学工作者的责任和素养》，《当代中国史研究》2006 年第 3 期。

② 《邓小平文选》第 2 卷，人民出版社 1994 年版，第 179 页。

的指导地位，才能正确认识意识形态领域的复杂形势，科学分析和对待西方学术理论，深入研究、抵制、批判在我国出现的各种非马克思主义和反马克思主义思潮，保证哲学社会科学健康发展。[①]

四 坚持以马克思主义引领社会思潮

坚持以马克思主义引领社会思潮，是我们面对社会意识多样化形势的必然要求，是马克思主义指导思想作为社会主义核心价值体系灵魂的题中之义。人类社会总是在矛盾运动中发展进步的，构建社会主义和谐社会也一样。构建社会主义和谐社会需要积极主动地正视矛盾，不断化解社会矛盾，最大限度地减少社会不和谐因素，调动一切积极因素，促进社会的和谐。随着社会主义市场经济的深入发展，我国经济成分、组织形式、就业方式、利益关系和分配方式日益多样化，人们的思想观念、道德意识、价值取向呈现多样化的趋势。正确的与错误的、先进的与落后的思想观念交织，学术问题与政治问题、思想的偏差与敌对势力的渗透破坏杂陈，思想理论领域的噪音杂音时有出现，在这种背景下，为了使社会不同阶层、不同群体所蕴含的积极向上的思想精神得到充分挖掘和鼓励，避免噪音和杂音影响建设中国特色社会主义的伟大事业，我们必须坚持以马克思主义指导思想引领多样化社会思潮。

坚持以马克思主义指导思想引领多样化社会思潮的任务十分艰巨，要解决的相关问题很多，这里仅谈几点看法。

其一，坚持百花齐放、百家争鸣，古为今用、洋为中用的方针。百花齐放、百家争鸣，古为今用、洋为中用的方针，是我们党和国家根据我国的具体情况，在承认社会主义社会仍然存在各种矛盾的基础上，从国家需要迅速发展经济和文化的迫切要求出发提出来的，是促进艺术发展和科学进步，促进我国社会主义文化繁荣的基本的长期的方针。在以马克思主义引领社会思潮中，坚持这个重要方针，意在面对世界各种思想文化的相互激荡，在坚持弘扬主旋律的前提下，努力创造勇于探索和创新的活跃气氛，提倡不同学术观点、学术流派的争鸣和切磋；鼓励大家坚持真理，敢于说话，开展同志式的批评与自我批评，正确对待不同意见和观点，正确处理人民内部矛盾，提高人们的科学文化和思想道德水平。同时通过鼓励

---

① 参见《靳辉明文集》，上海辞书出版社 2005 年版，第 279—337 页。

深入的研究和探索，汲取中华民族传统文化的精华，积极吸收人类所创造的一切优秀文化成果，把它融入中国特色社会主义的文化之中。

其二，推进马克思主义理论的研究和创新。马克思主义理论是通过积极吸收人类社会包括资本主义社会创造的一切科学的进步的思想文化成果，认真总结党和人民在革命、建设和改革实践中的新经验、新创造，而不断得到丰富、充实和发展的，也是通过克服各种错误思想，包括封建主义思想、资本主义思想，而不断得到发展和创新的。用马克思主义引领社会思潮，要研究各种社会思潮在政治、经济、文化、社会等不同领域，在各种不同的学科中的表现，研究它对人们的世界观、人生观、价值观的不同影响，回答它们围绕当代中国意识形态领域的重大原则问题，如如何看待社会主义、如何看待当代资本主义、如何看待中国的改革开放、如何看待中国的历史和传统文化、如何看待当前的国际环境和国际政治斗争等问题提出的挑战，从而深化马克思主义理论的研究，推进马克思主义的发展和创新。要重视吸取历史经验，认真考察在各个时期马克思主义是怎样正确对待社会思潮的，并从中得出带有规律性的认识，以指导当前的工作。

其三，突出马克思主义对人们思想的引导作用。所谓社会思潮，是指某一时期内在某一阶级或阶层中反映当时社会政治情况而有较大影响的思想潮流，它以一定的社会存在为基础，以相应的意识形态为理论核心，并与某种社会心理发生相互影响、相互制约、相互渗透的作用。一般说来，重要的社会思潮具有群体性、政治性、现实性的特征。群体性，即以一定的利益要求为基础，以特定的群体为其主体和载体；政治性，即是关于社会走向、历史走向、人心走向、思想道德走向的某种主张的反映；现实性，即目标指向明确，包括对社会变革的干预、对执政党和政府决策的影响等。所以社会思潮对人们的影响作用是很大的。在用马克思主义引领社会思潮中，要以马克思主义的立场、观点和方法为指导，梳理各种社会思潮的现象，认识它们的本质，探讨它们传播的途径、特点和规律，科学评价它们的社会作用，批评错误思潮的理论观点和思想方法，帮助人们解决世界观、人生观、价值观、理论认识和科学思维中的问题，以澄清是非，划清界限，提高思想政治水平，树立和坚定正确的思想理论认识。

其四，善于运用马克思主义观点同各种错误思潮进行积极的斗争。这项工作的重要性和不可避免性在于，意识形态领域历来是敌对势力同我们激烈争夺的重要阵地。社会主义和资本主义在意识形态领域的斗争是长期的、复杂的，有时甚至是十分尖锐的。我国是当今世界上最大的社会主义国家，必然长期面对各种敌对势力在意识形态领域的渗透活动。社会思潮是社会经济政治生活的“晴雨表”，是判断一定时期意识形态整体状况的“风向标”，敌对势力往往通过某种错误思潮的传播来进行意识形态的渗透。当前我国意识形态领域的主流是积极健康的，但并不平静。不平静的突出表现，就是诸如新自由主义思潮、民主社会主义思潮、历史虚无主义思潮、文化保守主义思潮等反马克思主义思潮的泛起，在群众中造成了不良影响。

我们党历来在关系着党和国家命运的原则是非面前绝不含糊。因为在原则是非面前含含糊糊，就会使我们在工作中陷于不清醒的状态，甚至迷失方向。很清楚，“我们是社会主义国家，如果动摇了马列主义、毛泽东思想、邓小平理论这个精神支柱，动摇了建设有中国特色社会主义的共同理想，就会导致思想混乱、社会动乱，那将是国家和民族的灾难”①。而反马克思主义思潮通过各种传播渠道所发出的噪音杂音，正是要动摇我们的精神支柱和共同理想。我们如果不理直气壮地予以批驳和抵制，不闻不问，听之任之，就不能始终坚持和不断巩固马克思主义在意识形态领域的指导地位，就不能做好以马克思主义引领社会思潮的工作。当然对反马克思主义思潮的批判必须注重科学性，讲究政策。“在工作中要注意区分思想认识问题、学术问题和政治问题的界限，做到具体问题具体分析，是什么问题就解决什么问题，以免影响经济建设这个中心，影响改革发展的大局。”②

五 确保马克思主义指导地位的关键

在社会主义核心价值体系中，确保马克思主义的指导地位，要做好多方面的工作，关键是要加强党的领导，确保意识形态领域的指导权、主动权、话语权牢牢掌握在忠于党、忠于人民、忠于马克思主义的人手里。毛泽东同志在《读社会主义政治经济学批注和谈话》中明确地论述过这个问题的重要性。他指出，像报纸、刊物、广播、电影这类东西，掌握在谁手里，由谁来议论，都是属于权利问题。掌握在马克思列宁主义者手里，

---

① 江泽民：《论“三个代表”》，中央文献出版社 2001 年版，第 125—126 页。
② 《十六大以来重要文献选编》（中），中央文献出版社 2006 年版，第 318—319 页。

绝大多数人民的权利就有保证了。毛泽东同志这些论断，深刻地说明了马克思主义者掌握思想文化领域的领导权的重大意义。

确保意识形态领域的领导权、主动权、话语权牢牢掌握在忠于党、忠于人民、忠于马克思主义的人手里，首要的任务是要坚持党管干部、党管人才的原则，进一步加强领导班子建设，配备好宣传思想战线、哲学社会科学单位的领导班子，把那些政治上清醒坚定、思想理论修养好、忠诚于马克思主义、坚持走中国特色社会主义道路、组织领导能力强、熟悉意识形态工作的优秀干部及时选拔到领导岗位上来。领导权是阶级统治权的集中表现，在政治路线确定之后，谁掌握领导权，是正确的政治路线能否得到全面、正确贯彻的决定性因素。确保意识形态领域的领导权、主动权、话语权牢牢掌握在忠于党、忠于人民、忠于马克思主义的人手里，需要采取集中学习和分散学习相结合的办法，在全党全国、特别是在领导干部中掀起一场再教育、再学习的活动，用马克思主义基本原理、马克思主义发展史，特别是马克思主义中国化的历史、马克思主义中国化的最新成果武装全党、教育人民，特别是党员领导干部。要把学习和实践马克思主义理论表现的好坏，把学习和创造性运用党的基本理论、基本路线、基本纲领、基本经验和科学发展观以解决实际问题的能力和绩效作为考核县、处级以上干部的重要标准。胡锦涛同志在《在"三个代表"重要思想理论研讨会上的讲话》中指出，辩证唯物主义和历史唯物主义的世界观和方法论，是马克思主义最根本的理论特征。实现物质财富极大丰富、人民精神境界极大提高、每个人自由而全面发展的共产主义社会，是马克思主义崇高的社会理想。马克思主义政党的一切理论和奋斗都应致力于实现最广大人民的根本利益，这是马克思主义鲜明的政治立场。坚持一切从实际出发，理论联系实际、实事求是，在实践中检验真理和发展真理，是马克思主义最重要的理论品质。理论坚定是政治坚定的基础。党员和人民群众、特别是党员领导干部的理论素养提高了，对社会主义、共产主义的信念，对共产党领导的信心就会大大增强。大批忠于党、忠于人民、忠于马克思主义的人不断涌现出来，确保意识形态的领导权、主动权、话语权掌握在忠于党、忠于人民、忠于马克思主义的人手里，就有了强大的干部队伍基础。确保意识形态领域的领导权、主动权、话语权掌握在忠于党、忠于人民、忠于马克思主义的人的手里，还必须按照党中央的战略部署，在进一步深化"四个一批"人才培养工程建设中，加强马克思主义队伍建设。

马克思主义是科学，只有掌握了这门科学的人，才能在复杂的意识形态领域的斗争中，有马克思主义的领导权、主动权和话语权。我们党在长期的革命、建设和改革过程中，造就了一批批马克思主义理论家和理论骨干，这是马克思主义指导思想在我国不断得到巩固的重要保证。今天，面临着新的形势，建设社会主义核心价值体系，建设和谐文化，更要着力造就一批学贯中西、享誉中外的马克思主义理论大家，一批政治方向正确、理论功底扎实、勇于开拓创新、善于联系实际的马克思主义学科带头人，一批中青年马克思主义理论研究和教学骨干。在构建社会主义和谐社会过程中，有了这样一批忠诚于马克思主义事业，能够自觉运用马克思主义的立场、观点、方法解决科学领域和现实中的问题，有政治责任感、社会责任感、学术责任感，又有学术造诣、有创造活力的马克思主义专家学者、理论骨干，就能够牢牢掌握意识形态领域的领导权、主动权、话语权，确保马克思主义指导地位不动摇。

（原载《高校理论战线》2007 年第 3 期）

试论中国特色社会主义理论体系

近10多年来，学术界对中国特色社会主义理论体系的研究，已经推出了众多的理论成果，有些成果已经达到很高的水平，应该说已经从理论上把握了研究对象主要的基本的方面，并且作出了科学说明，但是由于受到当代中国社会发展过程及其理论反映过程客观条件的限制，以往的研究大多集中在对这一理论某一标志性成果、特别是邓小平理论的研究上。党的十七大在新世纪新阶段新的历史起点上作出了新的重大历史贡献，对我们进入新时期以来，在创新实践中相继形成的马克思主义中国化的理论成果作了科学整合，把邓小平理论、“三个代表”重要思想以及科学发展观等重大战略思想，统称为中国特色社会主义理论体系，从而使中国特色社会主义理论体系在内容和形式上，都得到了极大的拓展、深化和丰富。党的十七大报告还明确指出，中国特色社会主义理论体系是不断发展的开放的理论体系。这就为深化中国特色社会主义理论体系的研究指明了方向，提供了广阔的空间，展示了理论研究的光辉前景。

一　中国特色社会主义理论体系的形成、发展轨迹

任何科学的理论体系都不是先验的，它必有自己真实的形成、发展过程。这是因为，理论体系或思想体系虽然是由一系列概念、范畴、原理构成的逻辑联系，但是这些理论表达的逻辑形式都是对客观事物本质、发展过程及其规律的反映。中国特色社会主义理论体系也一样，它是反映中国特色社会主义这一客观对象本质、发展过程、规律及其认识过程的一系列基本原理、基本观点的内在逻辑联系，它以解放思想为法宝，以当代中国这一客观世界为依据，以中国人民的创造性实践活动为动力，有自己真实的历史形成和发展过程。

从当代中国的基本国情及其主要矛盾规定的历史任务出发，中国特色

社会主义理论体系形成发展的轨迹，从党的十一届三中全会到党的十七大，是紧紧围绕三大基本问题，即“什么是社会主义，怎样建设社会主义”“建设什么样的党，怎样建设党”“实现什么样的发展，怎样发展”等重要理论和实际问题展开的。我们党坚持马克思主义的思想路线，对这三大基本问题的不断探索和回答，孕育了从理论到实践的伟大创造，这既有空间上的并存性，又有时间上的继起性。本文侧重从时间的继起性上探讨中国特色社会主义理论体系的发展轨迹。

对第一大基本问题——“什么是社会主义，怎样建设社会主义”的探索和回答，要解决的问题是对当代中国社会形态的性质、发展程度和建设道路的科学认识，要回答我国社会发展现阶段兴国之要、立国之本、强国之路等根本性问题。探索从20世纪70年代末进入新时期拨乱反正开始，到1992年党的十四大召开，形成了具有标志性的马克思主义中国化新的科学成果——邓小平理论的科学体系。邓小平理论实现了从坚持“以阶级斗争为纲”到坚持以经济建设为中心的历史性转变，它以四块理论基石，即社会主义初级阶段论、社会主义本质论、改革开放论、社会主义市场经济论作为最基本原理，科学界定了当代中国社会发展的历史方位和根本任务。它所形成的“一个中心，两个基本点”的基本路线，明确地回答了我国社会发展现阶段兴国之要、立国之本、强国之路等根本性问题。它从中国特色社会主义的思想路线、发展道路、发展阶段、根本任务、发展动力、外部条件、政治保证、战略步骤、领导力量和依靠力量以及祖国统一等方面作出概括，形成了新的建设中国特色社会主义理论的科学体系。在这一理论的指引下，开辟了一条中国社会主义建设新道路，即中国特色社会主义道路。此后实践和理论的双重探索，应该是中国特色社会主义理论的丰富、完善和发展。

对第二大基本问题——“建设什么样的党，怎样建设党”的探索和回答，要解决的问题是通过实施党的自身建设的伟大工程，确定立党之本、执政之基、力量之源等根本性问题。人类社会发展史总是以客观物质过程为基础的主观和客观两个相互交融过程的统一。同样，在当代中国，党领导的伟大事业同党的建设新的伟大工程是相互交融、相互作用、相互促进的过程。生气勃勃的社会主义事业是人民群众自己创造的，共产党的领导是人民群众创造历史活动的最高表现。没有对党自身建设方面的高度自觉，就不可能领导和推动中国特色社会主义社会形态的发展。所以对党自身建设伟大工程的探索，是中国特色社会主义社会形态和发展过程对立统一的一个方面。对第二大基本问题的探索和回答，应该始于我们党执政的时候，但是它的最新成果应该始自进入新时期以来，特别是在党的十三届四中全会到十六大期间，其集中表现形态就是“三个代表”重要思想。“三个代表”重要思想，继承和发展了马克思主义的基本原理，即人类社会前进最终是由生产力发展决定的，是由先进文化引导的，由人民群众推动的。以马克思主义这一基本原理为正确认识和运用人类社会发展规律的锐利思想武器，揭示了中国特色社会主义是社会主义市场经济、社会主义民主政治和社会主义先进文化有机统一，是社会主义物质文明、政治文明和精神文明全面发展，是党领导的伟大事业同党的建设新的伟大工程相互促进的进程；创造性地把党的建设同当今世界和当代中国的发展趋势，同我国社会主义的自我完善和发展，同实现中国特色社会主义的宏伟目标和各项任务联系起来，赋予党的性质和宗旨、党的指导思想和党的任务以鲜明的时代内容和时代特征，标志着我们党对共产党执政规律、社会主义建设规律和人类社会发展规律的认识达到新高度。① 这样，它就在邓小平理论的基础上，进一步回答了“什么是社会主义，怎样建设社会主义”，创造性地回答了“建设什么样的党，怎样建设党”的问题，然而它侧重解决的是党自身的问题。它科学界定了党的历史方位，回答了如何坚持和发展党的先进性，提高党的执政能力的时代课题，确立了立党之本、执政之基、力量之源，表明了我们党在新的历史阶段上对自我发展的全面认识达到了新的境界，从而深化了对中国特色社会主义的认识，得以在改革发展稳定、内政外交国防、治党治国治军各个方面，提出一系列紧密联系、相互贯通的新思想、新观点、新论断，构成一个系统的科学理论。

对第三个基本问题——“实现什么样的发展，怎样发展”的探索和回答，要解决的任务是要回答我们党进入新世纪新阶段以后，在新的历史起点上的发展方位、发展目的、发展方式、发展规律等根本性问题。探索的轨迹是，从党的十一届三中全会后提出“中国式的现代化”，进而作出“三步走”的战略部署，继之形成区域发展战略的“两个大局”，提出让人民共享经济繁荣成果，进入新世纪新阶段，又提出全面建设小康，统筹城乡经济社会发展，新型工业化道路，坚持走生产发展、生活富裕、生态

---

① 中共中央宣传部：《“三个代表”重要思想学习纲要》，学习出版社 2003 年版，第 9 页。

良好的文明发展道路。党的十六大以来，以胡锦涛为总书记的党中央在继承党的三代中央领导集体关于发展的重要思想的基础上，又作出了一系列理论创新，它的集中表现形态就是科学发展观。科学发展观，进一步明确了我国仍处于并将长期处于社会主义初级阶段，明确了当前我国发展的阶段性特征，发展方位是在一个新的历史起点上；正确规定了科学发展观的第一要义、核心、基本要求和根本方法，以及贯彻落实科学发展观的政治保证、社会环境、体制保障、组织保障等问题。这些创新实现了我国社会发展现阶段发展理念、发展规律、发展方式、发展质量和推进党的执政理念、执政能力、执政方式、社会管理方式的有机结合，解决了对第三个基本问题的探索要回答的问题，这就从更直接的社会生活层面把关于前两大基本问题的探索成果整合起来，进一步丰富发展了中国特色社会主义理论体系。

通过近30年对三大基本理论和实践问题的探索和回答，我们党成功地实现了马克思主义同中国实际相结合的第二次历史性飞跃。

二 中国特色社会主义理论体系的逻辑结构

任何一个理论体系，都有其严密的逻辑结构即概念、范畴、原理之间的内在逻辑联系。中国特色社会主义理论体系，以社会主义初级阶段的基本国情为根本依据，以改革开放以来我们党不断探索和回答三大基本问题的实践创造为基础，通过逻辑的形式，再现了中国特色社会主义整体及其固有的经济建设、政治建设、文化建设、社会建设和党的建设这一客观事物的历史发展，再现了反映这一客观事物历史发展的认识进程，从而形成了彼此相互联系、逻辑层次有序的理论框架。

第一个逻辑层次是中国特色社会主义理论体系的理论基础，即马克思列宁主义、毛泽东思想。党的十七大报告有三处集中论述到这个问题：一处是“我们要永远铭记，改革开放伟大事业，是在以毛泽东同志为核心的党的第一代中央领导集体创立毛泽东思想，带领全党全国各族人民建立新中国、取得社会主义革命和建设伟大成就以及艰辛探索社会主义建设规律取得宝贵经验的基础上进行的”，这里讲的“宝贵经验”不是实践形态的，而是从实践上升到经验再上升到理论形态的规律性认识；一处是讲中国特色社会主义理论体系，“坚持和发展了马克思列宁主义、毛泽东思想，凝结了几代中国共产党带领人民不懈探索实践的智慧和心血”；再一处说："《共产党宣言》发表以来，近一百六十年的实践证明，马克思主义只有与本国国情相结合、与时代发展同进步、与人民群众共命运，才能焕发出强大的生命力、创造力、感召力。"① 这三处论断充分说明了中国特色社会主义理论体系的理论基础是马克思列宁主义、毛泽东思想。它表明毛泽东同志是探索中国社会主义建设道路的开创者。他的艰辛探索虽然是初步的，由于多方面原因也没有继续下去，形成新的理论体系，但是他的贡献是多方面的。比如：他把唯物辩证法关于共性和个性这一矛盾问题精髓的理论，创造性地运用于中国的革命和建设，提出和坚持了马克思主义普遍真理和中国革命、建设实际相结合，提出并实现了马克思主义中国化；他领导进行社会主义改造，在中国大地上建立了崭新的社会主义制度，包括社会主义的根本经济制度，适合中国国情的政治制度（人民民主专政制度、人民代表大会制度、中国共产党领导的多党合作与政治协商制度、民族区域自治制度），确立了马克思主义在意识形态领域的指导地位；他强调和坚持了中国社会主义建设要适合中国国情，走自己的路，不要迷信外国；他在经济、政治、科学文化建设等方面，独立地创造性地提出和初步实践了一系列不同于苏联模式的新做法；他提出了关于社会主义社会矛盾的学说，为巩固和完善社会主义制度和后来的全面改革奠定了哲学基础；他提出和一贯坚持了党的自身建设的伟大工程，保证了我们党无产阶级先锋队的性质。概括起来说，毛泽东领导的新民主主义革命的胜利，社会主义基本制度的建立，对社会主义建设的艰辛探索，为当代中国一切发展进步奠定了根本政治前提和制度基础，为中国特色社会主义事业的开拓奠定了重要基础。这正如邓小平同志所说："三中全会以后，我们就是恢复毛泽东同志的那些正确的东西嘛，就是准确地、完整地学习和运用毛泽东思想嘛。基本点还是那些，从许多方面来说，现在我们还是把毛泽东同志已经提出、但是没有做的事情做起来，把他反对错了的改正过来，把他没有做好的事情做好。今后相当长的时期，还是做这件事。当然，我们也有发展，而且还要继续发展。"② 这些评论是很中肯的。同时，毛泽东同志还早就提出，要"创造新的理论，写出新的著作，产生自己

① 《十七大以来重要文献选编》（上），中央文献出版社 2009 年版，第 9 页。

② 《邓小平文选》第 2 卷，人民出版社 1994 年版，第 300 页。

的理论家，来为当前的政治服务，单靠老祖宗是不行的”[①]。中国特色社会主义理论体系的形成和发展，实现了毛泽东同志的这一愿望。

第二个逻辑层次是中国特色社会主义理论体系的基本内容，这就是邓小平理论、“三个代表”重要思想以及科学发展观等重大战略思想。它构成马克思主义中国化的最新成果，全国各族人民团结奋斗的共同思想基础。这是整个逻辑框架的主体。它包括三个既有一定区别，又有内在联系的子层次。一是中国特色社会主义理论最基本的原理，它包括社会主义本质论、社会主义初级阶段论、社会主义改革开放理论、社会主义市场经济理论、“三个代表”重要思想、科学发展观，这是中国特色社会主义理论体系最核心的内容、根本的理论支柱、整个大厦的奠基石。二是中国特色社会主义的经济建设、政治建设、文化建设、社会建设、党的建设理论的一系列基本原理和基本观点。它深刻地阐明了中国特色社会主义的本质、特点及其运动规律，这是中国特色社会主义理论体系的实质内容。它从中国特色社会主义总体布局的四个方面和党的建设方面展开了最基本的原理，是中国特色社会主义最基本原理在这五个方面的具体展开、深刻体现和深化。它构成中国特色社会主义理论体系的基本逻辑框架。三是中国特色社会主义理论体系的重要范畴。范畴是人们思维对客观事物诸种关系本质属性的概括，是理论系统化的必要条件。中国特色社会主义理论体系的范畴是在认识社会主义的过程中，对一些重要问题和矛盾关系的概括。这些关系，如毛泽东同志在《论十大关系》一文中讲的十大关系、十大矛盾；江泽民同志在《正确处理社会主义现代化建设中的若干重大关系》中所提出的十二大关系；党的十七大报告中关于发展、八大阶段性特征等一系列重要范畴。这些问题和矛盾关系，在社会主义事业总体布局中，有的隶属于某一个领域，有的介于几个领域之间，有的贯穿各领域，它们同基本原理相联系又有区别。中国特色社会主义基本原理在不同程度上也涉及这些矛盾和问题，但是没有把这些矛盾和关系作为专门的对象来加以研究和阐明。对中国特色社会主义发展进程中历史和现实问题、矛盾进行科学抽象，作出理论概括，形成范畴，与基本原理相互补充，会大大丰富理论体系的层次，从而使人们能够更完整、更深刻地把握中国特色社会主义的基本原理。

---

① 《毛泽东文集》第8卷，人民出版社1999年版，第109页。

第三个逻辑层次是党的基本路线、基本纲领、基本经验、科学发展、宝贵经验。这是中国特色社会主义的实践纲领，也是实践化、路线化的理论，是理论向实践转化的中介，是人类社会历史的发展规律、中国社会主义建设规律、共产党执政规律，集中起来说就是中国特色社会主义的发展规律，在当代中国社会建设实践层面的展开，只有通过这一中介，中国特色社会主义理论体系才能转化为巨大的物质力量。

以上三个层次以探索和回答上述三大基本问题的实践创新为动力和纽带，既相互联系、相互作用、相互补充，又相互转化、相互渗透、相互贯通，由一个层次到另一个层次，构成中国特色社会主义严整的逻辑体系。

三 中国特色社会主义理论体系的特点

中国特色社会主义理论体系有一系列重要的特点：

第一，历史的厚重性。正如党的十四大的报告所指出的："建设有中国特色社会主义的理论，是在和平与发展成为时代主题的历史条件下，在我国改革开放和社会主义现代化建设的实践过程中，在总结我国社会主义胜利和挫折的历史经验并借鉴其他国家社会主义兴衰成败历史经验的基础上，逐步形成和发展起来的。"① 这表明了中国特色社会主义理论体系的深刻历史内涵。它既包括了中国社会主义建设实践及其认识的58年的历史进程，特别是后29年我们党从实践到理论，再从理论到实践一系列创造性的历史探索过程，又包含着差不多近一个世纪以来，国际共产主义运动中探索社会主义建设的实践和理论认识的成果。

第二，逻辑的严整性。首先，它是对三大基本问题实践探索和理论探索成果的完整概括，是对中国特色社会主义建设规律整体认识的逻辑表达形式，它贯通哲学、政治经济学、科学社会主义等领域，涵盖经济、政治、科技、教育、文化、民族、军事、外交、统一战线、党的建设等方面，是马克思主义中国化最新成果的完整表达。其次，它具体体现了逻辑、辩证法、认识论的统一，具有随着时代、实践和科学的发展而不断发展的本性。邓小平理论、"三个代表"重要思想以及科学发展观等重大战略思想的相继形成，正是这种辩证发展本性的鲜明表现。

---

① 《十四大以来重要文献选编》（上），人民出版社1996年版，第13页。

第三，鲜明的时代性。中国特色社会主义理论体系是在和平发展成为时代主题，世界多极化和经济全球化的趋势在曲折中发展，科技进步日新月异，综合国力竞争日趋激烈，世界的力量组合和利益分配正在发生新的深刻变化，国内社会主义市场经济体制初步建立，经济体制深刻变革、社会结构深刻变动、利益格局深刻调整、思想观念深刻变化等新的历史条件下，对马克思列宁主义、毛泽东思想的继承和创造性发展。它面向世界、面向未来、面向现代化，坚持用邓小平理论、“三个代表”重要思想以及科学发展观等一系列重大战略思想观察当今世界、观察当代中国，依靠和运用解放思想这个精髓和法宝不断研究新情况，解决新问题，总结时代经验，不断作出新的理论概括，不断开拓前进，充分体现了改革创新的时代精神。

第四，鲜明的民族性。党的十七大报告明确指出，中国特色社会主义既坚持科学社会主义原则，又根据时代特征和中国实际，赋予其鲜明的中国特色。中国特色社会主义理论体系这种民族特色，具体表现在它从中国社会主义初级阶段的实际出发，用中国的话语系统，把科学社会主义创始人关于科学社会主义的基本原则，作了富有中国特色的理论表达。如科学社会主义关于在未来社会要发展社会生产力的原理，马克思恩格斯在《共产党宣言》等著作中强调无产阶级建立自己的统治以后，要“尽可能快地增加生产力的总量”，把生产力的巨大增长和高度发展作为未来社会的重要特征。这一原理在中国特色社会主义理论体系中，表述为“马克思主义最注重发展生产力”“社会主义原则第一是发展生产”“社会主义阶段的根本任务是发展生产力”“以经济建设为中心”。在社会主义生产资料所有制问题上，马克思恩格斯把生产资料从私有制转变为公有制视为社会主义最基本的特征。他们在《共产党宣言》中指出，“共产党人可以把自己的理论概括为一句话：消灭私有制。”① 恩格斯认为，社会主义社会“同现存制度的具有决定意义的差别当然在于，在实行全部生产资料公有制（先是单个国家实行）的基础上组织生产”②。这一科学社会主义的基本原则在中国特色社会主义理论体系中，表现为以公有制为主体，多种所有制经济共同发展的基本经济制度，以适应我国社会主义初级阶段生

① 《马克思恩格斯选集》第1卷，人民出版社1995年版，第286页。

② 《马克思恩格斯选集》第4卷，人民出版社1995年版，第693页。

产力呈多层次分布的客观要求。在分配制度上，马克思根据未来社会生产力的发展状况，认为只能实行按劳分配原则。这一基本原则在中国特色社会主义理论体系中，表述为以按劳分配为主体，多种分配方式并存的分配制度，确立了劳动、资本、技术、管理等生产要素按贡献参与分配的原则，以此同我国现阶段基本经济制度相适应。在经济体制和运行机制上，马克思认为，未来社会实行的是产品经济，商品和货币将从社会上消失。在中国特色社会主义理论体系中，则确立了社会主义市场经济体制。市场经济体制、运行机制和社会主义的公有制得到了结合，这一重大创新突破了经典马克思主义的经济理论，极大地推动了中国经济的发展。在国家政权上，马克思恩格斯认为，无产阶级专政只存在于从资本主义进入社会主义的过渡时期，进入共产主义社会第一阶段后，国家将消亡。列宁发展了马克思关于无产阶级专政的学说，认为在共产主义第一阶段国家正在消亡，但还没有完全消亡。在中国特色社会主义理论体系中，强调无产阶级专政将存在于整个社会主义历史阶段，并且几十代人都不能掉以轻心。无产阶级专政被命名为人民民主专政，更加鲜明地凸现出人民在国家政权中当家作主的地位，表明政权具有民主和专政两个方面的职能和政权的民主性质，强调人民民主是社会主义的生命。在社会的意识形态上，马克思恩格斯认为，“任何一个时代的统治思想始终不过是统治阶级的思想”①，这表明在未来社会的第一阶段，工人阶级的意识形态和科学世界观——马克思主义必然是社会的统治思想。在中国特色社会主义理论体系中，坚持马克思列宁主义、毛泽东思想是四项基本原则之一。党的十七大报告又指出，中国特色社会主义理论体系“坚持和发展了马克思列宁主义、毛泽东思想”，“在当代中国，坚持中国特色社会主义理论体系，就是真正坚持马克思主义”，并且创造了一系列具体体现马克思主义指导地位的原则。此外，马克思主义关于共产主义社会发展阶段、社会主义的本质特征、社会主义的领导力量、党的最低纲领和最高纲领的统一、科学技术是生产力、社会成员的富裕、军事理论、党的学说等重要原理，在中国特色社会主义理论体系中，都被赋予其鲜明的中国特色。

第五，高度的开放性。这根源于多个方面：首先，在理论基础上，它以唯物辩证法作为自己的哲学基础。辩证法的本质是批判的革命的，从来

---

① 《马克思恩格斯选集》第1卷，人民出版社1995年版，第292页。

不承认终极的真理，它总是把发展的现阶段当作继续发展的起点，反对把自己的思想封闭在僵化的概念体系中。其次，在阶级基础和社会基础上，它以工人阶级和广大人民群众作为自己的阶级基础和社会基础。工人阶级是革命最彻底的阶级，只有解放全人类，才能最后解放自己，科学越是大公无私，越是有利于工人阶级的利益，所以它不会停止在某一个既得利益阶段上。人民群众是历史的创造者，是最有生机和活力的社会力量，人民群众创造历史，决不会依样画葫芦，它总是在不断开拓前进的过程中为自己开辟认识真理、发展真理的道路。再次，在实践基础上，人们的社会实践是永无止境的过程，由此决定理论创新也永无止境，理论总是要不断地从人民群众的伟大实践中汲取智慧和力量，实现自己的发展和创新。最后，在发展路径上，它总是不断地从中国的传统文化中汲取民族文化的精华，从世界各国文明中吸收优秀的文明成果，特别是新的科技成果和先进的管理经验。它总是在同各种文化、社会思潮的碰撞交锋过程中，丰富自己的理论内容，完善自己的理论形式。正是这样，党的十七大报告强调，中国特色社会主义理论是一个不断发展的开放的体系。

第六，理论与实践互动中的创新性。党的十七大报告指出：新时期最鲜明的特点是改革开放，最显著的成就是快速发展，最突出的标志是与时俱进。而贯穿这一特点、成就和标志的动力是理论和实践的互动。中国特色社会主义理论体系形成和发展史表明，它产生于探索回答三大基本问题的实践之中，形成之后又指导对三大基本问题的进一步探索的实践，在指导实践中不断丰富、发展、提升和日臻完善。理论一刻也不离开实践，实践不断推动理论发展创新。党的十一届三中全会以来，我们党把最高纲领和最低纲领统一起来，既确立了社会主义的总体价值目标、共产主义的远大理想，又制定了由理论到实践、由现实至未来的纲领、路线和政策，把社会主义的总体价值目标转化为人们现实的实践创造活动，使中国特色社会主义道路越走越宽广，与此相应，相继创立了邓小平理论、“三个代表”重要思想以及科学发展观等重大战略思想。中国特色社会主义理论体系本身既是重大的理论成果，又是重大的实践成果，它总是在理论和实践的互动中不断得到创新。

（原载《思想理论教育导刊》2007年第12期）

马克思主义中国化的三个基本问题

马克思主义中国化研究是近些年来我国哲学社会科学关注的热点，2006 年 1 月，我国设立马克思主义理论一级学科，将马克思主义中国化列为一个二级学科，这更大大推进了马克思主义中国化及其成果的研究。无论从历史的角度还是从理论的角度看，马克思主义中国化及其成果的研究已经很深入，但是，我们在对这一课题作研究现状分析时，也发现对其中最基础、最一般的问题的研究并未取得共识，留下的研究空间还很大。本文试就其中三个问题谈一些粗浅见解。

一　深入研究马克思主义中国化的科学内涵和基本过程

马克思主义中国化的核心是马克思主义基本原理同中国实际相结合，其科学内涵包括按照中国的实际运用马克思主义以及把中国革命、建设和改革的经验提升为马克思主义理论两个方面。实现这两个方面的连接并促成其前进的动力是与时俱进的实践和理论创新。

展开来说，实现马克思主义中国化的基本过程应该包括五个环节，即马克思主义理论（包括方法）民族化、马克思主义大众化、马克思主义实践化、实践形态的经验化、经验形态的理论化。马克思主义理论民族化就是进行语境的转化，由欧式的语言变为中华民族的语言，使马克思主义具有中国的民族特点、民族气派。马克思主义大众化就是用马克思主义理论武装群众，按列宁的说法是“最高限度的马克思主义 = 最高限度的通俗和简单明了”①，毛泽东也说过，让哲学从哲学家的课堂上和书本中走出来，变为群众手中的尖锐武器。这些都是充分体现唯物史观的、具有战略眼光的主张。马克思主义实践化就是把马克思主义理论转化为党和国家

---

① 《列宁全集》第 36 卷，人民出版社 1959 年版，第 467 页。

的路线、方针、政策，以此指导中国亿万群众改造中国、建设中国的实践活动。实践形态的经验化，就是把党领导下的人民群众创造的革命、建设和改革的历史经验和现实经验加以系统总结，使之成为经验形态的财富。我们党一贯重视总结经验。新中国成立以前，我们党作过《关于若干历史问题的决议》，新中国成立后，党的十一届六中全会又作过《关于建国以来党的若干历史问题的决议》，党的十六大概括了十条基本经验，党的十七大又概括了十条宝贵经验。实践经验的理论化，就是把人们总结的历史经验加以提升，使之上升到理论高度，以丰富马克思主义的理论宝库。整个马克思主义中国化的基本过程就是这五个环节的统一和循环往复的上升过程。

二 深入研究实现和推进马克思主义中国化的规律性问题

实现和推进马克思主义中国化大致要解决十个规律性问题。

第一，牢牢掌握马克思主义基本原理是实现和推进马克思主义中国化的前提。这里的马克思主义原理是从总体上和综合性上讲的，包括马克思主义最根本的理论特征：辩证唯物主义和历史唯物主义的世界观和方法论；马克思主义最崇高的社会理想：实现物质财富极大丰富、人民精神境界极大提高、每个人自由而全面发展的共产主义社会；马克思主义最鲜明的政治立场：马克思主义政党的一切理论和奋斗都应致力于实现广大人民的根本利益；马克思主义最重要的理论品质：坚持一切从实际出发，理论联系实际，实事求是，在实践中检验真理和发展真理。牢牢掌握马克思主义基本原理是实现和推进马克思主义中国化的前提，没有这个前提，就没有认识中国、改造中国、建设中国的思想武器。

第二，掌握中国的具体国情是实现和推进马克思主义中国化的基础。马克思主义和中国国情的关系，好比“矢”与“的”，不掌握中国的具体国情，马克思主义这根“矢”，就会失去“中国革命和东方革命这个‘的’”，马克思主义在中国就会被束之高阁，变成抽象的、空洞的东西。对中国国情的深入了解，主要包括社会发展阶段、各阶段上的主要矛盾和阶段性特征、人民群众的利益、中国在世界全局中的地位、中国的历史传统、博大精深的民族文化等。

第三，调查研究是实现和推进马克思主义中国化最基础的环节。马克思主义是世界观和方法论，要使它成为具有中国民族风格、民族气派和民族语言的理论，成为主导中国人民精神和思想的理论，必须通过一系列中间环节，而调查研究是把理论与实践、主观和客观联系起来的最基础的环节，没有这个环节就不可能派生出其他环节。

第四，群众性的历史创造活动是实现和推进马克思主义中国化的动力和源泉。没有这个动力和源泉，就没有实现和推进马克思主义中国化的主体，当然也就无所谓马克思主义中国化的事业。党的几代领导人都反复说过，我们的领导人和领导机关只是加工厂，工厂没有原料、没有数量上充分的和质量上适当的原料就不可能进行加工，制造出好的成品来。这些原料正是群众的创造物。

第五，制定正确的政策和策略是实现和推进马克思主义中国化的必要条件。政策和策略是理论的体现、行动的方针，它内含着理论转化为实践，实践经验跃升为理论的矛盾运动过程，只有通过它才能把马克思主义理论同中国的实际结合起来，把理论转化为现实，同时又可使它内含的关于客观现实内在本质和规律的思想得到实践的检验，进一步丰富和发展理论。

第六，吸收优秀的文化成果是实现和推进马克思主义中国化的重要因素。优秀文化成果包括中国优秀的民族文化和世界人类创造的一切科学的优秀成果，这是使马克思主义世界化、民族化、本土化，使之具有民族语言、民族风格、民族气派的内在要求。如果没有这个因素，马克思主义中国化就会失去必要的思想资料，特别是民族文化的根基。

第七，善于总结是实现和推进实践经验向科学理论转化的正确途径。只有善于总结才能不断深化对事物的认识，实现从感性认识到理性认识的飞跃，实现和推进实践经验转化为理论。

第八，不断排除错误思想的干扰是实现和推进马克思主义中国化的思想保证。马克思主义是在斗争中发展的，排除错误思想干扰，是马克思主义发展规律的要求，也是马克思主义不断武装群众、掌握群众、实现大众化的要求。马克思主义中国化的过程，必然是排除错误思想干扰的过程。

第九，理论创新是推进马克思主义中国化的实现形式。理论创新是理论发展的实现形式，没有理论创新，一种理论就会僵化、停滞不前。马克思主义中国化的过程必然是理论创新的过程，只有通过理论创新，才能够创立中国化的马克思主义及其新成果。

第十，加强共产党的自身建设是实现和推进马克思主义中国化的根本保证。共产党是以马克思主义为理论基础建立起来的，是人民群众实现自己历史作用的最高组织者和领导者，是实现和推进马克思主义中国化的主体和领导力量。只有加强共产党自身的先进性建设，才能使马克思主义中国化得到可靠的组织保证。

三　正确把握马克思主义中国化过程中的理论创新

理论创新是马克思主义的宝贵品质，也是一种科学精神。对于理论创新我们要有全面的认识。

一是要充分认识马克思主义理论创新的必然性。

马克思主义阶级基础的本性要求创新。马克思主义是以工人阶级为阶级基础和现实前提的。在现代社会中工人阶级既是先进生产力的代表，也是先进生产关系的代表。它与社会化大生产和科学技术发展以及由此引起的社会制度变革的方向完全一致。因此，它必然要求发展、创新。同时工人阶级对生产的关系及其在现代社会中的地位，使其肩负着解放全人类的历史使命，即马克思说的“工人的解放还包含普遍人的解放”，工人阶级是革命最坚决最彻底的阶级。工人阶级为完成自己肩负的历史使命，必然要求不断发展自身和不断提高自己认识世界、改造世界的能力。所以，“无产阶级和革命人民改造世界的斗争，包括实现下述的任务：改造客观世界，也改造自己的主观世界——改造自己的认识能力，改造主观世界同客观世界的关系”①。马克思主义作为无产阶级运动的理论表现，必然随无产阶级解放运动的展开、扩大和深入而不断发展和创新。

马克思主义的哲学基础要求创新。马克思主义的哲学基础是辩证唯物主义和历史唯物主义。其中辩证法是关于包罗万象和充满矛盾的历史发展的学说，它不崇拜任何东西，按其本质来说，它是批判的和革命的。它认为，那种最终完成的关于自然和历史的认识的体系，是和辩证思维的基本规律相矛盾的。客观世界是不断运动、发展的，科学反映客观物质世界的理论整体，也必然是对包含着一连串互相衔接的阶段的那种发展过程的阐明。如若不是那样，而是故步自封，把某几个论点奉为终极真理，没有使结论成为继续发展的前提，这种学说就是不完备和不可取的。因此，马克思主义者若要不落后于时代，就要与时俱进，从各方面把自己的理论向前

---

① 《毛泽东选集》第1卷，人民出版社1991年版，第296页。

推进。

马克思主义的实践基础要求创新。实践性是马克思主义的显著特点之一，实践的观点是马克思主义认识论第一的、基本的观点，马克思主义本质上是实践的科学。社会实践及其发展同社会实践的主体及其发展是共存的。只要人类社会还存在，还在延续，社会实践就一定要不断发展和提升到更高程度，这是一个永无止息的发展过程。马克思主义始终自觉地面向社会，深深植根于社会实践，强调理论对于实践的依赖关系：理论的基础是实践，又反过来为实践服务，以实践作为检验真理的唯一标准。因此理论必然随时代、实践和科学的发展而不断发展创新，不可能一成不变。关于这一个问题，从《共产党宣言》以来，就强调马克思主义基本原理的实际运用，要依时间、空间及具体历史条件为转移。当时代的主题发生变化时，或将马克思主义基本原理应用于不同国家、民族时，或客观实际条件发生变化时，或科学的发展出现重大突破时，马克思主义理论中的某些结论、某些具体理论和实践策略、某些公式都会发生改变，代之以新结论、新方式、新理论。

马克思主义深厚的群众基础要求创新。马克思主义的实践论离不开群众基础，马克思主义的群众基础就是进行历史创造活动的人民群众。而人民群众总要在社会矛盾的运动中不断开辟前进的道路。人民也总是从历史活动的实践和比较中，不断寻求揭示和发展指导自己前进的真理。马克思主义是普遍真理，它必定随着人民群众创造历史活动的深入而不断发展创新，成为不断发展的科学理论。

二是要正确把握马克思主义理论创新。

只有正确把握理论创新的下述方面，才能有效地推进理论创新。

其一，正确把握理论创新的含义。这就是：坚持一切从实际出发，理论联系实际，实事求是，在实践中检验真理和发展真理。坚持理论创新同坚持党的思想路线是一致的，这是马克思主义最重要的理论品质，即与时俱进。

其二，正确把握理论创新的前提。这就是：必须坚持马克思主义基本原理。离开这个前提，就会迷失方向，走入歧途。坚持马克思主义基本原理，最根本的是要坚持马克思主义的世界观和方法论，坚持科学社会主义和共产主义学说，特别是共产主义理想与现实的关系，即党的最高纲领和最低纲领的统一，坚持马克思主义关于无产阶级政党必须植根于人民的政治立场，坚持马克思主义与时俱进的理论品质。

其三，正确把握理论创新的动力和源泉。这个动力和源泉就是最广大人民变革世界、创造幸福生活的伟大实践。脱离了人民群众的实践，理论创新就会成为无源之水，就不能对人民群众产生感召力，也不能对实践发挥指导作用。事实上，我们党在理论上的创新，都源于党和人民事业发展的实践。

其四，正确把握理论创新的目的。这就是：实现最广大人民的根本利益。马克思主义认为，马克思主义政党的一切理论和奋斗都应致力于最广大人民的根本利益，这是马克思主义最鲜明的政治立场，是我们党全部奋斗的最高目的；建设中国特色社会主义的根本目的是不断实现好、维护好、发展好最广大人民的根本利益。这决定了实现最广大人民的根本利益是我们党始终如一地倡导和坚持理论创新的根本目的所在。

其五，正确把握理论创新的途径。这一途径就是理论与实践相结合。实现“相结合”的中介是深入群众，调查研究。坚持理论联系实际，坚持尊重实践、尊重群众，坚持在科学理论指导下观察世界、观察中国、观察党。不断总结广大干部群众在实践中创造的新经验、新观念、新办法，从理论上不断作出新概括。马克思主义中国化的理论成果都是正确把握了这些基本观点，才创立出来并形成科学体系的。

（原载《毛泽东邓小平理论研究》2008 年第 5 期）

论中国特色社会主义旗帜、道路、理论体系三个范畴之间的内在联系

党的十七大明确提出和论证了中国特色社会主义伟大旗帜、发展道路和理论体系，继后，胡锦涛等中央领导同志又多次讲到这个重大问题，特别是在中共中央政治局第十次集体学习时，胡锦涛同志强调了要始终“坚持三个不动摇”（始终坚持中国特色社会主义伟大旗帜不动摇，坚持中国特色社会主义道路不动摇，坚持中国特色社会主义理论体系不动摇）。这些论述，具有很强的针对性、理论性、战略性、指导性。本文根据这些精神，就三个问题谈些认识。

一　中国特色社会主义是内涵旗帜、道路和理论体系的统一整体

改革开放30年来，我们党大力推进马克思主义中国化所取得的最重要的成果和最宝贵的财富就是中国特色社会主义。中国特色社会主义不是一个僵硬的概念，而是在历史和逻辑发展中形成发展起来的一个总的称谓，包含着从实践到理论的一系列伟大创造，内涵十分丰富而又深刻。中国特色社会主义旗帜、道路和理论体系，正是从不同层面、方面考察中国特色社会主义，对其多方面特定含义和功能的把握。中国特色社会主义的伟大旗帜，这是讲举什么旗，指出前进方向、引领航标和光辉形象；中国特色社会主义发展道路，这是讲走什么路，指出路径选择、基本制度和发展的实践模式；中国特色社会主义科学理论体系，这是讲以什么理论作指导，指出用什么思想武器和理论指导武装全党、教育全国人民。旗帜、道路和理论体系是内在于中国特色社会主义概念的本质要素，或者说，作为整体概括起来的中国特色社会主义，是包含着旗帜、道路和理论体系等历史的和现实的、理论的和实践的多样性的对立统一体。正是这样，中国特色社会主义才具有内在的创造活力。

中国特色社会主义旗帜、道路和理论体系，各有自己特定的内涵和功能，在一定的相对意义上彼此区别，不能替代。其中，旗帜问题至关重要。旗帜作为方向、目标和形象，它规定和显现了道路、理论体系的性质和方向，起着导向、规制、宣示、有效地凝聚力量、统一思想的作用。道路和理论体系是旗帜在实践层面和理论层面的支撑和具体体现；但是道路、理论体系绝对不可少。因为旗帜展示的未来，要靠前进道路上的实践探索，要靠理论对具体实践的正确指导。离开了道路探索和理论指导，旗帜就成为没有具体内涵的空洞口号。道路、理论体系这两者之间，中国特色社会主义道路起着指引、规范和约束的作用，带有关键性。因为道路问题历来是关系党和国家前途命运的大问题。一般认为，道路走对了，革命、建设和改革开放事业就会得到发展，赢得胜利。道路走错了，革命、建设和改革开放事业就会遭致挫折，甚至失败。关于道路的重要性，就好比完成任务的方法对于完成任务的重要性一样，“我们的任务是过河，但是没有桥或没有船就不能过。不解决桥或船的问题，过河就是一句空话”①。中国特色社会主义理论体系是灵魂，带有根本性。因为理论是行动的指南，不掌握党的基本理论，就不可能保持清醒的头脑和正确的政治方向。一般认为，理论正确，路线、方针、政策就正确，党就具有先进性。理论不正确，路线、方针、政策就会出现差错，党的先进性就无从谈起。这是很有道理的。伟大旗帜、前进道路与理论体系作为中国特色社会主义整体中的本质要素，各占有特殊的重要地位。

中国特色社会主义旗帜、道路和理论体系，又彼此相互联系、相互渗透、相互贯通、相辅相成。这是因为它们具有多方面的共性。第一，它们最本质的属性相同。其本质属性是，马克思主义的世界观和方法论即辩证唯物主义和历史唯物主义、科学共产主义关于理想与现实的关系即党的最高纲领和最低纲领统一的原理、马克思主义关于无产阶级政党必须植根于人民的政治立场、马克思主义与时俱进的理论品质。第二，它们的历史使命同一。这就是，由中国共产党领导中国人民从我国仍处于并将长期处于社会主义初级阶段的基本国情出发，发展中国特色社会主义，建设富强、民主、文明、和谐的社会主义现代化国家，实现中华民族伟大复兴。第三，它们形成和发展的基本路径一样。这就是，中国特色社会主义旗帜、

① 《毛泽东选集》第1卷，人民出版社1991年版，第139页。

道路和理论体系都是理论工作的产物；改革开放30年来，我们通过探索和积累理论工作的规律，把握了理论工作的根本前提即坚持以马克思主义为指导；明确了理论工作的首要任务即坚持以经济建设为中心、服务于全党全国工作的大局；掌握了理论工作繁荣发展的根本动力即坚持解放思想、实事求是、与时俱进，不断推进理论创新；找到了加强和改进理论工作的突破口即坚持以人为本，贴近实际、贴近生活、贴近群众；坚持了理论工作繁荣发展的重要方针，即坚持百花齐放、百家争鸣；掌握了理论工作的必要条件即坚持大力弘扬中华文化，充分吸收人类文明成果；了解了理论工作的必然要求即坚持正确的政治方向，营造有利于创新的良好氛围。尽管由于理论和实践互动的复杂过程，中国特色社会主义旗帜、道路和理论体系的形成发展，彼此之间不仅会有时间差，而且会有不同的具体条件和要求，但在其形成发展的基本途径上，都离不开上述七个方面。因为正是这七个方面继承和发扬了党的理论工作的优良传统，反映了新时期理论工作的内在要求，丰富了我们党对理论工作的规律性认识，我们才取得了中国特色社会主义旗帜、道路和理论体系这一最重要的成果。第四，它们作为整体运行，已产生了“十个结合”的宝贵经验。改革开放30年来，我们党积累了“十个结合”的宝贵经验。对这些经验，胡锦涛同志在党的十七大报告中作了总结，后来又在《在纪念党的十一届三中全会召开30周年大会上的讲话》中作了系统深入的阐释。这些经验是：在推进改革开放的进程中，必须把坚持马克思主义基本原理同推进马克思主义中国化结合起来，把坚持四项基本原则同坚持改革开放结合起来，把尊重人民首创精神同加强和改善党的领导结合起来，把坚持社会主义基本制度同发展市场经济结合起来，把推动经济基础变革同推动上层建筑改革结合起来，把发展社会生产力同提高全民族文明素质结合起来，把提高效率同促进社会公平结合起来，把坚持独立自主同参与经济全球化结合起来，把促进改革发展同保持社会稳定结合起来，把推进中国特色社会主义伟大事业同推进党的建设新的伟大工程结合起来。一般说来，经验是实践向理论飞跃的过渡形态，但是这“十个结合”的宝贵经验不同于人们常识中的一般经验，而是已经升华为理论的具有内在行进力量的思维规定。因为它从历史和逻辑、理论和实践的统一上，深刻揭示了我国改革开放取得成功的关键和根本，揭示了中国特色社会主义经济建设、政治建设、文化建设、社会建设和党的建设的真谛，揭示了营造良好国际环境、保持国内社会政治稳定、坚持党的领导核心地位对改革发展的保证作用，既是历史经验的深刻总结，又是理论创新的集中体现，既有十分重要的政治分量，又有十分丰富的理论内涵，是我们这样一个十几亿人口的发展中社会主义大国取得的摆脱贫困、加快现代化进程、巩固和发展社会主义的宝贵经验，闪耀着马克思主义的真理光芒，是辩证唯物主义和历史唯物主义的胜利。“30 年的历史经验归结到一点，就是把马克思主义基本原理同中国具体实际相结合，走自己的路，建设中国特色社会主义。”① 这就表明，旗帜、道路和理论体系是“十个结合”的宝贵经验共有的根本精神和灵魂，而“十个结合”的宝贵经验则是旗帜、道路和理论体系作为一个整体在具体运行中展开的生动表现。第五，它们作为一个整体才是推动党和国家各项事业取得辉煌成就的指导力量。改革开放 30 年来，我们党和国家各项事业取得了举世瞩目的新的伟大成就：锐意推进各方面体制改革，使我国成功实现了从高度集中的计划经济体制到充满活力的社会主义市场经济体制的伟大历史转折；不断扩大对外开放，使我国成功实现了从封闭半封闭到全方位开放的伟大历史转折；坚持以经济建设为中心，我国综合国力迈上新台阶；着力保障和改善民生，人民生活总体上达到小康水平；大力发展社会主义民主政治，人民当家作主权利得到更好保障；大力发展社会主义先进文化，人民日益增长的精神文化需求得到更好满足；大力发展社会事业，社会和谐稳定得到巩固和发展；坚持党对军队绝对领导，国防和军队现代化建设取得重大成就；成功实施“一国两制”基本方针，祖国和平统一大业迈出重大步伐；坚持奉行独立自主的和平外交政策，全方位外交取得重大成就；坚持党要管党、从严治党，党的领导水平和执政水平、拒腐防变和抵御风险能力明显提高。经过 30 年的不懈奋斗，我们胜利实现了我们党提出的“三步走”现代化战略目标的前两步，正在向第三步战略目标阔步前进，13 亿中国人民大踏步赶上了时代潮流，稳定走上了奔向富裕安康的广阔道路，中国特色社会主义充满蓬勃生机，为人类文明进步作出重大贡献的中华民族以前所未有的雄姿巍然屹立在世界东方。这些伟大成就都是在中国特色社会主义旗帜、道路和理论体系指导下取得的，或说是作为旗帜、道路和理论体系整体的中国特色社会主义的光辉胜利。

---

① 胡锦涛：《在纪念十一届三中全会召开 30 周年大会上的讲话》，《人民日报》2008 年 12 月 19 日第 1 版。

二　中国特色社会主义旗帜、道路和理论体系的本质联系是理论和实践的关系

中国特色社会主义旗帜、道路和理论体系之间的内在统一，本质上表现为实践与理论两个方面的双向互动、良性运行、相辅相成的关系，这是一个生气勃勃的中国特色社会主义伟大创造过程。一方面，中国特色社会主义道路的开辟，为中国特色社会主义理论体系的形成提供了雄厚的实践基础，另一方面，中国特色社会主义理论体系的形成，又为中国特色社会主义道路的拓展提供了科学的理论指导和坚实的理论支撑。所以，理论和实践相结合是中国特色社会主义旗帜、道路和理论体系三者之间的本质联系。关于这个问题可以从多个方面把握。

第一，旗帜、道路和理论体系形成和发展的理论基础，是马克思主义基本原理同中国实际的结合。理论与实际结合，是马克思主义的本质特征和优良传统。早在一百多年前，马克思、恩格斯就在不同场合作过明确的论述，后来的马克思主义者也都结合本国实际和国际经验，作过精辟的阐述。如马克思、恩格斯在《共产党宣言》1872 年德文版序言中就指出："不管最近 25 年来的情况发生了多大的变化，这个《宣言》中所阐述的一般原理整个说来直到现在还是完全正确的。" "这些原理的实际运用，正如《宣言》中所说的，随时随地都要以当时的历史条件为转移。"① 后来，列宁在 1899 年《我们的纲领》一文中发挥《共产党宣言》这一基本原则，他指出："对于俄国社会党人来说，尤其需要独立地探讨马克思的理论，因为它所提供的只是总的指导原理，而这些原理的应用具体地说，在英国不同于法国，在法国不同于德国，在德国又不同于俄国。"② 他又说："在每个国家通过具体的途径来完成统一的国际任务……的时候，都必须查明、弄清、找到、揣摩出和把握住民族的特点和特征。"③ 始终不渝地坚持马克思列宁主义的中国共产党人，把《共产党宣言》这一基本原则结合中国的具体实际予以创造性的运用，作出了许多重要的新的论断。1938 年 10 月，毛泽东同志在中共中央六届六中全会的政治报告《论新阶段》中指出："马克思列宁主义的伟大力量，就在于它是和各个国家

① 《马克思恩格斯选集》第 1 卷，人民出版社 1995 年版，第 248 页。

② 《列宁选集》第 1 卷，人民出版社 1995 年版，第 274—275 页。

③ 《列宁选集》第 4 卷，人民出版社 1995 年版，第 200 页。

具体的革命实践相联系的。对于中国共产党说来，就是要学会把马克思列宁主义的理论应用于中国的具体的环境。……离开中国特点来谈马克思主义，只是抽象的空洞的马克思主义。因此，使马克思主义在中国具体化，使之在其每一表现中带着必须有的中国的特性，即是说，按照中国的特点去应用它，成为全党亟待了解并亟须解决的问题。”① 邓小平同志进一步继承、丰富和发展了这一思想，指出：“我们的现代化建设，必须从中国的实际出发。无论是革命还是建设，都要注意学习和借鉴外国经验。但是，照抄照搬别国经验、别国模式，从来不能得到成功。这方面我们有过不少教训。把马克思主义的普遍真理同我国的具体实际结合起来，走自己的道路，建设有中国特色的社会主义，这就是我们总结长期历史经验得出的基本结论。”② 改革开放30年来，我们党一如既往，坚持认为脱离实践的理论是空洞的理论，没有理论指导的实践是盲目的实践。无论是脱离实践的理论还是没有理论指导的实践，都是违背马克思主义的。始终注意把马克思主义基本原理同当代中国实际和时代特征紧密结合，在理论指导下进行社会主义改革和现代化建设新的实践探索，在实践探索中勇于创新理论，使党和国家事业的发展呈现出一个鲜明特征，就是改革开放和现代化建设实践不断推进，理论探索就不断深入，社会主义实践的历史性飞跃和中国化马克思主义理论的重大突破两者紧密联系、相互促进。任何一个历史见证者都承认，我国改革开放和现代化建设事业的每一个关口的突破，我们党在新时期每一项重要成果的获得，都是在马克思主义指导下，正确分析国情，紧密联系改革和建设的实际，系统总结人民群众的成功探索和新鲜经验，大力推进马克思主义理论创新和实践创新的结果。改革开放30年，是新中国成立以来，中国特色社会主义建设事业排除困难、顺利发展、取得巨大成就的时期，也是党的理论工作最具活力、最富创造性、理论创新步伐加快、党的理论工作者最有建树、成果最为丰硕的时期。中国特色社会主义伟大旗帜、道路和理论体系就是在理论和实践结合这样的基础上形成和发展起来的。

第二，旗帜、道路和理论体系形成和发展要不断探索和回答的问题，既是重大理论问题，也是重大实际问题。这些问题是，什么是马克思主

---

① 《毛泽东选集》第2卷，人民出版社1991年版，第534页。

② 《邓小平文选》第3卷，人民出版社1993年版，第2—3页。

义、怎样对待马克思主义，什么是社会主义、怎样建设社会主义，建设什么样的党、怎样建设党，实现什么样的发展、怎样发展等。这四个基本问题，在内容上包含着理论和实际两个方面，探索和回答它也必然包含理论和实践的双重探索。在30年的改革开放进程中，我们党坚持解放思想、实事求是、与时俱进，不断探索和回答这四个重大理论和实际问题，深化了对人类社会发展规律、社会主义建设规律、共产党执政规律的认识，创立了邓小平理论、“三个代表”重要思想和科学发展观，实现了马克思主义中国化的第二次历史性飞跃，形成和发展了中国特色社会主义的“一面旗帜、一条道路、一个理论体系”。这面旗帜、这条道路、这个理论体系，是改革开放30年我们取得的最重要的成果和最宝贵的财富，是我们党对中国特色社会主义理论和实践的认识更加深化、把握更加准确、从不甚深刻的本质到更深刻的本质的鲜明标志。

第三，旗帜、道路和理论体系以理论和实践的形态互为论证和互为表现。就中国特色社会主义道路和中国特色社会主义理论体系来说，前者以实践的形态体现后者，后者反过来又以科学化的理论形态表现前者。创新实践中贯穿着理论指导，理论体系中包含着创新实践中的经验总结和概括。前者与后者的最高综合、统一，在建设和发展中国特色社会主义过程中，熔铸为中国特色社会主义伟大旗帜，展示其光辉形象和前景。坚持中国特色社会主义旗帜、道路、理论体系，就要求我们坚持正确的政治方向，在中国特色社会主义理论体系指导下坚持中国特色社会主义道路的伟大实践，又在坚持中国特色社会主义道路的伟大实践中始终坚持、不断丰富和发展中国特色社会主义理论体系。只有这样，才能不断开创中国特色社会主义道路的新境界，谱写中国特色社会主义理论体系的新篇章，真正高举中国特色社会主义伟大旗帜。

第四，旗帜、道路和理论体系的形成和发展机制，是理论和实践两个互动过程的统一。这两个过程即大力推进马克思主义中国化，把科学理论转换为推动事业发展强大动力的过程和尊重人民的首创精神，不断总结人民群众创造的新鲜经验并升华为理论的过程。改革开放30年的历史，是人民群众进行伟大历史创造，推动社会实践进步的历史，又是它（包括广大理论工作者）发挥聪明才智，进行理论创造，不断推进理论进步的历史。历史证明，伟大的实践需要伟大的理论又创造新的理论，伟大的理论引领伟大的实践又开拓新的实践。在改革开放的进程中，一方面，我们党始终坚持理论创新每推进一步，理论武装就要跟进一步。坚持不懈地用科学理论武装全党、教育人民，使党的理论创新成果成为团结和凝聚全党全国各族人民为实现国家富强、民族振兴而奋斗的精神支柱，成为引导我们夺取改革开放和社会主义现代化建设事业新胜利的强大精神动力。坚持不懈地把学习中国特色社会主义理论体系作为一项根本的战略任务，持之以恒地将其贯穿到领导干部理论学习培训中，贯穿到对广大干部群众的宣传教育中，贯穿到国民教育全过程；坚持不懈地把马克思主义理论研究和建设作为一项基础工作，不断深化对马克思主义基本原理的研究，不断深化对中国特色社会主义理论体系的研究，不断深化对重大理论和现实问题的研究，推动了当代中国马克思主义的发展和哲学社会科学的繁荣；坚持不懈地把马克思主义中国化最新成果的宣传普及作为一项重要任务，用干部群众喜闻乐见的形式、通俗易懂的语言，进行深入浅出的宣传阐释，使党的理论创新成果深入人心。深入扎实的理论学习研究宣传，当代中国马克思主义中国化的大力推进，巩固了马克思主义在意识形态领域的指导地位、加强了社会主义核心价值体系的建设，从理论上有力地支持、服务了党和政府决策，推动了改革开放和社会主义现代化建设。

另一方面，我们党又始终尊重人民的首创精神，重视不断总结人民群众创造的新鲜经验并升华为理论的工作。中国共产党是一个完全成熟的马克思主义政党，始终认为，人民群众是历史的创造者，是推动人类历史发展、促进社会进步的决定性力量。中国特色社会主义事业是全国各族人民自己的事业。改革开放这场新的伟大革命，引领中国人民走上了中国特色社会主义道路，极大地调动了人民群众的积极性、主动性、创造性，激发了人民群众无穷的创造活力和聪明才智。30 年来，广大基层人民群众进行了多方面的成功探索，积累了许多新鲜经验。我们党引导广大理论工作者，在马克思主义的指导下，深入实际、深入群众、深入生活，以广大人民群众的生动实践为源泉，以广大人民群众的创造精神为动力，以实现和发展最广大人民的根本利益为目的，以蓬勃的生机和旺盛的活力，坚持从人民群众的伟大创造中汲取丰厚的思想养分，对人民群众的实践探索和鲜活经验进行系统总结、科学归纳、概括提升，从而深化了对中国特色社会主义发展规律的认识，作出了新的理论创造，形成发展了我们最重要的理论成果——中国特色社会主义伟大旗帜、前进道路和理论体系。毛泽东同志早在《实践论》《关于领导方法的若干问题》等著作中，阐释过马克思主义认识论的公式：实践、认识、再实践、再认识，循环往复以至无穷，而实践和认识之每一循环的内容，都比较地进入了高一级的程度①；还论述了共产党人的两个领导方法：一般和个别相结合、领导和群众相结合。② 旗帜、道路和理论体系形成和发展机制中理论和实践的互动过程，以新时期的实践创新和理论创新，大大丰富发展了毛泽东同志阐释的马克思主义认识论公式和共产党人的两个领导方法。

三　始终坚持中国特色社会主义旗帜、道路和理论体系“不动摇”

党的十七大报告指出：“改革开放以来我们取得一切成就和进步的根本原因，归结起来就是：开辟了中国特色社会主义道路，形成了中国特色社会主义理论体系。高举中国特色社会主义伟大旗帜，最根本的就是要坚持这条道路和这个理论体系。”③ 这清楚地说明，中国特色社会主义旗帜、道路和理论体系，是推动党和国家各项事业取得辉煌成就的根本指导力量，是改革开放以来我们取得一切成就和进步的根本原因，是“十个结合”的宝贵经验共有的根本精神和灵魂。怎样认识和对待中国特色社会主义旗帜、道路和理论体系，关系党和国家事业发展的全局和中华民族实现伟大复兴的关键和根本。因此，我们要以高度的政治意识、大局意识和责任意识，高举中国特色社会主义伟大旗帜不动摇、坚持中国特色社会主义道路不动摇、坚持中国特色社会主义理论体系不动摇。如前所说，在一定意义上，中国特色社会主义伟大旗帜是在建设和发展中国特色社会主义过程中，由中国特色社会主义道路和中国特色社会主义理论体系熔铸而成，是道路和理论体系二者的最高综合、统一和整体表现。它作为当代中国发展进步的旗帜，全党全国各族人民团结奋斗的旗帜，有特别的重要性。这是因为，它不仅是我们党在理论和实践的双重探索中，科学总结世界社会主义运动历史经验得到的重要启示，科学分析当代中国社会矛盾运动作出的必然结论，顺乎天理，合乎民意，全党公认。而且，它是在一种特殊的背景下，我们最新发现的指导中国发展进步和促进人民团结奋斗的科学真理。众所周知，人类进入 20 世纪下半叶以来，社会主义的初始模

---

① 《毛泽东选集》第 1 卷，人民出版社 1991 年版，第 296—297 页。

② 《毛泽东选集》第 3 卷，人民出版社 1991 年版，第 897 页。

③ 胡锦涛：《高举中国特色社会主义伟大旗帜　为夺取全面建设小康社会新胜利而奋斗》，人民出版社 2007 年版，第 11 页。

式即苏联模式由于体制的僵化，在当今发展中日趋失去活力，尤其是最后由于苏共领导人选择民主社会主义道路，导致社会主义制度的演变；在这个时期，民主社会主义、新自由主义、历史虚无主义等社会思潮泛滥，使科学社会主义面临严重挑战；值得注意的是，现在国外有的共产党在民主社会主义、新自由主义的影响下，放弃了马克思主义的指导地位，不再坚持社会主义的道路和方向。在这种国际大背景下，我们党把马克思主义普遍真理与中国实际和时代特征相结合，提出高举中国特色社会主义伟大旗帜不动摇，不仅有重大的国内意义，而且有重大的国际意义。这就是邓小平所说的："只要中国社会主义不倒，社会主义在世界将始终站得住。"①

高举中国特色社会主义伟大旗帜，必须坚定不移地坚持中国特色社会主义道路。十七大报告指出："中国特色社会主义道路，就是在中国共产党领导下，立足基本国情，以经济建设为中心，坚持四项基本原则，坚持改革开放，解放和发展社会生产力，巩固和完善社会主义制度，建设社会主义市场经济、社会主义民主政治、社会主义先进文化、社会主义和谐社会，建设富强民主文明和谐的社会主义现代化国家。"② 这一概括表明，中国特色社会主义道路大致包括领导核心、历史方位、基本路线、历史任务、总体布局和奋斗目标等内容，坚持走中国特色社会主义道路，就是要坚持这五个方面。

我们之所以必须坚持中国特色社会主义道路，其一，这是党和人民长期探索作出的历史性选择。以毛泽东同志为核心的第一代中央领导集体领导中国人民奠定了对社会主义建设规律进行探索的基础，以邓小平同志为核心的第二代中央领导集体领导中国人民开辟了中国特色社会主义道路，以江泽民同志为核心的第三代中央领导集体和以胡锦涛同志为总书记的党中央领导中国人民继续坚持，不断拓宽和向前推进了这条道路。中国特色社会主义道路在长达半个世纪里得到这样生机勃勃的发展，充分表明它的确立是历史的选择、人民的选择、时代的选择。其二，这是我们党新找到的具有中国特色的社会主义模式。邓小平同志曾经对莫桑比克总统希萨诺说："世界上的问题不可能都用一个模式解决。中国有中国自己的模式，

① 《邓小平文选》第3卷，人民出版社1993年版，第346页。

② 胡锦涛：《高举中国特色社会主义伟大旗帜 为夺取全面建设小康社会新胜利而奋斗》，人民出版社2007年版，第11页。

莫桑比克也应该有莫桑比克自己的模式。”① 在经济全球化和新的科技革命条件下，在社会主义与资本主义并存、合作、竞争，进而取代的历史过程中，苏联模式的老路不能再走，民主社会主义道路是从社会主义过渡到资本主义的滑梯。中华民族要实现伟大复兴，使国家富强、人民幸福、社会发展进步，选择的道路必须既坚持科学社会主义的基本原则，又根据我国实际和时代特征赋予其鲜明的特色，我们选择的这条道路就是中国特色社会主义道路。其三，中国特色社会主义发展道路已为世界所瞩目。如2004年4月，新加坡《联合早报》发表文章指出，经过20多年的改革，中国迅速崛起，为第三世界国家提供了一个有别于西方的发展模式。2004年5月7日，美国高盛公司高级顾问、清华大学教授乔舒亚·库珀·雷默为论证“中国道路”，在伦敦《金融时报》上提出了“北京共识”概念，引起了世界的普遍关注。2004年6月14日，时任联合国秘书长的安南在接受新华社记者提问时也说，中国依靠独特模式实现发展的有益经验的确值得其他国家，尤其是发展中国家借鉴。国际舆论所说的“北京共识”或“中国发展模式”，指的就是中国特色社会主义道路。它表明，当代中国的发展道路已为国际社会所肯定。它从一个侧面说明，在现时代的宏观背景下，坚持中国特色社会主义道路，就是真正坚持社会主义；要发展社会主义，就要排除民主社会主义、新自由主义、历史虚无主义等等的干扰，坚定不移地坚持中国特色社会主义道路。

高举中国特色社会主义伟大旗帜，必须坚持中国特色社会主义理论体系。中国特色社会主义理论体系，就是以毛泽东思想为直接理论基础的，包括邓小平理论、“三个代表”重要思想以及科学发展观等重大战略思想在内的科学理论体系。它反映了中国特色社会主义这一客观对象本质、发展过程、规律及其认识过程的一系列基本原理、基本观点的内在逻辑联系。它以解放思想为法宝，以当代中国这一客观世界为依据，以中国人民的创造性实践活动为动力，在形成发展中日益加深地探索和回答了关系当代中国命运和前途的最重大的理论问题和实践问题。

党的十一届三中全会以来，以邓小平同志为主要代表的中国共产党人围绕着“什么是社会主义，怎样建设社会主义”这个首要的基本问题，带领全国人民开辟了中国特色社会主义道路，创立了邓小平理论。它回答

---

① 《邓小平文选》第3卷，人民出版社1993年版，第261页。

了我国社会发展现阶段兴国之要、立国之本、强国之路等根本性问题，深刻揭示了社会主义的本质，第一次比较系统地回答了中国这样经济文化落后的国家如何建设社会主义、如何巩固和发展社会主义的一系列基本问题。邓小平理论对社会主义的发展道路、发展阶段、发展动力、外部条件、政治保证、战略步骤、领导力量、依靠力量、祖国统一等一系列理论的概括，为形成中国特色社会主义理论体系奠定了坚实的基础，构造了这一体系的骨架。党的十三届四中全会以来，面对世纪之交世界和中国的发展变化对党和国家工作提出的新要求，以江泽民同志为主要代表的中国共产党人进一步回答了“什么是社会主义，怎样建设社会主义”的问题，创造性地回答了“建设什么样的党，怎样建设党”的问题，提出了“三个代表”重要思想。它主要解决的问题是，通过实施党的自身建设的伟大工程，确定立党之本、执政之基、力量之源等根本性问题。“三个代表”重要思想确立了经济建设、政治建设、文化建设“三位一体”的中国特色社会主义事业的总体布局，坚持、丰富和发展了中国特色社会主义理论。党的十六大以来，以胡锦涛同志为总书记的党中央，以邓小平理论和“三个代表”重要思想为指导，紧紧围绕“实现什么样的发展，怎样发展”这个重大的理论和实际问题，在继续深入解决“什么是马克思主义，怎样对待马克思主义”“什么是社会主义，怎样建设社会主义”“建设什么样的党，怎样建设党”的问题的基础上，准确把握世界发展趋势、认真总结我国发展经验、深入分析我国发展阶段性特征，提出了科学发展观等重大战略思想。科学发展观回答了我们党进入新世纪新阶段以后，在新的历史起点上的发展方位、发展目的、发展方式、发展规律等根本性问题，它确立了经济建设、政治建设、文化建设、社会建设“四位一体”的中国特色社会主义事业总体布局，进一步坚持、丰富和发展了中国特色社会主义理论。正如党的十七大报告指出的，科学发展观，是对党的三代领导集体关于发展的重要思想的继承和发展，是马克思主义关于发展的世界观和方法论的集中体现，是同马克思列宁主义、毛泽东思想、邓小平理论和“三个代表”重要思想既一脉相承又与时俱进的科学理论，是我国经济社会发展的重要指导方针，是发展中国特色社会主义必须坚持和贯彻的重大战略思想。党的十七大报告整合党的创新理论，明确概括了中国特色社会主义理论体系。

中国特色社会主义理论体系，“坚持和发展了马克思列宁主义、毛泽东思想，凝结了几代中国共产党人带领人民不懈探索实践的智慧和心血，是马克思主义中国化最新成果，是党最可宝贵的政治和精神财富，是全国各族人民团结奋斗的共同思想基础”①。

一个理论形成发展的历史，是其生命力和创造力的重要支撑。中国特色社会主义理论体系形成发展的历史过程表明，中国共产党人为了完成时代赋予的崇高使命，在改革开放历史新时期，是怎样从中国的实际出发，以一往无前的进取精神和波澜壮阔的创新实践，回答和解决关系党和国家发展的根本问题、全局问题，不断推进马克思主义中国化，形成、坚持、丰富党的基本理论、基本路线、基本纲领、基本经验，形成中国特色社会主义理论体系的。在当代中国，坚持中国特色社会主义理论体系，就是真正坚持马克思主义。其重要性是显而易见的。事实上，中国特色社会主义理论体系（当然也包括旗帜、道路）的重要指导意义，已为改革开放以来30年的实践所证明。改革开放30年来，在中国特色社会主义理论体系的指导下，我国在经济、政治、文化、社会各方面取得了巨大的成就。这在前面已经做过概括，这里仅就经济方面说，从1979年到2006年，我国国内生产总值平均每年增长9.7%；中国对外贸易额1978年206.4亿元，2006年达到17607亿元；中国外商直接投资累积额1979—1982年是17.7亿元，2007年5月达到7171.2亿元；中国对外经济合作额1976—1982年是5.6亿美元，2006年达到357亿美元；中国外汇储备额1979年是8.4亿美元，2007年3月达到12020.3亿美元，居世界第一位。我们所取得的包括经济成就在内的辉煌成就，是中国特色社会主义科学性、真理性的生动体现，也是我们必须始终坚持中国特色社会主义伟大旗帜不动摇，坚持中国特色社会主义道路不动摇，坚持中国特色社会主义理论体系不动摇的深刻根据和实践基础。

（原载《思想理论教育导刊》2009年第4期）

① 胡锦涛：《高举中国特色社会主义伟大旗帜 为夺取全面建设小康社会新胜利而奋斗》，人民出版社2007年版，第11—12页。

中国特色社会主义理论体系与马列主义、毛泽东思想的一脉相承和与时俱进的关系

一

正确处理继承和发展的关系，是马克思主义理论发展的一条规律。这条规律的运用，在马克思主义发展的不同时期有不同的具体内容和表现形式。我国改革开放30年来，这个问题主要表现在如何正确认识、处理马克思主义基本原理和马克思主义中国化理论成果的关系，特别是表现在如何正确认识、处理毛泽东思想和中国特色社会主义理论体系的关系上。

这个问题本来很清楚，彼此之间是一脉相承而又与时俱进的关系。但一个时期以来，被某些文章的一些不负责任的意见搅得不清楚了。如有文章说，毛泽东思想是失去生命力的枯枝，中国特色社会主义理论体系是从枯枝上发出的新芽。另有文章说，毛泽东思想是计划经济条件下的产物，中国特色社会主义理论体系是在市场经济条件下产生的，因此毛泽东思想不能成为中国特色社会主义理论体系的基础。还有文章认为，马克思主义中国化理论成果有两大理论体系，一个是新民主主义理论体系，一个是中国特色社会主义理论体系，把社会主义革命和建设理论排除在毛泽东思想体系之外。还有文章用“四人帮”所谓“宁要社会主义的草，不要资本主义的苗”来概括整个改革开放前的30年的历史，用改革开放后的30年来妖魔化改革开放前的30年，指责中国的社会主义改造根本搞错了，阻滞、破坏了中国社会主义建设事业的发展。把我国1978年以前近30年的社会主义建设史污蔑为“一部荒唐史”，如此等等。这些观点虽然表述的方式、表达思想的轻重或深浅度不一样，但总体来说，都是把中国特色社会主义理论体系同马克思列宁主义、毛泽东思想对立起来。如果听任这些

观点随意传播，不仅改革开放前的30年的历史会受到涂改，中华人民共和国成立以来60年历史的整体性会受到割裂，毛泽东思想会遭到否定，而且中国特色社会主义的根本政治前提、制度基础和理论基础会被抽掉，从而使中国特色社会主义理论体系的本质属性遭到否定。

二

毫无疑问，以上历数的这些观点是完全不正确的。

第一，这些错误观点不符合历史事实。1981年6月27日中国共产党第十一届中央委员会第六次全体会议一致通过的《中国共产党中央委员会关于建国以来党的若干历史问题的决议》（以下简称为《决议》）对新中国成立以来22年、基本完成社会主义改造的7年、开始全面建设社会主义的10年、“文化大革命”10年、历史伟大转折前的两年的历史应作出怎样的基本估计，对毛泽东的历史地位和毛泽东思想应作出怎样的评价，已经作出了非常明确的结论。对毛泽东的历史地位和毛泽东思想，《决议》指出，毛泽东是伟大的马克思主义者，是伟大的无产阶级革命家、战略家和理论家。他虽然在“文化大革命”中犯了严重错误，但是就他的一生来看，他对中国革命的功绩远远大于他的过失。他的功绩是第一位的，错误是第二位的。毛泽东思想是马克思列宁主义在中国的运用和发展，是被实践证明了的关于中国革命的正确的理论原则和经验总结，是中国共产党集体智慧的结晶。众所周知，这个《决议》是邓小平亲自主持制定的，它的权威性是不必说的。我们想，一切表示拥护邓小平和邓小平理论的人，是会认肯这个文件的权威性的。这里顺便想说的是，总有些人习惯于对历史采取简单化的态度，说什么“改革开放前30年我们学苏联，改革开放后30年我们学美国”。这样简化历史，不是郑重对待历史的科学态度。改革开放后30年我们走的是中国特色社会主义道路，根本不是什么简单地学美国。改革开放前30年我们也不是简单学苏联，关于这个问题，我们建议上述论者认真研究一下《毛泽东文集》《邓小平文选》《建国以来重要文献选编》、薄一波著的《若干重大决策与事件的回顾》等重要文献，从中定会看到，为了找到一条建设中国特色社会主义的正确道路，我们党领导中国人民经历了怎样的千辛万苦、百折不挠的理论和实践的双重探索。

事实上，新中国成立以来，毛泽东对中国社会主义道路的探索，虽然受到斯大林社会主义模式的影响（这也需要具体分析，不能全盘否定），但总的说来，毛泽东坚持了马克思主义基本原理和中国的实际相结合，对中国社会主义的建设道路进行了具有独创性的艰辛探索。1956 年我国社会主义制度基本建立后，毛泽东针对照搬照抄苏联模式产生的弊端，明确提出要以苏为鉴，克服学习苏联中的教条主义，他要求全党从中国的实际出发，不要重犯苏联曾经犯过的错误。1956 年 4 月 28 日，在中央政治局扩大会议上，毛泽东曾经说过，我认为最重要的教训是独立自主，调查研究，摸清本国国情，把马克思列宁主义的基本原理同我国革命和建设的具体实际结合起来，制定我们的路线、方针、政策。民主革命时期，我们走过一段弯路，吃了大亏之后才成功地实现了这种结合，取得了革命的胜利。现在是社会主义革命和建设时期，我们要进行第二次结合，找出在中国进行社会主义革命和建设的正确道路。4 月 29 日，毛泽东在同拉丁美洲一些国家党的代表谈话时说："各国应根据自己国家的特点决定方针、政策，把马克思主义同本国特点结合起来。……即使是好的经验，也不一定同别的国家的具体情况相适合。照抄是很危险的，成功的经验，在这个国家是成功的，但在另一个国家如果不同本国的情况相结合而一模一样地照搬就会导向失败。……这是一条重要的国际经验。"① 他还提出："不可能设想，社会主义制度在各国的具体发展过程和表现形式，只能有一个千篇一律的格式。我国是一个东方国家，又是一个大国。因此，我国不但在民主革命过程中有自己的许多特点，在社会主义改造和社会主义建设的过程中也带有自己的许多特点，而且在将来建成社会主义社会以后还会继续存在自己的许多特点。"② 1956 年毛泽东发表的《论十大关系》和 1957 年作的《关于正确处理人民内部矛盾的问题》的报告，集中反映了这一时期探索的代表性成果。关于这个问题，邓小平曾结合新中国成立后的历史作过具体分析。他说："中国的社会主义道路与苏联不完全一样，一开始就有区别，中国建国以来就有自己的特点。……毛泽东主席提出的中国要形成既有集中又有民主，既有纪律又有自由，既有统一意志又有个人心情舒畅、生动活泼的政治局面，也与苏联不同。"③ 正是这样，党的十七大

---

① 《毛泽东文集》第 7 卷，人民出版社 1999 年版，第 64 页。

② 《建国以来毛泽东文稿》第 6 册，中央文献出版社 1992 年版，第 143 页。

③ 《邓小平文选》第 2 卷，人民出版社 1994 年版，第 235 页。

报告指出："改革开放伟大事业，是在以毛泽东同志为核心的党的第一代中央领导集体创立毛泽东思想，领导全党全国各族人民建立新中国、取得社会主义革命和建设伟大成就以及艰辛探索社会主义建设规律取得宝贵经验的基础上进行的。新民主主义革命的胜利，社会主义基本制度的建立，为当代中国一切发展进步奠定了根本政治前提和制度基础。"①

第二，这些错误观点同我们党的几届中央领导集体的立场不一样。我们党的几届中央领导集体都反复强调，要把坚持和发展马克思主义统一起来。邓小平早在 1960 年，谈到毛泽东思想与马克思列宁主义的关系时，就曾强调不要把毛泽东思想同马克思列宁主义割裂开来，好像毛泽东思想是另外一个东西。后来他在三中全会的主题报告中针对当时意识形态领域面临的形势，有针对性地论述了毛泽东的历史地位。他指出："毛泽东同志在长期革命斗争中立下的伟大功勋是永远不可磨灭的。""没有毛主席就没有新中国，这丝毫不是什么夸张。毛泽东思想培育了我们整整一代人。我们在座的同志，可以说都是毛泽东思想教导出来的。没有毛泽东思想，就没有今天的中国共产党，这也丝毫不是什么夸张。毛泽东思想永远是我们全党、全军、全国各族人民的最宝贵的精神财富。"② 十一届三中全会以后，邓小平继承和发展了由毛泽东开始的探索。他立足于我国改革开放和现代化建设的实践，认真总结了正反两方面的历史经验，在党的十二大正式提出了走建设有中国特色的社会主义道路。同时他强调："我们搞改革开放，把工作重心放在经济建设上，没有丢马克思，没有丢列宁，也没有丢毛泽东。老祖宗不能丢啊！"③ 又说："三中全会以后，我们就是恢复毛泽东同志的那些正确的东西嘛，就是准确地、完整地学习和运用毛泽东思想嘛。基本点还是那些，从许多方面来说，现在我们还是把毛泽东同志已经提出、但是没有做的事情做起来，把他反对错了的改正过来，把他没有做好的事情做好。今后相当长的时期，还是做这件事。当然，我们也有发展，而且还要继续发展。"④ "马列主义、毛泽东思想的基本原则，

---

① 胡锦涛：《高举中国特色社会主义伟大旗帜　为夺取全面建设小康社会新胜利而奋斗——在中国共产党第十七次全国代表大会上的报告》，人民出版社 2007 年版，第 7 页。

② 《邓小平文选》第 2 卷，人民出版社 1994 年版，第 148—149 页。

③ 《邓小平文选》第 3 卷，人民出版社 1993 年版，第 369 页。

④ 《邓小平文选》第 2 卷，人民出版社 1994 年版，第 300 页。

我们任何时候都不能违背，这是毫无疑义的。”[①] 如果有人向马克思主义挑战，“马克思主义者应当站出来讲话”[②]。

江泽民在这方面也有大量的论述。党的十四大报告明确指出，建设有中国特色社会主义的理论，“是马克思列宁主义基本原理与当代中国实际和时代特征相结合的产物，是毛泽东思想的继承和发展，是全党全国人民集体智慧的结晶，是中国共产党和中国人民最可珍贵的精神财富”[③]。他强调要把握马克思主义、列宁主义、毛泽东思想、邓小平理论的历史联系和它的统一科学思想体系。他强调它们之间的一脉相承性，所谓一脉相承即“不断继承又不断创新的发展过程，是我们共产党人不断继承、不断发展着的科学真理的统一体。继承是创新的前提，创新是最好的继承。只有坚持这样做，理论才是真正顺应时代和实践的呼唤，实现与时俱进的要求”[④]。“马克思列宁主义、毛泽东思想、邓小平理论，是一脉相承的统一的科学体系。坚持邓小平理论，就是真正坚持马克思列宁主义、毛泽东思想；高举邓小平理论的旗帜，就是真正高举马克思列宁主义、毛泽东思想的旗帜。”[⑤] “马克思主义是我们立党立国的根本指导思想，是全国各族人民团结奋斗的共同理论基础。马克思主义的基本原理任何时候都要坚持，否则我们的事业就会因为没有正确的理论基础和思想灵魂而迷失方向，就会归于失败。”[⑥] 江泽民提出的“三个代表”重要思想，从总体上把马克思列宁主义、毛泽东思想中的有关论断加以融会贯通，把紧密联系的三个方面上升到党的指导思想的高度，构成一个完整的体系。这个体系既坚持了马克思主义基本原理，又深刻总结了党的历史的和新鲜的经验，坚持和发展了马克思列宁主义、毛泽东思想和邓小平理论。

2003 年 7 月 1 日，胡锦涛在《在“三个代表”重要思想理论研讨会上的讲话》中，从四个方面专门论述了“三个代表”重要思想同马克思列宁主义、毛泽东思想、邓小平理论是一脉相承又与时俱进的科学体系，这“四个方面”，即“辩证唯物主义和历史唯物主义的世界观和方法论是

---

① 《邓小平文选》第 2 卷，人民出版社 1994 年版，第 114 页。

② 《邓小平文选》第 3 卷，人民出版社 1993 年版，第 46 页。

③ 《中国共产党第十四次全国代表大会文件汇编》，人民出版社 1992 年版，第 16 页。

④ 《江泽民文选》第 3 卷，人民出版社 2006 年版，第 327 页。

⑤ 《江泽民文选》第 2 卷，人民出版社 2006 年版，第 12 页。

⑥ 《江泽民文选》第 3 卷，人民出版社 2006 年版，第 282 页。

马克思主义最根本的理论特征”，“实现物质财富极大丰富、人民精神境界极大提高、每个人自由而全面发展的共产主义社会，是马克思主义最崇高的社会理想”，“马克思主义政党的一切理论和奋斗都应致力于实现最广大人民的根本利益，这是马克思主义最鲜明的政治立场”，“坚持一切从实际出发，理论联系实际，实事求是，在实践中检验真理和发展真理，是马克思主义最重要的理论品质”①。在纪念毛泽东诞辰110周年座谈会的讲话中，胡锦涛指出，毛泽东同志毕生最突出最伟大的贡献，就是领导我们党和人民找到了新民主主义革命的正确道路，完成了反帝反封建的任务，建立了中华人民共和国，确立了社会主义基本制度，并从中国实际出发探索社会主义建设的道路，为古老的中国赶上时代发展潮流、阔步走向繁荣昌盛创造了根本前提，奠定了坚实的理论和实践基础。在任何时候任何情况下，我们都要始终高举毛泽东思想的伟大旗帜。胡锦涛指出，中国特色社会主义理论体系是改革开放历史新时期我们党的理论创新成果，是对毛泽东同志艰辛探索社会主义建设规律重要思想成果的继承和发展。胡锦涛的这些论断，从根本上阐述了中国特色社会主义理论体系同毛泽东思想的内在联系。

第三，这些错误观点同党的十七大精神相对立。党的十七大报告以无限深情阐述了三个“我们要永远铭记”，第一个“永远铭记”阐述的是改革开放伟大事业同以毛泽东为核心的第一代中央领导集体及其创立的毛泽东思想的关系。不仅如此，十七大报告在阐述第二个“永远铭记”，即评价以邓小平为核心的第二代中央领导集体时，充分肯定了它“科学评价毛泽东同志和毛泽东思想”的功绩。在论到中国特色社会主义道路时，又强调了“坚持四项基本原则”。在论到中国特色社会主义理论体系时，强调了“这个理论体系，坚持和发展了马克思列宁主义、毛泽东思想，凝结了几代中国共产党人带领人民不懈探索实践的智慧和心血”。在论到科学发展观时，强调“科学发展观，是对党的三代中央领导集体关于发展的重要思想的继承和发展，是马克思主义关于发展的世界观和方法论的集中体现，是同马克思列宁主义、毛泽东思想、邓小平理论和‘三个代表’重要思想既一脉相承又与时俱进的科学理论”②。2007年12月17日，

---

① 《十六大以来重要文献选编》（上），中央文献出版社2005年版，第364页。

② 《中国共产党第十七次全国代表大会文件汇编》，人民出版社2007年版，第142页。

胡锦涛在新任中央委员候补委员研讨班的重要讲话中再次强调："我们党能够在新时期开创出中国特色社会主义道路，其理论基础是对马克思列宁主义、毛泽东思想的科学继承。"[①] 胡锦涛在《在纪念党的十一届三中全会召开30周年大会上的讲话》中又一次指出："没有以毛泽东同志为核心的党的第一代中央领导集体团结带领全党全国各族人民浴血奋斗，就没有新中国，就没有中国社会主义制度。"[②] 这些论断，科学阐明了中国特色社会主义理论体系与马克思列宁主义、毛泽东思想基本原理的关系。我们认为，一切表示拥护党的十七大精神的人，应该在这个重大原则问题上取得共识。

三

马克思主义经典作家非常重视历史。他们反对把历史视为任人打扮的小姑娘，坚持研究历史应该把历史的内容还给历史本身，发现历史过程的运动规律。马克思主义对待历史的科学态度在20世纪下半叶再一次受到历史的检验。众所周知，苏东剧变前，在这些国家内曾出现了一股历史虚无主义思潮。这股思潮认为，对其国家的历史、党的历史、社会主义的历史及对斯大林，否定得越彻底越好，其结果导致苏东剧变。而当历史在矛盾冲突中过了20年以后，如今在俄罗斯却出现了反思苏联历史、重评斯大林的思潮。这股思潮对戈尔巴乔夫全盘否定苏联历史表示了强烈不满，强调要以更加科学、更加理性的态度评价历史，正确总结历史经验教训，反对历史虚无主义，以利于国家的复兴。一些民意测验显示，近年来在俄罗斯，与戈尔巴乔夫时期对斯大林模式的全盘否定不同，对斯大林时期持正面评价的人高达一半以上。2007年1月，由俄罗斯列瓦达研究中心及美国学者共同对俄罗斯44个地区进行了调查，最新调查资料显示：超过一半的人认为斯大林是"英明的领袖"。2007年6月，在普京总统关注下通过的俄罗斯历史教科书中称"斯大林是苏联最成功的领导人"。2007年，俄罗斯科学院世界历史研究所研究室主任舒宾教授写道："俄罗斯工业化现代化进程决定性的阶段是在30年代斯大林执政时期。斯大林体制

---

① 《中国高校哲学社会科学发展报告（1978—2008）》（马克思主义理论），广西师范大学出版社2008年版，第26—27页。

② 《十七大以来重要文献选编》（上），中央文献出版社2009年版，第795页。

确实具有严酷性，其严酷的程度甚至比资本原始积累阶段也毫不逊色。但只有这样才能集中掌握对于建设工业基础必需的资源，并奠定了苏联工业体制进一步发展的基础。”2007 年 4 月俄共中央主席团《关于伟大的十月社会主义革命 90 周年》的决议指出：“共产党人领导的苏联社会认识到，斯大林关于必须在十年之内跨越主要资本主义国家用了不少于一个世纪才走完的那条历史道路的思想极为重要。土西铁路、第聂伯列宁水电站、马格尼托戈尔斯克钢铁联合企业成为体现在劳动中的忘我精神的象征。由于苏联人民的群众性的英雄主义和忘我牺牲精神，苏联才变成了一个强大的工业化大国”；“牢固的经济基础和政治基础，生产资料公有制的确立，为苏联人民取得伟大的卫国战争的胜利奠定了可靠的基础”。决议特别强调“国民经济有计划的发展”在实现工业化和卫国战争胜利中所起的巨大作用。[①] 值得重视的是，当今俄罗斯青年对苏联时期的认识，发生了从强烈的负面评价到强烈的肯定评价的变化。俄罗斯一些社会学家经研究指出，目前曾在苏联度过儿童时代的青年中间，弥漫着一种情绪：“我想返回苏联，那是我生命中最好的时光”。据《俄罗斯记者周刊》报道，留恋苏联时代渐渐成为 30 岁年龄人中不断扩大的现象。20 世纪 70 年代后青年经历了两种社会制度的生活，走过了对苏联的极端排斥到思想认识发生重大转变，又开始怀念苏联的心路历程。全面地了解当今俄罗斯青年一代对斯大林和苏联社会主义模式的重新评估，对我们客观地评价中国的革命和建设史是有重要启示的。这当然丝毫不意味着全盘肯定苏联模式。关于苏联模式这个问题，我们党在多个文件中有深刻而具体的科学分析，这里不必重复。我们引证这些材料是要说明，要珍惜我们党的历史、共和国的历史、社会主义的建设史和改革开放史。

现在，面对否认改革开放前 30 年、割裂共和国 60 年历史的历史虚无主义思潮，我们必须保持高度警惕，防止它们搞乱人们的思想，阻碍我们继续前进。历史虚无主义不是以事实为出发点，不是全面、系统地掌握有关资料去把握历史事实的总和并阐明其内在联系，不是透过历史现象去分析历史的本质和主流，揭示历史的发展规律，而是随心所欲地挑选零碎的历史事实加以涂抹或剪裁，凭借“新奇大胆”的想象肆意歪曲和否定历史。历史虚无主义者这种研究方法，既无新意，也谈不上什么学术价值。

---

① 吴恩远：《正确评价苏联模式》，《理论前沿》2007 年第 19 期。

如果说它有什么社会作用的话，那就是这种历史虚无主义若得不到遏制，必将使人丧失民族自尊心和自豪感，从而削弱中华民族的自信心和凝聚力。列宁曾经指出："在社会现象领域，没有哪种方法比胡乱抽出一些个别事实和玩弄实例更普遍、更站不住脚的了。挑选任何例子是毫不费劲的，但这没有任何意义，或者有纯粹消极的意义，因为问题完全在于，每一个别情况都有具体的历史环境。如果从事实的整体上、从它们的联系中去掌握事实，那么，事实不仅是'顽强的东西'，而且是绝对确凿的证据。如果不是从整体上、不是从联系中去掌握事实，如果事实是零碎的和随意挑选出来的，那么它们就只能是一种儿戏，或者连儿戏也不如。"① 这些精辟论断，对于历史虚无主义来说，真是一语中的。因为历史虚无主义所云，所谓的事实，不仅是零碎的和随意挑选的，而且是无中生有的，同严肃的历史科学完全不相容。

历史是逝去的现实，现实是历史的继承和发展。否定以往历史者，事实上也在自我造就被后来者彻底否定的悲剧条件。否定历史者终究要被历史所否定，这是任何人都不可回避的历史定律。诚然，中国改革开放开启了中国社会主义建设事业的崭新篇章。但正是毛泽东那一代领导人书写了中国社会主义建设道路探索的首篇，改革开放的事业正是在以毛泽东为核心的党的第一代中央领导集体创立毛泽东思想，带领全党全国各族人民建立新中国、取得社会主义革命和建设伟大成就以及艰辛探索社会主义建设规律取得宝贵经验的基础上进行的。事实证明，社会主义改造完成、社会主义制度确立后，中国的现代化进入迅速发展阶段。在改革开放前的近30年里，虽然社会主义建设中出现过种种失误，包括"大跃进"和"文化大革命"那样大的严重失误，但30年的主流是好的，我国建立了比较完整的工业体系和国民经济体系，经济发展相当快。从1953年到1978年，工农业总产值平均每年增长率为8.2%。其中工业总产值平均每年增长率为11.4%，农业总产值年平均增长率为2.7%，并在教育、社会福利和人民健康方面取得了长足进步。对此，邓小平在1981年总结说："国际、国内都把这三十一年的成绩估计低了。总的来说，三十一年中，我们做了很多的事情，成绩不少，虽然也犯了一些错误，但不是一团漆黑。"②

---

① 《列宁全集》第28卷，人民出版社1990年版，第364页。

② 《邓小平思想年编（1975—1997）》，中央文献出版社2011年版，第347页。

美国最权威的中国问题专家费正清在他的经典著作《美国与中国》一书中，对中国共产党领导人仅用30多年时间，就将一个人口庞大、起点很低、混乱贫穷的中国引领向工业化，充满赞叹之情。他说，在这现代化过程中，中国不仅几乎无外援，反而还对外援助70多亿美元。英国著名历史学家汤因比在与日本的池田大佐谈论中国时认为，在所有追求现代化的发展中国家中，共产党中国成效卓越。汤因比为此分析说：共产党中国具有很高的组织才能，他们将广大领土上庞大的人群有效地动员起来，为追赶现代化而进行了一场“急行军”。“急行军”要有严厉的纪律，从思想到行动都不允许掉队，而共产主义思想恰恰能提供这种作用。这些评价表明，一些不带偏见、具有远见卓识的西方学者不仅不否认，而且充分肯定中国社会主义建设所取得的举世瞩目的成就，这无疑是中国走社会主义道路的历史进步性和合理性的佐证。① 当然毛泽东那一代人探索社会主义建设道路中出现过失误，但即使是失误，中国也有句古话：“失败是成功之母”。正是有了这些失误，才为当今领导人的选择提供了有益的借鉴。马克思恩格斯曾告诫人们，伟大的阶级正如伟大的民族一样，无论从哪方面学习都不如从自己所犯错误的后果中学习来得快。这真是至理名言。事实上，纠正毛泽东晚年所犯的错误，正是邓小平理论形成的重要契机。因此，无论从哪个意义上讲，改革开放和社会主义现代化建设，是新中国成立以后我国社会主义建设伟大事业的继承和发展。现实总要与历史对话。中国特色社会主义理论体系同样离不开与前人的对话。在一定意义上，我们完全可以说，正是深深的历史厚度才使中国特色社会主义理论体系有了不可摧毁的坚实度。

（原载《思想理论教育导刊》2009年第7期，第二作者为李红军）

① 梅荣政：《用马克思主义引领社会思潮》，武汉大学出版社2008年版，第236—237页。

新中国成立以来马克思主义中国化的历程和启示

新中国成立60年来，中国人民在中国共产党的领导下，干了两件大事：一是在社会主义革命和建设时期，确立了社会主义基本制度，在一穷二白的基础上建立了独立的比较完整的工业体系和国民经济体系，使古老的中国以崭新的姿态屹立在世界的东方；二是在改革开放和社会主义现代化建设时期，开创了中国特色社会主义道路，坚持以经济建设为中心、坚持四项基本原则、坚持改革开放，初步建立起社会主义市场经济体制，大幅度提高了我国的综合国力和人民生活水平，为全面建设小康社会、基本实现社会主义现代化开辟了广阔的前景。

在新民主主义革命时期取得的胜利成果的基础上干的这两件大事，从根本上改变了中国人民的前途命运，决定了中国历史的发展方向，在世界上产生了深刻而广泛的影响。作为这两大波澜壮阔创新实践的理论表现，是马克思主义基本原理同中国具体实际相结合、马克思主义中国化不断推进的思想理论成果——毛泽东思想的丰富和发展、中国特色社会主义理论体系的形成和发展。这是新中国成立60年来，中国共产党和中国人民能够铸造丰功伟绩、谱写壮丽史诗的理论基础。在庆祝新中国成立60周年的时候，我们站在历史的高度，回顾这个时段马克思主义中国化胜利推进的壮阔历程，深刻思考寓于其中的历史本质和发展主流，我们会从历史智慧中得到重要启示和鼓舞力量。

一　毛泽东思想在社会主义革命和建设时期的丰富和发展

毛泽东思想是马克思主义中国化的第一大理论成果。它在新中国成立后的丰富和发展，从宏观整体上说，集中表现为社会主义革命和社会主义社会建设理论。这里我们从以下三方面略作展开：

第一，创造性运用马克思主义国家与革命学说，确立中国的社会主义基本制度。

马克思、恩格斯曾指出无产阶级夺取政权之后的任务："无产阶级将利用自己的政治统治，一步一步地夺取资产阶级的全部资本，把一切生产工具集中在国家即组织成为统治阶级的无产阶级手中，并且尽可能快地增加生产力的总量。"① 又说：无产阶级"通过革命使自己成为统治阶级，并以统治阶级的资格用暴力消灭旧的生产关系……它在消灭这种生产关系的同时，也就消灭了阶级对立的存在条件，消灭了阶级本身的存在条件"②。新中国成立以后，毛泽东和党中央创造性地运用这一原理，确立了社会主义基本制度，为当代中国一切发展进步奠定了根本政治前提和制度基础。

首先，解决了以国家政权为核心的政治制度问题。因为革命的根本问题是国家政权问题。政权掌握在谁手中，这一点决定一切。新中国的政治制度建设包括四个主要方面：国体、政体、国家结构形式、政党制度。

国体，即国家的阶级性质，是社会各阶级在国家中的地位的制度规定。早在1948年9月，毛泽东总结大革命时期"联合战线"、土地革命时期"工农民主专政"等提法，提出建立人民民主专政的任务。他对党的高级干部说："我们政权的阶级性是这样：无产阶级领导的，以工农联盟为基础，但不仅仅是工农，还有资产阶级民主分子参加的人民民主专政。"③ 新中国成立前夕，毛泽东在《论人民民主专政》一文中再次指出："总结我们的经验，集中到一点，就是工人阶级（经过共产党）领导的、以工农联盟为基础的人民民主专政。这是我们的主要公式、主要经验、主要纲领。"④ 这就是新中国的国体。"我们政权的性质……是无产阶级领导的、以工农联盟为基础的人民民主专政。"⑤ 在人民民主专政的国家里，社会各阶级在国家中的地位是：工人阶级是领导阶级；工人阶级、农民阶级和城市小资产阶级的联盟是基础；对民族资产阶级应当团结，但是民族资产阶级不能充当革命的领导者，它不应当在国家政权中占主要的地位。

① 《马克思恩格斯选集》第1卷，人民出版社1995年版，第293页。
② 《马克思恩格斯文集》第2卷，人民出版社2009年版，第79页。
③ 《毛泽东文集》第5卷，人民出版社1996年版，第135页。
④ 《毛泽东选集》第4卷，人民出版社1991年版，第1480页。
⑤ 《毛泽东文集》第5卷，人民出版社1996年版，第139页。

政体。所谓政体，即国家政权的构成形式。新中国采用什么样的政体即政权制度呢？毛泽东指出："我们采用民主集中制，而不采用资产阶级议会制。"① 议会制，袁世凯、曹锟都搞过，已经臭了。我们不必搞资产阶级的议会制和三权鼎立，在中国采取民主集中制是很合适的，应"建立民主集中制的各级人民代表会议制度"②。过去死搬外国名词，把人民代表会议叫"苏维埃代表大会"，现在就叫"人民代表会议"。

国家结构形式。所谓国家结构形式，是讲国家究竟是实行单一制还是复合制（如联邦制、邦联制）的结构形式的问题。在筹建新中国时，我们党面临的一个问题，就是在中国这样一个统一的多民族的国家里，应该采用怎样的国家结构形式。毛泽东和中共中央确认，新中国的国家结构形式，应是统一的多民族国家和在单一制国家中的民族区域自治制度。实行这种制度符合中国的实际情况，有利于实现民族平等的原则。对此，周恩来明确指出："我们国家的名称叫中华人民共和国，而不叫联邦。""我们虽不是联邦，但却主张民族区域自治，行使民族自治的权力。"③

政党制度。新中国成立以后，是实行苏联式的一党制，还是西方式的两党制、多党制呢？毛泽东和中共中央认为，无论是苏联式的一党制，还是西方式的两党制、多党制都不适合中国国情，新中国应建立有中国特点的新型政党制度，这就是中国共产党领导的多党合作和政治协商制度。中国人民政治协商会议是这一新型政党制度的组织形式。

新中国实行这样的政党制度有历史的根据。在新民主主义革命的过程中，中国共产党有与各民主党派、无党派民主人士合作和协商共事的经历。1948 年 4 月 30 日，中共中央发出"召开政治协商会议""成立民主联合政府"的号召后，各民主党派和社会各界热烈响应。继后，各民主党派领导人和著名无党派民主人士 55 人，于 1949 年 1 月 22 日联合发表《对时局的意见》，一致表示"愿在中共领导下"，为中国人民民主革命的成功和独立、自由、和平、幸福的新中国之早日实现而奋斗。同年春，毛泽东提出，民主党派应"积极参政，共同建设新中国"。各民主党派和无党派民主人士与中国共产党一起参加筹备召开新的政治协商会议，参与了

---

① 《毛泽东文集》第 5 卷，人民出版社 1996 年版，第 136 页。
② 《毛泽东文集》第 5 卷，人民出版社 1996 年版，第 136 页。
③ 《毛泽东传（1949—1976）》上，中央文献出版社 2003 年版，第 23 页。

新中国的创建工作。[①] 在1954年全国人大召开以后，毛泽东强调，政协的组织仍然是需要的。政协有别于国家权力机关——全国人民代表大会，也不是国家的行政机关，它“是全国各民族、各民主阶级、各民主党派、各人民团体、国外华侨和其他爱国民主人士的统一战线组织，是党派性的，它的成员主要是党派、团体推出的代表”[②]。

以上四个方面，以工人阶级领导的、工农联盟为基础的人民民主专政的国家制度为根本，构成新中国的社会主义基本政治制度。

其次，新中国成立，经过三年恢复国民经济和完成土地改革等社会改革以后，毛泽东和中共中央提出了过渡时期的总路线，以党在过渡时期的总路线为指引，坚持社会主义工业化与社会主义改造同时并举的方针，沿着一条具有中国特点的社会发展道路，从新民主主义过渡到了社会主义。1956年上半年，社会主义改造基本完成，确立了以生产资料公有制占主体地位的社会主义基本经济制度。这标志着中国进入了社会主义初级阶段。

新中国社会主义基本制度的全面确立，在实践上，巩固了民族独立和人民解放的成果，为后来的一切进步和发展创造了政治前提和制度基础；在理论上，在以半殖民地半封建社会为历史前提的基础上，通过新民主主义建设，过渡到社会主义，全面确立起社会主义基本制度的崭新制度理论，极大地丰富发展了毛泽东思想，也极大地丰富发展了马克思列宁主义理论宝库。

第二，面临社会主义革命和建设新时期基本的历史性课题，提出进行“第二次结合”的基本原则。

1956年4月，毛泽东针对苏共二十大反斯大林的种种议论，讨论修改《关于无产阶级专政的历史经验》一文时提出：“我认为最重要的教训是独立自主，调查研究，摸清本国国情，把马克思列宁主义的基本原理同我国革命和建设的具体实际结合起来，制定我们的路线、方针、政策。民主革命时期，我们走过一段弯路，吃了大亏之后才成功地实现了这种结合，现在是社会主义革命和建设时期，我们要进行第二次结合，找出在中

① 沙健孙：《毛泽东与新中国建设的历史性巨大成就》，《高校理论战线》2009年第6期。
② 《毛泽东文集》第6卷，人民出版社1999年版，第385页。

国进行社会主义革命和建设的正确道路。”①

毛泽东是在一种特殊的历史背景下提出“第二次结合”的基本原则的。这就是：其一，1956 年社会主义改造基本完成，中国已进入全面建设社会主义时期，中国共产党必须正确回答面临的崭新历史课题，即如何建设、巩固和发展社会主义。这包括两大方面的任务：进行社会主义建设，防止资本主义复辟。其二，现实生活实践中提出了新问题。国外，经过苏共二十大，苏联方面暴露了他们的一些缺点和错误。毛泽东说：“他们走过的弯路，你还想走？过去我们就是鉴于他们的经验教训，少走了一些弯路，现在当然更要引以为戒。”② 国内，第一个五年计划的建设虽然有成效，但是由于我们没有管理全国经济的经验，不得不照抄苏联的办法。“这在当时是完全必要的，同时又是一个缺点，缺乏创造性，缺乏独立自主的能力。”③ 对这种“基本照抄”的办法，毛泽东“总觉得不满意，心情不舒畅”④，认为不应当是长久之计。其三，经过第一个五年计划的建设，中国在建设方面有了自己的初步实践，已经积累了一些经验，又有了苏联的经验和教训可借鉴。本来在社会主义改造即将基本完成的时候，毛泽东就想，苏联和中国都是社会主义国家，我们是不是可以用一种更加适合中国情况的办法搞得快点多点，更好地建设社会主义。

毛泽东提出的实行“第二次结合”的命题，包含着十分重要的原则，丰富发展了马克思主义普遍真理同中国实际相结合的原理，推进了马克思主义中国化的历史进程。

首先，马克思主义普遍真理同中国实际相结合是一个普遍原理。在新的历史条件下，毛泽东进一步强调了“相结合”的问题。毛泽东提出实行“第二次结合”的命题时，正值苏共二十大以后、西方敌视社会主义的势力利用赫鲁晓夫的秘密报告攻击共产党和社会主义，叫嚣要“改变共产主义世界的性质”，掀起世界性反共浪潮之际。对此，毛泽东和中共中央明确指出，对苏联革命和建设中那些具有普遍意义的基本经验必须坚持。十月革命道路“反映了人类社会发展长途中一个特定阶段内关于革

---

① 吴冷西：《十年论战：1956—1966 中苏关系回忆录》（上），中央文献出版社 1995 年版，第 23—24 页。

② 《毛泽东文集》第 7 卷，人民出版社 1999 年版，第 23 页。

③ 《毛泽东文集》第 8 卷，人民出版社 1999 年版，第 305 页。

④ 《毛泽东文集》第 8 卷，人民出版社 1999 年版，第 117 页。

命和建设的普遍规律”。同时又“强调从中国的国情出发，强调开动脑筋，强调创造性，在结合上下功夫，努力找出在中国这块土地上建设社会主义的具体道路”①。这就是要求把坚持马克思列宁主义基本原理与从中国社会主义建设的具体实际出发两者有机地结合起来，不能只片面地强调一个方面而否定另一个方面。如果否定了马克思列宁主义的基本原理，否定了社会主义的共同性，即否定了社会主义必须具备的基本特征；如果不从中国实际出发，那社会主义建设也是不可能搞好的。不可能设想，社会主义在各国的具体发展过程和表现形式，只能有一个千篇一律的格式。②

其次，丰富发展了“具体实际”的内容。“具体实际”，是毛泽东提出并倡导的马克思主义普遍真理同中国实际相结合原理的重要方面。毛泽东在提出实行“第二次结合”的命题中，赋予了“具体实际”以新的内容。其中最重要的就是他在《论十大关系》中，提出了“中国和外国的关系”问题，表明所谓“中国的实际”不是孤立于世界之外的东西。1962 年 1 月，在《在扩大的中央工作会议上的讲话》中，他在明确提出“我们必须把马克思列宁主义的普遍真理同中国社会主义建设的具体实际”结合起来的同时，也提出了“同今后世界革命的具体实际，尽可能好一些地结合起来”的问题③，认为这是“从实践中一步一步地认识斗争的客观规律”的必要条件之一。

毛泽东提出这个问题是基于三点：其一，他预见到，“从现在起，五十年内外到一百年内外，是世界上社会制度彻底变化的伟大时代，是一个翻天覆地的时代，是过去任何一个历史时代都不能比拟的。处在这样一个时代，我们必须准备进行同过去时代的斗争形式有着许多不同特点的伟大的斗争”④。在当今，中国的建设不可能孤立于世界之外。从中国和外国联系的意义上说，世界的实际就是中国实际不可缺少的一部分。其二，世界各国，包括一切民族、一切国家都有长处，在政治、经济、科学、技术、文学、艺术等方面都有好的东西。其三，中国是一个经济文化落后的国家，要实现现代化，很有必要借鉴外国有益的经验，把“世界各国，

---

① 吴冷西：《十年论战：1956—1966 中苏关系回忆录》（上），中央文献出版社 1995 年版，第 24 页。

② 沙健孙：《毛泽东对中国社会主义建设道路的积极探索》，《高校理论战线》2008 年第 11 版。

③ 《毛泽东文集》第 8 卷，人民出版社 1999 年版，第 302 页。

④ 《毛泽东文集》第 8 卷，人民出版社 1999 年版，第 302 页。

什么地方有好东西，统统学来”[①]。可见，毛泽东提出“同今后世界革命的具体实际”结合起来，并在1956年提出“向外国学习”的口号，既是从世界大局着眼的，又是从中国的实际出发的。

毫无疑义，毛泽东号召“向外国学习”，是要学习外国的长处、先进经验和先进事物，如资本主义国家的先进的科学技术和企业管理方法中合乎科学的方面。对于“他们的短处、缺点，当然不要学”[②]。如“它们在政治上是落后的，腐败的，低级趣味的”[③]，我们不能学。不仅不能学，而且对于“外国资产阶级的一切腐败制度和思想作风，我们要坚决抵制和批判”[④]。所以，向外国学习，一是“必须有分析有批判地学，不能盲目地学，不能一切照抄，机械搬用”[⑤]。二是要坚持“洋为中用”的原则。即使是外国的好东西，也要同本国的特点相结合。[⑥]“一个国家总有它的特点，不适合这个特点就行不通。”[⑦]“应该是在中国的基础上，吸收外国的东西。应该交配起来，有机地结合。”[⑧] 三是要把学习借鉴与创新结合起来，解决好立足点问题。“向外国人学习是为了今天的中国人。”“要向外国学习，学来创作中国的东西。”“应该学习外国的长处，来整理中国的，创造出中国自己的、有独特民族风格的东西。”[⑨] 四是要破除“对西方的崇拜、迷信”。东方人“要在破除迷信的条件下学习西方”[⑩]。不要一谈到向外国学习，就“在外国人面前伸不直腰”，“丧失民族信心”[⑪]，这不是我们应采取的态度。“贾桂（即奴才），是谁也看不起的。”[⑫] 总起来说，“中国的问题只能由中国人解决”[⑬]。“自力更生为主，争取外援为辅，破除迷信，独立自主地干工业、干农业、干技术革命和文化革命，打倒奴

---

① 《毛泽东年谱（1949—1976）》第3卷，中央文献出版社2013年版，第332页。
② 《毛泽东文集》第7卷，人民出版社1999年版，第41页。
③ 《毛泽东文集》第7卷，人民出版社1999年版，第404页。
④ 《毛泽东文集》第7卷，人民出版社1999年版，第43页。
⑤ 《毛泽东文集》第7卷，人民出版社1999年版，第41页。
⑥ 《建国以来毛泽东文稿》第12册，中央文献出版社1998年版，第26页。
⑦ 《毛泽东著作专题摘编》（上），中央文献出版社2003年版，第945页。
⑧ 《毛泽东文集》第7卷，人民出版社1999年版，第95页。
⑨ 《毛泽东文集》第7卷，人民出版社1999年版，第83页。
⑩ 《毛泽东文集》第8卷，人民出版社1999年版，第159页。
⑪ 《毛泽东文集》第7卷，人民出版社1999年版，第83页。
⑫ 《毛泽东著作专题摘编》（上），中央文献出版社2003年版，第254页。
⑬ 《毛泽东文集》第8卷，人民出版社1999年版，第5页。

隶思想，埋葬教条主义，认真学习外国的好经验，也一定研究外国的坏经验——引以为戒，这就是我们的路线。”①

再次，论述了实行“第二次结合”的主要途径和方法问题。毛泽东特别强调了注重调查研究、总结经验的问题。在毛泽东看来，调查研究是连接马克思列宁主义基本原理和中国社会主义建设具体实际的中间环节，是做好一切工作的前提和基础，是探索中国社会主义建设规律的必由之路。“要是不做调查研究工作，只凭想象和估计办事，我们的工作就没有基础。”② 反过来说，“用马克思列宁主义观点到群众中去做深入的调查研究，是做好一切工作的前提”③。毛泽东希望大家通过调查研究，了解实际情况，纠正主观主义的错误，“把实事求是的精神恢复起来”④。他提出，为了在全党推动调查研究工作，有必要作出制度规定。“各级党委，不许不作调查研究工作，绝对禁止党委少数人不作调查，不同群众商量，关在房子里，作出害死人的主观主义的所谓政策。”⑤ “各级党委都要把调查研究定为经常的工作制度。”⑥

总结实践经验是因为建设社会主义必须按客观规律办事。然而如何才能把握社会主义建设的客观规律呢？只有通过实践积累经验。因为“社会主义（我们）谁也没有干过，没有先学会社会主义的具体政策而后搞社会主义的”⑦。总结经验，要重视正反两个方面。仅有正面经验，人们只知道怎么做是对的，还不知道怎么做是不对的。要知道怎么做是不对的，还必须有反面经验的提示，所以“犯错误是正确路线形成的必要条件”⑧。任何一个阶级、政党或个人，不犯任何错误是不可能的，重要的是善于从所犯的错误中吸取教训，善于把正反两个方面经验加以比较和对照，才能使认识逐步地符合实际。我们对社会主义建设规律的认识也是如此。当然，真理是要逐步完成的。“对于我国的社会主义革命和建设，我们已经有了十年的经验了，已经懂得了不少的东西了。但是我们对于社会

① 《毛泽东文集》第7卷，人民出版社1999年版，第380页。
② 《毛泽东文集》第8卷，人民出版社1999年版，第233页。
③ 《毛泽东年谱（1949—1976）》第4卷，中央文献出版社2013年版，第599页。
④ 《毛泽东文集》第8卷，人民出版社1999年版，第237页。
⑤ 《毛泽东文集》第8卷，人民出版社1999年版，第272页。
⑥ 《建国以来重要文献选编》第14册，中央文献出版社1997年版，第379页。
⑦ 《毛泽东文集》第8卷，人民出版社1999年版，第276页。
⑧ 《毛泽东文集》第7卷，人民出版社1999年版，第375页。

主义时期的革命和建设，还有一个很大的盲目性，还有一个很大的未被认识的必然王国。我们要用第二个十年时间去调查它，去研究它，从其中找出它的固有的规律，以便利用这些规律为社会主义的革命和建设服务。”[①] 毛泽东在这里强调要再用十年时间去探索中国社会主义建设的规律，只是表明他认识到探索中国社会主义建设规律的艰巨性，不是说再用十年时间去探索就够了。从社会主义建设实践看，这将是永无止境的、不断探索的过程，因为客观事物总处在运动变化中。

第三，结合新的实际，创造性地运用马克思主义关于未来新社会的学说，阐明建设社会主义的重大理论原则，制定中国社会主义经济、政治、文化建设等方面的重要指导方针。

1956年社会主义改造基本完成以后，毛泽东及时提醒全党：我们“现在处在转变时期：由阶级斗争到向自然界斗争，由革命到建设，由过去的革命到技术革命和文化革命”[②]。根据这种新的“革命”的要求，毛泽东和党中央阐明了关于建设社会主义的一系列重大理论原则，制定出中国社会主义经济、政治、文化建设等方面的重要指导方针。

重大理论原则方面。包括提出：（1）实现农业、工业、国防和科学技术“四个现代化”的战略目标和“两步走战略”。（2）社会主义社会发展阶段理论，即“社会主义这个阶段，又可分为两个阶段，第一个阶段是不发达的社会主义，第二个阶段是比较发达的社会主义。后一阶段可能比前一阶段需要更长的时间”[③]。（3）社会主义矛盾学说，包括社会主义社会基本矛盾学说和两类矛盾学说。社会主义社会的基本矛盾仍然是生产关系和生产力之间、上层建筑和经济基础之间的矛盾，正是这些矛盾推动着社会主义社会的发展；这些矛盾的性质不是对抗性的，可以经过社会主义制度本身的改革不断地得到解决；我们的社会中存在着敌我矛盾和人民内部矛盾两类不同性质的矛盾，我们必须加以正确区分和处理，以便调动一切积极因素，并且尽可能地化消极因素为积极因素，为建设社会主义服务。这是我们建设社会主义的基本方针。毛泽东和党中央还提出了在政治生活中判断言论和行动是非的六条标准，其中最重要的是社会主义道路

---

① 《毛泽东文集》第8卷，人民出版社1999年版，第198页。
② 《毛泽东文集》第7卷，人民出版社1999年版，第289页。
③ 《毛泽东文集》第8卷，人民出版社1999年版，第116页。

和共产党的领导两条。这是我国的建设事业能够沿着正确方向前进的政治保证。

重要指导方针方面。包括经济建设、民主政治建设和文化建设等多个方面。经济建设方面：提出了走“中国工业化的道路”的命题和“以农业为基础，以工业为主导”发展国民经济的总方针，要求以农、轻、重为序安排国民经济工作；提出了一系列“两条腿走路”的方针，在优先发展重工业条件下，主张发展工业和发展农业、发展重工业和发展轻工业、发展中央工业和发展地方工业、大中小企业、洋法生产和土法生产等，同时并举并阐明要发展商品生产，按价值规律办事，强调不能把商品生产同资本主义混为一谈，商品生产同样可以为社会主义服务；提出了有关经济体制改革的若干重要思想（如发挥中央和地方两个积极性，主张实行“两参”“一改”“三结合”；主张试办托拉斯；提出在社会主义经济占优势的条件下“可以消灭了资本主义，又搞资本主义”）；等等。

民主政治建设方面。提出了健全民主集中制，造成一个又有集中又有民主，又有纪律又有自由，又有统一意志又有个人心情舒畅、生动活泼的政治局面；主张把正确处理人民内部的矛盾作为国家政治生活的主题，坚持人民民主，尽可能团结一切可以团结的力量，使中国“变成一个大强国而又使人可亲”；提出切实保障人民当家作主的各项权利，让人民参与国家和社会事务的管理；强调劳动者管理国家、管理军队、管理各种企业、管理文化教育的权利，是社会主义制度下劳动者最大的、最根本的权利；提出加强法制建设，按照法律办事；提出社会主义法制要保护劳动人民利益，保护社会主义经济基础，保护社会生产力；提出要加强党同人民群众的联系，反对官僚主义；提出要处理好中国共产党同各民主党派的关系，坚持长期共存、互相监督的方针，巩固和扩大爱国统一战线；还提出如党代表实行常任制等等有关政治体制改革的若干意见和设想。

文化建设方面。指明在思想文化领域中必须坚持马克思主义的指导地位，坚持工人阶级及其政党的领导权；提出“百花齐放，百家争鸣”的方针和“古为今用”“洋为中用”“推陈出新”的方针；提出思想政治工作是经济工作和其他一切工作的生命线，全党全社会都要加强思想政治工作；要实行政治和经济的统一、政治和技术的统一、又红又专的方针；要向科学进军，要向外国学习科学的原理，但不能走世界各国发展科学技术的老路，而应独立自主、自力更生、奋发图强，努力赶超世界先进水平；

要发展医药卫生事业；要造就知识分子和科技人才的宏大队伍，特别是要造就工人阶级的知识分子队伍。

除此之外，在加强共产党执政条件下自身建设、军队和国防建设、国际战略和外交工作等方面，毛泽东和党中央也提出许多重要的战略思想。这些理论原则大大地丰富发展了马克思主义中国化的第一个理论成果——毛泽东思想。正是在这些理论原则指导下，我们在“一穷二白”的基础上建立了独立的、比较完整的工业体系和国民经济体系，在经济发展方面保持了相当快的速度，使人民物质生活和文化生活的水平得到逐步提高。[①]

二　中国特色社会主义理论体系的形成和发展

我们党在改革开放和社会主义现代化建设时期，在波澜壮阔的创造性实践中，取得了丰硕的理论成果，这些成果的集中表现，就是实现了马克思主义中国化的第二次历史性飞跃，形成和发展了马克思主义中国化的第二大理论成果——中国特色社会主义理论体系。

“第二次历史性飞跃”始于“文革”后开展真理标准的大讨论。这场大讨论恢复了党的实事求是的思想路线，从而为开创中国特色社会主义道路，创立中国特色社会主义理论做了思想上、政治上、实践上的准备。

“中国特色社会主义”命题提出后，伴随着具有革命性的实践的推进，中国共产党人在理论上创造性地回答了“什么是马克思主义、怎样对待马克思主义，什么是社会主义、怎样建设社会主义，建设什么样的党、怎样建设党，实现什么样的发展、怎样发展”等重大的基本问题，形成了邓小平理论、“三个代表”重要思想和科学发展观三个创新理论成果。

党的十七大把这三大成果概括为中国特色社会主义理论体系。中国特色社会主义理论体系坚持和发展马克思列宁主义、毛泽东思想，凝结了几代中国共产党人带领人民不懈探索实践的智慧和心血，具有鲜明的时代性、实践性、民族性和开放性。它是与科学社会主义的基本原则相一致、与中国国情相结合、与时代发展同进步、与人民群众共命运的马克思主义中国化的最新成果，是党最可宝贵的政治和精神财富，是全国各族人民团

① 沙健孙：《毛泽东与新中国建设的历史性巨大成就》，《高校理论战线》2009 年第 6 版。

结奋斗的共同思想基础。它以成熟的理论形态反映了中国共产党人在新的历史条件下对人类社会发展规律、社会主义建设规律和共产党执政规律的深刻认识，反映了中国共产党人对当代中国发展的全面、系统、具有前瞻性的思考，是当代中国进一步发展的理论指南。

中国特色社会主义理论体系有自己形成的真实历史过程。它既是改革开放历史进程的理论反映，又是这一波澜壮阔创新实践过程的理论指南。这里我们以改革开放30年的进程为历史背景，以中国特色社会主义理论体系回答的重大基本问题为逻辑线索，从宏观整体上来论述一下它的历史内容。

“什么是马克思主义、怎样对待马克思主义”是基础性和根本性的问题，集中体现着我们党的指导思想的理论基础，科学回答这一问题对于正确回答其他基本问题具有决定性的意义。我们党一贯重视对这个问题的研究，改革开放以来更加突出了对这个根本问题的认识。中国共产党人之所以能够在理论上和实践中不断探索，勇于创新，归根到底是不断深化了对“什么是马克思主义、怎样又特马克思主义”这个问题的认识。在改革开放的新时期，邓小平、江泽民、胡锦涛等对于这个问题有一系列的科学论断，形成了系统的理论。归纳起来可以概括为坚定不移地坚持马克思主义、完整准确地理解马克思主义、创造性地运用马克思主义和与时俱进地发展马克思主义四个方面。这四个方面，说明了中国共产党人正确认识马克思主义、科学对待马克思主义对于探索中国特色社会主义的重要意义。

在中国特色社会主义理论体系的构成中，邓小平理论是开创之作，也是核心部分。它明确提出了建设中国特色社会主义的崭新命题，初步地比较系统地回答了“什么是社会主义、怎样建设社会主义”的基本理论问题。同时，不同程度地探讨和回答了其他重大的基本理论和实践问题。在邓小平理论中，社会主义初级阶段理论、社会主义本质理论、社会主义改革理论、社会主义市场经济理论等具有特别重要的理论地位，这些理论构成了邓小平理论的基础，在整个中国特色社会主义理论体系中起着奠基作用。

“三个代表”重要思想是中国特色社会主义理论体系中承上启下的重要组成部分。它全面体现了党的基本理论、基本路线、基本纲领和基本经验，是坚持和发展社会主义的必然要求，是我们党艰辛探索和伟大实践的必然结论。它继承和发展了马克思主义关于人类社会前进最终是由生产力发展决定的，同时是由先进文化引导的，是由人民群众推动的等基本原理。它在邓小平理论的基础上，继续回答了“什么是社会主义、怎样建设社会主义”的问题，更为重要的是它根据世纪之交的世情、国情和党情，创造性地回答了“建设什么样的党、怎样建设党”的问题，实现了共产党执政理念的重大创新，提出了关于“执政兴国的第一要务”“巩固党的执政基础”“以改革的精神建设党”三个方面的创新理论观点，并在改革发展稳定、内政外交国防、治党治国治军各个方面，提出了一系列紧密联系、相互贯通的新思想、新观点、新论断，构成了系统的科学理论。

科学发展观等重大战略思想是中国特色社会主义理论体系的重要创新成果。它是立足于社会主义初级阶段基本国情，总结我国发展实践，借鉴国外发展经验，适应新的发展要求提出来的。它在深化认识社会主义本质属性、共产党执政要求的基础上，继承和发展了党的三代中央领导集体关于发展的重要思想，实现了社会主义发展理论的整体创新，全面回答了当代中国“实现什么样的发展、怎样发展”的问题。科学发展观的第一要义是发展，核心是以人为本，基本要求是全面协调可持续，根本方法是统筹兼顾。贯彻落实科学发展观，要求我们始终坚持党的基本路线，积极构建社会主义和谐社会，继续深化改革开放，加强和改进党的建设，引导中国发展进步，使之更好地代表和实现最广大人民的根本利益。

在改革开放30年中，马克思主义中国化实现的第二次飞跃的伟大成果，在理论上形成了中国特色社会主义理论体系，在实践中开辟了中国特色社会主义道路，在理论体系和实践道路的统一上凝结成中国特色社会主义伟大旗帜。这面旗帜是当代中国发展进步的旗帜，是全党全国各族人民团结奋斗的旗帜，将指引当代中国前进的方向。中国特色社会主义旗帜、理论体系、道路三者有机统一，相辅相成，以中国特色社会主义的实践为基础，从不同层面和角度界定了中国特色社会主义，全面展现了马克思主义普遍真理和中国实际、时代特征相结合，实现第二次历史性飞跃的整体面貌和不断发展的真理特性。

三　新中国成立60年来马克思主义中国化的经验

我们通过回顾新中国成立60年来马克思主义中国化的历程，可以得到几点规律性结论。

第一，新中国成立以来，马克思主义中国化的胜利推进，始终围绕着一个根本问题，就是中国社会发展的道路问题，而解决这个问题的关键就是要坚持马克思主义普遍原理和中国具体实际相结合。

我国社会主义革命基本完成的时候，毛泽东和党中央就提出要实行“第二次结合”，目的是把马克思列宁主义的基本原理同我国革命和建设的具体实际结合起来，制定我们的路线、方针、政策，找出在中国进行社会主义革命和建设的正确道路。进入改革开放的新时期，邓小平总结长期历史经验得出的“基本结论”是：“把马克思主义的普遍真理同我国的具体实际结合起来，走自己的道路，建设有中国特色的社会主义。”① 党的十七大在回顾改革开放的伟大历史进程中，“把坚持马克思主义基本原理同推进马克思主义中国化结合起来”② 作为十条宝贵经验中的第一条，把改革开放来以来我们取得一切成绩和进步的根本原因，归结为：“开辟了中国特色社会主义道路，形成了中国特色社会主义理论体系。”③ 并且明确指出：“中国特色社会主义道路之所以完全正确、之所以能够引导中国发展进步，关键在于我们既坚持了科学社会主义的基本原则，又根据我国实际和时代特征赋予其鲜明的中国特色。”④ 这就给我们以深刻的启示，研究马克思主义中国化的历史进程要紧紧抓住坚持中国特色社会主义道路这个主题，围绕这个主题不断地探寻如何更好地把马克思主义的普遍真理同我国的具体实际结合起来。离开“走什么道路”这个主题，抓不住“相结合”这个关键，我们的研究工作就会严重地脱离实际，走偏方向。

第二，新中国成立以来，马克思主义中国化历史进程中的理论成果之间内在地保持着一脉相承又与时俱进的关系。毛泽东思想和中国特色社会主义理论体系之间，不仅从宏观整体上说，都具有马克思主义最根本的理论特征，即“辩证唯物主义和历史唯物主义世界观和方法论”；都坚持马克思主义最崇高的社会理想，即实现物质财富极大丰富、人民精神境界极大提高、每个人自由而全面发展的共产主义社会，并且把坚持党的最高纲领和最低纲领统一起来；都坚持马克思主义最鲜明的政治立场，即马克思主义政党的一切理论和奋斗都应致力于实现最广大人民的根本利益；都具有马克思主义最重要的理论品质，即坚持一切从实际出发，理论联系实

① 《邓小平文选》第3卷，人民出版社1993年版，第3页。

② 《胡锦涛文选》第2卷，人民出版社2016年版，第620页。

③ 《胡锦涛文选》第2卷，人民出版社2016年版，第620页。

④ 《胡锦涛文选》第2卷，人民出版社2016年版，第620—621页。

际，实事求是，在实践中检验真理、发展真理。[①] 而且从中国特色社会主义理论体系的思想理论来源说，中国特色社会主义这个命题的提出，中国特色社会主义理论所遵循的思想路线，开辟中国特色社会主义道路的政治前提和制度基础，中国社会主义现代化建设的目标、步骤，进行社会主义建设的正确思想，如中国的基本国情是我们正处于并将长期处于社会主义初级阶段，促进社会和谐必须区分两类不同性质的矛盾、正确处理人民内部矛盾，科学发展的根本方法是统筹兼顾，进行社会主义改革的理论依据是社会主义社会基本矛盾的学说，等等，都是以毛泽东思想为理论来源的。因此，胡锦涛同志指出："我们党能够在新时期开创出中国特色社会主义道路，其理论基础是对马克思列宁主义、毛泽东思想的科学继承。"[②] 研究马克思主义中国化的问题，必须始终把握住马克思主义发展的连续性和阶段性相统一的特点，在当今中国要牢牢把握中国化马克思主义两大理论成果内在的统一与发展，坚决抵制和批判把毛泽东思想和中国特色社会主义理论体系分割、对立起来的错误观点。

第三，新中国成立以来，马克思主义中国化是在不断抵制、克服错误思想、思潮的斗争中向前推进的。毛泽东指出："马克思主义必须在斗争中才能发展，不但过去是这样，现在是这样，将来也必然还是这样。正确的东西总是在同错误的东西作斗争的过程中发展起来的……当着某一种错误的东西被人类普遍地抛弃，某一种真理被人类普遍地接受的时候，更加新的真理又在同新的错误意见作斗争。这种斗争永远不会完结。这是真理发展的规律，当然也是马克思主义发展的规律。"[③] 新中国成立以来，在马克思主义中国化的推进过程中，我们党不仅克服了党内的主观主义的、"左"和右的错误思想，克服了"文化大革命"那样严重的错误，而且抵制了国际上的反共主义、大国"沙文主义"的压力，坚持了独立自主、自力更生的方针。在改革开放过程中，我们同资产阶级自由化思潮（包括新自由主义、民主社会主义、历史虚无主义、文化保守主义等）进行了反复的较量和斗争，同时克服了主张停顿和倒退的错误思潮的影响和干扰，才取得了社会主义现代化建设的巨大成就，丰富和发展了中国化马克

---

① 《十六大以来重要文献选编》（上），中央文献出版社 2005 年版，第 362—366 页。

② 《十七大以来重要文献选编》（上），中央文献出版社 2009 年版，第 97 页。

③ 《毛泽东文集》第 7 卷，人民出版社 1999 年版，第 230—231 页。

思主义的理论成果，这就使我们进一步深刻地体会到，马克思主义只有在斗争中才能发展，中国化的马克思主义也不例外。

第四，新中国成立以来，马克思主义中国化的历史进程之所以能够不断推进，一个决定性的因素是中国共产党不断加强自身的先进性建设，使马克思主义中国化的推进得到了强有力的组织保证。新中国成立60年来，之所以能使中国化马克思主义的第一个理论成果——毛泽东思想得到丰富和发展，第二个理论成果——中国特色社会主义理论体系得以形成和发展，正在于我们党采取了多种多样的形式，开展了多种多样的马克思主义理论教育活动，不断加强自身建设，始终保持了马克思主义政党的先进性质。这就使我们进一步认识到，马克思主义是无产阶级政党的思想理论基础，如果一个无产阶级政党不以马克思主义作为自己的思想理论基础，就不会具有先进性质，就会沦为工联主义的团体。反之，无产阶级政党是马克思主义的组织基础，如果失去了这个基础，马克思主义就会脱离自己的阶级基础和群众基础，就不能由一种精神的力量转化为埋葬旧社会、创立和建设新社会的巨大物质力量。因此，要不断推进马克思主义中国化的历史进程，就必须不断加强中国共产党的自身建设，这是同一历史过程中两个相辅相成、缺一不可的方面。

（原载《思想理论教育》2009年第9期，第二作者为荣枢）

马克思主义中国化史的进程和分期

马克思主义中国化是创造性地运用和发展马克思主义基本原理的过程，迄今为止已长达近一个世纪。在这一过程中，既有坚持、继承马克思主义基本性质的连续性，又有以此为基础继续丰富和创造性发展基本性质的阶段性。邓小平同志说："我们搞改革开放，把工作重心放在经济建设上，没有丢马克思，没有丢列宁，也没有丢毛泽东。老祖宗不能丢啊！"①党的十五大报告说："马列主义不能丢、毛泽东思想不能丢，丢了就会丧失根本。"② 这是讲发展的连续性。邓小平又指出："真正的马克思列宁主义者必须根据现在的情况，认识、继承和发展马克思列宁主义"③，"不以新的思想、观点去继承、发展马克思主义，不是真正的马克思主义者。"④党的十五大报告也说："马克思主义是科学，它始终严格地以客观事实为根据。而实际生活总是在不停的变动中……因此，马克思主义必定随着时代、实践和科学的发展而不断发展，不可能一成不变。"⑤ 马克思主义在发展中，在某个特定时期对遇到的新矛盾、新情况、新问题作出了新阐释、新概括、新论证、新回答，或者提出了新公式、新结论，补充、修改或丰富、发展了旧的具体公式和结论，或者因理论活动重点发生变更，把马克思主义这一活的学说的某个方面提到了首位，使某些原理、原则显得特别突出，甚至出现了理论上的界碑或在理论指导下实践上的界碑，这些都会使马克思主义的发展行程出现某些具体历史特点（包含理论内容和

---

① 《邓小平文选》第3卷，人民出版社1993年版，第369页。

② 本书编写组编著：《与时俱进　努力开创建设有中国特色社会主义事业新局面——认真学习江泽民同志"5·31"重要讲话》，人民出版社2002年版，第34页。

③ 《邓小平文选》第3卷，人民出版社1993年版，第291页。

④ 《邓小平文选》第3卷，人民出版社1993年版，第292页。

⑤ 《江泽民文选》第2卷，人民出版社2006年版，第12页。

逻辑形式两方面），这是讲发展的阶段性。这种发展的连续性和阶段性的统一，反映了近现代和当代中国社会政治经济发展历史过程中的基本矛盾和不同时期矛盾运动的具体历史特点，决定着马克思主义中国化的进程和分期。

一 学术界关于马克思主义中国化进程和分期的争鸣

关于马克思主义中国化过程的历史分期，学术界有不同的观点。探讨这个问题，首先，涉及马克思主义中国化的历史起点问题，即从什么时候开始，马克思主义的普遍真理才同我国的具体实际相结合，或者说才开始中国化呢？有的学者认为，马克思主义中国化应从马克思主义传入中国之日算起。有的学者认为，1920 年前后，共产主义知识分子群体这一马克思主义中国化主体的形成，是马克思主义中国化的起点。有的学者认为，应以中国共产党的成立为起点，因为中国共产党是马克思主义中国化的主体。有的学者认为，马克思主义中国化的历史起点是中共二大。还有学者认为，中共对马克思主义中国化的真正探索是从 1927 年第一次大革命失败后才开始的。

与马克思主义中国化历史起点紧密相连的问题，是马克思主义中国化历史进程中的阶段划分。对此，学界也提出了不同的看法。有学者认为，马克思主义中国化的历史进程应分为两个阶段：主要由毛泽东创立的，以新民主主义理论为核心的毛泽东思想阶段和主要由邓小平创立的，以建设有中国特色的社会主义理论为核心的邓小平理论阶段。也有学者认为，马克思主义中国化发展的历史脉络主要经历了三个阶段，即三个二十八年。第一个二十八年——民主革命阶段。在这一大阶段中，马克思主义中国化事业得以开创并取得重要成效，它使我们党经过反复探索，总结成功和失败的经验，找到了有中国特色的革命道路，实现了“结合”过程中的第一次飞跃。第二个二十八年——新中国成立以后到 1978 年十一届三中全会的阶段。在这一大阶段中，马克思主义中国化事业有所前进，但主流趋向是停滞，后期甚至是倒退，经历了十分坎坷和曲折的过程。第三个二十八年——十一届三中全会以后改革开放的阶段。在这一大阶段中，围绕建设中国特色社会主义的主题，与时俱进地作出了一系列理论创新，在新的历史条件下，把马克思主义中国化事业进一步推向前进。还有学者主张分为四个阶段，即马克思主义在中国传播的时期（五四运动前后），马克思主义在中国获得显著成效的时期（1921—1949 年），马克思主义在中国逐渐教条化的时期（1949—1978 年），开拓马克思主义中国化新境界的时期（1978 年— ）四个阶段。

此外还有其他种种看法。

学术界在马克思主义中国化历史进程的起点和阶段划分上的种种见解，从某种特定意义上说都有一定道理。那为什么会在具体的历史分期上出现这些意见分歧呢？我们认为，主要是因为各人所依据的划分标准不同。要正确地对马克思主义中国化史进行历史分期，必须首先统一对划分标准的认识。为此，要从方法论上深入研究和解决这样几个问题：其一，要对什么是马克思主义中国化作出科学界定，真正弄清马克思主义中国化的内涵和精神实质。如果在这个最基本的概念上得不到统一的认识，学界就不可能找到判定问题的客观标准。没有统一的客观标准，自然众说纷纭，得不到共识。其二，要确定实现马克思主义中国化的条件。其中最重要的是实现马克思主义中国化的主体状况，看该主体是否能独立地提出和处理基本理论、路线、方针和政策等问题。其三，要坚持论从史出。历史从哪里开始，思维的进程也从哪里开始。历史进程在这里主要是指我国社会经济的发展状况与提出的历史课题、政治生活的演变和党的政治任务的确定。思维进程在这里主要是指党的思想理论、路线方针政策对历史进程的理论反映。思维的进程必然反映、默写历史进程，但这种反映并不是思维处处都跟着历史事件跑，如若是这样，定会被偶然事件打断逻辑思维的进程。逻辑思维中的历史进程应该是被科学思维整理、加工过的历史过程，它比现实生活中以丰富的现象呈现出来的历史过程更深刻、更具有根本的性质。其四，要坚持唯物辩证法，把马克思主义中国化如实看作一个由浅入深、由单方面到多方面不断拓展的历史过程，而不是一次性的行为，不是只要承认、赞成、主张马克思主义中国化就能了事，就能马上取得成果的。事实上，承认、赞成、主张马克思主义中国化是一回事，是否善于和真正实现了马克思主义中国化又是另外一回事。其五，马克思主义中国化进程中已经实现了两次历史性飞跃，产生了两大理论成果——毛泽东思想科学体系和中国特色社会主义理论体系，对这个问题我们党已有明确的结论，在理论界也已取得了共识。对于马克思主义中国化的历史分期，要有助于有科学根据地阐述马克思主义中国化进程中的两次历史性飞跃，阐释两大理论成果的形成和发展，而不是相反。

二 关于马克思主义中国化的历史起点问题

第一，关于“井冈山道路起点说”。它强调了以毛泽东为首的共产党人为井冈山根据地制定了正确的路线、方针和政策，积累了丰富的斗争经验，从理论和实践上提出了“工农武装割据”的思想，引导中国革命在危难中一步步走向胜利。

应该说，井冈山道路无疑“是我们党把马克思主义基本原理同中国革命具体实践相结合、创立中国化的马克思主义的伟大开篇”①。然而有两点值得注意：一是毛泽东率领秋收起义部队上井冈山的历史行动，逐步开创“工农武装割据”的新局面，在这一过程中提出和阐明的“工农武装割据”的思想，“与后来他提出的关于农村包围城市、武装夺取政权的理论，既有联系又有区别。‘工农武装割据’的思想，为农村包围城市武装夺取政权的革命道路的理论提供了坚实的理论基础，它是中国革命新道路理论的重要组成部分。它主要是回答农村根据地，即中国红色政权存在和发展的原因和条件。而农村包围城市、武装夺取政权理论的内容是多方面的，最主要的是回答了中国革命取得胜利的根本途径和根本道路问题。毛泽东在提出‘工农武装割据’的思想时，还没有对党的工作重心必须由城市转入农村的问题作出明确的结论，还没有认识到农村斗争是夺取全国革命胜利的主要途径。这时，他虽然在实践上已经深入农村，但在指导思想上还是以农村配合城市的思想”②。正如周恩来后来所指出的：“关于把工作中心放在乡村，共产党代表无产阶级来领导农民游击战争，我认为当时毛泽东同志也还没有这些思想，他也还是认为要以城市为中心的。开始他还主张在闽浙赣边创造苏区来影响城市工作，配合城市工作，到给林彪的信（指《星星之火，可以燎原》——引者注）中才明确指出要创造红色区域，实行武装割据，认为这是促进全国革命高潮的最重要因素，也就是要以乡村为中心。所以，毛泽东同志的思想是发展的。”③ 显然，井冈山道路作为一个逐步形成的过程，不能成为马克思主义中国化的历史起

---

① 胡锦涛：《弘扬崇高革命精神和优良革命传统，沿着中国特色社会主义道路奋勇前进》，《人民日报》2007年7月28日第1版。

② 沙健孙主编：《中国共产党史稿（1921—1949）》（第3卷），中央文献出版社2006年版，第60页。

③ 《延安时期党的重要领导人著作选编》（下），中央文献出版社2014年版，第514—515页。

点。二是“创立中国化的马克思主义的开篇”“中国革命不断走向胜利的光辉起点”① 同“马克思主义中国化的历史起点”不是同一个概念或发生在同一时间。这里有一个时空差，“创立中国化的马克思主义的开篇”，找到“中国革命不断走向胜利的光辉起点”，这是在马克思主义中国化道路上走过最初的探索阶段以后实现的，不是在马克思主义中国化的历史起点上所能做到的。

第二，关于“八七会议起点说”。应该说，“八七会议”是一次很重要的会议，这次会议是根据共产国际的指示，在共产国际代表参与下召开的，“‘它是中国共产党历史上的转变关键’，标志着‘将党从机会主义的泥坑之中救出来，重新走上革命的大道’”②。就其基本方面说，这是一次成功的会议。但是说它是马克思主义中国化的历史起点难于成立。这是因为，其一，“八七会议”以前，中国共产党已经走过了一段路程，在把马克思主义基本原理与中国具体实际相结合的问题上，党内已产生了一些正确的思想，如根据中国的具体实际决定共产党与国民党合作的问题，毛泽东对中国社会各阶级的分析、特别是对农民运动的认识等。其二，会议本身是有缺点的。它不仅在反对右倾错误时没能注意防止和纠正“左”的错误，还为后来“左倾”政策的制定和实行开辟了道路。更为严重的是，共产国际、联共（布）以大革命失败为口实，更加强化了对中国革命事务的干预和对中国共产党的控制。另外，毛泽东在“八七会议”上也并不居主角和核心地位。从上述两方面来说，“八七会议”实在难以称得上是马克思主义中国化的历史起点。

第三，关于“中共二大起点说”。中共二大制定了反帝反封建的革命纲领，对后来反对教条主义的斗争是有历史性贡献的，但这也是表明马克思主义中国化已取得了一定的初步的积极成果，并不是马克思主义中国化的历史起点。

第四，关于“起始于中国共产党成立前之说”。马克思主义中国化，必须有一个能将马克思主义中国化的主体。在中国共产党成立之前，中国的共产主义先驱们虽然对马克思主义基本理论进行了介绍和传播，但是作

---

① 李长春：《在纪念井冈山革命根据地创建 80 周年大会上的讲话》，《人民日报》2007 年 10 月 30 日第 1 版。

② 沙键孙主编：《中国共产党史稿（1921—1949）》（第 3 卷），中央文献出版社 2006 年版，第 35 页。

为马克思主义中国化的主体——中国共产党尚未建立，共产主义先驱们对于中国革命的一系列基本问题尚缺乏明确的认识，他们当时所达到的认识大多停留在比较抽象的水平上，还难说有多少结合中国具体实际的创造性、系统性的理论探索，更没有群众运动的实践经验做基础。因此，他们对马克思主义的传播，只能算是为马克思主义中国化所做的前期准备。

第五，关于“思潮传入起点说”。“思潮传入起点说”意即马克思主义还只是作为一种思潮传入中国时，就开始了马克思主义中国化的起点。应该说，这是很不合适的。因为马克思主义最早是由西方传教士、中国的无政府主义者、资产阶级革命家等传入中国的，他们在很大程度上仅仅是把马克思主义作为一种来自西方的学术思想进行介绍的，对马克思主义理论本身的性质及其改造世界的巨大价值缺乏正确的认识和了解，更没有把马克思主义当作中国革命的指导思想，也没有把这种“主义”与改造中国的革命实践结合起来，当然也算不上把马克思主义中国化。

我们认为，1921 年中国共产党的成立，是马克思主义中国化的历史起点。

首先，当时中国社会已具备了马克思主义中国化的社会历史条件。俄国十月革命的炮声，宣告了马克思主义在俄国的胜利，也给中国人送来了马克思列宁主义，中国的先进分子，如李大钊、陈独秀、李达等开始宣传并接受马克思主义。就中国内部的社会阶级状况说，五四运动中，经受了革命洗礼的中国工人阶级，第一次以独立的姿态登上了政治舞台，显示了强大的革命力量，表明中国工人阶级开始由自在阶级向自为阶级转变，它的成长既是中国共产党成立的阶级基础，也是马克思主义中国化的阶级基础。中国共产党的成立标志着中国工人阶级已经成长为自为阶级，这就为马克思主义与中国实际的结合提供了中国社会内部的条件。马克思主义理论是关于社会发展一般规律，特别是从资本主义转向社会主义、从社会主义转向共产主义的理论，是无产阶级世界观和方法论。这一理论只有与各国具体革命实践相结合才能发挥作用。中国革命和建设的任务、目的就是要实现民族独立，人民解放和民族振兴、繁荣、富强。因此，马克思主义理论与中国革命和建设的历史任务有根本的一致性，这种一致性正是马克思主义与中国实际相结合的关键所在。正如毛泽东后来总结的，马克思列宁主义来到中国之所以有这种巨大的作用，是因为中国的社会条件有了这种需要，任何思想，如果没有客观存在的需要，如果不为人民群众所周知，即使是最好的东西，即使是马克思主义也是不起作用的。“这时，也只是在这时，中国人从思想到生活，才出现了一个崭新的时期。中国人找到了马克思列宁主义这个放之四海而皆准的普遍真理，中国的面目就起了变化了。”①

其次，中国共产党的成立使马克思主义中国化有了自己理论的主体和实践的主体。1921 年，以马克思主义理论为指导思想的政党——中国共产党宣布成立，这本身就是马克思主义和中国工人运动相结合的产物，也可以说是马克思主义同中国具体实际结合的第一步。中国共产党既是马克思主义中国化理论的主体，也是马克思主义中国化实践的主体。马克思说：“理论一经掌握群众，也会变成物质力量。”② 谁用理论去掌握群众呢？只能是理论的主体。所谓理论的主体，就是自觉地以马克思主义理论作为自己的指导思想并将其变成物质力量的无产阶级政党。中国共产党正是以无产阶级作为自己的阶级基础，并能自觉地以马克思主义理论作为自己的行动指南的政党。中国共产党不仅把马克思主义作为自己的行动指南，而且还是马克思主义实践的主体。人民群众是一切社会实践的主体，而中国共产党不仅是人民群众根本利益的集中代表，而且中国共产党的领导还是人民群众发挥历史作用的最高体现。中国共产党坚持实践和理论的辩证统一，把实事求是、一切从实际出发、在实践中检验真理和发展真理作为自己的思想路线。有了中国共产党的领导，马克思主义就不再是一种外在于群众、与人民日常实践不相干的理论，而是一种能够同人民群众的实践相结合的、不断转化为物质力量的指导思想。

再次，实现共产主义是中国共产党人“化”中国的崇高理想。中共一大以马克思列宁主义为指导，制定了党的纲领。中共一大通过的《中国共产党第一个纲领》，虽然比较简单，也很不完备，但是，这个纲领却毫不含糊地向世界宣示：中国共产党“承认无产阶级专政，直到阶级斗争结束，即直到消灭社会的阶级区分”；“承认苏维埃管理制度，把工农劳动者和士兵组织起来”。这两点宣示是这一纲领最核心、最本质的内容，鲜明地表明了我们党对现存的剥削阶级私有制最坚决、最彻底的革命

---

① 《毛泽东选集》第 4 卷，人民出版社 1991 年版，第 1470 页。

② 《马克思恩格斯选集》第 1 卷，人民出版社 1995 年版，第 9 页。

态度和革命精神，表明了要消灭剥削制度、实现共产主义的政治立场和奋斗目标，这是把马克思主义基本原理创造性运用于中国实际的纲领性表现，从原则上划清了中国共产党同其他类型政党的界限。党的纲领性质明确、起点很高，内容既有中国特色，又与近代中国其他政党的纲领有本质区别。这样，就“在全世界面前树立起一些可供人们用以判定党的运动水平的界碑”①。从此，中国的社会面貌将在中国共产党的领导下发生革命性的变化。

把1921年中国共产党成立作为马克思主义中国化的起点，同我们党的缔造者和第一代领导人的论断是一致的，我们党的决议也有明确的结论。如毛泽东同志1941年5月在《改造我们的学习》一文中指出：“中国共产党的二十年，就是马克思列宁主义的普遍真理和中国革命的具体实践日益结合的二十年。”② 1945年4月中共中央六届七中全会通过的《关于若干历史问题的决议》强调：“中国共产党自一九二一年产生以来，就以马克思列宁主义的普遍真理和中国革命的具体实际相结合为自己一切工作的指针，毛泽东同志关于中国革命的理论和实践便是此种结合的代表。”③ 这些都清楚地说明了马克思主义中国化的历史起点是1921年中国共产党的成立，这在继后党的实践中日益得到深化。

三　关于马克思主义中国化历程中的阶段划分问题

多年来学术界多位学者按中共党史的线索来划分马克思主义中国化历史进程的阶段，是有充分道理的。因为中国共产党是马克思主义中国化的主体，党的历史也就是马克思主义中国化的历史，这两者是一致的。这正如胡锦涛同志在庆祝中国共产党成立85周年大会上讲的，中国共产党的85年，就是马克思主义基本原理同中国具体实际相结合、不断推进马克思主义中国化的85年。因此，根据党所面临和解决的任务来划分马克思主义中国化历史进程的阶段，有助于阐述马克思主义中国化进程中的两次历史性飞跃、两大理论成果，有助于揭明马克思主义中国化的发展规律。当然，这并不是说马克思主义中国化史与中共党史在研究对象上是完全同

---

① 《马克思恩格斯选集》第3卷，人民出版社2012年版，第355页。

② 《毛泽东选集》第3卷，人民出版社1991年版，第795页。

③ 《毛泽东选集》第3卷，人民出版社1991年版，第952页。

一的。事实上，从研究对象讲，中共党史学是对党领导中国革命和建设的客观进程及其规律，对中国革命和建设过程中，党如何不断加强自身建设的历史进行研究的历史学科。举凡党的活动触及的领域，如经济、政治、思想、文化、军事、教育、社会等，无不在其研究视野之内。而马克思主义中国化史的研究对象并不像中共党史那样宽泛，它主要集中于党的思想理论发展的历程，即中国共产党人在不同的历史阶段、不同的社会背景和不同社会实践中，如何围绕党要解决的历史任务，以马克思主义理论为指导，在不断推进中国革命和建设的实践过程中，日益深入地推动马克思主义与中国具体实际相结合，进行科学理论的创新。整个研究虽然不能离开中国共产党的历史，但它侧重于马克思主义理论中国化的历史进程、基本经验及其内在规律。

具体地说，按照胡锦涛同志《在庆祝中国共产党成立 85 周年暨总结保持共产党员先进性教育活动大会上的讲话》精神，中国共产党已经走过了 85 年不平凡的历程。在这 85 年里，我们党紧紧依靠和紧密团结全国各族人民，干了三件大事。“在新民主主义革命时期，我们经过 28 年艰苦卓绝的斗争，推翻了帝国主义、封建主义、官僚资本主义的反动统治，实现了民族独立和人民解放，建立了人民当家作主的新中国。在社会主义革命和建设时期，我们确立了社会主义基本制度，在一穷二白的基础上建立了独立的比较完整的工业体系和国民经济体系，使古老的中国以崭新的姿态屹立在世界的东方。在改革开放和社会主义现代化建设时期，我们开创了中国特色社会主义道路，坚持以经济建设为中心、坚持四项基本原则、坚持改革开放，初步建立起社会主义市场经济体制，大幅度提高了我国的综合国力和人民生活水平，为全面建设小康社会、基本实现社会主义现代化开辟了广阔的前景。这三件大事，从根本上改变了中国人民的前途命运，决定了中国历史的发展方向，在世界上产生了深刻而广泛的影响。总起来说，中国共产党 85 年的历史，就是为中华民族的独立、解放、繁荣，为中国人民的自由、民主、幸福而不懈奋斗的历史。这 85 年，是马克思主义基本原理同中国具体实际相结合、不断推进马克思主义中国化的 85 年；是我们伟大的祖国结束近代饱受屈辱的历史和长年战乱的局面、战胜各种困难和风险顽强奋进的 85 年；是中国人民掌握自己的命运、意气风发地建设新生活的 85 年；是我们党经受住各种风浪考验、不断发展壮大、不断开创各项事业新局面的85年。”[①]

恩格斯曾经指出：“历史从哪里开始，思想进程也应当从哪里开始。”[②] 理论史是社会发展史和革命运动史的理论表现。以胡锦涛同志讲的中国共产党八十多年干的三件大事为历史依据，作为它的理论反映的马克思主义中国化历史进程也可以划分为三个大的阶段。在此之前应归为马克思主义传入中国的历史前提时期。

（一）历史前提时期：从1840年鸦片战争之后到1921年之前

在这个时期，由于西方列强的侵略、封建统治的腐朽和经济技术落后，中国逐步沦为半殖民地半封建社会，国家积贫积弱，社会战乱不已，生灵涂炭。为了实现中华民族的伟大复兴，无数仁人志士奋起寻求救国救民、振兴中华的道路。各个不同的阶级及其代表人物从各自不同的立场和利益出发，用各种主义解决中国面临的民族独立和人民解放的历史课题，但各种努力最终都遭到失败，由此历史向追求真理的中国人指明道路：要救中国，必须有新的理论指导。马克思主义传入中国进而中国化，就是在这种背景下适应历史的呼唤而发生的。

（二）第一阶段：从1921年中国共产党的成立到1949年中华人民共和国的成立

从社会历史发展和革命运动发展来说，这是我们党领导的第一次革命中的新民主主义革命，也就是党领导我们干的第一件大事：在这个革命时期，我们经过28年艰苦卓绝的斗争，推翻了帝国主义、封建主义、官僚资本主义的反动统治，实现了民族独立和人民解放，建立了人民当家作主的新中国。从这段历史过程的理论反映的马克思主义中国化的推进过程来说，这是把马克思主义普遍真理同中国实际相结合实现第一次飞跃的阶段，形成了新民主主义理论成果。这是马克思主义中国化的第一大理论成果——毛泽东思想科学体系的重要组成部分。这个大的阶段又可以划分为四个小阶段：

1. 中国共产党成立时期对马克思主义中国化的初始探讨（1921—1927年）。初始探讨具体表现为：实现马克思主义中国化的主体——中国

---

① 胡锦涛：《在庆祝中国共产党成立85周年暨总结保持共产党员先进性教育活动大会上的讲话》，人民出版社2006年版，第2—3页。

② 《马克思恩格斯文集》第2卷，人民出版社2009年版，第603页。

共产党已经成立；中国共产党提出了明确的独立的纲领；中国共产党根据自己的纲领进行了一系列的革命实践，包括开展工农革命运动，倡导共产党与国民党的合作，建立反对民族压迫与封建压迫的伟大的统一战线，培养了革命干部，进行了北伐战争等。这些方面虽然对马克思主义基本原理同中国的实际相结合的程度还不够深，尚未找到半封建半殖民地的中国革命的具体道路，党的领导人还不成熟等[①]，但对中国共产党人来说，毕竟是用马克思主义作指导来解决中国革命实际问题的开始。

2. 党在幼年及其向成熟发展的时期对马克思主义中国化的艰辛开拓(1927—1937年)。所谓艰辛开拓就是说，1927年大革命失败后，白色恐怖笼罩着中国，党是从地上爬起来擦干身上的血迹、掩埋好同志的尸体继续战斗的，环境十分险恶；党处在由幼年向成熟发展的时期，党中央正确的领导集体尚处在为革命实践所考验，为党、革命军队和人民所选择、认可的时期，这种转折、发展异常艰辛；毛泽东领导的秋收起义以及建立的井冈山革命根据地，为中国革命找到了正确道路。其标志是，逐步提出并践行了枪杆子里面出政权、农村包围城市、在农村环境下建立马克思主义政党、在农民占多数的条件下建立新型的人民军队的思想。但是，当时以毛泽东为代表的正确领导思想，在七八年的时间中尚未在中央取得指导地位，其正确路线也未为全党所接受，其间还发生了由于“左倾”机会主义路线在中央的错误统治所造成的革命的重大曲折和损失。这表明党的正确领导集体的形成、党的正确路线的确立十分艰辛。遵义会议是个重大转折，它实际上确立了毛泽东在党中央的领导地位。1935年12月17日至25日的瓦窑堡会议，标志着中国共产党“已经成熟起来，能够从中国的实际情况出发，创造性地进行工作”[②]。但是，当时党面临日本侵略者的大举进攻，主要忙于建立抗日民族统一战线等迫切任务，“没有来得及在全党范围内对党的历史经验进行系统的总结，特别是没有从思想方法的高度对造成过去党内历次‘左倾’和右倾错误的根源进行深刻的总结，所以党内在指导思想上仍常存在一些分歧。这种分歧，在一定时期内，在局

① 《胡乔木传》编写组编：《胡乔木谈中共党史》，人民出版社1999年版，第294页。

② 中共中央党史研究室著，胡绳主编：《中国共产党的七十年》，中共党史出版社1991年版，第136页。

部地区和某些方面继续给革命事业带来损失”①。就马克思主义中国化的推进来说，这一时期，虽有像《反对本本主义》这样标志性的理论著作，在解决党的思想路线方面作出了具有里程碑意义的贡献，但是从主要的和基本的方面来说，党还来不及进行系统的理论概括和总结。

3. 土地革命战争后期和抗日战争时期马克思主义中国化理论和实践的新进展（1937—1945 年）。所谓新进展是指，党已经从幼年走向成熟，党的第一代正确领导集体已经形成，进行了马克思主义中国化史上第一次系统总结：毛泽东发表了解决党的政治路线的标志性著作——《论反对日本帝国主义的策略》，解决党的军事路线的标志性著作——《中国革命战争的战略问题》，解决党的思想路线的标志性著作——《实践论》《矛盾论》等，为马克思主义中国化奠定了深刻的理论基础。经过延安整风运动，党从理论上总结了以往的历史经验，巩固了马克思列宁主义思想在党内外的阵地，全党达到了空前的团结和进一步的成熟。马克思主义中国化的思想已在党内得到酝酿和议论，并明确提出了“马克思主义中国化”的科学命题和“毛泽东思想”的科学概念。中国共产党真正走上了一条独立自主的、把马克思列宁主义的基本原理中国化的正确道路。马克思主义中国化的第一个理论成果——毛泽东思想被确立为党的指导思想。毛泽东的主要代表作《新民主主义论》正式发表，其中进一步分析了新民主主义时期的社会基本状况，阐述了中国革命的基本特点，制定了新民主主义革命的总路线和纲领，总结了新民主主义革命的基本经验。这样，马克思主义中国化的理论和实践就在系统的理论总结和全面的理论概括的基础上有了重大的新进展。

4. 解放战争时期对马克思主义中国化的成功推进（1945—1949 年）。我们党在前一个阶段对马克思主义中国化进行理论和实践双重探索的基础上，在以毛泽东为核心的党中央集体领导下，业已创立的中国化马克思主义理论在解放战争时期得到了充分的运用、展开，在人民解放战争和解放区的建设中发挥了巨大的指导作用。同时产生了像七届二中全会报告、《论人民民主专政》等具有重大理论意义和实践意义的纲领性著作，毛泽东思想关于新民主主义的理论得到进一步的丰富和完善，并且提出了关于

---

① 中共中央党史研究室著，胡绳主编：《中国共产党的七十年》，中共党史出版社 1991 年版，第 197 页。

巩固人民革命的胜利成果、建设新中国的一系列重要思想，马克思主义中国化得到成功推进。

（三）第二阶段，从 1949 年中华人民共和国成立到 1976 年“文化大革命”结束

这一阶段从社会历史发展和革命运动发展来说，是我们党领导的社会主义革命和社会主义建设时期。在这个时期，党领导我们干了第二件大事：确立了社会主义基本制度，在一穷二白的基础上建立了独立的比较完整的工业体系和国民经济体系，使古老的中国以崭新的姿态屹立在世界的东方。作为这段历史的理论反映的马克思主义中国化进程，是马克思主义基本原理和中国具体实际相结合中第一次历史性飞跃的延续，是第二次结合的开篇。它的理论成果是形成了社会主义改造的理论和社会主义建设一系列重要理论观点、党的方针政策。这是马克思主义中国化的第一大理论成果——毛泽东思想科学体系中的又一重要组成部分。这个大的阶段又可以分为三个小阶段：新中国成立头七年，中华人民共和国的诞生和社会主义制度的建立；全面建设社会主义时期的马克思主义中国化过程（到“文革”前）；“文革”时期马克思主义中国化有着深刻的教训。但是这个大的阶段总的说，在建立新中国、进行社会主义革命和建设方面取得了伟大成就，在艰辛探索社会主义建设规律方面取得了宝贵经验，为当代中国的发展进步奠定了根本政治前提和制度基础，为中国特色社会主义理论体系的创立奠定了根本理论基础，大大推进了马克思主义中国化的进程。

（四）第三阶段，从 1976 年真理标准大讨论开始至今，是进行思想路线上的拨乱反正、改革开放和社会主义现代化建设阶段

从社会历史发展和革命运动发展来说，这一阶段我们党领导中国人民，开创了中国特色社会主义道路，即立足基本国情，以经济建设为中心、坚持四项基本原则、坚持改革开放，解放和发展社会生产力，巩固和完善社会主义制度，建设社会主义市场经济、社会主义民主政治、社会主义先进文化、社会主义和谐社会，建设富强民主文明和谐的社会主义现代化国家。从开辟中国特色社会主义道路的理论反映——马克思主义中国化的进程来说，这是我们党把马克思主义普遍真理同中国具体实际相结合实现第二次历史性飞跃的时期。在马克思列宁主义、毛泽东思想基础上，形成了马克思主义中国化的第二大理论成果——中国特色社会主义理论体系。这个阶段又可以分成三个小的阶段：“文革”后两年；进入新时期、

开辟新道路、创立新理论，恢复党的正确思想路线时期；开拓中国特色社会主义道路，形成中国特色社会主义理论体系的时期。党在这三个小阶段的全部理论和全部实践，归结起来就是在马克思列宁主义、毛泽东思想的基础上，进一步创造性地探索和回答了什么是马克思主义、怎样对待马克思主义等“四个重大的基本问题”。

四　研究马克思主义中国化史的起点和分期的启示

马克思主义中国化史的起点和阶段划分的研究给我们以深刻的启迪：

首先，整个马克思主义中国化的推进，无论是经验还是教训都是围绕一个根本问题——马克思主义基本原理和中国的实际相结合而发生的，这充分说明马克思主义基本原理和中国实际相结合是马克思主义中国化的一个基本原理、一条最根本的经验。因此，胡锦涛同志在总结改革开放30年的历史经验的报告中强调说：“30年的历史经验归结到一点，就是把马克思主义基本原理同中国具体实际相结合，走自己的路，建设中国特色社会主义。”[①] 这是改革开放30年的基本经验，在其基本精神方面也是整个马克思主义中国化过程中的基本经验。这条经验告诉我们，研究实现和推进马克思主义中国化的问题，必须牢牢把握住这条基本原理和基本经验。离开这个基本问题，研究就会走入歧途。有人认为，把马克思主义中国化的核心内容解读为马克思主义基本原理和中国实际相结合是理论上的一种误区。我们认为，这种观点是非马克思主义的、完全错误的。

其次，从1921年到今天，在长达八十多年的马克思主义中国化的历史进程中，尽管其间有曲折、有波澜、有反复，但是总体是不断前进的。从宏观的历史角度看，我们党的全部理论和实践证明，中国共产党在自己的奋斗历程中，无论是在凯歌行进时期，还是在遭遇困难和失误时期，都是在解决马克思主义基本原理同中国具体实际相结合、走自己的路的问题。中国共产党的历史的确是一部不断实现和推进马克思主义中国化的历史。中国共产党不愧为对中国人民高度负责的马克思主义的先进政党。研究中国共产党和马克思主义中国化的历史，看不到历史过程中的曲折和反复，不利于我们吸取历史经验；但是，如果夸大这种曲折和反复，就会陷

① 胡锦涛：《在纪念党的十一届三中全会召开30周年大会上的讲话》，人民出版社2008年版，第34页。

入历史虚无主义的泥潭。关于这一点，无论是对新中国成立以前马克思主义中国化过程的看法，还是对新中国成立以后马克思主义中国化过程的看法都是如此。有人认为，中国改革开放前的30年，在社会发展中起主导和支配作用的是“本本”和“原则”的至上性，完全不顾实际结果，指责我们党在改革开放前30年中坚持的是，“原则”是永远正确的，出错的只能是实践，由此注定要犯错误和遭到失败。这种影射、否定毛泽东思想关于社会主义改造和社会主义建设理论科学性的观点，夸大了我们党一度在思想路线上出现的错误，以偏概全，把“文化大革命”的严重错误说成是改革开放前30年的错误，把改革开放前后两个30年完全对立起来，把毛泽东思想和中国特色社会主义理论体系完全对立起来，是不顾历史事实，违背党的十七大精神的错误观点。

再次，马克思主义中国化是中国共产党及其领导下的人民群众自己创造历史、创造理论的伟大过程，但是，蕴藏在这一创造过程中的历史经验和历史智慧不是呈现在社会表面的，这正是在有关历史起点和历史分期研究上出现多种意见分歧的重要原因。马克思主义认识论告诉我们，感觉到了的东西我们不一定理解它，只有理解了的东西，我们才能更深刻地感觉它。这说明要明确地获得马克思主义中国化过程中的历史经验和历史智慧，真正获得规律性认识，必须深入地开展科学研究，进行长期的系统的理论探索。

（原载《毛泽东邓小平理论研究》2009年第11期，第二作者为李红军）

深化社会主义核心价值体系研究的几点思考

近些年来，国内学术界对社会主义核心价值体系的内涵、外延、实质和引领功能等多方面进行了较深入的研究，力图从我国社会主义意识形态建设历史的、现实的经验总结中，对中国传统文化的积极要素和国外优秀文化成果的研究中，对社会主义核心价值理念和核心价值观作进一步的概括提炼，以进一步丰富和完善社会主义核心价值体系；特别是中央提出六个“为什么”（为什么必须坚持马克思主义在意识形态领域的指导地位，而不能搞指导思想的多元化；为什么只有社会主义才能救中国，只有中国特色社会主义才能发展中国，而不能搞民主社会主义和资本主义；为什么必须坚持人民代表大会制度，而不能搞“三权分立”；为什么必须坚持中国共产党领导的多党合作和政治协商制度，而不能搞西方的多党制；为什么必须坚持公有制为主体、多种所有制经济共同发展的基本经济制度，而不能搞私有化和单一的公有制；为什么必须坚持改革开放不动摇，而不能走回头路），“自觉划清四个界限”（自觉划清马克思主义同反马克思主义的界限，社会主义公有制为主体、多种所有制经济共同发展同私有化和单一公有制的界限，中国特色社会主义民主同西方资本主义民主的界限，社会主义思想文化同封建主义、资本主义腐朽思想文化的界限）以后，深化了社会主义核心价值体系的内容，有力地促进了社会主义核心价值体系研究的进展，学术界推出了许多新的成果。这是主要的基本的方面。但是另一方面，从一些报刊上看，在深化对这个问题的研究中，学术界也出现了一些值得注意的倾向。如一些学者重视了应该重视的非本质问题，即社会主义核心价值体系的现行概括不够简明，难念、难记、难传播等等，而忽视了不应该忽视的本质问题，即社会主义核心价值观本身的性质问题，甚至有舍弃本质去追求非本质的倾向；又如有的学者重视了应该重视的理论创新的问题，而忽视了不应该忽视的理论宣传、党的思想理论教育一以贯之的连续性以及总体效果问题。有的学者置中央已作出的关于社会主义核心价值体系的定论于不顾，完全另起炉灶，带来了顾此失彼的不良影响；有学者甚至不顾中央近一个时期强调的问题，把弄清六个“为什么”、“划清四个界限”同完善社会主义核心价值体系建设分离开来或对立起来，削弱了两者教育的综合效果；再如有的学者重视了应该重视的我国社会现阶段社会发展的客观实际的问题，而忽视了不应该忽视的社会主义核心价值体系建设应该正确体现我们党一贯坚持的最高纲领与最低纲领相统一的原则问题，有把我国社会现阶段发展的某些生活现实凝固化的倾向；等等。

针对这些问题，笔者就进一步深化社会主义核心价值体系研究的问题，从思路上谈几点不够成熟的想法。

一　进一步明确和加强宣传我们党提出社会主义核心价值体系建设的根本宗旨

党中央提出社会主义核心价值体系的建设问题，是从总结我国意识形态建设的经验教训，适应巩固和完善我国经济基础和根本政治制度的要求、适应思想文化领域的新变化，着眼巩固马克思主义指导地位、巩固全党全国人民团结奋斗的共同思想基础出发的。其目的在于，要从当今我国社会多种多样的价值观念和价值取向中，提炼、概括出社会主义核心价值体系的概念，明确其基本内容，使之在现有各种价值目标中处于统摄和支配地位，成为社会意识形态的主体和灵魂，对整个社会意识和社会思潮起强大的引领和整合作用，以凝聚全社会的意志和力量，发展主流意识形态，保证社会前进的方向不被种种思潮所左右，保证人们共同的思想道德基础不被错误观点所动摇，从而避免人心涣散和社会混乱，保证党在社会主义初级阶段基本路线中确定的目标，即建设富强、民主、文明、和谐的社会主义现代化国家得以实现，然后向更高的目标前进。社会主义核心价值体系的提出和建立，是新中国成立60多年来，特别是改革开放以来，我们党在意识形态建设领域取得的重大创新成果。进一步深化它、完善它，只能坚持、不能离开这个根本宗旨。现在对于这一点，必须加以重申，加以强调，加以宣传。

二 进一步提炼、概括社会主义核心价值体系需坚持的方法论原则

（一）社会主义核心价值体系是社会主义意识形态的本质和核心

社会主义核心价值体系相对于我国社会中存在的其他价值观和价值理念应是根本性的、决定性的、引领性的，而不是处于次要地位的、被决定性的、被引领性的。社会主义核心价值体系中的灵魂、基础必须是马克思主义的、中国特色社会主义的。要警惕新自由主义、民主社会主义、历史虚无主义、以普世价值论为理论基础的宪政社会主义思潮等等反马克思主义思潮的干扰。社会主义核心价值体系研究必须符合社会主义核心价值体系本质的要求。

（二）社会主义的核心价值体系无疑应该是社会主义社会所特有的，而不应该是同其他社会形态所共有的

列宁曾指出："共产主义是从人类知识的总和中产生出来的，马克思主义就是这方面的典范。"[①] 自然，社会主义核心价值体系的内容和形式也是如此。它不能离开世界文明的发展大道，必须继承古今中外一切优秀文化中的积极成果，但是也正如列宁所说的，凡是人类社会所创造的一切，马克思都有批判地重新加以探讨，任何一点也没有忽略过去。凡是人类思想所建筑的一切，他都放在工人运动中检验过，重新加以探讨，加以批判，从而得出了那些被资产阶级狭隘性所限制或被资产阶级偏见束缚住的人所不能得出的结论。只有对人类全部发展过程所创造的文化加以改造，才能建设无产阶级文化。[②] 这就提示我们，被纳入社会主义核心价值体系的古今中外一切优秀文化中的积极成果、合理要素，都不应是直接照搬照抄的，而应是在马克思主义的指导下，根据社会主义根本经济制度、政治制度和思想文化制度发展的要求，经过批判改造、加工提炼，得到了升华的、服务于社会主义的成果。它源于人类历史的文化资源，但又高于原有人类的文化资源。

（三）对社会主义核心价值观和核心价值理念的进一步提炼，应在既有成果的基础上前行

现行的社会主义核心价值体系的内涵是科学的，是马克思主义的，得到了广大党员和群众的拥护和响应。对社会主义核心价值观和核心价值理

---

① 《列宁选集》第4卷，人民出版社1995年版，第284页。

② 《列宁选集》第4卷，人民出版社1995年版，第284—285页。

念的进一步提炼，应在既有成果的基础上锦上添花、精益求精，使不完善、不全面的地方得到改进、丰富和发展，使之逐渐完善、达到它应有的全面性，而不应该另起炉灶、推倒重来。另起炉灶、推倒重来，意味着另择方向、使用另外的话语系统。如有人主张构建一种“普遍认同的崭新的现代价值体系”，并用一些极抽象的概念，以图把现代文化与古代文化、中国文化与世界文化、社会生活与个人生活衔接起来，使现代价值观念体现在人们物质生活和精神生活的各个方面。这是值得商榷的。首先，什么是现代价值观念，不同理论立场的学者看法不一样。其次，提出这种主张，在实际生活中有可能导致两种结果：一是会把我们前些年的宣传教育推翻。果真这样，群众会认为我们的理论工作前后矛盾，会产生种种疑惑。二是弄得不好，会落入一些反马克思主义思潮设下的陷阱。如民主社会主义中的伦理社会主义就惯于使用一些抽象的概念，把社会主义说成不是一种社会制度，而只是实现某些全人类共同价值的过程。戈尔巴乔夫就是伦理社会主义的一种典型，他说，社会主义的本质就是实现以下价值：“人道主义和全人类价值原则；民主自由原则；社会公正原则；爱国主义和族际主义原则。”所以，戈尔巴乔夫说，社会主义是“社会逐渐失去其原先状态的一种实际运动”，只要不断实现这些伦理原则就是社会主义。显然，对于伦理社会主义的渗透，应保持高度警惕。假如我们在价值观体系的理论研究和论证中，忽视了社会主义的根本性质，自觉不自觉地转向了所谓的“普世价值论”（特定政治概念），那就背离了提出建立社会主义核心价值体系的初衷，背离了邓小平提出的要坚持党的基本路线一百年不动摇的精神，同时也与现在中央强调的要弄清“六个为什么”和“划清四个界限”的精神相冲突。这必然使自己的研究不能适合党对理论工作的要求。

（四）进一步概括社会主义核心价值体系的内容，要正确解读和对待思想领域的“三多”（多样、多元、多变）、“三交”（交流、交融、交锋）现象

中央有关文件中概括的“三多”（多样、多元、多变）、“三交”（交流、交融、交锋）现象，比较准确地反映了当前思想领域的复杂性。现在的问题是，我们如何从理论上正确解读这种现象？在实践中如何正确对待这种现象？就如何对待说，是消极适应呢还是积极应对？如消极适应，就会带来危险。众所周知，冷战结束以后，在世界范围内，社会主义国家

与资本主义国家之间的思想文化交流增多了，并出现了彼此交融的新现象。但彼此的交锋不仅没有停止，而且更加复杂和深刻。在国际大气候和国内小气候作用下，在“西强我弱”的国际格局没有发生根本性的改变，西方敌对势力始终把意识形态作为颠覆和控制别国、实现自身战略意图的重要工具，并凭借经济、科技等优势推行文化霸权，不断加大文化输出和思想文化观念渗透的情况下，思想文化领域中的彼此交融，方便了西方敌对势力对我实施西化、分化政治图谋的条件。从近些年来的实际情况看，西方敌对势力的渗透破坏活动，组织越来越周密，力度不断加大，手法更加多样，花样不断翻新。面对这种形势，如只是消极适应，我们的主流意识形态有可能被融化、马克思主义指导地位有可能被削弱的危险，而“如果放弃马克思主义的指导地位，在指导思想上搞多元化，势必导致人心大乱、天下大乱，给党和国家带来灾难。这是绝不允许的”①。因此要更多地注意研究如何进行交流和交锋的问题。还有一些问题，如怎样理解要“尊重差异，包容多样，最大限度地形成社会思想共识”的问题。应该说马克思主义的“指导”本身就意味着将各种有差异的、多样的社会思想包容、整合在马克思主义统领下的社会意识之中。只有在尊重差异中扩大社会认同，在包容多样中增进思想共同性，才能“减少思想冲突，增进社会认同，有效避免因认识差异引发社会动荡；有利于形成百花齐放、百家争鸣的生动局面，使先进的文化得到发展，健康文化得到支持，落后文化得到改造，腐朽文化得到抵制，使民族文化与外来文化、传统文化与现代文化、高雅文化与通俗文化在交流比较中互相融和、相互促进，使各种文化形式、文化门类、文化业态各展所长，共同发展”②。这种局面的形成，正是马克思主义、社会主义意识影响扩大的表现。然而对“尊重差异，包容多样”不能作随意解释。《中共中央关于构建社会主义和谐社会若干重大问题的决定》对这个问题的阐述非常明确。其一，“尊重差异，包容多样”，前提确定。前提就是我们必须更加坚定地坚持马克思主义的指导地位不动摇，坚持用发展着的马克思主义指导实践，牢牢掌握意识形态领域的指导权、主动权、话语权。其二，“尊重差异，包容多

---

① 《江泽民文选》第3卷，人民出版社2006年版，第86页。

② 刘云山：《建设和谐文化巩固社会和谐的思想道德基础》，载《〈中共中央关于构建社会主义和谐社会若干重大问题的决定〉辅导读本》，人民出版社2006年版，第42页。

样”，目的明确。目的就是要充分挖掘和鼓励不同阶层、不同群体所蕴含的积极向上的思想精神，更好地用社会主义核心价值体系引领社会思潮，最大限度地形成思想共识，凝聚力量，齐心协力地建设中国特色社会主义。其三，“尊重差异，包容多样”，内涵清楚。这里的“差异”“多样”，是指丰富多彩的民族优秀文化传统、人类有益文明成果，包括科学上的不同学派、文化艺术上的不同风格、多样化的思想文化形式等，决不是允许各种反马克思主义的社会思潮滋长，更不允许动摇我们的主流意识形态，在指导思想上搞多元化。我们党历来主张，“在事关政治方向和根本原则的问题上，我们一定要旗帜鲜明，理直气壮，毫不含糊。对于违反以经济建设为中心、违反四项基本原则、违反改革开放政策的错误思想政治观点，对于反马克思主义的挑战和攻击，必须进行积极的思想斗争，不能听之任之”①。对这些会影响我们对社会主义核心价值体系内容作进一步研究的问题，必须是非清楚，不能含糊。

总之，深化社会主义核心价值体系研究，必须坚持马克思主义的指导地位，坚持中国特色社会主义共同理想，防止偏离这个根本。列宁说得好：“从马克思的理论是客观真理这一为马克思主义者所同意的见解出发，所能得出的唯一结论就是：沿着马克思的理论道路前进，我们将愈来愈接近客观真理（但决不会穷尽它）；而沿着任何其他的道路前进，除了混乱和谬误之外，我们什么也得不到。”② 这是很深刻的，应作为我们理论研究和创造的指南。

（五）提炼、概括社会主义核心价值体系要体现我们党的最低纲领和最高纲领相统一的原则

提炼、概括社会主义核心价值体系既要从社会主义初级阶段的客观实际出发，在一个较长的时期内不能脱离中国这个最大的实际，但同时又不能把社会主义初级阶段凝固化，僵死地、孤立地对待这个实际，特别是某些社会现实情况。而应该遵循我们党的最低纲领和最高纲领相统一的原则，注意到社会主义初级阶段的前进发展。要立足于社会主义初级阶段的实际，又不能淡化马克思主义最崇高的社会理想。相反，要强调树立共产主义的远大理想和坚定信念。建立和完善社会主义核心价值体系，要有利

① 《江泽民文选》第3卷，人民出版社2006年版，第88页。

② 《列宁选集》第2卷，人民出版社1995年版，第103—104页。

于树立共产主义远大理想和坚定信念的教育，避免给“共产主义渺茫论”留下空隙。

（六）要把社会主义核心价值体系中概念的规定同对社会主义核心价值体系的解读、阐释加以适当的区分

对社会主义核心价值体系中的概念的规定应该尽可能简明，使人容易记忆，从而容易推广，为人们所接受，而对社会主义核心价值观的解读、阐释应该翔实、具体，使人对已经被高度概括的概念得到准确的理解。在概括、提炼社会主义核心价值体系时应着力从其内涵的丰富性、完整性中进行科学抽象，尽可能以简练、鲜明的概念加以表达，不宜用过多的解释性的话，以致使人难以记忆，难以接受；同时在社会存在多种利益群体的条件下，概括、提炼社会主义核心价值体系时，不宜过多地考虑如何取得社会共识的问题。因为社会主义核心价值体系是科学的体系，是真理的体系，包括工人阶级在内，这种体系不能自发的产生，社会成员对它的接受、认同，是进行思想灌输、进行社会主义核心价值体系教育的结果。不经过教育群众就直接能把握的问题，恐怕只是人类的生活常识，而不一定是科学，否则就不需要理论工作者、思想理论教育工作者费尽心血了。自发论是反马克思主义的。在概括社会主义核心价值体系时，不能不高度重视“三贴近”工作，但如果过分地、片面地强调照顾不同利益群体的接受要求，必然会降低社会主义核心价值体系的本质要求，使之不能科学地反映社会主义意识形态的本质。

三　对进一步提炼和概括社会主义核心价值体系概念的几点具体建议

对于社会主义核心价值体系的概念及其内涵还需要作进一步提炼和概括，使之更加完善。具体有四点建议：

一是建议把这个体系称为社会主义核心价值观体系，不宜称为社会主义核心价值体系。社会主义核心价值体系的提法，不仅难以科学表达社会主义意识形态的本质，而且不易与西方唯心主义哲学划清界限。在西方唯心主义哲学中，不区分主观和客观、反映者和被反映者，所以不区分价值和价值观。因为它们在总体上都是唯心主义的。但在马克思主义哲学中，价值和价值观是两个不同的概念，价值是指客体对主体的意义和效用，是一种客观存在的关系。而价值观则是人们的头脑对这种客观存在的价值关系的主观反映。前者是客观对象、被反映者，后者是认识主体、反映者。

反映者和被反映者的关系是主观和客观的关系，两者不能混淆，也不能等同。从现在中央明确的社会主义核心价值体系的四项基本内容来看，应是社会主义核心价值观体系，而不是客观存在的价值体系。

现行的提法还容易使人产生另外的误会，因为"价值"通常有两种说法，即哲学中的价值（日常生活中讲的价值）和经济学中的价值。这两种用法既不能混淆，也不能混为一谈。经济学中讲的价值是指商品生产者之间的社会关系，它说的是商品对人们的意义和效应，用的是"使用价值"这个概念。社会主义核心价值体系中的价值显然是在哲学意义上使用的。但现行提法不明确，需要加以解释以后人们才不至于产生上述误会。如果用社会主义核心价值观体系的提法，就不至于产生歧义。所以建议能否将社会主义核心价值体系的现行提法改称为社会主义核心价值观体系。

二是要把一些很重要的内容凸显出来。如集体主义原则。这是共产主义道德的核心，共产党人一贯倡导集体主义精神，在改革开放新时期，我们党在十四大报告中提出要进一步加强爱国主义、集体主义和社会主义教育。党的十四届六中全会关于加强社会主义精神文明建设的决议中强调，在改革开放和现代化建设的整个过程中，思想道德建设的基本任务是：坚持爱国主义、集体主义、社会主义教育。社会主义道德建设要以为人民服务为核心，以集体主义为原则。在中央的其他的文件当中也多次强调集体主义的原则，党的十七大报告也强调要"大力弘扬爱国主义、集体主义、社会主义思想"，这些反映了我国基本经济制度和政治制度的根本性质和要求。而在社会主义核心价值体系中却没有鲜明凸显集体主义的内容，使人感到还不够理想。又如，为人民服务，这是在《共产党宣言》中就向全世界宣示了的共产党人的科学的、合理的价值观，是马克思主义政党一直坚持的最鲜明的政治立场，是中国共产党一贯坚持的根本宗旨，而在社会主义核心价值体系中却没有鲜明凸显为人民服务的内容，也使人感到还不够理想。

三是对社会主义核心价值体系基本内容的现行概括需进一步提炼，使之更加简明。革命军人核心价值观：忠诚于党，热爱人民，报效国家，献身使命，崇尚荣誉。简短二十个字，高度概括和展现了当代革命军人应具备的核心价值观念，既简练又鲜明，朗朗上口，使人容易记忆。应该以此为范本，将社会主义核心价值体系的基本内容作进一步提炼和概括。

四是关于社会主义核心价值观体系表述。科学表述社会主义核心价值观体系是一件很有意义而又难度很大、不易一次做好的工作，需要全党同志、多学科的专家共同努力、长期不懈的工作。根据目前的认识程度，建议把社会主义核心价值观体系的基本内容表述为，坚持科学理论，凝聚共同理想，弘扬民族精神，明辨荣辱是非，崇尚集体主义，服务人民群众。这里讲的坚持科学理论，是指坚持马克思主义对党和国家全部理论和实践活动的基础理论的指导地位，坚持不懈地用马克思主义中国化最新成果武装全党、教育人民，以巩固马克思主义的指导地位；这里讲的凝聚共同理想，就是用中国特色社会主义共同理想凝聚力量；这里讲的弘扬民族精神，就是要以爱国主义（同社会主义相结合的）为核心的民族精神和以改革创新为核心的时代精神鼓舞斗志；这里讲的明辨荣辱是非，就是要用社会主义荣辱观引领风尚，在全社会形成优良的基本道德规范和行为；这里讲的崇尚集体主义，就是要大力弘扬集体主义思想，不断克服个人主义、小集团主义；这里讲的服务人民群众，就是要坚持马克思主义关于无产阶级政党必须植根于人民的政治立场和全心全意为人民服务的根本宗旨，坚持我们党的一切理论和奋斗都致力于实现最广大人民的根本利益，在全社会倡导和逐渐形成“我为人人，人人为我”的共产主义风格。

［原载《贵州师范大学学报》（社会科学版）2010 年第 5 期］

推进对马克思主义中国化、时代化、大众化的科学认识

党的十七届四中全会通过的《中共中央关于加强和改进新形势下党的建设若干重大问题的决定》明确提出，要“坚持把思想理论建设放在首位，提高全党马克思主义水平”，“不断推进马克思主义中国化、时代化、大众化”。[①] 首次把马克思主义中国化、时代化、大众化并列在一起，以更加丰富的内涵和完整的形式深化了对马克思主义中国化的科学认识，这对于建设马克思主义学习型政党，加强党的思想理论建设和执政能力建设，丰富发展中国特色社会主义理论体系，全面推进改革开放和社会主义现代化建设具有重大而深远的意义。

一　科学把握马克思主义中国化、时代化、大众化的深刻内涵

马克思主义中国化的科学内涵。马克思主义中国化包括按照中国的实际创造性地运用马克思主义与把中国革命、建设和改革的经验科学提升为马克思主义理论两个方面。它的核心和真谛是马克思主义基本原理同中国实际相结合。毛泽东在《论新阶段》中指出“马克思主义必须通过民族的形式才能实现。没有抽象的马克思主义，只有具体的马克思主义。所谓具体的马克思主义，就是通过民族形式的马克思主义，就是把马克思主义应用到中国具体环境的具体斗争中去，而不是抽象地应用它”[②]，“离开中国特点来谈马克思主义，只是抽象的空洞的马克思主义。因此，使马克思主义在中国具体化，使之在其每一表现中带着必须有的中国的特性，即是

① 《中共中央关于加强和改进新形势下党的建设若干重大问题的决定》，《人民日报》2009 年 9 月 2 日。

② 《中共中央文件选集》第 11 册，中共中央党校出版社 1991 年版，第 658 页。

说，按照中国的特点去应用它，成为全党亟待了解并亟须解决的问题”，[①]“洋八股必须废止，空洞抽象的调头必须少唱，教条主义必须休息，而代之以新鲜活泼的、为中国老百姓所喜闻乐见的中国作风和中国气派”[②]。因而，马克思主义中国化从根本上说是这样一个过程：把马克思主义的一般原理创造性地运用于中国的“特殊条件”和“具体环境”，即中国经济的、政治的、文化的、社会的国情和国际背景，使其由“一般原理”形态转化为具体的、一定时代的、中华民族的理论形态，形成具有中国的具体内容和中国的民族语言、民族特色、民族气派、民族风格的中国化的马克思主义，以适应指导中国这个东方大国在一定时代条件下的革命、建设和改革的需要；同时用马克思主义的立场、观点和方法对中国的革命、建设和改革的丰富实践经验进行科学总结、提炼，使之上升到马克思主义基本理论的高度，用以丰富马克思主义理论宝库，以葆其时代的青春。马克思主义中国化是一个辩证的、前进的、上升的过程，其生命活力在于植根于实践，不断进行理论创新。党的十七大报告指出：“大力推进理论创新，不断赋予当代中国马克思主义鲜明的实践特色、民族特色、时代特色。”[③] 这是充分反映马克思主义中国化过程实质的恰当表述。

马克思主义时代化的内涵。恩格斯曾指出：“每一个时代的理论思维，从而我们时代的理论思维，都是一种历史的产物，它在不同的时代具有完全不同的形式，同时具有完全不同的内容。”[④] 他强调说：“我们只能在我们时代的条件下去认识，而且这些条件达到什么程度，我们才能认识到什么程度。”[⑤] 这表明，时代性是任何一个科学的理论体系都必然具有的特征。任何一种思想理论，都不可能是超时空、非历史的。对于马克思主义来说，时代性更是其内在要求。马克思主义的时代性，包括两个基本含义：马克思主义是世界发展一般规律和社会发展大趋势的科学反映。马克思主义必然随着时代、实践和科学的发展而发展。马克思主义自诞生以来就一直是时代的，它在不同的历史发展时期，都与时俱进，准确地把握

---

① 《毛泽东选集》第 2 卷，人民出版社 1991 年版，第 534 页。

② 《中共中央文件选集（1936—1938）》，中共中央党校出版社 1991 年版，第 658—659 页。

③ 胡锦涛：《高举中国特色社会主义伟大旗帜　为夺取全面建设小康社会新胜利而奋斗——在中国共产党第十七次全国代表大会上的报告》，人民出版社 2007 年版，第 34 页。

④ 《马克思恩格斯选集》第 4 卷，人民出版社 1995 年版，第 284 页。

⑤ 《马克思恩格斯选集》第 4 卷，人民出版社 1995 年版，第 337—338 页。

时代脉搏，适应时代需要，正确地反映时代主题和主要矛盾，回答时代提出的课题，同时科学预见社会发展的未来，指导新的实践，从而不断地丰富发展自身，包括内容和形式两个方面，形成新的结论和公式等最新成果。

马克思主义大众化的科学内涵。马克思主义大众化，其基本含义就是用马克思主义武装群众，使之为群众所掌握，变为群众认识世界和改造世界的思想武器。这既是马克思主义的内在要求，又是马克思主义政党的一项基本任务。马克思主义创始人在创立马克思主义的过程中就把哲学和无产阶级比作头脑和心脏的关系，强调理论为广大人民群众掌握的巨大意义。“物质力量只能用物质力量来摧毁；但是理论一经掌握群众，也会变成物质力量。”[①] 毛泽东说过，让哲学从哲学家的课堂上和书本中走出来，变为群众手中的尖锐武器。马克思主义大众化从本质上讲，就是马克思主义的普及化，即让广大群众掌握“批判的武器”的过程。实现这项任务的深刻意义就在于，“历史活动是群众的事业，随着历史活动的深入，必将是群众队伍的扩大”。[②] 在这个意义上，让广大群众掌握“批判的武器”即马克思主义的过程，就是在进行伟大的历史创造活动。这恰恰是马克思主义实践本性的表现。正是在这个意义上，列宁称“最高限度的马克思主义 = 最高限度的通俗和简单明了”。[③] 所以，通过多种方式进行宣传、普及和推广，使抽象的理论通俗化，转变为群众喜闻乐见的文化形式、思维习惯和表达方式，从而让马克思主义的科学理论能够融入广大人民群众的思想认识中，真正同人民群众的实践活动结合起来，进而帮助人民群众树立起马克思主义的世界观、人生观和价值观，有共同的思想基础、精神支柱和行动指南，这是党在思想理论战线上的迫切任务。

二 深刻认识马克思主义中国化、时代化、大众化之间的内在联系

马克思主义中国化、时代化、大众化是相互贯通的统一整体。马克思主义之所以拥有如此巨大的力量，正在于它始终坚持同中国国情、时代特征和群众实践紧密结合，不断实现中国化、时代化、大众化。胡锦涛在论

---

① 《马克思恩格斯选集》第1卷，人民出版社1995年版，第9页。

② 《马克思恩格斯全集》第2卷，人民出版社1957年版，第104页。

③ 《列宁全集》第36卷，人民出版社1959年版，第467页。

及这个问题时指出："马克思主义只有与本国国情相结合、与时代发展同进步、与人民群众共命运，才能焕发出强大的生命力、创造力、感召力。"① 这个论断指出了实践性、时代性、人民性的内在统一是马克思主义所固有的理论本性。马克思主义中国化、时代化、大众化形式上虽然并列，但并不是"三分天下""三足鼎立"，而是一个有着严密联系的整体。

马克思主义中国化内含着马克思主义时代化和大众化。马克思主义中国化是中国革命、建设和改革的集中理论表现。邓小平曾明确指出："中国革命的成功，是毛泽东同志把马克思列宁主义同中国的实际相结合，走自己的路。现在中国搞建设，也要把马克思列宁主义同中国的实际相结合，走自己的路"②，"我们坚信马克思主义，但马克思主义必须与中国实际相结合。只有结合中国实际的马克思主义，才是我们所需要的真正的马克思主义"。③ 这里说的都是马克思主义中国化的问题。

马克思主义中国化的内涵极其丰富，无论从实现马克思主义中国化的实质看，还是从其过程看，它都内含着时代化和大众化的要求。

其一，马克思主义中国化内含着时代化的要求。

马克思主义中国化的实质和核心就是马克思列宁主义同中国的具体实践相结合。这蕴含着两点：一是实践是发展的，它决不会永远停留在一个水平上。毛泽东说："人类的历史，就是一个不断地从必然王国向自由王国发展的历史。这个历史永远不会完结。在有阶级存在的社会内，阶级斗争不会完结。在无阶级存在的社会内，新与旧、正确与错误之间的斗争永远不会完结。在生产斗争和科学实验范围内，人类总是不断发展的，自然界也总是不断发展的，永远不会停止在一个水平上。"④ 实践是马克思主义理论的源泉、发展动力和检验标准。实践既具有历史性，又具有常新性。历史性指的是任何实践总是一定时代条件下的实践，而不是超时空范围、不受特定历史时代制约的。常新性指的是实践的变动不居，"永远不会停止在一个水平上"，僵化地固守一种形态。这两个方面的统一，就是实践的时代性。由此决定，马克思列宁主义同实际相结合既是一个具体的

---

① 胡锦涛：《高举中国特色社会主义伟大旗帜 为夺取全面建设小康社会新胜利而奋斗——在中国共产党第十七次全国代表大会上的报告》，人民出版社2007年版，第12页。

② 《邓小平文选》第3卷，人民出版社1993年版，第95页。

③ 《邓小平文选》第3卷，人民出版社1993年版，第213页。

④ 《毛泽东文集》第8卷，人民出版社1999年版，第325页。

历史过程，又是一个永无止境的动态过程。马克思主义中国化就是这样一个过程，它要适应一定时代条件下的实践的要求，又要随着实践的发展即实践条件、地点的变化和新的实践要求而变化发展，不断地充实新的内容，形成新的认识、新的理论，用于指导实践。从这个意义上说，马克思主义中国化必然同时是马克思主义的时代化。

二是“中国实际”离不开世界。中国是世界大趋势、大环境的一部分。马克思主义与“中国实际”结合，这个“中国实际”首先当然是中国的社会性质，中国的经济、政治、文化（民族文化、民族心理、民族语言等）、社会状况等。但不仅限于此，它本身还包含着本国所处的时代环境，所面临的时代矛盾和主题，即世情。毛泽东在提出实行“第二次结合”的命题中，就赋予了中国“具体实际”以新的内容。他在《论十大关系》中讲到中国国情的时候，提出了“中国和外国的关系”问题，要求全党了解外国的情况，表明所谓“中国实际”不是孤立于世界之外的东西。1962 年 1 月，《在扩大的中央工作会议上的讲话》一文中，他明确提出“我们必须把马克思列宁主义的普遍真理同中国社会主义建设的具体实际”① 结合起来的同时，又提出了“同今后世界革命的具体实际，尽可能好一些地结合起来”② 的问题。这也表明马克思主义中国化同时包含着马克思主义的时代化。

其二，马克思主义中国化内含着大众化的要求。

众所周知，人民群众是历史的创造者。社会实践是人民群众的实践，人民群众是社会实践的主体。生气勃勃的社会主义事业是人民群众自己的事业。从这个意义上说，作为马克思主义普遍真理与中国的具体实践相结合的马克思主义中国化过程，就是马克思主义普遍真理与中国广大人民群众及其实践活动相结合的过程。不让群众掌握马克思主义，马克思主义就不能发挥指导作用。“任何思想……如果不为人民群众所掌握，即使是最好的东西，即使是马克思列宁主义，也是不起作用的。”③ 这就是大众化工作的意义。因此，胡锦涛强调：“要坚持不懈地用马克思主义中国化的最新成果武装全党、教育人民，使之真正深入头脑、扎根人心，转化为广

---

① 《毛泽东文集》第 8 卷，人民出版社 1999 年版，第 302 页。
② 《毛泽东文集》第 8 卷，人民出版社 1999 年版，第 302 页。
③ 《毛泽东选集》第 4 卷，人民出版社 1991 年版，第 1515 页。

大干部群众的自觉行动。”[①] 这一论断实际上指出了马克思主义中国化包括两个紧密相连的转化过程，即：用马克思主义武装人民群众，让人民群众掌握马克思主义，把作为一般科学世界观和方法论的马克思主义变为群众行动指南的、活生生的行动中的马克思主义的过程；掌握了马克思主义思想理论武器的人民群众化精神为物质、化理想为现实、化思想为力量的过程。按毛泽东的说法，就是“代表先进阶级的正确思想，一旦被群众掌握，就会变成改造社会、改造世界的物质力量”。[②] 马克思主义中国化的成果只有实现马克思主义大众化的理论转换，才具有其实际的意义。从这个意义上说，马克思主义中国化内在地包含着马克思主义的大众化。

指出马克思主义中国化内含着马克思主义时代化和大众化，揭明它们彼此之间相互联系的基本方面，但不能由此就说，讲马克思主义中国化不需要提出马克思主义时代化和大众化的问题。这是因为，马克思主义时代化和大众化充分体现了马克思主义中国化的内在要求，明确提出马克思主义时代化和大众化，就更加全面、深刻地揭示和深化了马克思主义中国化的科学内涵，更鲜明地凸显了马克思主义中国化内涵的丰富性。

马克思主义中国化、时代化和大众化的统一，在于它们有共同的内在根据：理论的创新要求。理论创新是马克思主义的生命力所在，没有理论创新就没有马克思主义及其发展。胡锦涛指出：“坚持马克思主义又要以根据实践的发展不断推进理论创新为条件，否则马克思主义就会丧失活力，就不能很好地坚持下去。”[③] 马克思主义的科学体系本身就是马克思主义创始人实践创新和理论创新的科学成果。一部马克思主义发展史，就是一部科学的理论创新史。马克思、恩格斯应自由资本主义时代和无产阶级革命运动的呼唤，创立了马克思主义理论。继马克思、恩格斯之后，列宁面临帝国主义时代的新情况、新形势，回答了在相对落后的国家如何进行革命的问题，创新了马克思主义，产生了列宁主义。毛泽东面临 20 世纪上半叶的新情况，回答了半封建半殖民地的中国怎样进行革命、建立社会主义制度的问题，创新了马克思列宁主义，产生了毛泽东思想，并以探索社会主义建设的成果丰富发展了毛泽东思想。

---

① 《十六大以来重要文献选编》（下），中央文献出版社 2008 年版，第 685 页。
② 《毛泽东文集》第 8 卷，人民出版社 1999 年版，第 320 页。
③ 《十六大以来重要文献选编》（上），中央文献出版社 2005 年版，第 365 页。

邓小平面临20世纪下半叶和平与发展成为时代主题的新情况，在毛泽东思想的指导下，回答了像中国这样的经济落后的国家如何建设、巩固和发展社会主义的问题，创新了毛泽东思想，产生了邓小平理论。继邓小平之后，我们党的几届领导人面临经济全球化、政治多极化的曲折发展和科学技术进步日新月异的新情况，全面推进了中国特色社会主义伟大事业，创新了邓小平理论，产生了“三个代表”重要思想和科学发展观等一系列重大战略思想，进而概括出了马克思主义中国化的最新理论成果——中国特色社会主义理论体系。

马克思主义这种发展、创新的实质，就是理论与不断发展着的具体实践（不断发展的本国实践、世界实践、大众实践）相结合，就是马克思主义中国化、时代化、大众化的过程。反过来说，马克思主义理论创新的科学本性和内在要求，是马克思主义中国化、时代化、大众化实现和不断推进的深刻根据。

三 推进马克思主义中国化、时代化、大众化的科学路径

马克思主义中国化、时代化、大众化的提出，丰富、扩展了马克思主义中国化的内涵。这对于推进马克思主义中国化，加强党的思想理论建设，建设马克思主义学习型政党具有重要意义。现在的问题是要进一步推进马克思主义的中国化、时代化、大众化。这涉及多个方面的工作任务，这里仅提出以下几方面：

第一，要始终坚持中国特色社会主义理论体系的指导。

中国特色社会主义理论体系是在新的历史条件下，用一系列紧密联系、相互贯通的新思想、新观点、新论断系统回答了“什么是马克思主义、怎样坚持和发展马克思主义”，“什么是社会主义、怎样建设社会主义”，“建设什么样的党、怎样建设党”，“实现什么样的发展、怎样发展”等基本问题的科学体系，是发展了的马克思列宁主义、毛泽东思想的创新形式，是马克思主义中国化的最新理论成果，同时，又是马克思主义中国化、时代化、大众化的结晶。坚持以中国特色社会主义理论体系为指导，既使马克思主义中国化、时代化、大众化的推进得到了世界观、方法论、思想路线、政治方向、价值观取向、理论观点上的有力保证，又使其能够从实践经验、历史智慧中得到思维方法、工作方法方面开拓创新的启迪。特别要指出的是，在当代中国，划清马克思主义与反马克思主义的界限，

是成功推进马克思主义中国化、时代化、大众化的必要条件。而只有坚定不移地坚持中国特色社会主义理论体系的指导，才能紧密结合现时代和我国社会主义初级阶段的现阶段特征，紧扣人民群众的思想脉搏，抵制和克服来自右的方面和“左”的方面的干扰，筑牢思想防线，划清马克思主义和反马克思主义的界限。

第二，要继续坚持解放思想。

解放思想是我们党的一大法宝。解放思想，就是运用马克思主义的立场、观点和方法，研究新情况，解决新问题，创立新理论。1959 年底到 1960 年初，毛泽东在读苏联政治经济学教科书的时候说过：“马克思这些老祖宗的书，必须读，他们的基本原理必须遵守，这是第一。但是，任何国家的共产党，任何国家的思想界，都要创造新的理论，写出新的著作，产生自己的理论家，来为当前的政治服务，单靠老祖宗是不行的。”“我们在第二次国内战争末期和抗战初期写了《实践论》、《矛盾论》，这些都是适应于当时的需要而不能不写的。现在，我们已经进入社会主义时代，出现了一系列的新问题，如果单有《实践论》、《矛盾论》，不适应新的需要，写出新的著作，形成新的理论，也是不行的。”① 1979 年春，邓小平指出：“科学社会主义是在实际斗争中发展着，马列主义、毛泽东思想是在实际斗争中发展着。我们当然不会由科学的社会主义退回到空想的社会主义，也不会让马克思主义停留在几十年或一百多年前的个别论断的水平上。所以我们反复说，解放思想，就是要运用马列主义、毛泽东思想的基本原理，研究新情况，解决新问题。”② 他还说：“离开自己国家的实际谈马克思主义，没有意义。”③ 马克思主义必须随着实践的发展形成新的理论，产生新的思想。

现代科学技术进步日新月异，新的事物层出不穷，新的科学发现、科学发明不断涌现，新的理论成果，包括自然的和社会的不断推出。与此相应，人民群众的需求不断增加，新的问题不断提出，新的矛盾不断产生。在这种历史背景下，只有坚持解放思想，不断地发掘人类已有的思想资料，广泛吸收人类的最新科学成果，实事求是地直面群众的要求，分析新

---

① 《毛泽东文集》第 8 卷，人民出版社 1999 年版，第 109 页。

② 《邓小平文选》第 2 卷，人民出版社 1994 年版，第 179 页。

③ 《邓小平文选》第 3 卷，人民出版社 1993 年版，第 191 页。

矛盾，解决新问题，创造新的理论成果，才能推进马克思主义中国化、时代化、大众化。当前，研究重大的现实问题，比如说，认真研究中央提出的六个“为什么”，真正从理论和实践的结合上自觉划清“四个界限”，深入研究和科学解读经济结构、增长（发展）方式的改变，深入研究重大的国际问题和地区问题，准确把握时代特征，科学回答时代课题，从而赋予马克思主义以新的时代价值和内涵，等等，对于推进马克思主义中国化、时代化、大众化都具有重大的意义。

第三，要认真总结理论创新的历史经验和新鲜经验。

总结经验是创新理论的前提和基础。邓小平同志指出：“一个新的科学理论的提出，都是总结、概括实践经验的结果。没有前人或今人、中国人或外国人的实践经验，怎么能概括、提出新的理论？”① 我们党有长达80多年革命、建设和改革的历史经验，有从总结、概括实践经验中创造毛泽东思想的经验，创造邓小平理论的经验，创造“三个代表”重要思想和科学发展观等重大战略思想的经验，这是极为宝贵的。认真地总结历史经验和新鲜经验，正面经验和反面经验，其中包括确立和坚持马克思主义的思想路线和思想方法，反对和批评主观唯心主义、形而上学的思想路线和思想方法，树立和弘扬马克思主义优良学风、文风，反对和克服不良学风、文风，对于不断推进马克思主义中国化、时代化、大众化，其价值是不可低估的。

第四，要深化对马克思主义经典文本的研究。

马克思主义的文本是马克思主义的载体，它记载着马克思主义的基本原理及其历史发展，又蕴含着马克思主义的科学思维和科学精神，内含着马克思主义民族化、时代化、大众化的理论原理和思维方法，只有弄清马克思主义的科学原理、科学精神、科学方法、科学态度，才能自觉地推进马克思主义中国化、时代化、大众化。尤其值得重视的是，最近中央马克思主义理论研究和建设工程推出了《马克思恩格斯文集》10卷本和《列宁专题文集》5卷本，这是我们党思想理论建设上的重大事件，它给我们提供了极为重要的学习文献。

据中央编译局的同志介绍，《马克思恩格斯文集》10卷本的特点是内容完整、选文精当，能从整体上全面准确地反映马克思主义理论体系；

① 《邓小平文选》第2卷，人民出版社1994年版，第57—58页。

《列宁专题文集》5 卷本的特点是，分专题设卷，内容少而精，现实针对性强。认真地学习、把握这两套文集中所体现的马克思主义世界观和方法论，马克思主义鲜明的政治立场，实践第一的马克思主义观点，马克思主义与时俱进的理论品质，马克思主义的优良学风、文风，对于推进马克思主义中国化、时代化、大众化，具有长久的理论意义和迫切的政治实践意义。所以，必须深化对马克思主义经典文本的研究。

（原载《思想理论教育》2010 年第 17 期，第二作者为杨瑞）

论中国特色社会主义理论体系与社会主义核心价值体系的内在关系

中国特色社会主义理论体系包括社会主义核心价值体系，社会主义核心价值体系是中国特色社会主义理论体系在思想文化上的展开。人们在学习中往往会提出这样的问题：它们各自形成的背景怎样？各自回答的主要问题是什么？两者的关系和各自的地位如何？本文试就这些问题做些探讨。

一 中国特色社会主义理论体系与社会主义核心价值体系的形成背景

任何理论都是在一定的历史背景下形成和发展的。从大的宏观背景说，中国特色社会主义理论体系与社会主义核心价值体系的形成背景应该是相同的。它们都是我国改革开放、社会主义现代化建设理论和实践探索的产物。

它们所反映的世界历史背景是相同的。即："当今世界正处在大变革大调整之中。和平与发展仍然是时代主题，求和平、谋发展、促合作已经成为不可阻挡的时代潮流。世界多极化不可逆转，经济全球化深入发展，科技革命加速推进，全球和区域合作方兴未艾，国与国相互依存日益紧密，国际力量对比朝着有利于维护世界和平方向发展，国际形势总体稳定。同时，世界仍然很不安宁。"① 它们所反映的基本国情是相同的。即：我国处在并将长期处在社会主义初级阶段，社会的主要矛盾是人民日益增长的物质文化需要同落后的社会生产之间的矛盾。进入21世纪，这一基本国情具体呈现出一系列新的阶段性特征，党和国家以此为根本依据，推

---

① 胡锦涛：《高举中国特色社会主义伟大旗帜 为夺取全面建设小康社会新胜利而奋斗》，《人民日报》2007年10月25日第1版。

进改革、谋划发展。特别是注意立足于基本国情，科学分析我国全面参与经济全球化的新机遇新挑战，全面认识工业化、信息化、城镇化、市场化、国际化深入发展面临的新课题新矛盾，更加自觉地走科学发展道路，奋力开拓中国特色社会主义更为广阔的发展前景。

但是，就具体过程说，中国特色社会主义理论体系与社会主义核心价值体系的形成背景是有差异的。中国特色社会主义理论体系是包括邓小平理论、“三个代表”重要思想以及科学发展观等重大战略思想在内的科学理论体系。这个理论体系凝结了几代中国共产党人带领人民不断探索实践的智慧和心血，它的历史背景历经我国改革开放30年的理论和实践探索，到党的十七大才集中概括成现在这一称谓。这一称谓，以明确的概念从理论上集中反映了中国特色社会主义道路的丰富内涵：“在中国共产党领导下，立足基本国情，以经济建设为中心，坚持四项基本原则，坚持改革开放，解放和发展社会生产力，巩固和完善社会主义制度，建设社会主义市场经济、社会主义民主政治、社会主义先进文化、社会主义和谐社会，建设富强民主文明和谐的社会主义的现代化国家”。[①]

这一论断高度概括了马克思主义普遍真理与中国具体实际相结合第二次历史性飞跃的硕果，完整地表达了当代中国马克思主义的科学理论。坚持中国特色社会主义理论体系这一强有力的理论指导，我们就能够准确把握当今时代的主题和世界发展的大局，准确把握社会主义初级阶段基本国情和改革发展实际，积极回应时代挑战，并用富有时代气息的鲜活语言，适合当今社会的表达方式，总结党领导人民创造的新鲜经验，不断推进马克思主义中国化的历史进程，始终用发展着的马克思主义指导新的实践，顺利实现建设富强民主文明和谐的社会主义现代化国家的战略目标。

社会主义核心价值体系是在2006年10月11日党的十六届六中全会通过的《中共中央关于构建社会主义和谐社会若干重大问题的决定》（以下简称《决定》）中提出来的。《决定》明确指出，“社会主义核心价值体系是建设和谐文化的根本”。[②] 党的十七大进一步指出：“社会主义核心

---

① 胡锦涛：《高举中国特色社会主义伟大旗帜　为夺取全面建设小康社会新胜利而奋斗》，《人民日报》2007年10月25日第1版。

② 《中国共产党第十六届中央委员会第六次全体会议文件汇编》，人民出版社2006年版，第6页。

价值体系是社会主义意识形态的本质体现。”① 中央之所以要强调“社会主义核心价值体系是建设和谐文化的根本”，强调建设社会主义核心价值体系，是因为在我国经济体制改革深刻变革、社会结构深刻变动、利益格局深刻调整、思想观念深刻变化的新形势下，各种思想文化相互交织、相互激荡。意识形态领域总体形势是好的，但并不平静。其复杂性，集中表现为“三多”（多样、多元、多变）和“三交”（交流、交融、交锋）。在主流意识形态不断巩固的同时，各种非马克思主义和反马克思主义思潮有所增长，思想理论领域的噪音时有出现。特别是西方敌对势力凭借本国经济、科技实力带来的文化优势，正在通过各种方式，采用多种手段加紧对我实施西化、分化的政治图谋。近年来，西方敌对势力对我国进行的渗透出现了一些新的特点，直接威胁我国意识形态安全和文化安全，欲颠覆中国共产党的领导和中国的社会主义制度。面对西方文化霸权主义的侵犯，确保我国以马克思主义为指导的、以中国特色社会主义文化为基本内容的意识形态的安全，关系着国家和民族的命运。正是适应构建社会主义和谐社会的这种背景要求，提出了建设和谐文化的重要任务，并强调“社会主义核心价值体系是建设和谐文化的根本”。其意义在于，坚持马克思主义在意识形态领域的指导地位，牢牢把握社会主义先进文化的前进方向，弘扬民族优秀文化传统，借鉴人类有益文明成果，进一步形成全社会共同的理想信念和道德规范，打牢全党全国各族人民团结奋斗的思想道德基础。这为巩固党的执政地位和国家长治久安，实现中华民族伟大复兴将提供强大的精神支撑。

二 中国特色社会主义理论体系与社会主义核心价值体系的科学内涵及回答的主要问题

中国特色社会主义理论体系是中国特色社会主义道路的理论表现。所以中国特色社会主义理论体系与社会主义核心价值体系各自回答的问题，从总的方向、根本任务上说，是一致的。但是，两者回答的问题有范围、层级的区别。

1. 中国特色社会主义理论体系的内涵及回答的主要问题

其一，它是我们党把马列主义普遍真理同中国具体实际结合起来，实

① 《中国共产党第十七次全国代表大会文件汇编》，人民出版社2007年版，第33页。

现第二次历史性飞跃所形成的马克思主义中国化最新成果。它是中国特色社会主义道路的理论表现。在当代中国，坚持中国特色社会主义道路，就是真正坚持社会主义。坚持中国特色社会主义理论体系，就是真正坚持马克思主义。它与马列主义、毛泽东思想一起构成中国特色社会主义建设的根本指导思想，指导着党和国家的全部理论和实践活动。

其二，中国特色社会主义理论体系所要解决的问题，是在马列主义、毛泽东思想基础上，通过深化对人类社会发展规律、社会主义建设规律和共产党执政规律的认识，进一步创造性回答“什么是马克思主义、怎样对待马克思主义”，“什么是社会主义、怎样建设社会主义”，“建设什么样的党、怎样建设党”，“实现什么样的发展、怎样发展”等重大问题。这四个重大问题是中国这样经济文化比较落后的国家率先建立社会主义制度以后，如何巩固和发展社会主义必须解决的问题。因此它回答的问题是关系当代中国的社会历史走向、发展道路、党和国家的命运前途、中华民族兴衰的总问题、全局性问题。中国特色社会主义理论体系是管总的。它作为党最可宝贵的政治和精神财富，是全国各族人民团结奋斗的共同思想基础。

其三，中国特色社会主义理论体系作为不断发展的开放的理论体系，是包括邓小平理论、“三个代表”重要思想以及科学发展观等重大战略思想在内的科学理论体系。其中，“邓小平理论是中国特色社会主义理论体系的开创之作，是最基础的重要组成部分”，“‘三个代表’重要思想是中国特色社会主义理论体系承上启下的极为重要的组成部分”，“科学发展观等重大战略思想是中国特色社会主义理论体系的重要创新成果”。[①] 这些部分及其总体都贯通哲学、政治经济学、科学社会主义等领域，涵盖经济、政治、科技、教育、文化、民族、军事、文化、外交、统一战线、党的建设等多方面（每一个方面又包含着一系列的基本理论观点）比较完备的科学体系，又是需要从各方面进一步丰富发展的科学体系。

2. 社会主义核心价值体系的内涵及回答的主要问题

其一，它是当代中国的核心价值目标、价值取向和行为准则的总和。就其性质说，它既是社会主义意识形态的本质体现，也是中国特色社会主义理论体系的价值观表现。因此，它是中国特色社会主义理论体系这一总

① 习近平：《关于中国特色社会主义理论体系的几点学习体会和认识》，《求是》2008 年第 7 期。

问题、全局性问题中的一个基本方面的问题。它以中国特色社会主义理论体系为理论基础和灵魂，总结我们党的历史经验，为增强社会主义意识形态的吸引力和凝聚力，形成全民族奋发向上的精神力量和团结和睦的精神纽带而构建起来的价值体系。

其二，社会主义核心价值体系是根据中国特色社会主义理论体系的基本理论观点提出来的。如学术界认为，建设社会主义核心价值体系，有四个方面的依据：一是从总结古今中外治国理政、安民固邦的经验教训中提出的重大战略任务。人类进入文明社会以来，无论是东方还是西方，人们都存在多种多样的价值观念和价值取向，当政者为了把全社会的意志和力量凝聚起来，使社会系统正常运转，必须适应社会经济基础和政治制度的要求，建立一套能在所有价值观念和价值取向中处于统摄和支配地位，对社会意识和社会思潮具有强大的凝聚力和整合功能，能获得广泛社会共识的核心价值体系。有了这套核心价值体系作为社会意识形态的主体和灵魂，就能发展主流意识形态、整合社会意识，形成人们共同的思想道德基础。二是从价值观层面把握社会主义制度，从精神境界里为社会主义制度提供理论支撑。社会主义与畸形发展的资本主义社会不同，它是全面发展、全面进步的社会，要建设它，必须按其本质要求，在不断完善经济、政治和社会等各方面制度的同时，积极探索其在精神和价值层面的本质规定性，以便有效地进行相应的建设。社会主义核心价值体系，反映了我国社会主义基本制度的本质要求，建设社会主义核心价值体系能够促进我国社会主义制度的巩固和发展。三是在空前复杂的国内外形势下，适应意识形态领域斗争的要求，树立起团结动员全党全国各族人民完成党的执政使命的光辉旗帜。四是对高校来说，是解决培养的人究竟走什么路、跟谁走的内在要求。《中华人民共和国高等教育法》明确规定：高等教育的培养目标是“为社会主义现代化建设服务，与生产劳动相结合，使受教育者成为德智体等全面发展的社会主义事业的建设者和接班人。”实现这一要求，最根本的是要解决好培养的人究竟走什么路、跟谁走的问题。这就要求加强社会主义核心价值体系建设。上述四个方面都是根据马克思主义的基本理论提出来的。第一个方面是根据历史唯物主义关于人类社会进入文明时代以后，政治文明发展的一般规律提出来的。第二个方面是根据马克思主义关于社会形态学说，特别是社会主义社会是一个全面发展的有机体的理论提出来的。第三个方面是根据马克思主义关于意识形态的理论提出来的。第四个方面是根据马克思主义关于培养社会主义接班人的理论提出来的。中国特色社会主义理论体系作为马克思主义中国化的最新成果，以其实践特色、民族特色、时代特色把马克思列宁主义的这些理论都包括在自身体系之中。所以它是构建社会主义核心价值体系的理论基础，或贯穿、活跃于其中的活的灵魂。①

其三，从上面的论述看出，社会主义核心价值体系要解决的问题是社会主义价值观问题。马克思列宁主义对社会主义价值观是有原则规定的。但是在我国社会主义初级阶段、在社会主义市场经济条件下，它应该是怎样的，需要从理论和实践的结合上加以探索。所以必须突出地提出来着力进行建设。社会主义核心价值体系的提出，是我们党对社会主义社会全面进步和全面发展的规律、人和社会的关系深化认识的结果。

三　中国特色社会主义理论体系与社会主义核心价值体系之间的关联及地位

这个问题，上面已经讲到一些观点，这里再集中概括一下。中国特色社会主义理论体系与社会主义核心价值体系，是总体和分体、全局和局部的关系。中国特色社会主义理论体系是总体、全局，社会主义核心价值体系是分体和局部。中国特色社会主义理论体系是党和国家的根本指导思想，社会主义核心价值体系是中国特色社会主义理论体系在价值观方面的展开。中国特色社会主义理论体系是社会主义核心价值体系的灵魂和理论核心。它决定社会主义核心价值体系的根本性质、基本内容和发展方向。社会主义核心价值体系的建立和建设，丰富了中国特色社会主义理论体系。本来，中国特色社会主义理论体系和社会主义核心价值体系的这种关系及各自的地位是很清楚的。但在有关社会主义核心价值体系建设的讨论中，出现了一种值得注意的倾向。即将社会主义核心价值体系与中国特色社会主义理论体系割裂开来，甚至对立起来。这在对社会主义核心价值体系基本内容的提炼、概括上，表现得十分明显。有的孤立地研究社会主义核心价值体系的问题，只讲核心价值体系，不顾其社会主义这个本质规定性，忽视中国特色社会主义理论体系的指导作用。有人主张构建“一种

---

① 参见张晓红、梅荣政《用社会主义核心价值体系引领社会思潮笔谈》，《毛泽东邓小平理论研究》2008 年第 10 期。

普遍认同的崭新的现代价值体系”，拟用一些极抽象的、不能区分马克思主义同反马克思主义、社会主义与资本主义界限的概念，以图把现代文化与古典文化、中国文化与世界文化、社会生活与个人生活衔接起来，使现代价值观念体现在人们物质生活和精神生活的各个方面。有的则强调“与国际接轨”。至于社会主义核心价值体系是社会主义意识形态的本质和核心的问题则在他们的视野之外。这种主张显然是违背建设社会主义核心价值体系初衷的。更有甚者，有人鼓吹要“确立普世价值”，即近现代西方国家的个人主义、自由主义政治理念和制度模式，要“抛弃那些与普世价值相背离的东西，瞄准由人类文明的普世价值所确认的基本社会经济制度迈开前进的步伐，坚决地将中华民族融入到世界文明的主流中去”。面对意识形态领域的这些挑战，强调中国特色社会主义理论体系对社会主义核心价值体系建设的指导意义、灵魂和核心作用，对于帮助群众分清是非、划清界限十分重要。因为在一定意义上说，社会主义核心价值体系的提出，是从价值观念体系、思想条件、发展理念的视角对当代中国发展道路、发展方向的理论说明。

这里要补充说明的是，强调社会主义核心价值体系只是中国特色社会主义理论体系中的一个重要方面，处于分体和局部的地位，绝不意味着可以忽略它的特殊地位。实际上，在构建社会主义和谐社会过程中，社会主义核心价值体系建设这一部分的地位十分重要。因为它不是普通的一部分，而是处于世界观的核心部分。它作为一种内部动力驱使、支配和调节着人们的一切社会行为，涉及社会生活的各个领域。我们党提出建设社会主义核心价值体系，是对人类社会发展特别是政治文明发展的经验总结，是从精神层面把握社会主义制度的要求，是适应现今软实力已成为国家综合实力的重要部分的要求，所以要着力进行建设。关于这一点资产阶级政治家是看得很清楚的。它们把价值观的渗透看成是比原子弹还厉害的武器。如美国，培育和宣扬“自由、民主、人权”等价值观念一直是它的国家战略。在国内，它反复对自己的民众进行灌输；对国外，它千方百计进行渗透。美国前总统尼克松称：“苏美的竞争是军事、经济和制度的竞争，但是对抗的根本原因是意识形态的。如果我们在意识形态领域的斗争失败，我们所有的武器、条约、外援和文化交流都将毫无意义。”① 他预

---

① ［美］理查德·尼克松：《1999：不战而胜》，杨鲁军等译，上海三联书店1989年版，第92页。

言，21 世纪“意识形态的号召力，将成为决定性的力量”。里根要求“尽可能向各地传播”美国的意识形态，“按照我们的思想去影响事态的发展”，还称“美国之音”“是在共产主义社会的黑暗中点火的力量”。尼克松强调：“美国所从事的最有效的对外手段之一，一直是支持自由欧洲电台和自由电台。单是这些电台就防止了苏联把共产主义意识形态完全灌输给东欧和苏联人民。”[①] 这就从反面告诉我们，价值观建设十分重要，不能有任何的松懈。说它处于从属地位，只是相对于作为党和国家的根本指导思想的中国特色社会主义理论体系而言的。

四　在中国特色社会主义理论体系指导下，加强社会主义核心价值体系建设

社会主义核心价值体系作为社会主义意识形态的本质体现，是我国社会意识形态的主体和灵魂，在整个社会价值系统中处于主导和支配地位，对社会意识和社会思潮具有强大的引领和整合功能，必须在中国特色社会主义理论体系的指导下加强建设。

第一，要深化对社会主义核心价值体系的基础理论研究。

这有多方面的问题，如：什么是价值、什么是价值观、什么是核心价值、什么是核心价值体系、什么是社会主义核心价值体系，等等。这些概念之间的区别和联系在哪里？又如，为什么要把马克思主义指导思想、中国特色社会主义共同理想、以爱国主义为核心的民族精神和以改革创新为核心的时代精神、社会主义荣辱观列入社会主义核心价值体系的基本内容？在社会主义核心价值体系中，马克思主义指导思想是灵魂，中国特色社会主义共同理想是主题，以爱国主义为核心的民族精神和以改革创新为核心的时代精神是精髓，社会主义荣辱观是基础。这些内容各自在怎样的层面上，以怎样的方式支撑着社会主义核心价值体系的大厦？在建设社会主义核心价值体系中，如何把握既尊重差异，包容多样，又能抵制错误思潮，从而掌握中国化马克思主义在思想领域的主导权、主动权？如何使社会主义核心价值体系转化广大群众的自觉追求？所有这些问题，还有其他带基础理论性的问题，都需要在中国特色社会主义理论体系指导下，作出

① ［美］理查德·尼克松：《1999：不战而胜》，杨鲁军等译，上海三联书店 1989 年版，第 93 页。

深入的理论研究，给出科学的回答。

第二，要深入研究社会主义核心价值体系的宣传教育的问题。

社会主义核心价值体系，应该熔铸在亿万人民群众的价值观念、价值取向和价值标准中。因此，建设社会主义核心价值体系，要着力进行社会主义核心价值体系的教育。只有通过教育，社会主义核心价值体系才能被广大人民群众真正接受，才能逐步变为广大人民群众内心的道德律令和行为准则，成为亿万人民群众自觉的实践行为，最后升华为整个民族、国家、社会的精神品格。因此，党的十七大报告指出："要巩固马克思主义指导地位，坚持不懈地用马克思主义中国化最新成果武装全党、教育人民，用中国特色社会主义共同理想凝聚力量，用以爱国主义为核心的民族精神和以改革创新为核心的时代精神鼓舞斗志，用社会主义荣辱观引领风尚，巩固全党全国各族人民团结奋斗的共同思想基础。"强调要"切实把社会主义核心价值体系融入国民教育和精神文明建设全过程，转化为人民的自觉追求。"①

第三，要探索用社会主义核心价值体系引领社会思潮的问题。

党的十七大报告明确提出：要"积极探索用社会主义核心价值体系引领社会思潮的有效途径，主动做好意识形态工作，既尊重差异、包容多样，又有力抵制各种错误和腐朽思想的影响。"② 这包括研究社会思潮本身的种种理论问题。如类别的划分及其标准、社会性质、表现特征、传播方式、社会功能等；区分社会矛盾的性质问题，特别是要严格区分人民内部矛盾和敌我矛盾。在意识形态领域里，要注意区分学术问题和政治问题；对待不同性质的社会思潮的政策问题、途径问题。在区分是落后的社会思潮，还是腐朽、错误的社会思潮的前提下，采取不同的对策。对于事关政治方向和根本原则的问题，一定要旗帜鲜明，毫不含糊，予以抵制和批判。对学术问题，要坚持"双百方针"，平等讨论，分清是非，等等，所有这些都要加以专门的研究，以期有新的突破。

（原载《思想理论教育导刊》2011 年第 10 期，第二作者为杨芳）

---

① 胡锦涛：《高举中国特色社会主义伟大旗帜　为夺取全面建设小康社会新胜利而奋斗》，《人民日报》2007 年 10 月 25 日第 1 版。

② 胡锦涛：《高举中国特色社会主义伟大旗帜　为夺取全面建设小康社会新胜利而奋斗》，《人民日报》2007 年 10 月 25 日第 1 版。

对马克思主义中国化史研究的若干思考

马克思主义中国化史研究是马克思主义发展史研究的重要组成部分，亦是马克思主义中国化研究深入的要求和表现。本文试对这个问题谈些初步认识，一共七点。仅供讨论。

一　要重视胡乔木同志论中共党史研究和撰写工作的意见

乔木同志对中共党史的研究和撰写工作，发表了许多具有独到见解的观点，揭示了党史工作的规律，提出了党史研究和撰写的重要指导原则。马克思主义中国化史的研究虽然不同于中共党史工作，但是，由于中国共产党的全部理论和实践创造性活动就在于把马克思主义的基本原理和中国的具体实际结合起来，使马克思主义中国化，以指导中国革命、建设和改革的实践，并从中总结、提升经验，丰富马克思主义理论宝库。所以我们党的领导人多次讲到党的诞生、成长、成熟和发展的历程就是不断实现和推进马克思主义中国化的历程。这两者的相关性，决定研究马克思主义中国化史不仅不能离开中共党史，而且必须以中共党史作为自己的研究基础。从这个意义说，乔木同志提出的党史工作的指导原则、基本精神，也适用于马克思主义中国化史的研究。

乔木同志论中共党史研究的思想很丰富。归纳起来，主要有六大方面。其中每一个方面他都有充分的论证，这里只能介绍些基本点。

其一，做党史工作、写党史要怀有一种强烈的政治责任感和满腔的热情。应当对马克思主义理论、社会主义、共产主义事业抱有无限的忠诚，抱有毫不动摇的信念。要站在党的立场上，用满腔的热情来叙述党的历史。

其二，写党史要注重科学性。依靠科学，依靠真理。用科学的态度、科学的方法、科学的论证来阐明党的各种根本问题。强调科学性，就要明确党史同一定的社会政治、经济发展的历史不能分开，按照实事求是的原则认识和处理党史上的问题。要重视详细地占有材料并鉴别清楚。对错误观点和歪曲党的历史的言论予以有理有据的分析批判。要做好注释。要坚持具体分析的态度。

其三，党史不应当是一个自我封闭的体系，应当是开放的，要注意四面八方。

其四，我们党的每一步胜利都是马克思主义与中国的实际情况相结合的结果。为了阐明我们党这一条最基本的历史经验，有必要把中国共产党和共产国际关于中国革命的主张，中国和苏东国家关于建设社会主义的主张，进行比较对照。

其五，要从历史实际出发，重视把握基本的历史事实，厘清历史脉络，用史实来说明问题。要注意突出历史发展的关键点，并以此为基础来展开必要的论证。

其六，编写党史，要采取史论结合、夹叙夹议的方式。叙史要详略得当，不要弄成资料集。议论要有思想，有见解，但不能过于逻辑化。乔木同志的这些意见，对我们研究和撰写马克思主义中国化史有直接的或间接的指导意义。

二 要充分体现马克思主义中国化史的本质属性和特点

马克思主义中国化史是一门研究马克思主义普遍原理与中国具体实际相结合的历史背景、历史进程、基本经验、理论成果及其发展规律的科学。它既是一门理论科学，又是一门历史科学。作为理论科学，它的基本范畴、基本原理及其构成的理论体系，必须概念明确、特色鲜明、脉络清晰、逻辑严整，以此展现马克思主义中国化理论的宏伟内容，揭示马克思主义中国化的一般规律和在革命、建设和改革不同历史阶段上的特殊规律，反映马克思主义理论集真理性、革命性、实践性于一体的本质特点。作为历史科学，它具有孕育、形成和发展的时代根据（如社会经济条件、历史文化传统、理论背景、阶级基础、实践基础等）、历史过程、基本历史阶段及其特征，具有代表性的历史人物和丰富的历史文献。只有以整体的思维把握好上述理论和历史的两个方面，进行通盘考虑，作出分别的和综合的研究，才能正确认识马克思主义中国化的光辉而艰难的历程，把握寓于其中的科学原理、科学精神、科学方法、科学价值和当代意义。

三 要始终坚持历史与现实、理论与实践的统一

历史与现实、理论与实践的统一，是马克思主义中国化史研究中两个带根本性的问题，对两个问题把握得深浅和处理得好坏，关系到马克思主义中国化史研究有无成果和成果的大小。这两个统一，涉及的问题很多，我想就几个问题谈些认识。

在历史与现实的关系上，马克思主义中国化史作为马克思主义中国化发展的过程，是过去了的客观存在。这一“存在”是马克思主义中国化发展的今天和明天的历史根据和支撑。为了更好地认识它的今天、预见它的明天，必须深刻地了解它的昨天和前天。所以，研究马克思主义中国化史，一是要正确地认识和充分估价它的昨天和前天。古人所谓“彰往而察来”，“述往事，思来者”，即如此。具体说，就是要正确认识、科学评价马列主义、毛泽东思想在马克思主义中国化史上的历史地位、历史作用、历史价值和当代意义，不可以任何理由看轻甚至贬低这种地位、作用、价值和意义。二是回顾过去是为了面向现在和未来。古人所谓“所贵乎史者，述往以为来者师也”，即如此。具体说，马克思主义中国化史研究要立足于今天，从巩固和增强马克思主义的指导地位的高度，去着力发现以往我们党是如何运用马克思主义世界观和方法论指导中国革命、建设和改革，回应挑战，总结经验，把握规律及发展趋势的。从中提取历史智慧，以启发我们去开辟马克思主义中国化未来发展的新境界。

在理论和实践的关系上，从根本意义上说，马克思主义中国化史是马克思主义科学理论与中国的具体实践相结合、相互动的历史。这包含多方面的内容，我仅谈三点思考。

其一，要抓住历史发展的主脉。马克思主义中国化史研究必须尊重历史，以翔实的史料为依托，作为思想理论史必须反映、默写近现代中国革命、建设和改革的历史进程。但这种反映、默写不是要理论思维时时处处都跟着历史事件跑，进行无遗漏的照相式的反映，而是要进行有保留、有撇开的科学抽象。这是因为历史过程中存在许多偶然事件、“零碎的”事实。这些偶然事件、“零碎的”事实，按列宁的说法，是“连儿戏都不如”的东西。它不仅不反映历史的本质和规律，而且还干扰甚至破坏客观的历史进程，若理论史研究跟着它跑，定会打断逻辑思维的进程，因此要揭示出历史的本质和规律，逻辑思维中的历史过程应该是被科学思维加

工整理过的、撇开了偶然事件和零碎事实的历史过程，这种历史过程虽然没有呈现在现实生活表面的现象丰富，但是它更深刻、更真实、更具有根本的性质，因为它抓住了历史的本质及其运动规律。这就要求我们研究马克思主义中国化史要通过科学分析，从历史事实的总和中、历史整体的联系中掌握事实，抓住基本的经济政治关系、社会的主要矛盾、具有代表性、典型性、标志性，能够反映历史本质和活动规律的关键点、重大事件、代表性人物及相应的文献，切忌不要像现在某些刊物、某些文章那样，撇开历史必然性和客观条件，不分主流和支流、现象和本质，随意挑选个别事实和玩弄实例，借口“新的发现”戏说历史，甚至捏造、歪曲事实调侃历史。

其二，要突出历史创造力的主体。马克思主义中国化史创造力的主体是中国共产党及其领导下的广大人民群众，其中包括党内外的马克思主义理论家。在充分肯定这个前提时，要高度重视这个主体的核心领导，即中国共产党的中央领导集体的杰出贡献。这绝不是说要把马克思主义中国化史变成领袖思想史，不重视其他方面的贡献，而是说马克思主义中国化史研究要抓住重点。其理由：一是，根据历史唯物主义关于群众、阶级、政党和领袖相互关系的原理，党中央领导集体的思想集中了群众、阶级、政党的意志、要求、愿望和理论创造；它本质上是伟大的集体智慧的结晶；二是，从理论对实践的影响说，中国共产党领导集体把群众、阶级、政党的思想能动作用集中发挥出来，形成理论、路线、方针、政策，对实践的影响最大、最有实效。有时这种作用可以发挥到极致。马克思主义的要义正在于改造世界，而不是囿于书斋中的学问。所以马克思主义中国化史研究应该凸显中国共产党中央领导集体在形成、发展毛泽东思想和中国特色社会主义理论体系中的历史作用。不能把马克思主义中国化史视为学者们的思想史，更不能视为理论上多元的、不同代表人物思想的总汇，甚至各种不同的、对立的思想派别的思想混合体。

其三，要讲党性。马克思主义中国化史作为过去了的客观存在，持各种不同立场的思想家、理论家会作出不同的解说，事实上国内外的学者写了很多这方面的著作。但是马克思主义视域中的理论和实践的互动，是有方向、有价值目标追求的。作为高校从事马克思主义发展史教学的专家，更不要说党内的专家，要坚持马克思主义的科学性和党性，站在党的立场上，用满腔的热情，科学的态度，严谨的学风来研究、叙述马克思主义中国化的历史。在思想多元化的今天，强调这一点尤为重要。

四 力求科学地反映马克思主义中国化整体发展的历史

整体性是马克思主义理论体系的重要规定性。由此要求马克思主义中国化史研究，也要坚持马克思主义理论的整体发展。江泽民同志曾指出："建设有中国特色社会主义理论，是一个完整的科学体系，其中的各个基本观点、基本原理都不是孤立的，而是有着内在联系的。我们在学习和运用中，要始终注意从总体上、相互联系上和精神实质上去全面地正确地把握，不能搞片面性，否则是学不好和用不好这一理论的。"[①] 这说明把握其整体发展的重要。

坚持马克思主义理论的整体发展观，需要正确把握四种关系：

一是马克思主义理论整体发展中的一脉相承和与时俱进的关系。一脉相承和与时俱进是马克思主义中国化过程的本质特征。研究中，如果忽视了前一特征，就会迷失方向，走上歧途；如果忽视了后一特征，就不能把握马克思主义最宝贵的理论品格和生命力所在，就不能很好地坚持马克思主义。因此，马克思主义中国化史只有正确地把握了马克思主义理论整体发展中的一脉相承和与时俱进的关系，把握好其基本性质的一贯性、连续性和发展阶段上的创新性（新的视野、新的概括、新的回答、新的公式、新的结论、新的论证、新的表达等），不随意抬高或贬低其中的某一部分，才能科学地反映它的客观历程，揭示其本质及活动规律。关于这个问题，我们党的几代中央领导人都有重要论述，我们应很好地领会。

二是要处理好整体研究与分领域研究的关系。整体研究主要是从马克思主义理论这个学科的整体性规定来说的，绝不意味着不需要从各分领域进行分门别类的专门研究。相反我们在做整体性、综合性研究时，要重视国内外学术界对它所进行的分领域、分阶段、分专题的专门研究，重视这种研究的完整性、系统性并从中吸收研究成果。

三是要处理好马克思主义的通史研究和中国化史研究的关系。马克思主义发展史和马克思主义中国化史是总体和部分的关系。马克思主义发展史是总体，马克思主义中国化史是部分，这个问题不能颠倒。但是作为国际性学说的马克思主义总是通过在各个民族和各个国家的运用和发展来发

---

① 《江泽民论有中国特色社会主义（专题摘编）》，中央文献出版社 2002 年版，第 14 页。

挥认识世界和改造世界作用的。我们现在讨论的又是马克思主义中国化史研究，无疑要突出马克思主义中国化的理论成果在马克思主义发展史中的地位。所以马克思主义中国化史研究，既要注意观照马克思主义发展通史，同时又要充分体现马克思主义民族化的重要特点和历史趋势，突出反映马克思主义基本原理同中国具体实践相结合这一精髓，充分反映在“相结合”过程中形成的具有中国特色的马克思主义。只有这样，才有利于显示马克思主义发展史中的一般性与特殊性、本质的同一性（如理论与实践、历史与逻辑、继承与革新、连续性与阶段性、前进性与曲折性、革命性与科学性等的统一）与形态的多样性相统一的特色，展现中国运用和发展马克思主义的独创性。

四是要处理好马克思主义中国化的发展同自称为马克思主义派别的关系。马克思主义诞生 160 余年以来，在世界上形成了许多自称为马克思主义的派别或与马克思主义相关的学说、思潮，这反映了马克思主义对人类社会和人们思想所发生的深刻影响。马克思主义中国化史的研究，在鲜明地展现其主体和主脉的同时，要十分关注国内外各种自称为马克思主义派别的思想或与马克思主义相关的学说和思潮，注意对其进行比较和鉴别，吸收其理论体系中积极的、健康的、合理的思想，同时有针对性地回答它们提出的挑战性问题，批判其错误观点，以深化我们对马克思主义中国化发展趋势的认识。

五　重视对马克思主义基本原理、马克思主义经典著作、国外马克思主义等的综合研究

马克思主义基本原理是马克思主义理论体系中最根本、最基础、最具有稳定性的思想，是马克思主义之所以成为科学世界观和方法论的决定性内容。不懂得马克思主义的基本原理，就不可能真正懂得马克思主义的中国化。历史经验证明，对基本原理理解的失误，必然导致理论和实践上的错误。深化马克思主义基本原理的研究，是马克思主义中国化史研究乃至整个马克思主义理论学科建设最基础性的工作。

重视马克思主义经典著作的意义，一是掌握马克思主义基本原理的需要。马克思主义经典著作是马克思主义基本原理的本源、基础和重要载体。只有通过对经典著作的研究，才能深入了解经典作家科学原理形成的根据，完整、准确、深刻地理解、把握其基本原理，学到经典作家观察和

处理问题的立场和方法。二是运用马克思主义基本原理的要求。研究马克思主义中国化史，准确地描绘其发展的历程只是认识的前提。更重要的是在此基础上理清历史脉络，总结历史经验，揭示发展规律，考察发展趋势，以此作为今人和后人思想上的借鉴和行动上的向导。要做到这一点，仅仅依靠史料收集和史实考证是远远不够的，还必须在科学的历史观和方法论的指导下，对史料进行分析和综合，进行深入的理论思考。这就要求通过研究马克思主义经典著作，学会运用马克思主义的立场、观点和方法，否则就会像恩格斯所指出的，“没有理论思维，就会连两件自然的事实也联系不起来，或者连二者之间所存在的联系都无法了解”①。

学习研究马克思主义经典著作之所以能收到这样的效果，是因为马克思主义经典著作提供了多方面的指导原则。仅就与史学理论和方法有关的著作来说，就有多种情形。如有的是原创性、基础性的理论著作。如恩格斯说过，马克思的《关于费尔巴哈的提纲》是“历史唯物主义的起源”，马克思的《〈政治经济学批判〉序言》对唯物史观的要点作了“扼要的叙述”；而在他本人所写的《反杜林论》第一编第九至十一章、第二编第二至四章、第三编第一章和《路德维希·费尔巴哈和德国古典哲学的终结》的第四部分中，则谈到了唯物主义历史观的“大多数问题”；有的是运用唯物主义历史观分析和论述历史上重大问题的典范，如《共产党宣言》第一章对资本主义产生、发展和灭亡的问题，马克思的《不列颠在印度统治的未来结果》和《给维·伊·查苏利奇的复信》对殖民主义问题以及落后国家在一定条件下能否跨越资本主义发展阶段等问题都做了模范的分析；有的是运用唯物主义历史观分析和论述某个国家某个时期历史人物、历史事件的重要著作。如恩格斯多次讲过，马克思的《路易·波拿巴的雾月十八日》的这本书“是运用这个理论的十分出色的例子”；有的是论证和发挥马克思主义历史理论和方法的，如列宁的《什么是“人民之友”以及他们如何攻击社会民主党人?》《论国家》等；有的是运用唯物主义历史观分析和论证新的历史条件下的重大历史理论和历史发展问题的，如列宁的《民族和殖民地问题提纲初稿》《论我国革命》等。还有其他情形。

正是这样，恩格斯曾要求“根据原著”，“而不要根据第二手的材料

---

① 《马克思恩格斯全集》第20卷，人民出版社1971年版，第399页。

来进行研究”马克思主义理论①。邓小平在谈到要正确认识和处理马克思主义基本原理和马克思主义中国化理论成果的关系时，强调不仅要读毛泽东的著作，而且还必须读马克思、恩格斯、列宁的有关著作。习近平同志近几年来多次强调要重视学习马克思主义经典著作。

国外马克思主义研究，包括国外共产党对马克思主义的研究与创新，国外学者特别是左翼学者对马克思主义的研究与阐释，以及“西方马克思主义”的研究。马克思主义中国化与马克思主义世界化密切相关，只有观照马克思主义世界化的动态，善于辨别是非，才不仅能从中汲取有益养分，而且能从宏观比照上科学认识马克思主义中国化史在马克思主义发展史上的历史地位。

六　坚持正确认识、对待和处理马克思主义与多样化社会思潮的关系

认识、对待和处理马克思主义与多样化社会思潮的关系有两个方面的意义：(1) 马克思主义的发展有一个“源”和“流”的问题。马克思主义同任何新的学说一样，“必须首先从已有的思想材料出发”②。它作为人类创造的全部优秀文化的集大成，只有通过继承、吸收已有的思想材料、思想形式才能形成和发展。从这方面说，马克思主义中国化过程必须注意从一些进步思潮，特别是在历史上起过重大影响作用的思潮中汲取合理的积极的因素，这是它得以形成和发展的必要思想条件。我们党早在 1943 年就提出要使马克思主义同中国的历史、中国的文化相结合，这其中就包含着要求正确认识和处理马克思主义与历史上多种思潮的关系。现在应更加强化这种要求。(2) “马克思主义必须在斗争中才能发展……这是……马克思主义发展的规律。”③ 这是因为马克思主义在与各国实际相结合中不可避免地会遇到种种干扰，只有排除这些干扰，才能更好地实现结合，促进马克思主义发展。在马克思主义发展史上，事实上充满着马克思主义同各种非马克思主义、反马克思主义派别和思潮的斗争。如：19 世纪 40 年代马克思、恩格斯同封建社会主义、资产阶级社会主义、小资产阶级社会主义以及空想社会主义的斗争；19 世纪六七十年代马克思主义同普鲁

① 《马克思恩格斯选集》第 4 卷，人民出版社 1995 年版，第 697 页。
② 《马克思恩格斯选集》第 3 卷，人民出版社 1995 年版，第 719 页。
③ 《毛泽东文集》第 7 卷，人民出版社 1999 年版，第 230—231 页。

东主义、巴枯宁主义、拉萨尔主义以及杜林主义的斗争；19 世纪末至 20 世纪头 20 余年列宁及其战友同伯恩施坦主义、考茨基主义以及托洛茨基主义的斗争；20 世纪中期开始的马克思主义者与赫鲁晓夫直到戈尔巴乔夫的民主的人道的社会主义的斗争。马克思主义中国化史上也是一样，如 20 世纪 20 年代开始的以毛泽东为主要代表的马克思主义者同陈独秀、王明等为代表的右倾和“左”倾机会主义路线的斗争；20 世纪 70 年代末以来以邓小平为主要代表的中国共产党人为系统纠正“文化大革命”的危害同以教条主义为特征的“左”倾错误思想的斗争，继后同资产阶级自由化思潮的斗争；20 世纪最后 20 年至今中国马克思主义者与民主社会主义、新自由主义、历史虚无主义、儒化当代中国等错误思潮的斗争，对否定改革开放、否定党的理论和路线方针政策的言论的批判。一代一代马克思主义者正是遵循真理发展的规律，在同各种错误思潮的斗争中，排除了种种干扰，同时从某些思潮中汲取了某些思维形式、思想材料、新的知识点、论战技巧等，促进了马克思主义同各国实际和时代特征的结合，把马克思主义的发展推进到了一个又一个新的阶段、新的时期，使马克思主义始终保持着青春的朝气和活力。马克思主义中国化史的研究，我们既不能把马克思主义发展史看成仅仅是思想理论斗争史，也不能忽略这个重要的方面。必须正确认识和对待马克思主义与各种非马克思主义、反马克思主义的社会思潮的关系，注意把社会思潮及其流变的考察纳入研究的视野，科学总结各个时期马克思主义正确对待社会思潮、发展自身的历史经验，以及在意识形态领域自觉划清马克思主义同反马克思主义的界限，社会主义公有制为主体、多种所有制经济共同发展的基本经济制度同私有化和单一公有制的界限，中国特色社会主义民主同西方资本主义民主的界限，社会主义思想文化同封建主义、资本主义腐朽文化的界限，用社会主义核心价值观体系引领多样化社会思潮，为推进马克思主义中国化提供重要的经验和启示。

七　要坚持用马克思主义中国化的最新理论成果科学回答关系马克思主义在当代命运中的一些重大理论和实践问题

关系马克思主义在当代命运中的重大理论和实践问题很多。如，如何看待十月革命道路，如何看待经济文化落后国家先行进入社会主义的必然性，如何看待苏共亡党亡国的问题，如何看待当代马克思主义在发达的资本主义国家、亚非拉发展中国家和地区、社会主义国家三种不同条件下的发展问题，这些国家和地区的共产党、马克思主义学者、左翼学者都提出了许多新的思想理论观点。

其中，有的是对马克思主义理论的创新，有的是对马克思主义的诘难，有的虽非马克思主义的观点，但毕竟是对复杂多变的时代的客观反映，在实际生活中产生过并将继续产生影响，也包含着某些对马克思主义当代发展有重要价值的思想资料。国内在人民群众中热议的种种突出问题，马克思主义中国化史研究对这些问题都要予以高度关注，并且结合具体情况，在马克思主义中国化史的相应部分、相应问题上，对照、思考或回答、阐释这些问题。这对于全面揭示马克思主义的前进性与曲折性的发展、揭示世界历史走向社会主义最终达到共产主义的必然性和多样化的道路，考察马克思主义世界化和中国化的关系，探索当代中国推进马克思主义中国化的历史条件和历史任务都是很有意义的。

[原载《贵州师范大学学报》（社会科学版）2012 年第 8 期]

推进社会主义核心价值体系大众化论析

大力推进社会主义核心价值体系大众化，使之得到践行，是建设社会主义核心价值体系的一个重要方面。2007 年，党的十七大提出，“坚持不懈地用马克思主义中国化最新成果武装全党、教育人民”，“开展中国特色社会主义理论体系宣传普及活动，推动当代中国马克思主义大众化”①。这一要求包含了社会主义核心价值体系大众化的问题。其核心思想是要在广大人民群众中传播社会主义核心价值体系，使之同群众相结合。

一　社会主义核心价值体系大众化的科学内涵和重大意义

如何界定社会主义核心价值体系大众化，学界有多种意见。笔者认为，所谓社会主义核心价值体系大众化，就是要在广大人民群众中传播社会主义核心价值体系，使之同群众相结合。或者说，用社会主义核心价值体系教育、武装群众，让群众掌握、践行社会主义核心价值体系。这一过程当然包括多个中间环节，如社会主义核心价值体系由少数人掌握日益扩展到更多的人掌握；群众由对社会主义核心价值体系的理性认知、情感认同上升到世界观的核心理念（如价值目标、内部动力、行为道德规范和评价行为、事物的准则）；从全社会来说，是社会主义核心价值体系渗透到社会生活各个方面、各个领域、各种职业的过程。但这些重要环节都是为了实现一个目的，即使尽可能多的群众理解、认同、掌握社会主义核心价值体系的基本内容和精神实质，以使其内化为人们的思维方式和价值观念，外化为人们的道德规范和自觉的实践行动。

为什么必须实现社会主义核心价值体系同广大人民群众相结合，即大众化，这是由多方面原因决定的。

---

① 《十七大以来重要文献选编》（上），中央文献出版社 2009 年版，第 26 页。

其一，这是由人民群众的主体地位决定的。人民群众是实践和认识的主体。社会主义核心价值体系要发挥治国理政、安民固邦、促进和谐文化建设等作用，必须通过武装中国人民大众的头脑，同人民群众相结合。否则只能是束之高阁的价值理论。

其二，这是由社会主义核心价值体系的根本性质决定的。社会主义核心价值体系的灵魂是马克思主义。马克思主义作为工人阶级的科学世界观，其根本任务就在于帮助工人阶级认识物质世界和人类社会发展的规律，同时意识到自己的阶级地位和历史使命，从而组织成马克思主义政党，发挥历史主动性，带领广大人民群众去进行改造旧世界、创立新世界斗争，实现工人阶级的解放，进而解放全人类。马克思主义如果不同人民群众相结合，就从根本上背离了自己的理论本性。事实上，就社会主义核心价值体系的灵魂——马克思主义的本性说，它在形成时期，就把自己同无产阶级的联系视为物质和精神的关系加以规定。1843 年，马克思在《〈黑格尔法哲学批判〉导言》中写道："哲学把无产阶级当做自己的物质武器，同样，无产阶级也把哲学当做自己的精神武器。"[①] 他还指出："理论一经掌握群众，也会变成物质力量。理论只要说服人，就能掌握群众；而理论只要彻底，就能说服人。"[②] 马克思在这里论述的理论掌握群众、群众运用理论的关系，明显地孕育着马克思主义理论和群众的结合，即大众化思想。在 1848 年 2 月出版的《共产党宣言》中，马克思和恩格斯更加明确地阐述了马克思主义理论与人民群众相结合的深刻根源，即"无产阶级的运动是绝大多数人的，为绝大多数人谋利益的独立的运动"[③]。马克思主义世界化、民族化的过程，同时也就是它同各国民族的群众相结合的过程。1885 年，恩格斯回顾共产主义者同盟的历史时，意味深长地说：马克思主义"这个学说在世界一切文明国家里，在西伯利亚矿山的囚徒中，在加利福尼亚的采金工人中，拥有无数的信徒"[④]。指出了马克思主义的民族化，同时也是大众化的过程。

中国共产党从建党时期起，就把两个历史过程：马克思主义同中国实际相结合、马克思主义同中国人民大众相结合，高度地统一在一起。在革

① 《马克思恩格斯文集》第 1 卷，人民出版社 2009 年版，第 17 页。
② 《马克思恩格斯文集》第 1 卷，人民出版社 2009 年版，第 11 页。
③ 《马克思恩格斯文集》第 2 卷，人民出版社 2009 年版，第 42 页。
④ 《马克思恩格斯文集》第 4 卷，人民出版社 2009 年版，第 246 页。

命、建设和改革的各个时期，采用创办学校、学社、书社、期刊，开设马克思主义理论课程，媒体传播，开展整风等多种多样的宣传教育活动，促使马克思主义中国化，同时也促使马克思主义与群众相结合。马克思主义中国化的过程，也是马克思主义与中国人民大众相结合的过程。这种结合，使中国人民得到了马克思主义的精神武装，推动了中国共产党的成立。“从此以后，中国改换了方向。”[①] 而“马克思列宁主义来到中国之所以发生这样大的作用，是因为中国的社会条件有了这种需要，是因为同中国人民革命的实践发生了联系，是因为被中国人民所掌握了。任何思想，如果不和客观的实际的事物相联系，如果没有客观存在的需要，如果不为人民群众所掌握，即使是最好的东西，即使是马克思列宁主义，也是不起作用的。”[②] 这一段精辟论述说明了马克思主义大众化历史的必然性：马克思列宁主义作为科学的世界观、方法论，是行动的指南；中国的社会条件对马克思主义有了需要，“同中国人民革命的实践发生了联系”，所以它能“为人民群众所掌握”，实现大众化，在中国起作用。社会主义核心价值体系中的其他构成要素也是如此，都必须同人民群众相结合。

其三，这是当下意识形态领域斗争形势的要求。当前在我国思想理论领域，围绕举什么旗、走什么路等重大问题，新自由主义、民主社会主义、历史虚无主义、西方普世价值论等错误思潮，向我国主流意识形态提出了严重的挑战，其实质是要否定党的四项基本原则，取消马克思主义的指导地位，否定中国共产党的领导和我国的社会主义制度，在这种形势下，特别需要社会主义核心价值体系的大众化；当今世界，文化软实力以经济、政治、军事等硬实力为后盾，在综合国力竞争中的地位和作用越来越突出。文化软实力的真正伟力在于人民群众历史主动性和创造力的发挥。在我国，这种历史创造力的发挥，又来自于人们对社会主义核心价值体系的认同，即社会主义核心价值体系的大众化；时下不同价值观点的对立和冲突，影响着社会的稳定团结，影响着改革开放的深入和社会经济的科学发展。为排除影响科学发展的障碍性因素，统一思想，化解矛盾，促进社会和谐，必须努力推进社会主义核心价值体系的大众化；在多元文化、多种社会思潮作用下，人们的价值选择和价值比较大大增多，人们辨

---

① 《毛泽东选集》第4卷，人民出版社1991年版，第1514页。

② 《毛泽东选集》第4卷，人民出版社1991年版，第1515页。

别是非的难度加大，有的甚至陷入价值困惑。为使社会主义核心价值体系成为人民群众自觉追求的理想目标，进而化为人们实际的行为方式，必须推动社会主义核心价值体系大众化的进程。

其四，这也是历史智慧的启示。从历史发展规律说，古往今来，无论中外，任何阶级的思想家创造一种核心价值体系，都不是为了孤芳自赏，而是为了他们所代表的阶级的利益得到维护，驱使广大人民群众按照他们创立的价值观念去改造世界，因此，他们必然要去做自己核心价值观体系的大众化工作。在一定意义上说，我们工人阶级政党所做的大众化工作，也是得于历史智慧的启示。问题只是思想内容、根本性质、最终目的、传播范围和深刻程度的原则区别。

二 社会主义核心价值体系大众化的逻辑思路和现实路径

如何实现和推进社会主义核心价值体系大众化，学术界已经有很多讨论，提出了不少好的意见。在这些意见中，有学者批评现有学术成果较多地停留在宏观层面，提出的相应对策多流于空泛，缺乏目的性、针对性和可操作性，难以对社会主义核心价值体系大众化发挥实际的指导作用。倡导今后学术界应加强对可操作性路径和方法的探讨。我以为对这种批评需作辩证分析。一方面，是要注意克服缺乏目的性、针对性和可操作性的空泛议论。常言道“空谈误国”，对社会主义核心价值体系大众化也是如此。特别是要克服那种不顾实际内容和实际操作，刻意编织出的一串串的排比句，如经常可见的以什么为基础、以什么为主渠道、以什么为主阵地、以什么为路径、以什么为举措、以什么为关键、以什么为保证，等等。这里不是说，在理论文章中这样的排比句不可用，而是说不顾实际内容和实际操作的刻意编造不可取。事实上在行文中排比句用得好是很有效果的。但是另一方面，决不能把从宏观方面对社会主义核心价值体系大众化的讨论视为空谈。无论是对社会主义核心价值体系及其大众化本身的研究，还是对其途径、方法的研究，理论探讨都是非常重要的。列宁曾指出：“迈出最勇敢的前进步伐的是早就成为理论研究对象的那个领域，是主要从理论上、甚至几乎完全从理论上耕耘过的那个领域。”① 理论是对客观规律性的反映，是对事物本质的把握。它源于实践又高于实践，对实

① 《列宁专题文集·论社会主义》，人民出版社2009年版，第375页。

践有巨大的指导作用。我们在对社会主义核心价值体系大众化的途径、方法的研究中，遇到的某些难题或不当的举措往往与对其理论研究不够、不透有关系。所以不能不重视理论研究而陷于可操作性的具体路径和方法的探讨。况且现在还远远不能说有关这方面的理论探讨，我们已经很够了，不需要再深入了。

根据上述认识，这里试图从理论和实际的结合上，对社会主义核心价值体系大众化的逻辑思路和现实路径，提出如下几点看法：

1. 要坚定不移地坚信社会主义核心价值体系是最合理的价值理念，群众是真正英雄的观点。由于各种复杂因素的影响，社会上对社会主义核心价值体系有各种各样的看法和议论。这些看法和议论不一定都是正确的。看问题要看本质。虽然社会主义核心价值体系在表述上还可以提炼得更精练些，但是对它的基本内容和精神实质应该坚信不疑。因为它真实地反映了马克思主义特别是中国化马克思主义的本质，反映了我国社会主义基本经济制度、政治制度和思想文化制度的本质和社会历史发展的前进方向，反映了我们党及其领导下的人民长期奋斗的历史经验和人民群众的根本利益。所以社会主义核心价值体系是迄今为止人类历史上最合理的价值观。同时，我们应该坚信群众是创造历史的真正动力和英雄的观点。社会主义核心价值体系是科学的理论体系，单个社会成员在受到教育以前，不一定能理解它。但是正因为社会主义核心价值体系是从物质的经济事实中、从人民群众建设社会主义现代化的实践中提炼出来的，又是代表人民群众根本利益的思想体系，经过教育，是一定能够得到人民群众的认同，并转化为人民群众的行为规范的。关键在于我们的思想理论教育工作。只要适合人民群众的需要和水平，把工作做深、做细、做扎实，就能实现和推动社会主义核心价值体系的大众化。

2. 要做好社会主义核心价值体系的通俗化工作。社会主义核心价值体系的大众化，必然包含着它的通俗化过程。所谓通俗就是适合群众的水平和需要，将深刻的道理以通俗宣传的形式，讲得群众容易理解和接受，使之能够普及到最广大群众中去。在宣传普及的意义上，可以说通俗化就是大众化的必要形式。大众化必须通俗化。社会主义核心价值体系的大众化如没有通俗化这一重要环节，或说不通过这种形式掌握群众，大众化就不可能实现。

这是因为社会主义核心价值体系是一个科学理论体系，它同哲学和各门社会科学一样，有其特定的领域，有在继承前人提供的思想材料基础上形成的专业化的科学概念、范畴及其构成的逻辑严密的理论体系。这是理论家们的精神创造，如果不做好通俗化的解读，就难以普及到广大群众之中。就社会主义核心价值体系中的核心——马克思主义来说，它具有自己产生的民族文化背景和语言形式。要把它同中国人民大众相结合，必须赋予它中国的民族文化形式和语言形式，即毛泽东 1938 年在党的六届六中全会上第一次提出“马克思主义中国化”时所要求的，赋予它以“新鲜活泼的、为中国老百姓所喜闻乐见的中国作风和中国气派”。正因这样，毛泽东要求把国际主义的内容和民族形式二者“紧密结合起来”[①]。用中国话讲马克思主义。在延安整风中，他在《反对党八股》的报告中，倡导采取生动活泼新鲜有力的马克思列宁主义文风，学习群众的语言。批评不懂群众的语言的人，说的是“大众化”，实际搞的是“小众化”。[②] 这些意在促进马克思主义同中国人民大众相结合。

再说，重视理论通俗化也是弘扬马克思主义的光荣传统。马克思、恩格斯为了使工人明白他们的科学理论，总是力求将问题“说得尽量简单和通俗”[③]，“尽可能地做到通俗易懂”[④]。马克思的《工资、价格和利润》就是对《资本论》扼要而通俗的阐述，《资本论》第一卷出版后，恩格斯为《民主周报》作的书评，以极简短的文字通俗易懂地阐述了其基本原理。他晚年又花大力修改出版了马克思早年在工人中演讲的《雇佣劳动与资本》，并为它写了长篇导言。恩格斯的《反杜林论》“首先是纯学术性的著作”。为了直接在群众中进行宣传，他同意将其中三章汇集成书，以《社会主义从空想到科学的发展》为书名出版。马克思、恩格斯先后为它的法文版、德文版、英文版作序。使它成为一部“科学社会主义的入门”[⑤] 的通俗著作。正是因为这样，仅从 1880 年到 1892 年，这部著作就用 10 种文字出版，在工人中广泛流传，起到了很好的教育作用。

列宁为了把科学理论灌输给工人，强调理论的通俗化。他甚至提出：

---

① 《毛泽东选集》第 2 卷，人民出版社 1991 年版，第 534 页。
② 《毛泽东选集》第 3 卷，人民出版社 1991 年版，第 841 页。
③ 《马克思恩格斯文集》第 1 卷，人民出版社 2009 年版，第 712 页。
④ 《马克思恩格斯文集》第 5 卷，人民出版社 2009 年版，第 7 页。
⑤ 《马克思恩格斯文集》第 3 卷，人民出版社 2009 年版，第 493 页。

“最高限度的马克思主义 = 最高限度的通俗化。”① 他不仅善于把理论问题写得简明、通俗易懂，而且竭力倡导和推动编写工农通俗读物，为用马克思主义武装工农大众作出了光辉典范。

1950 年、1952 年，毛泽东的《实践论》和《矛盾论》重新发表后，李达为之写了《〈实践论〉解说》和《〈矛盾论〉解说》，以通俗浅显的形式，作了系统、准确的解释。毛泽东看过《〈实践论〉解说》后在致李达的信中说：“这个《解说》极好，对于用通俗的言语宣传唯物论有很大的作用。”② 又说：“关于辩证唯物论的通俗宣传，过去做得太少，而这是广大工作干部和青年学生的迫切需要。”③ 他在后来给李达的信中还说：“你的文章通俗易懂，这是很好的。”他希望李达对哲学的基本概念加以说明，使一般干部能够看懂，“要利用这个机会，使成百万的不懂哲学的党内外干部懂得一点马克思主义的哲学。”④ 毛泽东还说：“应当大大提倡学习马克思主义的认识论，使之群众化，为广大干部和人民群众所掌握，让哲学从哲学家的课堂上和书本里解放出来，变为群众手里的尖锐武器。”⑤ 毛泽东在这里倡导的“群众化”，即是我们今天所讲的“大众化”。

3. 要重视区分对象和层次，防止简单化地一刀切。我国尚处在社会主义初级阶段，今天的社会结构还不是单一的，而是多元的。社会存在决定社会意识。处在不同社会阶层、社会群体中的社会成员有不同的利益和价值需求。即使处在同一社会阶层、同一社会群体中的社会成员也因生活环境的不同、受教育程度的不同、工作性质和职业特点的不同，有不同的价值目标和价值追求。推进社会主义核心价值体系大众化，必须从这些实际出发，提出不同的要求，不能不顾对象的特点，简单化地一刀切，不切实际地提出统一的要求。区分对象和层次，就共产党内与外说，党内是主要的。共产党员应该成为社会主义价值体系的坚定信仰者和模范践行者，尽可能系统地准确地掌握社会主义核心价值体系的基本内容，能运用这一精神武器观察、分析和解决问题，能鉴别和抵制违背社会主义核心价值体

① 《列宁全集》第 36 卷，人民出版社 1959 年版，第 468 页。

② 《毛泽东书信选集》，中央文献出版社 2003 年版，第 375 页。

③ 《毛泽东书信选集》，中央文献出版社 2003 年版，第 375 页。

④ 《毛泽东书信选集》，中央文献出版社 2003 年版，第 449 页。

⑤ 《毛泽东文集》第 8 卷，人民出版社 1999 年版，第 323 页。

系的种种错误思想观点，以致能面向新的实践，在研究新的问题中，概括新的实际经验，提出新的见解，作出新的理论结论。对党外广大群众，一般来说，只应使他们懂得社会主义核心价值体系的基本内容和科学根据，能够不同程度地以此为指导，为建设中国特色社会主义、实现中华民族的伟大复兴而努力即可；就领导和群众的关系说，重点是党的各级领导干部，因为他们是社会主义现代化建设的方针、政策的制定者，人民群众实现历史作用的领导者，他们对社会主义核心价值体系信仰和实践的程度，影响着全局，影响着群众。所以，对他们应该比对普通党员有更高的要求，要求他们对社会主义核心价值体系的精髓或精神实质、提出的背景、战略意义、现实目标、科学根据、功能作用有深刻的了解和把握。在领导的意义上说，他们对社会主义核心价值体系的理解和掌握的程度，决定着社会主义核心价值体系大众化的深度和范围；就职业特点说，对从事意识形态工作的党员干部说，应该比对其他战线上的工作者有更高要求。因为他们不仅有受教育的责任，而且有宣传教育别人的职责。他们不仅要对社会主义核心价值体系的基本内容进行解读和传播，而且担负着推进其理论创新的重任。而对其他战线上的工作者，多在于认同、践行社会主义核心价值体系。唯物辩证法的统一是包含着多样化、有差别的统一。根据不同的对象和层次，提出不同的要求，就能从全社会的整体上把各种不同的力量凝聚起来，使之齐心合力地创造社会主义精神文明。

4. 要重视从小抓起，从幼儿抓起。人的价值观念的形成是一个长期培养教育的过程，并且是随着人的知识的增长、文化水平的提高、政治意识的增强而逐渐形成和巩固的。价值观的教育是一个潜移默化的过程，因此社会主义核心价值体系的大众化要从儿童抓起，从小学抓起。正因这样，要认真研究、采取切实有效的措施，把社会主义核心价值体系教育贯穿到国民教育的全过程。

5. 要充分利用现代科学技术手段，采用多种形式进行教育。社会主义核心价值体系的大众化，是需要通过各种载体进行传播的。在各种载体中，现代科学技术手段包括电脑、电视、网络、手机、广播等，有着特殊的作用。因为这些现代技术手段传播的速度快、范围广，往往是图、文、声并茂，极容易感染大众，引导群众的心理。正因这样，西方发达国家特别重视网络等技术手段的建立，特别是在美国，这些现代化的媒体遍布世界各国，美国甚至把它作为颠覆社会主义国家和广大第三世界国家不可替代的武器。这就从反面提示我们推进社会主义核心价值体系的大众化，一定要高度重视对于现代科学技术手段的建设和利用。

现代化技术手段的使用，自然要高度重视中心城市有关技术条件、设备的建设，因为城市是政治经济文化的中心，这方面条件、设备好坏的影响很大，但是我国东西南北中差距很大，城市和乡村现代化的进程有很大差距，而农村特别是多民族地区的农村，在我国的区域中占很大的比例，这些地区由于历史和现实的多种原因，有关技术设备条件的建设同普及社会主义核心价值体系的要求差距很大。正如有的学者指出的，我国农村如果不实现现代化，我国就不能实现现代化，同样，如果我国广大农村在传播媒体上不实现现代化，就很难说我国在这方面实现了现代化。那就给社会主义核心价值体系的普及留下了很大的空间，同时也给错误的、落后的社会思潮的存在和流传留下了很大的空隙。因此，实现社会主义核心价值体系的大众化，必须加强广大农村特别是边远地区农村的现代技术装备建设工作。

（原载《学校党建与思想教育》2012 年第 10 期）

重视从体系上把握中国特色社会主义

我们党有重视从体系上把握研究对象的优良传统。如邓小平曾经明确指出："毛泽东思想是个体系，是发展了的马克思主义。"① "做理论工作的同志，要花相当多的工夫，从各个领域阐明毛泽东思想的体系。要用毛泽东思想的体系来教育我们的党，来引导我们前进。"② 所谓体系，就是"若干有关事物或某些意识互相联系而构成的一个整体"。③ 现在，经过我们党和人民90多年的奋斗、创造、积累，中国特色社会主义已经由其本质特征（"三位一体"）、真谛要义（"三个总"概括）、基本要求（"八个必须"）和领导核心（中国共产党）及其相互关系，并由"一条主线"（坚持和发展中国特色社会主义）贯通起来构成严整体系。此前，理论界、学术界从多方面探讨过中国特色社会主义理论体系，但尚未全面地从总体上阐明中国特色社会主义体系，因此，有必要重视从体系上把握中国特色社会主义。

一　中国特色社会主义体系的主导线索

中国特色社会主义作为一个完整的体系，有一条主线贯通于它建设、发展的全过程和各个方面，这条主线就是坚持和发展中国特色社会主义。它之所以成为贯通中国特色社会主义的主线，是因为：

其一，坚持和发展中国特色社会主义是党的十八大的主题，它鲜明回答了我们党举什么旗帜、走什么道路、坚持什么社会制度、保持什么样的精神状态、朝着什么样的目标继续前进的重大问题。这个主题，作为活的

---

① 《邓小平文选》第2卷，人民出版社1994年版，第43页。

② 《邓小平文选》第2卷，人民出版社1994年版，第44页。

③ 中国社会科学院语言研究所词典编辑室编：《现代汉语词典》，商务印书馆2016年版，第1288页。

灵魂，决定党的生命、形象、前进方向，决定党和国家伟大事业的战略全局和长远发展。这个主题，像一条红线贯穿于十八大精神的始终。十八大报告的每一部分，包括科学发展观历史地位的确立，中国特色社会主义道路、理论体系、制度“三位一体”关系的阐述，中国特色社会主义事业“五位一体”总体布局的阐明，全面建成小康社会和全面深化改革开放目标的论证，都与这个主题紧密相扣，或者说都是紧紧围绕这个主题、对这一主题的全面展开和详细论述。只有将这一鲜明主题融会贯通于中国特色社会主义体系的各个构成部分、各个方面，才能高屋建瓴、全面准确把握十八大报告的精神实质，把握中国特色社会主义的总体，也才能以十八大精神推动科学发展、促进社会和谐、改善人民生活、增进人民福祉，完成时代赋予的光荣而艰巨的任务。

其二，中国特色社会主义是党和人民90多年奋斗、创造、积累的根本成就。“在中国这样一个经济文化十分落后的国家探索民族复兴道路，是极为艰巨的任务。九十多年来，我们党紧紧依靠人民，把马克思主义基本原理同中国实际和时代特征结合起来，独立自主走自己的路，历经千辛万苦，付出各种代价，取得革命建设改革伟大胜利，开创和发展了中国特色社会主义，从根本上改变了中国人民和中华民族的前途命运。”① 必须倍加珍惜、始终坚持、不断发展。其三，回首近代以来中国波澜壮阔的历史，展望中华民族充满希望的未来，特别是党和人民的长期实践充分证明，中国特色社会主义是中国共产党和中国人民团结的旗帜、奋进的旗帜、胜利的旗帜。我们要永葆党的生机活力，永葆国家发展动力，全面建成小康社会、加快推进社会主义现代化、实现中华民族伟大复兴，在中国共产党成立100年时全面建成小康社会，在新中国成立100年时建成富强民主文明和谐的社会主义现代化国家，赢得中国人民和中华民族更加幸福美好的未来，必须始终高举中国特色社会主义伟大旗帜，坚定不移坚持和发展中国特色社会主义。“党的十八大要求全党坚定对中国特色社会主义的道路自信、理论自信、制度自信，其根本原因就在这里。”②

---

① 胡锦涛：《坚定不移沿着中国特色社会主义道路前进　为全面建成小康社会而奋斗——在中国共产党第十八次全国代表大会上的报告》，人民出版社2012年版，第10页。

② 《习近平谈治国理政》第1卷，外文出版社2018年版，第8页。

二 中国特色社会主义体系的主体构架

中国特色社会主义体系的主体构架，由中国特色社会主义道路、中国特色社会主义理论体系、中国特色社会主义制度三位一体构成。其中，道路是实现途径、理论体系是行动指南、社会制度是根本保障。三者之间紧密联系、相互贯通、互为作用，高度统一于中国特色社会主义伟大实践，表明中国特色社会主义既把实践上升为理论，又以正确的理论指导新的实践，还把实践中已见成效的方针政策上升为党和国家的制度。实践、理论、制度辩证统一、内在结合，展现了中国特色社会主义的鲜明特色。

这种鲜明特色表现在实践性、理论性、民族性、时代性等多方面。实质上是以其独特的色彩、风格等表现出来的本质特征。它相对于资本主义及其改良形态——民主社会主义来说，指导思想是马克思主义，社会制度是人民当家作主的社会主义制度，事业的性质和建设实践是以工人阶级为领导的包括工人阶级、农民阶级以及改革开放后出现的新社会阶层在内的人民自己的事业、以他们为主体的生气勃勃的历史创造活动；相对于国外社会主义特别是社会主义的始初模式——苏联模式来说，中国特色社会主义是科学社会主义基本原理同中国实际（社会主义初级阶段、传统历史文化和当代国际环境）相结合的根本成就。这些特色反映在道路上，就是既坚持以经济建设为中心，又全面推进经济建设、政治建设、文化建设、社会建设、生态文明建设以及其他各方面建设；既坚持四项基本原则，又坚持改革开放；既不断解放和发展社会生产力，又逐步实现全体人民共同富裕、促进人的全面发展。反映在理论体系上，就是既坚持马克思列宁主义、毛泽东思想一定不能丢，丢了就丧失根本，又坚持以我国改革开放和现代化建设的实际问题、以我们正在做的事情为中心，着眼于马克思主义理论的运用，着眼于对实际问题的理论思考，着眼于新的实践和新的发展。反映在制度上，就是根据我国国情，坚持“三个有机结合”。即把根本政治制度、基本政治制度同基本经济制度以及各方面体制机制等具体制度有机结合起来，坚持把国家层面民主制度同基层民主制度有机结合起来，坚持把党的领导、人民当家作主、依法治国有机结合起来。这种制度特色，集中体现了中国特色社会主义的特点和优势。具体表现为：经济方面。实行以公有制为主体的多种经济成分并存和共同发展的所有制结构，既区别于纯粹的公有制，又区别于西方的私有化；与此相应，坚持以按劳分配为主体的多种分配方式，确立劳动、资本、技术和管理等生产要素按贡献参与分配，鼓励一部分人和一部分地区先富裕起来，带动全社会共同富裕等分配原则，既区别于单一的按劳分配，又区别于西方的按资分配；经济体制上，建立和完善社会主义市场经济体制，既区别于传统社会主义的计划经济，又区别于西方的自由市场经济。它具有三大特征：一是社会主义性质。社会主义市场经济同资本主义以私有制为基础的市场经济不同，它是同社会主义制度结合在一起的，在公有制为主体、多种所有制经济共同发展的所有制结构条件下运行的市场经济。归根到底，是服务于社会主义公有制的发展和壮大的，这是其根本特征。二是人民民主专政国家下的宏观调控。社会主义市场经济同新自由主义主张的自由放任的市场经济不同，它是由共产党领导下的人民民主专政国家实施宏观调控的市场经济，由公有制的主体地位、共产党领导和执政的根本宗旨、国家政权的社会主义性质所决定。社会主义市场经济的运行要服从社会主义基本经济规律，要在解放和发展生产力的基础上，逐步实现共同富裕的目标。这是其重要特征。三是计划与市场的内在统一。社会主义市场经济同一般都需要宏观调控的现代市场经济不同，它是计划与市场有机结合的市场经济。社会主义国家以科学发展观为指导，把尊重市场规律和发挥政府作用统一起来，通过全面深化经济体制改革，不断健全现代市场体系，加强宏观调控目标和政策手段机制化建设，运用多种调节手段，使市场机制的特长能够得到充分发挥。显然，这是对马克思主义经济理论的重大突破，是人类文明史上的伟大创举。政治方面。国体上，坚持人民民主专政，把国家政权具有的民主和专政两种职能，不断扩大民主的本质特征最鲜明地表现出来，以根本反对西方的资产阶级专政，也不简单照搬传统社会主义的无产阶级专政，避免无产阶级专政的滥用；政体上，实行在人民革命战争年代创造的、符合中国国情的人民代表大会制度，根本否定西方的议会制、总统制，也不搬用苏维埃制度；政党制度上，坚持实行共产党领导的多党合作和政治协商制度，既反对西方的多党制，也区别于社会主义的一党制。文化方面。在意识形态上，始终坚持马克思主义的指导地位，反对西方的自由化。同时主张尊重差异、包容多样，坚持用社会主义核心价值体系积极引领其他社会思潮，不断增强社会主义意识形态的吸引力和凝聚力；在思想教育上，坚持进行爱国主义、社会主义、集体主义教育，反对资产阶级利己主义和极端个人主义，同时又不搞硬性灌输，强调要关心和照顾个人利益，兼顾国家、集体、个人三个方面的利益，使各方面的积极性和创造性都能得到充分发挥；在学术领域，坚持为人民、为社会主义服务的方向，贯彻百花齐放、百家争鸣的方针，反对西方所谓的绝对学术自由。同时主张艺术和科学中的问题，由艺术界和科学界的自由讨论和实践去解决。反对用行政权力干预学术，不容许给不同学派乱贴政治标签、乱扣政治帽子。综合上述，“三位一体”之所以构成中国特色社会主义体系的主体构架，是因为它表明了中国特色社会主义的本质特征，确立了中国特色社会主义的根本。它既是中国共产党和中国人民90多年奋斗、创造、积累的根本成就，又是奋力开拓中国特色社会主义更为广阔的发展前景的根本基础。其中，作为实现途径的道路，决定国家的命运。作为行动指南的理论体系，决定前进的方向。作为根本保障的社会制度，是根据社会主义共同价值要求制定的，确保国家命运和前进方向的行为规范及实施机构。显然，道路、理论体系、社会制度三位一体是从马克思主义基本原理、从人类社会历史发展规律的高度概括出的安身立命的根基。没有它就没有中国特色社会主义，缺少其中任何一项，中国特色社会主义就是不完整的。

三　中国特色社会主义体系的重要内容

中国特色社会主义的重要内容，是“三个总”概括，即总依据、总布局、总任务的概括。总依据是社会主义初级阶段，总布局是“五位一体”，总任务是实现社会主义现代化和中华民族伟大复兴。总依据反映了当代中国的最大国情、最大实际。它要求我们在任何情况下都要牢牢把握这个最大国情，推进任何方面的改革发展都要牢牢立足这个最大实际。不仅在经济建设中要始终立足初级阶段，而且在政治建设、文化建设、社会建设、生态文明建设中也要始终牢记初级阶段；不仅在经济总量低时要立足初级阶段，而且在经济总量提高后仍然要牢记初级阶段；不仅在谋划长远发展时要立足初级阶段，而且在日常工作中也要牢记初级阶段。这些战略思想，是对几十年来社会主义现代化建设经验的深刻总结，把社会主义建设规律的要求和现实针对性有机结合起来，有很强的指导意义。

把社会主义初级阶段的科学判断转化为党的政治路线就是党在社会主义初级阶段的基本路线。立足于社会主义初级阶段，就要始终坚持党在社会主义初级阶段的基本路线，因为它是党和国家的生命线。这就要求我们在实践中把握好两大问题。一是始终坚持“一个中心、两个基本点”不动摇，既不偏离“一个中心”，也不偏废“两个基本点”。不偏离“一个中心”，主要是要解决好经济建设和阶级斗争的关系。在我国社会发展的现阶段，“以经济建设为中心是兴国之要，发展仍是解决我国所有问题的关键。只有推动经济持续健康发展，才能筑牢国家繁荣富强、人民幸福安康、社会和谐稳定的物质基础。必须坚持发展是硬道理的战略思想，决不能有丝毫动摇”。[①] 阶级斗争还在一定范围存在，但是在一般情况下已不是主要矛盾，不能以它为中心。同时也要按照科学发展观的要求，处理好经济建设与全面建设的关系，不能顾此失彼。二是要求我们在任何情况下任何工作中，始终坚持马克思主义基本原理和中国具体实际、党的最高理想和最低理想相结合。既要立足现实，矢志不渝地践行中国特色社会主义共同理想，又不要把现实凝固化，忘记共产主义远大理想。任何把彼此对立起来，偏向一方的想法、做法，都是错误的、有害的。为此，既要坚决抵制抛弃社会主义的各种错误主张，又要自觉纠正超越阶段的错误观念和政策措施。只有这样，才能真正做到既不妄自菲薄、又不妄自尊大，扎扎实实夺取中国特色社会主义新胜利。

总布局既反映了我们党对社会主义建设规律认识的深化，即社会主义不是片面的，而是全面发展的社会，也反映了人民群众的全面需求。它要求我们要牢牢抓好党执政兴国的第一要务，始终代表中国先进生产力的发展要求，坚持以经济建设为中心，在经济不断发展的基础上，协调推进政治建设、文化建设、社会建设、生态文明建设以及其他各方面建设。随着我国经济社会发展不断深入，生态文明建设地位和作用日益凸显。党的十八大把生态文明建设纳入中国特色社会主义事业总体布局，使生态文明建设的战略地位更加明确，把生态文明建设融入经济建设、政治建设、文化建设、社会建设各方面和全过程，努力建设美丽中国，实现中华民族永续发展。

总任务是我们党肩负着的庄严使命、改革开放的根本目的、我们国家的奋斗目标等三者的聚焦点、归结点。庄严使命即实现中华民族伟大复兴；改革开放的根本目的，即让中国人民富裕起来，国家强盛起来，振兴伟大的中华民族；我们国家的奋斗目标，即按照现代化建设“三步走”的战略部署，建设富强民主文明和谐的社会主义现代化国家。

---

① 《胡锦涛文选》第3卷，人民出版社2016年版，第628页。

动态地看以上内容，中国特色社会主义体系的真谛要义，正是中国特色社会主义建设的实践过程。中国特色社会主义道路、理论体系和社会制度“三位一体”的特色，或本质特征怎样转化为生活的现实呢？关键在于建设实践。这“三个总”概括正是建设实践的出发点（初级阶段），建设实践的理论指导（理论体系），建设实践的内容、目标和精神状态（建设道路）的集中表现。所以“三个总”概括是“三位一体”鲜明特色的实践化。没有实践，一切只能是空中楼阁，限于空谈，没有真实意义和实在内容。所以它是社会主义的真谛要义。

四 中国特色社会主义体系的本质内涵

中国特色社会主义体系的本质方面，是“八个必须”（必须坚持人民主体地位、必须坚持解放和发展社会生产力、必须坚持推进改革开放、必须坚持维护社会公平正义、必须坚持走共同富裕道路、必须坚持促进社会和谐、必须坚持和平发展、必须坚持党的领导）。这“八个必须”是以政治原则的形式提出来的在新的历史条件下夺取中国特色社会主义新胜利必须牢牢把握的基本要求。它建立在我们党的“四个基本”（基本理论、基本路线、基本纲领、基本经验）和建设实践（深刻总结60多年来我国社会主义建设特别是中国特色社会主义建设实践）基础上。它系统地提升了我们党自十三大以来，在总结历史经验基础上，依据新的实践、新鲜经验概括出来的日益丰富、不断拓展的基本理论和基本实践（党的十三大提出党在社会主义初级阶段的基本路线，十四大提出党的基本理论，十五大提出党在社会主义初级阶段的基本纲领，十六大提出党领导人民建设中国特色社会主义的基本经验，十七大提出改革开放历史进程中的十条“相结合”的宝贵经验）。党的十八大把以往“四个基本”加“相结合”的十条“宝贵经验”进一步发展成了“五个基本”。因此它是穿透历史、现实和未来，实现坚持与发展的链接，体现共产党执政规律、社会主义建设规律、人类社会发展规律及其在中国集中表现的中国特色社会主义规律的最本质的东西。这“八个必须”既涉及生产力和生产关系又涉及经济基础和上层建筑，既涉及中国特色社会主义伟大事业又涉及党的建设新的伟大工程，还涉及统筹国内国际两个大局。积极回应了当前我国经济社会发展中存在的突出问题、改革攻坚和加快转变经济发展方式面临的难点问题、干部群众普遍关注的热点问题，将我们党在新的历史条件下夺取中国特色社会主义新胜利的基本要求，转化成了全党全国各族人民的价值目标、共同信念，极大地丰富和拓展了中国特色社会主义的理论内涵，使其实践特色、理论特色、民族特色、时代特色更加鲜明。这样，它就对党在新的历史征程上怎样才能夺取中国特色社会主义新胜利的基本问题作了进一步的回答。党的十八大对各项工作的谋划和部署都遵循和体现了这些基本要求。因而深刻领会和紧紧抓住这些基本要求，我们就能提纲挈领，纲举目张，更好地凝聚力量、攻坚克难，继续推动科学发展、促进社会和谐，继续改善人民生活、增进人民福祉，完成时代赋予的光荣而艰巨的任务。中国特色社会主义的鲜明特色（本质特征）、真谛要义就会得到具体体现。中国特色社会主义的实践、理论、制度就会实现具体的历史的统一。

五　中国特色社会主义体系的领导核心

中国特色社会主义体系的领导核心是中国共产党。中国共产党在世界形势深刻变化的历史进程中始终走在时代前列，在应对国内外各种风险和考验的历史进程中始终成为全国人民的主心骨，在坚持和发展中国特色社会主义的历史进程中始终充分发挥着总揽全局、协调各方的坚强领导核心作用。历史和现实证明，党坚强有力，党同人民保持血肉联系，国家就繁荣稳定，人民就幸福安康。中国共产党这种历史地位，是由多种因素决定的。

其一，是由它的根本性质决定的。中国共产党是中国工人阶级的先锋队，同时是中国人民和中华民族的先锋队，它代表中国先进生产力的发展要求，代表中国先进文化的前进方向，代表中国最广大人民的根本利益。最高理想和最终目标是实现共产主义。唯有它才能领导建设中国特色社会主义。

其二，是由它的指导思想决定的。中国共产党以马克思列宁主义、毛泽东思想、邓小平理论、“三个代表”重要思想和科学发展观作为自己的行动指南。中国革命、建设和改革的实践证明，马克思列宁主义、毛泽东思想、邓小平理论、“三个代表”重要思想和科学发展观，揭示了人类社会历史发展的规律、社会主义建设规律和共产党执政规律，它的基本原理正确地回答了什么是社会主义、怎样建设社会主义，建设一个什么样的党、怎样建设党，什么是发展、怎样发展、为谁发展等一系列的基本问题，具有强大的生命力。

其三，是由它的根本宗旨决定的。中国共产党的根本宗旨是全心全意为人民服务，除了人民的利益，没有任何私利。人心向背最终决定一个政党、一个政权的前途和命运。中国共产党始终植根人民、造福人民，始终保持党同人民群众的血肉联系，始终与人民心连心、同呼吸、共命运。始终注重从人民伟大实践中汲取智慧和力量，办好顺民意、解民忧、惠民生的实事，纠正损害群众利益的行为。因此，它得到了中国广大人民群众的爱戴和拥护，在人民群众中有崇高的威望。唯有中国共产党才能在社会主义现代化建设过程中发挥总揽全局、协调各方的坚强领导核心作用。

其四，这是由它的历史使命决定的。中国共产党的最高理想和最终目标是实现共产主义。中国共产党人追求的共产主义最高理想，只有在社会主义社会充分发展和高度发达的基础上才能实现。社会主义制度的发展和完善是一个长期的历史过程。我们党在整个社会主义初级阶段，肩负着实现中华民族伟大复兴，按照现代化建设“三步走”的战略部署，建设富强民主文明和谐的社会主义现代化国家的历史使命。中国共产党发挥总揽全局、协调各方的坚强领导核心作用，正是它实现历史使命之职责所在。

其五，这是由它不断加强自身建设决定的。中国共产党始终坚持党的基本路线，始终坚持解放思想、实事求是、与时俱进、求真务实，始终坚持全心全意为人民服务，始终坚持民主集中制等四项基本要求，牢牢把握加强党的执政能力建设、先进性和纯洁性建设这条主线，以改革创新精神全面推进党的建设新的伟大工程，整体推进党的思想建设、组织建设、作风建设、反腐倡廉建设、制度建设，全面提高党的建设科学化水平。坚持立党为公、执政为民，坚持党要管党、从严治党，发扬党的优良传统和作风，不断提高党的领导水平和执政水平，提高拒腐防变和抵御风险的能力，不断增强党的阶级基础和扩大党的群众基础，不断提高党的创造力、凝聚力、战斗力，建设学习型、服务型、创新型的马克思主义执政党，所有这些保证了中国共产党始终成为领导全国人民沿着中国特色社会主义道路不断前进的坚强核心。

中国共产党面对人民的信任和重托，面对新的历史条件和考验，要确保始终成为领导全国人民沿着中国特色社会主义道路不断前进的坚强核心，全党必须深刻学习领会、逐条贯彻落实党的十八大提出的新形势下全面提高党的建设科学化水平的总要求和各项任务。这些年来，我们全面推进党的建设新的伟大工程，成就显著，但与国内外形势发展变化和党所承担的历史任务相比，党的领导水平和执政水平、党组织建设状况和党员干部素质、能力、作风都仍待完善。全党要充分认识新形势下加强和改进党的建设面临的“四大考验”（执政考验、改革开放考验、市场经济考验、外部环境考验）是长期的、复杂的、严峻的，“四种危险”（精神懈怠危险、能力不足危险、脱离群众危险、消极腐败危险）更加尖锐地摆在全党面前。因此，全党要增强“四个意识”，增强忧患意识，谦虚谨慎，戒骄戒躁，始终保持清醒头脑。要看到落实党要管党、从严治党的任务比以往任何时候都更为繁重更为紧迫，增强紧迫感和责任感。增强宗旨意识，相信群众，依靠群众，始终把人民放在心中最高位置。密切党群、干群关系，保持同人民群众的血肉联系这个使党立于不败之地的根基。增强创新意识，坚持真理，修正错误，始终保持奋发有为的精神状态。始终坚定理想信念这个共产党人安身立命的根本。增强使命意识，求真务实，艰苦奋斗，始终保持共产党人的政治本色。坚持反对腐败、建设廉洁政治，保持党的肌体健康这个党一贯坚持的鲜明政治立场，以解决不断提高党的领导水平和执政水平、提高拒腐防变和抵御风险能力这一巩固党的执政地位、实现执政使命必须解决好的重大课题。只有这样，我们才能为坚持和发展中国特色社会主义，时刻准备进行具有许多新的历史特点的伟大斗争！

（原载《新视野》2013 年第 3 期）

完善中国特色社会主义制度的方法论思考

邓小平晚年在论到我国社会主义制度时说："恐怕再有三十年的时间，我们才会在各个方面形成一整套更加成熟、更加定型的制度。"[①] 这个预见，包含着极为重要的战略思想，需要我们好好研究。这里，一个重要问题是，如何根据人类社会历史发展的规律、社会主义建设规律、共产党执政规律，自觉把握社会主义发展的辩证法，促使中国特色社会主义制度"更加成熟、更加定型"、更加完善？本文试从方法论的高度做些初步探讨。总的思考是，要自觉地以马克思主义辩证法为理论基础，坚持"五个统一"。

一　坚持中国特色社会主义道路、理论体系和制度的统一

党的十八大明确指出了中国特色社会主义道路、理论体系和制度"三位一体"的构成。其中，"中国特色社会主义道路是实现途径，中国特色社会主义理论体系是行动指南，中国特色社会主义制度是根本保障，三者统一于中国特色社会主义伟大实践，这是党领导人民在建设社会主义长期实践中形成的最鲜明特色"。[②] 紧紧把握中国特色社会主义三位一体的构成，是完善中国特色社会主义制度的大前提。这里包含两个重要思想，一是完善中国特色社会主义制度必须坚持中国特色社会主义理论体系的指导，必须坚持中国特色社会主义道路。中国特色社会主义理论体系，就是包括邓小平理论、"三个代表"重要思想、科学发展观在内的科学理

---

① 《邓小平思想年编（1975—1997）》，中央文献出版社2011年版，第705页。

② 胡锦涛：《坚定不移沿着中国特色社会主义道路前进 为全面建成小康社会而奋斗——在中国共产党第十八次全国代表大会上的报告》，人民出版社2012年版，第13页。

论体系，是对马克思列宁主义、毛泽东思想的坚持和发展。中国特色社会主义道路，就是在中国共产党领导下，立足基本国情，以经济建设为中心，坚持四项基本原则，坚持改革开放，解放和发展社会生产力，建设社会主义市场经济、社会主义民主政治、社会主义先进文化、社会主义和谐社会、社会主义生态文明，促进人的全面发展，逐步实现全体人民共同富裕，建设富强民主文明和谐的社会主义现代化国家。中国特色社会主义制度就是中国特色社会主义道路、中国特色社会主义理论体系的制度体现。换句话说，就是不能偏离中国特色社会主义理论体系和中国特色社会主义制度。这个问题的重要性是不言而喻的。现在，随着我国社会结构的深刻变化和利益格局的深刻调整，多种多样、不同性质的社会思潮涌现，争夺话语权的思想交锋激烈。其中新自由主义、民主社会主义、历史虚无主义、以西方"普适价值论"为基础的宪政主义思潮总是企图占据思想的高地。它们提出了各种各样的"改革""完善"中国社会制度的方案，就是不要坚持中国特色社会主义理论体系和中国特色社会主义道路，特别是把人民民主专政的国家制度、人民代表大会制度的根本政治制度、中国共产党领导的多党合作和政治协商制度、民族区域自治制度以及基层群众自治制度等基本政治制度，中国特色社会主义法律体系，公有制为主体、多种所有制经济共同发展的基本经济制度，以及建立在这些制度基础上的经济体制、政治体制、文化体制、社会体制等各项具体制度撇在一旁。这正如邓小平批评自由化分子所谓的现代化时说的："他们只讲四化，不讲社会主义。这就忘记了事物的本质，也就离开了中国的发展道路。这样，关系就大了。在这个问题上我们不能让步。"① 我们强调完善中国特色制度，必须坚持"三位一体"，以坚持中国特色社会主义道路和理论体系为前提，这就堵死了资产阶级自由化的道路，鲜明地标示出我们要完善的"中国特色社会主义制度是社会主义而不是其他什么主义，科学社会主义基本原则不能丢，丢了就不是社会主义"②。二是要遵循理论与实践统一的原则。理论与实践的统一是马克思主义的根本理论原则，也是完善中国特色社会主义制度必须遵循的原则。中国特色社会主义制度产生于革命、建设和改革开放的伟大实践，是党领导中国人民在长达 90 多年接力探索

---

① 《邓小平文选》第 3 卷，人民出版社 1993 年版，第 204 页。

② 《十八大以来重要文献选编》（上），中央文献出版社 2014 年版，第 109 页。

中所取得的根本成就之一。几十年来，我们党把科学社会主义基本原则与中国的具体实际相结合，在科学社会主义理论指导下进行实践，又把实践中的宝贵经验上升为理论，再以中国化的科学社会主义理论指导新的实践，进而把实践中已见成效的方针政策上升为党的和国家的制度，逐步构建起比较系统、比较规范、运行有效的中国特色社会主义制度体系。现在，完善中国特色社会主义制度，必须遵循“三位一体”的原则，按照党的实事求是的思想路线，一切从实际出发，坚持以中国特色社会主义理论体系为指导，坚定不移走中国特色社会主义道路，沿着实践创新、理论创新、制度创新的辩证统一，相互促进的路径进行。在整个过程中，要高度重视调查研究，不断总结新鲜经验并作出理论概括，还要反复进行试验，真正把实践中已见成效的方针政策上升为党和国家的制度，切忌简单的照抄照搬。邓小平说：“无论是革命还是建设，都要注意学习和借鉴外国经验。但是，照抄照搬别国经验、别国模式，从来不能得到成功。”①这个至理名言自当牢记在心。

二 坚持社会主义本质与社会主义实现形式的统一

中国特色社会主义作为社会主义思想从提出到现在的历史过程中的六个时间段之一，是科学社会主义基本原则与中国具体实际相结合的创新成果，是科学社会主义共性和个性的结合和统一，它包括本质和实现形式两个层次。科学社会主义基本原则是中国特色社会主义的本质规定，即本质层次。中国特色社会主义的理论渊源、基本内核是科学社会主义。离开了科学社会主义基本原则，就不会有中国特色社会主义。在这个层次上，它“反映了人类社会发展长途中的一个特定阶段内关于革命和建设工作的普遍规律”②。任何时候，任何国家、民族，只要是搞社会主义，都必须坚持这个“放之四海而皆准”的原则。在我国改革开放的新形势下，邓小平根据中国社会主义革命和建设的理论和实践探索，将这些原则概括为“四项基本原则”，即必须坚持社会主义道路；必须坚持无产阶级专政；必须坚持共产党的领导；必须坚持马克思列宁主义、毛泽东思想。并将之列为党在社会主义初级阶段基本路线的一个基本点。邓小平强调，“这四

① 《邓小平文选》第 3 卷，人民出版社 1993 年版，第 2 页。

② 汪信砚主编：《李达全集》第 18 卷，人民出版社 2016 年版，第 376 页。

项基本原则并不是新的东西，是我们党长期以来所一贯坚持的。”[①] “决不允许在这个根本立场上有丝毫动摇。如果动摇了这四项基本原则中的任何一项，那就动摇了整个社会主义事业，整个现代化建设事业。”[②] 他还强调，四个坚持是“成套设备”，缺一不可。

实现形式层次，即指具体的体制、运行机制，具体的发展战略、方针政策等。中国特色社会主义又具有鲜明的中国特色。这些特色在经济领域形成了以公有制为主体、多种所有制共同发展的所有制格局，相应地在分配领域形成了以按劳分配为主、多种分配方式相结合的制度；在经济运行机制方面，我们创造性地提出并建立了社会主义市场经济体制；在发展问题上，坚持以人为本、全面协调可持续发展的科学发展观，转变经济发展方式。在政治领域，建立起同社会主义基本经济制度和社会主义经济体制相适应，同西方多党制和议会政治根本不同的社会主义民主政治，这是一种本质上全新的政治文明。在思想文化上，以社会主义核心价值体系为灵魂，坚持百花齐放、百家争鸣的方针，既尊重差异，包容多样，又不搞指导思想的多元化，促进社会主义先进文化大繁荣大发展，与西方以个人主义和利己主义价值观为核心的资本主义精神文明根本不同，努力建立人类历史上高度发达的社会主义精神文明。在社会建设上，一切以有利于民生为出发点和落脚点，努力构建惠及广大劳动人民的和谐的新型社会关系。在生态文明建设上，树立尊重自然、顺应自然、保护自然的生态文明理念，把生态文明建设放在突出地位，融入经济建设、政治建设、文化建设、社会建设各个方面和全过程，努力建设美丽中国，实现中华民族永续发展。与西方以资本进行掠夺根本相反，在对外关系上既坚决拒绝外来干预，又主动扩大开放，积极学习世界上所有的先进经验，促进世界的进步事业与和平发展。所有这些“中国特色”都由我国特殊的国情和时代特征所决定。例如，在社会发展阶段上，我国正处在并将长期处于社会主义初级阶段，在发展过程中必然产生许多阶段性特点；在历史文化传统上，我国有五千年绵延不断的中华文明优势，同别的民族有很大差别；在国际背景上，我国的改革开放是在以和平与发展为主要问题、经济全球化的时代背景下进行的，同以战争与革命为主要问题的时代有重大差别。这样的

① 《邓小平文选》第 2 卷，人民出版社 1994 年版，第 165 页。
② 《邓小平文选》第 2 卷，人民出版社 1994 年版，第 173 页。

具体条件，使我们在探索如何建设社会主义道路上就产生了一系列“中国特色”。完善中国特色社会主义制度，要坚持科学社会主义共性（本质规定）和个性（实现形式上）的内在统一。不可忽视任何一个层次。较长时期以来，一些人出于某种政治需要，有意误读、歪曲邓小平有关姓社姓资的论断，企图否定中国特色社会主义的科学社会主义本质，前面的引证和其他地方的论述，充分表明在要不要坚持科学社会主义共性（本质规定）即“四项基本原则”上，邓小平从来就没有含糊过。在完善中国特色社会主义进程中，一定要警惕有人故意制造混乱，干扰我们的大方向。

三 坚持中国特色社会主义本质的唯一性和发展的全面性的统一

中国特色社会主义制度在本质上是科学社会主义的，在完善中国特色社会主义制度过程中，必须始终立足于这一根本立场。但同时必须明确，社会主义社会与资本主义的畸形发展不同，它是经济、政治、文化、社会、生态全面发展的社会。列宁曾指出，马克思彻底地运用唯物主义辩证法，即发展的学说来看待社会主义社会，反对把社会主义看成一种僵死的、凝固的、一成不变的资产阶级荒谬观念。“实际上，只是从社会主义实现时起，社会生活和个人生活的各个领域才会开始出现迅速的、真正的、确实是群众性的即有大多数居民参加然后有全体居民参加的前进运动。”① 由此决定了社会主义社会发展的全面性和丰富性。完善中国特色社会主义制度必须坚持科学发展，统筹兼顾、全面协调的方针，促进经济、政治、文化、社会、生态全面发展。从理论深层说，这是社会主义社会生产力与生产关系、经济基础与上层建筑基本矛盾运动规律的要求。所谓促进社会全面发展，不是说都要平衡发展。按照辩证法，社会历史的发展总是平衡与不平衡的对立统一，一个时期有不同于另一个时期的突出重点，打破平衡又力求新的平衡，不断在社会的矛盾运动中，促进社会进步发展。就经济领域说，根本问题是要完善现阶段的社会主义基本经济制度。当前要突出三个层面的内容，一是要抓紧完善坚持公有制主体地位的制度。这是解决经济领域其他问题的基础。同时，要继续探索完善鼓励、支持、引导非公有制发展的制度。在公有制经济中，要重视解决国有制企

---

① 《列宁专题文集·论社会主义》，人民出版社2009年版，第39页。

业中上层管理人员与一般职工、不同行业职工工资收入差别过大的问题。保障工人参加企业管理，真正体现主人地位；二是要坚持以按劳分配为主体，抓紧解决贫富差距过大的问题。现在，“分配的问题大得很。我们讲要防止两极分化，实际上两极分化自然出现。要利用各种手段、各种方法、各种方案来解决这些问题。……少部分人获得那么多财富，大多数人没有，这样发展下去总有一天会出问题”。[①] 生产决定分配。贫富差距过大的问题仅从分配领域解决不行，关键是要确保社会主义公有制的主体地位。同时要继续探索完善多种分配形式的制度；三是要以正确处理政府和市场的关系为核心，加快完善社会主义市场经济体制。这方面的制度建设包括多方面任务，当前，一个突出的问题，是要以科学发展为主题，以加快转变经济发展方式为主线，在着力巩固和发展市场经济的根本经济基础——社会主义公有制经济的基础上，积极探索激发各类市场主体发展新活力、增强创新驱动发展新动力、构建现代产业发展新体系、培育开放型经济发展新优势等的机制；政治领域，要发展更加广泛、更加充分、更加健全的人民民主。当前要尽快建立和完善反腐和清正廉洁的制度；在思想文化领域，为扎实推进社会主义文化强国建设，要抓好多方面的工作。当前，一个重要问题，是要抓紧建立和完善对媒体的管理与引导制度，以确保媒体人有鲜明的政治立场，清醒的政治头脑，对社会负责。在社会领域，要抓紧建立和完善改善民生和创新管理的制度；在生态领域，要抓紧建立和完善如何把生态文明建设融入五大建设各方面和全过程，建设美丽中国的制度。

四　坚持社会主义改革的“改什么”与“不改什么”的统一

当今世界，在对待改革的问题上，社会主义国家出现过两种偏向：只讲改革，不坚持社会主义基本制度；只讲坚持社会主义制度，不强调改革。其结果，前者政局动荡、经济滑坡，资本主义复辟；后者体制僵化，经济发展停滞，人民不满意。与此相反，中国的改革把坚持社会主义基本制度与坚持改革开放相结合，把“改什么”与“不改什么”很好地统一起来，既注意保持社会主义基本制度的稳定性，又不断对不适合生产力发展的环节进行改革，两者辩证统一、有机结合，不断促进了生产力的发

① 《邓小平年谱（1975—1997）》（下卷），中央文献出版社2004年版，第1364页。

展、社会的进步。其巨大成就举世公认。这些成效和功绩证明：我国的“改革开放符合党心民心、顺应时代潮流，方向和道路是完全正确的”①。

中国改革成功的实践经验，体现了毛泽东在读苏联《政治经济学教科书》时讲的事物具有“两重性”的真理。他指出：“两重性，任何事物都有，而且永远有，当然总是以不同的具体的形式表现出来，性质也各不相同。例如，保守和进步，稳定和变革，都是对立的统一，这也是两重性。生物的代代相传，就有而且必须有保守和进步的两重性。稻种改良，新种比旧种好，这是进步，是变革。人生儿子，儿子比父母更聪明粗壮，这也是进步，是变革。但是，如果只有进步的一面，只有变革的一面，那就没有一定相对稳定形态的具体的动物和植物，下一代就和上一代完全不同，稻子就不成其为稻子，人就不成其为人了。保守的一面，也有积极作用，可以使不断变革中的植物、动物，在一定时期内相对固定起来，或者说相对地稳定起来，所以稻子改良了还是稻子，儿子比父亲粗壮聪明了还是人。但是如果只有保守和稳定，没有进步和变革一方面，植物和动物就没有进化，就永远停顿下来，不能发展了。”② 把毛泽东讲的这个哲学道理运用于社会主义社会形态的发展上，清楚地告诉我们：社会主义基于社会基本矛盾运动的性质和状况要求，必须进行改革，否则就会永远停顿不前，把社会主义搞得死气沉沉、变得僵化，束缚社会生产力的发展，使人民生活得不到改善。这样，在国际经济全球化的背景下，它在同资本主义的激烈斗争中就不可避免地要打败仗。在这个意义上说，社会主义不改革，只能是死路一条；从另一个方面说，改革是社会主义的完善和发展的动力，必须保持社会主义基本制度的相对稳定，否则，改革就会变成改向，使社会主义失去相对稳定性和固有的本质特征，走向社会主义的反面，导致资本主义复辟。这就表明，在社会主义的社会改革中，有一个改什么和不改什么的问题，即革什么和保什么的问题。“我们所有的改革都是为了一个目的，就是扫除发展社会生产力的障碍。”③ 所改、所革的只能是业已建立起来、变成了束缚生产力发展的具体制度、体制、机制，不能改的是社会主义基本制度（包括经济的、政治的、思想文化的、社会

---

① 《胡锦涛文选》第2卷，人民出版社2016年版，第619—620页。

② 《毛泽东文集》第8卷，人民出版社1999年版，第107页。

③ 《邓小平文选》第3卷，人民出版社1993年版，第134页。

的基本制度）、社会主义固有的本质特征。不是不分青红皂白地一股脑儿地什么都要推翻重构。尤其要指出的是，有人认为，我们的改革进入了“攻坚阶段”“深水区”，就意味着到改革社会主义基本经济、政治、思想文化和社会制度的时候了，这是天大的误解（对有些人来说是曲解），在这个根本原则问题上，我们一定要牢记邓小平的教导：“在改革中坚持社会主义方向，这是一个很重要的问题。”我们的改革“是在坚持社会主义原则下开展的”。[①]“某些人所谓的改革，应该换个名字，叫作自由化，即资本主义化。他们‘改革’的中心是资本主义化。我们讲的改革与他们不同，这个问题还要继续争论的。”[②]

习近平总书记最近强调，我们的改革本来就是全面改革，不赞成那种笼统认为中国改革在某个方面滞后的说法。在某些方面、某个时期，快一点，慢一点是有的，但总体上不存在中国哪些方面改了，哪些方面没有改。问题的实质是改什么，不改什么，有些不改的，不能改的，再过多长时间也是不改，这不能说不改革。有人把改革定义为往西方普世价值、西方政治制度方面改，否则就不是改革。这是偷换概念，曲解我们的改革。我们当然要高举改革旗帜，但我们的改革是在中国特色社会主义道路上不断前进的改革，既不走封闭僵化的老路，也不走改旗易帜的邪路。习近平这些重要论断坚持了毛泽东、邓小平及历届党中央其他领导同志一以贯之的思想，澄清了是非，为我们深化改革，不断完善中国特色社会主义制度进一步指明了方向。

五　坚持共产主义远大理想和中国特色社会主义共同理想的统一

完善中国特色社会主义制度，一定要看清我们的历史方位，把我们为之奋斗的现实目标和远大目标统一起来。对马克思主义的信仰，对社会主义和共产主义的信念，是共产党人的政治灵魂，是共产党人经受住任何考验的精神支柱。中国共产党的章程明确规定，党的最高理想和最终目标是实现共产主义。我们党始终坚持共产主义远大理想，十分清醒地认识到，我们现在的努力以及将来多少代人的持续努力，都是朝着最终实现共产主义这个大目标前进的。如果丢失了我们共产党人的远大目标，就会迷失方

① 《邓小平文选》第3卷，人民出版社1993年版，第138页。
② 《邓小平文选》第3卷，人民出版社1993年版，第297页。

向，变成功利主义、实用主义。但是，现在我们还处在社会主义初级阶段，巩固和发展社会主义制度，还需要一个很长的历史阶段，需要我们几代人、十几代人、甚至几十代人坚持不懈地努力奋斗。懂得中国共产党人追求的共产主义最高理想，只有在社会主义社会充分发展和高度发达的基础上才能实现。想一下子、两下子就进入共产主义，那是不切实际的。要坚决抵制抛弃社会主义的各种错误主张，自觉纠正超越阶段的错误观念。中国特色社会主义是党的最高纲领和基本纲领的统一。中国特色社会主义的基本纲领，建立富强民主文明和谐的社会主义现代化国家，既是从我国正处于并将长期处于社会主义初级阶段的基本国情出发的，也没有脱离党的最高理想。我们要坚定走中国特色社会主义道路的信念，矢志不移地贯彻执行党在社会主义初级阶段的基本路线和基本纲领，集中精力做好当前每一项工作，办好自己的事情，以不断壮大我们的综合国力，不断改善人民的生活，不断建设对资本主义具有优越性的社会主义，不断为我们赢得主动、赢得优势、赢得未来打下更加坚实的基础。

总之，“革命理想高于天。没有远大理想，不是合格的共产党员；离开现实工作而空谈远大理想，也不是合格的共产党员”。[①] 要教育引导广大党员、干部把践行中国特色社会主义共同理想和坚定共产主义远大理想统一起来，做到虔诚而执着、至信而深厚。有了坚定的理想信念，站位就高了，眼界就宽了，心胸就开阔了，就能坚持正确政治方向，在胜利和顺境时不骄傲不急躁，在困难和逆境时不消沉不动摇，经受住各种风险和困难考验，自觉抵御各种腐朽思想的侵蚀，永葆共产党人政治本色。我们要根据这些精神，不断完善中国特色社会主义制度。

（原载《思想理论教育导刊》2013 年第 6 期）

① 《习近平谈治国理政》第 1 卷，外文出版社 2018 年版，第 23 页。

论学习历史唯物主义的现实意义

党的十八大以来，习近平总书记多次提出学习运用历史唯物主义的问题。在2013年12月3日中央政治局集体学习时，习近平总书记强调，推动全党学习历史唯物主义基本原理和方法论，更好认识国情，更好认识党和国家事业发展，更好认识历史规律，更加能动地推进各项工作[①]。习近平总书记的这些论述，明确阐述了学习、运用历史唯物主义的重大意义，下面我就这个问题谈两点认识。

一　倡导和推动学习、运用历史唯物主义的重大意义

在全面深化改革之际，习近平总书记倡导和推动全党特别是党的领导干部学习、运用历史唯物主义，其重要性，我以为可以从历史大背景和直接的现实性两个层面去理解。从历史大背景说，我们面临一个尖锐的问题：中国共产党人能不能打仗，新中国的成立已经说明了；中国共产党人能不能搞建设促发展，改革开放的推进也已经说明了；但是，中国共产党人能不能在日益复杂的国际国内环境下坚持住党的领导、坚持和发展中国特色社会主义，还需要我们一代一代共产党人继续作出回答。做好意识形态工作，做好宣传思想工作，要放到这个大背景下来认识。这个问题曾是毛泽东、邓小平反复强调的问题。毛泽东、邓小平对社会主义的探索，思想十分丰富，但概括起来主要是两点，一是建设，二是巩固。建设，即搞社会主义现代化建设，促进社会主义发展。巩固，就是巩固社会主义制度，防止资本主义复辟。毛泽东对国际共产主义运动的重大贡献之一，就是他最先提出了在社会主义条件下资本主义复辟的可能性和现实危险性。

---

① 《习近平在中共中央政治局第十一次集体学习时强调，推动全党学习和掌握历史唯物主义，更好认识规律更加能动地推进各项工作》，《人民日报》2013年12月5日第1版。

这有社会主义国家内部和外部两方面原因：社会主义国家内部并非无冲突、利益完全一致，而是存在着矛盾和斗争。社会主义是在内部不同性质的矛盾斗争中运动变化的。运动变化的方向会因条件的不同而不同，这就存在复辟倒退的可能性和危险性。在外部，社会主义国家，必须同资本主义国家长期共处。共处的时间究竟有多长，据人类文化学研究资料，在欧洲，奴隶社会从公元前2600年起至公元476年，长达3076年；封建社会从公元476年到1640年英国资产阶级革命结束，长达1164年；资本主义从1640年至今，才370年，它虽然从俄国十月革命起就开始走下坡路，但现在还没有到历史终结之日；可见，不能把社会主义与资本主义并存、共处的时间估计得过短。两种不同社会制度共处，在相当长的时期内，资本主义国家会处于优势，社会主义将处于劣势。由于两种社会制度根本性质的对立，资本主义国家必然对社会主义国家展开或战争的、或和平的进攻，以达到颠覆社会主义国家的目的。而社会主义国家为了赶上和超过资本主义国家，还不可避免地要从资本主义国家获得资金、技术和管理经验等。这样，社会主义国家就存在被外部敌对势力渗透、颠覆的危险；社会主义国家受到内外两种危险的影响和相互作用，自身的运动、变化、发展就存在两种可能的方向：向前步入共产主义，向后倒退到资本主义。究竟朝哪个方向发展，取决于主观领导和驾驭力量。如果我们的全部工作以共产主义为纲，社会主义国家就会向共产主义前进发展，如果相反，就会向资本主义倒退，发生资本主义复辟。毛泽东以远大而深刻的眼光早就察觉到这一点。他指出："如果我们和我们的后代不能时刻提高警惕，不能逐步提高人民群众的觉悟，社会主义教育工作做得不深不透，各级领导权不是掌握在真正的马克思主义者手里，而被修正主义者所篡夺，则我国还可能要走一段资本主义复辟的道路。"① 为防止和平演变，他提出要准备后事，培养革命接班人；邓小平也强调要坚持社会主义，防止和平演变。他告诫全党："帝国主义搞和平演变，把希望寄托在我们以后的几代人身上。"② 他还说："巩固和发展社会主义制度，还需要一个很长的历史阶段，需要我们几代人、十几代人，甚至几十代人坚持不懈地努力奋斗，决

---

① 《建国以来重要文献选编》第18册，中央文献出版社1998年版，第66页。

② 《邓小平文选》第3卷，人民出版社1993年版，第380页。

不能掉以轻心。”[①] 继后，江泽民同志、胡锦涛同志在这方面也有一系列重要论述。

今天，习近平总书记要回答的，正是这样一个极其尖锐、极其严肃的重大政治问题，就是在邓小平以后，在我们这几代人身上，社会主义制度会不会发生和平演变，无数革命先烈用鲜血换来的人民政权会不会丧失掉？特别是苏东剧变以后，这个问题已经由一种理论探讨变成20世纪一场最大的悲剧现实，以无可辩驳的事实证明毛泽东、邓小平、江泽民、胡锦涛防止资本主义复辟思想的真理性。面对这种历史大背景，当代中国共产党人必须给历史、给后代、给人民、给革命先烈一个郑重的交代。强调做好意识形态工作，做好宣传思想工作，要放到这个大背景下来认识。“马克思的历史唯物主义”作为“科学思想中的最大成果”，是社会主义意识形态的理论基础。倡导和推动历史唯物主义的学习，自然也应该放到这个大背景下来认识。

从直接的现实层面去理解，我以为至少有以下三点重要意义：第一，要求在全面深化改革中坚持马克思主义政治立场。改革开放以来，我们党对马克思主义政治立场的认识一直是明确的。所谓马克思主义政治立场，首先就是阶级立场，进行阶级分析。有人说这已经落后于时代了，这种观点是不对的。我们说阶级斗争已经不再是我国社会主要矛盾，并不是说阶级斗争在一定范围内不存在了，在国际范围内也不存在了。列宁曾深刻指出：“马克思主义者不应该离开分析阶级关系的正确立场。”[②] 进入改革开放新时期，邓小平作出明确论断：“阶级斗争虽然已经不是我们社会中的主要矛盾，但是它确实仍然存在，不可小看。”[③] 继后，江泽民也明确说：“我们纠正过去一度发生的‘以阶级斗争为纲’的错误是完全正确的，但这不等于阶级斗争已不存在了。只要阶级斗争还在一定范围内存在，我们就不能丢弃马克思主义的阶级和阶级分析的观点和方法。这种观点和方法始终是我们观察社会主义同各种敌对势力斗争的复杂政治现象的一把钥匙。”[④] 要懂得马克思主义政治立场的科学内涵，并懂得在当今，特别是在全面深化改革中坚持运用的必要性和重要性，必须学习、研究和运用历

① 《邓小平文选》第3卷，人民出版社1993年版，第379—380页。

② 《列宁专题文集·论马克思主义》，人民出版社2009年版，第170页。

③ 《邓小平文选》第2卷，人民出版社1994年版，第370页。

④ 《江泽民文选》第3卷，人民出版社2006年版，第83页。

史唯物主义。

历史唯物主义是唯一的科学的历史观，它揭示了在阶级社会和有阶级存在的社会里人的阶级性，“没有一个活着的人能够不站到这个或那个阶级方面来”[①]。真正的问题只是在于，究竟是站在先进的、革命的阶级一边，还是站在落后的、反动的阶级一边？因此它本身“包含有所谓党性，要求在对事变作任何评价时都必须直率而公开地站到一定社会集团的立场上”[②]。实际上，历史唯物主义所揭示的这个真理，某些严肃的资产阶级思想家也是承认的，只不过是从反面的立场来说明而已。现代西方最著名的资产阶级经济学家凯恩斯早就声明：“如果我当真要追求阶级利益，那我就得追求属于我自己那个阶级的利益……在阶级斗争中会发现，我是站在有教育的资产阶级一边的。”[③] 美国经济学家、诺贝尔经济学奖获得者索洛也无所顾忌地承认，社会科学家和其他人一样，也具有阶级利益、意识形态的倾向以及一切价值判断。但是，所有的社会科学研究，与材料力学或化学分子结构的研究不同，都与上述的（阶级）利益、意识形态和价值判断有关。不论社会科学家的意愿如何，不论他是否觉察到这一切，即使他力图回避它们，他对研究主题的选择，他提出的问题，他的分析框架，他使用的语言，很可能在某种程度上也反映了他的（阶级）利益、意识形态和价值判断。

站在哪一边，为谁服务，在阶级社会和阶级斗争还在一定范围存在的社会里，是根本无法回避的客观事实。我们党领导全国人民推进全面深化改革，不可回避地要面对这个问题：改革只是一种手段。任何改革都是具体的。改什么，不改什么，怎么改，向哪个方向改，都有一个对谁有利，对谁有害的问题。我们制定深化改革的指导思想、路线方针政策，究竟站在什么立场上？这个时候，习近平总书记强调历史唯物主义的指导，所要告诫全党的是，“推进任何一项重大改革，都要站在人民立场上把握和处理好涉及改革的重大问题，都要从人民利益出发谋划改革思路、制定改革举措”[④]。在马克思主义的视野里，党性和人民性是高度统一的。站在人民立场上和站在党的立场、党性和党的“五个基本”的立场上是高度一

---

① 《列宁选集》第 1 卷，人民出版社 1995 年版，第 135 页。

② 《列宁全集》第 1 卷，人民出版社 2013 年版，第 363 页。

③ ［英］凯恩斯：《劝说集》，蔡受百译，商务印书馆 1962 年版，第 244—245 页。

④ 《习近平谈治国理政》第 1 卷，外文出版社 2018 年版，第 98 页。

致的。这就是马克思主义政治立场、阶级分析方法在当今中国创造性运用的重要方面。

第二，创造性地运用党的历史经验解决当前的问题。我们党自成立起就高度重视在思想上建党，其中十分重要的一条就是坚持用马克思主义哲学教育和武装全党。学哲学、用哲学，是我们党的一个好传统，以此保证了全党思想的统一。在遵义会议以前，我们党解决党内矛盾重在用组织手段。在遵义会议以后，特别是在延安时期，毛泽东对党内的矛盾、问题不再作简单的组织处理，而从抓思想理论建设和学习着手，花 10 年的时间解决了这个问题。在这期间，毛泽东先后写了《论反对日本帝国主义的策略》，解决了党的政治策略路线问题；《中国革命战争的战略问题》，解决了党的军事路线问题；《实践论》《矛盾论》，解决了党的思想路线问题。1939 年之后，毛泽东又写了《〈共产党人〉发刊词》（1939 年 10 月 4 日），历史地论述和概括了我们党的三大法宝：统一战线、武装斗争和党的建设。《中国革命和中国共产党》（1939 年 12 月），阐明了中国革命的基本国情和中国革命的根本道路。《新民主主义论》（1940 年 1 月），全面地阐明了新民主主义的经济、政治、文化纲领。这就奠定了中国革命和中国共产党最基本的理论问题，在这个过程中，毛泽东通过抓党校教育、党报和宣传部的工作，把党的这些最基础的理论原理灌输到党的干部，首先是高级干部中，给他们一个观察问题、判断是非的正确原则。在党内掌握了马克思主义中国化的基本理论和方法、有了共同语言和团结的思想基础上，1941—1944 年，组织了中国共产党中央机关和高级干部对于党的历史，特别是党在 1931 年初到 1934 年底这个时期的历史讨论，这场讨论大大促进了党在马克思列宁主义基础上的统一，从而为党的七大作了重要准备，使那次大会达到了中国共产党前所未有的思想上政治上的一致。[①] 这里的成功经验，就是观察和处理问题不要凭感觉就事论事，而要从理论的高度从根本上解决。因为感觉只解决现象问题，理论才解决本质问题。这个成功经验后来运用于新中国建立后的各个时期。我国在社会主义改革开放之初，邓小平也是从抓理论上拨乱反正，开展真理标准大讨论开始的。继而，以江泽民同志、胡锦涛同志为总书记的几届党中央一脉相承，坚持把党的思想理论教育放在首位，注意增强党的思想理论基础。经过三十多

① 《延安时期党的重要领导人著作选编》（上），中央文献出版社 2014 年版，第 240 页。

年的改革开放和现代化建设，我们党在理论和实践方面都有了很大的发展，坚持和发展了中国特色社会主义，获得了“三位一体”的中国特色社会主义的根本成就。

历史和现实反复证明，没有革命理论就没有革命运动。没有科学理论的支撑就没有共产党人的灵魂和生存权利。理论的坚定是政治坚定的基础，只有具有了马克思主义的世界观、方法论，才能坚定党的政治立场，推进党的事业的发展。当前，在国内外多种因素的作用下，意识形态领域的斗争尖锐复杂，党内对诸多问题的看法并非完全一致。面对这种情况，如何推进全面深化改革？习近平总书记一以贯之，坚持着力抓党的思想理论建设。他强调，我们党在中国这样一个有着 13 亿人口的大国执政，面对着十分复杂的国内外环境，肩负着繁重的执政使命，如果缺乏理论思维的有力支撑，是难以战胜各种风险和困难的，也是难以不断前进的。党的各级领导干部特别是高级干部，要原原本本地学习和研读经典著作，努力把马克思主义哲学作为自己的看家本领，坚定理想信念，坚持正确的政治方向，提高战略思维能力、综合决策能力、驾驭全局能力，团结带领人民不断书写改革开放历史新篇章。习近平总书记从社会主义源头讲起，着力抓党的思想理论建设，这是对党的成功历史经验和历史智慧的创造性运用和提升。

第三，强烈的正本清源的意义。之所以要提出这个问题，一是，就大多数干部和群众而言，存在的一个不良倾向就是邓小平曾经预见并早就告诫过全党的，党的工作中心转到经济建设之后，不要忽略党的思想政治工作。但事情还是发生了。由于忽视对马克思主义理论的学习，一个时期以来，在一定程度上和一定范围内，为数不少的同志只关注改革和建设的具体措施，不关心其指导思想。其结果，就是渐渐淡忘了其性质、根本原则和方向；二是，就学术界来说，有一些学科马克思主义被边缘化了。一些由党和人民在长期理论研究和实践探索中创造出来的科学术语，被偷换成西方理论中的概念，如把“国际交往”“国际交流”偷换成与“国际接轨”，等等。过去我们党的文件中经常使用的一些科学概念，如农业现代化、工业现代化、国防现代化和科学技术现代化也慢慢被一些内涵模糊不清的抽象概念，如“文化现代化”“政治现代化”“政党现代化”等所取代。这实际上是马克思主义领导权、管理权的旁落，话语权的丧失，更不要说用马克思主义原理来分析有关改革的问题了。这种极不正常的现象严重干扰了我国的改革开放事业。在这种背景下，习近平总书记提出用历史唯物主义指导改革，不仅要求我们增强用马克思主义指导改革的自觉性，而且赋予我们以排除一切其他历史理论干扰的武器。因为正是历史唯物主义消除了一切其他历史理论的两个根本缺陷：一是仅仅考察人们的历史活动的思想动机，而没有研究产生动机的原因，没有发现社会关系发展的客观规律性；二是没有说明人民群众的活动。这同时也向全党指明，我们以往取得改革的一切成就是历史唯物主义指导的结果，而不是什么照搬西方理论指导的结果。今后也只有运用历史唯物主义指导全面深化改革，才能完成各项任务。这些论断思想深邃，令人震撼，大有拨乱反正之义。

二 历史唯物主义是指导全面深化改革的唯一科学史观

为什么全面深化改革必须以历史唯物主义作指导呢？这是因为：其一，以历史唯物主义作指导，才能正确确定全面深化改革的出发点。

习近平总书记指出，党的十八届三中全会对我国全面深化改革作出了总体部署，是从我国现在的社会存在出发的，即从我国现在的社会物质条件的总和出发的，也就是从我国基本国情和发展要求出发的。这一论断，清楚地指出了我国改革的出发点。

历史唯物主义认为，社会存在决定社会意识。社会存在最主要的内容就是物质生活资料的生产。它是历史的发源地，决定着社会历史的发展。改革不是由任何人包括党和国家的领导人主观臆想出来的，而是由物质生活资料的生产提出来的。这就坚持了历史唯物主义的科学史观。

当前，我国物质生产条件最重要的特点，是正处在社会主义初级阶段，社会主义制度已经建立起来，但是社会主义的生产力还不发达，这是最基本的国情；从外部条件看，我国正处在以和平与发展为主题的国际环境中。这种基本国情下的社会基本矛盾运动状况要求我们必须进行改革。因此，一切改革措施的制定和实施必须从这个最大的实际出发。这是我们深化改革的现实根据。如果离开这个客观实际，把某种主观理念作为改革的出发点，我国改革的真实历史就成了精神、观念运动史，改革必然被引入邪路。

学术界确实有人不从我国物质生活资料的生产条件即基本国情出发，而从某种主观理念出发来看待改革。习近平总书记曾批评有人把改革定义为往西方“普世价值”、西方政治制度方面改，否则就不是改革。这种批评表明，有人把依赖于资本主义生产关系产生的西方民主、自由、宪政、人权等观念看作“普世价值”，主张各个领域都按照西方“普世价值”进行改革，“与国际接轨”，实际上是借用这个名头，抹黑我们党、我国社会主义制度、我们的意识形态、我们的文化传统，企图给我们造成两难选择：要么被冠以反“普世价值”的污名，使中国共产党领导和我国社会主义制度的合法性流失；要么乖乖归顺西方，接受西方价值观念对中国的改造，放弃中国共产党的领导和我国社会主义制度，成为他们的附庸。

从主观观念出发，还有如从“经济人假设”出发。有经济学家提出，自私自利是人的亘古不变的本性，人都是追逐私利的“经济人”，由此引申出所谓改革的必要性和基本原则。他们说，新中国成立后坚持社会主义道路、搞公有制经济违背了人的本性，是人的理性的“迷失”“历史的迷误”。改革就是要纠正这种“迷失”“迷误”，回归私有化这 ·“人类文明的普遍道路”。

事实上，所谓人的永恒本性纯属子虚乌有，在世界上根本不存在。自私自利的观念、思想，依赖于私有制而生，原始社会的人并无此心。随着私有制的产生，在占有生产资料的剥削阶级中产生了自私观念。这种观念通过其思想家的精心编造，系统化为五彩缤纷的体系。剥削阶级又通过种种强化教育手段毒化劳动者，使其日益扩大传播、流传下来。未来随着社会生产力的高度发展，私有制的彻底消灭，相应的自私的思想观念也会最终完全消失。人类历史证明，不是自私观念产生了私有制，恰恰相反，是私有制产生了自私自利的思想。“经济人假设”以历史唯心主义为根据，颠倒物质与精神的关系，把历史的结果说成历史的起点，显然是为彻底私有化奠定理论基础。习近平总书记强调改革必须以历史唯物主义为指导，坚持社会存在决定社会意识的原理，就从理论基础上摧毁了经济人假设这类歪理邪说。

其二，只有以历史唯物主义作指导，才能正确把握改革的总目标、对象和方向问题。习近平总书记强调，只有把生产力和生产关系的矛盾运动同经济基础和上层建筑的矛盾运动结合起来观察，把社会基本矛盾作为一个整体来观察，才能全面把握整个社会的基本面貌和发展方向。坚持和发展中国特色社会主义，必须不断适应社会生产力发展调整生产关系，不断适应经济基础发展完善上层建筑。只有紧紧围绕发展这个第一要务来部署各方面改革，以解放和发展社会生产力为改革提供强大牵引，才能更好地推动生产关系与生产力、上层建筑与经济基础相适应。这些论断清楚地回答了改革的总目标、对象和方向问题。即我国全面深化改革是为了适应社会基本矛盾运动变化提出的，意在推进社会进步发展。总的目标是要坚持和发展中国特色社会主义。适应社会生产力发展调整社会主义生产关系，适应经济基础发展完善社会主义上层建筑。按照党的十八届三中全会的表述，全面深化改革的总目标包含两句话，构成一个不可分割的整体，即完善和发展中国特色社会主义制度、推进国家治理体系和治理能力现代化。这两句话中，前一句话，规定了根本方向，就是中国特色社会主义道路。无论是封闭僵化的老路、还是改旗易帜的邪路，我们都不走。后一句话，是指我们这个“国家的制度和制度执行能力的集中体现”，规定了在根本方向指引下完善和发展中国特色社会主义的鲜明指向。其实质在于完善和发展中国特色社会主义制度这个根本。

习近平总书记这些重要论述创造性地运用和发展了毛泽东思想和邓小平理论。毛泽东同志早就指出，同其他社会一样，在社会主义社会中，基本矛盾仍然是生产关系与生产力之间的矛盾、上层建筑与经济基础之间的矛盾，但是矛盾的状态已同资本主义社会根本不同了。社会主义的生产关系是基本上适合生产力性质的，它能够容许生产力以资本主义社会所没有的速度迅速发展，因而生产不断扩大，人民不断增长的需要能够逐步得到满足。但是，社会主义的生产关系还很不完善，这些不完善的方面和生产力的发展又是相矛盾的。这就必须进行社会主义改革。改革的任务就是按照具体情况，克服这些不完善的方面，解决矛盾，推动生产力的发展。1992 年，邓小平在南方谈话中，针对这些不完善的方面指出：“恐怕再有三十年的时间，我们才会在各方面形成一整套更加成熟、更加定型的制度。在这个制度下的方针、政策，也将更加定型化。”① 党的十八大报告在第三部分明确提出，要坚决破除一切妨碍科学发展的思想观念和体制机制弊端，构建系统完备、科学规范、运行有效的制度体系，使各方面制度更加成熟更加定型，并且具体列举了经济、政治、文化、社会管理、生态等方面的体制机制改革要求。

---

① 《邓小平文选》第 3 卷，人民出版社 1993 年版，第 372 页。

这表明，我们的改革完全不是因为中国特色社会主义制度不好，要否定现行社会主义基本制度，不是要重新选择与现行社会主义基本制度本质不同的制度，而是对现行社会主义基本制度的完善或者说使其更加成熟更加定型，要使它更好。中国特色社会主义制度，从形成到更加定型的历程分前后两半：前半程的主要任务是建立社会主义基本制度，我们的改革是在这个基础上进行的，现在已经有了很好的基础。后半程，我们的主要历史任务是完善和发展中国特色社会主义制度。为党和国家事业发展、为人民幸福安康、为社会和谐稳定、为国家长治久安提供一套更完备、更严格、更管用的制度。这是由我国的生产关系与生产力之间、上层建筑与经济基础之间的矛盾运动状况决定的。这种矛盾运动状况就是基本适应、局部不适应。所以改革的对象只是社会主义生产关系中不适应生产力发展、上层建筑中不适应经济基础发展需要的不完善的方面。这些不适应、不完善的方面是整个社会主义生产关系和上层建筑中非基本的部分。由此决定，我们的改革政策中必然有改什么、不改什么的问题。从总体上说，一切妨碍科学发展的思想观念和体制机制弊端都要改，业已进行的改革是全面的。习近平总书记曾指出："我们的改革历来就是全面改革。我不赞成那种笼统认为中国改革在某个方面滞后的说法。在某些方面、某个时期，快一点、慢一点是有的，但总体上不存在中国改革哪些方面改了，哪些方面没有改。问题的实质是改什么、不改什么，有些不改的、不能改的，再过多长时间也是不改，这不能说不改革。"①

习近平总书记的这一论断是有很强的针对性的。一个时期以来，有的人只准讲改什么，不准讲不改什么，把讲不改什么视为反对改革。这不是实事求是的态度。应该说，社会主义的改革是"改"与"不改"的统一。在这方面，邓小平的一个重大理论贡献是，运用毛泽东对社会主义社会矛盾的分析方法，把中国社会主义制度区分为两类，一类是基本制度，一类是具体的体制、运行机制。基本制度在政治领域，就是人民民主专政的国体，人民代表大会制度的根本政治制度、中国共产党领导下多党合作和政治协商制度、民族区域自治制度以及基层群众自治制度等基本政治制度；在经济领域，就是以公有制为主体、多种所有制经济共同发展的基本经济制度，以按劳分配为主体、多种分配方式并存的分配制度；在文化领域，

① 《习近平关于全面深化改革论述摘编》，中央文献出版社2014年版，第32—33页。

就是以马克思主义为指导的百花齐放、百家争鸣。这些基本制度体现了社会主义的本质特征和基本原则，符合中国社会历史发展规律的要求，能够促进我国社会经济的发展。我们必须倍加珍惜，坚定不移地加以坚持，不能改。在这个根本问题上，我们党的立场是始终如一的。我们党反复强调，我国的改革是："在坚持社会主义基本制度的前提下，自觉调整生产关系和上层建筑的各个方面和环节，来适应初级阶段生产力发展水平和实现现代化的历史要求。"[①] 概括地说，我国的"改革和开放是手段"[②]，性质是社会主义制度的自我完善。"要达到……总的目的"是"三个有利于"："要有利于巩固社会主义制度，有利于巩固党的领导，有利于在党的领导和社会主义制度下发展生产力。"[③] 根据"三个有利于"，在改革中对"过去行之有效的东西，我们必须坚持，特别是根本制度，社会主义制度，社会主义公有制，那是不能动摇的"[④]，不仅如此，还"要保持自己的优势，避免资本主义社会的毛病和弊端"[⑤]。我们有很多优越的东西，比如共产党的领导、民主集中制、民族区域自治制度，等等。"这是我们社会制度的优势，不能放弃。"[⑥] 所以，我们必须把坚持改革和坚持改革的社会主义方向统一起来理解，只有坚持改革的社会主义方向，才是社会主义制度自我完善性质的改革。这样，邓小平提出的"三个有利于"就给了我们一个评价改革的标准，概括起来说，就是坚持社会主义道路。

因此，不是任何改革都是对的，要看改革想达到什么目的，看改革的方向。曾经流行一句话："允许改革犯错误，不允许不改革。"这个话不是科学的、全面的，在改革中犯方向性错误，即走改旗易帜的邪路，党和人民是不能允许的。

应该说，改革开放以来围绕这个问题的斗争一直很尖锐。就经济领域说，斗争的焦点是改革应该巩固和加强公有制经济的主体地位，还是应该削弱公有制经济、实行私有化，使非公有制经济成为整个国民经济的主

---

① 《十五大以来重要文献选编》（上），人民出版社 2000 年版，第 17 页。
② 《邓小平文选》第 3 卷，人民出版社 1993 年版，第 266 页。
③ 《邓小平文选》第 3 卷，人民出版社 1993 年版，第 241 页。
④ 《邓小平文选》第 2 卷，人民出版社 1994 年版，第 133 页。
⑤ 《邓小平文选》第 3 卷，人民出版社 1993 年版，第 241 页。
⑥ 《邓小平文选》第 3 卷，人民出版社 1993 年版，第 257 页。

体。就政治领域说，是坚持中国特色社会主义政治制度，还是搞西方宪政制度；就思想领域说，是坚持马克思列宁主义、毛泽东思想、中国特色社会主义理论体系指导，还是以西方新自由主义为指导，斗争的实质是中国应该走什么道路，是走社会主义道路还是走资本主义道路。

问题很清楚，如果对应该改的不改，那就是僵化，得不到人民群众的拥护和赞成，依了这种意见，中国特色社会主义就得不到发展和完善；如果把不能改的改了，就是走改旗易帜的邪路，搞资产阶级自由化，把改革的矛头指向社会主义基本制度，依了这种意见，中国特色社会主义就会倒退到资本主义制度，人民群众更不会答应。现在看来，后一种倾向是当前的主要危险。邓小平早在20世纪末就明确发出警告。他说：现在大家都赞成改革，但“某些人所谓的改革，应该换个名字，叫作自由化，即资本主义化。他们‘改革’的中心是资本主义化。我们讲的改革与他们不同，这个问题还要继续争论的”[①]。他还说：“自由化是一种什么东西？实际上就是要把我们中国现行的政策引导到走资本主义道路。这股思潮的代表人物是要把我们引导到资本主义方向上去。”[②] 继后，江泽民又明确阐述了社会主义改革观和资本主义改革观的根本对立。事实正是这样，国内主张搞资本主义化改革的势力，不顾我们党关于社会主义改革的根本理论基础和原则方针，总想把我国的社会主义改革变成社会主义的改向。其中一些人总是利用我们党出台的新的政策，或者新的提法，企图通过歪曲达到改变我国根本的和基本的社会制度的目的。远的不说，只说党的十八届三中全会通过的《中共中央关于全面深化改革若干重大问题的决定》（下称《决定》），有人就将“公有制经济和非公有制经济都是社会主义市场经济的重要组成部分”解读为“不分老大老二”，即不再坚持公有制的主体地位了。又如《决定》提出：“要积极发展混合所有制经济”，混合所有制经济是我国“基本经济制度的重要实现形式”[③]。有人就主张，将“国有企业逐步民营化，变成私有企业”，“应该彻底民营化”，“国有资本比重完全可以退到零”，要搞一场新的“国退民进”运动。

其实《决定》讲得明确：“公有制为主体，多种所有制经济共同发展

---

① 《邓小平文选》第3卷，人民出版社1993年版，第297页。

② 《邓小平文选》第3卷，人民出版社1993年版，第181页。

③ 《中共中央关于全面深化改革若干重大问题的决定》，人民出版社2013年版，第8页。下同，不再注明。

的基本经济制度是中国特色社会主义制度的重要支柱，也是社会主义市场经济的根基。”又说：“国有企业属于全民所有，是推进国家现代化、保障人民共同利益的重要力量。”“必须毫不动摇巩固和发展公有制经济，坚持公有制的主体地位，发挥国有经济的主导作用，不断增强国有经济活力、控制力、影响力。”

习近平总书记在党的十八届三中全会上对《决定》所做的《说明》也很清楚。他指出，坚持和完善公有制为主体、多种所有制经济共同发展的基本经济制度，是巩固和发展中国特色社会主义制度的重要支柱。改革开放三十多年来，我国的所有制格局已经发生了很大变化，当前，“如何更好体现和坚持公有制主体地位，进一步探索基本经济制度有效实现形式，是摆在我们面前的一个重大课题。全会决定强调必须毫不动摇巩固和发展公有制经济，坚持公有制主体地位，发挥国有经济主导作用，不断增强国有经济活力、控制力、影响力。全会决定坚持和发展党的十五大以来有关论述，提出要积极发展混合所有制经济，强调国有资本、集体资本、非公有资本等交叉持股、相互融合的混合所有制经济，是基本经济制度的重要实现形式，有利于国有资本放大功能、保值增值、提高竞争力。这是新形势下坚持公有制主体地位，增强国有经济活力、控制力、影响力的一个有效途径和必然选择”①。2014 年两会期间，3 月 5 日，习近平总书记在参加上海代表团讨论时强调，深化国企改革是大文章，国有企业不仅不能削弱，而且还要加强，在深化改革中自我完善，在凤凰涅槃中浴火重生。3 月 9 日，习近平总书记在参加安徽代表团审议时又强调，发展混合所有制经济，基本政策已明确，关键是细则，成败也在细则。要吸取过去国企改革的经验教训，不能在一片改革声浪中把国有资产变成牟取暴利的机会。这些观点掷地有声，重申了我国的宪法原则。我国宪法明确规定，我国社会主义经济制度的基础是社会主义公有制，包括起主导作用的国有经济和作为公有制经济重要组成部分的集体经济。

有专家依据历史经验指出，发展混合经济（股份制经济）可以有两个方向、两种前途：坚持以马克思主义为指导，发展公有制控股的混合经济，可以巩固和加强公有制的主体地位，成为基本经济制度的实现形式；

---

① 习近平：《关于〈中共中央关于全面深化改革若干重大问题的决定〉的说明》，《人民日报》2013 年 11 月 16 日第 1 版。

以新自由主义为指导，混合经济也可以成为资本主义经济控制、利用社会主义经济的形式，成为私有化的工具。这里决定性的问题在于改革的指导思想，在实际工作中落实下来就是谁控制谁，是公有制经济控制和引导非公有制经济，还是私有经济控制和利用公有经济。这个问题非同小可，事关我国社会主义前途和命运，必须旗帜鲜明，划清界限，千万不要被新自由主义忽悠了。20 世纪末美国前总统尼克松就说过："在经济方面，中国朝自由市场制度前进的过程已经走了一半。现在，它的两种经济——一种私有，一种公有——正在进行殊死的竞争"，而且"战斗还远远没有结束"。只要美国"继续介入中国的经济，就能在帮助私营经济逐步消蚀国营经济方面扮演重要的角色"①。2000 年，美国前总统克林顿也讲，美国要利用中国加入世贸组织的机会在中国推行美国的"价值观念"，"加速大型国有企业的衰亡"，由"私营企业取而代之"，给中国内部"为人权和法治而奋斗的人们增添力量"，以使中国作出美国所需要的那种"选择"。美国政要的这些论断多么值得人们高度关注和警惕②。

其三，关于改革的过程和动力。从历史唯物主义观点来看，"改革开放只有进行时、没有完成时"。因为社会基本矛盾总是不断发展的，所以调整生产关系、完善上层建筑需要不断相应地进行下去。习近平总书记这些论断将恩格斯和毛泽东的有关思想更加具体化了。恩格斯早就批判过一种形而上学的观点，即把"社会主义社会"视为"不是不断改变、不断进步的东西，而是稳定的、一成不变的东西"③。毛泽东说，彻底消灭阶级以后，单就国内情况来说，革命一定还是会有的，并且不可能没有。但是革命的性质跟过去不同。"是人民内部的先进和落后之间的斗争，社会制度的先进和落后之间的斗争，科学技术的先进和落后之间的斗争。"④上述论断表明：改革就是把唯物辩证法贯彻到底，按社会主义社会发展的辩证法办事。做改革的促进派、实践者，不断改革创新，进行具有许多新的历史特点的伟大斗争，就是走历史的必由之路，不断推动社会主义社会发展进步的一种历史担当。我国改革的成果也证明，改革深化的过程就是

① ［美］尼克松：《透视新世界》，刘庸安等译，中国言实出版社 2000 年版，第 162—163 页。

② 参见周新城《坚持运用马克思主义基本原理分析社会经济问题》，经济日报出版社 2017 年版，第 97 页。

③ 《马克思恩格斯文集》第 10 卷，人民出版社 2009 年版，第 586 页。

④ 《毛泽东文集》第 7 卷，人民出版社 1999 年版，第 352 页。

我国经济社会不断发展进步的过程。

关于改革的动力，习近平总书记发表署名文章强调："紧紧依靠人民推动改革。人民是历史的创造者，是我们的力量源泉。改革开放之所以得到广大人民群众衷心拥护和积极参与，最根本的原因在于我们一开始就使改革开放事业深深扎根于人民群众之中。全会决定归纳了改革开放积累的宝贵经验，其中很重要的一条就是强调必须坚持以人为本，尊重人民主体地位，发挥群众首创精神，紧紧依靠人民推动改革。没有人民支持和参与，任何改革都不可能取得成功"，"我们要贯彻党的群众路线，与人民心心相印、与人民同甘共苦、与人民团结奋斗"①。马克思恩格斯早就说过："思想本身根本不能实现什么东西。思想要得到实现，就要有使用实践力量的人。"② 使用实践力量的人就是人民群众。因为人民群众是"三者统一的主体"：在人类创造历史的过程中，人民群众作为推动历史前进的"真正动力"是历史主体；在人类实践和认识活动中，人民群众作为形成和运用实践的力量，是认识和改造世界的实践主体；在人类文明形成发展过程中，人民群众是物质文明、精神文明、制度文明和生态文明的创造主体。人民的主体地位决定了改革必须紧紧依靠人民群众。

按照历史唯物主义原理，依靠谁和为了谁是不可分离的。全心全意依靠工人阶级和广大人民群众推进改革，同时必须坚持把实现好、维护好、发展好最广大人民的根本利益作为推进改革的出发点和落脚点，让发展成果更多更公平惠及全体人民，唯有如此，改革才能大有作为。

改革紧紧依靠人民群众，体现了党的宗旨和根本政治路线、工作路线。《共产党宣言》指出："过去的一切运动都是少数人的，或者为少数人谋利益的运动。无产阶级的运动是绝大多数人的。"③ 我们党把自己的根本宗旨规定为全心全意为人民服务。同时把一切工作都必须依靠群众，从群众中来，到群众中去，规定为党的根本政治路线和工作路线。改革亦当如此。毛泽东倡导的工作方法是，"将群众的意见（分散的无系统的意见）集中起来（经过研究，化为集中的系统的意见），又到群众中去作宣传解释，化为群众的意见，使群众坚持下去，见之于行动，并在群众行动

---

① 《习近平谈治国理政》第 1 卷，外文出版社 2018 年版，第 97 页。
② 《马克思恩格斯文集》第 1 卷，人民出版社 2009 年版，第 320 页。
③ 《马克思恩格斯文集》第 2 卷，人民出版社 2009 年版，第 42 页。

中考验这些意见是否正确。然后再从群众中集中起来，再到群众中坚持下去。如此无限循环，一次比一次地更正确、更生动、更丰富”①。习近平总书记讲，改革要依靠群众，正是这种方法的生动体现。

（原载《马克思主义研究》2014 年第 9 期）

① 《毛泽东选集》第 3 卷，人民出版社 1991 年版，第 899 页。

对社会主义民主核心价值观的两点探求

人民民主是社会主义的生命。党的十八大总结我们党发展社会主义民主政治实践的经验，概括业已形成的理论成果，把民主列入我国社会主义核心价值观的重要内容，有力地推动了中国特色社会主义民主政治建设，确保了人民民主权利。本文试就社会主义民主核心价值观问题探求如下。

一　社会主义民主核心价值观概念的科学性

“民主”概念产生于2500年前希腊民主政治的发展过程中，其基本含义是“人民的统治”。1843年马克思在《黑格尔法哲学批判》中把民主制称为国家的组织形式，即“人民的国家制度”①。“民主制是作为类概念的国家制度”②。后来，列宁在《国家与革命》等著作中多次称“民主是国家形式，是国家形态的一种”③。正因为这样，长期以来，人们多从制度的角度研究民主，确认民主是一个制度性范畴。但是，作为一种国家制度，民主与价值有什么关系？对于这一问题，学界少有专门的系统研究，所以民主核心价值观概念提出之初，令人一时感到生疏。事实上，民主作为一种制度性范畴与价值关系极为密切。民主制度正是社会民主生活上升到价值观和获得稳定程度的一种表现和基础。从人的交往来说，制度是交往价值的重要体现，若没有一定的制度来规范人的行为、调节人们之间的关系、为人们的交往提供一种秩序，人与人之间的交往价值就不能产生。包括民主这种国家制度在内的制度对于社会主体（个人、阶级、政党、民族、国家）的需要来说，都具有价值。民主价值观正是关于民主

① 《马克思恩格斯全集》第3卷，人民出版社2002年版，第39页。

② 《马克思恩格斯全集》第1卷，人民出版社1956年版，第280页。

③ 《列宁专题文集·论社会主义》，人民出版社2009年版，第40页。

价值的系统的根本的观点。价值并不是主体凭空想象出来的，而是社会实践的产物。马克思说：“‘价值’这个普遍的概念是从人们对待满足他们需要的外界物的关系中产生的。”① 这说明价值是作为主体的人向外界物索取满足自己需要的实践过程中产生的实践与认识的关系，或者说在社会实践基础上形成的主体和客体之间的一种意义关系。民主作为一种社会的政治上层建筑，它的产生、存在和发展变化，必然是实践与认识、主体和客体之间的关系，从而成为一种认识论范畴。

价值观是人们关于价值的根本观点。它是“社会成员用来评价行为、事物以及从各种可能的目标中选择自己合意目标的准则。价值观通过人们的行为取向及对事物的评价、态度反映出来，是世界观的核心，是驱使人们行为的内部动力。它支配和调节一切社会行为，涉及社会生活各个领域。”②

价值观具有重要的社会功能。依此而论，对于人类的任何社会实践及其产物，包括政治生活在内的社会生活的各个领域的事物，社会主体基于生存、享受和发展的需要，都可以对其作出价值判断，并且都必定按照自己合意的目标选择确定评价准则，即形成关于这一客体的价值观。民主自然亦如此，提出和使用“民主价值观”概念在科学上是毋庸置疑的。我们视民主为历史范畴、阶级范畴，强调人类进入文明时代以后，在不同历史时期和不同历史类型的国家中，享有的民主主体、依利益不同形成的民主观念、构建的民主制度、法律规定的民主权利等对社会历史进步意义的不同，上述种种，在思维层面上，正是根据马克思主义民主价值观作出的价值评价。

民主一直是工人阶级及其政党追求的“解放劳动”的伟大目标。1871 年马克思在《法兰西内战》中从工人运动追求的伟大目标意义上评价巴黎公社是“社会解放的政治形式，把劳动……解放出来的政治形式”③。列宁对作为国家政权的民主价值评价极高，强调政权在哪个阶级手里决定一切。中国共产党一直把夺取国家政权视为革命的根本问题。革命战争时期，毛泽东强调，革命的中心任务和最高形式就是武装夺取政

① 《马克思恩格斯全集》第 19 卷，人民出版社 1963 年版，第 406 页。
② 《中国大百科全书（精粹本）》，中国大百科全书出版社 2002 年版，第 686 页。
③ 《马克思恩格斯文集》第 3 卷，人民出版社 2009 年版，第 197—198 页。

权；1945 年，毛泽东又把发展民主视为中国共产党人找到的跳出中国历史上政权兴亡周期律的新路。改革开放以来，中国共产党总结发展社会主义民主正反两方面经验，强调人民民主是社会主义的生命、政治体制改革的目标，确认民主是社会主义的本质属性和内在要求，提出“没有民主就没有社会主义，就没有社会主义现代化”。这些都表明，在中国共产党的政治实践中，基于人民民主本身的价值——“生命”“目标”“本质属性”“内在要求”，再者说，民主又处于国家根本问题的地位，对其作出价值表达，理应成为社会主义核心价值观的基本范畴和重要内容。

社会主义民主核心价值观概念，在此特指中国特色社会主义民主核心价值观。它同其他中国特色社会主义核心价值观念一样，体现了社会主义意识形态的本质要求，体现了社会主义政治制度在思想和精神层面的质的规定性，凝结着社会主义政治文化的精髓，代表了中国先进政治文化的前进方向，是中国特色社会主义政治道路、理论体系和政治制度的价值表达。其本质内涵是中国共产党及其领导下的人民评判民主理论、民主制度和民主发展道路是非曲直的价值标准。它作为国家层面的社会主义核心价值观，以其鲜明的阶级特点、时代特点、民族特色和价值导向功能，深刻影响着社会和个人的价值观。

二　中国特色社会主义民主核心价值观的基本内涵

概括起来，中国特色社会主义民主核心价值观的内涵至少包含如下方面。

（一）民主在精神层面的社会主义本质规定

事物的属性是价值观的客观基础。中国特色社会主义民主核心价值观的客观基础，是中国特色社会主义民主的社会主义根本属性。邓小平对这个问题讲得很明确：“什么是中国人民今天所需要的民主呢？中国人民今天所需要的民主，只能是社会主义民主或称人民民主。”[①] 社会主义民主或称人民民主，是今天能够满足中国人民需要的、符合中国国情和实际的、体现社会主义国家性质的民主。社会主义民主或称人民民主在精神层面的本质规定，就是中国特色社会主义民主核心价值观。

民主是一个历史范畴。在不同的历史时期、不同的国家，民主具有不

---

① 《邓小平文选》第 2 卷，人民出版社 1994 年版，第 175 页。

同的内容。人类历史发展至今，由一种社会占主导地位的生产方式的性质所决定，出现过两种类型的民主：剥削阶级民主和非剥削阶级民主。从奴隶社会到资本主义社会，在对抗性生产方式基础上，产生的都是少数剥削阶级统治大多数被剥削阶级的民主；社会主义生产方式内部的矛盾是非对抗性的，产生的民主是大多数人统治少数人的非剥削阶级民主即社会主义民主。这是迄今为止人类历史上最高类型的民主。中国特色社会主义民主属于社会主义民主。

中国特色社会主义民主，在国体上，实行工人阶级领导的、以工农联盟为基础的人民民主专政，一方面保证占人口绝大多数劳动人民当家作主，另一方面保证对极少数破坏社会主义的敌对分子实行专政；在政体上，实行民主集中制（民主基础上的集中和集中指导下的民主相结合）的人民代表大会制度，实行中国共产党领导的多党合作和政治协商制度，实行民族区域自治制度，实行基层群众自治制度；在程序上，实行选举民主与协商民主相结合。中国特色社会主义民主是中国特色社会主义制度一个不可分割、不可动摇的部分，具有鲜明的民族特色。它从本质上根本区别于资产阶级国家的民主以及小资产阶级的无政府主义的、个人主义的极端化民主。

（二）人民当家作主实质的价值表达

中国特色社会主义民主政治制度的阶级实质，是人民当家作主。如《中华人民共和国宪法》所规定的那样，中华人民共和国的一切权力属于人民，人民是认识、评价和享有民主价值的主体。人民当家作主的核心内容是：在共产党领导下，人民在共同享有对生产资料的不同形式的所有权、支配权的基础上，真正享有管理国家的最高权力，真正享有参与企事业管理权力以及各项公民权利。中国特色社会主义民主核心价值观就是这种根本政治制度阶级实质的价值表达。它从决定当代中国政治文化性质和方向的最深层次上向世界宣示着一个坚不可摧的真理：在中国，人民民主是我们党始终高扬的光辉旗帜；人民民主是社会主义的生命；发展社会主义民主政治，必须以保证人民当家作主为根本。贯穿在中国共产党执政活动和国家的一切路线、方针、政策和制度中的不可动摇的原则是保障人民权利与集中国家权力相统一。人民群众通过直接或间接的方式参加国家管理，选举代表，组成自己的政府，行使对国家的管理权；人民群众通过参加各种组织和不同形式的政治生活，发表意见和建议，批评监督干部，参加国家管理；人民享有对社会主义经济、文化、科学及其各项事业的最高管理权；人民的民主权利受到法律的保护，不受侵犯。

（三）民主政治发展核心要素和关键的精准凝练

中国特色社会主义政治发展道路的核心要素是坚持党的领导、人民当家作主、依法治国，三者的有机统一是中国发展社会主义民主政治的优势和特点，是保证人民当家作主、国家政治生活既充满活力又安定有序的关键。中国特色社会主义民主核心价值观，就是中国特色社会主义民主政治发展的核心要素及其统一这一关键的精准凝练。它集中反映出全国各族人民共同认可的核心观点：党的领导是人民当家作主和依法治国的根本保证。发展社会主义民主，建设社会主义法治国家，唯有通过中国共产党的政治领导、思想领导和组织领导才能实现；坚持党领导人民有效治理国家，才能切实防止出现群龙无首、一盘散沙的现象。人民当家作主是社会主义民主政治的核心内容和发展的根本目的，其实质是全体人民通过各种途径来管理国家和社会的权利，这是党的领导和执政的生命价值所在。人民当家作主既保证了人民依法实行民主选举，也保证了人民依法实行民主决策、民主管理、民主监督，切实防止了“选举时漫天许诺、选举后无人过问”的现象。离开了人民当家作主，党的领导就失去了根本依据，社会主义民主法制建设也就失去了前提和基础；依法治国是党领导人民治国理政的基本方略、基本方式。它表明：要更加注重发挥法治在国家治理和社会管理中的重要作用，“任何人都没有法律之外的绝对权力，任何人行使权力都必须为人民服务、对人民负责并自觉接受人民监督”①。党的领导只有通过法律途径上升为国家意志，才能发挥总揽全局、协调各方的领导核心作用；人民当家作主只有以完备的法治为存在形式，才能得以实现和得到政治法律制度保障。

（四）强大的实践导向和价值引领功能

中国特色社会主义民主价值观是位居国家层面的价值观，是社会主义核心价值体系政治内核的高度凝练和集中表达，具有强大的价值引领功能，实践导向性强。其一，它是中华民族获得独立和人民解放的标尺。1848 年 2 月，《共产党宣言》一问世就宣布：“工人革命的第一步就是使

① 《习近平在十八届中央纪委二次全会上发表重要讲话强调：更加科学有效地防治腐败 坚定不移把反腐倡廉建设引向深入》，《人民日报》2013 年 1 月 23 日第 1 版。

无产阶级上升为统治阶级，争得民主。无产阶级将利用自己的政治统治，一步一步地夺取资产阶级的全部资本，把一切生产工具集中在国家即组织成为统治阶级的无产阶级手里，并且尽可能快地增加生产力的总量。”① 在当代中国，中国特色社会主义民主标示出“中国人站起来了”，实现了民族独立和人民解放。其二，它从兴国铸魂的价值观高度引领我国改革开放和现代化建设的社会主义方向。中国特色社会主义民主核心价值观，把社会主义国家国体和政体的有机统一概括起来融为一体，对我国改革开放和现代化建设起着强大的价值引领作用。正如邓小平所说，“没有无产阶级专政，我们就不可能保卫从而也不可能建设社会主义”②；“我们社会主义的国家机器是强有力的。一旦发现偏离社会主义方向的情况，国家机器就会出面干预，把它纠正过来”③。其三，它确保党和国家长治久安。一方面，它指导党和政府运用民主方式化解人民内部矛盾，把人民团结起来，促进社会和谐稳定；另一方面，它倡导群众路线，鼓励、呼吁民主作风，激发人民主人翁精神，激励最广大人民充分反映和表达自己的意志、愿望和利益要求，推动党和政府以群众实践检验自己决策的正确性，及时纠正错误，避免重大失误，更好地保障人民权益，从而自觉坚守中国共产党人找到的跳出中国历史上政权兴亡周期律的新路，即通过发动人民来监督党和政府，首先是加强对一把手的监督，使之认真执行民主集中制，健全施政行为公开制度，保证领导干部不敢松懈，真正做到位高不擅权、权重不谋私，避免人亡政息。

（五）评判民主理论和实践的价值准则

中国特色社会主义民主价值观，是评判各种民主与人民主体需要满足之间的关系的价值准则。它从具有最持久、最深层力量的价值观方面，回答了我们应该肯定什么样的民主，否定什么样的民主，建设什么样的民主。从中国特色社会主义民主核心价值观看来，社会主义协商民主内含“人民民主的真谛”重大战略思想，能“找到全社会意愿和要求的最大公约数”，是我国人民民主的重要形式。它表明，社会主义民主不仅需要完整的制度程序，而且需要完整的参与实践。它表明，人民是否享有民主权

① 《马克思恩格斯文集》第2卷，人民出版社2009年版，第52页。
② 《邓小平文选》第2卷，人民出版社1994年版，第169页。
③ 《邓小平文选》第3卷，人民出版社1993年版，第139页。

利，要看人民是否在选举时有投票的权利，也要看人民在日常政治生活中是否有持续参与的权利；要看人民有没有进行民主选举的权利，也要看人民有没有进行民主决策、民主管理、民主监督的权利。它表明，民主不是装饰品，不是用来做摆设的，而是要用来解决人民要解决的问题的。社会主义协商民主，是实实在在的，而不是做样子的；是全方位的，而不是局限在某个方面的；是全国上上下下都要做的，而不是局限在某一级的。社会主义协商民主作为社会主义民主核心价值观的重要概念，其精神已渗透到国家根本政治制度和基本政治制度运行的各个环节以及基本单位政治生活中，使党的群众路线在政治领域得到有效体现和在国家治理中得到落实。在实践中，有利于指导构建和完善结构合理、系统完备、科学规范、行之有效的国家制度体系；有利于指导国家政权机关、政协组织、党派团体等，就经济社会发展重大问题和涉及群众切身利益的实际问题广泛协商、广纳群言、广集民智、汇聚民意、增进共识、凝聚民力、增强合力，提高治理社会各方面事务的能力；有助于进一步构建程序合理、环节完整的社会主义协商民主体系，确保协商民主有制可依、有规可守、有章可循、有序可遵，推进社会主义协商民主广泛、多层、制度化发展。所以它是符合中国国情和实际、符合社会主义国家性质、符合中国人民需要的民主。与此相反，西方资产阶级民主和小资产阶级极端化的民主，由其根本属性和本质特征决定，是不符合中国国情和实际、不符合社会主义国家性质、不符合中国人民需要的民主。

（六）追求共产主义最高理想的价值目标

中国特色社会主义民主核心价值观，是以实现共产主义为最高理想的价值观。民主政治作为中国特色社会主义发展的重要组成部分，其发展既不能脱离中国社会发展的整体和全局，也不能脱离中国社会发展的历史阶段。“权利决不能超出社会的经济结构以及由经济结构制约的社会的文化发展。”[①] 社会结构是具体的、历史的，作为一种具体社会结构的上层建筑的民主，也是具体的、历史的。它只能同一定的经济文化发展相适应并逐步积累、有序发展。中国目前尚处在社会主义初级阶段，社会主义民主政治制度还不够完善，甚至还存在种种弊端，它对西方民主制度的超越仅仅是初步的。但是中国特色社会主义民主价值观作为驱使人们行为的内部

① 《马克思恩格斯文集》第3卷，人民出版社2009年版，第435页。

动力，必然从社会生活各个领域支配和调节一切社会行为，促进中国特色社会主义制度不断完善和发展、国家治理体系的现代化、治理能力的提高。它必然指导我们党造成一个既有集中又有民主，既有纪律又有自由，既有统一意志又有个人心情舒畅、生动活泼那样一种政治局面，以此极大地调动基层和广大人民群众的积极性、主动性和创造性，有力地推动全面深化改革开放，促进经济建设、政治建设、文化建设、社会建设、生态文明建设顺利发展，并不断增进人民群众的收入，合理限制贫富差别，坚持共同富裕道路，促进“中国梦”即富强、民主、文明、和谐的社会主义价值目标的实现。同时，坚守中国特色社会主义民主核心价值观，内在要求我们的各项工作以共产主义为总纲，把党的最低纲领和最高纲领结合起来，遵循“从专制制度到资产阶级民主；从资产阶级民主到无产阶级民主；从无产阶级民主到没有任何民主”① 的客观规律，积极创造条件，把“无产阶级民主”推进到“没有任何民主”的阶段，即建立未来共产主义社会中的真正意义上的民主管理制度，以实现人的自由而全面发展②。

（原载《南京政治学院学报》2015 年第 1 期）

① 《列宁全集》第 31 卷，人民出版社 2017 年版，第 156 页。

② 《马克思恩格斯选集》第 1 卷，人民出版社 1995 年版，第 294 页。

关于社会主义核心价值观的几点思考

社会主义核心价值观作为社会主义中华民族精神的载体，全社会评判是非曲直的价值标准，是一种最持久、最深层的力量。为确保社会主义核心价值观在坚持中国道路、弘扬中国精神、凝聚中国力量中的重大作用，需要精准把握它的根本性质，理论精髓，推进深读的方法。本文试就有关问题做点探讨。

一　社会主义核心价值观的根本性质

社会主义核心价值观颁布于社会以后，由于“三个倡导”使用的富强民主文明和谐、自由平等公正法治、爱国敬业诚信友善等范畴内涵的丰富性，文字表达的高度概括性；由于它作为全社会评判是非曲直的价值标准，涉及内容的政治敏感性；由于倡导的12个概念在东西方的通用性等多种原因，引起了种种议论。这些议论聚焦于社会主义核心价值观的根本性质。概括起来有两大方面。一是将社会主义核心价值观混同于西方“普世价值观”。这方面的具体说法很多。比如，价值观没有社会主义和资本主义之分，不应以“中国特色”为由拒绝“普世文明”。所谓“普世文明”即“普世价值”。称“普世价值”反映了“历史前进的方向”，代表了“人类文明的主流”，“具有世界意义”。还有人说，“官方将西方普世价值中的民主、自由、平等、公正、法治等重要理念都纳入‘社会主义核心价值观’，是对中共传统意识形态的一次大胆突破”。二是认为，表达核心价值观的12个概念未能反映“社会主义”的本质特征，是文字表述上的失误，等等。

质疑社会主义核心价值观者在性质和动机上是大不相同的。有的是蓄意混淆社会主义核心价值观与西方“普世价值观”的本质区别，所发之声是西方向我国植入“思想病毒”的表现。正如有学者评论的，他们意在培养和扶持“吃共产党的饭，砸共产党的锅”的各类异己分子，制造混乱，搞乱人心；有的则是由于有关概念在东西方的通用，理论辨识难度增大，在一些学者中产生的误读；有的是一些学者出自责任心，怕在这个问题上误入西方“普世价值”的陷阱，提出的改进完善的建议。对具体对象必须具体分析，不可笼而统之，一概而论。

在价值观问题上，对国内外反社会主义势力来说，无论我们在理论上概括得怎样好，他们都会进行曲解，所以无须多费口舌同他们去辩论。我们的原则是，凡是反社会主义势力反对的我们就要拥护。本文需要讨论的是，一些同志为什么会在这个问题上产生误读。这里作出两点分析：

第一，对社会主义核心价值观的12个词作了孤立的、抽象的理解，忽略了它前面的定语：“社会主义”四个字。列宁在《论民族自觉权》一文中曾提出一个重要方法论原则：“在分析任何一个社会问题时，马克思主义理论的绝对要求，就是要把问题提到一定的历史范围之内。”① “社会主义”四个字的定语，就是从社会历史上和逻辑上把核心价值观提到了一定的历史范围之内，从根本上破除了所谓西方“普世价值”的渗透。这类似现代化建设、市场经济、和谐社会和荣辱观，前面都有“社会主义”这个定语。在讲到四个现代化时，邓小平曾强调，现在我们搞四个现代化，是搞社会主义的四个现代化，不是搞别的现代化。在讲到社会主义市场经济时，江泽民也曾明确指出，“社会主义”这四个字不是画蛇添足，而是画龙点睛。点睛就是点明社会主义性质。这里也一样，12个概念表达的是社会主义核心价值观。在社会历史范围方面，是定位在中国社会主义历史阶段（含初级的、中级的和高级的）。在逻辑方面，不要简单地孤立地认为，核心价值观是以12个概念自身为起点，而是以社会主义核心价值体系为起点的。它凝聚了社会主义核心价值体系的全部本质内容。这个问题在《关于培育和践行社会主义核心价值观的意见》中已经作了异常清楚的说明：“社会主义核心价值观是社会主义核心价值体系的内核，体现社会主义核心价值体系的根本性质和基本特征，反映社会主义核心价值体系的丰富内涵和实践要求，是社会主义核心价值体系的高度凝练和集中表达。”② 社会主义核心价值体系的基本内容，包含马克思主义

---

① 《列宁选集》第2卷，人民出版社2012年版，第375页。

② 《关于培育和践行社会主义核心价值观的意见》，人民出版社2013年版，第3页。

指导思想、中国特色社会主义共同理想、以爱国主义为核心的民族精神和以改革创新为核心的时代精神、社会主义荣辱观等。很清楚，社会主义方向和根本性质是很明确的，表明我们的价值观绝不是超阶级的价值观。在中国特色社会主义理论视野中，价值观点和政治理念不是互不相干的，而是紧密相连的。在某种程度上说，社会主义核心价值观所明确的价值目标、价值取向、价值准则，正是社会主义道路、制度模式、社会关系在国家、社会、公民三个层面的价值表达形式。价值目标是党的基本路线确定的建成社会主义现代化国家目标的价值转化。价值取向是我国社会主义社会关系的本质的价值转化。价值准则是国家的价值目标、社会的价值取向对社会成员的价值规范及在其身上的落实。中国独特的国情决定了我们坚守核心价值观和社会主义道路、制度的一体性。

第二，误读与忽略概念、范畴的具体历史性相关。任何一个理论概念、范畴都有相对稳定性。同时其内容又有具体历史性。把握理论概念、范畴，必须坚持唯物辩证法，正确了解和处理好其相对稳定性和具体历史性的关系。相同的语词、概念、范畴在不同的历史背景和思想体系下，可以表达不同的内容。如：爱国观，从秦始皇统一中国以来，所表达的就是全体中华儿女不分地域、不分民族、不分语言对祖国的一种共同情感和责任担当。到社会主义时期，全体中国人民共同的爱国观则获得了崭新的内涵，即实现了爱国主义与社会主义、国际主义的结合。又如民主，在资本主义政治制度下，本质上是资产阶级专政，在社会主义政治制度下，是工人阶级（通过共产党）领导下的人民民主专政，人民当家作主；再如自由，对工人阶级来说，在资本主义雇用奴隶制度下，是出卖劳动力的自由；在社会主义制度下，是摆脱了经济上的剥削和政治上的压迫以后，全面发展自己的自由。如此等等。沿用旧的概念来表达新的内容，这在马克思主义发展史上是很通行的。马克思《资本论》的概念体系中，真正由马克思独创的概念并不多，大多是批判地借鉴、改造、加工前人的思想成果。这种情况，我们在毛泽东的著作中也可以列出很多，如实事求是、知和行的关系，等等。

这当然不是说 12 个概念已经十分完备、不需要进一步凝练了。如有学者所说，如果能够进一步提炼一个从思想内容到文字表述都能既明确体现社会主义意识形态的本质，又为广大人民群众耳熟能详、广泛认同且没有歧义的观念的减缩本，就更为理想。事实上，像社会主义核心价值观这样重大的理论问题和政治实践问题，精准概括本来就不可能一次完成。

二 社会主义核心价值观的理论精髓

以上说了我们倡导的核心价值观与社会主义的关系，这里要说的是社会主义核心价值观与马克思主义指导思想的关系。应该说，这个问题是很清楚的，马克思主义既是社会主义核心价值观的基本内容，又是其指导思想。但是，由于在社会主义核心价值观通俗化、大众化的过程中，各个地方、单位多因地制宜，从群众的口味和需求出发开展活动，这些活动有些并非与马克思主义指导思想直接挂钩，时间一长，容易使人产生错觉，似乎社会主义核心价值观教育活动与马克思主义教育是两件不搭界的事，淡忘了马克思主义是社会主义核心价值观的指导思想，为此有必要从理论上再强调两者的关系。

习近平总书记指出，马克思主义、共产主义信仰是共产党人的命脉和灵魂。社会主义核心价值观作为社会主义核心价值体系的高度凝练和集中表达，其命脉和灵魂，或理论精髓、精神内核自然是马克思主义、共产主义信仰，只不过采取了价值观这种高度浓缩的形态。

马克思主义、共产主义信仰是一个博大精深的理论体系，包括十分丰富的内容。诸如辩证唯物主义和历史唯物主义的世界观方法论，即毛泽东用中国语言概括的“实事求是”的思想路线；党的全心全意为人民服务的根本宗旨和群众路线的根本工作路线；独立自主的“中国共产党、中华人民共和国立党立国的重要原则”；革命理想高于天；劳动伟大、劳动光荣，根本上靠劳动、靠劳动者创造，以劳动托起中国梦的强大精神力量，等等。而马克思主义基本原理与中国实际相结合，即邓小平称之为“普遍真理”的思想原则，则作为中国化马克思主义最根本的立场、观点和方法，一以贯之于以上述内容之中。十八大报告中“三个倡导”明确的 12 个范畴，作为社会主义核心价值观的核心要素，是中国化马克思主义最根本的立场、观点和方法在价值观层面的展开，是体现博大精深的马克思主义、共产主义信仰理论体系的高度浓缩的价值观念形式。马克思主义、共产主义信仰，特别是中国化马克思主义最根本的立场、观点和方法是内在于社会主义核心价值观中的根本理念、精神内核。所以诠释社会主义核心价值观，研究社会主义核心价值观是什么、为什么和做什么，都不能离开马克思主义、共产主义信仰，特别是中国化马克思主义最根本的立场、观点和方法。从另一个角度说，社会主义核心价值观的确立和践行，正是对马克思主义、共产主义信仰，特别是中国化马克思主义最根本的立场、观点和方法的科学坚持和正确运用。

三 推进社会主义核心价值观深读的方法

在黑格尔看来，方法不是外在的东西，它是概念的灵魂和内容。提出和实施社会主义核心价值观，从根本上说，意在强基固本，增强社会主义意识形态的主导地位。对社会主义核心价值观进行深读，要有强烈的主旨意识。

第一，要坚持阶级分析。习近平总书记指出：观察政治问题“必须坚持马克思主义政治立场。马克思主义政治立场，首先是阶级立场，进行阶级分析”。社会主义核心价值观深读涉及敏感的政治问题，一定要把握好政治定位，注意阶级立场，做好阶级分析。之所以必须如此，是因为从国际方面说，社会主义和资本主义两种社会形态、两条道路，无产阶级和资产阶级两大阶级的斗争一刻也没有停止过。特别是西方对中国的颠覆、分裂、西化一刻也没有间断过，价值观领域的斗争是最为首要的。从国内说，社会主义初级阶段以特殊形态存在的阶级关系和阶级矛盾，必然表现为特殊形态的阶级斗争，这种斗争有时还表现得很激烈。这些都会在意识形态领域表现出来，反映到价值观的斗争上。面对这种现实，如果不坚持马克思主义阶级分析，就不能分清事情的界限和本质。所以培育和践行社会主义核心价值观，无论采取怎样生动活泼的形式，组织者在思想上必须清楚，增强群众的社会主义文化安全意识，提高其“三个自信”是根本，不能为娱乐而娱乐，更不能“去意识形态化”。

坚持马克思主义阶级分析，要注重明辨价值观的性质。当今世界上没有超阶级的价值观，从主要的和基本的方面说，有的只是工人阶级的价值观和资产阶级的价值观。这两种价值观的斗争激烈而复杂，一定要划清思想界限。我们要始终高扬社会主义核心价值观旗帜，充分展现它的道义力量、真理力量，并用以教育武装群众。同时要看清、揭露西方国家鼓吹的“普世价值”的阶级性、欺骗性和侵略性，坚决抵制所谓“普世价值”的渗透。

坚持马克思主义阶级分析，要批判种种错误社会思潮。如除上述说的西方“普世价值”论外，还有新自由主义、民主社会主义、历史虚无主义、西方新闻价值观、公民社会论，质疑改革开放和中国特色社会主义等错误思潮。这些思潮包含着种种落后的甚至反动的价值观。通过对它们的批判，有助于净化空气，以正视听，引导人们驱恶从善。

坚持马克思主义阶级分析，要加大对工人阶级的核心价值观教育。习近平在庆祝“五一”国际劳动节大会上的讲话中指出，“我国工人阶级是我们党最坚实最可靠的阶级基础。我国工人阶级从来都具有走在前列、勇挑重担的光荣传统，我国工人运动从来都同党的中心任务紧密联系在一起。在当代中国，工人阶级和广大劳动群众始终是推动我国经济社会发展、维护社会安定团结的根本力量”①。以往我们重视对青年特别是大学生进行社会主义核心价值观教育，这是很必要的，以后也还要继续抓紧。但是要扭转以往在社会主义核心价值观教育方面对工人阶级武装不力的状况。从理论和实践的结合上加强对工人的宣传和教育，使工人阶级真正成为培养和践行社会主义核心价值观的主体力量，并通过他们去引导、推动广大劳动群众践行社会主义核心价值观。

第二，总体解读和要素阐释相互支撑，互为推进。党的十八大倡导的3个层面、12个词的社会主义核心价值观，是一个整体。对它作深度挖掘，既要从整体上做综合的创新性研究，弄清3个层面、12个词之间的内在联系，把握贯穿于其中的根本观念和精神内核，它同共产党人理想、信念、主义、道路、制度之间的关系。又要对每一个层面、每一个概念作出科学阐释，弄清蕴含于其中的马克思主义真谛，使整体要义和微观真谛紧密结合，相互辉映，互为推进，更好地起到凝魂聚气、强基固本的作用。

第三，废除学究式的孤立研究方法。马克思说：“哲学家们只是用不同的方式解释世界，而问题在于改变世界。”② 社会主义核心价值观属于社会主义精神文化的内核，它理应发挥促进社会经济政治发展的作用。深化社会主义核心价值观解读，要废除学究式的孤立研究方法，把实践的观点提到首要的基本的地位，坚持理论与实际相结合的思想原则，把解读和践行统一起来。具体来说，要从抢占价值体系和价值观的制高点上，着眼

① 习近平：《在庆祝“五一”国际劳动节暨表彰全国劳动模范和先进工作者大会上的讲话》，人民出版社2015年版，第10—11页。

② 《马克思恩格斯选集》第1卷，人民出版社2012年版，第140页。

于党中央提出并形成的“四个全面”战略布局，通过教育引导、理论宣传、文化熏陶、实践养成、制度保障等途径，把社会主义核心价值观贯穿到国民教育、精神文明建设、党的建设之中，融入经济社会发展实践之中，渗透到人们日常生产生活之中。真正使社会主义核心价值观内化为国家、社会、个人的追求，外化为全体中华儿女落实“四个全面”战略布局的自觉行动，转化为坚持和发展中国特色社会主义的巨大物质力量和精神力量。

（原载《思想理论教育导刊》2015 年第 8 期）

深刻理解社会主义核心价值观的性质和灵魂

社会主义核心价值观是中华民族精神的载体，是全社会评判是非曲直的价值标准，对于坚持中国道路、弘扬中国精神、凝聚中国力量具有重大意义和作用。自觉培育和践行社会主义核心价值观，需要紧密联系坚持和发展中国特色社会主义实际，不断深化对社会主义核心价值观性质和灵魂的解读。

社会主义核心价值观姓“社”、姓“马”，这本是题中应有之义。但是，由于“三个倡导”12 个概念之范畴内涵的丰富性、文字表达的高度概括性、涉及内容的敏感性、多个概念在东西方的通用性等多种原因，也产生了一些议论。这些议论聚焦于社会主义核心价值观的根本性质，概括起来有两大方面：一是将社会主义核心价值观混同于西方“普世价值观”，认为价值观没有社会主义和资本主义之分。二是认为表达核心价值观的 12 个概念未能反映“社会主义”的本质特征。

对社会主义核心价值观有所议论者在性质和动机上是大不相同的，大致有几种情况：有的是蓄意混淆社会主义核心价值观与西方“普世价值观”的本质区别，所发之声是西方向我国植入“思想病毒”的表现；有的是由于有关概念理论辨识难度增大，以致产生误读；还有的是出自责任心，担心误入西方“普世价值”陷阱，从而提出的改进建议。对此，要具体对象具体分析，不可笼而统之。

对社会主义核心价值观产生误读的两大原因

第一，孤立地、抽象地理解 12 个词，忽略了“社会主义”这一定语。

列宁曾提出一个重要方法论原则：“在分析任何一个社会问题时，马克思主义理论的绝对要求，就是要把问题提到一定的历史范围之内。”① 12 个词前面的“社会主义”这一定语，从社会历史上和逻辑上把核心价值观限定在一定的历史范围之内。“社会主义”四个字，点明了我们核心价值观的社会主义性质，从根本上破除了所谓的西方普世价值的渗透。也就是说，从社会历史范围上看，这 12 个概念是定位于中国社会主义历史阶段（含初级的、中级的和高级的）。由在这个历史阶段中我国社会形态的性质、社会经济发展水平和中华民族的文化传统与现实决定，社会主义核心价值观的实际内容是中国特色社会主义的；从逻辑方面说，不能认为核心价值观的内涵仅仅源自这 12 个概念本身。社会主义核心价值观作为社会主义核心价值体系的高度凝练和集中表达，凝聚了社会主义核心价值体系的全部本质内容。《关于培育和践行社会主义核心价值观的意见》已经对此作出说明：“社会主义核心价值观是社会主义核心价值体系的内核，体现社会主义核心价值体系的根本性质和基本特征，反映社会主义核心价值体系的丰富内涵和实践要求，是社会主义核心价值体系的高度凝练和集中表达。”②

关于社会主义核心价值体系的基本内容，《中共中央关于构建社会主义和谐社会若干重大问题的决定》指出：“马克思主义指导思想，中国特色社会主义共同理想，以爱国主义为核心的民族精神和以改革创新为核心的时代精神，社会主义荣辱观，构成社会主义核心价值体系的基本内容。”③

这里，作为指导思想的马克思主义，是社会主义核心价值体系的灵魂，决定社会主义核心价值体系的性质和方向；作为社会理想的中国特色社会主义，是当代中国社会各个阶层、各个利益群体认同和接受的共同理想，是社会主义核心价值体系的主题；作为精神动力的、以爱国主义为核心的中华民族精神和以改革创新为核心的时代精神，是维系当代中国各族人民的精神纽带，是社会主义核心价值体系的精髓；作为社会主义思想道德体系通俗表达的“八荣八耻”荣辱观，是社会主义核心价值体系的基础。这些集中体现了当代中国最重要最基本的价值关系，体现了社会主义

---

① 《列宁选集》第 2 卷，人民出版社 2012 年版，第 375 页。

② 《关于培育和践行社会主义核心价值观的意见》，人民出版社 2013 年版，第 3 页。

③ 《中共中央关于构建社会主义和谐社会若干重大问题的决定》，人民出版社 2006 年版，第 22 页。

意识形态的本质。社会主义核心价值观的根本规定性很明确，它绝不是超阶级的价值观。

进一步说，中国特色社会主义的价值观点和政治理念这两者绝非互不相干，而是紧密相连的。社会主义核心价值观所明确的价值目标、价值取向、价值准则，正是社会主义道路、制度模式、社会关系在国家、社会、公民三个层面的价值表达形式。价值目标是党的基本路线确定的“建成社会主义现代化国家”这一目标的价值表现；价值取向是对我国要建成什么样的社会关系的价值表达；价值准则是国家的价值目标、社会的价值取向对社会成员的价值规范及落实，从价值层面上表明我们要培养什么样的公民。在这里，坚守社会主义核心价值观和坚持社会主义道路、制度是一体的。

第二，对社会主义核心价值观的误读，与忽略概念、范畴的具体历史性相关。

任何一个理论概念、范畴都有相对稳定性；同时，其内容又有具体历史性。把握理论概念、范畴，必须坚持唯物辩证法，正确了解和处理好其相对稳定性和具体历史性之间的关系，从而明确相同的语词、概念、范畴在不同历史背景和思想体系下所表达的不同含义。

例如，爱国。这一词语历来表达的就是全体中华儿女对祖国的共同情感和责任担当。到了社会主义时期，爱国又获得了新的内涵，即实现了爱国主义与社会主义、国际主义的结合。又如，民主。在资本主义政治制度下，民主的本质是资产阶级专政；在社会主义政治制度下，则是工人阶级（通过共产党）领导下的人民民主专政，即人民当家作主。再如，自由。对工人阶级来说，在资本主义雇佣奴隶制度下，自由是出卖劳动力的自由；在社会主义制度下，自由是摆脱了经济上的剥削和政治上的压迫以后，全面发展自己的自由。如此等等。

沿用旧的概念来表达新的内容，这在马克思主义发展史上颇为通行。在《资本论》的概念体系中，真正由马克思独创的概念并不多，大多是批判地借鉴、改造、加工前人的思想成果而来的。这种情况，我们在毛泽东著作所用的概念中也可以列出很多，如实事求是、知行关系等。

社会主义核心价值观与马克思主义指导思想的关系，与上面讲的实际上是同一问题的不同侧面。列宁曾经指出：“科学社会主义学说，也就是马克思主义。”① “社会主义学说，即马克思主义的学说。”很清楚，马克思主义既是社会主义核心价值观的基本内容，又是其指导思想和灵魂，有必要从理论上强调两者之间的关系。

如何理解马克思主义是社会主义核心价值观的灵魂

习近平总书记说：“马克思主义和共产主义信仰是共产党人的命脉和灵魂。”② 中国共产党人是社会主义核心价值观的发现者和倡导者。作为我国的执政党，中国共产党提出和倡导社会主义核心价值观是在一定的思想指导下进行的。这种指导思想，就是作为其命脉和灵魂的马克思主义、共产主义。因此，马克思主义、共产主义信仰也必然是社会主义核心价值观的命脉和灵魂，决定社会主义核心价值观的根本性质、基本内容、功能作用和发展趋势。

马克思主义、共产主义信仰是一个博大精深的理论体系。对于中国来说，最根本的是马克思主义基本原理与中国实际相结合，即邓小平同志称之为“普遍真理”的思想原则，也就是马克思主义中国化的最根本的立场、观点和方法。“三个倡导”所明确的12个范畴，就是马克思主义中国化的根本理论立场、基本观点和方法的价值观表达形式，马克思主义、共产主义理论信仰作为其根本理念、精神内核贯穿始终。习近平总书记指出：“把我国56个民族、13亿多人紧紧凝聚在一起的，是我们共同经历的非凡奋斗，是我们共同创造的美好家园，是我们共同培育的民族精神，而贯穿其中的、更重要的是我们共同坚守的理想信念。”③ 如富强，这自然是生产力高度发展的结果，但更包含坚持社会主义公有制为主体、共同富裕原则，还包含共产主义社会的物质财富极大丰富；民主，本来就是共产党人矢志不渝追求的目标；平等意味着消灭阶级；自由联系着“自由人联合体”，让每个人得到自由而全面的发展。民主、自由、平等，在我国社会发展的现阶段，就是人民当家作主。如此等等。

我们称社会主义核心价值观是反映全国各族人民共同认同的“最大公约数”，根本原因在于对社会主义的认同，因为这是各族人民的根本利

---

① 《列宁专题文集·论马克思主义》，人民出版社2009年版，第303页。

② 《十八大以来重要文献选编》（上），中央文献出版社2014年版，第469页。

③ 《习近平谈治国理政》第1卷，外文出版社2018年版，第39页。

益所在。马克思和恩格斯指出："过去的一切运动都是少数人的，或者为少数人谋利益的运动。无产阶级的运动是绝大多数人的，为绝大多数人谋利益的独立的运动。"① "为绝大多数人谋利益"就是马克思和恩格斯对无产阶级人生观、价值观的集中概括，这在社会主义核心价值观中得到了最充分的体现。因此，研究社会主义核心价值观是什么、为什么和做什么，诠释社会主义核心价值观，都不能离开马克思主义、共产主义信仰，特别是马克思主义中国化的最根本的立场、观点和方法。社会主义核心价值观的培育和践行，正是对马克思主义、共产主义信仰，特别是对马克思主义中国化最根本的立场、观点和方法的科学坚持、创新发展和正确运用。

有人说，对于社会主义核心价值观，在国家和个人层面还比较容易理解，但在社会层面，感觉与资本主义国家的价值观不好区别。笔者认为，之所以会产生这一疑问，主要有两点原因：

一是出自上面讲到的原因，即离开社会主义核心价值观的整体及其内在联系，对社会层面的价值要求做了孤立的研究，在对号入座时，找不到"座位"，便产生了疑惑。应该说，这在思想方法上是不符合马克思主义整体性要求的。列宁曾说："马克思主义的全部精神，它的整个体系，要求人们对每一个原理都要（α）历史地，（β）都要同其他原理联系起来，（γ）都要同具体的历史经验联系起来加以考察。"② 如果我们不是孤立地，而是把三个层面的价值观范畴同它的定语、同反映它实质的三个重大政治问题，即我们要建设什么样的国家、建设什么样的社会、培育什么样的公民联系起来，就不会产生这种疑问。

二是对概念的理解停于表面，不能正确把握以直接论断为表达形式的真理。一般说来，真理的普遍性越大，概括程度越高，在形式上就越是简单抽象，就越是具有难以直接从字面上解读出来的内涵。这样，在以简单的话语形式表达普遍性真理时，就潜存着一种危险——被简单化理解乃至被曲解。

以上所言，当然不是说这 12 个概念已经十分完备、不需要进一步凝练了。事实上，像社会主义核心价值观这样重大的理论和政治实践问题，

---

① 《马克思恩格斯选集》第 1 卷，人民出版社 2012 年版，第 411 页。

② 《列宁全集》第 47 卷，人民出版社 2017 年版，第 445 页。

精准概括本来就不可能一次完成，需要党和人民持续不断地努力，广大理论工作者更要肩负起责任。

（原载《光明日报》2015 年 9 月 10 日第 16 版）

正确认识和处理社会主义时期一定范围的阶级斗争

社会主义时期，阶级斗争在一定范围存在。能否正确看待和处理这种阶级斗争，“关乎党的命运，关乎国家前途、民族命运、人民幸福”。要正确看待和处理这种阶级斗争，就要像习近平总书记所说的：“必须坚持马克思主义政治立场。马克思主义政治立场，首先是阶级立场，进行阶级分析。”[①] 习近平总书记的论断，重申了我们党的一贯立场，特别是我们党针对改革开放以来的新实际，一直明确的立场。此前，邓小平同志有多次相关论述。2000 年 6 月，根据邓小平的有关论述和党的十一届六中全会的结论，江泽民同志也说过：“我们纠正过去一度发生的‘以阶级斗争为纲’的错误是完全正确的，但这不等于阶级斗争已不存在了。只要阶级斗争还在一定范围内存在，我们就不能丢弃马克思主义的阶级和阶级分析的观点和方法。这种观点和方法始终是我们观察社会主义同各种敌对势力斗争的复杂政治现象的一把钥匙。”[②] 这些论断包含了马克思主义的基本理论，包含了我们党对社会主义时期特别是社会主义初级阶段，阶级斗争这个难度很大的问题研究的崭新成果，也包含了国际共产主义运动中的经验教训，有重大的理论意义和深远的实践指导意义。正确认识和处理社会主义时期一定范围的阶级斗争，就必须坚持马克思主义的阶级分析观点和方法。为此，需要弄清以下几个基本问题。

---

① 转引自周新城《一部具有划时代意义的文献——读毛泽东〈关于正确处理人民内部矛盾的问题〉》，《中华魂》2018 年第 9 期。

② 《江泽民文选》第 3 卷，人民出版社 2006 年版，第 83 页。

一 阶级斗争理论是马克思主义的基本理论之一

马克思主义的阶级斗争理论是人类历史进入文明时代以后，从几个社会形态的社会基本矛盾运动中抽象出来的结论，对于科学地认识社会历史与现实具有极为重要的指导意义。此前，人们对自己生存和活动的社会，滞于社会表象的认识，苦于在黑暗中摸索。此后，才发现社会规律性，有可能按历史科学前行。正如列宁所指出的："马克思主义提供了一条指导性的线索，使我们能在这种看来扑朔迷离、一团混乱的状态中发现规律性。这条线索就是阶级斗争的理论。"① 人类几千年的文明史，从社会发展的直接动力来说，就是阶级斗争的历史。离开了阶级斗争理论，就无法理解阶级社会的本质和发展动力。这是存在于社会历史发展中的客观事实。尽管人们认识这个事实花去了很长时间，但毕竟客观事实本身是顽强的，正是因为这样，到资本主义上升时期，资产阶级历史学家和经济学家在马克思以前就发现了阶级斗争，并在一定程度上叙述过阶级斗争的历史发展及其根源。如：法国复辟时期的一批历史学家，如梯叶里、基佐、米涅等人在自己的著作中，从资产阶级立场出发，提出法国社会存在着阶级对立和阶级斗争。认为阶级斗争是了解中世纪以来法国历史发展的关键，是政治事变的发条，是理解资产阶级革命的钥匙；各阶级生存条件的不同，是社会上各阶级斗争的基础，阶级斗争是社会发展的力量。资产阶级经济学家，如法国的重农主义者魁奈和杜尔哥以及英国古典经济学家亚当·斯密和大卫·李嘉图等人，对各阶级的存在作过经济分析。如魁奈就曾经把社会阶级分为土地所有者阶级、生产者阶级（即从事农业生产的所有人员）、不生产者阶级（即从事工商业活动的所有人员）。这在一定程度上反映了资本主义社会中雇佣工人和资本家两大阶级的情况，初步明确了划分阶级的经济基础和标准。亚当·斯密和大卫·李嘉图在阶级划分问题上较前人更有大的进步。而这种分析，在一定程度上研究了资本主义生产关系的内在联系及相应的阶级对立关系。

马克思肯定了这些资产阶级学者发现资产阶级社会中阶级存在及其彼此之间斗争的功劳，肯定他们揭示了历史斗争和历史发展过程的根源，同时指出了资产阶级学者阶级斗争学说的局限性。即：阶级斗争学说的理论

① 《列宁专题文集·论马克思主义》，人民出版社 2009 年版，第 15 页。

基础是历史唯心主义的，集中表现为从人的本性、人的情感、思想及道德、精神上去解释财产关系的来源；只承认资产阶级反对封建主义的斗争，否认当时列入“第三等级”的各个社会集团利益上的对立，竭力证明资产阶级起着第三等级中一切成分的代表者的作用，而视无产阶级反对资产阶级的斗争为“社会的灾难”；因此资产阶级学者并没有创立起科学的阶级斗争学说。马克思恩格斯创立的科学的阶级斗争学说，作出的新的贡献是：“（1）阶级的存在仅仅同生产发展的一定历史阶段相联系；（2）阶级斗争必然导致无产阶级专政；（3）这个专政不过是达到消灭一切阶级和进入无阶级社会的过渡……”[①] 这种新的贡献完全奠立在历史唯物主义基础之上。它从历史发展规律性的高度，把阶级斗争与及其发展的必然趋势——无产阶级专政紧密联系起来，表明“只有承认阶级斗争、同时也承认无产阶级专政的人，才是马克思主义者”[②]。这样，不仅把马克思主义阶级斗争（包括无产阶级专政理论在内的）学说与平庸的小资产阶级者（以及大资产者）之间最深刻的区别，划分得一清二楚，而且提出了检验是否真正理解和承认马克思主义的试金石。阶级斗争理论理所当然地成为马克思主义基本理论之一。

二 社会主义时期的阶级斗争问题

人类社会进入社会主义时期以后，是否还存在阶级和阶级斗争？进而整个社会主义时期是否始终存在阶级和阶级斗争？这是社会主义发展中面临的重大理论和实践问题，对这个问题的正确认识和回答，关系着社会主义的前途命运和生死存亡，关系着中国特色社会主义政治道路能否顺利前行。然而这又是一个难度很大的问题，它涉及对社会主义生产方式的本质、整个社会结构、不同发展阶段的特点及贯穿于其中的客观规律的科学认识、对社会主义国家生存的国际环境的科学认识。正是这样，在国际共产主义运动的发展中，人们对这个问题进行了长期的理论和实践的双重探索，取得了重要成果，又留下多条经验和待继续探讨的问题。马克思恩格斯对未来社会进入到什么具体发展阶段才消灭阶级和阶级斗争，只做了一般的预示，没有作具体阐明。列宁在《无产阶级革命和叛徒考茨基》中

① 《马克思恩格斯选集》第4卷，人民出版社2012年版，第426页。

② 《列宁专题文集·论马克思主义》，人民出版社2009年版，第206页。

说："从资本主义过渡到共产主义是一整个历史时代。"① 只要这个时代没有结束，就存在阶级和阶级斗争。但没有讲生产资料社会主义改造完成以后还存不存在阶级斗争。对列宁讲的"整个历史时代"也有不同的解读。斯大林领导苏联社会主义建设时期，明确断定社会主义条件下，人们在政治上、道义上完全一致，没有矛盾冲突和阶级斗争，但是后来实际上存在着的阶级斗争的发展却导致了苏联的演变。这表明阶级斗争作为一种客观存在，必定会按其运动规律发生作用，并不以人们是否承认、是否揭明它为转移；毛泽东同志肯定社会主义时期存在阶级斗争，提出了正确区分两类不同性质的矛盾学说和正确处理人民内部矛盾的学说，这是他在这方面作出的重大理论贡献，但是他对阶级斗争形势的估量有误，曾提出和坚持"以阶级斗争为纲"的口号，以致出现阶级斗争扩大化的错误，留给我们深刻的历史教训。

进入改革开放新时期，邓小平在总结正反历史经验的基础上指出："社会主义社会中的阶级斗争是一个客观存在，不应该缩小，也不应该夸大。实践证明，无论缩小或者夸大，两者都要犯严重的错误。"② 以此为基础，党的十一届六中全会对社会主义社会中的阶级斗争作出决定："在剥削阶级作为阶级消灭以后，阶级斗争已经不是主要矛盾。由于国内的因素和国际的影响，阶级斗争还将在一定范围内长期存在，在某种条件下还有可能激化。既要反对把阶级斗争扩大化的观点，又要反对认为阶级斗争已经熄灭的观点。"③ 应该说，这是在总结上述国际国内正反两方面经验教训基础上得出的科学结论，也是我们党对客观存在的社会主义社会中的阶级斗争及其特点进行理论和实践探索得到的突破性成果。这个结论的重大意义在于，它确认了进入社会主义时期，阶级消灭以后阶级斗争不是主要矛盾的客观事实，同时确认了"阶级斗争还将在一定范围内长期存在，在某种条件下还有可能激化"的客观事实。此后这个结论被写入了中国共产党的党章。我国宪法也载明："在我国，剥削阶级作为阶级已经消灭，但是阶级斗争还将在一定范围内长期存在。"④ 这个结论所肯定的两

---

① 《列宁选集》第3卷，人民出版社2012年版，第612页。

② 《邓小平文选》第2卷，人民出版社1994年版，第182页。

③ 《三中全会以来重要文献选编》（下），人民出版社1982年版，第841页。

④ 《中华人民共和国宪法》，人民出版社2018年版，第5页。

方面的客观事实，表明社会主义历史时期的阶级斗争不同于过去历史上的阶级对阶级的斗争，“但仍然是一种特殊形式的阶级斗争，或者说是历史上的阶级斗争在社会主义条件下的特殊形式的遗留”①。对这种特殊形式的阶级斗争的全面正确认识，包括许多理论上和实践上复杂和困难的问题，它究竟具有哪些新的特点，这些特点随着社会主义社会发展的历史进程特别是生产方式内部的矛盾运动所引起社会结构的变动，将会出现怎样的变化，需要深入地展开研究。

经过改革开放30多年的观察和研究，人们日益清楚地认识到，在我国社会发展的现阶段，一定范围内存在的阶级斗争，在社会主义改革中集中表现为坚持四项基本原则与资产阶级自由化的斗争。斗争的重点围绕党的领导和中国特色社会主义制度展开。斗争的实质是坚持还是反对社会主义道路。按邓小平的概括，就是两种改革观的根本对立：“某些人所谓的改革，应该换个名字，叫作自由化，即资本主义化。他们‘改革’的中心是资本主义化。我们讲的改革与他们不同，这个问题还要继续争论的。”② 这里说的“一定范围内”，从近几十年的观察，不是简单地仅仅就领域，而主要是从阶级斗争已不是主要矛盾来说的。就领域说，“一定范围”包括多个领域。在经济领域，表现为是坚持还是反对社会主义基本经济制度，焦点是坚持公有制的主体地位，还是要彻底私有化。在这方面，本来我国宪法讲得很清楚，中华人民共和国是工人阶级领导的、以工农联盟为基础的人民民主专政的社会主义国家。宪法第六条规定：“社会主义经济制度的基础是生产资料的社会主义公有制，即全民所有制和劳动群众集体所有制。社会主义公有制消灭人剥削人的制度，实行各尽所能、按劳分配的原则。国家在社会主义初级阶段，坚持公有制为主体、多种所有制经济共同发展的基本经济制度，坚持按劳分配为主体、多种分配方式并存的分配制度。”③ 第七条规定：“国有经济，即社会主义全民所有制经济，是国民经济中的主导力量。国家保障国有经济的巩固和发展。”④ 应该说，宪法对我国经济制度的这些规定是非常明确的。依法治国、依宪治国，要求我们的一切经济工作以及经济改革的措施，包括发展混合所有制

① 《邓小平文选》第2卷，人民出版社1994年版，第169页。

② 《邓小平文选》第3卷，人民出版社1993年版，第297页。

③ 《中华人民共和国宪法》，人民出版社2018年版，第10—11页。

④ 《中华人民共和国宪法》，人民出版社2018年版，第11页。

经济，都要全面地完整地按照宪法原则办事。但是主张彻底私有化的势力却集中攻击我国宪法的第六条、第七条规定，反对公有制为主体、国有经济为主导，主张彻底私有化，消灭公有制经济，企图改变我国社会主义经济基础。在政治领域，表现为是坚持还是反对社会主义根本的和基本的政治制度，焦点是坚持人民民主专政的国家制度和人民代表大会政治制度，还是要搞西方宪政民主。在思想文化领域，表现为是坚持还是反对马克思主义指导地位，焦点是坚持马克思列宁主义、毛泽东思想和中国特色社会主义理论体系的指导，还是坚持以新自由主义、民主社会主义、历史虚无主义和儒化当代中国的错误思潮的指导。这些错误思潮的实质，是要用错误的唯心史观瓦解我们立党立国的思想理论基础，最终颠覆我国社会主义政权。当前，这种斗争在多种媒体特别是网络上持续激烈地进行着。境外敌对势力利用对互联网的控制权插手很深，网上反社会主义意识形态的传播组织化；一些大 V 利用政府的微博问政，制造舆论，设置议题，企图引导政府决策跟他们走。网上意识形态的斗争使主流意识形态遭遇巨大压力，主流意识形态的阵地受到严重威胁。改革开放以来上述几方面的斗争不仅一直没有停止过，而且有时显得特别激烈。理论和实践的探索告诉我们，我国一定范围内存在的阶级斗争，不是一时的、个别的、偶然的现象，而是仍然有其深刻根源。

马克思主义历来认为：一个社会所包含的生产资料所有制关系的内部结构，是形成这个社会基本社会结构的依据。一定历史类型的生产关系总要体现为一定的阶级关系，或者社会集团的关系。马克思要求我们用客观态度去分析资本主义社会中各阶级所处的地位，并且同对整个社会阶级的发展条件的分析结合起来。这给我们认识现阶段的阶级关系提供了科学方法论的指导。

在我国社会发展的现阶段，一定范围内存在的阶级斗争存在着经济根源，这就是，社会主义初级阶段的生产资料所有制关系的内部结构。我国虽然进入了社会主义，但还是“不够格”、发展不成熟的社会主义。与社会生产力的发展状况相适应，我国将长期存在私有制经济，加上国际的因素，一定范围内存在阶级和阶级斗争就不可避免。这种私有制经济存在和发展的条件同旧社会不同。就其作用说，在我国社会发展的现阶段也有一定积极意义，所以还要鼓励其发展。但是就其本质说，它是非社会主义的。如果对它缺乏引导、驾驭，或引导、驾驭不力不当，或者它不接受党和国家的引导、驾驭，加上国际因素的影响，一定范围内存在的阶级斗争就不可避免。正是基于这种客观事实。习近平总书记和江泽民同志作出了关于社会主义社会阶级斗争的论断；也是基于这种客观事实，邓小平在讲到怎样搞社会主义的问题时早就说过："作为制度来说，没有社会主义这个前提，改革开放就会走向资本主义，比如说两极分化。"① 并且反复强调："在四个坚持中，坚持人民民主专政这一条不低于其他三条。"② 强调不坚持人民民主专政就不能实现共产党的领导。

三 必须坚持马克思主义的阶级分析

近些年来，由于新自由主义、民主社会主义、历史虚无主义、"普世价值"、西方宪政民主等错误思潮的渗透，社会主义公有制受到严重削弱，社会主义意识形态领域和政治领域受到攻击。有的提出尖锐的政治口号表达自己的政治诉求，有的则以学术面貌出现忽悠群众。值得思考的是，面对客观存在的一定范围的阶级、阶级矛盾、阶级斗争，我们部分共产党员，包括有些领导干部却头脑昏昏，是非不分，甚至自觉不自觉地作出某种呼应，或者公开坚持资产阶级自由化观点。在意识形态部门中，无疑有大批坚定的马克思主义理论工作者，发挥着中流砥柱作用，但是也有少数人员缺乏马克思主义基本理论素养，对错误思潮、错误观点见怪不怪，甚至同情，而对坚持马克思主义立场、抵制错误思潮的学者却看不惯，认为给他们的单位、和谐气氛惹了麻烦。邓小平同志早指出过："自由化的思潮……不仅社会上有，我们共产党内也有。"③ 这值得认真对待。

造成上述状况的原因有多方面，但有一点很明显，就是一个时期以来，人们忌讳讲马克思主义政治立场，特别是阶级观点和阶级分析，结果使一些干部和群众，有的失去了政治安全、国家安全意识，政治头脑糊涂，成了庸庸碌碌的事务主义者；有的失去了观察社会主义同各种敌对势力斗争的复杂政治现象的钥匙，不能从纷繁复杂的各种社会关系中把握每个阶级以至一个阶级内部各个集团或阶层所处地位及其政治态度。列宁早

---

① 中央文献研究室：《邓小平年谱 1975—1997》（下卷），中央文献出版社 2004 年版，第 1317 页。

② 中央文献研究室：《邓小平年谱 1975—1997》（下卷），中央文献出版社 2004 年版，第 1324 页。

③ 《邓小平文选》第 3 卷，人民出版社 1993 年版，第 124 页。

告诫我们："马克思主义者不应该离开分析阶级关系的正确立场。"[①] 事实教育我们，离开了分析阶级关系的正确立场，就不能保持政治上的清醒，不能不犯糊涂。

面对这种问题，也许有人会指责说，重申阶级分析，是不是会挑起阶级矛盾和阶级冲突。实际上，如前所说，在阶级社会和有阶级存在的社会里，在我国社会发展的现阶段，阶级斗争是一种客观存在，只是正视还是不正视的问题。只要阶级斗争客观存在，就"没有一个活着的人能够不站到这个或那个阶级方面来"[②]。真正的问题只是在于，究竟是站在先进的、革命的阶级一边，还是站在落后的、反动的阶级一边。"所谓党性，要求在对事变作任何评价时都必须直率而公开地站到一定社会集团的立场上。"[③] 鲁迅先生讲得好："某一种人，一定只有这一种人的思想和眼光，不能越出他本阶级之外。说起来，好像又在提倡什么犯讳的阶级了，然而事实是如此的。"[④] 在这个问题上，西方某些政治家是看得很透的。如美国原驻苏大使马特洛克在《苏联解体亲历记》一书中指出：阶级斗争理论是列宁主义者的国家结构演进观及同西方发生冷战所依据的中心概念，没有它，冷战的理由就不复存在，一党专政的理论基础就随之消失。如果苏联领导人真的抛弃了这个观点，那么，他们是否继续称他们的思想为"马克思主义"也就无关紧要了，这已是别样的"马克思主义"，这个别样的社会则是我们大家都"可以接受的"。这里马特洛克说的西方国家都可以接受的别样的"马克思主义"和"社会主义"社会，必然是放弃了共产党领导，蜕变为资产阶级社会的东西。实际上，马克思早就告诫过无产者。马克思指出："只要取消了阶级斗争，那么无论是资产阶级或是'一切独立的人物'就'都不怕和无产者携手并进了'！但是上当的是谁呢？只能是无产者。"[⑤] 马特洛克只不过是从反面的立场把马克思的话重复了一遍。在历史上，我们党遇到过西方国家希望我们做而被我们拒斥的事。这就是1945年4月，毛泽东主席在党的七大上讲过的。他说："有人说我们党要改改名称才好，他们说我们的纲领很好，就是名称不好，'先

---

① 《列宁专题文集·论马克思主义》，人民出版社2009年版，第170页。

② 《列宁选集》第1卷，人民出版社2012年版，第135页。

③ 《列宁全集》第1卷，人民出版社2013年版，第363页。

④ 《鲁迅全集》第4卷，人民文学出版社1981年版，第2005页。

⑤ 《马克思恩格斯文集》第3卷，人民出版社2009年版，第480页。

生之志则大矣，先生之号则不可’。不但蒋委员长来电报要我们改名称，中间派也劝我们改名称，像左舜生就说过：‘你们的纲领实在好，如果你们不叫共产党，我就加入。’……很多美国人也要我们改名称，我们若是改了名称，他们就喜欢了。”① 毛泽东当时对于这种劝诱和压迫，予以坚决的抵制和明确的否定。毛泽东认为，共产主义不说不好，我们党的名称不能改，改了就把自己的形象搞坏了。因为“我们的名称，中国人民是喜欢的”②。历史证明，毛泽东同志是非常英明的。世界上一些国家的共产党在国内外资本主义势力的压力下，更名为社会党和社会民主党，随之改变党的纲领，抛弃马克思列宁主义旗帜，否定无产阶级反对资产阶级的斗争，否定共产主义奋斗目标，结果无一不蜕变成资本主义性质的政党。这种历史教训，不可不引起高度重视。

进行阶级分析的一个要点是，在判断一切代表性人物和事件时，必须善于看出它反映着哪个阶级的利益，为哪个阶级的利益服务。列宁说：在拉丁语中有“对谁有利?”这样一句话，“要是一下子看不出是哪些政治集团或社会集团、势力和人物在维护某些提议、措施等等，那总是要提出‘对谁有利?’这个问题的”③。对谁有利？这是判别一切观点、提议、措施反映哪个阶级利益，为哪个阶级利益服务的鲜明标准。

在社会主义制度下，由于阶级斗争是历史上的阶级斗争在社会主义条件下的特殊形式的遗留，与此相应，进行阶级分析也不能生搬硬套，而要认真研究，具体分析，把握好特点。这里重要的是，在对敌视社会主义的分子在政治上、经济上、思想文化上、社会生活上进行的各种破坏活动，保持高度警惕和进行有效斗争的同时，要正确认识我国社会内部大量存在的不属于阶级斗争范围的各种社会矛盾，要采取不同于阶级斗争的方法来正确地加以解决。具体到今天推进全面深化改革，一是不要回避阶级分析。因为任何改革都是具体的。改什么，不改什么，怎么改，向哪个方向改，事实上都有一个对谁有利，对谁有害的问题。制定深化改革的指导思想，确定、执行深化改革的路线方针政策，不站在某个立场上是不可能的。明确提出阶级分析，可以防止党和国家的工作人员见物不见人，只顾

---

① 《毛泽东文集》第3卷，人民出版社1996年版，第324页。

② 《毛泽东文集》第3卷，人民出版社1996年版，第325页。

③ 《列宁全集》第23卷，人民出版社2017年版，第61页。

操作技术性的问题，不顾坚持社会主义方向、不顾为谁服务的本质问题。特别是在坚持中国特色政治道路、坚持政治体制改革方面更是如此。恐怕很少有人否认，政治道路、政治体制改革本身就具有很强的政治性、阶级性。二是必须坚定地站在人民立场上。如习近平总书记所说："推进任何一项重大改革，都要站在人民立场上把握和处理好涉及改革的重大问题，都要从人民利益出发谋划改革思路、制定改革举措。"① 站在人民立场上的标准是什么？我以为这与判断改革得失成败的"三个有利于"标准是统一的。即"要有利于巩固社会主义制度，有利于巩固党的领导，有利于在党的领导和社会主义制度下发展生产力"②。对有利于"三个有利于"的言行都要加以支持，对不利于"三个有利于"的言行都要加以反对。这是由中国共产党的根本性质和根本宗旨决定的。当然，这里不用说，创造性运用马克思主义阶级立场、阶级分析方法于当今中国，坚持党性和人民性、站在党的立场上和站在人民的立场上，即站在党性和党的"五个基本"的立场上是完全统一和高度一致的。

［原载《南京师大学报》（社会科学版）2016 年第 1 期］

① 习近平：《切实把思想统一到党的十八届三中全会精神上来》，《人民日报》2014 年 1 月 1 日第 2 版。

② 《邓小平文选》第 3 卷，人民出版社 1993 年版，第 241 页。

创新科学理论和伟大实践的光辉指南

——学习习近平总书记在哲学社会科学工作座谈会上讲话

习近平总书记在哲学社会科学工作座谈会上的讲话是一个纲领性文献，对于全面繁荣发展中国特色哲学社会科学具有根本性的理论指导和实践指南意义。本文谈四点初学体会。

一　旗帜鲜明，坚持根本标志

习近平总书记在讲话中，从近代以来我国发展历程赋予的规定性和必然性的高度清楚地说明："坚持以马克思主义为指导，是当代中国哲学社会科学区别于其他哲学社会科学的根本标志。"① 他要求我们旗帜鲜明地加以坚持。这是习近平总书记讲话中的根本观点。马克思主义是我们立党立国的根本指导思想。在当代中国，不坚持，或者模糊、淡化，甚至抹杀哲学社会科学这个根本标志，即"不坚持以马克思主义为指导，哲学社会科学就会失去灵魂、迷失方向，最终也不能发挥应有作用"②。所以在坚持马克思主义指导地位这一根本问题上，我们必须坚定不移，任何时候任何情况下都不能有丝毫动摇。坚持还是不坚持当代中国哲学社会科学这个根本标志的试金石，如有专家指出过的，是看马克思主义是否真正深入到哲学社会科学内部，在经济学、政治学、法学、历史学、社会学、文艺学、伦理学等学科领域中发挥指导作用，并成为其最根本的理论基础。

应该说，我国广大哲学社会科学工作者在这方面做了许多坚持工作，为此作出了重要贡献；但是也毋庸讳言，对这方面状况的估计不容太乐观、太高。正像习近平总书记提醒我们的："实际工作中，在有的领域中

---

① 习近平：《在哲学社会科学工作座谈会上的讲话》，《人民日报》2016 年 5 月 19 日第 2 版。

② 习近平：《在哲学社会科学工作座谈会上的讲话》，《人民日报》2016 年 5 月 19 日第 2 版。

马克思主义被边缘化、空泛化、标签化，在一些学科中‘失语’、教材中‘失踪’、论坛上‘失声’。这种状况必须引起我们高度重视。”① 因为对这个必须解决的问题如果解决不好，不仅中国特色哲学社会科学不可能加快构建，而且还因它同坚持和发展中国特色社会主义的大局不一致、不协调、不符合，会起相反的作用。应该说，我国高校对落实马克思主义在哲学社会科学各学科领域的指导地位，彰显当代中国哲学社会科学的根本标志，负有特别重要的责任。这是因为如习近平总书记此前所说：“高校肩负着学习研究宣传马克思主义、培养中国特色社会主义事业建设者和接班人的重大任务。”② 高校的哲学社会科学工作人员已占到全国哲学社会科学工作队伍的大多数。高校的马克思主义学院又是学习、研究和宣传马克思主义的“四大平台”之一。所以高校的中国哲学社会科学自觉坚持马克思主义的指导地位，具有特别重要的意义。

关于这个问题，中央已下发了多个文件，习近平总书记就加强党的意识形态工作也作过一系列重要指示，高校应进一步振作精神，不等待不观望不犹豫，抓紧结合习近平总书记加强党的意识形态工作的指示，结合中央已下发的有关文件，依靠广大从事哲学社会科学研究、学习的师生，深入调查研究，弄清家底，找出问题及产生的原因，提出切实可行的有效措施，将习近平总书记在哲学社会科学工作座谈会上的讲话精神具体落实到哲学社会科学的学科建设、教材建设、教学内容、队伍建设、人才培养、学术论坛、学术交流中去，以期通过一段时间的系统工作，使习近平总书记批评的实际工作中的不良状况得到根本好转。

二　分析鉴别，洋为中用

马克思主义只有批判地吸收人类思想文化的一切积极成果，包括西方资产阶级思想文化的积极成果，才能得到发展创新。习近平总书记讲得非常好：“对一切有益的知识体系和研究方法，我们都要研究借鉴，不能采取不加分析、一概排斥的态度。”③ 中华民族是一个兼容并蓄、海纳百川的民族，在漫长的历史进程中，不断学习他人的好东西，把他人的好东西

① 习近平：《在哲学社会科学工作座谈会上的讲话》，《人民日报》2016年5月19日第2版。

② 董洪亮：《习近平就高校党建工作作出重要指示　坚持立德树人思想引领加强改进高校党建工作》，《人民日报》2014年12月30日第1版。

③ 习近平：《在哲学社会科学工作座谈会上的讲话》，《人民日报》2016年5月19日第2版。

化成我们自己的东西，形成我们的民族特色。这是对中国共产党一贯坚持的原则、态度的重申和进一步阐扬。今天人类已进入信息化时代，打破封闭，坚持开放，是加快构建中国特色哲学社会科学的一个重要条件。但是，如何把握好这个条件，如何正确对待西方的思想文化理论，是一个带方向性的问题，又是一个极为复杂的问题。近几十年来我们在这方面有经验可总结，更有教训值得认真检讨。

今天如何正确对待西方的思想文化理论？总的说就是要坚持分析鉴别，洋为中用。具体要把握好四点。

一是立根固本为先。这个“根”和“本”就是马克思主义。借鉴西方资产阶级思想文化的有益成分，必先立根固本。如不久前习近平总书记所说，要处理好“真经”和“西经”的关系：“马克思主义就是我们共产党人的‘真经’，‘真经’没念好，总想着‘西天取经’，就要贻误大事！”[①]

二是独立思考，绝不跟在别人后面亦步亦趋。习近平总书记讲得清楚：对国外的理论、概念、话语、方法，要有分析、有鉴别，适用的就拿来用，不适用的就不要生搬硬套。“跟在别人后面亦步亦趋，不仅难以形成中国特色哲学社会科学，而且解决不了我国的实际问题。”[②] 跟在别人后面亦步亦趋，不仅在思想方法上是信奉“懒汉”哲学、洋教条的表现，与具有非凡创造力、创造了5000年灿烂文化的中华民族的宝贵精神品格不相容，而且会在政治上带来危险。譬如，如何评价我们的实践？如何衡量我国发展？如果我们用西方资本主义价值体系来剪裁，用西方资本主义评价体系来评估，符合西方标准就行、就好，不符合西方标准就是落后的陈旧的，就要批判、攻击，那后果只能是，要么跟在人家后面亦步亦趋，走上资本主义邪路，接受资产阶级的价值观，要么自持理亏，只有挨骂的份。

三是要从意识形态领域斗争的严峻性认识问题。当今时代，在思想舆论领域，国内外各种敌对势力，总是妄图让我们党改旗易帜、改名换姓，企图让我们丢掉对马克思主义的信仰，丢掉对社会主义、共产主义的信念。这不能不反映到西方资产阶级思想文化理论及其研究传播中。意识形

---

① 习近平：《在全国党校工作会议上的讲话》，人民出版社2016年版，第15页。

② 习近平：《在哲学社会科学工作座谈会上的讲话》，《人民日报》2016年5月19日第2版。

态领域的斗争尖锐复杂。面对这种形势，我们脑子要特别清醒、眼睛要特别明亮、立场要特别坚定，绝不能迷信盲从，奉西方理论、西方话语为金科玉律，不知不觉之中成为西方资本主义意识形态的吹鼓手。

四是要区分西方资产阶级思想理论的完整体系和个别方面。对前者，要坚决予以批判和抵制。对后者要根据中国的实际需要和具体情况，有选择性地借鉴。借鉴绝不是制造复制品，而是一个批判改造和重新制作，即比较、对照、批判、吸收、升华，服务于建设和发展中国特色社会主义文化的过程。

1983 年 11 月 16 日《人民日报》第 5 版曾转载《北京大学学报》同年第三期陈岱孙教授《现代西方经济学的研究和我国社会主义经济现代化》一文，文章深刻指出："在对待西方经济学对于我们经济现代化的作用上，我们既要认识到，这些国家的经济制度和我们的社会主义经济制度根本不同，从而，现代西方经济学作为一个整个体系，不能成为我们国家经济发展的指导理论。同时，我们又要认识到，在若干具体经济问题的分析方面，它确有可供我们参考、借鉴之处。"但是"由于制度上的根本差异，甚至在一些具体的、技术的政策问题上，我们也不能搬套西方的某些经济政策和措施。"陈老在文中特别强调"在经济学，或者可以说在整个社会科学范围里，社会经济制度是一个恒定的前提"①。这对于我们如何正确对待西方各种哲学的、经济学的、社会政治的和文学艺术的理论、思潮，都有重要启示意义。

20 世纪 80 年代，邓小平就发出警示："现在有些同志对于西方各种哲学的、经济学的、社会政治的和文学艺术的思潮，不分析、不鉴别、不批判，而是一窝蜂地盲目推崇。"②"如果我们不及时注意和采取坚定的措施加以制止，而任其自由泛滥，就会影响更多的人走上邪路，后果就可能非常严重。从长远来看，这个问题关系到我们的事业将由什么样的一代人来接班，关系到党和国家的命运和前途。"③ 针对当时的严峻形势，邓小平要求："马克思主义者应当站出来讲话。思想战线的共产党员，特别是

① 陈岱孙：《现代西方经济学的研究和我国社会主义经济现代化》，《人民日报》1983 年 11 月 16 日第 5 版。

② 《邓小平文选》第 3 卷，人民出版社 1993 年版，第 44 页。

③ 《邓小平文选》第 3 卷，人民出版社 1993 年版，第 45 页。

这方面担负领导责任的和有影响的共产党员，必须站在斗争的前列。”① 自邓小平提出这些警示已经过去几十年了，我们这一代人当倍加努力，着力解决仍未解决的问题。

三 科学扬弃，古为今用

如何对待中国的传统文化？这也是一个带方向性又极为复杂的问题。我以为在这个问题上，我们党的原则方针是明确的、一贯的。特别是党的十八大以来，习近平总书记的一系列有关重要讲话，进一步阐明了我们党一贯的原则方针。学习领会其精神，至少要把握如下几点。

（一）弄清中华文化的科学内涵

中华文化（或中华文明）是我国人民在长期实践中创造、培育和形成的。其构成包括三个部分：在5000多年文明发展中孕育的中华优秀传统文化，在党和人民伟大斗争中孕育的革命文化和社会主义先进文化。这三个部分构成一个博大精深的严谨整体，积淀着中华民族最深层的精神追求，代表着中华民族独特的精神标识，滋养着中华民族生生不息、不断发展壮大，是把我国56个民族、13亿多人民紧紧凝聚在一起的伟大民族精神力量。其中，社会主义核心价值观，以爱国主义为核心的民族精神和以改革创新为核心的时代精神集中体现了中华文化的思想精华。全党全国各族人民共同坚守的中国特色社会主义共同理想和最终实现共产主义的最高理想是其精髓所在。中国特色社会主义共同理想和最终实现共产主义的最高理想，在现阶段熔铸在实现中华民族伟大复兴的中国梦中。这就是我们的文化自信。因此，文化自信是更基本、更深沉、更持久的力量，其深刻根据就在于此。

（二）明确弘扬中华文化的意义

其一，民族自信的历史文化支撑。我们的民族是伟大的民族，在五千多年连绵不断的文明发展历程中，创造了博大精深的中华文化，为人类文明进步作出了不可磨灭的贡献；中华文化源远流长，孕育了中华民族的宝贵精神品格，培育了中国人民的崇高价值追求。自强不息（以爱国主义为主旋律）、厚德载物的思想，作为中华民族安身立命的文化基础，支撑着中华民族生生不息、薪火相传，今天依然是我们推进改革开放和社会主

---

① 《邓小平文选》第3卷，人民出版社1993年版，第46页。

义现代化建设的强大精神力量。

其二，中国特色社会主义的历史文化支撑。这里包含两个历史的必然：一是中国走适合自己特点的发展道路是历史发展的必然。社会文化发展，是社会经济发展的反映，又反过来服务和引领经济社会发展。每个国家和民族的历史传统、文化积淀、基本国情不同，其发展道路必然有着自己的特色。中国有着独特的文化传统，独特的历史命运，独特的基本国情，因此我们必然要走适合自己特点的发展道路，在现阶段就是中国特色社会主义道路。二是对中国特色社会主义的自信是扎根于历史文化发展的当代社会实践的必然。对于中华优秀传统文化的继承和弘扬，有助于发展社会主义文化软实力。中国特色社会主义正是植根于中华文化沃土之中。不仅如此，业已创造了伟大中华文明的中华民族具有非凡创造力，还一定能够继续拓展和走好适合中国国情的发展道路，在沿着中国特色社会主义道路，实现中华民族伟大复兴中国梦的过程中，创造出中华文化新的辉煌。这就是我们对中国特色社会主义自信的深厚历史渊源和广泛现实基础。

其三，推进国家治理体系和治理能力现代化的历史文化支撑。一个国家选择什么样的治理体系，是由这个国家的历史传承、文化传统特别是由当代经济社会发展水平决定的，是由这个国家的人民决定的。我国今天的国家治理体系，是在我国历史传承、文化传统、经济社会发展的基础上长期发展、渐进改进、内生性演化的结果。民族文化是一个民族区别于其他民族的独特标识，今天要推进国家治理体系和治理能力现代化，必须发挥文化的作用。其中培育和弘扬社会主义核心价值观，是有效整合社会意识，确保社会系统得以正常运转、社会秩序得以有效维护的重要条件。因为社会主义核心价值观是文化软实力的灵魂和建设的重点，也是决定文化性质和方向最深层次的要素。一个国家的文化软实力，从根本上说，取决于其核心价值观的生命力、凝聚力、感召力。历史和现实都表明，构建具有强大感召力的核心价值观，关系社会和谐稳定，关系国家长治久安。这种核心价值观在当代中国就是社会主义核心价值观。

（三）对待历史文化的正确方针

对历史文化特别是先人传承下来的道德规范，要坚持正确的方针。这就是：要以对我们树立正确的世界观、人生观、价值观有益还是无益为准则，通过科学分析，有鉴别地加以对待，有扬弃地予以继承。绝不搞厚古薄今、以古非今，努力实现传统文化的创造性转化、创新性发展。具体说就是要分辨糟粕与精华，去其糟粕，取其精华；分辨粗伪与精真，去粗取精、去伪存真。

所谓传统文化中的糟粕、粗伪，从根本上说，是适应中国两千余年来未曾变动的农业经济组织反映出来的，作为中国大家族制度表层构造的，建立在小农经济基础上的血缘关系和封建主义等级制度的封闭体系，宣扬历史唯心主义的东西。

所谓精华，就是中华优秀传统文化中能够古为今用的，并与现代社会相协调的思想精华和中华传统美德。这些思想精华和道德精髓积淀着中华民族最深层的精神追求，代表着中华民族独特的精神标识，有助于我们加强爱国主义、集体主义、社会主义教育，引导我国人民树立和坚持正确的历史观、民族观、国家观、文化观，增强做中国人的骨气和底气；有助于加强全社会的思想道德建设，坚持马克思主义道德观、坚持社会主义道德观，激发人们形成善良的道德意愿、道德情感，培育正确的道德判断和道德责任，提高道德实践能力尤其是自觉践行能力，引导人们向往和追求讲道德、尊道德、守道德的生活，形成向上的力量、向善的力量。只有吸收和改造了以往人类一切优秀文化的并立足当代社会现实的社会主义新文化才能够让 13 亿人民的每一分子都成为传播中华美德、中华文化的主体，夯实中国特色社会主义的思想道德基础。

历史性发展着的中国先进文化是中华民族最基本的文化基因和精神命脉，也是我们在世界文化激荡中站稳脚跟的根基，我们必须认真学习和研究，掌握其历史渊源、发展脉络、基本走向、独特的创造性、价值理念、鲜明特色。对于中国传统的优秀文化中维系中华民族生生不息、团结统一的优良思想、宏大抱负、壮烈情怀、国家利益至上的精神、不辱使命的责任感，我们要结合现时代的精神，结合创新实践的要求，结合人民群众精神文化生活新的需要，将其放在中国特色社会主义理论体系、话语体系下，加以深度阐发，解读出精义，在实现创造性转化、创新性发展中创造出新话语、新范畴，使中华优秀传统文化成为涵养社会主义核心价值观，繁荣社会主义先进文化的重要源泉。

四　应时代需要，设专门学科

立足于中国特色社会主义伟大实践，全面繁荣发展中国特色哲学社会科学，是习近平总书记在哲学社会科学工作座谈会上讲话的主题、出发点和落脚点，也是党和国家赋予哲学社会科学工作者的一项光荣而艰巨的任务。这项任务包括加快发展、完善乃至创新以马克思主义为指导的经济学、政治学、法学、历史学、社会学、文艺学、伦理学等学科的理论体系和话语体系等。完成这项任务需要全国的哲学社会科学工作者共同努力，做好多方面的工作。每一个哲学社会科学工作者当扫除坐而论道、述而不作之旧气，树立时不我待、从我做起之新风，少一点怨气和牢骚，真正“立时代之潮头、通古今之变化、发思想之先声”，做到有所作为。这里只想就构建中国特色社会主义学谈一点建议。

早在20世纪60年代，周恩来就提出了“政治经济学中国化”问题，包括材料在内，不能都以欧美特别是英国作为根据，而看不见中国的实际情况。不久前习近平总书记又提出要构建中国特色社会主义经济学。遵循这样的思路，我提出构建中国特色社会主义学。中国特色社会主义是科学社会主义的理论逻辑和中国社会发展的历史逻辑的统一，是科学社会主义基本原理和中国具体实际相结合的产物。中国特色社会主义学由研究对象的根本性质所决定，本质是科学社会主义，特点是更加凸显科学社会主义基本原理与中国具体实际相结合，更具有中国气派、中国风格、中国话语，是科学社会主义中国化在21世纪的继续推进。构建中国特色社会主义学的重要性主要表现在以下方面。

其一，科学社会主义基本原理需要深度挖掘、解读和教育。科学社会主义是马克思主义的核心，马克思主义哲学和政治经济学的出发点和落脚点。列宁多次指出：“科学社会主义学说，也就是马克思主义。”① 他甚至认为，马克思主义中没有社会主义部分就不成为马克思主义了。邓小平也说：“马克思主义的另一个名词就是共产主义。”② 然而，由于中国高校近几十年都不系统进行科学社会主义基本原理教育了，成长起来的年轻一代中，不少人已经不清楚什么是科学社会主义基本原理，不清楚中国特色社会主义与科学社会主义基本原理是什么关系了，以致竟有专业人员把中国特色社会主义排除在科学社会主义之外，而同民主社会主义、民族社会主义等混为一谈。这表明再不补课，马克思主义的社会主义——共产主义学

① 《列宁专题文集·论马克思主义》，人民出版社2009年版，第303页。

② 《邓小平文选》第3卷，人民出版社1993年版，第137页。

说就会被慢慢淡忘了。今天，我们要继续推进马克思主义中国化、时代化、大众化，21世纪的马克思主义，当代中国马克思主义，不能不大力强化其核心——科学社会主义基本原理教育。

其二，社会主义的伟大创新实践需要专门学科集中研究和总结。从20世纪初期十月社会主义革命成功，无产阶级和广大劳动人民就在共产党领导下，开始了社会主义建设实践的探索，“什么是社会主义，怎样建设社会主义”的高难度历史课题就摆在了执政的共产党人面前。20世纪50年代以后，在社会主义国家里，社会主义建设和改革，巩固发展社会主义（从反面说是防止向资本主义倒退），日益成为马克思主义的主题。社会主义国家在长达一个世纪里，经历了成功与失败、胜利与挫折、前进与后退、战争与和平的考验，在这些波澜壮阔的斗争中，在不同程度上探索、发现、掌握了人类历史发展规律、社会主义建设规律和共产党执政规律，为开拓未来积累了经验，这些需要有专门学科进行集中研究、消化、提升，用以丰富科学社会主义—共产主义学说，为世界工人阶级、广大劳动人民和进步人士把握社会主义发展的历史脉络、找到社会主义发展的客观规律、推动社会主义理论和实践的创新提供科学指南。

其三，坚持和发展中国特色社会主义需要专门学科集中探索。中国特色社会主义是一个伟大的历史创造，把社会主义市场经济、社会主义民主政治和社会主义先进文化统一于一体，内含社会主义物质文明、政治文明、精神文明和生态文明的全面发展，党领导的伟大事业和党的建设新的伟大工程的相互促进，既是以经济建设为中心的经济、政治、文化、社会、生态文明全面向前推进的可持续性的运动，又是促进人的全面发展的过程，实现了中国特色社会主义的道路、理论体系和社会制度的统一，它为人类对更好社会制度的探索提供了中国方案。对于这样一种客观对象，当代中国的哲学社会科学各门科学都应该进行研究，这是毫无疑义的。但中国特色社会主义的本质和规律，集中体现了人类历史发展规律、社会主义建设规律和共产党执政规律，或者说，是这三大规律在当代中国的特殊表现，要从整体上把握它的本质和发展规律，只是从某一个、几个侧面进行研究是不够的，需要设置专门学科进行整合、集中研究。党的十八大以来，坚持和发展中国特色社会主义，统筹推进“五位一体”总体布局和协调推进“四个全面”战略布局，为实现“两个一百年”奋斗目标、实现中华民族伟大复兴的中国梦，进行了具有许多历史特点的伟大斗争，提出和形成了治国理政的新思想、新观念、新战略，科学社会主义在21世纪焕发出新的生机，更加蓬勃向上。对这样的重大贡献，对以此为基础必将开拓的新境界、铸造的新辉煌，更需要中国特色社会主义学进行专门研究。“因为迈出最勇敢的前进步伐的是早就成为理论研究对象的那个领域，是主要从理论上，甚至几乎完全从理论上耕耘过的那个领域。”①

要说明的是，现在，我国高校的思想政治理论课中开设有毛泽东思想和中国特色社会主义体系概论课，但是这还只是一门课程，够不上一个学科。由于没有专门的科学社会主义学科培养教师，为数不少的高校对这门课的教学不完整，只能讲其中某一个部分。在我国学科目录中，国际共产主义运动和科学社会主义学科是有的，也早有硕士、博士学位授权点，但实际情况是除了党校，高校大都有庙无和尚，名存实亡，或者一些学者早已借船出海，改换门庭。此外，原有的学科建设思路也要适应时代发展的要求与时俱进。

（原载《马克思主义研究》2016年第9期）

---

① 《列宁选集》第4卷，人民出版社2012年版，第793页。

中国特色社会主义进入了新时代

党的十九大报告指出："经过长期努力，中国特色社会主义进入了新时代，这是我国发展新的历史方位。"① 这是一个全新的重大政治论断。它立足于党和国家事业发展全局，从历史和现实、理论和实践、国内和国际结合上，为推动党和国家事业发展打开新局面、开辟新境界树起了一块历史界标。为今天实现中华民族伟大复兴的伟大梦想，进行具有许多新的历史特点的伟大斗争，深入推进党的建设伟大工程，推进中国特色社会主义伟大事业，提供了深刻的时代依据。

时代是一个多义词，基本上是"指历史上以经济、政治、文化等状况为依据而划分的某个时期"②。党的十九大报告提出的"新时代"，是指我们党和国家事业发展进入了决胜全面建成小康社会，中国特色社会主义发展的关键时期，进入了全面建设社会主义现代化强国的新的历史阶段。把这个新的历史阶段表述为"新时代"，既符合历史唯物主义关于时代划分概念的基本含义，又有利于全党全国各族人民充分认识中国进入了实现强起来的时代，"日益走近世界舞台中央、不断为人类作出更大贡献的时代"③。从而进一步统一思想，在新的起点上凝聚起磅礴力量，着力解决已经转化了的社会主要矛盾，把中国特色社会主义事业推向前进。

党的十九大把我国发展新的历史方位，定位为中国特色社会主义进入了新时代，有充分的依据。从历史依据看，在新中国成立以来、改革开放

---

① 习近平：《决胜全面建成小康社会 夺取新时代中国特色社会主义伟大胜利——在中国共产党第十九次全国代表大会上的报告》，《人民日报》2017 年 10 月 28 日第 1 版。

② 中国社会科学院语言研究所词典编辑室编：《现代汉语词典》（第 6 版），商务印书馆 2012 年版，第 1177 页。

③ 习近平：《决胜全面建成小康社会 夺取新时代中国特色社会主义伟大胜利——在中国共产党第十九次全国代表大会上的报告》，《人民日报》2017 年 10 月 28 日第 1 版。

取得重大成就和历史经验的基础上，特别是党的十八大召开以来，我们党以巨大的政治勇气和强烈的责任担当，提出一系列新理念新思想新战略，出台一系列重大方针政策，推出一系列重大举措，推进一系列重大工作，解决了许多长期想解决而没有解决的难题，办成了许多过去想办而没有办成的大事，推动党和国家事业发生历史性变革，取得了全方位的、开创性的成就，实现了深层次的、根本性的变革。这些历史性的成就是，经济建设取得重大成就；全面深化改革取得重大突破；民主法治建设迈出重大步伐；思想文化建设取得重大进展；人民生活不断改善；生态文明建设成效显著；强军兴军开创新局面；港澳台工作取得新进展；全方位外交布局深入展开；全面从严治党成效卓著，消除了党和国家内部存在的严重隐患，党内政治生活气象更新，党内政治生态明显好转，党的创造力、凝聚力、战斗力显著增强，党的团结统一更加巩固，党群关系明显改善，党在革命性锻造中更加坚强，焕发出新的强大生机活力，为党和国家事业发展提供了坚强政治保证。这些历史性变革，对党和国家事业发展具有重大而深远的影响，必将把我国发展推进到一个新的历史起点上。我国发展进入新时代，是改革开放以来党和国家事业所发生的历史性变革，所取得的全方位的、开创性的成就的必然结果。

从实现目标的时期特点、社会主要矛盾、实现的历史使命、指导思想看。①

中国特色社会主义进入新时代，是从我国发展新的历史方位上，并非是从世界历史发展的转折点意义上使用这个概念的。就我国发展新的历史方位说，必须认识到，我国社会主要矛盾的变化，没有改变我们对我国社会主义所处历史阶段的判断，我国仍处于并将长期处于社会主义初级阶段的基本国情没有变，我国是世界最大发展中国家的国际地位没有变。因此我们要牢牢把握社会主义初级阶段这个基本国情，牢牢立足社会主义初级阶段这个最大实际，牢牢坚持党的基本路线这个党和国家的生命线、人民的幸福线，为把我国建设成为富强民主文明和谐美丽的社会主义现代化强国而奋斗。对世界历史时代的判断，正如习近平总书记所说：“尽管我们所处的时代同马克思所处的时代相比发生了巨大而深刻的变化，但从世界

① 详见本书《试论习近平新时代中国特色社会主义思想体系》的相关论述。

社会主义500年的大视野来看，我们依然处在马克思主义所指明的历史时代。”①

中国特色社会主义进入新时代，在中华人民共和国发展史上、中华民族发展史上具有重大意义，在世界社会主义发展史上、人类社会发展史上也具有重大意义。习近平总书记用“三个意味着”，从中华民族的发展变迁、科学社会主义的生机活力、中国对解决人类问题的贡献三个维度，深刻阐明了中国特色社会主义进入新时代的重大历史意义；用“五个时代”，即承前启后、继往开来、在新的历史条件下继续夺取中国特色社会主义伟大胜利，决胜全面建成小康社会、进而全面建设社会主义现代化强国，全国各族人民团结奋斗、不断创造美好生活、逐步实现全体人民共同富裕，全体中华儿女勠力同心、奋力实现中华民族伟大复兴中国梦，我国日益走近世界舞台中央、不断为人类作出更大贡献等，深刻阐明了中国特色社会主义进入新时代的深刻内涵和历史任务。

党的十九大号召全党：新时代要有新气象，更要有新作为。“全党要坚定信心、奋发有为，让中国特色社会主义展现出更加强大的生命力！”②我们要更加紧密地团结在以习近平同志为核心的党中央周围，充分认识中国特色社会主义进入新时代的重大历史意义和伟大历史任务，坚持以习近平新时代中国特色社会主义思想为指导，以永不懈怠的精神状态和一往无前的奋斗姿态，写好坚持和发展中国特色社会主义这篇大文章，在中华民族发展史上和世界社会主义发展史上书写新的伟大、新的光荣！

（原载《思想理论教育导刊》2017年第11期）

① 《习近平谈治国理政》第2卷，外文出版社2017年版，第66页。

② 《习近平关于“不忘初心、牢记使命”论述摘编》，中央文献出版社2019年版，第29页。

试论习近平新时代中国特色社会主义思想体系

党的十八大以来，围绕新时代坚持和发展什么样的中国特色社会主义、怎样坚持和发展中国特色社会主义这个重大时代课题，我们党“坚持以马克思列宁主义、毛泽东思想、邓小平理论、‘三个代表’重要思想、科学发展观为指导，坚持解放思想、实事求是、与时俱进、求真务实，坚持辩证唯物主义和历史唯物主义，紧密结合新的时代条件和实践要求，以全新的视野深化对共产党执政规律、社会主义建设规律、人类社会发展规律的认识，进行艰辛理论探索，取得重大理论创新成果，形成了新时代中国特色社会主义思想”①。这一思想贯穿改革发展稳定、内政外交国防、治党治国治军各个领域，既坚持了老祖宗，又讲了很多新话，实现了马克思主义基本原理与中国具体实际相结合的新飞跃，是21世纪中国的马克思主义，是马克思主义中国化的最新成果。我们要学习、研究、领悟习近平新时代中国特色社会主义思想，包括形成背景、理论渊源、精神实质、丰富内涵、科学体系、历史地位、丰富内涵、核心要义、历史地位、重大贡献和贯穿其中的立场、科学世界观、方法论等多方面的内容。

本文集中探讨习近平新时代中国特色社会主义思想的科学体系。

一　习近平新时代中国特色社会主义思想体系形成的时代根据

恩格斯指出，理论“是一种历史的产物，它在不同的时代具有完全不同的形式，同时具有完全不同的内容”②。党的十八大以来，应党和国家事业发展的历史性变革，我国社会主要矛盾的历史性变化等新实际的要求，党的十九大适时地作出了中国特色社会主义进入新时代的重大判断。

① 《中国共产党第十九次全国代表大会文件汇编》，人民出版社2017年版，第15页。

② 《马克思恩格斯选集》第4卷，人民出版社1995年版，第284页。

任何理论都有自己的时代根据。中国特色社会主义新时代（下称“新时代”），就是习近平新时代中国特色社会主义思想产生的时代根据。“新时代”的开创是波澜壮阔又辉煌瑰丽的。

一是党和国家事业发展的历史性变革和成就。在中华人民共和国建立以来特别是改革开放以来取得重大成就和历史经验的基础上，党的十八大召开五年来，我们党以巨大的政治勇气和强烈的责任担当，提出一系列新理念新思想新战略，出台一系列重大方针政策，推出一系列重大举措，推进一系列重大工作，解决了许多长期想解决而没有解决的难题，办成了许多过去想办而没有办成的大事，推动党和国家事业发生历史性变革，取得了全方位的、开创性的成就。[①] 对此，党的十九大报告做了十大方面的概括。这些历史性变革和成就，对党和国家事业发展具有重大而深远的影响，把我国发展推进到了新的历史起点上。

二是进入了历史交汇期。从党的十九大到党的二十大是一个历史交汇期。在这个时期，既要全面建成小康社会，实现第一个百年奋斗目标，又要开启全面建设社会主义现代化国家新征程，向第二个百年奋斗目标进军。[②] 历史交汇期显现出许多新的特点。

三是社会主要矛盾的变化。我国社会主要矛盾已经转化为人民日益增长的美好生活需要和不平衡不充分的发展之间的矛盾。我国稳定解决了十几亿人的温饱问题，总体上实现小康，不久将全面建成小康社会，人民美好生活需要日益广泛，不仅对物质文化生活提出了更高要求，而且在民主、法治、公平、正义、安全、环境等方面的要求日益增长。同时，我国社会生产力水平总体上显著提高，社会生产能力在很多方面进入世界前列，更加突出的问题是发展不平衡不充分，这已经成为满足人民日益增长的美好生活需要的主要制约因素。[③] 我国社会主要矛盾的变化是关系全局的历史性变化，对党和国家工作提出了许多新要求。我们要在继续推动发展的基础上，着力解决好发展不平衡不充分问题，大力提升发展质量和效益，更好满足人民在经济、政治、文化、社会、生态等方面日益增长的需要，更好推动人的全面发展、社会全面进步。[④] 我国社会主要矛盾的变化

① 《中国共产党第十九次全国代表大会文件汇编》，人民出版社 2017 年版，第 7 页。
② 《中国共产党第十九次全国代表大会文件汇编》，人民出版社 2017 年版，第 22 页。
③ 《中国共产党第十九次全国代表大会文件汇编》，人民出版社 2017 年版，第 9 页。
④ 《中国共产党第十九次全国代表大会文件汇编》，人民出版社 2017 年版，第 9—10 页。

对我国社会历史发展进程具有界碑标识性意义。

四是历史赋予党的使命。中国共产党一经成立，就把实现共产主义作为党的最高理想和最终目标，义无反顾肩负起实现中华民族伟大复兴的历史使命。[①] 我们党在进行革命，确立社会主义基本制度，进行改革开放，创造了一个又一个彪炳史册的人间奇迹的基础上，今天，我们比历史上任何时期都更接近、更有信心和能力实现中华民族伟大复兴的目标。[②] 中国历史发展到今天，赋予中国共产党人的使命是，以更为磅礴的气势和宏伟的力量来实现伟大梦想，开创中国更加光明的未来，这必然要求进行伟大斗争、建设伟大工程、推进伟大事业。

以上经济的、政治的、文化的、历史的、理论的、实践的内涵，概括成一个科学概念就是“新时代”。时代是思想之母，实践是理论之源。习近平总书记在领导全党全国人民推进党和国家事业的发展中，以马克思主义政治家、理论家所特有的历史站位、宏阔视野、战略眼光、深刻洞察力、敏锐判断力和战略定力，集中党和人民实践经验和集体智慧，积极回应坚持和发展中国特色社会主义实践要求，提出了一系列具有原创性的新理念新思想新战略，从理论和实践结合上系统回答了重大时代课题。这就是习近平新时代中国特色社会主义思想。习近平同志是这一思想体系的主要创立者。鉴于他在这一创新过程中发挥的决定性作用、作出的决定性贡献，用他的名字来命名这一思想体系是客观公正的，赢得了全党的拥护和赞誉。

二　习近平新时代中国特色社会主义思想体系的理论基础

党的十九大报告明确指出，“新时代中国特色社会主义思想，是对马克思列宁主义、毛泽东思想、邓小平理论、‘三个代表’重要思想、科学发展观的继承和发展”[③]。这一表述清楚指明了习近平新时代中国特色社会主义思想体系的理论基础。

马克思列宁主义、毛泽东思想、邓小平理论、“三个代表”重要思想、科学发展观，是一脉相承又与时俱进的科学理论，是坚持和发展中国

① 《中国共产党第十九次全国代表大会文件汇编》，人民出版社 2017 年版，第 11 页。
② 《中国共产党第十九次全国代表大会文件汇编》，人民出版社 2017 年版，第 12 页。
③ 《中国共产党第十九次全国代表大会文件汇编》，人民出版社 2017 年版，第 16 页。

特色社会主义必须长期坚持的指导思想。它的精髓即它的基本原理、贯穿其中的工人阶级和人民大众立场、共产主义世界观和唯物辩证法，是贯穿于马克思主义各个发展阶段的灵魂和基因。它贯穿于习近平新时代中国特色社会主义思想形成和发展的整个过程和各个方面。习近平新时代中国特色社会主义思想就是21世纪中国的马克思主义，是马克思主义中国化的最新成果。

马克思主义发展具有连续性和阶段性相统一的特点。连续性就是马克思主义基本原理的一以贯之。阶段性就是恩格斯指出的理论的历史性，即“它在不同的时代具有完全不同的形式，同时具有完全不同的内容”①。因此，马克思列宁主义、毛泽东思想、邓小平理论、“三个代表”重要思想、科学发展观各发展阶段对习近平新时代中国特色社会主义思想的奠基性和发展意义的突出影响又各有侧重。按照党的十九大通过的党章的提示，以毛泽东同志为主要代表的中国共产党人，把马克思列宁主义的基本原理同中国革命的具体实践结合起来，创立了毛泽东思想。毛泽东思想是马克思列宁主义在中国的运用和发展，是被实践证明了的关于中国革命和建设的正确的理论原则和经验总结，是中国共产党集体智慧的结晶。在毛泽东思想指引下，中国共产党领导全国各族人民，经过长期的反对帝国主义、封建主义、官僚资本主义的革命斗争，取得了新民主主义革命的胜利，建立了人民民主专政的中华人民共和国；新中国成立以后，顺利地进行了社会主义改造，完成了从新民主主义到社会主义的过渡，确立了社会主义基本制度，发展了社会主义的经济、政治和文化。②

邓小平理论是马克思列宁主义的基本原理同当代中国实践和时代特征相结合的产物，是毛泽东思想在新的历史条件下的继承和发展，是马克思主义在中国发展的新阶段，是当代中国的马克思主义，是中国共产党集体智慧的结晶。③ 它科学回答了在中国建设社会主义、巩固和发展社会主义的基本问题，指导党和人民成功开创了中国特色社会主义。实行改革开放，开辟社会主义事业发展的新时期，逐步形成了建设中国特色社会主义的路线、方针、政策，引导着我国社会主义现代化事业不断前进。

---

① 《马克思恩格斯选集》第4卷，人民出版社1995年版，第284页。

② 《中国共产党章程》，人民出版社2017年版，第2—3页。

③ 《中国共产党章程》，人民出版社2017年版，第3—4页。

“三个代表”重要思想在马克思列宁主义、毛泽东思想和邓小平理论的基础上，反映了当代世界和中国的发展变化对党和国家工作的新要求，加深了对什么是社会主义、怎样建设社会主义和建设什么样的党、怎样建设党的认识。[①] 它是全党所积累的治党治国新的宝贵经验，为加强和改进党的建设、推进我国社会主义自我完善和发展提供了强大理论武器，是中国共产党集体智慧的结晶，是党必须长期坚持的指导思想，是我们党的立党之本、执政之基、力量之源。

党的十六大以来，以胡锦涛同志为主要代表的中国共产党人，坚持以马克思列宁主义、毛泽东思想、邓小平理论和“三个代表”重要思想为指导，根据新的发展要求，深刻认识和回答了新形势下实现什么样的发展、怎样发展等重大问题。所形成的以人为本、全面协调可持续发展的科学发展观，集中体现了马克思主义关于发展的世界观和方法论，是马克思主义中国化重大成果，是中国共产党集体智慧的结晶，是发展中国特色社会主义必须长期坚持的指导思想。[②]

党的十八大以来，以习近平同志为主要代表的中国共产党人的历史担当，是继承和发展马克思列宁主义、毛泽东思想、邓小平理论、“三个代表”重要思想、科学发展观，顺应时代发展，科学概括党和人民实践经验和集体智慧，回答由科学社会主义理论、国内外形势变化和我国各项事业发展提出的重大时代课题。

三　习近平新时代中国特色社会主义思想体系的内容构成

习近平新时代中国特色社会主义思想体系的内容，概括起来说，是由一个“总论”“两个体现”构成的。

“总论”是出题。党的十八大以来，国内外形势变化和我国各项事业发展提出了一个重大时代课题：新时代坚持和发展什么样的中国特色社会主义、怎样坚持和发展中国特色社会主义[③]（下称“重大时代课题”）。要求我们党从理论和实践结合上作出系统回答。马克思曾强调：“问题就是时代的口号，是它表现自己精神状态的最实际的呼声。”[④] 所以“主要的

① 《中国共产党第十九次全国代表大会文件汇编》，人民出版社2017年版，第4页。
② 《中国共产党第十九次全国代表大会文件汇编》，人民出版社2017年版，第4—5页。
③ 《中国共产党第十九次全国代表大会文件汇编》，人民出版社2017年版，第15页。
④ 《马克思恩格斯全集》第40卷，人民出版社1982年版，第289—290页。

困难不是答案，而是问题”[①]。习近平总书记说：“坚持问题导向是马克思主义的鲜明特点。问题是创新的起点，也是创新的动力源。”“理论创新只能从问题开始。”[②] 面对重大时代课题，能不能作出科学回答，考验着我们党的历史勇气、政治智慧和使命担当。

第一，“课题”的难度和深义。坚持、发展中国特色社会主义与提出、形成中国特色社会主义，是两个有紧密联系又有重要区别的问题。紧密联系在于主题、主线相同，即都是中国特色社会主义。对于重要区别，邓小平早有预见：“发展起来以后的问题不比不发展时少。”[③] 当时，邓小平是从分配问题切入的，但是问题本身带有综合性，涉及全局。党的十八大以后，随着国内外形势变化和我国各项事业发展，中国特色社会主义已从“不发展”时期，步入了“发展起来”至“强起来”的新时代，社会主要矛盾发生了变化，党面临着新情况、新问题、新挑战。这些聚焦到一点，集中表现为“重大时代课题”。联系到党的十八大以来我国意识形态领域尖锐复杂的斗争和反腐斗争，可以说，是否能清醒地意识到并从理论和实践结合上对“重大时代课题”作出系统回答，反映出我们是否明确“发展起来”后的新情况、新矛盾，是否明确打赢“强起来”这一仗，谱写新篇章，是党面临的新考验。国际上关于“中等收入陷阱”的热议是个明显的信号。所以对“重大时代课题”的回答，关系着党和国家的前途命运。就当代中国的国际地位及其对世界的影响来说，也关系着国际共产主义运动的前景。

第二，“课题”的丰富内涵。“重大时代课题”包括10个基本问题和相应需作出理论分析和政策指导的18个方面。10个基本问题即新时代坚持和发展中国特色社会主义的总目标、总任务、总体布局、战略布局和发展方向、发展方式、发展动力、战略步骤、外部条件、政治保证等基本问题；18个方面的工作，即经济、政治、法治、科技、文化、教育、民生、民族、宗教、社会、生态文明、国家安全、国防和军队、“一国两制”和祖国统一、统一战线、外交、党的建设[④]等。这两个层面，大体可以说，基本问题是理论指导性的，理论分析和政策指导是路线方针、实践性的。

---

① 《马克思恩格斯全集》第40卷，人民出版社1982年版，第289页。

② 习近平：《在哲学社会科学工作座谈会上的讲话》，《人民日报》2016年5月19日第2版。

③ 《邓小平年谱（1975—1997）》下，中央文献出版社2004年版，第1364页。

④ 《中国共产党第十九次全国代表大会文件汇编》，人民出版社2017年版，第15页。

两个层面的问题有形态上的差异，但都是从政治战略高度认准的“牛鼻子”，抓住了它就抓住了实现伟大梦想、进行伟大斗争、建设伟大工程、推进伟大事业的中心和关键，其他问题就会迎刃而解。

“两个体现”是对课题的回答。党的十九大报告总结党的历史经验、特别是改革开放以来的历史经验，特别是党的十八大以来的新鲜经验，回答了“重大时代课题”。这里的回答，在总体上与上述从理论指导和理论分析、政策指导两个层面提出的问题相对应。相对前者讲了“八个明确坚持”,[①] 相对后者讲了“十四条基本方略”。[②]

“八个明确坚持”概括起来，一是讲总任务。即第一条，坚持和发展中国特色社会主义的总任务。二是讲总根据。即第二条，新时代我国社会主要矛盾及由此决定所要解决的根本问题。三是讲总体布局。即第三至第七条，中国特色社会主义事业的布局及其内容展开。四是讲政治保证。即第八条，中国共产党是最高政治领导力量。“八个明确坚持”高屋建瓴，系统回应了10个基本问题。

“十四条基本方略”根据新的实践，也根据践行“八个明确坚持”内在的总体要求，对18个方面需要进行理论分析和政策指导的工作，作出了战略部署，包括党的领导和全面从严治党、“五位一体”和“四个全面”、国防和军队建设、维护国家安全、“一国两制”和推进祖国统一、对外战略等。

“八个明确坚持”把新时代的使命召唤转化成了党和人民的理论指导。“十四条基本方略”又把理论指导转化成了党和人民的行动纲领。“八个明确坚持”和“十四条基本方略”相互补充、相互贯通，构成逻辑严密、系统完整的习近平新时代中国特色社会主义思想体系。从理论和实践、历史和现实、国际和国内、逻辑和历史的结合上，明确回答了新时代坚持和发展什么样的中国特色社会主义、怎样坚持和发展中国特色社会主义这个重大时代课题。其中，“十四条基本方略”涵盖了我们党此前提出的基本纲领、基本经验、基本要求的基本内容，把我们党曾提出的中国特色社会主义的“五个基本”简化提炼成“三个基本”：基本理论、基本路线、基本方略。这“三个基本”相互作用，成为推动坚持和发展中国特

---

① 《中国共产党第十九次全国代表大会文件汇编》，人民出版社2017年版，第15—16页。

② 《中国共产党第十九次全国代表大会文件汇编》，人民出版社2017年版，第16—21页。

色社会主义的巨大精神力量和物质力量。

四 习近平新时代中国特色社会主义思想体系的鲜明特色

第一，继承性和创新性的统一。党的十九大报告明确指出，“新时代中国特色社会主义思想，是对马克思列宁主义、毛泽东思想、邓小平理论、‘三个代表’重要思想、科学发展观的继承和发展”[①]。在继承中发展，在发展中继承。坚持与发展的统一、继承性与创新性的统一，这正是党和人民在马克思主义指导下，依靠实践经验和集体智慧所发现并把握住的推进马克思主义中国化、推进中国特色社会主义理论体系创新发展的一条规律。党的十九大的主题：“不忘初心，牢记使命，高举中国特色社会主义伟大旗帜，决胜全面建成小康社会，夺取新时代中国特色社会主义伟大胜利，为实现中华民族伟大复兴的中国梦不懈奋斗。”[②] 是这条规律最鲜明的表现。

第二，历史性和时代性的统一。习近平新时代中国特色社会主义思想具有历史的厚重性，又具有强烈的时代性。2013 年 1 月 5 日，习近平在新进中央委员会的委员、候补委员学习贯彻党的十八大精神研讨班开班式上发表重要讲话，系统回顾和梳理了社会主义五百年的历史，展现了中国特色社会主义的历史渊源和发展进程，特别强调中国特色社会主义这条道路来之不易，称它是在改革开放 30 多年的伟大实践中走出来的，是在中华人民共和国成立 60 多年的持续探索中走出来的，是在对近代以来 170 多年中华民族发展历程的深刻总结中走出来的，是在对中华民族 5000 多年悠久文明的传承中走出来的。这些阐述，深刻说明了中国特色社会主义历史的厚重性。这其中包括了我国社会主义胜利和挫折的历史的现实的经验，也包括了其他国家社会主义兴衰成败的历史的现实的经验。

习近平新时代中国特色社会主义思想的时代性内涵丰富，重在把握中国特色社会主义的与时俱进，坚持和发展。习近平指出：“坚持和发展中国特色社会主义是一篇大文章，邓小平同志为它确定了基本思路和基本原则，以江泽民同志为核心的党的第三代中央领导集体、以胡锦涛同志为总书记的党中央在这篇大文章上都写下了精彩的篇章。现在，我们这一代共

---

① 《中国共产党第十九次全国代表大会文件汇编》，人民出版社 2017 年版，第 16 页。
② 《中国共产党第十九次全国代表大会文件汇编》，人民出版社 2017 年版，第 1 页。

产党人的任务，就是继续把这篇大文章写下去。”[①] 这些论述表明，时代、未来是属于中国特色社会主义的。在今天的理论表现就是习近平新时代中国特色社会主义思想体系。作为系统回答“重大时代课题”的最新理论成果，同改革开放以来形成的中国特色社会主义理论体系相衔接，同中国特色社会主义进入新时代相适应，必将对全党进行伟大斗争、建设伟大工程、推进伟大事业、实现伟大梦想发挥巨大指导作用。

第三，民族性与国际性的统一。习近平新时代中国特色社会主义思想理论体系的民族特色突出表现为：在理论基础上，它继承毛泽东思想、邓小平理论、“三个代表”重要思想、科学发展观的优良传统，把马克思主义的基本原理同中国的国情（独特的文化传统，独特的历史命运，独特的基本国情）紧密结合起来，成功选择了适合中国国情的发展道路，并制定出一系列相应的基本的、重要的制度，彰显了我们道路自信、理论自信、制度自信、文化自信之基；在历史渊源上，它坚持古为今用、以古鉴今，有鉴别地对待、有扬弃地继承，实现了传统文化的创造性转化、创新性发展，使之与现实文化相融相通，共同服务于以文化人的时代任务，用源远流长、博大精深的中华优秀文化滋养了中国特色社会主义道路、理论、制度、文化的民族精神之根。在落脚点上，一切都是依靠中国人民实现中华民族伟大复兴的中国梦。在话语体系上，富有中国风格、中国气派、中国精神的优秀话语，诸如“天行健，君子以自强不息”“精忠报国”“革故鼎新”“扶危济困”“国而忘家，公而忘私”“世界大同”“民为邦本，本固邦宁”“应时而变”“与时俱化”“德刑相辅”“大道之行，天下为公”等，在习近平新时代中国特色社会主义思想体系中得到提升，极具东方智慧的中华“文化密码”再现辉煌。

习近平新时代中国特色社会主义思想理论体系的国际性或说开放性亦很鲜明。马克思、恩格斯在《共产党宣言》中论述共产党的纲领时指出，它的长远的奋斗目标，是要建设这样一个联合体。在那里，“每个人的自由发展是一切人的自由发展的条件”[②]。即“建立在个人全面发展和他们共同的社会生产能力成为他们的社会财富这一基础上的自由个性”。[③] 这

① 《习近平谈治国理政》，外文出版社 2014 年版，第 23 页。

② 《马克思恩格斯选集》第 1 卷，人民出版社 2012 年版，第 422 页。

③ 《马克思恩格斯全集》第 46 卷（上），人民出版社 1979 年版，第 104 页。

种人类历史上最崇高、最美妙、最理想、最瑰丽的社会，是人最高的发展状况。习近平沿着这一科学预设，把当前的现实奋斗和远大理想、中国与外国结合起来，多次指出：中国梦要实现国家富强、民族复兴、人民幸福，是和平、发展、合作、共赢的梦，与世界各国人民的美好梦想相通。[①] 同世界人民携手共进、同各国合作共赢，中国必将在与世界各国的共同发展中实现中国梦，而中国梦的实现也必将有利于世界上其他国家更好地发展。实现中国梦，符合历史发展大势，造福中国和世界人民，为人心之所向，众望之所归。正是这样，习近平新时代中国特色社会主义思想和实践受到国际舆论的欢迎和热议。截至2018年2月2日，《习近平谈治国理政》第二卷中英文版全球发行仅三个月，销量已逾1300万册。[②] 英国社会科学院院士马丁·阿尔布劳评价说，该书“代表了一整套的可以用于建立持久秩序的思想体系”；[③] 中国倡议的“一带一路”建设得到全球多个国家和国际组织的积极支持；[④] 习近平倡导的“人类命运共同体”理念出现在诸多国际重要会议的主题中，也多次被载入联合国相关决议；中国举办的“一带一路”国际合作高峰论坛、中国共产党与世界政党高层对话会、“中共十九大：中国发展和世界意义”国际智库研讨会，外国政要、专家、学者每次都蜂拥而至，积极参加讨论。德国著名经济学家托马斯·库钦斯基高度评价并认为，中国共产党继承和发扬了马克思主义的灵魂，而且还根据实际，写下了马克思主义的“中国版”。[⑤] 这表明，习近平新时代中国特色社会主义思想正以其国际性内容，日益深刻地影响着世界，特别是给那些既希望加快发展又希望保持自身独立性的国家和民族提供了参考。

第四，党性和人民性的统一。党性和人民性的统一，是我们党根据马克思列宁主义经典作家关于党性和人民性的思想，结合中国实际（国情、

---

① 《习近平谈治国理政》，外文出版社2014年版，第279页。

② 《〈习近平谈治国理政〉第二卷全球发行突破1300万册》（http://www.xinhuanet.com/world/2018-02/03/c_129804776.htm，2018-02-03/2018-02-16）。

③ 《英国各界人士高度评价〈习近平谈治国理政〉》（http://www.xinhuanet.com/world/2015-04/16/c_1114982855.htm，2015-04-16/2018-02-16）。

④ 《我国与86个国家和国际组织签署百份“一带一路”合作文件》（http://www.xinhuanet.com/2017-12/22/c_1122155143.htm，2017-12-22/2018-02-16）。

⑤ 特稿：《真理之光更加灿烂——专家学者谈〈共产党宣言〉发表170周年》（http://www.xinhuanet.com/world/2018-02/23/c_1122442102.htm，2018-02-23/2018-02-23）。

历史经验）作出的一个理论创造。它体现了我们党的根本性质和根本宗旨。以习近平同志为核心的党中央继承和向前推进了这一重要思想，使之成为习近平新时代中国特色社会主义思想理论体系中的一大亮点。

其一，深化理论认识，重在坚持党性和人民性。党性，即指政党固有的本质特性。共产党的党性是无产阶级利益最高而又集中的表现。中国共产党以实现共产主义为最终目的，以实现中华民族伟大复兴的中国梦为现今的奋斗目标，根本宗旨是全心全意为人民服务。人民性，是反映人民大众共同的根本利益以及由此所产生的思想、感情、愿望和要求的特性。习近平在一系列论述中，明确和深化了党性和人民性的内涵，但重点落在必须坚持党性和人民性上。习近平强调，中国共产党领导是中国特色社会主义最本质的特征和中国特色社会主义制度的最大优势。党是最高政治领导力量。[①] 坚持党性原则，就是要坚持党的领导。东西南北中，党是领导一切的。坚持党的领导，就要坚持正确的政治方向，即我们党指引的方向，站稳政治立场，即站在党性和人民性的立场。坚持正确的政治方向、站稳政治立场是坚持党性原则的鲜明体现。坚持人民性就是要把实现好、维护好、发展好最广大人民根本利益作为出发点和落脚点，坚持以民为本、以人为本。坚持以人民主体地位的政治要求，坚持以人民为中心的工作导向。归根到底是要解决好“为了谁、依靠谁、我是谁”这个根本问题。

其二，坚持党性和人民性的一致性，批判相对立的观点。习近平指出：“党性和人民性从来都是一致的、统一的。”[②] 从本质上说，坚持党性就是坚持人民性，坚持人民性就是坚持党性，党性寓于人民性之中，没有脱离人民性的党性，也没有脱离党性的人民性。党性是就全党而言的，人民性也是就全体人民而言的，不能简单从某一级党组织、某一部分党员、某一个党员来理解党性，也不能简单从某一个阶层、某一部分群众、某一个具体人来理解人民性。党性和人民性的统一具有深刻根据，这就是党和人民的内在统一关系。我们党来自于人民，植根于人民，服务于人民，始终坚持把群众路线作为党的生命线和根本工作路线，与人民群众同呼吸、共命运、心连心。习近平强调，“全党同志要把人民放在心中最高位置”，“把人民拥护不拥护、赞成不赞成、高兴不高兴、答应不答应作为衡量一

① 《中国共产党第十九次全国代表大会文件汇编》，人民出版社 2017 年版，第 16 页。

② 《习近平谈治国理政》，外文出版社 2014 年版，第 154 页。

切工作得失的根本标准，使我们党始终拥有不竭的力量源泉”①。为此，在党的十九大报告的开篇和十九大闭幕会上的讲话中，习近平都从政治的高度把为中国人民谋幸福，定位为中国共产党人的初心和使命，定位为激励共产党人不断前进的根本动力。近期，十三届全国人民代表大会第一次会议，表决通过了《中华人民共和国宪法修正案》，更是最集中地体现了党性和人民性的统一。

习近平指出：“你是替党讲话，还是替老百姓讲话”“你是站在党的一边，还是站在群众一边”，这种错误观点割裂了党性和人民性的血肉联系，制造党性和人民性的对立、搞碎片化，必须给以深刻的揭露和批判。

其三，把党性和人民性的统一置于基本方略的首位。党的十九大提出的中国特色社会主义基本方略是党的行动纲领。基本方略的第一条是“坚持党对一切工作的领导”。第二条是“坚持以人民为中心”。两条相继实际上把党性和人民性的统一置于首位。“坚持以人民为中心”一贯于党的基本方略的各条。如论“发展”，意在“不断促进人的全面发展、全体人民共同富裕”②。论“发展社会主义民主政治”，就是“要体现人民意志、保障人民权益、激发人民创造活力，用制度体系保证人民当家作主”③。论“社会主义文化繁荣兴盛”，旨在“满足人民过上美好生活的新期待，必须提供丰富的精神食粮”④。论“加强和创新社会治理”，要求“必须始终把人民利益摆在至高无上的地位”，“使人民获得感、幸福感、安全感更加充实、更有保障、更可持续”，⑤ 朝着实现全体人民共同富裕不断前进。论“建设美丽中国”，“既要创造更多物质财富和精神财富以满足人民日益增长的美好生活需要，也要提供更多优质生态产品以满足人民日益增长的优美生态环境需要”⑥。论“全面从严治党”，强调“人民群众反对什么、痛恨什么，我们就要坚决防范和纠正什么”⑦。所有这些战略安排和战略目标，均在把“以人民为中心”思想体现在经济社会发展

① 习近平：《在庆祝中国共产党成立95周年大会上的讲话》，人民出版社2016年版，第18页。
② 《中国共产党第十九次全国代表大会文件汇编》，人民出版社2017年版，第19页。
③ 《中国共产党第十九次全国代表大会文件汇编》，人民出版社2017年版，第29页。
④ 《中国共产党第十九次全国代表大会文件汇编》，人民出版社2017年版，第35页。
⑤ 《中国共产党第十九次全国代表大会文件汇编》，人民出版社2017年版，第36页。
⑥ 《中国共产党第十九次全国代表大会文件汇编》，人民出版社2017年版，第40—41页。
⑦ 《中国共产党第十九次全国代表大会文件汇编》，人民出版社2017年版，第49页。

各个环节、人民生活各个方面，使习近平关于“人民对美好生活的向往，就是我们的奋斗目标”的庄严宣告掷地有声。

（原载《思想理论教育导刊》2018 年第 4 期）

“以人民为中心”思想的理论源头

——纪念《共产党宣言》发表170周年

党的十九大报告对“以人民为中心”这一重要命题的丰富内涵作了深入阐述：人民是历史的创造者，是决定党和国家前途命运的根本力量。必须坚持人民主体地位，坚持立党为公、执政为民，践行全心全意为人民服务的根本宗旨，把党的群众路线贯彻到治国理政全部活动之中，把人民对美好生活的向往作为奋斗目标，依靠人民创造历史伟业。作为习近平新时代中国特色社会主义思想的重要内容，坚持“以人民为中心”的思想体现了我们党对《共产党宣言》（下称《宣言》）基本思想一以贯之的根本遵循。

一　《宣言》为“以人民为中心”思想提供了根本的理论基础

1848年2月底在伦敦正式出版的《共产党宣言》，在人类历史上开辟了一个新时代。在理论上，它是科学社会主义第一个伟大的纲领，标志着马克思主义的公开问世。在实践上，它是世界上第一个共产党——共产主义同盟“公布的完备的理论和实践的党纲”①，标志着国际共产主义运动从此开启。

马克思恩格斯在《宣言》1882年俄文版序言中强调：“《共产主义宣言》的任务，是宣告现代资产阶级所有制必然灭亡。”② 为了科学论证这一任务，《宣言》“以天才的透彻而鲜明的语言描述了新的世界观，即把社会生活领域也包括在内的彻底的唯物主义、作为最全面最深刻的发展学说的辩证法以及关于阶级斗争和共产主义新社会创造者无产阶级肩负的世

---

① 《马克思恩格斯选集》第1卷，人民出版社2012年版，第382页。

② 《马克思恩格斯选集》第1卷，人民出版社2012年版，第379页。

界历史性的革命使命的理论。”[①] 构成这个“新的世界观”核心的基本思想，它包含三个要义：

一是历史唯物主义的根本论纲。即“每一历史时代主要的经济生产方式和交换方式以及必然由此产生的社会结构，是该时代政治的和精神的历史所赖以确立的基础，并且只有从这一基础出发，这一历史才能得到说明”[②]。这就是关于社会存在决定社会意识、经济基础决定上层建筑的原理。

二是阶级斗争是阶级社会发展的直接动力的理论。即“人类的全部历史（从土地公有的原始氏族社会解体以来）都是阶级斗争的历史，即剥削阶级和被剥削阶级之间、统治阶级和被压迫阶级之间斗争的历史”[③]。

三是无产阶级历史作用的思想。即“这个阶级斗争的历史包括有一系列发展阶段，现在已经达到这样一个阶段，即被剥削被压迫的阶级（无产阶级），如果不同时使整个社会一劳永逸地摆脱一切剥削、压迫以及阶级差别和阶级斗争，就不能使自己从进行剥削和统治的那个阶级（资产阶级）的奴役下解放出来”[④]。即无产阶级的阶级解放和人类解放不可分离，无产阶级要获得解放，就必须解放全人类。

这三个要义构成一个严密的不可分割的整体。第一个要义讲的是共产主义理论原理的根本性质，共产党人改造旧世界、创建新世界的根本依据；第二个要义讲的是推进人类历史即阶级社会发展的动力，也是共产党人改造旧世界、创建新世界的根本道路；第三个要义讲的是改造旧世界、创建新世界的根本目的即落脚点：“每个人的自由发展是一切人的自由发展的条件。”[⑤]

我们党“以人民为中心”的思想就是对《宣言》基本思想第三个要义的根本遵循和创造性发展。它体现了历史唯物主义的根本原理，反映了社会历史发展的规律，蕴含着共产主义运动最本质的内容。

《宣言》指出：无产阶级的运动是共产主义运动。“过去的一切运动都是少数人的，或者为少数人谋利益的运动。无产阶级的运动是绝大多数

---

① 《列宁专题文集·论马克思主义》，人民出版社2009年版，第5页。
② 《马克思恩格斯选集》第1卷，人民出版社2012年版，第385页。
③ 《马克思恩格斯选集》第1卷，人民出版社2012年版，第385页。
④ 《马克思恩格斯选集》第1卷，人民出版社2012年版，第385页。
⑤ 《马克思恩格斯选集》第1卷，人民出版社2012年版，第422页。

人的，为绝大多数人谋利益的独立的运动。”① 共产党人“没有任何同整个无产阶级的利益不同的利益”②。

这个重要论断表明了无产阶级的共产主义运动的两大根本特点：一是它的出发点和立足点。它不是为少数人谋利益的，而是为广大群众，为绝大多数人谋利益的；二是它认定的依靠力量。“工人阶级的解放应当是工人阶级自己的事情。”③ 即为绝大多数人谋利益的依靠力量，是工人阶级及其广大群众，是绝大多数人。这是因为无产阶级是大工业本身的产物，是最革命、最先进的阶级。资本主义社会的最下层，如果不炸毁构成官方社会的整个上层建筑，就不能抬起头来、挺起胸来。无产者没有什么自己的东西必须加以保护。所以他们不仅自己是最革命的强大有力的阶级，而且能够代表在资本主义制度下受压迫的群众，包括那些中间等级即农民、手工业者、小工商业者等的利益，受到他们的拥护，从而汇集起伟大的革命力量。我们党的“坚持以人民为中心”、坚持人民主体地位，坚持立党为公、执政为民，践行全心全意为人民服务的根本宗旨，坚持教育人民群众，使其认识自己的利益，团结起来为自己的利益而奋斗的群众观点、群众路线，正是渊源于这个根本思想。

二 《宣言》为“以人民为中心”思想确立了奋斗纲领

“以人民为中心”的思想像一条红线贯穿于党和国家的全部理论和实践中。党的十九大报告对此作了全面概括，从多方面作出了说明。如，在论及“发展”时强调，“必须坚持以人民为中心的发展思想，不断促进人的全面发展、全体人民共同富裕”④。在论及“发展社会主义民主政治”时指出，“人民当家作主是社会主义民主政治的本质特征”，“发展社会主义民主政治就是要体现人民意志、保障人民权益、激发人民创造活力，用制度体系保证人民当家作主”⑤。在论及推动“社会主义文化繁荣兴盛”时说道，“满足人民过上美好生活的新期待，必须提供丰富的精神食

① 《马克思恩格斯选集》第1卷，人民出版社2012年版，第411页。
② 《马克思恩格斯选集》第1卷，人民出版社2012年版，第413页。
③ 《马克思恩格斯选集》第1卷，人民出版社2012年版，第385页。
④ 《中国共产党第十九次全国代表大会文件汇编》，人民出版社2017年版，第15—16页。
⑤ 《中国共产党第十九次全国代表大会文件汇编》，人民出版社2017年版，第29页。

粮”[①]。在论及“加强和创新社会治理”时要求，“全党必须牢记，为什么人的问题，是检验一个政党、一个政权性质的试金石”，“必须始终把人民利益摆在至高无上的地位”[②]。改革发展成果要更多更公平惠及全体人民，“使人民获得感、幸福感、安全感更加充实、更有保障、更可持续”,[③] 朝着实现全体人民共同富裕不断前进。在论及“建设美丽中国”时指出：“既要创造更多物质财富和精神财富以满足人民日益增长的美好生活需要，也要提供更多优质生态产品以满足人民日益增长的优美生态环境需要。”[④] 在论及“全面从严治党”时强调：“人民群众反对什么、痛恨什么，我们就要坚决防范和纠正什么。”[⑤] 所有这些战略安排和战略目标，还包括此前习近平总书记多次强调的依法治国要坚持人民当家作主，繁荣发展中国特色哲学社会科学要解决好为什么人的问题，等等，都是“以人民为中心”思想在经济社会发展各个领域的体现，在人民生活各个方面的现实展开。归根究底，其根本遵循都是《宣言》的核心思想。

1.《宣言》为“以人民为中心”思想的践行指出了最高理想和最终目标。

《宣言》在论述共产党的纲领时指出，它的长远的奋斗目标，是要代替那存在着阶级和阶级对立的资产阶级旧社会，建设这样一个联合体。在那里，“每个人的自由发展是一切人的自由发展的条件”,[⑥] 即共产主义社会。恩格斯描述这种共产主义新世界的光辉前景时说：“由社会全体成员组成的共同联合体来共同地和有计划地利用生产力；把生产发展到能够满足所有人的需要的规模；结束牺牲一些人的利益来满足另一些人的需要的状况；彻底消灭阶级和阶级对立；通过消除旧的分工，通过产业教育、变换工种、所有人共同享受大家创造出来的福利，通过城乡的融合，使社会全体成员的才能得到全面发展，——这就是废除私有制的主要结果。”[⑦] 马克思则进一步作出概括说，这样一个联合体是“建立在个人全面发展

① 《中国共产党第十九次全国代表大会文件汇编》，人民出版社 2017 年版，第 35 页。
② 《中国共产党第十九次全国代表大会文件汇编》，人民出版社 2017 年版，第 36 页。
③ 《中国共产党第十九次全国代表大会文件汇编》，人民出版社 2017 年版，第 36 页。
④ 《中国共产党第十九次全国代表大会文件汇编》，人民出版社 2017 年版，第 40—41 页。
⑤ 《中国共产党第十九次全国代表大会文件汇编》，人民出版社 2017 年版，第 49 页。
⑥ 《马克思恩格斯选集》第 1 卷，人民出版社 2012 年版，第 422 页。
⑦ 《马克思恩格斯选集》第 1 卷，人民出版社 2012 年版，第 308—309 页。

和他们共同的社会生产能力成为他们的社会财富这一基础上的自由个性”[①]。这是人类历史上最崇高、最美妙、最理想、最瑰丽的社会，是人最高的发展状况，是“以人民为中心”思想最完美的实现。秉承《宣言》的旨意，中国共产党一经成立，就把实现共产主义作为党的最高理想和最终目标，义无反顾地肩负起实现中华民族伟大复兴的历史使命。

2.《宣言》为“以人民为中心”思想指明了实现的步骤。

《宣言》指出：“共产党人的最近目的”是“使无产阶级形成为阶级，推翻资产阶级的统治，由无产阶级夺取政权。”[②] 或“工人革命的第一步就是使无产阶级上升为统治阶级，争得民主。无产阶级将利用自己的政治统治，一步一步地夺取资产阶级的全部资本，把一切生产工具集中在国家即组织成为统治阶级的无产阶级手里，并且尽可能快地增加生产力的总量”[③]。

这就是说，无产阶级要获得解放，第一步是进行革命，推翻资产阶级的统治，建立自己的政权，即无产阶级专政的国家，建立起社会主义政治制度。这是坚持以人民为中心，坚持人民主体地位的根本政治前提；第二步是利用无产阶级专政国家制度的力量进行社会主义改造，把生产资料集中在国家手里或劳动群众手里，建立起社会主义的经济关系。这是坚持以人民为中心，确保人民主体地位的根本经济基础；第三步是大力发展生产，为社会的全面进步造就强大的物质技术基础，同时适应生产力发展的要求，不断推进经济、政治、思想文化、社会等各方面的完善和发展。显然，新中国成立以后我们所走的正是这样一条基本道路。

3.《宣言》为“以人民为中心”思想提供了战略指导。

恩格斯指出：“共产主义是关于无产阶级解放的条件的学说。”[④] 造就无产阶级解放的条件必须有正确的战略指导。《宣言》在这方面提出了基本要求。《共产主义原理》指出，所有制问题是反对资本主义社会制度和政治制度中的基本问题。在所有制方面，“无产者只有通过消灭竞争、私有制和一切阶级差别才能获得解放”。这里讲的消灭私有制不是一般的所

① 《马克思恩格斯全集》第46卷（上），人民出版社1979年版，第104页。
② 《马克思恩格斯选集》第1卷，人民出版社2012年版，第413页。
③ 《马克思恩格斯选集》第1卷，人民出版社2012年版，第421页。
④ 《马克思恩格斯选集》第1卷，人民出版社2012年版，第295页。

有制，《宣言》解释说这是"要废除资产阶级的所有制"。[①] 因为这种所有制是以社会上的大多数人没有财产为必要条件的所有制，是建立在阶级对立上面、建立在一些人对另一些人的剥削上面的产品生产和占有的所有制。共产主义废除资产阶级的所有制，"并不剥夺任何人占有社会产品的权力，它只剥夺利用这种占有去奴役他人劳动的权力"。[②] 自然这要历经一个过程，"正像不能一下子就把现有的生产力扩大到为实行财产公有所必要的程度一样。……无产阶级革命，只能逐步改造现今社会，只有创造了所必需的大量生产资料之后，才能废除私有制"。[③] 在政治制度方面，将消灭资产阶级的国家制度，"建立民主的国家制度，从而直接或间接地建立无产阶级的政治统治"。[④] 因为资产阶级的国家政权"不过是管理整个资产阶级的共同事务的委员会"，[⑤] 不消灭它，无产阶级就不能抬起头来，挺起胸来，摆脱被压迫被奴役的地位。

无产阶级的政治统治，即民主的国家制度才能按照人民的意愿管理和治理社会，发展社会生产，增加生产力的总量，造成消灭阶级对立和阶级差别存在的条件。这是共产党人在一定历史阶段必须坚持完成的任务。从长远的未来说，当无产阶级的民主国家制度完成自己的历史使命时，社会的公共权力就将失去政治性质，进入"自由人联合体"的社会；在文化上，共产主义革命"在自己的发展进程中要同传统的观念实行最彻底的决裂"，[⑥] 揭露和批判封建主义的、资产阶级的、小资产阶级的种种思潮，抵制和清算它们对工人阶级的影响，以促进工人阶级精神的发展，在全社会确立无产阶级思想体系的统治；在社会方面，要使教育摆脱资产阶级的影响。对所有的儿童实行公共和免费的教育，把教育和物质生产结合起来。通过产业教育，将使社会全体成员的才能得到全面发展。

4.《宣言》为"以人民为中心"思想提供了实践指南。

坚持"以人民为中心"思想的根本保证在党的领导。党的领导的卓有成效在于党的政策和策略的正确。《宣言》在这方面提供了实践指南。

---

① 《马克思恩格斯选集》第1卷，人民出版社2012年版，第414页。
② 《马克思恩格斯选集》第1卷，人民出版社2012年版，第416页。
③ 《马克思恩格斯选集》第1卷，人民出版社2012年版，第304页。
④ 《马克思恩格斯选集》第1卷，人民出版社2012年版，第304页。
⑤ 《马克思恩格斯选集》第1卷，人民出版社2012年版，第402页。
⑥ 《马克思恩格斯选集》第1卷，人民出版社2012年版，第421页。

这里仅列举三点：

一是完全自主的原则。《宣言》在1892年波兰文序言中指出：“欧洲各民族的真诚的国际合作，只有当每个民族自己完全当家作主的时候才能实现。”① 共产主义运动是国际性的运动，坚持国际主义是共产党人必须坚持的重大原则。但是要做到坚持国际主义必须每个民族在自己国家完全自主。这个思想为中国共产党人指明了坚持独立自主的立场。今天我们能够坚持“以人民为中心”的发展，正是有了独立自主这个前提。

二是共产党人同各国社会民主党的关系。“共产党人为工人阶级的最近的目的和利益而斗争，但是他们在当前的运动中同时代表运动的未来。”② 所以在同各国反对保守的和激进的资产阶级、反对专制君主制、封建土地所有制和小市民反动性的政党联合行动时，不忽略对他们痼疾的批判。

三是对待各种反对党派的态度。《宣言》指出：“共产党人到处都支持一切反对现存的社会制度和政治制度的革命运动。……共产党人到处都努力争取全世界民主政党之间的团结和协调。”③ 但是共产党人一分钟也不忽略教育工人要尽可能明确地意识到资产阶级和无产阶级的对立。

这些策略指导原则为实现“以人民为中心”思想，结成最广泛的统一战线提供了实践指南和机动灵活的策略方针。

三 《宣言》为“以人民为中心”思想提供了实践路径

《宣言》的1872年德文版序言指出：《宣言》中所阐述的一般原理的实际运用，“随时随地都要以当时的历史条件为转移”。④ 这里指明了把精神转化为物质、实现理论和实践相统一的根本原则。列宁曾针对国际共产主义工人运动中的“左”的错误倾向，进一步阐发了这个原则：“只要各个民族之间、各个国家之间的民族差别和国家差别还存在（这些差别就是无产阶级专政在全世界范围内实现以后，也还要保持很久很久），各国共产主义工人运动国际策略的统一，就不是要求消除多样性，消灭民族差别（这在目前是荒唐的幻想），而是要求运用共产党人的基本原则（苏维

① 《马克思恩格斯选集》第1卷，人民出版社2012年版，第395页。
② 《马克思恩格斯选集》第1卷，人民出版社2012年版，第434页。
③ 《马克思恩格斯选集》第1卷，人民出版社2012年版，第435页。
④ 《马克思恩格斯选集》第1卷，人民出版社2012年版，第376页。

埃政权和无产阶级专政）时，把这些原则在某些细节上正确地加以改变，使之正确地适应于民族的和民族国家的差别，针对这些差别正确地加以运用。”①

马克思恩格斯列宁上述论断的本质要求，就是坚持马克思主义的普遍原理与各国的具体实践相结合。运用马克思主义一般原理，用学理主义和教条主义的态度去对待，不从各国的客观实际或仅凭可能性出发，只能造成理论和实践的分离，导致失败。中国共产党97年来在以人民为中心，为中国人民谋解放、谋幸福的斗争中的成功秘诀和光荣传统就是不断同“左”的和右的错误干扰作斗争，坚定不移地坚持马克思主义的普遍原理与中国的具体实际相结合的基本原则。这是马克思主义中国化的核心。中国共产党在把马克思主义一般原理运用于中国，实现以人民为中心、为人民谋幸福的革命、建设和改革过程中，在政治、经济、文化、社会、生态等各方面有许多伟大创造，对丰富发展《宣言》制定的共产主义原则作出了独创性的贡献。

一是在政治方面，我们根据《宣言》中无产阶级争得民主、建立无产阶级统治的思想，实行了人民民主专政的国家制度。

把“对人民内部的民主方面和对反动派的专政方面，互相结合起来”，② 鲜明地展现了人民当家作主的特色。在政治建设中，“坚持中国特色社会主义政治发展道路，坚持和完善人民代表大会制度、中国共产党领导的多党合作和政治协商制度、民族区域自治制度、基层群众自治制度，巩固和发展最广泛的爱国统一战线，发展社会主义协商民主，健全民主制度，丰富民主形式，拓宽民主渠道，保证人民当家作主落实到国家政治生活和社会生活之中”。依法治国，“保证人民依法通过各种途径和形式管理国家事务，管理经济文化事业，管理社会事务，巩固和发展生动活泼、安定团结的政治局面”，这些都体现了人民民主的真谛。

二是在经济方面，我们党遵循上述《宣言》的原则，结合中国社会发展现阶段的基本国情，实行以公有制为主体，多种所有制经济共同发展的基本经济制度。

与之相应地实现了以按劳分配为主体、多种分配形式并存的分配制

① 《列宁选集》第4卷，人民出版社1995年版，第200页。
② 《毛泽东选集》第4卷，人民出版社1991年版，第1475页。

度。坚持两个“坚定不移”、两个“毫不动摇”的方针；明确提出发展成果由人民共享，最终实现共同富裕原则，为实现以人民为中心的思想奠定了日益强大的经济的物质基础。

三是在文化方面，我们党遵循《宣言》提出的共产主义革命“在自己的发展进程中要同传统的观念实行最彻底的决裂”的思想，“构筑中国精神、中国价值、中国力量，为人民提供精神指引”。

坚持以马克思主义为指导，深入推动中华优秀传统文化创造性转化、创新性发展，继承革命文化，发展社会主义先进文化；坚持将社会主义核心价值观融入社会生活各方面，转化为人们的情感认同、道德情操和行为习惯，建设好人民共同的精神家园。同时坚持用社会主义核心价值观引领社会思潮，批判新自由主义、民主社会主义、历史虚无主义、“儒化中国”等形形色色的资产阶级的、封建主义残余思潮，抵制其对群众的错误影响。又以文化自信、海纳百川之气概，充分批判利用国外文化资源，发展中国特色社会主义哲学社会科学，促进广大人民群众精神发展，不断增强中国特色社会主义的共同信念和共产主义的崇高信仰。

四是在社会方面，《宣言》作出的预想，有的我们早已实践，有的正在不断推进的过程中。

特别是党的十八大以来，以习近平同志为核心的党中央坚持发展成果由人民共享，着力解决人民群众最关心最直接最现实的利益问题，包括脱贫攻坚、补齐民生短板，提升发展质量，更好满足人民日益增长的美好生活需要，在让人民群众共享改革发展成果上不断取得新成效。这正是今天我们党的执政基础稳如泰山、坚如磐石的力量所在。

1890 年 5 月 1 日，恩格斯在《宣言》1890 年德文版序言中写道：“《宣言》的历史在某种程度上反映着 1848 年以来现代工人运动的历史。现在，它无疑是全部社会主义文献中传播最广和最具有国际性的著作，是从西伯利亚到加利福尼亚的所有国家的千百万工人的共同纲领。”① 恩格斯还深情地说：“全世界的无产者现在真正联合起来了。如果马克思今天还能同我站在一起亲眼看见这种情景，那该多好啊！”②《共产党宣言》问世已经 170 周年了。马克思所希望的工人阶级的精神的发展，随着世界资

① 《马克思恩格斯选集》第 1 卷，人民出版社 2012 年版，第 392 页。

② 《马克思恩格斯选集》第 1 卷，人民出版社 2012 年版，第 393 页。

本主义经济危机、政治危机的日益加深，已非当时的情景所能比拟的了。

今天，全世界的无产阶级、进步人类都在纪念《共产党宣言》，我们怀着同样的心情，以最热忱的情感来纪念这部伟大的著作。我们的纪念是，不停地学习、不断深刻领悟《宣言》的伟大思想，以从理论源头上深化对21世纪马克思主义、当代中国马克思主义最新成果——习近平新时代中国特色社会主义思想精神实质和丰富内涵的认识和践行。今天重温《宣言》的基本思想就是对她最好的纪念。《宣言》的基本思想常在，“以人民为中心”的思想永存！

（原载《红旗文稿》2018年第4期，第一作者为谭玉敏）

中华人民共和国成立的划时代意义

1949 年 10 月 1 日，中国人民经过艰苦卓绝的长期斗争，创建了中华人民共和国。中国人民伟大领袖毛泽东在北京的天安门城楼上，向世界庄严宣告了中国历史新纪元的开启。中国争取民族独立和人民解放的任务基本得到完成，中华民族蒙受的百年屈辱为之一洗，开始以从未有过的磅礴气势屹立于世界民族之林。拥有五千年文明史、近现代以来又受尽压迫和欺凌的中国人民，砸碎了旧世界的锁链，站起来做了新国家的主人。以强有力的国家政权为政治前提和重要制度基础，推动社会主义改造顺利进行，社会主义基本制度在神州大地确立。国家得到基本统一，民族大团结得以实现，政治昌明、社会稳定，人民生活水平节节上升。经济、政治、文化、社会、生态等方面建设逐步大规模展开。在世界东方，一个繁荣富强民主文明和谐美丽的社会主义中国，正以巨大的生命力感召和影响着全世界。在庆祝新中国成立 70 周年之际，本文来集中探讨一下新中国成立对中国 70 年历史发展的划时代意义。

一　验证了中国人民所确认的若干真理

1. 创建中华人民共和国的革命，是近代中国社会主要矛盾及其激化的必然结果

恩格斯说过："任何地方发生革命动荡，其背后必然有某种社会要求，而腐朽的制度阻碍这种要求得到满足"[①] 的结果。列宁也说过："革命是不能'制造出来'的，革命是从客观上（即不以政党和阶级的意志为转移）已经成熟了的危机和历史转折中发展起来的。"[②]

---

① 《马克思恩格斯选集》第 1 卷，人民出版社 2012 年版，第 566 页。

② 《列宁选集》第 2 卷，人民出版社 2012 年版，第 487 页。

近代以来，中国几乎受到所有主要帝国主义国家的掠夺和欺凌。由于社会制度腐败和经济技术落后，近代中国所进行的反对帝国主义国家侵略的战争，都以中国失败、接受丧权辱国条约而告结束。中国日益加深地沦为半殖民地半封建社会。中国在形式上虽然还维持着独立国的地位，但事实上已经没有完整的主权，政治上、经济上完全独立的地位均已丧失。另一方面，外国资本主义的入侵，在促使中国封建社会解体、资本主义因素发生的同时，封建剥削制度的根基——封建地主土地所有制及其地主对农民的剥削依然构成中国农村生产关系的主要基础，代表地主阶级利益的军阀官僚依然控制着国家政权。他们同帝国主义相互勾结，在中国建立起联合统治，共同吸吮着中国人民的血脂血膏，使中华民族不能生存、社会不能前进、群众没有生活出路。“四万万人齐下泪，天涯何处是神州。”帝国主义和中华民族的矛盾、封建主义和中国人民的矛盾成为近代中国半殖民地半封建社会的主要矛盾。近现代中国的革命正是在这种社会矛盾尖锐、激化的情况下发生的。近代中国面临的两大历史任务：争取民族独立和人民解放，实现人民富裕和国家富强，也正是在这种社会矛盾基础上提出来的。新中国成立是近代中国第一大任务完成的鲜明标志，并为完成第二个伟大历史任务提供了根本政治保证。

2. 中华人民共和国的诞生，是中国人民勠力同心、共同坚持长期斗争的胜利成果

中国人民争取民族独立和人民解放，赢得人民解放战争，于此有两点特别鲜明和突出：一是革命斗争的长期性。从 1840 年开始，中国人民就展开了反对外国侵略的民族革命，从太平天国起义到义和团运动，再到辛亥革命，斗争此起彼伏，前赴后继，波澜壮阔，时间长达百多年，直至革命胜利，这为世界历史所罕见。它充分彰显了中国人民不畏强暴和不屈不挠的伟大民族精神。二是事业和斗争的共同性。近代以来帝国主义和封建主义在中国建立的联合统治，使中华民族备受欺凌和屈辱，使中国人民备受奴役和压迫，因而争取民族独立和人民解放成为各族人民共同的事业和共同的斗争。一部中国近代史记载着，在创建新中国的伟大革命中，工人、农民、城市小资产阶级、民族资产阶级、各民主党派和无党派民主人士、各少数民族等，作为革命的动力，都为救亡图存、中华民族的崛起奋力呐喊、求索、抗争、斗争过。其中，工人、农民、城市小资产阶级是革命主力。民族资产阶级与各民主党派和无党派民主人士、各少数民族、爱

国知识分子、华侨等作为革命力量之一，各自在斗争中作出了贡献。特别是进入新民主主义革命阶段之后，中国共产党以集中领导工人运动为基础，积极推进与国民党合作，掀起第一次大革命高潮。大革命失败以后，中国共产党人从地上爬起来，擦干身上的血迹，掩埋好同志的尸体，独立地举起革命大旗，领导中国人民以武装革命反对武装的反革命，创建革命根据地、武装夺取政权，开辟了一条适合中国特点的革命道路。经过28年浴血奋战（土地革命战争十年，全国抗日战争十四年、全国解放战争四年），终于从根本上推翻了帝国主义、官僚资本主义、封建主义的反动统治，迎来了中华人民共和国的诞生。新中国，这是中华民族齐心合力、团结奋斗的胜利象征，彰显了中国人民伟大的团结精神。

3. 中华人民共和国的诞生，证明“没有共产党就没有新中国”

中国近代以来，早在共产党成立以前，人民反帝反封建的革命斗争就在中国大地上如火如荼地展开，但是包括辛亥革命那样伟大的革命都失败了，中华民族仍处于沉沉的黑暗之中，悲惨境地未得到丝毫改变。1921年中国共产党的诞生才使中国革命的面貌焕然一新，把中国的民族民主革命推进到新民主主义革命的崭新阶段。在新的革命阶段上，中国共产党人立足于中国的具体实际，以马克思主义的社会革命理论为指导，深入分析和创造性地回答了一系列重大问题：中国的社会性质和革命性质、革命的领导力量、依靠力量和团结力量、革命的独特道路和主要方式等，创立了新民主主义理论，为中国民族民主革命的胜利提供了科学指针；中国共产党人又在整个革命过程中，始终如一地坚持全心全意为人民服务的根本宗旨和一切依靠群众，一切为了群众的彻底群众路线。并且以自己最坚决、最勇敢、最热忱的实际行动和最富有牺牲的伟大人格魅力，发挥着先锋模范带头作用，因而赢得了广大人民的衷心拥护。理所当然，中国共产党也就历史地成为中国人民的坚强领导核心和革命斗争的主心骨。

4. 中华人民共和国的诞生，证明了资产阶级的共和国在中国行不通

近代以来，先进的中国人为了救国，在一个相当长的时间内，曾渴望学习西方、建立资产阶级共和国，使中国走向独立和富强。特别是一些资产阶级代表人物在不同的历史时期，总是反复提出这种主张。辛亥革命，是资产阶级革命派为建立资产阶级共和国作出的最大努力，其结果流产。辛亥革命的失败，宣告了在中国建立资产阶级共和国幻想的破灭。但是此

后，资产阶级代表人物并没有放弃资产阶级共和国的方案。抗日战争胜利后，一个时期内，一些民主党派的领导人物和若干民主党派无党派人士，又迷信“第三条道路”（实质上还是西方式的资产阶级共和国的道路）。结果又因帝国主义不容许，蒋介石法西斯式政治统治的残暴，民族资产阶级的软弱而流产。历史表明，民族资产阶级没有勇气，也没有能力领导人民进行彻底的反帝反封建的斗争。其一，他们不能提出彻底的反帝纲领，凝聚起中华民族的磅礴力量；其二，他们不能提出彻底的土地革命纲领，动员不了中国最广泛的群众——农民；其三，由前两条所决定，没有能力组织和掌握军队，不可能进行革命的武装斗争。他们幻想国民党统治集团在中国实行资产阶级民主制度，得到的回报是，其组织遭到蒋介石反动集团的取缔，代表人物遭到监视、逮捕以至杀害。最后，不得不抛弃不切实际的幻想，发表宣言，检讨“中立态度”“中间道路”背离了中国现实环境，转而站到人民革命立场上来。如毛泽东所概括：“就是这样，西方资产阶级的文明，资产阶级的民主主义，资产阶级共和国的方案，在中国人民的心目中，一齐破了产。资产阶级的民主主义让位给工人阶级领导的人民民主主义，资产阶级共和国让位给人民共和国。”① 这说明资产阶级共和国的方案在中国行不通，是历史的结论。今天依然迷恋资产阶级共和国方案的人，是置历史规律与历史经验于不顾，失败是不容置疑的。

二　确保中国选择社会主义道路

列宁说过：“一切革命的根本问题是国家政权问题。不弄清这个问题，便谈不上自觉地参加革命，更不用说领导革命。”② 因为政权在谁手里，这一点决定一切，政权决定革命的进程和结局。人民共和国这一人民当家作主的政权，解决了中国选择社会主义道路的三大问题：

1. 粉碎了国内外敌对势力企图颠覆革命胜利果实的阴谋

新中国成立以后，中国人民面临着几大威胁。一是美国发动的侵朝战争，直逼我国的鸭绿江边。美国的第七舰队侵入我国的台湾海峡，为盘踞台湾的蒋介石集团反攻大陆助威，妄想把新中国扼杀在摇篮里。美国还在我国周边建立了多个军事基地，威胁我国政治安全。二是国民党在大陆埋

① 《毛泽东选集》第4卷，人民出版社1991年版，第1471页。

② 《列宁选集》第3卷，人民出版社2012年版，第19页。

伏的特务、地主阶级的残余武装、土匪团伙，四处破坏土改和国民经济恢复工作。三是在经济上，不法资本家断言共产党不懂经济，无能力管理中国，并进行行贿、偷税漏税、盗骗国家资财、偷工减料、盗窃国家经济情报等违法犯罪活动。面对这些严重威胁，我们党和人民凭借人民政权强大的动员力、组织力和武装力量，进行了抗美援朝战争、镇压反革命、“三反”“五反”运动、土地改革等一系列卓有成效的斗争，粉碎了国内外敌对势力企图颠覆新生红色政权的阴谋，确保中国能够在全国规模上选择社会主义道路。

2. 确保社会主义基本因素产生和社会主义生产关系的建立

中国走上社会主义道路，关键是要建立起社会主义生产关系。所以，在20世纪50年代，中国经济面临的最大任务和最重要的事件就是社会主义生产关系的建立。中华人民共和国的创建，人民掌握国家政权，当家作主，卓有成效地履行国家职能，确保了中国社会主义基本因素的产生和导入社会主义生产关系建立作用的发挥，“总之，对社会主义的选择是不可避免的”。[①] 然而，从导入社会主义的基本因素到正式形成社会主义生产关系，这一过程不可能自动进行，它只能由社会主义国家为它开辟道路。人民当家作主的新中国，正是确保这一过程正向发展，推动社会主义生产关系确立，并促进社会生产力在这种新的生产关系下快速发展的强大政治杠杆。

应该说，中国共产党人坚持先夺取政权，再利用革命政权去进行社会主义改造，建立社会主义生产关系，进而发展生产力这一伟大实践，既是对马克思、列宁思想的遵循，又是结合中国实际对马克思列宁主义创造性地运用和发展。马克思恩格斯在《共产党宣言》中、马克思在《哥达纲领批判》中，都讲过要利用无产阶级争得的民主，即国家政权改造旧的生产关系，建立新的生产关系，尽快发展生产力。特别是马克思1881年在答复查苏利奇关于革命公社未来命运问题时所指出的，由于俄国的农村公社是与资本主义同时并非与此脱离而孤立存在着的，所以，若其他条件具备，它就能够不通过资本主义的卡夫丁峡谷而占有资本主义创造的一切积极成果。在马克思这个重大而具有独创性的历史见解中，所谓“其他条件具备”，最重要、最根本的就是人民掌握国家政权。因为国家作为一

① 《胡乔木文集》第2卷，人民出版社1993年版，第260页。

种集中起来的系统力量，对经济发展的反作用是巨大的（至于国家对经济发展反作用的性质及其大小则依国家政权的性质而定）。列宁1923年写的《论俄国革命》一文，在驳斥伯恩斯坦、考茨基等修正主义分子和俄国孟什维克等机会主义派别的谬论时曾指出："你们说，为了建立社会主义就需要文明。好极了。那么，我们为什么不能首先在我国为这种文明创造前提，如驱逐地主，驱逐俄国资本家，然后开始走向社会主义呢？"①

这是对历史辩证法的活的运用。从马克思主义国家学说看来，国家是社会的正式代表，是上层建筑当中最主要的东西。它可以促进经济的发展，也可以阻碍经济的发展，还可以改变经济发展的方向。在这个意义上说，中华人民共和国的成立，人民当家作主，对中国经济的发展、社会主义道路的选择具有根本的决定性的意义。毛泽东更以其深刻的洞察力，发现这不是历史发展中的个别事例，而是一条辩证规律。他说："首先制造舆论，夺取政权，然后解决所有制问题，再大大发展生产力，这是一般规律。"②"都是先把上层建筑改变了，生产关系搞好了，上了轨道了，才为生产力的大发展开辟了道路，为物质基础的增强准备了条件。当然，生产关系的革命，是生产力的一定发展所引起的。但是，生产力的大发展，总是在生产关系改变以后。"③

毛泽东留给中华民族的这条彻底的历史唯物主义原理，闪烁着历史辩证法的灿烂光辉。新中国70年的大发展，生动证明了它的真理性。

三　为实现社会主义工业化提供政治制度基础

在新中国诞生的前夜，毛泽东就向世人宣告："中国人民将会看见，中国的命运一经操在人民自己的手里，中国就将如太阳升起在东方那样，以自己的辉煌的光焰普照大地，迅速地荡涤反动政府留下来的污泥浊水，治好战争的创伤，建设起一个崭新的强盛的名副其实的人民共和国。"④

伟大领袖的伟大预言，在伟大国家的伟大人民的伟大创造中，成为光辉的现实。中国共产党人清楚知道，要巩固近代以来中国第一大历史任务实现的成果，并实现第二大历史任务，变一个落后的农业国为先进的工业

---

① 《列宁选集》第4卷，人民出版社2012年版，第778页。
② 《毛泽东文集》第8卷，人民出版社1999年版，第132页。
③ 《毛泽东文集》第8卷，人民出版社1999年版，第131—132页。
④ 《毛泽东选集》第4卷，人民出版社1991年版，第1467页。

国，当时面临世界上的两条道路：一条是资本主义工业化道路；一条是社会主义工业化道路。而对于中国来说，却只有一种选择，就是社会主义工业化道路。实现社会主义工业化，对中国来说有十分的必要，但是否有这种可能呢？毛泽东的回答是肯定的。其最大的根据和底气就是"中国的命运"已经"操在人民自己的手里"即人民掌握了国家政权，能在全国规模上，按以工人阶级为领导的工农联盟为基础的最广大人民群众的意志去治理国家，从而加快社会生产力发展，推动社会进步和人的全面发展。用老百姓的话说：这叫"有权的幸福，无权的痛苦"。前进的道路从来不是平坦的。在新中国成立后的70年奋进中，党和人民披荆斩棘，进行了具有许多新的历史特点的伟大斗争。首要的斗争是要不要坚持社会主义道路，其次是同贫穷做斗争，再次是与国外敌对势力的威胁做斗争。正是这些斗争坚定了中国坚持社会主义道路的信心。

新中国70年光辉的奋斗史充分验证了这一真谛。从1953年到1956年，全国工业总产值平均每年递增19.6%，农业总产值每年递增4.8%。社会主义改造成了生产力发展的直接动力。尤其是社会主义基本经济制度的确立，为中国全面进行社会主义建设乃至尔后的一切进步和发展奠定了基础。从1957年到1978年的22年间，我们基本上建立起了一个独立的、比较完整的工业体系和国民经济体系，使中国在赢得了政治上的独立之后又赢得了经济上的独立。在中国经济发展的速度上，工农业总产值，1953—1978年平均年增长率为8.2%；其中工业总产值平均年增长率为11.4%，农业总产值平均年增长率为2.7%。从1957年到1978年，除了少数农副产品产量外，谷物和主要工业产品产量在世界上所占的位次都明显提前了。[①] 同时这期间，我们还从成功和失误两方面为以后的科学发展积累了经验。正是这样，新中国改革开放以后40余年，经济实力和综合国力得到大幅跃升，以震古烁今的伟大创造，不断向世界展现出中国精彩。

客观历史事实正是这样。人民民主专政国家的创造伟力，推动了社会主义建设和改革开放，取得了社会主义现代化建设的巨大成就，到2017年党的十九大召开，我国经济保持中高速增长，在世界主要国家中名列前茅，国内生产总值达到80万亿元，稳居世界第二，对世界经济增长贡献

---

① 《中国近现代史纲要》，高等教育出版社2015年版，第248—275页。

率超过30%。供给侧结构性改革深入推进，经济结构不断优化，数字经济等新兴产业蓬勃发展，高铁、公路、桥梁、港口、机场等基础设施建设快速推进。至2018年全国粮食总产量为13158亿斤，比1949年增长4.8倍，年均增长2.6%。[①] 2018年末，我国常住人口城镇化率达到59.58%，比1949年末提高48.94个百分点，年均提高0.71个百分点。[②] 科学技术迅猛发展，人民生活水平极大改善，社会文明程度显著提升，国际地位空前提高，等等。现在人民民主专政的国家以更加强大的物质技术基础，有力地支撑起“一带一路”“人类命运共同体”倡议的实施。

四 为确保共产党的领导和执政提供了国家权力支持

共产党的领导是中国人民的最高领导力量，是中国特色社会主义最本质的特征和最大的制度优势，是当代中国取得一切发展进步的根本政治前提和保证，是中国由社会主义过渡到共产主义的核心力量。共产党之所以能够实现对全国人民的政治领导，是由以下条件决定的：“首先，是根据历史发展行程提出基本的政治口号，和为了实现这种口号而提出关于每一发展阶段和每一重大事变中的动员口号。”“第二，是按照这种具体目标在全国行动起来时，无产阶级，特别是它的先锋队——共产党，应该提起自己的无限的积极性和忠诚，成为实现这些具体目标的模范。”“第三，在不失掉确定的政治目标的原则上，建立与同盟者的适当的关系，发展和巩固这个同盟。”“第四，共产党队伍的发展，思想的统一性，纪律的严格性。”[③]

而这些条件集中起来，自然是由它的阶级属性和政治属性所决定，它的路线、方针和政策都是为实现人民利益为根本出发点和落脚点的，所以得到广大人民群众的拥护，具有牢固的阶级基础和深厚的群众基础。但是它作为执政党在极其复杂的国内外的斗争当中，能够实现其领导，也基于

---

① 国家统计局：《农业生产跃上新台阶 现代农业擘画新蓝图——新中国成立70周年经济社会发展成就系列报告之十二》（http://www.stats.gov.cn/tjsj/zxfb/201908/t20190805_1689117.html，2019-08-05/2019-10-10）。

② 《城镇化水平不断提升 城市发展阔步前进——新中国成立70周年经济社会发展成就系列报告之十七》（http://www.stats.gov.cn/tjsj/zxfb/201908/t20190815_1691416.html，2019-08-05/2019-10-10）。

③ 《毛泽东选集》第1卷，人民出版社1991年版，第262—263页。

有自己领导下的强大的国家政权力量的支撑。毛泽东说："没有一个人民的军队，便没有人民的一切。"①

军队是国家政权的重要基石。如果没有以强大的人民军队为主要力量的国家机器、强大的国防为后盾，我们就既不能抵御国外侵略势力的进攻，也不能镇压国内一切反党反社会主义势力的反抗。共产党的领导和执政就无法坚持。值得注意的是，我们在日常的理论的宣传中，往往正确地强调了党对国家政权的核心领导这一面，这是完全必要的，今后还得进一步加以强调，其根据在本节的开头已作了概括。党的领导若没有人民民主专政国家的支撑，就不能称之为执政党，党的领导就不能实现和坚持。所以必须强调人民民主专政国家的作用，并且按照党的基本理论、基本路线、基本方略的要求，加强人民民主专政国家的建设和职能作用发挥的依法监督，以便更好地体现党的根本宗旨，有力地贯彻党的主张。

（原载《思想理论教育导刊》2019 年第 10 期）

① 《毛泽东选集》第 3 卷，人民出版社 1991 年版，第 1074 页。

梅荣政文集

（下）

Collected Works of Mei Rongzheng

梅荣政　著

中国社会科学出版社

下卷目录

当代中国重大理论问题和现实问题研究

下　卷

当代中国重大理论问题和现实问题研究

第一部分　党的领导和党的建设

共产党领导的历史必然性

关于共产党的领导地位和作用问题，早已成为世界舆论密切关注的课题。在近一个时期的国际风云变幻中，它更成为意识形态领域中马克思主义与非马克思主义、共产主义与社会民主主义激烈斗争的一个关键。我国一些搞资产阶级自由化的人，要求“重新认定”“党的领导的合法性”，散布什么“搞四化可以不要共产党的领导”。有的甚至狂妄叫嚣“要废除一党制，让共产党下台，推翻现政权”。而广大人民群众则认为，共产党的领导作用要始终如一地贯彻到无产阶级夺取政权和巩固政权的斗争中，在从资本主义向社会主义转变的过渡时期，在社会主义和共产主义建设的各个阶段，一直到共产主义建成，都要坚持党的领导。在中国，没有共产党就没有社会主义，这是中国社会主义建设中的一条极为重要的规律。

一　共产党领导地位的确定是中国历史的选择

中国共产党领导地位的确定，是与中国人选择社会主义道路紧密相连的。由于历史给中国选择了社会主义道路，由此也就决定要选择中国共产党担负中国革命的领导力量。中国人民选择社会主义道路是历史发展的必然，因为“只有社会主义才能救中国”。中国人民选择共产党的领导也是历史发展的必然，因为没有共产党就没有新中国，就没有中国的社会主义。这两个方面共存于中国历史发展的过程中。

我们讲没有共产党就没有中国的社会主义，是因为在近代中国，唯有共产党才主张实行科学社会主义。唯有它才能把中国人历尽千辛万苦选择的社会主义道路，由可能变为现实，由少数先进的共产党人的主张变成中国绝大多数人的愿望，从而形成巨大的、浩浩荡荡的历史潮流，将历史的必然化为光辉灿烂的现实。而任何其他社会阶级、政治势力，尽管都千方百计地以自己的政治主张作为中国革命的导向，企图实现本阶级的意图和目的，然而却不能把中国革命历史引导到新的社会主义的发展方向。这也不是由任何人的主观愿望决定的，而是由各阶级在中国历史演进中的经济地位所决定的。

众所周知，中国的地主阶级和买办阶级完全是国际资产阶级的附庸，其生存和发展，是附属于帝国主义的。这些阶级代表中国最落后的和最反动的生产关系，阻碍中国生产力的发展，他们和中国革命的目的完全不相容。特别是大地主阶级和大买办阶级，他们始终站在帝国主义一边，是极端的反革命派，是革命的对象。中国的民族资产阶级是一个具有两面性的阶级，它企图建立资产阶级共和国，走资本主义道路，但由于帝国主义及其在中国的走狗的反对和绞杀，以及自身的软弱性，总是遭到失败。戊戌变法仅仅搞了一百天就失败了，史称“百日维新”。辛亥革命虽然推翻了清朝政府，建立了共和国，最后也免不了失败。事实证明，资本主义道路在中国走不通，民族资产阶级没有资格和能力领导中国革命走向胜利。至于中国的农民阶级，虽然他们人数众多，也要求革命，但由于他们的生产方式落后，思想狭隘，不可能科学地分析中国社会的矛盾，确定中国社会的性质，提出彻底的反帝反封建的革命纲领，完成民主革命的任务。只有中国“工业无产阶级人数虽不多，却是中国新的生产力的代表者，是近代中国最进步的阶级，做了革命运动的领导力量”①。

无产阶级对中国革命的领导是通过自己的政党——中国共产党实现的。中国共产党能被中国人民选择为革命的领导力量，从根本上说，是因为其提出了符合中国历史发展趋势、代表中国革命发展唯一正确方向的主张，并在伟大的历史潮流激荡中发挥了不可代替的作用。中国共产党之所以能起到这样的作用是因为：

首先，中国共产党是马克思列宁主义和中国工人阶级相结合的产物，它以马列主义为科学世界观和方法论，分析了中国的历史状况、阶级关系和所处的国际大背景，制定了彻底反帝反封建的民主革命纲领，解决了中国革命的对象、任务、动力、性质、步骤、前途等一系列根本问题。根据中国革命的特点开创了以农村包围城市、工农武装割据为特征的中国革命

① 《毛泽东选集》第1卷，人民出版社1991年版，第8页。

的正确道路，找到了“统一战线、武装斗争、党的建设”这三大克敌制胜的法宝，形成了“理论联系实际，密切联系群众，批评与自我批评”的优良传统和作风。这个以社会主义为前途的民主革命纲领及其相应的路线和政策，既反映了近代中国社会发展的客观规律，又解决了中国革命胜利发展的主观条件，这就保证了中国民主革命的胜利。

其次，中国共产党在毛泽东思想的指引下，以自己艰苦卓绝的斗争赢得了中国人民的信任。毛泽东同志曾高度评价过中国共产党党员的模范行动及其在中国人民中产生的伟大影响。他指出：“中国共产党以自己艰苦奋斗的经历，以几十万英勇党员和几万英勇干部的流血牺牲，在全民族几万万人中间起了伟大的教育作用。中国共产党在革命斗争中的伟大的历史成就，使得今天处在民族敌人侵入的紧急关头的中国有了救亡图存的条件，这个条件就是有了一个为大多数人民所信任的、被人民在长时间内考验过因此选中了的政治领导者。现在共产党说的话，比其他任何政党说的话，都易于为人民所接受。”①

正是由于上述原因，中国共产党成了中国革命的领导力量。中国共产党从成立之日起，就遭到帝国主义、大地主阶级、大资产阶级及其他们联合力量的坚决反对、残暴镇压。就力量说，这些反动势力在相当长的时期内是十分强大的，而共产党的力量则是弱小的。但是中国共产党不仅没有被消灭，而且经过二十八年的浴血奋斗，包括二十二年的武装斗争，终于领导中国人民推翻了“三座大山”，建立了人民当家作主的中华人民共和国，彻底结束了中国一百多年来半殖民地半封建的苦难历史。这个史实令人深思。一些顽固坚持资产阶级自由化的人不是公然责问共产党的“领导地位是谁决定的”吗？我们回答说：这是人民决定的，历史选择的。

二　共产党对社会主义建设的领导是历史选择的继续

共产党的领导作用不仅贯穿于民主革命的全过程，也贯穿于社会主义革命和建设的全过程。

社会主义建设时期为什么还会选择中国共产党作领导呢？

首先，这是社会主义建设内在的需要。社会主义现代化建设，是由亿万群众创造性劳动组成的生动过程。它包括宏大的系统工程：建设强大的

---

① 《毛泽东选集》第1卷，人民出版社1991年版，第184—185页。

物质技术基础，创造高于资本主义的劳动生产率：建设日益发达的精神文明，特别是造就“有理想、有道德、有文化、有纪律”的新人；建设社会主义民主政治；建设强大的国防。完成人类历史上这样宏伟的工程，决不是自发的、自然而然的过程，而是主客观因素相互作用，主观因素不断增长的过程，也就是在认识社会主义建设规律的基础上，对客观因素施加有计划、有目的的影响，积极引导的过程。这种引导表现为各个方面。如制定一条适合本国特点的马克思列宁主义的社会主义建设路线；造就一支宏大的、门类齐全、成龙配套的社会主义经济管理干部和政治管理干部；进行卓有成效的思想政治教育，恰当地处理人民内部各方面的利益和矛盾，以便最大限度地调动积极因素，组成浩浩荡荡的建设大军；制定正确的外交路线和政策，等等。对于我国当前来说，为了保证我们在20世纪末实现国民生产总值再翻一番的目标，最重要的是要坚持“一个中心，两个基本点”的基本路线，保持安定团结，保持社会的稳定，经过治理整顿、深化改革，使国民经济走上持续、稳定、协调发展的轨道。在我国社会主义社会实践的进程中，什么样的政治力量才能起到这种主观因素的作用呢？只有以马克思列宁主义的先进理论武装起来的中国共产党才是适应社会主义建设过程客观要求的、内在的主观指导力量，才能起这种作用。

其次，这是社会主义制度本身的要求。社会主义制度的基本特征，在经济上主要表现为消灭剥削制度，实现生产资料公有制和对消费品的按劳分配；在政治上表现为工人阶级和劳动人民的政权，发展社会主义民主；在意识形态上表现为以马克思主义为指导。这些基本特征同共产党的性质、宗旨和历史使命完全一致。因为共产党正是以马克思主义为指导的、由无产阶级先进分子组成的、按民主集中制的组织原则组织起来的、以实现共产主义为历史使命的无产阶级先锋队。这就显示出一种可能性：只要执政的共产党认识了社会主义建设乃至整个社会进程的客观规律性，遵循而不是违背历史规律的作用，它在客观规律范围内的领导活动就会成为推动社会进程的强大力量。因为社会主义制度作为一个有机体，要发挥自己的作用，实现社会的发展，就必然要求共产党的领导作用。而且，社会主义制度从经济、政治、文化诸方面保证了劳动人民参与国家、社会事务管理的条件，促进了人民群众自觉性的高涨，主人翁意识的增强，这为共产党的领导活动的成功提供了社会基础。

最后，这是工人阶级在现代生产和社会关系中的地位合乎规律的结果。马克思曾经说过，工人阶级是现代社会中的“头脑和心脏”。在我国现阶段，工人阶级仍然代表着社会主义生产关系的性质，代表着生产力发展的方向，是劳动人民和一切进步力量根本利益的体现者。历史进程本身把我国工人阶级推到建设新社会的先锋队的位置，推举为建设社会主义现代化的领导阶级。但是，只有工人阶级自身成为一种高度组织起来的力量，具有明确的奋斗目标、统一的意志、统一的行动、高度的政治觉悟、铁的纪律时，才能对社会主义的进程起领导作用。执政的共产党正是这种高度组织起来的政治力量。江泽民同志曾经深刻地分析过中国共产党的特点和优势。他说，我们这个党是用马列主义、毛泽东思想武装起来的，是经受过长期锻炼和各种艰难困苦考验，有一批坚强骨干的党；是牢牢掌握一支忠于祖国、忠于人民、忠于社会主义，有强大战斗力的军队的党；是全心全意为人民服务、同群众保持着密切联系的党；是在一个拥有 11 亿人口的大国中执政，四十年来努力发展经济，特别是近十年来，以经济建设为中心，坚持四项基本原则，坚持改革开放，为国家的发展和人民生活的改善，作出了巨大成就的党；是在同帝国主义和各种机会主义斗争中取得了丰富经验的党。因此，中国共产党作为中国工人阶级的先锋队，它的领导作用是社会主义建设乃至整个社会发展中自觉因素的最高形式。唯有它才能把中华民族伟大的创造力凝聚起来，引向社会主义乃至共产主义的崇高目标。

从上述分析可见，共产党对我国社会主义建设的领导作用，渊源于社会主义制度本身和社会生活的客观实际。正是因为这样，人们坚信列宁那句名言的现实意义：“我们相信党，我们把党看做我们时代的智慧、荣誉和良心。”① 人们才继续选择中国共产党作为社会主义建设的领导力量。

三　历史唯物论为共产党的领导作用提供了充分可靠的依据

在现代资产阶级学说中，有一种庸俗的见解，就是把共产党的领导作用同马克思主义的历史唯物论对立起来。它表现为两种突出的观点。一种观点是，认为承认共产党对历史进程的领导作用同承认历史是根据客观规律发展的观点是对立的；另一种观点是，把社会主义国家中共产党的领导

① 《列宁全集》第 25 卷，人民出版社 1958 年版，第 251 页。

作用同人民群众的历史作用对立起来。这两种观点是十分荒谬的。我们先来看第一种观点。美国学者 A. 迈耶坚持认为把共产党当作社会进程……的指导力量，是违背马克思主义的历史观的。马克思主义认为历史是一个自然过程，在这个过程中，历史发展的这一或那一方向并不取决于人们的意志和思想，不管是个人还是集团的意志或思想，而是取决于社会力量的相互作用。这种观点的错误在于：

第一，A. 迈耶对马克思主义关于自然历史过程的理论全然无知。恩格斯在关于历史唯物主义的信中讲的历史是一种“合力”的论点；恩格斯在《反杜林论》中关于在社会主义时代，人们完全自觉地自己创造自己历史的观点；列宁在 1905 年揭露孟什维克机会主义，批判其崇拜自发性和自流，对“认识了革命的物质条件并且领导着先进阶级的政党所能够而且在历史上起着积极的领导作用和指导作用”估计不足，是降低唯物史观意义的观点，等等，A. 迈耶由于其资产阶级立场和世界观的局限，全然无知或不能理解，因而不愿和不能理解共产党的领导作用。

第二，社会历史发展的客观规律只能通过人们的实践活动、人们的创造力才能发挥作用。列宁在《卡尔·马克思》一文中指出：以往的历史理论的两个主要缺点之一，就是“恰恰没有说明人民群众的活动，只有历史唯物主义才第一次使我们能以自然史的精确性去考察群众生活的社会条件以及这些条件的变更”①。列宁在《反对抵制》一文中又写道：“马克思主义和其他一切社会主义理论不同，它既能以非常科学的冷静的态度去分析客观形势和进化的客观进程，同时又能非常坚决地承认群众（当然，还有善于摸索到同某些阶级的联系，并实现这种联系的个人、团体、组织、政党）的革命毅力、革命创造力、革命首创精神的意义，并且把这两方面卓越地结合起来。”② 列宁的这两段话表明，社会历史发展的客观规律同人民群众在历史上的作用是两个密切相关的问题。人民群众的历史作用必须顺应社会历史发展的客观规律，而社会历史发展的客观规律只有通过人民群众的历史作用才能得到体现。人是社会的主体。从这个意义上说，科学地理解人民群众在历史上的作用问题，是正确认识和把握社会历史发展规律的关键所在。否则就从根本上抛弃了历史唯物主义。

---

① 《列宁选集》第 2 卷，人民出版社 1972 年版，第 586 页。

② 《列宁选集》第 1 卷，人民出版社 1972 年版，第 729 页。

第三，社会主义社会的发展过程不仅同一般人类社会进程一样，其真实内容中包含着客观规律和人们的活动，特别是先进阶级及其组织积极斗争的相互作用，而且还具有自己的特点。这就是：以前“人们自己的社会结合一直是作为自然界和历史强加于他们的东西而同他们相对立的，现在则变成他们自己的自由行动了。一直统治着历史的客观的异己的力量，现在处于人们自己的控制之下了。只是从这时起，人们才完全自觉地自己创造自己的历史；只是从这时起，由人们使之起作用的社会原因才在主要的方面和日益增长的程度上达到他们所预期的结果”①。社会主义现实表明，在社会主义社会里，人们创造自己历史的活动，难于达到“完全自觉”的程度。但是社会的主观因素，特别是执政的共产党的领导作用，确实能够“在主要的方面和日益增长的程度上达到他们所预期的结果”。因此，A. 迈耶把共产党的领导作用同历史发展的客观规律对立起来的观点是荒诞无稽的。

我们再看另外一种观点，即把共产党的领导作用同人民群众的历史作用对立起来，这也是荒谬的。执政的共产党不是从社会以外凭空产生而凌驾于社会之上的，也不是同人民群众格格不入的异己力量。它是人民群众中最优秀的一部分，它的根本宗旨正在于全心全意为人民服务。它的领导作用的必要性来自于群众利益的要求，它的力量的主要来源在于代表人民的利益，紧密联系人民和取信于人民。党的领导方法坚持“从群众中来，到群众中去”。但是，由于执政的共产党“在理论方面，他们胜过其余无产阶级群众的地方在于他们了解无产阶级运动的条件、进程和一般结果”②，在总的策略原则方面，“共产党人为工人阶级的最近的目的和利益而斗争，但是他们在当前的运动中同时代表运动的未来”③。因此，共产党能够科学地体现工人阶级和广大人民群众的意志，协调社会中不同阶级和阶层的利益，并在自己的路线政策中将这些利益结合起来，使自己成为战胜敌对力量、克服困难和巩固社会主义制度的保证，成为新的需求、新的方法开辟道路的主要力量，成为善于在马克思列宁主义基础上制定社会经济发展战略和动员劳动者实现这一战略的唯一力量，成为人民群众在特

---

① 《马克思恩格斯选集》第 3 卷，人民出版社 1972 年版，第 323 页。

② 《马克思恩格斯选集》第 1 卷，人民出版社 1995 年版，第 285 页。

③ 《马克思恩格斯选集》第 4 卷，人民出版社 2012 年版，第 278 页。

定的历史时期为完成特定的历史任务的一种工具。人民群众唯有坚持共产党的领导，才懂得社会历史的客观进程、自己的历史地位和历史作用，从而组织起来，为自己的利益和意志而斗争。毛泽东同志曾经指出："我们应当相信群众，我们应当相信党，这是两条根本的原理。如果怀疑这两条原理，那就什么事情也做不成了。"① 我们在斗争实践中深切地体会到，这两条原理是密不可分的，把党的领导同人民群众的作用对立起来是完全错误的。

这里还必须指出，在糟蹋历史唯物主义、诋毁共产党的领导作用方面，我国顽固坚持资产阶级自由化的人，是西方资产阶级思想家的帮凶。他们的恶劣表现之一，就是宣称现在出现了利益集团多元化，共产党的领导失去了合理性，要求相应建立多党制，即不同政党都能通过竞选轮流执政。这种奇谈怪论是不堪一驳的。其一，我国现阶段的多种经济成分是以社会主义公有制为主体的，私营经济、个体经济和外资企业等各种经济成分都是受公有制制约、作为公有制经济的补充而存在的。从事这些经济活动的社会成员各有其具体利益的差别，但社会主义是他们的共同利益所在，若离开了社会主义，他们就会失去发展的基础和前提。因此他们不能够形成独立于社会主义的、具有特殊政治思想体系的政治集团，他们同工人阶级也没有根本的利害冲突。因此，别有用心地提出利益集团多元化，是虚构的一种社会关系。其二，承认社会主义制度下存在着多元利益关系，也只能说明需要有代表不同具体利益的政治力量或派别，而不能说明要建立轮流执政的西方政党制度。因为由公有制所产生的全局利益和社会利益是各种具体利益得到实现和发展的基础，只有维护这种共同利益，各种具体利益才能够得到协调发展，否则彼此之间的利益矛盾非但不能克服，而且会加剧，以致使社会失去稳定性。因此执政党首要的职能是必须代表全体人民的共同利益和根本利益，而绝不能仅仅代表某一利益关系，这也就没有必要实行多党轮流执政。至于需要有代表不同具体利益的政治力量，我国早已有八个民主党派活跃在政治舞台上。其三，大量的历史和现实材料充分证明，在当今中国的政治舞台上，由党的性质、宗旨所决定，唯有中国共产党能够在各种不同的历史条件下，忠实可靠地代表工人阶级和全体人民的利益，有资格、有能力充任执政党。共产党执政绝不是

① 《毛泽东文集》第6卷，人民出版社1999年版，第423页。

像搞自由化的人所诽谤的"一党专政"，而是实行在共产党领导下的多党合作制度。历史证明，这是适合我国国情的政党制度，是我国政治制度的特点和优点。

综上分析可见，历史唯物主义没有给否定共产党领导作用的资产阶级观点提供任何依据，恰恰相反，它为共产党领导地位的确立奠定了一块坚实的理论基石。

（原载《江汉论坛》1990 年第 6 期）

中国共产党先进性建设的历史经验

党的先进性是党的根本性质的内在要求，是对党在推动历史前进中的作用的科学判断。从马克思主义关于人类社会前进的原理去考察，党的先进性是具体的、历史的，表现在党与工人阶级的关系上，她始终代表整个工人阶级和广大劳动人民的共同利益和整个工人阶级解放运动的根本的全局利益；表现在共产党与其他工人政党的关系上，她是由工人阶级中最有觉悟、最富有组织性和战斗力的先进分子组成的，是在实践方面“最坚决的、始终起推动作用的部分”；表现在党的理论方面，她以马克思主义作为自己指导思想的理论基础，因而比其他工人群众更了解工人阶级运动的条件、进程和一般结果，能够始终坚持共产主义运动的最近目的和未来的统一。马克思主义政党的先进性建设是由马克思主义政党的根本性质所要求的核心问题，是党安身立命的根本。对于执政党来说，也是国家兴旺发达关键之所在。中国共产党自诞生以来，一直高度重视党的先进性建设，这是她历尽磨难而长盛不衰，千锤百炼而愈益坚强的根本原因。党在长期的革命和建设过程中保持共产党的先进性建设中积累了丰富的经验。仅就以下几个方面谈一些初步的认识。

一　始终保持党的工人阶级先锋队性质

中国共产党是中国工人阶级的先锋队，这是在党创立时期就明确规定了的。继后在党的80多年艰苦卓绝的奋斗中，中国共产党不仅始终如一地坚持党的这一根本性质，而且随着中国社会经济政治的发展和党的历史任务的变化不断丰富完善这一根本性质的内容。

1922年，党在《中国共产党对于时局的主张》中最早提出了“中国共产党是无产阶级的先锋军”[①] 的科学论断，随后在党的第二次全国代表大会上首次系统阐明了党是工人阶级先锋队的内涵。经过革命岁月的洗礼，1945 年党的七大首次在党章中明确规定：“中国共产党，是中国工人阶级的先进的有组织的部队，是它的阶级组织的最高形式。”[②] 1956 年党的八大党章总纲表述为“中国共产党是中国工人阶级的先进部队，是中国工人阶级的阶级组织的最高形式”[③]。1982 年党的十二大党章总纲总结了党执政以来的历史经验，以更加严谨、完整的形式科学地表述了中国共产党的中国工人阶级先锋队性质，即“中国共产党是中国工人阶级的先锋队，是中国各族人民利益的忠实代表，是中国社会主义事业的领导核心”[④]。20 世纪 80 年代末 90 年代初，面对国际国内的政治风云对党的挑战，江泽民同志在《为把党建设成更加坚强的工人阶级先锋队而斗争》中，从八个方面系统阐述了坚持党的工人阶级先锋队建设这一主题，强调坚持把我们党建设成为马列主义、毛泽东思想武装的更加坚强的中国工人阶级先锋队，是加强党的建设指导思想中最根本、最重要的要求，把坚持党的工人阶级先锋队性质提升到更好地理解党所处的历史地位和所肩负的崇高使命，把握马克思主义建党学说的精髓的高度，并且针对国内一些人借口我国阶级状况、阶级关系有了新的变化，世界上发生了新技术革命，企图否定工人阶级是先进生产力的代表和国家的领导阶级，从而否定党的阶级基础，否定党的性质，最终否定党的领导地位的逆流，要求全党坚决顶住这股逆流，强调“尽管国际国内出现过种种否定和篡改共产党性质的思潮，我们都始终坚持党的性质”，在这个问题上要坚定不移。[⑤] 世纪之交，江泽民同志还从“三个代表”的高度阐述了党的先进性问题，明确地指出，我们党在革命、建设、改革的各个时期之所以总是能够做到“三个代表”，从而赢得人民的拥护，其根本原因在于它是中国工人阶级先锋队，再次强调“无论现在和将来，我们党要始终保持自己的工人阶级先锋队性质不变”[⑥]。在庆祝中国共产党成立八十周年大会上，江泽民

---

① 《中共中央文件选集》第 1 卷，中共中央党校出版社 1982 年版，第 26 页。
② 《中共中央文件选集》第 15 卷，中共中央党校出版社 1989 年版，第 115 页。
③ 《中国共产党党章汇编》，人民出版社 1979 年版，第 146 页。
④ 《中国共产党章程》，人民出版社 1992 年版，第 1 页。
⑤ 《江泽民论加强和改进执政党建设（专题摘编）》，中央文献出版社 2004 年版，第 9 页。
⑥ 江泽民：《论党的建设》，中央文献出版社 2001 年版，第 402 页。

同志进一步从政治的高度指出："贯彻'三个代表'要求，我们必须坚持党的工人阶级先锋队性质，始终保持党的先进性。"在此基础上，党的十六大党章概括了党的七大以来党章关于党的性质的基本思想，明确指出："中国共产党是中国工人阶级的先锋队，同时是中国人民和中华民族的先锋队"。这就清楚地表明，因为我们党是中国工人阶级的先锋队，代表中国工人阶级的利益，而又由中国工人阶级的历史地位和肩负的崇高使命所决定，我们党必然同时也是中国人民和中华民族的先锋队，必然代表中华民族和中国人民的根本利益，必然肩负起历史赋予她的重任，成为领导工人阶级和全国各族人民建设中国特色社会主义，进而实现共产主义的坚强核心。在中国共产党成立82周年之际，胡锦涛同志在"三个代表"重要思想理论研讨会上，把坚持立党为公、执政为民与坚持党的工人阶级先锋队性质紧密地联系在一起加以强调，指出坚持党的工人阶级先锋队性质和全心全意为人民服务是"三个代表"的基本要求，以最广大人民的根本利益作为我们党全部奋斗的最高目的，是党作为工人阶级先锋队的一切行动的出发点和落脚点，这是对党的工人阶级先锋队性质在新的历史时期的丰富完善，对促进全党毫不动摇地坚持党的工人阶级先锋队性质，保持党的先进性有重要指导意义。

保持党的工人阶级先锋队性质要始终坚持党的最高纲领和最低纲领的统一，这是我们党在革命时期就明确了的问题，进入建设、改革时期以后更加强调，实现共产主义是马克思主义最崇高的社会理想，强调要树立共产主义的远大理想和坚定信念，同时强调共产主义只有在社会主义社会充分发展和高度发达的基础上才能实现，实现共产主义是一个非常漫长的历史过程，要立足我国正处于并将长期处于社会主义初级阶段这个实际，脚踏实地地为实现党在现阶段的基本纲领而不懈努力。党在社会主义初级阶段的基本纲领"是邓小平理论的重要内容，是党的基本路线在经济、政治、文化等方面的展开"，① 党的十六大又总结了在党的基本理论、基本路线、基本纲领指导下积累的基本经验，在今天，坚持党的最高纲领和最低纲领的统一，就要克服各种干扰，毫不动摇地坚持党在社会主义初级阶段的基本路线、基本纲领和基本经验。只有这样，才能保证我们党的先进性建设"按照党的政治路线来进行，围绕党的中心任务来展开，朝着党

① 《十五大以来重要文献选编》（上），人民出版社2000年版，第19页。

的建设总目标来加强，不断提高党的创造力、凝聚力和战斗力”[①]。值得注意的是，目前存在着一种忽视树立共产主义的远大理想和坚定信念的不良倾向，甚至把为共产主义奋斗斥之为“极左”，这是与我们党一贯坚持的工人阶级先锋队性质相违背的。邓小平早就指出：“我们多年奋斗就是为了共产主义，我们的信念理想就是要搞共产主义。在我们最困难的时期，共产主义的理想是我们的精神支柱，多少人牺牲就是为了实现这个理想。”[②]“过去我们党无论怎样弱小，无论遇到什么困难，一直有强大的战斗力，因为我们有马克思主义和共产主义的信念。有了共同的理想，也就有了铁的纪律。无论过去、现在和将来，这都是我们的真正优势。”[③] 在党的先进性教育过程中，我们要高度重视保持和发扬我们党的“真正优势”的教育，克服只顾眼前而忘记远大理想的倾向，当然，也要注意防止离开现实工作而空谈远大理想的倾向。总之，要始终坚持最高纲领与最低纲领的辩证统一。

工人阶级的力量在于组织，没有组织就没有完整意义上的政党，更谈不上先锋队的问题。对于中国共产党来说，“在马克思主义指导下按照民主集中制组成统一的整体，为实现共同的目标而奋斗，这是巨大的组织优势”[④]。正是我们党具有这样的组织优势，长期以来，把民主集中制原则提到党正确结合规律的高度，加强组织建设，保持了党的工人阶级先锋队性质。在新的历史条件下，在面向未来的党的建设中，我们必须继续发挥党的组织优势，结合新的实践不断地创造新鲜经验，丰富和完善党的民主集中制原则，以把我们党建设成为更加坚强的工人阶级先锋队。

二 始终坚持党的思想理论建设

以马克思主义作为我们党指导思想的理论基础是我们党保持工人阶级先锋队性质的决定性因素，注重思想理论建设是我们党加强先进性建设的又一条宝贵历史经验，也是我们党诞生以来的一个优势。

在我们党的建设史上，党始终把加强思想理论建设摆在首要地位，始终不渝地坚持马克思主义理论教育，强调党员不仅要在组织上入党，而且

① 《十六大以来重要文献选编》（上），中央文献出版社 2005 年版，第 13 页。
② 《邓小平文选》第 3 卷，人民出版社 1993 年版，第 137 页。
③ 《邓小平文选》第 3 卷，人民出版社 1993 年版，第 144 页。
④ 江泽民：《论党的建设》，中央文献出版社 2001 年版，第 264 页。

要在思想上入党，党员的世界观必须是马克思主义的。毛泽东在马克思主义党建学说史上第一次创造性地提出了思想入党的概念，把对党员实行思想政治教育作为团结全党进行伟大政治斗争的中心环节，强调保持共产党员先进性的根本途径是加强党内马克思主义理论和无产阶级思想教育，强调党员特别是党的干部要努力学习马列主义，并规定阅读马克思主义经典著作，正是这样，克服了党内各种非无产阶级思想，使党的队伍不断壮大，并且始终保持着先进性和坚强的战斗力；邓小平捍卫了毛泽东的党建思想，坚持把思想建设放在党建的首位，要求“党的各级干部，首先是领导干部，在繁忙的工作中，仍然有一定的时间学习，熟悉马克思主义的基本理论”①；世纪之交，以江泽民同志为代表的党的领导集体继承党的思想理论建设的优良传统，根据时代和党的历史任务的变化，高度重视党员的理论学习，强调理论上的成熟是政治上成熟的前提，思想上的先进是其他各方面先进的根基，共产党员保持思想上的先进性，就必须用马克思列宁主义、毛泽东思想、邓小平理论武装头脑；以胡锦涛同志为总书记的党中央面对世界日新月异的新发展新变化，面对我国社会主义现代化建设的新形势新任务，把加强党的思想理论建设摆在更加突出的位置，指出了党的建设最根本的是思想政治建设，思想政治建设的核心是理论建设，并且在全党实施对于保持党的先进性具有战略意义的生命工程——马克思主义理论研究与建设工程，这有力地推动了党的思想理论建设。

坚持“理论与实际相结合”是我们党思想理论建设的一条基本的经验。早在延安时期，毛泽东就指出，“对于马克思主义的理论，要能够精通它、应用它，精通的目的全在于应用”②。从哲学的高度把“理论与实际相结合”提升为关于矛盾的普遍性和特殊性、共性和个性的关系，即“事物矛盾问题的精髓”的理论，并且集中全党智慧实现了马克思主义与中国具体实际相结合的第一次历史性飞跃，创立了毛泽东思想；邓小平继承和发展了“理论与实际相结合”的思想，把马克思主义与现时代和中国的实际相结合，开创了建设中国特色社会主义的新道路，实现了马克思主义与中国具体实际相结合的第二次历史性飞跃，创立了邓小平理论；党的十四大以来，以江泽民同志为核心的党的中央领导集体坚持邓小平理

① 《邓小平文选》第3卷，人民出版社1993年版，第147页。

② 《毛泽东选集》第3卷，人民出版社1991年版，第815页。

论，又在实践中继续丰富发展了这一理论，创造性地提出了“三个代表”重要思想，这是马克思主义与中国实际相结合的新成果。以胡锦涛同志为总书记的党中央高举邓小平理论和“三个代表”重要思想的伟大旗帜，以科学发展观指导中国特色社会主义各个方面的建设，在全面建设小康社会的理论与实践的双重探索中，深刻地论述了理论创新的必要性，以及理论创新的前提、理论创新的动力和源泉，理论创新的目的及其对实践的指导作用，要求党的思想理论工作要结合干部群众提出的种种问题，从理论和实践的结合上作出有分析、有见解、有深度、有说服力的马克思主义的回答，来为构建社会主义和谐社会提供科学的理论指导。我们深信，全面贯彻落实党中央的这些精神，必将铸造马克思主义与中国实际相结合的新的辉煌。

密切关注社会思潮对党员意识的影响，始终注意抵制错误思潮，是党在思想理论建设中的又一条重要经验。长期以来，我们党重视分析不同时期社会思潮的类型、性质、根源、传播特点、规律和发展趋势，注意用马克思主义引领社会思潮，这对于坚持和巩固马列主义、毛泽东思想、邓小平理论和“三个代表”重要思想在党和国家政治生活中、在社会主义意识形态中的指导地位，保持党员思想的先进性和纯洁性起到了重要作用。

正是由于我们党始终把思想理论建设放在首位，才使党的组织始终统一建立在马克思主义思想统一的基础之上。随着我们党领导的事业的发展，党在理论上更加成熟，思想上更加统一，政治上更加坚强，内部更加团结，同群众的关系更加亲密，成为领导全国各族人民建设中国特色社会主义的坚强核心。

三　始终坚持发扬党的优良作风

党的作风是党的性质和宗旨的重要体现，始终不渝地坚持党的作风建设并不断发扬党的优良作风是我们党保持先进性的宝贵经验之一。我们党在革命、建设、改革的各个时期都高度重视培养和保持党的优良作风，并积累了丰富的经验。

以毛泽东为核心的党的中央领导集体，从党所处的历史环境、历史地位和肩负的历史使命出发，明确提出党的作风建设对于保持党的先进性的重要意义，逐渐培养和概括出了理论联系实际、密切联系群众和批评与自我批评等三大作风。党的三大作风，是中国共产党区别于其他任何政党的独有的精神风貌，是取得中国革命胜利的重要保证。新中国成立前夕，毛泽东从党夺取政权后继续保持先进性的战略高度出发，提醒全党：务必继续保持谦虚、谨慎、不骄、不躁的作风，务必继续保持艰苦奋斗的作风。新中国成立后，党根据环境、地位和任务的变化，把作风建设和保持党的先进性进一步结合起来，开展了“三反”运动和整党整风运动。1956 年召开的党的八大，要求全党继承党的优良传统和作风，经得起执政的考验，警惕脱离群众的危险。后来尽管我们在工作中发生过严重的失误和挫折，但由于全党同志保持和发扬了党的优良作风，坚持与群众同甘共苦，保证了社会的稳定和各项事业的发展；以邓小平为核心的党的中央领导集体，在成功实现了党和国家的工作重心向社会主义现代化建设的战略转移后，清醒地认识到，在改革开放新的历史条件下，党的作风建设面临着新挑战，明确作出了“执政党的党风问题是有关党的生死存亡的问题”① 的科学论断，把进一步加强和改进党的作风建设的任务严峻地提到了全党同志面前，并提出了党风建设的一系列理论原则，采取了多种得力措施；以江泽民同志为核心的党的中央领导集体，始终高度重视党的作风建设，从时代和战略的高度，围绕建设一个什么样的党和怎样建设党的问题，对如何解决进一步提高党的执政能力和领导水平，提高拒腐防变和抵御风险能力这两大历史性课题，进行了长期的探索和深入的思考。党的十五届六中全会指出：执政党的党风，关系党的形象，关系人心向背，关系党和国家的生死存亡，明确提出要努力从加强和改进党的思想作风、学风、工作作风、领导作风和干部生活作风等五个方面来加强和改进党的作风建设，为在新的历史条件下全面加强和改进党的作风建设，保持党的先进性指明了方向。

进入新世纪，以胡锦涛同志为总书记的党中央，根据国际国内和党内出现的新情况、新问题，进一步推进了党的作风建设，发展了关于党的作风建设的理论。一是把党的作风建设提到党员世界观、人生观、价值观的高度，要求全党进一步发扬理论联系实际的作风，“通过学习，坚定马克思主义、社会主义的政治方向和政治立场，牢固树立正确的世界观、人生观、价值观”②。

---

① 陈云：《陈云论党的建设》，中央文献出版社 1995 年版，第 248 页。

② 《胡锦涛文选》第 1 卷，人民出版社 2016 年版，第 203 页。

二是把党的作风建设提到党的根本宗旨的高度，要求全党大力发扬密切联系群众的优良作风，坚持立党为公、执政为民，“解决好相信谁、依靠谁、为了谁的问题”，弄清“谁是主人、谁是英雄、为谁服务、向谁负责”① 等问题，坚持马克思主义的历史唯物主义观点，努力实现人民的愿望、满足人民的需要、维护人民的利益，将实现最广大人民的根本利益作为制定和实施各项方针政策的依据；三是把党的作风建设提到增强党的执政能力，巩固党的执政地位，防止和平演变的高度，要求全党严肃认真、实事求是地开展批评与自我批评，领导干部要以身作则，牢记两个“务必”，做到“自重、自省、自警、自励”，以活跃党内生活，扶持和弘扬正气，克服各种消极因素，提高我们党的领导能力和工作水平，使党在思想上政治上组织上完全巩固、能够经得起困难和风险考验；四是把发扬党的优良作风与马克思主义的科学态度和科学精神同弘扬中华民族的优良传统、民族精神结合起来，坚持延安精神、井冈山精神、铁人精神、抗洪精神，倡导抗非典精神，要求全党结合时代的发展、党的历史方位和历史任务的变化、改革开放新的实践发扬这些精神，使之在新的时代条件下放射出新的光芒。

四　始终坚持改造客观世界和改造主观世界的统一

在马克思主义的观点看来，改造客观世界和改造主观世界是统一的、同时的，寓改造主观世界于改造客观世界的过程。实践、认识、再实践、再认识的过程本质上是改造客观世界和改造主观世界两者相互作用的辩证发展过程。因此，中国共产党作为彻底的马克思主义政党，从独立领导革命战争、开创农村革命根据地以来，一直是把改造主观世界和改造客观世界的统一作为党的先进性建设的重要任务。

我们党的几代领导集体就这方面作过多方面的充分论述，内容极为丰富。毛泽东深刻地指明旧哲学与马克思主义哲学的区别在于，旧哲学仅仅是对必然的认识，马克思主义哲学既是对必然的认识又是对世界的改造，是改造主观世界和改造客观世界的统一，并且从哲学的高度把改造主观世界和改造客观世界作为统一的任务，提到全党面前，提出“正确地认识

---

① 《胡锦涛文选》第1卷，人民出版社2016年版，第206页。

世界和改造世界的责任，已经历史地落在无产阶级及其政党的肩上”[①]，在毛泽东看来，改造世界包括改造主观世界和改造客观世界两个方面，同时进行这两个方面改造的远大意义，正如他所说，中国人民和世界人民都正在或将要通过这样的改造工程，等到“全人类都自觉地改造自己和改造世界的时候，那就是世界的共产主义时代”[②]；邓小平在概括党的思想路线的时候，着力强调思想和实际相符合，主观和客观相符合，这就是要求我们把改造主观世界和改造客观世界统一起来，正是这样，他强调，在党的工作重心转移到经济建设以后，要加强思想政治工作，倡导做有理想、有道德、有文化、有纪律的四有新人，强调物质文明与精神文明两手抓，两手都要硬，将改造客观世界与改造主观世界统一于中国特色社会主义建设；江泽民同志多次论述到加强马克思主义理论学习，在建设中国特色社会主义过程中改造主观世界的问题；胡锦涛同志把坚持改造客观世界和改造主观世界相结合提到如何对待马克思主义科学态度的高度，要求全党在用“三个代表”重要思想指导新的实践并努力在实践中继续发展马克思主义过程中，要树立正确的世界观、人生观、价值观，解决好权力观、地位观、利益观的问题，把实现这一要求作为领导干部改造客观世界的前提，认为现在有些党员干部存在思想空虚、意志衰退的现象，抵御不住拜金主义、享乐主义、极端个人主义的诱惑，有些地方和部门存在严重的形式主义、官僚主义作风和弄虚作假、铺张浪费行为以及各种消极腐败现象，根本原因是放松了主观世界的改造。他要求全党“要紧密联系自己的思想实际，坚定共产党人的理想信念，提高思想政治水平，加强道德品质修养，牢记‘两个务必’真正做到在改造客观世界的同时改造主观世界，寓改造主观世界于改造客观世界的过程中，用改造主观世界的成效来推进客观世界的改造”[③]。

我们党不仅始终坚持党的改造客观世界和改造主观世界的统一，而且创造了实现这种统一的有效形式，如：抗日战争时期的延安整风运动，进入改革开放新时期以来党所进行的以“讲学习、讲政治、讲正气”为内容的“三讲”教育活动，学习邓小平理论和“三个代表”重要思想的活

---

① 《毛泽东选集》第1卷，人民出版社1991年版，第296页。

② 《毛泽东选集》第1卷，人民出版社1991年版，第296页。

③ 《十六大以来重要文献选编（上）》，中央文献出版社2005年版，第375页。

动，以及现在正在进行的以“三个代表”重要思想为主要内容的保持共产党员先进性教育活动等，所有这些形式对党的先进性建设具有长远的意义。

中国共产党是善于总结经验的马克思主义政党，同我们党总结其他方面的经验，推动了党的建设和党领导的事业一样，总结我们党保持先进性建设的经验，也必定使我们党在开拓 21 世纪中国特色社会主义建设新局面的奋斗中，大大地促进我们党的建设这一新的伟大工程和党所领导的伟大事业。

（原载《马克思主义研究》2006 年第 5 期，第二作者为李静）

共产党员要认真学习和应用马克思主义

——庆祝中国共产党成立90周年

中国共产党的诞生是世界东方一次壮丽的日出。现在它已经在艰苦卓绝的斗争中胜利行进了90周年，早已是一个伟大的成熟的马克思主义执政党。90年来，中国共产党始终坚持马克思主义的普遍原理同中国具体实际相结合。这是它领导中国人民进行革命、建设和改革，不断从胜利走向胜利的最根本的原因、最根本的经验。今天，庆祝中国共产党成立90周年，我们要做的事情很多，但对于共产党人来说，最根本、最重要的就是要始终如一地认真学习和应用马克思主义。

一　认真学习和应用马克思主义是共产党员必须履行的义务

学习马克思主义是《中国共产党章程》规定的共产党员必须履行的义务。《中国共产党章程》第一章《党员》第三条规定，共产党员必须认真学习马克思列宁主义、毛泽东思想、邓小平理论和“三个代表”重要思想，学习科学发展观。认真学习、精通马克思主义的目的全在自己的理论和实践活动中应用马克思主义。《中国共产党章程》的这一规定，反映了中国共产党的根本性质、最高理想、最终目标和行动指南。

中国共产党是中国工人阶级的先锋队。这一根本性质包含着三个基本要素：马克思主义的指导思想（含“共产主义的奋斗目标”“为人民服务宗旨”），工人阶级的阶级基础、民主集中制的组织原则。这三个基本要素缺一不可，缺少任何一项都会损害党的根本性质。但是，其中最具有决定意义的是马克思主义的指导思想。正是有了马克思主义的指导思想，中国共产党才同一般工人政党区别开来，成为中国工人阶级的先锋队。由此决定，它才同时成为中国人民和中华民族的先锋队。中国共产党的最高理想、最终目标是实现共产主义，而共产主义正是马克思主义的核心。中国共产党以马克思列宁主义、毛泽东思想、中国特色社会主义理论体系作为自己的行动指南。中国共产党成立 90 年来，始终坚持着自己的根本性质、最高理想、最终目标和行动指南，并使之在波澜壮阔的斗争中得到不断完善。

强调共产党员认真学习和应用马克思主义的义务在当前具有特别突出的意义。

首先，这是建设马克思主义学习型政党的要求。理论上的先进或有科学理论武装，是马克思主义政党区别于其他政党特别是一般工人政党的鲜明特征。马克思主义学习型政党的本质特征、建设马克思主义学习型政党的根本原则，就是必须加强党的思想理论建设这个根本，坚持马克思主义科学理论的指导，用中国特色社会主义理论体系武装全党，使每个党员掌握科学的世界观方法论。中国共产党的全部基本理论和实践活动都奠立在马克思主义理论基础上，如若离开了马克思主义的指导，就没有中国共产党生存的余地。因此，在建设马克思主义学习型政党过程中，应当把要求共产党员履行认真学习和应用马克思主义的义务突出地提到日程上来。

其次，这是实现党和国家奋斗目标的要求。我们党和国家要在 2020 年实现全面建设小康社会的奋斗目标，进而把我国建设成为富强、民主、文明、和谐的社会主义现代化国家。现在正值“十二五”规划建设的开头。在这个重要的历史发展时期，人们的思想状况特别是共产党员的思想状况如何，将直接影响党和国家奋斗目标的实现。目前国际国内的情况复杂，各种社会思潮相互激荡，思想理论领域十分活跃，统一思想、凝聚力量的任务艰巨繁重。在这种背景下，唯有强化马克思主义的思想理论基础，坚持不懈地用中国特色社会主义理论体系武装全党、教育人民，才能把全国各族人民团结起来，把国内外一切积极因素最充分地动员起来，齐心合力地为实现我们党的目标而奋斗。这首先是要求共产党员模范地履行认真学习和应用马克思主义的义务。

再次，这是应对当前意识形态领域斗争形势的要求。当前我国意识形态领域的斗争形势总的是好的，主流态势是积极、健康、向上的。但是意识形态领域并不平静。随着我国进入经济转轨、社会转型的加速期和社会矛盾的凸显期，各类社会热点问题叠加出现，各种力量都试图发出自己的声音，加上信息传播手段日益多样便捷，思想理论领域的斗争异常复杂。特别是境内外敌对势力对我施压促变的一贯立场没有改变，仍在通过各种途径、运用各种手段，对我在发展上牵制、形象上丑化、思想文化上渗透，企图压我接受西方价值观和制度模式，意识形态领域的斗争将是长期的、复杂的。现在反马克思主义思潮的一个重要特点，就是通过捏造材料，歪曲事实、散布谣言、污蔑诋毁，攻击和糟蹋马克思主义，企图从根本上破坏我们党的思想理论基础，动摇党和人民的根本信仰，摧毁我们的精神支柱，进而欲毁灭整个中国共产党。在这场斗争中，混入党内的极少数资产阶级自由化分子公开冒出来反对党的基本理论、基本路线、基本纲领和基本经验。他们摇唇鼓舌、妖言惑众，要求改变我们党的根本性质和国家的根本制度。针对这种情况，强调共产党人严肃地履行认真学习和应用马克思主义的义务，不仅具有重要性，而且具有迫切性。

胡锦涛同志在十七届三中全会结束的总结报告中曾经指出："中央多次强调，经济工作搞不好要出大问题，意识形态工作搞不好也要出大问题，在集中精力进行现代化建设的同时，一刻也不能放松意识形态工作"。他要求中央委员会的同志必须认识到，意识形态工作是党的一项极为重要的工作，关系党和国家工作全局，关系中国特色社会主义顺利发展，关系社会和谐稳定、国家长治久安，必须常抓不懈，切实做好。这是极为深刻的。

党的十七大以来，在进行社会主义核心价值体系建设中，中央一再强调，要在深入阐释"六个为什么"的基础上着力划清"四个重大界限"，深入回答"七个怎么看"等，所有这些都旨在增强党的思想理论基础，巩固马克思主义的指导地位。但遗憾的是，在新的形势下，有些共产党员忘记了自己应该履行的义务，有意无意地淡化意识形态，甚至把相不相信、学不学习马克思主义看作无所谓的事情。应该说，这是与共产党员的党性不相容的。在庆祝中国共产党成立 90 周年之际，我们应从意识形态领域斗争的全局，来深入理解共产党员在今天履行认真学习和应用马克思主义的特殊重要性，自觉地认真学习和应用马克思主义。

二 认真学习和应用马克思主义才能按科学真理办事

《中国共产党章程》对共产党员作出的学习和应用马克思主义的义务规定，从根本上说，是因为马克思主义是科学、是真理。

什么是马克思主义？恩格斯评价说："马克思首先是一个革命家。他毕生的真正使命，就是以这种或那种方式参加推翻资本主义社会及其所建立的国家设施的事业，参加现代无产阶级的解放事业，正是他第一次使现代无产阶级意识到自身的地位和需要，意识到自身解放的条件。斗争是他的生命要素。很少有人像他那样满腔热情、坚韧不拔和卓有成效地进行斗争。”① 恩格斯的评价从根本上确定了什么是马克思主义的最主要之点。

马克思主义是由马克思恩格斯创立的，由他们在各国的继承人所丰富发展了的关于自然、人类社会和人的思维发展规律的学说（在中国包括马克思列宁主义、毛泽东思想、邓小平理论、“三个代表”重要思想和科学发展观等重大战略思想）；马克思主义是工人阶级的科学世界观和方法论，是由资本主义过渡到社会主义，由社会主义过渡到共产主义，最终实现人类解放，达到人的自由全面发展的学说。

马克思主义的科学内涵，回答了共产党人必须认真学习和应用马克思主义的道理。

马克思主义是科学、是真理。坚持马克思主义就是坚持科学、坚持真理，按科学真理、客观规律办事，众所周知，科学、真理是它对客观事物的正确反映。说马克思主义是科学、是真理，就在于它正确反映了自然、人类社会和人的思维发展的规律，特别是它正确反映了人类历史发展中资本主义发展规律、由资本主义转向社会主义、由社会主义转向共产主义的规律。客观规律无论是自然规律还是社会规律都是不以人的主观意志为转移的，也是不能违背的。谁违背了客观规律，谁就要受到规律的惩罚，遭到失败。共产党人要胜利实现共产主义的最高理想和最终目标，在共产党执政的条件下，确保党和国家的全部实践活动符合客观规律的要求，取得成功，推动历史前进，就必须坚持以马克思主义为指导，遵循马克思主义所揭示的客观规律办事，否则就要遭到失败。

列宁说：“从马克思的理论是就客观真理这一为马克思主义者所同意的见解出发，所能得出的唯一结论就是：沿着马克思的理论的道路前进，我们将愈来愈接近客观真理（……）；而沿着任何其他的道路前进，除了混乱和谬误之外，我们什么也得不到。”② 这是极其深刻和中肯的。

这里的问题是，马克思主义为什么会成为这样的科学呢？

这是因为：从马克思主义的形成来说，它是对人类全部优秀文化遗产

---

① 《马克思恩格斯选集》第 3 卷，人民出版社 1995 年版，第 777 页。

② 《列宁专题文集·论辩证唯物主义和历史唯物主义》，人民出版社 2009 年版，第 50 页。

批判继承的理论结晶。列宁曾经评价马克思说："凡是人类社会所创造的一切，他都有批判地重新加以探讨，任何一点也没有忽略过去。"① "马克思主义的革命理论是从世界各国的革命经验和革命思想的总和中产生出来的。"列宁的评价是如实的。马克思主义的形成、发展史清楚地告诉我们，马克思主义创始人马克思恩格斯是极其伟大的科学家。他们在自己生活的年代，进行了巨大的科学研究工作，才形成自己的理论体系。如：他们进行了哲学研究。包括古希腊罗马的哲学、德国古典哲学和法国十八世纪唯物主义。钻研过亚里士多德、德谟克利特、伊壁鸠鲁的哲学以及斯多葛主义、怀疑论、诡辩论、阅读过大量有关著作的残篇。他们概括了自然科学的新成就，系统阐发了科学的自然观，揭示了从自然界向社会历史过渡的辩证法，提供了自然辩证法和历史辩证法、自然史和社会史相统一的结合点；他们进行了历史和政治学研究。他们研究过法国革命史和复辟时代历史学家的著作；研究过资产阶级启蒙学者的政治学说特别是孟德斯鸠和卢梭的国家理论。他们进行了经济学说和社会主义学说研究。他们研究过英国古典政治经济学和十九世纪三大空想社会主义者以及他们先驱和后裔的著作；他们还研究过同时代人的大量著作。正是这样，马克思和恩格斯不仅集人类历史上优秀思想之集大成，而且从根本上实现了人类思想史上的革命变革。他们创立的马克思主义成为欧洲当时整个历史科学、经济科学、哲学科学、自然科学最高发展的综合，从而回答了人类先进思想提出的种种问题。

从马克思主义的阶级基础——无产阶级来说，无产阶级是现代先进生产方式的代表，又是处在资本主义社会最底层、受压迫最深的阶级，它只有解放全人类才能最后解放自己。因而它是人类历史上最先进、最革命的阶级。无产阶级为了实现自己解放全人类的历史使命，必须尊重科学，遵循客观规律，科学地认识世界和彻底地改造世界。科学越是毫无顾忌和大公无私，它就越符合工人的利益和愿望。马克思主义的这种阶级基础，使阶级性与真理性能够在它的科学体系中得到高度统一，不至于因受其狭隘的阶级利益的限制阻碍对真理的认识。

从马克思主义的哲学基础来说，其中的唯物辩证法和认识论是高度统一的。唯物辩证法不崇拜任何东西，按其本质来说，它是批判的和革命

① 《列宁选集》第4卷，人民出版社1995年版，第284页。

的。它要求不断地深化对客观世界的认识，永无止境地追求真理、发现真理、深化对真理的认识，反对故步自封、停滞不前；马克思主义的认识论不仅坚持了唯物主义的反映论，更为重要的是它把实践作为第一的和基本的观点，永远面向实践、立足于实践，把实践作为认识真理、发展真理的动力，作为检验真理的唯一标准。这样就使它能够始终把自己的理论内容完全建立在既成事实，奠立在自己研究对象的活动规律和发展规律的科学反映上，并总是随着时代、实践和科学的发展而不断发展创新，不会停止和僵化。

三　认真学习和应用马克思主义，才能具有服务于人民的价值观

在阶级社会和有阶级存在的社会中，存在着不同的乃至根本不同的利益，因而存在着反映不同利益的价值观。什么样的价值观才是最先进、最高尚、最合理的呢？从马克思主义的观点看来，只有追求大多数人利益而不是为少数人谋利益的价值观才是最先进、最高尚、最合理的价值观。因为人民群众是历史的主人，是物质财富和精神财富的创造者，是推动历史前进的根本动力。只有反映他们根本利益的价值观，才是同历史的本质和发展的趋势一致的。马克思主义的价值观是建立在历史唯物主义基础上的。它作为工人阶级科学世界观和方法论的价值观表现，反映着绝大多数人的利益，因而是最先进、最高尚、最合理的价值观。关于这个问题，早在1848年2月标志马克思主义诞生的《共产党宣言》中就明确宣布过："无产阶级的运动是绝大多数人的、为绝大多数人谋利益的独立的运动。"①

普列汉诺夫曾说："第一次，从我们的宇宙存在以来和地球绕日而行以来，发生了科学与劳动者的接近：科学跑去帮助劳动群众；劳动群众在自己的觉悟的运动中依据于科学的结论之上。"② 科学和劳动群众这种亲近关系，除了马克思主义以外，是任何其他的学说不可能有的。共产党和共产党执政的国家，是无产阶级实现历史作用的政治组织、政权机构，我们党和国家一切理论和实践活动的出发点和立足点都是为了最广大人民群众的利益，旨在为人民服务。

---

① 《马克思恩格斯选集》第1卷，人民出版社1995年版，第283页。

② 《普列汉诺夫哲学著作选集》第1卷，生活·读书·新知三联书店1959年版，第771页。

《中国共产党章程》规定：共产党员必须“坚持党和人民的利益高于一切，个人利益服从党和人民的利益，吃苦在前，享受在后，克己奉公，多做贡献”。共产党人要不背叛党的这个根本宗旨和根本立场，就必须以代表最广大人民群众根本利益的马克思主义为行动指南。

四 认真学习和应用马克思主义，是历史提示的政治智慧

实践是检验真理的唯一标准。马克思主义理论的真理性和价值观的先进性、高尚性和合理性，为实践所证明。从一定角度说，共产党员必须认真学习和应用马克思主义，正是建立在历史提示的这种真理和政治智慧之上的。

从马克思主义发展史来说，1848 年 2 月《共产党宣言》发表时，马克思主义只是工人运动中的一个思想派别，到 1864 年 9 月第一国际成立时，各国工人组织的成分依然十分复杂，思想倾向很不一致，理论水平差别更大。在英国，影响很大的是工联主义。在法国，有很大影响的是普鲁东主义，布朗基主义影响也不小。在德国，拉萨尔主义占据主导地位。在意大利，资产阶级民主革命派马志尼主义是占主导的思想。到 19 世纪的 80 年代，马克思主义就成了国际工人运动中的主导思想。马克思主义为什么能战胜这些非马克思主义、反马克思主义流派呢？原因就在于它具有颠扑不破的真理性和价值观的先进性、高尚性、合理性。

从科学社会主义史看，从 1848 年初《共产党宣言》发表以来，科学社会主义的发展大体经历了三个 50 年。第一个 50 年的主题是提出社会主义必然取代资本主义，第二个 50 年的主题是社会主义如何取代资本主义，第三个 50 年的主题是社会主义如何在与资本主义共存、交流和冲突、对抗中发展自身，准备经过一个长时期以后最终取代资本主义。

科学社会主义在一个半世纪以上的历史进程中，从无到有、从一种思想理论到革命实践、从一个国家到多个国家，它为什么能够在万般磨难中得到发展？这不证明它是人类社会发展规律特别是资本主义发展规律和从资本主义到社会主义发展规律的真理性反映吗？不证明它先进的、高尚的和合理的价值观得到了各国无产阶级和广大人民群众的赞成和拥护吗？

再从中国近代的历史说，中国近代以来全部的历史经验证明，我们在完成近代中国面临的两大历史任务，即实现民族独立、人民解放，实现国

家富强、人民富裕的过程中，所取得的一切胜利和成就都是马克思主义指导的结果。

众所周知，从 1840 年鸦片战争以来中国就逐渐沦为半殖民地半封建社会，为了改变中国的历史命运，从以林则徐、魏源为代表的地主阶级改革派—太平天国农民革命运动领袖—洋务派的自救运动—资产阶级改良派的君主立宪—以孙中山为代表的资产阶级革命派，先进的中国人曾用过各种各样的主意，企图救中国，集中起来都是以儒学为代表的封建主义的思想体系和西方资产阶级的体系来救中国，但都未能如愿。而且中国的情况在一天一天地变坏。而伟大的俄国十月革命给中国送来马克思列宁主义后，中国人才在思想上从被动转为主动，中国的革命才从旧民主主义革命转为新民主主义革命，面目为之一新。马克思主义是从 1917 年十月革命和 1919 年五四运动前后传入中国的。马克思主义和中国工人运动结合，于 1921 年成立了中国共产党。从 1921 年到现在，中国共产党领导中国人民经历了三大时期，干了三件大事。这就是：在新民主主义革命时期，我们经过 28 年艰苦卓绝的斗争，推翻了帝国主义、封建主义、官僚资本主义的反动统治，实现了民族独立和人民解放，建立了人民当家作主的新中国。在社会主义革命和建设时期，我们确立了社会主义基本制度，在一穷二白的基础上建立了独立的比较完整的工业体系和国民经济体系，使古老的中国以崭新的姿态屹立在世界的东方。在改革开放和社会主义现代化建设时期，我们开创了中国特色社会主义道路，坚持以经济建设为中心、坚持四项基本原则、坚持改革开放，初步建立起社会主义市场经济体制，大幅度提高了我国的综合国力和人民生活水平，为全面建设小康社会、基本实现社会主义现代化开辟了广阔的前景。这三件大事，从根本上改变了中国人民的前途命运，决定了中国历史的发展方向，在世界上产生了深刻而广泛的影响。

这三个时期迄今共 90 年，就是马克思主义基本原理同中国具体实际相结合、不断推进马克思主义中国化的 90 年，所以这三个时期所取得的成就和胜利都是马克思主义的胜利，是马克思主义指导的结果。在这 90 年中，中国的马克思主义也经历了种种磨难、经过了艰苦卓绝的斗争，各种反动势力千百次地宣布它被消灭了，可是它总是“野火烧不尽，春风吹又生”。这是什么原因，不是别的，因为它是历史规律的科学反映，是科学真理。真理总要为自己开辟前进的道路。只要相应的客观条件存在，它就存在和发展。同时，也表明它是中国无产阶级和人民大众的根本利益和根本要求的科学反映，它的先进的、高尚的、合理的价值观为广大人民所接受，得到人民群众的支持。马克思主义诞生以来，其真理性和价值观的先进性就是同人民大众共存的。只要人民群众存在它就存在。而人民大众是同人类社会历史共存的，所以马克思主义会永远葆其美妙之青春。

近90年来，中国共产党人在前进、发展中，也经历了曲折和失败的磨难。其原因，带决定性的正是党的指导思想受到了"左"的和右的错误的干扰，偏离了马克思主义的指导。党内"左"的和右的错误都是同马克思主义不相容的，是"假马克思主义""反马克思主义"的。历史证明，只有坚持以马克思主义为指导，我们的革命、建设和改革的事业才能获得成功。脱离马克思主义的指导，就要犯错误，遭受曲折。所以，以实现共产主义为最高理想和历史使命的共产党员必须以高度的自觉，认真学习和应用马克思主义。

五　认真学习和应用马克思主义，必须努力学习马克思主义经典著作

2011年9月28日，根据胡锦涛同志重要讲话精神："我们党能够在新时期开创出中国特色社会主义道路，其理论基础是对马克思列宁主义、毛泽东思想的科学继承。"① 习近平同志在浦东干部学院作了具有很强的针对性和很重要的指导作用的讲话。他指出：干部教育培训要把中国特色社会主义理论体系作为理论教育的重点，同时要抓好马克思列宁主义、毛泽东思想经典著作的学习教育，引导干部深化对中国特色社会主义理论体系的理解和运用。习近平同志在强调着重学习马克思主义中国化的理论成果时，为什么要求重视学习马克思主义的经典著作呢?

原因在于：第一，马克思主义的基本原理，主要是由马克思、恩格斯和列宁阐明的。他们的著作是马克思主义的主要载体和基础。只有认真学习他们的原著，才能穿越时空，直接同马克思、恩格斯和列宁对话，系统掌握马克思主义的基础理论；才能深刻理解马克思主义中国化的理论成果，创造性地运用马克思主义去解决我们面临的实际问题。不至于"让

---

① 《十七大以来重要文献选编》(上)，中央文献出版社2009年版，第97页。

一些简述读物和别的第二手资料引入迷途”[①]。

这个道理邓小平早已讲过。1960 年 3 月 25 日在中共中央天津会议上，针对有人提出“以毛泽东思想为纲学习政治经济学”的观点，邓小平指出：“不要把毛泽东思想同马克思列宁主义割裂开来。”[②]“光讲毛泽东思想，不提马克思列宁主义，看起来好像是把毛泽东思想抬高了，实际上是把毛泽东思想的作用降低了。”[③] 他说：“以毛泽东思想为纲学习政治经济学”，这种提法是不妥当的。“讲初期的发展时期的资本主义，总是马克思和恩格斯，总是《资本论》；讲帝国主义，总还是列宁的《帝国主义是资本主义的最高阶段》。”[④] 毛泽东在这方面也有发展，比如他提出了关于帝国主义是纸老虎的论断。“但是，《资本论》和《帝国主义是资本主义的最高阶段》已经把关于资本主义和帝国主义的基本的理论问题解决了。”[⑤] 毛泽东没有必要把这些已解决了的基本理论问题，再在自己的著作中去作重复的论述。正是因为这样，人们要真正了解关于资本主义和帝国主义的这些基本理论问题，仅仅读毛泽东的著作是不够的，还必须读马克思、列宁的有关著作。邓小平说，这些看法，毛泽东是同意的。“昨天在毛主席那里还谈了这个问题，他赞成这个意见。”[⑥]

第二，强调学习马克思主义经典著作，旨在发扬光大党的优良传统。

马克思主义经典作家一贯强调要根据原著来研究马克思主义理论，重视“研究原著本身”[⑦]，“而不要根据第二手的材料来进行研究”[⑧]。中国共产党历来重视马克思主义创始人的意见，十分重视对于马克思主义经典著作的学习和应用，并在长期思想理论建设中形成了一个光荣的历史传统，并不断将其发扬。

众所周知，在 1938 年 10 月召开的中共六届六中全会上，毛泽东提出了使“马克思主义中国化”的任务，同时要求全党“普遍地深入地研究马克思列宁主义的理论”，实现学习理论、研究历史、研究现状的三

---

① 《马克思恩格斯全集》第 36 卷，人民出版社 1975 年版，第 200 页。
② 《邓小平文选》第 1 卷，人民出版社 1994 年版，第 283 页。
③ 《邓小平文选》第 1 卷，人民出版社 1994 年版，第 284 页。
④ 《邓小平文选》第 1 卷，人民出版社 1994 年版，第 284 页。
⑤ 《邓小平文选》第 1 卷，人民出版社 1994 年版，第 284 页。
⑥ 《邓小平文选》第 1 卷，人民出版社 1994 年版，第 283 页。
⑦ 《马克思恩格斯全集》第 36 卷，人民出版社 1974 年版，第 200 页。
⑧ 《马克思恩格斯文集》第 10 卷，人民出版社 2009 年版，第 593 页。

结合。

1943 年 3 月 16 日，为了更有效地学习和应用马克思主义，毛泽东在政治局会议上提出要求：对“中央直属机关干部要进行理论、思想教育，读马、恩、列、斯的四十本书。”① 同年 12 月 14 日，为了解决高级干部学习党的路线问题，他又主持召开中央书记处会议，决定将学习时间定为半年，学习的课本为六种：马克思恩格斯著的《共产党宣言》、恩格斯著的《社会主义从空想到科学的发展》、列宁著的《共产主义运动中的“左派”幼稚病》和《社会主义民主党在民主革命中的两种策略》、斯大林主持写的《联共（布）党史简明教程》；第六种为党的主要文件集（1922 年 7 月至 1943 年 10 月）。

1945 年 4 月，中共七大把毛泽东思想确定为党的指导思想。毛泽东在这次大会上再次提出要读上述《共产党宣言》等五本马列主义的著作。他说：这五本书，“如果有五千人到一万人读过了，并且有大体的了解，那就很好，很有益处”②。

全国解放战争时期，毛泽东从政治的高度对党的高级干部提出要求：“我们在理论上要提高，还要普及。中央委员、政治局委员要当作一个政治任务来注意这个问题，不然就说不服那些犯错误的同志。”③ 当时华东局印了五本书并有人在读。毛泽东由此强调说，如果五本不够，可以选十本，包括《联共（布）党史》《列宁主义概论》《帝国主义论》在内。

1949 年 3 月，为迎接全国的解放，中共召开了七届二中全会。面对即将到来的新形势、新任务，根据党内的理论状况，全会确定了十二本干部必读的书目。毛泽东在会上再次论述了学习马克思主义理论的重要性。他说：“如果在今后三年之内，有三万人读完这十二本书，有三千人读通这十二本书，那就很好。”④

新中国成立以后，为适应新形势、新任务要求，中央对干部的马克思主义学习抓得更紧了。当时规定了严格的干部学习制度并在以后长时期内得到了坚持。

1958 年“大跃进”运动中，发生了刮“共产风”的错误，又有人提

---

① 《毛泽东文集》第 3 卷，人民出版社 1996 年版，第 11 页。
② 《毛泽东文集》第 3 卷，人民出版社 1996 年版，第 417 页。
③ 《毛泽东文集》第 5 卷，人民出版社 1996 年版，第 138 页。
④ 《毛泽东文集》第 5 卷，人民出版社 1996 年版，第 261 页。

出取消商品生产等错误主张。毛泽东针对这种情况，在1958年11月9日亲自写信给中央、省（市、自治区）、地、县四级党委委员们，建议大家读两本书：一本是斯大林著的《苏联社会主义经济问题》；一本是《马克思恩格斯列宁斯大林论共产主义社会》，意在提高其理论素养，纠正错误。

1963年7月11日，毛泽东再次提出，要读几本、十几本、几十本马列的书。要有计划地进行，在几年内读完几十本马列的书。同年12月31日，中共中央宣传部向中共中央呈送了关于组织高级干部学习马克思、恩格斯、列宁、斯大林著作的请示报告及供干部选读的30部著作目录。1964年2月15日，毛泽东作出批示："此件看过，很好，可以立即发下去。"

1963年7月，毛泽东曾提出，要为选定的30本马列主义经典著作写序、作注，以帮助人们学习马克思主义。注释的字数可以超过正文的字数。1965年12月，毛泽东再次提出这个问题，并带了几个"秀才"到杭州进行这一工作。当时他强调，为马列著作写序要结合中国革命的实践经验。这件事虽然刚开头就被"文化大革命"所打断，但为帮助人们学习马列著作指明了方向。

上述在毛泽东和党中央的倡导和组织下所抓的学习工作，加强了党的理论建设、提高了党员干部的理论修养、统一了全党的思想认识、推动了党的事业的健康发展，形成了中国共产党的一个优良的历史传统，意义十分重大。在我们建设马克思主义学习型政党的今天，这些历史经验具有直接的借鉴意义。

当前学习马克思主义的经典著作，要注重抓好对于《马克思恩格斯文集》10卷集和《列宁专题著作集》5卷集的学习。在这之前，经中央批准，继《毛泽东选集》之后，又出版了《毛泽东文集》8卷本，也必须认真组织学习。共产党员本身要有学习马列主义、毛泽东思想经典著作的高度自觉性，各级党委、党委组织部门亦应对党员干部的学习情况进行认真考核，并以此作为任用干部的重要依据之一。

共产党员特别是党的干部如果能坚持"马列主义普遍真理与中国具体实践结合"、理论联系实际的思想原则，认真学习十几篇、几十篇马克思主义的经典著作，并注意在学习中把"坚持原则和独创精神"很好地结合起来，我们党的整个理论水平一定会得到明显提高，党的广大干部对中国特色社会主义理论体系的理解和运用一定会得到深化。党的团结统一必然会大大增强。党的事业必将更有力地向前推进。

［原载《贵州师范大学学报》（社会科学版）2011 年第 4 期］

共产党员要做坚定的马克思主义者论要

一　共产党员应该是坚定的马克思主义者

中国共产党是马克思主义与中国工人运动相结合的产物，是中国工人阶级的先锋队，同时也是中华民族和中国人民的先锋队。以马克思主义作为指导思想，是中国共产党成为马克思主义政党的首要的、决定性的因素，也是中国共产党党员成为中国工人阶级的有共产主义觉悟先锋战士的首要的、决定性因素。在共产党执政条件下，马克思主义是我们党立党立国的根本指导思想，是全国各族人民团结奋斗的共同思想理论基础。中国共产党正在以马克思列宁主义、毛泽东思想、中国特色社会主义理论体系为指导，领导全国各族人民建设伟大的社会主义国家。中国共产党始终如一地重视思想政治建设，时时刻刻注意用科学理论武装党和人民。中国共产党党员是有共产主义觉悟的先锋战士。共产主义既是马克思主义的核心，又是马克思主义的别名。共产主义觉悟就是马克思主义的觉悟；为实现共产主义奋斗终身就是为实现马克思主义最崇高的理想奋斗终身。所以，共产党员本来就应该是坚定的马克思主义者。

这一要求写明在《中国共产党章程》中，每个共产党员都清楚，而且入党时在党旗下进行过宣誓，誓为实现共产主义奋斗终身。按常理，作为共产党员都会自觉将其付诸实践。然而，由于以下原因，在当前有必要对之特别强调并予以论证。

第一，党的队伍更新换代。现有的近 8000 万党员，大多数无疑都是各行各业的优秀分子，科学文化素质比较高，富有青春的创造活力。但是，就对共产主义的信仰和革命的坚定性、彻底性来说，绝大多数党员次于老一辈革命家。少数共产党员甚至在思想上、感情上同《中国共产党章程》的规定格格不入。

第二，占有很大比例的共产党员没有受到过马克思主义基本原理的系统教育。究其原因，正如陈奎元同志所说，在很长时期内，各级基层党组织对党员或者要求入党的积极分子没有下功夫进行马克思主义基本理论教育。许多共产党员，包括思想理论战线的工作者，没有认真研究什么是马克思主义哲学的基本观点，什么是马克思主义的世界观和方法论，什么是资本主义，资本主义什么地方不好，什么是社会主义，社会主义的本质特点是什么。中央提出建设学习型政党，对于共产党员的领导干部，着重点应当是学习马克思主义的基本理论，树立正确的世界观、人生观和价值观，但是，有些同志却将着眼点放在与业务相关的知识上，这就严重地削弱了马克思主义基本理论教育。正因如此，在对待“什么是马克思主义，怎样对待马克思主义”等四个重大的基本理论问题上，党内就有了各种不同的声音。这是当前党内生活、社会生活中出现种种偏离社会主义轨道思想的根源。

第三，近些年来，意识形态领域中新自由主义、民主社会主义、历史虚无主义、西方普世价值论、大陆新儒学等思想文化的渗透，严重冲击着共产党员的思想。要特别指出的是，极少数混入党内有严重资产阶级自由化思想的所谓“老革命”“老干部”“老理论家”，通过发文章、作报告，捏造材料，歪曲事实，散布谣言，污蔑诋毁，攻击和糟蹋马克思主义，企图从根本上破坏我们党的思想理论基础，动摇党和人民的根本信仰，摧毁我们的精神支柱，进而欲毁灭整个中国共产党，改变我们国家的根本性质。面对这些情况，有的共产党员政治上不敏锐，认识模糊，是非不明，界限不清；有的共产党员神经脆弱，在思想上产生了共鸣，信念发生动摇；如此等等。这表明了在目前新的形势下，共产党员应该做一个坚定的马克思主义者的必要性、重要性和紧迫性。

二　做坚定的马克思主义者，要对马克思主义有坚定的信仰

信仰，对于一个有政治觉悟、政治抱负的人来说，是很严肃的事情。共产党员必须有坚定的马克思主义信仰。没有马克思主义信仰的共产党员是没有政治灵魂的不合格的党员。其实，这样的共产党员不是真正都没有信仰，有的只是没有共产主义信仰。在他心目中，占据中心位置的是实用主义、利己主义和极端个人主义。这种种主义同我们党的根本性质是不相容的。历史经验告诉我们，一个没有马克思主义信仰的共产党员，迟早会离开党，有的甚至会背叛党。

共产党员对马克思主义的信仰不同于宗教信仰，它是建立在科学真理的基础上的。马克思主义承继了厚重的优秀历史文化遗产，以先进的革命的工人阶级为阶级基础，又有辩证唯物主义和历史唯物主义的深刻哲学基础，所以马克思主义是科学、是真理。信仰马克思主义就是信仰科学，坚持真理；坚持、践行马克思主义就是按科学真理、客观规律办事。共产党人要胜利实现共产主义的最高理想和最终目标，就必须信仰、坚持和应用马克思主义，如实地遵循马克思主义所揭示的客观规律办事，走历史必由之路，否则就要遭到挫折和失败。这正如列宁所指出的："沿着马克思的理论的道路前进，我们将愈来愈接近客观真理（但决不会穷尽它）；而沿着任何其他的道路前进，除了混乱和谬误之外，我们什么也得不到。"① 这是历史的结论，也是科学的结论。

共产党员对马克思主义的信仰又是建立在先进的、高尚的、合理的价值观基础上的。马克思、恩格斯所著的《共产党宣言》早就向全世界庄严宣告："无产阶级的运动是绝大多数人的、为绝大多数人谋利益的独立的运动。"② 这一宣告是共产党人向整个旧世界的挑战，是同一切传统观念的决裂，是对以往一切历史观、价值观的根本颠覆。它向人类社会宣布了一条历史上从未有过的全新的真理：马克思主义是科学和劳动者的联姻。普列汉诺夫曾形象地描述说："第一次，从我们的宇宙存在以来和地球绕日而行以来，发生了科学与劳动者的接近：科学跑去帮助劳动群众；劳动群众在自己的觉悟的运动中依据于科学的结论之上。"③ 科学和劳动群众的亲近，一切以为绝大多数人谋利益为出发点和立足点，全心全意为人民服务，这就是马克思主义的价值观。共产党人信仰马克思主义，就应信奉马克思主义的价值观，就应该自觉地把"全心全意为人民服务""为实现共产主义奋斗终身"贯穿于自己全部理论和实践活动之中。

三　做坚定的马克思主义者，要始终坚持马克思主义的指导地位

马克思主义是我们立党立国的根本指导思想，是全国各族人民团结奋斗的共同思想理论基础。共产党员做坚定的马克思主义者，理所当然要始

① 《列宁选集》第2卷，人民出版社1995年版，第103—104页。
② 《马克思恩格斯选集》第1卷，人民出版社1995年版，第283页。
③ 《普列汉诺夫哲学著作选集》第1卷，生活·读书·新知三联书店1959年版，第771页。

终不渝地坚持马克思主义的指导地位。为此，必须从历史、理论和现实的结合上，真正弄清一些关系和问题，划清一些界限，如坚持马克思主义的指导地位与解放思想的关系；划清坚持马克思主义的指导地位与思想垄断的界限，坚持以马克思主义特别是以中国特色社会主义理论体系为指导与尊重差异、包容多样的关系；弄清马克思主义的思想理论是否已经过时的问题。只有认真看书学习，通过理论上的辛勤耕耘透彻地弄清这些关系和问题，才会有实践上最勇敢、最坚定的前进步伐，去自觉地践行我们党的政治原则。

四 做坚定的马克思主义者，必须真正懂得马克思主义

不懂得马克思主义，说坚信马克思主义就没有根据。马克思主义是科学，既不能从工人运动中自发产生，也不能不学自通。要真正懂得马克思主义，必须刻苦学习马克思主义。学习马克思主义的途径有很多，最可靠的办法就是努力学习马克思主义经典著作。之所以必须如此，是因为：

第一，马克思主义的基本原理，主要是由马克思、恩格斯和列宁阐明的。他们的著作蕴含和集中体现着马克思主义基本原理，是马克思主义理论的本源和基础，包含着马克思主义经典作家所汲取的人类探索真理的丰富思想成果，体现着经典作家攀登科学理论高峰的不懈追求和艰辛历程，体现着经典作家坚定的政治立场、政治信仰和献身共产主义事业的品格。只有认真学习马克思主义的原著，才能系统掌握马克思主义的基础理论；才能以坚定的政治立场、政治信仰，从本源和基础上深刻理解马克思主义中国化的理论成果，创造性地运用马克思主义的立场、观点、方法去分析和解决我们面临的实际问题，不断把中国特色社会主义事业推向前进。

第二，学习马克思主义经典著作，是中国共产党的优良传统。中国共产党历来重视马克思主义创始人的意见，十分重视马克思主义经典著作的学习和应用，并在长期思想理论建设中形成了一个光荣的、不断得到发扬的历史传统。

1938 年 10 月，毛泽东在中共六届六中全会上提出使“马克思主义中国化”的同时，就要求全党“普遍地深入地研究马克思列宁主义的理论”，实现学习理论、研究历史、研究现状的三结合。继后，他又强调马列主义的书要经常读，遇到实际问题就去请教马列主义，时常翻阅，注意从理论上进行分析。

1943 年 3 月 16 日，为了更有效地学习和应用马克思主义，毛泽东在政治局会议上提出要求：对“中央直属机关干部要进行理论、思想教育，读马、恩、列、斯的四十本书”[①]。同年 12 月 14 日，为了帮助党的高级干部掌握马克思主义基本原理，反左防右，紧密联系新民主主义革命实际，学习党的路线问题，他又主持召开中央书记处会议，决定用半年时间学习马列经典著作，并列出了书目。

1945 年 4 月，党的七大把毛泽东思想确定为党的指导思想。

他又进一步强调，不能因为反对教条主义就不读经典著作了，马克思主义经典作家讲的不是教条，我们读后变成了教条，这是我们没有读通，不会读。全国解放战争时期，毛泽东从政治的高度对党的高级干部提出要求：“我们在理论上要提高，还要普及。中央委员、政治局委员要当作一个政治任务来注意这个问题，不然就说不服那些犯错误的同志。”[②]

1949 年七届二中全会，1958 年“大跃进”运动，1963 年、1965 年毛泽东一再提出读马列经典著作的问题。[③]

在毛泽东和党中央的倡导和组织下所抓的学习工作，加强了党的理论建设，提高了党员干部的理论修养，统一了全党的思想认识，推动了党的事业的健康发展，形成了中国共产党的一个优良的历史传统和政治优势，意义十分重大。在我们建设马克思主义学习型政党的今天，这些历史经验具有直接的借鉴意义。共产党员要做坚定的马克思主义者，应该清楚地了解这些历史传统，重视汲取历史的经验和智慧。

这里有一个问题，就是有人提出，我们在中国搞社会主义现代化建设，只需要学习中国化马克思主义，特别是学习中国特色社会主义理论体系就够了，为什么还要学习马列主义经典著作呢？对于这个问题，笔者认为可以作两点说明。

一是邓小平同志早讲过的道理。1960 年 3 月 25 日在中共中央天津会议上，邓小平针对不少报纸不同程度地存在“马克思列宁主义很少讲了”的现象，批评说：“不要把毛泽东思想同马克思列宁主义割裂开来，好像它是另外一个东西。”[④] 当时有人提出“以毛泽东思想为纲学习政治经济

---

① 《毛泽东文集》第 3 卷，人民出版社 1996 年版，第 11 页。

② 《毛泽东文集》第 5 卷，人民出版社 1996 年版，第 138 页。

③ 参见本书《共产党员要做坚定的马克思主义者》一文。

④ 《邓小平文选》第 1 卷，人民出版社 1994 年版，第 283 页。

学”的观点，邓小平认为这种提法是不妥当的。他说：“讲初期的发展时期的资本主义，总是马克思和恩格斯，总是《资本论》；讲帝国主义，总还是列宁的《帝国主义是资本主义的最高阶段》；讲社会主义，列宁和斯大林都有，毛泽东同志也有重要的发展。”[①] 他又说：“光讲毛泽东思想，不提马克思列宁主义，看起来好像是把毛泽东思想抬高了，实际上是把毛泽东思想的作用降低了。”邓小平说，这些看法，毛泽东是同意的。“昨天在毛主席那里还谈了这个问题，他赞成这个意见。”[②] 邓小平这些重要论断告诉我们，如果只讲中国化马克思主义、中国特色社会主义理论体系，不提马克思列宁主义，就不能真正深刻掌握中国特色社会主义理论体系；而且撇开马克思列宁主义讲中国特色社会主义理论体系，看起来好像把中国特色社会主义理论体系抬高了，实际上是把中国特色社会主义理论体系的作用降低了。

二是强调学习马克思主义经典著作，这是澄清理论是非，识别理论骗局的需要。在马克思主义发展史上，一个带规律性的现象就是列宁所指出的：“马克思主义在理论上的胜利，逼得它的敌人装扮成马克思主义者，历史的辩证法就是如此。”[③]

当前一些资产阶级自由化分子，以“马克思主义理论家”自居，千方百计地企图通过篡改、歪曲马克思主义经典著作，来诋毁、糟蹋马克思主义及其创始人。这涉及一系列马克思主义的经典著作，如《资本论》的第一、三卷；恩格斯 1886 年 2 月写的《〈英国工人阶级状况〉美国版附录》，恩格斯 1895 年为马克思的《1848 年至 1850 年的法兰西阶级斗争》写的《导言》，1890 年 9 月恩格斯《给〈萨克森工人报〉编辑部的答复》，1893 年 5 月 12 日恩格斯对法国《费加罗报》记者的谈话，等等。资产阶级自由化的代表人物硬说在这些著作中，恩格斯放弃了共产主义理论，否定了无产阶级革命和无产阶级专政理论，放弃了暴力革命，放弃了从《共产党宣言》到《哥达纲领批判》中的观点，变成了民主社会主义者了，等等。事实上，一查对原文就会真相大白，这些完全是他们制造的理论骗局。但是，如果我们不认真学习、研读马克思主义经典著作，不知

① 《邓小平文选》第 1 卷，人民出版社 1994 年版，第 284 页。
② 《邓小平文选》第 1 卷，人民出版社 1994 年版，第 283—284 页。
③ 《列宁选集》第 2 卷，人民出版社 1995 年版，第 307 页。

道真情，就会是非不辨，上当受骗。就这个方面来说，当前认真学习马克思主义经典著作具有迫切性。

［原载《重庆邮电大学学报》（社会科学版）2011 年第 5 期］

共产党员要做坚定的马克思主义者

——为庆祝中国共产党成立90周年而作

一

中国共产党是马克思主义与中国工人运动相结合的产物。以马克思主义作为指导思想，是中国共产党成为马克思主义政党、成为中国工人阶级的先锋队，同时成为中国人民和中华民族的先锋队的首要的、决定性的因素，也是中国共产党党员成为中国工人阶级的有共产主义觉悟的先锋战士的首要的、决定性因素。在共产党执政条件下，马克思主义是我们党立党立国的根本指导思想，是全国各族人民团结奋斗的共同思想理论基础。今天，中国共产党正在以马克思列宁主义、毛泽东思想、中国特色社会主义理论体系为指导，领导全国各族人民建设伟大的社会主义国家。在这个过程中，中国共产党始终如一地重视思想政治建设，时时刻刻注意用科学理论武装党和人民。中国共产党党员是有共产主义觉悟的先锋战士，誓为实现共产主义奋斗终身。共产主义既是马克思主义的核心，又是马克思主义的别名。共产主义觉悟就是马克思主义的觉悟；为实现共产主义奋斗终身就是为实现马克思主义最崇高的理想奋斗终身。所以，共产党员本来就应该是坚定的马克思主义者。

这些道理渗透在《中国共产党章程》中，每个共产党员都清楚，而且入党时在党旗下进行过宣誓。按常理作为共产党员都会自觉地将这些道理付诸实践。然而，由于以下的原因，在我们庆祝中国共产党成立90周年之际，有必要再次论证这些道理。

第一，党的队伍更新换代。经过革命战争洗礼的原班人马基本上已经辞世，健在者也已离开了工作岗位。现有的近8000万党员，大多数都是各行各业的优秀分子，不少同志科学文化素质比较高，富有创造活力，但是绝大多数党员没有经过革命战争的洗礼，他们同老一辈革命家比起来，在政治上所受到的真正严峻的考验也少得多。相当数量的共产党员对共产主义的信仰和革命的坚定性、彻底性次于老一辈革命家。

第二，占有很大比例的共产党员没有受到过马克思主义基本原理的教育，没有牢固地树立起马克思主义的世界观、价值观。这与我们的工作很有关系。尽管邓小平和几代中央领导人反复强调我们党的工作中心转到经济建设上来以后，要防止忽视思想政治工作，中央还把党的建设列为五大建设之一突出地加以强调，从上到下进行了诸如创先争优等一系列党的建设活动，但是由于多方面原因，仍然存在着对党的四项基本原则教育的不一贯的问题。“很长时期内，各级基层党组织对党员或者要求入党的积极分子没有下功夫进行马克思主义基本理论教育。许多共产党员，包括思想理论战线的工作者，没有认真研究什么是马克思主义哲学的基本观点？什么是马克思主义的世界观和方法论？什么是资本主义？资本主义什么地方不好？什么是社会主义？社会主义的本质特点是什么？中央提出建设学习型政党，有些同志将着眼点放在与业务相关的知识上……对于共产党的领导干部，着重点应当是学习马克思主义的基本理论，树立正确的世界观、人生观和价值观。马克思主义理论工作者，要在宣传、普及、推广马克思主义理论上下功夫。在新的历史环境中，我们这样庞大的执政党，如果不用先进的理论统一思想，确立共同的信仰，很难经得起西方文化、宗教和价值观的冲击。”①

第三，意识形态领域的斗争对我们党员的思想冲击很大。现在西方庸俗文化、宗教在我国城乡广泛地传播，对我国的意识形态和传统文化冲击极大，严重威胁中国特色社会主义，也严重影响了党员的思想。特别是境内外敌对势力为了达到施压促变的目的，总是通过各种途径、运用各种手段，进行新自由主义、民主社会主义、历史虚无主义、西方普世价值论、大陆新儒学等思想文化的渗透，企图压我接受西方价值观和制度模式，或者以大陆新儒学取代马克思主义的指导地位。这对我们党员思想的影响不可低估。面对这些情况，有的共产党员政治上不敏锐，认识模糊，是非不明，思想上划不清界限。这表明了在目前新的形势下，科学说明共产党员应该做一个坚定马克思主义者的必要性、重要性和迫切性。

---

① 陈奎元：《信仰马克思主义，做坚定的马克思主义者——在中国社会科学院马克思主义理论学科建设与理论研究 2011 年度工作会议上的讲话》，《中国社会科学报》2011 年 4 月 28 日。

二

做坚定的马克思主义者，首先要对马克思主义有坚定的信仰。信仰，对于一个有政治觉悟、政治抱负的人来说，是很严肃的事情。共产党员必须有马克思主义的信仰，没有马克思主义信仰的共产党员是没有政治灵魂的不合格的党员。这样的共产党员不是真正没有信仰，而只是没有共产主义信仰，他们所信奉的实际上是实用主义、利己主义和极端个人主义。在他们心目中，占据中心位置的是个人和小集团的利益得失。这样的党员同我们党的根本性质不相容。历史经验告诉我们，他们迟早会离开党或背叛党。

共产党员对马克思主义的信仰不同于宗教信仰，它是建立在科学真理基础上的。马克思主义是由马克思、恩格斯创立的，由他们在各国的继承人所丰富发展了的关于自然、人类社会和人的思维发展规律的学说；马克思主义是工人阶级的科学世界观和方法论，是揭示由资本主义过渡到社会主义，由社会主义过渡到共产主义，最终实现人类解放，达到人的自由全面发展的规律的学说。马克思主义（在中国包括马克思列宁主义、毛泽东思想、邓小平理论、“三个代表”重要思想和科学发展观等重大战略思想）是科学、是真理，信仰马克思主义就是信仰科学、坚持真理，坚持、践行马克思主义就是按科学真理、客观规律办事。客观规律，无论是自然规律还是社会规律都是不以人的主观意志为转移的，也是不能违背的。谁违背了客观规律，谁就要受到规律的惩罚，遭到失败。共产党人要胜利实现共产主义的最高理想和最终目标，在共产党执政的条件下，确保党和国家的全部实践活动符合客观规律的要求，取得成功，推动历史前进，就必须信仰、坚持和应用马克思主义，如实地遵循马克思主义所揭示的客观规律办事，走历史必由之路，否则就要遭到失败。列宁讲得很深刻：“从马克思的理论是客观真理这一为马克思主义者所同意的见解出发，所能得出的唯一结论就是：沿着马克思的理论的道路前进，我们将愈来愈接近客观真理……而沿着任何其他的道路前进，除了混乱和谬误之外，我们什么也得不到。”① 这是历史的结论，也是科学的结论。

马克思主义科学真理性不是什么人凭感情或愿望赋予它的，而是由它

---

① 《列宁选集》第2卷，人民出版社1995年版，第103—104页。

所承继的厚重的优秀历史文化遗产、先进的革命的阶级基础和深刻的哲学理论基础决定的。马克思主义是对人类全部优秀文化遗产批判继承的理论结晶。它集人类历史上优秀思想之大成，不仅从根本上实现了人类思想史上的革命变革，而且成为欧洲当时整个历史科学、经济科学、哲学科学、自然科学最高发展的综合，从而能够成为科学真理，正确回答人类先进思想提出的种种问题。

马克思、恩格斯在劳动发展史中找到了理解全部社会史的锁钥。他们“一开始就主要是面向工人阶级的，并且从工人阶级那里得到了同情，这种同情，它在官方科学那里是既没有寻找也没有期望过的”。① 所以马克思主义以无产阶级作为自己的阶级基础。工人阶级是人类历史上最先进生产方式的代表，是最彻底的革命的阶级。它的根本利益是同社会发展的总方向一致的。它既没有剥削阶级的偏见，也不具有小生产者的狭隘性。它总是面向现实，勇于追求真理。如恩格斯所说：“科学越是毫无顾忌和大公无私，它就越符合工人的利益和愿望。”② 无产阶级的阶级本性和科学的真理性是相一致的。两者能够在马克思主义的科学体系中得到高度统一。马克思主义不至于因受狭隘的阶级利益的限制而阻碍其开辟真理的道路。

马克思主义的唯物辩证法和认识论是内在统一的。唯物辩证法要求不断深化对客观世界的认识，永无止境地追求真理、发现真理，深化对真理的认识。马克思主义的认识论在唯物主义反映论的基础上，更大大地向前推进了，它把实践作为第一的和基本的观点，永远面向实践、立足于实践，把实践作为认识真理、发展真理的动力，作为检验真理的唯一标准。这样，就使马克思主义能够始终把自己的理论内容完全建立在实践的基础上，奠立在自己研究对象的活动规律和发展规律的科学反映上，并总是随着时代、实践和科学的发展而不断发展创新，不会停止和僵化。

共产党员对马克思主义的信仰又是建立在先进的、高尚的、合理的价值观基础上的。自从人类社会进入文明时代以来，由于阶级的分化和对立，社会上总存在着不同的乃至根本不同的利益，因而存在着反映不同利益的价值观。以往，一切历史唯心主义学说都蔑视人民群众，贬低人民群

---

① 《马克思恩格斯选集》第 4 卷，人民出版社 1995 年版，第 258 页。
② 《马克思恩格斯选集》第 4 卷，人民出版社 1995 年版，第 258 页。

众的历史作用，视群众为群氓，因而一切以历史唯心主义为基础的价值观都把人民群众的利益置于视野之外。与此相反，历史唯物主义认为，人民群众是历史的主人，是物质财富和精神财富的创造者，是推动历史前进的根本动力。只有反映他们的根本利益、为他们的根本利益服务的价值观，才同历史的本质和发展的趋势一致，才是先进的、高尚的、合理的价值观。建立在历史唯物主义基础上的马克思主义价值观，反映、追求着绝大多数人的利益，为大多数人的利益而奋斗，正是这种最先进、最高尚、最合理的价值观。这种价值观早已由《共产党宣言》向全世界宣布过："无产阶级的运动是绝大多数人的、为绝大多数人谋利益的独立的运动。"①这一庄严宣告，是共产党人向整个旧世界的挑战，是同一切传统观念的决裂，是对以往一切历史观的颠覆。它史无前例，向人类社会宣布了科学和劳动者联姻的真理。科学和劳动群众的亲近，一切以为绝大多数人谋利益为出发点和立足点，全心全意为人民服务，这就是马克思主义的价值观。共产党人信仰马克思主义，就要信奉马克思主义的价值观。所以，《中国共产党章程》规定："中国共产党党员必须全心全意为人民服务，不惜牺牲个人的一切，为实现共产主义奋斗终身"，必须"坚持党和人民的利益高于一切，个人利益服从党和人民的利益，吃苦在前，享受在后，克己奉公，多做贡献"。这清楚地表明，"全心全意为人民服务"，"为实现共产主义奋斗终身"，是高度一致的。中国共产党党员信仰、忠诚于马克思主义，做坚定的马克思主义者，就要坚守这两条。

三

做坚定的马克思主义者，要始终坚持马克思主义的指导地位。马克思主义是我们立党立国的根本指导思想，是全国各族人民团结奋斗的共同思想的理论基础。共产党员做坚定的马克思主义者，理所当然要始终不渝地坚持马克思主义的指导地位。但是，在今天意识形态领域出现错综复杂斗争的情况下，由于各种思想理论的影响，在某些党员思想认识上出现了一些混乱，对此需要说清一些问题，划清一些界限。

第一，坚持马克思主义的指导地位与解放思想是否有矛盾？坚持以马克思主义为指导与解放思想不仅不矛盾，而且是高度统一的，因为"我

---

① 《马克思恩格斯选集》第 1 卷，人民出版社 1995 年版，第 283 页。

们讲解放思想，是指在马克思主义指导下打破习惯势力和主观偏见的束缚，研究新情况，解决新问题”。[①] 只有坚持以马克思主义为指导，我们的思想才能沿着正确的认识路线行进，与客观实际相符合，真正做到解放思想。坚持以马克思主义为指导，就是尊重科学，实事求是，与迷信毫不相干。不掌握马克思主义这个伟大的认识工具和理论武器，不仅难以科学地认识和把握社会现象、正确地分析和处理改革开放和经济建设中所遇到的问题，而且还容易受各种错误思想的影响和束缚，使主观思想不能符合客观实际。因此，邓小平在谈到解放思想时，总是强调要学习马克思主义，努力用马克思主义的立场、观点、方法来观察和处理问题，这是有深刻道理的。

值得警惕的是，有人在解读解放思想时，故意把解放思想同以马克思主义为指导对立起来，借口解放思想，反对教条主义，企图达到否定马克思主义的目的。他们把解放思想解读为使人们的思想从马克思主义的束缚中（或从马克思主义的错误原理的束缚中）解放出来，解放思想就是要找马克思主义的错。这是完全错误的。我们提倡解放思想，绝不能丢掉社会主义意识形态，绝不能在学习借鉴、理论创新的名义下否定马克思主义的指导地位，搞指导思想多元化。如果硬要说解放思想是“找马克思主义的错”，那么应该抛弃的只能是运用马克思主义原理分析具体问题时得出的某些错误的或者过时的具体结论，而不是也不允许抛弃马克思主义基本原理本身。

第二，坚持马克思主义的指导地位与思想垄断有无联系？坚持马克思主义的指导地位与思想垄断毫无联系之处。我们强调只能以马克思主义为指导，坚决反对指导思想的多元化，意在要求一切科学文化工作者在马克思主义的立场、观点和方法的指导下，站在无产阶级立场上，开展科学文化工作，为社会主义服务，为广大人民群众服务。同时，采用符合客观事物发展规律的正确方法，以求在基本原则问题上有统一的认识。但决不是说在意识形态领域中只允许一个学派、一种观点存在，只能用一种声音说话。事实很清楚，在20世纪50年代中期，毛泽东就针对苏联思想领域形而上学盛行、压制不同意见的错误做法，提出了“百花齐放、百家争鸣”的方针。当时，他明确指出，“双百方针”是促进艺术发展和科学进步的

---

① 《邓小平文选》第2卷，人民出版社1994年版，第279页。

方针，是促进社会主义文化繁荣的方针。他主张艺术上不同的形式和风格可以自由发展，科学上不同的学派可以自由讨论。艺术和科学中的是非问题，应该通过自由讨论、通过实践去解决，真理越辩越明，而不应当采取简单的方法、靠行政手段去解决。新中国成立以来的历史表明，我们党提出的“百花齐放、百家争鸣”是繁荣和发展科学文化的正确指针。这表明，坚持指导思想的一元化并不妨碍意见的多样性，也不妨碍不同意见的自由讨论，而且鼓励不同意见的相互批评和争论，主张通过自由讨论，发展正确意见，克服错误观点，反对“一言堂”，反对专横独断。我们深信列宁的论断：“多样性不但不会破坏在主要的、根本的、本质的问题上的统一，反而会保证这种统一。”①

这里要指出的是，坚持指导思想的一元化，是人类社会进入文明时代以后，各个国家都坚持的带普遍性的现象。在经济上占统治地位的阶级，也必然在政治上、思想上占统治地位，古今中外，概莫能外。而且“不搞多元化并不是我们的发明，一向标榜信仰自由的美国，在思想文化上就是反对多元化的，他们的主流文化、他们崇尚的美国精神是不容置疑的。美国国会曾多次讨论双语教学的问题，但时至今日始终没有通过把西班牙语作为第二种全国通用语言的议案。最近，德国、法国、英国、荷兰等国的领导人宣布，在他们的国家‘多元化已经结束’，甚至说‘多元化已经死亡’。德国政府要求加入本国的移民要讲德语，融入德国的主流文化，接受他们的价值观……这个现象反映出西方发达国家反对多元化的立场及其政策”。②

第三，坚持以马克思主义特别是以中国特色社会主义理论体系为指导与尊重差异、包容多样是怎样的关系？把握这个关系，关键是要搞清“尊重”和“包容”的内涵和外延。尊重和包容是有边际的，哪些必须坚持，哪些可以包容，哪些必须反对，有明确的界定和界限，要掌握好度。包容的精义在发扬民主、博采众长。包容多样是为了促进和实现社会主义文化事业的大发展、大繁荣，而不是允许挑战党和国家的基本理论和根本制度。关于这个问题，《中共中央关于构建社会主义和谐社会若干重大问

---

① 《列宁专题文集·论社会主义》，人民出版社2009年版，第60页。

② 陈奎元：《信仰马克思主义，做坚定的马克思主义者——在中国社会科学院马克思主义理论学科建设与理论研究2011年度工作会议上的讲话》，《中国社会科学报》2011年4月28日。

题的决定》阐述得非常明确。其一，尊重差异，包容多样，前提肯定。这就是我们必须更加坚定地坚持马克思主义的指导地位不动摇，坚持用发展着的马克思主义指导实践，牢牢掌握意识形态领域的指导权、主动权、话语权。其二，尊重差异，包容多样，目的明确。这就是要充分挖掘和鼓励不同阶层、不同群体所蕴含的积极向上的思想精神，更好地用社会主义核心价值体系引领社会思潮，最大限度地形成思想共识，凝聚力量，齐心协力地建设中国特色社会主义。其三，尊重差异，包容多样，内涵清楚。这里的"差异""多样"，是指丰富多彩的民族优秀文化传统和人类有益文明成果，包括科学上的不同学派、文化艺术上的不同风格、多样化的思想文化形式等，还包括科学区分和正确对待西方自古希腊以来的文化传承和图谋重建世界秩序的当代美国政治文化。但决不是允许各种反马克思主义的社会思潮滋长，决不允许通过诡辩，把"包容"变成"调包"，将马克思主义悄悄偷换成"民主社会主义""新自由主义"等资产阶级思想体系，不动声色地动摇我们的主流意识形态，在指导思想上取马克思主义而代之。我们党的主张历来十分明确："在事关政治方向和根本原则的问题上，我们一定要旗帜鲜明，理直气壮，毫不含糊。对于违反以经济建设为中心、违反四项基本原则、违反改革开放政策的错误思想政治观点，对于反马克思主义的挑战和攻击，必须进行积极的思想斗争，不能听之任之。"①

第四，马克思主义的思想理论是否已经过时？从《共产党宣言》发表到现在，马克思主义光照人间160多年。与马克思在世时相比，当今世界已有很大的变化，马克思主义的思想理论是否已经过时？我们党是否需要依然信仰、坚持和奉行马克思主义的理想信念及其理论体系？这个问题，对于懂得马克思主义本性的人来说是显而易见的。如前所述，马克思主义是科学、是真理，科学、真理只有适用的范围，不存在过时的问题。换句话说，只要真理反映的客观对象存在，它就不会过时。马克思主义是揭示资本主义发生、发展和灭亡基本规律的科学，是探索在资本主义制度下如何解放工人阶级自身，进而解放全人类规律的科学。只要资本主义经济、政治、思想文化制度还存在，世界上还存在资本和劳动的关系，马克思主义的剩余价值理论就不会过时。"马克思主义政治经济学不仅是认识

① 《江泽民文选》第3卷，人民出版社2006年版，第88页。

当代资本主义世界内在矛盾的思想武器和工具，也是认识当前中国经济社会矛盾的理论指南和方法。剩余价值理论、唯物史观以及马克思主义其他基本原理，并没有过时，它仍然是工人阶级和其他先进分子认识世界、改造世界的科学真理。”①

马克思主义揭示了从资本主义转向社会主义、由社会主义转向共产主义的客观规律，只要社会主义还没有过渡到共产主义，真正公平合理的共产主义社会还没有实现，马克思主义的历史使命就没有完结，马克思主义就不会过时。目前，世界上资本主义制度和社会主义制度同时并存，马克思主义是科学认识这两种社会制度的本质、运动规律及其相互关系的理论指南。在当代中国，如何认识社会主义社会的基本矛盾，如何解决反映基本矛盾运动的各种经济问题、社会问题以及人与人之间的关系问题，如何用正确的理论指导来制订正确的路线、方针和政策，不断发展完善我国的社会主义制度等，都离不开马克思主义的指导。背离或者偏离马克思主义就要迷失方向、犯政治错误。因此，根本谈不到马克思主义过时的问题。

四

做坚定的马克思主义者，必须真正懂得马克思主义。不懂得马克思主义，说坚信马克思主义就没有根据。马克思主义是科学，既不能从工人运动中自发地产生，也不能不学自通。要真正懂得马克思主义，必须刻苦学习马克思主义。学习马克思主义的途径有很多，最可靠的办法就是努力学习马克思主义经典著作。之所以必须如此，是因为：

第一，马克思主义的基本原理，主要是由马克思、恩格斯和列宁阐明的。他们的著作蕴含和集中体现着马克思主义基本原理，是马克思主义的本源和基础。只有认真学习他们的原著，才能穿越时空，直接同马克思、恩格斯和列宁对话，系统掌握马克思主义的基础理论；才能深刻理解马克思主义中国化的理论成果，才能创造性地运用马克思主义的立场、观点和方法去分析和解决我们面临的实际问题，不断把中国特色社会主义事业推向前进。用第二手的材料进行研究当然要容易得多，但会“让一些简述

---

① 陈奎元：《信仰马克思主义，做坚定的马克思主义者——在中国社会科学院马克思主义理论学科建设与理论研究 2011 年度工作会议上的讲话》，《中国社会科学报》2011 年 4 月 28 日。

读物和别的第二手资料引入迷途”。[①]

第二，学习马克思主义经典著作，是中国共产党的优良传统。马克思主义经典作家一贯强调要根据原著来研究马克思主义理论，重视“研究原著本身”，[②]“而不要根据第二手的材料来进行研究”[③]。中国共产党历来重视马克思主义创始人的意见，十分重视马克思主义经典著作的学习和应用，并在长期思想理论建设中形成了一个光荣的、不断得到发扬的历史传统。

众所周知，1938年10月，毛泽东在党的六届六中全会上提出使“马克思主义中国化”的同时，就要求全党“普遍地深入地研究马克思列宁主义的理论”，实行学习理论、研究历史、研究现状的三结合。1943年3月16日，为了更有效地学习和应用马克思主义，毛泽东在政治局会议上提出要求：中央直属机关干部要进行理论、思想教育，读马、恩、列、斯的四十本书。[④] 同年12月14日，为了解决高级干部学习党的路线问题，他又主持召开中央书记处会议，决定将学习时间定为半年，学习的课本为六种：马克思、恩格斯著的《共产党宣言》，恩格斯著的《社会主义从空想到科学的发展》，列宁著的《共产主义运动中的“左派”幼稚病》和《社会主义民主党在民主革命中的两种策略》，斯大林主持写的《联共（布）党史简明教程》，第六种为党的主要文件集（1922年7月至1943年10月）。

1945年4月，党的七大把毛泽东思想确定为党的指导思想。毛泽东在这次大会上再次提出要读上述《共产党宣言》等五本马列主义的著作。他说，这五本书，“如果有五千人到一万人读过了，并且有大体的了解，那就很好，很有益处”[⑤]。

全国解放战争时期，毛泽东从政治的高度对党的高级干部提出要求：“我们在理论上要提高，还要普及。中央委员、政治局委员要当作一个政治任务来注意这个问题，不然就说不服那些犯错误的同志。”[⑥] 当时华东

---

① 《马克思恩格斯全集》第36卷，人民出版社1975年版，第200页。
② 《马克思恩格斯全集》第36卷，人民出版社1975年版，第200页。
③ 《马克思恩格斯文集》第10卷，人民出版社2009年版，第593页。
④ 《毛泽东文集》第3卷，人民出版社1996年版，第11页。
⑤ 《毛泽东文集》第3卷，人民出版社1996年版，第417页。
⑥ 《毛泽东文集》第5卷，人民出版社1996年版，第138页。

局印了五本书并有人在读。毛泽东得知后作出指示说，如果五本不够，可以选十本，包括《联共（布）党史》《列宁主义概论》《帝国主义论》在内。

1949 年 3 月，为迎接全国的解放，我们党召开了七届二中全会。面对即将到来的新形势、新任务，根据党内的理论状况，全会确定了十二本干部必读的书目。毛泽东在会上再次论述了学习马克思主义理论的重要性。他说："如果在今后三年之内，有三万人读完这十二本书，有三千人读通这十二本书，那就很好。"①

新中国成立以后，适应新形势、新任务的要求，中央对干部的马克思主义学习抓得更紧了。当时规定了严格的干部学习制度并在以后长时期内得到了坚持。

1963 年 7 月 11 日，毛泽东再次提出，要读几本、十几本、几十本马列的书。要有计划地进行，在几年内读完几十本马列的书。同年 12 月 31 日，中共中央宣传部向中共中央呈送了关于组织高级干部学习马克思、恩格斯、列宁、斯大林著作的请示报告及供干部选读的 30 部著作目录。1964 年 2 月 15 日，毛泽东作出批示："此件看过，很好，可以立即发下去。"

1963 年 7 月，毛泽东曾提出，要为选定的 30 本马列主义经典著作写序、作注，以帮助人们学习马克思主义。注释的字数可以超过正文的字数。1965 年 12 月，毛泽东再次提出这个问题。当时他强调，为马列著作写序要结合中国革命的实践经验。这件事虽然刚开头就被"文化大革命"所打断，但为如何帮助人们学习马列著作指明了方向，作出了示范。

上述在毛泽东和党中央的倡导和组织下所抓的学习工作，加强了党的理论建设，提高了党员干部的理论修养，统一了全党的思想认识，推动了党的事业的健康发展，形成了中国共产党的一个优良的历史传统，意义十分重大。在我们建设马克思主义学习型政党的今天，这些历史经验具有直接的借鉴意义。共产党员做坚定的马克思主义者，应该清楚地了解这些历史传统，重视汲取历史的经验和智慧。

当前学习马克思主义的经典著作，要注重抓好《马克思恩格斯文集》10 卷本和《列宁专题文集》5 卷本的学习。在这之前，经中央批准，继

---

① 《毛泽东文集》第 5 卷，人民出版社 1996 年版，第 261 页。

《毛泽东选集》之后，又出版了《毛泽东文集》8卷本，也必须认真学习。学原著，要专心致志地读、原原本本地读，否则不能掌握贯穿于其中的马克思主义立场、观点和方法。学习中，要注意把学习马克思、恩格斯、列宁和毛泽东的重要著作与学习《邓小平文选》《江泽民文选》和党的十六大以来以胡锦涛为总书记的党中央提出的科学发展观等重大战略思想紧密结合起来；注意坚持“马列主义普遍真理与中国具体实践结合”、理论联系实际的思想原则，重视“坚持原则和独创精神”的结合。

我们深信，只要扎扎实实地读上十几篇、几十篇马克思主义的经典著作，深入理解了其中的精神实质和思想精髓，真正学懂学通了马克思主义基本原理，定会更加深刻认识到科学发展观是马克思主义关于发展的世界观和方法论的集中体现，定会自觉地转变不适应、不符合科学发展要求的思想观念，着力去解决影响和制约科学发展的突出问题。这样我们党的事业就会向前推进。

在庆祝中国共产党成立90周年的日子里，这就是共产党员誓做坚定马克思主义者的实际行动。

（原载《思想理论教育》2011年第7期）

突出马克思主义实践观教育：抓住根本　把握关键

实践的观点是马克思主义认识论的首要和基本的观点，也是全部马克思主义的首要和基本的观点。在当代中国，突出马克思主义实践观教育，意在始终不渝地坚持马克思主义普遍真理同中国的具体实践相结合，理论同实践相统一，言和行相一致，变精神为物质。在全党全国人民深入学习贯彻党的十八大精神之际，强调马克思主义实践观教育，具有极为重要的意义。本文试就这个问题作三点探讨。

一　当前突出马克思主义实践观教育的现实针对性

马克思主义实践观是马克思主义的精髓，也是中国共产党一贯坚持的根本思想理论原则。今天再强调突出这个问题的教育有什么特殊意义呢？的确，长期以来，我们广大党员、领导干部和学术界牢记毛泽东的教导："马克思主义看重理论，正是，也仅仅是，因为它能够指导行动。如果有了正确的理论，只是把它空谈一阵，束之高阁，并不实行，那末，这种理论再好也是没有意义的。"[①] 坚持理论与实践的统一，言必行、行必果，不断推进了马克思主义中国化，取得了革命、建设和改革的重大成果。但是也毋庸讳言，当前，毛泽东曾批评的将理论"束之高阁，并不实行"的情况，无论在学术界，还是在党内，特别是在领导干部中不仅仍然存在，而且还有所严重化。对待马克思主义基础理论是如此，对待党的路线方针政策也是如此。所谓"上有政策，下有对策""念在嘴上""挂在墙上""落实不到行动上"……言行不一、理论脱离实际。这类例子举不胜举。如党中央谆谆告诫各级领导干部要提升自我境界，坚定理想信念，保

---

① 《毛泽东选集》第1卷，人民出版社1991年版，第292页。

持高尚情操；警惕社会上的诱惑，防止权力陷阱；面对纷繁的物质利益，要做到君子之交淡如水；“官”“商”交往要划出公私分明的界限；强调公务人员和领导干部，是人民的勤务员，手中的权力来自人民，要守住底线。但还是有为数不少的人撞高压线，迫使我们不能不老虎和苍蝇一起打。近些年来，党中央一再强调要坚持科学发展观，正确认识和对待发展与保护生态环境的关系，注意保护生态环境，但仍然有些地方在错误政绩观的驱动下，无视发展的目的，一味追求眼前利益和所谓政绩，违背经济发展规律和自然规律，其结果不仅使发展所获得的效益不能弥补破坏造成的损失，而且使深呼吸这个人类最基本的需求，也成了群众对幸福的追求。再如党中央反复强调领导干部要认真学习马列主义经典著作，习近平2011年5月在中央党校的讲话，在充分阐述学习马列主义经典著作和学习中国特色社会主义理论相结合的意义的基础上，还具体地提出了应着重学习的马列主义经典著作的篇目。但究竟有多少人认真学习了呢？再就学界而言，党和国家不断倡导在学习借鉴人类成果的基础上，要用中国的理论研究和话语体系解读中国实践、中国道路，不断概括出理论联系实际的、科学的、开放融通的新概念、新范畴、新表述，打造具有中国特色、中国风格、中国气派的哲学社会科学学术话语体系，然而理论界和学术界仍有人习惯于简单套用西方的范畴、理念和结论，用西方话语来解释中国丰富独特的发展实践，削中国实践之足、适西方理论之履。有的甚至背离中国特色社会主义伟大实践，站在西方立场上，用西化的话语体系抢占话语权，肆无忌惮地抹黑中国、唱衰中国。如此等等。发生这样的问题从表面上看，只是把理论“束之高阁”，理论与实际相脱离、言行不一致的问题，实质上却更严重。从政治上看，这是政治纪律意识淡薄的表现；从思想上看，是对马克思主义的信念不真，学、用不实；从作风上看，是党风、学风严重不纯的一种表现。今天，全党全国人民面临贯彻落实党的十八大提出的重大而紧迫的任务，习近平强调“空谈误国、实干兴邦”。如果不克服上述种种弊端，党的十八大提出的重大任务就不能顺利完成。我们党一贯坚持的马克思主义普遍真理同中国的具体实践相结合、理论同实践相统一、言和行相一致的原则也就不能发扬光大，我国哲学社会科学亦难以繁荣发展。在这种情况下倡导和强调坚持马克思主义实践观教育，其现实针对性和重大意义值得我们深深领悟。

二 马克思主义实践观教育要紧紧抓住根本

马克思主义在当代面临许多新的问题。从国际范围说，经济全球化的深入发展，科技革命日新月异，当代资本主义出现新变化，社会主义面临新挑战，各种社会思潮碰撞交锋。从国内范围说，我们工作中和前进道路上还存在许多不足、困难和问题。如发展中不平衡、不协调、不可持续问题依然突出，科技创新能力不强，产业结构不合理，农业基础依然薄弱，资源环境约束加剧，制约科学发展的体制机制障碍较多，深化改革开放和转变经济发展方式任务艰巨；城乡区域发展差距和居民收入分配差距依然较大；社会矛盾明显增多，教育、就业、社会保障、医疗、住房、生态环境、食品药品安全、安全生产、社会治安、执法司法等关系群众切身利益的问题较多，部分群众生活比较困难；一些领域存在道德失范、诚信缺失现象；一些干部领导科学发展能力不强，一些基层党组织软弱涣散，少数党员干部理想信念动摇、宗旨意识淡薄，形式主义、官僚主义问题突出，奢侈浪费现象严重；一些领域消极腐败现象易发多发，反腐败斗争形势依然严峻，等等。国际国内的这些不足、问题和困难，既是对马克思主义的挑战，也为马克思主义发展带来机遇。面对这种机遇和挑战，强调坚持马克思主义实践观，应抓住什么？习近平在讲到党的十八大精神时指出："说一千道一万，归结为一点，就是坚持和发展中国特色社会主义。"① 这就给我们指明了方向。中国特色社会主义，是马克思主义与当代中国具体实践相结合的结晶，既坚持了科学社会主义基本原则，又根据时代条件赋予其中国特色。它是中国共产党和中国人民 90 多年奋斗、创造、积累的根本成就，又是中国未来发展的希望所在。坚持和发展中国特色社会主义，这就是当代中国坚持马克思主义实践观教育要抓住的根本，是我们要把握住的解决一切不足、问题和困难中的总问题。几十年来，我们正是抓住了这一坚持马克思主义实践观教育的根本，武装全党和全国人民，我们才取得重大成就，如我国经济总量才从世界第六位跃升到第二位，社会生产力、经济实力、科技实力才迈上一个大台阶，人民生活水平、居民收入水平、社会保障水平才迈上一个大台阶，综合国力、国际竞争力、国际影响力才迈上一个大台阶，国家面貌才发生新的历史性变化。现在总的情况

---

① 《习近平谈治国理政》，外文出版社 2014 年版，第 22 页。

是经济持续发展、民主不断健全、文化日益繁荣、社会保持稳定，民生得到保障和改善，人民得到的实惠日益增多。回首近几十年中国波澜壮阔的发展历程，我们取得的成就是如此伟大；展望中华民族充满希望的未来，要解决目前尚存在的不足、问题和困难，永葆党的生机活力，永葆国家发展动力，实现“两个一百年”奋斗目标，赢得中国人民和中华民族更加幸福美好的未来，进行马克思主义实践观教育，也必须紧紧抓住这一根本。

抓住“坚持和发展中国特色社会主义教育”这一根本，必须准确地认识中国特色社会主义的根本性质，从体系上把握中国特色社会主义的完整内容，确立起清晰的中国特色社会主义总体观念。

习近平指出：“中国特色社会主义是社会主义而不是其他什么主义，科学社会主义基本原则不能丢，丢了就不是社会主义。”[①] 这清楚地说明，中国特色社会主义是科学社会主义基本原则与中国的具体实践相结合的创新成果，是共性和个性的结合和统一，是社会主义思想从提出到现在的历史过程中的六个时间段之一。它包括本质和实现形式两个层次：在本质层次上，它坚持了科学社会主义基本原则，其理论渊源、基本内核是科学社会主义，离开了科学社会主义基本原则，就不会有中国特色社会主义。在这个层次上，它“反映了人类社会发展长途中的一个特定阶段内关于革命和建设工作的普遍规律”，[②]“放之四海而皆准”。任何时候，任何国家、民族，只要是搞社会主义，都必须坚持。这些原则，在我国改革开放的新形势下，邓小平将之概括为必须坚持的“四项基本原则”，即必须坚持社会主义道路，必须坚持无产阶级专政，必须坚持共产党的领导，必须坚持马列主义、毛泽东思想。邓小平强调：“这四项基本原则并不是新的东西，是我们党长期以来所一贯坚持的。”[③]“决不允许在这个根本立场上有丝毫动摇。如果动摇了这四项基本原则中的任何一项，那就动摇了整个社会主义事业，整个现代化建设事业。”[④] 他还强调“四个坚持是‘成套设备’”，[⑤] 是缺一不可的。

① 《习近平谈治国理政》，外文出版社 2014 年版，第 22 页。

② 《建国以来重要文献选编》第 9 册，中央文献出版社 1994 年版，第 568 页。

③ 《邓小平文选》第 2 卷，人民出版社 1994 年版，第 165 页。

④ 《邓小平文选》第 2 卷，人民出版社 1994 年版，第 173 页。

⑤ 《邓小平年谱（1975—1997）》（下），中央文献出版社 2004 年版，第 1363 页。

在实现形式层次上，即具体的体制、运行机制，具体的发展战略、方针政策等层次上，中国特色社会主义又具有鲜明的中国特色。这些特色，在经济领域，形成了以公有制为主体、多种所有制共同发展的所有制格局，相应地在分配领域形成了以按劳分配为主、多种分配方式相结合的制度；在经济运行机制方面，我们创造性地提出并建立了社会主义市场经济体制；在发展问题上，坚持以人为本、全面协调可持续发展的科学发展观，转变经济发展方式。在政治领域，建立起同社会主义基本经济制度和社会主义经济体制相适应，同西方多党制和议会政治根本不同的社会主义民主政治，这是一种本质上全新的政治文明。在思想文化上，以社会主义核心价值体系为灵魂，坚持百花齐放、百家争鸣的方针，既尊重差异，包容多样，又不搞指导思想的多元化，促进社会主义先进文化大繁荣大发展，与西方以个人主义和利己主义价值观为核心的资本主义文明根本不同，努力建立人类历史上高度的社会主义精神文明。在社会建设上，一切以有利于民生为出发点和落脚点，努力构建惠及广大人民群众的和谐的新型社会关系。在生态文明建设上，树立尊重自然、顺应自然、保护自然的生态文明理念，把生态文明建设放在突出地位，融入经济建设、政治建设、文化建设、社会建设各个方面和全过程，努力建设美丽中国，实现中华民族永续发展。与西方以资本进行掠夺根本相反，在对外关系上既坚决拒绝外来干预，又主动扩大开放，积极学习世界上所有的先进经验，促进世界的进步事业与和平发展。所有这些“中国特色”都由我国特殊国情和时代特征所决定。例如，在社会发展阶段上，我国正处于并将长期处于社会主义初级阶段，在发展过程中必然产生许多阶段性特点；在历史文化传统上，我国有五千年绵延不断的中华民族的文明优势，同其他民族有很大差别；在国际背景上，我国的改革开放是在和平与发展的世界主题下，在经济全球化的时代背景下进行的，同以战争与革命为主题的时代有重大差别。这样的具体条件，使我们在探索如何建设社会主义道路的问题上产生了一系列“中国特色”。概言之，中国特色社会主义是本质上、共性上的科学社会主义，是实现形式和个性上的中国特色这两个层次的内在统一。

关于中国特色社会主义的完整内容。应该看到，经过我们党及其领导下的中国人民多年的奋斗、创造、积累，中国特色社会主义已经由其“三位一体”（本质特征）、“三个总概括”（实在内容）、“八个必须”（基本要求）和中国共产党（领导核心）及其相互关系，并由“三个一”：“一个首要前提”（坚定不移高举中国特色社会主义伟大旗帜，既不走封闭僵化的老路，也不走改旗易帜的邪路）、“一条主线”（坚持和发展中国特色社会主义）、“一个精神实质”（解放思想、实事求是、与时俱进、求真务实的思想路线）贯通起来构成严整体系。在这一严整体系中，“三个一”贯穿于体系的各个方面和全部过程，“三位一体”构成主体构架：道路是实现途径，决定国家的命运；理论体系是行动指南、是解决一切问题的总开关；社会制度是根本保障，反映社会主义共同价值的规范要求。三者之间紧密联系，相互贯通，互为作用，高度统一于中国特色社会主义伟大实践。在这一主体构架中，实践上升为理论，科学理论指导新的实践，实践中见成效的方针政策上升为党和国家的制度。实践、理论、制度辩证统一，内在结合，展现了中国特色社会主义的鲜明特色。“三个总”（总依据即社会主义初级阶段，总布局即“五位一体”，总任务即实现社会主义现代化和中华民族伟大复兴）构成建设中国特色社会主义的实在内容，融中国特色社会主义建设实践的出发点（初级阶段）、理论指导（理论体系）、建设内容、目标和精神状态（建设道路）于一体，是“三位一体”实践化的集中表现。没有建设实践，其他一切只能束之高阁，限于空谈，没有真实意义和实在内容。“八个必须”（必须坚持人民主体地位，必须坚持解放和发展社会生产力，必须坚持推进改革开放，必须坚持维护社会公平正义，必须坚持走共同富裕道路，必须坚持促进社会和谐，必须坚持和平发展，必须坚持党的领导）构成中国特色社会主义体系的基本要求。它既涉及生产力和生产关系，又涉及经济基础和上层建筑；既涉及中国特色社会主义伟大事业，又涉及党的建设新的伟大工程，还涉及统筹国内国际两个大局。它积极回应了当前我国经济社会发展中存在的突出问题，改革攻坚和加快转变经济发展方式面临的难点问题，以及干部群众普遍关注的热点问题，是我们党在新的历史条件下发展中国特色社会主义的基本要求，内含着全党全国各族人民的价值目标、共同信念、谋划和部署各项工作的原则，极大地丰富和拓展了中国特色社会主义的理论内涵，使其实践特色、理论特色、民族特色、时代特色更加鲜明。进一步回答了党在新的历史征程上怎样才能夺取中国特色社会主义新胜利的基本问题。中国特色社会主义的实践、理论、制度由此得到具体的历史的统一。中国共产党是中国特色社会主义体系的领导核心，在坚持和发展中国特色社会主义的历史进程中，始终充分发挥着总揽全局、协调各方的坚强领导核心作用。这是国家繁荣稳定、人民幸福安康的根本保证。

中国特色社会主义完整内容的实现是一个历史过程，这个过程也就是在当代中国坚持马克思主义实践观的过程，紧紧抓住坚持和发展中国特色社会主义这个根本，就是要促进中国特色社会主义完整内容在实践中得到充分、完全的实现。

三 牢牢把握突出马克思主义实践观教育的关键

在当代中国，抓住根本，突出马克思主义实践观教育，关键在于把握好理论与实践的统一，言和行相一致。如何把握好这一关键呢？

第一，要认真学习马克思主义。弄懂马克思主义是坚持马克思主义实践观的前提，没有这个前提，坚持马克思主义实践观就无从谈起。马克思主义是科学，要懂得它就必须认真学习，除此别无他途。正是这样，在中国共产党的历史上，为了完成党的政治任务，历届党中央都要求全党特别是广大党员干部要努力学习马克思主义。2013 年 3 月 1 日，习近平在中共中央党校建校 80 周年庆祝大会暨 2013 春季学期开学典礼上的讲话中，再次强调全党同志一定要善于学习，善于重新学习。他在讲到学习内容时，要求党的领导干部要学习党的路线方针政策和国家法律法规，学习党史、国史，经济、政治、历史、文化、社会、科技、军事、外交等方面的知识，学习各种文史知识、中国优秀传统文化，包括诗词歌赋等，但特别强调要正确把握学习的方向。他指出：忽视了马克思主义所指引的方向，学习就容易陷入盲目状态甚至误入歧途，就容易在错综复杂的形势中无所适从，就难以抵御各种错误思潮。没有正确方向，不仅学不到有益的知识，还很容易被一些天花乱坠、脱离实际甚至荒唐可笑、极其错误的东西所迷惑，所俘虏。因此干部学习，首先要认真学习马克思主义理论，这是我们做好一切工作的看家本领，也是领导干部必须普遍掌握的工作制胜的看家本领。只有学懂了马克思列宁主义、毛泽东思想、邓小平理论、“三个代表”重要思想、科学发展观，特别是领会了贯穿其中的马克思主义立场、观点、方法，才能心明眼亮，深刻认识和准确把握共产党执政规律、社会主义建设规律、人类社会发展规律，才能始终坚定理想信念，在纷繁复杂的形势下坚持科学指导思想和正确前进方向，才能带领人民走对路，才能把中国特色社会主义不断推向前进。习近平的这些重要论断，无疑具有很强的针对性。在对待马克思主义普遍真理与中国具体实践相结合的问题上，各个时期党内曾出现过不同的错误倾向，当前要继续注意克服脱离实际的“本本主义”、教条主义。但对另一个突出的倾向也不能忽视，就是不重视学习，特别是不重视马克思主义理论的学习，因而在思想理论上划不清是非界限。口头上喊学习，行动上不学习，实际上也是言行不一的表现。这是一个时期西式教条主义得以在党内流行的重要原因。习近平在讲话中强调指出：“好学才能上进。中国共产党人依靠学习走到今天，也必然要依靠学习走向未来。我们的干部要上进，我们的党要上进，我们的国家要上进，我们的民族要上进，就必须大兴学习之风，坚持学习、学习、再学习，坚持实践、实践、再实践。”[①] 这些论断深刻地阐明了坚持马克思主义实践观的前提和要义。我们一定要深刻领会，克服只说不做，不重视学习的不良倾向，认真学习马克思主义，学习文化科学知识，提高马克思主义水平。

第二，深入实际，调查研究。这是推进马克思主义理论与实践相结合的中介，也是坚持马克思主义实践观的关键环节。只有紧紧抓住这个环节，才能把人民群众在实践中创造的新鲜经验总结并上升到理论的高度。具体来说，就是要按照“转作风、正学风、改文风”的要求，根据党的十八大提出的全面建成小康社会和全面深化改革开放的目标任务，善于运用马克思主义的立场、观点和方法，深入第一线，特别是矛盾复杂多样而又领导力量较为薄弱的基层，对现代化建设和改革开放的历史实际、现实实际作认真调研，从实践中得到真知灼见，从人类历史发展规律、社会主义建设规律、共产党执政规律的高度，作出合乎坚持和发展中国特色社会主义需要的理论创造，用以对中国特色社会主义的经济建设、政治建设、文化建设、社会建设、生态建设方面的种种问题作出科学解释、理论说明，并提出相应的具体政策，然后再将这些理论成果和政策返回到实践中，教育武装群众，增强广大人民群众对中国特色社会主义道路、理论体系、社会制度的自觉和自信，使之进一步紧密团结起来，为夺取中国特色社会主义新胜利而奋斗。在这一循环往复的过程中，不断吸收广大人民群众强国富民的智慧和创造，发展中国特色社会主义。在我们党的历史上，坚持马克思主义实践观的重大成果，如“三大法宝”、人民民主专政的

---

① 《习近平谈治国理政》，外文出版社 2014 年版，第 407 页。

"主要经验"、"走自己的路，建设有中国特色社会主义"的基本经验、"一个中心、两个基本点"的战略布局，从党的80年历史中总结出的"三条基本经验"，党的十六大总结的"十条宝贵经验"，十七大概括的"十条基本经验"，十八大概括的"三位一体"、"三个总"概括、"八个必须"的基本要求等，都是这样总结出来，它们又反过来指导实践。

调查研究要善于把握客观情况的变化。中国的实际是不断发展变化的，要准确地把握它，就要善于把握客观情况的变化，力求敏锐而准确地把握当代中国的新实际。这是我们党在执政过程中，坚持马克思主义科学原理和科学精神，按照马克思主义实践观的要求，不断发展马克思主义，并用以解决当前发生的独特而复杂的问题的基本条件和重要经验。在当代中国，把握客观情况的变化，就要在马克思列宁主义、毛泽东思想、中国特色社会主义理论体系的指导下，以我国改革开放和现代化建设的实际问题和我们正在做的事情为中心，着眼于马克思主义理论的运用，着眼于对实际问题的理论思考，着眼于新的实践和新的发展。习近平指出，全党面临的一个重要课题，就是如何正确认识和妥善处理我国发展起来以后不断出现的新情况、新问题。"现在，我们遇到的问题中，有些是老问题，或者是我们长期努力解决但还没有解决好的问题，或者是有新的表现形式的老问题，但大量是新出现的问题。新问题每时每刻都在出现，而且多数又是我们过去不熟悉或者不太熟悉的。出现这样的状况，是由世情、国情、党情的发展变化引起的。"[①] 这些论断对于我们了解当代中国的新实际，把握好坚持马克思主义实践观教育的关键，具有重要的指导意义。

第三，坚持人民主体地位，紧紧依靠人民群众。历史唯物主义关于人民群众在社会历史中的决定作用的原理表明，在人类创造历史的过程中，人民群众是历史的主体、"真正动力"；在人类实践和认识活动中，人民群众是认识和改造世界的主体；在价值形成和消费过程中，人民群众是价值创造和价值享受的主体。这"三个主体"统一构成的人民主体地位，是我们党一切相信群众、一切依靠群众、一切为了群众的群众观点，以及从群众中来、到群众中去的群众路线的深刻根据。推进马克思主义实践观，同做任何工作一样，不论在什么时候、什么样的条件下，都要具有群众观点和群众路线这一政治灵魂和根本价值观，并且认真地付诸实践。唯

---

① 《习近平谈治国理政》，外文出版社2014年版，第401—402页。

有如此才能解决好坚持马克思主义实践观的社会力量问题。

第四，注重对错误思潮的科学评析。马克思主义是在与种种非马克思主义交锋特别是在与反马克思主义思潮的斗争中不断丰富、发展和得到创造性运用的。坚持马克思主义实践观教育，必须根据马克思主义批判的、革命的本质特点，高度重视对错误思潮及其理论基础的批判分析。当前，特别要重视对新自由主义思潮、民主社会主义思潮、历史虚无主义思潮、儒化当代中国思潮等的评析。这些错误思潮否定、歪曲马克思主义基本原理，阉割马克思主义的革命灵魂，虚无党和人民的革命、建设和改革的历史，藐视人民群众的历史作用，制造种种舆论败坏人们的根本信念，干扰党和政府的路线、方针和政策的实施，严重影响马克思主义实践观的践行。如近年来有人提出的公有制并非社会主义本质特征，没有公有制也可以搞社会主义的观点；所谓马克思主义的剩余价值理论“使得社会主义从空想变成迷误”的观点；科学社会主义基本原则“无法完全解决中国问题”的观点；科学社会主义带有空想成分，已经过时了的观点；中国特色社会主义是“民主社会主义”的观点，等等。这些观点把中国特色社会主义同科学社会主义对立起来，专门挑我们党已经作出过结论的问题来说事，制造混乱，矛头直指科学社会主义基本原则，否定中国特色社会主义的社会主义根本性质，误导了许多人，危害甚大。显然，在马克思主义实践观教育中，如不批判这些错误思潮、错误观点，我们就不可能卓有成效地把握马克思主义实践观。

（原载《毛泽东邓小平理论研究》2013 年第 5 期）

马克思主义实践观与党的群众路线的内在一致性

深入研究马克思主义实践观与党的群众路线的内在联系，有助于切实把全党的思想统一到群众路线教育实践活动的部署上来。2013 年 3 月以来，湖北理论界在学习、贯彻党中央提出的“走基层、转作风、改文风”过程中，兴起了马克思主义实践观大讨论。这场讨论旨在解决哲学社会科学工作者的价值取向和创新路径等方向性问题。

一　共产党人是历史唯物主义者，必须确立马克思主义实践观

从理论形态说，实践观属于哲学认识论的领域。要解决的问题，是理论与实践的关系，即理论来源于实践，由实践推动发展，受实践检验；党的群众路线是党的群众观点的运用，属于历史唯物主义的领域。要解决的问题，是党的工作为了谁、依靠谁的问题。实践观和党的群众路线虽分属于两个理论领域，然而，两者之间内在联系十分紧密。

马克思主义认为，任何一个民族，如果“停止劳动，不用说一年，就是几个星期，也要灭亡”,[①] 生产实践等社会实践活动推动了人类社会的发展。马克思说：“手推磨产生的是封建主的社会，蒸汽磨产生的是工业资本家的社会。”[②] 这表明正是由于社会基本实践的具体内容和历史形态的不同，形成了社会由低级向高级发展的不同社会形态。概括起来说，人类历史本质上是人类社会实践发展史。

从理论上清楚地了解这一点，对于共产党员来说有重要意义。习近平同志在新进中央委员会的委员、候补委员学习贯彻党的十八大精神研讨班

---

① 《马克思恩格斯文集》第 10 卷，人民出版社 2009 年版，第 289 页。

② 《马克思恩格斯文集》第 1 卷，人民出版社 2009 年版，第 602 页。

上的讲话中说："我们一些同志之所以理想渺茫、信仰动摇，根本的就是历史唯物主义观点不牢固"。共产党员应该是坚定的历史唯物主义者，了解人类社会发展过程，尊重历史及其发展规律，否则理想信念以及为之奋斗的革命精神就无从谈起。然而，真正要了解和尊重历史及其发展规律，必须确立马克思主义实践观。因为"实践观是马克思主义的根本精髓，它深刻揭示了：人类社会存在的基础和发展的动力是实践活动；人类社会的'问题'都是在实践中发生的，解决'问题'也只能通过实践；只有实践才能检验真理。中国道路是中国人在解决中国问题的过程中自己'走'出来的，是中国共产党把马克思主义的普遍真理与中国革命建设的具体实际不断结合的过程，这个过程就是践行马克思主义实践观的过程。'"① 没有马克思主义实践观，很难树立牢固的历史唯物主义观点。

二　共产党人坚持唯物史观和实践论，必须尊重和热爱人民群众

2012 年 11 月 15 日，习近平同志在与中外记者见面会上发表讲话时作出的历史唯物主义深刻论断，紧密结合新的实际，重申了三个基本观点：人民是历史的创造者、发展的真正动力；人民群众是共产党人力量的源泉；"个人"力量的有限和"万众一心"力量的无限。从人民群众与社会实践的关系说，人民群众的历史作用，恰恰就表现在客观的实践活动中。人民群众是从事社会实践的主体，推动了历史的创造和发展，人民群众自身也在历史创造实践活动中经风雨，见世面，得到锻炼，增强自我意识和才干，为实现自己的利益而斗争。习近平同志的论述，进一步阐明了人民群众在社会历史发展中的决定作用，从而以社会实践为前提，从历史的创造者、历史发展的动力、人民力量的有限与无限的辩证统一三重意义上深刻地论证了"人民主体地位"。

是否承认、尊重"人民主体地位"，是唯物史观的一个试金石和分水岭。人民是一个历史范畴。"人民主体地位"是贯穿人类全部历史过程的客观事实，但是只有马克思主义才揭示出这个真理，只有以马克思主义为指导的无产阶级政党才正视这个真理并追求之。只有在社会主义制度下，这个真理才转化为社会生活的现实。在剥削制度下，占统治地位的思想理

---

① 陶德麟：《践行马克思主义的实践观 为实现中国梦而奋斗》，《湖北日报》2013 年 3 月 27 日第 4 版。

论从未揭示过“人民主体地位”的真理，剥削阶级的政党从来没有关注过这个真理。人民中的主体——从事社会生产等社会实践的劳动者、特别是体力劳动者，也从未享有过社会的主体地位，唯有马克思主义诞生以后才走向人民、成为人民的共同财富和人类的解放者。中国共产党坚持历史唯物论和马克思主义实践论关于人民群众历史作用的原理，并以此为核心形成自己的根本宗旨和优良党风。党的十八大把“坚持人民主体地位”列为全党全国各族人民必须牢牢把握的基本要求和共同信念，鲜明地展现了中国特色社会主义的根本性质，彰显了中国共产党作为中国无产阶级的先锋队、中国人民和中华民族的先锋队，领导人民治理国家的基本方略，就是确保“人民依法管理国家事务和社会事务、管理经济和文化事业”的根本权利。

对于每一个共产党员来说，坚持马克思主义实践观和群众观，不能仅仅作为一种理念，“坐而论道”，只言不行，而是要贯彻到坚持和发展中国特色社会主义的全部理论和实践活动中，真正体现出人民至上，尊重和热爱人民群众。

三 共产党人坚持马克思主义实践论和唯物史观，落脚点在一切为了人民、一切依靠人民

今天，我们强调坚持马克思主义实践论和唯物史观，尊重实践、尊重和热爱群众，唯有一个落脚点，就是一切为了人民、一切依靠人民。这既是遵循马克思主义历史唯物论和认识论的必然结论，又与共产党人为之奋斗的崇高理想相一致。因为，既然根据马克思主义历史唯物论和认识论，人民群众是“三个主体的统一”，那么共产党全心全意为人民服务就是历史和逻辑的必然选择；既然共产党的崇高理想是实现共产主义，而作为人类最崇高、最美好的共产主义社会就是“保证每个生产者个人最全面的发展的这样一种经济形态”，[①] 即“自由人联合体”的社会。共产党人为建立共产主义社会而奋斗，自然也就是为造就每个自由而全面发展的共产主义新人而奋斗。

这里，无论是共产主义新人的形成，还是产生这种新人的特定社会条件的形成，都是一个统一的又相当长的历史过程。在这种过程中，“推进

---

① 《马克思恩格斯文集》第3卷，人民出版社2009年版，第466页。

人的全面发展，同推进经济、文化的发展和改善人民物质文化生活，是互为前提和基础的。人越全面发展，社会的物质文化财富就会创造得越多，人民的生活就越能得到改善，而物质文化条件越充分，又越能推进人的全面发展。社会生产力和经济文化的发展水平是逐步提高、永无止境的历史过程，人的全面发展程度也是逐步提高、永无止境的历史过程。这两个历史过程应相互结合、相互促进地向前发展”。[①] 而这一过程的真正动力，则是以劳动为重要历史基础的全面的实践活动。为了能使劳动实践活动的主体生产出他的全面优良品质，得到自由而全面发展，必须给它提供必要而充分的条件。创造和提供这样条件的过程既是推进社会历史进步的过程，也是为人民群众服务的过程。所以，共产党人为共产主义而奋斗，同全心全意为人民服务是高度统一的。正因为这样，中国共产党要求自己的党员任何时候都必须坚持尊重社会发展规律与尊重人民历史主体地位的一致性，坚持为崇高理想奋斗与为最广大人民谋利益的一致性，坚持完成党的各项工作与实现人民利益的一致性。牢固确立这样的理念，落脚在实际生活中，就是要身体力行，全心全意为人民服务。

（原载《红旗文稿》2013 年第 21 期）

① 《江泽民文选》第 3 卷，人民出版社 2006 年版，第 295 页。

唯物史观、实践观与党的群众路线

马克思主义的唯物史观与实践观（下称“两观”）有紧密的内在联系。从“两观”的统一上，深入研究党的群众路线，会大大提升全党对党中央关于以为民务实清廉为主要内容的群众路线教育实践活动的认识，增强按中央部署开展好这项活动的思想自觉和行动自觉。本文试就马克思主义唯物史观、实践观与群众路线的关系问题作以下讨论。

一 唯物主义历史观和马克思主义实践观高度统一

从理论形态说，实践观属于哲学认识论领域，回答的是理论与实践的关系问题，即理论来源于实践，由实践推动发展，受实践检验。历史观属于历史领域，回答的是社会存在与社会意识的关系问题，即它们中何为第一性、人类社会历史的本质、发展动力及发展规律是什么？马克思主义历史观和实践观虽分属于两个理论领域，然而，它们都是马克思主义“完整的唯物主义世界观”① 的构成部分，两者之间既对立又统一，有紧密联系。历史是人类社会发展过程。作为过去了的一种客观存在，内含着不以人们意志为转移的历史规律、历史发展的必然趋势。因为人类的历史首先和永远是生产和科学实验发展史，在阶级和有阶级存在的社会发展阶段上，同时还是阶级斗争发展史。社会生产、科学实验和阶级斗争是人类社会最基本的实践活动，以此为基础，产生丰富多样的社会实践活动。人类只要生存和延续，这种以劳动为基础的生产实践等社会实践活动就不能停止、中断。马克思指出，一切人类生存的第一个前提，也就是一切历史的第一个前提是：“人们为了能够‘创造历史’，必须能够生活。但是为了生活，首先就需要吃喝住穿以及其他一些东西。因此第一个历史活动就是

① 《列宁全集》第25卷，人民出版社1988年版，第39页。

生产满足这些需要的资料，即生产物质生活本身，而且，这是人们从几千年前直到今天单是为了维持生活就必须每日每时从事的历史活动，是一切历史的基本条件”。[①] 任何一个民族，如果“停止劳动，不用说一年，就是几个星期，也要灭亡”。[②] 不仅如此，生产实践等社会实践活动还决定、推动了人类社会的发展。“手推磨产生的是封建主的社会，蒸汽磨产生的是工业资本家的社会。”[③] 这表明，正是由社会基本实践的具体内容和历史形态（包括使用什么工具生产和怎样生产）的不同，形成了社会由低级向高级发展的不同社会形态。概括而言，人类历史本质上是人类社会实践发展史，人类社会实践正是人类发展史的根本内容。反映在马克思主义理论上，就表现为唯物主义历史观和马克思主义实践观的统一。在中国化马克思主义科学体系中，就转化为实事求是和群众路线同为其灵魂的主要构成部分。从理论上透彻地了解这一点，对于党的建设来说有根本意义。习近平在新进中央委员会的委员、候补委员学习贯彻党的十八大精神研讨班讲话中批评说：“我们一些同志之所以理想渺茫、信仰动摇，根本的就是历史唯物主义观点不牢固”。这表明，一个合格的共产党员必定是坚定的历史唯物主义者，具有牢固的历史唯物主义观点，这是建立理想信仰及为之形成革命奋斗精神的深刻根据。与此相连，一个真正了解和尊重历史及其发展规律者，必定具有马克思主义实践观。因为“实践观是马克思主义的根本精髓，它深刻揭示了：人类社会存在的基础和发展的动力是实践活动；人类社会的‘问题’都是在实践中发生的，解决‘问题’也只能通过实践；只有实践才能检验真理。中国道路是中国人在解决中国问题的过程中自己‘走’出来的，是中国共产党把马克思主义的普遍真理与中国革命建设的具体实际不断结合的过程，这个过程就是践行马克思主义实践观的过程。”[④] 所以，如果不懂得马克思主义实践观，就不可能有牢固的马克思主义历史观。

---

① 《马克思恩格斯文集》第 1 卷，人民出版社 2009 年版，第 531 页。

② 《马克思恩格斯文集》第 10 卷，人民出版社 2009 年版，第 289 页。

③ 《马克思恩格斯文集》第 1 卷，人民出版社 2009 年版，第 602 页。

④ 陶德麟：《践行马克思主义的实践观 为实现中国梦而奋斗》，《湖北日报》2013 年 3 月 27 日第 4 版。

二 党的群众路线是马克思主义历史观和实践观的实践形态

马克思主义历史观和实践观是工人阶级科学的历史观和方法论。但是正如马克思、恩格斯所指出的："思想本身根本不能实现什么东西。思想要得到实现，就要有使用实践力量的人。"① 马克思主义历史观和实践观也是如此，它只有通过人民群众创造历史的实践活动才能发挥改造世界的作用。中国共产党的群众路线就是指导这种活动的根本工作路线。它是对马克思主义历史观和实践观进行不同层面上科学抽象，综合而成的新范畴，既属于历史唯物主义的领域，也属于马克思主义认识论的领域。在这个意义上，马克思主义历史观和实践观是党的群众路线的理论基础。党的群众路线是马克思主义历史观和实践观的实践形态。

中国共产党人基于唯物史观和马克思主义实践观，透彻地了解人民群众是"三者统一的主体"：在人类创造历史的过程中，人民群众作为推动历史前进的"真正动力"是历史主体；在人类实践和认识活动中，人民群众作为形成和运用实践的力量，是认识和改造世界的实践主体；在人类文明形成发展过程中，人民群众是物质文明、精神文明、制度文明和生态文明的创造主体。所以始终如一地坚持"人民主体地位"。2012 年 11 月 15 日习近平在与中外记者见面会上发表讲话时指出："人民是历史的创造者，群众是真正的英雄。人民群众是我们力量的源泉。我们深深知道，每个人的力量是有限的，但只要我们万众一心，众志成城，就没有克服不了的困难。"② 这一重要论断紧密结合工作实际，重申了历史唯物主义的三个基本观点："人民是历史的创造者"、发展的真正动力；人民群众是共产党人"力量的源泉"；"个人"力量的有限和"万众一心"力量的无限。这三个基本观点，以社会实践为历史前提，从历史的创造者、历史发展的动力、人民力量的有限与无限的辩证统一上，把创造历史的主体和从事社会实践的主体高度统一起来，进一步阐明了人民群众在社会历史发展中的决定作用，深刻地论证了"人民主体地位"。

人民群众之所以能始终无愧为这种"主体地位"的担当者，还根源于它总是在创造历史的实践活动中受到锻炼，增强自我意识和才干，并且

① 《马克思恩格斯文集》第 1 卷，人民出版社 2009 年版，第 320 页。

② 《习近平谈治国理政》，外文出版社 2014 年版，第 401 页。

日益加强自己的组织性，团结一致为实现自己的利益而斗争。马克思说："历史活动是群众的活动，随着历史活动的深入，必将是群众队伍的扩大。"① 历史和现实实践反复证明了这一真理。

将马克思主义历史观和实践观转化为群众路线实践形态极为重要。如何实现这一转化，毛泽东的论述作了最好的回答。他指出："在我党的一切实际工作中，凡属正确的领导，必须是从群众中来，到群众中去。这就是说，将群众的意见（分散的无系统的意见）集中起来（经过研究，化为集中的系统的意见），又到群众中做宣传解释，化为群众的意见，使群众坚持下去，见之于行动，并且在群众行动中考验这些意见是否正确。然后再从群众中集中起来，再到群众中坚持下去。如此无限循环，一次比一次地更正确、更生动、更丰富。这就是马克思主义的认识论。"② 这段精辟论述从理论的高度揭示了马克思主义历史观、实践观和党的群众路线的内在联系，揭示了群众路线的深刻内涵，从三个方面说明了执行群众路线的基本环节和内在要求：一是深入群众，深入基层，调查研究，倾听群众呼声，反映群众意愿，集中群众智慧。以便"将群众的意见（分散的无系统的意见）集中起来（经过研究，化为集中的系统的意见）"。二是要把集中起来（经过研究，化为集中的系统）的意见，到群众中做宣传解释，化为群众的意见。这就是要对群众进行党的基本理论、基本路线、方针政策教育，用党的基本理论、基本路线、方针政策掌握群众。在这个过程中，既不能崇拜群众自发论，做群众的尾巴；也不能居高临下，给群众以恩赐，或包办代替。因为社会发展的方向和历史发展的进程，是由人民群众的总体意愿代表着、由人民群众总体的社会实践决定着的。个人的力量既无明确的方向也很有限。而且，群众中分散的不系统的意见，往往相互矛盾冲突。如果崇拜群众自发论，不把经过研究，化为集中的系统的意见即党的方针，再对群众做宣传解释，使群众觉悟，认识其利益，明确其任务，变为行动方针，群众必定无所遵循，不能形成实现其共同利益要求的力量，反而损害群众的利益。"善于把党的政策变为群众的行动，善于使我们的每一个运动，每一个斗争，不但领导干部懂得，而且广大的群众都能懂得，都能掌握，这是一项马克思列宁主义的领导艺术。我们的工作

---

① 《马克思恩格斯文集》第1卷，人民出版社2009年版，第287页。

② 《毛泽东选集》第3卷，人民出版社1991年版，第899页。

犯不犯错误，其界限也在这里。”[①] 自发论不是马克思主义。同样，恩赐和包办代替也不是马克思主义。因为恩赐和包办代替是把自己当作救世主，否定群众是历史的创造者。当然，如若认为群众落后，视群众为“群氓”，弃之不理，更不是马克思主义。这样，实际上也找不到可依靠的社会力量。总之，“马克思列宁主义的基本原则，就是要使群众认识自己的利益，并且团结起来，为自己的利益而奋斗”。[②] 共产党的力量不可战胜，就在于坚信人民群众是社会历史和社会实践的主体，是社会物质财富和精神财富的创造者，是变革或者完善社会制度的决定力量。三是要通过循环往复的过程，在群众行动中检验党的方针政策是否正确，逐渐将正确的方针政策形成稳定的制度，上升为理论。

三 共产党人坚持党的群众路线，集中到一点就是一切为了人民、依靠人民、服务于人民

马克思主义诞生以前，“哲学家们只是用不同的方式解释世界，问题在于改变世界”。[③] 中国共产党一贯坚持理论联系实际的马克思主义优良作风，把坚持唯物史观和马克思主义实践观，坚持党的群众路线，落脚到一切为了人民、一切依靠人民和服务于人民。这表现在党的根本宗旨上，就是全心全意为人民服务。

中国共产党这一历史和逻辑的必然选择，是同实现共产主义的崇高理想完全一致的。人类最崇高、最美好的共产主义社会是“保证每个生产者个人最全面的发展的这样一种经济形态”，[④] 即“自由人联合体”的社会。共产党人为建立共产主义社会而奋斗，自然要为造就每个自由而全面发展的共产主义新人而奋斗。这种“自由人”是特定社会条件即物质财富极大丰富，人们精神境界极大提高的产物。在这种社会条件下，人类全部力量的全部发展才能成为目的本身。而共产主义新人的形成与产生它的特定社会条件的形成，是一个统一的历史过程：“推进人的全面发展，同推进经济、文化的发展和改善人民物质文化生活，是互为前提和基础的。人越全面发展，社会的物质文化财富就会创造得越多，人民的生活就越能

① 《毛泽东选集》第4卷，人民出版社1991年版，第1319—1320页。

② 《毛泽东选集》第4卷，人民出版社1991年版，第1318页。

③ 《马克思恩格斯文集》第1卷，人民出版社2009年版，第502页。

④ 《马克思恩格斯文集》第3卷，人民出版社2009年版，第466页。

得到改善，而物质文化条件越充分，又越能推进人的全面发展。社会生产力和经济文化的发展水平是逐步提高、永无止境的历史过程，人的全面发展程度也是逐步提高、永无止境的历史过程。这两个历史过程应相互结合、相互促进地向前发展。”① 这一历史过程的内在动力，是以劳动为基础的全面的实践活动。共产党人为实现人类崇高理想共产主义而奋斗的过程，既是推进人类社会历史进步的过程，也是领导、组织劳动实践活动的主体为自己形成全面优良品质，得到自由而全面发展的过程，即为人民群众服务的过程。正是这样，中国共产党要求自己的党员任何时候都必须“坚持尊重社会发展规律与尊重人民历史主体地位的一致性，坚持为崇高理想奋斗与为最广大人民谋利益的一致性，坚持完成党的各项工作与实现人民利益的一致性”。② 全心全意为人民服务，既存在于共产党人不可动摇的理念中，又体现在每日每时的实际工作中。

坚持人民的利益高于一切，全心全意为人民服务，贯穿于党的全部理论和实践活动，任重而道远，要做的事情很多，应该特别注意三个方面：

首先，要强化党的根本宗旨意识。党员干部要常温《共产党宣言》中讲的“过去的一切运动都是少数人的，或者为少数人谋利益的运动。无产阶级的运动是绝大多数人的，为绝大多数人谋利益的独立的运动”，③ 深刻认识“党除了最广大人民的利益，没有自己特殊的利益”。④ 所有党员领导干部“必须始终牢记宗旨、牢记责任，自觉把权力行使的过程作为为人民服务的过程，自觉接受人民的监督，做到为民用权、公正用权、依法用权、廉洁用权”。⑤ 在今天，淡化还是强化党的宗旨意识，是检验有无马克思主义政党党性的试金石。

其次，要坚定中国特色社会主义的道路自信、理论自信和制度自信。“三位一体”的中国特色社会主义是中国人民的根本利益所在，是实现中华民族伟大复兴的希望所在。任何时候、任何情况下都要把握住坚持和发展中国特色社会主义这个根本。如偏离这个根本（或者只口头说说，一

① 《江泽民文选》第3卷，人民出版社2006年版，第295页。

② 《江泽民文选》第3卷，人民出版社2006年版，第279页。

③ 《马克思恩格斯文集》第2卷，人民出版社2009年版，第42页。

④ 《十五大以来重要文献选编》（下），人民出版社2003年版，第1910页。

⑤ 中央文献研究室编：《论群众路线——重要论述摘编》，中央文献出版社2013年版，第56页。

接触实际就淡化了)，已取得的成就不能巩固，前进中存在的问题和困难得不到解决，人民群众的根本利益就要受到损害。坚持和发展中国特色社会主义，要通过总结经验，全面深化社会主义改革，坚持正确的、好的、群众满意的制度和政策，纠正错误的、不好的、群众不满意的制度和政策，不断完善社会主义经济、政治、思想文化、社会和生态方面的具体制度、运行机制和方针政策。总的说，要全面而切实地落实党的十八大提出的基本要求："要发扬人民主人翁精神，坚持依法治国这个党领导人民治理国家的基本方略，最广泛地动员和组织人民依法管理国家事务和社会事务、管理经济和文化事业、积极投身社会主义现代化建设、更好保障人民权益，更好保证人民当家作主。"①

最后，要高度重视解决群众迫切要求解决的问题。中国革命、建设和改革的历史经验反复证明，群众路线是党的生命线和执政的生命线。在新的历史起点上，全党应从唯物主义历史观和马克思主义认识论的高度，更加自觉地把党的群众路线贯彻到一切工作中和工作的各个方面，更加自觉地接受人民群众的监督，虚心听取群众的意见（包括激烈的批评意见），不谋私利，不图名利，不做虚功，不搞形式主义，不搞"政绩工程"，虔诚而执着、至信而深厚，把群众长远的根本的利益和目前的现实的利益结合起来，着眼长远，立足眼前，抓紧解决群众反映强烈，迫切要求解决的问题。这无非是两大方面：执政党以为民务实清廉为主要内容的自身建设问题，人民群众学有所教、劳有所得、病有所医、老有所养、住有所居等切身利益问题，促进社会基本公共服务均等化的问题。只要我们真正为人民利益坚持优点、修正错误，扎扎实实走好群众路线，不断为人民造福，人民群众就会永远是党执政的强大力量源泉和坚实社会基础。

（原载《思想理论教育导刊》2014 年第 3 期）

---

① 《胡锦涛文选》第 3 卷，人民出版社 2016 年版，第 623 页。

中国共产党领导是中国特色社会主义最本质的特征

一　中国共产党领导：中国特色社会主义最本质的特征

中国共产党领导是中国特色社会主义最本质的特征，这一特征表明，我国的人民民主制度与西方所谓的“宪政”的本质不同。我国的人民民主制度实行依法治国，确保广大人民群众在党的领导下，依照宪法和法律规定，通过各种途径和形式管理国家事务，管理经济文化事业，管理社会事务，保证国家各项工作都依法进行，逐步实现社会主义民主的制度化、法律化，使这种制度和法律不因领导人的改变而改变，不因领导人看法和注意力的改变而改变。依宪治国、依法执政，不是要否定和放弃党的领导，而是强调党领导人民制定、执行宪法和法律，党自身在宪法和法律范围内活动。这一特征鲜明地体现在我国的根本大法即宪法中，它反映了中国共产党带领人民进行革命、建设、改革取得的成果，反映了在历史和人民的选择中形成的党的领导地位。

众所周知，近代以来，中国曾面临三种政治发展道路方案的抉择。第一种方案：是由北洋军阀再到国民党统治集团主张的坚持大地主大资产阶级专政，使中国走半殖民地半封建社会的道路。这一方案，也宣称要实现“宪政”，结果实行的是独裁。第二种方案：是由中国共产党提出的建立工人阶级领导的人民共和国即人民民主的国家，使中国走社会主义人民民主道路。第三种方案：是由某些中间党派的领袖人物和中间人士主张的建立一个效仿西方的资产阶级宪政共和国，使中国走独立地发展资本主义的道路。历史和人民对这三种方案作出了庄严的选择。第一种方案遭到了中国人民的坚决反对，其代表者的反动统治被中国人民推翻了。第二种方案，即中国共产党提出的方案，逐步地赢得了全国工人、农民、城市小资产阶级和民族资产阶级及其政治代表的拥护。第三种方案，曾经被称为

"第三条道路"，也没有得到中国人民的赞同，就是原先持有这种主张的人，除极少数走向反动阵营以外，绝大多数也认识到这种主张不具备现实可行性，并在实际斗争中站到了中国共产党和人民大众一边。所以这一特征的形成，是历史和人民选择的结果，是一代一代革命先烈用血肉之躯铸造而成的。

二 中国特色社会主义最本质特征的深刻根据

中国共产党领导作为中国特色社会主义最本质的特征，这是从政治制度层面，对中国特色社会主义的本质特征作出的规定。从历史唯物主义观点看来，经济决定政治，政治是经济的集中反映。所以这个本质特征，不仅具有深刻的历史根据，而且具有厚实的现实依据，即中国共产党的领导，是升华为政治形态的中国工人阶级及其广大人民群众根本利益的体现。共产党通过马克思主义中国化的政治观点、中国特色社会主义政治制度、路线方针、中国特色社会主义法律体系等的综合作用，把我国工人阶级及广大人民群众的整体利益与个别利益、长远利益与目前利益、全局利益与局部利益高度整合、协调统一起来，把我国工人阶级及广大人民群众的根本要求、共同目的、意志、力量和智慧高度集中起来，以高屋建瓴、统领全局的气势和胆略，通过人民民主专政国家的系统力量，在全国规模上，用社会主义核心价值观教育和武装人民，领导人民群众创造日益丰富完善的经济关系及其健康发展的运行机制（如社会主义市场）、内外部条件，消除我国经济社会文化生态文明发展的种种障碍，保证经济工作和其他各项工作沿着社会主义方向有秩序地发展，保证民生法治不断得到改善，使我国人民创造历史、决定历史进程，决定国家命运前途的历史作用得到最充分发挥、最生动的体现。新中国成立以来，特别是近 30 多年改革开放和现代化建设的成就，政治稳定、经济发展、社会和谐、民族团结的局面，同世界上一些地区和国家不断出现的乱局形成了鲜明对照，中国的国际地位空前提高，这些无可辩驳的事实充分地证明，中国共产党的执政和领导是深深扎根在历史的沃土、人民实践和心灵深处的。

三 评两种诋毁共产党领导作用的歪理邪说

（一）主张共产党的领导作用同人民群众的历史作用对立的观点

现代资产阶级学说总是把矛头对准共产党的执政和领导。它们把共产党的领导同历史发展规律对立起来，制造共产党的领导作用同人民群众历史作用的对立。马克思主义认为历史是一个自然过程，在这个过程中，历史发展的这一或那一方向并不取决于人们的意志和思想，而是取决于社会力量的相互作用。显然，把共产党的领导作用同人民群众的历史作用对立，是对历史唯物主义的粗暴歪曲，其中至少有四个原则性错误：其一，它把马克思主义讲的人类历史的自然过程曲解成同自然界变化一样的自发过程，不懂得人类历史规律的形成和作用不同于自然规律的形成和作用；其二，它把历史发展的方向不取决于人们的意志和思想，理解为与人民群众创造历史的实践活动及其内因无关，从而导致了神秘论；其三，它把“社会力量的相互作用”理解成无序的、没有方向的、盲目的、不可引导与整合的状态；其四，它完全不懂历史唯物主义的科学真理同无产阶级立场是完全一致的，因而把历史唯物主义同共产党的领导作用尖锐对立起来。实际上，马克思在《资本论》中关于劳动过程的名言，恩格斯论历史是一种“合力”、特别是《反杜林论》关于在社会主义时代，人们完全自觉地创造自己历史的观点，列宁在 1905 年批判孟什维克机会主义崇拜自发性的论述，即指出“他们忽视那些认识了革命的物质条件并领导着先进阶级的政党在历史上所能起到和应当起到的积极的领导作用和指导作用”，就是降低唯物史观意义[①]，等等。这些观点和论述都清楚地说明，马克思讲的历史发展方向“不取决于人们的意志和思想”，说的是人类历史发展规律具有客观必然性，不是讲与人民的实践活动无关。恰恰相反，历史唯物主义认为，历史的前提是现实的人。在人类历史中起作用的“是具有意识的……追求目的的人；任何事情的发生都不是没有自觉的意图，没有预期的目的的”[②]。人类历史发展规律正是形成和实现于人的实践活动之中，通过人民创造性的实践活动发挥作用。历史唯物主义不同于其他一切社会理论的是：“它出色地把以下两方面结合起来：既以完全科学的冷静态度去分析客观形势和演进的客观进程，又非常坚决地承认群众……的革命毅力、革命创造性、革命首创精神的意义”[③]。社会历史发展的客观规律和人民群众的历史作用，构成人类社会历史进程对立统一的

① 《列宁选集》第 1 卷，人民出版社 1995 年版，第 550 页。

② 《马克思恩格斯选集》第 4 卷，人民出版社 1995 年版，第 247 页。

③ 《列宁专题文集·论马克思主义》，人民出版社 2009 年版，第 140 页。

两个方面。从一定意义上说，科学理解人民群众的历史作用，是正确认识和把握社会发展客观规律的关键。人民群众不是一个空洞的抽象，它作为一个历史范畴，应当包含善于摸索到并建立起同某些阶级的联系的个人、团体、组织、政党，特别是“那些认识了革命的物质条件并领导着先进阶级的政党”。所谓客观规律和人们历史活动的相互作用、人们历史活动中的“社会力量的相互作用”，不仅包含着先进阶级及其政党的积极斗争，而且后者是其中最为突出、最为积极、最为集中、最为坚决的部分。因为只有它才能把握到同本阶级群众之间的联系，把握到同其他阶级的个人、团体、组织、政党的联系，并以不同的性质和方式实现这种联系，合理地调整他们之间的利益关系，把他们的社会作用引导到有利于社会发展进步的正确方向并提到高级程度。在这个意义上说，先进阶级及其政党的积极斗争是人民群众历史作用的最高表现。在现阶段，这种先进阶级及其政党，就是工人阶级及由它组成的先锋队——共产党。这种情况，在社会主义社会条件下更加突出了。社会主义建设的实践表明，在社会主义社会里，人们“完全自觉”地创造自己历史的活动，也只能使“社会原因”“大部分并且越来越多地达到他们所预期的结果”，永远达不到“完全”的程度。但是一个规律性的表现是，共产党的领导地位和执政能力的状况，对这个国家和民族的现状和发展、对其人民群众的创造热情、能力的调动和发挥，对其人民的福祉等的影响是极其重大的。由此可见，把共产党的领导作用同唯物史观对立起来是荒谬的。资产阶级学者制造这种舆论，无非是企图通过歪曲历史唯物主义原理，为反对共产党领导作用的人们提供历史理论根据。

（二）否定共产党领导作用的资产阶级自由化观点

必须指出，在糟蹋历史唯物主义、诋毁共产党的领导作用方面，我国还存在极少数坚持资产阶级自由化的人，他们是西方资产阶级思想家的帮手。他们的恶劣表现之一，就是宣称现在出现了利益集团多元化，共产党的领导失去了合法性，要求实现“西方宪政”制度，实行多党竞选轮流执政。这种奇谈是站不住脚的。其一，我国现阶段的多种经济成分是以社会主义公有制为主体的，私营经济、个体经济和外贸企业等各种经济成分都是受公有制制约而存在的。从事这些经济活动的社会成员虽有其具体利益的差别，但社会主义制度和共产党的领导是他们的共同利益所在，若离开了社会主义和共产党的领导，他们就会失去发展的基础和前提。在中国特色社会主义制度下，他们不能够形成独立于社会主义和共产党的领导的、具有特殊政治思想体系的政治集团，不能容许其同工人阶级发生根本的利害冲突。因此，搞自由化的人借口我国社会经济成分、组织形式、就业方式、利益关系和分配方式日益多样化，利益集团多元化，要求破除“打江山者坐江山”的观念，搞西方多党轮流执政，这是同我国基本国情不相容的。其二，承认社会主义制度下存在着多元利益关系，也要承认需要通过一定的组织形式来反映它们正当的利益要求，但这也不足以说明需要有代表不同具体利益的政治反对派别，更不能作为建立轮流执政的西方政党制的理由。由公有制产生的全局利益和社会利益是各种具体利益得到实现和发展的基础，只有通过共产党强有力的领导来维护这种共同利益，各种具体利益才能够得到协调发展，否则彼此之间的利益矛盾非但不能克服，而且还会加剧，以至于使社会失控，失去稳定性。由此所需要的是，执政党站在广大人民群众的立场上，代表其共同利益和根本利益，而不是站在某个谋求少数利益的集团上，代表少数人的利益。这也说明根本没有必要实行多党轮流执政。至于所需要的代表不同具体利益的政治力量，我国早已有八个民主党派活跃在政治舞台。其三，大量的历史和现实材料充分证明，在当今中国的政治舞台上，由党的性质、根本宗旨和先进的理论指导所决定，唯有中国共产党能够在各种不同的历史条件下，正确反映和妥善处理各种利益关系，能够认真考虑和兼顾不同阶层、不同方面群众的利益，首先考虑并满足最大多数人的利益。忠实可靠地代表工人阶级和全体人民的利益，所以只有它才有资格、有能力担任中国的执政党、领导党。历史证明，这是适合我国国情的政党制度，是我国政治制度的重要特点和优点。可见，历史唯物主义没有给否定共产党领导作用的资产阶级自由化观点提供任何证据，恰恰相反，它为共产党的执政地位、领导地位的确立、巩固奠定了一块坚实的理论基石。

主张共产党的领导作用同人民群众历史作用对立的观点的荒谬性还在于，中国共产党作为中华民族的先锋队、是中国人民中最优秀的一部分，它的根本宗旨在于全心全意为人民服务。它在当代中国社会主义建设和改革中担当领导作用的必要性，如前所述，来自于中国人民的历史选择，来自人民群众的利益要求和实现条件的要求。它的力量来源也在于它代表人民的利益、紧密联系人民和取信于人民。执政的中国共产党人为什么能做到这一点呢？这是因为：“在理论方面，他们胜过其余无产阶级群众的地方在于他们了解无产阶级运动的条件、进程和一般结果。在实践方面，共产党人是各国工人政党中最坚决的、始终起推动作用的部分。”[①] 在总的策略原则上，“共产党人为工人阶级的最近的目的和利益而斗争，但是他们在当前的运动中同时代表运动的未来”。[②] 在组织上，它吸收革命无产阶级先锋队的一切优秀代表，“集中了经过顽强的革命斗争的教育和锻炼的、完全觉悟的和忠诚的共产主义者”[③]，在治国方略上，它在历史上第一次使“政策由混乱和欺骗变成了科学”[④]。这样，共产党就能够统筹兼顾，通过政策协调各社会阶级和阶层的利益，处理好不同性质的矛盾，使自己成为巩固发展社会主义的根本政治保证，成为善于在科学社会主义的基础上，制定马克思主义社会发展的综合纲领和动员劳动者实现这一纲领的唯一力量。人民群众唯有它的领导，才懂得社会历史的客观进程，明确自己的历史地位和发挥自己的历史作用，并且通过自身的生活经验深切地感受到，党的领导是经得起历史检验、值得信赖的，如列宁所说，人民群众会自己作出结论：“我们相信党，我们把党看作我们时代的智慧、荣誉和良心”[⑤]，从而发挥出自己进行社会主义建设和改革的历史主动性和全部威力！

当然，在社会主义条件下，存在着一种危险，这就是，当执政的共产党内发生腐败现象，党政机关出现权钱交易，或者严重官僚主义的时候，人民群众就会受到压制，其历史作用的发挥就会受到限制。但是这种情况同我们讨论的问题不是一回事。其一，这种现象是对共产党性质的背离。腐败分子是破坏社会主义建设和改革的害群之马，是违反国法党纪的害虫，它不能代表中国共产党。其二，这种情况的发生，在我们党坚持马克思主义指导的条件下只可能是局部的，不是党的整体。其三，我们党在整个执政过程中，总是不断地同腐败现象进行着斗争，不断地清除这些污垢，以高压之势把腐败现象减少到最低限度。因此，这种情况不能为歪曲党的领导作用的观点提供立论依据。

（原载《学校党建与思想教育》2014 年第 18 期）

---

① 《马克思恩格斯文集》第 2 卷，人民出版社 2009 年版，第 44 页。
② 《马克思恩格斯文集》第 2 卷，人民出版社 2009 年版，第 65 页。
③ 《列宁专题文集·论无产阶级政党》，人民出版社 2009 年版，第 342 页。
④ 《列宁全集》第 23 卷，人民出版社 1990 年版，第 43 页。
⑤ 《列宁全集》第 32 卷，人民出版社 1985 年版，第 89 页。

坚守中国共产党的马克思主义理念

近年来，我国意识形态领域是非纷争复杂而激烈。历史虚无主义、新自由主义、民主社会主义以及普世价值、西方宪政民主等错误思潮气势很盛，其锋芒集中指向我们党的指导思想。它们既力图从某个领域、某个方面否定马克思主义重要原理，也力图从整体上毁坏马克思主义科学理念，以达到釜底抽薪的目的。我们必须保持清醒的头脑。

一　错误思潮反马克思主义的主要手法

错误思潮反马克思主义的手段手法甚多，概括起来主要有：篡改命题、歪曲原意、肢解体系、泛化概念、屏蔽主词、摧毁信仰、攻击本质、伪造名词、搅乱界限、颠覆制度。这些手法都包含着特定的政治图谋，但大多不单独出击，而是交互为用。下面辨析其中几种手法。

1. 篡改马克思主义的命题。这类手法为数甚多。譬如，“社会生产力是社会发展的最终决定力量”。这是历史唯物主义的一个根本观点。反马克思主义者改动两个字，把“最终”改成“唯一”。说“社会生产力是社会发展的唯一决定力量”，把马克思主义的命题篡改成了反马克思主义的唯生产力命题。

关于这个问题，恩格斯曾明确指出：“……根据唯物史观，历史过程中的决定性因素归根到底是现实生活的生产和再生产。无论马克思或我都从来没有肯定过比这更多的东西。如果有人在这里加以歪曲，说经济因素是唯一决定性的因素，那么他就是把这个命题变成毫无内容的、抽象的、荒诞无稽的空话。经济状况是基础，但是对历史斗争的进程发生影响并且在许多情况下主要是决定着这一斗争的形式的，还有上层建筑的各种因素”。①

---

① 《马克思恩格斯选集》第4卷，人民出版社1995年版，第695—696页。

社会的发展是一种历史合力。经济是基础，在经济基础之上，还有包括政治、法律、哲学、宗教、道德、艺术等上层建筑的力量，所以生产力不是社会发展的唯一力量，而是最终的决定力量。篡改这一命题的现实危害在于抽掉我们党的基本路线的理论基础。我们党的基本路线是一个中心，两个基本点。根据党的基本路线，中国特色社会主义建设是以经济建设为中心的经济、政治、文化、社会、生态、党建等全面建设。如果简单说社会生产力是社会发展的唯一决定力量，那我们党的基本路线就只需要一个中心，不需要坚持四项基本原则和改革开放两个基本点；只需要物质文明建设，不需要精神文明建设。我国一些地方曾经发生的忽视精神文明建设，甚至用牺牲精神文明建设来搞“物质文明”建设的错误，在很大程度上就是受了这种错误观点的影响。

2. 歪曲马克思主义的原意。如“反对西化中国”，这句话原意非常清楚。但有人竭力对之加以歪曲。他们鼓噪说，马克思主义是来自西方的异族文化，马克思主义传入中国之后，打断了中华民族文化发展的血脉，破坏了中华民族传承的根基。所以必须反对马克思主义。

这种歪曲是莫名其妙的。众所周知，“反对西化中国”这句话里的“西”，不是一个地域概念，而是一个政治概念。其意是反对用西方资本主义的经济制度、政治制度、思想文化制度来颠覆中国特色社会主义制度。它表明的是我们坚持独立自主的鲜明立场，如果没有自己的精神独立性，那政治、思想、文化、制度等方面的独立性就会被釜底抽薪。不是拒绝来自西方的一切东西，相反，“我们的方针是，一切民族、一切国家的长处都要学，政治、经济、科学、技术、文学、艺术的一切真正好的东西都要学。”① 我们要坚决抵制和批判的只是外国的一切腐败制度和思想作风。其次，马克思主义虽然创立于西方，但它揭示的内容并不限于西方，而是关于自然、人类社会历史、人类思维发展的一般规律。

又如，有人诋毁《共产党宣言》的思想，把共产党人要消灭“私有制”，歪曲为：“第一，消灭（即没收）一切私有财产，使所有的人都失去安身立命的物质基础；第二，消灭一切个人思想，使所有的人都成为没有头脑的‘顺服工具’”。显然，这是对共产主义的妖魔化。稍有一点马克思主义常识的人都知道，第一，共产党要消灭的私有制是指生产资料，

---

① 《毛泽东文集》第7卷，人民出版社1999年版，第41页。

即资本主义私人占有制，因为这是剥削人、压迫人的经济根源，不是指个人的生活资料。共产党人决不消灭雇用工人靠自己的劳动所占有、并且供直接生命再生产用的劳动产品的个人占有。第二，消灭私有制是一个历史过程，是随着生产力的发展逐步实现的。在我国社会主义初级阶段，社会生产力的发展未达到可以实现共产主义社会的高度以前，我国实行的是公有制为主体、多种所有制经济共同发展的基本经济制度，而且所采用的制度和政策还要有利于发挥非公有制经济的作用。第三，共产党人把私有制区分为生产资料资本主义私人占有制和小生产者私人占有制，对资本主义生产资料私人占有制实行剥夺，因为这是资产阶级剥削雇佣劳动者而来的财产，即资本，所以叫“剥夺剥夺者”，这种剥夺只是“把资本变为公共的、属于社会全体成员的财产，这并不是把个人财产变为社会财产。这里所改变的只是财产的社会性质”。[①] 对小生产者，共产党人执政的国家，要引导它们走互助合作的道路，不仅不对其剥夺，还要由国家给予物质的、精神的多方面的帮助。所以总起来说：“共产主义并不剥夺任何人占有社会产品的权力，它只剥夺利用这种占有去奴役他人劳动的权力。”[②] 第四，共产主义革命在同传统的所有制实行最彻底决裂的过程中，要同传统的观念实行最彻底地决裂。这里讲的“传统的观念”，不是“一切个人思想”，而是同“传统的所有制”相对应的观念，如私有制观念、鄙视劳动、鄙视劳动人民等。

3. 肢解马克思主义的体系。从纵向上看，马克思主义各个发展阶段：马克思列宁主义、毛泽东思想、中国特色社会主义理论体系，是一脉相承而又与时俱进的科学体系。反马克思主义者，采用西方“马克思学”一贯的手法，千方百计地割裂马克思主义的科学体系。首先它把马克思主义发展的各个阶段对立起来，然后用前一个阶段，反对、否定后一个阶段，或者用后一个阶段，反对、否定前一个阶段。近些年来，在中国最常见最突出的表现，是通过制造改革开放前后两个历史时期的对立，来否定毛泽东思想，或否定中国特色社会主义理论体系。改革开放以来，我们党一直坚定不移坚持以马克思列宁主义、毛泽东思想、中国特色社会主义理论体系为指导思想，完整准确地反映了我们党的马克思主义立场、观点和方

① 《马克思恩格斯选集》第 1 卷，人民出版社 1995 年版，第 287 页。
② 《马克思恩格斯选集》第 1 卷，人民出版社 1995 年版，第 288 页。

法。而当下有人却相反，在谈到我们党的旗帜时有意撇开马克思列宁主义、毛泽东思想，借以剔除中国特色社会主义理论体系的马克思主义理论基础。

从横向上看，马克思主义是包括马克思主义哲学、马克思主义政治经济学、科学社会主义三个主要组成部分的完整体系。马克思主义的每一个主要组成部分又包括一系列的重要观点。它们之间，按列宁的说法，是一块整钢，彼此不能分割。列宁说：马克思主义是马克思学说和观点的体系。“马克思主义的全部精神，它的整个体系，要求人们对每一个原理都要（α）历史地，（β）都要同其他原理联系起来，（γ）都要同具体的历史经验联系起来加以考察。”① 如果把它们分割开来，就会使马克思主义丧失全部精神和整个体系。然而，反马克思主义者尽干割裂马克思主义完整体系的事。他们沿袭西方哲学解释学的思路，从横向方面把马克思主义某个方面，如生态方面的、环境方面的、妇女方面的原理、观点，从马克思主义整个体系中、从它同其他原理、观点的联系中、从它同具体的历史经验的联系中抽象出来，肢解成各种碎片。然后再按自己的主观意愿加以解读，随心所欲地编造成诸如生态马克思主义、有机马克思主义、女权主义的马克思主义等。这些有西方背景的千奇百怪、五花八门的“马克思主义”，毁坏了马克思主义的全部精神和整个体系，抹杀了马克思主义质的规定性——立场、观点和方法。造成的严重后果是，人们不知道到底什么是马克思主义，世界上到底有多少种马克思主义，作为我们党的指导思想的马克思主义究竟是什么样的马克思主义。如果我们各级干部、学者头脑里的马克思主义概念是混乱的，其危险不堪设想。

4. *泛化马克思主义概念*。这里讲三方面的突出表现：一是把西方某些解释马克思主义的学派说成是马克思主义学派，把解释马克思主义的代表人物说成是马克思主义者；二是以是否批判资本主义为标准，把批判资本主义的派别和人物说成是马克思主义的派别和人物，包括一些反对历史唯物主义的派别、人物。事实上，资本主义制度从确立以来，就受到来自不同方面的批判。马克思主义无疑是批判资本主义的，但是批判资本主义制度的人，代表着各种不同的阶级利益、带着各种政治诉求，不一定赞成马克思主义，更不都是马克思主义者。马克思恩格斯在《共产党宣言》

---

① 《列宁选集》第2卷，人民出版社1995年版，第785页。

中就根据批判资本主义的派别所代表的生产方式的性质，将其区分为反动的社会主义（包括封建的社会主义、小资产阶级的社会主义、德国的或'真正的'社会主义）、保守的或资产阶级的社会主义、批判的空想的社会主义和共产主义。三是把西方美学、哲学、神学当中一些概念强加到马克思主义头上，生造出所谓形式主义的"马克思主义"，结构主义的"马克思主义"，弗洛伊德主义的"马克思主义"，海德格尔存在主义的"马克思主义"，有机马克思主义，等等。列宁曾指出：马克思学说中的主要的一点，就是阐明了无产阶级作为社会主义社会创造者的世界历史作用。但是，反马克思主义者无限扩大马克思主义的概念，其要害是，否定马克思主义是无产阶级的立场和世界观，企图把马克思主义变成一切阶级都赞成、拥护的马克思主义，从而使马克思主义非阶级化、空心化、非革命化。

5. 攻击马克思主义的本质。马克思主义本质是批判的，是革命的。马克思主义的无产阶级专政学说，即我国的人民民主专政学说，最集中地体现了马克思主义批判的、革命的本质。正是这样，反马克思主义的势力便竭力攻击马克思主义的无产阶级专政学说。

我国宪法总纲明确规定："在我国，剥削阶级作为阶级已经消灭，但是阶级斗争还将在一定范围内长期存在。中国人民对敌视和破坏我国社会主义制度的国内外的敌对势力和敌对分子，必须进行斗争。"① 改革开放前，我们犯过夸大阶级斗争的错误，酿成过严重后果，已得到纠正，其教训深刻。今天，谁还会"高唱阶级斗争颂"呢？既然"时至21世纪，仍然高唱阶级斗争颂"根本不是事实，为什么又有人发出这种噪声呢？其真实目的在于攻击我们党的领袖，否定我国的宪法，甚至要否定马克思主义国家与法的学说。

西方法学理论认为，法是人们之间制定的一种契约，或是上帝赋予人们的一种权利（即天赋人权），高于一切。这是以唯心史观为理论基础的资产阶级法理学的妄说。与此相反，马克思主义国家与法的学说认为，法是统治集团意志和利益的体现。其一，法是在一定经济基础上产生，又为一定经济基础服务的上层建筑。一定社会的经济基础和上层建筑是确定的，与此紧密相连，世界上没有抽象的、适用于所有社会的法。在资本主

① 《中华人民共和国宪法》，人民出版社2018年版，第5页。

义私有制基础上产生的是资本主义的法，在社会主义公有制基础上产生的是社会主义的法。我们讲依法治国，所依据的是社会主义的法，而不是资本主义国家的法。其二，法是一种历史的现象，随着私有制、阶级、国家的产生而产生，也将随之消亡而消亡。原始社会没有阶级也没有法，社会依习惯而运转；到了共产主义社会，私有制、阶级、国家没有了，法也消亡了。所以法始终是维护国家统治集团利益的。

美国法典第 18 篇第 2385 条规定：任何蓄意鼓吹、煽动、劝说或讲授推翻或摧毁美国政府的行为，包括因此而印刷、出版、发表、传递、出售、分发或公开展出任何书写或印刷品，都要处 20 年徒刑或 2 万美元罚款，或者两者并罚。美国共产党的领导人就曾因其党纲中出现“无产阶级专政”概念而受到迫害。美国法律的政治立场何等强烈和鲜明！

关于这个问题，习近平总书记讲得很明确。他说：“每一种法治形态背后都有一套政治理论，每一种法治模式当中都有一种政治逻辑，每一条法治道路底下都有一种政治立场。我们要坚持的中国特色社会主义法治道路，本质上是中国特色社会主义道路在法治领域的具体体现；我们要发展的中国特色社会主义法治理论，本质上是中国特色社会主义理论体系在法治问题上的理论。”①

6. 伪造反马克思主义的名词。如一些新媒体上有人把我们的公有制称为“党国所有制”，把国有企业污称为“怪胎”，把我们的国家诬称为“党天下”，把社会主义国家各级领导干部诬称为“权贵集团”，把中国特色社会主义诬蔑为“中国特色资本主义”、“权贵资本主义”。说什么“人民与权贵集团的斗争是当前形势下新的阶级斗争”；还伪造一些名词，提出一些伪命题，如“思想市场”，“政治市场”，“思想国有化”，“党大还是法大”，“党大还是人大”，“是忠于人民还是忠于党”，“是忠于国家还是忠于共产党”等等。伪造反马克思主义名词，提出伪命题，意在制造思想混乱，诋毁马克思主义唯物史观和群众史观，离间党、人民政府和人民群众的血肉关系，挑起种种事端。

---

① 《习近平关于协调推进四个全面战略布局论述摘编》，中央文献出版社 2015 年版，第 114—115 页。

二 如何回应噪音杂音

面对噪音杂音对马克思主义的诋毁、冲击，必须坚定不移地坚守中国共产党的马克思主义理念。在这方面，要把握好以下三点。

第一，坚守中国共产党的马克思主义理念，就是要坚持马克思列宁主义、毛泽东思想、中国特色社会主义理论体系，而不是别的什么主义。我们党高举马克思主义伟大旗帜，坚持、发展、创新马克思主义，对什么是马克思主义有明确规定及确切含义。马克思主义是由马克思恩格斯创立的，并在社会主义运动的实践中丰富发展了的关于自然、人类社会和人的思维发展规律的学说；马克思主义是工人阶级的科学世界观和方法论，是由资本主义过渡到社会主义，由社会主义过渡到共产主义，最终实现人类解放，达到人的自由全面发展的学说。因此，马克思主义的科学概念是不容搅混的。

马克思主义的客观真理性是受马克思主义创始人和后继者所处的社会历史条件、所处时代的主要矛盾、提出的根本问题、全部政治实践活动、巨大的科学研究活动和无产阶级推翻旧世界、创立新世界的实践活动制约的。但这并不能成为随意解释马克思主义的理由，马克思主义经典文本的理论内容是十分确定的、客观存在的。一个解释者离开了社会主义实践活动，就不可能正确理解、把握和解释马克思主义，更谈不上对马克思主义的发展。因为他根本没有正确反映马克思主义的本质，因而也就不能自称为马克思主义。

第二，坚守中国共产党的马克思主义理念，要深入学习贯彻习近平总书记系列重要讲话精神。这是抵制西方意识形态渗透，治理国内思想理论领域乱象的思想武器；是坚持和发展中国特色社会主义，进一步巩固马克思主义在意识形态领域的指导地位，巩固全党全国人民团结奋斗的共同思想基础的需要。这是一项重大的政治任务和时代课题，马克思主义理论工作者责无旁贷。

第三，坚守中国共产党的马克思主义理念，要着力构建具有中国特色的中国化马克思主义的话语体系。一方面，要坚持用中国化的马克思主义理论阐释中国实践、中国经验，用中国实践、中国经验升华中国化的马克思主义理论。另一方面，要坚持批判和辨析各种错误思潮。早在 2013 年 8 月 19 日，习近平总书记就在全国宣传思想工作会议上明确指出：要敢于向歪曲党史国史、丑化党的领袖、否定中国共产党领导、攻击中国特色社会主义制度的错误思潮亮剑，以此来抵制西方意识形态的渗透，并且对那些恶意攻击党的领导、攻击社会主义制度、歪曲党史国史、造谣生事的言论，一切报刊图书、讲台论坛、会议会场、电影电视、广播电台、舞台剧场等都不能为之提供空间，一切数字报刊、移动电视、手机媒体、手机短信、微信、博客、播客、微博客、论坛等新兴媒体都不能为之提供方便。2016 年 2 月 19 日，习近平总书记在新闻舆论工作座谈会上再次强调巩固马克思主义意识形态的重要性。我们要弘扬优良学风和严肃政治纪律，着力构建具有中国特色的中国化马克思主义的话语体系，推动习近平总书记讲话精神在教学、科研、媒体宣传等各个精神文化领域的落实。

（原载《红旗文稿》2016 年第 6 期）

谈谈共产主义最高理想

坚定共产主义最高理想是一个重大的理论问题和实践问题，笔者想围绕这一主题讲四个“为什么”。

一　为什么要强化共产主义理想信念教育

中国共产党是在马克思主义指导下建立起来的、以实现共产主义为最终目标的马克思主义政党，在党内和全社会进行共产主义理想信念教育，是经宪法和法律确定的任务。然而一段时期以来，抹黑、丑化，甚至公然诋毁、妖魔化共产主义的言论时有出现。一些共产党员、包括一些党员干部对共产主义也开始产生动摇，不敢理直气壮地讲共产主义。要彻底改变对共产主义质疑、诘难的这种状况，坚定人们对共产主义的信仰，必须强化共产主义理想信念教育。

（一）共产主义受到诋毁、攻击的现象枚举

1. 讲共产主义被认为是“左”或极左。左与“左”有着严格的界限。左，是指顺应社会发展规律和历史发展必然趋势、积极追求进步、要求进行革命的立场和精神风貌，是革命促进派的标示；“左”，或者极左，是以主观唯心主义为思想基础，违反社会发展规律、不顾客观条件的乱作为。一段时期以来，有人故意混淆革命的左与“左”或极左的界限，打着反“左”的旗号公然反左，使得革命的左被严重污名化了。特别是一些本来就对中国共产党和社会主义不满的人把矛头对准了共产主义，把共产党的领导、社会主义制度当“左”批，把坚持共产主义、坚持四项基本原则的人污蔑为“左”或极左，以此达到对共产主义妖魔化的目的。有少数人因担心自己被扣上“左”或极左的帽子，不敢再讲共产主义，甚至在党内会议上也不敢讲共产主义。

2. 共产主义被诬化为错误的根源。在世界社会主义运动的历史上，共产党人走过一些弯路，出现过一些错误。在我国有“大跃进”“文化大革命”等错误，在国际上有苏联国家解体、苏共亡党的悲剧，使得世界社会主义运动出现波折甚至陷入一个较长时期的低谷。这些错误，其性质不同，我们党是在探索独立自主的社会主义道路上犯的主观脱离客观实际的错误；苏共犯的是抛弃科学社会主义指导思想的错误。但不管哪种错误，都不是共产主义理论本身的错误，更不是信仰共产主义的错误。然而，有些人却借此混淆是非，把矛头对准共产主义，认为共产主义思想和目标是产生错误的根本原因。这样的论调，不仅出现在社会上的一些论坛、会议、讲座上，也出现在一些高校、中学、小学的课堂上，个别教师公然在课堂上大讲所谓共产主义的虚伪性、欺骗性，认为中国走社会主义道路是错误的选择。在互联网上，类似这样的言论更是大行其道。新浪微博上一个曾经鼓吹有几千万粉丝的共产党员网络“大V”，在评论“我们是共产主义接班人”这个话题时，称自己“曾经被这个口号骗了十几年”，一些居心叵测的人立即与之一唱一和，联合起来攻击、抹黑共产主义，同时攻击、否定新中国成立以来的历史，在社会上产生了十分恶劣的影响。

3. 共产主义被诬化为乌托邦。早在20世纪50年代，就有人公开宣扬马克思主义是一种宗教，认为马克思主义“是一种打着科学幌子的新宗教”[①]。这种思想的本质就是把共产主义虚幻化，使更多的人认为共产主义是不可能实现的乌托邦。有人公开撰文，认为“设置终极奋斗目标是基督教的文化传统。相信耶稣基督降生后一千年，基督要复活，要在世界上建立天国。共产主义的最终目标是从这里衍化而来，是基督教天国理念的现代版。”这种思想受到一些网络谣言“大V”的追捧，大肆在网上散布“共产主义就是乌托邦”等错误论调，误导了更多网民，就连一些党员干部也认为“共产主义只是一种美好的愿望而已，不能太当真!”

（二）共产主义受到诋毁、妖魔化的原因分析

1. 西方反共势力加紧对我国进行意识形态的渗透。西方反共势力绝不愿意看到一个强大的社会主义中国，加上苏联垮台以后，中国共产党事实上成为当今世界上共产主义的代表和旗帜，所以他们将中国列为实施其

---

① 张飞岸：《苏联解体与社会主义的未来——“苏联解体20周年国际学术研讨会”综述》，《马克思主义研究》2011年第5期。

意识形态战略的重点。2008 年 7 月 31 日，美国国防部发表的《国防战略》明确提出，“美国将继续对中国施压”，要“制定一项全面的战略来影响中国的选择”。为此，他们变本加厉地对我国进行意识形态渗透，不遗余力地向我国推销其政治理念和价值观念。在对中国进行这场没有硝烟的战争中，虽然其手法、花样不断翻新，但实质内容不变，还是过去对付苏联的那一套。他们是怎样对付苏联的呢？苏联部长会议主席、苏共中央政治局委员尼·伊·雷日科夫有过沉痛的叙述。他说：美国中央情报局局长艾伦·杜勒斯在 1945 年就已经明确地提出了瓦解苏联的目的、任务和手段。杜勒斯当着美国总统杜鲁门的面，在国际关系委员会上说：“‘战争将要结束，一切都会有办法弄妥，都会安排好。我们将倾其所有，拿出所有的黄金，全部物质力量，把（苏联的）人们塑造成我们需要的样子，让他们听我们的。人的脑子，人的意识，是会变的。只要把脑子弄乱，我们就能不知不觉改变人们的价值观念，并迫使他们相信一种经过偷换的价值观念。用什么办法来做？我们一定要在俄罗斯内部找到同意我们思想意识的人，找到我们的同盟军。一场就其规模而言无与伦比的悲剧——一个最不屈的人民遭到毁灭的悲剧——将会一幕接一幕地上演，他们的自我意识将无可挽回地走向消亡。比方说，我们将从文学和艺术中逐渐抹去他们的社会存在，我们将训练那些艺术家，打消他们想表现或者研究那些发生在人民群众深层的过程的兴趣。文学、戏剧、电影——一切都将表现和歌颂人类最卑劣的情感。我们将使用一切办法去支持和抬举一批所谓的艺术家，让他们往人类的意识中灌输性崇拜、暴力崇拜、暴虐狂崇拜、背叛行为崇拜，总之是对一切不道德行为的崇拜。在国家管理中，我们要制造混乱和无所适从……我们将不知不觉地，但积极地和经常不断地促进其官员们的恣意妄为，让他们贪贿无度，丧失原则。官僚主义和拖沓推诿将被视为善举，而诚信和正派将被人耻笑，变成人人所不齿和不合时宜的东西。无赖和无耻、欺骗和谎言、酗酒和吸毒、人防人赛过惧怕野兽，羞耻之心的缺失、叛卖、民族主义和民族仇恨，首先是对俄罗斯人民的仇恨——我们将以高超的手法，在不知不觉间把这一切都神圣化，让它绽放出绚丽之花……只有少数人，极少数人，才能感觉到或者认识到究竟发生了什么。但是我们会把这些人置于孤立无援的境地，把他们变成众人耻笑的对象；我们会找到毁谤他们的办法，宣布他们是社会渣滓。我们要把布尔什维克主义的根挖出来，把精神道德的基础庸俗化并加以清除。我们将以这种方法一代接一代地动摇和破坏列宁主义的狂热。我们要从青少年抓起，要把主要的赌注压在青年身上，要让它变质、发霉、腐烂。我们要把他们变成无耻之徒、庸人和世界主义者。我们一定要做到。’40 年后一切果然这样发生了。西方，特别是美国，消灭苏维埃国家的目标果然完全实现了。”①现在随着互联网的发展，西方大国加紧利用网络和数字媒体对非西方世界，特别是对我国进行西方价值观念的渗透，推行“颜色革命”。在我国出现的诋毁共产主义乱象，与西方对我国进行的意识形态渗透密切相关。

2. 社会主义暂时处于低潮。20 世纪 90 年代苏东剧变以后，10 个社会主义国家改旗易帜，世界上的共产党由 180 多个、9000 多万党员减少为 130 多个、7000 多万党员，社会主义运动陷入低潮。西方资产阶级宣称历史终结了，西方民主制度获得了“永久胜利”。历史的短视者往往把革命运动中出现的危机，看作是马克思主义理论和共产主义理想的危机，以为整个时代要变天了。列宁曾经深刻指出：社会生活条件的异常剧烈的变化，反映到革命运动内部“就是深刻的瓦解、混乱、各种各样的动摇，总而言之，就是马克思主义运动的极端严重的内部危机”。② 第二国际后期，由于资产阶级策略上的变化，出现了伯恩施坦的修正主义，列宁将其看作是马克思主义革命运动的一次危机。但如果把这种运动的危机看作共产主义理想的危机。于是以所谓“识时务者为俊杰”自慰，走到了党和人民事业的对立面，诅咒马克思主义，丑化、抹黑党和人民的革命奋斗历史。

3. 国内资本势力的增长与四项基本原则的冲突。社会主义改革是社会主义的固有本质，是我国现阶段生产力发展水平的必然要求，是强国之路。然而，随着改革开放的深化，我们“要防止两极分化”③ 所谓两极分化，就是“少部分人获得那么多财富，大多数人没有”④。分配是生产的另一面，有什么生产就有什么样的分配。也就是说生产资料私有制的发展，非公有制经济的发展，产生了一些资本利益集团。其中一些人在政治上乐意接受党的基本路线，做社会主义建设者，为国家为人民做了不少好

---

① ［俄］尼·伊·雷日科夫：《大国悲剧：乱自何来——苏联解体二十周年反思》，《新华文摘》2009 年第 24 期。

② 《列宁选集》第 2 卷，人民出版社 1995 年版，第 281 页。

③ 《邓小平年谱（1975—1997）》，中央文献出版社 2004 年版，第 1364 页。

④ 《邓小平年谱（1975—1997）》，中央文献出版社 2004 年版，第 1364 页。

事，但是也有一些人持相反的政治态度，一心想走资本主义道路，这些集团成为攻击、诋毁共产主义的势力。

改革开放以来，由于一些党员干部片面理解“以经济建设为中心”，不坚持四项基本原则，轻视、忽视甚至漠视意识形态工作，在公开场合不愿、不敢、不会讲马克思主义、共产主义，使得媒体上对共产主义的宣传力度减弱，很少听到、甚至听不到有人正面谈共产主义，自然使得不少人不了解共产主义，再加上一些人的故意误导，使得不少人稀里糊涂地加入到误解、怀疑和否定共产主义的行列中来。

综上所述，如果不强化共产主义理想信念教育，将会产生严重的后果。正如美国学者所说：“如果‘统治思想’不是来自统治阶级的，那么该统治阶级就很有可能将失去最高权威”[①]。“只要社会主义国家放弃了共产主义的旗帜，他们的经济发展速度再快、总量再大，我们也不怕。不仅不怕，而且欢迎，因为这样的国家很容易被控制，也很容易被击垮！”[②]美国学者所言从不同的角度说明一个道理：社会主义国家如果放弃了共产主义的理论旗帜，就等于自我背叛和毁灭。

其实，对于美国学者的话我们并不生疏。早在民主革命时期，国民党就高唱这种反共论调。1945 年 4 月，毛泽东在党的七大上指出：“有人说我们党要改改名称才好，他们说我们的纲领很好，就是名称不好，‘先生之志则大矣，先生之号则不可’。不但蒋委员长来电报要我们改名称，中间派也劝我们改名称，像左舜生就说过：‘你们的纲领实在好，如果你们不叫共产党，我就加入。’……很多美国人也要我们改名称，我们若是改了名称，他们就喜欢了。”[③] 这就是叫中国共产党放弃共产主义的旗帜。列宁指出，资产阶级的下流文人最热衷于做这种无聊的议论，借以促成共产主义运动的分裂。历史有惊人的相似之处，在目前世界社会主义运动处在低潮的情势下，一些人包括个别共产党员把革命运动中出现的危机看作是马克思主义理论和共产主义理想的危机。毛泽东指出，我们党的名称不能改，改了就把自己的形象搞坏了。因为“我们的名称，中国人民是喜

---

① ［美］哈罗德·D. 拉斯韦尔、亚伯拉罕·卡普兰：《权力与社会：一项政治研究的框架》，王菲易译，上海世纪出版集团 2012 年版，第 191 页。

② 朱继东：《在回答好时代问题中高举共产主义旗帜》，《思想理论教育导刊》2016 年第 4 期。

③ 《毛泽东文集》第 3 卷，人民出版社 1996 年版，第 324 页。

欢的”[①]。针对资产阶级顽固派叫嚣和要求我们党“收起”共产主义旗帜的谬论，毛泽东回击说：“其实，这是‘收起’不得的，一收起，中国就会亡国。”[②]

历史证明，世界上一些国家的共产党在国内外资本主义势力的压力下，更名为社会党和社会民主党，抛弃共产主义旗帜，否定共产主义奋斗目标，结果无一不蜕变成资本主义性质的政党。

二 为什么必须坚定共产主义理想信念

（一）共产主义理想信念是共产党人安身立命的根本

为什么必须坚定共产主义理想信念，党的十二大报告关于社会主义精神文明建设部分的论述和胡乔木同志著的《关于共产主义思想的实践》，都对这个问题做过深刻的回答。党的十八大以来，习近平总书记针对党内外思想舆论出现的新情况、新问题，将历史、理论和现实相结合，进一步回答了这个问题，强调共产党人必须坚定共产主义理想信念，特别是党员领导干部要做共产主义远大理想和中国特色社会主义共同理想的坚定信仰者和忠实践行者。没有坚定的共产主义理想信念，就不能做中国共产党的党员。习近平总书记指出：“坚定理想信念，坚守共产党人精神追求，始终是共产党人安身立命的根本。”[③] 2015年9月11日，习近平在主持中共中央政治局第二十六次集体学习时又强调说，我们共产党人的根本，就是对马克思主义的信仰，对共产主义和社会主义的信念，对党和人民的忠诚。习近平总书记这些话表明，共产主义理想信念是共产党人安身立命的根本，共产党人若丧失了这种安身立命的根本，就不能再称为共产党人。

1. 共产党以实现共产主义为最终奋斗目标。《中国共产党章程》对于党的最终奋斗目标作出的根本规定是：“党的最高理想和最终目标是实现共产主义。”[④] 共产党是工人阶级的先锋队。它之所以具有先进性，一是它是以马克思主义为指导思想的理论基础建立起来的政党，马克思主义即共产主义，没有马克思主义即没有共产主义这个理论基础，就没有共产党；二是以马克思主义为指导思想和理论基础的中国共产党，是在不断深

---

① 《毛泽东文集》第3卷，人民出版社1996年版，第325页。

② 《毛泽东选集》第2卷，人民出版社1991年版，第686页。

③ 《习近平谈治国理政》，外文出版社2014年版，第15页。

④ 《中国共产党章程》，人民出版社2012年版，第1页。

化人类社会发展规律的基础上形成的、以实现共产主义为最终奋斗目标、并时时刻刻从事着共产主义实践的工人阶级最高组织形式。共产党之所以叫共产党，就是因为它以共产主义为根本理论基础、以实现共产主义为最终奋斗目标。所以有无以实现共产主义为最终奋斗目标，这是区分工人阶级政党和资产阶级政党、马克思主义革命政党和社会改良主义政党的原则界限。国际共产主义运动的历史证明，工人阶级政党一旦放弃共产主义理想，就必定抛弃马克思主义指导，蜕化成资产阶级类型的社会改良主义政党。苏东剧变后一些国家的共产党和第二国际后期各国的社会党、社会民主党都是如此，概莫能外。

2. 共产党员必须是具有共产主义世界观的先锋战士。《中国共产党章程》对于共产党员的本质规定是："中国共产党党员是中国工人阶级的有共产主义觉悟的先锋战士。"① 共产党员的先进性聚焦到一点，就是必须具有共产主义世界观，坚持共产主义最高理想，为实现共产主义奋斗终身。这是共产党员世界观中的内核。这一核心内容，是由我们党的工人阶级先锋队的性质所决定的。因为工人阶级只有解放全人类，才能最终解放自己。所以共产党作为工人阶级先锋队，"为工人阶级的最近的目的和利益而斗争，但是他们在当前的运动中同时代表运动的未来"。② 即共产党不仅代表工人阶级及最广大人民群众的目前利益，而且代表他们将来的利益、最大利益。因此，共产党员就必须把必然导致全人类解放的共产主义作为终生的奋斗目标。这个根本原则，对于每个共产党员来说都是毫无异议的。

3. 共同的理想和坚定的信念是中国共产党团结人民的思想旗帜。生机勃勃的社会主义事业是人民群众自己的事业，无论社会主义革命还是社会主义建设，都必须紧紧依靠人民群众团结奋斗。而"要团结就要有共同的理想和坚定的信念。我们过去几十年艰苦奋斗，就是靠用坚定的信念把人民团结起来，为人民自己的利益而奋斗。没有这样的信念，就没有凝聚力。没有这样的信念，就没有一切"③。

4. 共同的理想和坚定的信念是中国共产党无坚不摧的磅礴力量和真

---

① 《中国共产党章程》，人民出版社 2012 年版，第 22 页。

② 《马克思恩格斯文集》第 2 卷，人民出版社 2009 年版，第 65 页。

③ 《邓小平文选》第 3 卷，人民出版社 1993 年版，第 190 页。

正优势之所在。邓小平指出："为什么我们过去能在非常困难的情况下奋斗出来，战胜千难万险使革命胜利呢？就是因为我们有理想，有马克思主义信念，有共产主义信念。我们干的是社会主义事业，最终目的是实现共产主义。"① 邓小平还说："马克思主义的另一个名词就是共产主义。我们多年奋斗就是为了共产主义，我们的信念理想就是要搞共产主义。"②

共产党人有了共产主义最高理想，就有了政治灵魂和精神动力，就能经受住任何考验。即使在最困难的时期，也能够始终忠诚于党、忠诚于人民、忠诚于人民的解放事业。理想信念是共产党人精神上的"钙"。没有理想信念，理想信念不坚定，精神上就会"缺钙"，就会得"软骨病"。在现实生活中，一些党员、干部，出现这样那样的问题，说到底是因为信仰迷茫、精神迷失，在理想信念这个"总开关"上出了问题。这说明坚定共产主义理想信念，是共产党人安身立命的根本。没有坚定的共产主义理想信念，就不够资格做共产党员。

（二）共产主义社会是人类历史上最崇高最美满的社会

19 世纪末，意大利人卡内帕曾致信给恩格斯，请求恩格斯为即将出版的《新纪元》周刊题词，以表述未来社会新纪元的基本特点。恩格斯回信说，除了从《共产党宣言》中摘出下面一段话外，再也找不出合适的了，那就是："代替那存在着阶级和阶级对立的资产阶级旧社会的，将是这样一个联合体，在那里，每个人的自由发展是一切人的自由发展的条件。"③ 马克思一生各种类型的作品有 5000 之多，恩格斯从中找到的这样一句话来概括"共产主义"理想社会的特点——"在共产主义社会高级阶段，在迫使个人奴隶般地服从分工的情形已经消失，从而脑力劳动和体力劳动的对立也随之消失之后；在劳动已经不仅仅是谋生的手段，而且本身成了生活的第一需要之后；在随着个人的全面发展，他们的生产力也增长起来，而集体财富的一切源泉都充分涌流之后，——只有在那个时候，才能完全超出资产阶级权利的狭隘眼界，社会才能在自己的旗帜上写上：各尽所能，按需分配！"④

共产主义社会是同以往千百年来剥削人、压迫人的社会根本不同的社

---

① 《邓小平文选》第 3 卷，人民出版社 1993 年版，第 110 页。
② 《邓小平文选》第 3 卷，人民出版社 1993 年版，第 137 页。
③ 《马克思恩格斯文集》第 2 卷，人民出版社 2009 年版，第 53 页。
④ 《马克思恩格斯文集》第 3 卷，人民出版社 2009 年版，第 435—436 页。

会，是人类历史上最崇高最美满的社会。所以，值得人们为之奋斗。

上面所说的是共产党员应该坚定共产主义信仰，那么，暂时还不是共产党员的人是否应该信仰共产主义呢？笔者以为，认清了历史发展规律和历史大趋势，志愿为全人类解放贡献一切的先进分子，都应该积极争取加入中国共产党，自然也应该接受共产主义教育，逐渐确立共产主义世界观。有研究表明，现在境外非政府组织至少有6000家，以来自美国的非政府组织数量最多，活动于大陆31个省份，主要集中在北京、上海等大城市和西南、西北等边远省份，活动范围涉及20多个领域。其中相当数量的非政府组织以灵活多样的形式对我国进行意识形态领域的渗透。如果不自觉接受共产主义教育，就难免受其欺骗和误导。这需要引起高度警惕。

三　为什么说共产主义不是虚无缥缈的

（一）共产主义是在实践中不断前进运动的过程

共产主义虚无缥缈论反映了对共产主义信仰的迷茫、动摇，这是完全错误的。实际上，共产主义并不是虚无缥缈的，而是“自有共产主义运动以来，共产主义一直在实践中前进，并且得到了巨大的发展和胜利。”① 习近平总书记从是坚持唯物史观还是唯心史观的世界观高度指出：“一些人认为共产主义是可望而不可及的，甚至认为是望都望不到、看都看不见的，是虚无缥缈的。这就涉及是唯物史观还是唯心史观的世界观问题。我们一些同志之所以理想渺茫、信仰动摇，根本的就是历史唯物主义观点不牢固。”② 这一分析可谓一针见血，入木三分！

什么是共产主义？毛泽东曾经指出：“共产主义是无产阶级的整个思想体系，同时又是一种新的社会制度。这种思想体系和社会制度，是区别于任何别的思想体系和任何别的社会制度的，是自有人类历史以来，最完全最进步最革命最合理的。”③ 这个论断指明，共产主义概念包含三种含义：一是指马克思主义，即无产阶级整个思想体系；二是指共产主义运动，即各国进行着的现实斗争实践；三是指取代资本主义的共产主义社会

---

① 《胡乔木文集》第2卷，人民出版社2012年版，第556页。

② 《十八大以来重要文献选编》上卷，中央文献出版社2014年版，第116页。

③ 《毛泽东选集》第2卷，人民出版社1991年版，第686页。

制度。这三种含义也可以概括为共产主义社会制度和关于为什么要和怎样才能实现这种社会制度的思想以及为实现这种思想而进行的实践，即共产主义运动。共产主义社会制度又分为第一阶段和高级阶段。在共产主义高级阶段，物质财富极大丰富，人民精神境界极大提高，每个人得到自由而全面的发展。共产主义的第一阶段，列宁称之为社会主义。邓小平从我国的实际出发，又从中划分出社会主义初级阶段，即共产主义第一阶段的初级阶段。共产主义社会制度、思想和运动实践的内在逻辑是：共产主义思想即马克思主义指导共产主义运动实践，共产主义运动实践必然地、不以任何人的意志为转移地、一步一步地实现共产主义社会制度。

（二）共产主义存在于共产党员的现实生活实践中

虽然我们离共产主义的高级阶段还很遥远，但是以下种种方面都表明共产主义就在共产党人的生活实践中，在每个人的现实生活领域里。比如，共产党的成立，就是共产主义思想向它的组织的、物质的形态转化。共产党，从其本质上来说，可以称之为组织化、物质化了的马克思主义，或说共产主义，你看到了共产党人，从其本质意义上你就是看到了马克思主义或共产主义。比如，中国共产党人根据科学共产主义理论，特别是关于无产阶级革命和无产阶级专政的学说，领导中国人民进行新民主主义革命和社会主义革命，就是共产主义思想及其指导下的共产主义运动，这是共产主义的实践形态；共产党领导建立起来的中华人民共和国，进而建立起来社会主义基本制度，这是由共产主义思想及其指导下的运动转化来的社会制度形态的共产主义（尽管还是共产主义第一阶段的初级阶段），我们生活在其中的社会制度就是共产主义，只不过还是在不断发展中的不完全的共产主义。1982 年 9 月 24 日，胡乔木在《人民日报》上发表的《关于共产主义思想的实践》一文指出："我们已经根据科学共产主义理论胜利地建立了社会主义社会，即共产主义的初级阶段，这就是共产主义理论的正确性的一个最有力的客观证明。"①

再如，我们以马克思主义为立党立国之本，始终高举马克思列宁主义、毛泽东思想和中国特色社会主义理论体系的大旗，坚持"五个基本"（理论、路线、纲领、经验、要求）、"五个发展理念"（创新、协调、绿色、开放、共享）和"四个全面"战略布局，这些都是共产主义思想的

---

① 《胡乔木文集》第 2 卷，人民出版社 2012 年版，第 567 页。

鲜明体现。今天，全面深化改革开放，不断坚持和发展中国特色社会主义制度，不断开拓社会主义现代化的新局面，正是共产主义在实践中不断前进的体现。在这个过程中，广大共产党员，特别是像焦裕禄、杨善洲等无数党的优秀领导干部，科学家、教育工作者、人民军队以及各条战线各个部门中全心全意为人民服务的劳动者，在他们身上所彰显的就是不同程度、不同水平的共产主义思想、共产主义精神、共产主义劳动态度、共产主义高尚道德。如胡乔木所说："所有的忠诚的共产党员，他们每一天的革命实践，都是共产主义的实践，革命的一举一动，都是共产主义运动的一部分。"①

以上种种情形，一方面证明共产主义思想是真理，它必然要和已经从思想转化为运动（实践）、转化为制度，并由初级向中级再向高级发展，直至"各尽所能，按需分配"的理想社会即共产主义的高级阶段的实现。这个过程如列宁所描述的："马克思提出共产主义的问题，正像一个自然科学家已经知道某一新的生物变种是怎样产生以及朝着哪个方向演变才提出该生物变种的发展问题一样。"② 这说明共产主义作为一种历史必然性，是历史地从资本主义中发展出来的，其客观根据就存在于现实的资本主义社会之中，这是不以人们的意志为转移的。马克思只是用科学理论揭示了它、向人们科学地说明了它；另一方面证明共产主义可望而不可即，虚无缥缈的观点是毫无根据的。鼓吹这种谬论者陷入了唯心主义历史观的泥潭。

（三）共产主义是人类历史上空前伟大而艰难的事业

共产主义存在于我们的生活现实中，并不意味着建成共产主义是轻而易举的事情。实现共产主义是人类历史上空前伟大而艰难的事业，我们党清醒地意识到这一点。早在中国共产党创建时期，李大钊就说过，历史的道路，不全是平坦的，有时会走到艰难险阻的境界，这是全靠雄健的精神方能冲过去的。崇高的理想信念会使人无私无畏，使我们能够"拿出雄健的精神，高唱着进行的曲调，在这悲壮歌声中，走过这崎岖险阻的道路"③。2013 年 6 月 28 日，习近平在全国组织工作会议上的讲话中指出：

---

① 《胡乔木文集》第 2 卷，人民出版社 2012 年版，第 545 页。

② 《列宁选集》第 3 卷，人民出版社 1995 年版，第 187 页。

③ 《李大钊全集》第 4 卷，人民出版社 2006 年版，第 375 页。

"面对复杂多变的国际形势和艰巨繁重的国内改革发展稳定任务，我们必须准备进行具有许多新的历史特点的伟大斗争。这是党的十八大报告中的一句话。'新的历史特点'这个概念，含义是很深刻的，是全面审视和判断国内国际两个大局发展大势得出的重要判断。"[①] 习近平的讲话更加明确地指出了我们面临的重大风险，既包括国内的，也包括国际的多方面风险。但是从另一个视角说，风险和危险的克服，更加需要中国共产党坚定共产主义理想信念，如此才会有无坚不摧的磅礴力量！

四　为什么要坚持和发展中国特色社会主义

（一）坚持中国特色社会主义是中国共产党人坚持共产主义理想在当代的使命

实现共产主义需要经历一个将社会环境和人根本改造过来的漫长过程。坚持和发展中国特色社会主义，就是中国共产党人坚持共产主义理想在当代的使命。正如习近平总书记所说："实现共产主义是我们共产党人的最高理想，而这个最高理想是需要一代又一代人接力奋斗的。"[②] 坚持共产主义最高理想，在今天的中国，就是要坚持和发展中国特色社会主义。这是由中国特色社会主义固有的特点和巨大的优势决定的。

1. 中国特色社会主义是科学社会主义理论逻辑和中国社会发展历史逻辑的辩证统一，是根植于中国大地、反映中国人民意愿、适应中国和时代发展进步要求的科学社会主义。[③] 它把党的最高纲领和基本纲领统一起来。其基本纲领"就是建立富强民主文明和谐的社会主义现代化国家。这既是从我国正处于并将长期处于社会主义初级阶段的基本国情出发的，也没有脱离党的最高理想"。[④] 它实现了理论和实践、理想和现实的高度统一。

2. 中国特色社会主义具有深厚的历史渊源和广泛的现实基础。中华民族以非凡的智慧和力量创造了伟大的中华文明。现今，中华儿女通过改革开放30多年的伟大实践、中华人民共和国成立60多年的持续探索、近代以来170多年中华民族发展历程的深刻总结、中华民族5000多年悠久文明的传承，把中国历史发展的必然逻辑和新时代条件下的经济政治基

---

① 《习近平谈治国理政》，外文出版社2014年版，第411页。

② 习近平：《做焦裕禄式的县委书记》，中央文献出版社2015年版，第5页。

③ 《习近平谈治国理政》，外文出版社2014年版，第21页。

④ 《十八大以来重要文献选编》上卷，中央文献出版社2014年版，第116页。

础、5000多年中华文明中的精华和一切人类文明中的优秀成果、科学的理论原则和广泛的社会共识紧密结合起来，实现了将社会主义道路（实现途径）、理论体系（行动指南）和制度（根本保障）“三位一体”，统一于中国特色社会主义的伟大实践。

3. 中国特色社会主义是创造人民美好生活的必由之路。中国特色社会主义道路，既坚持以经济建设为中心，又全面推进经济建设、政治建设、文化建设、社会建设、生态文明建设以及其他各方面建设；既坚持四项基本原则，又坚持改革开放；既不断解放和发展社会生产力，又逐步实现全体人民共同富裕、促进人的全面发展。以充满生机和活力的体制机制，吸取一切国家和民族的长处和优点，调动起亿万人民群众的主动性和创造性，按自然和社会的客观规律，逢山开路，遇河架桥，不断推进理论创新、实践创新、制度创新。中国特色社会主义，作为全面建成小康社会、加快推进社会主义现代化、实现中华民族伟大复兴的必由之路，为世人所点赞。

4. 中国特色社会主义有共产党的坚强领导。中国共产党是久经考验的成熟的马克思主义政党。中国共产党在不断深化对人类社会历史发展规律、共产党执政规律、社会主义建设规律的基础上，把改造客观世界和改造主观世界统一起来，在坚持和发展中国特色社会主义事业中，高度重视自身建设。所以它在世界形势深刻变化的历史进程中始终走在时代前列，在应对国内外各种风险和考验的历史进程中始终成为全国人民的主心骨，在坚持和发展中国特色社会主义的历史进程中始终成为坚强的领导核心。这是中国特色社会主义的本质特征。

（二）坚持建设中国特色社会主义就是坚持为共产主义而奋斗

坚持和发展中国特色社会主义，一方面，必须坚持社会主义初级阶段的理论不动摇，绝不做任何超越社会发展阶段所允许的主观主义的、空想社会主义的事。如今我国已进入全面建成小康社会的最后决胜阶段，全党按照党的十八大和十八届三中、四中、五中全会的精神，正在更加自觉地学习马克思主义基本原理和中国特色社会主义理论体系，奋力开拓，夺取决胜阶段的新胜利。一定要从理论和实践的结合上，明确“为社会主义奋斗……这同时也是为共产主义而奋斗”①，兢兢业业地为实现中国共产

---

① 《邓小平年谱（1975—1997）》，中央文献出版社2004年版，第1348页。

党人在现阶段的神圣使命和主要任务而奋斗。另一方面，必须大力加强共产主义思想的宣传，坚定共产主义理想信念教育，因为共产主义思想、理想信念是科学，不能在人们头脑里自发产生，只能通过强化共产主义教育得到。共产党员的共产主义世界观是马克思主义灌输教育的结果。共产党员应“信共”，“信共”必“信马”，不“信马”就不可能真正“信共”，就不可能成为一个合格的共产党员。不“信马”甚至连共产党为什么叫共产党、共产党是干什么的都不知道，因而把坚持发展中国特色社会主义和坚定共产主义理想信念教育对立起来，是完全错误的。不进行坚定共产主义理想信念教育，不仅不能真正理解中国特色社会主义固有的特点和巨大优势，还会不知不觉地慢慢地成为经验主义者、事务主义者、个人主义者，自然也就不能抵抗资本主义思想的侵蚀，以致忘本变质，甚至堕落到背叛共产主义伟大事业。

（原载《学校党建与思想教育》2016 年第 8 期）

注：本文部分内容在《思想理论教育导刊》2016 年第 4 期发表过，但是，笔者感觉对坚定共产主义理想的问题还有许多内容没有论述到，已经论述过的问题也还需要做进一步的补充。因此，笔者在阅读新的资料、借鉴《思想理论教育导刊》2016 年第 4 期杨瑞森、梁柱、王晓广、王炳林、辛向阳、陶利江、朱继东、颜吾佴等专家研究成果的基础上，就有关共产主义理论的相关问题作了重新思考，分四个部分作适当展开，予以发表。笔者特此对上述专家表示感谢。

正确把握改革开放前后两个历史时期的性质及相互关系

一段时间以来，学术界，包括境内外多种媒体，围绕对中国改革开放前后两个历史时期的评价，争论不已。从争论的性质看，有不同学术见解的争鸣、不同认识的思想碰撞，也有不同政治立场和历史观的对立和较量；从所持的态度看，有客观、严谨的分析，以求在现有研究的基础上，有新的发现，或者对不科学的认识予以纠正；也有刻意标新立异，通过曲解甚至任意编造历史以达到其否定中国共产党的领导、否定社会主义制度的政治目的的。不同的争论性质、不同的研究态度，反映出历史唯物主义与坚持唯心史观的历史虚无主义两种根本对立的历史观。

从本质上说，改革开放前后两个历史时期是中国共产党几代党中央领导集体带领党和人民，把马克思主义基本原理与中国实际和时代特征结合起来，为实现我国的社会主义事业接力探索、蕴蓄积累和开创发展的奋斗历史。对这两个历史时期的性质和相互关系的认识与解释，是我国意识形态工作的重要内容，必须坚持以辩证唯物主义和历史唯物主义为根本指导，抓住新中国历史发展的本质，深入思考和科学分析有关方面的舆情，拨开谬论邪说的迷雾，阐明历史的真相，明辨理论是非，把思想认识统一到党中央始终一贯的明确结论上来。

一　两个历史时期探索的主题、主线是统一的

习近平总书记指出，我们党领导人民进行社会主义建设，有改革开放前和改革开放后两个历史时期，这是两个相互联系又有重大区别的时期，但本质上都是我们党领导人民进行社会主义建设的实践探索。这一精辟论断，如实反映和高度概括了两个历史时期探索的同一主题、主线：我们党领导人民进行社会主义建设的实践探索。这一主题、主线表明，领导我们

事业的核心力量是中国共产党，推动新中国社会进步发展的动力是人民群众的实践探索，进行的历史创造活动是社会主义建设。

改革开放前后两个历史时期发展主题、主线的确立，是由三个基本因素决定的，具有历史的必然性。

其一，近代中国社会的主要矛盾。近代中国社会的根本矛盾决定了中华民族的历史任务。鸦片战争后，中国成为半殖民地半封建国家，中华民族面临着两大历史任务：一个是求得民族独立和人民解放，一个是实现国家富强和人民共同富裕。只有完成前一个任务，才能为完成后一个任务扫清障碍，创造必要的前提。新中国成立，特别是在社会主义改造完成、社会主义制度建立之后，中华民族完成了第一大历史任务，必然开始向完成第二大历史任务迈进，进行社会主义建设的探索。

其二，新中国社会发展的动力。这包括党的领导力量和人民群众的历史作用。实现国家富强和人民共同富裕，是中国共产党基本纲领的题中之义，也是中国人民近代以来奋斗的目标追求。中国全部近代史证明，要实现这一目标，资本主义道路走不通，只有走社会主义道路，进行社会主义建设才能实现。

其三，社会主义的实践经验。新中国成立之初的头几年，我们党对社会主义建设缺乏经验，借鉴了不少苏联的做法，其间也走了一些弯路。1956 年春，毛泽东提出《论十大关系》，开始探索中国式的社会主义建设道路，这是与苏联模式不同的新思路。虽然在这种建设进程中出现了“文革”等严重错误，但我们党通过十一届三中全会进行了全面拨乱反正，把党的工作重心转向以经济建设为中心上来，作出改革开放和社会主义现代化建设的历史性决策，纠正了错误并开创了发展中国特色社会主义新征程。

新中国历史发展的主题、主线的展开过程，就是几代党中央领导集体带领全党和全国人民进行社会主义建设理论和实践的探索过程。它体现了科学社会主义理论逻辑和中国社会主义实践逻辑的历史统一。这种探索接续至今天即改革开放的新时期，达到了新的高度，并在实践中实现了对中国特色社会主义道路、理论体系、制度和文化的四者统一。在这个过程中，党和人民在深化对人类历史发展规律、社会主义建设规律和共产党执政规律认识的基础上，形成了对四个重大问题的科学认识：什么是马克思主义、怎样对待马克思主义，什么是社会主义、怎样建设社会主义，建设什么样的党、怎样建设党，实现什么样的发展、怎样发展。这些认识的体现形态就是中国特色社会主义理论体系，它回答了在中国这样一个经济社会发展比较落后的国家，如何建设、巩固、发展和治理社会主义国家的重大问题。这是中国共产党带领我国人民实现把马克思主义普遍真理与中国具体实际相结合的第二次理论成果。这一成果既是在第一次理论成果即毛泽东思想指导下获得的，又是对毛泽东思想的丰富和发展。中国共产党人就是这样在持续探索自己国家历史发展主题主线的过程中，用新的思想和理论开拓了马克思主义新境界，把对社会主义的认识提高到新的科学水平。

二　两个历史时期之间是继承和发展的关系

新中国的历史发展，具有发展的连续性和发展的阶段性相统一的特点。两个历史时期的客观进程，表明二者之间是继承与发展的关系，其内在联系是本质性的。

以毛泽东为核心的党的第一代中央领导集体，带领全党全国人民完成了新民主主义革命，进行了社会主义改造，确立了社会主义基本制度，成功实现了中国历史上最深刻最伟大的社会变革，为当代中国一切发展进步奠定了根本政治前提和制度基础。同时，在独立自主地探索社会主义建设过程中，虽然历经千辛万苦、艰难曲折、付出了各种代价，但依然“在三十年间取得了旧中国几百年、几千年所没有取得过的进步”。[①] 这些独创性的成果和巨大成就为新的历史时期开创中国特色社会主义，提供了政治前提、制度基础、正反两方面经验、思想保证、理论准备、物质技术基础。

以邓小平为核心的党的第二代中央领导集体，带领全党全国人民实行改革开放，明确提出建设中国特色社会主义，创立了社会主义初级阶段理论，制定了党在社会主义初级阶段的基本路线，科学回答了建设中国特色社会主义的一系列基本问题。

以江泽民同志为核心的党的第三代中央领导集体，带领全党全国人民坚持党的基本理论、基本路线，又依据新的实践确立了党的基本纲领、基本经验，开创全面改革开放新局面，推进党的建设新的伟大工程，成功地

---

① 《邓小平文选》第 2 卷，人民出版社 1994 年版，第 167 页。

将中国特色社会主义推向21世纪。

以胡锦涛同志为总书记的党中央，抓住重要战略机遇期，在全面建设小康社会进程中推进实践创新、理论创新、制度创新，成功地在新的历史起点上坚持和发展了中国特色社会主义。

党的十八大以来，以习近平同志为核心的党中央，从坚持和发展中国特色社会主义全局出发，提出并形成了“四个全面”战略布局，确立了新形势下党和国家各项工作的战略目标和战略举措，为实现“两个一百年”奋斗目标、实现中华民族伟大复兴的中国梦提供了理论指导和实践指南。

上述表明，我们党探索和开创发展中国特色社会主义，虽然以党的十一届三中全会为标志分成了前后两个时期，但这是一个不可割裂的统一历史过程。正如党的十七大报告所指出的：改革开放和社会主义现代化建设，是新中国成立以后我国社会主义建设伟大事业的继承和发展。党的十八大报告以更为宏阔的历史视野进一步指出：中国特色社会主义道路，中国特色社会主义理论体系，中国特色社会主义制度，是党和人民90多年奋斗、创造、积累的根本成就。党和人民以获取“根本成就”为价值目标，孜孜求索，奋斗不息，创造积累，一以贯之，这就是近90多年来、更是两个历史时期历史联系的本质所在。

毋庸讳言，我们党在前一个历史时期所犯的错误特别是“文革”的重大错误，给党和人民造成了重大损失，也给新中国的历史发展造成严重挫折。但是在这个问题的认识上要把握几个严格的界限：一是探索社会主义建设因缺乏实践经验、客观条件犯错误，不同于根本否定或抛弃社会主义；二是某一个时期犯错误不等于整个历史时期都在犯错误；三是做某件事情犯错误不等于做的所有事情都是错误的；四是发现错误就纠正错误不同于顽固地坚持错误；五是要分清功与过哪个是主流，不能颠倒主流与支流。前一个历史时期虽然犯有错误，但并没有中断新中国社会主义历史发展的理论逻辑和历史逻辑。对毛泽东的历史地位和毛泽东思想的评价也是如此。确如邓小平的科学论断：“毛泽东同志在他的一生中，为我们的党、国家和人民建立了不朽的功勋。他的功绩是第一位的，他的错误是第二位的。……经过长期实践检验证明是正确的毛泽东思想的科学原理，不但在历史上曾经引导我们取得胜利，而且在今后长期的斗争中，仍将是我们的指导思想。对于党的这样一个重大原则表示任何怀疑和动摇，都是不正确的，都是同中国人民的根本利益相违背的。”①

三 两个历史时期的区别是在螺旋式上升中产生的区别

两个历史时期相互联系，又有区别。问题在于如何正确看待两个历史时期的区别。这个问题的本质是如何正确看待中国共产党前后几代党中央领导集体执政路线之间的关系，核心是是否承认毛泽东思想与中国特色社会主义理论是继承与发展的关系。

总的说来，两个历史时期的区别，是我们党在领导人民进行社会主义建设实践探索中产生的区别，是探索、创立、发展中国的社会主义不同历史阶段的区别。

从制度层面看，两个历史时期的区别是，党的十一届三中全会前，我们党已经建立了新中国，成功进行了社会主义三大改造，确立了具有中国特点的社会主义制度。党的十一届三中全会以后，以此为前提和基础，创立和发展了中国特色社会主义制度。

新中国的民主政治制度、政权性质、国家结构和政权体制四大方面构成了新中国社会主义根本的、基本的和重要的政治制度。改革开放以后，在坚持这些基本制度的基础上，又根据改革开放实践对其进行完善。如，全国人民代表大会经过多次讨论，对宪法进行修订，创立发展了基层群众自治制度，逐步形成完善了中国特色社会主义法律体系，通过改革国家的权力运行模式，建立起相应的政治体制，现在正在推进国家治理体系和治理能力现代化。由此，社会主义政治制度是大大地向前推进了，但中华人民共和国根本的、基本的和重要的政治制度从未动摇过。

在经济制度上，新中国成立后，随着国民经济的恢复和发展，党中央提出过渡时期的总路线，实现社会主义工业化，实现农业、手工业和私营工商业的社会主义改造，建立了社会主义经济制度。但在这个过程中也出现过要求过急、工作过粗、形式单一等问题。在改革开放新时期，我们党从社会主义初级阶段的具体实际出发，建立了以公有制为主体、多种所有制经济共同发展的基本经济制度。在分配方面，形成了以按劳分配为主、多种分配方式相结合的分配制度；在经济运行方面，形成了社会主义市场经济体制。中国共产党人以伟大的创举完善了社会主义的经济制度，但并

---

① 《邓小平文选》第2卷，人民出版社1994年版，第34页。

没有根本改变社会主义的性质。

在思想文化建设上，新中国成立后，我们党一直坚持以马克思主义为指导，坚持为人民服务、为社会主义服务的方向和百花齐放、百家争鸣的方针，重在建设、繁荣社会主义哲学社会科学和文艺，建设立足中国现实，继承中华优秀传统文化和革命文化、汲取外国文化有益成果的社会主义先进文化。这当中曾受“左”的错误影响，导致“文革”严重错误发生。在改革开放新时期，经过全面拨乱反正，以培育有理想、有道德、有文化、有纪律的公民为目标，我们党提出发展面向现代化、面向世界、面向未来的，民族的、科学的、大众的社会主义文化，建立了与中国特色社会主义政治制度、基本经济制度相适应的文化体制。进入新时期，党中央坚持以马列主义、毛泽东思想，特别是马克思主义中国化的最新理论成果武装全党、教育人民；努力提高全民族的思想道德素质和教育科学文化水平；倡导社会主义核心价值观，有力地抵制各种错误思潮和腐朽思想的影响，中国特色社会主义文化制度更加丰富、完善。

从党的基本路线看，党在社会主义初级阶段的基本路线是党和国家的生命线。这条基本路线是在党的十一届三中全会以后确立的。这条基本路线也是在对改革开放前后两个历史时期正反两方面经验总结的基础上形成的。

从其基本内容看，首先是“一个中心”。早在新中国成立前夕，党的七届二中全会就提出了党的工作重心由乡村转移到城市以后，城市中其他工作都要围绕着生产建设这一中心工作并为这个中心工作服务。强调不把生产建设这一中心工作做好，我们就会失败。当时就确定了由落后的农业国转变为先进的工业国、把中国建设成一个伟大社会主义国家的发展方向。在1956年9月召开的党的八大上，我们党正确把握国内主要矛盾，进一步提出全国人民的主要任务是集中力量发展社会生产力，实现国家工业化，逐步满足人民日益增长的物质和文化需要。但是之后一直到20世纪60年代前半期，由于犯阶级斗争扩大化的错误，改变了党的八大关于国内主要矛盾的判断。

再看“两个基本点”。1956年我们党发表了以《人民日报》编辑部署名的《再论无产阶级专政的历史经验》一文，把苏联革命和建设的基本经验概括成五条，这是我们党关于“四项基本原则”的最初提法，之后，毛泽东在《关于正确处理人民内部矛盾的问题》中，又将五条基本经验概括成“识别香花和毒草”的六条政治标准，而将这六条政治标准提炼、概括成“四项基本原则”，则是党的十一届三中全会以后的事。

关于改革开放。毛泽东运用对立统一规律，论述了社会主义社会的基本矛盾运动，把正确处理人民内部矛盾确定为国家政治生活的主题。明确提出社会主义制度下，虽然没有一个阶级推翻另一个阶级的革命，但是还有革命，技术革命、文化革命也是革命。从社会主义过渡到共产主义是革命，从共产主义这一个阶段过渡到另一个阶段也是革命。共产主义一定会有很多个阶段，因此一定会有很多的革命。这就从理论上解决了社会主义社会发展动力的问题，为社会主义改革奠定了理论基础。毛泽东在《论十大关系》一文中，把调动国内外一切积极因素为社会主义服务确定为基本方针，并提出向外国学习，有分析有批判地学习一切民族、一切国家的政治、经济、科学、技术、文学、艺术的一切真正好的东西。但是囿于当时国际国内的复杂原因，没有形成改革开放的基本方针。

再看社会主义初级阶段理论。毛泽东在读《苏联政治经济学教科书》时，就提出了社会主义可分阶段的思想观点：“社会主义这个阶段，又可能分为两个阶段，第一个阶段是不发达的社会主义阶段，第二个阶段是比较发达的社会主义阶段。后一阶段可能比前一阶段需要更长的时间。”①在当时，这一观点没有来得及形成系统的社会主义初级阶段理论。

综上所述，改革开放前一个历史时期，为形成党在社会主义初级阶段的基本路线准备了理论和物质条件，并在党的十一届六中全会通过《中国共产党中央委员会关于建国以来党的若干历史问题的决议》，系统总结新中国成立以来正反两方面经验的基础上形成。党的社会主义初级阶段的基本路线，发展成今天的“五个基本”（基本理论、基本路线、基本纲领、基本经验和基本要求），是经过几代党中央领导集体的接力奋斗，不断总结经验，进行理论概括的结果。这表明从党的指导思想层面看，两个历史时期是有区别的，这种区别是在继承、延续中的前进、上升和创新。

在党的方针政策和实际工作方面，关于两个历史时期的内在连续性和区别，邓小平有一个明确的论断：“从许多方面来说，现在我们还是把毛泽东同志已经提出、但是没有做的事情做起来，把他反对错了的改正过来，把他没有做好的事情做好。今后相当长的时期，还是做这件事。当

① 《毛泽东文集》第8卷，人民出版社1999年版，第116页。

然，我们也有发展，而且还要继续发展。”[①] 这是对改革开放前后两个历史时期关系的实事求是的表述。历史证明：“任何事物的发展都不是直线的，而是螺旋式地上升，也是波浪式发展。”[②] 两个历史时期的相互联系和相互区别也是如此。若无区别就不会出现改革开放这一决定当代中国命运的关键一招，但区别不是中国社会主义发展的断裂、不是彼此的根本对立，而是螺旋式的上升，也可以称之为历史的辩证联系、创新性发展。

（原载《红旗文稿》2017 年第 13 期）

---

① 《邓小平文选》第 2 卷，人民出版社 1994 年版，第 300 页。

② 《毛泽东文集》第 8 卷，人民出版社 1999 年版，第 120 页。

共产党人要念好马克思主义“真经”

习近平总书记在一次重要讲话中指出：“马克思主义就是我们共产党人的‘真经’，‘真经’没念好，总想着‘西天取经’，就要贻误大事！”[①]这里借用“真经”和“西经”的形象提法，提出了问题重大，寓意深刻的思想。本文围绕共产党人要念好马克思主义“真经”的问题试谈几点认识。

一　共产党人必须念好“真经”

共产党人与马克思主义究竟是什么关系，这是共产党人必须念好马克思主义“真经”的深刻根据。

马克思主义创始人早就说过：“哲学把无产阶级当作自己的物质武器，同样，无产阶级也把哲学当作自己的精神武器”。[②] 列宁认为：“马克思学说中的主要一点，就是阐明了无产阶级作为社会主义创造者的世界历史作用。”[③] 马克思列宁的这些论断集中表明共产党与马克思主义内在联系。共产党是在马克思主义指导下创立、成长、壮大，实现自己历史使命的。而马克思主义只有通过共产党这种组织的物质的保证，才能成为无产阶级和广大人民群众伟大的认识工具，发挥改造主观世界和客观世界的伟大作用，也才能在斗争中不断发展，不断开辟新的境界。所以信“共”必信“马”，信“马”必信“共”，共产党与马克思主义是互为存在的前提，舍弃一方就没有另一方。

共产党与马克思主义不可分割的真理已为世界社会主义历史所证明。

---

① 《习近平关于全面从严治党论述摘编》，中央文献出版社 2016 年版，第 66 页。

② 《马克思恩格斯文集》第 1 卷，人民出版社 2009 年版，第 17 页。

③ 《列宁选集》第 2 卷，人民出版社 1995 年版，第 305 页。

一方面，国际共产主义运动的历史经验表明，任何国家的共产党，不论是执政党还是在野党，从未出现过指导思想上的真空。如果共产党抛弃或背离了马克思主义的指导，就必然接受形形色色的资产阶级思想。随着思想灵魂蜕变，政治性质、组织原则必然变，最终共产党或者蜕变成资产阶级的改良主义政党，或者人亡政息，组织瓦解。一切反共势力正是看准、看透了这一点，所以总是持续地不遗余力地对共产党人、特别是党的领导干部进行思想渗透，力图使其放弃马克思主义的指导，改变其共产主义信仰，达到和平演变、不战而胜的目的。另一方面，马克思主义如果脱离了共产党及其领导下的革命实践活动，就会被束之高阁，像一些西方马克思主义派别一样，“把具有战斗力和实践性的马克思主义理论学院化和庸俗化”。所以马克思主义和共产党的关系，借用马克思的话说就是物质武器和精神武器、头脑和心脏的关系，也可说是“体”和“魂”的关系。这种关系反映在中国共产党的指导思想上，就是坚持以马克思列宁主义、毛泽东思想、邓小平理论、“三个代表”重要思想、科学发展观、习近平新时代中国特色社会主义思想为指导。

习近平总书记针对党建中存在的问题，突出强调马克思主义是我们共产党人的“真经”，要求共产党人一定要念好自己的“真经”，充分体现了共产党与马克思主义不可分割的真理和马克思主义党建原则。对于共产党员来说，这是从世界观、方法论的高度提出的，是衡量一个共产党员是否合格的必要条件。换句话说，一个合格的共产党员必须有对马克思主义的坚定信仰，对共产主义的崇高信念，对中国特色社会主义的高度自觉和自信。否则不能算作一个合格的共产党员。深刻领悟习近平总书记的上述论断，透彻理解共产党人与马克思主义的“体”和“魂”关系，自觉念好我们共产党人的马克思主义“真经”，对我们党破解重大风险考验和解决党内存在的突出问题，自觉抵制商品交换原则对党内生活的侵蚀，始终保持党的先进性，具有根本的长远的意义。

二 “真经”没念好，总想着“西天取经”要贻误大事

习近平总书记批评的“西天取经”，可理解为两层意思。一是一些共产党人对学习、掌握马克思主义原理、基础理论知识没有兴趣和热情，总是一心想到西方资产阶级思想文化理论中去寻找真理和新知；二是一些人正因为没有马克思主义“真经”的功底，一和西方资产阶级哲学、经济

学、社会政治和文学艺术的思潮相遇，必然不加分析、不加鉴别、不加批判，一窝蜂地盲目推崇，结果就陷入迷雾，堕入泥潭。这就是列宁曾经告诫人们的：“沿着马克思的理论的道路前进，我们将愈来愈接近客观真理（但不会穷尽它）；而沿着任何其他的道路前进，除了混乱和谬误之外，我们什么也得不到”。[①] 事情就是如此！

为何没有马克思主义“真经”，迷念“西天取经”，就会贻误大事？

第一，马克思主义为我们提供了科学的世界观、方法论。人类至今仍然生活在马克思所阐明的人类社会发展规律中，有马克思主义“真经”在胸，就能运用正确的世界观、方法论观察和解释自然界、人类社会、人类思维各种现象，从而揭示蕴含在其中的规律，依规律而行。抛弃马克思主义的世界观、方法论，犹如“盲人骑瞎马”，必然违规律而动。同时因为没有确立马克思主义这个思想理论的定盘星和理想信念的压舱石，没有铸就“四个自信”的主心骨，因而在识别各种唯心主义理论的思想观点上，自然也就不能抵御病毒的侵袭。

第二，从总体和本质上说，西方思想文化理论是西方经济政治制度在观念形态上的反映。总想着“西天取经”，一味接受西方思想文化理论，必然不可避免地接受维护资本主义经济政治制度的思想观念而走入迷途。

在这个问题上，一些学者总轻信西方学者公正无邪，“不偏狭于阶级”，唯真理而求索。实则这是一种天真的善良愿望。相反，一些严肃的西方学者却不这样看，如最著名的资产阶级经济学家凯恩斯就是如此。[②] 应该说，这些论述是坦诚而真实的。在阶级社会和有阶级存在的社会里，“没有一个活着的人能够不站到这个或那个阶级方面来”。[③] 我们一些学者之所以犯迷糊，关键在于“不应该离开分析阶级关系的正确立场”。[④]

第三，迷念“西经”的后果是很严重的。习近平总书记指出：“实际工作中，在有的领域中马克思主义被边缘化、空泛化、标签化，在一些学科中‘失语’、教材中‘失踪’、论坛上‘失声’。这种状况必须引起我们高度重视”。作为我们党的指导思想的马克思主义被“三化”“三失”，而各种冒牌的“马克思主义”就粉墨登场了。诸如形式主义的“马克思

---

① 《列宁专题文集·论辩证唯物主义和历史唯物主义》，人民出版社 2009 年版，第 50 页。

② 参见本书《论学习历史唯物主义的现实意义》一文。

③ 《列宁选集》第 1 卷，人民出版社 1995 年版，第 135 页。

④ 《列宁专题文集·论马克思主义》，人民出版社 2009 年版，第 170 页。

主义”，结构主义的“马克思主义”，弗洛伊德主义的“马克思主义”，海德格尔存在主义的“马克思主义”，生态马克思主义、有机马克思主义、女权主义的马克思主义，等等。这都是20世纪80年代就出现过的现象，当时邓小平和一些马克思主义专家就曾给以其严厉的批判，使之受到重创，但并没有彻底解决问题。进入新世纪以后，在高校包括马克思主义学科在内的一些学科中，也出现了把前述种种思潮视为对马克思主义的发展创新而予以热捧，甚至称之为马克思主义“新境界”，用这些观点来解读马克思主义，并且作为判断一个马克思主义研究者是僵化还是思想解放的标准。不用说，这只能引发严重的思想混乱。

究其实质，这是把马克思主义的某个方面，如生态方面的、环境方面的、妇女方面的原理和观点，从马克思主义整个体系中、从它同其他原理和观点的联系中、从它同具体的历史经验的联系中抽离出来，肢解成了各种碎片，而后再用折中主义的手法，从现代西方哲学、美学和神学中摘取一些以主观唯心主义、特别是抽象人性论为理论基础的思想观点，生拉活扯嫁接到马克思主义头上，随心所欲地编造成自己所称道的“马克思主义”。

从事情的本质看，马克思主义概念被严重泛化、滥用，是20世纪30—50年代西方一股通过伪造马克思主义来反对马克思主义思潮的延续。当时，新黑格尔主义、存在主义、实用主义、新实证主义、结构主义、弗洛伊德主义、基督教和法兰克福学派等资产阶级流派，竟相用被他们加工、伪造、杜撰的思想观点来对马克思主义作阐述、“新解”和“补充”，目的是批判和反对马克思主义。这股反马克思主义的思潮当时竟被西方称作“马克思的第二次降世”。其实，从马克思主义诞生以来，特别是它赢得广大工人阶级拥护以后，一些资产阶级、小资产阶级流派就用这类把戏来糟蹋马克思主义。马克思主义创始人一生都在同这些流派作斗争，列宁在批判俄国的马赫主义者时也揭露过这类把戏。列宁说：这些人“从折中主义残羹剩汁里获得自己的哲学，并且继续用这种东西款待读者。他们从马赫那里取出一点不可知论和唯心主义，再从马克思那里取出一点辩证唯物主义，把它们拼凑起来，于是含含糊糊地说这种杂烩是马克思主义的发展。”① 这些糟蹋马克思主义的学派对马克思主义的“修正”和诋毁也

① 《列宁选集》第2卷，人民出版社1995年版，第153页。

是全面的，包括辩证唯物主义和历史唯物主义、剩余价值理论和科学社会主义学说。

不学好马克思主义“真经”，一门心思总想着“西天取经”，不分真伪，满盘接受，难免潜移默化，一步一步地误入歧途。关于这个问题，习近平总书记曾尖锐指出，国内外的错误思潮“总是企图让我们党改旗易帜、改名换姓，其要害就是企图让我们丢掉对马克思主义的信仰，丢掉对社会主义、共产主义的信念”。可悲的是，一些人甚至党内有的同志却没有看清这其中暗藏的玄机，不知不觉成了西方意识形态的吹鼓手。

三 “西天取经”，要把握好先决条件

我们批评马克思主义“真经”没念好，总想着“西天取经”的错误，丝毫不意味着不要汲取国外哲学社会科学的有益资源，特别是西方发达国家的思想文化积极成果。关于这一点，习近平总书记在全国哲学社会科学工作座谈会上的讲话讲得很透彻。他说，要善于融通古今中外各种资源，除了把握好马克思主义资源、中华优秀传统文化资源以外，还要把握好国外哲学社会科学的资源，包括世界所有国家哲学社会科学取得的积极成果。“对一切有益的知识体系和研究方法，我们都要研究借鉴，不能采取不加分析、一概排斥的态度”。① 他强调：“中华民族是一个兼容并蓄、海纳百川的民族，在漫长历史进程中，不断学习他人的好东西，把他人的好东西化成我们自己的东西，这才形成我们的民族特色。”② 列宁在《青年团的任务》的讲话中和《关于无产阶级文化》的决议草案中都曾指出，马克思主义吸收和改造了两千多年来人类思想和文化发展中的一切有价值的东西，只有在这个基础上才能发展真正的无产阶级文化。今天人类已进入信息化时代，要加快构建中国特色哲学社会科学，不忘本来、吸收外来、面向未来，更好构筑中国精神、中国价值、中国力量，为人民提供精神指引。总结我们的经验教训，应坚持以下几点：

第一，先要立根固本：念好“真经”，才可辨别吸收“西经”。这个“根”和“本”就是马克思主义。习近平总书记指出：“坚持以马克思主

---

① 《习近平谈治国理政》第2卷，外文出版社2017年版，第341页。

② 《习近平总书记系列重要讲话读本》，人民出版社2014年版，第101—102页。

义为指导，是当代中国哲学社会科学区别于其他哲学社会科学的根本标志。”① 在当代中国，马克思主义是我们立党立国的根本指导思想，绝不可将其模糊、淡化，或者口号化、标签化。当代中国哲学社会科学必先立根固本，按照习近平总书记的要求，“读原著，学原文，悟原理”，掌握马克思主义原理以及贯通于其中的立场、观点和方法，牢固树立马克思主义的指导地位。在这个根本问题上，任何时候任何情况下都不能有丝毫动摇和偏离。这是借鉴西方资产阶级思想文化有益成分的大前提，是取“西经”必不可少的基础。

第二，独立思考，绝不跟在别人后面亦步亦趋。习近平总书记强调：“跟在别人后面亦步亦趋，不仅难以形成中国特色哲学社会科学，而且解决不了我国的实际问题。”② 从根本上说，中国的实际问题主要靠中国化的马克思主义来解决。中国独特的文化传统，独特的历史命运，独特的基本国情，注定中国的哲学社会科学必然要走适合自己特点的发展道路。当代中国正经历着我国历史上最为广泛而深刻的社会变革，经历着人类历史上最为宏大而独特的实践创新，不仅提出了创新理论的新要求，也给理论创造、创新提供强大动力和广阔空间。“这是一个需要理论而且一定能够产生理论的时代，这是一个需要思想而且一定能够产生思想的时代。”③ 我们完全没有必要跟在别人后面亦步亦趋。如何评价中国特色社会主义的理论和实践？如何衡量我国的发展？如何判断我国的根本经济制度和政治制度？如果奉“西经”为圭臬，用西方资本主义价值体系来剪裁，用西方资本主义评价体系来评估，符合西方标准的就行、就好，不符合西方标准的就是落后、陈旧，就要受到批判、攻击，那后果只能是，要么跟在人家后面走上资本主义的邪路，要么自认理亏、自甘挨骂。所以，学习西方思想文化正确的路径，是要善于独立思考，从中国的具体实际出发，在马克思主义指导下，将汲取的西方思想精华，经过加工改造，转化成对我们加快构建中国特色社会主义哲学社会科学有用的东西。

第三，要区分西方资产阶级思想理论的完整体系和个别方面。对前者，要坚决予以批判和抵制；对后者要根据中国的实际需要和具体情况，

① 《习近平关于社会主义文化建设论述摘编》，中央文献出版社 2017 年版，第 73 页。

② 《习近平谈治国理政》第 2 卷，外文出版社 2017 年版，第 342 页。

③ 《习近平关于社会主义文化建设论述摘编》，中央文献出版社 2017 年版，第 73 页。

有选择地加以借鉴。借鉴就是一个批判改造和创新的过程，目的不是为了照搬翻印，制造复制品，而是为了发展创新，建设和发展中国特色的社会主义文化。

我国研究西方经济学的权威学者陈岱孙教授，在《现代西方经济学的研究和我国社会主义经济现代化》一文中讲得很深刻很透彻：“在对待西方经济学对于我们经济现代化的作用上，我们既要认识到，这些国家的经济制度和我们的社会主义经济制度根本不同，现代西方经济学作为一个体系，不能成为我们国家经济发展的指导理论。同时，我们又要认识到，在若干具体经济问题的分析方面，它确有可供我们参考、借鉴之处。”① 值得注意的是，由于制度上的根本差异，甚至在一些具体的、技术的政策问题上，我们也不能搬套西方的某些经济政策和措施。不仅对西方经济学要如此，对西方各种哲学、社会政治和文学艺术理论、思潮，也都应如此。

第四，拓展理论视野，要坚守我们党的伟大主题。习近平总书记在“7·26”讲话中指出，我们坚持和发展中国特色社会主义，必须高度重视理论的作用。要在坚持马克思主义基本原理的基础上，以更宽广的视野、更长远的眼光来思考和把握国家未来发展面临的一系列重大战略问题，在理论上不断拓展新视野、作出新概括。这给我们的重要启示是：学习借鉴西方思想文化理论，一定要清醒地把握住一个管总的问题。在当代中国，我们党全部理论和实践的主题是坚持和发展中国特色社会主义。吸取西方思想文化有益成分也要服从和服务于推进这个伟大主题的需要。判断西方思想文化中的成分能否为我所用，就是要看是否有利于我们进行伟大斗争、建设伟大工程、推进伟大事业、实现伟大梦想，有利者取之，无利者去之，有害者拒之。

第五，要增强理论自信，持续地批判错误思潮。正确对待“西经”，要增强理论自信。为此必须持续地展开对错误思潮的批判。历史虚无主义、新自由主义、西方普世价值论、西方宪政民主等等错误思潮，以各种形式宣扬的“西方中心论”“种族优越论”“历史终结论”“中国溃败论”“东西趋同论”以及马克思主义“过时论”等形形色色的论调，浸透了资

---

① 陈岱孙：《现代西方经济学的研究和我国社会主义经济现代化》，《北京大学学报》（哲学社会科学版）1983 年第 3 期。

产阶级的世界观、价值观，饱含殖民奴役思想，散布的是思想迷雾和政治谎言，侵蚀的是人们对中国特色社会主义道路、理论、制度、文化的自信。只有彻底揭露它批判它，才能拨开迷雾，澄清真相，扬我中华正能量之伟力。

（原载《红旗文稿》2017 年第 20 期）

新时代如何加强共产党员的党性修养

共产党员不断加强党性修养，是我们党区别于其他政党的鲜明标志，也是全面从严治党的必然要求。

充分认识新时代加强共产党员党性修养的迫切性和重要性

对于共产党员来说，党性是立身、立业、立言、立德的基石。

新时代加强党性修养是实现历史使命的要求。党的十九大报告指出："中国共产党一经成立，就把实现共产主义作为党的最高理想和最终目标，义无反顾肩负起实现中华民族伟大复兴的历史使命。"① 在新时代，我们党要实现自己的历史使命，必须按照习近平总书记的要求，以党的自我革命来推动党领导人民进行的伟大社会革命，把党建设成为始终走在时代前列、人民衷心拥护、勇于自我革命、经得起各种风浪考验、朝气蓬勃的马克思主义执政党。这既是党领导人民进行伟大社会革命的客观要求，也是我们党作为马克思主义政党建设和发展的内在需要。

新时代加强党性修养是应对执政复杂环境提出的要求。当今世界正处在大发展大变革大调整时期，我国面临的形势仍然是机遇与挑战并存。国外敌对势力对我们党实施"和平演变""颜色革命"一刻也没有停止，意识形态领域斗争复杂而尖锐，影响党的先进性、弱化党的纯洁性的因素是复杂的。党内一些老问题还没有根本解决，现在又出现一些新问题，这同样迫切需要进一步加强共产党员的党性修养。

新时代加强党性修养是我们党面临的直接挑战提出的要求。党的十八大以来，党中央把严肃党内政治生活、净化党内政治生态摆在更加突出的

---

① 习近平：《决胜全面建成小康社会 夺取新时代中国特色社会主义伟大胜利——在中国共产党第十九次全国代表大会上的报告》，人民出版社 2017 年版，第 13 页。

位置来抓，党内政治生活出现了许多新气象。但在前进的道路上，我们党仍然面临“四大考验”的长期性和复杂性、“四种危险”的尖锐性和严峻性。加强共产党员的党性锻炼，才能不断增强党自我净化、自我完善、自我革新、自我提高的能力，始终保持党的先进性和纯洁性。

把握新时代加强共产党员党性修养的突出要求

进入中国特色社会主义新时代，共产党员的党性修养也要有新的要求。习近平总书记在学习贯彻党的十九大精神研讨班开班式上发表重要讲话时提出“五个过硬”：“必须做到信念过硬，带头做共产主义远大理想和中国特色社会主义共同理想的坚定信仰者和忠实实践者；必须做到政治过硬，牢固树立‘四个意识’，在思想政治上讲政治立场、政治方向、政治原则、政治道路，在行动实践上讲维护党中央权威、执行党的政治路线、严格遵守党的政治纪律和政治规矩；必须做到责任过硬，树立正确政绩观，发扬求真务实、真抓实干的作风，以钉钉子精神担当尽责，真正做到对历史和人民负责；必须做到能力过硬，不断掌握新知识、熟悉新领域、开拓新视野，全面提高领导能力和执政水平；必须做到作风过硬，把人民群众放在心中，广泛开展调查研究，在全心全意为人民服务中提升政治站位、提高工作能力，在真心实意向人民学习中拓展工作视野、丰富工作经验、提高理论联系实际的水平，在倾听人民呼声、虚心接受人民监督中自觉进行自我反省、自我批评、自我教育，在服务人民中不断完善自己，持之以恒克服形式主义、官僚主义，久久为功袪除享乐主义和奢靡之风。”[①] 这虽然是对中央委员会成员和省部级主要领导干部“关键少数”说的，但也应该成为全体共产党员加强党性修养的努力方向。

做到“五个过硬”，具有极强的针对性。关于“信念过硬”，习近平总书记强调：“坚定理想信念，坚守共产党人精神追求，始终是共产党人安身立命的根本。对马克思主义的信仰，对社会主义和共产主义的信念，是共产党人的政治灵魂，是共产党人经受住任何考验的精神支柱。形象地说，理想信念就是共产党人精神上的‘钙’，没有理想信念，理想信念不坚定，精神上就会‘缺钙’，就会得‘软骨病’”。然而，现实生活中一些

---

① 人民日报社评论部：《论学习贯彻习近平总书记“1·5”重要讲话》，人民出版社 2018 年版，第 5 页。

党员、干部还是会出现这样那样的问题，从已经反映出来的情况看，如有人以批评、嘲讽马克思主义为时尚，有人信奉金钱至上、名利至上、享乐至上，等等。这些问题出现的根源说到底是信仰迷茫、精神迷失。

关于“政治过硬”问题。其中最核心的问题就是要牢固树立政治意识、大局意识、核心意识、看齐意识，自觉维护以习近平同志为核心的党中央权威，在思想上政治上行动上同以习近平同志为核心的党中央保持高度一致，自觉接受党的纪律的约束，不折不扣贯彻执行中央的路线方针政策和重大工作部署，确保党中央政令畅通。然而，从已经反映出来的情况看，有的党员干部遇到重大问题不按规定请示报告，或在贯彻执行中央决策上打折扣、做选择、搞变通，等等。在政治问题上任何人都不能越过红线，越过了就要严肃追究其政治责任。因此，党员干部特别是领导干部必须带头讲政治，增强政治意识，严守政治纪律，在政治方向、政治立场、政治言论、政治行为等方面必须守好规矩。

关于“责任过硬、能力过硬、作风过硬”问题，也有很强的现实性。从已经反映出来的情况看，有的党员干部身上不同程度地存在弄虚作假、急功近利，饱食终日、无所用心，遇事推诿、不负责任，表里不一、知行分离，严于律人、宽以待己，形式主义、自由主义、官僚主义等问题。这些问题的出现都与责任意识不强、作风不实、能力不强等有关，应该通过加强党性修养予以革除。

努力加强新时代共产党员的党性修养

习近平总书记指出，党性不可能随着党龄的增加而自然增强，也不可能随着职务升迁而自然增强，必须在严格的党内生活锻炼中不断增强。

加强理论修养，净化政治灵魂。《中国共产党章程》总纲规定，“中国共产党以马克思列宁主义、毛泽东思想、邓小平理论、‘三个代表’重要思想、科学发展观、习近平新时代中国特色社会主义思想作为自己的行动指南”①，并把认真学习这些内容作为党员必须落实的首要任务。因此，共产党员加强党性修养，首先必须增强马克思主义理论修养。党的十八大至今，中共中央政治局已经进行47次集体学习，内容涉及治党治国治军、改革发展稳定、内政外交国防的方方面面，为全党作出了表率。然而，也

---

① 《中国共产党章程》，人民出版社2017年版，第1页。

有一些共产党员态度不端正、学习不认真。有的甚至不信马列信鬼神，热衷于封建迷信活动。要明确共产党是在马克思主义指导下创立、成长、壮大，逐步实现自己的历史使命的。要从理论上划清马克思主义与反马克思主义的界限，坚定不移地坚持《中国共产党章程》关于马克思主义的科学界定和科学阐述。要细化学习制度规定，采用理论与实践、历史与现实、当前与未来相结合的学习方法，着力解决好世界观、人生观、价值观这个“总开关”问题。

加强政治修养，遵守政治规矩。加强政治修养，必须遵守政治规矩，必须遵循党章，遵守政治方向、政治立场、政治言论、政治行动方面的政治纪律，遵守国家法律。党内组织生活是加强党性修养的重要形式。必须严字当头，讲究政治性、原则性，有实质性的内容。组织生活要以党的政治建设为统领，围绕政治立场、政治方向、政治原则、政治道路、政治纪律、政治规矩等内容设置主题，有针对性地解决问题。现在关键是要全面贯彻落实党的十九大精神，努力用习近平新时代中国特色社会主义思想武装头脑、指导实践、推动工作。不能以借口关心群众生活为由，用娱乐、游戏、旅游等形式代替严肃的组织生活。

加强作风修养，提升人格力量。作风问题本质上是党性问题，反映的是党的形象和素质。加强作风修养是党性修养的基础问题，体现的是我们党的人格力量。要进一步整治“四风”问题。党内存在的很多问题都与“四风”有关，或者说是“四风”衍生出来的。纠正“四风”不能止步，要从自我做起，以身作则、率先垂范，说到做到；要以踏石留印、抓铁有痕的劲头紧抓不放，永不松懈，善始善终、善做善成；要实行领导与群众相结合，建立巡视巡察上下联动的监督网。要深入基层群众。加强作风修养，必须紧紧围绕保持党同人民群众的血肉联系，增强群众观念和群众感情，向群众学习，接受群众批评教育和监督，真正树立以人民为中心的思想，相信群众、依靠群众、一切为了群众，做到全心全意为人民服务，不断厚植党执政的群众基础。

（原载《党建》2018 年第 4 期）

不断提升共产党人的根本政治品格

——论新时代加强共产党人的党性修养

习近平总书记指出："坚持党性原则是共产党人的根本政治品格，是政治工作的根本要求。"① 坚持党性原则，全面加强共产党人的党性修养，是新时代全面从严治党，加强党的建设的题中之义。抓好共产党人的党性修养，是党的政治工作的根本要求，是确保党的先进性和纯洁性的基础，政治意义重大。本文试就这个问题谈几点思考。

一　明确党性和党性修养的内涵是自觉进行党性修养的前提

党性在学理上有多方面指向，有政治中的、社会科学中的、文学艺术中的、哲学中的。这里说的党性，专指政党的党性或说其本质属性。一个政党的党性是它所固有的阶级本性最高的、最为集中的表现。当今世界不同的阶级建立了不同性质的政党，因而有不同性质的党性。中国共产党的本质属性根本不同于其他一切非工人阶级政党的党性。它是中国工人阶级的阶级性最高而又最集中的表现，即马克思主义政党的先进性和纯洁性。习近平总书记曾明确指出："先进性和纯洁性是马克思主义政党的本质属性，我们加强党的建设，就是要同一切弱化先进性、损害纯洁性的问题作斗争。"② 中国共产党的党性中内含三个基本关系。

1. 党的先进性和党的纯洁性的关系

党的先进性和党的纯洁性在本质上是同一的。其具体表现有：党坚持以马克思列宁主义、毛泽东思想、中国特色社会主义理论体系为理论指导和行动指南；坚持共产主义最高理想和中国特色社会主义共同理想相统一

---

① 《习近平谈治国理政》第2卷，外文出版社2017年版，第403页。

② 《习近平谈治国理政》第2卷，外文出版社2017年版，第43页。

的奋斗目标；坚持全心全意为人民服务的根本宗旨；坚持党在革命、建设、改革各个阶段、时期的基本路线和方针政策；坚持党的工人阶级的阶级基础和广泛的群众基础；坚持党的工人阶级先锋队的队伍构成；坚持民主集中制的组织原则和铁的纪律；坚持党的理论联系实际、密切联系人民群众和开展批评与自我批评等等优良作风；不断增强马克思主义执政党的执政本领和能力，等等。

党的纯洁性与党的先进性相互补充，相互贯通，相辅相成。党的先进性体现和保证党的纯洁性，党的纯洁性作为前提和基础支撑党的先进性。党若不具有先进性定难保持纯洁性，党若不保持纯洁性，其先进性也定难保持。

2. 党性与人民性的关系

党性与人民性的关系即党的阶级性和人民性的关系，二者是高度统一的。抗战时期，毛泽东同志在延安文艺座谈会上的讲话中明确指出："我们是站在无产阶级的和人民大众的立场。对于共产党员来说，也就是要站在党的立场，站在党性和党的政策的立场。"① 1943 年毛泽东同志再次指出："我们自己就是人民的一部分，我们的党是人民的代表"。② 这些论述深刻阐明了共产党的党性、阶级性与人民性的内在统一。进入中国特色社会主义新时代，习近平总书记在新的历史条件下，继承和发展了毛泽东同志的思想。他多次指出："党性和人民性从来都是一致的、统一的。""坚持人民性，就是要把实现好、维护好、发展好最广大人民根本利益作为出发点和落脚点，坚持以民为本、以人为本。"③ 在《中国共产党章程》中，党性与人民性相统一的思想贯穿于党章总纲和对党员、干部的要求之中，成为全党必须遵守的基本原则。自然，在马克思主义视域中，人民是一个历史范畴，在不同时期和社会发展的不同阶段上有不同的具体内容。人民又是一个全局性的社会整体概念，由一定时期和社会发展一定阶段上的政治核心（先进阶级）、社会基础（广大劳动群众）、一切顺应历史发展的阶级、阶层、集团和个人构成，并非指单个人的集合体。

共产党的党性与人民性的高度统一，这是由共产党的根本性质和所担

---

① 《毛泽东选集》第 3 卷，人民出版社 1991 年版，第 848 页。

② 《毛泽东文集》第 3 卷，人民出版社 1996 年版，第 58 页。

③ 《习近平谈治国理政》，外文出版社 2014 年版，第 154 页。

负的历史使命决定的。马克思恩格斯在《共产党宣言》中讲，共产主义运动就是大多数人参加的并为大多数人谋利益的运动。它的最终使命就是要解放全人类。中国共产党自建立之日起，就始终如一地坚持《共产党宣言》的原则。所以中国共产党的党性，是中国工人阶级的阶级性最高而又最集中的表现，同时也是中国人民和中华民族一切优秀品质和宝贵精神的最高而又最集中的汇集。

党性与人民性的高度统一是马克思主义政党所特有的。因为在存在阶级和阶级划分的世界里，没有什么抽象的人民性。人民性在现实社会中，总是体现着先进阶级的阶级性。在前社会主义社会，非工人阶级的先进阶级均为剥削阶级，在夺取政权以前，它需要求助于人民战胜敌人，摧枯拉朽，破旧立新。一旦大权在握必反目为仇，对人民进行镇压，所以其先进性与人民性的某种一致只是短暂的。工人阶级则根本不同，它是没有阶级私利的先进阶级，处在资本主义社会的最底层，只有解放全人类才能最后解放自己。革命越深入越符合它的阶级利益。因此，其阶级性与人民性高度一致，具有坚固的稳定性和永恒性。在中国特色社会主义新时代，离开工人阶级的阶级性谈论人民性，或者脱离人民性来谈阶级性，都是脱离现实的。

3. 党性与个性的关系

共产党是按照民主集中制的组织原则建立起来的工人阶级的先锋队，是有高度组织纪律性的部队。在党性与个性的关系上，首先是个人服从组织，少数服从多数，下级服从上级，全党服从中央，也就是要坚持个性服从党性，用党性修正、规范个性。在重大是非、党的原则、党的纪律的面前，必须坚持党性；当个人与党的原则、党的事业、党的利益、人民的利益发生矛盾时，必须坚定不移地坚持党的原则、党的事业、党的利益、人民利益高于一切，绝不能相反。当然，党性与个性并非绝对排斥，在通常的情况下，党性也包含着尊重党员的个性，允许党员个人，包括党的领导干部有合法的利益诉求。

坚持党性对于我们党的建设和发展具有基础意义。它是衡量和判断一个共产党人阶级觉悟高低、政治立场是否坚定的准绳。尤其是对于党员干部，党性是“立身、立业、立言、立德的基石”。[①] 既然如此，就必然提

① 中共中央文献研究室：《习近平关于全面从严治党论述摘编》，中央文献出版社 2016 年版，第 25 页。

出加强共产党人党性修养的问题。何谓党性修养？党性修养就是通过严格的党内生活的革命性锻造，使共产党人的思想和行为逐渐全面达到《中国共产党章程》要求的水平。这自然是一个不断接近的动态过程。因为一个共产党员入党之初，一般说来，只能说基本符合党章规定的党员条件，还很难说具有坚强的党性。烈火炼金刚，要全面达到党章的要求，必须经过一个艰苦锤炼的过程。再则，中国共产党作为一个成熟的马克思主义政党，要永远不忘本来，不断开辟未来，她又总要根据改革开放和社会主义现代化建设形势的发展、党的建设和党内生活实践斗争的需要，对自己的党员提出新的要求。所以，共产党人的党性修养永远在路上。

二 新时代加强共产党人党性修养是党的历史使命、执政环境、队伍状况提出的迫切要求

习近平总书记指出："面对复杂多变的国际形势和艰巨繁重的国内改革发展任务，实现党的十八大确定的各项目标任务，进行具有许多新的历史特点的伟大斗争，关键在党，关键在人。"① 他还强调，我们党在内忧外患中诞生，在磨难挫折中成长，在战胜风险挑战中壮大，始终有着强烈的忧患意识、风险意识。这些论断包含着加强党性修养的重要性和迫切性的深刻思想。

1. 新时代加强党性修养是实现党的最高理想和历史使命的要求

党的十九大报告指出："中国共产党一经成立，就把实现共产主义作为党的最高理想和最终目标，义无反顾肩负起实现中华民族伟大复兴的历史使命。"② 在新时代，我们党要实现自己的历史使命，为党的最高理想和最终目标而奋斗，必须按照习近平总书记的要求，高举中国特色社会主义伟大旗帜，做到"三个一以贯之"：坚持和发展中国特色社会主义要一以贯之，推进党的建设新的伟大工程要一以贯之，增强党的忧患意识、防范风险挑战要一以贯之。这为共产党人的党性修养树立了政治标杆。

做到"三个一以贯之"，既包括发挥客观因素的作用，即所必须具有的自然的、社会的、历史的、文化的条件等因素的作用，也包括主观因素

---

① 人民日报社评论部：《"四个全面"学习读本》，人民出版社 2015 年版，第 244 页。

② 习近平：《决胜全面建成小康社会 夺取新时代中国特色社会主义伟大胜利——在中国共产党第十九次全国代表大会上的报告》，人民出版社 2017 年版，第 13 页。

的作用，即从事社会历史活动主体——中国共产党及其领导下的广大人民群众的作用。在这两种因素相互作用的过程中，客观因素方面出现的问题、产生的矛盾，发挥作用需要的条件，在其自身范围内不能得到解决，只有通过主观因素即人民群众的实践活动才能解决。而人民群众这种实践活动最高又最集中的表现形式，就是共产党的领导作用。因此，共产党本身的状况如何，直接决定着广大人民群众的历史主动性和首创精神是否能得到发挥、发挥的程度及创造历史活动的方向。共产党先进，人民群众的历史主动性就发挥得好，反之亦然。共产党之所以能有这样大的能耐，是因为政治是经济的集中表现。中国特色社会主义政治体系（国体、政体、法律体系等等）是中国特色社会主义经济的集中表现。其中，中国共产党处于核心领导地位。我们整个社会和国家，社会物质生活和精神生活的一切方面，中国特色社会主义"五位一体"建设的一切过程和环节，都是由党来领导和组织的，受党的路线、方针、政策指导、支配和调控的。即毛泽东所言，党政军民学，东西南北中，党是领导一切的。邓小平也多次强调，中国问题的关键在于党。应该说，我们这样一种政治体制有很大的优越性。它能集中力量办大事。不像西方三权分立的体制，经常相互扯皮闹事，浪费人力财力。新中国成立以来特别是改革开放 40 年来，我们在多方面所取得的巨大成就，就充分说明了这一点。但是，如毛主席所说，任何事物都有两面性。我们的政治体制有很大的优越性，但也可能包含一种危险性，就是如果执政的共产党，具体说主要领导集团犯了颠覆性错误，所造成的影响、危害就是全局性的。关于这个问题，斯大林同志曾从经济方面论述过。他在联共（布）第十四次代表大会所作的政治报告中曾指出，如果共产党在经济中严重失算会发生比资本主义更严重的危机。他说："在资本主义国家那里所发生的经济危机、商业危机和财政危机，都只是触及个别资本家集团。而在我们这里却是另一种情况。商业和生产中的每次严重停滞，我国经济中的每个严重失算，都不会只以某种个别危机来结束，而一定会打击到整个国民经济。每次危机，不论是商业危机、财政危机或工业危机，在我们这里都可能变成打击全国的总危机。"① 毛泽东、邓小平从政治方面也论述过。1962 年 1 月 30 日，毛泽东在扩大的中央工作会议上的讲话中讲到健全民主集中制的极端重要性时指出，如

---

①《斯大林全集》第 7 卷，人民出版社 1958 年版，第 248 页。

果共产党在党的建设上犯了不坚持民主集中制的错误，就不可能建立社会主义经济。而“我们的国家，如果不建立社会主义经济，……就会变成修正主义的国家，变成实际上是资产阶级的国家，无产阶级专政就会转化为资产阶级专政，而且会是反动的、法西斯式的专政。”① 继后，邓小平同志说：“民主集中制执行得不好，党是可以变质的，国家也是可以变质的，社会主义也是可以变质的。”② 正是这样，1992 年邓小平同志在南方谈话中说：“中国要出问题，还是出在共产党内。”③ 此前，他还强调：“中国问题的关键在于共产党要有一个好的政治局，特别是好的政治局常委会。只要这个环节不发生问题，中国就稳如泰山。”④ 习近平总书记用多种表述方式，反复强调我们党不能犯颠覆性错误。

怎样才能不犯颠覆性错误呢？俗话说，打铁还需自身硬。只有党本身是先进的、正确的、坚不可摧的，才能保证不犯颠覆性错误。所以习近平总书记对全面从严治党抓得很紧。强调要以党的自我革命来推动党领导人民进行伟大社会革命，把党建设成为始终走在时代前列、人民衷心拥护、勇于自我革命、经得起各种风浪考验、朝气蓬勃的马克思主义执政党。这里，以问题的方式把我们党领导人民进行伟大社会革命，要求党本身进行自我革命的必然性鲜明地展陈出来。人们有目共睹，十八大以来，我们党在这方面的工作是很有成就的。如王岐山同志所说，在强化党的建设上，“澄清了模糊认识，夺回丢失的阵地，把走弯了的路调直，树立起党中央的权威，弱化党的领导的状况得到根本性扭转。”⑤

2. 新时代加强党性修养是应对复杂执政环境的必然要求

当今世界正处在大发展大变革大调整时期，我国面临的形势仍然是机遇与挑战并存。国外敌对势力对我们党实施“和平演变”“颜色革命”一刻也没有停止，意识形态领域斗争复杂、尖锐，而且长期影响党的先进性、弱化党的纯洁性的因素是复杂的。在这方面我们共产党人有两大深刻教训：一是我们反腐中暴露的问题。二是苏共垮台的教训。我们反腐中暴

---

① 《毛泽东文集》第 8 卷，人民出版社 1999 年版，第 297 页。

② 《邓小平文选》第 1 卷，人民出版社 1994 年版，第 303 页。

③ 《邓小平文选》第 3 卷，人民出版社 1993 年版，第 380 页。

④ 《邓小平文选》第 3 卷，人民出版社 1993 年版，第 365 页。

⑤ 《党的十九大报告辅导读本》编写组：《党的十九大报告辅导读本》，人民出版社 2017 年版，第 14 页。

露的问题，从一些案例看有两点很明显：一是局部中的全面性。说局部，是相对整个党和国家来说，涉及的人与事是局部的，没有改变我们党和国家的根本性质。这是基本的主导的方面，认识不到这个方面，就失去了客观真理性。说全面性，是指被处理的人，在职业上，含党政军民学。在级别上，含上中下（“老虎”“苍蝇”一起打。党的十八大以来立案审查的省军级以上党员干部就达 440 余名）。在地区上，含东西南北中。在类别上，含经济、政治、思想文化、生活方式多种性质，有些人是多罪并发。这告诉我们，不能把问题夸大，但也不能把问题看得很轻。毛泽东同志在 20 世纪 60 年代仔细研究了美国远东助理国务卿希尔师曼提出的对华新政策，即“从长远看，中国存在和平演变的可能；美国应采取促进中国和平演变的长期政策”[①]，他在多次讲话中把“和平转变”与“腐蚀我们”加以并列使用，表明“腐蚀”是“和平演变”的一种重要形式和手段。在一定意义上说，腐蚀、腐败就是“和平演变”。二是我们反腐中暴露的问题，一些案例表明，相当数量的人犯事都直接、间接与西方的“渗透”、“腐蚀”有关。关于这方面的警示，我们可以从苏联部长会议主席、苏共中央政治局委员尼·伊·雷日科夫在其著作《大国悲剧》中得到一些认识。雷日科夫写道：美国中央情报局局长艾伦·杜勒斯在 1945 年就已经明确地提出了瓦解苏联的目的、任务和手段。他当着美国总统杜鲁门的面，在国际关系委员会上说：“‘战争将要结束……我们将倾其所有，拿出所有的黄金，全部物质力量，把人们（指苏联人——引者注）塑造成我们需要的样子，让他们听我们的。人的脑子，人的意识，是会变的。只要把脑子弄乱，我们就能不知不觉改变人们的价值观念，并迫使他们相信一种经过偷换的价值观念。……他们的自我意识将无可挽回地走向消亡。比方说，我们将从文学和艺术中逐渐抹去他们的社会存在，我们将训练那些艺术家，打消他们想表现或者研究那些发生在人民群众深层的过程的兴趣。文学，戏剧，电影——一切都将表现和歌颂人类最卑劣的情感。我们将使用一切办法去支持和抬举一批所谓的艺术家，让他们往人类的意识中灌输性崇拜、暴力崇拜、暴虐狂崇拜、背叛行为崇拜，总之是对一切不道德行为的崇拜。在国家管理中，我们要制造混乱和无所适从……我们

---

① 杨明伟：《毛泽东晚年对战争与和平问题的深思》，《毛泽东邓小平理论研究》2018 年第 4 期。

将不知不觉地，但积极地和经常不断地促进官员们的恣意妄为，让他们贪贿无度，丧失原则。官僚主义和拖沓推诿将被视为善举，而诚信和正派将被人耻笑，变成人人所不齿和不合时宜的东西。无赖和无耻、欺骗和谎言、酗酒和吸毒、人防人赛过惧怕野兽、羞耻之心的缺失、叛卖、民族主义和民族仇恨，首先是对俄罗斯人民的仇恨——我们将以高超的手法，在不知不觉间把这一切都神圣化，让它绽放出绚丽之花……只有少数人，极少数人，才能感觉到或者认识到究竟发生了什么。但是我们会把这些人置于孤立无援的境地，把他们变成众人耻笑的对象；我们会找到毁谤他们的办法，宣布他们是社会渣滓。我们要把布尔什维克主义的根挖出来，把精神道德的基础庸俗化并加以清除。我们将以这种方法一代接一代地动摇和破坏列宁主义的狂热。我们要从青少年抓起，要把主要的赌注压在青年身上，要让它变质、发霉、腐烂。我们要把他们变成无耻之徒、庸人和世界主义者。我们一定要做到。' 40 年后，一切果然这样发生了。西方，特别是美国，消灭苏维埃国家的目标果然完全实现了。"① 联系我们一些案例，对比艾伦·杜勒斯毁灭苏联的手法，我们应当高度警惕"和平演变"的危险。

3. 新时代加强党性修养是党员队伍构成发生变化提出的内在要求

现在我们党有 8900 万党员，构成中年轻党员增多，知识分子增多。这种状况表明：在我们党的培养教育下，一代又一代青年热爱党、拥护党、追随党，志愿创造条件加入党，党的队伍不断扩大，充满青春活力。党的科学文化水平大大提高，在推进社会主义现代化的进程中，党的执政能力和本领增强。同时也产生了党建中一个待解决的问题。就是年轻知识分子党员受到的革命锻炼，对马克思主义基本原理的了解和信仰，比老一辈革命家少了、差了，加之一些时期对意识形态工作的弱化，在党性的坚定性方面，也比不上老一辈革命家。如在全面扩大开放的条件下，如何认识和对待当代资本主义的问题，许多年轻共产党员是不够清醒的；在实行社会主义市场经济体制条件下，如何解决好国家宏观调控作用与市场效能作用的问题，如何充分发挥市场经济体制机制作用与防止市场经济原则侵入党内政治生活、形成党内利益集团的问题；如何克服党内个人主义、自

---

① ［俄］尼·伊·雷日科夫：《大国悲剧：乱自何来——苏联解体二十周年反思》，《新华文摘》2009 年第 24 期。

由主义、本位主义、好人主义、宗派主义、圈子文化、码头文化、搞两面派、做两面人，脱离群众、脱离实际的现象突出的问题等等。这些都提出了加强共产党人党性修养的要求。

党的十八大以来，党中央把严肃党内政治生活、净化党内政治生态摆在更加突出的位置来抓，党内政治生活出现了许多新气象。这是有目共睹的，大家可以感受到的。但在前进的道路上，我们党仍然面临着“四大考验”的长期性和复杂性、“四种危险”的尖锐性和严峻性。只有加强党的建设，强化共产党人的党性锻炼，才能不断增强党自我净化、自我完善、自我革新、自我提高的能力，始终保持党的先进性和纯洁性。

三　新时代加强共产党人党性修养，路径选择要抓住五个要领

习近平总书记指出，党性不会随着党龄的增加而自然增强，也不会随着职务升迁而自然增强，必须在严格的党内生活锻炼中不断增强。这个论断是完全符合共产党人党性修养规律的。因为共产党人党性修养不是个人的自发行为，而是在共产主义理论科学指导下的一种自觉行为。如何加强共产党人党性修养呢？这涉及多方面的内容，其中一个要紧的问题是要抓住重点，把握好要领，选择好路径。笔者以为要以习近平总书记要求党员领导干部做到的“五个过硬”为标杆加强修养。

1. 加强理论修养，做到“信念过硬”

习近平总书记强调：“坚定理想信念，坚守共产党人精神追求，始终是共产党人安身立命的根本。对马克思主义的信仰，对社会主义和共产主义的信念，是共产党人的政治灵魂，是共产党人经受住任何考验的精神支柱。形象地说，理想信念就是共产党人精神上的‘钙’，没有理想信念，理想信念不坚定，精神上就会‘缺钙’，就会得‘软骨病’”。①

习近平总书记这些论断，深化和发挥了科学社会主义创始人马克思恩格斯的科学结论。马克思恩格斯在长达 40 多年的历史科学、哲学、经济学、社会主义学说和自然科学的研究中，发现了人类历史的发展规律，揭明人类社会由基本矛盾运动所推动，不以人们的主观意志为转移，必然从低级社会形态向高级社会形态发展，最后到达共产主义社会。这种社会，《共产党宣言》称之为“自由人联合体”。《共产党宣言》指出，代替那

① 《习近平谈治国理政》第 1 卷，外文出版社 2018 年版，第 15 页。

存在着阶级和阶级对立的资产阶级旧社会的，是这样一个联合体。在那里，“每个人的自由发展是一切人的自由发展的条件”。[①] 后来马克思在《资本论》手稿中进一步揭示说，这样一个联合体是“建立在个人全面发展和他们共同的、社会的生产能力成为从属于他们的社会财富这一基础上的自由个性”。[②] 恩格斯描述了这种共产主义新世界的光辉前景。他指出：“由社会全体成员组成的共同联合体来共同地和有计划地利用生产力；把生产发展到能够满足所有人的需要的规模；结束牺牲一些人的利益来满足另一些人的需要的状况；彻底消灭阶级和阶级对立；通过消除旧的分工，通过产业教育、变换工种、所有人共同享受大家创造出来的福利，通过城乡的融合，使社会全体成员的才能得到全面发展，——这就是废除私有制的主要结果。”[③] 显然，这是人类历史上最崇高、最美妙、最理想、最瑰丽的社会，是人的最高发展状况。

中国共产党是共产主义科学原理、科学精神的忠实传人和坚定践行者。它一经成立，就秉承《共产党宣言》的旨意，“把实现共产主义作为党的最高理想和最终目标，义无反顾肩负起实现中华民族伟大复兴的历史使命”。[④] 中国共产党坚定地认为，这是遵循历史发展规律的必然之路。中国共产党之所以叫共产党，就是因为我们党从成立之日起，就把共产主义确立为最高理想和最终目标。一个共产党人，最根本的就是要胸怀共产主义的最高理想和最终目标。“不忘初心、牢记使命”，从根本上说，就是要为实现共产主义最高理想和最终目标而奋斗。所以中国共产党的总纲第一段话的结尾，说的就是“党的最高理想和最终目标是实现共产主义”，共产党员的入党誓词写的也是“为共产主义奋斗终身！”[⑤] 当一个共产党员高呼这一口号时，是极为庄严而神圣的！这一问题的根本性质在于，一个人一旦确立了“为共产主义奋斗终身”的信念，就能经受住任何考验。反之，一个共产党人如果失去了这一信念，就从根本上丧失了共产党人的品格。面临严峻考验必然叛党。这从不少犯事人的反省书中反复

---

① 《马克思恩格斯文集》第 2 卷，人民出版社 2009 年版，第 53 页。

② 《马克思恩格斯文集》第 8 卷，人民出版社 2009 年版，第 52 页。

③ 《马克思恩格斯文集》第 1 卷，人民出版社 2009 年版，第 689 页。

④ 习近平：《决胜全面建成小康社会 夺取新时代中国特色社会主义伟大胜利——在中国共产党第十九次全国代表大会上的报告》，人民出版社 2017 年版，第 13 页。

⑤ 《中国共产党章程》，人民出版社 2017 年版，第 1、14 页。

得到证明。正是因为理想信念是共产党人安身立命的根本，所以共产党人必须加强理论修养，做到“信念过硬”。

如何才能做到“信念过硬”呢？共产主义理想信念既不能自发地产生，也不能凭经验行事，只能靠科学的理论武装。马克思主义是中国共产党人理想信念的灵魂。做到“信念过硬”，必须学习马克思主义。毛泽东同志认为，只有以革命理论作为指南的党才能发挥先进战士的作用。1938年他指出：“如果我们党有一百个至二百个系统地而不是零碎地、实际地而不是空洞地学会了马克思列宁主义的同志，就会大大地提高我们党的战斗力量。”[①] 2018 年 5 月 4 日，习近平总书记在纪念马克思诞辰 200 周年大会上的讲话中强调：“共产党人要把读马克思主义经典、悟马克思主义原理当作一种生活习惯、当作一种精神追求，用经典涵养正气、淬炼思想、升华境界、指导实践。”[②] 这些分量很重的话揭示了一个真理：中国共产党与马克思主义密不可分。中国共产党是根据马克思主义党的学说创立、成长、壮大的，是以马克思主义为指导去实现自己历史使命的，是坚定的马克思主义政党。因此共产党人信共必信马，不信马说不上信共，信马就要学马，不学马就不知道什么是马，不知道什么是马又怎么能说信仰马呢？然而这个问题在现实生活中并没有得到彻底解决。事实上有的共产党员并没有履行党章规定的义务，不仅不学习马克思主义，而且还往往以批判、嘲讽马克思主义为时尚；有的不信马列信鬼神，热衷于封建迷信活动。种种消极现象反映出，一些共产党人的世界观、历史观、人生观、价值观这一“总开关”还不是马克思主义的，这反映出必须强化马克思主义的理论修养。马克思主义是博大精深的体系，不下苦功夫是学不到手的。要真正掌握这个看家本领，就必须像习近平总书记所倡导的，要深入学、持久学、刻苦学，带着问题学、联系实际学，并坚持把学到的科学思想理论转化为认识世界、改造世界的强大物质力量。

2. 加强政治修养，做到“政治过硬”

“政治过硬”包括具有崇高的政治理想、高尚的政治追求、纯洁的政治品质、严明的政治纪律、坚强的政治领导力和执政力等多个方面。做到“政治过硬”，是确保党的先进性和纯洁性的前提。党的十九大明确提出

---

① 《毛泽东选集》第 2 卷，人民出版社 1991 年版，第 533 页。

② 习近平：《在纪念马克思诞辰 200 周年大会上的讲话》，人民出版社 2018 年版，第 26 页。

党的政治建设这个重大命题，强调党的政治建设是党的根本性建设，要求把党的政治建设摆在首位，以党的政治建设为统领，意在使全党，首先是党的领导干部做到“政治过硬”。

“政治过硬”，第一位的问题是要坚守正确的政治方向。即坚持共产主义远大理想和中国特色社会主义共同理想、“两个一百年”奋斗目标，坚持党的基本理论、基本路线、基本方略。这是事关党的生存发展、前途命运和事业兴衰成败的问题。所以坚持正确政治方向，站稳政治立场是坚持党性的核心。

“政治过硬”，要全面贯彻新时代党的组织路线。新时代党的组织路线是针对党的领导、党的建设和党的组织工作范畴提出来的，内容丰富，要全面贯彻落实。从做到“政治过硬”的角度看，有两条特别重要。一是要以强烈的“四个意识”，自觉维护以习近平同志为核心的党中央的绝对权威和集中统一领导。习近平强调：“党的力量来自组织。党的全面领导、党的全部工作要靠党的坚强组织体系去实现。党中央是大脑和中枢，党中央必须有定于一尊、一锤定音的权威。党的地方组织的根本任务是确保党中央决策部署贯彻落实，有令即行、有禁即止。党组在党的组织体系中具有特殊地位，要贯彻落实党中央和上级党组织决策部署。每个党员特别是领导干部都要强化党的意识和组织观念，自觉做到思想上认同组织、政治上依靠组织、工作上服从组织、感情上信赖组织。”① 二是要有一支忠诚干净担当的高素质干部队伍。习近平指出：“贯彻新时代党的组织路线，建设忠诚干净担当的高素质干部队伍是关键。”② 习近平从多方面论述了做好干部培育、选拔、管理、使用工作的问题。全面落实习近平关于贯彻新时代党的组织路线的思想，建设起一支忠诚、干净、担当的高素质干部队伍，做到“政治过硬”就有了强有力的干部队伍保证。

3. 加强作风修养，做到作风过硬

作风是党性的本质体现，直接反映着党的形象、党的素质和党的人格力量。在这个意义上说，作风修养是党性修养的基础。作风过硬是党性过硬的必然要求。

---

① 《习近平在全国组织工作会议上强调 切实贯彻落实新时代党的组织路线 全党努力把党建设得更加坚强有力》，《人民日报》2018 年 7 月 5 日第 1 版。

② 《习近平在全国组织工作会议上强调 切实贯彻落实新时代党的组织路线 全党努力把党建设得更加坚强有力》，《人民日报》2018 年 7 月 5 日第 1 版。

加强作风修养，要紧紧围绕保持党同人民群众血肉联系这个中心来进行。习近平指出：“人民是我们党的工作的最高裁决者和最终评判者。如果自诩高明、脱离了人民，或者凌驾于人民之上，就必将被人民所抛弃。任何政党都是如此，这是历史发展的铁律，古今中外概莫能外。”① 这是千真万确的。党的全部理论和实践的出发点和落脚点都是为了实现好、维护好、发展好最广大人民的根本利益。只有真正树立以人民为中心的思想，相信群众、依靠群众、一切为了群众，全心全意为人民服务，同时真心实意地向群众学习，不断从群众中吸取营养和力量，接受群众批评教育和监督，才能保持党同人民群众的血肉联系，不断厚植党执政的群众基础。所以作风修养如果离开了人民这个中心、这个主体、这个上帝，失去了对人民的忠诚，就根本走偏了方向。

加强作风修养，要进一步整治“四风”。党内存在很多问题或者由“四风”衍生而来，或者与“四风”有关。“四风”是一种顽疾，整治“四风”，一要以踏石留印、抓铁有痕的劲头紧抓不放，永不松懈，善始善终、善做善成，绝不止步。二要强化政治纪律和组织纪律，严格廉洁、群众、工作、生活等方面的纪律。三要从自我做起，以身作则、率先垂范，说到做到，不放空炮。四要实行领导与群众相结合，建立巡视巡察上下联动的监督网。要深入基层，广泛开展调查研究，广泛倾听人民呼声、自觉接受群众批评，依靠群众监督。

4. 加强责任修养，做到责任过硬

责任一词有应尽的义务、应做的事情、应担的过错、担负的职责和任务等多意。这里据《中国共产党问责条例》，专指共产党人必须遵守的规则和条文。责任修养是一代代共产党人赓续中华优秀传统文化的高尚美德、精神品格和特别能战斗的力量所在，也是锤炼新时代共产党人对党忠诚的一种强烈意识和行为。习近平总书记指出：“必须做到责任过硬，树立正确政绩观，发扬求真务实、真抓实干的作风，以钉钉子精神担当尽责，真正做到对历史和人民负责。”② 特别是领导干部要身先士卒、带头垂范，勤勉履职、扎实尽责。这些论述有强烈的现实针对性，对某些懒政

---

① 《习近平谈治国理政》，外文出版社2014年版，第28页。

② 人民日报社评论部：《论学习贯彻习近平总书记“1·5”重要讲话》，人民出版社2018年版，第5页。

思想严重、无所作为、遇事推诿、精神不振的党员干部，是很好的警示教育。

5. 加强能力修养，做到能力过硬

我们党在13亿多人的社会主义大国的执政，既要政治过硬，也要本领高强。党的十九大报告向全党提出了“全面增强执政本领”的要求，具体包括：学习本领、政治领导本领、改革创新本领、科学发展本领、依法治国本领、群众工作本领、狠抓落实本领、驾驭风险本领。共产党人加强能力修养，做到能力过硬，就要增强这八种执政本领。为此要不断掌握新知识、熟悉新领域、开阔新视野，沉下心来干工作，心无旁骛钻业务，干一行、爱一行、精一行，成为有专业背景的复合型领导干部。习近平总书记要求青年干部做到：“遇到挫折撑得住，关键时刻顶得住，扛得了重活，打得了硬仗，经得住磨难。”① 这对所有共产党员干部都是很好的教育。共产党员是中国工人阶级、中华民族中的优秀分子，为实现推进社会主义现代化建设、完成祖国统一、维护世界和平和促进共同发展三大历史任务，为决胜全面建成小康社会、夺取新时代中国特色社会主义伟大胜利、实现中华民族伟大复兴的中国梦、实现人民对美好生活的向往继续奋斗，都应特别有责任感、特别有本领、有能力、特别能战斗！

总的来说，加强五个方面的修养，做到“五个过硬”，共产党员个人要有高度自觉，艰苦修炼。从党组织上讲，要落实习近平总书记的指示：“要建立管思想、管工作、管作风、管纪律的从严管理体系，加强全方位管理，加强党内监督，管好关键人、管到关键处、管住关键事、管在关键时，特别是要把一把手管住管好。要建立崇尚实干、带动担当、加油鼓劲的正向激励体系，树立体现讲担当、重担当的鲜明导向。”②

（原载《思想理论教育导刊》2018年第12期）

① 《习近平在全国组织工作会议上强调 切实贯彻落实新时代党的组织路线 全党努力把党建设得更加坚强有力》，《人民日报》2018年7月5日第1版。

② 《习近平在全国组织工作会议上强调 切实贯彻落实新时代党的组织路线 全党努力把党建设得更加坚强有力》，《人民日报》2018年7月5日第1版。

新时代党的政治建设的根本出发点和落脚点

如何对待人民群众是划分历史唯物主义和历史唯心主义两种历史观的分水岭。历史唯物主义一贯尊重人民群众，热爱人民群众，注重向人民群众学习，服务于人民群众。历史唯心主义则相反，蔑视人民群众、视人民群众为群氓，且往往与反动势力结合，压迫奴役人民群众。中国共产党始终坚持历史唯物主义，把群众路线作为自己的根本政治路线和根本组织路线，把群众观点作为自己的根本政治观点。新时代党的政治建设的根本出发点和落脚点鲜明地体现了这一特点。

一

中国共产党是全心全意为人民服务的政党。全心全意为人民服务，是我们党一切行动的出发点和落脚点，也是新时代党的政治建设的出发点和落脚点。

第一，生动体现了唯物主义历史观。中国共产党从成立之日起，就坚定不移地坚持以历史唯物主义为自己的科学史观。历史唯物主义始终站在现实历史的基础上，从物质实践出发来研究历史、研究社会形态。具有无尽智慧和力量的人民群众创造了人类历史。人类社会历史发展到资本主义阶段，无产阶级作为肩负着世界历史革命使命的共产主义新社会创造者，成为进行历史创造活动的群众队伍的主体。无产阶级是新的生产方式的代表，大公无私，是最有远大前途的阶级，唯有它能够代表广大人民群众的根本的和长远的利益，能够把广大人民群众凝聚起来，形成不断把社会历史推向前进的众志成城的磅礴力量。中国共产党是中国无产阶级的先锋队，是中国人民和中华民族的先锋队，是中国广大人民群众的组织者和领导者，集中了中国无产阶级和中华民族的优秀品格、智慧、良心和力量，它把全心全意为人民服务确立为自己全部建设、特别是政治建设的根本出发点和落脚点，本质上是遵循历史唯物主义原理，尊重、顺从历史发展动力的要求，服务于历史发展动力。这是在深化人类历史发展规律基础上，做推动人类社会历史发展促进派和引领者的体现。

第二，集中表现了共产党人的政治立场。马克思主义政党的政治立场集中到一点，就是人民利益至上，致力于实现最广大人民的根本利益。这是贯穿《共产党宣言》的一条红线和全部立论的基点。无产阶级之所以能够成为人类历史上最伟大的阶级，就在于唯有它以解放全人类为自己的根本使命，代表全人类利益。《共产党宣言》集中表述了这种政治立场。称无产阶级运动是“为绝大多数人谋利益的独立的运动”。[①] 中国共产党是《共产党宣言》精神的忠实传承者和坚定践行者。在长期奋斗中，一直视共产党人为人民的一部分，人民的代表。把党的立场、党性和党的政策的立场与无产阶级的、人民大众的立场高度统一起来，始终如一地站在无产阶级的和人民大众的立场上。进入中国特色社会主义新时代，习近平总书记多次强调，我们要始终把人民立场作为根本立场，把为人民谋幸福作为根本使命，坚持全心全意为人民服务的根本宗旨，人民利益是我们党一切工作的根本出发点和落脚点。党的十九大报告把人民利益至上、为人民服务的根本宗旨，概括为中国共产党人的初心和使命，提出“为中国人民谋幸福，为中华民族谋复兴”，并且把“以人民为中心的发展”思想、要求贯彻到党的基本方略的各个方面。表明中国共产党所坚持的全心全意为人民服务的根本宗旨绝不是空的，而是不断推进着的鲜活的实践活动。

第三，准确把握了共产党人具有不竭力量的源泉。中国共产党人具有攻无不克、无坚不摧的力量。用几十年的时间取得了革命、建设、改革的巨大成就。在社会主义道路上走过了西方上百年才走完的现代化历程，不仅使近代以来久经磨难的中华民族迎来了从站起来、富起来到强起来的伟大飞跃，迎来了实现中华民族伟大复兴的光明前景，而且拓展了发展中国家走向现代化的途径，给世界上那些既希望加快发展又希望保持自身独立性的国家和民族提供了全新的选择，为解决人类问题贡献了中国智慧和中国方案。是什么力量支撑中国共产党创造出这样的历史辉煌呢？历史和实

① 《马克思恩格斯选集》第1卷，人民出版社2012年版，第411页。

践都给出了响亮的回答：人民群众是我们力量的源泉。党的根基在人民，党的力量在人民。始终坚持人民的主体地位，是我们党永远立于不败之地的根本保证。

任何政党的前途和命运最终都取决于人心向背。政之所兴在顺民心，政之所废在逆民心。人民是历史的创造者，群众是真正的英雄，是历史发展和社会进步的主体力量。紧紧依靠人民创造历史伟业，我们党的根基就永远坚如磐石。我们党的宏伟奋斗目标，离开了人民支持就无法实现。老百姓是天、老百姓是地。忘记了人民，脱离了人民，我们就会成为无源之水、无本之木，就会一事无成。这里，逻辑地内含着一个深层的问题，即人民大众为什么会成为中国共产党不竭的力量源泉呢？回答就是，中国共产党是全心全意为人民服务的政党。这是中国共产党区别于其他一切政党的根本标志，是中国共产党的一切行动的出发点和落脚点。

二

在新的长征上，全党必须牢记，为什么人、靠什么人的问题，是检验一个政党、一个政权性质的试金石。我们要始终把人民立场作为根本政治立场，把人民利益摆在至高无上的地位，不断把为人民造福事业推向前进。坚持党的政治建设的出发点和落脚点，绝不是一句空洞的口号，它要把全心全意为人民服务的宗旨完全彻底地体现在党的全部理论和实践中，体现在经济社会发展的各个环节。

第一，坚持以人民为中心的发展思想。发展是硬道理，是解决一切问题的物质基础，坚持党的政治建设的出发点和落脚点，把全心全意为人民服务落到实处，就必须坚持以人民为中心的发展思想。党的十九大报告对此作了全面概括，将以人民为中心的发展思想贯穿于党的战略部署的各个方面。比如，谈到“发展”时，强调“必须坚持以人民为中心的发展思想，不断促进人的全面发展、全体人民共同富裕”。在谈到“发展社会主义民主政治”时，指出“人民当家作主是社会主义民主政治的本质特征”，“发展社会主义民主政治就是要体现人民意志、保障人民权益、激发人民创造活力，用制度体系保证人民当家作主”。在谈到推动“社会主义文化繁荣兴盛”时，强调“满足人民过上美好生活的新期待，必须提供丰富的精神食粮”[①]。在谈到“加强和创新社会治理”时，要求“全党必须牢记，为什么人的问题，是检验一个政党、一个政权性质的试金石”[②]，“必须始终把人民利益摆在至高无上的地位，改革发展成果要更多更公平惠及全体人民，使人民获得感、幸福感、安全感更加充实、更有保障、更可持续，朝着实现全体人民共同富裕不断迈进。”[③] 在谈到“建设美丽中国”时，提出“既要创造更多物质财富和精神财富以满足人民日益增长的美好生活需要，也要提供更多优质生态产品以满足人民日益增长的优美生态环境需要”。[④] 在谈到“全面从严治党”时，强调“人民群众反对什么、痛恨什么，我们就要坚决防范和纠正什么”。[⑤] 这些战略安排和战略目标，把“以人民为中心”思想落实到经济社会发展各个环节、人民生活各个方面，这充分证明，人民的利益、人民的要求、人民的愿望，就是党为之奋斗的目标。

第二，确保在全心全意为人民服务关键环节落实到位。首先是制度层面，坚定不移地坚持和发展中国特色社会主义制度。历史和现实证明，只有社会主义才能救中国，只有中国特色社会主义才能发展中国。有了中国特色社会主义制度才有人民的一切、人民的幸福。其次是政策策略的设计。这是把社会主义制度优越性转化成现实性的中间环节，与人民群众的切身利益直接联系。在这方面，党的十八大概括的“三个总”（总依据、总布局、总任务），表达了中国特色社会主义的真谛和要义，党的十九大构建了新时代坚持和发展中国特色社会主义的基本方略，作出的决胜全面建成小康社会，开启全面建设社会主义现代化新征程的重大战略安排，反映了中国经济社会现阶段发展的客观实际，符合中国人民的根本利益和长远利益，符合中国人民对美好生活的向往和现实要求。再次是直接的实践

---

① 习近平：《决胜全面建成小康社会 夺取新时代中国特色社会主义伟大胜利——在中国共产党第十九次全国代表大会上的报告》，人民出版社 2017 年版，第 43—44 页。

② 习近平：《决胜全面建成小康社会 夺取新时代中国特色社会主义伟大胜利——在中国共产党第十九次全国代表大会上的报告》，人民出版社 2017 年版，第 44—45 页。

③ 习近平：《决胜全面建成小康社会 夺取新时代中国特色社会主义伟大胜利——在中国共产党第十九次全国代表大会上的报告》，人民出版社 2017 年版，第 45 页。

④ 习近平：《决胜全面建成小康社会 夺取新时代中国特色社会主义伟大胜利——在中国共产党第十九次全国代表大会上的报告》，人民出版社 2017 年版，第 50 页。

⑤ 习近平：《决胜全面建成小康社会 夺取新时代中国特色社会主义伟大胜利——在中国共产党第十九次全国代表大会上的报告》，人民出版社 2017 年版，第 61 页。

环节。这个环节做好了，党的全心全意为人民服务的宗旨才能真正落到实处，人民群众才能真正得到实惠。改革开放以来，我们仅用30多年时间，使中国经济总量跃居世界第二，13亿多人摆脱了物质短缺，总体上达到小康水平，享有前所未有的尊严和权利。但是也毋庸讳言，在我们这样的大国、大党内，各地的环境千差万别，在具体的实践过程中容易受到各种因素的影响，包括各种具体利益的诱惑、干扰，要把握好实践环节——党的干部必须做人民公仆，忠诚于人民，以人民忧乐为忧乐，以人民甘苦为甘苦，全心全意为人民服务。真正做到老百姓关心什么、期盼什么，就抓住什么、推进什么，老百姓反对什么、抵制什么、不满意什么，就不做什么。

三

新时代党的政治建设出发点和落脚点的落实到位，绝不是一个自发的行为，它同我们党的整体建设一样，是一个高度自觉的过程，而且是一个不断走向全面、不断拓展的过程。为此它需要一系列的保障条件。这里简明列举几点。

第一，强化党的政治领导。坚持党的政治建设的首要任务就是要保证全党服从中央、坚持党中央权威和集中统一领导。只有全党在思想上、政治上、行动上同以习近平同志为核心的党中央保持高度一致，向党中央、向党的理论和路线方针政策、向党中央的决策部署看齐，坚定执行党的政治路线、严格遵守政治纪律和政治规矩，在政治立场、政治方向、政治原则、政治道路上同党中央保持高度一致，才能确保党的先进性和纯洁性，才能确保党的全心全意为人民服务的宗旨落到实处。

第二，弘扬优良政治品格。在中国共产党带领人民进行的90多年艰苦卓绝斗争中，从一般党员到党的领袖，涌现了成千上万优秀党员，他们忠于党、忠于人民，鞠躬尽瘁，死而后已，其精神动天地泣鬼神。在新时代，我们要通过多种多样的形式，把他们的先进事迹、伟大品格、奉献精神，经常地持久地加以宣传。

第三，依靠伟大的政治力量。党的根基在人民、党的力量在人民，党保持先进性和纯洁性的自我革命的伟力也在人民。要依靠人民发现优秀党员干部、依靠人民教育党员干部、依靠人民培养党员干部、依靠人民监督党员干部。在这方面我们党已经有一整套经验、制度，在新时代党的政治建设中，我们要根据新的情况、新的要求，将其加以完善，坚持实行。

第四，严明党的政治纪律。中国共产党是有高度组织纪律性的政党，全党必须严格遵守党章、党的政治生活准则及各项党纪党规，违者定要追责。在党的政治建设中，为确保党的全心全意为人民服务的宗旨落实到位，不给党性不纯者、投机者、腐化变质者以可乘之机，必须严明党的政治纪律，对欺压群众、危害人民利益者绳之以纪、绳之以法。为此要坚持反腐、坚决整顿“四风”，为培养全心全意为人民服务的共产党人精神营造风清气正的政治生态环境。

（原载《红旗文稿》2018 年第 19 期）

坚定不移推进党的伟大自我革命

习近平总书记指出："我们党只有在领导改革开放和社会主义现代化建设伟大社会革命的同时，坚定不移推进党的伟大自我革命，敢于清除一切侵蚀党的健康肌体的病毒，使党不断自我净化、自我完善、自我革新、自我提高，不断增强党的政治领导力、思想引领力、群众组织力、社会号召力，才能确保党始终保持同人民群众的血肉联系。"① 这一重要讲话重申和概括了习近平总书记此前关于党的自我革命的多次论述，进一步指明了党领导的伟大社会革命与党的伟大自我革命的关系，党的伟大自我革命的任务、目的、要求和根本意义，给改革开放再出发的中国共产党人以强有力的政治武装和理论武装。

一　勇于自我革命是中国共产党最鲜明的品格和最大的优势

习近平总书记在《党必须勇于自我革命》一文中指出，"勇于自我革命，是我们党最鲜明的品格，也是我们党最大的优势"②。习近平总书记对党的自我革命作出的这两个"最"的精辟概括，蕴涵着党的自我革命的重要性和必要性，标示出党的独特本质和伟大所在。表明"中国共产党的伟大……在于从不讳疾忌医，敢于直面问题，勇于自我革命。"③ 中国共产党成立 90 多年来，在领导革命、建设和改革等伟大社会革命中，无论是胜利还是挫折，是成功还是失利，是前进还是迂回，都始终保持着勇于自我革命的精神。这是我们党艰苦卓绝奋斗史上的一个鲜明特色，是中国共产党越挫越勇的内在伟力。

---

① 习近平：《在庆祝改革开放 40 周年大会上的讲话》，人民出版社 2018 年版，第 35 页。

② 《十八大以来重要文献选编》（下），中央文献出版社 2018 年版，第 589 页。

③ 《习近平新时代中国特色社会主义思想三十讲》，学习出版社 2018 年版，第 309 页。

在1949年3月召开的党的七届二中全会上，毛泽东站在历史的高处，对夺取全国胜利后巩固胜利的艰难，作了高屋建瓴地分析。他指出："资产阶级怀疑我们的建设能力。帝国主义者估计我们终久会要向他们讨乞才能活下去。因为胜利，党内的骄傲情绪，以功臣自居的情绪，停顿起来不求进步的情绪，贪图享乐不愿再过艰苦生活的情绪，可能生长。因为胜利，人民感谢我们，资产阶级也会出来捧场。敌人的武力是不能征服我们的，这点已经得到证明了。资产阶级的捧场则可能征服我们队伍中的意志薄弱者。可能有这样一些共产党人，他们是不曾被拿枪的敌人征服过的，他们在这些敌人面前不愧英雄的称号；但是经不起人们用糖衣裹着的炮弹的攻击，他们在糖弹面前要打败仗。我们必须预防这种情况。夺取全国胜利，这只是万里长征走完了第一步。如果这一步也值得骄傲，那是比较渺小的，更值得骄傲的还在后头。在过了几十年之后来看中国人民民主革命的胜利，就会使人们感觉那好像只是一出长剧的一个短小的序幕。剧是必须从序幕开始的，但序幕还不是高潮。中国的革命是伟大的，但革命以后的路程更长，工作更伟大，更艰苦。这一点现在就必须向党内讲明白，务必使同志们继续地保持谦虚、谨慎、不骄、不躁的作风，务必使同志们继续地保持艰苦奋斗的作风。我们有批评和自我批评这个马克思列宁主义的武器。我们能够去掉不良作风，保持优良作风。"① 毛泽东在全会的最后一天，突出强调要力戒骄傲。他指出这个问题的政治意义在于："力戒骄傲。这对领导者是一个原则问题，也是保持团结的一个重要条件。就是没有犯过大错误，而且工作有了很大成绩的人，也不要骄傲。"② 为保持艰苦奋斗的作风，毛泽东明令"禁止给党的领导者祝寿，禁止用党的领导者的名字作地名、街名和企业的名字，保持艰苦奋斗的作风，制止歌功颂德现象。"③

毛泽东以他非凡的洞察力和超越时空的预判力，指出了党执政后的腐化现象及其严重后果："'毕其功于一役'，我是在流血的革命这一点上说的，就是说流血的革命只有这一次，将来由新民主主义革命转变到社会主义革命那一次就不用流血了，而可能和平解决。但这只是可能，将来是否

① 《毛泽东选集》第4卷，人民出版社1991年版，第1438—1439页。

② 《毛泽东选集》第4卷，人民出版社1991年版，第1443页。

③ 《毛泽东选集》第4卷，人民出版社1991年版，第1443页。

不流血，还要看我们工作的努力情况。如果国家，主要的就是人民解放军和我们的党腐化下去，无产阶级不能掌握住这个国家政权，那还是有问题的。”①

中华人民共和国成立后，我们党在全国范围内“执了政”“掌了权”，一直把毛泽东提出的两个“务必”要求作为“座右铭”，保持“过去革命战争时期的那么一股劲，那么一股革命热 情，那么一种拼命精神，把革命工作做到底”。② 全党同志坚持在学习和实践中改造自己，使自己适合于党和人民的需要。进入改革开放新时期，邓小平适时把“发扬革命和拼命精神”提到全党面前。1978 年 12 月，邓小平强调：“革命精神是非常宝贵的，没有革命精神就没有革命行动”。③ 这些论断都深含自我革命、自我改造之意。继后，江泽民、胡锦涛等党中央领导都强调了发扬革命精神，重视思想改造或世界观改造的问题。

党的十八大以来，习近平总书记从自觉地坚定党性原则的高度，全面深刻地论述了发扬自我革命精神的问题。明确提出“发扬彻底的自我革命精神，不断增强党自我净化、自我完善、自我革新、自我提高的能力”。④ 并进一步指出，“不忘初心、继续前进，就包含着不忘革命精神这个重大命题”。⑤ 2018 年 12 月 25 日至 26 日，习近平总书记在主持中共中央政治局召开的民主生活会上的讲话中，针对一些年来党的领导干部中一些人斗争观念弱化、斗争精神缺失、斗争本领不高的状况，着重明确了保持和培养斗争精神，增强斗争本领的基本内容。强调指出：“新时代坚持和发展中国特色社会主义是一场伟大社会革命，要求我们必须时刻进行具有许多新的历史特点的伟大斗争，必须让我们的干部特别是领导干部经风雨、见世面、长才干、壮筋骨，保持斗争精神、增强斗争本领。要培养斗争精神，始终保持共产党人敢于斗争的风骨、气节、操守、胆魄”。⑥ 习近平总书记在除旧布新的时段节点上，把斗争这个关键词加以突出强调，

---

① 《毛泽东文集》第 5 卷，人民出版社 1996 年版，第 262 页。

② 《毛泽东文集》第 7 卷，人民出版社 1999 年版，第 285 页。

③ 《邓小平文选》第 2 卷，人民出版社 1994 年版，第 146 页。

④ 习近平：《在纪念周恩来同志诞辰 120 周年座谈会上的讲话》，人民出版社 2018 年版，第 14—15 页。

⑤ 《十八大以来重要文献选编》（下），中央文献出版社 2018 年版，第 589—590 页。

⑥ 《习近平关于“不忘初心、牢记使命”论述摘编》，党建读物出版社、中央文献出版社 2019 年版，第 224 页。

无论是从我国与西方反华势力进行国际较量，以夺取最后胜利的战略全局看，还是从新时代坚持发展中国特色社会主义，以实现中华民族伟大复兴的政治大局看，这些重要论述都是对新时代社会革命和自我革命思想的丰富和深化，意义深远。

真理的不可辩驳性是由社会的历史实践和现实实践来验证的，中国共产党历经各个历史时期的斗争不仅长盛不衰，而且越战越强，其深刻原因就在于她始终保持了勇于自我革命这个品格和优势。现在，世人惊叹中国理论创新、实践创新、制度创新步伐之快，惊叹中国社会面貌变化之大，要看到在这些发展变化背后是我们党永不自满、永不懈怠的品格，是我们党不断自我净化、自我完善、自我革新、自我提高的精神。

这里还包含着一个更深刻的问题，就是中国共产党为什么能始终保持自我革命的品格和优势呢？答案是明确的，最基本的有三条：一是始终以马克思主义科学理论为指导，具有科学的世界观和方法论，能够通晓社会历史的发展规律，走历史必由之路，按客观规律办事。

二是以全心全意为人民服务为根本宗旨，除了人民的利益没有自己的私利，有一条群众路线，受到群众的支持和监督；三是民主集中制的组织原则和铁的纪律，能够保持组织的和物质的统一。

二　勇于自我革命是我国改革开放取得成功的关键和根本

在庆祝海南建省创办经济特区 30 周年大会上，习近平总书记在讲话中指出："坚持党的领导，全面从严治党，是改革开放取得成功的关键和根本。"① 这一蕴涵丰富历史内容的论断，表明了我国改革开放的本质特征和成功秘诀。从社会主义的固有本性上说，坚持改革开放应是社会主义社会的常态。恩格斯早在 1890 年就指出，"'社会主义社会'不是一种一成不变的东西，而应当和任何其他社会制度一样，把它看成是经常变化和改革的社会"。② 列宁批判过资产阶级通常"把社会主义看成一种僵死的、凝固的、一成不变的东西"③ 的荒谬观点。毛泽东通过对社会主义基本矛盾运动的分析，深刻地揭示了社会主义改革的根源、性质和必然性。

① 习近平：《在庆祝海南建省创办经济特区 30 周年大会上的讲话》，《人民日报》2018 年 4 月 14 日第 2 版。

② 《马克思恩格斯选集》第 4 卷，人民出版社 1995 年版，第 693 页。

③ 《列宁选集》第 3 卷，人民出版社 2012 年版，第 201 页。

同时，马克思主义经典作家还明确论述过，社会主义不是地域性的，而是世界性的、国际性的。社会主义国家不能封闭起来搞建设，而应实行对外开放。然而历史的演进是奇特而不可完全预见的。当我国进入改革开放时，却面临着两个突出问题。

一是国外的问题。就是苏联东欧国家亡党亡国的怪象：苏联东欧社会主义国家不改革时，体制渐渐僵化，社会主义制度优越性的发挥日趋式微，人民不满意；然而一进行改革，经过几个时期又日益背离马克思列宁主义指导原则，偏离社会主义方向，最终改旗易帜，亡党亡国，发生历史的大倒退。这个“怪象”从现象上看，似乎是一个悖论。实际上并非悖论，而是一种真理的呼喊：社会主义国家不改革是死路一条，改革不坚持社会主义方向也是死路一条。如何摒除这两种“死路一条”？如何把握好既坚持改革开放，不使社会封闭僵化，又始终如一地坚持社会主义道路，不改旗易帜，确保社会主义制度得到完善和发展，充满生机和活力？马克思主义经典作家没有经过改革开放的具体实践，自然没有具体论述，国际上亦无成功先例。历史把回答这个问题的使命赋予了中国共产党及其领导的中国人民，要求其担当起创造出一条中国道路的责任。

二是国内问题。总体来说，就是面临精神懈怠、能力不足、脱离群众、消极腐败“四大危险”和长期执政、改革开放、市场经济、外部环境“四大考验”。展开来说，就是在改革过程中，在国际垄断资本加强进攻和渗透，国内阶级斗争在一定范围内存在，市场经济通行的原则侵入党内政治生活等等条件下，党和国家机关中出现了种种突出问题。如：一些党员、干部包括高级干部，理想信念不坚定、对党不忠诚、纪律松弛、脱离群众、独断专行、弄虚作假、慵懒无为，个人主义、分散主义、自由主义、好人主义、宗派主义、山头主义、拜金主义等不同程度存在，形式主义、官僚主义、享乐主义和奢靡之风等问题突出，任人唯亲、跑官要官、买官卖官、拉票贿选等现象屡禁不止，滥用权力、贪污受贿、腐化堕落、违法乱纪等现象滋生蔓延。特别是高级干部中极少数人的政治野心膨胀、权欲熏心，搞阳奉阴违、结党营私、团团伙伙、拉帮结派、谋取权位等政治阴谋活动。这类问题，严重侵蚀党的思想道德基础，严重破坏党的团结和集中统一，严重损害党内政治生态和党的形象，严重影响党和人民事业发展。

面对国内外这两大关系马克思主义执政党和社会主义制度生死存亡的

重大课题，能不能破解？如何破解？这对我们党的挑战和考验是严峻的。

透过现象看本质。把这两方面的突出问题归结到一点，就是社会主义存在和平演变的危险性。早在20世纪50年代，毛泽东就以马克思主义伟大政治战略家的敏锐观察和深沉思考指出了这种危险性，为此提出了培养无产阶级革命事业接班人的问题。继后，我们党的几代中央领导集体通过艰辛探索和经验积累，都为破解这一具有国际性的高难度历史课题作出了贡献，逐渐形成了系统的理论和实践，或曰巩固和发展社会主义的“中国方案”、“中国智慧”。其精义就是：“关键在党，关键在坚持党要管党、全面从严治党。”[①] 我们党在领导改革开放和社会主义现代化建设伟大社会革命的同时，必须坚定不移推进党的伟大自我革命。

事实上，在改革开放40多年里，伟大自我革命的精神和要求始终如一地贯穿或体现在党的历次代表大会中。党的十二大要求全党“振奋精神，开拓前进，坚毅不拔，奋斗不息”，发扬“创造新局面的革命风格”。[②] 党的十三大提出，“党的自身建设也必须进行改革，以适应改革开放的新形势”，如此“我们党就能以崭新的姿态，站在改革和现代化建设的前列，成为一个勇于改革、充满活力的党，纪律严明、公正廉洁的党，选贤任能、卓有成效地为人民服务的党”。[③] 党的十四大要求党的各级领导机关和领导干部要“勇于探索，大胆试验，及时总结经验，创造性地开展工作”。[④] 党的十五大强调全党要“勇于开拓，积极进取，不怕困难，不怕挫折”。[⑤] 党的十六大提出了“以改革的精神加强和改进党的建设”，要求全党“始终保持共产党人的蓬勃朝气、昂扬锐气”。[⑥] 党的十七大明确提出要“以改革创新精神全面推进党的建设新的伟大工程”。[⑦] 党的十八大要求不断提高党的“四个自我”的能力：“自我净化、自我完善、自我革新、自我提高”。[⑧] 党的十八大以后，正如习近平总书记在《党必须勇于自我革命》中所总结的，我们提出全面从严治党，以敢于刀刃向内

---

① 习近平：《在庆祝改革开放40周年大会上的讲话》，人民出版社2018年版，第34—35页。

② 《十二大以来重要文献选编》（上），人民出版社1986年版，第60页。

③ 《十三大以来重要文献选编》（上），人民出版社1991年版，第48、54—55页。

④ 《十四大以来重要文献选编》（上），人民出版社1996年版，第40页。

⑤ 《十五大以来重要文献选编》（上），人民出版社2000年版，第49页。

⑥ 《十六大以来重要文献选编》（上），人民出版社2005年版，第8、43页。

⑦ 《十七大以来重要文献选编》（上），人民出版社2009年版，第46页。

⑧ 《十八大以来重要文献选编》（上），人民出版社2014年版，第39页。

的勇气向党内顽瘴痼疾开刀，以一抓到底的钉钉子精神把管党治党要求落实落细，都贯穿着强烈的自我革命精神，体现了我们党自我革命的决心和意志。2014 年 6 月 30 日，习近平在十八届中央政治局第十六次集体学习时的讲话中语重心长地告诫全党："我们共产党人的忧患意识，就是忧党、忧国、忧民意识，这是一种责任，更是一种担当。要深刻认识党面临的执政考验、改革开放考验、市场经济考验、外部环境考验的长期性和复杂性，深刻认识党面临的精神懈怠危险、能力不足危险、脱离群众危险、消极腐败危险的尖锐性和严峻性，深刻认识增强自我净化、自我完善、自我革新、自我提高能力的重要性和紧迫性，坚持底线思维，做到居安思危。要教育引导全党同志特别是各级领导干部坚持'两个务必'，自觉为党和人民不懈奋斗，不能安于现状、盲目乐观，不能囿于眼前、轻视长远，不能掩盖矛盾、回避问题，不能贪图享受、攀比阔气。"①

党的十八大以后，我们党进行的自我革命是富有成效的。党的十九大报告作出总结说："我们勇于面对党面临的重大风险考验和党内存在的突出问题，以顽强意志品质正风肃纪、反腐惩恶，消除了党和国家内部存在的严重隐患，党内政治生活气象更新，党内政治生态明显好转，党的创造力、凝聚力、战斗力显著增强，党的团结统一更加巩固，党群关系明显改善，党在革命性锻造中更加坚强，焕发出新的强大生机活力，为党和国家事业发展提供了坚强政治保证。"②

三　马克思主义执政党永远是革命党

我们党管党治党的成就，特别是新时代党的自我革命的鲜活经验，无论从理论上看还是从实践上看，意义都极为重大。

第一，扭正了一些人把执政党与革命党割裂、对立起来的观点，彰显了马克思主义执政党始终是革命党，直到最高理想——共产主义社会的实现。马克思恩格斯在《共产党宣言》中说："在无产阶级和资产阶级的斗争所经历的各个发展阶段上，共产党人始终代表整个运动的利益"③，我

---

① 《习近平在中共中央政治局第十六次集体学习时强调坚持从严治党 落实管党治党责任 把作风建设要求融入党的制度建设》，《人民日报》2014 年 7 月 1 日第 1 版。

② 习近平：《决胜全面建成小康社会 夺取新时代中国特色社会主义伟大胜利——在中国共产党第十九次全国代表大会上的报告》，人民出版社 2017 年版，第 8—9 页。

③ 《马克思恩格斯选集》第 1 卷，人民出版社 2012 年版，第 413 页。

们党自成立之日起就秉持《共产党宣言》的精神，强调“共产主义者的目的是要按照共产主义者的理想，创造一个新的社会”①。中国共产党人始终是革命者，始终保持革命精神、革命斗志，把马克思主义关于共产主义革命的思想一直贯彻到底。

第二，展现了党的自我革命同伟大社会革命的关系。习近平总书记曾说，要“开新局于伟大的社会革命，强体魄于伟大的自我革命”。②“开新局”与“强体魄”不可分离。以党的自我革命来推动党领导人民进行的伟大社会革命。这是党领导的伟大社会革命夺取胜利的一条规律，也是马克思主义认识论在新时代党的建设中的创造性运用。毛泽东早在 1937 年 7 月著的《实践论》中就指出：“无产阶级和革命人民改造世界的斗争，包括实现下述的任务：改造客观世界，也改造自己的主观世界——改造自己的认识能力，改造主观世界同客观世界的关系。”③ 今天，我们党在自我革命及其推动的伟大社会革命中所取得的成就，表明中国共产党作为成熟的马克思主义政党，已经历史地肩负起改造客观世界，也改造自己的主观世界的任务。一些国外共产党亡党亡国，血的教训正是背离了这个马克思主义认识论的原则，把两个革命对立起来，舍弃了党的自我革命，致使社会革命半途而废，党自身亦发生蜕变而亡。

第三，扭正了对党内团结与党内斗争、社会和谐与社会矛盾相互关系的认识。在这两对关系上，曾有人以形而上学的思维，把它们绝对对立起来，只讲党内团结一面，不讲党内斗争一面；只讲社会和谐一面，不讲社会矛盾一面，以致一些潜规则侵入党内，逐渐流行。正如习近平总书记曾批评的，“在思想政治上，一些人信奉‘马列主义对人，自由主义对己’，‘两个嘴巴说话，两张面孔做人’；在组织生活中，一些人信奉‘自我批评摆情况，相互批评提希望’，‘你不批我，我不批你；你若批我，我必批你’，‘上级对下级，哄着护着；下级对上级，捧着抬着；同级对同级，包着让着’；在执行政策中，一些人信奉‘遇到黄灯跑过去，遇到红灯绕过去’，‘不求百姓拍手，只求领导点头’；在干部任用中，一些人信奉‘不跑不送、降职使用，只跑不送、原地不动，又跑又送、提拔重用’；

① 《建党以来重要文献选编（1921—1949）》第 1 册，中央文献出版社 2011 年版，第 486 页。

② 习近平：《在 2018 年春节团拜会上的讲话》，《人民日报》2018 年 2 月 15 日第 2 版。

③ 《毛泽东选集》第 1 卷，人民出版社 1991 年版，第 296 页。

在人际交往中，一些人信奉‘章子不如条子，条子不如面子’，‘有关系走遍天下，没关系寸步难行’。”① 这些潜规则畅通无阻，成为腐蚀党员和干部、败坏党的风气的沉疴毒瘤，大大削弱了党的战斗力。党的十八大以来，强调和践行党的自我革命，要求保持和培养斗争精神，增强斗争本领，给全党特别是党的领导干部以强有力的思想理论武装，使全党在伟大复兴、伟大斗争、伟大工程、伟大事业中，在解决新时代人民日益增长的美好生活需要和不平衡不充分的发展之间的矛盾中有了政治底线、敢于斗争、敢于担当。

第四，提供了区分真假共产党人的试金石。这两者的根本区别在于是否有彻底的自我革命精神，始终坚持党的根本宗旨和实现共产主义奋斗目标。真正的共产党人一切工作以共产主义为纲，志愿把一切献给党，全心全意为人民服务，必然革命到底；假共产党人置共产主义于脑后，一心一意为个人，只图从执政党的地位捞取好处，必然半路逃离。

四 以改革创新精神推进新时代党的自我革命

1. 坚定不移地坚持党的领导

党的自我革命是在以习近平同志为核心的党中央统一领导下，全党自觉进行的一场自我净化、自我完善、自我革新、自我提高的革命，是保持马克思主义执政党的先进性和纯洁性的基本要求。中国的事情关键在党。中国实行改革开放和社会主义现代化建设的伟大社会革命，必须加强党的领导。如同这场伟大革命一样，党的自我革命也必须加强党的领导，按照党中央的统一的战略部署、依法依规有领导有秩序地进行。

2. 加强基层治理，全面夯实党的组织基础

党的自我革命是对全党的要求，包括党的各级组织、全体共产党员。从组织上说，无论是党的中央组织，还是地方组织；从党的成员上说，无论是党的高级干部，还是普通的共产党员，是在岗的共产党员，还是退休的共产党员，都必须践行自我革命。在要不要自我革命的问题面前，回答应该是一致的，没有任何共产党员可以特殊。

党的自我革命要全面夯实党的组织基础。党的力量在于组织，党的自我革命必须有健全的、系统的组织力量支撑，如此才能把党的路线方针政

---

① 《习近平关于党风廉政建设和反腐败斗争论述摘编》，中国方正出版社 2015 年版，第 45 页。

策和决策部署贯彻落实到位。当前要着重加强基层治理，解决一些地方、单位基层党组织弱化、虚化、边缘化问题，全面落实党的组织基础。

3. 继续推进全面从严治党

党的自我革命，既是党自身的管党治党行为，也是党的治国理政活动，事关党、国家和民族的前途命运，事关人民最高利益和中华民族的伟大复兴，事关党领导的伟大社会革命能推进到何种高度与深度。只有全面从严，才能把我们党建设成为始终走在时代前列、人民衷心拥护、政治过硬、本领高强，能够有效应对重大挑战、抵御重大风险、克服重大阻力、解决重大矛盾、经得起各种风浪考验、朝气蓬勃的、坚强的马克思主义执政党，从而肩负起领导伟大社会革命的重任。自我革命不全面从严，就达不到目的。

全面从严，就是正风、肃纪、惩贪，不忽略一个单位，不马虎一个案例，不漏网一个犯事者，不容一人以过去的功抵今天的过，不搞一个下不为例。"打虎"、"拍蝇"、"猎狐"同时展开。扫黄打黑，依规依法，坚持零容忍。从反腐斗争说，党的十八大以来，不敢腐的目标初步实现，不能腐的笼子越扎越牢，不想腐的堤坝正在构筑，反腐败斗争压倒性态势已经形成并得到巩固发展。取得这样的卓著成效，是坚持全面从严的结果。

4. 抓住"关键少数"

以改革创新精神推进新时代党的自我革命，必须要抓住"关键少数"，即各级领导机关和领导干部，高级干部特别是中央委员会、中央政治局、中央政治局常务委员会的组成人员。他们肩负着领导人民实现伟大社会革命的重托，其言行、作为与国家前途、人民利益、民族命运的联系更加直接，历史和人民要求他们必须在自我革命中全面增强执政本领，包括学习本领、政治领导本领、改革创新本领、科学发展本领、依法执政本领、群众工作本领、狠抓落实本领、驾驭风险本领，等等。做到信念过硬、政治过硬、责任过硬、能力过硬、作风过硬，这样才能与他们担当的领导责任相适应。

在思想理论方面，领导干部特别是高级领导干部要做到共产主义理想信念坚定，对党在社会主义初级阶段的基本理论、基本路线、基本方略领悟深刻。面对意识形态领域尖锐复杂的斗争，支持什么，反对什么，立场坚定，旗帜鲜明，在大是大非面前，态度明朗，绝不含糊。对好人好事敢于表扬，在歪风邪气面前敢于扶正祛邪。对犯错误的干部，敢于理直气壮地进行批评教育；对错误严重、态度恶劣、屡教不改的人敢于处理，狠刹歪风；在遵守党章党规，严守党的政治纪律和政治规矩方面，有强烈的“四个意识”、“两个维护”的观念，能坚决清除“左”和右的错误思想，处处以身作则，率先垂范、以上率下。

在作风建设方面，领导干部特别是高级领导干部要自觉将“三严三实”（严以修身、严以用权、严以律己，谋事要实、创业要实、做人要实）贯穿于全部工作和生活实践中，养成一种习惯、化为一种境界，习惯受监督、受约束。

（原载《世界社会主义研究》2019 年第 2 期）

论新时代党的政治建设

把党的政治建设确定为党的根本性建设，是新时代全面从严治党、加强党的全面领导的一项重大创新。党的十八大以来，以习近平同志为核心的党中央全面从严治党，以英勇无畏的政治勇气和历史担当精神，狠抓党的政治建设，取得显著成效。2016 年 10 月 27 日中国共产党十八届六中全会通过《关于新形势下党内政治生活的若干准则》后，中央又颁发了一系列重要文件，从多方面多角度对党的政治建设作出具体规定，充分体现了坚持和加强党的全面领导，坚持把政治建设放在第一位，以政治建设统领党的其他方面建设的精神，为全党学习研究和贯彻实践党的政治建设进一步指明了方向。但是在党的政治建设取得重要成就的同时，党内还存在必须解决的政治问题，社会上也有对我们党的政治建设不甚理解的声音。面对这些问题，为确保党中央关于加强党的政治建设的精神全面贯彻落实，本文试从理论和实际的结合上回应以下三大问题。

一　新时代党的政治建设的根本性质及其深刻依据

党的十九大报告确定了党的政治建设的统领和首要地位。强调“党的政治建设是党的根本性建设，决定党的建设方向和效果”①。党的十九大报告作出这一重大论断有着深刻依据。

（一）政党的根本政治属性

在近现代，世界各国的政党均不是普通的社会群体、普通的经济组织、社会组织，而是某个特定阶级（阶层）和社会集团利益诉求和整体力量的政治代表，是在社会生活和国家机关中进行政治活动的政治组织。

---

①　习近平：《决胜全面建成小康社会 夺取新时代中国特色社会主义伟大胜利——在中国共产党第十九次全国代表大会上的报告》，人民出版社 2017 年版，第 62 页。

不论是资产阶级（含小资产阶级）政党还是无产阶级政党都如此，区别只是其所代表的阶级及其根本利益不同，如19世纪中期形成的英国保守党，是以17世纪形成的英国托利党为基础建立起来的，代表的是土地贵族阶级和高级教士利益；英国自由党，是由19世纪中期辉格党合并其他资产阶级政党而来，代表的是英国工商业资产阶级利益。20世纪初成立的英国工党虽然以维护工人利益为口号，但实质上仍是一个资产阶级政党。18世纪法国资产阶级政党也是如此，如吉伦特派代表的是工商业大资产阶级利益；雅各宾派代表的是资产阶级革命民主派的利益；热月党人代表的是大资产阶级利益，君主立宪派代表的是大资产阶级和自由派贵族的利益。美国的资产阶级也没有两样，19世纪中期形成的美国民主党，代表的是北方资产阶级利益；19世纪中期形成的共和党代表的是南方种植园主利益。20世纪初，美国两党都演变成垄断资产阶级利益的政治代表。日本亦如此，成立于1955年的日本自由民主党，代表的是日本垄断资产阶级的利益，如此等等。与资产阶级政党代表资产阶级的利益根本不同，无产阶级政党代表的是无产阶级的利益。马克思、恩格斯于1847年在改造正义者同盟基础上创建的共产主义者同盟，是世界上第一个无产阶级政党，作为无产阶级的政治代表，是以无产阶级为阶级基础，以争取、维护无产阶级利益，以实现共产主义为最终目标的。后来的苏联共产党（1952年改为现称），中国共产党、朝鲜劳动党、越南共产党、古巴共产党、老挝人民革命党等等，都是无产阶级政党，均以无产阶级为阶级基础，代表的是无产阶级和广大劳动人民的利益。

无产阶级政党与资产阶级政党的性质、代表的利益根本不同，但作为政党，其首要的、根本的属性是政治属性。一般说来，它们都具有明确的政治纲领、政治纪律、政治规矩，等等。由此决定，一个稳固的政党都重视自身的政治建设，甚至以此为其自身建设的第一要求。因为只有如此，这个政党才能保证全党有明确政治方向、政治信仰、政治纲领和严明的政治纪律，把全党的意志统一起来，把全党的力量凝聚起来。为实现其政治纲领而共同奋斗。反过来说，如果一个政党不再重视自身的政治建设，那就表明它的根本政治属性在蜕化，甚至丧失，党已不稳固，面临瓦解的危险，或者它已蜕变为普通的经济组织或社会组织，不再成其为政党。

（二）中国共产党独特的传统优势

“中国共产党是中国工人阶级的先锋队，同时是中国人民和中华民族的先锋队”[①]。党以马克思主义为指导思想，党的最高理想和最终目标是实现共产主义。党的先进性质，所起的时代先锋和民族脊梁作用，所肩负的历史使命，决定它必然讲政治，加强党的政治建设。党的十八大之前，尽管我们党未曾明确提出过党的政治建设概念，常用的相近词语多是“政治工作”，或者“思想政治工作”，其含义也与“党的政治建设”不完全相同。但事实上，讲政治、重视政治建设则一直贯穿于党的建设实践中，成为中国共产党独特的传统优势和克敌制胜的保证。历届党中央领导人在这方面作出过一系列著名论断。如毛泽东同志曾指出：“政治工作是一切经济工作的生命线。”[②] 又强调：“思想和政治又是统帅，是灵魂。只要我们的思想工作和政治工作稍为一放松，经济工作和技术工作就一定会走到邪路上去。”[③] 邓小平同志说“到什么时候都得讲政治”[④]，强调党的工作中心转到经济领域以后，不要忘记思想政治工作。江泽民同志反复阐述政治坚定的重要性，要求“讲学习，讲政治，讲正气”[⑤]。胡锦涛同志旗帜鲜明地强调，“我们讲的政治，是马克思主义的政治，是建设有中国特色社会主义的政治”[⑥]。习近平总书记这方面的论述更多，如他强调：“历史经验表明，我们党作为马克思主义政党。必须旗帜鲜明讲政治”[⑦]。“讲政治”，在这里是一个理论与实际、知与行相统一的马克思主义政治学概念。概括了我们党一贯坚持的马克思主义优良学风，包含着政治建设实践的要求。

如果胸怀忧患意识，从防患于未然的角度来思考，就更容易看到“讲政治”、重视党的政治建设的重要性、尖锐性和迫切性。就是说，如果我们党不再讲政治，不重视加强党的政治建设，那就意味着我们党忘记了初心和使命，失去了独特的传统优势。按通常的说法就是改旗易帜了，不再是马克思主义政党了，“和平演变”了。这无疑是不可想象的，也是我们党和人民绝对不能容许的。但不容掉以轻心的是，国际上有“和平

① 《中国共产党第十六次全国代表大会文件汇编》，人民出版社2002年版，第136页。
② 《毛泽东文集》第6卷，人民出版社1999年版，第449页。
③ 《毛泽东文集》第7卷，人民出版社1999年版，第351页。
④ 《邓小平文选》第3卷，人民出版社1993年版，第166页。
⑤ 《江泽民文选》第1卷，人民出版社2006年版，第483页。
⑥ 《胡锦涛文选》第1卷，人民出版社2016年版，第255页。
⑦ 《关于新形势下党内政治生活的若干准则》，人民出版社2016年版，第4页。

演变”的先例，国内也有因没有抓紧、抓实、抓好党的政治建设，出现严重政治问题的教训。列宁说得好：“一个阶级如果不从政治上正确地看问题，就不能维持它的统治，因而也就不能完成它的生产任务。”① 毛泽东同志也有大家都熟悉的科学论断：“思想上政治上的路线正确与否是决定一切的。党的路线正确就有一切，没有人可以有人，没有枪可以有枪，没有政权可以有政权。路线不正确，有了也可以丢掉。”② 列宁和毛泽东同志的这些英明论断的真理性已为事实所证明。人们常说：苏共有 20 万党员的时候，夺取了政权；苏共有 200 万党员的时候，打败了德国法西斯；苏共有 2000 万党员的时候，亡党亡国了。苏联共产党曾经是一个伟大的马克思列宁主义的大党，可是斯大林辞世以后苏共日益推行修正主义路线，不能从根本上代表人民群众的利益，结果灭亡了。苏联东欧社会主义国家亡党亡国的教训告诫我们，千万不能丢失“讲政治”、加强党的政治建设的传统优势。

（三）全面从严治党显著成效的重大启示

习近平总书记深刻地指出：“政治问题，任何时候都是根本性的大问题。全面从严治党，必须注重政治上的要求”③。党内存在的很多问题，都根源于没有抓紧、抓实、抓好党的政治建设。大量事实说明，“干部在政治上出问题，对党的危害不亚于腐败问题，有的甚至比腐败问题更严重”④。这些论断入木三分，把党内存在的各种问题归结到政治的根源上，这就点到了关键穴位。事实正是这样。十八大以来，党中央持之以恒推进全面从严治党，紧紧抓住从政治上建党这个根本，以鲜明的政治导向，强大的实施力度，依纪依法清除了重大政治隐患，维护了党的先进性、纯洁性和党中央的权威性，所取得的成效前所未有。按王岐山同志的说法是，十八大以来，习近平总书记在各个领域坚持加强党的领导。“澄清了模糊认识，夺回丢失的阵地，把走弯了的路调直，树立起党中央的权威，弱化党的领导的状况得到根本性扭转。”⑤ 实践证明，党的政治建设对于全面推进党的建设具有“灵魂”和“根基”的意义。应该说，这是中国共产

① 《列宁选集》第 4 卷，人民出版社 2012 年版，第 408 页。
② 《建国以来毛泽东文稿》第 13 册，中央文献出版社 1998 年版，第 242 页。
③ 《习近平关于全面从严治党论述摘编》，中央文献出版社 2016 年版，第 87 页。
④ 《习近平关于全面从严治党论述摘编》，中央文献出版社 2016 年版，第 80 页。
⑤ 《党的十九大报告辅导读本》，人民出版社 2017 年版，第 14 页。

党在推进全面从严治党过程中，得到的一条如何保持马克思主义执政党先进性和纯洁性的规律性认识，是马克思主义政治学中国化成果对解决国际共产主义运动中一个高难度历史课题作出的贡献。反过来说，如若不这样，我们置历史经验和现实危险于不顾，不再从“根本性”“统领”和“首要”的高度继续加强党的政治建设，那就意味着党的建设的“灵魂”和“根基”的丢失；意味着十八大以来全面从严治党的成果可能得而复失；意味着还有可能发生政治上的逆转。自然，党和人民绝对不能容许发生这类事情。

（四）党内存在的政治问题必须得到根本解决

十八大以来，我们党着眼于从政治上建设党，取得了重大成效。但是“全党要清醒认识到，我们党面临的执政环境是复杂的，影响党的先进性、弱化党的纯洁性的因素也是复杂的，党内存在的思想不纯、组织不纯、作风不纯等突出问题尚未得到根本解决。要深刻认识党面临的执政考验、改革开放考验、市场经济考验、外部环境考验的长期性和复杂性，深刻认识党面临的精神懈怠危险、能力不足危险、脱离群众危险、消极腐败危险的尖锐性和严峻性，坚持问题导向，保持战略定力，推动全面从严治党向纵深发展。”[①]《中共中央关于加强党的政治建设的意见》再次指出：“党内存在的政治问题还没有得到根本解决，一些党组织和党员干部忽视政治、淡化政治、不讲政治的问题还比较突出，有的甚至存在偏离中国特色社会主义方向的严重问题。切实有效解决这些问题，必须进一步加强党的政治建设”[②]。我们党肩负着夺取“四个伟大”胜利的历史重任。如若我们党不从政治的高度看问题，进一步加强党的政治建设，从根本上解决尚存在于物质生产、意识形态等领域的政治问题，就不可能实现伟大的目标。

二 深刻把握新时代加强党的政治建设的首要任务

十九大报告明确党的政治建设的首要任务是“保证全党服从中央，坚持党中央权威和集中统一领导”[③]。这一规定内涵深刻、意义重大。我

① 习近平：《决胜全面建成小康社会，夺取新时代中国特色社会主义伟大胜利——在中国共产党第十九次全国代表大会上的报告》，人民出版社2017年版，第61页。

② 《中共中央关于加强党的政治建设的意见》，人民出版社2019年版，第2页。

③ 习近平：《决胜全面建成小康社会，夺取新时代中国特色社会主义伟大胜利——在中国共产党第十九次全国代表大会上的报告》，人民出版社2017年版，第62页。

们需要好好领会。

习近平总书记明确指出："坚持和完善党的领导，是党和国家的根本所在、命脉所在，是全国各族人民的利益所在、幸福所在。"[①] 这四个"所在"，从"党和国家的根本"出发，落脚到"全国各族人民的利益……幸福……"上，表明"党""国家"和"全国各族人民的利益"三位一体，高度统一。这正是中国特色社会主义制度的优越性、人民民主专政国家的本质、中国共产党的根本宗旨所在，体现"三位一体"高度统一的精髓、内核，就是中国共产党人讲的"党的领导"，或者说是"讲政治"的出发点和落脚点。然而"党的领导"作用不会自然而然地发生，它必须通过党中央领袖集团的政治活动来实现。离开党中央领袖集团的工作，党的领导就成为一句空话。从其内在本质说，全党坚持和完善党的领导与全党服从党中央、坚持党中央权威和集中统一领导是统一的。坚持和完善党的领导，必须和必然服从党中央、坚持党中央权威和集中统一领导。这是上述四个"所在"成为现实的关键。全党必须以高度的自觉，充分认识牢固树立政治意识、大局意识、核心意识、看齐意识。坚决维护习近平总书记在党中央的核心地位、在全党的核心地位，是关系党的事业全局、关系中华民族现在和未来的最大政治，是加强党的政治建设，兴党强国的重中之重、要中之要。也是马克思主义政治学中国化理论在新时代必须牢牢把握的重大问题。任何马虎和闪失、任何质疑都将给四个"所在"带来危害。

共产党的力量，从一定意义上说在于组织。组织作为联合行动的系统力量，要求一方面要有权威，一方面要有"服从"。没有对权威的"服从"等于对权威的否定。而检验是否"服从"的标准是行动及其成效。具体说，就是要把自觉同以习近平总书记为核心的党中央保持高度一致，向以习近平总书记为核心的党中央看齐，当作坚定不移地执行党的政治路线、严格遵守政治纪律和政治规矩、确保党的"三基本"（基本理论、基本路线、基本方略）的贯彻落实的实际行动。广大党员和领导干部，无论属于何种领域、何种级别，都必须忠诚于党，服从、维护党中央对党和国家重大决策、重大部署的决定权。凡属部门和地方职权范围内的工作部署，都要以坚决维护、贯彻党中央决策部署为前提，做到令行禁止，坚决

---

① 《习近平谈治国理政》第2卷，外文出版社2017年版，第43页。

防止和纠正自行其是、各自为政、有令不行、有禁不止等行为。所谓上有政策、下有对策之作为，均属违背党的集中统一之举，为党纪党法所不容。

第一，我们党维护党中央、特别是党的领袖的最高权威的依据是马克思主义国家学说和党的学说。恩格斯在批判反权威主义者时指出：权威和服从是对立的统一。“一方面是一定的权威，不管它是怎样形成的，另一方面是一定的服从，这两者都是我们不得不接受的”①，“我们能不能——在现代的社会关系下——创造出另一种社会状态来，使这种权威成为没有意义的东西而归于消失呢。”② 恩格斯回答得很肯定：“政治国家以及政治权威将由于未来的社会革命而消失，这就是说，公共职能将失去其政治性质，而变为维护真正社会利益的简单的管理职能。但是，反权威主义者却要求在产生权威的政治国家的各种社会条件清除以前，一举把权威的政治国家废除。”③ 恩格斯告诫无产阶级政党说：“获得胜利的政党如果不愿意失去自己努力争得的成果，就必须凭借它以武器对反动派造成的恐惧，来维持自己的统治。要是巴黎公社面对资产者没有运用武装人民这个权威，它能支持哪怕一天吗？反过来说。难道我们没有理由责备公社把这个权威用得太少了吗？总之，二者必居其一。或者是反权威主义者自己不知所云，如果是这样，那他们只是在散布糊涂观念；或者他们是知道的，如果是这样，那他们就背叛了无产阶级运动。在这两种情况下，他们都只是为反动派效劳。”④ 恩格斯这些精辟论述再清楚不过地说明了权威作为一种客观存在的社会关系，在一定条件下存在的必然性和不可避免性。说明了在那些产生权威的社会关系废除以前，要求一举废除权威的反动性。说明了获得胜利的政党维护革命权威是巩固革命胜利成果的政治保证。

马克思主义政党学说也告诉我们：“在通常情况下，在多数场合，至少在现代的文明国家内，阶级是由政党来领导的；政党通常是由最有威信、最有影响、最有经验、被选出担任最重要职务而称为领袖的人们所组成的比较稳定的集团来主持的。”⑤ 正是这样，马克思主义政党的中央、

---

① 《马克思恩格斯选集》第3卷，人民出版社2012年版，第276页。

② 《马克思恩格斯选集》第3卷，人民出版社2012年版，第274页。

③ 《马克思恩格斯选集》第3卷，人民出版社2012年版，第277页。

④ 《马克思恩格斯选集》第3卷，人民出版社2012年版，第277页。

⑤ 《列宁选集》第4卷，人民出版社2012年版，第151页。

特别是“称为领袖的人们”必然是为全党在长期斗争实践中经反复选择，并通过法定程序赋予了他们最高权威——党的“头脑”和“心脏”。这种权威的鲜明体现，就是它对党和国家重大决策部署的决定权。这种“权威”，或说“决定权”的不可动摇性在于。它是全党最高利益和人民最高利益的体现。服从、维护这种权威就是服从、维护全党的最高利益，人民的最高利益。党的十八大以来，以习近平总书记为核心的党中央领导全党全国各族人民所取得的重大成就以及人民拥有的巨大获得感，充分证明了这一点。因此共产党员忠诚于党、忠诚于人民与服从、维护领袖的最高权威是高度统一的。

要指出的是，要透彻理解这个道理，需懂得马克思主义是“由一整块钢铸成”的。它的全部精神，它的整个体系，“要求人们对每个原理都要（α）历史地，（β）都要同其他原理联系起来，（γ）都要同具体的历史经验联系起来加以考察。”[①] 由于不同的历史时期，由总的历史条件和具体形势任务的变化所决定，马克思主义政党在运用马克思主义指导社会主义实践时，会把马克思主义理论内容的不同方面分别提到首要地位。即时而将马克思主义的这一方面，时而将马克思主义的那一方面，提升为矛盾的主导方面加以强调，相应地会把党的注意力、实际工作主要放在这一方面或那一方面。但是特别突出和受注意的主要方面并非脱离其整个体系而孤立存在，一个时期特别突出和受注意的方面，也绝非否定其他未强调的方面。事实恰恰相反，它是以其他方面的存在和联系为既定前提的。同马克思主义任何原理一样，马克思主义政党学说中关于党中央及其领袖权威的原理也是如此，它绝不是孤立的，而是奠基于历史唯物主义原理、民主集中制组织原则、依法治国、依规治党之上的。我们党的领袖关于这些方面的丰富思想是树立党中央及其领袖权威的直接理论基础。只不过在每一次论述关于维护党中央及其领袖权威时，只能以历史唯物主义原理、民主集中制组织原则和依法治国等等为既定前提，不能次次都明确写上这些原理和原则。这是任何一个明白事理的人都清楚的。

第二，坚持政治分析，是马克思主义者看待政治问题的基本原则。如何看待维护以习近平总书记为核心的党中央的权威这样重大的政治问题，也必须做政治分析，即看对谁有利。恩格斯在评价马克思的时候说：“现

---

① 《列宁选集》第2卷，人民出版社2012年版，第785页。

代无产阶级只是依赖马克思才第一次意识到本身的地位和要求，意识到本身的解放条件”①。党的领袖和导师对于无产阶级解放事业的意义就是这样。它表明，马克思主义政党的领袖和导师，是工人阶级和广大人民群众的精神领袖、意志和利益最集中的代表，工人阶级和广大人民群众只是依赖他才认识到自己的利益并且团结起来为自己的利益而斗争，获得幸福。因此服从和维护领袖的权威，本质上就是服从和维护工人阶级和广大人民群众的意志和利益。正因如此，在马克思主义政党史上，觉悟了的工人阶级和广大人民群众总是热爱、拥护、保卫自己的领袖，同一切反对自己领袖的势力作斗争。而一切站在工人阶级和广大人民群众对立面的势力总是千方百计攻击、妖魔化工人阶级和广大人民群众的领袖。当今中国，历史虚无主义头面人物就是站在工人阶级和广大人民群众对立面的典型代表。他们攻击以习近平同志为核心的党中央，企图诋毁其最高权威是不足为奇的。

第三，实现中华民族伟大复兴，是在美国视中国为第一竞争对手、挑起贸易战，国内外斗争极其尖锐复杂、干扰麻烦甚多的环境下进行的。国内外一切反社会主义中国的势力都明白一个道理，以习近平同志为核心的党中央的活动同党和人民民主专政国家的活动是联系在一起的。若弱化了甚至否定他们的权威和作用，也就必然弱化和否定党和国家的作用，中国人将因失去坚强的领导核心和政治组织力量而成为一盘散沙，实现中华民族伟大复兴的目标必成泡影。所以它们把攻击的目标集中到以习近平同志为核心的党中央上，其真实意图就是欲通过制造思想混乱、丑化形象、离间领袖与人民的血肉关系，达到破坏、毁灭中华民族伟大复兴的目的。

维护革命领袖的权威，是国际共产主义运动的光荣传统。在马克思主义政党建设史上，列宁是这方面的典范。他曾旗帜鲜明地提出“保卫党的领袖”的口号。他忠告全党：“要是我们党一听到资产阶级诽谤我们党的领袖就同意自己的领袖丢开社会活动，那就要吃大亏，就会使无产阶级受到损失，使无产阶级的敌人拍手称快。”② 现在我们正在进行同以往具有许多不同历史特点的伟大斗争，既面临大好机遇，又面临严峻挑战。无论是抓住机遇，还是迎接挑战，都需要有以习近平总书记为核心的党中央

---

① 《邓小平文选》第2卷，人民出版社1994年版，第173页。

② 《列宁全集》第32卷，人民出版社1985年版，第88—89页。

这样稳定而又具有强大凝聚力、号召力和动员力的领导核心。全党同志必须自觉维护以习近平总书记为核心的党中央一锤定音、定于一尊的权威。

三 新时代加强党的政治建设需要坚持党的自我革命

党的自我革命与党的政治建设是全面从严治党的两个方面。前者从"破"，即"革"的方面提出问题，主导方面在"破旧"（革除），即破除（革除）旧的思想、旧的观念、旧的习俗、旧的纪律、旧的规矩、旧的体制，等等；后者从"立"，即"建"的方面提出问题，主导方面在"立新"（建新），即建立新的思想、新的观念、新的风俗、新的纪律、新的规矩、新的体制，等等。破中有立，立中有破。"破旧"与"立新"对立统一。思想上不破封建残余思想、资产阶级思想的侵蚀，不同错误思潮、错误观点划清界限、分清是非，不能立马克思主义的世界观；政治上，不破政治立场、政治方向、政治纪律、政治规矩上的错误，不能修复受到损害的政治生态，难以成为政治上的明白人和坚定者；组织上，不打掉那些"老虎""苍蝇""蚊子"，不能消除政治建设的拦路虎，党的民主集中制等良好制度难以健全。所以新时代加强党的政治建设，必须坚持党的伟大自我革命。

（一）党的政治建设需要党的自我革命为之开道，提供建设前提

"加强党的政治建设，目的是坚定政治信仰，强化政治领导，提高政治能力，净化政治生态，实现全党团结统一、行动一致。"[①] 为实现这一目的必须抓住"五个要"："要以党章为根本遵循，把党章明确的党的性质和宗旨、指导思想和奋斗目标、路线和纲领落到实处。要凸显党的政治建设的根本性地位，聚焦党的政治属性、政治使命、政治目标、政治追求持续发力。要以党的政治建设为统领，把政治标准和政治要求贯穿党的思想建设、组织建设、作风建设、纪律建设以及制度建设、反腐败斗争始终，以政治上的加强推动全面从严治党向纵深发展，引领带动党的建设质量全面提高。要坚持问题导向，注重'靶向治疗'，针对政治意识不强、政治立场不稳、政治能力不足、政治行为不端等突出问题强弱项补短板。要把党的政治建设融入党和国家重大决策部署的制定和落实全过程，做到党的政治建设与各项业务工作特别是中心工作紧密结合、相互促进。"[②]

---

① 《中共中央关于加强党的政治建设的意见》，人民出版社 2019 年版，第 3 页。

② 《中共中央关于加强党的政治建设的意见》，人民出版社 2019 年版，第 3—4 页。

显然，实现“五个要”的过程必然是坚持党的自我革命的过程。不破不立，破字当头立在其中。没有党的自我革命的勇气、魄力、精神，绝不可能达到“五个要”的要求。

事实正是这样，仅就思想层面说，正是党的十八大以来，通过党的自我革命批判了一系列错误观念，澄清了思想认识，才为党的政治建设奠定了思想理论基础。

1. 通过党的自我革命，明确了共产党永远是革命党的问题。一个时期以来，党内外的一些人出自对马克思主义关于共产主义革命思想的误解，用形而上学的思维看待执政党与革命党的关系，把两者对立起来，割裂两者相互之间的内在联系，宣传一种半截子革命观，似乎马克思主义政党在夺取政权、取得执政地位以后就不再是革命党了。显然，这是政治上的一种糊涂观点。一批党政干部思想滑坡，政治堕落，失去革命斗争精神，甚至成为腐败分子，与这种错误观点的误导不无关系。以习近平同志为核心的党中央提出和推进党的自我革命，推动全党重温《共产党宣言》的伟大论断：“在无产阶级和资产阶级的斗争所经历的各个发展阶段上，共产党人始终代表整个运动的利益”①，重温中国共产党成立时的“初心”：“共产主义者的目的是要按照共产主义者的理想，创造一个新的社会。”② 纠正了以往的错误认识，进一步明确了马克思主义执政党仍然是革命党，而且在共产主义社会最高理想实现之前，始终是革命党。某些一度受错误观点影响的共产党人从中受到教育，恢复了初心和使命感，明确中国共产党人永远是革命者，坚定理想信念，自觉保持革命精神、革命斗志。这对于我们全党坚定政治信仰，保持党的先进性和纯洁性意义重大。

2. 通过党的自我革命，明确了共产党人改造世界的完整内容。早在1937年，毛泽东在其名著《实践论》中就指出：“无产阶级和革命人民改造世界的斗争，包括实现下述的任务：改造客观世界，也改造自己的主观世界——改造自己的认识能力，改造主观世界和客观世界的关系。”③ 毛泽东的这一伟大论断在无产阶级和革命人民掌握政权、当家作主以后还要不要坚持和践行？是检验一个马克思主义政党成熟程度的准绳。遗憾的

① 《马克思恩格斯选集》第1卷，人民出版社2012年版，第413页。

② 《建党以来重要文献选编（1921—1949）》第1册，中央文献出版社2011年版，第486页。

③ 《毛泽东选集》第1卷，人民出版社1991年版，第296页。

是，恰恰在这个事关党的政治路线的问题上，一些共产党人放松了对主观世界的改造，在“总开关”上出了问题，这几乎是所有受到党纪国法处理干部的共同感受。习近平总书记以对理论、历史和现实，对国际和国内重大政治事件的深度思考，高屋建瓴，揭示了党领导的伟大社会革命与党的伟大自我革命的关联，提出了党要勇于自我革命的重大命题，要求以党的伟大自我革命来推动党领导人民进行的伟大社会革命。把伟大的社会革命视为“开新局”之动力，把伟大的自我革命誉为“强体魄”之举措。生动体现了“改造客观世界，也改造自己的主观世界——改造自己的认识能力，改造主观世界和客观世界的关系”①。这是从马克思主义认识论的高度和马克思主义政治学理论的高度，提炼出的一条夺取伟大社会革命胜利的重要规律，也为提高全党政治觉悟和政治能力，把新时代党的政治建设推到新的高度提供了强大的理论支撑。

3. 在党内团结与党内斗争、社会和谐与社会矛盾的关系上，曾有人将其对立起来，只讲党内团结，不讲党内斗争；只讲社会和谐，不讲社会矛盾。不懂得以适当的斗争求团结则团结存，以一味地妥协求团结则团结亡，以致一些潜规则侵入党内，庸俗的思想作风蔓延。在思想政治上，“马列主义对人，自由主义对己”，“两个嘴巴说话，两张面孔做人”；在组织生活中，“自我批评摆情况，相互批评提希望”，“你不批我，我不批你；你若批我，我必批你”，“上级对下级，哄着护着；下级对上级，捧着抬着；同级对同级，包着让着”；在执行政策中，“遇到黄灯跑过去，遇到红灯绕过去”，“不求百姓拍手，只求领导点头”；在干部任用中，信奉“不跑不送、降职使用，只跑不送、原地不动，又跑又送、提拔重用”；在人际交往中，信奉“章子不如条子，条子不如面子”，“有关系走遍天下，没关系寸步难行”②。这些潜规则如沉疴毒瘤，腐蚀了党员和干部、败坏了党的风气。十八大以来我们党日益加大力度自我革命，保持和培养了全党的斗争精神，增强了斗争本领，得到了新的理论武装，使全党在伟大梦想、伟大斗争、伟大工程、伟大事业中，有了政治底线和勇气、敢于斗争、敢于担当，优化了党的政治生态。党的自我革命对党内的错误认识的纠正、为党的政治建设重大部署的落实做好了坚

---

① 《毛泽东选集》第1卷，人民出版社1991年版，第296页。

② 《习近平关于全面从严治党论述摘编》，中央文献出版社2016年版，第28页。

实的铺垫。

（二）党的政治建设面对的复杂斗争，需要弘扬自我革命的精神

新时代党的政治建设是在矛盾运动中前进的，不是平静展开的，充满着具有许多新的历史特点的伟大斗争。例如，要同国际垄断资本斗。以美国国际垄断资本为首的资本力量，总是瞄准我们党的高级干部和高级知识分子进行渗透，以求获得“和平演变”中国的策应人。又如，要同国内不法资本势力斗。它们总是不断“围猎”干部、在我们党的高级干部中寻找代理人。这两股力量相互交织、密切勾连、加紧干着思想上腐蚀、政治上瓦解我们党的勾当。我们党只有敢于同国际的和国内的不法资本势力做斗争，并取得胜利，才能赢得本阶级群众的拥护和同盟者的支持，从而获得巩固的阶级基础和强大的群众基础。这就必须有自我革命的精神。再如，要同“侵蚀党的健康肌体的病毒”做斗争。针对党内存在的问题，《中共中央关于加强党的政治建设的意见》要求坚持“五个必须”：“必须维护党中央权威，决不允许背离党中央要求另搞一套；必须维护党的团结，决不允许在党内培植个人势力；必须遵循组织程序，决不允许擅作主张、我行我素；必须服从组织决定，决不允许搞非组织活动；必须管好领导干部亲属和身边工作人员，决不允许他们擅权干政、谋取私利。严肃查处‘七个有之’问题，把政治上蜕变的两面人及时辨别出来、清除出去，坚决防止党内形成利益集团攫取政治权力、改变党的性质，坚决防止山头主义和宗派主义危害党的团结、破坏党的集中统一。”[①] 而要坚持“五个必须”，就“要增强斗争精神，强化政治担当，敢于亮剑、善于斗争，发现违反政治纪律、危害政治安全的行为坚决抵制，做勇于斗争的‘战士’，不做爱惜羽毛的‘绅士’，严防对挑战政治底线的错误言论和不良风气听之任之、逃避责任、失职失察”[②]。要确保党的政治建设这些重大部署落实，没有敢于斗争、敢于胜利的自我革命精神是不可想象的。

（三）加强党的政治建设需要推广党的自我革命的经验

党的自我革命是我们党的独特优势，又是一条保持马克思主义执政党的先进性和纯洁性的带规律性的宝贵经验。其中特别有三条：一是性质、目的明确。性质是“自我革命”；目的是使党保持“两个不断”一个“确

---

① 《中共中央关于加强党的政治建设的意见》，人民出版社 2019 年版，第 19—20 页。

② 《中共中央关于加强党的政治建设的意见》，人民出版社 2019 年版，第 16 页。

保”。即“使党不断自我净化、自我完善、自我革新、自我提高，不断增强党的政治领导力、思想引领力、群众组织力、社会号召力，……确保党始终保持同人民群众的血肉联系。”① 刀锋向内绝不是自毁堡垒，把党搞垮，而是把党建设得更加强大；二是党的自我革命始终是在党的领导下进行的。一切方针政策、战略部署、工作步骤都由党中央决定，各地各单位不得自行其是。任何脱离党的领导的无政府主义行为都是不容许的；三是坚持“两个结合”：党的自我革命与党领导的社会革命结合，并服务于社会革命大业的完成；群众路线与建章立制结合。一切依靠群众，一切为了群众，有强大的阶级基础和广泛的群众基础，是我们党的力量所在。同时我们党又善于把群众的智慧、群众的力量集中起来，转化为法制规章，依法依规治党。党的自我革命的这些成功经验为新时代党的政治建设提供了丰富的政治滋养。“加强党的政治建设，要把建章立制贯穿全过程各方面，建立健全长效机制，形成系统完备、有效管用的政治规范体系，真正实现党的政治建设有章可循、有据可依。坚持集成联动，完善党内法规制度体系有关制度，健全国家法律体系有关规定，在各类章程中明确提出有关要求，做到相辅相成、有机统一。坚持明确标准，既提出政治高线，激励党员干部向往践行，又画出政治底线，防止党员干部逾矩失范。坚持执规必严，加大宣传教育和执行力度，督促党员干部把党的政治规范刻印在心上、落实在行动上，坚决维护制度权威”②。这就是党的自我革命成功经验创造性的新运用新发展。

四 几点简要结论

中国共产党的领导，是中国特色社会主义最本质的特征，是中国特色社会主义制度的最大优势，是我国的根本领导制度。加强新时代党的政治建设，对于增强中国共产党的领导有重大而深远的意义。笔者在前面论述新时代党的政治建设的根本性地位及其科学依据、首要任务和政治建设的基本方式——自我革命的必要性、性质和重要经验的基础上，再就如何落实党的政治建设问题讲几点思考：

其一，要深入学习贯彻习近平新时代中国特色社会主义思想，增强党

① 习近平：《在庆祝改革开放40周年大会上的讲话》，人民出版社2018年版，第35页。

② 《中共中央关于加强党的政治建设的意见》，人民出版社2019年版，第25—26页。

的政治建设的自觉性坚定性。习近平新时代中国特色社会主义思想是当代中国马克思主义、21 世纪马克思主义，是做好党和国家一切工作的根本遵循。只有学懂弄通悟透习近平新时代中国特色社会主义思想及在其指导下制定的《中共中央政治局关于加强和维护党中央集中统一领导的若干规定》《中国共产党重大事项请示报告条例》《关于新形势下党内政治生活的若干准则》等一系列文件精神、重要指示、批示精神，才能真正理解党的政治建设的科学内涵和实践要求，把党的政治建设落实到党的工作的各方面和全过程。

其二，要深化党的政治建设的理论研究。新时代党的政治建设，从一定意义上说，是适应党领导的伟大社会革命要求而开展的党的自我革命，意义重大深远而又复杂，需要处理的问题和矛盾甚多，必须十分重视政策和策略，而正确的政策和策略来自正确的理论指导。为确保党的政治建设顺利进行，需要在习近平新时代中国特色社会主义思想指导下，加强对党的政治建设中可能遇到的矛盾和问题的研究，加强对党的性质宗旨、政治建设规律和科学驾驭能力的研究，以强化其思想理论基础。

其三，要不断强化党的政治建设的制度基础。制度的特点是具有根本性、全局性、稳定性和长期性。新时代党的政治建设，要从“健全党的全面领导制度”的高度着眼、着力。坚持以改革创新精神，立破并举的思路，补齐党内制度短板，抓紧完善和健全新的党内制度，形成更加成熟更加定型的党内制度体系，以确保党的政治建设得到强有力的制度体系支撑，并得以常态化、制度化、规范化。

其四，要通过“不忘初心、牢记使命”的主题教育推进党的政治建设。“不忘初心、牢记使命”，说到底是要解决党内存在的违背初心和使命的各种问题，关键是要坚持问题导向，真刀真枪解决问题。落脚到党的政治建设方面，就是要确保党的集中统一，促进全党增强“四个意识”、坚定“四个自信”、做到“两个维护”，净化政治生态，及时清除两面人等政治隐患，防范和化解政治风险。因此，要把推进党的政治建设融入“不忘初心、牢记使命”主题教育的全过程，统一考虑统一部署统一推进，这样才能取得更好的成果。

（原载《政治学研究》2019 年第 6 期）

党的政治文化概念、研究路径和紧迫任务

近一个时期以来，理论界遵循习近平总书记关于要注重加强党内政治文化建设，不断厚植良好政治生态的土壤等重要论述和《中共中央关于加强党的政治建设的意见》的精神，对党内政治文化建设做了多方面的研究和解读。其思想观点见仁见智。本文试从前段时间理论界相关研究中提出三个问题来讨论，以求教于同仁。三个问题是：关于党的政治文化的正确理解；关于党的政治文化研究中应避免的误区；关于党的政治文化建设面临的紧迫任务。

一　关于党的政治文化的正确理解

任何一种科学理论、学说都是运用一定逻辑规则形成的概念体系。因此，人们研究它一般都要从其最基础、最根本的概念切入，或者说以一个最基本的概念为逻辑起点。对党的政治文化研究也是如此。为了准确地把握研究对象，廓清与其他事物的界限，避免“盲人骑瞎马”，研究缺乏确定性方向性，首先要弄清党的政治文化这一最基本的概念。

什么是党的政治文化？学界有多种概括。笔者以为，回答这个问题，首先要把它限定在习近平新时代中国特色社会主义思想体系范围内。它是十八大以来我们党遵循马克思主义党建学说，在全面从严治党实践中提炼新鲜经验，创造出来的一个新范畴。其形成同任何科学社会主义范畴一样，“它必须首先从已有的思想材料出发，虽然它的根子深深扎在物质的经济的事实中”①。正是这样，马克思主义经典作家的以下基本观点，对党的政治文化的界定具有根本指导意义。即：马克思说：“意识在任何时

---

① 《马克思恩格斯文集》第3卷，人民出版社2009年版，第523页。

候都只能是被意识到了的存在，而人们的存在就是他们的现实生活过程。”[①] 恩格斯说：“共产主义是关于无产阶级解放的条件的学说”[②]，是无产阶级运动的理论概括、理论表现。毛泽东主席说：“一定的文化（当作观念形态的文化）是一定社会的政治和经济的反映，又给予伟大影响和作用于一定社会的政治和经济。”[③] 据此，笔者以为，党的政治文化，在其观念形态上，就是中国共产党全部政治活动总和的文化理论表现（或文化样态）。它以共产主义学说为内核，以人类政治思想（包括资产阶级时代最宝贵的政治思想）积极成果、特别是博大精深的中华优秀政治思想成果为理论资源，以无产阶级解放和全人类解放为最高价值诉求，以中国共产党人（含党的各级组织和共产党员）为实践主体。在新时代马克思主义中国化语境中，党的政治文化的核心、精髓最集中的理论表达就是“不忘初心，牢记使命”。即：党的十九大报告中概括的：“中国共产党一经成立，就把实现共产主义作为党的最高理想和最终目标，义无反顾肩负起实现中华民族伟大复兴的历史使命。”[④] 党的政治文化的基本构架由党的理想信念、政治伦理和价值认同等要素构成。其主要内容包括《关于新形势下党内政治生活的若干准则》所规定的12个方面和《中共中央关于加强党的政治建设的意见》所规定的20个方面。运用政治概念达69个之多，如政治信仰、政治路线、政治立场、政治领导、政治能力、政治属性、政治作用、政治导向等等；发展政治文化的具体要求是坚持对广大党员干部进行“三严三实”等革命的科学的价值观的教育和熏陶。推动中华优秀传统文化创造性转化、创新性发展，培育党员干部政治气节、政治风骨。发扬革命文化，传承红色基因，弘扬革命精神，教育党员干部正确处理公和私、义和利、是和非、正和邪、苦和乐的关系。弘扬社会主义先进文化，推进社会主义核心价值观宣传教育，引导党员干部坚定信仰和模范践行。坚决抵制庸俗腐朽的政治文化，自觉抵制商品交换原则对党内生活的侵蚀；党的政治文化的地位和作用是，它与党内政治生活、

---

① 《马克思恩格斯文集》第1卷，人民出版社2009年版，第525页。

② 《马克思恩格斯文集》第1卷，人民出版社2009年版，第676页。

③ 《毛泽东选集》第2卷，人民出版社1991年版，第663—664页。

④ 习近平：《决胜全面建成小康社会 夺取新时代中国特色社会主义伟大胜利——在中国共产党第十九次全国代表大会上的报告》，人民出版社2017年版，第13页。

政治生态相辅相成，“是政治生活的灵魂，对政治生态具有潜移默化的影响”①。它的建设状况，关乎着中国共产党新时代整个管党治党的成效，特别是体系的成熟与定型。同时它作为中国共产党人独特的精神标识，贯通于由中华优秀传统文化、革命文化和社会主义先进文化构成的中国特色社会主义文化之中，成为中国特色社会主义文化的理论灵魂和政治脉搏，对其发展起着导航、规范、净化作用。十八大以来的新鲜经验表明，只有坚持大力加强党内政治文化建设，才能使我们党牢固“四个自信”，更好地经受住“四大考验”、克服“四种危险”，始终保持党的先进性和纯洁性，成为中国人民和中华民族坚强有力的领导核心。

二 党的政治文化研究中应避免的误区

研究党的政治文化建设意义重大，一定要坚持正确的路径，防止可能出现的误区。这里列举三个方面的问题供研究。

第一，要严格区分党的政治文化和党内的政治文化两个概念。党的政治文化是反映中国共产党固有政治本质的文化，其思想资源含马克思主义理论资源（理论和实践结合的），这是主要的基本的。中华优秀传统文化资源（经过创造性发展和创新性转化的精华），国外政治文化资源（国外两千多年来人类政治智慧和政治文化思想发展中一切有价值的成果，根据中国国情和中国共产党建设的需要，经过批判改造、加工制作已为我所用）。其基本内容与中国特色社会主义文化同构。其地位和功能如上所说。而党内的政治文化所指的，是中国共产党内曾经有过和现实客观存在的政治文化。其内容除了占主导地位、起支配作用的党的政治文化之外，还不同程度地存在非共产党的政治文化，即反动腐朽落后的政治文化。如封建政治文化残余思想的影响、资产阶级小资产阶级政治文化思想的侵蚀、国外反共势力政治文化思想的渗透等等。这些政治文化虽然存在过或现实地存在于党内，但其思想资源、理论基础、阶级属性、政治诉求、功能作用都同我们党的政治文化相悖，绝不是我们中国共产党所固有的政治文化。因此绝不能把这一类政治文化作为一个层次列入共产党的政治文化构成中。《中共中央关于加强党的政治建设的意见》等文件之所以采用“发展积极健康的党内政治文化”的提法，正是包含着上述区分。否则将

① 《习近平谈治国理政》第2卷，外文出版社2017年版，第181页。

混淆是非，扰乱阵线，造成党内外思想理论上的混乱。

第二，要坚持用我们党的理论立场研究和解读党的政治文化建设。党的政治文化建设，是我们党根据自身固有的政治本质属性、党的优良传统和独特优势，全面从严治党的新鲜经验，针对党内存在的未根本解决的政治问题以及党所肩负的伟大历史使命的要求，在马克思主义指导下，经过对中华优秀传统文化、革命文化、社会主义先进文化中的要义深刻思考和精心提炼，形成的一个崭新的政治概念。这是十八大以来党的创新理论中所包含的一系列创造性新概念、新范畴中的一个科学概念。习近平总书记说："文化自信是一个国家、一个民族发展中更基本、更深沉、更持久的力量。"[①] 党的政治建设延伸、扩展到政治文化层面，形成了党的政治文化新概念，表明十八大以来我们党对马克思主义政党执政规律、活动规律和建设规律的认识，进入到一个更基础、更深厚、更本质的层次，从而能够得以以新时代全新的科学思维和理论视野，把党的政治建设的根本性和思想文化建设的基础性、近期的现实针对性和长远的崇高目的性紧密联系起来，将政党、政治、文化高度融合成为一个新概念——党的政治文化概念。因此，如前所说，党的政治文化概念是习近平新时代中国特色社会主义思想体系中的新概念，新范畴，绝不是简单模仿西方政治学的思维、理念，照抄过来的西方政治学概念。正是这样，研究和解读党的政治文化建设，必须以中国共产党的党章为根本遵循，按照党章明确的党的性质和宗旨、指导思想和奋斗目标、路线和纲领的要求去进行。无论是做中华优秀传统文化的创造性发展与创新性发展工作，使之精神得以传承，还是大力弘扬革命文化，推动社会主义先进文化创新发展，都要以习近平新时代中国特色社会主义思想为指导，表达中国共产党党章的要求，反映中国共产党作为成熟的马克思主义执政党的鲜明特征，彰显新时代中国特色社会主义文化的独特风格、气派、特色和魅力。千万不能因为过去在西方政治学话语体系中，使用政治文化等等术语多，在马克思主义党建学说中少用党的政治文化概念，一讲到党的政治文化就摆脱不了"西方中心论"的羁绊，忘记了中国立场、党性立场，不是到党的创新理论中、中国人民在党的领导下实现中华民族伟大复兴的历史创造性实践活动中、中华优秀传统

① 习近平：《决胜全面建成小康社会 夺取新时代中国特色社会主义伟大胜利——在中国共产党第十九次全国代表大会上的报告》，人民出版社 2017 年版，第 23 页。

文化中去找根据、求解释，而是“以洋为尊”、“以洋为美”、“唯洋是从”、驾轻就熟地到亚里士多德、阿尔蒙德和维巴等西方学者那里去找根据、求解释，甚至秉持西方政治学的政治认知、理论立场、思想观点、话语表达去进行解读，那就完全走入了歧途。这当然不能误解为我们党的政治文化概念的形成，完全拒绝、排斥了国外政治文化资源，而是说这一概念的提出，主要是立足于马克思主义指导下的中国共产党的历史实践和现实实践的提升，对中华优秀传统文化中政治资源的提炼。对国外政治文化资源有益成分的借鉴，既不是主渠道、立足点，也不是照抄照搬，而是根据中国国情和中国共产党建设需要，经过对原有政治思想资源的批判改造、加工制作、转化创新，舍弃其中的阶级局限性和历史片面性，即资产阶级立场、非社会的和反历史的方法等等的结果。

第三，要紧密联系现实、不要做过分抽象过于宽泛的解读。为了帮助广大党员、干部掌握党的政治文化建设的精神，以便正确践行，理论工作者从理论、逻辑、历史与现实的结合上，从国内和国外的联系上，对其概念提出的时代背景、理论渊源、历史根据、本质特征、逻辑结构、创新特色、功能作用等等进行解读，使其大众化、通俗化，是很有必要的，不可少的。但是所有解读必须紧紧围绕党的政治建设的目的去进行。《中共中央关于加强党的政治建设的意见》明确指出：“加强党的政治建设，目的是坚定政治信仰，强化政治领导，提高政治能力，净化政治生态，实现全党团结统一、行动一致。”①《中共中央关于加强党的政治建设意见》所有的研究和解读必须紧扣这一目的，以推动广大党员和干部的学习、实践日益加快地接近实现这一目的。如果不是这样，而是脱离了这一目的，沿着“西方马克思主义”一些学者的思维方法和研究路径，“去实践化”，把问题“学院化”、“逻辑化”，将主要注意力滞留于语词考证、概念演绎、逻辑关联、结构分析等等抽象议论层面上，或有意避开党的政治建设的现实主题、主线，海阔天空，做过于宽泛的解读。甚至走得更远，“……热衷于‘去思想化’、‘去价值化’、‘去历史化’、‘去中国化’、‘去主流化’那一套，绝对是没有前途的！”② 马克思告诫我们：“哲学家们只是用不同

---

① 《中共中央关于加强党的政治建设的意见》，人民出版社 2019 年版，第 3 页。

② 习近平：《坚定文化自信，建设社会主义文化强国》，《求是》2019 年第 12 期。

的方式解释世界，而问题在于改变世界。”① 列宁也有一句名言：“马克思主义理论的绝对要求，就是要把问题提到一定的历史范围之内。”② 只有不懂得辩证唯物主义起码要求的人才脱离具体历史的现实环境空谈问题。我们当记住这些名言。

三 党的政治文化建设的迫切任务

《中共中央关于加强党的政治建设的意见》非常明确地规定了发展积极健康的党内政治文化的任务，全党都要不折不扣地全面贯彻执行。这里从当下实际出发，贯彻落实这些精神，要抓住四个方面的迫切问题着力加以解决：

第一，要大力推动中央关于政治建设系列文件精神贯彻落实着地。中央颁发了一系列关于党的政治建设的文件。如2018年1月11日的《中共中央政治局关于加强和维护党中央集中统一领导的若干规定》、2018年10月1日施行的《中国共产党纪律处分条例》、2018年10月17日的《关于新形势下党内政治生活若干准则》、2019年1月31日起施行的《中国共产党重大事项请示报告条例》，2019年1月31日的《中共中央关于加强党的政治建设的意见》、2019年3月3日中央颁发的经修改的《党政领导干部选拔任用工作条例》等等。这些重要文件规定了党的政治建设的指导思想、目的任务、建设要求和具体部署等等，为党的政治建设提供了根本遵循。这些重要文件制定的党内法规就是党的政治文化最实际的内容，反映了新时代治党管党的规律，发展党内积极健康的党内政治文化，关键是要用这些重要文件制定的党内法规武装党员和党员领导干部，这项工作做好做坏、做深做浅，决定党的政治建设方向和成效的大小。为此，我们的理论工作者当下要抓紧做好三个方面的工作。一是推动习近平总书记关于“读原著学原文悟原理”指示的落实。不添油不加醋，原汁原味地解读党的政治建设的文件，帮助党员及其领导干部原原本本地真正地掌握中央文件精神，特别是习近平总书记的相关系列论述，使之内化于党员和领导干部的心，外化于党员和领导干部的行。避免以往出现过的本末倒置的不良现象，即党员及其领导干部只知道文件解读者的理论观点，而不知道

① 《马克思恩格斯文集》第1卷，人民出版社2009年版，第506页。

② 《列宁选集》第2卷，人民出版社2012年版，第375页。

中央文件本身的思想内容、不知道习近平总书记的相关论述。二是要避免、揭露、批判学习中的形式主义、官僚主义的作风，形式主义、官僚主义的那一套，表面上搞得轰轰烈烈、热热闹闹，实际上理论学习脱离本单位、本部门、本行业的工作是否坚持正确的政治方向、政治道路的实际，学与做“两张皮”、知与行不搭界。特别是在学习中缺乏自我解剖精神，缺乏自觉检查自己对党是否忠诚，是否真正坚持了“四个意识”、“四个自信”、是否做到了旗帜鲜明地讲政治。如今，形式主义、官僚主义的作风，已经成为败坏党的优良学风、毁损党的形象和学习制度，为广大党员和人民群众所厌恶痛恨的沉疴毒瘤。为确保学习教育往深里走、往心里走、往实里走，真正做到学深悟透、融会贯通、真信笃行，必须揭露和批判形式主义、官僚主义的作风。三是要以满腔的热情，密切关注学习的动态发展，及时总结先进典型单位的做法和成效，从中发现带规律性的经验并加以推广，以促进面上的学习。

第二，要澄清重大的政治理论是非。中央多次强调要澄清理论是非，划清马克思主义与反马克思主义的界限。理论上的坚定是政治坚定的前提和基础。在党的政治文化建设中，澄清政治上的重大理论是十分重要的。较长时期以来，在党内政治生活中，对一系列重大政治理论问题产生了不同见解，而这些政治理论问题直接关系到我们对党的“三个基本”的理解和践行，影响到党的团结统一，所以必须加以澄清。

如，关于社会主义时期阶级斗争问题。由于我们曾经出现过阶级斗争扩大化的错误，后来在种种错误思潮的干扰下，党内对这个问题产生了各种不同的看法。基本倾向是否定马克思主义阶级斗争理论及其在我国社会一定范围的存在。由此给对内对外的实际工作带来不良影响。党的政治文化建设应当推动全党正确认识阶级斗争理论是马克思主义世界观中的重要内容，是历史唯物主义不可分割的构成部分，是贯穿马克思主义三个主要组成部分的基础理论之一。马克思主义阶级斗争理论是国际性的学说。不能以某个国家关于阶级和阶段斗争的特殊性，去解读、甚至否定马克思主义阶级和阶级斗争学说的普遍性。

事实上，关于社会主义时期的阶级斗争问题，虽然很复杂，但在理论领域和政治原则上，我们党已经有非常明确的结论。党的十一届六中全会明确指出，在剥削阶级作为阶级消灭以后，阶级斗争已经不是主要矛盾。由于国内的因素和国际的影响，阶级斗争还将在一定范围内长期存在，在某种条件下还有可能激化。既要反对把阶级斗争扩大化的观点，又要反对认为阶级斗争已经熄灭的观点。邓小平同志也讲道："社会主义社会中的阶级斗争是一个客观存在，不应该缩小，也不应该夸大。实践证明，无论缩小或者夸大，两者都要犯严重的错误。"① 江泽民同志曾针对一个时期以来，国内意识形态领域里否定阶级斗争的错误倾向，明确指出："我们纠正过去一度发生的'以阶级斗争为纲'的错误是完全正确的，但这不等于阶级斗争已不存在了。只要阶级斗争还在一定范围内存在，我们就不能丢弃马克思主义的阶级和阶级分析的观点和方法。这种观点和方法始终是我们观察社会主义同各种敌对势力斗争的复杂政治现象的一把钥匙。"② 习近平总书记作出过类似的论断。他在《纪念马克思诞辰200周年大会上的讲话》中强调："坚持和运用马克思主义的实践观、群众观、阶级观、发展观、矛盾观，真正把马克思主义这个看家本领学精悟透用好。"③ 这里讲得非常明确，坚持和运用马克思主义的阶级观，是我们必须学精悟透用好的马克思主义看家本领之一。近期习近平总书记又在"不忘初心牢记使命"主题教育工作会议上要求"筑牢党长期执政最可靠的阶级基础和群众根基"④。这里也非常明确，如果我们淡忘了马克思主义的阶级观，就找不到、看不见我们党长期执政最可靠的阶级基础，即使是看见了也不会依靠这个最可靠的阶级基础。工人阶级是现代最先进生产方式的代表，是其他一切劳动人民的领袖。我们如果失去了工人阶级这个最可靠的阶级基础，自然也不可能筑牢党长期执政的群众根基。所以这是一个既关系我们党的根本性质，又关系我们国家政治安全的重大问题。

从实际生活上说，问题也是十分明显。在经济领域，一些人竭力反对我国现阶段的基本经济制度，力主"私有化"，妄图根本改变我国的社会性质。从事经济犯罪的案例也十分惊人；政治领域，一些敌对势力直接否定党的四项基本原则，否定党的基本路线。攻击党的核心领导人物；在意识形态领域，形势尖锐复杂，争夺领导权的斗争异常激烈；在社会领域，在美国等反华势力的支持、鼓励下、国内反动势力大搞民族分裂活动，

① 《邓小平文选》第2卷，人民出版社1994年版，第182页。

② 《江泽民文选》第3卷，人民出版社2006年版，第83页。

③ 习近平：《在纪念马克思诞辰200周年大会上的讲话》，人民出版社2018年版，第25页。

④ 《习近平关于"不忘初心、牢记使命"论述摘编》，党建读物出版社、中央文献出版社2019年版，第145页。

“台独”“藏独”“港独”分子活动猖獗，妄图破坏祖国统一。在如此等等尖锐斗争的鲜活事实面前，岂能说阶级斗争在一定范围存在不是客观事实！因此发展党的政治文化建设，全党需重温马克思主义关于党建的基本原理和我们党中央领导人一系列重大论述，面对现实，从政治的高度明确马克思主义阶级斗争理论的重要性，正确认识和处理我国社会发展现阶段的阶级斗争问题，以保国家的长治久安。

再如，在党内团结与党内矛盾斗争、社会和谐与社会矛盾的关系上，曾有人将其绝对对立起来，只讲党内团结，不讲党内斗争；只讲社会和谐，不讲社会矛盾。不懂得以适当的斗争求团结则团结存，以一味地妥协求团结则团结亡，以致一些潜规则侵入党内，庸俗的思想作风蔓延。党的政治文化即党性文化。发展党性文化，就要坚定不移地遵循习近平总书记关于党的自我革命的指示，用党性文化武装全党，批判种种错误观点，使全党保持和培养斗争精神，增强斗争本领，在进行伟大复兴、伟大斗争、伟大工程、伟大事业的过程中，有政治底线、敢于斗争、敢于担当，营造良好的党内的政治生态。

第三，要批判帝国主义的政治文化。帝国主义的政治文化是国际垄断资本经济、政治利益的集中表现，或者说是金融寡头对经济、政治和社会生活各个方面全面统治的文化表现。金融寡头的统治是金融资本的本质特征。它在国内经济统治、政治统治地位的确立，必然要求对外侵略扩张。它通过资本输出、建立跨国公司、货币金融等等手段，特别是以金融工具为武器，永不满足地疯狂占领国外市场、掠夺原料资源和建立势力范围，将全世界纳入资本主义的世界体系，以不可冒犯的世界霸主地位，对世界上绝大多数居民进行剥削和掠夺，实行殖民统治和金融扼杀。帝国主义的政治文化充分反映了金融寡头的贪婪、掠夺、霸权的本性。它集极端的伪善、迷惑性和凶残于一体，是最反动最富有侵略性的文化。帝国主义文化大致可分为“战争文化”与“和平演变文化”。今天以美国的金融寡头为典型代表的金融资本，均以“西方化”“资本主义化”“美国化”，独霸世界财富和奴役世界各国人民为目的。它在各个不同时期会因势而变，调整对外战略重点，但其本性从不改变。近一个时期以来，美国对中国挑起的贸易战，就是美国帝国主义政治文化的本质暴露，集中反映了它欲消灭中国特色社会主义而后快的政治诉求。

第四，要批判侵入党内的腐朽落后的政治文化。党的政治文化是党的政治生活的灵魂。党的政治文化建设要为严肃党内政治生活提供积极健康向上的政治文化支撑。为此要坚决抵制侵入党内的庸俗腐朽的政治文化。包括自觉抵制商品交换原则对党内政治生活的侵蚀，狠刹权权交易、权钱交易、权色交易等不正之风，破除关系学、厚黑学、官场术等封建糟粕，坚决防止和反对个人主义、分散主义、自由主义、本位主义、好人主义，坚决防止和反对宗派主义、圈子文化、码头文化等等。不破不立，只有清除了庸俗腐朽文化，才能营造风清气正的政治生态。这是一项紧迫任务，又是一项基础性、经常性工作。为“实现正气充盈、政治清明。”[①] 必须锲而不舍、久久为功，旗帜鲜明地批判侵入党内的腐朽落后的政治文化。在这方面，各级党校和主流媒体理应发先声，毫不含糊地宣讲和传播党的政治文化，批判侵入党内的腐朽落后的政治文化，绝不给腐朽落后的政治文化留下藏污纳垢之所；党员干部理应当好带头人，站在思想理论斗争的前列，坚定不移地领导广大党员和人民群众刻苦学习和实践党的政治文化，理直气壮地批判侵入党内的腐朽落后的政治文化，绝不让腐朽落后政治文化的传播者有任何保护伞；党的理论工作者理应当好意识形态领域的前哨战士，善于抓住事物的本质，阐扬彻底的理论，为确立以习近平同志为核心的党中央在全党定于一尊、一锤定音的权威，热情而真诚地鼓与呼。当下之急，就是要遵照党中央的指示，把党的政治文化学习好、领悟好。以彻底的科学性、坚定的革命性和自觉的实践性相统一的原则，把党的政治文化的博大内涵解读好、维护好、宣传好。同时决不当腐朽落后政治文化的旁观者，而是要主动进攻，勇于亮剑，去系统地揭露侵入党内的腐朽落后政治文化的种种表现，透彻地阐明其产生蔓延的思想根源、历史根源和社会根源，联系反腐倡廉斗争中惊心动魄的典型案例，深刻地分析腐朽落后政治文化造成的危害，为党员及其干部提供震撼心灵的政治警示，使其不为腐朽落后的政治文化所迷惑。

（原载《马克思主义研究》2019 年第 9 期）

---

① 《中共中央关于加强党的政治建设的意见》，人民出版社 2019 年版，第 17 页。

第二部分　当代中国社会思潮

评民主社会主义的伦理国家观

民主社会主义的伦理国家观，概括起来，其主要内容有：

（1）现存资本主义国家是人民的“权利共同体”。它在民主、法治和社会福利方面的政策措施，体现了社会民主党的“自由、公正、相助”三项基本价值，是以反映它是代表全体人民“普遍利益”的“自由民主的法治国家”。

（2）“人的生命、尊严和良心是高于国家之上的。”[①] 社会党人认为，人的尊严是其行动的出发点和目的，是每个人有权要求符合人类尊严的生活条件的根据，同时每个人也有责任使所有的人能够过符合人类尊严的生活。为此，他们要求对国家的权力进行限制，使之不能超越“人的生命、尊严和良心”。德国社会民主党新的纲领草案（1986 年）宣称：“我们的政治目的是实现人的权利。任何时候都不允许使人成为国家或权力集团用来达到自己目的的手段。”英国工党则在其目标中宣称：工党主张个人的幸福自由，而反对国家荣誉至上；主张保护所有公民免于遭受来自国家等的威胁。声称英国工党不相信国家有权侵犯个人自由。

（3）“使国家人性化”。面对垄断资产阶级利益集团控制国家的事实，一些国家的社会民主党承认：国家并不是中立的机构，并不是凌驾于一切社会利益之上的权力机关。经济上强大的集团始终利用国家机构在损害多数人和共同幸福的基础上实现自己的特殊利益。迄今仍然没有一个地区在社会生活中业已实现在现存的各种关系中可能实现的自由、公正的尺度。

① ［德］苏姗·米勒、海因里希·波特霍夫：《德国社会民主党简史（1848—1983）》，刘敬钦等译，求实出版社 1984 年版，第 346 页。

即使在“自由民主的法制国家中”，权威的非人道的观点和行为在其中仍起着作用。因此它们提出必须用人与人之间的互助和协作关系，来代替建立在经济势力和官僚主义势力基础上的对人的统治。“使国家人性化，而不是使人国家化”。

民主社会主义的伦理国家观亦称为伦理社会主义国家观。人所共知，这是从新康德主义那里贩来的陈货。它涉及的内容较多，但集中反映了“对抽象的人的崇拜。”① 从理论上看，这里有两个相关联的问题需要回答。其一，社会主义究竟是不是以抽象的人为中心的制度，或非阶级的人道的制度。其二，社会主义国家能否是非阶级的人的“权利共同体”。

关于第一个问题：马克思主义认为，任何现实的个人都是属于一定的社会形式，处于一定的社会结构中。换句话说，人只是作为社会关系的总和才成为现实的、具体的人。这是人的最普遍的本质。人的许多方面的具体特征，如意识和自觉性、生产劳动、社会交换、语言符号和文化生活等，都在一定层次和方面反映了人类的特殊本质，但是这些方面都同人的社会性相联系。纯粹作为自然生命的人不是现实的人。马克思说：“‘特殊的人格’的本质不是人的胡子、血液、抽象的肉体的本性，而是人的社会特质”。② 社会的人在阶级社会里都以阶级划分，归属于一定的阶级。人性、人权也因阶级而异，抽象的、超阶级的人性、人权根本不存在。迄今为止，实践中的社会主义社会，社会生产力发展的程度，还远远没有达到使社会成员在对生产资料的关系上已经没有什么差别的程度。社会主义社会仍然是一个有阶级和阶级差别的社会、阶级斗争也还在一定范围内存在。因此，任何个人都不是超阶级的或非阶级的。邓小平同志在《坚持四项基本原则》的讲话中指出：“我们反对把阶级斗争扩大化，不认为党内有一个资产阶级，也不认为在社会主义制度下，在确已消灭了剥削阶级和剥削条件之后还会产生一个资产阶级或其他剥削阶级。但是我们看到，在社会主义社会，仍然有反革命分子，有敌特分子，有各种破坏社会主义秩序的刑事犯罪分子和其他坏分子，有贪污盗窃、投机倒把的新剥削分子，并且这种现象在长时期不可能完全消灭。同他们的斗争不同于过去历史上的阶级对阶级的斗争（他们不可能形成一个公开完整的阶级），但仍

① 《马克思恩格斯选集》第4卷，人民出版社2012年版，第247页。

② 《马克思恩格斯全集》第3卷，人民出版社2002年版，第29页。

然是一种特殊形式的阶级斗争，或者说是历史上的阶级斗争在社会主义条件下的特殊形式的遗留。”①

根据邓小平同志的思想，《关于建国以来党的若干历史问题的决议》对于社会主义时期的阶级斗争作了更进一步的概括：“在剥削阶级作为阶级消灭以后，阶级斗争已经不是主要矛盾。由于国内的因素和国际的影响、阶级斗争还将在一定范围内长期存在，在某种条件下还有可能激化。”② 这些论断既是对我国社会主义社会阶级和阶级斗争客观状况的完整表述，也是对国际共产主义运动历史经验的科学总结，具有普遍意义。而且在现实社会阶级关系中，就是在人民内部，由于各阶级的经济地位不同，它们在社会中的地位和作用也不同。工人阶级是社会主义的领导阶级和主导力量。农民是社会主义建设的基本依靠力量，在社会主义现代化建设中，有举足轻重的作用。但它与工人阶级相比，二者在对生产资料占有方式、生产条件和生产效率、劳动报酬和生活水平、文化水平和思想觉悟等方面，又还有许多差别。社会主义时期的知识分子，绝大部分已经是工人阶级的一部分，同广大工人、农民一样，是建设社会主义的基本依靠力量，但是知识分子在社会分工上，劳动方式上仍然有其自身的特点。这说明，在社会主义里根本不存在仅仅有生命存在而不隶属于一定社会阶级关系的个人。这里有一个观察社会现象的方法论问题。马克思曾在批判阿·瓦格纳的时候指出：“我们的 Vir obscurus（蠢汉——引者注）甚至没有看出我的这种不是从人出发，而是从一定的社会经济时期出发的分析方法。”③ 仍然适用于社会主义社会。民主社会主义者撇开人的社会物质关系和具体历史条件，把不同社会制度、不同阶级的人，不管是统治者、剥削者还是诈骗犯罪分子，不分青红皂白地一概混同，淹浸在“人”这个抽象的概念中，然后又以自由、人的尊严、正义、团结等这些超社会关系的、抽象的、永恒的人生作为社会主义的中心和出发点，去衡量实践中的社会主义中的社会现象，看是否符合其基本价值目标，这无疑是费尔巴哈早就主张的论点：“凡是与人相适合、相适应的东西，便是善的；凡是与

① 《邓小平文选》第2卷，人民出版社1994年版，第168—169页。

② 《中国共产党中央委员会关于建国以来党的若干历史问题的决议》，人民出版社1981年版，第56页。

③ 《马克思恩格斯全集》第19卷，人民出版社1963年版，第415页。

他相矛盾的东西，便是恶的、劣的。”① 这同马克思主义的方法是根本对立的。这种观点的荒谬性正如恩格斯当年批判抽象人道主义历史观时所指出的，这是一些“或多或少属于道德范畴的字眼”，“这些字眼固然很好听，但在历史和政治问题上却什么也证明不了”。② 这里有一个更深层的理论问题，即人的意志与社会关系的体系究竟谁决定谁。普列汉诺夫在论述这个关系时指出：“任何一定的关系体系都在很大程度上决定于人的意志，但是人的意志是基于不以人为转移的原因去建立这种关系体系的。意志在它成为原因之前已经是结果，而社会学作为一门科学的任务，就在于把这个旨在支持或者建立一定的社会关系体系的社会的人的意志，当作结果来加以了解。”③ “人的概念是在社会关系的基础上产生的。而某些概念一旦产生，它们就必然要反过来影响社会关系。”④ 普列汉诺夫的话说明，在个人与社会这两个不可分割的方面，虽然有生命的个人及其意志是任何人类历史的第一个前提，但是它意味着历史活动的结果。因为“有生命的个人的存在”，必须以人同自然界之间的不断进行的物质交换为前提，物质交换的特殊方式是生产，生产只能在许多个人合作的条件下才能进行。个人之间的合作又是产生于个人之间的交往，这种合作或交往就构成社会。显然没有社会就无所谓生产，也无所谓生命的个人及其意志的存在。所有抽象的“人”、“人性”不可能是社会的中心和出发点，真正决定其余一切关系的基本的原始的关系是社会经济关系。由此可引申出两点：一是在生产发展的一定历史阶段上，社会经济关系必然表现出阶级和阶级斗争关系，抽象人道主义者“善良的”主观愿望要被否定；二是个人自由和尊严总要实现于一定的社会经济关系之中，它是相对的、受到制约的。尽管在社会主义制度下，比起资本主义制度，人们享有的个人自由和人格尊严要广泛得多，但也是有一定范围的，不能是抽象的，绝对的东西。民主社会主义一方面想从抽象的伦理原则中引申出社会主义制度；另一方面又说社会主义不是经济的、历史的必然产物，甚至信奉“社会主义也不可能是事物”只是“趋向于纯粹意志”，这种矛盾正好反映出它们

---

① 荣震华、王太庆、刘磊译：《费尔巴哈著作选集》（下卷），生活·读书·新知三联书店 1962 年版，第 434 页。

② 《马克思恩格斯全集》第 6 卷，人民出版社 1961 年版，第 325 页。

③ 《普列汉诺夫哲学著作选集》第 2 卷，生活·读书·新知三联书店 1961 年版，第 227 页。

④ 《普列汉诺夫哲学著作选集》第 2 卷，生活·读书·新知三联书店 1961 年版，第 230 页。

对自己的理论毫无信心，因为事实上任何社会不可能以抽象的“人”和“人性”为中心和出发点。

社会主义为什么不是一种非阶级的、甚至超阶级的社会制度呢？这是因为在阶级社会中，任何社会形态的更替，同阶级关系的大变动是相统一的。新的社会形态取代旧的社会形态，同时是在阶级关系上由代表新社会形态的阶级取代代表旧社会形态的阶级的统治地位。换句话说，一个制度代表的经济和政治利益是该社会制度中占统治地位的阶级的利益。任何个人不管他在主观上意识到与否，承认与否，它在社会意义上又总是一定阶级关系和利益的承担者，他们各有自己的阶级隶属性和特殊利益，他们之间的最本质的关系是阶级关系和利益关系。某个人或属统治地位的阶级，或属被统治阶级。它作为社会阶级的一员，这种社会制度或是代表其利益，或者剥夺其利益，其地位是不平等的。资本主义制度是资本家阶级的天堂，是工人阶级的地狱，社会主义取代资本主义制度以后，受生产力发展程度的限制，社会还远没有达到完全消灭阶级和阶级差别的程度，但剥削制度基本消灭，阶级关系的根本性质发生了变化，工人阶级和广大劳动人民已经当家作主。社会主义制度代表的是无产阶级和广大劳动人民的利益，不是代表“一切人”的利益，更不代表被基本消灭的剥削阶级利益，不代表反社会主义势力的利益。无产阶级的最终目的是解放全人类，但它首先必然实现无产阶级的解放，然后经过一个漫长的无产阶级专政时期，改造生产资料资本主义所有制，建立社会主义公有制，大力发展生产力，加强社会主义精神文明建设，为完全消灭一切阶级和阶级差别创造条件。当人类进入共产主义的高级阶段时，人类在自己的社会旗帜上才能写上完全的真正的平等。在这之前，在阶级和阶级斗争存在的条件下，就鼓吹非阶级的社会主义社会，要求取消政治分析首先是阶级分析，实现普遍的“自由、平等、公正、相助”，这是有意抹煞社会主义社会尚存的阶级和阶级斗争，在一片“普遍的爱”的噪声中把社会主义理论变为一种基督教的教义，借以麻痹工人阶级执政党和劳动群众，使其在帝国主义“和平演变”战略进攻面前，放弃斗争，忘记资本主义复辟的危险性。马克思在批资本主义人道化的“博爱派”和“人道派”时早说过“博爱论者以为，他们是在严肃地反对资产者的实践，其实，他们自己比任何人都更像资产者。”① 恩格斯在1892年写的《英国工人阶级状况》英文版序言中，特别说明该书中曾强调过的一个论点即“共产主义不是一种单纯的工人阶级的党派性学说，而是一种目的在于把连同资本家阶级在内的整个社会从现存关系的狭小范围中解放出来的理论。”② 恩格斯说，“这在抽象的意义上是正确的，然而在实践中却是绝对无益的，甚至是有害的。”③ 并且针对一些人的怪论，尖锐地指出：他们“站在不偏不倚的‘高高在上的立场’向工人鼓吹一种凌驾于工人的阶级利益和阶级斗争之上、企图把两个互相斗争的阶级的利益调和于更高的人道之中的社会主义，这些人如果不是还需要多多学习的新手，就是工人的最凶恶的敌人，是披着羊皮的豺狼。”④ 一些社会党人生活在资本主义制度下却大声鼓噪“人道的社会主义”，马克思恩格斯当年的上述批判，对于这些社会党人来说仍然有很强的针对性。

关于第二个问题：民主社会主义根据伦理社会主义国家观，提出国家是人民的“权利共同体”，这包含两个方面的含义：一是认为现存的资本主义国家，已经是“民主的法治国家”、“福利国家”等等，是“符合人类尊严的制度”。这种国家应当成为一个从各种社会力量中吸收其内容并且为人的精神服务的文明国家。如德国社会民主党的《哥德斯堡纲领》所说：“在民主的国度里，国家的权力来自人民”。二是要求社会主义国家取消无产阶级专政，成为非阶级的人民的“权利共同体”。

认为资本主义国家“不是必然要成为经济上的占统治地位的阶级或者有势力的利益集团的工具，”这源自工人运动史上拉萨尔机会主义的“自由人民国家”观。拉萨尔这种机会主义国家观在理论上“充满了老年黑格尔派的精神。”⑤ 黑格尔哲学认为，“绝对精神”或“绝对理念”构成世界的本原和万事万物的本质，绝对精神发展经历了三个不同的阶段：逻辑学、自然哲学和精神哲学。精神哲学的发展也分为三个阶段：主观精神，宏观精神和绝对精神。在客观精神阶段上，绝对精神分别展现为抽象法、道德和伦理三个阶段。“伦理”阶段经历了“家庭”、“市民社会”

---

① 《马克思恩格斯选集》第1卷，人民出版社2012年版，第235页。
② 《马克思恩格斯全集》第28卷，人民出版社2018年版，第373页。
③ 《马克思恩格斯全集》第28卷，人民出版社2018年版，第373页。
④ 《马克思恩格斯全集》第28卷，人民出版社2018年版，第373页。
⑤ 《马克思恩格斯全集》第29卷，人民出版社1972年版，第257、263页。

和“国家”三个小阶段。其中，国家是真正独立的伦理实体，是家庭和市民社会的“合体”。因此，家庭和市民社会的存在要服从于、从属于国家，以国家的存在为转移。在这种意义上，国家在伦理阶段比家庭和市民社会更重要，它是伦理观念的最高体现，是“伦理观念的实现”，其本质是理性，是“理性的形象和现实”。黑格尔由此得出重要结论，国家决定代表物质关系的市民社会和家庭。拉萨尔接受这些神秘观点，认为国家是普遍精神的自我体现和公正道德的实现，国家的道德本质和崇高使命是扶植人性的幼芽和推动人类走向自由，国家是为一切人存在的机关。从政治上说，拉萨尔崇拜俾斯麦领导的普鲁士国家，认为王权的资产阶级的极端利己主义相比，更能体现国家作为伦理意识的整体的统一性。由此他主张通过“争取普选权”的合法斗争，依靠普鲁士国家的帮助，建立生产合作社，以实现“自由人民国家”。拉萨尔的机会主义国家观后来为第二国际的改良主义者和修正主义者所承袭。第二国际的修正主义国家观认为，无产阶级只要利用议会制民主国家就可以实现社会主义。在两次世界大战之间，这种理论又进一步发展。他们认为通过巩固和发展当时发达资本主义民主制度。就可以把国家变成为工人阶级解放服务的工具，现在民主社会主义宣扬的所谓伦理国家。不过是步拉萨尔的后尘。对这种非阶级的“自由人民国家”，马克思主义经典作家当年就进行了针锋相对的批判。

恩格斯曾经指出：“由于国家是从控制阶级对立需要中产生的，由于它同时又是在这些阶级的冲突中产生的，所以，它照例是最强大的、在经济上占统治地位的阶级的国家，这个阶级借助于国家而在政治上也成为占统治地位的阶级，因而获得了镇压和剥削被压迫阶级的新手段。因此，古希腊罗马时代的国家首先是奴隶主用来镇压奴隶的国家，封建国家是贵族用来镇压农奴和依附农的机关，现代的代议制的国家是资本剥削雇佣劳动的工具。”[①] 恩格斯在《家庭、私有制和国家的起源》一书结尾处阐述国家的本质时说：“国家是文明社会的概括，它在一切典型的时期毫无例外地都是统治阶级的国家，并且在一切场合在本质上都是镇压被压迫被剥削阶级的机器。”[②] 恩格斯还强调，所谓国家是整个社会的正式代表，这仅仅是说，它是当时独自代表整个社会的那个阶级的国家。马克思主义认

① 《马克思恩格斯全集》第28卷，人民出版社2018年版，第200页。

② 《马克思恩格斯全集》第28卷，人民出版社2018年版，第204—205页。

为，正是因为统治阶级的国家在本质上是镇压被压迫被剥削阶级的机器，无产阶级革命必须首先摧毁资产阶级国家机器。列宁强调说：一切革命的根本问题是国家政权问题。显然只有用革命暴力彻底打碎资产阶级国家机器，建立无产阶级专政，才能提供建设社会主义和共产主义的政治前提，进而在大力发展生产的基础上消灭阶级和阶级差别，最后消灭国家，从必然王国进入自由王国。列宁认为这是从《共产党宣言》以来，马克思和恩格斯一贯的思想。

拉萨尔主义的“自由国家”又意味着什么？恩格斯在给奥·倍倍尔的信中说：“从字面上看、自由国家就是可以自由对待本国公民的国家，即具有专制政府的国家。”① 因此，对工人阶级来说，“使国家变成‘自由的’，这决不是已经摆脱了狭隘的臣民见识的工人的目的。”② 马克思还具体比较了德意志和俄国这两个封建专制国家：“在德意志帝国，‘国家’几乎同在俄国一样地‘自由’。”③ 说明在镇压人民方面，不受任何限制。

马克思指出，自由是一个历史范畴，在国家问题上，真正的“自由就在于把国家由一个高踞社会之上的机关变成完全服从这个社会的机关。”④ 而这只有在阶级消灭和国家随之消亡之后才会实现，恩格斯所说：自由和国家是不相容的。“当无产阶级还需要国家的时候，它需要国家不是为了自由，而是为了镇压自己的敌人，一到有可能谈自由的时候，国家本身就不再存在了。”⑤ 到“那时，国家政权对社会关系的干预在各个领域中将先后成为多余的事情而自行停止下来。那时，对人的统治将由对物的管理和对生产过程的领导所代替。”⑥ 这里所说自由与国家的不相容，当然不是说人们在国家存在的时候，享受不到任何一点自由。事实上在任何社会里人们都会享受到一定限度的自由，至于这种“自由”能达到什么“程度”？这要取决于这些国家形式把“‘国家的自由’限制到什么程度。”⑦ 如像人们所知道的，在资产阶级专政的国家里，民主共和制这种

---

① 《马克思恩格斯选集》第3卷，人民出版社2012年版，第348页。
② 《马克思恩格斯选集》第3卷，人民出版社2012年版，第372页。
③ 《马克思恩格斯选集》第3卷，人民出版社2012年版，第372页。
④ 《马克思恩格斯选集》第3卷，人民出版社2012年版，第372页。
⑤ 《马克思恩格斯选集》第3卷，人民出版社2012年版，第349页。
⑥ 《马克思恩格斯选集》第3卷，人民出版社2012年版，第668页。
⑦ 《马克思恩格斯选集》第3卷，人民出版社2012年版，第372页。

统治形式就比君主立宪制、君主制能给人民以较多的自由。

马克思主义创始人当年批判拉萨尔“自由人民国家”的观点，其基本精神用来批判民主社会主义伦理国家也是适合的。不过与拉萨尔主义不同的是，民主社会主义的伦理国家观出现在新的历史条件下，它制造一些新的论据为自己辩护。但是，这些论据是站不住脚的。下面我们进一步作些分析。

第一，民主社会主义认为，现存国家是“人的有组织的权力集团，它关心的是安全、自由和正义。”这种论断的前提，是列宁早指出过的资产阶级改良主义者的一种断言：“垄断资本主义或国家垄断资本主义已经不是资本主义，已经可以称为‘国家社会主义’，如此等等。”① 然而这个前提是虚伪的。垄断资本主义是发展了的资本主义，它丝毫没有改变占用雇佣工人剩余价值的属性。因而建筑于其上的国家在本质上体现着资本的统治关系和利益，它绝不可能把一切人的“安全、自由、正义”置于首位。

第二，民主社会主义认为，现代西方国家的经济职能压倒和代替了政治职能，国家早就成为为整个社会服务的机关，不再是“阶级的国家”。这个观点也站不住脚。国家的社会经济职能是和它共生的，虽然随生产社会化程度的发展，国家对经济的干预和管理具有双重性质，一方面在一定程度上缓和了生产与消费的矛盾，客观上适应了社会化生产的需要；另一方面具有鲜明的阶级倾向。归根到底，这种干预和管理在于维护资本主义生产关系，把劳动者控制在资本主义生产方式以内。同时它也不可能吸收广大工人群众来管理。“如果真是所有的人都参加国家管理，那么资本主义就不可支持下去。”②

第三，民主社会主义认为，现代西方已经成为“福利国家”。这需要专题论述。不过简单地说：西方的“福利国家”制度，不过是垄断资本主义国家进行国民收入再分配的一种形式。

第四，民主社会主义认为，民主制的发展，如普选、议会、教育民主、新闻民主等等，促成现代西方国家发生“向度”的转换，成为民主的而非专政的国家。这种观点不对！民主作为一种国家制度，只属于一定

① 《列宁全集》第31卷，人民出版社2017年版，第65页。
② 《列宁全集》第31卷，人民出版社2017年版，第96页。

阶级的，即统治阶级的民主，对于被统治阶级，民主则意味着“有组织有系统地对人们使用暴力”，民主与专政是对立统一的，纯粹的民主、从来不存在。民主社会主义也宣称：“民主制是人民权力本身所必不可少的基础。因此，我们摒弃一切阶级的专政，也摒弃一切专政的阶级。”① 这种论断的真实作用，一是粉饰垄断资本主义专政，二是否定无产阶级专政。

前面已经说清，社会主义制度不是非阶级的制度，社会主义国家尽管把民主扩大到前所未有的广大居民身上，但它只是“人民”的而不是一切人的“权利共同体”。民主社会主义在反对“极权主义”的口号下，在党纲中还宣称：“他们拒绝任何一种少数人的专政，同样拒绝多数人的侵犯人权的压制行为。在民主社会主义和专政之间没有共同之处。因此社会党是法西斯专政和共产主义专政的坚定不移的和毫不妥协的反对者。”②《法兰克福宣言》还声明：“社会党人表示声援一切受独裁统治之苦的人民争取自由的努力，不论受到的是法西斯的独裁统治还是共产党的独裁统治。”③ 民主社会主义把无产阶级专政同法西斯的独裁统治混为一谈是在制造混乱。他们把无产阶级专政国家对敌视社会主义制度和破坏社会主义建设事业的敌对分子采取严厉的措施，对破坏社会治安的严重犯罪分子绳之以法一概攻击为“无视人的尊严”，“消灭人的自由”，“专制”、“独裁”、“不人道”、“侵犯人权”，这旨在支持社会主义国家内部的持不同政见者，以达到颠覆社会主义国家，变无产阶级专政为资产阶级专政的目的。然而这些攻击都是徒劳的。首先，无产阶级专政不是任何人的主观愿望，而是一种历史必然性，马克思在说明自己的新贡献时指出：阶级的存在是同生产发展一定的历史阶段相联系的，阶级斗争必然导致无产阶级专政，这个专政是达到消灭一切阶级的进入无阶级社会的过渡。其次，任何国家都同时行使着专政与民主的两种职能，即对统治阶级内部实行民主，对被统治阶级实行专政，以维护统治阶级的政治和经济利益。任何国家都具备这两种职能，只是在不同的社会条件下，专政和民主的阶级内容不同而已。民主社会主义把任何专政都视为“无视人的尊严、消灭人的自由

① 《社会党国际文件集 1951—1987》，黑龙江人民出版社 1989 年版，第 503—504 页。

② 《社会党国际文件集 1951—1987》，黑龙江人民出版社 1989 年版，第 374 页。

③ 《社会党国际文件集 1951—1987》，黑龙江人民出版社 1989 年版，第 178 页。

和破坏法治”，这是对国家问题的无知。或者有意掩盖国家本质，无产阶级专政对广大劳动人民实行民主，对少数敌对分子和破坏分子实行专政，而且为了保障广大劳动人民的自由和民主权利，必须对少数敌对分子和破坏分子实行专政。它同个人滥用权力以权谋私毫不相干。在无产阶级专政下的确发生过破坏民主法制，滥用权利的现象，那正是对无产阶级专政原则的背离。再次，正如邓小平同志所说：“历史经验证明，刚刚掌握政权的新兴阶级，一般来说，总是弱于敌对阶级的力量，因此要用专政的手段来巩固政权。对人民实行民主，对敌人实行专政，这就是人民民主专政。运用人民民主专政的力量，巩固人民的专政，是正义的事情，没有什么输理的地方。”[①] 邓小平同志这一深刻论断，是对民主社会主义的伦理社会主义国家观的根本否定。

（原载《社会主义研究》1994 年第 6 期）

---

① 《邓小平文选》第 3 卷，人民出版社 1993 年版，第 379 页。

新自由主义的谱系、流变及影响

一

新自由主义是指萌芽于19世纪末20世纪初、在20世纪二三十年代形成的一种理论，在20世纪七八十年代一度成为西方发达资本主义国家占统治地位的一种社会思潮。1927年，奥地利的米瑟斯出版《自由主义》一书，宣扬资本主义和市场自由的普遍性，否定社会主义，维护资本主义私有制度，奠定了新自由主义的基本理论。在这同一时期，米瑟斯和哈耶克还挑起了一场关于“社会主义经济计算”的大论战，与波兰经济学家奥斯卡·兰格就社会主义制度的可行性问题进行论战，论战的焦点是社会主义条件下是不是具有实行经济计算的可能性。以这场大辩论为标志，新自由主义开始登上历史舞台。

但是，米瑟斯的这一套理论在几十年内并未被社会普遍接受。其原因，一是当时欧美许多国家事实上都采纳凯恩斯的理论，把资本主义的市场体制与一定程度的国家干预相结合，走上了福利国家和国家干预主义的道路，而且取得了成效。然而，资本主义生产的周期性是一个客观规律，绝不因资本主义经济政策的调整和经济的暂时繁荣而消失。

从20世纪30年代大萧条时期起，一直到20世纪70年代，新自由主义代表人物的理论和政策主张虽然没有被社会普遍接受，但是他们并没有放下自己的旗帜，而是一直坚持著书立说，在批评凯恩斯主义的过程中，精心雕琢自己的理论。在20世纪七八十年代，随着“滞胀”危机的出现，凯恩斯主义陷入理论困境，新自由主义以哈耶克为代表的伦敦学派、弗里德曼为代表的货币主义学派两个主要流派领衔，迅速崛起。本来“滞胀”是资本主义固有矛盾日趋激化的产物，是国家垄断资本主义充分发展的必然结果，但是新自由主义者却将其归结为凯恩斯主义的罪过。他们认为造成这一切的根本原因，在于凯恩斯主义政策的国家干预过度、政府投资过大、货币供给不足，更深刻的原因还在于，政府干预和福利国家政策中混进了许多社会主义因素，使工会力量过大和工人运动高涨，破坏了经济运行。新自由主义中的新古典经济学派从理论和政策全面地批判凯恩斯主义，对其“清单上的每一项目都提出了反对意见”[①]，宣布凯恩斯主义是应当抛弃的过时的错误理论。他们认为，要消除危机，就要削弱工会的力量和严格控制货币总量；节省财政开支，压缩福利开支，减少政府对经济的干预。因为政府干预经济的政策无论在短期内还是在长期内都是无效的。凯恩斯主义失灵，显得无力回天，结束了它在西方经济学中长达20多年的独领风骚的历史。新自由主义倡导的观点，如经济自由化，反对政府调节通货等，正对垄断资产阶级稳定经济的胃口，得到西方大财团、大资本家和国际货币基金组织、世界银行等机构的鼎力支持。在这种强力的支持和操纵下，新自由主义在20世纪70年代初发展起来，在80年代扶摇直上，由理论、学术跃为西方发达资本主义国家占统治地位的思想和国家意识形态，成为一股国际性思潮。

二

20世纪90年代，苏东剧变，社会主义运动暂时处于低潮，世界科技的巨大进步，西方跨国公司在国际经济政治事务中的影响日趋增强，经济全球化进程进一步加快，这种新的国际局势给新自由主义带来发展机遇。它在美国的经济利益和整个西方商业利益的驱动下，迎合国际垄断资本和大金融寡头谋求世界霸权的需要，借助于20世纪80年代末90年代初达成的、以恢复自由放任市场经济政策、放弃政府干预和推行私有化为主旨的“华盛顿共识”，向广大发展中国家和社会主义国家蔓延。“从此，新自由主义开始由理论、学术而政治化、国家意识形态化、范式化”[②]。此后，智利、巴西、墨西哥、阿根廷、秘鲁等国，均以新自由主义为国家发展的理论指导，拉美成为了新自由主义的试验场。在苏东国家，新自由主义取得了支配地位，政要们把取缔共产党、建立以私有制为基础的市场经

① ［美］A. S. 布林德：《争论中的宏观经济学》，伦敦惠顿斯出版公司1989年版，第103页。

② 中国社会科学院“新自由主义研究”课题组：《新自由主义研究》，《马克思主义研究》2003年第6期。

济、同西方经济一体化作为基本国策。

20世纪90年代以后，新自由主义作为风靡西方世界的重要思潮，越来越成为西方发达国家干预世界经济活动和政治秩序的重要手段。进入21世纪，在西方大国谋求控制世界的过程中，新自由主义的作用仍然受到重视。在西方具有重要影响的新自由主义主要流派有：以哈耶克为代表的伦敦学派、以美国芝加哥大学经济学教授弗里德曼为代表的现代货币学派、以罗伯特·卢卡斯为代表的理性预期学派、以科斯为代表的新制度经济学派、以詹姆斯·布坎南为代表的公共选择学派和以拉弗为代表的供给学派等等。应该说，新自由主义在提出和论证自己的理论观点时，在理论思维方面也提供了某些有启发性的东西，包含着某些合理因素。特别是作为资产阶级经济学理论的新自由主义，源于资产阶级古典自由主义经济理论，其中不乏科学成分，有的思想还具有一定的深刻性。如某些自由派学者对于资本主义经济政治制度的批评，关于一般市场机制的研究，关于减少政府干预、压缩政府开支、提高政府效率的观点，关于实行积极财政政策和货币政策、加强对经济实行宏观调控的观点，关于人的心理预期对经济活动和经济政策影响的观点，关于加强法制、社会保障制度、稳定物价在市场经济中作用的观点等等，这些思想对于我们完善社会主义市场经济体制，有可供参考和借鉴的成分。但是从总体上说，新自由主义是为现阶段国际垄断资产阶级经济和政治根本利益服务的资产阶级思想理论，本质上是十分庸俗的东西。

众所周知，20世纪80年代，新东欧经济学乃是西方新自由主义经济学的翻版，它竭力主张用私有制加自由放任和自由竞争的资本主义模式取代社会主义经济政治制度。以东欧经济学为指导的改革方案，主张实行国有企业私有化，取消国家对经济生活的干预，特别是取消国家对价格、进出口和汇率的管理，实行价格放开、进出口自由和货币按市场汇率自由兑换；积极争取与西方经济的融合，实现同西方经济特别是同欧共体经济一体化，不惜代价争取西方的经济援助，将西方经济援助视为苏联、东欧国家向市场经济过渡的不可或缺的前提等等。这种理论实施的结果造成了苏东国家经济大幅度滑坡、通货恶性膨胀、国家分裂、社会动乱、执政党更迭、人民蒙受苦难的严重后果①。

---

① 见梁柱、张守民主编《社会主义初级阶段与四项基本原则》，人民出版社2002年版，第219—221页。

阿根廷等拉美国家推行新自由主义十几年，其后果也十分严重。阿根廷推行新自由主义政策，最大限度地取消了政府的经济干预，彻底实行私有化，国家退出了社会和国民经济的基础领域，中止了对这些领域的政府公共投资。阿根廷还遵循国际货币基金的“零赤字”条件，即政府将竭尽全力确保偿还阿根廷所欠西方的债务。倘若由于经济衰退导致了政府税收的下降，政府不得采取财政赤字手段来弥补公共开支的不足，必须通过压缩行政和社会保障的开支来维持国家经济的运行，将削减下来的开支资金用于偿还外债的本息。阿根廷推行新自由主义政策的结果，一是期望依靠一次性出售国有资产来填补社会保障体系窟窿的愿望未能实现，而且国有企业被私有企业或跨国公司收购后，大批工人遭到解雇，社会失业不断增长，贫困人数不断增加，整个社会经济陷入了极度的混乱。二是大量社会财富流失海外。在阿根廷的金融危机中，控制阿根廷金融命脉的跨国公司不仅廉价收购国有、私营企业和自然资源，而且非法席卷老百姓的存款，金额达数百亿美元。中产阶级和资产阶级拥有的存款、股票损失惨重，大批公务员的工资、医疗保险、养老保障等也因银行冻结存款几乎无法发放。三是陷入不能自拔的外债泥潭。阿根廷按新自由主义的要求，盲目开放，大搞国有企业私有化并开放各个行业，经济命脉控制权落入美国之手，不得不一步步踏入外债圈套。1980 年阿根廷的外债为 270 亿美元，1990 年为 600 亿美元，2001 年为 1420 亿美元。20 年来阿根廷共偿还了外债本息 1200 亿美元，但外债仍膨胀到最初的 4.5 倍。这里一个重要原因就是实行资本市场自由化，允许西方金融资本自由进出，一旦外债流出造成经济危机压力时，国际货币基金组织就要求这些国家大幅度提高利率，经常达到 30%、50% 甚至 80% 的高利贷水平，这当然会耗光这些国家的财富。四是诱惑官僚腐败。在私有化过程中，削价出售国有资产的回扣率达 10%，数亿美元的项目意味着数千万美元的回扣，这就会诱惑官僚出卖本国利益充当买办[①]。阿根廷按照新自由主义“改革”方案行事，吞下了苦果，其他推行新自由主义理论和政策的国家也大致相仿。如 1995 年的墨西哥金融危机、1997—1998 年的东南亚和俄罗斯金融危机，都是采纳新自由主义，受到国际金融资本破坏的表现。

20 世纪 90 年代以来，国际金融垄断资本通过其代表——国际货币基

① 杨斌：《从国有股减持被停止看其理论缺陷》，《高校理论战线》2002 年第 10 期。

金组织和世界银行等国际机构，推行新自由主义，毁灭了苏东地区和拉美等发展中国家的经济政治体制，侵吞了这些国家和地区多年积累起来的社会财富，把它们沦为少数发达国家的原料供应地、商品倾销场、危害环境的生产地和资本投机场所，致使其广大人民群众失去社会保障，生活水平急剧下降，大多数人生活在贫困线以下，少数人成为暴富者。这种事实向我们提出警告：必须识别新自由主义的真面目，避免落入其陷阱。

三

在中国，近代以来西方自由主义思潮就有一定发展。在 20 世纪 80 年代中后期至 90 年代的国际政治背景和理论背景下，某些学者更乐于接受和传播新自由主义的观点，甚至一时之间出现了“张五常热”。应该指出，这时在我国得到较大规模传播和讨论的新自由主义，早已不仅仅是一种理论、学术，而是作为一种国际垄断资本主义的经济范式和政治纲领的东西。正如有学者指出的：“在经济学和社会哲学这一类的学术思想上，中国的自由主义经济学家们大多不过是在拾国际上的新自由主义经济学的牙慧而已，而且他们捡来的多半都是其中最肤浅的说法。”① “但是，决不能因此就把中国的经济自由主义看成是外国的自由主义经济学的简单翻版。中国的经济学家们在国际自由主义经济学的共同理念之外，加上了许多自己的特殊创造，因而形成了中国的经济自由主义自己的特色。”② 他们喜欢引用西方新自由主义的信条，然而他们“并没有全面地吸收和继承西方主流经济学的全部理论体系。它对西方主流经济学采取的是‘各取所需、为我所用’的态度，只援引自己喜欢的论点，而回避甚至闭口不提那些它不喜欢的西方主流经济学的重要思想观点”③。这种评论是有道理的。

中国新自由主义思潮通过文献出版物、各种论坛讲坛、研究机构的学术讨论等渠道和方式进行传播，产生了恶劣影响。特别是新自由主义思潮为了改变中国经济政治体制改革的性质，干扰其社会主义方向，其代表人

① 左大培：《混乱的经济学：经济学到底教给了我们什么?》，石油工业出版社 2002 年版，第 2 页。

② 左大培：《混乱的经济学：经济学到底教给了我们什么?》，石油工业出版社 2002 年版，第 2—3 页。

③ 左大培：《混乱的经济学：经济学到底教给了我们什么?》，石油工业出版社 2002 年版，第 11 页。

物提出了一系列严重违背四项基本原则的主张。在经济理论上，他们皈依西方自由主义经济理论的方向，坚持资本主义改革开放观，大力鼓吹“私有制优越论”，主张按照资本主义市场经济的模式，取消公有制的主体地位，推进私有化的改革方案，改变我国的基本经济制度，建立起资本主义的基本经济制度；在政治理论上，他们提出实行总统制、推行两院制、删除宪法序言、取消无产阶级专政条款等全盘西化的主张，企图从根本上否定四项基本原则，否定我国的国体和政体，改变我国的基本政治制度，建立起资本主义的政治制度；在思想文化上，他们以理论探索和创新之名，散布资产阶级自由化的言论，把攻击矛头直指我们党和国家的指导思想——马克思主义，提出要“告别革命”，企图通过否定五四新文化运动，否定我们党领导的新民主主义革命和社会主义建设事业的历史，鼓吹“意识形态多元化”，达到消解我们国家的主导意识形态的目的。他们尤其特别起劲地宣扬新闻媒体应成为“社会武器”，成为制衡党和政府的“第四权力”，实质上是要否定新闻媒体的党和人民喉舌的性质，否定新闻的党性原则，反对党对新闻媒体的领导和管理，企图把思想文化领域的演变作为他们进行政治经济演变的前奏。当代中国的自由主义思潮，亦即资产阶级自由化思潮，不仅是一种经济自由主义，其思想理论还包括政治、思想文化方面的内容。正是由于它的代表人物热衷于兜售已被西方大国政治化了的新自由主义，严重地干扰着我国改革的理论和政策，扰乱了一些人的思想，在一些方面造成了严重危害。

邓小平同志曾深刻指出：“一旦中国全盘西化，搞资本主义，四个现代化肯定实现不了。中国要解决十亿人的贫困问题，十亿人的发展问题。如果搞资本主义，可能有少数人富裕起来，但大量的人会长期处于贫困状态，中国就会发生闹革命的问题。中国搞现代化，只能靠社会主义，不能靠资本主义。历史上有人想在中国搞资本主义，总是行不通。”①

他还说：“某些人所谓的改革，应该换个名字，叫作自由化，即资本主义化。他们‘改革’的中心是资本主义化。我们讲的改革与他们不同，这个问题还要继续争论的。”② 事情正如邓小平同志所预见的，由于新自由主义思潮的渗透和影响，关于中国改革方向、道路的争论现在更激烈

---

① 《邓小平文选》第3卷，人民出版社1993年版，第229页。

② 《邓小平文选》第3卷，人民出版社1993年版，第297页。

了。某些热衷于推行新自由主义的人，把邓小平同志的警言抛得远远的，置四项基本原则于不顾，竭力掩盖新自由主义在世界一些国家和地区造成危害的真相，从多方面向我们党的基本理论、基本路线、基本纲领和基本经验进攻，对中国社会主义改革和现代化建设的危害日渐彰显。坚持新自由主义立场的人，干扰我国社会主义的改革和现代化建设，鼓吹全盘私有化、完全自由放任的一个重要借口就是，现在实行市场经济，必须同西方经济接轨。其实这种辩解是站不住脚的。

一是即使是西方国家，在实行市场经济时也不同程度地主张国家的宏观调控，而不是完全的自由放任，西方大国的政府在本国内并不推行新自由主义政策。20 世纪 80 年代，在西方正当新古典宏观经济学对凯恩斯主义经济学和国家干预主义的批判盛行的时候，就出现了一个新的主张国家干预的学派，即新凯恩斯主义经济学派。该学派把传统的微观经济学和凯恩斯的宏观经济学结合起来，为宏观经济学提供微观基础。新凯恩斯主义虽然抛弃了原凯恩斯主义的某些旧观点，但是本质上是原凯恩斯主义的翻版，它基于市场失灵的结论，认为如果没有政府干预，经济恢复均衡将是一个漫长的痛苦过程，失业和通货膨胀将更为恶化。与此相应，它强调政府干预经济政策的有效性。新凯恩斯主义关于政府干预经济的学说受到西方国家的政府的重视，而且愿意接受。同时，新凯恩斯主义也受到学术界的重视。正如一些学者在肯定国家调节论时指出的："今天，没有一个市场经济不受到国家和政府机构的带有或多或少强制性的指导。"① "没有国家管理的市场将导致二元的、甚至四分五裂的社会，它不仅会埋葬市场经济，使市场成为万恶之源，而且还会使自由遭到毁灭。"② 所以，西方大国的政府主要是将自由主义的理论和政策用于对付社会主义国家和其他发展中国家。

二是中国实行的市场经济与西方国家的市场经济根本不同。我们的社会主义市场经济是同社会主义基本经济制度结合在一起的。它既要发挥市场经济的长处，又要发挥社会主义制度的优越性。在我国具体条件下，市场经济既是一种资源配置的方式，又是建设中国特色社会主义经济的基本实现形式。作为建设中国特色社会主义的基本实现形式，在其丰富的内涵

① ［法］勃拉尔顿：《市场经济或资本主义?》，《思想》1991 年第 3—4 期。
② ［法］罗奈・勒努阿：《没有国家的市场 ?》，《政治学》1992 年第 1 期。

和多方面的内在要求中，社会主义的质的规定性是非常明确的。这说明，我国坚持新自由主义立场的人制造的借口是经不起反驳的。但是他们的种种言论却起着混淆视听、搅乱理论是非的作用。

在中国，称赞西方新自由主义的人大致有四种情况。一是像张五常这类以新自由主义的代表自居的人，他们自觉地以马克思主义为敌，并散布大量言论恶意攻击马克思主义。二是像我国研究西方经济学的权威学者、已故的北京大学陈岱孙教授所批评的那些对西方经济学“不加审别的推崇”的人。由于多年的隔绝，他们对西方经济学十分陌生，一旦接触，不免引起目眩。三是仅把新自由主义视为西方一种经济理论和学术观点进行研究，未从政治的高度看到，“华盛顿共识”之后，西方新自由主义已经国家意识形态化，成为国际垄断资本主义的思想体系，以及它对世界经济政治发展造成的负面影响。四是某些做实际工作的同志，力求探索改革和现代化建设的新思路、新举措，不加分析地把新自由主义的政策主张当作了良方。我们批判的是第一种人。对于第二、三、四种人，我们希望同他们平等地讨论商榷问题。

邓小平在20个世纪80年代谈到“党在组织战线和思想战线上的迫切任务”时，讲过一番话。他说：我们一定要“使马克思主义的和社会主义、共产主义的宣传，特别是在一切重大理论性、原则性问题上的正确观点，在思想界真正发挥主导作用。现在有些错误观点自称是马克思主义的，有的则公然向马克思主义挑战。对此，马克思主义者应当站出来讲话。思想战线的共产党员，特别是这方面担负领导责任的和有影响的共产党员，必须站在斗争的前列”①。他还指出：“毛泽东同志说过：‘真理是在同谬误作斗争中间发展起来的。马克思主义就是这样发展起来的。’有些人把‘双百’方针理解为鸣放绝对自由，甚至只让错误的东西放，不让马克思主义争。这还叫什么百家争鸣？这就把‘双百’方针这个无产阶级的马克思主义的方针，歪曲为资产阶级的自由主义方针了。毛泽东同志的《反对自由主义》，是一篇马克思主义的好文章。建议各级领导同志，特别是思想战线的同志认真学习一下，并且按照文章的精神办事。”②

邓小平同志讲这番话的时间过去20多年了，但是它仍然具有强烈的

---

① 《邓小平文选》第3卷，人民出版社1993年版，第46页。

② 《邓小平文选》第3卷，人民出版社1993年版，第47页。

现实针对性。现在，坚持对新自由主义进行科学评析，正是践行党的十六大提出的战略任务的重要方面。对此，我们不能有任何的懈怠！

（原载《当代世界社会主义问题》2005 年第 1 期）

历史虚无主义重新泛起的透视

一段时间以来，历史虚无主义在我国思想文化界重新泛起，引起了人们的关注。为什么历史虚无主义会在这个时期泛起，它有什么突出表现及特点，其错误何在，本文拟就这些问题做些分析，以供讨论。

一 历史虚无主义的突出表现及特点

社会思潮是社会意识的一种，是社会经济、政治状况的思想反映。从国际上看，以资本主义为主导的经济全球化迅速发展，世界社会主义处于低潮，两种社会制度在全球范围内并存、竞争、合作、斗争，在总体上“资”强“社”弱、“资”进“社”守的格局没有改变。反对马克思主义、否定社会主义的思潮将长期存在。从国内来看，我国为了发展生产力，实行了公有制为主体、多种所有制经济共同发展的基本经济制度。反映到思想意识领域，马克思主义是主流意识形态，同时不可避免地存在某些非马克思主义、甚至反马克思主义思潮。在当今国际国内背景下，各国之间的思想文化交流日益频繁，国内的某种社会思潮能在国际上找到根源或者得到呼应。因此，要用正确的眼光来观察和分析重新泛起的历史虚无主义。

形形色色的社会思潮有共同的反马克思主义政治基础，这使它们具有相通性，在理论观点上能够相互转化和统一，在一定的形势下相互呼应。在这种转化和统一中，历史虚无主义的作用在于否定近代以来中国历史，直接质疑中国近代以来的历史选择和发展道路，质疑社会主义的历史必然性和合理性，这更带有根本性质。它既弥补了新自由主义侧重于经济和政治领域、从现实的角度反对马克思主义和社会主义，而在文化领域、历史维度上的相对不足，又改变了新文化保守主义曲折隐晦的表达和难于对社会产生影响的尴尬，成为在意识形态领域攻击马克思主义和社会主义的一支重要力量。

重新泛起的历史虚无主义思潮，竭力张扬自己的主张。集中起来说，就是四个观点：一是否定革命。否认20世纪中国发生革命的必然性，认为中国选择革命的方式实现社会变革，是疯狂和幼稚的表现，革命就是杀人流血，是一种单纯破坏的力量，其结果只是实现了“专制复辟”，没有任何建设性的意义。因此，应当“告别革命”，反对革命的一切后果。二是否定五四运动。认为五四运动造成了历史的断裂，即从所谓“以英美为师”的“近代文明的主流”走上了“以俄为师的歧路”，中国因此耽误了60年的发展，“至少虚掷了三代人的血泪精华”；三是否定社会主义改造。认为社会主义改造实质的问题是根本搞早了搞错了，阻滞、破坏了中国社会主义建设事业的发展。1978年以前30年的社会主义建设“只是一部荒唐史”。赞扬改革开放20多年的实践是对社会主义的否定和对“以英美为师”的“近代文明主流”的回归，把改革开放的历史与前30年的历史割裂和对立起来。四是否定中国共产党的领导，认为中国共产党的领导是一系列错误的延续，影响了中国现代化的历史进程。透过这四个观点，可见其要害在于否定四项基本原则。

这些观点分散在人文社会科学的多个领域。比如，在史学界，历史虚无主义论者质疑并淡化以马克思主义唯物史观为指导研究历史，认为唯物史观是机械的历史决定论，反对阶级斗争学说、社会形态学说、历史发展客观性理论等，主张用历史选择论取代唯物史观，以超然的客观主义态度研究中国近现代历史，推崇和照搬国外史学流派的观点；在20世纪史学批评中，否定新中国成立后史学界在马克思主义指导下取得的研究成果，否定马克思主义史学家的学术地位，妄言“中国史学无大师”；以学术创新为由，把创新当成是简单的翻版，颠覆前人运用唯物史观得出的结论。如说什么太平天国运动是“一个笑话”，“绝无进步的历史意义可言”。“辛亥革命搞糟了”，“完全是近代中国特殊历史条件下革命志士鼓吹、争取的结果”，“给社会造成的破坏大于建设”。五四运动“把民族传统文化赖于生存的东西截断了，一切民族虚无主义，一切政治灾难都是从五四运动来的”；赞扬西方国家入侵是帮助中国发展，中法战争、抗日战争都没有什么必要。推断让清政府慢慢搞新政，中国今天也能实现了现代化；在历史人物的评价上，褒扬曾国藩、李鸿章、慈禧、袁世凯、徐世昌等，同时贬抑洪秀全、孙中山等。

又如，在文学领域，某些描写新民主主义革命时期的作品，漠视、甚至消解中国共产党对社会变革的巨大作用；在近代历史剧的创作中，置历史发展的客观规律于不顾，把重大历史事件的发生归结为各种离奇因素，归结为个人的心血来潮；高扬所谓人性的大旗，对革命的暴力大肆讨伐；对先烈们为追求进步、独立、自由而艰苦奋斗的悲壮历程，以曲解的态度，用调侃、讥笑、揶揄的语言进行描写，对封建统治者和卖国贼却极尽美化之能事；在文艺评论中，对支持、参加中国共产党领导的中国革命、用作品反映中国革命和社会主义建设的现当代作家如鲁迅、郭沫若、茅盾、巴金、叶圣陶、丁玲等等进行贬损和否定，并宣告要与中国现当代文学传统“断裂”，全盘否定五四以来、特别是中国共产党领导和影响下的进步文学、革命文学。

历史虚无主义思潮上述种种表现，显示了它的以下特点：

第一，在内容上，不是一般地全盘否定中国的历史和文化，而是否定某一阶段或某几个阶段的历史，具体地说就是否定中国近代历史，特别是否定中国共产党领导中国人民进行革命、取得民族独立和建设社会主义的历史。概括地讲，就是两个否定：否定中国革命的必然性，否定中国革命和社会主义建设的历史进步性；反对暴力革命，鼓吹改良，集过去历史虚无主义之大成，主张中国现代化以英美为师，全盘西化。

第二，在方法上，一是以历史选择论为指导，以假设为前提，不对历史事实进行全面深入的了解，不认真分析历史事件展开过程的实际联系，把现象当本质，根据历史现象的表面特征进行主观臆想、推断历史的发展和可能的结局，新瓶装旧酒，得出所谓“新结论”。二是把支流当主流，以点概面、以偏概全，随意放大一些历史事实，以达到论者既定的目的。

第三，在思维方式上，无论是在史学界还是文学界，对凡是在马克思主义指导下所得出的结论，在中国共产党领导下所取得的胜利和成绩，都统统发难，动辄全盘否定、要“断裂”，非此即彼，形而上学猖獗。

第四，在表达方式和传播途径上，一是以学术研究的面貌出现，在学术刊物、研讨会上和学术著作中发表意见，以显示论者的观点是科学研究、理性思考的产物，是理论创新的成果；二是以文学、艺术作品特别是历史题材的影视作品等形式，利用电视、电影和网络等途径，影响社会舆论，诱使人们“重新认识”某段历史或某个人物。

历史虚无主义是在西方各种以唯心主义历史观为哲学基础的思潮的影

响下，适应西方国家对我实施和平演变战略的政治需要和国内反社会主义势力的策略变化，重新泛起的一种政治思潮。它所反映的不仅是文化问题，更是政治问题，不仅是对待历史的态度问题，更是对待现实的态度问题；历史虚无主义在历史观上是唯心主义的。它脱离客观历史事实，以自己的主观价值尺度，尤其是政治的价值尺度对历史进行剪裁、重塑，背离了最起码的客观性标准，是典型的实用主义。

二 历史虚无主义的“历史选择论”的错误

“历史选择论”是历史虚无主义的基本观点。这种观点是同唯物史观根本对立的，是非科学的。历史唯物主义并不简单地、一概地否认历史选择，但是它强调历史选择是以历史决定论为前提的。

从唯物史观的观点看来，科学认识、研究历史的目的之一，就是探索历史真实。所谓历史真实，是历史本质的真实，历史规律性的真实，而不仅仅是历史事件、历史细节的真实。马克思主义创始人立足于“把历史的内容还给历史”[①]，通过探寻人类社会“现实的联系”，从社会生活的各种领域中划分出经济领域，从一切社会关系中划分出生产关系，并把它当作决定其余一切关系的基本的原始的关系，把生产关系归结到生产力的高度，这样推翻了他们之前的所有的思想家把历史看作是某种观念的逐渐实现的观点，把唯心主义从它最后的避难所——历史观中驱逐出去，创立了唯物史观。“现代唯物主义把历史看作人类的发展过程，而它的任务就在于发现这个过程的运动规律。”[②] 它是指导我们获得对于历史真实正确认识的唯一科学的理论指南。

唯物史观认为，历史本质上是人类社会物质生活资料的生产和再生产，“人们为了能够‘创造历史’，必须能够生活。但是为了生活，首先就需要吃喝住穿以及其他一些东西。因此第一个历史活动就是生产满足这些需要的资料，即生产物质生活本身”[③]。社会生产活动的客观性决定了历史的本质是客观的，这一客观性本质体现在两个方面：第一，历史是由人类自身创造出来的发展过程，是人类已经发生的活动。人类这种创造活

① 《马克思恩格斯全集》第3卷，人民出版社2002年版，第520页。
② 《马克思恩格斯选集》第3卷，人民出版社1995年版，第364页。
③ 《马克思恩格斯选集》第1卷，人民出版社1995年版，第79页。

动一旦产生，就是既成的客观事实。因此，尊重客观事实，是人们认识、把握历史的必要的基本前提和科学态度。对待历史，只能实事求是，而不能按照自己的意愿或根据后人所处的时代环境去修改、裁剪、编造，也不能对它进行假设、推理，以期产生另外的历史结果。以假设为前提，对历史进行主观臆断，既不符合历史研究的思维逻辑，对探求历史真实也毫无意义。第二，历史发展遵循一定的客观规律，不以人的意志为转移。正确认识历史运动，首先应将人类社会的发展理解为“一种自然史的过程”。历史以近乎自然的方式发展着，具有自然性特征，即历史的进化像自然的进化一样，有其内在规律。这些规律是“以铁的必然性发生作用并且正在实现的趋势”[①]。历史发展必然遵循一定的客观规律，这是由人类创造历史的客观物质基础决定的。马克思指出，生产物质生活本身是一切历史的一种基本条件，人们依赖一定的生产力和结成相应关系进行满足其生存需要的物质资料生产、开始对历史的创造，其他一切活动都起源于并最终依赖于这个创造的存在和继续。而“人们不能自由选择自己的生产力——这是他们的全部历史的基础，因为任何生产力都是一种既得的力量，是以往的活动的产物。可见，生产力是人们的应用能力的结果，但是这种能力本身决定于人们所处的条件，决定于先前已经获得的生产力，决定于在他们以前已经存在、不是由他们创立而是由前一代人创立的社会形式。后来的每一代人都得到前一代人已经取得的生产力并当作原料来为自己新的生产服务，由于这一简单的事实，就形成人们的历史中的联系，就形成人类的历史，这个历史随着人们的生产力以及人们的社会关系的越益发展而越益成为人类的历史。”[②] 马克思在《〈政治经济学批判〉序言》中对人类社会发展客观规律的内容作了经典概述，科学阐述了人类社会在生产力与生产关系这一基本矛盾运动的推动下不断演替进化，最终实现共产主义的历史趋势。

当然，唯物史观仅是在相似性的意义上肯定历史发展的自然性特征，它在强调历史发展的客观规律的同时，也强调了历史是追求着自己目的的人的活动。历史是人的历史，历史发展的规律不是外在于人类而存在的自在之物，它形成、存在并实现于人的活动之中，表现为一种最终决定人类

---

① 《马克思恩格斯全集》第44卷，人民出版社2001年版，第8页。

② 《马克思恩格斯选集》第4卷，人民出版社1995年版，第532页。

行为结局的力量，本质上是“人们自己的社会行动的规律”[①]。离开了人类社会，离开了人的有意识、有目的的活动，社会规律就不可能存在并发生作用，社会规律所揭示的历史必然性也就无法实现。这是历史规律区别于自然规律的特殊性。因此，历史发展具有不能独立于人和人的活动之外的主体性特征。由于人是受到需要和利益的驱使，带着一定的观念和目的进行活动的，所以，社会历史领域“任何事情的发生都不是没有自觉的意图，没有预期的目的的”[②]。在历史活动中，人们既是剧作者，也是剧中人。

唯物史观认为，社会发展的客观规律性与人作为历史主体的能动性是有机结合的。在历史领域里，“尽管各个人都有自觉预期的目的，总的说来在表面上好像也是偶然性在支配着”。但是“预定的目的和达到的结果之间还总是存在着极大的出入。未能预见的作用占据优势，未能控制的力量比有计划运用的力量强大得多”[③]。这是因为“在表面上是偶然性在起作用的地方，这种偶然性始终是受内部的隐蔽着的规律支配的”[④]。由于人们的不同的社会存在决定了人的需要、利益的不同，进行社会活动的意图和目的不同，因此他们的社会活动内容、性质、方式和发展方向也是不同的，不同的人的社会活动必然要发生冲突，那么“历史是这样创造的：最终的结果总是从许多单个的意志的相互冲突中产生出来的，而其中每一个意志，又是由于许多特殊的生活条件，才成为它所成为的那样。这样就有无数互相交错的力量，有无数个力的平行四边形，由此就产生出一个合力，即历史结果，而这个结果又可以看作一个作为整体的、不自觉地和不自主地起着作用的力量的产物。……但是，各个人的意志……虽然都达不到自己的愿望，而是融合为一个总的平均数，一个总的合力，然而从这一事实中决不应作出结论说，这些意志等于零。相反的，每个意志都对合力有所贡献，因而是包括在这个合力里面的。”[⑤] 这就充分阐明了历史发展的客观规律与人们的自觉能动活动二者之间的统一性。一方面，社会发展的客观规律不以人的意志、目的为转移，决定着人类社会发展的总趋势，

① 《马克思恩格斯选集》第 3 卷，人民出版社 1995 年版，第 634 页。
② 《马克思恩格斯选集》第 4 卷，人民出版社 1995 年版，第 247 页。
③ 《马克思恩格斯选集》第 4 卷，人民出版社 1995 年版，第 274 页。
④ 《马克思恩格斯选集》第 4 卷，人民出版社 1995 年版，第 247 页。
⑤ 《马克思恩格斯选集》第 4 卷，人民出版社 1995 年版，第 697 页。

并决定着人们的意志、目的；另一方面，人们的自觉实践活动本身存在于客观规律之中，不能超越客观规律的制约。但人在社会历史进程中能动地发生重要作用，能够认识、运用和驾驭历史规律。既坚持社会发展客观规律的决定性作用，又肯定人在社会历史发展中的能动作用，这正是唯物史观科学之所在，也是马克思主义与机械决定论、宿命论和主观唯心主义的根本差别。

历史虚无主义者以历史选择论来研究近现代历史，是无法把握历史真实的。的确，在历史发展的过程中，由于种种客观、主观条件不同，往往存在着多种可能性，人作为历史的主体，当然有选择的权力。但是，不同的选择会导致不同的结果。那么，什么样的选择才是正确的、能够达到主体的目的呢？这正如列宁所说："在什么条件下可以保证这种活动得到成功？有什么保证能使这种活动不致成为鼓励的行动而沉没在相反行动的汪洋大海里？"① 人类社会的发展，是合规律性与合目的性的统一。人们要想自己的愿望成为现实，获得希望的结果，首先必须使自己的愿望符合历史发展规律，所作的选择符合历史发展规律的要求。这样的选择，不是取决于主体的意识和意志，而是取决于社会物质条件，取决于客观社会现实。历史活动的主体只有从客观社会现实出发，作出合乎客观规律的选择，才能最终实现自己的目的。相反，不符合历史发展客观规律要求的选择，即使在个别历史时期可能在一定程度上影响或改变历史的进程，但最终必将被历史的必然性所抛弃。因此，所谓选择，绝不是纯粹的主观行为，它不能脱离历史必然性和客观现实条件的制约。历史选择论存在的合理性仅在于它蕴含于历史必然性之中。没有历史必然性，历史选择论就没有其存在的基础，历史必然性是历史选择论的理论前提。如果仅仅用历史选择论来分析、认识历史，只看到历史主体以一定的方式进行历史活动，无视历史活动背后的客观规律的决定性作用，必然陷入主观唯心主义的泥潭。历史虚无主义论者随心所欲地"选择"中国近现代历史的进程和面貌，其根源正在于此。这种违背历史真实的"选择"终将被历史抛弃。

三　中国近现代革命、建设和改革的真实历程

与历史虚无主义论者对中国近现代的革命、建设和改革历程的描绘截

---

① 《列宁选集》第1卷，人民出版社2012年版，第27页。

然不同，马克思主义者运用唯物史观，科学认识中国近现代的革命、建设和改革历程，清楚地看到历史的真实图景。

第一，近现代中国历史的主旋律是革命，这是历史的选择。

近代以来，中国农民选择了革命，资产阶级革命派选择了革命，无产阶级选择了革命，这不是洪秀全、孙中山和中国共产党人的心血来潮、鼓吹煽动和随意选择的。恩格斯曾指出："把革命的发生归咎于少数煽动者的恶意那种迷信的时代，是早已过去了。现在每个人都知道，任何地方发生革命动荡，其背后必然有某种社会要求，而腐朽的制度阻碍这种要求得到满足。"① 近代以来，帝国主义和中华民族的矛盾，封建主义和人民大众的矛盾构成了中国社会最主要的矛盾，"这些矛盾的斗争及其尖锐化，就不能不造成日益发展的革命运动。伟大的近代和现代的中国革命，是在这些基本矛盾的基础之上发生和发展起来的。"② 同时，"中国不是一个独立的民主的国家，而是一个半殖民地半封建的国家。在内部没有民主制度，而受封建制度压迫；在外部没有民族独立，而受帝国主义压迫。因此，无议会可以利用，无组织工人罢工的合法权利。"③ 中国社会主要矛盾和残酷的社会现实，决定了革命是中国在半殖民地半封建状况下的必然选择。许多中国革命的先驱者曾设想用温和的改良来解决中国的问题，孙中山早年上书李鸿章建议变法，李大钊一度认为人们对北洋政府统治下的民国应取补台的态度，毛泽东在五四运动中曾主张"无血革命"、"呼声革命"，而残酷的现实击碎了他们善良的愿望，迫使他们认识到，不革命，中国就没有出路，社会就不能进步，于是他们毅然举起了革命的大旗。历史辩证法就是这样，物极必反。连自由主义者、民主建国会领导人之一施复亮，在"和平的改良的道路"的主张失败后也明确宣告：自由主义者虽多半希望采取渐进的改良的方法，但当他发现了统治者顽固反动，绝无改良希望时，他们也会毅然决然走上革命道路。这种共同性正是近代中国革命必然性的思想反映。

第二，近代中国的社会现实不仅决定了解决中国出路的手段，而且还决定了中国社会发展的方向。

---

① 《马克思恩格斯选集》第 1 卷，人民出版社 2012 年版，第 566 页。

② 《毛泽东选集》第 2 卷，人民出版社 1991 年版，第 631 页。

③ 《毛泽东选集》第 2 卷，人民出版社 1991 年版，第 542 页。

太平天国运动的失败用事实说明，在帝国主义和封建势力相勾结，组成强大反革命势力的旧中国，农民革命是不能成功的。辛亥革命胜利后建立了中华民国，孙中山颁布资产阶级共和国性质的临时约法，随后开国会、兴政党、建内阁，但最终被北洋军阀弄得面目全非。抗战胜利前后，资产阶级中间派再度活跃，他们纷纷组党，发表政见，希望中国走国共两党以外的第三条道路，建立英美式的资产阶级共和国，但也遭到了彻底的失败。1947 年 10 月国民党宣布民主党派中最大的组织民盟为“非法组织”，民盟总部被迫“自行解散，”各民主党派也不得不转入地下活动。这就宣告了资产阶级共和国方案在中国的破产，也说明在强大的反动势力面前，先天软弱的中国民族资产阶级不能为中国争得资本主义的前途。而五四运动后，十月革命炮火把马克思主义送到中国，“十月革命帮助了全世界，也帮助了中国的先进分子，用无产阶级的宇宙观作为观察国家命运的工具，重新考察自己的问题。走俄国人的路——这就是结论。”① 中国共产党在马克思主义的指导下，领导人民经过 28 年的艰苦奋斗，取得了新民主主义革命的胜利，创建了中华人民共和国。中国终于获得了推动现代化、走向国强民富的最重要的前提——民族独立。这难道不是自鸦片战争以来中国最大的进步吗？这个伟大进步的取得，充分说明以马克思主义为指导、以社会主义为目标的新民主主义革命是符合中国近代国情的，也是符合社会历史发展规律的。

第三，中国走社会主义道路，是中国实现现代化、走向繁荣富强的唯一道路。

新民主主义革命的胜利，为中国走社会主义道路创造了一切必要的经济政治条件。“当时中国有了先进的无产阶级的政党，有了初步的资本主义经济，加上国际条件，所以在一个很不发达的中国能搞社会主义。”② 由于中国资本主义经济本身的脆弱，如果走资本主义道路，中国的经济将不能摆脱像半殖民地半封建社会那样对外国资本的依赖，这就是邓小平所指出的，“如果我们不坚持社会主义，最终发展起来也不过成为一个附庸国，而且就连想要发展起来也不容易。”③ 通过社会主义改造，建立社会

① 《毛泽东选集》第 4 卷，人民出版社 1991 年版，第 1471 页。

② 《邓小平思想年编（1975—1997）》，中央文献出版社 2011 年版，第 85 页。

③ 《邓小平文选》第 2 卷，人民出版社 1994 年版，第 99 页。

主义制度就成为中国历史发展的必然。事实证明，社会主义改造完成、社会主义制度确立后，中国的现代化进入迅速发展阶段。在改革开放前的30年里，虽然社会主义建设中出现过种种失误，包括“大跃进”和“文化大革命”那样大的失误，但主流是好的。我国建立了比较完整的工业体系和国民经济体系，经济发展相当快。从1953年到1978年，工农业总产值平均每年增长率为8.2%。其中工业总产值平均每年增长率为11.4%，农业总产值年平均增长率为2.7%，并在教育、社会福利和人民健康方面取得了长足进步。对此，邓小平在1981年总结说：“国际、国内都把这三十一年的成绩估计低了。总的说来，三十一年，我们做了很多的事情，成绩不少，虽然也犯了一些错误，但不是一片漆黑。”[①] 美国最权威的中国问题专家费正清在《美国与中国》一书中，赞叹中国共产党领导人仅用30多年时间，就将一个人口庞大、起点很低、混乱贫穷的中国引领向工业化。他还说，在这现代化过程中，中国不仅几乎无外援，反而还对外援助70多亿美元。英国著名历史学家汤因比在与日本的池田大作谈论中国时认为，在所有追求现代化的发展中国家中，共产党中国成效卓越。汤因比为此分析说：共产党中国具有很高的组织才能，他们将广大领土上庞大的人有效地动员起来，为追赶现代化而进行了一场“急行军”。“急行军”要有严厉的纪律，从思想到行动都不允许掉队，而共产主义思想恰恰能提供这种作用。这些评价表明，一些不带偏见、具有远见卓识的资产阶级学者不仅不否认，而且充分肯定中国社会主义建设所取得的举世瞩目的成就，这无疑是中国走社会主义道路的历史进步性和合理性的佐证。

第四，中国共产党历史的本质和主流是推动社会发展，谋求人民幸福。

中国共产党是在领导中国革命和社会主义建设的实践中逐步走向成熟的党。历史上，由于党自身思想理论和组织建设处于成长阶段，也由于国际国内环境的复杂、斗争形势的险恶，还由于事物的矛盾及对它的认识有一个过程，党在认识社会矛盾和阶级关系、确定战略方针、实施政策措施等等方面难免会出现这样那样的问题，有时甚至是全局性的问题。但是中国共产党从成立以来，就以追求民族的独立、国家的富强和人民的幸福为

① 《邓小平年谱（1975—1997）》（下），中央文献出版社2004年版，第707页。

己任，不谋求广大人民群众利益以外的利益，所以它总能不断总结经验教训，不断完善自己。即使犯了错误，也能勇敢地面对、自觉地加以纠正。要求一个政党从诞生以来，就没有任何过失，不犯任何错误，显然是唯心主义的。我们党领导中国人民为中华民族争得的独立和统一，领导中国实现现代化的巨大成就，以无可辩驳的事实说明，没有共产党，就没有新中国。没有共产党，就没有中华民族的复兴，就没有中国人民的幸福。这正是事物的本质。对于党犯过的错误、经历的曲折，在科学的研究中当然不能回避，但是不能因此掩盖和否定党的历史本质和主流。

邓小平曾指出："已经客观存在着的历史，除了不断地加深对于它的认识、理解之外，是谁也改变不了的。"① 中国革命和社会主义建设的历史是真实的客观存在，中国革命的必然性，中国革命和社会主义建设的历史进步性源于历史固有规律的作用，源于人民群众的创造，不是可以在"假设"中更改的，也不是可以信口雌黄、妄加评说的。

（原载《马克思主义研究》2005 年第 5 期，第二作者为杨军）

---

① 《邓小平年谱（1975—1997）》（下），中央文献出版社 2004 年版，第 714 页。

论社会思潮总体性研究中的几个问题

改革开放以来，社会思潮逐渐成为一个受到重视的研究课题。根据教育部规定，“马克思主义与当代社会思潮”被设置为高校文科博士生必修的学位课程。这一时期，对社会思潮的研究呈现出繁荣局面，理论成果众多，但研究中也存在以下问题：一是从总体上对社会思潮的研究不足，从而关于思潮的一般性理论的成果少，并且在很多重要问题上未形成共识；二是在研究方法上存在一些待解决的问题。这两个问题的存在，使其难以适应高校文科博士学位课程的要求。本文拟就这两方面来展开一点讨论。

一　社会思潮的定义及其在社会意识结构中的地位

已有研究成果几乎都对社会思潮进行了定义，但各自的侧重点不同。有学者这样界定社会思潮：“社会思潮就其本质来说，是物质的经济关系，人们生存的社会条件以思想观点和情绪等形式在社会一部分人的意识之中的反映。由于人们的经济地位或生存的社会条件大致相同或相似，由此产生的思想观点和情绪等便自然而然地汇合成一股社会思潮。”[①] 这一定义强调了社会思潮的两个重要方面，一是思想观点，一是社会心理。在当代学者对社会思潮的定义中一般都可以看到这两方面。《中国大百科全书》哲学卷“社会思潮”条目这样解释社会思潮：“社会思潮有时表现为由一定理论形态的思想作主导，有时又表现为特定环境中人们的社会心理，是社会意识的综合的表现形式。”[②] 这一定义是采用综合社会心理和社会意识的办法来给社会思潮作出定义。但由于诸多学科或学者对思潮进行研究的角度不同，对思潮所作的界定也只是对思潮特定本质的简略概

---

① 王锐生：《社会思潮初探》，《东岳论丛》1981 年第 3 期。

② 《中国大百科全书（哲学卷Ⅱ）》，中国大百科全书出版社 1987 年版，第 765 页。

括，从诸定义的表述上很难看出论者在思潮的关键问题上的态度。

本文认为，社会思潮是以一定的社会心理为基础，以相应的社会意识形态为理论核心，在一定历史时期具有相当影响的社会意识的活动形态。这样来界定社会思潮，是以历史唯物主义关于社会意识的基本观点为理论出发点的。历史唯物主义认为，社会意识是有社会历史性的，作为其活动形态的社会思潮也同样具有社会历史性，这就需要揭明特定的社会思潮总是在一定历史条件下产生、存在并发生影响的。社会心理是对社会存在变动最直接的反映，社会思潮作为把握社会变动的一种意识形式，如果没有一定的社会心理为基础，它是既不可能产生也不可能流行的。社会意识形态是社会思潮的理论核心，这是思潮反作用于社会存在，影响社会发展进程的理论支柱。

如何定义社会思潮，关系到社会思潮在社会意识结构中的地位。社会思潮在社会意识结构中的地位问题是思潮研究中的基础性问题。已有的研究涉及到了这个重要问题，而且不同的研究者有种种不同的见解。如有论者认为思潮是社会心理和意识形态的综合，上述《中国大百科全书》就是这样定义社会思潮的，可概括为定义的“综合论”。也有论者认为思潮是社会心理与意识形态间的中介，如有学者提出：“在社会意识这个多层次的复杂结构中，按照从低级到高级的次序，我们可以发现有这样三个基本层次：社会心理、社会思潮和社会意识形态。它们之间既有差别又有联系，而社会思潮处于承上启下的地位。”① 这个表述把社会思潮置于社会心理和社会意识形态之间，具有一定的代表性，代表了社会思潮在意识形态结构地位研究中的“中介说”。

本文认为把社会思潮作为一个独立的层次置于社会意识结构之中，是没有把握住这一意识现象的特性。社会思潮是社会意识的活动形态，处于经常性的流变之中，它不是社会意识结构中的一个单独的层次，而是活跃在社会心理和意识形态这两个层次上。社会思潮应该是社会意识的综合表现。

二　社会思潮的基本特性

考察社会思潮的特性旨在揭示和把握有别于其他社会意识的特殊本

---

① 刘德福：《略论“社会思潮”》，《求是》1988 年第 1 期。

质。这在社会思潮的研究中是很重要的。毛泽东同志曾经指出:“科学研究的区分,就是根据科学对象所具有的特殊的矛盾性。”① 关于这个问题,只有抓住由特殊矛盾构成的社会思潮的主要方面,才能概括出社会思潮共同的基本特征。本文认为,社会思潮有以下几方面的重要特性:

群体性是社会思潮的重要特征。社会思潮必以特定的群体作为其主体和载体,这是它形成和发展的必要条件。群体性成为社会思潮的特性,这是由社会思潮形成和发展的必要条件决定的。不可想象,没有广泛的群众心理基础和社会舆论基础,一种社会思潮能够形成。

社会思潮具有明显的传播性。符合时代需要的思潮一旦形成,便往往快速地辐射开去,为广大群众所认同,成为一股强大的势力。即使不符合时代需要的思潮,在一定时期也会在一定范围传播。一般说来,而且社会思潮往往经过初期的微弱传播,形成浩大声势,发展至高潮以后又逐渐消退。

社会思潮具有明显的政治性。社会思潮是利益取向的表达,不以利益为核心的思潮不属本文所定义的社会思潮的范围。利益反映着阶级、阶层间最基本的经济关系。这种关系集中起来,就是最大的政治。

社会思潮具有强烈的现实性。社会思潮具有明确的目标指向,包括干预社会变革、左右社会运行走向,解决社会危机等。值得注意的是,理论一经掌握群众就会变成物质力量。一般说来,社会思潮作为具有广泛影响的群体意识,都不同程度地拥有这样的物质力量,从而有能力在一定的范围内实现思潮向社会运动的转化,成为变革社会的武器。不仅进步思潮有这种现实性,落后乃至反动的思潮亦有现实性。

三 社会思潮的基本功能

历史唯物主义强调社会存在对社会意识的决定作用,同时也强调社会意识对社会存在的能动的反作用。对社会思潮的功能研究要基于这一基本原理。社会思潮具有巨大的能动性。社会思潮如果不具备这样的能动性,我们对思潮的研究就会失去现实针对性。从某种意义上说,正是因为社会思潮的这种能动作用,人们对它的研究才绵延不断。社会思潮功能的最根本体现就在于对社会存在的反作用,即思潮这种精神力量依其不同性质,

① 《毛泽东选集》第1卷,人民出版社1991年版,第309页。

能够在一定条件下不同程度地转化成物质的力量，作用于社会存在，影响社会的发展。就进步的社会思潮说，主要有三种功能：社会认识功能、观念整合功能、社会激励功能。

社会认识功能即指思潮作为社会意识的重要现象内在地具有对社会存在的反映功能。认识主体就是代表思潮的成员，认识的客体则多是社会实践中的重大问题。通过对思潮认识社会过程的考察，一定程度上可以把握社会变迁的情况。

社会思潮的观念整合功能指的是思潮具有统一思想的功能。社会思潮总是从自己的标准出发，批判与其对立的意识形态及其代表的社会制度，宣传自己的思想意识和实践主张。通过这一过程，社会思潮不仅整合了人们的思想意识，也整合了人们的社会心理。

社会思潮的激励功能指的是思潮作为社会变革的巨大精神力量所具有的号召、鼓动群众投身变革实践的功能。社会思潮是具有广泛影响的社会意识，掌握着大量的群众，因而具有很大的号召力。

以上三种功能只有植根于时代精神、符合时代发展潮流的社会思潮才具有。错误的、甚至是反动的社会思潮，虽然它对社会存在也有一定的反作用，但是由于它对社会的认识是唯心的，对人们观念的整合是落后的甚至是反动的，因而它不能对人们起有益的激励作用，只能对人们起有害的毒化和麻醉作用。

四　社会思潮产生的社会历史条件

社会思潮产生的社会历史条件可以一般地解析为经济、政治、思想文化条件。但三者的重要性是不同的。社会思潮产生的经济条件是一定社会发展阶段的生产力水平和相应的生产关系，经济制度的性质以及人们的日常物质生活状况。生产力水平是最根本的决定性的条件。但它的决定作用不是直接的，而是通过一系列中介，间接、曲折地实现的。人们的日常物质生活状况与社会思潮产生的关系最为直接。

值得注意的是，生产力与生产关系动态的调整过程对社会思潮产生的影响。社会思潮最为活跃的时期，往往是生产关系为适应生产力发展的需要而进行调整的时期。比如，当帝国主义、封建主义、官僚资本主义统治中国时，不根本改变生产关系，中国社会生产力就不能发展，因此随着革命民主主义的发展，各种思潮也纷纷涌动。在改革开放新时期，通过对生产关系做适当调整，所有制结构发生了很大变化，各种社会思潮也非常活跃。我们从中可以看到这样的现象，当一个社会存在多种所有制并竞相发展时，相应的社会思潮也表现得十分活跃。这表明，运用唯物史观基本原理来说明社会思潮的产生时，要对复杂的现象作具体分析，不能简单化。

社会思潮产生的政治条件总体上是政治势力的形成和出现，政治团体和政治组织的形成、活动及解体，政治运动的形成和发展。显然，社会思潮产生的政治条件与政治思潮的形成密切相关，但是并非任何社会思潮都是，或都能成为政治思潮，只有那些普遍流行并广泛影响社会生活的思潮，才往往渗透着政治内容，或暗含着政治结论。特别是那些政治内容和政治指向鲜明的社会思潮，才能成为政治思潮，引起人们的密切关注。

社会思潮产生的另一重要条件是思想文化环境。任何社会思潮的产生都必须依托一定的文化环境，即社会思潮的产生都有其理论渊源，不仅有其当下的思想文化条件，也有其过去的思想理论背景；既受国内传统文化熏陶，又不乏外来文化的浸染。“思想理论的发展如同其他意识形态一样，也有自己的独立性，即是说，它必须凭借先前已有的思想资料才能得以发展。”①

社会思潮的产生离不开思想家的作用。社会思潮代表一定范围、一定数量群众的意愿，这是思潮发生的基础，但光有群众心理基础还不能导致思潮的发生，还要有思想家对群众心理进行理论概括。这一问题就是要处理所谓思想家与大众在一种社会思潮的发生、发展过程中的关系问题。客观地说，思想家与一种社会思潮的关系确实密切。我们看到，一种社会思潮的发生、发展过程往往体现出由所谓思想家引领大众的特色。有人论道：“不同的国度里各种风格的哲学家竞相提出自己的学说和理论，在热烈的讨论和交流中发展自己的思想。其中的相当一些被社会所广泛接受……从而影响了相当一部分知识分子和民众，改变了人们的思考方式。重要的思潮甚至是重大社会事件的推动者。”②

实际上只突出思想家的作用也是有片面性的。社会思潮的产生与发展是一种社会历史现象，只有在唯物史观的视野中才能准确把握社会思潮中的思想家与人民群众的关系。不能否认的是，民众意识制约和影响了先进

---

① 郭汉民：《晚清社会思潮研究》，中国社会科学出版社2003年版。

② 顾肃、张凤阳：《西方现代社会思潮史》，山东教育出版社2004年版。

思想家对历史主题的思考，社会底层亿万民众的情绪、要求和呼声，是他们构造各种学说的养料和凭据。所以，对于社会思潮这样一种具有广泛影响的社会意识现象的生长过程而言，群众的作用是更为基础的。

社会思潮的发生、发展也离不开不同思潮的相互作用。社会思潮一经产生便有了相对独立性，不同思潮间的相互作用，特别是相互之间的斗争就成为一个很重要的问题。这种相互作用往往体现在相互的冲突上。这是因为具有同样阶级属性、代表相同利益的阶层或阶级的思潮之间，虽在表现形式上、某些细节上有分歧，但彼此关系相互融合，最终会走向统一。只有代表不同社会阶级或阶层利益的思潮彼此间才会碰撞出火花，让人们深切地感受到思潮的存在，并由此感受到社会的变迁。所以，研究社会思潮之间的对立关系，对于我们研究社会思潮的阶级属性有重要意义。

五 社会思潮的传播与控制

社会思潮必须在社会的一定范围内传播，才能得到相当程度的社会承认。若能搞清社会思潮传播的相对稳定的机制，对于做好意识形态领域的工作是有意义的。现实生活中，并不存在一种没有传播过的社会思潮。研究传播，更为确切的表述是研究它怎样传播和如何继续传播，以对社会思潮的发生进行预测，在其发生后进行控制。在生活实践中，社会思潮的传播既不可避免，其传播也非常繁复，但在总体上，其传播趋势是可以预测的。

社会思潮的传播具有一定的模式，把握住这种模式，对其进行控制就相对简单些。一般地说，社会思潮的传播要通过传播者、传播内容、传播媒介、受众等环节来完成。所谓控制自然也就是在这几个环节上进行。但已有研究在理解传播模式时把它简单理解成线性方式。实际上，随着社会生活实践的不断深入，线性的传播已经或正在向网状传播式转化，线性传播只是网状传播的组成部分。

六 研究社会思潮的基本方法

部分研究成果在研究方法上，没有认真贯彻马克思主义的基本立场、观点和方法，或是把这一方法当作“万金油”，涂抹在表面，或是根本摈弃马克思主义的分析方法，或是在研究中教条地运用这一方法，以简单化的定性分析掩盖或否定了思潮的复杂性。毫无疑问，唯物辩证法发展的观点、矛盾的观点和普遍联系的观点及唯物史观的社会存在决定社会意识的观点、历史观点、阶级观点等，都对社会思潮研究有很强的指导意义。这是研究社会思潮必须严格遵循的根本性方法。

除此之外，无论是研究具体思潮还是研究社会思潮的一般，实证的研究方法都是十分重要的方法，尤其是研究具体社会思潮的实证分析法更为必要。一方面，实证方法要求对思潮的任何判断都要基于事实说话；一方面，一种或几种思想理论之所以能够成为具有一定社会影响的社会思潮，是遵循量与质的辩证关系的。一种思想理论倾向的表达形式和载体要有一定的量，才能成为思潮。实证的要求对于既往的、历史上的社会思潮研究来说，并不成其为难处，因为已有大量资料证明这一思潮确实存在。关键在于如何对当下意识形态领域中的各种思潮作出正确判断。当我们说目前存在着一种新自由主义思潮时，就得通过实证证明这一判断。

当然实证必须是全面的实证而不是片面的实证。比如在研究某一具体思潮时，如果被选择的都是同一性质的事件，这样的实证只能是片面的实证性分析。片面的实证是不能证实出真相来的。

特别是在判断一种思潮的性质时，如果不全面分析这种思潮的具体表现就得出结论，这种结论就是可疑的。对于研究社会思潮的一般也是如此。当我们得出一个关于社会思潮的规律性的结论时，这个结论一定是基于对进步的社会思潮和错误的社会思潮等各种思潮的全面研究之上的。

社会归因法对于研究社会思潮的一般也是重要的。这一方法根据唯物史观关于社会存在与社会意识相互关系，强调从社会历史条件（政治、经济、思想文化）的变动中寻找思潮产生、发展、消退的原因。如从社会政治、经济状况和社会主要矛盾的变化以及由此决定的社会走向和时代课题的变化分析思想的生产和流变；从思潮所代表的阶级的状况（地位、指导思想等）出发分析思潮的性质、利益倾向和兴衰命运；从中外文化冲突、新旧文化冲突中分析思潮的特点，从社会心理的变化中分析思潮的发展趋势等。

系统分析法是另一重要方法。首先，要研究特定时代的社会思潮的具体状况，即总的趋势、倾向、规模及斗争格局。其次，要研究社会思潮的各个子系统的特点和相互关系，也要研究子系统与思潮整体的关系。再次，要研究社会思潮与其他系统（社会意识其他方面）的相互关系，也要考察社会思潮与系统环境（社会历史条件）之间的关系。最后，要研究社会思潮通过反馈机制在发展过程中的自我调整及其与目标指向（社会变革）的因果关系。

以上种种研究方法，相对历史唯物主义来说就是具体分析方法，它们同历史唯物主义方法不是对立的，相反只有在历史唯物主义的指导下，彼此相互补充，才能有效地发挥作用。

总之，运用历史唯物主义原理，分析社会思潮的基本问题，加强社会思潮的总体性研究具有重要的现实意义。通过研究明晰社会思潮研究的理论原则、学科概念，明确思潮发生、发展、衰退的一般规律，建立一定程度上能够得到公认的解释规范，会使社会思潮研究与思想史的研究区别开来，使对思潮的研究更具有特色，甚至会使社会思潮的研究成为相对独立的研究领域，一定程度上有助于拓宽哲学社会科学研究领域，深化对历史唯物主义社会意识理论的认识，为繁荣哲学社会科学，批判各种错误思潮，捍卫和发展马克思主义，提高党在意识形态领域的执政能力作出贡献。

（原载《思想理论教育》2005 年第 10 期）

坚持用马克思主义抵制错误思潮

胡锦涛总书记于2007年6月25日在中央党校省部级干部进修班发表的重要讲话中强调，“要大力建设社会主义核心价值体系，巩固全党全国各族人民团结奋斗的共同思想基础。”① 落实这一要求，建设社会主义核心价值体系，一个重要任务，就是要坚持用马克思主义抵制、批判错误思潮。这是坚持马克思主义指导思想作为社会主义核心价值体系的灵魂，反对指导思想多元化的必然要求。

所谓社会思潮，是指某一时期内在某一阶级或阶层中反映当时社会政治情况而有较大影响的思想潮流，它以一定的社会存在为基础，以相应的意识形态为理论核心，并与某种社会心理发生相互影响、相互制约、相互渗透的作用。一般说来，重要的社会思潮具有群体性、政治性、现实性的特征。群体性，即以一定的利益要求为基础，以特定的群体为其主体和载体；政治性，即是关于社会走向、历史走向、人心走向、思想道德走向的某种主张的反映；现实性，即目标指向明确，包括对社会变革的干预，对执政党和政府决策的影响等。社会思潮是社会经济政治生活的“晴雨表”，是判断一定时期意识形态整体状况的“风向标”，对人们的影响作用很大。正是这样，敌对势力往往通过某种错误思潮的传播来进行意识形态的渗透，因此我们必须高度重视社会思潮问题，特别是错误思潮对人们的影响问题。

在建设社会主义和谐价值体系中，以马克思主义的立场、观点和方法为指导，首先，要重视社会思潮一般理论的研究。这就是要重视梳理各种社会思潮的现象，认识它们的本质，探讨它们传播的途径、特点和规律，

---

① 胡锦涛：《坚定不移走中国特色社会主义伟大道路 为夺取全面建设小康社会新胜利而奋斗》，《人民日报》2007年6月26日第1版。

科学评价其社会作用，批评错误思潮的理论观点和思想方法，帮助人们解决世界观、人生观、价值观、理论认识和科学思维中的问题，以澄清是非，划清界限，提高思想政治水平，树立和坚定正确的思想理论认识。其次，要善于运用马克思主义观点同各种错误思潮进行积极的斗争。这项工作的重要性和不可避免性在于两点：一是意识形态领域历来是敌对势力同我们激烈争夺的重要阵地。社会主义和资本主义在意识形态领域的斗争是长期的、复杂的、有时甚至是十分尖锐的。中国是当今世界上最大的社会主义国家，必然长期面对各种敌对势力在意识形态领域的渗透活动。二是当前我国意识形态领域的主流是积极健康的，但并不平静。不平静的突出表现，就是诸如新自由主义思潮、民主社会主义思潮、历史虚无主义思潮、大陆新儒学思潮、文化保守主义思潮等反马克思主义思潮的泛起，而且出现了一些新的特点：1. 这些思潮越来越公开化。过去不敢说的话现在敢公开说，过去不敢写的文章现在敢公开写。如，新自由主义的"经济人"假设、追逐私利的人性论、私有制永恒论、市场原教旨主义、政府职能最小化（"守夜人"）理论、"人民社会主义"、"宪政社会主义"、"幸福社会主义"、"社会主义新模式"等花样繁多的社会主义理论和政治主张在我国广泛传播；大陆新儒学明确提出用"孔孟之道来替代马列主义"，"在上层，儒化共产党；在基层，儒化社会"等一整套力图影响中国未来政治发展方向的政治、经济、文化、社会制度的设计；主张在中国搞民主社会主义的人认为，中国不走社会主义道路也能发展，只有民主社会主义才能救中国。他们明确地说，改革开放一系列政策都属于民主社会主义。2. 多种错误思潮具有合流的趋势。这表现在一些代表人物身上，他们时而贩运新自由主义的观点，时而又贩运民主社会主义或其他错误思潮的观点；或者在同一时间内同时贩运多种错误思潮的观点；还有一些人物彼此之间在具体的观点上有分歧，表面看来甚至争论得很激烈，但他们所争论的焦点是究竟用什么思潮来取代马克思主义的问题，在这一点上却是共同的。3. 他们越来越重视积聚力量，通过举办会议、论坛，办书院网站，出版书刊，到各地演讲，接受媒体采访等形式组织力量。有的错误思潮的宣教者在从事这些活动的时候抱有很大的政治抱负，提出今后 20 年到 50 年内必将进行一场殊死的决战，以取代马列主义，以使自己的思想被尊奉为中国占主导地位的统治思想。4. 他们越来越把矛头集中到社会主义的道路上。这些思潮现在都热衷于研究社会主义，但是意在通过任意解释社会主义达到歪曲社会主义的目的，以扭转社会主义改革的方向。5. 错误思潮的宣教者既有共产党内成员，也有党外的社会成员，他们在否定党的“四个基本”（基本理论、基本路线、基本纲领、基本经验），特别是“四项基本原则”上是一致的。其中的一些人与海外势力的勾连越来越密切，而且把这种勾连视为“十分叫人兴奋的事”。

从这些错误思潮提出的问题来看，归结起来是中国到底应该举什么旗，走什么路，达到什么目标的问题。这是关系到中国社会历史的走向问题，关系到中国的民族命运、党的命运和国家命运的重大政治问题。6 月 25 日，胡锦涛同志在中央党校的重要讲话中强调，中国特色社会主义就是既坚持科学社会主义的基本原则，又根据我国的实际赋予其中国特色的社会主义。我们要毫不动摇地坚持和发展中国特色社会主义，坚持党的基本路线，在经济上，要坚持和完善公有制为主体多种所有制经济共同发展的基本经济制度。在政治上，政治体制改革必须坚持正确的政治方向，发展社会主义民主政治。在文化上，要大力建设社会主义核心价值体系，巩固全党全国各族人民团结奋斗的共同思想基础。在继续推进党的建设的新的伟大工程中，要坚持推动全党深入学习马克思列宁主义、毛泽东思想、邓小平理论和“三个代表”重要思想，深入学习科学发展观。这一系列的重要思想就对中国举什么旗，走什么路的根本问题作了鲜明的回答，实际上，也是对上述种种思潮给予了彻底的否定。同时也给了我们抵制、批判这些反马克思主义思潮的强有力的思想武器。胡锦涛同志的重要讲话中，有一个很重要的、值得我们深入思考的问题，就是巩固和发展社会主义制度的重要性、长期性和艰巨性的问题。一段时间内，我们对巩固社会主义制度的重要性、长期性、艰巨性的认识有所淡化，对社会主义搞不好还会倒退到资本主义去这一点缺乏足够的警惕性。邓小平同志在坚持党的四项基本原则和南方谈话中曾经引用列宁在《无产阶级革命和叛徒考茨基》一文中一个重要思想，就是社会主义建立以后相当长的一个时期内弱于资本主义，对这一点不能掉以轻心。小平同志的原话是：“历史经验证明，刚刚掌握政权的新兴阶级，一般来说，总是弱于敌对阶级的力量，因此要用专政的手段来巩固政权。对人民实行民主，对敌人实行专政，这就是人民民主专政。运用人民民主专政的力量，巩固人民的政权，是正义的事情，没有什么输理的地方。我们搞社会主义才几十年，还处在初级阶段。巩固和发展社会主义制度，还需要一个很长的历史阶段，需要我们几代人、十几代人、甚至几十代人坚持不懈的努力奋斗，决不能掉以轻心。”[①] 应该说，苏联及东欧的演变证明了列宁、邓小平的科学论断。但我们对邓小平这个论断的深刻性理解不够，其实，几代中央领导集体都要求我们增强忧患意识，我以为是内含着这一指向的。深刻领会邓小平同志的这一论断，我们就不会孤立地看待错误社会思潮的危害和影响，就会把它放到党和国家长治久安的大背景下来考察，联系到巩固社会主义制度的重要性、艰巨性和长期性来认识。在这个问题上，有以下几点特别值得注意：其一，当今，世界社会主义正处在社会主义如何与资本主义共存、交流和冲突、对抗中发展自身并最终取代资本主义这一阶段。苏联和东欧演变的事实表明，处在这个阶段上的社会主义国家本身存在着前进和倒退的两种可能性，究竟是前进还是倒退，关键是看我们的工作。其二，目前我们面临的宏观背景是，经济全球化进程加快，发达资本主义国家凭着经济、科技和军事的优势遏制社会主义国家的发展，给我们施加了很大的压力。国内又面临着许多深层的矛盾，如国有企业的改革和发展、发展经济的方式、生态环境、分配中的贫富悬殊问题、党政干部中的腐败现象等，表明我们的经济政治思想文化体制和运行机制同社会生活还有不适应的环节和方面。其三，现实生活中的一些群众关注的热点难点问题，引起了人们对改革中的一些重大的创新理论的深层思考。比如说，社会主义市场经济体制是否能够解放和发展生产力，是否能与公有制结合，是否能够避免两极分化，是否能够克服社会和政治中的腐败，是否能搞好社会主义精神文明建设，是否能保持共产党的先进性，这些都还需要进一步拿出理论和实践的成果来向人们作出有力的说明，以使人们信服。在这种背景下，各种错误思潮竭力诋毁“四项基本原则”，宣扬资产阶级的思想和资产阶级的改良主义思想，宣扬复古倒退的大陆新儒学思想，在群众中造成的不良影响就会加深，甚至造成人们思想的混乱，影响社会的安定团结，造成不和谐的社会局面。

上述的分析表明，我们决不可对错误思潮掉以轻心，应该用马克思主义的立场、观点、方法予以抵制和批判。坚持用马克思主义批判错误思潮，这也是我们党的一贯原则。我们党历来在关系着党和国家命运的原则是非面前绝不含糊。在原则是非面前含含糊糊，就会使我们在工作中陷于

---

① 《邓小平文选》第3卷，人民出版社1993年版，第379—380页。

不清醒的状态，甚至迷失方向。正如中央领导同志所指出过的，我们是社会主义国家，如果动摇了马列主义、毛泽东思想、邓小平理论这个精神支柱，动摇了建设中国特色社会主义的共同理想，就会导致思想混乱、社会动乱，那将是国家和民族的灾难。而反马克思主义思潮通过各种传播渠道所发出的噪音杂音，正是要动摇我们的精神支柱和共同理想。我们如果不理直气壮地予以批驳和抵制，不闻不问，听之任之，就不能始终坚持和不断巩固马克思主义在意识形态领域的指导地位，就不能做好以马克思主义引领社会思潮的工作。当然对反马克思主义思潮的批判必须注重科学性，讲究政策。在工作中要注意区分思想认识问题、学术问题和政治问题的界限，做到具体问题具体分析，是什么问题就解决什么问题，以免影响经济建设这个中心，影响改革发展的大局。

这里有一个如何正确把握社会意识形态的多样性和坚持指导思想一元化的关系问题。社会存在决定社会意识。在我国，出现社会意识多样化倾向，表明人们思想活动的独立性、选择性、多样性和差异性不断增强，社会思想空前活跃。社会思想的活跃、观念的碰撞、文化的交融，有利于激发人们的自主意识和民主法制意识，有利于营造浓厚的学术研究氛围，有利于激发创造活力，促进社会的进步。就国际范围说，伴随经济全球化、传媒数字化的进展，世界各国、各民族的文化交流达到了前所未有的广度和深度。世界各种思想文化相互间的吸纳与排斥、渗透与抵制、融合与扬弃是合乎历史规律的正常现象，正确地对待这种现象有助于博采各国文化之长。

我们肯定社会意识的多样性，并不意味着可以削弱马克思主义的指导地位，搞指导思想的多元化。相反，不管社会经济结构和社会思想多么复杂、多样、多元、多变，我们都必须坚定不移地坚持马克思主义指导地位不动摇。其一，人类社会历史的发展表明，一个健康、稳定、协调发展的社会，多种思想价值体系可以同时并存，但必须有一个占支配地位的指导思想和共同理想。因为，事物的性质是由取得支配地位的矛盾的主要方面所规定的。在我国存在多种社会思潮相互作用的情况下，只有坚持马克思主义的指导地位，高举马克思主义这面社会主义意识形态的旗帜，不断扩大社会主义意识形态的影响，才能保持社会主义核心价值体系乃至整个社会的根本性质。其二，经济基础决定上层建筑。我国现阶段的基本经济制度是公有制为主体、多种所有制经济共同发展。与“公有制为主体”相适应，在上层建筑中也必须确立、巩固和加强以马克思主义为指导的社会主义意识形态。唯有如此，才能反映中国社会发展的规律和最广大人民的根本利益和要求，保证我国先进文化建设的根本性质和前进方向。其三，当今，西方敌对势力正在通过各种方式，采用多种手段加紧对我国实施西化、分化的政治图谋，直接威胁我国意识形态安全和文化安全，进而危害中国共产党的领导和中国的社会主义制度。面对西方文化霸权主义的侵犯，确保我国以马克思主义为指导的、以中国特色社会主义文化为基本内容的意识形态的安全，关系着国家和民族的命运。其四，历史的经验值得注意。在世界当代史上，因意识形态问题导致国家衰亡和政权丢失的例子屡见不鲜。江泽民同志在谈到这个问题时指出，苏联解体，东欧剧变，以及南斯拉夫政局的演变等事件，除了政治、经济等方面的原因外，执政党内和群众中发生思想变化、思想混乱也是一个很重要的原因。其五，现在我国社会思想环境中，在主流意识形态不断巩固的同时，各种非马克思主义和反马克思主义的思潮也有所滋长，享乐主义、拜金主义、极端个人主义在一些地方严重存在，是非混淆、善恶颠倒、良莠不分的现象还时有发生，马克思主义的指导地位受到严重挑战。面对这种情况，如果放弃马克思主义的指导地位，在指导思想上搞多元化，势必导致人心大乱、天下大乱，给党和国家带来灾难。这是绝不允许的。

坚持马克思主义指导地位，要“尊重差异，包容多样，最大限度地形成社会思想共识。”①“指导”本身就意味着将各种有差异的、多样的社会思想包容、整合在马克思主义统领下的社会意识之中。只有在尊重差异中扩大社会认同，在包容多样中增进思想共同性，才能减少思想冲突，增进社会认同，有效避免因认识差异引发社会动荡；有利于形成百花齐放、百家争鸣的生动局面，使先进的文化得到发展，健康文化得到支持，落后文化得到改造，腐朽文化得到抵制，使民族文化与外来文化、传统文化与现代文化、高雅文化与通俗文化在交流比较中互相融合、相互促进，使各种文化形式、文化门类、文化业态各展所长，共同发展。这种局面的形成，正是马克思主义、社会主义意识影响扩大的表现。但是，对“尊重差异，包容多样”不能作随意解释。关于这个问题，《中共中央关于构建社会主义和谐社会若干重大问题的决定》阐述得非常明确。其一，“尊重

① 《十六大以来重要文献选编》（下），中央文献出版社2008年版，第661页。

差异，包容多样”是有确定的前提的。这就是我们必须更加坚定地坚持马克思主义的指导地位不动摇，坚持用发展着的马克思主义指导实践，牢牢掌握意识形态领域的指导权、主动权、话语权。其二，“尊重差异，包容多样”的目的是明确的。这就是要充分挖掘和鼓励不同阶层、不同群体所蕴含的积极向上的思想精神，更好地用社会主义核心价值体系引领社会思潮，最大限度地形成思想共识，凝聚力量，齐心协力地建设中国特色社会主义。其三，“尊重差异，包容多样”的内涵是清楚的。这里的“差异”、“多样”，是指丰富多彩的民族优秀文化传统，人类有益文明成果，包括科学上的不同学派、文化艺术上的不同风格、多样化的思想文化形式等，决不是允许各种反马克思主义的社会思潮滋长，更不允许动摇我们的主流意识形态，在指导思想上搞多元化。我们党历来主张，在事关政治方向和根本原则的问题上，我们一定要旗帜鲜明，理直气壮，毫不含糊。对于违反以经济建设为中心、违反“四项基本原则”、违反改革开放政策的错误思想观点，对于反马克思主义的挑战和攻击，必须进行积极的思想斗争，不能听之任之。

[原载《云南师范大学学报》（哲学社会科学版）2007 年第 6 期]

用社会主义核心价值体系引领社会思潮的政策探索

用社会主义核心价值体系引领多样化社会思潮，是一个理论性、政策性都很强的重大问题，必须高度重视和严格掌握方针政策，不允许有任何的草率和疏忽。正如毛泽东指出的："政策和策略是党的生命，各级领导同志务必充分注意，万万不可粗心大意。"①

用社会主义核心价值体系引领多样化社会思潮的方针政策研究，总的指导原则是："要正确处理思想理论领域的问题。注意区分学术问题和政治问题的界限。不要把学术探讨中出现的问题当作政治问题，也不要把政治倾向性问题当作一般学术问题。学术问题的研究和讨论没有禁区，理论宣传和教学要有纪律。在事关政治方向和根本原则问题上，要旗帜鲜明。要重视加强对哲学社会科学宣传阵地和哲学社会科学研讨会、报告会、讲座的管理。进一步规范国外哲学社会科学著作的引进。加强对哲学社会科学各类协会、研究会的引导和管理，加强对民办社会科学研究机构的管理，加强对互联网上哲学社会科学网站和论坛的引导和管理，使其健康发展。"② 贯彻这些原则要注意以下几个层次的问题。

第一个层次：要正确区分两种不同性质的矛盾。

这是针对各种不同思想观点的人群而言的。用社会主义核心价值体系引领多样化社会思潮，无疑主要是针对社会思潮而不是针对人而言的。主要针对社会思潮与主要针对人又是不同的，但是用社会主义核心价值体系引领社会思潮的过程，事实上总会涉及人，"既要对事也要对人"。这是因为，社会思潮总是以某种思想理论为支撑，反映一定阶级、阶层或社会集团利益、愿望和要求，在群众中有一定影响的思想潮流。不同性质的社

① 《毛泽东选集》第4卷，人民出版社1991年版，第1298页。

② 《十六大以来重要文献选编》（上），中央文献出版社2005年版，第693页。

会思潮，其形成、传播都同一定的社会群体联系着，特别是同那些代表人物紧密联系着，甚至可以说，一种社会思潮主要体现在它的代表人物身上。既然涉及人或人群，那么正确区分不同性质的矛盾，就是用社会主义核心价值体系引领社会思潮的大前提。在当代中国的社会里，有两类不同性质的社会矛盾，这就是敌我矛盾和人民内部矛盾。用社会主义核心价值体系引领多元化思潮，首先要严格区分两类不同性质的矛盾。分清一种社会思潮的倡导、传播、代表的主体，是赞成、拥护和参加社会主义改革和社会主义现代化建设的阶级、阶层、社会集团，还是敌视、反对、破坏社会主义改革和社会主义现代化建设的社会势力和社会集团。在当代中国社会，人民内部矛盾是大量的，敌我之间矛盾是少量的。但是，由于阶级斗争还在一定范围内存在，总还存在少量敌我矛盾。例如：利用邪教散布种种邪恶观点，对我国进行思想和政治渗透的势力；利用狭隘民族主义思潮制造各种谎言、破坏民族团结、企图分裂中华民族的势力；鼓吹资产阶级自由化观点、攻击人民民主专政和人民代表大会制度、企图颠覆我国根本政治制度的势力，等等，同我们的矛盾就是敌我矛盾。矛盾的性质不同，解决的方法也不同。对属于敌我矛盾性质的社会势力和社会集团，处理的方法是采取强制、压服的方法。对人民内部的思想问题、是非的辨别问题，只能用民主的方法、讨论的方法、批评的方法以及说服教育的方法去解决。要根据矛盾的不同性质，决定对某种社会思潮应取的根本态度和方式，对待它或支持、或抵制，或赞成、或批判，以及支持、赞成、抵制、批判的力度。

第二个层次：注意区分学术问题和政治问题的界限。

一般说来，这是属于人民内部范围的问题。作出这种区分，是用社会主义核心价值体系引领多样化社会思潮的重要前提。在我们进行改革的过程中，人们思想活跃，各种观点大量涌现，正确的思想与错误的思想相互交织、进步的观念与落后的观念相互影响，这是难以避免的。要采用正确而有效地引领社会思潮的方法，就要正确区分政治是非和学术问题，不可将二者混为一谈。

对于事关政治方向和根本原则的问题，我们一定要旗帜鲜明，毫不含糊。对于错误的思想政治观点，必须进行批评、斗争，不能听任他们去搞乱人们的思想，搞乱我们的意识形态，否则会危害整个国家和社会的安定团结。但因为这是思想理论领域的问题，精神世界的问题，在对错误思想的批评和斗争中，一定要注意充分摆事实、讲道理，以理服人。一定要用正确的思想、进步的观念、先进的文化逐步消解错误思想、落后观念、腐朽文化的影响。要把对错误思想的批判，与对人的处理加以区别，不搞运动、不搞大批判，防止用简单、粗暴的办法处理精神世界的问题。总之，对待思想政治领域的问题，一定要坚持中央确定的原则，头脑清醒，冷静观察，掌握动态，心中有数，审时度势，慎重处理。这样才有利于教育群众和团结群众，扩大社会主义核心价值体系的阵地，减少错误思潮的影响。

对学术问题的不同意见，要坚持研究和讨论没有禁区（以不违背党的四项基本原则为限），理论宣传和教学要有纪律的原则。

究竟具体怎样区分学术问题与政治问题，根本界限是坚持还是反对党的基本理论、基本路线、基本纲领、基本经验。要对此作出准确判断，不能只看一时一言，而要作全面的历史的分析。不能只看动机，还要看效果。

第三个层次：对学术问题，要坚持“双百”方针，平等讨论。

“双百”方针是我们繁荣社会主义文化事业的重要方针。在引领社会思潮的过程中，要坚持贯彻“双百”方针。营造有利于理论创新的宽松、和谐的学术环境，充分发扬学术民主，提倡不同学术流派和观点之间的自由讨论。“双百”方针包括一系列具体方针。例如：古为今用，洋为中用。弘扬主旋律，提倡多样化；尊重差异，包容多样，最大地限度地形成思想共识，等等。所有这些方针政策，都旨在中国特色社会主义理论体系的指导下，大力倡导一切有利于发扬爱国主义、集体主义、社会主义的思想和精神，大力倡导一切有利于改革开放和现代化建设的思想和精神，大力倡导一切用诚实劳动争取美好生活的思想和精神，使先进文化得到发展，健康文化得到支持，落后文化得到改造，腐朽文化得到抵制。使民族文化与外来文化、传统文化与现代文化、高雅文化与通俗文化在交流、比较中互相融合，相互促进，使各种文化形式、文化门类、文化业态，各展所长，共同发展，推动社会主义文化大发展大繁荣。

第四个层次：要重视加强引导和管理。

这包括对新闻出版、高等学校、哲学社会科学研究机构、宣传阵地和哲学社会科学研讨会、报告会、讲座、对国外哲学社会科学著作的引进，对哲学社会科学各类协会和研究会、对民办社会科学研究机构和文化工作室、对互联网上哲学社会科学网站和论坛、手机短信、社会类小报小刊等等进行引导和管理，使其成为宣传科学理论、先进文化的重要阵地，成为传播有益信息的渠道，决不给违反宪法和法律的错误观点提供传播渠道。现在“藏独”“东突独”“法轮功”“民运”“台独”等敌对势力在境外合流，它们利用互联网、非政府组织、宗教活动等形式和渠道，散布反动言论，要引起高度重视。对错误的东西一定要旗帜鲜明，敢抓敢管，确保先进文化牢牢占据主流地位，确保马克思主义在意识形态领域的指导地位不动摇。在这个方面，任何软弱无力，都会削弱我们党执政的思想理论基础。我们在这方面有过深刻教训，在新的历史条件下，不可重蹈覆辙。社会思潮的一个重要特点是具有传播性。所谓传播性是指：社会思潮是以动态形式反映社会利益关系的思想潮流，故流变、传播是社会思潮的题中之义。不论什么性质、类型、方面的社会思潮，一经形成必然要以自己特有的途径、方式进行传播，必然就不能不称之为思想潮流。正是因为社会思潮处于不断的传播之中，不可孤立、静止地研究对待社会思潮的方针政策，而应根据实际情况的变化，注意从多个途径动态地进行探索。在此仅举几例。从总结历史经验的途径进行探索。历史经验包括，从马克思发展史上马克思主义经典作家对待和处理各种思潮、派别的历史经验，中国共产党党史上各个历史时期我们对待和处理各种思想派别的历史经验，国外社会主义国家对待和处理各种社会思潮、派别的历史经验和教训。从提炼现实生活的途径进行探索。现实生活主要指改革开放 30 年来，特别是十六大以来，我们在宣传思想工作中、在中国特色社会主义先进文化建设中，密切关注、正确对待和处理各种社会思潮的新鲜经验，注意梳理和提炼这些具体经验，将其概括、上升到规律性认识的高度，从中归纳出对待社会思潮的有效政策。从强化制度建设和管理的途径进行探索。引领社会思潮，既要加强教育，又要建立和健全制度管理，推进制度创新，形成有效的工作机制。我们要十分注意从加强制度建设、推进管理创新方面，探索有利于弘扬主旋律、提倡多样化，巩固主流意识形态的有效管理体制的政策。从先进典型案例分析的途径进行探索。改革开放以来，特别是十六大以来，在中央的统一部署下，在社会主义文化建设中，各个地方、一些高校涌现出了一些高举旗帜、服务大局、服务人民、改革创新的建设先进文化的典型单位。他们在建设社会主义核心价值体系、坚持正确的政治导向、坚持以人为本，贯彻尊重差异、包容多样的方针，根据人民群众多层次、多方面、多样化的精神文化需要，引领社会思潮方面创造了许多鲜活的经验。我们要对这些典型单位开展深入的调查研究，认真总结其先进经验，从中提炼和概括出带有指导性的引领社会思潮的有关政策。

此外，在方针政策的探索中，要注意防止四种倾向。

一是强调“主导”，要防止不加分析，简单地排斥多样化社会思潮。这种错误倾向实际上是作茧自缚、自我封闭、主动退出思想文化阵地，放弃自己的“引领”责任。二是强调社会思潮的多样化，要防止忽视甚至否定社会主义核心价值体系的主导作用。就是说，在引领过程中，要尊重、包容丰富多彩的优秀传统文化、人类有益文化的成果、绚丽多姿的思想“百花”。要重视吸收不同社会思潮中积极的、合理的、有价值的成分因素，以丰富马克思主义的内容。但是这一定要掌握好度量界限，对待各种错误社会思潮，必须重视评析，进行有力的抵制，以减少其错误和腐朽思想的影响。绝不允许对错误思潮放任自流，甚至动摇我们的主流意识形态。三是要防止把“引领”政策的探索完全局限在精神领域，与人民群众的实际利益，特别是物质利益相脱离。从根本上说，用社会主义核心价值体系引领社会思潮必须有坚实的物质基础作后盾。邓小平讲过一个很深刻的道理，就是“按照历史唯物主义的观点来讲，正确的政治领导的成果，归根结底要表现在社会生产力的发展上，人民物质文化生活的改善上”。[①] 只有不断发展社会生产力，改善人民的物质生活，才能充分体现社会主义制度的优越性，巩固社会主义核心价值体系，增强其引领社会思潮的物质基础，有效遏制和消除种种错误思潮。把发展社会生产力同提高全民族文明素质结合起来，这是我们党在改革开放历史进程中创造的一条宝贵经验，[②] 我们要把这条宝贵经验运用到用社会主义核心价值体系引领社会思潮的政策上来。事实上，如果没有几十年来社会生产力的发展，没有人民生活水平的提高，社会主义核心价值体系就得不到巩固和发展，也不会为广大人民所认同，用以引领社会思潮的政策也不可能收效。四是要防止一哄而起，搞形式主义，不扎扎实实地做引领工作。

（原载《毛泽东邓小平理论研究》2008 年第 10 期）

---

① 《邓小平文选》第 2 卷，人民出版社 1994 年版，第 128 页。

② 胡锦涛：《高举中国特色社会主义伟大旗帜　为夺取全面建设小康社会新胜利而奋斗》，人民出版社 2007 年版，第 10 页。

历史虚无主义思潮的泛起与危害

一　历史虚无主义的泛起并受到多种错误思潮的青睐

近些年来在我国思想界蔓延泛滥的历史虚无主义，是以唯心主义历史观为其哲学基础，适应国内外敌对势力反对共产党、反对社会主义的政治需要而泛起的一股政治思潮。20世纪80年代欧美史学界出现了否定一切革命、鼓吹改良的思潮。它否定英国资产阶级革命、法国资产阶级革命，特别热衷于攻击十月社会主义革命是职业革命家精心策划的阴谋，犯了“原罪”，由此注定了苏东社会主义模式的失败。在20世纪80年代末90年代初东欧剧变、苏联解体过程中，这种思潮起到了攻心战的作用。他们认为，中国革命不仅未使中国实现现代化，反而强化了其前现代的状态。西方史学界这股否定革命的思潮，在20世纪80年代中期以后，泛滥于我国。在我国，一些人质疑马克思主义是否还具有生命力、中国特色社会主义道路究竟还能走多远，并以不同的方式散播社会主义“失败论”、马克思主义“过时论”、共产主义“渺茫论”。历史虚无主义就是在这种背景下沉渣泛起的。

历史虚无主义作为一种政治思潮，主要是指它对中国人民革命的历史，特别是中国共产党领导的反帝反封建的新民主主义革命、社会主义革命和建设以及改革的历史加以歪曲、否定。它从历史领域入手，妄图通过否定历史否定现实，除掉社会主义制度的历史依据，否定共产党执政的历史必然性和合法地位，以实现消解或取代马克思主义指导地位，推翻社会主义制度的目的。历史虚无主义这种否定革命、否定进步的性质，受到一切反社会主义思潮的青睐，使它成为多种错误思潮的一种思想基础。因为任何一种错误思潮要立自己的主张，必定要破此前的历史，这就是晚清著名思想家龚自珍所说的：“灭人之国，必先去其史；隳人之枋，败人之纲纪，必先去其史；绝人之材，堙塞人之教，必先去其史；夷人之祖宗，必先去其史。”① 这是人类社会历史发展中带规律性的现象。

二 历史虚无主义与新自由主义、民主社会主义沆瀣一气

新自由主义思潮和民主社会主义思潮是对我国改革开放和社会主义现代化建设干扰比较大的两股错误思潮。它们与历史虚无主义沆瀣一气地反对共产党、反对社会主义，反对马克思主义，而历史虚无主义也就成了推行新自由主义、民主社会主义的帮手。

历史虚无主义得以充当这种角色，首先在于它妄图从理论深层毁灭唯物史观关于历史规律性、中国走社会主义道路必然性的观点，这就弥补了新自由主义和民主社会主义的不足。因为新自由主义和民主社会主义这两种错误思潮侧重于从经济和政治领域、从现实的角度反对马克思主义和社会主义，而在文化领域、历史领域则显得力度不够。历史虚无主义正好弥补了这种不足。所以新自由主义、民主社会主义两种错误思潮乐意以历史虚无主义为其帮手。反过来说，历史虚无主义也乐意充当这种帮手，因为它要虚无社会主义革命和建设的历史也需要一种理论的支撑，来论证以往的历史为什么是不对的，以后按它们的意图写的历史为什么正确。新自由主义、民主社会主义的一整套理论正可以满足它们的这种需要。这是它们彼此沆瀣一气的政治原因。

应该说，三种错误思潮的联姻还有更深刻的原因，总体来说，它们在阶级性、哲学基础和价值观上都是同马克思主义根本对立的。

1. 它们都是资产阶级的意识形态

民主社会主义的发展经历了一个半世纪多，新自由主义自形成到现在近一个世纪，历史虚无主义在中国也已活跃了 20 余年。它们在本质上，都是资产阶级的意识形态。经济基础决定上层建筑。任何社会的思想理论都是对一定社会经济基础以及由此决定的政治上层建筑的反映。在阶级社会和有阶级存在的社会里，任何一种社会思潮都是一定阶级利益和意志的反映。占主导地位的、指导制定国家内外政策的思想理论，都是统治阶级的思想。阶级性是社会思潮的本质属性。马克思主义是无产阶级的意识形态，是为无产阶级服务的；而新自由主义、民主社会主义、历史虚无主义是资产阶级的意识形态，是为资产阶级服务的。它们的具体社会功能尽管

---

① 《龚自珍全集》上册，中华书局 1959 年版，第 22 页。

不尽相同，但归根结底是为资产阶级的统治合理性作辩护的，是为抵制、削弱敌对阶级的意识形态，特别是为政治思想作宣传和论证的。马克思在《资本论》1872年第2版跋中指出："资产阶级在法国和英国夺取了政权。从那时起，阶级斗争在实践方面和理论方面采取了日益鲜明的和带有威胁性的形式。它敲响了科学的资产阶级经济学的丧钟。现在问题不再是这个或那个原理是否正确，而是它对资本有利还是有害，方便还是不方便，违背警章还是不违背警章。无私的研究让位于豢养的文丐的争斗，公正不偏不倚的科学探讨让位于辩护士的坏心恶意。"① 在《资本论》1867年第1版序言中，马克思还举例说："英国高教会派宁愿饶恕对它的三十九个信条中的三十八个信条进行的攻击，而不饶恕对它的现金收入的三十九分之一的攻击。"② 可见，利益具有根本性，它决定一个学说的根本立场。

当然这不是说反映资产阶级利益的思想体系都是千孔一面的。事实上，由于各个时期资产阶级内部的种种矛盾的不同，以及思想、理论本身的相对独立性，资产阶级内部的不同的理论流派也会从不同角度提出不同治国策略和理论观点。这就使这些思想体系和流派所呈现的理论形态各有不同，在具体观点及其内容表达上也会有某些差异。历史虚无主义、新自由主义和民主社会主义之间的差异，可以说就是这样的差异。但是这种差异并不是在思想实质和根本精神方面的对立和排斥，因此它们往往从对方吸收对自己有用的思想，不断修正自己的思想体系，使之精细化，以期更加适合于本阶级利益的需要。如西欧民主社会主义思潮，有的受到新自由主义的深度渗透，有的已经新自由主义化了。这些错误思潮对当代中国的渗透，更表现出相互结合、相互补充、相互作用的特点（尽管它们有时在某些个别问题上也有争论）。其根本原因在于，它们的阶级属性、根本利益、价值趋向和理论目的具有一致性。这些根源于资本主义生产方式的资产阶级意识形态，其根本职能在于为垄断资产阶级的经济和政治统治服务。今天在经济全球化条件下，它已成为西方垄断资产阶级向社会主义国家和第三世界国家进行思想侵蚀、实施和平演变战略的理论武器。

2. 它们都以唯心主义历史观为其哲学基础

唯物史观是马克思主义关于人类社会发展一般规律的科学。它以物质

① 《马克思恩格斯文集》第5卷，人民出版社2009年版，第17页。

② 《马克思恩格斯选集》第2卷，人民出版社1995年版，第102页。

资料的生产为起点，揭示了人类社会发展的一般规律。“现代唯物主义把历史看作人类的发展过程，而它的任务就在于发现这个过程的运动规律。”① 它是指导我们获得对于历史正确认识的唯一科学的理论指南。唯物史观揭示了关于生产力与生产关系、经济基础与上层建筑、阶级社会与阶级斗争等基本原理及运用，消除了以往历史研究中的两个致命弱点：只是考察“人们历史活动的思想动机”和“忽视人民群众的活动”，为历史研究指明了一条“对各种社会经济形态的产生、发展和衰落过程进行全面而周密的研究的途径”，② 它是高于和优于以往一切社会历史观的“唯一科学的历史观”。③

与唯物主义历史观相反，新自由主义、民主社会主义和历史虚无主义这三种错误思潮都坚持唯心主义历史观。它们作出的一系列错误结论都是从唯心史观出发的。如民主社会主义否定历史发展的客观规律，否定马克思的科学社会主义学说关于社会主义是资本主义社会中社会生产力发展的必然结果，它从抽象的道德原则出发，把社会主义仅仅看作是一种价值目标。这是典型的唯心史观的表现。新自由主义以个人主义为核心，强调财产的个体所有制即主张全面私有化、自由化、市场化。历史虚无主义将历史运动视为随着权力人物的意志和愿望而改变、没有客观规律、受偶然性支配的事件堆积，随意涂改历史，歪曲历史，魔化历史。新自由主义、民主社会主义和历史虚无主义这三种错误思潮正是有这种唯心主义历史观作基础，所以它们能够相互为用，彼此联姻。

3. 它们都是以个人利益为核心的价值观

马克思主义的价值观是为最广大人民的利益服务的价值观。从马克思主义价值观来看，只有为绝大多数人谋利益的价值观才是合理的价值观，因为人民群众是历史的主人，历史的创造者。坚持为绝大多数人谋利益就是走历史必由之路。而新自由主义、民主社会主义和历史虚无主义这三种错误思潮，都坚持以个人为本位的价值观，以自由、平等、人权等为基本价值诉求，以功利主义为鲜明特征，以实现个人的最大利益为目标，认为个人即是目的，而社会、集体、国家和他人都不过是达到个人目的的工具

① 《马克思恩格斯选集》第3卷，人民出版社1995年版，第364页。

② 《列宁选集》第2卷，人民出版社1995年版，第425页。

③ 《列宁选集》第1卷，人民出版社1995年版，第10页。

和手段。其中的个人不只是指社会中的个人，而主要是资本家及其集团。反映在政治主张上，要求实行多党政治、自由竞争、三权分立，等等。在发展趋势上，日益强化个人的内心自由，陷入非理性主义的迷阵。

邓小平曾指出："整个帝国主义西方世界企图使社会主义各国都放弃社会主义道路，最终纳入国际垄断资本的统治，纳入资本主义的道路。"① 显然这种现代西方价值观在当代中国的渗透，是与这种国际大背景紧相联系的。西方世界使社会主义各国放弃社会主义道路有多种手段，价值观的渗透是其中重要手段之一，藉以造就个人主义者作为其演变的"内应力量"。新自由主义、民主社会主义和历史虚无主义的联姻，历史虚无主义成为新自由主义、民主社会主义的帮手，也正是由于有这种共同的资产阶级价值观的基础。

三 认清历史虚无主义的危害性

认清历史虚无主义思潮的危害，首先要重视认真研究主要社会思潮之间的相互关系。因为研究某个思潮的起因、产生背景、思想实质、传播特点、演变规律、社会影响、发展趋势等，了解它们各自的特点，固然重要，但是仅仅如此还不够。须知，各种社会思潮之间的联系是一种客观存在，不作这种综合研究就不能全面地认识和把握我国意识形态的形势。在当代中国，各种错误的社会思潮为了实现它们的政治诉求，彼此之间的呼应、甚至贯通日益加强。这表现在一些代表人物身上，他们时而贩运新自由主义的观点，时而又贩运民主社会主义的观点，时而又贩运历史虚无主义的观点；或者在同一时间内同时贩运多种错误思潮的观点。所以，我们只有从总体上对各种错误社会思潮的相互联系，在一定条件下的相互转化进行分析，才能把握意识形态领域斗争的全局，掌握各种社会思潮运动变化的规律，掌握意识形态领域的主动权、指导权、话语权。从右的方面说，新自由主义、民主社会主义和历史虚无主义是影响和干扰我国改革开放和社会主义现代化建设事业的主要社会思潮，更应该重视从它们之间的相互联系和相互支撑上观察它们对社会的影响和危害。在东欧剧变、苏联解体的过程中，它们这种联系所起到的破坏作用已经给我们提供了深刻的教训。对于这一点我们不能掉以轻心。

---

① 《邓小平文选》第3卷，人民出版社1993年版，第311页。

其次，要看到历史虚无主义的腐蚀性、渗透性危害。历史虚无主义常常以学术研究的面貌出现，或以文学、艺术作品特别是历史题材的影视作品等形式影响社会舆论，诱使人们重新认识某一历史事件或某个人物，达到篡改、歪曲历史的目的。这些特点从 1988 年播出的电视片《河殇》、20 世纪 90 年代的《告别革命》，近年来一些大型历史剧诸如《走进共和》《大国崛起》中都可以看得很清楚。它表明历史虚无主义本身是一种腐蚀性、渗透性、危害性很大的社会思潮。不仅如此，正是因为它具有上述那样一些特点，它对其他的错误社会思潮也起着推波助澜的作用。所以，我们要在批判新自由主义、民主社会主义等错误思潮中也要重视揭露历史虚无主义在其中所起到的助手作用。

社会思潮是极其复杂的，我们要看清它的实质和危害，必须借助于一条指导线索，这就是马克思主义的阶级分析法。正如江泽民曾经指出的："只要阶级斗争还在一定范围内存在，我们就不能丢弃马克思主义的阶级和阶级分析的方法。这种观点与方法始终是我们观察社会主义和各种敌对势力斗争的复杂政治现象的一把钥匙。在坚持改革开放、加强对外经济文化交流的同时，要十分注意警惕和防范敌对势力的渗透、颠覆活动。"①这些论断是十分深刻而中肯的。

（原载《思想理论教育导刊》2010 年第 1 期，第二作者为杨瑞）

---

① 《江泽民文选》第 3 卷，人民出版社 2006 年版，第 83 页。

划清界限　把握政策

——对划清马克思主义与反马克思主义界限的三点认识

马克思主义是我们的立党立国之本，是指导我们事业的理论基础。毫不动摇地坚持马克思主义、旗帜鲜明地抵制各种反马克思主义思潮，关系到党和国家的生死存亡，关系到社会主义事业的兴衰成败，关系到人民群众的福祸安危。划清马克思主义与反马克思主义的界限，在要求划清的“四个界限”中具有基础性的意义。本文拟就此问题谈三点认识。

一

马克思主义，就其理论形态来说，是马克思恩格斯创立并为后继人所丰富发展了的观点和学说的体系。它是工人阶级的世界观。它把严格的和高度的科学性同革命性不可分割地结合在一起，在严正的理论体系中包含着多层次的原则。作为发展的理论，这个科学体系具有开放性和创造性。毛泽东思想和中国特色社会主义理论体系是中国化的马克思主义，是党和国家的根本指导思想。在当代中国，坚持马克思主义就要坚持毛泽东思想和中国特色社会主义理论体系。

反马克思主义是一个政治概念。从根本上说，反马克思主义就是坚持反对或者否定马克思主义基本原理及其科学体系的倾向、观点和思潮。改革开放以来出现的反马克思主义思潮，尽管说法不同，使用的辞藻、具体观点也不大一样，但实质都是一致的。从政治目的来说，它们归根结底都反对四项基本原则，要求我国放弃中国特色社会主义道路，改走西方式的资本主义道路。从世界观来说，它们都反对辩证唯物主义和历史唯物主义，坚持以抽象的人性论为出发点的历史唯心主义。在经济学领域，它们否定马克思主义的劳动价值论和剩余价值理论，主张搞私有化，要求把生产资料社会主义公有制变为资本主义私有制。在政治学领域，它们否定无产阶级的历史作用，要求用西方多党制和议会民主制取代共产党的领导地位、执政地位和人民民主专政制度。在手段上，它们都采用历史虚无主义手法。在价值观上，它们都主张个人主义和自由主义。有学者把近些年来国内出现的错误思潮归结为封建主义的和资产阶级自由化的两类，是有一定根据的。

在意识形态领域，马克思主义、无产阶级的思想不去占领，各种非马克思主义、非无产阶级的思想甚至反马克思主义的思想就会去占领。因此，我们要分清马克思主义与反马克思主义之间的原则界限，通过分析和批判，清除反马克思主义思潮在各个领域的影响。

二

从近年来我国意识形态领域斗争的情况看，反马克思主义思潮主要有这样几种表现形式：新自由主义、民主社会主义、历史虚无主义和“普世价值”论等。划清马克思主义与反马克思主义的界限要着重划清马克思主义同这几种思潮的界限。

1. 新自由主义思潮

新自由主义是近年来在我国经济学领域具有相当影响的思潮。它攻击马克思和马克思主义基本原理，声称“在中国，马克思的理论是奄奄一息了”，要求取消马克思主义在我国改革开放中的指导地位，认为“自由主义是最好的、最具普遍性的价值”，主张用新自由主义代替马克思主义；宣传私有制是灵丹妙药，是唯一选择，污蔑公有制是“万恶之源”，主张私有化、自由化、非调控化和完全的市场化，企图改变中国现阶段公有制为主体、多种所有制经济共同发展的基本经济制度，建立起完全西方式的基本经济制度。这种经济上的要求也反映在政治要求上，它们竭力鼓吹西方政治制度，诋毁我国的人民民主专政，攻击我国的司法制度，污蔑社会主义制度是扼杀民主，污蔑我国宪法的价值取向是一党专制，要求推行美欧式的多党制、民主化；攻击我国的新闻制度，宣扬西方式的媒体自由，鼓吹所谓真正的“新闻自由”和不受干预的“社会公器”论等。如果失去警惕，听任新自由主义泛滥，将会对我国的改革开放进程造成严重的不良影响，社会主义的意识形态就会受到严重冲击，社会主义公有制在国民经济中的主体地位就会丧失，社会主义市场经济就会蜕变成为资本主义市场经济。

2. 民主社会主义思潮

民主社会主义思潮极力鼓吹西方资产阶级的自由、民主、平等，反对根据马克思主义理论建立起来的社会主义制度，诡称社会主义是人道主义、自由、平等、相助等人类理性、伦理原则的实现，只是一些基本价值目标，没有制度的依托。它特别否认生产资料所有制决定社会性质的作用，以为实行私有化消除理论障碍。因此，它声称其社会主义目标是要“为一个社会公正、生活美好、自由与世界和平的制度而奋斗”，是要“建立一个自由人能以平等地位共同工作的社会”，“将自由、公正和团结结合起来的、和平民主的世界”。民主社会主义在本质上是一种反科学社会主义的政治思潮，但是它却用“人道”、“民主”、“社会主义”等伪装掩藏起来，具有很强的欺骗性，使人们往往误认为民主社会主义是民主+社会主义。近年来，民主社会主义受到了一些人的极力推崇，认为民主社会主义比科学社会主义更先进、更优越，提出“民主社会主义是马克思主义的正统”，“只有民主社会主义才能救中国”等荒谬的论调，声称民主社会主义不仅是社会主义的一种模式，而且是“更加完善的社会主义模式”，公开主张抛弃马克思列宁主义，要求中国走民主社会主义道路，甚至说中国特色社会主义就是民主社会主义，等等。这些观点在一些重要刊物、论坛上频频出现，表明这一思潮在我国的泛滥达到了不容忽视的地步。中国共产党人和马克思主义者要有理有据地批驳民主社会主义鼓吹者的谬论，把人们的思想政治观点引导到马克思主义的正确轨道上来，坚定不移地走中国特色社会主义道路。

3. 历史虚无主义思潮

近代以来，我国的历史，就其本质和主流而言，是一代又一代仁人志士和人民群众为救亡图存而英勇奋斗、艰苦探索的历史。中国共产党成立以后，中国人民在党的领导下，经过新民主主义革命，赢得了民族独立和自身解放，成立了中华人民共和国，这在中华民族的近代史上是一个转折点，中国人民从此站起来了。新中国成立以后，我们又经过社会主义改造、建设和改革，把一个极度贫困、落后的旧中国变成一个初步繁荣昌盛的、充满生机活力的社会主义新中国。但是，20 世纪 80 年代以来，历史虚无主义者借口“重新评价”历史，肆意歪曲近现代中国的历史，提出否定革命、“告别革命”的主张，把“五四”以来中国选择社会主义发展方向视为离开所谓的“以英美为师’，的“近代文明的主流”而走上了

“以俄为师的歧路”，使中国耽误了60年的发展，“至少虚掷了三代人的血泪精华”。他们宣称经济文化落后的中国没有资格搞社会主义，新中国成立以后搞的不过是小资产阶级的空想社会主义；他们否定中国共产党的领导，认为中国共产党的领导是一系列错误的延续，影响了中国现代化的历史进程。因此，从本质上看，历史虚无主义“虚无”的是中国人民的革命运动、中国共产党的领导、马克思主义的指导、社会主义制度和人民民主专政；不“虚无”的则是早已有历史定论的反面人物和反动统治者。在这些人眼里，历史成了一个可以任人打扮的小姑娘，他们不是从历史发展的真实情形出发去诠释历史，而是想当然地解构历史又重构“历史”，为中国近现代历史的发展寻找根本没有历史根据的另类“历史规律”和“发展道路”。历史虚无主义歪曲历史，否定革命，美化和歌颂帝国主义与封建主义，丑化党的领导和社会主义，归根到底就是要按照西方的那一套在中国搞资本主义。因此，在涉及近现代革命历史、党的历史和中华人民共和国历史的重大问题上，我们要旗帜鲜明，坚持原则，不能含糊敷衍。

4. “普世价值”论

近年来，“普世价值”成为一些人热议的话题。“普世价值”论的倡导者认为世界上有适用于一切时代、一切人的“普世价值”。“普世价值”，涉及一般和特殊的复杂关系，要说清这个问题，需要从多个层面加以科学解读。但是作为一个特定的概念，“普世价值”论倡导者的意图是异常清楚的。他们把西方资本主义国家的政治价值观，如民主、自由、人权、平等、博爱等，看作是“普世价值”，认为在这些“普世价值”面前没有必要区分姓“资”姓“社”，中国不应强调特殊性而自外于这些“普世价值”。“30年改革开放的历史功绩”就是重新逐步融入世界文明，“改革开放以来中国共产党所走过的历程，就是不断学习和实践人类普世价值的过程”。有的文章把党的十七大强调的解放思想解读为“我们应该追求普世价值”；有的人把党的文件中讲的社会主义民主法治、公平正义，以及摆脱贫困、实现现代化等，随心所欲地解释为所谓选择了“普世价值”，主张无论是经济、政治还是社会、文化方面的理论创新，都必须以“普世价值”为尺度，跟国际上的民主、宪政等主流观念接轨。这股思潮打着“普世”的旗号，实质上是要“全盘西化”，用西方的价值观和民主政治制度改变和替代我国的社会主义制度。

世界上并没有绝对普遍适用的、永恒的价值。因为人总是在一定社会中进行生产和生活的，由于人们在社会关系中的地位和利益不一样，对同一个事物的价值判断也是不一样的，价值始终是历史的、具体的；在阶级社会里价值具有阶级性。正如列宁所指出的："只要阶级还没有消灭，任何关于自由和平等的笼统议论都是欺骗自己，或者是欺骗工人，欺骗全体受资本剥削的劳动者，无论怎么说，都是在维护资产阶级的利益。只要阶级还没有消灭，对于自由和平等的任何议论都应当提出这样的问题：是哪一个阶级的自由？到底怎样使用这种自由？是哪个阶级同哪个阶级的平等？到底是哪一方面的平等？直接或间接、有意或无意地回避这些问题，必然是维护资产阶级的利益、资本的利益、剥削者的利益。只要闭口不谈这些问题，不谈生产资料的私有制，自由和平等的口号就是资产阶级社会的谎话和伪善，因为资产阶级社会用形式上承认自由和平等来掩盖工人、全体受资本剥削的劳动者，即所有资本主义国家中大多数居民在经济方面事实上的不自由和不平等。"① 因此，在现实社会中根本不存在超越阶级、适用于一切人的诸如自由、民主、平等、博爱、人道主义等"普世价值"。

三

当前，分清理论是非，坚持和发展马克思主义，我们要做的工作很多，这里主要从政策方面谈点看法。

划清马克思主义与反马克思主义的界限，总的指导原则是："要正确处理思想理论领域的问题。注意区分学术问题和政治问题的界限。不要把学术探讨中出现的问题当作政治问题，也不要把政治倾向性问题当作一般学术问题。学术问题的研究和讨论没有禁区，理论宣传和教学要有纪律。在事关政治方向和根本原则问题上，要旗帜鲜明。要重视加强对哲学社会科学宣传阵地和哲学社会科学研讨会、报告会、讲座的管理。进一步规范国外哲学社会科学著作的引进。加强对哲学社会科学各类协会、研究会的引导和管理，加强对民办社会科学研究机构的管理，加强对互联网上哲学社会科学网站和论坛的引导和管理，使其健康发展。"② 贯彻这些原则要注意以下几个层次的问题。

① 《列宁全集》第39卷，人民出版社2017年版，第465—466页。

② 《十六大以来重要文献选编》上，中央文献出版社2005年版，第693页。

第一，要正确区分两种不同性质的矛盾。这是针对各种不同思想观点的人群而言的。因为社会思潮总是以某种思想理论为支撑，反映一定阶级、阶层或社会集团利益、愿望和要求，在群众中有一定影响的思想潮流。不同性质的社会思潮，其形成、传播都同一定的社会群体联系着，特别是同那些代表人物紧密联系着，甚至可以说，一种社会思潮主要体现在它的代表人物身上。既然涉及人或人群，那么正确区分不同性质的矛盾，就是用马克思主义引领社会思潮的大前提。在当代中国的社会里，有两类不同性质的社会矛盾，这就是敌我之间的矛盾和人民内部矛盾。在当代中国社会，人民内部矛盾是大量的，敌我之间矛盾是少量的。但是由于阶级斗争还在一定范围内存在，总还存在少量敌我矛盾。如：利用邪教散布种种邪恶观点，对我进行思想和政治渗透的势力，利用狭隘民族主义思潮制造各种谎言，破坏民族团结，企图分裂中华民族的势力，鼓吹资产阶级自由化观点，攻击人民民主专政和人民代表大会制度，企图颠覆我国根本政治制度的势力等等，同我们的矛盾就是敌我矛盾。矛盾的性质不同，解决的办法也不同。对于那些顽固坚持自由化观点并带头搞政治动乱、触犯刑律的人，必须依法惩处。他们同广大人民群众之间的矛盾是属于敌我性质的，应该采取专政的手段来解决。正像邓小平指出的：“不能让那些颠倒是非、混淆黑白、造谣诬蔑的人畅行无阻、煽动群众。”[①] 但是，对绝大多数受到影响的人来说，主要是教育的问题，是属于人民内部的问题。反马克思主义思潮的滋生具有一定的社会历史原因，决不是用简单粗暴的方法，用行政命令的方法，用压服的方法所能解决的，需要进行长期的、耐心细致的思想工作，坚持不懈地宣传四项基本原则，有理有据地批判各种反马克思主义的错误观点，使人们坚定马克思主义信仰和社会主义信念，摆脱错误思潮的影响。

第二，注意区分学术问题和政治问题。在我们进行改革的过程中，人们思想活跃，各种观念大量涌现，正确的思想与错误的思想相互交织、进步的观念与落后的观念相互影响，这是难以避免的。在识别和批判反马克思主义思潮的时候，要十分审慎细致地区分学术与政治的界限，不能把学术问题弄成政治问题，也不要把政治问题弄成学术问题。“做到具体问题具体分析，是什么问题就解决什么问题，以免影响经济建设这个中心，影

---

① 《邓小平文选》第3卷，人民出版社1993年版，第196页。

响改革发展稳定的大局。”① 既要反对打着学术研究旗号却违背学术道德和良心、做违反宪法原则的政治文章的倾向，也要反对把学术是非和政治立场特别是阶级立场简单混淆在一起、用解决阶级矛盾和斗争的方法来对待学术是非问题的倾向。对于事关政治方向和根本原则的问题，我们要旗帜鲜明，毫不含糊。对于错误的思想政治观点，必须进行批评、斗争，不能听之任之。但因为这是思想理论领域的问题，精神世界的问题，在对错误思想的批评和斗争中，一定要注意充分摆事实、讲道理，以理服人。一定要用正确的思想、进步的观念、先进的文化逐步消解错误思想、落后观念、腐朽文化的影响。要防止用简单、粗暴的办法处理问题，做到头脑清醒，冷静观察，掌握动态，心中有数，审时度势，慎重处理。这样才有利于教育和团结群众。对学术问题的不同意见，要坚持研究和讨论没有禁区，理论宣传和教学要有纪律的原则。

区分学术问题与政治问题的根本界限，是坚持还是反对党的基本理论、基本路线、基本纲领、基本经验。要对此作出准确判断，不能只看一时一言，而要作全面的历史的分析。

第三，要坚持“双百”方针，平等讨论。意识形态领域的斗争必然以思想理论争论的形式出现，但并非所有学术理论争论都属意识形态的范畴。学术理论自身的发展，也要通过不同流派、不同观点的讨论、争论得以实现。对学术问题，要坚持贯彻“双百”方针。这个方针是我们党对文化发展规律的高度概括，是对精神产品生产的基本要求，是文化事业繁荣发展的重要保证。坚持这个重要方针，意在创造宽松和谐的环境与氛围，提倡不同学术观点、学术流派平等争鸣，使某种理论观点的提出者接受挑战和考问，广泛采纳各种合理意见，将原来不明确、不完备的理论发展得更明确、更完备，使更多的人明辨是非，认识真理、接受真理。

“双百”方针的展开包括一系列的具体方针。如：古为今用，洋为中用；弘扬主旋律，提倡多样化；尊重差异，包容多样，最大地限度地形成思想共识，等等。贯彻这些方针政策，旨在大力倡导一切有利于发扬爱国主义、集体主义、社会主义的思想和精神，大力倡导一切有利于改革开放和现代化建设的思想和精神，大力倡导一切用诚实劳动争取美好生活的思想和精神，使先进文化得到发展，健康文化得到支持，落后文化得到改

① 《十六大以来重要文献选编》中，中央文献出版社 2006 年版，第 318—319 页。

造，腐朽文化得到抵制。我们要使民族文化与外来文化、传统文化与现代文化、高雅文化与通俗文化在交流、比较中互相融合，相互促进，使各种文化形式、文化门类、文化业态，各展所长，共同发展，推动社会主义文化大发展大繁荣。

第四，要加强引导和管理。这包括对新闻出版、高等学校、哲学社会科学研究机构研讨会、报告会、讲座，对国外哲学社会科学著作引进，对哲学社会科学各类协会、研究会和民办社会科学研究机构，对互联网上哲学社会科学网站和论坛、手机短信、社会类报刊等的引导和管理，使其成为宣传科学理论、先进文化的重要阵地，成为传播有益信息的渠道，决不给违反宪法和法律的错误观点提供传播渠道。现在一些敌对势力在境外合流，利用互联网、非政府组织、宗教活动等形式和渠道，散布反动言论，要引起高度重视。对错误的东西一定要旗帜鲜明，敢抓敢管，确保先进文化牢牢占据主流地位，确保马克思主义在意识形态领域的指导地位不动摇。在这个方面，任何软弱无力，都会削弱我们党执政的思想理论基础。

（原载《高校理论战线》2010 年第 5 期，第一作者为李红军）

全面认识儒学及儒家文化

在我国社会主义现代化建设取得巨大成就，同时社会发展又面临诸多问题的新阶段，一些“大陆新儒家”主张全面复兴儒学，以儒学思想为核心重建中国人的精神家园，用儒家的政治智慧和指导原则来转化中国的政治现实，“用儒学取代马列主义”、“儒化共产党”。这就提出了在中华民族探寻复兴、发展之路过程中，应该如何认识儒学及其功能，如何对待儒家文化的问题。本文拟就这一问题作些探讨。

一　不能放大儒学的功能

“大陆新儒家”主张全面复兴儒学，其中一个重要的理由是，当代中国在追求现代化的过程中，出现了信仰缺失，精神空虚，社会道德水平整体下滑，人们行为失范，人际关系紧张，人与自然的矛盾凸显等问题，而这些问题是现代工业文明自身不能克服的，只能通过全面复兴儒学方可解决，儒学是当今中国的济世良药。那么，儒学果真有如此强大的功能吗？

儒学在西汉汉武帝时期被改造成为封建统治阶级的意识形态，取得了独尊的正统地位。在漫长的封建时代，儒学为适应、满足封建专制统治的需要，不断丰富和发展，出现了一些新的理论形态，如理学、心学等。同时在封建专制政权的推动甚至强制下，儒学的思想内容逐渐渗透到社会生活的各个层面，形成了以儒学为理论基础的文化形态。总体看，经过历代儒家改造和发展的儒学，在社会整体层面，主张与民言服从，与君言仁政，追求构建等级分明、秩序稳定，君主百姓各守本分的等级社会；在社会个体层面，它主张人应遵守三纲五常，要“克己复礼”，要塑造有仁爱之心、有责任感、忠顺诚信的人。儒学在我国封建时代发挥了三大功能：其一，儒学在政治上主张“大一统”，宣扬“君权神授”，这有利于专制主义中央集权，也利于维护国家统一，为封建专制主义统治提供理论支撑；其二，儒学倡导“修身、齐家、治国、平天下”的“内圣外王”思想，为社会提供了统一的价值观，有利于在全社会形成共识；其三，儒学提出“礼、仁、忠、孝、信、义”等一系列行为规范，协调社会生活中的人际关系，维护社会秩序，有利于实现社会稳定。概括而言，儒学在中国封建社会显示出其鲜明的阐释性价值和建构性价值。

应该看到，即使是在封建时代，儒学的功能也是有限的。作为封建统治阶级的意识形态，儒学既不能阻止和解决各王朝出现土地兼并、贫富分化、政治腐败等问题，护佑封建王朝幸免覆灭，对封建君主和官僚个人也没有根本的约束力，中国历史上昏君暴君、贪官污吏不可胜数。北宋程颢、程颐对儒学进行创新，兴“义理之学”，到南宋时期朱熹继承二程，又独立发挥，集理学之大成，突出儒学控制社会的功能，可羸弱的南宋不能抵挡蒙古人的金戈铁马；明中叶王阳明把儒学发展到心学阶段，格外重视伦理观念和个人的道德修养，要“破人心中贼”，以应对官宦之间争权夺利和此起彼伏的农民起义，却造成了整个士人阶层清谈道德、不务实事的风气，相当部分官僚缺乏应有的政治能力；清朝时期儒家的独尊地位胜过汉武时期，官学、私学都以儒学为主，被高度“儒化”的大清王朝却日益走向政治腐败、军备废弛和思想沉寂的境地。

细数中国封建朝代，最强盛的时期与儒学地位的尊显并不对应。如：汉代前期的盛世，所尊奉的是黄老学说，儒学并无地位。唐代达到中国历史上的鼎盛时期，李唐统治者以老子后人自居，大扬道教，立道教为国教；对于民间盛信的佛教，统治者往往出于政治考虑，或扬或抑。唐朝统治者也尊重儒学，利用儒学治国。但总体上唐代是儒、释、道并立，儒学并不占绝对优势。可见，儒学与封建王朝的强盛并无直接的联系。

到了近代，当人类不可阻挡地由传统农业文明迈向工业文明时，当中国遭受来自西方工业文明强国的入侵和掠夺时，儒学作为官方意识形态，不仅不能认识、解决当时中国面临的问题，而且无法在理论上回应西方列强的入侵和西方文化的传入。维护社会伦理和封建专制制度的“三纲五常”，控制社会的“天不变道亦不变”观念，反而成了维新革命、探索民族出路的思想障碍。

历史是一面镜子。既然儒学在中国封建时代不能解决王朝的长治久安问题，也不是王朝兴盛的必要条件，在近代不能解决中华民族独立、国家领土完整和安全问题，不能引导中华民族维护独立、实现富强。那么时至今日，在经济全球化趋势加快，科学技术进步日新月异，世界各国综合国力的竞争更加激烈复杂，中国已建立起社会主义基本制度、正快速推进社会主义现代化的条件下，儒学就更不能解决当下中国面临的问题。

认识儒学的功能和价值应有辩证的态度，不能片面夸大。这是因为：其一，从儒学内容看，它主张“内圣外王”，重视道德教化和人的自我修养，这可以在一定时期内发挥协调人际关系，实现社会稳定的凝聚功能和整合功能。但是，儒学重人伦轻自然、重道德轻工艺、重农轻商、重义轻利等，在追求物质财富的增长和生产效率方面，难以满足人类社会的需求；它特别强调维护统治者的权力和利益，维护等级制度，为统治者的权力和利益不断膨胀提供理论依据，有利于统治阶级权力和利益的强化，导致社会两极分化愈演愈烈，直至社会动荡，王朝衰落。同时，儒学关注自身“道统”而形成的排他性，维护既有秩序而反对改革、变迁的保守性，使它无法面对新形势，解决社会矛盾。古人云：治世道，乱世佛，由治入乱只是儒。此话道出了儒学功能的局限。其二，历史唯物主义认为，社会存在是社会意识的根源，社会意识是社会存在的反映，所有社会意识都对社会存在具有依赖性。虽然社会意识具有相对独立性，具有不同于经济生活的独立表现和形态，具有相对独立的发展过程和内在规律，对社会存在有巨大的反作用。但是这种反作用发挥的程度和效果，往往受制于社会存在。“只有经济发展、政治清明，整个国家才能强大安定。文化只有在经济起基础性作用和政治制度优化的条件下才能发挥它的最佳作用”。[①] 儒学虽长期在封建社会思想文化领域处于支配地位，但它在封建社会各个朝代产生的实际功效，却受到社会经济状况、政治状况的制约，其理论内容也随着政治格局、政治关系的变化而调整。

“大陆新儒家”并非不了解中国的历史，不了解儒家学说的实际功能。他们之所以要放大儒学的功能，其最终目的并不在于弘扬和振兴中华民族的传统文化，也不是要用儒家文化中的积极因素回应中国现代化中的问题，以维护当代中国社会稳定，而在于反对马克思主义和社会主义的政治追求。

---

① 陈先达：《文化复兴与尊孔读经》，《高校理论战线》2008 年第 1 期。

二 全面复兴儒学不符合历史的潮流

马克思曾指出："一切依次更替的历史状态都只是人类社会由低级到高级的无穷发展进程中的暂时阶段。每一个阶段都是必然的，因此，对它发生的那个时代和那些条件说来，都有它存在的理由；但是对于它自己内部逐渐发展起来的新的、更高的条件来说，它就变成过时的和没有存在的理由了；它不得不让位于更高的阶段，而这个更高的阶段也要走向衰落和灭亡。"① 历史与认识是一样的。任何文化都是一定历史条件下的产物，当它存在的历史条件发生改变时，它要么是顺应历史条件的变化，吸收新的文化元素，创造出新的理论和新的形态，要么让位于其他的文化，自己成为一种遗产。如果一定要与时代发展对立，其结果必然是被历史潮流抛弃。

1. 20 世纪复古兴儒的结局

"大陆新儒家"宣扬的全面复兴儒学，不过是重弹老调。在辛亥革命之后，试图恢复儒学主流意识形态地位的言论和行为一再出现，但终因违背历史潮流而被历史否决。辛亥革命后，袁世凯窃取革命成果，为复辟帝制，掀起了一股"尊孔复古"的逆流。1912 年 9 月、1913 年 3 月袁世凯先后颁布《整饬伦常令》《通令尊崇孔圣人》等，颂扬儒学放之四海而准，提倡礼教。曾经倡导维新运动和变法的康有为并没有随着历史进步而前进，他醉心于恢复大清帝国，担任孔教会总会长，公然攻击辛亥革命和共和政体，声称"自共和以来，礼乐并废，典章皆易，道揆法守，扫地无余"，于 1916 年上书北洋政府，要求定孔教为国教，并"编入宪法，复祀孔子之拜跪明令"。② 这无疑是助纣为虐，为袁世凯复辟帝制鼓与呼。一时间，尊孔复古的组织涌现，春丁祀孔、秋丁祀孔等活动也不断兴起，弄得沸沸扬扬。但是，辛亥革命已经在中国人心中树立起民主、共和的理念，袁世凯恢复帝制的倒行逆施，激起了资产阶级革命派、进步的知识分子和全国人民的强烈反对，最后袁氏不得不放弃称帝梦想。康有为受到思想界的普遍谴责，指责他要求载入孔教为国教的宪法，是"陈腐死人之宪法"、"荒陵古墓之宪法"、"护持偶像权威之宪法"。陈独秀说："康先

---

① 《马克思恩格斯文集》第 4 卷，人民出版社 2009 年版，第 270 页。

② 《康有为法论选集》下，中华书局 1984 年版，第 157 页。

生电请政府拜孔尊教，南北报纸，无一赞同者；国会主张删除宪法中尊孔条文，内务部取消跪拜礼节，南北报纸，无一反对者。而原书一则曰‘当道措施，殊有令国人骇愕者’。再则曰‘国务有司所先行，在禁拜圣令，天下骇怪笑骂！’吾知夫骇愕笑骂者，康先生外宁有几人？乌可代表国人，厚诬天下？”① 梁启超不无嘲讽地讲，他的老师康有为由一个历史巨人蜕变为一个历史侏儒。

从1915年开始，一批先进的知识分子深刻反思辛亥革命的失败教训，认识到必须从文化思想上冲击封建思想和封建意识，改造被儒学驯化的国民性，方可求得民族复兴与富强，发起了新文化运动，倡导“民主”与“科学”。辜鸿铭、林琴南、刘师培等文人，竭力维护儒学，为封建伦理道德进行辩护，掀起了一股复古主义的潮流。他们指责新文化运动“功利倡而廉耻丧，科学尊而礼义亡，以放荡为自由，以攘夺为责任”，科学、功利、自由和竞争都是坏东西。主张读经尊孔，拥护帝制，在坚持“国性”、“民族性”、“国粹”、“国学”的旗号下力倡复辟。但是，时代的进步，民族求强的要求，标明了封建复古主义的落后。在新文化运动斗士们的尖锐批判中，复古主义在思想领域失去了市场。

20世纪30年代，中国又出现了尊孔复古的高潮。蒋介石在南京建立政权后，明确主张以“礼义廉耻”为立国之本。1929年国民政府颁布《教育宗旨及其实施方针》，指明以“忠孝仁爱信义和平”为国民道德的教育内容；1931年南京国民政府明令全国各学校在礼堂和公共场所悬挂书有“忠孝仁爱信义和平”八字的匾额；1934年国民党中常会通过有关祭祀孔子的决议，国民政府开始推行“新生活运动”，提倡尊孔读经，要求把礼义廉耻落实到每个人的衣食住行。“新生活运动”的推行是基于“攘外必先安内”的考虑，是为了配合对中国共产党领导的农村根据地和工农红军的军事围剿。蒋介石在《中国之命运》一书中，声称“中国固有的人生哲学，经孔子的创导、孟子的阐扬、汉儒的训释，自成为崇高的体系，比之于世界上任何派别的哲学是有过之而无不及”。

在国民政府的支持下，新儒家们积极著书立说，一批文化保守主义者在1935年发表了《中国本位的文化建设宣言》，认为近代以来的几次文化运动，特别是五四新文化运动“轻视了中国空间时间的特殊性”，导致

① 《陈独秀文章选编》上册，生活·读书·新知三联书店1984年版，第138—139页。

了中国文化的失落，提出要按照“不守旧，不盲从，根据中国本位，采取批评态度，应用科学方法，来检讨过去，把握现在，创造将来”的原则建设中国文化，但实际上仍是坚持“中学为体，西学为用”。对于这股复古潮流，艾思奇、老舍、沙汀、李公朴、周建人、郁达夫、胡绳、陈望道、叶圣陶等进步人士联合签名发表《我们对于文化运动的意见》，旗帜鲜明地指出，复古运动不会有前途。假如读经可以救国，那么“戊戌维新”、“辛亥革命”就没有必要了；复古运动发展的结果将是一服毒药，对于民族的前途，绝对没有起死回生的功效。鲁迅一针见血地指出，复古尊孔者不过是拿孔子当“敲门砖”，但是时代不同，这些人必然要失败，还连带孔子“陷入了悲境”。[①] 的确，尊孔复古没有为巩固蒋介石独裁政权发挥什么功效，在人民革命的风暴中蒋介石独裁政权遭到覆灭。历史在此作出了结论：违背社会历史进步潮流的思想和行为，其前景只能是失败。

2. 在当代中国全面复兴儒学毫无可能

在当代中国建设社会主义现代化的新阶段，全面复兴儒学是完全不可能的。这是因为：

第一，全面复兴儒学的经济基础已不复存在。作为上层建筑的文化是特定时代经济形态或经济基础的反映。儒家文化是农业文明的升华和凝结，基于土地私有制的小农经济是其经济基础。近代以来，随着完成工业革命的西方列强入侵中国和国内商品经济的发展，中国的小农经济日益丧失发展的时空。社会主义改造完成后，我国确立了生产资料的公有制，在农村是公有制下的集体经济。改革开放以来，我国逐步确立起以公有制为主体、多种经济共同发展的社会主义初级阶段基本经济制度，建立社会主义市场经济体制，在农村实行了家庭联产承包责任制，仍然属于集体经济范畴，农民生产主要不是满足个人和家庭的生活需要，而是与市场相联系。中国农村的城市化进程已经开始，大量的农村剩余劳动力已经向工业和城市转移。虽然目前在农村中还保留了一些小农经济生产的特点，以小规模的一家一户进行经营和生活，但与传统意义上处于封闭自足状态的小农经济是截然不同的。皮之不存，毛将焉附，何谈复兴儒学？

第二，全面复兴儒学的社会基础已经丧失。儒家的伦理观念、政治理

---

① 《鲁迅全集》第6卷，人民文学出版社1981年版，第323页。

想和人格理想都是与宗法小农的社会生态联系在一起的，封建宗法关系是儒学存在的社会基础。随着中国社会制度的变革，生产力的发展和现代化的推进，无论是国家构成、乡村管理，还是家庭组织，人的生活范围和生活方式，都已向着现代社会发生了适应性变化。尽管封建宗法观念在人们思想中还有一些残余，但是今日中国的整个社会面貌，与封建社会有根本的区别。传统儒学赖以生存和发展的社会生态已经不复存在。

第三，全面复兴儒学的许多思想内容与中国的社会发展取向相抵触。建设中国特色社会主义国家，是要使中国走向富强、民主、文明和和谐。但是传统儒学中许多思想内容与现代社会发展要求相抵触。儒家的"家齐"、"国治"、"平天下"的政治理想，是实现生产力低水平下的农耕社会的稳定、民众安居乐业。儒学坚持伦理中心原则，不重视社会财富的创造，不重视生产力的发展和技术的进步，这不符合中华民族实现复兴的根本要求；儒学承认并维护不平等的社会制度，把"天道"、血统、贤人视为国家权力的来源，宣扬"君权神授"，其鲜明的专制偏好既与资本主义的民主、平等观念相违，又与中国积极发展社会主义民主、追求人民当家作主相悖；儒学强调人对封建制度的驯顺与盲从，造成人失去自觉意识的奴性、安于现状的心态和创造力的匮乏，这种心态和性格品质也不能成为现时代人的基本精神品质；儒学主张统治者依照"礼"所确定的社会等级次序关系和名分规定来治理国家，把天下太平寄托在明君的修身养性上，这种典型的人治理论与社会主义法治理念是根本对立的，不利于我国建设社会主义法治国家。这些思想内容正是儒学封建性的表现，是儒学一百多年来沉落的一个重要原因。如果按照新儒家的设想，把这些也给复兴了，中华民族的伟大复兴从何谈起呢？

"全面复兴儒学"论无视时代发展潮流，无视世界格局和中国发生的深刻变化，脱离中国人民的意愿和要求，根本不是科学研究的结论，而是不顾历史事实和现实状态的臆说。

三 对待儒家文化的科学态度和原则

任何国家和民族的文化发展，离不开对自身文化传统的继承和吸收。马克思主义者根据历史辩证法的发展原则，既一贯反对把传统文化与社会主义文化对立起来的观点，反对历史虚无主义，也反对对传统文化不加鉴别和改造，脱离时代环境和现实状态的照抄照搬。列宁曾经深刻地指出：

“共产主义是从人类知识的总和中产生出来的，马克思主义就是这方面的典范。”① 他又指出：“当我们谈到无产阶级文化的时候，就必须注意这一点。应当明确地认识到，只有确切地了解人类全部发展过程所创造的文化，只有对这种文化加以改造，才能建设无产阶级的文化，没有这样的认识，我们就不能完成这项任务。无产阶级文化并不是从天上掉下来的，也不是那些自命为无产阶级文化专家的人杜撰出来的。如果硬说是这样，那完全是一派胡言。无产阶级文化应当是人类在资本主义社会，地主社会和官僚社会压迫下创造出来的全部知识和规律的发展。”② 正是这样，列宁对“臆造自己特殊的文化”的做法提出尖锐的批评，认为这种做法“在理论上错误，在实践上有害”。他强调“马克思主义这一革命无产阶级的思想体系赢得了世界历史性的意义，是因为它并没有抛弃资产阶级时代最宝贵的成就，相反却吸收和改造了两千多年来人类思想和文化发展中一切有价值的东西。”③ 列宁这些名言，不仅批评了那种否认以往文化遗产的意义，企图通过脱离实际生活的“实验室的道路”来创造“纯粹的”无产阶级文化的谬论，而且说明了共产主义文化产生的前提和基础，表明了马克思主义者对待历史文化遗产的基本态度。

中国在漫长的历史发展过程中，形成了灿烂辉煌的传统文化。对于中国传统文化，毛泽东早在20世纪30年代就指出：“学习我们的历史遗产，用马克思主义的方法给以批判的总结，是我们学习的另一任务。我们这个民族有数千年的历史，有它的特点，有它的许多珍贵品。对于这些，我们还是小学生。今天的中国是历史的中国的一个发展；我们是马克思主义的历史主义者，我们不应当割断历史。从孔夫子到孙中山，我们应当给以总结，继承这一份珍贵的遗产。”④ 他强调不能忽视中国文化遗产的价值，主张对中国文化遗产既不一概排斥，也不是盲目搬用，而是批判地利用，指出“清理古代文化的发展过程，剔除其封建性的糟粕，吸收其民主性的精华，是发展民族新文化提高民族自信心的必要条件；但是决不能无批判地兼收并蓄。”⑤ 他总结中国近代史上的“古今中西”文化论争，提出

---

① 《列宁专题文集·论马克思主义》，人民出版社2009年版，第296页。
② 《列宁选集》第4卷，人民出版社1995年版，第285页。
③ 《列宁选集》第4卷，人民出版社1995年版，第299页。
④ 《毛泽东选集》第2卷，人民出版社1991年版，第533—534页。
⑤ 《毛泽东选集》第2卷，人民出版社1991年版，第707—708页。

中国要建立“民族的科学的大众的”新文化。新中国成立后，毛泽东明确提出对待中国传统文化的基本态度和原则是“古为今用”“去粗取精、去伪存真”。

在建设中国特色社会主义过程中，中国共产党人继承毛泽东的思想成果，始终强调对传统文化辩证分析，尊重和弘扬优秀文化传统。邓小平曾明确指出要大胆吸收和借鉴人类社会创造的一切文明成果。江泽民强调，中华民族是有悠久历史和优秀文化的伟大民族。我们的文化建设不能割断历史。对民族传统文化要取其精华、去其糟粕，并结合时代的特点加以发展，推陈出新，使它不断发扬光大。胡锦涛在党的十七大报告中指出："中华文化是中华民族生生不息、团结奋进的不竭动力。要全面认识祖国传统文化，取其精华，去其糟粕，使之与当代社会相适应、与现代文明相协调，保持民族性，体现时代性。"① 这些论述阐明，中国优秀文化传统是中华民族先辈留下的丰厚文化遗产，也是中华民族精神的深厚源泉；建设和发展中国特色社会主义文化，是在马克思主义的指导下，以中国优秀文化传统为源泉的文化创造，不能割断与中国传统文化的天然联系，而要充分利用传统文化的丰富资源，弘扬传统文化中的优秀因素，以此构筑中国社会主义文化的特色。对待传统文化的两种极端态度，即虚无主义或取消主义的态度，全盘肯定、全盘承袭的态度，都于传统文化在现代社会条件下的发展和延续不利。

儒家文化是中国传统文化的主体和核心。在儒家文化中，既有作为封建专制主义意识形态，维护封建统治、维护小农经济生产方式和愚弄控制百姓的方面，也有关于国家治理的民主因素，关于人与自然的生态智慧和关于个人修身的道德哲理，精华与糟粕并存，良莠混杂，瑕瑜互见。因此，对于历经久远、内容丰富、思想意蕴深刻复杂、表现形式多样的儒家文化，必须结合其内容和历史作用进行具体分析。既不能因历史上它与农业经济、封建制度和家族社会密切联系，其理论基础——儒学是封建王朝的官方哲学，简单地把它斥为封建文化，忽视其中的积极因素，更不能不作分析和辨别地把其中具有封建性、落后于现时代的内容搬用到现在，甚至把封建糟粕当作中国传统文化精华鼓吹宣扬。

在建设中国特色社会主义文化中，要充分利用儒家文化这一庞大的资

---

① 《十七大报告辅导读本》，人民出版社 2007 年版，第 34 页。

源库。要在学习和研究的基础上，对儒家文化中那些契合时代发展要求和中国特色社会主义建设的方面，包括优秀价值原则、道德要求，进行吸收和转化，使其成为社会主义价值体系的泉源。要弘扬儒家文化所倡导的“天行健，君子以自强不息”的刚健有为精神，“鞠躬尽瘁，死而后已”“舍生取义”的奉献精神，“士不可以不弘毅，任重而道远”的历史使命感，“富贵不能淫，贫贱不能移，威武不能屈”的独立人格以及“乐以天下，忧以天下”的忧患意识，天下统一的思想，“君子和而不同”的包容气度等，发挥儒家文化在抗拒个人主义、拜金主义、享乐主义，调节人与自然的关系、人际关系和人的心身修养方面的积极作用；对于一些为维护封建统治的治国思想和道德要求，可以剥离其封建性，萃取其中的积极因素，使之成为社会主义文化的思想资源。如民本思想、重农思想，等等。儒家学说中“民本”根本上不是以百姓为本，要求封建统治者执政为民，而是从封建统治长治久安的角度，告诫统治者重视民情，不要把老百姓推向“不得不反”的境地；重农是为了维护小农经济以及构建其上的社会结构，维护封建社会的秩序，其本意不是尊重和满足农民的利益要求。但是这些内容，可以在剔除其封建性质之后，转化为人民利益至上的社会主义价值观念，转化为重视我国农村建设、农业发展和农民生活改善的政治智慧；对于儒家文化中与现代社会发展冲突，与社会主义制度要求和价值追求相抵触的封建糟粕，如“三从四德”、人治理念，等等，应该进行批判，并要防止这些方面借弘扬优秀文化传统之机复燃，影响人们的思想。

总之，坚持“古为今用”“去粗取精、去伪存真”，继承儒家文化中的一切优秀因素，批判地吸收和利用儒家文化中的有益成分，否定摒弃其中的封建糟粕，这是对儒家文化的尊重，也是对文化的辩证发展法则的尊重。

（原载《思想理论教育导刊》2010 年第 12 期，第一作者为杨军）

推进社会主义条件下的中华文明建设

一　研究社会主义条件下的中华文明必须坚持历史唯物主义基本原理

长期以来，关于人类文明及其发展史的界定多种多样。从理论基础和思想路线看，有历史唯物主义和历史唯心主义两种基本观点。历史唯心主义关于文明解读的具体表述有多种，但基本理论立场是把文明限于观念形态的文化，把人类文明史仅仅限于观念形态的文化史，割断它与物质的社会关系的联系。如亨廷顿的文明冲突论，以历史唯心论为基础，把世界上不同类型的文明视为不同层次的文化区别。与此相反，历史唯物主义则是从人类长期艰苦劳动实践的产物、从人类实践活动的创造成果意义上解读文明的。认为文明出现、发展的最深根源在于人们谋求物质生活的生产方式。“物质生活的生产方式制约着整个社会生活、政治生活和精神生活的过程。”① 文明和文明史离开它赖以生存的物质生活的生产方式，就会变成无源之水，无本之木。研究社会主义条件下的中华文明必须坚持历史唯物主义基本原理和基本观点。

马克思恩格斯运用历史唯物主义基本原理，从人类社会发展规律的高度，从人和自然的关系，民族、地域和国家的差别等角度制定出文明范畴，并且着重论述了古希腊、罗马时期的古代文明和从文艺复兴以来的资本主义文明。继而，马克思恩格斯的战友、学生和后继者从多角度论述过人类文明。概括他们的思想，大致有如下基本方面。

1. 文明指人类改造世界的物质和精神成果的总和，是社会进步和人类开化状态的标志。人类文明不同于文明时代。人类文明与人俱来，自从人类脱离了动物界就有了人类文明。文明时代则是“人类经过蒙昧时代

① 《马克思恩格斯选集》第2卷，人民出版社1995年版，第32页。

和野蛮时代达到”开端的，它“是学会对天然产物进一步加工的时期，是真正的工业和艺术的时期”。①

2. 文明一经取得便成为一种历史的存在，它又进一步促进人类文明的发展。人类创造了文明又享受着文明再创造的成果。

3. 随着人类物质生产的发展，社会生活范围的扩大，人类文明不断得到演化和丰富。这种演化和丰富，按时代分，可分为古代文明、近代文明、现代文明。按领域分，可分为物质文明、精神文明、政治文明、生态文明。按社会形态分，可分为萌芽状态的原始社会文明、奴隶制文明、封建制文明、资本主义文明、社会主义—共产主义文明。

4. 人类文明发展阶段同人类历史发展阶段的一致性。马克思恩格斯曾把人类历史发展划分为几个阶段：“大体说来，亚细亚的、古代的、封建的和现代资产阶级的生产方式可以看作是经济的社会形态演进的几个时代。资产阶级的生产关系是社会生产过程的最后一个对抗形式，……人类社会的史前时期就以这种社会形态而告终。”② 而“代替那存在着阶级和阶级对立的资产阶级旧社会的，将是这样一个联合体，在那里，每个人的自由发展是一切人的自由发展的条件。”③ 与此相应，人类文明从原始社会的文明萌芽状态跨入“文明时代”后，“依次地由奴隶制文明发展到封建制文明，再发展到资本主义文明。这一阶段社会的多种文明的发展是一个历史的进步过程，但是它一直是建立在剥削阶级对广大劳动人民实行野蛮统治和残酷剥削的基础上的。只有在社会主义制度下，文明才摆脱了剥削阶级的支配和垄断，文明的成果归属于创造它的劳动人民，社会及其成员的全面发展才能成为可能，人类历史从此进入真正的高度文明的时代。”④ 这表明，人类社会发展史，从来就是物质文明史（人类生命繁衍、财富创造）和精神文明史（人类文化积累、文明传承）的统一。历史中的人类史包括人类社会发展史（即人类社会发展过程）和人类文明史（即人类文明发展过程）两个统一的方面。人类社会发展的每个阶段都是人类文明不断进步和开化的一个阶梯。胡锦涛同志说：“人类历史发展的

---

① 《马克思恩格斯文集》第 4 卷，人民出版社 2009 年版，第 38 页。

② 《马克思恩格斯文集》第 2 卷，人民出版社 2009 年版，第 592 页。

③ 《马克思恩格斯选集》第 1 卷，人民出版社 1995 年版，第 294 页。

④ 《中国大百科全书·哲学 2》，中国大百科全书出版社 1987 年版，第 924 页。

过程，就是各种文明不断交流、融合、创新的过程。”① 这个论断是很深刻的。它从历史深处揭示了人类历史发展与人类文明发展的统一关系。

社会主义条件下的中华文明属于社会主义—共产主义文明，它是中国共产党领导下的中国人民在社会主义制度下特别是在新开辟的中国特色社会主义道路上，根据唯物辩证法的共性和个性、普遍性和特殊性的原理，把社会主义—共产主义社会形态文明发展的共同性和中华文明发展的特殊性结合起来的，坚持改造客观世界和主观世界的统一，以社会主义生产方式为最深根源，以社会主义核心价值体系为灵魂，以社会主义制度（根本的经济、政治、文化制度）为基础，同中华民族的物质基础、生态环境、优良民族传统等民族特点相结合，创造出来的物质成果和精神成果的总和。它是中华文明发展的崭新阶段。

二 社会主义条件下的中华文明是中华文明发展的新阶段

社会主义条件下的中华文明，在时空上包括中国整个社会主义发展阶段，不限于社会主义初级阶段；其“文明成果”包括业已取得的物质文明、精神文明、政治文明、生态文明建设成果（其中含经过批判改造过的中国古典文明的内在精神及基本内容），也包括将要创造的文明建设成果。社会主义条件下的中华文明是一个全面性概念，又是一个历史性概念。

社会主义条件下的中华文明作为中华文明发展的新阶段，具有标志性的特征。

第一，社会主义条件下的中华文明是科学社会主义在中国的胜利成果。

它首先是近160多年来中国人民在前仆后继、不屈不挠、波澜壮阔的斗争中赢得的人类进步成果。胡锦涛同志曾深刻指出：“从1840年鸦片战争以来的160多年间，中国人民为摆脱积贫积弱的境遇，实现民族复兴，前仆后继，顽强斗争，使中华民族的命运发生了深刻变化。95年前，中国人民通过辛亥革命推翻了统治中国几千年的君主专制制度，为中国的进步打开了闸门。57年前，中国人民经过长期浴血奋斗实现了民族独立和人民解放，建立了人民当家作主的新中国。28年前，中国人民开始了改

---

① 《十六大以来重要文献选编》下，中央文献出版社2008年版，第431页。

革开放和现代化建设的伟大历史进程，经过艰苦创业取得了举世瞩目的巨大成就，……回顾这160多年来中国发生的沧桑巨变，可以说，中国人民经过艰苦探索和顽强奋斗，既改变了自己的命运，也推动了人类进步事业。”这是对社会主义条件下的中华文明形成史的最好描述。

第二，社会主义条件下的中华文明是根据现时代中国人民创造社会主义新生活的需要，把中华文明中的精华提炼、上升到新高度的成果。

2006年胡锦涛主席在美国耶鲁大学讲话中曾指出中华文明四个方面的精华（或说中国独具特色的文化传统）：“中华文明历来注重以民为本，尊重人的尊严和价值”；“中华文明历来注重自强不息，不断革故鼎新”；“中华文明历来注重社会和谐，强调团结互助”；“中华文明历来注重亲仁善邻，讲求和睦相处”。这些精华在今天得到提升和发扬光大，突显出四个方面的时代精神：一是坚持以人为本。坚持发展为了人民、发展依靠人民、发展成果由人民共享，实现人的全面发展。保障人民的生存权和发展权是中国的首要任务。大力推动经济社会发展，依法保障人民享有自由、民主和人权，实现社会公平和正义，使13亿中国人民过上幸福生活。二是改革开放中的进取精神。建设国家中的创造热情，克服前进道路上各种困难的顽强毅力等自强不息的精神。三是构建和谐社会。建设一个民主法治、公平正义、诚信友爱、充满活力、安定有序、人与自然和谐相处的社会，实现物质和精神、民主和法治、公平和效率、活力和秩序的有机统一。维护民族团结、维护国家主权和领土完整是至高无上的使命。一切有利于民族团结和国家统一的行为，都会得到中国人民真诚的欢迎和拥护。一切有损于民族团结和国家统一的举动，都会遭到中国人民强烈的反对和抗争。四是高举和平、发展、合作的旗帜，奉行独立自主的和平外交政策，坚定不移地走和平发展道路。既通过维护世界和平来发展自己，又通过自身的发展来促进世界和平。中国坚持实施互利共赢的对外开放战略，真诚愿意同各国广泛开展合作，真诚愿意兼收并蓄、博采各种文明之长，以合作谋和平、以合作促发展，推动建设一个持久和平、共同繁荣的和谐世界。

可以说，社会主义条件下的中华文明既包含中华民族在漫长历史发展中形成的独具特色的中华文明的深厚根基，又反映了人类社会发展的趋势，综合了当今社会主义物质文明、政治文明、精神文明和生态文明建设的创造性成果。

第三，社会主义条件下的中华文明是海纳百川、集八方精义创造出的全新的文明形态。

马克思主义历来认为，资本主义与社会主义是人类社会发展史上两个前后相继的社会形态。资本主义是社会主义最直接的历史前提，社会主义是在资本主义创造的文明成果的基础上发展而来的。没有资本主义创造的文明基础就不可能有科学社会主义的产生。承继资本主义时代一切有利于社会主义自身发展的文明成果是社会主义的本质要求、发展的基础。正是这样，中国共产党以丰富的政治智慧和高超的艺术将西方的和非西方的先进经验、传统的和近现代的文明成果引入社会主义中国的文明发展之中，使中华文明发生质的飞跃，进入到新的阶段，形成了一种新兴的社会主义条件下的人类文明形态。

这种新兴的人类文明摆脱了资本发展的链条，跳出了世界帝国主义的文明体系，获得了民族独立和人民解放，对近代以来一直居于支配地位的资本主义文明的统治地位和多方面的垄断权给以重创。同时，它也突破、超越了原来以过分的高度集中为主要特征的社会主义苏联模式，完全是根据科学社会主义的基本原理、中国国情和时代特征找到的适合本国国情、又反映人类文明发展一般规律、特别是社会主义文明发展一般规律的文明发展道路、发展方式。

这种新兴的人类文明，在经济上把市场和社会主义有机结合起来，建立了社会主义市场经济体制。这种体制，在所有制结构上，坚持以公有制为主体、多种所有制形式共同发展；在收入分配制度上，坚持以按劳分配为主体，多种分配方式并存，并随着社会财富的增加日益充分和广泛地实现社会公平；在宏观调控上，运用计划和市场相结合的方法，保障国民经济的健康运行，做到全国一盘棋，即全国各地区、各产业、各部门、各行业都能保持合理均衡、持续协调地发展。同时国家采用经济的、行政的、法律的手段，保证重点项目建设的完成，保证企业的生产经营活动符合国民经济发展的总体要求。在政治上建立起同社会主义基本经济制度和社会主义经济体制相适应，同西方多党制和议会政治根本不同的社会主义民主政治，这是一种本质上全新的政治文明。在思想文化上以社会主义核心价值体系为灵魂，坚持百家争鸣、百花齐放的方针，既尊重差异，包容多样，又不搞指导思想的多元化，促进社会主义先进文化大繁荣大发展，与西方以个人主义和利己主义价值观为核心的资本主义文明根本不同，努力建立人类历史上高度的社会主义精神文明。在社会建设上一切以有利于民生为出发点和落脚点，努力构建惠及广大劳动人民的和谐的新型社会关系。与西方以资本进行掠夺根本相反。在对外关系上既坚决拒绝外来干预，又主动扩大开放，积极学习世界上所有的先进经验，促进世界的进步事业与和平发展。

这种新兴的人类文明找到了实现人类某些共同追求的具体道路。人类在解决人与自然、人与社会的关系这个大主题方面有某些共同点、共同追求。如：关注人的价值、权益和自由，关注人的生活质量、发展潜能和幸福指数，实现人的全面发展；追求天人和谐、人际和谐、身心和谐，向往“人人相亲，人人平等，天下为公”的理想社会；解决能源、疾病、环境等全球性问题，等等。社会主义条件下的中华文明，从理论指导、根本制度、发展目标、发展道路和发展方式等多方面为日益深刻地逐渐解决这些共同性问题提供了现实可能和保证。

三　社会主义条件下的中华文明在多层面上推进了人类文明的发展

社会主义条件下的中华文明是中国人民在新的历史条件下对人类文明的伟大创造，它又在多个层面上推进了人类文明的进步发展，为人类文明作出了独特的贡献。

第一，在中华文明史上，社会主义条件下的中华文明坚持继承与创新相结合，立足于现时代，根据中国人民进行社会主义现代化建设的需要，把中国传统文化中维系中华民族生生不息、团结统一的优良思想（如讲仁义、倡忠勇、敬孝悌、重民本、守诚信、崇正义、尚合和、求大同等)、宏大抱负（如“修身、齐家、治国、平天下”)、壮烈情怀（如“先天下之忧而忧、后天下之乐而乐”)、国家利益至上的精神（如“苟利国家生死以，岂因祸福避趋之”)、不辱使命的责任感（如“为天地立心，为生民立命，为往圣继绝学，为万世开太平”）等赋予社会主义的内容，推进到一个崭新的阶段。

第二，在社会主义文明史上，社会主义条件下的中华文明验证了马克思主义关于一切民族走向社会主义文明的不可避免性和具体道路的差异性的理论、关于社会主义本质的统一性和社会主义发展道路、发展形式的多样性的理论。它汲取了20世纪世界社会主义的经验教训，突破了苏联模式，以理论和实践双重探索的丰硕成果，回答了苏联模式未能回答的经济文化落后国家率先进入社会主义以后如何建设、巩固和发展社会主义的问题，把社会主义文明推进到能够应对经济全球化、政治多极化发展趋势的新阶段。

第三，在世界文明史上，中国在物质文明、政治文明、精神文明、生态文明建设方面创造的奇迹，丰富和发展了人类文明发展道路及其理念，特别是为大多数经济文化落后国家如何走向现代化提供了经验和启示；中国对国际社会的支援、对国际事务的参与和负责任的态度直接推动了当今世界文明的发展。这不仅有利于发展中国家，而且有利于西方发达国家。

事实证明，社会主义条件下的中华文明，不仅继承了人类创造的一切文明成果，而且为全面深化和推进人类文明提供了多方面条件和保证。

事实还证明，多样性是世界文明的一个基本特征，也是人类文明进步的重要动力。所谓“西方文明中心论”，是不符合人类文明发展趋势的。

在人类文明史上，一些有远大历史眼光的卓越的思想家，曾高度评价过中国古代文明对人类文明史的贡献。如法国启蒙运动领袖伏尔泰在《哲学词典》“光荣”词条中宣称：“世界的历史始于中国”。黑格尔在《历史哲学》中也说：“历史必须从中华帝国说起”。今天，人类已进入21世纪，在中国共产党的领导下，在实现民族伟大复兴的社会主义道路上，中国人民创造的社会主义条件下的中华文明，尽管还处在社会主义初级阶段的发展水平，但是，它已经展示了伟大的前途。中国人民将进一步总结经验，加强社会主义社会全面建设，不断丰富发展社会主义条件下的中华文明，以肩负起历史赋予的推动世界社会主义复兴、促进人类历史发展总趋势不断向前的重任。

（原载《红旗文稿》2012年第3期）

坚定不移地走中国特色社会主义政治发展道路

前段时间中央主流媒体发表了一系列文章，对宣扬西方宪政民主的错误观点进行了评析。这些文章遵循党中央有关精神，阐述了若干重要的基本理论问题和现实问题，划清了一些思想界限，澄清了一些理论是非，在干部群众中起到了很好的引导作用。但是事情并未彻底解决，近期又有媒体连续发表文章批判上述主流媒体上发表的文章，继续坚持和宣扬已受到评析的观点，引起了社会的关注和质疑。因为这个问题关系到我国政治发展的根本道路，关系到深化我国政治体制改革的前进方向，不能不进一步讨论清楚。为此本文以坚定不移地走中国特色社会主义政治发展道路为题，就有关问题谈些看法，以供讨论。

一　中国特色社会主义政治发展道路的巨大政治优势和独特优越性

政治发展道路是由一个国家的性质和国情决定的政治发展路径和模式，它由政治发展的战略目标、根本要求、本质特征、制度架构、历史任务等等构成。中国特色社会主义政治发展道路是中国共产党领导中国各族人民把马克思主义基本原理与中国具体国情相结合、经过长期勠力同心、接力奋斗、逐步开辟和形成的道路，又是在新的历史条件下成功开辟和坚持的发展社会主义民主的创新之路，其基本政治内涵包括：（1）在战略目标上，在中国共产党的领导下，视人民民主为社会主义的生命，不断扩大社会主义民主，建设社会主义法治国家，发展社会主义政治文明。（2）在根本要求和本质特征上，坚持党的领导、人民当家作主和依法治国的有机统一。党的领导是人民当家作主和依法治国的根本保证，人民当家作主是社会主义民主政治的本质和核心，依法治国是党领导人民治理国家的基本方略。（3）在制度架构上，人民代表大会制度是根本政治制度，中国共产党领导的多党合作和政治协商制度、民族区域自治制度以及基层群众自治制度等是基本政治制度，还包括中国特色社会主义法律体系。(4) 在历史任务上，积极稳妥推进政治体制改革，适应经济社会发展的需要和实现好、维护好、发展好广大人民群众根本利益、特别是政治参与的需求，发展更加广泛、更加充分、更加健全的人民民主，推进社会主义政治制度的自我完善和发展。

中国特色社会主义是科学社会主义理论逻辑和中国社会历史发展逻辑的统一。中国特色社会主义政治发展道路作为中国特色社会主义道路在政治发展方面的展开，是中国近现代一百多年历史发展、中国共产党九十多年来领导中国人民进行革命、建设，特别是近三十多年来改革开放的胜利成果。它把中国社会历史发展的必然逻辑和新时代条件下现实政治基础、五千年中华文明中的政治精华和一切人类文明中的优秀政治成果、科学的政治理论原则和广泛的社会共识熔铸为一炉，充分体现了我国根本性质和国情、适合于发扬最广泛的人民民主，最大限度地保障了最广大人民的根本利益，凝聚起亿万中国人民的意志和力量，顺应时代潮流，强有力地为国家富强、民族振兴、人民幸福、社会和谐提供根本政治保证，为当代中国的政治发展指明了方向。

中国特色社会主义政治发展道路具有巨大的政治优势和独特的优越性。这主要表现在以下方面：(1) 拥有坚强的领导核心，即中国共产党的领导（思想的、政治的、组织的）。(2) 拥有坚实的思想理论基础，即马克思主义国家学说和中国特色社会主义政治理论体系。(3) 拥有高尚的价值引导，即实现共产主义的崇高理想和建设中国特色社会主义的共同理想。(4) 拥有最符合广大人民群众根本利益要求和实现人民民主形式的政治制度体系，即中国特色社会主义根本政治制度、基本政治制度和一系列体制机制。(5) 拥有引导人民奋斗的国家发展战略目标，即在社会主义道路上实现中国梦。(6) 拥有民主集中制等一整套国家权力机关组织原则和制度，能够调整社会各种利益关系，保证国家机关依法治国、协调高效运转、维护国家统一、民族团结和社会和谐稳定。(7) 具有面向未来、开拓创新、开放包容的品格，得以始终充满生机和活力，保持蓬勃的生命力。

这条中国特色社会主义政治发展道路，既充分体现了我国政治的社会主义本质，又深深扎根于中国大地、具有鲜明的中国特性。我们应当坚定道路自信（同时也是理论自信、制度自信），倍加珍惜，始终不渝、坚定不移地加以坚持，高度自觉地排除一切干扰，沿着中国特色社会主义政治道路向前发展。一切离开社会主义方向而鼓吹实行资本主义的“普世价值”、离开中国的基本国情而照搬西方政治模式的主张和方案，比如要求在中国实行西方宪政制度等等，都不符合中国人民的根本利益，不利于中国的政治体制改革、民主法制等的建设沿着中国特色社会主义政治道路的健康发展。

二　中国特色社会主义政治发展道路，绝不能实行西方宪政民主制度

走中国特色社会主义政治发展道路，是近代中国历史经验的总结，是历史和人民作出的郑重选择。

近代中国曾面临三种可供选择的政治发展道路，即：先由北洋军阀后由国民党统治集团主张的坚持大地主大资产阶级的反革命军事专政，使中国走半殖民地半封建社会的道路；由某些中间党派的领袖人物和中间人士主张的建立一个名副其实的资产阶级共和国，使中国走上自由地、独立地发展资本主义的道路；由共产党提出的建立工人阶级领导的人民共和国即人民民主专政的国家，使中国走上社会主义发展的道路。这三种方案在中国人民长期的政治实践中受到了检验。其结果是：第一种方案遭到了中国人民的坚决反对，它的代表者的统治也被推翻了；第二种方案也没有得到中国人民的赞同，就是原先持有这种主张的人，除极少数走向反动以外，多数也承认了这种主张不具备现实性，因而在实际斗争中站到了共产党的一边；只有第三种方案，即共产党提出的方案，逐步地赢得了全国工人、农民、城市小资产阶级和民族资产阶级及其政治代表的拥护。新中国成立后，党和人民又战胜了西方发达国家用各种方式和手段，不断制造企图扼杀这个新生事物的困难和挑战，使这条道路得以坚持和发展。这表明，中国特色社会主义政治发展道路是中国共产党领导中国各族人民经过长期奋斗，付出了巨大的代价和牺牲才逐步开辟和形成的。因此，党和人民绝不容许任何人任何力量在任何情况下改变这一道路。无视党和人民作出的历史选择，把实行西方宪政民主或所谓“现代宪政主义”，作为基本政治纲领、基本政治概念、基本政治口号提出来，企图改变这条道路，这是不能容许的。因为：

第一，宣扬西方宪政民主的实质，是为了根本改变中国的社会主义政

治制度。

所谓西方宪政民主，包括三权分立、多党制、普选制、司法独立、军队国家化等内容，是资产阶级的国家理念、政治模式和制度设计。它作为资产阶级革命的成果，是适应和服务于资本特权统治的。鼓吹西方宪政民主，正如有的评论指出的那样，“从一开始就不是理论问题，而是个政治主张。它从西方的话语体系出发，与中国政治理论的一些词汇强行对接，得出否定中国现行政治制度的结论。‘宪政’实际上是绕了个弯，用新说法提出中国接受西方政治制度的老要求。”① 不是有人明白无误地宣告：社会主义和宪政是不能相容的吗？

关于西方的民主制度的阶级本质，马克思主义早就作出明确的论证。马克思对之称为“资本对劳动作战的全国性武器”②。列宁认为：“资产阶级民主同中世纪制度比较起来，在历史上是一大进步，但它始终是而且在资本主义制度下不能不是狭隘的、残缺不全的、虚伪的、骗人的民主，对富人是天堂，对被剥削者、对穷人是陷阱和骗局。”③ 毛泽东坚持列宁对资产阶级民主历史作用的评价，认为到帝国主义时代，“像现在的英、法、美等国，所谓宪政，所谓民主政治，实际上都是吃人政治。”④ 企图抹煞西方民主的资产阶级性质，以西方“普世政治价值论”为理论基础，抛开社会主义经济基础和人民民主专政根本国家制度的要求，运用抽象的一般的“宪政民主”的口号，诱导人们重新去实行一个早已破产了的资产阶级共和国的政治方案，是很荒唐的。

邓小平指出：“资本主义社会讲的民主是资产阶级的民主，实际上是垄断资本的民主，无非是多党竞选、三权鼎立、两院制。我们的制度是人民代表大会制度，共产党领导下的人民民主制度，不能搞西方那一套。”⑤ 这就异常清楚地向全党、全国人民指明：社会主义中国是绝不能实行西方宪政民主制度的。应当指出的是：在社会主义政治制度已经建立六十多年之后的中国，照搬西方宪政民主制度，这不是在推动历史的前进，而是在开历史的倒车。这种主张，人民群众是不能答应的。

---

① 《“宪政”是兜圈子否定中国发展道路》，《环球时报》社评，2013 年 6 月 4 日。

② 《马克思恩格斯文集》第 3 卷，人民出版社 2009 年版，第 153 页。

③ 《列宁专题文集·论资本主义》，人民出版社 2009 年版，第 238 页。

④ 《毛泽东选集》第 2 卷，人民出版社 1991 年版，第 736 页。

⑤ 《邓小平文选》第 3 卷，人民出版社 1993 年版，第 240 页。

第二，宣扬西方宪政民主的要害，是为了否定共产党的执政地位和领导作用。

对于某些个别人来说，炒作宪政民主话题，绝不是要确立某个理论概念、学术观点，其锋芒所向，是针对共产党的。如他们打着“维护宪法”、“依宪治国”的旗号，攻击党的领导凌驾于宪法之上；用所谓“宪政梦”歪曲民族复兴中国梦，称“宪政民主是唯一出路”，等等。这些炒作集中到一点，就在于蓄意把共产党的领导与宪法和法律实施尖锐对立起来，以西方宪政民主否定共产党的执政地位和党的领导作用。

历史的经验值得注意。在苏共演变和苏联解体的过程中，戈尔巴乔夫曾按照他的所谓“新思维”，大搞什么“公开性”、多党制民主、从苏联宪法中取消必须坚持共产党在政权中的领导地位的第六条，造成了社会的剧烈动荡、严重分裂，终于导致了社会主义成果的丧失，苏联的解体。这一深刻的历史性教训，值得我们高度重视！

必须指出，有人借口毛泽东作过题为《新民主主义的宪政》的演说，来作为论证在中国实行西方宪政民主的根据，这是不恰当的。历史的真实是，1924 年，孙中山在《建国大纲》中，提出“建国”程序，要经过军政、训政、宪政三个阶段。大革命失败以后，蒋介石集团歪曲利用孙中山的这个主张，借实行“训政”的名义，公开实行国民党的一党专政。抗战时期，国民党的“训政”即一党专政，越来越遭到广大人民的反对。由此引起了抗战后期大后方的宪政运动。这一运动的目的，是要求“结束党治”、“实行宪政”，即反对国民党的独裁统治。1940 年 2 月 20 日，毛泽东作题为《新民主主义的宪政》的演说，正是为了揭露蒋介石将实行宪政“这种欺骗，将促进宪政变为启发人民觉悟，向蒋介石要求民主自由的一个武器”①。他根本没有要把“新民主主义宪政”作为新民主主义政治的基本概念和基本主张的意思。在随后发表阐明新民主主义革命基本纲领《新民主主义论》这部经典著作中、在 1945 年 4 月中共七大上所作的《论联合政府》这个政治报告中，他都没有再讲新民主主义宪政，甚至也没有再使用宪政这个概念，就可以有力地证明这一点。在 1948 年 9 月政治局会议上讲到中国革命胜利后国家政权组织形式时，毛泽东明确指出：“人民民主专政的国家，是以人民会议产生的政府来代表他的……

---

① 《毛泽东选集》第 2 卷，人民出版社 1991 年版，第 731 页。

我们采用民主集中制，而不采用资产阶级议会制。议会制，袁世凯、曹锟都搞过，已经臭了。在中国采取民主集中制是很合适的。”① 由此可见，企图以引证毛泽东在抗战时期的演说，来论证应当把宪政当作中国政治的基本概念，是不符合毛泽东的原意的。

第三，实行西方宪政民主，“肯定会天下大乱”，导致灾难性的后果。

邓小平指出：“人们往往把民主同美国联系起来，认为美国的制度是最理想的民主制度。我们不能搬你们的。……中国如果照搬你们的多党竞选、三权鼎立那一套，肯定是动乱局面。如果今天这部分人上街，明天那部分人上街，中国十亿人口，一年三百六十五天，天天都会有事，日子还能过吗？还有什么精力搞建设？”② 他说过，“在今天的中国，决不应该离开党的领导而歌颂群众的自发性”，否则“只能导致无政府主义，导致社会主义事业的瓦解和覆灭”③。

我们党和国家领导人反复强调：“西方国家的一些人，总想把他们那套民主制度强加给我们，总想让我们实行西方式的民主。在这个问题上，我们同西方国家一直在进行尖锐的斗争。西方敌对势力打所谓的‘民主’牌，实质就是要实现他们‘西化’、‘分化’中国的政治图谋。我们千万不能上这个当。我国有十二亿多人口，搞西方的那一套三权鼎立、多党竞选，肯定会天下大乱。在这个问题上，我们的各级领导干部特别是高级干部头脑一定要清醒。”④ 苏联东欧剧变、近年来中亚国家的大乱情况，证明了我们党和国家领导人这些论断的真理性。

三 坚持政治体制改革的正确方向

社会主义社会基于社会基本矛盾运动的要求，也由于经济基础和上层建筑中不完善的部分和环节的存在，必须通过改革实现自我完善和发展。政治体制改革是全面改革的重要组成部分，事关党和国家工作的大局，最广大人民根本利益，必须坚持正确的政治方向。

第一，政治体制改革必须以坚持党的四项基本原则为前提。四项基本原则是立党立国之本，政治体制改革如若离开了党的四项基本原则必定失

① 《毛泽东文集》第5卷，人民出版社1996年版，第136页。

② 《邓小平文选》第3卷，人民出版社1993年版，第244页。

③ 《邓小平文选》第2卷，人民出版社1993年版，第170—171页。

④ 《江泽民论有中国特色社会主义（专题摘编）》，中央文献出版社2002年版，第302页。

去正确方向。所以邓小平强调："在改革中坚持社会主义方向，这是一个很重要的问题。"① 而坚持四项基本原则正是坚持改革的社会主义方向。

坚持四项基本原则的核心是坚持共产党的领导。"改革党和国家的领导制度，不是要削弱党的领导，涣散党的纪律，而正是为了坚持和加强党的领导，坚持和加强党的纪律"②。在中国这样一个大国，没有共产党的统一领导，是不可能设想的，"那就只会四分五裂，一事无成。这是全国各族人民在长期的奋斗实践中深刻认识到的真理"③。

坚持四项基本原则，就要坚持马克思主义指导。中国特色社会主义民主政治理论体系是马克思主义国家与法学说的最新成果，是当代中国马克思主义的重要方面。政治体制改革中，坚持四项基本原则，就要坚持中国特色社会主义民主政治理论体系的指导。这是唯一正确的理论指南和灵魂。为此要深化马克思主义国家与法的学说、中国特色社会主义民主政治理论体系的系统深入的学习和研究、特别要重视研究毛泽东、邓小平等党和国家领导人的有关重要讲话精神，始终注意抵制批判和排除新自由主义、民主社会主义、历史虚无主义、西方普世政治价值论等等的干扰。

第二，政治体制改革必须紧紧把握住总的目标和总的要求。邓小平多次强调："改革党和国家的领导制度及其他制度，是为了充分发挥社会主义制度的优越性，加速现代化建设事业的发展。"④ 关于政治体制改革的总目标，邓小平讲："第一，巩固社会主义制度；第二，发展社会主义社会的生产力；第三，发扬社会主义民主，调动广大人民的积极性。"⑤ 这些总目标和总要求是照耀我国政治体制改革的灯塔，紧紧把握住这些总目标和总要求来制定和实施各项具体改革政策、措施，我国政治体制改革才不会偏离社会主义方向。

第三，政治体制改革必须坚持积极稳妥、开拓创新的方针。邓小平认为，保持自己的优势，避免资本主义社会的毛病和弊端，是很重要的。他说，我们有很多优越的东西，比如共产党的领导，民主集中制，民族区域

---

① 《邓小平文选》第3卷，人民出版社1993年版，第138页。
② 《邓小平文选》第2卷，人民出版社1993年版，第341页。
③ 《邓小平文选》第2卷，人民出版社1993年版，第341—342页。
④ 《邓小平文选》第2卷，人民出版社1993年版，第322页。
⑤ 《邓小平文选》第3卷，人民出版社1993年版，第178页。

自治制度，等等。“这是我们社会制度的优势，不能放弃。”[①] 进行政治体制改革，是为了兴利除弊。所以，要确定改什么和不改什么的问题。不能改的是，中国特色社会主义政治发展道路，业已形成的中国特色社会主义民主政治制度（根本政治制度、基本政治制度），根本区别于资本主义国家政治制度的本质特征（坚持党的领导、人民当家作主和依法治国在中国特色社会主义民主政治实践中的有机统一）。需要改的是上述政治体制机制中不完善、不适应、不健全的内容。为此，必须科学分析和清醒估计我国政治制度的总体状况。在充分肯定我国民主政治制度巨大优势和独特优越性、坚定制度自信的基础上，正确把握住体制和运行机制方面存在的不适应、不符合、不完善、不健全的地方和环节，加以克服和改进。

第四，政治体制改革必须在中国共产党的领导下进行。中国共产党是我国社会主义事业的领导核心，也是我国社会主义民主政治建设的领导核心。共产党的领导是人民当家作主和依法治国的根本保证。只有坚持共产党的领导，才能实现马克思主义普遍真理与中国具体实际相结合，统揽全局、协调各方，充分调动广大人民群众政治参与的积极性，推进政治体制改革。在政治体制改革中，任何脱离、背离党的领导的言行都会干扰党和国家的工作部署，都是不能容许的。

总起来说，进行政治体制改革，必须遵循中国特色社会主义政治发展道路，搞西方宪政民主不行。

应当怎样深化政治体制改革？党的十八大对这个问题已经作出了明确的论述。十八大强调，深化政治体制改革的总要求，就是在党的领导下，发展更加广泛、更加充分、更加健全的人民民主。必须坚持党的领导、人民当家作主和依法治国的有机统一，以保证人民当家作主为根本，以增强党和国家活力、调动人民积极性为目标，扩大社会主义民主，加快建设社会主义法治国家，发展社会主义政治文明。怎样改的问题，应根据党的十八大概括的三个“更加注重”和突出“制度建设”具体要求。即：要更加注重改进党的领导方式和执政方式，保证党领导人民有效治理国家；更加注重健全民主制度，丰富民主形式，保证人民依法实行民主选举、民主决策、民主管理、民主监督；更加注重发挥法治在国家治理和社会管理中的重要作用，维护国家法治统一、尊严和权威，保证依法享有广泛的权利

---

① 《邓小平文选》第3卷，人民出版社1993年版，第257页。

和自由。把制度建设摆在政治发展和政治体制改革的突出位置，大力推进制度建设、创新、优化。为此，要通过调查研究，不断总结发展社会主义民主的正反面经验，努力钻研科学社会主义民主理论原则，广泛学习借鉴人类政治文明的有益成果，以与时俱进，开拓创新的精神，创造新途径、发现新形式、开创新局面，进一步完善和发展中国特色社会主义政治发展道路。我们应当按照十八大的精神，排除一切干扰，把政治体制改革不断地推向前进。

[原载《贵州师范大学学报》（社会科学版）2014 年第 2 期]

西方自由主义的流变、实质与危害

一　自由主义的发展及其在中国的嬗变

“自由主义”一词涵义复杂，解释不一。《中国大百科全书》（精粹本）认为，自由主义是形成于17、18世纪的一种资产阶级思想流派的代名词。其核心是强调以理性为基础的个人自由，主张维护个性发展。自由主义者主张，国家的政治生活、经济生活和社会生活都要以维护个人自由为目的，反对任何形式的专制；生命、自由和财产是公民不可剥夺的基本权利，公民在法律许可的范围内享有充分的自由权；国家应实行代议制民主，国家权力应受到限制，应实行法治和分权以保护公民权等。

自17、18世纪以来，自由主义经历了古典自由主义和现代自由主义两个大的阶段。古典自由主义由约翰·洛克提出，让·雅克·卢梭加以发展。到18世纪中后期，亚当·斯密适应资本主义经济发展的要求，从伦理和经济两个角度阐释了自律性的市场经济理论，从而确立了以自由放任为核心的自由主义经济理论，把自由主义扩展到经济领域。杰里米·边沁提出了以“避苦趋乐”为人性的功利主义理论，认为功利原则是个人权利的确切标准，依据功利原则，国家权力对个人追求幸福的活动不应作过多干涉，国家权力仅限于保护自由和财产安全；约翰·斯图尔特·密尔从个人和社会关系的角度论述个人自由，提出个人自由与社会控制的界限、政府的权力与被管理者的政治自由之间的关系，主张维护个人在社会中的自由，主张有限度的放任主义，把自由主义扩展到社会领域。这样自由主义就发展为涵盖政治、经济、价值观、社会等多个领域的思想总汇，作为理论基础深刻影响着西方社会理论和国家政治实践。

进入20世纪后，伴随资本主义社会矛盾的激化，世界上第一个社会主义国家的出现，特别是1929—1933年资本主义世界经济危机的发生，自由主义在应对矛盾和危机的方法上出现两种流派，一种是新自由主义学派，一种是凯恩斯学派。在20世纪的30—70年代，主张国家宏观调控的凯恩斯主义一度是占据主导地位的思潮。新自由主义在20世纪30年代形成理论体系，到20世纪七八十年代取代凯恩斯主义，成为西方经济理论中的主流。其理论的核心内容是私有化、市场化、自由化和全球一体化。当时，为应对社会经济危机，英、美两国分别奉行“撒切尔主义”、“里根经济学”，推动了新自由主义的政治化、国家意识形态化、范式化。

1990年“华盛顿共识”形成以后，西方新自由主义成为国际垄断资本主义的“国家意识形态”，其核心观点和基本主张已经渗透进经济、政治、文化、社会、历史等多个领域。主要包括：以彻底的私有化、完全的市场化为基本经济制度，以西方宪政民主为政治制度，以公民社会为社会基础，以“普世价值”为核心价值观，等。西方自由主义势力按照这种制度模式设计，在资本主义国家，对现行制度进行调整和修补；对社会主义国家，批判这些国家的历史进而批判其社会现实，以图把社会主义国家和平演变成资本主义国家的附庸，从而达到在世界上终结社会主义制度的目的。

19世纪末20世纪初，现代自由主义理论出现于中国的思想领域。它在反对封建专制，特别是反对封建文化专制的斗争中，起过一定的积极作用。但由其资产阶级立场和唯心史观所决定，中国的自由主义者从新文化运动开始，就表现出与马克思主义的对立。以后在整个新民主主义革命时期，随着国内外形势的变化，他们的政治态度和社会影响在各个时期有所不同。抗日战争胜利后，自由主义者追求“中间路线”、建立资产阶级共和国的政治梦想被国民党击碎，其内部发生分化，一部分追随了国民党，另一部分开始反对国民党，并同中国共产党携手合作。

进入改革开放新时期后，西方自由主义加紧对我国思想领域的渗透。20世纪90年代以来，自由主义在我国经济学、政治学、哲学、法学、社会学、文学等多个领域发展，力图影响我国改革开放和社会经济发展的决策。

为抵制西方自由主义对我国的多方面渗透，必须在整体上对它作全面识别，认识其实质和危害。

二　西方自由主义在经济领域的表现

在经济领域，西方自由主义反对公有制，宣扬彻底私有化；反对国家对经济的任何干预和调控，主张完全市场化。

1. 彻底私有化。西方自由主义的理论前提是“经济人”假设，即“人的本性是自私的”。从其理论前提出发，西方自由主义捏造了我国公有制、特别是国有企业的种种罪名，诸如公有制违背人的自私本性，因而必然效率低下；国有经济是靠垄断生存的，导致市场竞争的不公平；国有经济与民争利，妨碍国民经济的发展；公有制与市场经济不相容，只有消灭国有经济才能建立市场经济体制，等等，以此作为彻底私有化的根据。

西方自由主义的上述观点是站不住脚的。其一，马克思主义经济理论和我国长期社会主义建设的实践，证明公有制有很强的生命力，并非低效。1953—1978 年间我国建立了完整的国民经济体系和独立的工业体系，依靠公有制经济实现了 GDP 年均增长 6.5%；在 1952 年到 1988 年的 37 年中，国有企业的资金利用率曾高达 20%、甚至 30% 以上，最低也有 10% 以上。其二，绝大多数国有企业并未形成垄断。所谓垄断，主要是指滥用控制力谋取不正当利益，并非指控制力。我国大型国有企业对市场有控制力，但未曾操纵价格获得高额利润。它所提供的石油、电、水、运输等重要商品价格，都先由国家征求群众意见，考虑人民承受能力后才确定。当然，国有企业在管理上还存在种种问题需要改革，但问题的根源不在它的国有性质，有的问题正是自由主义干扰的恶果。

“自私”作为一种观念形态、思想意识，是私有制经济关系的产物。自由主义把反映私有制经济关系的自私观念加以放大，普遍化为人的本性，这是典型的历史唯心主义观点。

2. 完全市场化。西方自由主义鼓吹“市场万能论”，认为自由市场经济能够顺利地解决一切经济问题，为个人谋得最多的福利。2008 年以来的国际金融危机，已经用事实证明“市场万能论”的破产。这一点也为越来越多的西方学者所认识。

党的十八届三中全会提出，市场在资源配置中起决定性作用，这是在社会主义制度条件下对市场经济理论的重大突破，其就是要发挥市场在资源配置中的决定性作用，深化经济体制改革，坚持和完善基本经济制度，加快完善现代市场体系、宏观调控体系、开放型经济体系，加快转变经济发展方式，加快建设创新型国家，推动经济更有效率、更加公平、更可持续发展。目的是使市场在资源配置中起决定性作用和更好发挥政府作用，用市场经济的办法充分发挥社会主义制度的优越性。

虽然西方国家存在着反对宏观调控的经济学理论，但对政府的行为并未有实际影响。在2008年以来的经济危机中，西方国家政府的救市行为充分证明了这一点。任何把政府宏观调控和市场机制割裂、对立起来的观点，都是不符合市场经济事实的。

三 西方自由主义在政治领域的表现

在政治领域，西方自由主义宣扬西方宪政民主，主要包括多党竞选、轮流执政，三权分立、互相制衡，司法独立、违宪审查，军队中立化、国家化等制度性内涵。应该说，西方宪政民主，比起封建专制制度，是人类社会的重大进步。但是，作为近代资产阶级革命政治成果的西方宪政民主，本质上是以资产阶级宪法为基础的资产阶级专政制度的法治化。

西方宪政民主的理论与实际是脱离的。言行不一，理论与实际脱离，是一切剥削阶级的通病，更是资产阶级的本质特征。

所谓“多党竞选、轮流执政”，形式上竞选自由适合一切阶级和一切人，实际上却为资产阶级所独有。只有财力雄厚的资产阶级利益集团的代表才有可能胜选执政。有否竞选自由，关键是有无巨额竞选经费。美国总统选举素以烧钱迅猛闻名。2012年美国总统选举花费达60亿美元之巨。所以，美国知名民主党人杰西·马文·昂鲁说“金钱是政治的母乳”。

所谓“三权分立、互相制衡”，从本质上说都是资产阶级内部各个利益集团之间的游戏。实际上，20世纪以来，“三权”并未有效制衡，行政权不断扩张，大有超过立法权的趋势，而且政党纷争日益严重。

所谓“司法独立”，如马克思早就揭露的：法官的推选任命和立场由资本特权决定。因此“法官的虚假的独立性被取消，这种独立性只是他们用来掩盖自己向历届政府奴颜谄媚的假面具，而他们对于那些政府是依次宣誓尽忠，然后又依次背叛的。”①

所谓军队“中立化、国家化”正是资本统治的理想形式。因为掌握国家政权的，总是在代表不同资产阶级利益集团的政党之间转来转去，“军队中立”是相对这些政党说的。这不仅保证军队总是掌握在资产阶级手里，而且有利于保证其相互自由竞争。

因此，从根本上讲，西方所谓“宪政民主”，其本质是应资本特权统

---

① 《马克思恩格斯文集》第3卷，人民出版社2009年版，第155页。

治的政治需要，确立的资产阶级的国家理念、政治模式和制度设计。马克思曾把资产阶级国家政权称为“资本对劳动作战的全国性武器”。[①] 列宁认为：“它始终是而且在资本主义制度下不能不是狭隘的、残缺不全的、虚伪的、骗人的民主，对富人是天堂，对被剥削者、对穷人是陷阱和骗局”。[②]

鼓吹西方宪政民主者的目的是要把西方政治制度模式搬到中国。比如他们明确提出，中国政治体制改革的目标是“解构以致终结中国共产党的一党专制体制，再造共和，建设名副其实的宪政民主国家”。这清楚地表明，自由主义者宣扬西方宪政民主，要害在于把党的领导和法律实施对立起来，以西方宪政民主否定党的领导、取消人民民主，实质是要否定我国宪法及其确立的中国特色社会主义制度和原则，最终把西方政治制度模式搬到中国。

四　西方自由主义在社会领域的表现

在社会领域，西方自由主义宣扬西方的“公民社会”，认为在社会领域里个人权利至上，国家不得干预；以“体现公民主体性”，“减轻政府执政成本”等为借口，主张实行西方式的“小政府、大社会”；称中国建设公民社会是保障个人权利的前提，实现宪政民主的基础，推进基层社会管理的“良方妙药”。

宣扬西方的“公民社会”用意清楚：第一，把中国共产党执政的国家政权与人民群众对立起来。把拥护中国共产党领导的人诬称为“臣民”，把反对者称为“公民”。挑动群众不要服从中国共产党的领导，企图使中国共产党丧失执政的社会基础。第二，主张通过发展社会组织，将基层党组织领导和基层政权排除在基层群众自治之外，企图把社会组织与党的基层组织对立起来，弱化中国共产党和各级基层组织的职能。第三，实现资本对我国社会生活多个领域的控制。美国在“小政府、大社会”的口号下，将金融、能源、教育、新闻、医疗、福利保障甚至国家暴力系统等交给社会，由资本控制的各类社会组织管理，使大量钱财落入资本的牢笼。这些由资本家掌握的社会组织赚了钱，还逃避了支付高达50%的

---

① 《马克思恩格斯文集》第3卷，人民出版社2009年版，第153页。

② 《列宁专题文集·论资本主义》，人民出版社2009年版，第238页。

遗产税、收入所得税、赠予税等。我国的西方“公民社会”鼓吹者也希望效法美国，加强私人资本对多个领域的控制。

抵制西方的“公民社会”的渗透，在理论上要彻底搞清两个重要问题，第一，在我国，国家与社会、政府与市场究竟是什么关系？在资本主义国家，国家与社会、政府与市场之间是分离对立的关系，在社会主义中国是否也应如此？第二，在我国，究竟谁代表广大人民群众的根本利益，是执政的共产党和人民政府，还是非政府组织或其他什么力量？在实践上，要按照党的十八大和十八届三中全会的精神，加强和创新社会治理能力，一方面确保党委和政府的社会管理与公共服务到位，另一方面要将社会组织纳入党委和政府领导的社会管理体系，充分发挥社会组织的正能量。

五　西方自由主义在价值观领域的表现

在价值观领域，西方自由主义宣扬“普世价值”。称西方的民主、自由、人权是超越时空、超越国家、超越阶级的人类共同价值，具有普世性、永恒性。“中国只有接受西方的普世价值才有前途”。

“价值”作为客体对主体的意义或效用，是人们的头脑对客观事物性能的一种反映。在现实社会关系中，由于人们的历史时代、地位、追求的利益不一样，对同一种事物、碰到的相同或相似的问题、甚至基于事实判断的共同需要，其价值判断是不同的。价值判断不同于事实判断，一定的价值观念总是一定社会历史条件、一定社会经济关系的产物。当这些条件发生变化时，价值观念必然相应而变。这种情况何以能有“普世价值”？

在现实中，自由、民主、人权等，从来都不是一种观念形态的抽象存在，而是建立在一定经济制度基础上的政治理念和实践，其内涵、实质、实现形式和实现途径等都依具体国情而异。西方殖民主义对殖民地的入侵、掠夺和杀戮，能说他们之间存在自由、民主、人权等普世价值吗？资本主义国家对社会主义国家进行经济封锁、政治颠覆和破坏，能说他们之间存在自由、民主、人权等普世价值吗？20 世纪 50 年代的“麦卡锡时代”，美国当局抓捕美国共产党及其同情者，使共产党员从 1947 年的 8 万人降到 2.5 万人；1965 年，在美国中央情报局支持下，印度尼西亚军事当局杀害 50—100 万印尼共产党及其同情者，河水被染成红色；由美国领头的西方国家自伊战以来发动了多次侵略、干涉别国的战争，数以万计的平民百姓被剥夺了生命。资料显示：2006 年 10 月，美国约翰斯·霍普金斯大学研究小组通过对伊拉克的走访调查，最终的报告认为，2003 年至 2006 年，战争总共造成了 65.5 万伊拉克平民伤亡，而时隔一年之后，英国民意研究公司声称，截至 2007 年，已经有 120 万伊拉克平民死于战火，这是什么概念？再加上 2013 年斯诺登爆出的美国政府的所作所为，所有这些为西方国家宣扬的自由、民主、人权的“普世价值”作了最好的注解。

鼓吹西方“普世价值”论，无非是要混淆视听，抹杀西方价值观与社会主义价值观的本质区别，最终用西方价值观念取代社会主义核心价值观。

此外，自由主义还在历史领域宣扬历史虚无主义，批判、否定中国共产党的历史和新中国历史，从根本上否定中国共产党的历史地位和作用，否定中国共产党长期执政的历史根据，企图把社会主义中国变为西方垄断资本主义国家的附庸。

六 西方自由主义的严重危害

西方自由主义的当代流派新自由主义在全球范围的推行，造成了巨大的灾难。

在发达资本主义国家。新自由主义鼓吹的彻底私有化、减税和削减社会福利等政策，导致许多国家工人的实际工资出现了下降趋势，消费需求不足，两极分化更加严重；金融市场缺乏监管，信息极不透明，投机性金融操纵成风。虚拟经济与实体经济严重脱离，虚拟资本和金融部门相对于实体经济恶性膨胀，收入分配和财富分配不断向金融资本和金融部门倾斜，经济增长日益依赖于金融泡沫支撑下的财富效应。这引发了美国的金融危机，进而导致实体经济危机，殃及世界各国。

在发展中国家。新自由主义理论和政策的强制推行，使这些国家的主权不断弱化，民族工业和本国市场的保护屏障严重削弱，政府控制本国经济和保证金融安全的能力大减，导致经济增长迟缓、贫富分化加剧、社会矛盾激化等消极后果。在拉美，新自由主义导致拉美国家企业大量破产、资本外逃、债务危机深重，收入分配严重不均和失业不断增加等。如墨西哥在实行新自由主义模式的 25 年里，人均 GDP 平均每年仅增长 0.17%。由于失业和低工资，数以百万计的墨西哥人被迫移民。在非洲，各种跨国公司“结构性调整项目”的实施，使许多非洲国家经济衰退，社会动荡。在20世纪最后的20年，非洲国家国内生产总值的平均增长率较此前的20年几乎下降了一半，20世纪90年代，非洲各国人均国内生产总值更是负增长（-0.2%）；20世纪90年代，东亚国家受新自由主义影响，酿成亚洲金融危机，损失达数千亿美元。菲律宾从1946年独立以来一直是美国式的自由市场经济和民主制度在亚洲的“橱窗”，较之许多亚洲国家，其经济和社会状况明显落后，贫富差距异常明显。

在社会主义国家。新自由主义用“普世价值”、西方宪政民主进行渗透，妖魔化共产党，鼓动人们反对马克思主义和社会主义制度。导致苏共垮台、苏联解体、东欧剧变；此后，又对俄罗斯搞“三位一体”（自由化、私有化、稳定化）的“休克疗法”，使俄罗斯国民经济和工业生产大幅度下降，综合国力严重削弱。东欧国家从此陷于长期的经济衰退，大量国有企业为外国资本所购买，致使这些国家的工业和银行业为外国资本所控制，国家丧失了经济主导权和独立性。

在我国，由于中国共产党的正确领导，形成了中国特色社会主义理论体系、发展道路、制度体系，创造了“中国奇迹”，为实现中国梦创造了物质基础、思想条件和制度条件，也为抵制西方新、老自由主义的侵蚀，打下了坚实的基础。但是，也要看到，西方自由主义对我国的渗透，也干扰了对我们党的基本理论、基本路线、基本纲领、基本经验、基本要求的贯彻落实力度，加上我们在前进探索中存在的困难和工作中的失误，社会生活中出现了诸多令广大群众不满意的现象。

西方新自由主义在世界范围的实践所造成的灾难，使越来越多的国家和人民认识到，20世纪80年代以来新自由主义是披着理论外衣的垄断资产阶级意识形态，是国际金融垄断资本控制、掠夺世界的工具。因此，它遭到了世界上包括西方国家在内的多个国家的批判。俄罗斯经济学家亚列明科说：“把弗里德曼的经济自由主义、萨克斯的休克疗法从西方国家搬到俄罗斯来，照着办，这必然要失败，事实也正是这样。”西方一些学者也由此动摇了对西方自由民主制度的信念。提出“历史终结论”的美国学者弗朗西斯·福山说：“客观事实证明，西方自由民主可能并非人类历史进化的终结。随着中国的崛起，所谓‘历史终结论’有待进一步推敲和完善。”正是这样，近些年来马克思的《资本论》在全球热销，西方出现了马克思热。近年来，拉美、俄罗斯等国家不同程度地抛弃了新自由主义，调整了国内政策，尽可能利用自己丰富的资源和国际商机（如石油的国际价格飙升）恢复和发展经济，社会经济情况有了不同程度的好转。这从另一侧面说明了新自由主义的危害。

在我国全面深化改革的进程中，必须从国际金融危机和其他社会主义国家、发展中国家的实践中吸取正反面经验教训，充分认识西方自由主义的实质及危害，反思、清理和抵御西方自由主义在我国经济、政治、文化、社会、历史等各个方面的影响，进一步坚定中国特色社会主义理论自信、道路自信、制度自信，更加紧密地团结在以习近平同志为总书记的党中央周围，为坚持和发展中国特色社会主义、实现中国梦而努力奋斗！

（原载《红旗文稿》2014 年第 3 期，第二作者为杨军）

谈谈宪政问题

宪政问题是国内思想理论界争论的一个热点，既有学术研究层面的争鸣，更充满着意识形态的分歧，这是一个需要结合历史渊源和现实境况来深入辨析澄清的问题。本文就此谈些看法。

西方宪政的由来和实质

宪政概念是舶来品，其理论来源和具体内涵，学界历来看法不一。大致而言，有基督教政治文化母体说；有近代启蒙思想家自然法和契约论思想说；有既是基督教政治文化嬗变的产物，又凝结着近代自然法学说与契约论思想精华“结合”说，等等。大多数学者认为，宪政一词具有深厚的西方政治文化背景，是近代西方资本主义政治法律制度的基本标志。

有些学者根据《不列颠百科全书》等辞书介绍，称宪政主要指君主立宪和宪制政府。17 世纪后半期，英国学者约翰·洛克在著作中最早使用了“君主立宪”一词。19 世纪初，法国、葡萄牙等国最早使用了“宪制政府”或“立宪主义”等词。英国学者亨·哈勒姆著的《自亨利七世即位至乔治二世逝世的英国宪政史》一书，把英国的宪政史追溯到 15 世纪晚期。英国在世界上最早确立君主立宪政体。此后，随着自由资本主义的发展，经济势力强大起来的资产阶级，迫切要求彻底摆脱封建势力束缚，完全掌控国家政权。在民主共和的旗帜下，18 世纪后半期开始的法国资产阶级革命，彻底废除君主制国体，最终确立了资产阶级民主共和国。美国独立战争后，也建立了资产阶级民主共和国。一些国家效法法国、美国，在进行资产阶级革命夺取国家政权之后，先后确立了以民主共和为基本特征的资本主义政治制度，共和主义的宪政制度逐渐取代君主立宪的宪政制度，成为西方资本主义国家的宪政主流。

历史表明，资产阶级实施宪政，就是资产阶级在执掌国家政权后，用制定宪法的手段，把资产阶级的根本利益和阶级意志，用法律形式确定下来并保护起来，以此明确各阶级的社会地位及阶级压迫秩序的基本准则，并为制定其他具体法律提供依据。著名的西方宪法有英国的《权利法案》（1689 年）等系列法律、美国的《美国宪法》（1787 年）、法国的《人权宣言》（1789 年）等。这些代表性宪法，明确规定了国家政权的资产阶级专政性质、资本主义的国家制度和包括多党制、议会制民主、三权分立等在内的政权组织形式，为君主立宪和民主共和这两种西方宪政制度奠定了根本的政治和法律基础，对西方宪政制度的产生和发展具有示范作用。后起的资本主义国家，大都以英、美、法为范本制定自己的宪法并实施宪政。

上述史实表明了西方宪政的实质。从其理论基础看，它是以私有财产神圣不可侵犯和个人主义价值观为根基的；从其产生的过程看，它是近代资产阶级革命的政治成果；从其代表的阶级利益看，它代表和维护的是资产阶级的根本利益和意志。英国的《权利法案》、法国的《人权宣言》与《美国宪法》代表了资本主义不同时期的宪政内容，制定时间先后相差百年，内容各有侧重，但其立法精神、基本原则和重要内容根本一致。英国《权利法案》第 4 条，法国《人权宣言》第 2、17 条，《美国宪法》特别是 1791 年通过的宪法修正案第 5 条，以不完全相同的表述，确定了一个根本的共同原则：资产阶级私有财产神圣不可侵犯。

有一种说法需要澄清，即，有人认为西方宪政的目标是民主，似乎宪政是实现民主的手段，或者说，先有宪政，后有民主。一些人正是以此发挥，认为现在不实行宪政，就是反民主，就是搞独裁。其实这是一种严重的误解。在近代西方，尤其在美国，民主起先在一些人眼里并不是“好东西”，而是“坏东西”，是一个近乎贬义的概念，民主与“暴民”是联系在一起的。从一定意义上讲，新兴资产阶级实施宪政，一个重要目的是制约甚至遏制“民主”，也就是要把“民主”用宪政的办法控制在资产阶级利益容忍的范围内。西方国家特别是美国把宪政和民主绑在一起，号称“宪政民主”，那是后来的事；至于将此作为“普世价值”对外输出，更是当代意识形态斗争的需要。

资产阶级为何需要宪政这种统治形式呢？因为这种统治形式较好地解决了资产阶级的财产权利同国家政权以及和其他阶级的关系问题。恩格斯分析说：资产阶级利用自己的权利（财产），一天天地把政权从贵族手中夺走，除了金钱特权他不承认任何特权。对它来说“自由竞争不能忍受任何限制，不能忍受任何国家监督，整个国家对自由竞争是一种累赘，对自由竞争来说，最好是处在一个完全没有国家制度的状态，每个人都可以随心所欲地剥削他人，……但是，对于资产阶级来说，无产阶级同样是必不可少的；资产阶级即使为了使无产阶级就范，也不能不要国家，所以他们就利用国家来对付无产阶级，同时尽量使国家离自己远些”。[①] 恩格斯这段话深刻揭露了资产阶级利用国家机器（包括宪政）维护自己的利益的本性。西方宪政所设计的多党竞选、轮流执政、三权分立以及军队国家化、新闻自由化等政治法律制度，正是适应了资产阶级的这种需要。

围绕宪政问题的争论

在我国，宪政思潮在21世纪初逐渐兴起。分析近年来围绕宪政问题的有关争论，大致可分为以下几种观点：

第一种观点，被称为西方宪政观。认为西方宪政是“普世价值”，只有实行宪政，才有民主和自由，宪政民主是中国的唯一出路。强调社会主义制度只能导致集权、专制，必须对中国的国体和政体进行整体宪政改造，促进中国实现宪政转型。他们被理论界称为“激进宪政派”。他们也批评“社会主义”加“宪政”的观点，认同“宪政关键元素只属于资本主义，和社会主义无法兼容”，认为主张“社会主义宪政”者显然是基于中国现有政治格局的一个妥协思路，可以理解，但太天真，社会主义与宪政是“水和火的拥抱”，根本无法兼容。显然，这种观点集中到一点，就是否定中国共产党的领导和中国特色社会主义政治制度。

第二种观点，被称为“伪社会主义宪政观”。认为只有实行宪政，才有民主和自由，但认为直接提西方宪政，不易被当政者接受，因此主张“渐进”改革，先提“社会主义宪政”或“宪政社会主义”等概念，引导当局逐渐走入西方宪政的轨道。他们认为，“通过激进手段（诸如推翻党的领导、颠覆社会主义制度的方式）来实现宪政是不可行的，要在中国实现宪政，只能通过和平演变的方式，一步一步进行”。持这种观点者往往声称，依宪执政就是宪政，要“维护宪法尊严”、“坚决履行宪法”，但同时提出，我国宪法中的许多内容与宪政精神不符，必须修宪。因此，

---

① 《马克思恩格斯文集》第1卷，人民出版社2009年版，第478页。

持这种观点者，被理论界称为“渐进宪政派”，是“穿着社会主义‘马甲’的西方宪政派”。

第三种观点，被称为“真诚的社会主义宪政观”。他们也主张我国应实行“社会主义宪政”，认为既然可以有社会主义民主、社会主义人权、社会主义市场经济，那么也可以提“社会主义宪政”；中国建立社会主义市场经济体制，促进了中国经济的发展，创造了“中国奇迹”，也可以通过建立社会主义宪政，为人类政治文明发展作出贡献。同时认为“社会主义宪政”的提法，既可以抵御对我国“有宪法无宪政”的指责，又方便国际性学术交流、对话，等等。持这种观点者细分起来又有多种情形，但总起来说，他们是想沿用和重新解释“宪政”，认为突出“宪政”可以更好地贯彻依法治国、依宪治国的方略。

由于围绕宪政问题的争论牵涉到各种立场的各种观点，不少问题混淆在一起，加上宪政问题以及相关概念的复杂性和模糊性，使得不少人对关于宪政问题本质的争论表示不理解。一些人认为，宪政就是限制政府的权力，实行宪政可以实现对权力的有效制约、监督和制衡，为什么要反对呢？有的人则认为，宪政就是依宪执政，不同意宪政不就是要否定依宪执政吗？还有的人认为，宪政问题就是要解决“党大”还是“法大”的问题，这有什么不好呢？等等。

必须指出的是，长期以来，党和国家一直强调“依法治国是党领导人民治理国家的基本方略”“法治是治国理政的基本方式”“依法治国，首先是依宪治国；依法执政，关键是依宪执政”“党领导人民制定宪法和法律，党领导人民执行宪法和法律，党自身必须在宪法和法律范围内活动，真正做到党领导立法、保证执法、带头守法。”这些原则是明明白白和坚定不移的。可以明确地说，在今天的中国，谁想否定这些原则，谁想走否定法治的回头路，无异于痴人说梦。

新中国成立以来，中国就实行了人民民主制度，在这个国体和政体框架内，1954 年即制定实施了《中华人民共和国宪法》。除了在少数不正常的时期外，宪法的修订和实施，始终是治国安邦的头等大事。在人民民主制度内，宪法的地位和作用是确定无疑的：宪法是国家的根本大法，是治国安邦的总章程；依法治国首先是依宪治国，任何组织和个人都必须以宪法为根本活动准则。而“宪政”作为一个特定概念，其本质内涵在西方国家是有共识的。用宪政替代人民民主，如果是为了提升现行宪法的地位和作用，那可能得到的是相反的结局。因为改用争议很大的“宪政”概念体系取代人民民主概念体系，容易使党和人民实践多年、在理论上经过反复论证、在实践上已取得丰富经验、在语言表述上十分明确又为干部群众所熟知的社会主义人民民主制度，产生严重歧义和混乱，造成对坚持人民民主制度的动摇，造成对中国特色社会主义制度的不自信，反而不利于统一全党全国人民的思想。如果说是为了树立在国际上的“民主国家”的“名声”，那只能是一厢情愿，因为只要不改变我国宪法的核心原则，不按照西方宪政的模式来改造人民民主制度，他们就决不会承认我们实行的是“宪政民主”。

在有关宪政问题的争论上，确实有不少同志是出于对落实依法治国方略的考虑，他们的基本政治立场是不用怀疑的。但必须看到，海内外遥相呼应的一些人，他们在谈论宪政问题时，明里暗里打出的早已是西方宪政的旗帜，从他们炮制的以颠覆我国宪法制度为宗旨的宪章宣言中，从他们设定的走向“宪政”的路线图中，哪里还能认为他们只是沿用了一个“中性”概念？哪里还能认为他们只是在进行正常的学术讨论？相反，他们是利用宪政概念的复杂性和模糊性，把宪政问题作为他们梦想的“政治体制改革”的突破口，矛头直指社会主义制度和中国共产党的领导。对这些人的政治目的，难道不应该洞若观火吗？对在中国要不要坚持中国特色社会主义政治发展道路、要不要坚持中国共产党领导这样的重大原则问题上，难道不应该旗帜鲜明地表明立场吗？

中国不能效仿西方宪政模式

历史是一面镜子，以史为鉴，可以知兴替。

近代以来，中国曾面临三种政治发展道路方案的抉择。第一种方案：是由北洋军阀再到国民党统治集团主张的坚持大地主大资产阶级专政，使中国走半殖民地半封建社会的道路。这一方案，也宣称要实现“宪政”，结果实行的是独裁。第二种方案：是由中国共产党提出的建立工人阶级领导的人民共和国即人民民主的国家，使中国走社会主义人民民主道路。第三种方案：是由某些中间党派的领袖人物和中间人士主张的建立一个效仿西方的资产阶级宪政共和国，使中国走独立地发展资本主义的道路。

历史和人民对这三种方案作出了庄严的选择。第一种方案遭到了中国人民的坚决反对，其代表者的反动统治被中国人民推翻了。第二种方案，即中国共产党提出的方案，逐步地赢得了全国工人、农民、城市小资产阶级和民族资产阶级及其政治代表的拥护。第三种方案，曾经被称为“第三条道路”，也没有得到中国人民的赞同，就是原先持有这种主张的人，除极少数走向反动阵营以外，绝大多数也认识到这种主张不具备现实可行性，并在实际斗争中站到了中国共产党和人民大众一边。

当前我国实行的人民民主制度，是中国共产党领导中国各族人民把马克思主义基本原理与中国具体国情相结合，经过长期勠力同心、接力奋斗、逐步建立和形成的制度，是人类历史上新型的社会主义民主政治制度。这一制度，把中国社会历史发展中的政治逻辑和新时代条件下的现实政治基础熔铸为一炉，把五千年中华文明中的政治精华和一切人类文明中的优秀政治文明成果熔为一炉，把科学社会主义的政治理论原则和广泛的社会共识熔为一炉，能够充分体现我国社会的根本性质和国情，能够发扬最广泛的人民民主，能够最大限度地保障广大人民的根本利益。新中国建立以来，尤其是改革开放以来，中国正是由于有了人民民主制度这一根本政治保证，才取得了在整个人类发展史上都堪称奇迹的巨大成就。

人民民主制度是历史的选择、人民的选择，又取得了如此了不起的成就，我们没有任何理由不坚持和完善这个好制度，没有任何理由改弦易辙效仿西方宪政模式。要认真地想一想，为什么在“宪政”、“民主”等问题上，西方一些人对中国如此“热心”和“关照”。江泽民同志曾指出：“西方国家的一些人，总想把他们那套民主制度强加给我们，总想让我们实行西方式的民主。在这个问题上，我们同西方国家一直在进行尖锐的斗争。西方敌对势力打所谓的‘民主’牌，实质就是要实现他们‘西化’、‘分化’中国的政治图谋。我们千万不能上这个当”，“搞西方的那一套三权鼎立、多党竞选，肯定会天下大乱。在这个问题上，我们的各级领导干部特别是高级干部头脑一定要清醒。”

当年苏共演变和苏联解体的一个重要环节，正是在“宪政”方案的诱导下，从苏联宪法中取消了坚持苏共领导地位的“第六条”，从而使得在苏联搞多党制合法化，坚持共产党的领导反成了“违宪”。近年来，西方民主被移植到非西方国家和地区后，造成了多少国家和地区的社会分裂、族群对立、政治纷争、政局动荡等严重后果，这些历史和现实的经验教训，值得人们反思。

从当前一些公开发表的文章可以看出，一些人为了在中国推行西方宪政，可谓用心很深，用功很勤。有当事人撰文披露：宪政话语在中国炒热的最初源头可溯及20世纪90年代初，国外有团体决定支持一批游离于体制外的自由职业者及中国一些大学、研究机构的自由派知识分子，他们拟定了一个雄心勃勃的计划，包括宪政研究骨干队伍的培训、当代世界各国宪政史资料的搜集整理以及当代中国宪政问题的研究等，而且“操作层面”的问题也尽量考虑到了。这样的“计划”，显然有战略上和策略上周到细致的考量。

以复杂和模糊的概念对一些政治问题进行学术理论包装后再行推销，是一些势力进行意识形态渗透的基本手段。对这样的政治战略和策略，我们一定要有十分清醒的认识。中国特色社会主义道路、理论、制度，是党和人民90多年奋斗、创造、积累的根本成就，必须倍加珍惜、始终坚持、不断发展。而一个基本的前提，就是一定不能妄自菲薄、舍本逐末、自毁根基，就是一定要坚守自己的信仰、坚持自己的信念、坚定自己的信心。

（原载《求是》2014年第5期）

依宪治国、依宪执政与西方宪政分属两条根本不同的法治道路

党的十八届四中全会通过的《中共中央关于全面推进依法治国若干重大问题的决定》刚刚公布，自由宪政派就把依宪治国、依宪执政与西方宪政硬扯在一起，说什么："所谓依宪治国、依宪执政，它蕴含的精神就是宪政"。对于这个问题我们究竟应该如何看，事关我国法治的根本性质、法治建设的方向，必须辨明是非。习近平总书记指出，观察问题必须坚持马克思主义政治立场。马克思主义政治立场，首先是阶级立场，进行阶级分析。我们以此为钥匙来观察这个政治现象，事情很清楚，依宪治国、依宪执政与西方宪政，前者走的是中国特色社会主义法治道路，后者走的是西方"宪政民主"道路，两者的区别如下。

一　理论基础不同

依宪治国、依宪执政的理论基础是马克思主义关于法的基本原理。这是运用辩证唯物主义和历史唯物主义世界观与方法论观察社会，在法律方面所确认的原理。西方宪政的理论基础是自由主义思想和西方人文主义精神。这是用历史唯心主义观察社会，根据资产阶级法学观确认的核心理论。仅就法的起源来说，有神意说、父权说、社会契约说、暴力说、心理说、发展说、管理说等[①]，具体形态较多，但主要是"天赋人权论""社会契约论"。马克思主义关于法的基本原理与"天赋人权论""社会契约论"的对抗，表现在多个方面。如在法的本质和起源上，前者认为："法律就是取得胜利并掌握国家政权的阶级的意志的表现。"[②] 社会主义国家

① 本书编写组：《法理学》，人民出版社、高等教育出版社2010年版，第47—48页。

② 《列宁全集》第16卷，人民出版社2017年版，第292页。

的法，是取得胜利、掌握了国家政权，作为统治阶级的工人阶级意志的表现。中华人民共和国的法是以工人阶级为领导、以工农联盟为基础的人民的意志表现。这是由消灭了剥削制度，实行公有制或者公有制为主体的物质生活条件所决定的。而后者则大多遵循自然状态和自然法发展的逻辑进路，将法和宗教粘在一起，标榜法是一种自由、平等、神奇、超自然的规则力量，是类似宗教神明一样拯救人类于邪恶混沌的自然状态的“救世主”。

在法同权利义务以及权利与义务的关系上，前者认为，国家是法的主体，公民是权利的主体。权利义务关系直接从属于法，是其本质的具体表现，可称为法的权利和义务。它们的性质内含于法的性质之中。在阶级社会中，国家总是通过法“几乎把一切权利赋予一个阶级，另方面却几乎把一切义务推给另一个阶级”[①]，即几乎把一切权利赋予一个阶级，几乎把一切义务赋予被统治阶级。后者从“天赋人权”和“自然权利”出发，抛开国家和法来谈权利义务，认为“权利决定权力”“权利与权力之间是权利本位”。又据此以权利意志论为核心立场，断言“权利是本体，义务是派生”。

在法与国家的关系上，前者认为，法与国家不可分。法是国家意志即掌握政权的统治阶级意志的反映，国家组织是法的载体，法作为国家权力的实现形式，由国家制定或认可并依靠国家的强制力保障实施。法的性质决定于国家的性质。离开国家就没有法及其功能作用。如列宁所说，如果没有政权，无论什么法律……都等于零。而后者则相反，视法为第一性的自然存在物，所谓人们主观世界的理性反映。法律由人们行使自然权利制定契约而成，进而结成社会，组织政府执行法律。这些人攻击国家理论主导法学理论的观点，鼓吹法学有“独立学科的资格、地位和价值”。

在法与经济基础的关系上，前者认为，经济是人类社会生存和发展的基础。同一定生产力相适应的生产关系的总和即经济基础，是决定包括政治法律制度、意识形态在内的上层建筑的根源和基础。法随着经济基础的变化而变化。而法一经形成，又反过来为其他赖以产生的经济基础服务；后者则相反，认为法是自然法或神法，是神为人类社会制定的规则发展而成的自然理性，其存在的基础是对人的邪恶、自私的本性的预防和抑制。

---

① 《马克思恩格斯文集》第4卷，人民出版社2009年版，第197页。

显然，这种自然规则与经济基础之间的关联性甚微。

从我国实际出发进行法治建设与学习外国法治文明的关系上看，前者立足于中国的基本国情，突出中国特色、实践特色、时代特色。注重总结和运用我们党领导人民实行法治的成功经验，重视研究、挖掘和批判地吸取中华民族法律文化的精华，择善而从。同时又注意学习世界优秀法治文明成果，为我所用，认真鉴别，合理吸取，但绝不搞简单的拿来主义。后者则脱离我国实际，搞“全盘西化”“全面移植”，照搬照抄。

二　宪法依据不同

依宪治国、依宪执政与西方宪政依据的是不同的宪法。前者依据的是中华人民共和国宪法。这是高于资本主义历史类型的社会主义性质的宪法。它以法律的形式确认了我国各族人民奋斗的成果，规定了国家的根本制度和根本任务，是国家的根本大法，具有最高的法律效力。它规定了领导中国人民进行社会主义建设的核心力量和指导思想；规定了全国各族人民、一切国家机关和武装力量、各政党和各社会团体、各企事业组织，都必须以宪法为根本的活动原则，并负有维护宪法尊严，保证宪法实施的职责；充分反映了我国以工人阶级为领导、以工农联盟为基础的各族人民的共同意志和根本利益，生动体现了社会主义民主的本质和内在要求。后者所依据的是资本主义的宪法。它是资产阶级革命的成果。资本主义宪法是自由主义意识形态的法律形态，西方宪政是自由主义理念的制度设计。透过“自由主义宪政”派对英美宪政模式的颂扬，可以看清资本主义宪法的特征和实质：“现代市场经济的兴起，为他们的宪政实施奠定了坚实的经济基础。中产阶级的兴起和政治自觉，为他们的宪政实践奠定了坚实的社会基础。权利哲学的兴起，为他们的宪政实践奠定了坚实的政治理论基础。分权学说的兴起，为他们的宪政实践奠定了坚实的权力布局方案。启蒙文化的发展，为他们的宪政实践奠定了坚实的社会心理基础。科学技术的发展，为他们的宪政实践奠定了坚实的经验取向思路”等等。这些七零八落之说，实际上都未点明要义。从根本上说，资本主义的宪法归结到一点，就是私有财产神圣不可侵犯。

三　国家制度不同

依宪治国、依宪执政与西方宪政都由自身的国家制度所规定。依宪治国、依宪执政所依赖的国家是中华人民共和国，这是以工人阶级为领导、以工农联盟为基础的人民民主专政的社会主义国家。社会主义制度是中华人民共和国的根本制度。人民民主专政制度是国体，人民代表大会制度是政体。国家机构实行民主集中制的原则。中华人民共和国的社会主义经济制度的基础是生产资料的社会主义公有制，即全民所有制和劳动群众集体所有制。社会主义公有制消灭了人剥削人的制度，实行各尽所能，按劳分配的原则。国家在社会主义初级阶段，坚持公有制为主体、多种所有制经济共同发展的基本经济制度，坚持按劳分配为主体、多种分配方式并存的分配制度。社会主义的公共财产神圣不可侵犯。国家实行社会主义市场经济体制。中华人民共和国的立国基础是马克思主义。它坚持立德树人，注重培育和践行社会主义核心价值观。它坚持依法治国与以德治国相结合。国家的根本任务是：沿着中国特色社会主义道路，集中力量进行社会主义现代化建设，把我国建设成为富强、民主、文明、和谐的社会主义国家。

西方宪政所依赖的是资本主义国家。这是作为统治阶级即掌握国家政权的资产阶级的国家。“现代的国家政权不过是管理整个资产阶级的共同事务的委员会罢了。”① 它集中体现了资产阶级的意志。它依赖于资产阶级存在的社会物质生活条件，维护以资本主义生产资料私有制为基础的雇佣剥削制度，保护资本家对劳动者所创造的剩余价值的无偿占有。

四 领导核心不同

依宪治国、依宪执政的领导核心是中国共产党。实行民主法治，建设高度的社会主义民主国家，是共产党高扬的一面光辉旗帜和不懈追求的一个目标。我国人民业已获得的当家作主的权利，是中国共产党领导中国人民通过艰苦卓绝的斗争取得的。今天，党的领导是中国特色社会主义最本质的特征，是社会主义法治最根本的保证。坚持中国特色社会主义法治道路，最根本的是坚持中国共产党的领导。加强和改善党的领导，巩固党的执政地位，完成党的执政使命，是社会主义法治的根本要求，是全面推进依法治国的题中应有之义。依宪治国、依宪执政同西方“宪政民主”的分水岭，就在于中国特色社会主义法治建设坚持党的领导与人民当家作主、依法治国的有机统一，共产党是领导核心。中国共产党的这种领导核

---

① 《马克思恩格斯选集》第1卷，人民出版社2012年版，第402页。

心地位，一是由共产党的先进性、根本宗旨和历史使命所决定的。只有坚持共产党的领导，才能坚持和发展中国特色社会主义，进而向共产主义发展。没有共产党的领导，就没有中国特色社会主义可言。二是中国共产党领导人民治国理政的理论和实践双重探索的必然。依法治国是我们党提出来的，把依法治国上升为党领导人民治理国家的基本方略也是我们党提出来的。依宪治国、依宪执政，是从宪法在法治体系中的根本大法、总章程的地位上，突出了依法治国落实到位的关键所在。在实质上还是共产党通过我国宪法确定的这种治国理政的基本方略、执政方式，领导人民坚持和发展中国特色社会主义。坚持党的领导，要具体落实到党领导立法、保证执法、支持司法、带头守法上。其中包括坚持党总揽全局、协调各方的领导核心作用，将依法治国方略贯彻到各个领域的工作中去，确保党的主张贯穿依法治国全过程；还包括要改善党对依法治国的领导，不断提高党领导依法治国的能力和水平。我们党要依据党章从严治党，依宪治国理政，在宪法和法律的范围内活动，发挥各级党组织和广大党员在治国理政中的领导核心作用与先锋模范作用。

西方的宪政理念和制度模式，其法律在字面上规定多党竞争、轮流执政，实质上独掌和运用国家政权的核心力量是资产阶级政党。这里起决定作用的是以私有制为核心的资本主义经济基础。主流政党、媒体、智库、教育和学术机构，都是“金钱政治”的产物，具有强烈的资本属性，在垄断资本控制和操纵下进行各种活动。所以多党竞争、轮流执政等，无非是资产阶级政党内部不同派别的一种权力分配、交换和平衡，实际上都代表资产阶级的利益，维护资产阶级的政治统治。

将依宪治国、依宪执政解释为宪政，最根本、最核心的要求，就是反对共产党的领导，在中国搞资产阶级的多党制，让真正的马克思主义执政党下台，资产阶级政党上台执政。

五　权力主体不同

依宪治国、依宪执政确认的国家权力主体是共产党领导下的以工农联盟为基础的广大人民群众。

我国宪法明确规定：“中华人民共和国的一切权力属于人民。人民行使国家权力的机关是全国人民代表大会和地方各级人民代表大会。人民依照法律规定，通过各种途径和形式，管理国家事务、管理经济和文化事业，管理社会事务。”这些规定，鲜明反映了我国社会主义制度所确保的人民当家作主的地位。它符合中国人民的根本利益和实际需要。它向世人宣示：人民的主体地位，只有在人民有了自己的国家政权、建立自己的法律制度之后，才能转化为现实的制度保障；在人民当家作主的社会主义中国，法治是为了人民、造福人民、保护人民的，而不是为少数人服务的。法律面前人人平等的原则体现在立法、执法、司法、守法各个方面，任何组织和个人都没有超越宪法与法律的特权；同时人民也是全面推进依宪治国、依宪执政的主体和力量源泉。坚持法治，必须确保人民在全面推进依法治国中的主体地位。宪法和法律的权威靠人民维护，其全面实施必须依靠人民。依宪治国、依宪执政之谓良法善治，正是在于它把体现人民利益、反映人民愿望、维护人民权益、增进人民福祉落实到依法治国的全过程。

西方宪政论者认为，权力的主体是个体和个人。其论证路径是，自由与平等是人的天性、不可剥夺的基本人权。个人既是社会的细胞、分子，又是权利结构的基本单位，个人利益和个体权利自然成为其他形式的利益与权利（集体的、社会的、国家的）的基础及立足点。法的价值仅在于满足个人和个体的主体需要。然而，几乎人所共知，世界上没有超历史超社会的人的存在。西方宪政论者的所谓个体和个人，不过是掩盖资本家集团的代名词。个人利益和个体权利只是资产阶级的利益和权利（所有权）。按“历史终结论”者福山的说法，美国是“由法院和政党治国”。仅就普选制来说，对于工人阶级，只起到测量其“成熟性的标尺”的作用[①]。美国的亚历山大·汉密尔顿（开国元勋和宪法起草人之一，美国首任财政部长、美国政党制度的创建者）讲得明确：社会本身分成多个部分、利益集团和公民阶级，为“使少数阶级（富人和出身名门之士）在政治上享受特殊的永久的地位”，才设计美国宪法和宪政制度。这些话应该说是很坦诚的。

六　国家机构实行的原则不同

依宪治国、依宪执政，国家机构实行民主集中制的原则。民主集中制作为党和国家生活的内在要求，是社会主义社会人民根本利益一致的反

① 《马克思恩格斯选集》第4卷，人民出版社2012年版，第190页。

映。其科学内涵是在高度民主的基础上实行高度集中。民主是集中指导下的民主，集中是民主基础上的集中。其主要表现是，全国人民代表大会和地方各级人民代表大会都由民主选举产生，对人民负责，受人民监督；国家行政、审判、检察机关都由人民代表大会选举产生，对它负责，受它监督；中央和地方国家机构职权的划分，遵循在中央统一领导和国家法制统一的前提下，充分发挥地方积极性和主动性的原则。民主集中制原则及其作为重要体现的社会主义民主协商制度，把坚持党的领导与发扬人民民主、严格依法办事、尊重客观规律，把广大人民的意愿与全体人民的统一意志，把国家机关协调高效运转与集中力量办大事，把人民群众广泛参与与集中领导，把社会进步与国家稳定，把充满活力与富有效率高度统一起来。按民主集中制原则处理中央与地方关系、民族关系和各方面的利益关系，有利于巩固和发展民族团结、生动活泼、安定和谐的政治局面；有利于形成治国理政的强大合力；有利于切实防止出现相互掣肘、内耗严重的现象；有利于防止和克服个人独断专行与软弱涣散现象。这样就使推进国家治理体系和治理能力现代化具有实践经验、制度优势、现实路径和光辉前景。

西方宪政（以美国为代表）规定对国家的管理必须实行多党制、议会制、三权分立。现在，以美国为代表的西方国家，分权体制僵化，政党分歧尖锐，相互掣肘和内耗现象严重，国家机关运转不灵，效率低下。近些年来，多党制、议会制民主、三权分立那一套被移植到非西方国家和地区，造成社会分裂、族群对立、政治纷争、政局动荡等严重后果。

可见，依宪治国、依宪执政与西方宪政的对立，作为中国特色社会主义与资本主义两种法治建设道路的对立，界限是非常清楚的。我们如果听任一些错误思潮搅混两者界限，就意味着在法治建设道路上向资本主义全面倒退。就像有些观点所说的，我国宪法的核心内容和关键性条款将被废除。西方宪政派将重新“制宪”和“立宪”。这包括删除我国宪法的序言，取消人民民主专政；实行总统制，取消共产党的执政地位和领导权；把全国人大改造成众议院，政协变成参议院，实行资产阶级的两院制；用三权分立的西方议会制度全面取代人民代表大会制度；把全国人民代表大会的宪法监督，变成美国式的司法监督；取消社会主义公有制，在财产所有权的掩护下，全面恢复资本主义的剥削制度；用资产阶级人权的概念，代替公民的基本权利和义务，把资本主义的政治制度和经济制度全面装扮起来；实行联邦制，分裂统一的多民族国家，并取消“一国两制”；用自由主义的权利哲学，权力分立和制衡的学说代替马克思主义的国家学说与法的学说，实行军队的中立化，进而改变国体和政体；等等。这是怎样一种可怕的局面啊！我们党和人民能容忍这种情况发生吗？

（原载《马克思主义研究》2015 年第 3 期）

对当前几种错误观点的评析

我们党一贯重视意识形态工作。党的十八大以来，在以习近平同志为总书记的党中央坚强领导下，意识形态领域总体发展态势积极健康向上，主旋律响亮，正能量强劲。这是观察和评估意识形态领域的形势首先要看到的基本的、占主导的一面。但是，同时也要看到斗争复杂的一面，特别是那些干扰党和国家指导思想的错误观点，更值得关注。本文就四种错误观点作如下评析。

一　“苏马非马”

“苏马非马”的基本观点是：苏联的马克思主义，特别是斯大林时期经过整理、理解、取舍、发挥后的马克思列宁主义，与马克思的思想有很大的不同，与列宁的很多思想也不同；苏联的马克思主义里面包含了大量的对马克思主义教条式的理解以及附加在马克思名下的错误观点；中国共产党从建党开始接受的就是作为“非马”的“苏马”，这是造成中国革命建设失误的主要原因。所以，“苏马非马”论者认为：“从改革开放伊始就提出一项基本任务：批判‘苏马’，回到原本的马克思主义理论当中去”。

在这里，“苏联模式”被篡改为“苏联马克思主义”。按“苏马非马”论的观点，“十月革命一声炮响”给我们送来的是“教条式的”、“附加了错误观点的”马克思主义。中国共产党从建党到改革开放前，作为指导思想的马克思列宁主义及其与中国实际相结合的毛泽东思想，都不是马克思主义的，因而中国共产党也从来就不是马克思主义政党。所以要来“正本清源”，走上“原本的马克思主义”道路上去。主张这种错误观点的人，对于究竟什么是“原本的马克思主义理论”却避而不谈。

我们知道，所谓“苏联模式”，作为社会主义根本原则和本质特征在苏联特定历史条件下所表现出来的历史形态，是社会主义共同本质特征和苏联民族特色的统一体。它既包括成功的经验也包括失败的教训。“苏联模式”的成功经验又分为两部分：一是具有基本的性质，在人类历史现阶段有普遍意义。这是体现社会主义根本原则和本质特征即我们称之为“十月革命道路”的东西。二是不具有普遍意义的成功经验。这包括两种情况：只符合苏联实际，不符合其他国家实际；只符合苏联当时的实际，不符合苏联后来发展了的实际。

历史上，《再论无产阶级专政的历史经验》将“苏联模式”中有普遍意义的经验概括为五个基本点，这五个基本点实际上是我们党的四项基本原则最早的表述。后来毛泽东在《关于正确处理人民内部矛盾的问题》中将其概括成六条标准。再后来邓小平将其凝练为党的四项基本原则。这五个基本点是：（1）无产阶级的先进分子组成共产主义政党。（2）在党的领导之下，联合劳动人民，经过革命斗争从资产阶级手里夺权。（3）在革命胜利后，建立无产阶级专政，实现工业的国有化，逐步实现农业的集体化，从而消灭剥削制度和生产资料私有制度，消灭阶级。（4）共产党领导的国家，领导人民群众发展社会主义经济和社会主义文化，在这个基础上逐步地提高人民的生活水平，并且积极准备条件，为过渡到共产主义而奋斗。（5）共产党领导的国家，坚持反对帝国主义侵略，承认各民族平等，维护世界和平，坚持无产阶级国际主义原则。

在马克思列宁主义的指导下，从中国的实际出发，不照搬别国的模式，走自己的道路，是我们革命、建设和改革的宝贵经验。突破苏联模式，开拓和发展中国特色社会主义，是从毛主席《论十大关系》以来、特别是改革开放以来，绝大多数学者取得的共识。

二　“以儒反马”“以儒化马”“以儒淡马”

涉及儒学的思潮、观点很复杂，其性质各有不同，只有进行具体分析，才能对其性质作出正确判别。下面讲的情况只是其中的三种：一是“以儒反马”，这包括国内的“儒化当代中国”怪论，国外媒体的歪曲；二是“以儒化马”或者“以儒归马”；三是“崇（以）儒淡马”。

1. “以儒反马”。“以儒反马”的基本观点和手法是，诬称马克思主义是西方“异族文化”，造成了中国“民族文化传统的断裂和民族精神根基的缺失”，使中国失去安身立命之本，精神彻底丧失，誓要“儒化当代中国”。“儒化当代中国”论是一股封建复古主义思潮。这股思潮总的原则是要把中国演变成“儒士共同体专政”国家即“儒教国”。他们设想，“儒教国”的建制是“儒家议会三院制”：政府从“儒家议会”产生，对“儒家议会”负责。“儒家议会”分“三院”，即“庶民院”、“通儒院”、“国体院”。“庶民院”代表“民意”，其议员按一人一票的原则由民众普选产生。“通儒院”代表儒家圣贤理想和“天道价值”，其议员通过考试、举荐和到民间访查等方式产生。“国体院”代表中国的历史文化传统，其议员按血缘关系，从历代圣贤、历代帝王和历代文化名人的后裔（如孔子的后裔）中挑选，通过继承和任命产生。从而通过“儒教国”议会和政府，实现对国家政权的掌握和控制。

儒化当代中国的主张者将实现“儒教国”的策略路线分为“上行路线”和“下行路线”。“上行路线”即“在上层，儒化中国共产党”。“下行路线”即“在基层，儒化社会”。两条路线“双管齐下”，同时推进。实现“儒教国”的关键是：“用孔孟之道来替代马克思主义”。只要“有一天，儒学取代了马克思主义，共产党变成了儒士共同体，仁政也就实现了”。所以当代儒家对马克思主义和我国社会主义制度进行了恶毒的攻击、辱骂。此外，国外一些媒体的鼓噪也属于这一大类。

一个时期以来，习近平总书记在多个场合表达了对中华传统文化的重视。要求坚持马克思主义在意识形态领域的指导地位，对传统文化进行科学分析，坚持古为今用、以古鉴今，有鉴别地对待、有扬弃地继承，而不能搞厚古薄今、以古非今，努力实现传统文化的创造性转化、创新性发展。这些论述明白无误，坚持和发展了我们党长期的观点。

但是国外一些媒体借此大做文章，进行歪曲。诬称“马克思主义不灵了”“中国社会‘尊孔崇儒’的时代已经掀开序幕”，等等。

2. “以儒化马”。这种观点口头上表示并不反马，确实有些人也不一定自觉反马，但是他们的文章表现出一种倾向：自觉不自觉地以儒释马，否定马克思主义的基本观点，阉割马克思主义的革命灵魂，磨灭马克思主义的革命锋芒。从思想实质看，其力主“马克思主义中国化”就是“马克思主义儒学化”，明显反映出用儒学代替马克思主义的诉求。这种情况虽然与第一种情况不尽相同，但是，如继续向前发展必然反马。

3. “崇（以）儒淡马”。有人总把马克思与孔夫子对立起来。如有人撰文说，20 世纪一二十年代高调“打倒孔家店”是历史虚无主义思想倾向的典型代表。以儒家文化为指导也可以成功走向现代化，如深受儒家文化影响的韩国、新加坡等国家。按这些观点，马克思主义在中国传入和传播时期，对封建复古主义的批判是典型的历史虚无主义；马克思主义与孔学两种思想体系没有本质区别。

对这些错误观点，我们要做科学分析。

其一，不能说20世纪一二十年代批判孔学是历史虚无主义的思想倾向，相反，否定这个时期对孔学的批判所起到的思想解放作用才是历史虚无主义的表现。始于1915年秋的初期新文化运动尽管在思想内容和思想方法上存在弱点，但是，如果没有它对封建主义正统思想——孔学的批判，人们就不能冲破封建思想的牢笼，就不能为以后新文化运动中的左翼接受、并在中国传播马克思主义准备适合的土壤。如果没有毛泽东、瞿秋白、恽代英、萧楚女、陈独秀等共产党人对以儒家思想为基础的“道统说”的批判，就不能捍卫中国共产党的政治路线和革命理论。还要指出的是，丰富的文献资料表明，新文化运动的倡导者在批判孔学过程中，并未否定中国的全部传统文化，且明确指出，孔学不等于全部国学。同时他们既未否定孔学的历史作用，也未把孔子说得一无是处。

其二，马克思主义与孔学两种思想体系有着本质的区别。马克思主义是建立在社会化大生产基础上的无产阶级的共产主义思想体系。孔学的思想体系是什么？李大钊在《由经济上解释中国近代思想变动的原因》中说：孔子的学说……是适应中国二千余年来未曾变动的农业经济组织反映出来的产物，因他是中国大家族制度上的表层构造，因为经济上有他的基础。我国著名史学家刘大年先生在《方法论问题》中说：孔学整个体系是建立在小农经济基础上的血缘关系等级制度的封闭体系。

其三，儒家文化与现代化建设。且不说现代化有社会主义现代化和资本主义现代化之分，就是从生产力角度说，以儒学为指导，也不能使中国实现现代化。因为“孔学集中讲伦理哲学，而对社会生活的基础完全缺乏认识理解。……这是孔学根本的弱点。照现在的话来说，就是缺少唯物论，没有经济学思想”。①

中国古代史也说明，在中国曾长期占统治地位的儒学，并没有帮助我们实现现代化。以孔子为代表的儒学处于支配地位时并不是中国最强盛的

① 刘大年：《方法论问题》，《近代史研究》1997年第1期。

时期，而中国最强盛的时期恰恰是儒学的地位不占优势的时期。汉代前期的盛世，尊奉的是黄老学说，孔子并无地位。唐代是中国历史的光辉时期，盛行的是佛教，尊奉的是道家老子，儒学也不占优势。宋代最尊孔且创造了新儒学，可宋代最弱，徽、钦二帝竟被俘。南宋时期，理学“一枝独秀”，但还是被不尊孔的蒙古铁骑战败，亡于江南。

当然，孔学有其历史作用。如习近平总书记所讲，中华传统文化是我们民族的根和魂，而儒学作为中国传统文化的重要组成部分，它所包含的并已融入中华民族精神的大量的人类智慧成果，在影响和塑造中国人，维系社会的长期稳定和有序发展，影响中国和世界未来发展方面，起过重要历史作用。李大钊在批判“孔子为数千年前之残骸枯骨”，“为历代帝王专制之护符”的同时，又指出，“孔子于其生存时代之社会，确足为其社会之中枢，确足为其时代之圣哲，其说亦确足以为代表其社会其时代之道德”。陈独秀也说过“孔学优点，仆未尝不服膺”。“孔教为吾国历史上有力之学说，为吾人精神上无形统一人心之具，鄙人皆绝对承认之，而不怀丝毫疑义”。

今天，不能只看到孔学中的精华，不看其糟粕；不能把孔学提到党和国家的指导思想的高度；不能因从孔学中吸取精华就把孔学抬到比马克思主义地位还高、甚至替代马克思主义指导地位的程度。不仅如此，对从孔学中吸取的精华，也要结合现时代精神、结合中国特色社会主义新的实践和人民群众精神文化的需要，予以加工提炼，实现其创造性转化、创新性发展，做到古为今用、推陈出新。

三 “以西马释马”

“西马”概念，在不同著作里有不尽相同的内容。其中，作为西方左翼学者对资本主义的批评，有一些很深刻、很有价值的思考，值得我们认真研究，择要吸取。

此处说的“西马”是专指以抽象人性论为理论基础，否定马克思主义的历史唯物主义基本观点的主张。这种主张攻击马克思主义存在“人学空场”，即“见物不见人”，是一种机械唯物主义的观点。

其一，这种“西马”论实际上是用唯心主义取代辩证唯物主义的认识论。它以所谓“超越了唯物主义和唯心主义、超越了历史唯物主义的实践唯物主义”自誉。

其二，这种“西马”论实际上否定了马克思主义质的规定性。它无限扩大马克思主义概念，把现代西方哲学和美学上比较流行的一些思想嫁接在马克思主义上，用折中主义的手法，把两种本质不同的东西凑到一起，伪造出形式主义的、结构主义的、弗洛伊德主义的、海德格尔存在主义的等等五花八门、五颜六色的马克思主义。

其三，这种“西马”论还企图通过制造青年马克思与晚年马克思的对立，马克思与恩格斯的“对立”“差异”“矛盾”，马克思与列宁的对立等等，企图肢解、毁灭马克思主义。

一些人以这种“西马”论为圭臬来判别、重释马克思主义，以“西马”的是非为是非。这种情况渗透到我们一些学科、包括马克思主义理论学科。在有的学科点上，马克思主义基本原理、马列主义经典著作课开得很弱，在没有打好马克思主义理论基础，缺乏科学分析能力的情况下，用主要精力去学习研究“西马”，以致阻碍了学生的马克思主义科学概念的确立，严重影响了青年一代学者的成长。从一些公开发表的论文可以看出，大家都讲坚持马克思主义，但实际上，对究竟什么是马克思主义，各人所理解、认同的内容却很不一样。这种情况如得不到彻底纠正，长此以往，必定会反映到对我们立党立国指导思想的认同上，所以非常值得警惕。

四 “指鹿为马”，同时又“指马为鹿”

前些年，有人胡说马克思恩格斯晚年是民主社会主义者，伯恩施坦、考茨基是正统的马克思主义者，列宁、毛泽东是最大的修正主义者等等。近一段时间，又有人抹杀马克思主义与反马克思主义的本质区别，蓄意将社会主义说成非社会主义，又将资本主义说成是社会主义。“指鹿为马”者的基本思路是，首先抹杀马克思主义关于判断一个社会的标准。马克思在《雇佣劳动与资本》中说：“生产关系总和起来就构成所谓社会关系，构成所谓社会，并且是构成一个处于一定历史发展阶段上的社会，具有独特的特征的社会”。这就告诉我们，一个社会的性质是由生产关系的性质决定的，而一种生产关系的性质又是由占主导地位的生产资料的所有制性质决定的。有什么占主导地位的生产资料所有制就有什么性质的社会。因此，马克思恩格斯指出：所有制问题是共产主义运动的“基本问题”。“共产主义革命就是同传统的所有制关系实行最彻底的决裂”。“共产党人可以把自己的理论概括为一句话：消灭私有制”。恩格斯晚年还强调，在实行全部生产资料公有制基础上组织生产，即生产资料公有制正是社会主义制度与资本主义制度的“具有决定意义的差别”。

“指鹿为马”者把共产主义运动的“基本问题”抛在一边，用捏造的所谓功能社会主义来批判、替代马克思主义的科学社会主义，即他们诬称的结构社会主义。按照功能社会主义，公有或私有并不是社会主义的界限。私有制若有利于生产力发展和人民生活改善，也属于社会主义。他们肆无忌惮地歪曲邓小平理论，说以“猫论”“三个有利于”为灵魂的邓小平理论，是一种典型的功能社会主义。他们还以奥巴马来混淆“马”，称：“奥巴马竞选时，有西方人士评论他的主张说：这在欧洲叫社会主义，在美国叫福利，在奥巴马叫变革”。

我国宪法第六条规定：“社会主义经济制度的基础是生产资料的社会主义公有制，即全民所有制和劳动群众集体所有制。”我国宪法第七条规定：“国有经济，即社会主义全民所有制经济，是国民经济中的主导力量。国家保障国有经济的巩固和发展。”指鹿为马，又指马为鹿的狂言，是违反宪法的，本质上是典型的民主社会主义观点。

面对错误观点（包括“自称是马克思主义”的错误观点），1983 年 10 月 12 日，邓小平在《党在组织战线和思想战线上的迫切任务》一文中要求“马克思主义者应当出来讲话”。他强调：“思想战线的共产党员，特别是这方面担负领导责任的和有影响的共产党员，必须站在斗争的前列。”邓小平说：“一则批评本身的质量和分量不够，二则抵抗批评的气势很盛，批评不多，却常被称为‘围攻’，被说成是‘打棍子’，其实倒是批评者被围攻，而被批评者却往往受到同情和保护。一定要彻底扭转这种不正常的局面，使马克思主义的和社会主义、共产主义的宣传、特别是在一切重大理论性、原则性问题上的正确观点，在思想界真正发挥主导作用。”

重温邓小平这些论断，一切具有科学良知和历史责任感的专家学者、特别是马克思主义学者应该深受教育，像习近平总书记所要求的那样，站出来旗帜鲜明地向种种错误思潮亮剑。

（原载《红旗文稿》2015 年第 13 期）

正确对待中国传统文化之我见

中华文化（文明）是我国人民在长期实践中创造、培育和形成的。它有三个主要部分：在五千多年文明发展中孕育的中华优秀传统文化，在党和人民伟大斗争中孕育的革命文化和社会主义先进文化，由此构成一个博大精深的整体。它积淀着中华民族最深层的精神追求，代表着中华民族独特的精神标识，滋养着中华民族生生不息、团结奋进、不断发展壮大。它作为一种伟大的、不竭的民族精神力量把我国56个民族、13亿多人紧紧凝聚在一起。中华文化（文明）中的每一个组成部分，其形成、发展和价值，都可以著成若干卷辉煌史诗。本文就正确对待中国传统文化谈些粗浅意见。

一　宏伟瑰丽　贡献卓著

在世界文明史上，任何民族的文化都有其不可替代的、有别于其他民族的文化特殊性和独创性。它集中体现了这个民族的生产方式、生活方式、思维方式、话语系统、情感方式、价值体系、传统、信仰等等。中华民族是世界上最古老、最伟大的民族之一，具有悠久的历史和优秀的文化。早在100多万年之前，就有被称为“元谋人”的猿人在中国大地上生息繁衍。在后来漫长的文明发展中，中华民族历经沧桑，以其辛勤劳作、卓越智慧、不断开拓，在人类文明史上创造了辉煌灿烂的中华传统文化，积累起丰富而巨大的知识宇宙，宏伟瑰丽。如编成于春秋时代的《诗经》，孙武著的《孙子兵法》，老聃撰写的《道德经》，孔丘留下的修身治国言论集《论语》，战国时期甘德、石申的《甘石星经》，还有《黄帝内经》《离骚》，两汉时期的重要农书《氾胜之书》、数学著作《周髀算经》、历法《太阳历》，张仲景著的《伤寒论》和《全医药略》、司马迁的《史记》、王充的《论衡》，三国时期刘徽著的《九章算术注》、贾思勰的《齐民要术》、范缜的《神灭论》，唐朝刘知几的《史通》、杜佑的《通典》、光耀千古的唐诗，永垂不朽的约两万首宋词，毕昇的活字印刷术、沈括的《梦溪笔谈》，元朝的戏曲，特别是关汉卿的《窦娥冤》和王实甫的《西厢记》，元朝王祯的《农书》，明朝李时珍的《本草纲目》、宋应星的《天工开物》、徐光启的《农政全书》、罗贯中的《三国演义》、施耐庵的《水浒传》、吴承恩的《西游记》、汤显祖的《牡丹亭》、清朝曹雪芹的《红楼梦》等等。概括中华民族创造的传统物质文明和精神文明，以古代世界重要的科技发明来说，约有一半出自中国。战国时期修建的都江堰、郑国渠，秦朝修建的西起临洮（今甘肃岷县）东至辽东的长城，隋朝修建的沟通南北水上交通的大运河等，均为人类文明发展史上的千古绝唱！以先人创造的学术思想来说，习总书记在哲学社会科学工作座谈会上的讲话中概括道："中华文明历史悠久，从先秦子学、两汉经学、魏晋玄学，到隋唐佛学、儒释道合流、宋明理学，经历了数个学术思想繁荣时期。在漫漫历史长河中，中华民族产生了儒、释、道、墨、名、法、阴阳、农、杂、兵等各家学说，涌现了老子、孔子、庄子、孟子、荀子、韩非子、董仲舒、王充、何晏、王弼、韩愈、周敦颐、程颢、程颐、朱熹、陆九渊、王守仁、李贽、黄宗羲、顾炎武、王夫之、康有为、梁启超、孙中山、鲁迅等一大批思想大家，留下了浩如烟海的文化遗产。中国古代大量鸿篇巨制中包含着丰富的哲学社会科学内容、治国理政智慧，为古人认识世界、改造世界提供了重要依据，也为中华文明提供了重要内容，为人类文明作出了重大贡献。"①我们是马克思主义的历史主义者，今天在建设社会主义先进文化的伟大创造中，当以莫大的民族自豪感，从全球化时代维护各民族文化的平等权利、文明对话、反对文化霸权主义、捍卫世界文明多样性的高度，充分认识中华传统文化的宏伟瑰丽，充分认识弘扬中华优秀传统文化对全球文化发展的卓著贡献。

二　民族精神　文化支撑

中华民族在五千多年的文明发展中创造的博大精深的思想文化，为人类文明进步作出了不可磨灭的贡献，也培育了中华民族的灵魂神智和崇高

---

①　习近平：《在哲学社会科学工作座谈会上的讲话（2016年5月17日）》，人民出版社2016年版，第4—5页。

的价值追求。中华民族安身立命的文化在民族的历史记忆中传承，其基本精神有巨大的历史和现实价值。

（一）熔铸中华民族精神的文化基础

文化，对于一个民族来说恰似其血脉和灵魂。它凝聚着这个民族对整个世界及其生命的历史认知和现实感受，积淀着这个民族在历史进程中形成并日益丰富起来的思想意识、精神追求和行为规范，熔铸着一个民族血脉之中的深厚的文化传统和强烈的文化认同，始终是其民族心理和民族性格的构成要素，是民族生存发展和国家繁荣振兴的力量源泉。它记录着一个国家和民族的历史兴衰，更深刻地制约和影响着人们索取未来的现实生活。博大精深的中国传统文化，孕育了中华民族著称于世、自立于世界民族之林的伟大民族精神，是形成和发展中华民族的卓越智慧和非凡创造性的力量源泉。如党的十六大报告中所说："文化的力量，深深熔铸在民族的生命力、创造力和凝聚力中。"反过来说也是一样：民族的生命力、创造力和凝聚力，乃至民族的自尊心、自信心、自豪感正是中华民族文化的内核。如中国传统文化中的整体主义思想，在中国古代社会的长期发展中，一切传统美德都围绕着它展开。《诗经》中提出的"夙夜在公"，贾谊《治安策》中提出的"国而忘家，公而忘私"，强调的都是为整体献身的精神。受这种整体主义精神的哺育，"范仲淹提倡'先天下之忧而忧，后天下之乐而乐'；文天祥认为'人生自古谁无死，留取丹心照汗青'；顾炎武提出'天下兴亡，匹夫有责'；颜元力求'富天下，治天下，安天下'；林则徐主张'苟利国家生死以，岂因祸福避趋之'等等，都显示出为国家、为民族、为整体的责任担当和英勇献身精神。中国传统道德也正是从国家利益和整体利益的原则出发，在个人对他人、对社会的关系上，强调先人后己，助人为乐；个人对社会尽责，为他人、为社会、为人群无私奉献的自觉性。中国传统文化中的整体主义思想，应当说是中国伦理道德传统区别于西方伦理道德传统的一个重要特点和优点。"[①] 又如儒学所强调的一些精神：积极进取、自强不息的奋斗精神，博施爱人、厚德载物的宽容精神，威武不屈、舍生取义的献身精神，革故鼎新、与时俱进的变革精神等等，皆为中华民族以爱国主义为核心的团结统一、爱好和平、勤

① 参见罗国杰主编《中国传统道德普及本（编者的话）》，中国经济出版社 1997 年版，第 5—6 页。

劳勇敢、自强不息的伟大民族精神的塑造奠立了厚实的基础，是中华民族壮丽史诗中光彩夺目的篇章。

（二）建设社会主义先进文化的民族文化根基

中国传统文化的基本精神，作为中国传统文化精华的体现，是中国传统文化不断得到自我发展、历久弥新的血脉。世人所知，古老的巴比伦文化、古埃及文化、印度文化、古希腊罗马文化都曾辉煌一时，深刻影响过世界众多民族的文化，但它们在发展进程中，或发生断裂，或遭到外来文化的肢解未能延续，而中华文化却在与外来文化的长期交流中，始终奔流不息，绵延不绝，世代相传；而今成为建设社会主义先进文化的民族文化根基。

古往今来，作为民族文化根基的中国传统文化，其基本精神究竟应该作出怎样的概括？学者们意见不一。有的将其归纳为天人合一、以人为本、以和为贵等基本观念。认为人本观点是中国优秀传统文化的核心；充分肯定人的价值，称人的价值主要在于它具有道德的自觉性，即人格的尊严和社会责任心；认为人生理想的最高原则是“和”。有的将其归纳为自强不息的奋斗精神；为维护国家民族利益不惜牺牲生命的爱国主义精神。有的将其概括为爱国主义传统、注重和谐的传统、求真务实的传统，以及自强不息、厚德载物，重民、爱民的民本主义传统。有的学者从经济发展的角度，将之概括为“以仁义为基础的义与利的选择”；有的学者从道德教育角度将之概括为“重视教育精神”“强调气节”“注重人的道德完善、强调道德教育”等等。

这些不同的概括见仁见智，各有千秋，没有原则的分歧，仅反映出不同学者占有的史料、研究的视野、关注的重点、把握的深浅度等等的不同。相比较而言，以下对中国传统文化基本精神的概括，似乎在学界有更多的共识。这就是：

“自强不息”的精神。这种精神对中华民族性格和文化心理的形成曾起了积极的作用，在当前的现代化建设中，这种精神仍是我们艰苦奋斗、奋发图强的精神支柱。融合外来文化的开放精神。中华文化具有注重学习、吸收和消化外来文化，使各种思想融会贯通，相互补充，兼容并举的博大胸怀。这种精神，对我们今天在改革开放形势下学习外国先进文化有借鉴意义。

群体意识。中华民族历来具有重视统一、和谐，反对分裂，注重发挥群体智慧与力量的传统；提倡“天下一家”，主张以安定和谐的原则来处理国家、民族、社会、个人之间的关系。这种传统对多民族国家的形成和巩固，对中华民族凝聚力和群体意识、集体主义精神的形成无疑起了一定的作用。

对人的重视。重视人是中国传统文化的一大特征。《管子》中含有丰富的人本思想，道家对人的生命十分关怀，儒家注重人的理想、人的道德修养、人的认识能力的提高、人格的完美实现等。

尊师重友的传统。这种传统对保存和传递民族文化、发展民族智慧、提高社会文明程度都有重要意义。

高度的社会责任感和奉献精神。中国传统文化有一种“以天下为己任，‘先天下之忧而忧，后天下之乐而乐’的社会责任感及‘鞠躬尽瘁，死而后已’‘舍生取义’的奉献精神”。[①] 对中国传统文化基本精神作出这几条概括是否全面准确，有待学界争鸣。但作为中国传统文化基本精神本身，无疑是建设社会主义先进文化的民族性根基。我国漫漫历史长河中各个重要学术思想繁荣时期，如炎黄文化初立、西周易学诞生、春秋战国百家争鸣、西汉经学兴盛、魏晋南北朝玄学流行、隋唐儒释道并立、宋明理学发展等时期所产生的各家学说，所涌现出的大批思想大家，所留下的大量鸿篇巨制中，包含着丰富的治国理政的政治智慧和思想精华，成为社会主义核心价值观的丰富思想资源，而社会主义核心价值观正是当今中国有效整合社会意识、确保社会系统正常运转、社会秩序得到有效维护的灵魂，是推进国家治理体系和治理能力现代化强有力的文化支撑。社会主义核心价值观所起到的凝魂聚气、强基固本作用，从一定意义上说，正是中国传统文化基本精神合乎规律发展所起到的民族根基的作用表现。

（三）“两个历史必然”的内在动力

中国历史文化遗产是“两个历史必然”（当代中国必然要走适合自己特点的发展道路、我们对中国特色社会主义必然自信）的内在动力。关于前者，每个国家和民族独有的历史传统、文化积淀、基本国情，作为一种民族文化总体力量的汇聚，必定会深刻影响其民族走向、社会发展道路的走向，并使其获得内在动力，凝练民族特色。中国独特的文化传统，独

---

① 任青、史革新：《“如何正确对待中国传统文化”学术座谈会综述》，《高校理论战线》1991年第1期。

特的历史命运，独特的基本国情，在五千年文明历史演变中熔成的不朽思想文化总汇，成为凝聚中华民族之心和推动中国社会历史进步的磅礴力量，彰显出中国发展道路的特色。与古老的巴比伦文化、古埃及文化、印度文化、古希腊罗马文化不同，中华文化历经多次王朝兴衰、制度更替和内忧外患干扰不仅未能分解和消亡，反而总是生生不息，薪火相传，历久弥新；现今的中国，优秀传统文化的提升、转化，融入科学的马克思主义思想理论之中，所形成的独有的思想文化体系，深刻作用于中国社会历史发展的道路，彰显出走中国特色社会主义道路的历史必然性。关于后者，中国特色社会主义理论深深植根于中华文化沃土之中，而中华优秀传统文化是中华民族最突出的优势，是最深厚的文化软实力。它不能不激起中华民族子孙的无比自豪、自信！不仅如此，文化软实力的积淀、创造会随着时代、实践、科学的发展按几何级数增加，业已创造了伟大中华文明的中华民族具有非凡的创造力，一定能够继续拓展和走好适合中国国情的发展道路，在沿着中国特色社会主义道路、实现中华民族伟大复兴中国梦的过程中，创造出中华文化新的辉煌。基于这样深厚的历史渊源和广泛的现实基础，理所当然，我们对中国特色社会主义充满自信。

三 转化发展 古为今用

有专家指出：“任何传统文化，只有时代化才能真正为今人所用，才能具有不竭活力。否则，只能是一堆故纸、束之高阁，一派陈词、无人问津。中华传统文化之所以历数千年风尘浸染而不败，经几十个朝代变迁而不弃，关键是中华民族不断赋予传统文化以新的内涵。特别是近代以来，中国共产党人尊重传统文化，运用传统文化、发展传统文化，不断推进传统文化时代化，使中国传统文化老而不衰，陈而不腐，依然活力充沛，为社会的发展进步贡献宝贵的力量。”① 笔者以为，这段很有见地的论断提出的问题是，对待历史文化特别是先人传承下来的道德规范要坚持正确的方针。这就是：要以中国共产党坚持的马克思主义观为指导，以对当代中国社会成员树立正确的世界观、人生观、价值观有益还是无益为准则，通过科学分析，有鉴别地加以对待，有扬弃地予以继承。绝不搞厚古薄今，

---

① 徐光春：《马克思主义中国化与中华传统文化时代化》，《贵州师范大学学报》2017 年第 1 期。

更不搞颂古非今。“努力实现中华传统美德的创造性转化、创新性发展”①，以做到古为今用、推陈出新。

为此，必须在马克思主义指导下，坚持运用历史辩证法，力避形而上学，废止孤立、静止的中国传统文化研究。倡导立足中国古典经典文献，面对现实生活，从传统文化与中国化马克思主义产生的历史前提下，传统文化与社会主义先进文化产生的历史前提下，对中国传统文化宝库进行发掘，寻找体现时代精神和创造精神的民族珍宝；反对原封不动地照搬，倡导紧靠传统又突破传统，重视结合新的实践和时代的要求，结合人民群众精神文化生活的实际需要，对历史文化遗产中的精华进行改造、提炼、加工、创新，把它变成现时代人民自己的东西。这项科学研究，概括起来说，就是要分辨清糟粕与精华，去其糟粕，取其精华；分辨清优秀与腐朽，留存优秀，剔除腐朽；分辨清粗伪与精真，去粗取精、去伪存真。

什么是传统文化中的糟粕、腐朽、粗伪？首先是针对它的整体而言。无论是中国传统文化的整体，还是易学、儒学、道学、佛学、经学、玄学、理学等具体思想文化形态，从总体上说都是反映中国两千余年来未曾变动的农业经济组织，反映中国大家族制度的表层构造，建立在以小农经济为基础的血缘关系等级制度上的，是以历史唯心主义为根本理论基础的。其次是指它的一些封建的、迷信的、愚昧的、与现时代社会发展相冲突的思想道德观点，如君为臣纲、父为子纲、夫为妻纲等等。再次，是一些落后的不良习俗、风尚。必须把这些东西从传统文化中剥离出来，加以剔除。

什么是传统文化中的精华、优秀、精真？概括地说，就是中华传统文化中能够与当代中国社会进步相适应、与社会主义先进文化要求相协调，于今、于民有用、有利的传统思想和美德。如开拓创新、以民为本、崇德弘道、法德相继、协和天下等思想观念，它创于炎黄文化初立时期，后一直浸润、蕴含于易学、儒学、道学、佛学、经学、玄学、理学等思想文化形态之中，其内容日益丰富，形式日臻完美，可谓精华。又如仁义道德，它贯穿于易学、儒学、道学、佛学、经学、玄学、理学等思想文化之中，其具体内涵、形式随时代的变化发展而变化发展，亦可谓中华传统文化中的真髓。这些思想精华，有助于我们今天加强爱国主义、集体主义、社会

---

① 《习近平谈治国理政》，外文出版社2014年版，第160页。

主义教育，引导人民树立和坚持正确的历史观、民族观、国家观、文化观，增强做中国人的骨气和底气；有助于加强全社会的思想道德建设，坚持马克思主义道德观、社会主义道德观，激发人们形成善良的道德意愿、道德情感，培育正确的道德判断和道德责任，提高道德实践能力尤其是自觉践行能力；有助于引导人们向往和追求讲道德、尊道德、守道德的生活，形成向上的力量、向善的力量，能够让 13 亿人中的每一份子成为传播中华美德、中华文化的主体。这些传统文化中的思想精华，是中华民族面对世界文化的激荡能够站稳脚跟的文化根基。

当然，对传统文化中的思想精华也不能照搬照套，对它的吸取，要坚持以下几点：第一，要通过对传统文化资源的系统梳理，找到那些收藏在禁宫里的文物中、陈列在广阔大地上的遗产中、书写在古籍里的文字中的精华、优秀、精真，找到它们并让它们“活起来”。

第二，要认真学习研究，掌握其历史渊源、发展脉络、基本走向、独特创造、价值理念、民族特色，使之得到真正理解，以便为人“用起来”。

第三，要进行创造性转化、创新性发展。要把中国传统文化中那些维系中华民族生生不息、团结统一的优良思想（如讲仁义、倡忠勇、敬孝悌、重民本、守诚信、崇正义、尚合和、求大同等）、宏大抱负（如“修身、齐家、治国、平天下”）、壮烈情怀（如“先天下之忧而忧、后天下之乐而乐”）、国家利益至上的精神（如“苟利国家生死以，岂因祸福避趋之”）、不辱使命的责任感（如“为天地立心，为生民立命，为往圣继绝学，为万世开太平”），置于中国特色社会主义理论体系下，加以深度挖掘，改造陈旧的表现形式，创造出人民喜闻乐见、易于接受的新话语、新范畴，使其潜在的生命力得到激活，并根据时代、人民实践、构建中国特色社会主义哲学社会科学的需要，赋予新的时代内涵，使其对内成为涵养、支撑社会主义核心价值观，繁荣社会主义先进文化的重要源泉；对外成为同世界各国人民进行平等友好交流，传播中国文化的重要优势。一言以蔽之，使中国传统文化一直传承下来，传播开去。

第四，要排除错误思潮的干扰。因为中国传统文化中“既有民主性的精华，又有封建性的糟粕；既有积极、进步、革新的一面，又有消极、保守、落后的一面。而且在有些情况下，精华与糟粕又互相结合，良莠混杂，瑕瑜互见”，[①] 所以整理中华传统文化工作，是一项巨大而浩繁的科学工程，要防止两种错误思潮的干扰：一是历史虚无主义的干扰。这种错误思潮把中国几千年封建时代的文化等同于封建主义的东西加以抛弃，忽视了其中的许多珍贵品。我们当保持十分清醒，即封建时代的文化中也有人民的东西，也有不封建的东西；就是封建的东西亦应当进行具体分析，注意区别封建主义发生、发展和灭亡等不同时期的文化。封建主义发展的时期不同，对社会历史发展的作用亦不同。总之对封建主义的文化应当批判地加以利用。列宁说过：“马克思主义这一革命无产阶级的思想体系赢得了世界历史性的意义，是因为它并没有抛弃资产阶级时代最宝贵的成就，相反却吸收和改造了两千多年来人类思想和文化发展中一切有价值的东西”。[②] 二是复古倒退思潮的干扰。这种错误思潮主张对传统文化全盘继承，甚至把腐朽当神奇，颂古非今，蔑视革命文化和社会主义先进文化。“儒化当代中国论”、革命造成传统文化“断裂论”，就是这种错误思潮的典型。错误思潮对弘扬中国优秀传统文化危害很大，又涉及很多复杂的问题，需用专文来评论。这里提及，意在说明对中国传统文化的研究、传播与意识形态领域的斗争是不无关系的。

（原载《文化软实力》2016 年第 4 期）

---

① 罗国杰主编：《中国传统道德普及本》，中国经济出版社 1997 年版，第 4 页。

② 《列宁选集》第 4 卷，人民出版社 1995 年版，第 299 页。

“苏马非马”是一个伪命题

一个时期以来，“苏马非马”论在我国社会中，特别是哲学社会科学界非常流行。“苏马非马”是一个不科学的伪命题，此前已有专家提出过批评，因为它涉及多方面的是非，本文再做点评论。

一　“苏马非马”是对马克思列宁主义的诋毁

首先要指出的是，“苏马非马”论者称，“马克思列宁主义”用的是斯大林的概念，这并不准确。斯大林主持编写的联共（布）党史，还有其他著作，俄文是 марксизм-ленинизм（马克思主义—列宁主义），而不是 маркс-ленинизм（马克思列宁主义）。将 марксизм-ленинизм（马克思主义—列宁主义）这个复合词译成“马克思列宁主义”或者简称“马列主义”，是中文译者出于汉语习惯的考虑作出的表述。这当然并非问题的关键所在。问题的关键和实质在于“马克思列宁主义”或者“马列主义”这个概念是否鲜明有力地表达了马克思主义在发展过程中的一个科学理论体系和内涵。如果回答是，那么应当肯定这个概念具有很高的理论水平和概括能力，把握住了马克思主义的实质，马克思主义中主要的、基本的东西。斯大林及他领导时期的苏联学者虽然没有直接使用“马克思列宁主义”或者“马列主义”的概念，但是他们把“马克思主义”“列宁主义”两个概念并列起来使用，这是一个重大的理论贡献。这一理论创新突出了列宁的伟大，表明列宁“善于抓住马克思主义的实质，并从这个实质出发，向前发展了马克思和恩格斯的学说”①；表明“马克思主义”“列宁主义”是本质同一的无产阶级的科学思想体系，列宁主义是马克思主义发展的新阶段，是适合帝国主义时代新情况、新特点和俄国实际的马克思

① 《斯大林全集》第8卷，人民出版社1954年版，第222页。

主义。

斯大林及他领导时期的苏联学者对列宁及列宁主义的评价是符合客观实际的。

其一，列宁捍卫了马克思主义的基本原理。尊重国际共产主义运动历史的人都清楚，恩格斯逝世以后，第二国际的伯恩施坦、考茨基等修正主义者背叛了马克思主义。他们在哲学方面，否定马克思的唯物论和革命辩证法。在经济学领域，否定马克思的劳动价值论和剩余价值论。在政治领域，否定马克思的阶级斗争、特别是无产阶级专政学说；在社会主义运动的最终目的上，鼓吹“运动就是一切，最终目的是没有的”。第二国际修正主义的泛滥，使国际共产主义运动受到重创。面对这股逆流，正是列宁高举马克思主义的批判大旗，遏制了修正主义的泛滥，捍卫了马克思主义基本原理，挽救和促进了国际共产主义运动的健康发展，使科学社会主义从理论变成了一种现实的社会制度。

其二，列宁适应帝国主义时代新条件的要求，把马克思主义基本原理与新的时代和俄国的实际相结合，把马克思主义发展到一个崭新的阶段——列宁主义阶段。斯大林说，列宁主义学说在“（1）关于垄断资本主义问题，关于帝国主义是资本主义的新阶段的问题。（2）关于无产阶级专政问题。（3）关于在无产阶级专政时期，在由资本主义过渡到社会主义的时期，在一个被资本主义国家所包围的国家里顺利地建设社会主义的方式和方法问题。（4）关于无产阶级在革命中，在任何人民革命中，在反对沙皇制度的革命中以及在反对资本主义的革命中的领导权问题。（5）关于民族殖民地问题。（6）关于无产阶级政党问题”① 等方面发展了马克思主义。毛泽东同志也明确指出：“列宁主义学说发展了马克思主义。在哪些地方发展了呢？一，在世界观，就是唯物论和辩证法方面发展了它；二，在革命的理论、革命的策略方面，特别是在阶级斗争、无产阶级专政和无产阶级政党等问题上发展了它。列宁还有关于社会主义建设的学说。从一九一七年十月革命开始，革命中间就有建设，他已经有了七年的实践，这是马克思所没有的。我们学的就是这些马克思列宁主义的基本原理。”②

---

① 《斯大林全集》第10卷，人民出版社1954年版，第86—90页。

② 《毛泽东著作专题摘编》（下），中央文献出版社2003年版，第2356页。

其三，列宁发展马克思主义是完全沿着马克思的理论道路前进的。1872年，马克思、恩格斯在为《共产党宣言》德文版写的序言中指出："不管最近25年来的情况发生了多大的变化，这个《宣言》中所阐述的一般原理整个说来直到现在还是完全正确的……这些原理的实际运用，正如《宣言》中所说的，随时随地都要以当时的历史条件为转移。"[①] 列宁完全站在马克思主义立场上，坚定地遵循着马克思主义的方法论原则。沿着马克思的理论道路前进，就是坚持马克思理论阐述的一般的任务，"必然随着历史过程中每个特殊阶段的具体的经济和政治情况而有所改变"[②]。所以，俄国社会民主工党"需要独立地探讨马克思的理论，因为它所提供的只是总的指导原理，而这些原理的运用，具体地说，在英国不同于法国，在法国不同于德国，在德国又不同于俄国"[③]。"独立地探讨"的精义，就是坚持马克思主义基本原理与本国具体实际相结合。从总的、基本方面说，斯大林时期苏联"整理、理解、取舍和发挥"而形成的"马克思列宁主义"就是这样。从苏联传入，为中国所接受的马克思列宁主义也就是这样。称"苏马"即马克思列宁主义"非马"根据何在？

毛泽东同志指出："十月革命一声炮响，给我们送来了马克思列宁主义。"[④] 此前，从日本、法国也传入过马克思、恩格斯的某些著作（或某些思想观点），但当时仅被视为一种国外学术思想。十月革命则不同，因为它将一种理论转化成了可以具体实施的革命过程和实在的社会制度，俄国的社会状况及革命者寻求救国救民的革命真理的情况又同中国差不多。所以十月革命给中国送来的马克思列宁主义，"帮助了中国的先进分子，用无产阶级的宇宙观作为观察国家命运的工具，重新考虑自己的问题。走俄国人的路——这就是结论"[⑤]。中国无产阶级的先进分子，在十月革命以后学习了马克思列宁主义，建立了中国共产党，经过曲折的道路，取得了基本胜利，建立了中华人民共和国，使中国人民站起来了；之后，进行社会主义改造和社会主义建设，虽然这中间犯过错误，有过曲折包括在20世纪20年代末和30年代初，党内盛行过把马克思主义教条化、苏联

① 《马克思恩格斯文集》第2卷，人民出版社1995年版，第5页。
② 《列宁选集》第3卷，人民出版社2012年版，第24页。
③ 《列宁选集》第1卷，人民出版社2012年版，第274—275页。
④ 《毛泽东选集》第4卷，人民出版社1991年版，第1471页。
⑤ 《毛泽东选集》第4卷，人民出版社1991年版，第1471页。

经验绝对化和共产国际指示神圣化的错误，但那只不过是在探索马克思列宁主义和中国革命实践之统一过程中的一种谁都很难避免，在一定意义上可视之为成本的付出，但仍然取得了巨大成就。党的十一届三中全会以来，在以邓小平为核心的党中央领导下，进行改革开放，创立了中国特色社会主义；以后经过几届党中央领导集体的努力，特别是党的十八大以来，以习近平同志为核心的党中央关于治国理政的新理念新思想新战略，进一步丰富和发展了中国特色社会主义理论体系。以马克思列宁主义、毛泽东思想、中国特色社会主义理论体系为指导，中国得到更大的发展，现在已经成为世界第二大经济体。中国日益强起来。这就是以马克思列宁主义为根本理论基础的中国共产党所领导的中国共产主义运动的基本历程。贯穿这一基本历史过程最根本的原则和经验，归结到一点就是“把马克思主义基本原理同中国具体实际相结合”①。

上述中国共产主义运动的基本历程及贯穿其中最根本的经验，哪些“与马克思的马克思主义”、与列宁的基本思想不同呢？

二 “苏马非马”论是主观唯心主义的随意捏造

“苏马非马”论者指责马克思列宁主义是一套苏式的以教科书为代表的、“教条式的”意识形态。应该说这是一种无知，或者说是有意歪曲事实。熟悉马克思主义发展史的人都知道，早在十月革命前，俄国的马克思主义者就在马克思和恩格斯的著作出版方面做了大量工作。十月革命后，马克思主义著作可以不受删节地全文公开出版，其版次、印数大大超过革命前，质量也大大改进。列宁逝世后，马克思、恩格斯和列宁著作的出版工作进入新阶段。1931—1938 年，联共（布）中央直属的马克思恩格斯列宁研究院，加紧出版了《马克思恩格斯全集》和《马克思恩格斯文库》，发表了大量的马克思恩格斯的手稿。1932 年首次全文发表了马克思写于 1844 年 4—8 月间的“巴黎手稿”；1932—1933 年版，第一次全文发表了《哥达纲领批判》《德意志意识形态》和恩格斯为马克思的《法兰西内战》写的导言（1891 年）。1929—1930 年发表了列宁的《哲学笔记》，并从多方面进行深入研究。1933 年在纪念马克思逝世 50 周年时，首次大量出版了马克思主义奠基人的文选（两卷集）和许多专题文集。1938 年

① 《十七大以来重要文献选编》（上），中央文献出版社 2009 年版，第 809 页。

《联共（布）党史简明教程》问世，这部书和联共（布）中央作出的《关于〈苏联共产党（布）历史简明教程〉出版后的宣传工作的决议》(1938 年 1 月 14 日)，进一步推动了马克思和恩格斯著作的出版。该《决议》批评了马克思恩格斯列宁研究院，在把马克思、恩格斯、列宁的著作翻译成俄文时有多处歪曲和不确切的地方，研究院据此开始出版马克思、恩格斯和列宁著作的新译本。1939—1940 年，马克思恩格斯列宁研究院第一次用俄文发表了马克思和恩格斯于 19 世纪四五十年代在各种不同的刊物上刊登的论文，这些论文是人们以前所不知道的。1939—1941 年，研究院还第一次以完整的形式用德文发表了马克思的 1857—1858 年经济学手稿，定名为《政治经济学批判大纲》，1941 年出版了恩格斯的《自然辩证法》新版，纠正了 1925 年版中的错误。20 世纪 40 年代前半期，由于战争的影响，马克思、恩格斯的著作翻译和出版速度大大减慢，仅在战争末期出版了一本篇幅不大的集子《马克思恩格斯反对德国的反对派》，并用多种文字出版了《马克思列宁主义经典作家论游击战》文集。二战后，1945 年出版了恩格斯的《反杜林论》《家庭、私有制和国家的起源》的新版本。1946 年重印了 1941 年版的恩格斯的《自然辩证法》，1947 年出版了《马克思恩格斯全集》第 29 卷（1892—1895 年恩格斯的书信和以前各卷中遗漏的书信）；又分上、下两册出版了《马克思恩格斯全集》第 25 卷，此外，还出版了马克思的《编年大事记》，马克思、恩格斯的书信选集等。对于受到如此众多的马克思、恩格斯原著熏陶、影响的党和干部党员，他们所推行的马克思列宁主义只是一套苏式的教科书吗?

中国共产党接受的马克思列宁主义也不只是一套苏式的教科书。学习马克思主义经典著作，是中国共产党的优良传统。中国共产党遵循马克思主义经典作家的一贯教导，重视“根据原著来研究这个理论，而不要根据第二手的材料来进行研究”[①]。1938 年 10 月，毛泽东在中共六届六中全会上提出使“马克思主义中国化”的同时，就要求全党“普遍地深入地研究马克思列宁主义的理论”，实行学习理论、研究历史、研究现状的三结合。

1943 年 3 月 16 日，为了更有效地学习和应用马克思主义，毛泽东在

---

① 《马克思恩格斯文集》第 10 卷，人民出版社 2009 年版，第 593 页。

中央政治局会议上提出要求：“中央直属机关干部要进行理论、思想教育，读马、恩、列、斯的四十本书。”① 1943年12月14日，为了解决高级干部学习党的路线问题，他又主持召开中央书记处会议，决定将学习时间定为半年，学习的课本为六种：马克思、恩格斯著的《共产党宣言》、恩格斯著的《社会主义从空想到科学的发展》、列宁著的《共产主义运动中的“左派”幼稚病》和《社会主义民主党在民主革命中的两种策略》、斯大林主持编写的《联共（布）党史简明教程》和党的主要文件集（1922年7月至1943年10月）。

1945年4月，中共七大把毛泽东思想确定为党的指导思想。毛泽东在这次大会上再次向全党推荐读《共产党宣言》等五本书，说“如果有五千人到一万人读过了，并且有大体的了解，那就很好，很有益处。我们可以把这五本书装在干粮袋里，打完仗后，就读他一遍或者看他一两句”②。他强调，不能因为反对教条主义就不读经典著作了，马克思主义经典作家讲的不是教条，我们读后变成了教条，这是我们没有读通，不会读。

全国解放战争时期，毛泽东从政治的高度对党的高级干部提出要求：“我们在理论上要提高，还要普及。中央委员、政治局委员要当作一个政治任务来注意这个问题，不然就说不服那些犯错误的同志。”③ 当时中共华东局印了五本书并组织学习。毛泽东得知后作出指示说：“如果五本不够，可以选十本，包括《联共（布）党史》、《列宁主义概论》、《帝国主义论》在内。”④

1949年3月，为迎接全国的解放，中共召开了七届二中全会。面对即将到来的新形势、新任务，根据党内的理论状况，全会确定了十二本干部必读的书目。毛泽东在会上再次论述了学习马克思主义理论的重要性。他说：“积二十多年之经验，深知要读这十二本书，规定在三年之内看一遍到两遍。对宣传马克思主义，提高我们的马克思主义水平，应当有共同的认识。”他还说：“如果在今后三年之内，有三万人读完这十二本书，

---

① 《毛泽东文集》第2卷，人民出版社1996年版，第11页。

② 《毛泽东文集》第3卷，人民出版社1996年版，第417页。

③ 《毛泽东文集》第5卷，人民出版社1996年版，第138页。

④ 《毛泽东文集》第5卷，人民出版社1996年版，第138页。

有三千人读通这十二本书，那就很好。”①

新中国成立以后，适应新形势、新任务的要求，中央对干部的马克思主义学习抓得更紧了。当时规定了严格的干部学习制度并在以后长时期内得到了坚持。

1958 年“大跃进”运动中，在实践中发生了刮“共产风”的错误，在理论上有人提出取消商品生产等错误主张。毛泽东针对这种情况，在 1958 年 11 月 9 日亲自写信给中央、省（市、自治区）、地、县四级党委委员们，建议大家读两本书。一本是斯大林著的《苏联社会主义经济问题》，一本是《马克思恩格斯列宁斯大林论共产主义社会》。其意在提高干部党员的理论素养，避免重犯类似的错误。

1963 年 7 月 11 日，毛泽东再次提出，要读几本、十几本、几十本马列的书。要有计划地进行，在几年内读完几十本马列的书。1963 年 12 月 31 日，中共中央宣传部向中共中央呈送了关于组织高级干部学习马克思、恩格斯、列宁、斯大林著作的请示报告及供干部选读的 30 部著作目录。1964 年 2 月 15 日，毛泽东作出批示：“此件看过，很好，可以立即发下去。”②

1963 年 7 月，毛泽东曾提出，要为选定的 30 本马列主义经典著作写序、作注，以帮助人们学习马克思主义。注释的字数可以超过正文的字数。1965 年 12 月，毛泽东再次提出这个问题，并带了几个“秀才”到杭州进行这一工作。当时他强调，为马列著作写序要结合中国革命的实践经验。这件事虽然刚开头就因“文化大革命”开始而没有进行下去，但为如何帮助人们学习马列著作指明了方向，作出了示范。

上述在毛泽东和党中央的倡导和组织下所抓的学习工作，加强了党的理论建设、提高了党员干部的理论修养、统一了全党的思想认识、推动了党的事业的健康发展，形成了中国共产党的一个优良的历史传统。为了推动马列主义经典著作的学习，中共中央编译局出版了《马克思恩格斯全集》《列宁全集》《马克思恩格斯选集》《列宁选集》《马克思恩格斯文集》《列宁专题文集》，这都是众所周知的事实。它说明中国共产党接受的马克思列宁主义，大量的是从马列主义经典著作中，而不是从“一套

---

① 《毛泽东文集》第 5 卷，人民出版社 1996 年版，第 261 页。

② 《中共中央文件选集（1949. 10—1966. 5）》第 45 册，人民出版社 2013 年版，第 184 页。

苏式的教科书”中来的。

我们党在倡导和组织学习马列主义经典著作的过程中，还回答了一个重大问题，即：我们在中国搞社会主义现代化建设，为什么还要学习马列主义经典著作呢？由于存在这种疑惑，20 世纪 60 年代，不少报纸不同程度地存在“马克思列宁主义很少讲了”的现象。针对这种情况，1960 年 3 月 25 日，邓小平在中共中央天津会议上批评说：“不要把毛泽东思想同马克思列宁主义割裂开来，好像它是另外一个东西。”① 他还指出，有人提出“以毛泽东思想为纲学习政治经济学”的提法是不妥当的。他强调说：“讲初期的发展时期的资本主义，总是马克思和恩格斯，总是《资本论》；讲帝国主义，总还是列宁的《帝国主义是资本主义的最高阶段》；讲社会主义，列宁和斯大林都有，毛泽东同志也有重要发展。”② “光讲毛泽东思想，不提马克思列宁主义，看起来好像把毛泽东思想抬高了，实际上是把毛泽东思想的作用降低了。”③ 邓小平说，这些看法，毛泽东同志是同意的。“昨天在毛主席那里还谈了这个问题，他赞成这个意见。”邓小平以后的历届党中央领导人都强调要把学习马克思、恩格斯、列宁的经典著作与学习毛泽东的重要著作、中国特色社会主义理论体系的重要著作紧密结合起来。这些都充分表明，中国共产党历来高度重视马克思列宁主义经典著作的学习，始终坚持“马列主义普遍真理与中国具体实践相结合”的思想原则。说什么中国共产党接受的马克思列宁主义只是一套苏式的教科书的意识形态，纯属主观唯心主义的捏造。

三 “苏马非马”论宣扬的是历史虚无主义

“苏马非马”论者剑锋直指列宁、更多的是斯大林（即攻击列宁、斯大林篡改了马克思主义），由此必然彻底否定“苏联模式”（又称“斯大林模式”）和斯大林。

所谓“苏联模式”，就是社会主义根本原则和本质特征在苏联特定历史条件下呈现出来的、具有苏联民族特色的历史形态。也可以说，苏联模式或“斯大林模式”，是苏联人民在以斯大林为首的苏联共产党的领导

① 《邓小平文选》第 1 卷，人民出版社 1994 年版，第 283 页。
② 《邓小平文选》第 1 卷，人民出版社 1994 年版，第 284 页。
③ 《邓小平文选》第 1 卷，人民出版社 1994 年版，第 284 页。

下，在实现社会主义工业化和农业集体化过程中，把科学社会主义基本原则同苏联具体国情相结合，形成的一整套社会主义的制度。它既包括成功经验也包括错误、失败的经验。“苏联模式”的成功经验分为两个部分：一部分具有基本的性质，在人类历史发展现阶段具有普遍意义，体现了社会主义根本原则和本质特征，即我们称之为“十月革命道路”的东西。另一部分成功经验不具有普遍意义。这又包括两种情况：一是只符合苏联实际，不符合其他国家实际；二是只符合苏联当时的实际，不符合苏联后来发展了的实际。“苏联模式”中错误、失败的经验，主要是从具体体制、运行机制层面探索如何建设社会主义的产物。这在苏联当时就是错误的，只有反面的教训意义。

关于“苏联模式”，我们党的立场、观点是非常鲜明的。早在1956年批判赫鲁晓夫修正主义过程中，根据中国共产党中央政治局扩大会议的讨论，由《人民日报》编辑部写成、发表的《再论无产阶级专政的历史经验》一文中，明确地回答了“关于苏联的革命和建设的基本道路（即‘苏联模式’——引者注）的估计”，将其具有普遍意义的成功经验概括为五个基本点，这五个基本点实际上是我们党对四项基本原则的最早表述。继后毛泽东在《关于正确处理人民内部矛盾的问题》中把它概括成六条标准。再后来邓小平将其凝练为党的四项基本原则。这五个基本点是：（1）无产阶级的先进分子组织成为共产主义政党。（2）无产阶级在党的领导之下，联合劳动人民，经过革命斗争从资产阶级手里夺权。（3）在革命胜利以后，建立无产阶级对于地主、资产阶级的专政，实现工业的国有化，逐步实现农业的集体化，从而消灭剥削制度和对于生产资料的私有制度，消灭阶级。（4）无产阶级和共产党领导的国家，领导人民群众有计划地发展社会主义经济和社会主义文化，在这个基础上逐步地提高人民的生活水平，并且积极准备条件，为过渡到共产主义社会而奋斗。（5）无产阶级和共产党领导的国家，坚持反对帝国主义侵略，承认各民族平等，维护世界和平，坚持无产阶级国际主义的原则。①

在国际共产主义运动中，毛泽东同志是运用历史唯物主义分析评价苏联模式和斯大林的典范。在世界社会主义各国纷纷照搬苏联模式的环境下，他第一个提出对苏联的社会主义实践需要做具体分析，不能盲目照

① 《建国以来重要文献选编》第9册，中央文献出版社1994年版，第566—567页。

搬，并且提出要实行马克思主义普遍真理与中国具体实际的“第二次结合”，要以苏联为鉴戒，结合中国国情进行探索，走自己的路。《论十大关系》就是一个典型。中国特色社会主义由此发轫。然而在赫鲁晓夫全盘否定斯大林的时候，又是他站出来捍卫斯大林的正确方面：强调苏联社会主义建设成绩是基本的，不能否定；斯大林是一个伟大的马克思列宁主义者，但也是一个犯了几个严重错误而不自觉其为错误的马克思列宁主义者。1956 年 8 月底，毛泽东明确指出：“因为苏联发生了一些错误，这方面讲得多了，吹得多了，似乎那种错误不得了，这种观察是不妥的。任何一个民族，不可能不犯错误，何况苏联是世界上第一个社会主义国家，经历又那么久，不发生错误是不可能的。苏联发生的错误，像斯大林的错误，它的位置是什么呢？是部分性质的，暂时性质的，虽然听说有些东西有二十年了，但总是暂时的、部分的，是可以纠正的。苏联那个主流，那个主要方面，那个大多数，是正确的。俄国产生了列宁主义，经过十月革命变成了第一个社会主义国家。它建设了社会主义，打败了法西斯，变成了一个强大的工业国。它有许多东西我们可以学。当然，是要学习先进经验，不是学习落后经验。”“对斯大林要三七开。他们的主要的、大量的东西，是好的，有用的；部分的东西是错误的。”① 斯大林的“一系列理论著作，是马克思列宁主义的不朽文献，对国际共产主义运动做出了不可磨灭的贡献”。“斯大林的一生，是一个伟大的马克思列宁主义者的一生。”② 斯大林也犯过一些错误，“斯大林的思想方法，在一些问题上，离开了辩证唯物主义，陷入了形而上学和主观主义”③。但是，“如果一定要说什么‘斯大林主义’的话，就只能说，首先，它是共产主义，是马克思列宁主义，这是主要的一面；其次，它包含一些极为严重的、必须彻底纠正的、违反马克思列宁主义的错误”④。

总起来说，“苏联模式”是科学社会主义发展史上，结合各国具体国情，探索科学社会主义根本原则如何实现的一个必不可少的历史阶段。对于这个问题，2013 年 1 月 5 日，习近平总书记在新进中央委员、候补委员学习贯彻十八大精神研讨班开班式上的讲话中讲得十分清楚。习近平总

① 《毛泽东文集》第 7 卷，人民出版社 1999 年版，第 91 页。
② 《建国以来重要文献选编》第 17 册，中央文献出版社 1997 年版，第 60 页。
③ 《建国以来重要文献选编》第 17 册，中央文献出版社 1997 年版，第 60 页。
④ 《建国以来重要文献选编》第 9 册，中央文献出版社 1994 年版，第 575 页。

书记指出：社会主义思想从提出到现在的历史过程，经历了六个时间段："空想社会主义产生和发展，马克思、恩格斯创立科学社会主义理论体系，列宁领导十月革命胜利并实践社会主义，苏联模式逐步形成，新中国成立后我们党对社会主义探索和实践，我们党作出进行改革开放的历史性决策、开创和发展中国特色社会主义"①。习近平总书记还指出："苏联模式在特定的历史条件下促进了苏联经济社会快速发展，也为苏联军民夺取反法西斯战争胜利发挥了重要作用。"②

实际上，彻底否定斯大林和"苏联模式"是赫鲁晓夫修正主义污化苏联历史和斯大林的产物，事情过去半个世纪之久，俄罗斯人民经过正反面的教育，如今日益清楚地认识到赫鲁晓夫丑化斯大林和苏联历史带来的恶果，开始重新思考和重新评价苏联历史和苏联历史人物。"2007 年，俄罗斯新的历史教科书——《俄罗斯现代史（1917—2006）》，是苏联解体后，经过国家权威部门认定的。教科书对斯大林的评价具有代表性。书中写道：'正是在他的领导下苏联取得了人类历史上最大战争——伟大卫国战争的胜利；实现了经济的工业化和文化革命，这个结果使得不仅受高等教育的人口比例急剧提高，而且还建立了世界上最好的教育体制；苏联在科学发展领域进入先进国家行列；实际上消灭了失业现象。'俄罗斯社会对斯大林的评价也发生变化，高达 47% 的人对斯大林在苏联发展中所起的作用给以正面的评价。教科书称'斯大林被视为苏联最成功的领导人'——甚至斯大林生前也没有得到过这样高的评价。"③ 这表明俄罗斯人民在比较中日益清醒地认识到斯大林的功绩。

这里的问题是，能不能从苏共亡党、苏联解体推论出苏联社会主义模式是失败的呢？不能！邓小平指出："东欧、苏联的事件从反面教育了我们，坏事变成了好事。问题是我们……永远丢不得祖宗，这个祖宗就是马克思主义。"④ 江泽民同志也指出："苏联、东欧的变化，并不是科学社会主义的失败，而是放弃社会主义道路的结果，证明了民主社会主义的破

---

① 《毫不动摇坚持和发展中国特色社会主义》，《人民日报》2013 年 1 月 6 日。

② 《习近平总书记系列重要讲话读本》，人民出版社 2014 年版，第 7 页。

③ 《世界社会主义跟踪研究报告（2015—2016）——且听低谷新潮声（之十二）》，社会科学文献出版社 2016 年版，第 204 页。

④ 《邓小平年谱（1975—1997）》（下卷），中央文献出版社 2004 年版，第 1332 页。

产。"①"前苏联的乱，实质是先把思想搞乱了。他们把斯大林这把刀子丢了，我们对斯大林的评价是功大于过，前苏联对斯大林的否定引起了全面的思想混乱。"②"东欧演变、苏联解体，说到底，是因为执政的共产党出了问题，背弃了工人阶级先锋队性质，不再坚持马克思主义的指导思想、共产主义的目标、为人民服务的宗旨和民主集中制的组织原则。"③

这些话极为明白、清楚地说明了苏共亡党、苏联解体所证明的是"民主社会主义的破产"，而不是什么"苏马非马"和苏联社会主义模式的失败。苏共亡党、苏联解体给我们的重要教训是要高度警惕历史虚无主义的危害。习近平总书记指出："苏联为什么会解体？苏共为什么会垮台？一个重要原因是理想信念动摇了。最后'城头变幻大王旗'只是一夜之间。教训十分深刻啊！全面否定苏联历史、苏共历史，否定列宁、否定斯大林，一路否定下去，搞历史虚无主义，思想搞乱了，各级党组织几乎没有什么作用了。"④ 这些论断真是一针见血！

四 "苏马非马"论的要害是否定我们党的四项基本原则

"苏马非马"论者断定，"十月革命一声炮响"给我们带来的是"附加了错误观点的""马克思列宁主义"。与此紧密相连，宣扬历史虚无主义，否定"苏联模式"和斯大林，所有这些，集中到一点，要害在否定我们党的四项基本原则。

其一，其意剑指中国共产党的指导思想和根本性质。因为中国共产党是马克思主义和工人运动相结合的产物。按"苏马非马"论者的断定，作为指导中国共产党思想理论基础的马克思列宁主义不是马克思主义，而是由斯大林概括的，歪曲了"马克思的马克思主义"即"非马"。自然作为马克思列宁主义与中国具体实际相结合而产生的毛泽东思想、中国特色社会主义理论体系也不是马克思主义，中国共产党自然也不是马克思主义政党。只有待"苏马非马"论先生们进行了批判，完成"正本清源"的任务以后，中国共产党才能成为"原本的马克思主义"政党。

---

① 《江泽民在军委扩大会议上的讲话》，1991 年 12 月。

② 《江泽民在省市委政研室主任会议上的讲话》，1993 年 7 月 5 日。

③ 《江泽民在使节会议上的讲话》，1993 年 8 月。

④ 周新城：《坚定的理想信念是社会主义事业的根本保证——关于苏东剧变的一点思考》，《中华魂》2016 年第 4 期。

“苏马非马”论同《中国共产党章程》（下称《党章》）是尖锐对立的。《党章》总纲明确规定：“马克思列宁主义揭示了人类社会历史发展的规律，它的基本原理是正确的，具有强大的生命力。”① “中国共产党以马克思列宁主义、毛泽东思想、邓小平理论和‘三个代表’重要思想作为自己的行动指南。”② “以毛泽东同志为主要代表的中国共产党人，把马克思列宁主义的基本原理同中国革命具体实践结合起来，创立了毛泽东思想。毛泽东思想是马克思列宁主义在中国的运用和发展，是被实践证明了的关于中国革命和建设的正确的理论原则和经验总结，是中国共产党集体智慧的结晶。在毛泽东思想指引下，中国共产党领导全国各族人民，经过长期的反对帝国主义、封建主义、官僚主义的革命斗争，取得了新民主主义革命的胜利，建立了人民民主专政的中华人民共和国；建国以后，顺利地进行了社会主义改造，完成了从新民主主义到社会主义的过渡，确立了社会主义基本制度，发展了社会主义经济、政治和文化。”③ “邓小平理论是马克思列宁主义的基本原理同当代中国实践和时代特征相结合的产物，是毛泽东思想在新的历史条件下的继承和发展，是马克思主义在中国发展的新阶段，是当代中国的马克思主义，是中国共产党集体智慧的结晶，引导着我国社会主义事业不断前进。”④ “‘三个代表’重要思想是对马克思列宁主义、毛泽东思想、邓小平理论的继承和发展。”⑤ “科学发展观，是同马克思列宁主义、毛泽东思想、邓小平理论、‘三个代表’重要思想既一脉相承又与时俱进的科学理论。”⑥ “苏马非马”论明显否定了《党章》关于党的指导思想及其根本性质的规定，如此自然谈不上坚持中国共产党的领导。

---

① 《中国共产党章程 中国共产党廉洁自律准则 中国共产党纪律处分条例》，中国方正出版社2015年版，第1页。

② 《中国共产党章程 中国共产党廉洁自律准则 中国共产党纪律处分条例》，中国方正出版社2015年版，第1页。

③ 《中国共产党章程 中国共产党廉洁自律准则 中国共产党纪律处分条例》，中国方正出版社2015年版，第2页。

④ 《中国共产党章程 中国共产党廉洁自律准则 中国共产党纪律处分条例》，中国方正出版社2015年版，第3页。

⑤ 《中国共产党章程 中国共产党廉洁自律准则 中国共产党纪律处分条例》，中国方正出版社2015年版，第3页。

⑥ 《中国共产党章程 中国共产党廉洁自律准则 中国共产党纪律处分条例》，中国方正出版社2015年版，第4页。

其二，否定人民民主专政。任何一个科学理论工作者都承认，列宁主义对马克思主义最突出的贡献是结合帝国主义时代的新情况，丰富发展了马克思主义关于无产阶级专政的理论。如列宁所说：“只有承认阶级斗争，同时也承认无产阶级专政的人，才是马克思主义者。马克思主义者同平庸的小资产阶级（以及大资产者）之间的最深刻的区别就在这里，必须用这块试金石来检验是否真正理解和承认马克思主义。”① 中国共产党所坚持的人民民主专政理论是直接以马克思列宁主义的无产阶级专政理论为基础的。“苏马非马”论否定了马克思列宁主义，自然也就否定了人民民主专政理论和实践。

其三，否定社会主义道路。“苏马非马”论否定马克思列宁主义，否定“苏联模式”（又称“斯大林模式”），又诬指马克思列宁主义、“苏联模式”是“新中国前30年所犯的思想和实践错误”的根源，其要害在影射中国选择的社会主义道路。中国特色社会主义道路、社会制度和理论体系是三位一体的。“苏马非马”论否定中国的社会主义道路，明显暴露出要当代中国改旗易帜的政治诉求。

（原载《世界社会主义研究》2017年第3期）

---

① 《列宁选集》第3卷，人民出版社1995年版，第139页。

西方宪政民主的“基因缺陷”

在当今西方世界，宪政民主的衰落已经是不争的事实。在众多学者笔下，在各种媒体上，“民主崩溃”“民主失败”“民主衰落”“民主恶化”“民主危机”“民主困境”“民主失灵”随处可见。这是为什么？

美国政治学者弗朗西斯·福山认为：“美国当今的问题是法治过了头，民主过了头，而国家能力没跟上。”如果真如弗朗西斯·福山所说，那为什么面对民主严重危机，各路精英不顺应时代发展，进行积极的改革呢？可以看到，美国民众和一些学者多年来不断地呼吁改革现行民主制度，但在现实中，希望改革、积极呼吁改革的人没有权力改革，而一些企图使体制更民主的“改革”，又导致了更加严重的危机。显然，西方宪政民主衰落的原因，不是因为其法治、民主过了头，而是西方宪政民主体制本身存在固有的“基因缺陷”。

经济基础缺陷：资本主义生产方式

西方宪政民主的根基或说其“基因”，是资本主义生产方式。这个生产方式的绝对规律就是“生产剩余价值或赚钱”。追逐利润是资本的本性，而且是无止境的。它毫不轻视已占有的利润，但眼睛总是盯着未来的利润。资本靠什么力量来满足这种贪婪的欲望？靠赖以它形成强固起来又绝对忠于它的资本主义民主制度或国家制度。所以资产阶级民主制度，“它始终是而且在资本主义制度下不能不是狭隘的、残缺不全的、虚伪的、骗人的民主，对富人是天堂，对被剥削者、对穷人是陷阱和骗局”。这种事实，连资产阶级政治家也不得不承认。美国的亚历山大·汉密尔顿（开国元勋和宪法起草人之一，美国首任财政部长、美国政党制度的创建者）讲得非常明确：社会本身分成多个部分、利益集团和公民阶级，为“使少数阶级（富人和出身名门之士）在政治上享受特殊的永久的地位”，才设计美国宪法和宪政制度。

19 世纪末 20 世纪初以来，资本主义发展到垄断资本主义阶段，垄断成为资本主义全部经济生活的基础，工业资本和银行资本相互渗透、彼此融合，形成了金融资本。金融资本范畴的人格化代表，是控制工业企业和银行的金融寡头。金融寡头对经济社会生活的全面、绝对统治，是金融资本的本质和垄断的实质所在。它既包括对生产的统治和流通的控制，也包括对全部社会的操控。其根本目的在于获得超过平均利润的垄断利润。所以列宁说：“金融资本和垄断组织到处都带有统治的趋向而不是自由的趋向。这种趋势的结果，就是在一切政治制度下都发生全面的反动，这方面的矛盾也极端尖锐化。”两次世界大战就是这方面矛盾极端尖锐化的产物。

现在，垄断资本主义已经发展到国家垄断资本主义、国际垄断资本主义。金融资本虚拟化进一步推动着金融寡头统治，其在政治上的全面反动比列宁生活的年代更加深刻和突出。在这样的背景下，西方宪政民主怎么能不走向衰落呢？

灵魂缺陷：历史唯心主义理论基础

西方宪政民主的理论基础是近代西方自然法学说与社会契约论的融汇。近代西方自然法学说，是用自然法解释社会政治现象或理想的一种政治哲学理论。自然法学说认为，自然法是人类所共有的权利或正义的体系。它先于国家而存在，是社会得以维系的人类正当行为的原则。国家制定的成文法及国家机制是自然法的体现和实现自然法的保障。社会契约论以自然法学说为基础，把社会和国家解释为人们之间订立契约的结果，以此来说明政治权威、权利、义务的来源、范围、条件诸问题。

综合分析自然法学说和社会契约论及其融汇，不难看出，这种政治哲学理论完全建立在唯心主义历史观基础之上。这种缺陷决定了它不可能科学地揭示社会历史的发展规律，对社会历史只能限于片面的了解。

第一，明显的先验性。自然法学说认为人最初生活在自然状态，受自然法支配。这里的“自然状态”“自然理性”“自然必然性”“自然法支配”等，是先验的宇宙原则。其在某种程度上可以说是神学世界观的法学观翻版。

第二，抽象的人性论。他们一般都从超历史、超阶级的人性中寻找自然法的来源。英国哲学家洛克把自然法等同于人的理性。法国启蒙思想家卢梭视自然法为人的自爱心、怜悯心的相互协调和配合，他把个人天生的自由和平等权利作为其《社会契约论》的基本内容，并据此解释国家的起源和目的。

第三，私有财产和有产阶级为中心。卢梭明确指出，平等的核心是财产私有制基础上的同等权利，无私有财产的无产者自然不能享有。这种政治哲学理论的现实实践形态，正如美国第二十任总统加菲尔德所说："谁操控了货币谁便是这个国家工商业的绝对主人。"反映在资产阶级司法实践中，手无寸铁的无产阶级总是作为"被告"，遭受由特权阶级组成的陪审团审判，而在资本的"奴隶法庭"面前，无产阶级"犯罪"也总是早被判定。

第四，适应资产阶级不同历史条件的需求而演化。在资产阶级革命时期，自然法学说重视研究国家的起源、性质与作用，借以论证封建统治违背了人们建立国家的初衷，应予推翻并建立新的制度；在资产阶级反对封建势力复辟、建立资本主义民主制度的过程中，自然法学说强调建制，重视政体研究，并由洛克倡导、法国启蒙思想家孟德斯鸠完成了分权学说。到20世纪，资产阶级的统治在矛盾冲突中激烈动荡，新自然法学说强调自然法作为一种社会理想，一种衡量实在法是否正义的广泛标准，应因时而变。美国政治哲学家罗尔斯提出制度的正义，宪法的创制，应采用自由优先原则，以使最少受益者在公平的机会均等条件下达到长期的生活目标（包括补偿、互利、博爱和开放）。实际上就是劝说资产阶级通过体制改良缓和社会矛盾，解决紧迫的社会问题，确保资本主义民主制度的巩固。

上述政治哲学理论基础作为历史唯心主义在法学领域的表现，其根本缺陷决定了西方宪政民主，一是根本不可能确立普通选民的主体地位，更不可能确立历史唯物主义关于人民是历史发展的真正动力的观点。在西方宪政民主的代表人物眼里，作为社会历史主体的人民、特别是劳动人民，只不过是理应受上帝、神及其代表者皇帝、圣人、精英统治的奴仆、"草根"。尽管资产阶级的理论家和政治家极善于将他们狭隘的民主自由赋予普遍的全民形式，但它根本不可能具有广泛的群众根基，不可能具有普遍的人民性。二是神学世界观、抽象的人性论，终归是反科学、反历史的，不管怎么伪装，它的作用总是同人类的科学发现、实践发展、社会进步成反比的，这就是现今西方宪政民主日益走向衰落的根本原因之一。

体制机制缺陷：多重矛盾纠结中的运行

西方宪政民主作为一个具有鲜明指向和特定内涵的范畴，现已演变为包括“总统制”“两院制”“三权分立”“多党制”“新闻自由”“军队国家化”“司法独立”，还包括媒体、智库、教育和学术机构等等一整套资产阶级的国家理念、政治模式和制度设计。其在体制机制运行上的多重矛盾纠结，伴有三个无法摆脱的痼疾。

第一，“金钱政治”结构。整个体制机制只能在垄断资本控制和操纵下运行。按美国知名民主党人士马文·昂鲁的说法“金钱是政治的母乳”，即一切靠金钱来运转。这样，只有财力雄厚的资产阶级利益集团的代表才有可能胜选执政。对于普通劳动者来说，“这就是容许被压迫者每隔几年决定一次究竟由压迫阶级中的什么人在议会里代表和镇压他们!”而金钱本身是个刚性的东西，只能上不能下，耗费的财富会越来越巨大。

第二，利润抉择原则。马克思曾引证19世纪英国工会活动家托·约·邓宁的话描述说：“资本害怕没有利润或利润太少，就像自然界害怕真空一样。”西方宪政民主一整套国家理念、政治模式和制度设计，整个运行按资产阶级是否能获得利润为原则，它就不可避免地造成日益加深的贫富两极分化。

第三，无解的内在矛盾。仅就国内方面说，西方宪政民主面临三大矛盾：一是垄断集团绝对自由的要求与国家控制的对立。金融寡头为获得利润，不希望任何妨碍它的国家管理和控制；但是为了防止和镇压威胁它的利益，又不得不把国家暴力强化到极端。二是金融寡头要实现对经济社会生活全面、绝对的统治，希望把一切与之对抗的力量都消灭掉，特别是不希望无产阶级的存在。但是为了确保垄断利润的获得，它又需要为它创造剩余价值的无产阶级，而且还要创造条件，促使无产阶级适应现代化的生产。三是资产阶级整体利益与各部分利益之间、金融寡头代表的各垄断集团之间、垄断集团同中小资产阶级之间的对立。这些矛盾相互交织，错综纠结。西方宪政民主运行于这些深刻的矛盾之中，所以对立、对抗、较量、斗争，乱象丛生。

如多党竞争、轮流执政，这本是资产阶级政党内部不同派别的一种权力分配、交换和平衡机制，但资产阶级作为一个整体根本不能容许什么分权。那里，两个轮流执政的大政党中的每一个政党，都是由这样一些人操纵的。这些人把政治变成一笔收入丰厚的生意。

如“三权分立、互相制衡”。实际上，20 世纪以来，大量事实表明，西方国家行政权不断扩张，大有超过立法权的趋势。“三权”制衡实际成为资产阶级内部各个利益集团之间的一场争权夺利的游戏。

如“司法独立”。马克思早有揭露：法官的推选、任命、立场是由资本特权决定的。如此一来，“法官的虚假的独立性被取消，这种独立性只是他们用来掩盖自己向历届政府奴颜谄媚的假面具，而他们对于那些政府是依次宣誓尽忠，然后又依次背叛的”。

综合上述分析可以清楚地看到，宪政民主的衰落，西方国家面临的种种危机，根源于宪政民主本身的基因痼疾，所以曾经持“历史终结论”的美国政治学者福山近年来多次哀叹：“美国政治制度日渐腐朽。”

（原载《环球时报》2017 年 6 月 2 日）

试析新自由主义在经济上的实质和危害

自由主义在20世纪30年代形成理论体系，到20世纪七八十年代取代凯恩斯主义，成为西方经济理论中的主流。其理论的核心内容是“三化”：私有化、市场化、自由化。当时，英、美两国为应对社会经济危机，分别奉行“撒切尔主义”“里根经济学”，推动了新自由主义的政治化、国家意识形态化、范式化。新自由主义成为英美国际垄断资本推行全球一体化理论体系的主要组成部分。20世纪90年代以来，自由主义渗透到我国经济学、政治学、哲学、法学、社会学、文学等多个领域，力图影响我国改革开放和社会经济发展的决策。

一　新自由主义在经济上的实质

（一）新自由主义主张彻底私有化

1. 从理论看是荒唐的。新自由主义彻底私有化的前提是新自由主义经济学中“经济人”假设。有经济学家提出，自私自利是人的亘古不变的本性，人都是追逐私利的“经济人”。由此引申出新中国建立后坚持社会主义道路、搞公有制经济违背了人的本性，是人的理性的“迷失”“历史的迷误”。改革就是要纠正这种“迷失”“迷误”，回归私有化这一“人类文明的普遍道路”，等等。我们先不说这些怪论有没有共产党人的气味，仅就其理论前提而言，就是极为荒唐的。新自由主义者的这一理论前提，是亚当·斯密以来几乎所有资产阶级经济学家奉为公理的信条，这完全是反科学的。世界上并不存在抽象的永恒的“人的本性”。“自私”作为一种观念形态、思想意识不是天生的，而是私有制经济关系的产物。新自由主义者把反映私有制经济关系的自私观念加以放大，普遍化为人的本性，是资产阶级总是把自己的阶级性夸大为普遍人性的典型表现。这是以抽象人性论为具体形态的露骨的历史唯心主义的反动观点。新自由主义者正是从人的本性是自私的理论前提出发，给我国社会主义公有制、特别是国有企业捏造了种种罪名。

2. 从现实中看是有害的。新自由主义者攻击公有制，特别是国有企业所谓的现实依据，是他们捏造的或夸大了的事实。如他们说，社会主义公有制违背人的自私本性，效率必然低下；国有经济是靠垄断生存的，导致市场竞争的不公平；国有经济与民争利，妨碍国民经济的发展；社会主义公有制与市场经济不相容，只有消灭国有经济才能建立市场经济体制，等等。然而真正的客观事实却不支持新自由主义者这些捏造的、夸大了的所谓事实。其一，马克思主义经济理论和我国长期社会主义建设的实践，证明社会主义公有制有很强的生命力，并非低效。1953—1978 年间，我国建立了完整的国民经济体系和独立的工业体系，依靠公有制经济实现了 GDP 年均增长 6. 5%；在 1952—1988 年的 37 年中，国有企业的资金利用率曾高达 20% 甚至 30% 以上，最低也有 10% 以上。2013 年《财富》世界企业 500 强排名中，我国企业入榜 95 家，其中国有企业 88 家。自 20 世纪 90 年代以来，我国国有企业的确出现了效率低下的问题，但根源不在公有制本身，而另有复杂原因。其二，指责国有企业垄断是没有道理的。一是资本主义市场经济已经证明，竞争必然导致垄断，这是客观规律，不以人的意志为转移。而且，无论对社会主义还是对资本主义，在诸多行业实行垄断，在经济上是高效率的。二是要看谁垄断对人民有利。资本主义国家垄断是少数大财团得高额利润，社会主义国家获得的利润属于全体人民所有。三是我国的反垄断法反对的不是企业的垄断地位、市场的控制能力，而是对市场的垄断行为，即指滥用控制力谋取不正当利益，并非指控制力。我国大型国有企业对市场有控制力，但未曾操纵价格获得垄断高额利润。它所提供的石油、电、水、运输等重要商品价格不是随意定价的，都是经过严格的听证程序，由代表人民根本利益的国家充分考虑社会成员的承受程度或特殊情况而确定的。所谓国有企业垄断是某些利益集团企图搞垮国有企业制造的一种舆论。其三，所谓“与民争利”完全是无稽之谈。国有经济是全民所有制经济，国有企业一切经营活动都直接或间接的是为了满足人民群众的物质文化需要。国有企业作为自主经营、自负盈亏的市场主体，无疑需要获得利润，但这并非其生产目的，且利润最终属全民所有。

3. 从国家法律和党的政策上看是违法的。一从国家法律看。我国

《宪法》第十四条规定："国家在社会主义初级阶段，坚持公有制为主体、多种所有制经济共同发展的基本经济制度。"《宪法》是国家的根本大法，只要是中华人民共和国的公民，都应遵守《宪法》，否定和反对坚持公有制为主体、多种所有制经济共同发展的基本经济制度就是违反《宪法》。二从我们党的法规、决定和领导人的重要讲话看。《中国共产党章程》总纲明确写着，"必须坚持和完善公有制为主体、多种所有制经济共同发展的基本经济制度"①。十八届三中全会的《中共中央关于全面深化改革若干重大问题的决定》明确指出："公有制为主体，多种所有制经济共同发展的基本经济制度是中国特色社会主义制度的重要支柱，也是社会主义市场经济的根基。"又说："国有企业属于全民所有，是推进国家现代化、保障人民共同利益的重要力量"，"必须毫不动摇巩固和发展公有制经济，坚持公有制的主体地位，发挥国有经济的主导作用，不断增强国有经济活力、控制力、影响力"。中央还明确规定，国有资产管理委员会的职能改革，目的在于调整优化监管职能和方式，放权搞活国有企业，让企业获得更多的经营自主权。改革的核心要义，是确保国有资产保值增值和搞活国有企业同时实现。达到了这个目的，才算取得了改革的真正胜利。这里还必须指出，中央高度重视国有企业发展。同时也一贯支持民营企业发展，肯定民营企业在稳定增长、促进创新、增加就业、改善民生等方面发挥的重要作用和作出的重要贡献。但绝不容许借口否定国有企业对我们党执政、对我国社会主义制度的重要性，一定要划清马克思主义与新自由主义的界限。在对待国有企业上，习近平总书记讲得很多、话语很重。如：习近平总书记在全国国企党建工作会议上讲："国有企业还要不要？我提出这个问题不是无的放矢，也不是危言耸听，而是我们必须面对的一个很现实的问题。"接着，他讲了两段入木三分、震撼人心的话。一段话是："在中国共产党领导和我国社会主义制度下，国有企业和国有经济必须不断发展壮大，这个问题应该是毋庸置疑的。然而，一段时间以来，社会上一些人制造了不少针对国有企业的奇谈怪论，大谈'国有企业垄断论'，宣扬'国有企业与民争利''国企是不堪的存在'，鼓吹'私有化''去国有化''去主导化'，操弄所谓'国进民退''民进国退'的话题。特别是各种敌对势力和一些别有用心的人重点拿国有企业说事，恶意攻击、

① 《中国共产党第十九次全国代表大会文件汇编》，人民出版社 2017 年版，第 70 页。

抹黑国有企业，宣扬‘国企不破，中国不立’，声称‘肢解’是国有企业改革的最佳方式。醉翁之意不在酒！这些人很清楚国有企业对我们党执政、对我国社会主义制度的重要性，想搞乱人心、釜底抽薪。而我们有的同志也对这个问题看不清楚、想不明白，接受了一些模糊的、似是而非的甚至错误的观念。我们要善于从政治上看问题，决不能认为这只是一个简单的所有制问题，或者只是一个纯粹的经济问题。那就太天真了！”另一段话是：“如果把国有企业搞小了、搞垮了、搞没了，公有制主体地位、国有经济主导作用还怎么坚持？工人阶级领导地位还怎么坚持？共同富裕还怎么实现？我们党的执政基础和执政地位还怎么巩固？我们一定要想清楚，各级领导干部特别是高级干部要想清楚，国有企业广大党员、干部、职工要想清楚，不能稀里糊涂跟着喊口号，更不能中别人的圈套！”应该说，习近平总书记关于国有企业和国有经济的地位、作用，发展国有企业和国有经济的要求和重大意义，国有企业改革的方向，已经讲得十分清楚、十分明确了。习近平同志作为我们党的总书记，全党和党中央的领导核心，提出这样的问题、严厉地尖锐地批判一些错误观点和现象，一些很重的话听起来又感动又使人震撼。可是在这些重要讲话以后，一些人依然置我国宪法于不顾，我行我素，通过高层论坛、报刊文章，攻击、诋毁国有企业和国有经济，继续“鼓吹‘私有化’‘去国有化’‘去主导化’，操弄所谓‘国进民退’‘民进国退’的话题”。

上述表明，新自由主义者坚持彻底私有化的种种理由都是站不住脚的。既然如此，为什么他们还一再兜售那些荒唐的主张呢？那就是我们改革开放的总设计师、邓小平理论的主要创立者邓小平同志曾尖锐指出过的：“某些人所谓的改革，应该换个名字，叫作自由化，即资本主义化。他们‘改革’的中心是资本主义化。我们讲的改革与他们不同，这个问题还要继续争论的。”[①] 自由化本身就是资产阶级的，没有什么无产阶级的、社会主义的自由化，自由化本身就是对我们现行政策、现行制度的对抗，或者叫反对，或者叫修改。邓小平同志讲的改革就是必须坚持社会主义方向。1985 年 8 月，他指出：“社会主义有两个非常重要的方面：一是以公有制为主体，二是不搞两极分化……公有制包括全民所有制和集体所

① 《邓小平文选》第 3 卷，人民出版社 1993 年版，第 297 页。

有制，现在占整个经济的百分之九十以上。”① 这真是一针见血，入木三分！新自由主义者之所以这样攻击社会主义公有制经济，其实质是要瓦解共产党执政和社会主义制度的经济基础。

这个问题江泽民也讲得明确：“社会主义公有制的主体地位决不能动摇，否则我们党的执政地位和我们社会主义的国家政权就很难巩固和加强。”② 如果“把国有资产大量量化到个人，并最终集中到了少数人手中，那样我们的国有资产就有被掏空的危险，我们的社会主义制度就会失去经济基础。那时，中国将会是一个什么样的局面？我们靠什么来坚持社会主义制度，靠什么来巩固人民的政权，靠什么来保证实现全体人民的共同富裕？”③ 应该说，这已经把问题说透了。

敌对势力和一些别有用心的人继续重点拿国有企业说事，恶意攻击、抹黑国有企业，有的继续从毁灭马克思主义关于所有制基本理论、否定我国社会主义初级阶段的基本经济制度，来瓦解国有企业，挖掉共产党执政的社会主义经济基础。这些势力对国有企业和国有经济的猛烈攻击，当然也是针对、挑战党的领导核心的。关于这一点新自由主义者自己也毫不隐晦，他们公开说：“中国特色社会主义也就是中国特色资本主义”，“‘请回’资本主义，这就是中国社会主义的‘特色’”，“这个资本主义是什么……就叫做‘中国特色社会主义’”。这些谰言暴露出新自由主义者的本质。值得注意的是，这些话非随意而说，而是对美国战略的回应。20世纪末美国前总统尼克松就说过：“在经济方面，中国朝自由市场制度前进的过程已经走了一半。现在，它的两种经济——一种私有，一种公有——正在进行殊死的竞争”，而且“战斗还远远没有结束”。只要美国“继续介入中国的经济，就能在帮助私营经济逐步消蚀国营经济方面扮演重要的角色”。2000年，前总统克林顿也讲，美国要利用中国加入世贸组织的机会在中国推行美国的“价值观念”，“加速大型国有企业的衰亡”，由“私营企业取而代之”，给中国内部“为人权和法治而奋斗的人们增添力量”，以使中国作出美国所需要的那种“选择”。近期美国挑起的贸易战，一些美国政要明确表示不能容忍中国国有企业的发展，把他们妄图瓦解中国社

---

① 《邓小平文选》第3卷，人民出版社1993年版，第138页。

② 《江泽民论有中国特色社会主义（专题摘编）》，中央文献出版社2002年版，第51页。

③ 江泽民：《在纪念中国共产党成立七十八周年座谈会上的讲话》，《人民日报》1999年7月1日第1版。

会主义经济基础、和平演变中国的野心暴露无遗。

（二）新自由主义主张完全市场化

新自由主义者鼓吹“市场万能论”，要求完全市场化。他们攻击国家宏观调控扼杀了市场效率和活力，并称自由市场经济能够顺利地解决一切经济问题，使经济资源获得最佳配置，为个人谋得最多的福利，并防止严重的全面的经济危机的发生。这种论调是亚当·斯密与萨伊的有关思想的融合。他们认为，市场这只“看不见的手”自发调节经济活动与供给会自动创造需求，价格机制调节会自动导致整个经济平衡。但是宏观经济学理论和经济运行实践都无一例外地证明，市场并非万能，它固有调节的短期性、滞后性、盲目性等弱点和消极方面。完全市场化，不受任何国家调控，必然造成宏观经济的失衡、贫富两极分化和经济生活的混乱。2008年以来的资本主义经济危机，用事实证明“市场万能论”的破产。这一点已为越来越多的西方学者所认识。如日本经济学家中谷岩，他曾是“美国式市场万能论”的坚定信奉者和鼓吹者。西方经济危机发生后，2008年12月，他出版了一部自己的新著《资本主义为什么自我毁灭了?》，他在书中反悔说，我“对自己主张的错误而抱悔恨之念”，表示要与主张越不限制越好的“市场原教旨主义”诀别。法国学者勃拉尔顿指出：“今天，没有一个市场经济不受到国家和政府机构的带有或多或少强制性的指导。”法国学者罗奈·勒努阿也指出：“没有国家管理的市场将导致二元的、甚至四分五裂的社会，它不仅会埋葬市场经济，使市场成为万恶之源，而且还会使自由遭到毁灭。”

事实上，国家宏观调控和市场机制的有机结合，是社会主义市场经济的一个优点和特点。国家宏观调控，可以保证全国一盘棋，集中力量，保护重点。邓小平同志有一个精辟论断：“社会主义市场经济优越性在哪里？就在‘四个坚持’。‘四个坚持’集中表现在党的领导。”[①] 这个思想极为深刻。这里提出的问题是，发展社会主义市场经济就要党的领导，市场调节可以优化资源配置。在经济实践中，应该根据具体情况，从实际出发，权衡利弊，决定采用哪种方法、哪种手段。

从理论上说，坚持宏观调控和市场机制的有机结合，一是因为在现代化社会大生产条件下，国民经济按比例发展是一个客观规律，宏观经济平

① 《邓小平思想年编（1975—1997）》，中央文献出版社2011年版，第9页。

衡是微观经济生存和发展必不可少的前提。二是可吸取西方国家市场经济理论和实践中的积极因素。凯恩斯主义经济学认为，现代资本主义市场经济不是单纯由市场机制发生作用的经济，而是市场机制和政府干预相结合的经济。虽然西方国家存在着反对宏观调控的经济学理论，但不过是一种纯学术的研究，对政府的行为并未有实际影响。凯恩斯主义经济学的这些观点，在2008年以来的西方经济危机中，西方国家政府纷纷出来救市的行为得到了充分印证。

西方新自由主义竭力向社会主义国家和不发达国家兜售完全市场化主张，其目的，一是混淆国家性质。资本主义初期，针对封建专制国家对经济的干预，强调“看不见的手”的作用、国家只充当“守夜人”角色，有助于自由放任的市场经济发展。今天在社会主义条件下，否定国家的宏观调控作用，是有意混淆社会主义与封建专制国家的本质区别。二是误导我国违背客观经济规律，抛弃国家宏观调控，削弱政府对国民经济命脉的控制，以方便私人资本和国际垄断资本对中国的掠夺。三是新自由主义者把宏观调控视为社会主义基本制度的特征，他们批判宏观调控，意在批判社会主义基本制度，否定党的领导。

二　新自由主义的深重危害

新自由主义的荒唐主张对世界的危害是深重的。2014年8月15日《求是》第16期发表了署名李文的一篇《新自由主义的经济“成绩单”》的文章，文章指出，20世纪70年代末80年代初，新自由主义正式走到历史前台，由经济思潮逐步转化为一整套政策主张和一系列改革实践，进而被西方作为主导性的治理范式推向全球。如今30多年过去了，新自由主义付诸实践的效果究竟如何，它交出了一份怎样的经济“成绩单”？文章接着指出，俄罗斯在私有化期间的损失总计约合1.7万亿美元，相当于其1996年GDP的4.2倍、第二次世界大战期间损失的2.5倍。

对东欧八国的危害是，以匈牙利为例，在私有化运动期间，经济增长不进反退，尤其是在1990—1993年间，GDP下降了近20%。对其他国家的危害是，在新自由主义泛滥时期，几乎所有西方市场经济模式国家都出现了经济金融化的现象。比如，美国金融业在国内总利润当中所分割的比重越来越大，从20世纪80年代初的不足20%上升到30%左右，并在21世纪初一度达到45%，而同期制造业利润的比重则大幅下降。20世纪80

年代以来，每隔10年左右就会发生一次较大的金融危机，大型金融机构破产也时有发生。

正是这样，世界多个国家的学者、政要都批判新自由主义，如，诺贝尔经济学奖获得者斯蒂格利茨撰文指出：新自由主义一直是某些利益集团的政治信条，从来没有得到经济学理论的支撑。还有学者指出："华尔街被自己标榜的新自由主义搞得如此狼狈不堪"，"不能毫无批判便相信市场的魔法"，"经济学教科书应该重写"。当时法国总统萨科齐就说，"市场万能、不需要任何规则和政治干预"的观点是疯狂的。连制造"历史终结论"的弗朗西斯·福山在国际金融危机爆发后也反思说，"如果说这场全球金融危机让一些发展模式受到审判的话，那就是自由市场或新自由主义模式"。

（原载《学校党建与思想教育》2018年第23期）

第三部分　思想政治工作和马克思主义理论学科建设

加强马克思主义理论与思想政治教育博士点建设

在党和国家的关怀和支持下，在思想政治理论教育近半个世纪发展的基础上，经过专业结构调整，“马克思主义理论与思想政治教育”作为一门新的学科已经建立起来。现在，这一学科在全国高校中已拥有50多个硕士学位授权点、6个博士学位授权点。作为在这条战线耕耘了30多年的马克思主义理论课教师，我为本学科的发展感到无比高兴。面向21世纪，我们要高举邓小平理论伟大旗帜，进一步加强马克思主义理论与思想政治教育博士点的建设，为党和国家的思想理论建设作出新的贡献。

第一，充分认识和把握马克思主义理论与思想政治教育博士点的特殊性质，从政治的高度认识建设好博士点的重大意义。

同其他学科博士点一样，我们担负着为国家培养和造就跨世纪的具有良好专业素质、思想政治素质的高层次专门人才，培养社会主义建设的骨干力量的任务。这是我们同其他专业博士点的共性。但是马克思主义理论与思想政治教育博士点又不同于其他博士学位点。在意识形态方面，它是真正具有中国特色社会主义的、中国所特有的博士点，在社会主义现代化建设中，在党和国家思想理论建设方面，担负着特殊的任务、特殊的使命。从根本上说，它要培养一代代的青年马克思主义者，要成为让马克思主义占领思想领域阵地的基地，成为对青年进行社会主义、集体主义、爱国主义教育，帮助青年树立正确的世界观、人生观、价值观的主阵地、主战场的思想库。在学科群中，它要以高举邓小平理论的伟大旗帜，坚持坚定正确的政治方向，培养出具有良好思想政治素质和专业素质的高质量的人才来影响其他学科。在国际政治斗争中，它要培养出能够以历史发展大趋势的眼光，正确观察国际形势，正确处理社会主义和资本主义关系，既坚持对外开放又反对霸权主义和强权政治、反对和平演变的坚强战士。据此，我们对工作的最基本要求是，掌握坚实宽厚的马克思主义的基础理论，善于从科学体系上掌握邓小平理论的基本内容、基本观点和基本精神，全面把握邓小平理论关于思想理论教育方面的基本内容；掌握马克思主义学说的发展历程、特点、规律及其科学体系；历史地掌握中国共产党关于思想政治工作的经验和规律等。在研究方向、课程设置、学位论文选题的确立上，以社会主义现代化建设为中心，既突出马克思主义基础理论的教学和研究，又突出对实际问题的理论思考，研究新情况，解决新问题。在培养方式上，着重抓好基础理论教育和联系实际两个环节。在学生的素质上，注重对博士生的创新能力的培养。

第二，按照邓小平同志“发展才是硬道理”和江泽民同志关于“创新是一个民族发展的灵魂和不竭动力”的思想，不断有所发展和创新。首先，要按照国家重点学科的要求，从学科建设指导思想、学科带头人和学术梯队、人才培养、科学研究、实验和图书资料、学科建设的领导机构、经费投入及其相关措施上建设本专业点。力争在“九五”和“十五”期间把本学科建设成为国家级重点学科。其次，我们要根据本专业所担负的特殊历史使命的要求和学科现有的力量，充分利用武汉大学所具有的多学科、多专业、多博士点特别是哲学社会科学方面的综合优势，进一步积极创造条件，力争以本博士点为依托，把武汉大学建设成为国家级马克思主义理论与思想政治教育的人才培养和科学研究基地，使之在华中地区为国家“两课”建设作出贡献。在为“两课”服务方面，我们的措施是：在坚持标准、坚持条件的前提下，向“两课”教师倾斜。在已招收的三届 17 名博士生中，“两课”教师有 11 人，约占 65%，同时设置了思想理论教育规律研究方向，争取从方法论的高度为“两课”教育提供理论支持和经验的启迪；此外，还以博士生导师为主干，组织研究“两课”教学中的方法论问题，力争出一批成果。近两年我们已经举办 5 期“两课”教师培训班，为湖北省高校培训了 400 多人次的“两课”教师，保证了全省高校按时按新设置的“两课”课程方案开课。

第三，按照邓小平同志关于要不断研究新情况，解决新问题的指示，以培养高层次、高质量的专门人才为根本，着力研究本学科发展中的一些突出问题，力争从中作出有助于本学科健康发展的理论性的结论。学科发展中出现的一些问题，必须从学科建设的高度认真加以研究。例如，如何通过加强专业基础理论研究，将原有两个专业真正整合成一个新专业的问题；如何保证实现本学科培养方案的总体要求，同时又突出多研究方向的特点的问题；如何深化教育改革，加强对博士生创新能力的培养；确保博士生的素质得到全面提高的问题，等等。

第四，以提高导师素质为基础，加强导师队伍建设。建设高素质的导师队伍，是培养高质量博士生的基础。近年来，我们一直把提高导师素质，加强导师队伍建设，作为博士点建设的根本。在第三次全国教育工作会议精神指引下，我们将继续加强思想政治建设，增强导师改造主观世界的自觉性，始终忠诚于马克思主义理论与思想政治教育事业；继续加强基础理论研究，努力提高导师队伍的科研能力和学术水平，使其成为本专业在全国有影响的学术带头人；继续加强学风建设，按十五大提出的“一个中心、三个着眼于”的原则，坚持优良学风，以自己的教学科研成果为社会主义现代化建设事业服务；继续加强梯队建设，着力从年轻教师当中培养学科带头人和学术骨干，使其具有组织领导学科建设的能力；继续加强学术力量的引进工作，广泛进行国内外学术交流，以提高本博士点的学术水平，促进本学科导师整体素质的提高，带动我校整个“两课”教学和科研水平的提高。

（原载《思想理论教育导刊》1999 年第 10 期）

从五个高度认识思想政治工作的意义

思想政治工作是我党的一个优良传统，在革命、建设和改革的各个时期，在一切战线、一切工作中的地位和作用，集中起来说就是“生命线”，“是统帅、是灵魂”。这正如江泽民同志《在中央思想政治工作会议上的讲话》中所指出的：“党的思想政治工作是经济工作和其他一切工作的生命线，是团结全党和全国各族人民实现党和国家各项任务的中心环节，是我们党和社会主义国家的重要政治优势。只有充分发挥思想政治工作这一政治优势，才能保证经济工作和其他工作的正确发展方向，才能保证党的路线方针政策落实到各项工作和群众中去，才能及时排除和战胜各种错误东西的干扰，才能巩固和发展全国各族人民共同奋斗的思想政治基础，从而为经济工作和其他工作提供强大的动力与保证。”这一点，在中央思想政治工作会议之后，在全党日益取得共识。但是，由于在较长时期以来，在一些人的心目中，甚至在某些思想政治工作者中，对思想和政治的“统帅”地位和思想政治工作的“生命线”作用产生了怀疑，甚至发生了动摇。端正对这个问题的认识并不是很容易的。从认识上说，一些同志误以为在我国转向以经济建设为中心以后，建设社会主义只是一种单纯的经济运动过程。不懂得社会主义是人类社会发展的崭新阶段，应是高于资本主义的，有高度发达的经济、新型的民主政治和马克思主义为指导的思想文化有机统一的社会形态。不懂得建设人类历史上这种崭新的社会主义文明，是在经济基础上的经济、政治、思想文化三个方面互为发展条件的运动过程，除了这些原因阻碍一些同志对思想政治工作意义的认识以外，改革开放和发展社会主义市场经济的条件产生的一系列新情况、新问题，如：经济成分和经济利益多样化、社会生活方式多样化、社会组织形式多样化、就业岗位多样化。再加上西方敌对势力加紧对我国实施“西化”“分化”的战略，社会主义在世界范围内处于低潮的国际背景，等等。因而，尽管党中央一再提出各级领导干部注意纠正埋头经济工作，忽视思想政治工作的倾向，强调加强思想政治教育，首先要抓思想，从思想教育入手。但是一手硬、一手软的情况还是在相当多的部门和单位存在着。至今要从根本上改变四项基本原则教育和思想政治工作薄弱的状况还需要时间。鉴于这种情况，在今天反复强调思想政治工作的重要性是必要的。

应从怎样的高度去认识思想政治工作的重要性呢？概括起来，我以为要考虑以下五个方面。

其一，要从实现阶级统治的一般规律上去认识。马克思、恩格斯在《德意志意识形态》中写道："统治阶级的思想在每一时代都是占统治地位的思想。这就是说，一个阶级是社会上占统治地位的物质力量，同时也是社会上占统治地位的精神力量。"① 历史和现实充分证明了马克思主义创始人这一论断的科学性。在人类发展到阶级社会以后，任何一个阶级取得了政权，都要把本阶级的思想变为统治的思想，并据此为指导改造旧社会，建设新社会以巩固自己的政治统治，扩展本阶级所代表的生产关系，维护并增进自己的经济和政治的利益。共产党领导下的工人阶级取得政权以后，必须通过强有力的思想政治工作，把自己的思想体系，即马克思主义意识形态置于观念上层建筑中的主导地位，作为统帅社会各方面工作的指导思想，借以巩固和发展革命和建设的成果。这个工作的重要性是显而易见的。既然"占统治地位的思想不过是占统治地位的物质关系在观念上的表现，不过是以思想的形式表现出来的占统治地位的物质关系"②，那么，一个社会占统治地位的思想就是一个时代的精神象征，"如果从观念上来考察，那么一定的意识形式（指意识形态）的解体足以使整个时代覆灭"③。可见，从维护阶级统治的一般规律来说，如果一个统治阶级不想使自己覆灭，它就必须加强自己的思想政治工作，牢固地占领思想阵地，只是不同的时代、不同的国度里在提法上、内容上有所不同，无产阶级要维护自己的阶级统治当然也不例外。

其二，要从充分发挥人民群众的历史主动精神的意义去认识。社会主

---

① 《马克思恩格斯选集》第1卷，人民出版社2012年版，第178页。
② 《马克思恩格斯选集》第1卷，人民出版社2012年版，第178页。
③ 《马克思恩格斯全集》第30卷，人民出版社1995年版，第539页。

义优越于资本主义并将最终取代资本主义的最大根据、最深的奥秘，不在于它目前已拥有多于资本主义的社会物质财富，而在于它拥有社会的首要生产力，人类社会物质财富和精神财富的创造者，创造世界历史、推动历史发展的真正动力，即以工人、农民和知识分子为主体的人民群众。毛泽东同志早在新民主主义革命时期，就作出了这个深刻的历史唯物主义的科学论断："世间一切事物中，人是第一个可宝贵的。在共产党领导下，只要有了人，什么人间奇迹也可造出来。"[①] 共产党领导下的人，是掌握了社会和自己的命运，当家作主的人民群众。人民群众对共产党的爱戴和真心实意地拥护，这就是我们能够迅速发展社会生产力，把经济搞上去，推动经济发展和社会全面进步的最深厚的力量源泉。这里讲的共产党领导，首先是思想领导。毛泽东同志说："掌握思想领导是掌握一切领导的第一位。"在这个意义上说，共产党的领导就是通过党的思想政治工作，把党的理论、路线、方针、政策告诉人民群众，让群众充分认识自己的地位、利益，并且团结和组织起来为自己的利益而奋斗。在今天就是要使人民群众认识到建设有中国特色社会主义的事业是自己的事业，建设有中国特色社会主义实践是人民群众充分发挥自己历史创造性、主动性的伟大过程。人民群众的主人翁意识越强，历史主动性发挥得越充分，开拓创新的精神越突出，建设有中国特色社会主义事业的成果就越灿烂辉煌，我国社会主义制度必定战胜资本主义制度的根基就越牢固和深厚，而要提高人民群众这种自觉意识，就必须大力加强思想政治工作。没有强有力的思想政治工作，群众就不清楚它们与社会主义的关系，就不能意识到自身的主人翁地位，潜藏于他们中的伟大创造力就不能充分发挥出来。所以江泽民同志说："加强党的建设，做好广大干部群众的思想政治工作，是实现我们党的战略目标的根本保证。抓好思想政治工作，是我们办好一切事情的保障。"

其三，要从马克思主义理论的巨大功能去认识。我们党的思想政治工作的根本任务，在于在全国范围内和全体规模上宣传马列主义、毛泽东思想、邓小平理论，用马列主义、毛泽东思想、邓小平理论教育人民，提高全国人民的社会主义觉悟和思想水平，为我国社会主义现代化建设，实现共产主义奠定良好的思想基础和精神动力。在这个意义上说，思想政治工

---

① 《毛泽东选集》第4卷，人民出版社1991年版，第1512页。

作的必要性就在于马克思主义理论的功能作用。众所周知，马克思主义理论在认识世界和改造世界方面的功能是巨大的。一般来说，人们的一切活动都必须通过自己的大脑。思想支配行动，但是系统的思想与零散的思想对行动的支配作用是不同的。理论是概念的体系，是“达到了事物的全体的、本质的、内部联系的东西，达到了暴露周围世界的内在矛盾，因而能在周围世界一切方面的内部联系上去把握周围世界的发展”①。因此，一种理论体系一经形成，就会对人们的认识能力、思想观念、思维方法、实践行为产生强大的导向作用，从而对社会活动产生普遍、深刻的影响。反动的落后的理论起着维护旧生产方式，阻碍生产力发展和社会进步的作用，它禁锢人们的思想，束缚人们的行为。革命的理论起着促进旧的生产方式灭亡，帮助新的生产方式诞生，推动经济发展和社会进步的作用。它指导人们解放思想，开拓进取，是推动革命实践前进的先导和最高意义上的革命力量。马克思主义理论更不同于以往的理论，它是从客观世界中，特别是从世界各国的革命经验和革命思想的总和中产生出来的关于普遍真理的体系，集人类创造的全部精华之大成。它揭示了世界发展的普遍规律，特别是人类社会历史发展的普遍规律，揭示了社会主义必然代替资本主义和建设社会主义、最终实现共产主义的普遍规律，是深深植根于实践并在实践中不断发展的真正科学的理论。人们的精神世界一旦得到马克思主义理论的武装，思想就会发生升华，逐步树立马克思主义的世界观、人生观、价值观，从而变得目光犀利，眼界开阔，胸襟宽广，志向远大，境界高尚，信念坚定。有了这种精神支柱，思维和工作中的原则性、系统性、预见性、创造性就会大大增强。这种真理的科学规范力、正确的导向力所起的历史发展的杠杆作用是任何其他思想理论所无可比拟的。马克思曾指出，“理论一经掌握群众，也会变成物质力量。理论只要说服人，就能掌握群众；而理论只要彻底，就能说服人。所谓彻底，就是抓住了事物的根本”②。马克思主义理论就是能抓住事物的根本，能说服人，能掌握群众的彻底的理论。然而，理论掌握群众却不是一种自然而然的行为，群众仅凭自己的生活实践不能自然而然形成马克思主义观点，即使在社会主义制度下，也只有经过思想政治教育，向群众灌输马克思主义理论知识，

① 《毛泽东选集》第1卷，人民出版社1991年版，第286页。

② 《马克思恩格斯选集》第1卷，人民出版社1995年版，第9页。

才能帮助群众逐步的、由少到多地掌握马克思主义。马克思主义的巨大指导功能，决定了思想政治工作的重要性。

其四，要从长期进行反渗透、反颠覆的斗争高度去认识。现今全球政治和经济发展的格局，一方面给中国的对外开放和经济的发展带来机遇，另一方面西方敌对势力不愿意看到社会主义中国发展壮大，加紧对我国实施“西化”“分化”的战略图谋不会改变，中国与西方敌对势力在渗透与反渗透、颠覆与反颠覆方面的斗争将是长期的复杂的，有时甚至会是十分尖锐的。在这种国际背景下，国内极少数人公开鼓吹资产阶级自由化观点，在政治上主张西方式的多党制和三权分立的民主，在经济上主张私有化，在思想文化上主张取消马克思主义的指导地位，在价值观上主张损人利己的极端个人主义；在历史观上，歪曲党和人民的奋斗历史，诋毁革命领袖和党的优良传统，鼓吹历史虚无主义，等等。面对这种国际国内形势，发挥我们党的优良传统和特别优势，加强思想政治工作，唱响主旋律，打好主动仗，用马列主义、毛泽东思想、邓小平理论武装全党，教育干部和人民，在广大党员和群众中广泛进行党的基本路线和基本纲领教育，进行爱国主义、集体主义、社会主义和艰苦创业精神的教育，加强马克思主义唯物论和无神论教育，大力提倡科学精神，加强形势、政策、民主法制和维护社会稳定的教育，加强以为人民服务为核心，以集体主义为原则的社会主义道德建设，就是在人民的精神世界中筑起了钢铁长城，使广大干部和群众能够不断克服和抵制错误、腐朽的思想文化的影响和侵蚀，能够对违反四项基本原则的错误思想政治观点展开积极的思想斗争。这对于挫败西方敌对势力的战略图谋具有根本的意义。

其五，要从贯彻落实“三个代表”的高度去认识。江泽民提出的“三个代表”的重要思想，是我们的立党之本、执政之基、力量之源。切实落实“三个代表”的要求，全面加强我们党的建设，提高党的领导水平，巩固党的执政地位，这是实现建设有中国特色社会主义战略目标的根本保证。而要使我们广大党员和干部深刻领会“三个代表”的科学内涵，准确把握“三个代表”的特点和意义，认真实践“三个代表”的思想，就必须始终如一地、长期一贯地加强党的思想政治工作。这是因为“三个代表”的思想创造性地丰富和发展了马克思主义建党学说，科学概括和集中体现了我们党的根本性质、根本宗旨和历史任务，充分体现了我们党所领导的建设有中国特色社会主义伟大事业的本质要求，它具有强烈的时代性，深刻的理论性，鲜明的阶级性，丰富的历史性，高度统一性，它科学地回答了在对外开放和发展社会主义市场经济条件下，如何不断提高党的领导水平和执政水平，如何不断增强党的拒腐防变和抵御风险的能力这两大历史性课题。显然对于这样带规律性的东西，不经过强有力的思想政治工作，全党同志是无法深刻领会和认真实践的。正是因为这样，江泽民同志指出，必须大力加强和改进党的思想政治工作，“这是保证我们党始终做到代表中国先进生产力的发展要求、中国先进文化的前进方向、中国最广大人民的根本利益的必然要求”。

（原载《社会主义研究》2000 年第 6 期）

增强高校思想政治工作的实效性

增强针对性和实效性，是思想政治工作必须坚持的正确方针和原则。《中共中央关于加强和改进思想政治工作的若干意见》指出，思想政治工作必须坚持从实际出发，增强针对性和实效性，注重实际效果。中央思想政治工作会议再次强调了这一原则，要求把增强时代感，加强针对性、实效性、主动性，作为我们今后加强和改进思想政治工作的重点。在高校思想政治工作中，如何落实上述精神，加强其针对性和实效性呢？本文谨提出以下六个问题作些粗浅探索。

一　看实效根本在于看政治方向

实效，按词义即指实际效果。什么是思想政治工作的实效呢？有的同志认为，思想政治工作保证完成了具体工作任务，就是有实效。应该说，这种意见是正确的，但是不全面，没有抓住根本。毛泽东同志指出，思想工作和政治工作，是完成经济工作和技术工作的保证，它们是为经济基础服务的。思想和政治又是统帅，是灵魂。只要我们的思想工作和政治工作稍微一放松，经济工作和技术工作就一定会走到邪路上去。毛泽东同志在这里讲的"保证"，显然主要是从"方向""道路"上讲的，不是指保证具体任务的完成，否则，无所谓"统帅""灵魂"，也无所谓邪路。在毛泽东同志看来，不重视学习理论，天天搞事务，一定要迷失方向。在党的工作重心转移到经济建设以后，邓小平同志反复告诫全党，在改革中坚持社会主义方向是很重要的问题。全党要研究如何适应新的条件，加强党的思想工作，防止埋头经济工作，忽视思想工作的倾向。这也讲得很明确。"埋头经济工作""忽视思想工作"，就会忽视社会主义方向。在邓小平同志看来，这就容易陷入庸俗的事务主义中去，失去政治方向，使思想庸俗化，而思想庸俗化正是变质的危险起点。党的十一届四中全会以来，江泽民同志反复强调讲政治，指出讲政治的核心就是要坚持正确的政治方向。他多次论述了强有力的政治保证对于坚持经济建设中心地位的重大意义。他严肃地批评现在我们有些干部埋头于事务，很少考虑政治方向、政治立场问题，批评有的同志对社会主义最终必然战胜资本主义，对建设有中国特色社会主义的前途产生动摇。他要求不断加强思想政治教育，坚定我们共产党人的根本政治信仰——社会主义和共产主义。

综合起来说，我们党的三代领导核心正是在确保正确的政治方向、根本政治立场的意义上，把思想政治工作称之为“灵魂”“生命线”的，因为只有我们党通过思想政治工作，加大对广大干部和群众的马列主义、毛泽东思想、邓小平理论教育，以及有中国特色社会主义、共产主义、爱国主义和科学的世界观、人生观、价值观的教育，解决了他们对马克思主义的信仰、对共产主义的信念、对共产党的信任、对建设有中国特色社会主义的信心问题，才会使广大干部和群众自觉地把建设有中国特色社会主义、最终实现共产主义作为人生奋斗的目标，以此统帅自己的意志和注意力，决定自己的活动方式和方法。以历史创造者的角色积极地、主动地去工作，从而保证各项任务的胜利完成。在这个意义上也可以说，思想政治工作的实效表现为保证各项工作任务的完成。这对于高等学校来说，就表现为广大师生员工进一步端正教育方向、明确教育思想、增强凝聚力，以对国家、民族和子孙后代高度负责的精神，认真贯彻执行教育为社会主义事业服务、教育与社会实践相结合的教育方针，全面推进素质教育，培养出适应我国社会主义现代化建设需要的人才。归结起来说，看思想政治工作（包括高校的思想政治工作）的实效，首先要看是否保证了社会主义方向。有了这个根本前提，才能更好地完成具体工作任务。

二 坚持从实际出发的原则

从实际出发，实事求是，这是一切工作都必须遵循的思想路线，也是我们高校思想政治工作必须遵循的正确方针和原则。遵循这一原则，首先要重视分析社会环境。只强调人是环境和教育的产物，而忘记环境正是由人来改变的，是一种形而上学观点。但是，这并不意味着否定环境对人的作用。恰恰相反，马克思主义十分重视环境对人的影响。因此在高校思想政治工作中，坚持从实际出发，一定要重视对社会环境的分析。正如很多文章所指出的，正是由于改革开放和发展社会主义市场经济的环境条件，才带来思想政治工作的环境、任务、内容、渠道和对象的大变化。高校是社会中最敏感、最活跃的部分，要使思想政治工作行之有效，更要经常地、主动地分析不断变换着的社会环境，包括国际国内形势变化的新特点、新情况、新问题、新趋势，各种社会思潮及其影响。特别是对于西方敌对势力加紧对我国实施渗透、分化战略，国内极少数人宣扬的各种资产阶级自由化错误观点，“法轮功”这类邪教组织鼓噪的粗俗的唯心主义、有神论，等等，更要给予高度关注，不断清除其社会危害和影响。其次，要重视分析个性。高校的情况比一般社会单元复杂得多。从身份来说，有学生，有教职员工。学生中有专科生、本科生和研究生等不同层次。教职员工中有不同的岗位。有直接从事教学、科研的，有从事行政管理、后勤服务的。从政治面貌来说，有共产党员、民主党派和无党派成员；从技术职称来说，有教授、研究员、高级工程师，有中初级技术人员；从年龄结构来说，有老一辈的教授、科学家，有年轻的教学、科研工作者。还有专业的特殊性、不同的个人经历和家庭状况，等等。高校的思想政治工作同其他部门一样，都要突出加强理想信念教育，最根本的，就是要坚持进行爱国主义、集体主义、社会主义教育，动员师生员工为建设有中国特色社会主义事业，为把我国建设成为富强民主文明①的社会主义现代化国家而共同奋斗。但是为使这种教育富有成效，一定不能大而化之，停留于发文、作指示、一般号召，笼统地提出要求，而应该重视个性分析，针对不同对象的思想实际、个性特点和要求，有区别、分层次地提出不同的要求，有的放矢，对症下药，做细致的思想工作。如果脱离对象的具体实际，采取马马虎虎，八九不离十的粗枝大叶的态度，或者坐在办公室内“想当然”，凭印象，或道听途说，就下判断，作结论，定决策，那就势必犯主观主义的错误。这样不仅达不到思想政治工作的目的，而且有时还会弄到是非颠倒的地步。

坚持从实际出发，因人制宜，应该注意党内党外有别。一般说来，在政治方面对非共产党员教职员工，只要他们热爱祖国，坚持四项基本原则，坚持为社会主义服务的方向，勤奋工作，就不要过多地提出别的什么要求。“金要足赤，人要完人”，求全责备，是形而上学的思想。特别是

① 此处现变更为：为把我国建设成为富强民主文明和谐美丽的社会主义现代化国家而共同奋斗。

对那些一头钻到教学、科研里面埋头苦干的人，更应该多给予关心、爱护。对他们的世界观要有一个实事求是的基本估计。邓小平同志曾指出："世界观的重要表现是为谁服务。我国的知识分子绝大多数是自觉自愿为社会主义服务的。反对社会主义的是极少数，对社会主义不那么热心的也只是一小部分。"① 这是完全符合高校广大知识分子实际的。高校的思想政治工作者必须尊重这一实际。但是，对师生员工中的共产党员应有更高的要求。对于他们，要按照江泽民同志提出的"三个代表"，进行系统深入的马克思主义理论教育，使其逐步确立马克思主义立场、观点和方法。这是因为，共产党员是工人阶级的先进分子，坚持马克思主义的指导是使其成为工人阶级先进分子的决定性条件。一个共产党员如果不逐步树立马克思主义的立场、观点和方法，就不能真正成为工人阶级的先进分子。正是因为这样，江泽民同志指出："共产党员的指导思想、方法论必须是马克思主义的。这条不能变。"② 他在《在庆祝中华人民共和国成立四十周年大会上的讲话》中说："一个缺乏马克思主义理论素养，不善于运用正确的立场、观点、方法分析和解决问题的共产党员，不可能发挥应有的作用，更不可能成为党的合格的领导干部。"③ 今后随着工人阶级素质的提高，党内的知识分子会越来越多，强调共产党员树立马克思主义立场、观点和方法，对于党的巩固和发展将越来越重要。当然，对于党内的教职员工，还要根据其职务、职称和担负的任务不同，提出不同的要求。对于担负领导职务者，应要求他们有更高的马克思主义理论素养。因为党在理论上的提高，是党的领导的正确性、科学性的根本保证。现在的问题是，有些高校对担负领导职务的共产党员疏于教育和管理，致使某些同志的思想政治素质有所下降。在这些同志中，有的不主动做师生员工的思想政治工作，也不重视和支持思想政治工作；有的对素质教育理解片面，对高校中进行思想政治教育的主渠道、主阵地——马克思主义理论课和思想品德课不重视，总想把"两课"课时砍得越少越好；有的口头上也讲思想政治工作重要，思想政治素质是最重要的素质，但是一遇到处理具体工作，如干部提拔、职称晋升、人事奖惩、队伍建设、学科发展、选派出国、学习

---

① 《邓小平文选》第2卷，人民出版社1994年版，第49页。

② 江泽民：《在全国组织部长会议上的讲话》，《人民日报》1989年10月17日。

③ 江泽民：《在庆祝中华人民共和国成立四十周年大会上的讲话》，人民出版社1989年版，第25页。

进修、各种评比、表彰先进、宣传典型、工资晋级、津贴升降、住房分配、出版补贴等，在政策导向上则是另外一回事。有关政策、规定、条例、舆论等体现不出对思想政治工作的重视。这种导向对高校思想政治工作影响很大。这是一些高校思想政治工作长期薄弱的重要原因之一。有鉴于此，有同志提出，在高校思想政治工作中，要把各级领导作为教育重点，或第一对象、第一责任人，这是不无道理的。

三 思想政治工作要同业务相结合

我们党历来提倡根据工作对象的不同特点，把思想政治工作深入到他们的业务中去，这是很得人心的。就高校来说，热烈地追求真理，潜心地进行教学和科学研究，期望通过自己的教学和科研成果报效祖国和人民，是广大师生员工的最大心愿。因此高校的思想政治工作者，要注意尊重他们的劳动。特别是对教师，要十分珍惜他们的科研时间，重视发挥他们的专长，鼓励他们多出成果，尽可能为他们创造好的工作和生活条件，使其能出高质量高水平的成果，并重视奖励、推广他们的教学、科研成果。如果思想政治工作部门和人员置这些于不顾，那就从根本上脱离了广大教师的实际，就收不到任何效果。

坚持思想政治工作同业务相结合，还要尽可能把思想政治工作渗透到学科领域中去。任何学科都有一个教学指导思想和科研的方法论问题，特别是人文社会科学领域，许多学科的知识性、政治性、意识形态性是融为一体的。高校的思想政治工作当然不能粗暴、简单地干预各种学科领域里的学术问题，但是，一定要引导师生坚持四项基本原则，发扬学术民主，贯彻“双百”方针，通过自由的学术讨论，让马克思主义牢固地占领高校的思想理论阵地。这是高校思想政治工作的长期任务，也是目前的迫切任务。

坚持思想政治工作同业务相结合，在操作的方法上还有两个问题，一是组织师生员工结合业务工作学马克思主义理论的问题。邓小平同志说过，“学马列要精，要管用的”。他还说：“长篇的东西是少数搞专业的人读的，群众怎么读？要求都读大本子，那是形式主义的，办不到的。”马克思主义“打不倒，并不是因为大本子多，而是因为马克思主义的真理颠扑不破。实事求是是马克思主义的精髓”。[①] 根据不同对象，引导读一

① 《邓小平文选》第3卷，人民出版社1993年版，第382页。

些马克思主义原著有助于师生员工思想上、政治上的进步，这是很重要的。但是除专业工作者外，一定要少而精，不搞形式主义。二是结合专业特点的问题。列宁曾经指出："工程师为了接受共产主义而经历的途径将不同于过去的地下宣传员和著作家，他们将通过自己那门学科所达到的成果来接受共产主义，农艺师将循着自己的途径来接受共产主义，林学家也将循着自己的途径来接受共产主义，如此等等。"① 列宁在1921 年 2 月 21 日写下的这段话，今天仍然值得我们很好领会。这里列宁当然不是说自然科学家、工程技术人员不必专门学习马克思主义理论，而是说共产党人不能有官僚主义的自负，要学会尊重科学家、技术专家的工作，尊重他们"循着自己的途径来接受共产主义"的专业特点，不要采取简单的、粗暴的、想当然的做法。滥发号施令，"一刀切"，不会收到任何效果。

四 思想政治教育要同物质利益相结合

人们奋斗的一切，都同他们的物质利益有关。这是历史唯物主义揭示的一个真理。这个法则，从根本上说，是贯穿于一切社会制度之中的。我国社会主义发展到今天，在高校教职员工的思想政治工作中，遵循这一法则，就要把思想政治教育同物质利益结合起来，在广大师生员工中努力形成把国家和人民利益放在首位而又充分尊重公民个人合法利益的社会主义义利观。在对待这个问题上，要注意防止两种倾向。一是忽视集体福利和个人物质利益的倾向。出现这种倾向的原因，有的是过去比较长的时期不同程度的"左"的思想影响，把对少数先进分子的要求加以普遍化，只强调艰苦奋斗，不关心群众的生活，特别是物质生活，甚至在认识上把劳动者的个人利益与个人主义两个根本不同的范畴混为一谈，把劳动者的个人利益同社会主义生产关系对立起来；有的不能全面、正确地贯彻改革的方针，借改革之名削弱教职员工应得到保障的福利；有的是平均主义思想作怪，把党和国家给予高级科学技术专家的特殊照顾视为特殊化，不予全面地落实；普遍性的现象是比较容易忽视青年教职员工的物质生活问题。当然这是从思想政治方面讨论问题说的，丝毫不意味着现在高校教职工物质生活方面存在的种种问题，仅仅是思想认识方面的原因，事实上许多问

① 《列宁选集》第 4 卷，人民出版社 1995 年版，第 442 页。

题大都与目前几乎普遍存在的经费困难密切相关。但问题是，对职工物质生活问题的认识程度不同，对面临的困难所持的态度亦不同。显然在目前的情况下，如果只是“等”“靠”“要”，是无法克服困难的。正确的态度是适应社会主义市场经济体制的要求，根据国家的现行政策和法律，以有利于教学科研和学科建设为原则，组织一定力量，自力更生，改善本单位教职工的生活和工作条件。经验证明，凡是这样做了的单位，综合实力得到增强，队伍就比较稳定，任务就完成得比较好，学科建设也得到发展。当然这类问题主要不是靠思想政治工作部门和人员去解决的，但是也不能说这与思想政治工作部门和人员不相干。思想政治工作部门和人员应该关心、帮助有关方面正确解决这方面的问题，切实做好解决这类问题过程中的思想政治工作。

在思想政治教育与物质利益相结合的另一种倾向，是片面地强调个人的物质利益。这又有两种情况：在物质与精神的关系上，片面地强调物质利益，忽视精神文明建设，特别是思想政治教育；只讲报酬，不讲奉献，遇事先问给多少钱，在个人、集体和国家三者利益的关系上，片面地强调个人物质利益或小集体的利益，忽视国家、整体利益。应该说，这两种片面追求个人物质利益的情况都给学科建设、教学科研、行政管理带来不良影响，长此以往，会使高校师生员工一味计较物质利益，“一切向钱看”，轻视精神动力的作用，以至变成只关心个人蝇头小利的人，丧失为社会主义现代化建设忘我劳动、无私奉献的精神，使一些人不能正确理解和自觉投入教育改革事业。现在高校中的改革正在日趋深入，教育改革中的措施不是每一项都有利于所有人的，更不是所有的人都能在近期得益的。就获益来说，高校改革中出台的政策，有的要等到较长时期后才能使个人得益，有的只能使多数人得益，少数人的利益暂时受到损害。因此如果不能通过思想政治工作，引导教职员工把个人、集体和国家三者利益正确地结合起来，在三者利益发生矛盾时，使个人、小集体利益服从国家的、学校的整体利益，就不可能使他们正确地认识、对待和自觉地投入社会主义教育改革事业。上述情况表明，在社会主义时期，在高校中，要把思想政治教育和物质利益紧密结合起来，最根本的还是要在逐步提高教职员工物质生活水平的同时，大力加强理想信念教育，使其成为“四有”公民。

五 要把日常深入细致的思想政治教育同坚持四项基本原则的系统教育结合起来

在改革开放和发展社会主义市场经济的条件下，社会情况发生了复杂而深刻的变化，经济成分和经济利益多样化、社会生活方式多样化、社会组织形式多样化、就业岗位多样化等日趋明显，这必然深刻影响高校师生员工的思想。为此要求高校的思想政治工作部门和上级主管部门，比以往任何时候都要更加重视日常的深入细致的思想政治教育。只有这样，才能抓住师生员工思想活动的脉搏，及时解开他们思想深处的疙瘩，协调好人际关系，调动他们的积极性，充分发挥他们的聪明才智。要做好这一点，思想政治工作者一定要密切联系群众，深切地了解广大师生员工，关心他们，时刻同他们同呼吸、共命运。只有这样，才能对广大师生员工中的矛盾、思想上的问题、生活中的苦乐，了解真切、处理及时，把大家的积极性引导好、保护好、发挥好。

日常的思想政治工作是重要的，但是仅靠日常的教育又是远远不够的。这是因为，人们对周围所发生的包括触及自己利益的一些事情的观察、处理，在很大程度上是受自己的根本立场、观点和方法所支配的。人们的根本立场、观点和方法是长期受教育、社会影响和社会实践的结果；一个人思想变化的方向与其所处的环境关系很大。一个单位、一所学校良好的政治环境、舆论氛围、传统习惯是在长时间所形成的。因此，对于一所高校来说，除了做日常的思想政治工作之外，还必须重视系统的思想政治教育。毛泽东同志说，“没有正确的政治观点，就等于没有灵魂。”这是千真万确的。理论上的坚定是政治坚定的基础。在系统的思想政治教育中，要特别搞好政治理论教育。江泽民同志明确指出：“加强和改进思想政治工作，最根本的是坚持和巩固马克思主义在我国意识形态领域的指导地位。”[①] 因此我们应重视发挥理论的基础性作用。坚持用马克思主义立场、观点和方法分析和解决问题。特别是重视回答为广大师生员工所关注的，那些不大容易讲清楚而又亟待需要回答清楚的重大理论和实际问题，从而不断提高师生员工的马克思主义理论水平。在系统的思想政治教育中，要突出理想信念教育，因为正确的理想信念是我们的精神支柱，指引我们胜利前进的光辉旗帜，这对于高校师生员工有特别的重要性。在系统

---

① 《江泽民论有中国特色社会主义（专题摘编）》，中央文献出版社 2002 年版，第 411 页。

的思想政治教育中，要坚持四项基本原则、反对资产阶级自由化的教育。四项基本原则是我国现实经济、政治、文化制度的核心内容的科学概括。它深刻地反映了我国历史发展的根本规律和基本走向，深深植根于中国历史，集中表达了中国工人阶级和广大人民的最大利益和强烈的政治意志。同其他战线一样，高校师生员工头脑中牢固地确立了四项基本原则，就会有清醒的政治状态，在大是大非问题面前，明辨是非，旗帜鲜明，理直气壮地批判各种非马克思主义和反马克思主义的错误观点，不断克服和抵制错误的、落后的、腐朽的思想文化的影响和侵蚀。但是在这个问题上，邓小平同志早就提出的一个批评，至今仍未引起部分同志的注意。这就是他指出的“坚持四项基本原则还不够一贯，没有把它作为基本思想来教育人民，教育学生，教育全体干部和共产党员”①。应该说，这个批评的深刻意义，我们在整个社会主义现代化建设过程中都不能忘记。但是一个时期以来，一些人忘记社会主义时期阶级斗争还在一定范围内存在，放弃马克思主义的阶级分析，忽视马克思主义同反马克思主义的斗争、唯物主义同唯心主义的斗争、无神论同有神论的斗争、科学同伪科学的斗争的长期性和复杂性，任凭反马克思主义、唯心主义、有神论、伪科学等各种错误的东西占领思想文化阵地。这是很危险的。

六 重视研究思想政治工作的方法

毛泽东同志曾经把任务和完成任务的方法比喻为“过河”与船、桥的关系，这对高校思想政治工作也一样。要卓有成效地做好高校的思想政治工作，就要研究思想政治工作的方法，而且要认真研究与其特殊工作对象相应的特殊方法。现在西方敌对势力加紧对我国实施“西化”“分化”的战略图谋，社会主义处于低潮时期，国内改革处于攻坚阶段，新情况、新问题很多，思想政治工作的环境、任务、内容、渠道、对象都发生了很大变化，所有这些都给我们高校思想政治工作带来了复杂性和新的难度，为使我们的工作取得实效，努力探索思想政治工作的新途径、新手段、新方法、新机制，是一项极为迫切的任务。

在思想政治工作中，我们强调方法及其探索的重要性、迫切性，目的在于使它更有成效。如果片面地孤立地研究方法，致使方法的探索脱离了

---

① 《邓小平文选》第3卷，人民出版社1993年版，第305页。

思想政治教育的根本任务、根本内容，淡化了思想政治工作的强烈党性，或者不加分析地照搬外国某些具体学科的方法，忽视了马克思主义的基本理论和科学方法，使思想政治工作离开了建设有中国特色社会主义的大局，脱离了党的基本路线和党的思想路线，置群众关注的重大理论和实际问题，如置江泽民同志提出要解决的“四个正确认识”问题于不顾，把理想、信念、人生这类本来非常现实的问题抽象化、中性化，如此等等，就从根本上走入了歧途。搞思想政治工作的人一定要讲马克思主义政治，否则就会发生讲的是什么阶级的思想政治的问题。这是我们在努力探索思想政治工作新方法、新途径时值得注意的。本来，在一些同志中发生的“抽象化”“中性化”的偏向与探索思想政治工作的新方法、新途径不是一回事，但有一些同志却把探索“新方法”变成了借口。至于说到方法与内容的关系本身，我认为唯心主义辩证法大师黑格尔说过的一句深刻的话，值得我们深思，这就是：方法不是外部形式，而是内容的灵魂和概念。我们如果把这一论断奠立在唯物主义基础上，它就是科学的思想了。

（原载《高校理论战线》2000 年第 11 期）

略论马克思主义理论与思想政治教育重点学科建设

面对国内外的新形势，我们党正在以马克思主义为指导，按照“三个代表”的要求，带领全国各族人民完成继续推进现代化建设、实现祖国统一、维护世界和平与促进共同发展的历史任务。在这种大的时代背景下，如何建设马克思主义理论与思想政治教育这一重点学科呢？本文仅就此问题作些探讨。

一　要从时代和历史的高度认识本学科建设的重要地位和意义

从当今的时代背景和历史环境出发，我认为需要从四个高度来认识21世纪马克思主义理论与思想政治教育学科建设的意义。

1. 要从增强综合国力的高度来认识问题。江泽民同志在2000年6月召开的中央思想政治工作会议上指出，综合国力不仅包括经济实力、国防实力，还包括民族凝聚力。在当代中国，民族凝聚力的重要思想文化基础和内容，就是“正确的世界观、人生观、价值观的确立，民族优良传统的发扬，共同理想和精神支柱的形成和巩固，科学文化水平的提高”[①]。而形成民族凝聚力这种基础和内容都离不开教育工作，尤其是离不开马克思主义理论与思想政治教育工作。如果说江泽民同志讲的“四个同样重要”（哲学社会科学与自然科学同样重要，培养高水平的哲学社会科学家与培养高水平的自然科学家同样重要，提高全民族的哲学社会科学素质与提高全民族的自然科学素质同样重要，任用好哲学社会科学人才并充分发挥他们的作用与任用好自然科学人才并充分发挥他们的作用同样重要）都与民族凝聚力紧密相关，那么马克思主义理论与思想政治教育则是贯通

① 《江泽民文选》第2卷，人民出版社2006年版，第331页。

其中的生命线。

2. 要从全面推进素质教育的高度来认识问题。第三次全国教育工作会议从新世纪我国教育改革和发展的基本方向和战略任务的高度，提出了全面推进素质教育的要求。素质教育是一个历史的概念，根据党和国家面向21世纪的新任务和新要求，江泽民同志对素质教育作出了三个递进层次的规定：素质教育包括科学文化素质和思想道德素质；思想政治素质是最重要的素质；爱国主义、集体主义和社会主义思想是素质教育的灵魂。这一科学规定丰富和发展了邓小平关于培养社会主义"四有"新人的教育目标的思想。实现这样的培养目标，马克思主义理论与思想政治教育学科肩负着重大的任务。

3. 要从我们党始终代表中国先进生产力发展要求必须履行的第一要务和发展先进文化的中心环节的高度来认识问题。江泽民同志在"七一"讲话中明确指出："不断提高工人、农民、知识分子和其他劳动群众以及全体人民的思想道德素质和科学文化素质，不断提高他们的劳动技能和创造才能，充分发挥他们的积极性主动性创造性，始终是我们党代表中国先进生产力发展要求必须履行的第一要务"①；又明确指出："加强社会主义思想道德建设，是发展先进文化的重要内容和中心环节。"② 他强调要把依法治国同以德治国结合起来，为社会保持良好的秩序和风尚营造高尚的思想道德基础。要在全社会倡导爱国主义、集体主义、社会主义思想，反对和抵制拜金主义、享乐主义、极端个人主义等腐朽思想，增强全国人民的民族自尊心、自信心、自豪感，激励他们为振兴中华而不懈奋斗。显然，马克思主义理论与思想政治教育学科建设关乎着"三个代表"重要思想的践行和中华民族的振兴。

4. 要从巩固党的执政地位、完成党的历史任务的高度来认识问题。中共中央在《关于加强和改进思想政治工作的若干意见》中指出："必须增强忧患意识，保持清醒头脑，提高政治觉悟，从巩固党的执政地位，完成党的历史任务的高度，抓紧研究解决加强和改进思想政治工作问题。"③正是立足于这一高度，江泽民同志在2000年6月召开的中央思想政治工

① 《江泽民论加强和改进执政党建设（专题摘编）》，中央文献出版社2004年版，第23页。
② 《江泽民论加强和改进执政党建设（专题摘编）》，中央文献出版社2004年版，第39页。
③ 《十五大以来重要文献选编》（中），人民出版社2001年版，第1038页。

作会议上指出："思想政治工作在党的全部工作中的地位不能变，各级党组织坚持不懈地抓思想政治工作的任务不能变，不断提高思想政治工作的质量和水平的要求不能变。"① 为了使全党对思想政治工作的重要地位有一个清醒的认识和准确定位，江泽民同志高屋建瓴，把新时期思想政治工作的地位明确地概括为三句话：思想政治工作是经济工作和其他一切工作的生命线；思想政治工作是团结全党和全国各族人民实现党和国家各项任务的中心环节；思想政治工作是我们党和国家重要的政治优势。江泽民同志在"七一"重要讲话中，强调马克思主义是党在思想上、精神上的旗帜、立党立国的根本指导思想、全国各族人民团结奋斗的共同理论基础，进一步阐述了"以德治国"的重要思想。所有这些，都充分肯定了马克思主义理论与思想政治教育学科建设的重要地位和意义。

从以上四个方面看，加强马克思主义理论与思想政治教育重点学科建设，设点的高校责任重大，应不辱使命，竭尽全力做好工作。当然，要真正建设好这一学科，绝不仅仅是高校范围的事，而应是我们党和国家的一件重要事情。

二 要用创新的思维深化学科属性和科学体系的研究

深化学科属性及理论体系的研究，对于学科的健康发展关系甚大。关于学科的属性问题，江泽民同志在论述我们党要始终代表中国先进文化的前进方向时，提出了促进全民族思想道德素质和科学文化素质不断提高，为我国经济发展和社会进步提供精神动力和智力支持的问题。马克思主义理论与思想政治教育学科既然是一门科学，它主要的功能在于提高全民族思想道德素质和精神境界，为经济发展和社会进步提供精神动力，由此要求它成为一门关于进行思想道德教育的学科。

"思想道德教育"的内涵是什么？学术界的讨论，可谓见仁见智。如有的认为它包括思想政治教育、品德教育、纪律教育、法制教育、心理健康教育；有的认为它包括思想教育、政治教育、道德教育、心理素质教育和学习成才教育；有的认为心理健康教育不应归属于德育；还有的认为"思想道德教育"内涵中没有包括"马克思主义理论教育"，只讲了道德教育，不全面；个别同志认为这一提法是以道德为中心。我认为后两种见

① 《江泽民论加强和改进执政党建设（专题摘编）》，中央文献出版社 2004 年版，第 207 页。

解有失偏颇。江泽民同志在论述思想品德教育时，明确指出它包括思想政治教育、品德教育、纪律教育、法制教育，而且强调要从这几方面的教育入手，可见这里的“德”，不是仅指日常的道德，而是教育方针中的德智体美中的“德”。关于学科体系的构架，有的认为，政治教育是核心内容，思想教育是主要内容，道德教育是重要内容，心理素质教育是基础内容，学习成才教育是出发点和落脚点。有的则认为理想信念教育是核心要求，爱国主义教育应在整个学校教育阶段贯彻始终，职业道德教育是大学层次品德教育的重点，如此等等。这些都有待于继续深入讨论。我认为深化这些问题的研究，在思路上要解决好五个问题：

1. 学科的系统性和整体性。“教育是一个系统工程”，系统工程必具有整体性质。现在马克思主义理论教育与思想政治教育已经整合成一个新的二级学科，由于原有的这两个二级学科有共同的理论基础、共同的理论本性、共同的历史任务、共同的教育对象、共同的培养目标，将二者整合，优势互补，大大促进了学科的发展。实践证明，这种整合的创意者、设计者是富有学科建设远见的。今后要更加注意用系统的观点研究思想道德教育要素的构成，诸要素之间的内在联系和层次关系，使之以共产主义学说及其教育为核心，有序地构成为一个有机的严密的整体，全面地完整地体现马克思主义的立场、观点、方法及其教育。唯有如此，才能充分发挥本学科的综合效应，实现其教育目标。

2. 理论研究与理论教育研究。本学科必须根据国际局势的新变化、我国改革开放和现代化建设的新进展以及党的建设面临的新情况、新实际，注重开展创新性理论研究，对那些带有全局性、战略性、前瞻性的重大课题，作出科学的理论回答。尤其要注重对人民群众创造的新鲜经验进行科学总结和理论概括，不断深化对当代中国经济社会发展规律、社会主义建设规律、共产党执政规律的认识，以理论创新的高质量高品位的精神产品，为改革开放和现代化建设服务。但是从我们学科性质说，还不能到此为止，还应特别重视研究这些理论成果怎样才能更好地为教育对象所接受，内化为他们的良好的思想道德素质。这就要重视研究思想道德的教育规律及其在现时代背景下的具体要求，形成这方面的理论探索成果，并以此来指导教育实践活动。从“问题在于改变世界”① 来说，思想道德教育

① 《马克思恩格斯选集》第 1 卷，人民出版社 1995 年版，第 57 页。

规律的研究与思想道德教育理论的研究同样重要，它们的研究成果的价值同样重要，因此应该把理论研究和理论教育的研究统一起来。

3. 思想内容的政治性与学术性。思想道德教育中的思想教育，首先和主要是政治思想教育，核心是马列主义、毛泽东思想和邓小平理论的教育。从根本上说，本学科点要着力培养一代代的青年马克思主义者，为此，它要成为进行爱国主义、集体主义和社会主义教育和科学的世界观、人生观、价值观教育的基地，成为坚持和巩固马克思主义指导地位、帮助人们提高理论认识和科学思维能力，抵制西方敌对势力文化渗透、改造落后文化、防止和抵制腐朽文化和各种错误观点的主战场、主阵地，成为人们学习和实践马克思主义的思想库。所以，我们的学科建设必须始终坚持坚定正确的政治方向，高扬主旋律，充分体现本学科所具有的鲜明的马克思主义的政治性和意识形态性。马克思主义理论教育、思想道德教育还是一个科学，所以在学科建设中又要始终注重其基础理论及其应用的研究。要拓展眼光，高度重视研究和积极吸取人类文明的一切有价值的科学成果，结合时代的要求和我们新的实践，不断作出新的理论创造和科学概括，以丰富、完善和发展本学科的范畴、原理、科学体系、课程体系、研究方法和教学方法，以实现本学科建设的政治性与学术性的高度统一。

4. 学科属性的一元性和研究方向的多样性。学科是根据研究对象矛盾的特殊性划分的，各学科的研究领域都是专门的，不能把一个学科搞成大杂烩，所以各门学科的性质是一元的、稳定的。但是对一个专门领域可以从多个方面去展开研究。所以研究方向又应该是多样的。这些多样的研究方向并非彼此并列、相互独立、互不相干，而应该是有紧密内在联系，从多方面来体现学科属性的。武汉大学自建立博士点以来，根据本学科的整体性质和内在要求，设置了五个各具特色又相互联系的研究方向，大致可以划分为三个层次：第一个层次是，马克思主义基本理论及其在中国的运用和发展研究方向，突出马克思主义科学体系的整体性和时代性研究，是本学科的基础。第二个层次是，社会主义经济理论与实践、马克思主义政党学说与中国共产党思想理论建设两个研究方向，分别从有中国特色社会主义建设规律和马克思主义政党建设规律的角度，突出这两个方面的马克思主义基本理论及其中国化的研究，是第一个方向的深化和展开。第三个层次是，马克思主义理论教育、思想政治教育理论与方法两个研究方向，突出马克思主义理论教育和思想政治教育的基础理论性及其应用性、实效性研究，体现本学科的思想政治教育特色，是本学科点建设的落脚点。这五个研究方向相互联系、相互支撑，体现了“三个统一”：“马克思主义理论教育”与“思想政治教育”的统一，马克思主义和思想政治教育的理论研究与教育规律研究的统一，本学科研究的基础理论性和应用性的统一。“三个统一”体现出这一学科思想道德教育的根本性质。

5. 学科服务的主要领域和广阔空间。过去我们研究思想道德教育主要是面向高校，大多限于大学生。应该说这是我们服务的直接领域和重点对象，但是若局限于此则会限制学科发展的空间。现在应有新的战略思维，注意根据当代中国发展先进文化的要求，面向全社会，为促进全民族思想道德素质、特别是促进广大党政干部思想道德素质和精神境界的提高服务。这样，我们的学科建设就与促进全民族思想道德素质提高的历史任务紧密结合了，其发展就有了更加广阔的天地。

解决好上述五个问题，要通过培养目标、研究方向、课程设置、课题项目、教学实践、学位论文、培养方式、日常思想政治工作、制度化科学化管理等环节来实现，其最终成果就是培养出从事马克思主义理论与思想政治教育的高级专门人才。

三　要从赶超世界先进水平的要求来规划学科建设的目标和任务

教育部在重点学科评审结果的通知中指出：重点学科是根据国民经济和社会发展对高级专门人才的需求，科学技术发展趋势和国家财力的可能，在高等学校择优确定与安排重点建设的学科。重点学科应在高层次人才培养，科学研究，赶超世界先进水平和提高国际竞争力等方面作出重要贡献，并在高等学校学科建设中起示范和带头作用。通知的这一精神体现了时代的要求。重点学科建设的目标、任务要与此相适应，必须着眼于世界科学文化发展的前沿，具有世界眼光，从赶超世界先进水平、推进世界文明多样性发展的要求，深化改革，培养高质量的人才、出高品位的成果，发挥重点学科的辐射作用。根据上述认识，武汉大学学科点规划了“十五”建设的6项建设目标和10项建设措施，力求把目前已有的学科优势变成优势学科。这些规划目标和建设措施涉及的问题很多，其中包括：力争建成我国中西部地区国家级马克思主义理论与思想政治教育的人才培养和科学研究基地，特别是在培养高校“两课”教育教学人才方面要发挥国家重点学科的作用；出版一套主题鲜明、具有时代特色和学科特色的

"思想道德教育"学术丛书，按研究方向分5个系列出版。在这套丛书中，关于"马克思主义中国化的历史进程和创新"研究，将把马克思主义作为一个完整世界观和严整的理论体系，从总体上研究马克思主义与中国实际相结合，从结合史中研究结合的条件、机制、各历史阶段上的特点，从历史、现实和逻辑的结合上，探寻马克思主义与中国实际相结合的规律，着力就下列问题作系统的深入研究：马克思主义理论与实践、坚持与发展的具体的历史的统一；尊重社会发展规律与尊重人民历史主体地位的一致性，坚持为崇高理想奋斗与为最广大人民谋利益的一致性、坚持完成党的各项工作与实现人民利益的一致性；在21世纪如何坚持"三个代表"重要思想，使我们党在世界形势深刻变化的历史进程中始终走在时代前列，在应对国内外各种风险的历史进程中始终成为全国人民的主心骨，在建设有中国特色社会主义的历史进程中成为坚强的领导核心；如何始终坚持马克思主义基本原则，坚持贯彻解放思想、实事求是的思想路线，有效地反对"左"倾教条主义和右倾机会主义；等等。关于马克思主义理论教育、思想政治教育研究，将着力探讨在经济全球化、政治多极化、文化多样化等发展趋势下，在网络信息化，人们看重经济、科技发展，忽视社会主义意识形态的条件下，如何对人们特别是对青年进行马克思主义理论教育，帮助他们解决世界观、人生观、价值观，提高思想道德素养和精神境界问题。丛书的其他系列在内容和形式的表达上亦各有特色。倡议在教育部社政司的领导、支持和帮助下，由本学科的三个国家重点学科点联合出版博士文库，并对优秀博士论文的作者给予奖励。为做好这项工作，拟聘请国内著名专家组成评审组，对申请出版论文进行评审。建议联合出版当代中国思想道德教育年鉴。建立一个"思想道德教育"网站；加强与国内外学术机构的联系与交流，争取每年举办一次全国性或国际性的学术研讨会，争取本学科点有1/3以上的教师到国外著名大学或学术机构开展合作研究，向国外宣传中国化的马克思主义和有中国特色的社会主义；聘请国内外知名学者来校讲学，以海纳百川，广泛吸收国内外优秀科学成果；建立一支素质较高、学风优良、团结和谐的学术梯队。实现这些规划，无疑有很多困难，但我们愿意努力克服这些困难，为促进我国马克思主义理论与思想政治教育的发展繁荣作出贡献。

（原载《思想理论教育导刊》2002年第7期）

加强马克思主义理论及其教育的研究

——再论马克思主义理论与思想政治教育学科的博士点建设

由于马克思主义理论与思想政治教育学科的特殊性和任务的特殊性，由于当前社会意识形态领域里斗争形势的要求，由于本学科建设中存在的某些倾向性问题，同时也是为了回应《中共中央关于进一步繁荣哲学社会科学的意见》，特别是实施马克思主义理论研究和建设工程的要求，马克思主义理论与思想政治教育学科应加强马克思主义理论及其教育的研究。本文对如何加强马克思主义理论及其教育的研究，提出以下建议：

第一，在学科点的方向设置上，至少要有一个方向为马克思主义理论及其教育研究，并把此方向作为本学科点的基础方向，以加强马克思主义理论的教学和研究。这包括深入地研究和准确地阐述马克思主义经典著作中的基本观点，帮助受教育者分清哪些是必须长期坚持的马克思主义基本原理、哪些是需要结合新的实际加以丰富发展的理论判断、哪些是必须破除的对马克思主义的教条式的理解、哪些是必须澄清的附加在马克思主义名下的错误观点。这里我想要特别强调的是，要重视马克思主义原著的教学。车尔尼雪夫斯基曾经讲过，一个学科里真正值得读的书就是一两本，其他的书或者是对这一两本书的抄袭或者歪曲。车尔尼雪夫斯基的这句话不一定很全面，但是他讲的要精读几本书的思想是正确的。这正像毛泽东曾经说过的："对《红楼梦》不读五遍没有发言权。"在马克思主义理论教学方面，我们一定要指导博士生精读若干马克思主义的经典著作，这对于培养博士研究生具有坚实宽广的马克思主义基础理论、系统深入的马克思主义专业知识，是非常重要的。

加强马克思主义理论教学和研究，要着眼于世界变化，立足新的实践，认真地学习和研究毛泽东思想、邓小平理论和"三个代表"重要思想。把马克思主义在中国发展的最新成果作为研究的重点，并将研究成果贯穿到我们学科领域里的课程体系之中，深化“三进”工作。这里重要的是，要坚持马克思主义的基本原理同中国的具体实际相结合的原则，以重大现实问题为研究的主攻方向，重视指导博士生运用马克思主义的立场、观点和方法，运用当代中国马克思主义最新成果来观察形势、分析问题，提出创新思路，为社会主义“三个文明”建设的协调发展提供强有力的理论支撑，科学回答干部群众关心的理论和实际问题，坚定他们对党的“四个基本”的信念。

加强马克思主义理论教学和研究，要始终坚持解放思想、实事求是、与时俱进的马克思主义的最重要的品质，旗帜鲜明地反对僵化，反对以教条主义态度对待马克思主义理论的错误倾向，重视弘扬马克思主义的科学精神，培养博士生的优良学风，指导他们坚持“一个中心、三个着眼于”原则，用科学的态度对待马克思主义，学会用马克思主义立场、观点和方法分析问题和解决问题。

加强马克思主义理论教学和研究，要高度重视马克思主义理论教育的方法研究，这既包括一般的方法论原则，又包括具体的科学研究、科学叙述的方法，以便把马克思主义的立场、观点和方法转化为受教育者的思想道德素质。实现这种转化，是我们这个学科的基本任务、基本要求。没有科学的方法论的指导和具体的科学方法，就不能实现这一转化任务。方法的重要性正如黑格尔的一个论断：方法不是外部形式，而是内容的灵魂和概念。在这个意义上，对马克思主义的理论内容的研究和对理论教育方法的研究具有同等重要的意义。

第二，所有其他研究方向都要坚持以马克思主义为指导，并且要把马克思主义的科学原理、科学精神、科学态度贯穿整个培养过程的各个环节和各个方面。这包括多方面的要求，如加强研究和建立本学科的理论体系、范畴体系、课程体系、评估体系、人才工程等。这里有一个问题，就是本学科点在各高校设置时的背景不同、教师的结构不同、资料占有等具体条件不同，因而研究方向也会有所不同，而且随着时代、实践和科学的发展，还会不断地修订已有的研究方向和增设新的适合社会需求的方向，这是可以理解的。但有一点必须是共同的、不能动摇的，就是本学科的各个研究方向都要始终不渝地强化意识形态，坚持马克思主义的指导地位。不能因导师原来的学科背景、学科基础和个人兴趣，不顾本学科的属性和特点，想研究什么就研究什么，要求博士生研究和信仰什么。如果忽视这一点，那么这样的研究方向就不能体现本学科的属性和任务，严格地说，就算不上是马克思主义理论与思想政治教育学科的研究方向。我以为这是一个不能含糊的原则性问题。

第三，在马克思主义理论教学和研究中，要重视对社会思潮的评析，指导博士生从比较研究中深化对马克思主义的研究和认识，准确地把握马克思主义的基本原理及其科学体系，懂得马克思主义的发展规律是在与其他社会思潮相比较而存在、相斗争而发展的，善于运用马克思主义的科学理论和科学方法。在评析各种社会思潮过程中，要旗帜鲜明地反对“西化”，反对否定马克思主义基本原理，否定马克思主义指导地位，迷信西方资本主义的错误倾向。对错误的思想观点和政治言论，对否定“四项基本原则”的挑战和攻击，要坚持原则，敢于理直气壮地批驳和抵制。一个时期以来，一些人宣扬新自由主义，干扰社会主义改革的方向，在经济理论上，他们大力鼓吹“私有制优越论”，主张按照资本主义的经济模式，取消公有制的主体地位，根本改变我国的基本经济制度；在政治理论上，他们提出实行西方总统制，推行“两院制”，删除宪法序言，取消无产阶级专政的条款等全盘“西化”的主张，企图根本改变我国的基本政治制度；在思想文化上，他们宣扬“历史虚无主义”，否定我们党领导的新民主主义革命、社会主义革命和社会主义建设事业的历史。他们引入西方的“公共知识分子”思潮，宣扬学者的独立性、批判性，鼓动学者不只是“要独立于政府的意识形态”，还包括“需要独立于大众的情绪”，成为“公共意识和公共利益的看门人”“社会正义和世道良知的守护人”等，这些观点的实质是要离间知识分子和党的关系，离间知识分子和人民大众的关系，企图把知识分子引入歧途；他们还宣扬新闻媒体应成为“社会公器”，成为制衡党和政府的“第四权力”，实质是要否定新闻媒体作为党和人民喉舌的性质，否定新闻的党性原则，反对党对新闻媒体的领导和管理，企图把思想文化领域的演变作为政治演变的前奏。对于这些错误的观点、言论必须予以批判，绝不能让它们在我们这个学科有市场和传播的渠道。当然，毫无疑问，在批判这些思想政治观点和政治言论的过程中，要注意政策，严格区分思想认识问题、学术问题和政治问题的界线，要做到具体问题具体分析，是什么问题就解决什么问题，不能鲁莽行事。

最后，还想讨论一个问题。有的同志提出：“为什么一定要把马克思主义理论及其教育的研究作为本学科的基础研究方向呢？不设置这种方向只设置思想政治教育方面的方向难道不行吗?”我以为，就本学科建设的整体和全局来说，不设置马克思主义理论及其教育研究方向是不合适的。当然，如果说有的学科点没有设马克思主义理论及其教育方向，而在设置的思想政治教育诸方向中，重视马克思主义理论的教学和研究，事实上把马克思主义特别是当代中国的马克思主义，包括经典文本的研究放在基础地位上，这也是可以的。但是如果既不设马克思主义理论及其教育的研究方向，在设置的思想政治教育的各方向上又不重视马克思主义理论及其教育的研究，只研究一些应用性的、实证性的问题，这是值得考虑的。道理很明显，在我们社会主义思想理论体系中，在我们党的学说和党的建设的理论与实践中，思想政治教育是富有党性原则的。我们讲的思想政治教育就是马克思主义的思想政治教育、社会主义的思想政治教育。在这种前提和语境下，讲思想政治教育事实上是包含着马克思主义理论教育要求的，其他内容的教学也要求以马克思主义为基础。但是，如果把思想政治教育抽象出来，不以上面讲的前提为前提，欲建立一门超时代、超国家的普适性很大的思想政治教育学（事实上，在现实社会生活中，这种思想政治教育学是不存在的，即使硬要作这种追求，那也只会剩下极其简单的诸如“请勿偷盗”这类东西)，那“思想政治教育”就被抽象成中性的东西，这同我们党一贯坚持和强调的思想政治教育的内涵已经有质的区别。坚持以马克思主义理论及其教育为本学科的基础方向，有助于明确地规定思想政治教育的阶级性质、社会功能和规范其发展方向，也有助于防止和避免那种追求纯学理而游离思想政治教育的党性的倾向。从另一角度说，马克思主义是科学，它不能在人们头脑中自发地产生，也不能直接从一些其他专门知识中系统地得到，它只能通过教育、灌输、学习才能为人们所掌握。只有接受、掌握了马克思主义，才能在教学和研究的各个环节中坚持以马克思主义为指导。而马克思主义的立场、观点、方法不是抽象的，孤立存在的，它需要通过一定载体如著作、文献等表现出来。如果对马克思主义，特别是当代中国马克思主义的基本文献、基本著作不了解、不学习、不研究，就很难说接受、掌握了马克思主义的基本原理、基本观点。连马克思主义的基本原理、基本理论都不熟悉，当然谈不上自觉地坚持马克思主义、以马克思主义为指导。这正如列宁所说：“沿着马克思的理论的道路前进，我们将越来越接近客观真理（但决不会穷尽它)；而沿着任何其他的道路前进，除了混乱和谬误之外，我们什么也得不到。”① 这是千真万确的。事实上，离开了马克思主义的指导，就不能正确地观察形势和科学地判断事物，不能把握思想政治教育规律，不能正确地认识受教育者的特点，不能正确地对他们进行科学的世界观、人生观、价值观的教育，帮助他们确立爱国主义、集体主义、社会主义的观念，亦不能指导他们全面发展，还挡不住错误思潮的渗透和侵袭，这样，我们的思想政治教育就会扭曲，甚至走向反面。在现行博士生的培养和教育过程中，不乏这样的事例，有的博士论文在前言当中声明本论文是以马克思主义作指导的，但从全文看却并非如此。有的观察重大的历史和现实问题，如苏东剧变问题、社会主义和资本主义的关系问题、重要历史人物的评价问题，不是站在马克思主义立场上，而是站在所谓中性的、“纯客观”的立场上，有的甚至是站在西方资产阶级学者的立场上发议论的；有的引用西方社会思潮的理论观点和方法，不区分唯物主义思想体系和唯心主义思想体系，无产阶级思想体系和资产阶级的思想体系，不顾一种社会思潮的前提和出发点，只管信手引来，直接作为支撑自己观点的依据，其结果使自己的论文熔唯物论与唯心论甚至是有神论与无神论于一炉，显出折衷主义色彩；有的照搬西方一些流派的名词、概念、范畴，不加分析、不加批判，不作科学改造工作，就直接置换、取代马克思主义、中国特色社会主义理论的基本概念、重要命题，使一些本来明白无误的概念、命题、原理、原则变得令人难以捉摸，不明其意。这种情况的存在，原因也许有多方面，但是其中一个重要原因是论文的作者虽然主观上想以马克思主义为指导，但由于他们根本不熟悉、不懂得马克思主义的基本立场、观点和方法，或说马克思主义的科学原理和科学精神，导致了事与愿违的结果。从学科建设的高度来观察、思考这些问题，不能说与我们的教学没有关系，不能不促使我们提出要重视马克思主义理论及其教育的教学和研究问题。

（原载《思想理论教育》2005 年第 1 期）

---

① 《列宁专题文集·论辩证唯物主义和历史唯物主义》，人民出版社 2009 年版，第 50 页。

论把马克思主义理论及其教育研究放在学科建设首位

马克思主义理论与思想政治教育的学科建设包括多层次、多方面的工作。如培养目标和研究方向的设置、课程体系的设计和教学大纲的制订、培养环节、过程的确定和完善，学位论文的指导、拔尖人才的选拔和师资队伍的建设、图书文献资料的收集和数据库的建立、国内外学术交流等等。要把本学科建设成全国的一流学科需要从多方面努力，做好工作。但是在多层次、多方面的建设任务中，要把马克思主义理论及其教育放在首位。

第一，把马克思主义理论及其教育研究放在学科建设的首位，是由马克思主义理论与思想政治教育学科的特殊性质决定的。

我们这个学科同其他学科一样，总的目标是使受教育者成为德、智、体全面发展的社会主义事业的建设者和接班人，但是在实现这一目标的过程中，我们这个学科又具有不同于其他学科的特殊性。从学科任务说，它的侧重点在德育方面，主要是提高受教育者的思想道德素质，其中最根本的是使受教育者有正确的政治方向、政治立场、政治观点，有很强的政治鉴别力和政治敏锐性等，使爱国主义、社会主义、集体主义成为受教育者的最重要的素质和灵魂。从培养目标说，我们培养的是从事思想政治理论教学和研究、思想政治教育实际工作的专门人才。要实现这一目标，当然不是通过简单的说教，而要通过多层次、多方面、多环节的培养工作，要以丰富的科学知识作为载体，并采用尽可能适应受教育者特点、为其乐于接受的有效形式。但是运用各种载体和采用有效形式的重要性和必要性，正在于增强思想政治教育的说服力和战斗力，实现本学科的培养目标。教育的手段、形式及其研究是极其重要的，但它们都不是目的本身。不存在为形式而形式、为建设载体而建设载体的教育行为。抽象地研究教学方式、方法对发展理论思维也有一定价值，但是对于实现本学科的培养目标和任务没有多大积极意义。我国从20世纪50年代起就在全国高校开展马克思主义理论教育，到80年代以后又增设思想政治教育这个专业，初衷正在于此。

第二，把马克思主义理论及其教育研究放在首位是由当前意识形态领域的斗争形势决定的。

意识形态领域历来是敌对势力同我们激烈争夺的重要阵地，通俗地说叫“兵家必争之地”。如果这个阵地出了问题，就会导致社会动乱，甚至丧失政权。从社会历史发展规律看，任何一个社会的主流都是统治阶级思想意志和思想体系的反映，这是一个普遍的社会规律。即马克思所说的：“统治阶级的思想在每一时代都是占统治地位的思想，这就是说，一个阶级是社会占统治地位的物质力量，同时也是社会上占统治地位的精神力量。”我国是工人阶级领导的、以工农联盟为基础的人民民主专政的社会主义国家，我们党是领导中国特色社会主义的核心力量，以马克思主义作为自己的指导思想。这就决定了马克思主义是我们立党立国的根本指导思想。从另一方面说，敌对势力要搞乱一个社会，颠覆一个政权，往往总是先从意识形态领域打开突破口，先从搞乱人们的思想下手，这又是一个规律性的表现。亦即马克思所说：“如果从观念上来考察，那么一定的意识形态的解体足以使整个时代覆灭。”这是为历史和现实所反复证明了的科学真理。联系我国现实来说，就是敌对势力总是要千方百计地动摇马克思主义对我们党和国家的指导地位。关于这个问题，东欧剧变、苏联解体，给我们提供了深刻的教训。一个时期以来，关于苏联解体的原因有各种各样的说法。事实上，苏联解体的原因固然有多个方面，情况比较复杂，但是当时戈尔巴乔夫提出“意识形态多元化”“公开性”，放弃马克思主义在意识形态的指导地位，结果导致反马克思主义和非马克思主义思潮甚嚣尘上，这成为苏联解体、苏共垮台的重要原因。我们应清醒地看到，当前我国意识形态的主流虽是积极健康的，但并不平静。西方敌对势力从来没有放弃，也不会放弃对我国进行“西化”“分化”和“丑化”的战略图谋，各种敌对势力也总想推翻中国共产党的领导和我国的社会主义制度。这反映在一个时期以来，境外敌对势力和一些西方媒体利用某些社会敏感问题，造谣污蔑、恶意炒作，攻击我国的政治制度和领导人；一些人打着政治体制改革的幌子，宣扬资产阶级民主、人权、新闻自由，散布资产阶级自由化言论，企图从根本上否定四项基本原则，否定我国的国体和政体；境外的宗教组织千方百计在我境内进行非法传教和建立组织的活动，等等。在这种背景下，我国教育战线特别是高校也不再是一方净土或圣土。这说明，在我们集中进行现代化建设的过程中，决不能放松政治这根弦，在我们高校的学科建设中，在政治和业务这两个方面，绝不能重业务轻政治，重智育、体育、美育轻德育。相反，应该把思想政治教育、坚定师生的社会主义方向放在首位。如前所述，马克思主义理论与思想政治教育学科具有特殊的性质和培养任务，对坚持和发展马克思主义、巩固马克思主义在意识形态领域的指导地位，有义不容辞的责任。我们要从党和国家长治久安的战略高度来认识突出马克思主义理论及其教育研究、培养自觉的马克思主义者的意义。

第三，把马克思主义理论及其教育研究放在首位是由我们的学科建设现状决定的。

据粗略统计，马克思主义理论与思想政治教育学科全国已有 28 个博士点，170 多个硕士点。这些学科点多数是建设得好的和比较好的，这为我们学科未来的发展提供了宽阔的平台和很好的条件。但是据多次全国性会议上一些同行反映，有部分学科点的建设不理想。这类学科点不仅不设置马克思主义理论（理论教育）研究方向，设置的其他研究方向在教学和研究的各个环节中也不注意坚持马克思主义的指导地位，把学科点视为一般的专业知识点，淡化意识形态，马克思主义理论被边缘化。在个别学科点中，甚至在教学和科研中，不坚持正确的政治方向，忽视社会主义的价值取向。个别人甚至提出“为什么要以马克思主义为指导”的问题，提出要以“人性论”作为本学科的理论基础，等等。这种情况不仅“种了别人的田，荒了自己的地”，与我们学科的属性、任务不相符合，而且在学科建设的大方向上出了问题。

正是鉴于上述情况，现在有必要特别强调把马克思主义理论及其教育放在学科建设的首位。

这里要指出的是：旗帜鲜明地强调这个问题，有人心里就嘀咕，担心这样会削弱学科的科学性，担心会把本学科建设简单化，担心别人指责本学科只是一种意识形态，不算科学，没有学术品位。我以为，这种担忧是不必要的。

第一，革命性和科学性的统一是马克思主义固有的品质。

列宁曾经指出：马克思主义理论“对世界各国社会主义者所具有的不可遏止的吸引力，就在于它把严格的和高度的科学性（它是社会科学的最新成就）同革命性结合起来，并且不仅仅是因为学说的创始人兼有学者和革命家的品质而偶然地结合起来，而是把二者内在地和不可分割地结合在这个理论本身中”①。马克思主义之所以能实现这种结合，原因在于：其一，它的阶级基础——无产阶级是人类历史上最先进最革命的阶级，其根本利益要求科学地认识世界并彻底地改造世界。因此，“科学愈是毫无顾忌和大公无私，它就愈加符合于工人阶级的利益和愿望”②。其二，它的哲学理论基础——唯物辩证法“不崇拜任何东西，按其本质来说，它是批判的和革命的”③。马克思主义创始人用唯物辩证法批判地审视人类智慧所建树的一切理论，从根本上改造全部政治经济学，把唯物辩证法运用于对历史、自然科学、哲学的研究以及工人阶级的政治策略的制定，实现了革命思想史上的变革，使马克思主义在思想来源上，成为欧洲当时整个历史科学、经济科学、哲学科学、自然科学最高发展的综合；在理论内容上，完全奠立在既成事实、奠立在自己研究对象的活动规律和发展规律的根基上；在检验标准上，认为：“真理的标准只能是社会的实践。实践的观点是辩证唯物论的认识论之第一的和基本的观点。”④ 正是这样，马克思主义这一最革命的理论又是完全科学的理论。而且在我们国家有工人阶级的领导地位和社会主义公有制的主体地位作为马克思主义的社会基础，它能够保证马克思主义的科学性和真理性的常在。我们强调巩固马克思主义的指导地位，突出马克思主义理论及其教育的首要地位，本身包含着马克思主义的科学性、真理性和革命性的统一要求。任何忽视其科学性的言行都同我们所强调的问题不同，同马克思主义的科学规定性也不相符合。从事马克思主义理论教育工作的人都清楚，马克思主义不是靠武断结论，而是靠科学武装劳动群众的。正如普列汉诺夫所说：“从我们的宇宙存在以来和地球绕日而行以来，发生了科学与劳动者的接近：科学跑去帮助劳动群众；劳动群众在自己的觉悟的运动中依据于科学的结论

---

① 《列宁选集》第 1 卷，人民出版社 1995 年版，第 83 页。

② 《马克思恩格斯选集》第 4 卷，人民出版社 1972 年版，第 254 页。

③ 《马克思恩格斯选集》第 2 卷，人民出版社 1995 年版，第 5 页。

④ 《毛泽东选集》第 1 卷，人民出版社 1991 年版，第 5 页。

之上。”①

第二，马克思主义不是教义，而是科学的世界观和方法论，是供进一步研究的出发点。

我们强调重视马克思主义理论及其教育，不仅不会限制科学研究，阻碍科学认识，而且会获得真理认识的指南。这正如列宁所说：“沿着马克思的理论的道路前进，我们将愈来愈接近客观真理（但决不会穷尽它）；而沿着任何其他的道路前进，除了混乱和谬误之外，我们什么也得不到。”② 这是千真万确的。因为沿着马克思的理论道路前进，绝不是要人们死记硬背马克思主义的一些词句，而是要根据马克思主义科学性所内含的普遍性和特殊性的关系，坚持马克思主义的普遍真理同实际相结合。反映在教学和研究中，就要求教师带领学生特别是博士生运用马克思主义的立场、观点和方法分析新情况，解决新问题，得出新结论，作出新创造，开拓新境界。这既包括要运用马克思主义的立场、观点和方法，分析和解决国际国内宏观的经济、政治、思想文化、社会方面的问题，也包括要分析和解决我们学科建设、专业建设中的诸种矛盾、诸种问题，还包括要分析和解决学生中的思想认识问题和实际问题。所有这些方面，都要达到论理的认识，作出科学的结论。显然做好这些方面的工作，既要求深入地研究马克思主义的基本原理（包括文本），又要求深刻地把握实际情况，还要科学把握实现理论和实际结合的中间环节。这就像邓小平在讲到思想理论工作的任务时所指出的：“……决不是改头换面地抄袭旧书本所能完成的工作，而是要费尽革命思想家心血的崇高的创造性的科学工作。”③ 只有以巨大的政治勇气和理论勇气，以对社会主义事业的高度责任感和百折不回的毅力，进行潜心的科学研究才能达到目的。

第三，要重视对马克思主义的科学研究。

如果一个导师只能简单地背诵几句马克思主义词句，不打算为坚持和发展马克思主义，巩固马克思主义的指导地位付出艰辛的劳动，不断取得科学成果，那么这是不符合博士教育这一层次要求的。事实上，一个真正坚持马克思主义指导地位的思想政治教育工作者，决不是只知简单重复马

---

① ［俄］普列汉诺夫：《普列汉诺夫文选》，张光明编，人民出版社 2010 年版，第 205 页。

② 《列宁专题文集·论辩证唯物主义和历史唯物主义》，人民出版社 2009 年版，第 50 页。

③ 《邓小平文选》第 2 卷，人民出版社 1994 年版，第 180 页。

克思主义的某些词句，相反，一般都重视马克思主义的科学研究，都有比较丰硕的理论成果。

第四，就反对错误倾向来说，一个时期总有一个主要的倾向。

近一个时期以来，把马克思主义著作的一些词句和个别结论当作教条的简单化倾向仍然存在，有必要继续克服。相反，淡化意识形态，忽视马克思主义的指导地位，甚至把马克思主义等同于“极左”“僵化”，害怕提马克思主义，甚至用其他的种种主义取代马克思主义的倾向，虽然受到党中央和广大理论工作者的不断批评，但是仍在发展中。因此在今天，要着重批评不重视意识形态，忽视马克思主义在意识形态领域的指导地位，忽视马克思主义理论及其教育，把马克思主义边缘化的错误倾向。

第五，过分地担心别人非议是不必要的。

对于歧视马克思主义，甚至诋毁、歪曲马克思主义的人来说，你无论怎样装饰都一样，因为他们对马克思主义怀有偏见，而偏见比无知离真理更远。在这种情况下，与其躲躲闪闪，或明或暗，使人难以辨别旗帜，无所趋赴，倒不如理直气壮、旗帜鲜明地强调马克思主义的指导地位，以便使马克思主义的科学原理和科学精神更易为广大群众所掌握。

（原载《思想教育研究》2005 年第 1 期）

设立马克思主义理论一级学科有充分的客观根据

2005年，中共中央宣传部、教育部《关于进一步加强和改进高等学校思想政治理论课的意见》提出了设立马克思主义理论一级学科的任务，要求加强对马克思主义理论学科建设的领导和规划，指导学科的建设和发展，不断总结学科发展的经验，探索马克思主义理论学科发展的规律，努力建设一个研究对象明确、功能定位科学的马克思主义理论学科体系。这一重大措施反映了当代中国经济社会发展和进一步繁荣哲学社会科学的客观要求，表明马克思主义理论学科在当代中国面临着发展的大好机遇。这里，我就建立马克思主义理论一级学科的客观根据谈点认识。

1. 党中央高度重视马克思主义理论学科的发展并采取了一系列重大的举措

马克思主义是我们立党立国的根本指导思想，是全党全国人民团结奋斗的共同思想基础，因此我党一贯高度重视马克思主义理论学科的建设。近年来，党中央把马克思主义理论学科建设的意义提到从未有过的高度，下发了一系列重要文件，并采取了一系列重大举措。例如，2004年初，中共中央下发《关于进一步繁荣发展哲学社会科学的意见》，提出实施马克思主义理论研究和建设工程。随后，中央召开了专门工作会议，对实施这一工程作出具体部署，提出明确要求。2004年2—3月，胡锦涛总书记对高校思想政治理论课教育教学情况连续作了批示，提出了加强和改进大学生思想政治教育的新要求。随后，各教育主管部门和各高校就加强和改进思想政治理论课教育和学科建设、大学生思想政治工作进行了广泛调研。2004年3月25日，中共中央党校、教育部与中国社科院联合召开“首都理论界学习贯彻《中共中央关于进一步繁荣发展哲学社会科学的意见》座谈会”，就认真学习、贯彻中央精神，提出明确要求，作出具体部署。

围绕纪念邓小平同志诞辰100周年，中央、地方和高校召开了各种学术研讨会，对马克思主义中国化的三大理论成果，特别是邓小平理论和“三个代表”重要思想进行了深入的研讨。

2004年9月，党的第十六届四中全会通过的《中共中央关于加强党的执政能力建设的决定》指出，加强党的执政能力建设，必须坚持马克思主义在意识形态领域的指导地位，不断提高建设社会主义先进文化的能力。

2004年10月，中共中央、国务院《关于进一步加强和改进大学生思想政治教育的意见》公开发布。《意见》强调要坚持和巩固马克思主义在意识形态领域的指导地位，在哲学社会科学教学中充分体现马克思主义中国化的最新成果，用科学理论武装大学生，用优秀文化培育大学生。

特别要提出的是，近些年来，党和国家对马克思主义理论学科的发展和创新投入的经费空前增多，如教育部直属高等学校的马克思主义理论学科承担了众多的重大科研项目，这包括中央实施的马克思主义理论研究和建设工程的项目、“211”工程二期建设项目、“985”工程二期建设项目、教育部哲学社会科学研究重大课题攻关项目等。对这些项目的承担和实施增大了马克思主义理论学科科学研究的规模，大大改善了其研究条件，提高了其研究水平。

2. 马克思主义理论学科、专业建设有了重大进展并取得了重大成就

近些年来，建设中国特色社会主义，特别是全面建设小康社会的实践提出了一系列重大理论和现实问题，需要深入地开展理论研究，作出新的理论创造。适应这种形势的需要，马克思主义理论学科、专业建设有了重大进展，取得了许多重要成就。这突出地表现在两个方面：一是马克思主义的研究机构增多且日趋完善。从中央到地方各省市都成立了社会科学院，在不同层次的社科院中，均设有马克思主义的研究机构，集聚了一批优秀的马克思主义理论研究人才，近些年来，推出了众多的马克思主义理论研究成果。二是马克思主义理论学科层次已达到齐备的程度。已经有了学士、硕士、博士学位，全国马克思主义理论与思想政治教育学科已有100多个硕士点、28个博士点（含政治学一级学科博士点），在国内学科目录中已成为硕士、博士学位授予权数量最多的学科，还有多所高校建立了政治学一级学科博士后流动站。这些硕士、博士学位点几乎遍及我国各

个省区，不仅数量多，分布面也很广。自20世纪80年代以来这些学位点培养了大批的硕士生、博士生，其中有不少出类拔萃的人才，有些已经成长为我国马克思主义理论学科带头人，成为马克思主义理论研究和教育教学方面的中坚力量。

3. 马克思主义科学研究不断深入，研究水平有了大幅度的提升

这些年来，马克思主义理论研究特别是对当代中国社会经济、政治、文化发展中的重大理论和现实问题的研究取得了重大的成果。中国人民大学“三个代表”重要思想研究中心撰写的《新时期中国马克思主义研究报告（上、下）》（《思想理论教育导刊》2005年第7、8期）和我与顾海良教授为教育部年鉴撰写的《2004年高校马克思主义学科的学术进展》，综合概括了近些年来马克思主义理论学科的课题、理论创新观点，反映了本学科科学研究概况和达到的水平。仅就高校马克思主义理论学科提出的创新观点来说，2004年突出了马克思主义的整体性（含原理及其构成的理论体系）研究；马克思主义发展中的继承性与阶段性相统一的研究；马克思主义中国化的历史进程及其基本理论问题研究；中国特色社会主义的重大理论和现实问题研究（含“三个代表”重要思想的形成、实质、理论体系及历史地位的研究）；思想政治教育前沿问题研究；国外马克思主义的研究和对各种社会思潮的评价，等等。近些年来，在上述各方面推出的科研成果数以万计，其中有一些成果，如《伟人毛泽东丛书》在国内外产生了重大影响。

4. 国内外学术交流空前增强，规模日益扩大

马克思主义是国际性的学说，马克思主义理论体系是开放的、发展的，马克思主义理论学科建设理应包括学术交流的方面。近些年来，马克思主义理论学科的专家学者进行的国内交流已经达到经常化且有形成制度化的趋向，这包括学科建设年会和专题研讨会。马克思主义理论学科专家学者的国际学术交流也大大加强，包括参加世界社会主义理论研究大会、世界马克思主义研究大会，专家互访，同国外一些知名大学互派学者，应邀出国讲学、访学、进修、开展合作项目研究、建立合作研究机构等；开展学术交流的国家也日益广泛，如美国、加拿大、日本、西欧各国、俄罗斯、澳大利亚、印度、拉美等国家和地区。在国际学术交流过程中，中国马克思主义学者在不少国家的重要学术刊物上发表了众多高质量的学术研究成果，向许多国家的人民宣传中国化的马克思主义特别是中国特色社会

主义的重大理论成果，在国际上产生了良好的影响。

上述情况表明，当前在我国设立马克思主义理论一级学科不仅是社会经济发展的客观要求，具有重大的政治意义，而且也是马克思主义科学发展的客观要求，是我国马克思主义理论学科建设发展到今天的必然。

（原载《思想理论教育导刊》2005 年第 10 期）

马克思主义理论学科
十年建设的回顾与展望

2005 年 12 月，国务院学位委员会、教育部根据《中共中央国务院关于进一步加强和改进大学生思想政治教育的意见》和《中共中央关于进一步繁荣发展哲学社会科学的意见》的精神，经过专家论证，颁发了《关于调整增设马克思主义理论一级学科及所属二级学科的通知》（学位［2005］64 号，以下简称“64 号文件”）。2008 年，国务院学位委员会又在马克思主义理论一级学科内增设了“中国近现代史基本问题研究”二级学科。由此形成了研究对象明确、功能定位科学、层次结构齐全、相对独立完整的学科体系，从而填补了我国哲学社会科学建设方面的一个空白，解决了事关我们党和国家前途命运的一个大问题，即在我国，中国共产党高举马克思主义旗帜几十年，全党学习、研究、创新马克思主义几十年，还没有一个严格、整体意义上的马克思主义理论学科的问题。从这个意义上说，马克思主义理论学科的设置，是一项开创性的、基础性的学科建设工作。

“64 号文件”颁发至今，马克思主义理论一级学科及所属二级学科经过十年建设，全国马克思主义理论学科博士学位授权点已有 41 个，其中高校 37 个；一级学科硕士学位授权点已有 187 个，其中高校 174 个；从区域分布说，已遍布祖国的东西南北中，形成了区域分布基本合理、覆盖面较广的学科点布局。十年来，马克思主义理论学科培养了几代博士生、硕士生，为国家输送了一大批高层次人才；十年来，马克思主义理论学科以学科建设为龙头，加强教师队伍建设，仅高校思想政治理论课教师就已达 6 万之多，其中涌现出包括长江学者在内的一大批高层次专家学者，极大地提高了队伍质量和水平；十年来，马克思主义理论学科在科学研究方面，承担了国家和教育部大量科学研究课题，对马克思主义基础理论问题以及改革开放和社会主义现代化建设中的重大理论问题、现实问题进行了战略性、综合性、前瞻性的深入探讨，推出了一批又一批在国内外有重大影响的成果。概括起来说，马克思主义理论学科经过十年建设，基本实现了64号文件提出的要求："加强马克思主义理论体系研究、马克思主义发展史和马克思主义中国化研究、思想政治教育研究，推进党的思想理论建设和巩固马克思主义在高等学校教育教学中的指导地位，加强高校思想政治理论课建设、培养思想政治教育工作队伍。"

一 马克思主义理论学科十年建设的主要经验

马克思主义理论学科经过十年建设，形成了一些具有本质性的、规律性的经验，这可以从多个角度、多个方面进行总结概括。本文根据自己的研究和思考，作如下几个方面的概括：

第一，坚定不移地坚持中国共产党的马克思主义概念。

当今世界，思想多元，各种思潮相互激荡。在这种背景下，马克思主义的科学概念受到多方面冲击。比如，有的把马克思主义关于某个方面的观点偷换成××马克思主义，把树木夸大为森林，把个别观点夸大为理论体系；有的把对马克思主义的某种解释说成是××马克思主义，把某种解释学派称之为马克思主义学派，陷入西方解释学"有多少种马克思主义解释就有多少种马克思主义"的泥潭；有的把只要是批判资本主义的派别就视为马克思主义的派别；有的实际上坚守唯心主义历史观，却自称为马克思主义的派别；更为严重的是，把现代西方哲学和美学上比较流行的一些思想嫁接到马克思主义上面，用折中主义的手法，把两种本质不同的东西凑到一起，伪造出五花八门、五颜六色的"马克思主义"，如形式主义的马克思主义、结构主义的马克思主义、弗洛伊德主义的马克思主义、存在主义的马克思主义等。无疑，这几种思潮、派别的创制者、倡导者，其初衷、本意和基本政治立场、理论立场并非一致，但其客观效果都泛化了马克思主义概念，否定了马克思主义质的规定性。造成的严重后果，关系到我们立党立国的根本理论基础。事情很清楚，如果马克思主义质的规定性被否定，那究竟什么是马克思主义，世界上究竟有多少种马克思主义，该坚持什么样的马克思主义，我们就会一片模糊。

面对这种复杂的形势，十年来马克思主义理论学科发展的一条基本经验，就是从如何坚持和发展马克思主义的高度去认识、对待马克思主义理论学科建设，坚持抵制种种冲击；坚持列宁所教导的，“沿着马克思的理论的道路前进，我们将愈来愈接近客观真理（但决不会穷尽它）；而沿着任何其他的道路前进，除了混乱和谬误之外，我们什么也得不到”[①]。我们明确宣示，我们所信奉、坚信的马克思主义，是中国共产党的马克思主义概念，包括中国化的马克思主义，即马克思列宁主义、毛泽东思想、中国特色社会主义理论体系，而不是别的什么马克思主义。用中国共产党坚持的马克思主义理论去看待、分析、评判世界上多种多样的对马克思主义的理解、多种自称为马克思主义的派别，有批判有分析地吸取国外马克思主义研究中有价值的思想观点，但不过分地去宣传它、抬高它，从而确保了马克思主义理论学科建设中马克思主义概念的科学性和质的规定性，确保了它发展的正确方向。

第二，坚定不移地坚持与社会主义改革和现代化建设的伟大实践紧密结合。

十年来，马克思主义理论学科建设的第二条重要经验，就是学科建设必须与社会需求紧密结合，与中国特色社会主义的经济、政治、社会、文化、生态建设的伟大实践相适应。首先，理论、历史和现实都证明，马克思主义理论学科建设必须有经济、政治、社会、文化、生态的建设成果作为支撑条件。这些支撑条件越厚实，越能充分满足学科建设的需求。若没有这些必要条件，或者根本不顾这些条件，马克思主义理论学科建设就不能顺利进行。事实上，马克思主义理论学科作为中央马克思主义理论研究和建设工程的重要方面，正是适应中国特色社会主义的经济、政治、社会、文化、生态建设的全局而产生的。其次，马克思主义理论学科建设要求时代、实践、科学为它提供推进发展的课题。源于社会生活实践的课题的提出和研究是一种强大的思想动力，由此才能推动学科建设去发现新情况、认识新矛盾、解决新问题，不断开拓新的领域和境界。再次，马克思主义理论学科建设要求社会实践为它提供破解理论研究、理论教育中的难题的答案。理论研究、理论教育是马克思主义理论学科建设的重要内容。按照马克思主义认识论，实践是认识的源泉。问题、矛盾正确解决的路径、方法总存在于问题、矛盾本身之中，存在于人民群众的伟大实践之中，在今天的中国存在于中国特色社会主义的经济、政治、社会、文化、

① 《列宁选集》第2卷，人民出版社1995年版，第103—104页。

生态建设的实践中。马克思主义理论研究只有紧密结合实现中华民族伟大复兴的生活实际，才能获得可供理论思维加工的原材料，促进问题的解决、矛盾的转化。最后，马克思主义理论学科建设要求中国化马克思主义创新成果的引导。我们党在坚持和发展中国特色社会主义的伟大实践中，不断从整体上把握中国特色社会主义的活动规律和发展规律。依据对共产党执政规律、社会主义建设规律、人类社会发展规律的深刻认识，在继续回答“什么是社会主义，怎样建设社会主义”“建设什么样的党，怎样建设党”“实现什么样的发展，怎样发展”等重大的基本问题，深入推进“四个全面”战略布局的过程中，不断产生回答新形势、新情况、新矛盾、新问题的中国化马克思主义的创新成果，给马克思主义理论学科建设和理论研究提供科学理论指导。

十年来，马克思主义理论学科建设正是实现了与社会主义改革和现代化建设实际的紧密结合，才取得了上述重大成就。

第三，切实抓紧建设一支政治强、业务精、高素质的马克思主义理论队伍。

十年来，马克思主义理论学科建设的第三条基本经验，或者说关键、根本保证和长远大计，就是必须切实抓紧建设一支政治强、业务精、高素质的马克思主义理论队伍。

我们党和国家高度重视马克思主义理论队伍的建设。新中国成立以来，特别是改革开放以来，党中央、国务院及所属部门作出了一系列加强马克思主义理论队伍建设的决定，颁发了一系列重要文件。仅就高校思想政治理论课建设来说，相关文件对教师队伍的职责定位、任务要求、工作重点、编制规划、职称评聘、政治待遇、荣誉称号、劳动工资、养老保险等都有明确规定和清晰阐述，体现了党和国家对马克思主义理论队伍的关怀。

关于马克思主义理论队伍建设的目标和任务，早在2005年，在中央政治局学习会上，胡锦涛在讲话中就明确提出要造就三个层次的人才，即马克思主义理论大家、学科领军人物、较高素质的后备人才。此后中央有关领导同志强调指出：依托重点学科、重点研究基地、重大研究项目，培养一批政治坚定、学贯中西、功底深厚、勇于创新，在国内外有广泛影响的马克思主义理论家；着眼于党的思想理论建设的长远需要，努力创造人才脱颖而出的条件，培养一批学术功底扎实、有创造活力的中青年学科带头人；培养一批善于运用电视、网络等现代传媒，为广大干部群众解疑释惑的理论宣传名家；适应我国对外交流日益扩大的需要，培养一批思想理论水平高、精通外语、善于做对外工作、在国际舞台上维护我国权益的外向型理论人才。

十年来，党中央和国务院有关部门，从人事体制、专业培训、项目资助、激励机制、对外交流等多方面采取措施，加强马克思主义理论队伍建设，大多数马克思主义理论学科建设单位也采取一些具体措施，落实马克思主义理论队伍建设。比如，本着出成果出人才、重在出人才的精神，把马克思主义理论学科学位授权点作为人才培养的基地，着力推出一批又一批的优秀中青年理论人才，特别是学科专业领军人物。有的学科学位授权点提出，学科专业领军人物同时应该成为学科建设战略家，应使他们具有崇高的思想境界、远大的学术眼光、恢宏的学术气度、丰富的学科知识、严谨的治学态度、过人的学科谋略、创新的科学思维，善于培养拔尖人才、推出学术新秀、开拓新的学术领域等优良素质。有的学科学位授权点重视营造人才辈出、相互促进、团结奋进的氛围，重视落实国家在理论深造、培养培训、激励机制、扶持优秀人才等方面的政策，促进了优秀人才的成长。有的学科学位授权点特别重视思想政治理论课教师的理论素养、科研能力、教学能力、教学水平的提升，重视思想政治理论课教师队伍建设的可持续发展，重视教师队伍管理体制和机制的创新，以全面激发教师队伍的生气和活力。

第四，始终坚持为思想政治理论课教育教学提供学科支撑。

马克思主义理论学科，在一定意义上说，是适应思想政治理论课教育教学的需求设置的，它必须坚持为思想政治理论课教育教学服务。这是十年来马克思主义理论学科得以快速发展的经验，也是它必须坚持的一条方向性原则。马克思主义理论学科要服务好思想政治理论课教育教学，其一，要端正认识。有这样一种说法：“马克思主义理论学科的设置问题，首先是从为思想政治理论课的教育教学服务提出来的。”《中共中央国务院关于进一步加强和改进大学生思想政治教育的意见》的内容表明，这种说法是有一定历史和政策根据的。因此，千万不能看轻为思想政治理论课教育教学服务的问题，更不能把马克思主义理论学科的这项职能同“两个巩固”，即巩固马克思主义在意识形态领域的指导地位、巩固全党全国人民团结奋斗的共同思想基础，这个宣传思想工作的根本任务对立起来。搞好思想政治理论课教育教学，加强和改进大学生思想政治教育，是“两个巩固”的重要方面、重要内容，从青年是我们党、国家和民族的未来来说，具有更为深远的意义。

其二，要依据党的教育方针、培养社会主义建设者和接班人的内在要求，经过科学论证，适当调整马克思主义理论学科的培养目标、方向设置、课程安排、教学方式、学位论文、人才培养模式等，使其适应服务于思想政治理论课教育教学。

其三，要重视研究思想政治理论课的课程体系。思想政治理论课的课程体系体现着国家意志，它的设置和演化必须反映我们党在思想理论上的重大创新成果。为此，马克思主义理论学科必须对这一课程体系作深入研究和科学论证。换句话说，马克思主义理论学科必须把思想政治理论课的课程体系纳入重要研究对象。

改革开放以来，思想政治理论课的课程体系经历了三次演化：从20世纪70年代末开始，适应改革开放新时期开创中国特色社会主义道路初步探索的要求，在1985—1987年，形成了“两课”即马克思主义理论课和思想品德课的课程体系（简称“85方案”）；从20世纪90年代初开始酝酿，适应贯彻党的十四大精神和十五大精神的要求，于1998年形成了经党中央批准的简称“98方案”的课程体系；从21世纪初开始探讨，适应贯彻落实党的十六大精神和科学发展观的要求，于2005年形成了经党中央批准的简称“05方案”的课程体系。这三次课程体系演化的基本思路和突出特点，有学者认为是：“确立一个意识”——思想政治理论课是大学生思想政治教育的“主渠道”和“主阵地”的意识；“融合两类课程”——由最初单一的马克思主义基础理论课拓展到“两课”；“涵盖三个层面”——以马克思主义基本原理教育为主题的课程设置层面，以马克思主义与中国实际相结合为主题的课程设置层面，以运用马克思主义立场、观点和方法认识和改造主观世界，树立正确的世界观、人生观和价值观为主题的课程设置层面；“把握四个统一”——马克思主义理论原理、理论发展和理论运用教育的统一，马克思主义科学原理与科学精神教育的统一，理论、历史与现实教育的统一，课堂理论教育与社会实践体验的统一。[①] 马

① 顾海良：《改革开放以来高校思想政治理论课程建设论略》，《思想理论教育导刊》2008年第9期。

克思主义理论学科要通过对贯穿思想政治理论课的课程体系设置、演化的理论思维、内容、形式、教育方式的研究，从课程体系上为思想政治理论课提供学科支撑。

其四，要把思想政治理论课的教材内容纳入科学研究的对象。这主要是两大方面：一是从整体上把握住教材的基本内容，贯穿教材始终的主题、主线、要点。这是体现马克思主义立场、观点、方法的最根本的东西，抓住了它就抓住了最根本的东西。二是教学中的难点、疑点，这常常是与社会生活联系最密切的内容，也往往是比较敏感的问题，对思想政治理论课的内容能否入心入脑关系极大。马克思主义理论学科要通过这些方面的研究成果，为思想政治理论课教师提供指导和排忧解难。

其五，要坚持用多种形式的培训，提高思想政治理论课教师的水平。这方面十年来已经积累了不少经验，而且已基本上实现了制度化，现在是进一步改进和完善的问题。

二　马克思主义理论学科建设的展望

马克思主义理论学科经过十年建设，虽然与哲学社会科学领域的某些老学科相比，还是较为年轻的学科，但它已日益成熟起来。今天党和国家一如既往，甚至说为适应新形势、新任务的要求，比以往更加重视马克思主义理论学科建设。面对未来，马克思主义理论学科在新的历史起点上，迎来了又一个争奇斗艳的春天，必将在规模上、质量上都得到更大的发展，在建设中国特色、中国风格、中国气派的哲学社会科学中发挥导航作用。为此，要在以下几方面着力：

第一，要进一步坚定马克思主义的信仰。

马克思主义是科学的世界观和方法论，马克思主义关于人类社会、自然和人类思维的基本原理，是放诸四海而皆准的科学真理。马克思主义关于全心全意为工人阶级和最广大人民群众服务的价值观，是最合理的价值观。迄今为止，唯有马克思主义实现了其他任何理论体系、世界观和历史观都不可能实现的价值功能和科学功能的完美结合，把人们对社会历史的认识变成了科学。因此，坚定马克思主义的信仰，坚持以马克思主义为指导，是我国哲学社会科学健康发展的基本经验。马克思主义理论学科作为直接关系党和国家事业发展全局的学科，更是如此，它要得到进一步的发展，必须坚定对马克思主义的信仰，坚定不移地把马克思主义的科学世界观、方法论贯穿到马克思主义理论学科建设的全过程，体现在学术研究、理论教学、人才培养的各个方面。

从现实情况看，党的十八大以来，随着党中央“四个全面”战略布局的顺利推进，以及中国特色社会主义建设所取得的成就越来越大，邓小平所预言的“世界上赞成马克思主义的人会多起来的，因为马克思主义是科学”① 正在日益凸显出来。但是另一面，也毋庸讳言，正如中国社会科学院院长王伟光所说的，现在有些人也在讲马克思主义，但他们讲的马克思主义是停留在口头上的，心里并不信。我们要打心眼里认为马克思主义就是真理。在真信的基础上才能做到坚信，也就是说在风平浪静情况下，真信容易，但在大风大浪情况下，真信就不容易。所以，要坚信马克思主义，做到坚定不移。

进一步坚定马克思主义的信仰，必须反对几种错误观点：一是割裂马克思主义的科学性和意识形态性的观点。这种观点认为，社会科学只有同意识形态相分离，才能保证其科学性和客观性，马克思主义要保持它的科学性，就要淡化其意识形态性。二是鼓吹真理多元论。宣扬真理是多元的，各个学派都有真理，彼此“平权”，不存在谁指导谁的问题，进而称马克思主义也是一个学派，谈不上对其他学派的指导。三是马克思主义“过时论”。这三种错误观点，第一种是企图制造科学性和意识形态性的对立，要害在妄图把马克思主义排除在科学之外，又以客观主义的虚伪口号从科学中阉割马克思主义的革命性，偷运和贩卖资产阶级的党性。第二种是企图制造认识领域的混乱。稍微熟悉马克思主义认识论的人都清楚，真理绝不是多元的。这里不说在有阶级存在的社会里，人们对社会历史现象的认识因受到阶级利益的制约，差异很大，只就真理本身说，所谓真理是对客观事物的本质及其发展规律的正确反映，在同一条件下对同一对象的真理性认识，会有深浅、宽窄的差别，但不可能有正确或错误两种截然相反的认识都同时是真理，所谓真理多元是荒诞无稽的。第三种不过是老调重弹。其所谓的根据就是“时代变了”，然而这种根据恰恰不能作为根据。因为时代的根本性质、马克思主义所揭示的资本主义的基本矛盾、人类历史发展的大趋势并没有变，所变化的只是具体的时代条件、某种格局、政治形势等。

---

① 《邓小平文选》第 3 卷，人民出版社 1993 年版，第 382 页。

第二，要进一步凸显马克思主义理论学科的整体性特色。

马克思主义理论一级学科设置之初，“64 号文件”就明确指出：“马克思主义是科学的世界观和方法论，是反映客观世界特别是人类社会的本质和规律的科学真理。它既应该从哲学、政治经济学、科学社会主义等方面进行分门别类的研究，更应该进行整体性研究，完整地把握马克思主义的科学体系。‘马克思主义理论’就是一门从整体上研究马克思主义基本原理和科学体系的学科。”① 此后在马克思主义理论一级学科建设实践中，关于对马克思主义理论学科进行整体性研究的特色，在研讨会上、报纸杂志上也进行过一些讨论，但从实际效果看这个问题并未得到很好的解决。究其原因，一是对这个新建立的学科的特色缺乏敏感性，未能充分认识到马克思主义理论一级学科与原来按马克思主义三个主要组成部分设置的马克思主义哲学、政治经济学和科学社会主义学科的联系与区别；二是受原有学科知识、学科背景、学科身份的限制，不愿进行必要的学科知识的转换，将就凑合，安于“就汤下面”；三是有的关于学科整体性研究特色的讨论，意见过于宽泛，把不同层次的问题编织在一起，多达十多个方面，使人难以捉摸和把握。学科特色是学科本质的外部表现。64 号文件的有关规定不是可有可无的。如果不具有学科特色，马克思主义理论学科就没有设置的必要，建立起来后，也只是做马克思主义哲学、政治经济学和科学社会主义等相近学科的重复劳动。果真如此，那马克思主义理论学科就失去了它应有的价值。所以这不是一个小问题，必须加以解决。解决的出路，一是提高认识，思想先行就好办；二是解放思想，破解因循守旧的禁锢；三是加强团结，通力合作，深入研究马克思主义理论学科内部各二级学科的特定地位及其内部联系，深入研究马克思主义理论学科与相近学科的外部联系，着力探索、发现突出整体性特色的要素和机制，在科学论证的基础上，加以提炼概括，逐步形成规律性的理论结论。这里有一个与此相关的问题是，一个时期以来有学者倡导马克思主义理论学科的开放性，鼓励多学科的专家加入到本学科的建设中来，这对于避免自我封闭，凝聚更多的学术力量，特别是促进马克思主义理论学科的整体性研究和分学科的专门领域研究的结合，实现宏观研究和微观研究的统一，有其合理性和

① 国务院学位委员会、教育部：《关于调整增设马克思主义理论一级学科及所属二级学科的通知》，学位〔2005〕64 号，2005 年 12 月 23 日。

积极意义。但是一定要注意掌握好度，不能因此而忽略马克思主义理论学科自身的专门领域、专业特色，否则就无所谓相对独立的学科了。

第三，要以提高人才培养质量为中心，走内涵式的学科发展路子。

马克思主义理论学科发展到今天，无论是从层次结构看，还是从数量规模看，学科体系都是比较完整的，学科点的区域分布覆盖东西南北中，也基本合理。早在2008年，根据马克思主义理论学科的建设现状，我们就提出过加强学科建设总体思路的建议，即“稳定规模、提升质量、优化队伍、调整结构、完善体系、强化管理”。具体建议是：增强学科建设意识，提升学科建设地位；注重学科优化、结构调整，着力建好现有学位点；强化理论队伍建设，提高团队整体素质；树立社会服务意识，增强学科服务功能；注重人才质量，制定切实有效的培养方案；突出课程建设，统编高质量核心课程教材；加强理论建设，提高科学研究水平；深化体制改革，规范教学科研机构管理；加大经费投入，设置专项建设资金；加强评估工作，制定评估指标体系；加强国家重点学科建设，带动学科整体发展；适应学科发展需要，组建专门的学科评议组。现在距提出这个思路的时间过去了七年，12条具体建议中的问题，有的已经解决，有的则更加突出了，集中起来看，总的问题还是如何规范学科建设，提高人才培养质量，以更好地适应“四个全面”战略布局推进的需要。为此，有下面几个问题值得重视。

其一，要充分认识人才培养质量是学科的生命力和价值所在，是判别一个学科学位授权点优劣的综合指标。对马克思主义理论学科来说，有无人才培养质量意识，还是讲不讲政治的表现。一定要把人才培养质量第一的意识贯穿到学科建设的各个方面、各个环节。决不可在申请学科学位授权点时兢兢业业，得到学位授权点后在人才培养质量上就疏忽大意、掉以轻心。

其二，要下大功夫培养学科领军人物。教师队伍建设是马克思主义理论学科建设的基本任务，必须持之以恒，始终抓住不放。教师队伍建设中，着力抓好学科领军人物的培养又具有关键意义。古话说：“三军易得，一将难求。”十年来，马克思主义理论学科建设在这方面取得了很大的成绩，推出了一大批不同层次的学科领军人物。但这方面的成绩同马克思主义理论学科承担的责任相比还不相适应；已经涌现出的学科领军人物，从其学识、功底、权威性、感召力、影响力看，大多还处在成长过程中，远不能同国内一批学贯中西、在国内外有广泛影响的马克思主义理论大家相提并论。着力培养党中央所要求的马克思主义理论学科三个层次的学科领军人物，还是一个亟待解决的任务。加强马克思主义理论学科领军人物的培养，要给他们发展的条件，包括授予他们不同层次的荣誉称号也是必要的，但不是主要的。对学科领军人物的培养主要应在下述两大方面提出要求，采取切实有力的措施：一是对马克思主义、共产主义的坚定信仰，对共产党、社会主义制度、祖国、人民的无限热爱和忠诚。二是马克思主义理论和实践运用的扎实功底。要求他们在对马克思主义经典著作（特别是内涵于其中的党性原则、科学观点、科学精神、科学思维、科学方法）的熟悉、掌握和运用方面，真正下点苦功夫。三是勇于和善于批判错误思潮。批判错误思潮既是对运用马克思主义立场、观点和方法分析问题、解决问题的能力的培养，也是从科学批判中深化对马克思主义基本原理、基本观点、基本方法学习的一种途径，还是培养马克思主义理论工作者敢于亮剑、无所畏惧的品质的重要手段。要做到勇于和善于批判错误思潮，前提无疑是自己要有坚定的马克思主义信仰、扎实的马克思主义理论功底。

其三，要编撰和使用好学位课程的统一教材。教材无论对哪个层次的学生都是传授知识的基本遵循，阅读教材是学生获得一个专业、学科基本理论和基本知识的基本途径。学生能否达到一个专业的培养目标，教材的质量关系极大。十年来，马克思主义理论学科在这方面作出了很大的努力，但仍然是未解决好的突出问题，由此引起的教学不规范、教学质量不尽如人意的情况不同程度地存在。因此，需要抓紧解决。其办法是，对中央马克思主义理论研究和建设工程已编撰出版的教材要使用好。还未编撰的教材，由某一所高校来组织编写，恐怕难以如人意，宜由中央马克思主义理论研究和建设工程在全国范围内统一组织、调配力量、集中时间，争取取得高质量的成果。现在不时听到对中央马克思主义理论研究和建设工程编撰出版的教材的意见，对这些意见要具体分析、区别对待，不能笼统否定中央马克思主义理论研究和建设工程教材。反映出的意见可能有几种情况：一是教材本身确实还存在待修改、待完善的地方，需要进一步组织修改。事实上，思想政治理论课的教材为适应政治形势、党的任务发展变化出现的新情况，以及科学发展新成果提供的新条件、提出的新要求，精心组织过多次修改。二是这些教材汇聚了很多专家的智慧，内容丰富又十分精炼，要真正把握它的内涵和要义不是那么容易，需要花一番功夫，认真地、反复地研究才能明白。三是有的教师讲课时习惯于自由发挥，其中难说不包含不准确、不科学、不全面、不可靠、不规范等问题。现在要求统一使用规范性的教材，并从课堂教学的具体环境、教学对象的实际出发，作出有科学根据的发挥，一时还难以适应。

其四，要深入开展马克思主义理论的学术研究。开展马克思主义理论的学术研究，对马克思主义理论学科建设的意义是不言而喻的。涉及这方面的内容很多，集中起来是研究什么和如何研究的问题。这两大方面也包括多方面内容，如在研究什么方面，首先要与社会需求紧密结合，适应坚持和发展中国特色社会主义的需要，研究重大理论问题、重大现实问题和重大实践问题。当好智库，为党和国家提供咨询。其次，要深入研究马克思主义理论学科建设的规律，为学科多方面建设提供规律性的指导。再次，要深入研究马克思主义理论学科的研究方向、课程设置、教学模式、教学内容、教材建设、队伍建设、人才培养等诸方面的基本问题，为学科建设提供学理支撑。当前这方面研究值得关注的一个问题，是有关教学模式的引进问题。从技术操作上说，教学模式中有一些具有规律性的共同做法。对国外一些经过教学实践检验行之有效的模式、方法，我们应当密切关注和研究，择其精华予以吸取，结合我们的教学实际加以提炼、上升、转化、创新。在这个过程中，一定不能忽视马克思主义理论学科教学内容的意识形态性，一定要注意用中国化的话语体系讲好中国故事、外国故事、历史故事、现实问题。如若不顾意识形态、话语体系的区别，只听西方某些机构、人物的吹捧，生搬硬套西方的教学模式，是极为有害的。在如何研究方面，要坚持理论与实际的统一，坚持历史、理论与现实相结合，马克思主义整体性研究与哲学、政治经济学、科学社会主义等分学科研究相结合；要正确处理思想理论发展中继承和发展的关系，特别是要正确认识、处理马克思主义基本原理和马克思主义中国化理论成果的关系，毛泽东思想和中国特色社会主义理论体系的关系；要正确对待和处理马克思主义与社会思潮的关系。坚持“百花齐放、百家争鸣”“古为今用、洋为中用”的方针，科学认识社会思潮的本质、类型、传播规律和社会作用；注意批判错误思潮的理论观点、思维方法和表现手法，同时重视吸收非马克思主义学说中的合理成分和思想要素，在分析批判中注意区分认识问题、学术问题和政治问题，把握好政策界限。

当前在学术研究中存在一个问题，就是有的学科领军人物手中集中的不同层次的课题过多，没有时间和精力去深入研究，而按目前的评价体制，无课题学者去做又不算他们主持过课题，因而不乐意去做，结果这个课题只能由主持人自己去做。这样，由于时间和精力的问题，往往推出的成果显得比较粗糙。这个问题需从体制、评估政策上加以解决。

其五，要建设好各种学术平台、研究基地（中心）。马克思主义理论学科担负的责任重大，需要提供各种发展条件。比如，根据我们的国力，加大投入，选准对象，在全国高校、党校、军校中选择一批有条件的单位建成重点马克思主义学院，建设一批高端的研究基地、研究中心、高层智库等，以便马克思主义理论学科更好地发挥服务于巩固党的思想理论基础、巩固全国各族人民团结奋斗的共同思想基础的作用。

第四，走出去，扩大国际学术交流。

马克思主义理论研究、传播的高潮与马克思主义运动实践的高潮，发展状况往往是不平衡的。当今世界，社会主义运动总的状况仍处于低潮。但是，从20世纪90年代中期以来，马克思主义理论的研究、传播出现了新的态势，其表现多种多样，如《马克思恩格斯全集》（国际版）的编辑和陆续出版；在西方发达国家中马克思主义的研究机构日益恢复和增多；国际马克思主义大会、社会主义大会在多个国家召开，这些研讨会规模大、参加人数多、研讨的问题广泛；宣传马克思主义的媒体比较活跃，“马克思主义活起来”的呼声不断，马克思多次被评为世纪伟人或世界名人。随着中国特色社会主义事业的兴旺发达，国外马克思主义研究机构、代表性人物也更加关注中国。面对这种国际背景，马克思主义理论学科应加大对国外马克思主义研究机构、研究力量的关注，加强同世界一流马克思主义学术机构和国际知名学术团体的联系，如举办一些重要国际学术会议，不断增强国际学术论坛上的中国声音，邀请国际知名专家学者来访。同时，更要注重选派马克思主义理论优秀人才对外交流，向国际学术界集中推介我国马克思主义理论界的知名专家学者及其成果等，不断扩大国际影响力。

在当代中国，各方面建设能否取得较大的成就，关键在于能否加强党的领导。马克思主义理论学科的建设也是如此。在这方面，党中央已经有一系列的决定、出台过多个文件，要求明确，措施具体。随着党中央这些决定、文件精神日益深入地贯彻落实，我国马克思主义理论学科建设的未来必将出现新的辉煌！

（原载《思想理论教育》2005 年第 12 期）

科学认识思想政治理论课的学科定位

一

20 世纪 90 年代末，教育部社政司明确提出，要把高校思想政治理论课提到学科的高度来进行建设。这个要求提出以后，在高校思想政治理论课方面做了大量的工作，有力地推进和改善了思想政治理论课的建设，促进了课程体系等方面的改革，也从一个侧面促进了马克思主义理论一级学科的建立。但是有关高校思想政治理论课的学科定位的一些问题，例如究竟什么是学科和学科建设，为什么要把高校思想政治理论课提到学科的高度来进行建设，如何把高校思想政治理论课提到学科的高度来进行建设，等等，至今仍需要进一步探讨和解决。

之所以如此，一是由于长期以来我们在高校思想政治理论课建设上缺乏学科建设意识，未能从学科建设的视界去思考和认识高校思想政治理论课的问题；二是存在对思想政治理论课的片面认识，一些人认为，高校思想政治理论课是进行社会主义意识形态教育的主阵地，反映的是国家意志、是政治，而不是科学，不是学术，因而谈不上，或者没有必要谈学科地位和学科建设问题。这种把思想政治理论课的科学性和政治性对立起来的看法显然是不正确的。

应该说，高校思想政治理论课的学科地位是确定的。

所谓学科，按词意解释，就是按照学问的性质划分的门类（或作出的学术分类），也指教学科目。学科意识就是有意识地把学科作为教育教学的基础和依托，并按照学术分类研究学问。这自然要求重视一门学科的科学性，注意研究它的科学内涵，它的内部各个组成部分之间的联系与区别，它本身的发展历程、业务范围，它与其他学科的关系，达到从研究对象上、构成内容上、基本范畴或原理的排序上考察、把握它的科学体系。

学科建设，就是把一门学科作为科学来建设，使它立于社会实践和科学最新发展水平之上。使其研究对象具有客观性和明确性，研究内容具有系统性和完整性，基本概念和原理的顺序安排具有规范性和严谨性。

高校思想政治理论课的学科地位，可以从逻辑上和历史上两方面进行论证。从逻辑上说，既然学科是教育教学的基础和依托，教育教学是通过学科来进行的，学科建设就是把一门学科（或教学科目）作为科学来建设，使其立于社会实践和科研的最新发展水平上。思想政治理论课进行的是马克思主义理论教育，马克思主义理论是一门博大精深的科学体系，是我国哲学社会科学的最根本的理论基础。那么，思想政治理论课的学科地位就是显而易见的。这还不说高校思想政治理论教育关系国家的强盛、民族的繁荣、社会的进步，这应该在学科建设方面得到反映。从历史上说，马克思主义作为一门科学，重视学科建设是马克思主义发展史上的一个优良传统。马克思、恩格斯把毕生的精力贡献给无产阶级革命事业，他们为无产阶级锻造理论武器其内在的根本目的在于指导无产阶级实现改变旧世界创立新世界这一特殊的实践任务，但是在这个过程中，他们非常重视马克思主义理论的学科建设。恩格斯曾经说："社会主义自从成为科学以来，就要求人们把它当作科学看待，就是说，要求人们去研究它。"① 这就是要求进行科学社会主义的学科建设。他们创立了马克思主义哲学、政治经济学、科学社会主义等马克思主义理论中的各门学科，对这些学科及相互关系进行了科学研究和科学论证。在 19 世纪 40 年代中期，由马克思、恩格斯共同创立了唯物主义历史观，继后马克思在《资本论》中对唯物史观作了科学论证，使其由一种假设变成科学。按照马克思、恩格斯之间的自然分工，主要由马克思在 19 世纪 50、60 年代创立了政治经济学的科学体系，主要由恩格斯在 19 世纪 70 年代创立了马克思主义世界观体系。又在马克思的赞同和支持下，由恩格斯在《反杜林论》中以一本科学专著的形式完整地阐明了马克思主义的科学体系及其三个主要组成部分，加之《自然辩证法》《家庭、私有制和国家的起源》《路德维希·费尔巴哈和德国古典哲学的终结》等著作中，对马克思主义作了多方面的展开，系统阐述了马克思主义的自然观、伦理观、宗教观、文艺观、军事观等。马克思、恩格斯晚年，又对东方社会的历史和发展道路，对古代社

① 《马克思恩格斯选集》第 2 卷，人民出版社 1995 年版，第 636 页。

会、对马克思主义哲学的历史发展、对资本主义发展趋势和无产阶级革命的斗争策略进行了多方面的探索、论证、补充和阐述，继续深化和完善了他们建构起来的理论大厦。马克思主义创立以后，仅 40 多年的传播和发展，就"在世界的一切文明语言中都找到了拥护者"①。这是与马克思主义创始人重视学科建设，使马克思主义成为博大精深的科学体系密切相关的。马克思早在《黑格尔法哲学批判导言》中说过："理论只要彻底，就能说服人。所谓彻底，就是抓住事物的根本。"② 按照马克思主义的认识论，抓住事物根本的理论，应该是正确反映客观世界的科学理论。同样，列宁也很重视马克思主义的学科建设，他在 19 世纪末 20 世纪初，捍卫、丰富和发展了马克思主义，实现了马克思主义理论的重大飞跃，把马克思主义推进到一个新的阶段——列宁主义阶段。这自然是以他及其领导的俄国布尔什维克党新的实践和新的经验为基础的，但是与他回应新世纪实践的呼唤，密切结合时代的特点、密切结合资本主义国家政治经济发展的新变化、东方的落后的资本主义俄国的国情所做的巨大的科学研究和理论创造是分不开的。中国的马克思主义者从马克思主义在中国传播的时期始，就继承了马克思列宁主义创始人的优良传统，高度重视马克思主义理论的学科建设。如李大钊 1919 年在当时代表先进思潮的《新青年》第 6 卷第 5 号上发表的《我的马克思主义观》，在系统介绍唯物主义历史观的基本观点及其研究方法时，十分注重其学科性。李大钊强调，唯物史观立论的目标，旨在把握历史发展的真实基础，正是因为马克思发现了人类的经济活动这一历史发展的基础，才建起了科学的唯物主义历史观。李大钊论述了唯物主义历史观的重大科学价值，他指出，有了唯物史观的研究方法，历史学才有可能像自然科学那样研究历史，使历史学成为科学；像自然科学那样研究社会，使社会科学成为科学；像自然科学那样研究人类社会的发展，使社会主义理论成为科学。其他马克思主义者如陈独秀、毛泽东、李达、瞿秋白等都十分强调唯物史观的科学性。③ 在马克思主义普遍真理与中国实际相结合的探索中，到 20 世纪 30 年代，毛泽东在一系列文章中，深刻阐明了坚持唯物主义的思想路线，坚持理论与实际相结合的原则

① 《马克思恩格斯选集》第 4 卷，人民出版社 1995 年版，第 212 页。

② 《马克思恩格斯选集》第 1 卷，人民出版社 1995 年版，第 9 页。

③ 参见黄楠森《邓小平理论的哲学基础研究》，中国人民大学出版社 2004 年版。

的重要性，初步形成了毛泽东思想。在社会主义时期，毛泽东思想得到进一步丰富和发展。我们党在十一届六中全会《关于建国以来党的若干历史问题的决议》等多个文件中，科学地概括了毛泽东思想的科学体系。进入改革开放新时期以来，我们党适应新时期的时代要求，在毛泽东思想的基础上，又创立了邓小平理论和“三个代表”重要思想两大理论成果。党的十六大以来，中国特色社会主义理论又有许多发展和创新。在一定意义上说，今天，高校思想政治理论教育的学科建设，是以更为自觉的学科理念对马克思主义发展史上的学科建设的继承和发展。

事实上，近几十年来高校思想政治理论课的多方面改革和建设就是学科建设，只是未使用学科建设这个专门术语而已。这些年来的学科建设概括起来大体包括三个主要方面：一是课程体系的改革。从 20 世纪 80 年代中期以来至现在，我们进行了几轮改革。如国家教委 1985 年确定的“大原理”改革，把“马克思主义基本原理”规定为我国高等学校本科学生的一门必修课，并且明确指出，这门课的一个显著特点是它的整体性，即马克思主义是完整的科学的世界观和方法论。继后又实行“98 方案”的课程改革，其课程体系包含三个层次：第一个层次是对马克思主义基本原理的阐明；第二个层次强调马克思主义是一门发展的科学，它最突出地表现为马克思主义中国化过程，反映在“毛泽东思想概论”“邓小平理论概论”两门课上；第三个层次是运用马克思主义来认识客观世界与改造主观世界，认识当代世界经济与政治，加强自我思想道德修养等。再后又实行了“05 方案”的课程改革。“05 方案”继承了“98 方案”的长处，从理论的系统性和全面性上，对课程设置作了重大调整，突出了通过理论、现实和历史这三者的结合来加强对大学生的思想政治教育。高校思想政治理论课体系的演变，是人们关于马克思主义理论学科体系的认识在理论体系和教学体系方面的反映。这些改革保证了高校思想政治理论课的教学内容能适应时代、实践和科学发展的要求，反映了思想政治理论课与时俱进的理论品质；二是思想政治理论课支撑体系建设，其中最根本的是教师队伍建设。教育部和各省市都采取了多种措施，如教师的短期培训、进修、在职攻读硕士学位等；三是建立了强有力的学科支撑体系。在以胡锦涛同志为总书记的党中央的关怀下，在我国已建立起马克思主义理论一级学科。马克思主义理论一级学科所辖的五个二级学科：马克思主义基本原理、马克思主义发展史、马克思主义中国化研究、国外马克思主义研究、思想政治教育，直接和间接地与思想政治理论课“05 方案”中的课程设置相对应。从而把高校思想政治理论课与马克思主义理论一级学科建设更加紧密地结合起来，思想政治理论课的学科支撑体系更加坚实。

二

马克思主义理论一级学科的设立，是从党和国家工作的全局考虑的，它是坚持走中国特色社会主义学科建设道路的鲜明体现，是适应我国经济社会发展需要，推进马克思主义中国化理论创新的要求，是巩固马克思主义在哲学社会科学领域指导地位的需要，是马克思主义理论学科、专业建设发展的必然，是回应和迎接国际范围马克思主义研究热潮兴起的要求。强调高校思想政治理论课的学科地位，既不能把马克思主义理论一级学科建设归结为“思想政治理论课”建设，更不能把马克思主义理论一级学科学位授权点归结为思想政治理论课学科学位授权点。然而绝不能因此就忽视思想政治理论课在马克思主义理论一级学科建设中的地位。这种地位不是说它等于马克思主义理论的学科地位，也不是说它是马克思主义理论一级学科中一个独立的二级学科，更不是说，它的某一门课，如“马克思主义基本原理概论”课就等于“马克思主义基本原理”这一个二级学科；而是说，它的内容、功能、建设要求是渗透在马克思主义理论一级学科和二级学科之中的，缺少了它，马克思主义理论一级学科及所辖二级学科的科学内容、社会功能、理论特点就是不完整的，因此，在考虑设计马克思主义理论一级学科建设时，一定要充分考虑高校思想政治理论课的建设问题，把思想政治理论课建设摆在重要位置上。目前在马克思主义理论一级学科建设中，要防止两种错误倾向：一是排斥思想政治理论课的建制单位和教师；二是改变思想政治理论课的性质，把思想政治理论课变成文化知识专业课，借“科学化”的口号把它中性化。此外，少数思想政治理论课教师认为学科建设是专家的事，与己无关，把学科建设神秘化，这也是不对的。

三

强调思想政治理论课的学科地位，旨在加强思想政治理论课的建设，真正把思想政治理论课提到学科高度，作为一门科学来建设。这样提出问题，笔者认为完全不至于造成某种错误，即忽视思想政治理论课的政治性。我们党的理论教育方针历来强调，高校思想政治理论课教育中的科学性与政治性是高度统一的，这是因为它的教学内容与马克思主义理论本身，其科学性与革命性是高度统一的。列宁说，马克思主义理论“对世界各国社会主义者所具有的不可遏止的吸引力，就在于它把严格的和高度的科学性（它是社会科学的最新成就）同革命性结合起来，并且不仅仅是因为学说的创始人兼有学者和革命家的品质而偶然地结合起来，而是把二者内在地和不可分割地结合在这个理论本身中”①。我们之所以把是否坚持马克思主义提到政治的高度，其前提就是马克思主义是科学。这正像邓小平所讲的：“世界上赞成马克思主义的人会多起来的，因为马克思主义是科学。”②

把思想政治理论课提到学科的高度来进行建设。首先，要明确马克思主义理论一级学科建设同思想政治理论课的关系。马克思主义理论学科建设，同高校思想政治理论课密不可分，马克思主义理论一级学科的设立，是在高校思想政治理论课的改革实践中提出来的，在《中共中央宣传部教育部关于进一步加强和改进高等学校思想政治理论课的意见》中得到确认的；马克思主义理论一级学科之下几个二级学科的设立，比如马克思主义基本原理、马克思主义发展史、马克思主义中国化研究、国外马克思主义研究、思想政治教育等，是同高校思想政治理论课的新课程设置直接相关联或对应的；高校马克思主义理论一级学科、二级学科博士点、硕士点的申报和建设等工作，也大多是以高校思想政治理论课的教师为基础进行的。这里讲的道理和前面我们讲过的道理，已经表明马克思主义理论一级学科建设同思想政治理论课的关系是密不可分的。

其次，要把高校思想政治理论课建设纳入马克思主义理论一级学科建设之中，并摆到重要位置上。高校思想政治理论课的建设，包括学科体系、课程体系、教材体系、教学体系建设（含教学内容和教学改革、教学手段）、师资队伍建设、教育规律的探索等，都应纳入马克思主义理论一级学科建设的范畴，按照高校思想政治理论课的特殊要求，不断探索解决问题的途径；要将思想政治理论课教学中遇到的难点、热点问题，特别是关于我国社会主义现代化建设实践中的重大理论问题和实践问题，列入

---

① 《列宁全集》第1卷，人民出版社2013年版，第291—292页。

② 《邓小平文选》第3卷，人民出版社1993年版，第382页。

马克思主义理论一级学科建设的科研项目加以研究，作出有深度、有创见、有说服力的解答，用以武装高校思想政治理论课的教师，并丰富到教材和教学内容中去。要通过多方面的努力，使马克思主义理论一级学科真正成为高校思想政治理论课的坚实学科基础，借以保证高校思想政治理论课真正作为一门科学，建立在社会实践和科学最新发展水平上，融强烈的思想政治性于浓厚的学术性之中，使其具有很强的现实针对性、实效性和诱人的说服力。

最后，要按照马克思主义理论一级学科建设的要求，提高高校思想政治理论课的科学品位。高校思想政治理论课要达到“三进”的要求，必须解决好理论联系实际的问题，离开高校青年学生的思想实际，不可能收到好的效果。但是仅仅强调这一方面是不够的，高校思想政治理论课既然是一门科学，其建设和改革就必须建立在马克思主义理论学科建设基础之上，离开马克思主义理论的学科体系，就会失去科学性，也会偏离正确的政治方向，失去马克思主义理论教育的功能。所以高校的思想政治理论课必须从自身的特点出发，按马克思主义理论一级学科建设的根本要求进行规范。如马克思主义理论一级学科建设，要求从整体上研究马克思主义，以便给青年学生以马克思主义的完整概念。并且在“马克思主义基本原理”这个二级学科专业介绍中明确指出：马克思主义基本原理是马克思主义科学体系的基本理论、基本范畴，是其立场、观点和方法的理论表达。这些基本理论和范畴是人类社会的本质和发展规律的科学总结。马克思主义科学真理是绝对与相对、普遍性与特殊性的辩证统一，是理论与实践、科学性与阶级性的高度结合。高校思想政治理论课中的“马克思主义基本原理概论”课的教材、教学内容必须体现这一精神，并且按照该学科专业介绍的要求，认真研究和确立马克思主义基本原理的基本范畴和体系。同时根据这一要求，“毛泽东思想、邓小平理论和‘三个代表’重要思想概论”课教育，也要求注意其整体性和综合性。关于这个问题，从纵向上说，要坚持马克思列宁主义、毛泽东思想、邓小平理论和“三个代表”重要思想的一脉相承又与时俱进的统一关系，注意从其统一性上把握这门学科的地位；从横向上说，马克思主义中国化的三大理论成果是一个发展着的整体，包含多方面的内容，但是这些内容都是服从和从属于马克思主义中国化这一理论整体发展规律的。不仅如此，对于三大理论成果中的每一个理论成果，也要从其整个体系去获得正确的理解。只有这样，才能获得对马克思主义中国化三大理论及其中的每一个理论成果的完整的准确的认识，才能把握其基本原理、基本精神，把握其立场、观点和方法。应该说，关于如何坚持高校思想政治理论课的政治性和学术性的统一，如何提高科学品位涉及的问题很多，这里只是抛砖引玉，对这个问题的多方面探索随马克思主义理论一级学科建设的进程应不断深入。

（原载《思想理论教育导刊》2006 年第 5 期）

马克思主义中国化研究的学科解读

在马克思主义理论一级学科中，马克思主义中国化这个二级学科的博士、硕士学位授权点是比较多的。这为深化马克思主义中国化及其理论成果的研究，提供了强有力的学科支撑。现在问题是，如何把握住马克思主义在当代中国发展的大好机遇，抓紧抓好马克思主义中国化学科的建设。而要抓好马克思主义中国化这一学科建设，前提是要正确认识和把握这一学科本身。本文就这一问题作一解读。

一　把握学科内涵

《马克思主义理论一级学科及所属二级学科简介》（以下简称《简介》）中对马克思主义中国化的概念有两处界定，这两处的表述基本一致，即“马克思主义中国化，是马克思主义同中国具体实践相结合的过程”。并在其中一处指出：“‘马克思主义中国化研究’，是专门研究马克思主义中国化的基本经验、基本规律，以及马克思主义中国化理论成果的学科。”

把握这一界定，需要区分三个既紧密联系而又不同的概念：马克思主义中国化、马克思主义中国化研究、中国化的马克思主义。

“马克思主义中国化”是指一个历史进程，这一进程，按毛泽东的解释，即“按照中国的特点去应用”马克思主义。[①] 它的核心和实质是马克思列宁主义理论和中国革命、建设和改革的实践之统一，或说马克思列宁主义的普遍真理同中国革命、建设和改革具体实践相结合；它的基本出发点、立足点（或根本立场）是把中国革命、建设和改革的利益放在一切关系的首要地位，独立自主地根据中国革命、建设和改革的实际需要和客

① 《毛泽东选集》第2卷，人民出版社1991年版，第534页。

观可能考察一切问题，制定中国共产党的路线、方针和政策它所要求的民族形式是赋予马克思主义“以新鲜活泼的、为中国老百姓所喜闻乐见的中国作风和中国气派”①。马克思主义中国化是当今马克思主义发展的重要特点和历史趋势，是马克思主义在发展过程中多样性和生动性的表现，是马克思主义一般性与特殊性关系的体现。正是马克思主义基本原理同各国具体国情相结合，才形成了各具特色的马克思主义。这种生动性和多样性的统一正是马克思主义固有本性的体现。马克思主义是关于普遍真理的体系，又是工人阶级伟大的认识工具。作为前者，它是一种科学的世界观和方法论，其功用在于给一种科学奠定基础，它所“提供的不是现成的教条，而是进一步研究的出发点和供这种研究使用的方法”②。它是普遍真理，又是具体真理，绝不是抽象的真理。作为后者，它从创立那一天起，就以鲜明的阶级性和科学的实践性，成为工人阶级及其政党的指导思想和行动指针。这两者内在地统一，形成马克思主义自身所固有的品格——马克思主义普遍真理与各国具体实际相结合。同时，这又是马克思主义的生命力和力量所在。因为马克思主义的强大生命力，它的伟大力量，就在于它能够同各个国家的具体实际相结合，并通过一定的民族形式在各个国家的具体实践中发挥指导作用，并在新的实践中获得新的发展。对于我们中国来说，就是把马克思主义的基本原理应用于中国的具体环境，实现马克思主义的中国化，使马克思主义在其每一表现中带有中国的特性，带有中国的作风和气派。

“马克思主义中国化研究”是一个学科的概念，它是从研究领域、研究范围的角度对马克思主义中国化这一二级学科的规定：即对马克思主义中国化的基本经验、基本规律以及马克思主义中国化理论成果的专门研究。

“中国化的马克思主义”是指马克思主义中国化所产生的理论成果。在马克思主义中国化的历史进程中，先后产生了三大理论成果，即毛泽东思想、邓小平理论和“三个代表”重要思想，这些成果是中国化的马克思主义。毛泽东是马克思主义中国化的伟大开拓者、奠基人。他最先“从总体上、战略上、根本方向上”开创了马克思主义中国化的新局面，

① 《毛泽东选集》第2卷，人民出版社1991年版，第534页。

② 《马克思恩格斯全集》第39卷，人民出版社1995年版，第406页。

是“把马克思主义普遍真理和中国革命具体实践相结合的典范”。邓小平是继毛泽东之后，向前推进马克思主义中国化事业的杰出代表，他创立了邓小平理论。以江泽民为核心的党中央创立的“三个代表”重要思想是对邓小平理论的发展，以胡锦涛为总书记的党中央提出的科学发展观，丰富和发展了当代中国的马克思主义。马克思主义中国化是一个历史进程，中国化的马克思主义也会在新的实践中得到新的发展。

二 明确研究任务

关于马克思主义中国化学科研究和建设的任务，《简介》明确指出：这个学科的研究和建设，将以马克思主义中国化为主线，以中国化的马克思主义为主题，以建设中国特色社会主义的理论和实践为重点，密切结合中国共产党领导人民在中国特色的新民主主义革命道路、社会主义改造道路和社会主义建设道路的探索中所进行的艰苦实践和理论总结，深入研究党的几代领导集体不断推进马克思主义中国化的历史进程和基本经验，系统掌握马克思主义中国化的三大理论成果的主要内容和精神实质，深刻揭示马克思主义中国化和中国化的马克思主义不断发展的基本规律。

把握这一任务，需要抓住以下三个方面的问题：

1. 历史地把握研究主题

马克思主义中国化是一个永无止境的历史过程，它的研究主题是随着时代、实践和科学的发展而不断变化的。从整个马克思主义发展看，特别是科学社会主义诞生以来，它的主题经过了三次大的转换：19 世纪 40 年代后半期到 19 世纪 90 年代中期为第一阶段。这是科学社会主义基本原理形成和发展的阶段。这一阶段科学社会主义发展的主题是资本主义必然被社会主义所取代，也就是社会主义必然取代资本主义。19 世纪末到 20 世纪 50 年代中期为第二阶段。这是科学社会主义基本原理运用于实际，科学社会主义理论预言转变为社会革命、建设实践的阶段。这一阶段科学社会主义发展的主题转换为社会主义如何取代资本主义。20 世纪 50 年代中期以来为第三阶段。这一阶段是科学社会主义基本原理广泛地运用于实际，科学社会主义由革命实践为主转变为建设实践、改革实践迅速发展的阶段。这一阶段科学社会主义发展的主题逐渐转换为社会主义如何在与资本主义共存、交流和冲突、对抗中发展自身并最终取代资本主义。第三阶段主题的基本内容是如何建设和巩固社会主义。马克思主义中国化研究这一学科，自然要系统地研究马克思主义中国化的历史进程和理论成果，但是必须立足于国情、立足于当代，紧紧扣住现时代的主题，突出中国特色社会主义这一研究重点。正如《简介》所指出的，研究中国化的马克思主义的实践经验和理论成果，重点研究中国特色社会主义，它是马克思主义、科学社会主义在当代中国的发展，并且把这些科学成果用于指导我国的社会实践，用于大学生思想政治教育。

2. 系统地掌握理论的成果

马克思主义中国化历史进程中先后产生了三大理论成果，即毛泽东思想、邓小平理论和“三个代表”重要思想，这种带有标志性的理论成果还会在新的实践中得到新的发展。系统地研究马克思主义中国化首先要从马克思主义发生发展的历史过程和规律的高度，注意研究马克思主义中国化的理论成果与马克思列宁主义是一脉相承又与时俱进的科学体系。马克思列宁主义、毛泽东思想、邓小平理论、“三个代表”重要思想在马克思主义最根本的理论特征上、最崇高的理想上、在根植于广大人民群众的政治立场上、在解放思想、实事求是、与时俱进的理论品质上都是一脉相承的。通过这一研究，给受教育者以清晰的历史观念，让受教育者知道，只有历史地、相互联系地、联系具体实际地研究中国化的马克思主义，才能把握马克思主义中国化的基本原理和精神实质。这正如列宁所讲的“马克思主义的全部精神，它的整个体系，要求人们对每一个原理都要（α）历史地，（β）都要同其他原理联系起来，（γ）都要同具体的历史经验联系起来加以考察”①。这是因为，马克思主义是发展的科学，它适应时代的需要而产生，并在无产阶级和人类解放的实践中，在不断吸取人类文明成果的基础上，在与种种非马克思主义思潮的斗争中，不断地丰富和发展。中国化的马克思主义理论也是如此。

3. 深刻地揭示理论规律

马克思主义中国化有其自身发展的规律，深刻地揭示这些规律是我们研究的根本任务。然而在这个方面，我们在理论方面所取得的成就同理论本身发展的要求不相适应，今后还要加强这方面的工作。在庆祝中国共产党成立 80 周年之际，我们党把自己的基本经验概括为三条：一是必须始终坚持马克思主义基本原理与中国实际相结合，坚持科学理论的指导，坚

① 《列宁选集》第 2 卷，人民出版社 1995 年版，第 785 页。

定不移地走自己的路。二是必须紧紧依靠人民群众，诚心诚意为人民谋利益，从人民群众中汲取前进的不竭力量。三是必须始终自觉地加强和改进党的建设，不断增强党的创造力、凝聚力和战斗力，永葆党的生机和活力。[①] 胡锦涛同志在“三个代表”重要思想理论研讨会上的讲话中又论述了理论创新的前提、条件、动力、源泉和目的等，为我们研究和揭示马克思主义中国化和中国化的马克思主义发展的基本规律指明了方向。

三 认准培养目标

关于马克思主义中国化研究的培养目标问题，实质上是从建立马克思主义教育和教学体系的角度，对这一学科建设的要求。马克思主义中国化学科研究的培养目标分本科生教育目标和研究生教育目标两个层次。在本科生教育中设立马克思主义基础专业，培养政治素质好、思想品德优良、具有较好马克思主义基础知识的大学生。在研究生教育中，要培养德智体全面发展、政治素质高、理论方向正确，具有比较高的马克思主义素养和理论功底，并能用马克思主义立场、观点和方法分析研究当代现实问题的硕士研究生和博士研究生。研究生教育的培养目标又分为博士学位和硕士学位两个层次。博士学位的培养目标是，具有坚定的马克思主义信仰，正确的理论研究方向和良好学风；熟悉马克思主义经典著作，具有比较扎实的专业基础知识；系统掌握马克思主义基本原理在不同历史时期的发展情况和特点，深刻理解马克思主义发展的规律；能够运用马克思主义立场、观点和方法，分析和总结马克思主义自身发展和指导实践过程中的经验教训，熟悉马克思主义在我国的发展进程；至少掌握一门外国语，并能够熟练阅读本专业外文资料和进行学术交流；了解本学科发展动态；胜任与本专业相关的理论研究、专业教学、宣传和党政工作。硕士学位的培养目标是，具有坚定的马克思主义信仰和正确的理论研究方向，熟悉马克思主义主要的经典著作；了解马克思主义形成的历史背景，认识马克思主义产生的历史必然性，了解马克思主义发展历史进程，掌握马克思在不同历史阶段发展的基本知识和在中国的发展进程；掌握一门外国语并能熟练地阅读本专业的外文资料，了解本学科最新动态；能够胜任与本学科相关的教学、科研、宣传和党政工作。

---

① 江泽民：《论“三个代表”》，中央文献出版社2001年版，第150—152页。

从上述培养目标可见：（1）对培养对象的素质要求是全面的，包括德、智、体、美的全面发展。首先是对共产主义的理想、信仰，中国特色社会主义的共同信念的要求（2）对马克思主义理论素养有严格要求，这包括扎实的理论功底（如对马克思主义经典著作、马克思主义基本原理、马克思主义发展史、国外马克思主义的把握）、运用技能（包括科学研究能力、分析和解决问题的能力、逻辑思维能力、文字和口头表达能力等的要求）、历史文化知识的要求；（3）重视研究生的外语水平。随着我国社会经济的发展和国际地位的提高，马克思主义理论学科的对外交流亦会不断加强，提高研究生的外语水平是必然的。

四 明晰业务范围

马克思主义中国化研究的业务范围包括学科研究范围和课程设置。前者主要是马克思主义经典作家生平、思想和著作研究，马克思主义通史，马克思主义国别史和阶段史，马克思主义专题史，马克思主义文献学。后者主要是马克思主义经典著作选读，马克思主义基本原理专题研究，马克思主义发展史，马克思主义传播史，当代世界与马克思主义发展。

把握马克思主义中国化学科的业务范围，一是要注意马克思主义中国化研究的教育层次，既要看到本科教育、硕士研究生教育、博士研究生教育的共同要求，也要注意他们之间的层次性差别，要根据教育的对象和任务实事求是地规定研究方向和课程设置，而且要把这一精神贯穿到教材教学中去。二是《简介》中关于研究方向和课程设置，不全是规范性的表述，主要是对研究范围、研究领域的一种指向。具体到一个单位的一个学科点，有关研究方向和课程设置应该根据社会经济发展的要求（包括区域发展的要求）、本单位的学科基础和学者自身的研究状况来确定。各个高校和研究机关的具体情况不同，研究的视角、形成的研究特色自然也会有差异。但是，《简介》中的有关规定是很重要的，这种重要性在于，它根据一般与特殊的辩证关系，确定了马克思主义中国化研究这一学科的基本属性、研究领域，这是从事马克思主义中国化研究的学者必须共同遵循的原则，如果脱离了这些原则，仅仅根据本单位的实际情况确定研究方向和课程设置，在实际上就会脱离马克思主义中国化研究这一学科的本质属性变成另外的学科。因为脱离事物共性的个性，不能不转化为其他的事物。现在学科建设中流行的一句话种别人的田，荒自己的地，大抵指的就是这种情况。

五 厘清学科关系

马克思主义中国化研究与相关学科的关系，按现行的学科分类，包括马克思主义理论一级学科内外的相关学科。在马克思主义理论一级学科内，是指与马克思主义基本原理、马克思主义发展史、国外马克思主义、思想政治教育的关系。在马克思主义理论一级学科外，是指同科学社会主义与国际共产主义运动、党史党建等学科的关系。从学科发展趋势说，笔者以为，科学社会主义与国际共产主义运动、党史党建应移入马克思主义理论一级学科内。有关马克思主义中国化研究与相关学科的关系，这是从相关学科的角度对马克思主义中国化研究这一二级学科的边界和属性的进一步规定，同时也是指明了马克思主义中国化研究同相关学科之间的交叉性。从前者说，要重视马克思主义中国化研究与相关学科研究的联系与差异。它们之间的联系，如果说马克思主义基本原理是马克思主义理论一级学科中的基础，马克思主义发展史是形成马克思主义基本原理的历史过程、发展脉络和与时俱进的轨迹，那么马克思主义中国化则作为专门研究马克思主义中国化的基本经验、基本规律以及马克思主义中国化理论成果的学科，是马克思主义基本原理和中国实际相结合的产物，是马克思主义的立场、观点和方法在中国的传播、创造性运用和发展的过程，是马克思主义发展史在中国的发展过程及其成果。国外马克思主义研究是对当代国外马克思主义相关的理论、思潮、流派的发生、演进及其基本思想进行研究的学科。开展国外马克思主义研究，旨在吸收和借鉴当代马克思主义研究的最新成果，科学分析各种与马克思主义相关的学说和思潮，并在比较鉴别中充分认识马克思主义的科学性，从而深化对马克思主义的认识，推进马克思主义理论研究，马克思主义中国化的理论研究和建设必须同国外马克思主义的研究相结合；马克思主义中国化的理论成果——中国化的马克思主义理论，要发挥认识世界和改造世界的作用，就必须通过思想政治教育将其转化为人们的世界观和方法论。它们之间的差异是，各相关学科之间在研究对象、主要内容、范畴体系和发挥功能作用上又各有自己的特点，否则它们就不能成为相对独立的学科。所以要正确把握它们之间的联系和区别。马克思主义中国化研究作为一个二级学科刚刚确定，为了保证它的健康发展，避免重复劳动，笔者以为在最近一个时期要更多地注意它同相关学科之间的差异。但是从目前的主要倾向看，关注它们之间的联系多，而关注它们之间的差异少，甚至将本学科与上述学科中某一学科简单等同，不注意研究本学科作为一个独立的二级学科特有的范畴及科学体系，这是不利于本学科发展的。

马克思主义中国化研究与其他相关学科的交叉性，对于学科的发展来说有重要意义，这就是它为建立马克思主义大学科群提供了客观依据。按大学科群的理念建设本学科，对于推进马克思主义整体性研究，突出重大的理论和现实问题研究，推进中国特色社会主义理论的发展，对于加强马克思主义对哲学社会科学的指导都具有重要意义。

（原载《思想理论教育》2006 年第 6 期）

着力建设好“马克思主义中国化”这一学科

国务院学位委员会和教育部下发的“学位〔2005〕64号”文件，把“马克思主义中国化研究”列为马克思主义理论一级学科所含的一个二级学科。我们应把握住马克思主义在当代中国发展的大好机遇，从中央关于实施马克思主义理论研究和建设工程的战略高度，着力建设好马克思主义中国化这个二级学科。

一　增强学科意识

重视马克思主义理论的学科建设，是马克思主义发展史上的一个优良传统。马克思、恩格斯把毕生的精力贡献给无产阶级革命事业，他们为无产阶级锻造理论武器，其内在的根本目的在于指导无产阶级实现改变旧世界创立新世界这一特殊的实践任务，在这个过程中，他们非常重视马克思主义理论的学科建设。恩格斯曾经说：“社会主义自从成为科学以来，就要求人们把它作为科学对待，就是说，要求人们去研究它。”[①] 这就是要求进行科学社会主义的学科建设。他们创立了马克思主义哲学、政治经济学、科学社会主义等马克思主义理论中的各门学科，对这些学科及相互关系进行了科学研究和科学论证。在19世纪40年代中期，马克思、恩格斯共同创立了唯物主义历史观，继后马克思在《资本论》中对唯物史观作了科学论证，使其由一种假设变成科学。继后，按照马克思、恩格斯之间的自然分工，主要由马克思在19世纪50、60年代创立了政治经济学的科学体系，主要由恩格斯在19世纪70年代创立了马克思主义世界观体系。在马克思的赞同和支持下，恩格斯在《反杜林论》中，以一本科学专著

① 《马克思恩格斯选集》第2卷，人民出版社1995年版，第636页。

的形式完整地阐明了马克思主义的科学体系及其三个主要组成部分；《自然辩证法》《家庭、私有制和国家的起源》《路德维希·费尔巴哈和德国古典哲学的终结》等著作，对马克思主义作了多方面的展开，系统阐述了马克思主义的自然观、伦理观、宗教观、文艺观、军事观等。马克思、恩格斯晚年，又对东方社会的历史和发展道路，对古代社会、对马克思主义哲学的历史发展、对资本主义发展趋势和无产阶级革命的斗争策略进行了多方面的探索、论证、补充和阐述，继续深化和完善了他们建构起来的理论大厦。马克思主义创立以后，仅 40 多年的传播和发展，就“在世界的一切文明语言中都找到了拥护者”①。这是与马克思主义创始人重视学科建设，使马克思主义成为博大精深的科学体系密切相关的。马克思早在《黑格尔法哲学批判导言》中说过：“理论只要彻底，就能说服人。所谓彻底，就是抓住了事物的根本。”② 按照马克思主义的认识论，抓住事物根本的理论，应该是正确反映客观世界的科学理论。

同样，列宁也很重视马克思主义的学科建设，他在 19 世纪末 20 世纪初，捍卫、丰富和发展了马克思主义，实现了马克思主义理论的重大飞跃，把马克思主义推进到一个新的阶段——列宁主义阶段。这自然是与他及其领导的俄国布尔什维克党新的实践和新的经验为基础的，也是与他回应新世纪实践的呼唤，密切结合时代的特点、密切结合资本主义国家政治经济发展的新变化、东方的落后的资本主义俄国的国情所作的巨大的科学研究和理论创造分不开的。

中国的马克思主义者从马克思主义在中国传播伊始，就继承了马克思列宁主义创始人的优良传统，高度重视马克思主义理论的学科建设。如李大钊 1919 年在《新青年》第 6 卷第 5 号上发表的《我的马克思主义观》，在系统介绍唯物主义历史观的基本观点及其研究方法时，十分注重其学科性。李大钊强调，唯物史观立论的目标，旨在把握历史发展的真实基础，正是因为马克思发现了人类的经济活动这一历史发展的基础，才建起了科学的唯物主义历史观。李大钊论述了唯物主义历史观的重大科学价值，他指出，有了唯物史观的研究方法，历史学才有可能像自然科学那样研究历史，使历史学成为科学；像自然科学那样研究社会，使社会科学成为科

---

① 《马克思恩格斯选集》第 4 卷，人民出版社 1995 年版，第 212 页。
② 《马克思恩格斯选集》第 1 卷，人民出版社 1995 年版，第 9 页。

学；像自然科学那样研究人类社会的发展，使社会主义理论成为科学。其他马克思主义者如陈独秀、毛泽东、李达、瞿秋白等都十分强调唯物史观的科学性。[①] 在马克思主义普遍真理与中国实际相结合的探索中，到20世纪30年代，毛泽东在一系列文章中，深刻阐明了坚持唯物主义的思想路线，坚持理论与实际相结合的原则的重要性，初步形成了毛泽东思想。在社会主义时期，毛泽东思想得到进一步丰富和发展。我们党在十一届六中全会《关于建国以来党的若干历史问题的决议》等多个文件中，科学地概括了毛泽东思想的科学体系。进入改革开放新时期以来，我们党适应新时期的时代要求，在毛泽东思想的基础上，又创立了邓小平理论和“三个代表”重要思想两大理论成果。党的十六大以来，中国特色社会主义理论又有许多发展和创新。

今天，我们应该以更为自觉的学科理念认真研究和总结马克思主义发展史上的学科建设的基本经验和规律，用以指导马克思主义中国化这一学科的建设。

二 形成学科特色

一门学科，一个单位的某个学科、专业，应该根据经济社会发展（包括区域发展）的要求、学科的属性、本单位的学科基础和学者自身的研究状况形成学科特色。这里，就本人对“马克思主义中国化”及其研究的思考、对如何形成该学科的研究特色提出以下几点看法：

一是要重视从纵横结合上研究它的学科地位。在横向上注意研究“马克思主义中国化”在马克思主义理论一级学科构成中的地位。如果说“马克思主义基本原理”是马克思主义理论一级学科中的基础，“马克思主义发展史”研究形成马克思主义基本原理的历史过程、发展脉络和与时俱进的轨迹，那么“马克思主义中国化”则作为专门研究马克思主义中国化的基本经验、基本规律，以及马克思主义中国化理论成果的学科。对于中国来说，我们所需要的马克思主义是同中国实际相结合的马克思主义，所以“马克思主义中国化”研究又是马克思主义理论学科中要重点研究的部分；“国外马克思主义研究”是对当代国外马克思主义相关的理论、思潮、流派的发生、演进及其基本思想进行研究的学科。开展国外马

① 参看黄楠森主编《邓小平理论的哲学基础研究》，中国人民大学出版社2004年版。

克思主义研究，旨在吸收和借鉴当代马克思主义研究的最新成果，科学分析各种与马克思主义相关的学说和思潮，并在比较鉴别中充分认识马克思主义的科学性，从而深化对马克思主义的认识，推进马克思主义理论研究，所以也应与中国马克思主义的理论研究和建设相结合。

在纵向上注意研究马克思主义中国化的理论成果同马克思列宁主义一脉相承又与时俱进的关系。马克思列宁主义、毛泽东思想、邓小平理论、“三个代表”重要思想在马克思主义最根本的理论特征上，在最崇高的理想上，在根植于广大人民群众的政治立场上，在解放思想、实事求是、与时俱进的理论品质上，都是一脉相承的。“马克思主义中国化”的研究要高度重视马克思主义科学体系的统一性，注意从其统一性上确立“马克思主义中国化”学科的地位。

二是要从科学社会主义的主题转换中，突出中国特色社会主义理论研究。“马克思主义中国化”研究要注重从整体上研究马克思主义在中国的传播、运用和发展，要注意研究它在中国的整体性推进同三个主要组成部分各自发展的关系。但是，“马克思主义中国化”研究的核心是社会主义科学，因此，对马克思主义中国化的研究，要从科学社会主义的主题转换中去把握马克思主义中国化的核心内容。科学社会主义诞生以来，它的主题经过了三次大的转换。

19 世纪 40 年代后半期到 19 世纪 90 年代中期为第一阶段。这是科学社会主义基本原理形成和发展的阶段。这一阶段科学社会主义发展的主题是资本主义必然被社会主义所取代。

19 世纪末到 20 世纪 50 年代中期为第二阶段。这是科学社会主义基本原理运用于实际，科学社会主义理论预言转变为社会革命、建设实践的阶段。这一阶段科学社会主义发展的主题转换为社会主义如何取代资本主义。

20 世纪 50 年代中期以来为第三阶段。这一阶段是科学社会主义基本原理广泛地运用于实际，科学社会主义由革命实践为主转变为建设实践、改革实践迅速发展的阶段。这一阶段科学社会主义发展的主题逐渐转换为社会主义如何在与资本主义共存、交流和冲突、对抗中发展自身并最终取代资本主义。[①] 第三阶段主题的基本内容是如何建设和巩固社会主义。对

---

① 参看顾海良、梅荣政主编《科学社会主义理论与实践》，武汉大学出版社、湖北人民出版社 2006 年版，第 11—13 页。

马克思主义中国化研究自然是全面的，要系统地研究马克思主义中国化的历史进程和理论成果，但是立足于国情、立足于当代，为开拓马克思主义新境界，把对社会主义的认识提高到新的科学水平，必须紧紧扣住这个主题，突出中国特色社会主义研究。

这里一个值得注意的问题是，要重视中国特色社会主义理论的整体性研究。中国特色社会主义是社会主义市场经济、社会主义民主政治和社会主义先进文化的有机统一，是社会主义物质文明、政治文明和精神文明全面发展，是党领导的伟大事业同党的建设新的伟大工程相互促进的进程。按照我们党“三步走”的发展战略，中国特色社会主义建设会从今天的目标走向明天的目标，从明天的目标达到我们最终的目标。这就要求中国特色社会主义理论从整体上把握它的客观进程和发展规律，给历史进程以科学的理论指导。当然，中国特色社会主义在向前推进中，包括多方面的重大的理论和实践问题，涉及经济、政治、文化多个领域，改革开放稳定、内政外交国防、治党治国治军等多个方面，应当分别予以研究，而且还可以从马克思主义某一个组成部分来进行研究，如从哲学视域研究其中某一个问题，或研究各个方面的内在联系、运行的规律，以及建设中国特色社会主义过程中主观与客观方面的地位和作用；从经济学视域研究经济建设和改革的规律，研究如何进一步完善公有制为主体、多种所有制经济共同发展的基本经济制度，如何建成完善的社会主义市场经济体制，如何走新型工业化道路，统筹城乡经济社会发展，如何扩大就业和促进再就业，如何进一步深化收入分配制度改革、健全社会保障体系，如何在更大范围、更广领域和更高层次上参与国际经济技术合作和竞争等；从科学社会主义视域研究如何推动整个社会走上生产发展、生活富裕、生态良好的文明发展道路，如何更好地实现坚持党的领导、人民当家作主和依法治国的有机统一，如何最广泛最充分地调动一切积极因素，不断为中华民族的伟大复兴增添新力量，如何在新的历史条件下不断巩固马克思主义在意识形态领域的指导地位，如何弘扬和培养民族精神，如何改革和完善党的领导方式和执政方式，如何以加强党的执政能力建设为重点全面推进党的建设新的伟大工程，等等，所有这些问题还可以从政治学、法学、社会学等其他学科的视角加以研究。

但是这种研究，其一，必须把分门别类的问题视为我国社会主义的自我完善和发展总问题中的问题，研究这些问题的根本宗旨是为了推动和促进总问题的解决；而且，这些问题的研究必须借助其他问题的研究成果，或以其他问题的研究成果为既定前提，不可把本问题的研究自我封闭在一个孤立的狭小天地中。

其二，这些问题的研究成果，只有在不损害中国特色社会主义的整体发展，不损害上述其他问题研究成果的条件下，才是有效的、才会得到社会承认。

其三，对这些具体课题甚至是重大课题的研究不能取代对中国特色社会主义活动规律和发展规律的整体研究，即对毛泽东思想、邓小平理论和“三个代表”重要思想的整体研究。只有这种整体研究，才能把共产党执政的规律、社会主义建设的规律和人类社会发展的规律，深刻地把握在我们思维中，并整合成关于中国特色社会主义的完整理念，去进一步回答什么是社会主义、怎样建设社会主义的问题，创造性地回答建设什么样的党、怎样建设党的问题；才能把中国特色社会主义建设实践，奠定在对中国特色社会主义社会发展规律的认识基础上。

三是要把“马克思主义中国化”的研究同中国的传统文化、各种社会思潮的研究结合起来。马克思主义中国化的过程是马克思主义的科学精神、科学原理同中国的优良传统文化相结合、马克思主义融入中华民族精神的过程，也是把中华民族的精神提升到马克思主义理论高度的过程。因此，“马克思主义中国化”的研究要同中华民族优良传统的研究结合起来。马克思主义中国化的过程又是同各种各样的思潮交锋、争论并战胜各种非马克思主义、反马克思主义的过程。因此“马克思主义中国化”的研究要注意分析各种社会思潮，研究各种社会思潮产生的历史背景、理论渊源、主要观点、思想实质、传播的特点、影响和危害以及发展的趋势，一方面注意各种非马克思主义思潮在不同时期同马克思主义之间或彼此之间争论的主要问题，作出的某些理论探索，从中吸取对马克思主义理论学科建设有积极意义的东西，同时，批判非马克思主义和反马克思主义消极错误的东西，包括理论观点和思想方法，注意抵制它们的错误影响，以引领当代中国的社会思潮，形成立足中国实际，继承历史文化优秀传统，吸取外国文化有益成果的社会主义精神文明，以服务于中国特色社会主义建设大业。

三 正确处理几对关系

在我国，理论界、学术界对马克思主义中国化的课题研究已经有很长时间，成果甚多，但把马克思主义中国化作为一个二级学科来建设，确是一个新问题。在建设中，要正确处理三对关系：一是要正确处理学科属性和研究特色的关系。各个高校和研究部门的具体情况不同，研究的视角、形成的研究特色自然也会有差异。但既然是一门独立学科的研究特色，由其内涵的一般与特殊的辩证关系所规定，它必然具有要求从事这门学科的研究者共同遵循的原则。脱离事物共性的个性，只能是其他的事物。因此，一门学科、专业的研究特色的确定，不能仅限于上述因素，还应充分考虑这一学科、专业属性的要求。不能设想，凡是社会需要的都是本学科、专业应该研究的（因为社会有多方面的需求，需要多学科来分别承担），也不能仅根据本单位现有队伍的知识结构设研究方向，这是不利于学科专业发展的。二是如何正确处理本学科与主要相关学科的关系。在马克思主义理论一级学科内，要正确处理本学科与马克思主义基本原理、马克思主义发展史、国外马克思主义、思想政治教育的关系。战后，科学发展的一个重要特点是，各学科在继续分化的同时又出现了相互交叉、综合的趋势，各学科都重视系统化、整体化发展。面对这一特点，来思考本学科的建设，要十分重视它同其他学科的关系，这里主要是，要正确处理与中共党史、党建、马克思主义三个主要组成部分之间的关系。正确处理这些关系，从宏观上说，既要把握上述各学科之间的相互联系、相互交叉、相互渗透，又要把握它们之间的区别、差异、各自的边界。毫无疑义，“马克思主义中国化”的教学和研究必须具有上述学科的基础知识、基本理论，否则无法进行“马克思主义中国化”的教学和研究。但要注意的是，不能只关注联系，忽略差异，甚至将本学科与上述学科中某一学科简单等同，不注意研究本学科作为一个独立的二级学科特有的范畴及科学体系，因为这是不利于本学科发展的。三是要正确处理已知领域和未知领域的关系。马克思主义中国化是一个未尽的过程，在学术界的共同努力下已经取得了丰硕的成果，现在的问题是在研究过程当中要避免重复性劳动，深化已知领域的成果。如要继续深入研究马克思主义在中国早期传播的历史必然性，马克思主义中国化的“源”与“流”，马克思主义中国化的条件、机理、基本特点、基本规律，面向 21 世纪，我国社会主义自我完善和发展的重大问题，等等，更要突出马克思主义中国化的未知领域的研究，如马克思主义中国化的学术史、国外马克思主义中国化学的研究等。

应该说，由于问题本身的复杂性，正确处理上述三对关系，需要一个过程，必须引起我们的关注。

四　抓好队伍建设

建设好“马克思主义中国化”这个二级学科，需要有硬件、软件多方面建设，但关键在于抓紧抓好队伍建设。中共中央宣传部部长刘云山同志指出:“理论建设，人才为本。开辟马克思主义发展的新境界，呼唤着一批高素质的人才，呼唤着一批马克思主义理论大家。我们这个时代，是一个需要理论人才和理论大家的时代，也是能够产生大批理论人才和理论大家的时代。我们一定要十分珍惜这一难得的历史机遇，进一步加大人才培养的力度，努力建设一支政治强、业务精、作风正的马克思主义理论队伍，形成人才辈出、人尽其才的生动局面。要加强对马克思主义理论拔尖人才的重点扶持，造就一批学贯中西、在国内外有广泛影响的马克思主义理论大家；加强对崭露头角的学术新秀的重点培养，造就一批各学科各专业的领军人物；加强对高校马克思主义专业人才的重点培养，造就一批具有较高素质、有志于从事马克思主义理论研究的后备人才。”这些论点体现了胡锦涛同志多次讲话的精神，为马克思主义理论学科的人才建设指明了方向。在“马克思主义中国化”学科建设中，要认真地贯彻落实。从事“马克思主义中国化”教学和研究的人员较多，目前亟待解决的问题是要进一步提高这支队伍的思想理论素质和专业化水平，增强其科学研究和教学的能力，使之真正适应这门学科建设的需要。这个问题随着大批老教师的退休，特别是思想政治理论教育学科带头人和教学骨干的退休显得尤为迫切。这就要求采取切实而且具体的有力措施，为培养上述三个层次的人才提供发展的条件，让他们在探索、研究和解决上述学科建设的诸问题中成长。这里最要紧的是马克思主义理论大家和学科专业领军人物的培养。“千军易得，一将难求”，目前这两种人才的缺乏已成为学科建设进一步发展的瓶颈。这两种人才素质上的要求虽有程度的不同，但是都要求在政治上有强烈的使命感和责任感；在专业上有很高的学术造诣；在学科建设上有雄才大略，眼光远大，气度恢宏，知识丰富，并有识才的慧眼，惜才的情感，用才的智慧，善于根据社会经济发展的要求和哲学社会科学发展的趋势进行谋划，进行制度创新，营造拔尖人才成长的环境和条件，在自己的周围凝聚起强大的科研、教学队伍。这两种人才是理论大家、领军人物，同时是学科建设的专家、战略家。过去我们对这个问题认识还不够全面和深刻，今后在马克思主义中国化乃至整个马克思主义理论学科建设中，应当把这个问题提到重要日程上来加以高度重视。

（原载《高校理论战线》2006 年第 6 期）

对马克思主义基本原理学科建设若干问题的思考

马克思主义基本原理这一个二级学科，在建设中存在一些待解决的理论认识上和实际工作中的问题，一些专家就此发表了许多富有启发性的见解。本文再就以下方面谈些粗浅的看法。

1. 坚持马克思主义基本原理学科的核心地位

在马克思主义理论一级学科结构中，以什么学科为核心，关系到整个学科的属性、发展方向和建设规范。正因为如此，大家都很关注这个问题，提出了各种不同的见解。我们认为，马克思主义基本原理学科在马克思主义理论一级学科中处于基础或说核心的地位。其理由是：

第一，马克思主义基本原理学科研究对象的特性，决定了它的核心地位。

马克思主义基本原理学科的研究对象就是马克思主义基本原理。所谓基本原理实际上就是原理。“原理”，按《现代汉语词典》解释，就是“带有普遍性的、最基本的，可以作为其他规律的基础的规律，具有普遍意义的道理”[①]。

在“原理”前面冠以“基本”一词，是一种词的重叠，旨在强化“普遍的”“基本的”含义，不具有别的意义。我们认定马克思主义基本原理学科在马克思主义理论一级学科中的核心地位，是因为，它的研究对象具有三个方面的特性，其一，在理论层位、范畴层位上，它“是马克思主义科学体系的基本理论、基本范畴，是其立场、观点和方法的理论表

① 中国社会科学院语言研究所词典编辑室编：《现代汉语词典》，商务印书馆 1986 年版，第 1421 页。

达”[1]，具有原本意义。其二，在理论内容上，这些基本理论、基本范畴“是人类社会的本质和发展规律的科学概括”。这里说的“人类社会”，包括“人化了的自然”，也就是说，马克思主义基本理论、基本范畴不仅是对狭义的社会领域普遍规律的科学反映，而且是对整个世界的本质和发展过程最普遍规律的科学反映。它包括对世界组织结构、各种构成要素之间的相互作用和辩证运动的科学认识，包括对世界组织结构和历史分期，世界运动和发展规律的有机统一的科学把握。其三，在理论特性上，马克思主义基本原理体现了“绝对与相对、普遍性与特殊性的辩证统一”，“理论与实践、科学性与阶级性的高度结合”。这些特性正是整个马克思主义理论最一般、最根本特性的集中概括。马克思主义基本原理在范畴层位上的原本性、理论内容上的本质性、理论特性上的普遍性，使其成为“马克思主义学说的精髓”，由此决定了它在马克思主义理论一级学科的基础的核心的地位。

第二，马克思主义基本原理学科决定和影响着马克思主义理论一级学科和所属其他二级学科的发展。

马克思主义基本原理是构成马克思主义科学体系的基本要素、细胞形式，整个马克思主义科学体系就是由若干相互联系的马克思主义基本原理，按照历史与逻辑、抽象与具体等相统一的原则，在联系和转化中形成的概念体系。基本原理是马克思主义理论科学体系中具有决定意义的东西。马克思主义之所以成为工人阶级的科学世界观和方法论，成为工人阶级和广大劳动人民认识世界和改造世界的强大思想武器，之所以能称之为马克思主义，正是基于这些基本原理的性质和功能。在这个意义上，我们说，“马克思主义理论就是一门从整体上研究马克思主义基本原理和科学体系的学科。”马克思主义理论一级学科中的其他二级学科均是马克思主义基本原理学科的展开形态和发展形态，或者是它的具体运用形式。如马克思主义发展史学科，是研究马克思主义基本原理形成轨迹和发展历史的学科；国外马克思主义研究是研究马克思主义基本原理在世界上传播与发展的学科；马克思主义中国化研究，是研究马克思主义基本原理在中国的传播、与中国具体实际相结合，即不断推进马克思主义中国化的理论与实

---

[1] 国务院学位委员会、教育部：《关于调整增设马克思主义理论一级学科及所属二级学科的通知》，学位〔2005〕64 号，2005 年 12 月 23 日。（已加引号未注明出处的引文均出自该文件）

践的学科；思想政治教育是研究把马克思主义理论成果运用于马克思主义理论教育、思想政治教育和思想政治工作的学科。没有马克思主义基本原理，这些学科就失去了马克思主义的理论根基，就不可能具有科学性和革命性相统一的性质，也就不可能发挥应有的作用。当然，这些二级学科对于马克思主义基本原理的丰富、发展和功能作用的发挥也不是可有可无，而是十分重要的。

2. 坚持从整体上研究和把握马克思主义基本原理

对于马克思主义理论，“既应该从哲学、政治经济学、科学社会主义等方面进行分门别类的研究，更应该进行整体性研究，完整地把握马克思主义的科学体系”。之所以要对马克思主义进行整体性研究，有多方面的原因，这里扼要地指出三点：一是马克思主义作为完整世界观的内在要求。列宁曾说过：“马克思主义的全部精神，它的整个体系，要求人们对每一个原理都要（α）历史地，（β）都要同其他原理联系起来，（γ）都要同具体的历史经验联系起来加以考察。”[①] 马克思主义本身历史方面和逻辑方面的严整性要求加强马克思主义整体性研究。二是对中国特色社会主义进行整体性研究的必然要求。马克思主义基本原理同本国具体实践相结合是当今马克思主义发展的重要特点和历史趋势。中国特色社会主义是马克思主义基本原理同中国具体实际和时代特征相结合的产物，是马克思主义基本原理学科中要着重研究的重大理论问题和现实问题。中国特色社会主义是社会主义市场经济、社会主义民主政治和社会主义先进文化的有机统一，是社会主义物质文明、政治文明、精神文明和生态文明的全面发展，是党领导的伟大事业同党的建设新的伟大工程相互促进的进程。按照我们党的科学发展观，这不仅是以经济建设为中心的包括经济、政治、文化、社会全面向前推进的可持续性的运动，而且是促进人的全面发展的过程。无论从横向上还是从纵向上说，它都是一个发展着的整体。这种客观研究对象本身的整体性，决定作为它的本质和发展规律的理论反映——中国特色社会主义理论也必然是一个发展着的整体。这就要求理论研究本身也必须具有整体性和综合性。三是反对肢解马克思主义的根本要求。较长时期以来，各种各样的非马克思主义、反马克思主义思潮惯于用肢解的手法来毁坏马克思主义，为保持马克思主义科学体系的严整性，必须加强马

① 《列宁选集》第2卷，人民出版社1995年版，第785页。

克思主义的整体性研究。

怎样理解马克思主义基本原理的整体性，多位专家已发表了一些富有启发意义的见解。国务院学位委员会教育部学位（2005）64号文件指出，无论从横向上还是从纵向上说，马克思主义都是一个发展着的整体。对马克思主义基本原理进行整体性研究，“与马克思主义哲学、政治经济学和科学社会主义分门别类的研究不同，它要求把马克思主义的这三个组成部分有机结合起来，揭示它们的内在逻辑联系，从总体上研究和掌握马克思主义”。这段表述非常明确，从这段明确的表述中，我们对马克思主义基本原理的整体性可以作出四个方面的解读。第一，在研究对象上，马克思主义的基本原理不是对于客观物质世界某一个发展阶段、某一个部分、某一方面的反映，而是对于包罗万象、充满矛盾和历史发展的物质世界整体的本质和发展规律的科学反映。第二，在逻辑范畴上，它不是马克思主义某一构成部分、领域的范畴，而是从马克思主义哲学、政治经济学、科学社会主义各主要组成部分中抽象出来的，同时又贯通于各主要组成部分之中，涵盖多学科的范畴。这些范畴按照马克思主义作为一个完整世界观的要求，依据一定的逻辑规则形成概念体系，概念之间的逻辑联系是严整的。第三，在根本属性上，如前所述，它具有科学性与阶级性、理论与实践、绝对与相对、普遍性与特殊性辩证统一的基本性质。这些基本性质贯穿于各二级学科之中，并且将各二级学科内在地联系起来，形成一个不可分割的整体，这个整体最集中的表达就是马克思主义的立场、观点和方法及其运用。第四，在学科结构上，它们是以马克思主义基本原理为核心和基础，以创造性实践为中介的原本形态、展开形态、发展形态或者运用形态的统一体。这四个方面紧密联系、一以贯之，构成马克思主义基本原理的整体性。列宁说过，“理论和实践是两个不同的东西，从实践上解决这个问题和在理论上解决这个问题决不是一回事”①。

对马克思主义学科整体性的认识也是如此。从全国21个马克思主义理论一级学科点和103个马克思主义理论二级学科点所设的研究方向、课程设置及其说明看，有些学科点没有很好地体现出整体性、综合性研究的特性；从反映出的某些认识看也还存在一些差距，如有人提出，要求从整体上研究马克思主义，难道马克思主义哲学、马克思主义政治经济学、科

---

① 《列宁全集》第42卷，人民出版社2017年版，第49页。

学社会主义不是马克思主义吗？这样提出问题，表明把两个不同的问题混为一谈了，一个问题是“什么是马克思主义”？另一个问题是“怎样研究马克思主义”？这是两个相联系而又不同的问题。就什么是马克思主义的问题说，强调本学科从整体性、综合性上研究马克思主义，丝毫没有否认马克思主义哲学、马克思主义政治经济学、科学社会主义是马克思主义的三个重要组成部分（当然，也不能简单地说其中某一个组成部分就等于马克思主义）。就怎样研究马克思主义来说，马克思主义哲学、马克思主义政治经济学、科学社会主义都有非常成熟的硕士、博士学位点，多年来，它们各自从本研究领域出发，进行了分门别类的研究，是很有成就的。如果马克思主义理论一级学科及所辖的二级学科点，仍像马克思主义哲学、马克思主义政治经济学、科学社会主义的研究思路一样，进行分门别类的研究，那就像经济建设中的重复建设一样。经济建设中不允许重复建设，难道学科建设就允许重复建设吗？从这个角度说，本学科要不要坚持整体性、综合性研究，关系到学科本身是否有必要存在的问题。此外，整体大于部分之和，对马克思主义进行整体性研究还有不同于分门别类研究的新的意义。

3. 坚持从继承与创新的统一中制定马克思主义基本原理的范畴

马克思主义基本原理是马克思主义科学体系的基本范畴的理论表达。马克思主义基本范畴及科学体系研究是马克思主义基本原理学科中规定的课程。因此，制定马克思主义基本原理的范畴是该学科建设中的一项基础性工作。

制定马克思主义基本原理的范畴，要坚持继承与创新的统一。

一是对马克思主义三个主要组成部分——马克思主义哲学、马克思主义政治经济学、科学社会主义等原理及其发展史中的范畴进行系统的梳理和筛选，从中提炼出一些最基本的范畴，将其提升为整个马克思主义理论学科的范畴。如在马克思主义世界观和方法论层次上，选择历史观和价值观、唯物辩证法和历史辩证法或“实事求是”等范畴；在马克思主义的基本观点和基本结论层次上，选择马克思、恩格斯运用马克思主义基本原理分析不同历史时期的历史任务而得出的若干重大结论，比如，马克思、恩格斯运用唯物史观分析自由资本主义社会基本矛盾得出的资本主义必然灭亡、社会主义必然胜利的重要结论，劳动价值论和剩余价值论，未来社会必须坚持公有制、按劳分配的思想，关于阶级斗争、社会主义革命、无产阶级专政原理，人的全面发展的原理等。这些基本范畴、概念、重要结论、观点经提升之后，按照一定的逻辑规则——历史和逻辑、抽象和具体、简单和复杂等规则排列起来，它不再限于原有的涵义，而是被赋予了新的意义，不再只是对原有研究对象的反映，而是升华为对整个世界的本质和发展过程最普遍规律的科学反映。

二是制定新的范畴。马克思主义基本原理总是在新的科技发展和哲学社会科学成果的基础上，结合时代特征和当时的社会实践不断得到丰富和发展的，与此相应，必须制定新的范畴和概念。关于这个方面，必须遵循恩格斯和毛泽东同志讲的原则，恩格斯说：现代社会主义“同任何新的学说一样，它必须首先从已有的思想材料出发，虽然它的根子深深扎在物质的经济的事实中”[①]。毛泽东说：“马克思主义必须在斗争中才能发展，不但过去是这样，现在是这样，将来也必然还是这样。正确的东西总是在同错误的东西做斗争的过程中发展起来的。真的、善的、美的东西总是在同假的、恶的、丑的东西相比较而存在，相斗争而发展的。”[②] 制定马克思主义基本原理的新范畴遵循这些原则，按照三种路径来进行，即：从当今时代、实践和科学发展中抽象、概括出一些反映时代特征和发展规律的概念列入马克思主义基本原理的范畴；从古今中外优秀文化思想中发掘出一些富有生命力的概念，经过改造、提升，形成马克思主义的基本范畴；从国内外非马克思主义思潮中吸取一些积极的营养成分，经过批判、改造、加工、制作，形成一些新的概念来补充、丰富马克思主义基本原理的范畴。这方面的工作有相当的困难，不仅工作量大，而且需要做长期的努力，正如列宁所说，谁怕用功夫谁就无法找到真理。只要坚持不懈地努力就可以逐渐形成和完善马克思主义基本原理的科学范畴体系。

4. 坚持从本科教育抓起，培养精通马克思主义基本原理的高层次人才

国务院学位委员会、教育部学位〔2005〕64 号文件的附件二中指出：“建立马克思主义教育与教学体系。在本科教育中，设立马克思主义基础专业，培养政治素质好、思想品德优良、具有较好马克思主义基础知识的大学生。”这段不怎么引起人们注意的话，对于马克思主义基本原理学科

① 《马克思恩格斯选集》第 3 卷，人民出版社 1995 年版，第 719 页。

② 《毛泽东文集》第 7 卷，人民出版社 1999 年版，第 230 页。

建设有重要意义。本学科博士、硕士招生中有一个共同问题，就是生源没有本专业的本科基础。过去我们认为，这是马克思主义基本原理专业的特殊性所不可避免的，甚至认为这是一个优点，就是它招收了一些有实践经验、阅历丰富的学生。这种认识的根源，大多是仅把马克思主义视为一种社会意识形态，而对于“马克思主义是科学”这方面考虑不足。从“马克思主义是科学”的角度考虑问题，应该承认，要夺取这门科学的王冠，缺少必要的系统的专业训练是不行的。邓小平在南方谈话中，谈到马克思主义理论学习时，是把学专业的人同一般党政干部分开说的。他认为搞专业的人应该学习马克思主义的“长篇的东西”“大本子”。而学习“大本子”，如《资本论》原著，时间短了，或者专业基础差了是不行的。进入 21 世纪，胡锦涛同志要求培养学贯中西、在国内外有广泛影响的马克思主义理论大家。一般说来，这样的理论大家如若不从本科教育抓起是难以培养出来的。据一些材料介绍，苏联的马克思主义研究者的文化素质是骄人的，他们大都受过长期系统而连续的教育和专门训练，20 世纪五六十年代以来的研究者中相当多的人精通几门外语，可以直接阅读马克思、恩格斯的原著，可以与西方学者直接进行交流与对话。苏联马克思主义理论研究在发展过程中出现了教条主义化的倾向，应该说这并非由于学者的素质不好，而是由于思想路线的错误造成的。现在，如果我们能像其他学科一样，从本科教育抓起，一步一个脚印，这对于提高整个马克思主义理论队伍的素质，特别是造就马克思主义理论大家是大有裨益的。我们提出从本科教育抓起，同强调在马克思主义理论人才培养过程中要重视实践教育环节是一致的。因此，在马克思主义基本原理学科建设中，近期选择若干具有条件的学校，试办“马克思主义基本原理”本科专业，招收一定数量的本科生进行培养，我们以为是可以考虑的。

5. 坚持培养目标的全面性要求

国务院学位委员会、教育部学位〔2005〕64 号文件，关于马克思主义理论一级学科中各二级学科的培养目标规定，无论是博士学位，还是硕士学位，要求是全面的。但是现在有一种见解，就是认为，在培养目标中不一定要规定坚持对马克思主义的信仰和对社会主义的信念，理由是，作出这样规定不利于国际学术交流，不利于同国外学者进行对话。我们认为，不要因过于担心国际交流中的某种困难，就降低培养对象在思想政治素质方面的要求。过去，我们曾经一度过分重视思想政治素质而对专业科学文化素质重视不足，现在，不能又翻过来只重视专业科学文化素质而忽视思想政治素质。应该说，第一，我们培养的博士生、硕士生，必须符合中华人民共和国高等教育法关于德智体美的全面要求，“德”，在这里最根本的要求就是对马克思主义的信仰和对社会主义的信念。第二，我们培养的马克思主义高级专门人才必须坚持马克思主义的指导地位，忠诚于马克思主义的事业。毛泽东在《改造我们的学习》中指出，在主观主义的态度下，“就是抽象地无目的地去研究马克思列宁主义的理论。不是为了要解决中国革命的理论问题、策略问题而到马克思、恩格斯、列宁、斯大林那里找立场，找观点，找方法，而是为了单纯地学理论而去学习理论。不是有的放矢，而是无的放矢”[①]。胡锦涛同志在论宣传思想战线的队伍建设时，强调要“确保宣传思想战线各部门、各单位的领导权牢牢掌握在忠于马克思主义、忠于党和人民的人手里”[②]。这些论断表明，我们培养的马克思主义理论人才同西方纯粹从文本出发研究马克思主义的学者是根本不同的，我们要坚持“学马列、信马列、用马列”的统一。第三，从这些年国际学术交流的实际情况看，我们坚持马克思主义立场、观点和方法，与国外哲学社会科学方面的严肃学者特别是马克思主义学者并不存在交流上的困难。在平等的学术交流中，求同存异，是很正常的情况。第四，列宁说，客观主义是资产阶级的立场。这种立场同马克思主义理论学科的本性不相容，这是我们要防止的倾向。

（原载《思想理论教育导刊》2006年第11期）

---

① 《毛泽东选集》第3卷，人民出版社1991年版，第799页。

② 《十六大以来重要文献选编》中，中央文献出版社2006年版，第502页。

关于马克思主义理论一级学科建设的三个问题

一　构建马克思主义理论一级学科的依据和意义

经过近一年的论证，国务院学位委员会、教育部《关于调整增设马克思主义理论一级学科及所属二级学科的通知》（学位〔2005〕64号）明确宣布，在《授予博士、硕士学位和培养研究生的学科、专业目录》中增设马克思主义理论一级学科及所属二级学科。然而，人们对构建马克思主义理论一级学科的疑问并未完全消除。疑问主要集中在四个方面：一是已经有马克思主义哲学、马克思主义政治经济学、科学社会主义三个主要组成部分的独立二级学科，是否有必要设立马克思主义理论一级学科？二是国际上没有这样一个专门学科，我们设立这样的学科后如何进行对外交流？三是在目前经济全球化、国内实行社会主义市场经济体制条件下，设立这样的学科，是否有生源？学生毕业后是否能顺利就业？四是按照现有的学科、专业目录，马克思主义理论一级学科不包括马克思主义哲学、马克思主义政治经济学、科学社会主义，这能否称之为马克思主义理论一级学科？笔者以为，马克思主义理论一级学科的建设，是我国哲学社会科学建设中具有战略意义的事情。

关于马克思主义理论一级学科构建的根据和意义，国务院学位委员会、教育部学位〔2005〕64号文中有明确的阐述，即根据《中共中央国务院关于进一步加强和改进大学生思想政治教育的意见》和《中共中央关于进一步繁荣发展哲学社会科学的意见》精神，为了加强马克思主义理论体系研究、马克思主义发展史和马克思主义中国化研究、思想政治教育研究，推进党的思想理论建设和巩固马克思主义在高等学校教育教学中的指导地位，加强高校思想政治理论课建设，培养思想政治教育工作队伍，经专家论证，决定在《授予博士、硕士学位和培养研究生的学科、专业目录》中增设马克思主义理论一级学科及所属二级学科。把这段话展开，我以为设置马克思主义理论一级学科及所属二级学科的根据和意义包括以下两大方面：

第一，当代中国社会经济发展和进一步繁荣哲学社会科学提出了客观要求并提供了条件。

任何学说、科学的发展，“它的根子深深扎在物质的经济的事实中”①。马克思主义理论这门科学的发展也是一样。在当代中国，马克思主义理论一级学科及所属二级学科的建立有充分的经济、社会依据。

1. 鲜明体现坚持走中国特色社会主义学科建设道路

新中国的学科建设同其他领域的建设一样，必须从中国的实际出发，走自己的路。西方发达国家的学科分类和建设经验中有益的东西应该借鉴、吸取，但不能照搬照抄。西方发达国家有的，我们不一定要有，西方发达国家没有的，我们可以有，在哲学社会科学建设中，在意识形态方面，我们不能笼统地讲与国际接轨。中国是社会主义国家，始终坚持走社会主义道路，这是最根本的特点。学科分类和建设必须反映这一特点，反映马克思主义在党和国家生活中的指导地位，使马克思主义在学科分类和建设中的地位同它在政治上的地位相平衡。2006 年以前，把马克思主义理论与思想政治教育作为法学门类政治学一级学科中的一个二级学科，在哲学一级学科中有马克思主义哲学这一二级学科，在理论经济学中有马克思主义政治经济学这一二级学科，在政治学一级学科中还有科学社会主义与国际共运、中共党史党建等二级学科，这些当然都是马克思主义理论的某一部分及其运用的学科，但是没有一个从整体上研究马克思主义及其发展规律的科学。而且在学科的层次上都只是二级学科，这样的学科分类和建设没有充分体现中国特色社会主义学科建设应有的特点，没有充分反映马克思主义作为一个理论整体在党和国家政治生活中的指导地位。因此，需要改进与加强马克思主义作为一个完整的世界观在学科分类和建设中的地位。对于这个问题，党中央是非常重视的。

2004 年初，中共中央发出《关于进一步繁荣发展哲学社会科学的意见》，提出实施马克思主义理论研究和建设工程。随后，中央召开了专门工作会议，对实施这一工程作出具体部署，提出明确要求。中央把这一工

① 《马克思恩格斯文集》第 9 卷，人民出版社 2009 年版，第 382 页。

程称为关系党和国家命运的生命工程、第一工程。这里的工程是从整体意义上讲的，不是就马克思主义某一部分讲的。2004 年 2 月和 3 月，胡锦涛总书记对高校思想政治教育教学情况连续作了批示，提出了加强和改进大学生思想政治教育的新要求，2004 年 8 月 26 日，《中共中央国务院关于进一步加强和改进大学生思想政治教育的意见》公开发布，强调要坚持和巩固马克思主义在意识形态领域的指导地位，在哲学社会科学教学中充分体现马克思主义中国化的最新理论成果，用科学理论武装大学生。这也是从马克思主义理论整体上讲的。2004 年 9 月，中国共产党第十六届四中全会通过的《中共中央关于加强党的执政能力建设的决定》强调，加强党的执政能力建设，必须坚持马克思主义在意识形态领域的指导地位。所有这些精神，从学科分类和建设的视角看，都要求提高马克思主义理论学科地位，这为进一步加强和完善中国特色社会主义学科建设道路指明了方向。在此基础上，2005 年 2 月中共中央宣传部、教育部《关于进一步加强和改进高等学校思想政治理论课的意见》（教社政〔2005〕5 号）明确提出设立马克思主义理论一级学科，开展马克思主义理论体系研究，开展马克思主义发展史、马克思主义中国化研究，开展思想政治教育研究，为推进党的思想理论建设和巩固马克思主义在高等学校教育教学中的指导地位，为加强高校思想政治理论课建设，培养思想政治教育工作队伍提供有力的学科支撑。这就从学科建设的制度规范上，确立了马克思主义理论应有的学科地位，使之与马克思主义在党和国家中的指导地位相适应，这是中国特色社会主义学科建设进一步完善的表现。

2. 适应我国社会经济发展需要和推进马克思主义中国化理论创新的要求

进入 21 世纪，建设中国特色社会主义，特别是全面建设小康社会的理论和实践探索，提出了一系列重大理论和现实问题，如胡锦涛总书记 2003 年 7 月 1 日《在“三个代表”重要思想理论研讨会上的讲话》中指出：我们在实现全面建设小康社会目标的征程中，将长期面对关系我们党和国家前途命运、关系全面建设小康社会成败的“三个重大课题”，同时提出了干部群众关心的我国社会主义自我完善和发展面临的“十四个如何”课题，2005 年，胡锦涛总书记在《在省部级主要领导干部提高建构社会主义和谐社会能力专题研讨班上的讲话》中又提出了“九个如何”问题，在中央其他重要文件中也提出了一些重大课题，并且要求思想理论界对这些重大课题进行深入探索，认真研究，作出有分析、有见解、有深度、有说服力的马克思主义的回答，为建构社会主义和谐社会提供科学的理论指导。实现中央这一要求，当然可以由多个学科去做分门别类的研究，各自作出自己的理论贡献，但是这些分门别类的研究，只能从某一个侧面或层面上去反映对象，难以从整体上把握中国特色社会主义活动规律和发展规律。因为“在关系中的事物与静止着的事物有所不同”，然而，“真理是全体”（黑格尔语），只有从整体上把握中国特色社会主义的完整理念，才能进一步回答什么是社会主义、怎样建设社会主义的问题，创造性地回答建设什么样的党、怎样建设党的问题，才能把21世纪完善和发展中国特色社会主义的伟大实践奠立在规律性认识的基础上，这正是科学发展观的要求。适应这种需要，马克思主义理论学科、专业建设必须有重大进展。学科科学体系的形成是一个学科走向成熟的突出标志，也是它自身深化和发展的集中体现。因此，建构马克思主义理论一级学科是适应中国特色社会主义建设发展的要求，是推进马克思主义及其中国化理论创新的战略举措。

3. 符合巩固马克思主义在哲学社会科学领域指导地位的内在要求

现在我们思想理论战线上总的形势是很好的，但是在经济全球化背景下，马克思主义的指导地位也受到严峻挑战。反马克思主义力量的一个重要策略，就是割裂、肢解马克思主义。其表现之一，是承认其某一部分，不承认其他部分，借以损害马克思主义的科学原理和科学精神。事实上，马克思主义各个组成部分无论从其形成上、结构上、功能上都是不能分割的。众所周知，马克思主义哲学是世界观、方法论，马克思主义政治经济学是它的主要内容，科学社会主义是它的核心，这三个组成部分舍去任何一个部分，都会使其他部分变得不可理解，使整个马克思主义丧失原有的性质。其表现之二，就是割裂马克思主义科学性和革命性的统一。一方面，他们只承认马克思主义是意识形态，是共产党的指导思想，不承认马克思主义是科学，否认马克思主义的学术价值，借此想把马克思主义驱逐出哲学社会科学领域；另一方面，他们在学术争鸣的口号下，把对马克思主义基本原理的否定说成只是学术问题，不涉及政治。比如，有人在论述学术发展时，只强调学术发展的内在逻辑性，否认学术发展要受客观环境的制约。这个问题表面看来的确是一个学术问题，但从深层看，它实际上否定了马克思主义唯物史观提出的社会存在决定社会意识的基本观点；又如，有人否认马克思主义经典作家提出的社会形态学说，这在一定层面上也的确是学术问题，但从深层说，否认马克思主义社会形态的学说最终必然要否定社会主义制度一定会取代资本主义制度这一客观规律，这就绝不仅仅是学术问题，[①] 如此等等。反映在某些高等学校中，有人不赞成在哲学社会科学的专业课中坚持马克思主义的基础理论地位和指导地位，认为马克思主义不是科学，而专业课重在突出学术性、科学性。这种现象在高校中虽然不是主流，但它同我国的基本国情、社会根本性质、党和国家的教育方针是不相容的。因此，设立马克思主义理论一级学科，探讨其科学体系建构和建设具有强烈的现实针对性。提高马克思主义理论的学科地位，作为中央实施的马克思主义理论研究和建设工程中的重要内容，既有利于集中建设马克思主义理论学科，加强对马克思主义基础理论特别是反映当代马克思主义最新成果的理论研究，加强对关系党和国家事业发展全局的战略性、前瞻性问题及重大现实问题的研究，加强马克思主义在意识形态领域的指导地位，又有利于哲学社会科学各个领域在建设中吸收马克思主义理论学科建设的科学成果，使马克思主义基本原理成为哲学社会科学各学科领域中的最基础的理论，强化马克思主义在各学科领域中的指导地位，为哲学社会科学领域诸如政治学、法学、社会学、史学、新闻学、文学等学科建设和教育教学提供强有力的科学理论指导，保证哲学社会科学沿着正确的方向健康繁荣和发展，使其更好地发挥认识世界、传承文明、创新理论、咨政育人、服务社会的重要作用。

4. 回应和迎接国际范围内马克思主义研究热潮的兴起

当今世界社会主义运动仍暂时处于低潮，但是从 20 世纪 90 年代中期以来，在国际范围内马克思主义的研究热潮却悄然兴起，其表现多种多样，如国外共产党的情况，稳定中有所发展。目前，世界上约有 100 多个国家存在 127 个仍然保持原名的共产党或坚持马克思主义性质的政党，其中党员总人数 700 多万（不包括现存社会主义国家的执政党），党员人数过万的共产党有 30 个，执政和参政的共产党约 25 个；从地区分布看，亚洲 29 个，非洲 8 个，欧洲 55 个，大洋洲 3 个，美洲 32 个。共产党自身力量也有所发展。首先，面对经济全球化、政治多极化和国际关系民主化发展的浪潮，各国共产党都意识到加强联系、相互借重的重要性，纷纷联

① 陈祖武：《谈谈史学工作者的责任和素养》，《当代中国史研究》2006 年第 3 期。

系起来以壮大自身力量。其次，随着现代通信技术和媒体的不断发展，其宣传方式、活动方式也在不断进步，有利于加强党的现代化和扩大党的影响。再次，蓬勃发展的反全球化运动、反战运动已成为批判资本主义的另一支力量。这些社会运动和政治力量拓宽了世界各国共产党的政治实践领域，也为各国共产党实现自我突破、扩大生存和发展空间提供了机遇。马克思主义研究热潮兴起的表现还有很多，如《马克思恩格斯全集》（国际版）的编辑和陆续出版，马克思主义的研究机构在西方发达国家的恢复和日益增多，世界马克思主义大会、社会主义大会持续不断地召开，“马克思主义活起来”的呼声一浪高过一浪以及马克思多次被评为世纪伟人或世界名人。在这种背景下，作为以马克思主义为指导的社会主义中国，设立马克思主义理论一级学科有重要的国际意义。邓小平曾经指出：“只要中国社会主义不倒，社会主义在世界将始终站得住。”从这个意义上说，设置马克思主义理论一级学科，推进马克思主义理论学科体系的建设，对于推进马克思主义中国化的历程，发展中国化的马克思主义，正确把握和处理中国马克思主义研究与建设同马克思主义民族化、本土化、世界化的关系，进而促进世界范围内的马克思主义研究热潮的继续发展、世界社会主义运动的复兴有积极意义。

第二，我国马克思主义理论学科建设发展已有充分的学科积累，具有了构建马克思主义理论一级学科的可能。

任何一门科学的发展都有它内在的逻辑，这就是有的学者提出的“内在理路说”。马克思主义理论一级学科的建立，是符合马克思主义理论自身发展规律的，是我国马克思主义理论学科建设发展到今天的必然。这可以从纵、横两个方面来分析。从纵向上看，关于建构马克思主义理论一级学科的努力已进行了多年。对于建立马克思主义理论一级学科的研究，从狭义上讲是近两年，特别是2005年中共中央宣传部、教育部5号文件下达前后的事；如果从广义上讲，相关内容的研究从进入改革开放新时期以来特别是党的十四大以来从未停止过，具体表现在以下几个方面：

一是在20世纪90年代前半叶就有国务院学位委员会的专家提出设立马克思主义理论一级学科的建议；“六五”期间国家哲学社会科学基金规划领导小组在学科划分中就把马克思主义理论作为一个单独的学科，列在其他各门学科的首位，后来将马克思主义理论学科分成两个学科：马克思主义·科学社会主义和党史党建。这两个学科都排在其他学科前面，表明对马克思主义理论学科的重视。

二是对马克思主义思想政治理论教育的探索，这是马克思主义理论学科建设的一个重要方面。其主要表现是高校思想政治理论课的改革，如1985年原国家教委就确定了马克思主义“大原理”课的改革，即把“马克思主义原理”规定为高等学校本科学生的一门必修课，并且明确指出，这门课的一个显著特点是它的整体性，即马克思主义是完整的科学的世界观和方法论。继后实行了“98方案”的课程改革，其体系包含三个层次：第一个层次是对马克思主义基本原理的阐明；第二个层次强调马克思主义是一门发展的科学，它最突出的表现是马克思主义中国化过程，反映在毛泽东思想概论、邓小平理论概论两门课上；第三个层次是运用马克思主义来认识客观世界与改造主观世界，认识当代世界经济与政治，加强自我思想道德修养等。再后又确定了“05”课程体系改革方案，它继承了“98方案”的长处，又从理论的系统性和全面性上对课程设置作了重大调整，突出了通过理论、现实和历史这三者的结合来加强对大学生的思想政治教育。高校思想政治理论课课程体系的演变，是人们关于马克思主义理论学科体系的认识在理论体系和教学体系方面的反映。

三是对马克思主义理论学科主要内容的探讨，包括马克思主义基本原理、马克思主义发展史、马克思主义中国化、国外马克思主义、思想政治教育等方面的内容研究，理论成果数量大，表达形式多，有专著（含译著）、教材、论文等。

四是从二级学科建设的角度对本课题的探讨，特别是1996年第一批马克思主义理论与思想政治教育博士点设立以后，一些建设得比较好的学科点都多少不等地发表了关于马克思主义理论与思想政治教育学科建设方面的论文。其中代表性的著作有：顾海良《经济全球化背景下马克思主义理论与思想政治教育的思考》（《西安交通大学学报》2002年第3期）；顾海良《对马克思主义理论与思想政治教育学科内涵的理解》（《武汉大学马克思主义理论与思想政治教育国家重点学科建设项目成果·总序》，中国社会科学出版社2003年版）；梅荣政《略论马克思主义理论与思想政治教育重点学科建设》（《思想理论教育导刊》2002年第7期）；郑永廷《思想政治教育学科发展的历史现状》（《思想教育研究》2002年第6期）；骆郁廷、佘双好、沈壮海《关于马克思主义理论与思想政治教育学科建设的思考》（《学校党建与思想教育》2003年第9期）；田心铭《建立马克思主义理论教育学的思考》（《思想理论教育导刊》2003 年第 4、5 期）；王树荫、高峰、陈迎《近年思想政治教育学科理论研究述评》（《教学与研究》2000 年第 9 期）等，上述相关内容为马克思主义理论一级学科体系建构和建设积累了资料，奠定了初步基础。但总的说来，还没有从建构马克思主义理论一级学科方面进行专门探讨，且理论本身的内容多于如何进行学科建设方面的内容。

近两年来，特别是 2005 年以来，探讨马克思主义理论一级学科建构和建设的文章越来越多，其中代表性的作品有靳辉明《关于开设“马克思主义基本原理”课的几点思考》（《思想理论教育导刊》2005 年第 8 期）；徐文良《思想政治教育学科建设及专业建设的回顾与思考》（《中国高教研究》2005 年第 2 期）；张耀灿《加强思想政治教育学科建设的若干问题》（《广州大学学报》2005 年第 1 期）；王顺生《关于设立马克思主义理论一级学科的几点思考》（《思想理论教育导刊》2005 年第 7 期）；梅荣政《关于马克思主义基本原理学科几个主要问题的研究综述》（《思想理论教育导刊》2005 年第 10 期）；李毅《设立马克思主义理论一级学科要处理好的几个关系》（《思想理论教育导刊》2005 年第 11 期）；刘景泉《关于加强马克思主义理论学科体系建设研究的几点思考》（《思想理论教育导刊》2005 年第 11 期）；《思想理论教育导刊》2005 年第 10 期开辟“马克思主义理论一级学科建设笔谈”专栏，分别请北京大学陈占安、中国人民大学张雷声、武汉大学梅荣政、中山大学郑永廷就设立马克思主义理论一级学科的有关问题进行了讨论和交流。这些论著的内容集中起来主要涉及以下一些问题：（1）设立马克思主义理论一级学科的历史和理论背景及客观根据。（2）关于设立马克思主义理论一级学科重要性、必要性和可行性的论证。（3）关于马克思主义理论一级学科体系的论证。（4）关于马克思主义理论一级学科所属二级学科的论证，包括学科名称、历史发展、研究生培养目标、方向设置、课程设置、相关学科等。（5）关于学科建设的措施，包括研究方向建设、队伍建设、学风建设、课程建设、管理体制、资料库建设等。这些成果为马克思主义理论学科的建构和建设奠定了初步基础，提供了理论支撑。它表明，马克思主义理论一级学科的建构和建设是在党中央和教育主管部门的关怀和指导下，广大马克思主义理论工作者长期辛勤探索的结果。

从横向上看，马克思主义理论在我国的发展已为一级学科的建立作了相当充分的学科积累，马克思主义理论一级学科的设置是马克思主义理论学科、专业建设和发展的必然。近些年来，在党中央和国务院及有关主管部门领导的关怀和指导下，马克思主义理论的学科、专业有了长足的发展。这突出表现在四方面：一是马克思主义的研究机构增多且日益完善。从中央到各省市都成立了社会科学院，在不同层次的社科院中，均设有马克思主义的研究机构，特别是中国社会科学院马克思主义研究院的成立在全国的影响很大。在这些研究机构中集聚了一批优秀的马克思主义理论研究人才，推出了大量的马克思主义理论研究成果。二是马克思主义理论学科学位层次已达到齐备的程度，而且在国内学科目录中马克思主义理论学科已成为硕士、博士学位授予权单位数量最多的学科，学位点几乎遍及全国各个大区，数量多，分布面广，从 20 世纪 80 年代以来培养了大批的硕士生、博士生。在政治学学科博士后流动站中一批从事马克思主义理论研究的导师还招收了博士后。三是马克思主义理论学科已成为国家重点学科，进入了“211 工程”二期建设项目和“985 工程”二期建设项目，国家的投入空前增多，这些学科的教学和研究人员的工作条件大为改善。四是国际学术交流和合作项目空前增多，包括参加世界社会主义理论研究大会、世界马克思主义研究大会，专家互访，同国外一些知名大学互派学者，应邀出国讲学、访学、进修，开展合作项目研究，建立合作研究机构等。目前，已与美国、加拿大、日本、西欧各国、俄罗斯、澳大利亚、印度、拉美等国家和地区开展了广泛的国际学术交流活动。在国际学术交流过程中，中国马克思主义学者的众多高质量的成果发表在各国的重要学术刊物上，向众多国家的人民宣传了中国化的马克思主义，特别是中国特色社会主义的重大理论成果，在国际上产生了良好的影响。

可见，马克思主义理论一级学科在我国的设置已经具有相当深厚的学科基础。

二　马克思主义理论一级学科的学科定位与建设思路

马克思主义理论一级学科的学科定位应该是，它是我国哲学社会科学中的基础学科，又是领头的学科，是关系党和国家前途命运的生命工程学科。这样定位，就使马克思主义在我国学科分类和建设中的地位同它在党和国家政治生活中的地位相平衡，使中国特色社会主义学科分类的特色更加鲜明。

马克思主义理论学科的建设是一个很大的课题，现在马克思主义理论一级学科和二级学科学位授予单位的数量已经很多，必须狠抓建设。在建设的基本思路上要明确以下几个方面：

第一，增强学科意识。所谓学科，按词义解释，就是按照学问的性质划分的门类（或作学术分类），也指教学科目。增强学科意识就是有意识地把学科作为教育教学的基础和依托，并按照学术分类研究学问。这就要求重视学科的科学性，注意研究它的科学内涵，它的内部各个组成部分之间的联系与区别，它本身的发展历程、业务范围，它与其他学科的关系，进而从研究对象、构成内容、基本范畴或原理考察、把握它的科学体系。学科建设，就是要把一个学科作为科学来建设，使它立足于社会实践和科学最新发展水平之上，使其研究对象具有客观性和明确性，研究内容具有系统性和完整性，基本概念和原理的顺序安排具有规范性和严谨性。对于马克思主义理论这个学科来说，应深入地研究和清楚地把握它的科学内涵、科学定位、科学功能、历史发展概况、培养目标（博士、硕士学位）、业务范围（学科研究范围、课程设置）、主要的相关学科等，努力在科学最新发展水平上建设好马克思主义理论这一学科。

第二，做好发展规划和培养方案。发展是硬道理，马克思主义理论学科发展在三年、五年、十年内要达到什么目标？上什么台阶？对此要做好规划。古人说："预则立，不预则废。"如果对未来的发展没有规划，心中无数，走一步算一步，犹如"盲人骑瞎马"，将不利于学科的发展。三年、五年、十年规划要重视量的增长，更要重视质的提高，达到质和量的统一。为使建设目标落实到人才培养上，学科学位授予权单位还应重视培养方案的制定。为此，需要根据《中华人民共和国学位条例》《中华人民共和国学位条例暂行实施办法》以及学位〔2005〕64 号文件的附件即《马克思主义理论一级学科及所属二级学科简介》的精神，根据各个学科点的情况和学科建设的要求，制定好培养方案，具体包括培养目标、研究方向、学习年限、课程设置及学分设置、学位论文、培养方式、其他学习项目安排等。现在这个问题还比较突出，必须尽快解决。

第三，形成研究方向的特色。在制定培养方案中要十分注意研究方向的特色。解决这个问题，我以为要处理好五对关系：

一是要正确处理学科的政治性、思想性与科学性、学术性的关系，以突出马克思主义理论学科的整体特色。

二是要正确处理学科属性和研究特色的关系。学科的研究特色应根据经济社会发展（包括区域发展）的要求、本单位的学科基础和学者自身的研究状况来确定。各个高校和研究机关的具体情况不同，研究的视角、形成的研究特色自然也会有差异。但既然是一个独立学科的研究特色，由其内涵的一般与特殊的辩证关系所规定，它必然具有要求从事这一学科的研究者共同遵循的原则。脱离事物共性的个性，只能是其他的事物。因此，一个学科、专业的研究特色的确定，不能仅限于上述因素，还应充分考虑这一学科、专业属性的要求。不顾学科、专业属性的要求设置研究方向，这样的方向一多就会改变学科的属性。不能设想凡是社会需要的都是本学科、专业应该研究的（因为社会有多方面的需求，需要多学科来分别承担），也不能像俗话说的“就汤下面”，仅根据本单位现有队伍的知识结构设置研究方向。如果在马克思主义理论学科中设置了许多并不以马克思主义理论作为研究对象的方向，势必造成马克思主义理论专业毕业的学生不懂得马克思主义，果真如此那是我们学科建设的悲哀。

三是如何正确处理本学科与主要相关学科的关系。这就是，在马克思主义理论一级学科内，要正确处理马克思主义基本原理、马克思主义发展史、马克思主义中国化、国外马克思主义、思想政治教育五个二级学科之间的关系。在马克思主义理论一级学科外，要重视正确处理与中共党史、党建、马克思主义三个主要组成部分之间的关系。从宏观上说，正确处理这些关系，既要把握上述各学科之间的相互联系、相互交叉与相互渗透，又要把握它们之间的区别、差异和各自的边界。马克思主义理论各二级学科与上述各学科之间在课程设置上出现一定的交叉和重复是不可避免的，也是必要的，这种交叉重复性的联系，既是扩大专业基础的要求，又是形成马克思主义学科群的条件。但是不能只关注这种联系，而忽略差异，如果只注意到联系而忽略差异，甚至将某些学科简单等同起来，不注意研究一个学科作为一个独立的二级学科特有的范畴及科学体系，这是不利于本学科发展的。不仅如此，在学科的创立阶段还要更多地关注这些学科各自的边界，避免重复建设。

四是要正确处理已知领域和未知领域的关系。马克思主义理论学科点作为教学单位担负着培养学生、传承文明的任务，不传承已知领域的知识是不可能的，但马克思主义理论学科更为重要的是担负着认识世界、创新理论、咨政育人、服务社会的任务。所以，要特别重视面对现实、面向世界、面向未来，用马克思主义的立场观点方法深入地研究关系党和国家事业发展全局的战略性、前瞻性问题及重大的现实问题，为构建社会主义和谐社会提供理论支撑。因此要特别注意未知领域的开拓，并在研究方向、课程和课题的设置上，体现出正确处理已知领域和未知领域关系的思想，如对马克思主义基本原理的研究，要注重从整体性、综合性的角度研究基本原理和科学体系；注重在深化经典著作、发展史的研究中全面地历史地把握马克思主义基本原理；注重突出马克思主义基本原理在当代特别是中国的新发展及其教育研究；注重突出对错误思潮的科学评析，通过评析，深化对马克思主义基本原理的认识。又如要重视马克思主义理论学科的学术史研究，以便总结经验教训，指导今后的科学研究。

五是要处理好教学和科研的关系。教学和科研存在多重关系，这里所讲的是指教学的多样性、易变性和研究的专门性、相对稳定性的关系。一般来说，由于形势的变化和任务的需要，一个教师担负的课程教学往往不限于某一门课程，而且就某一门课程的内容来说，也往往变动得较快，特别是思想政治理论课的教学更是如此。但是科学研究不能变动太快，它必须有相对稳定的领域，必须在这个领域里进行长期深入的潜心研究，才能获得高质量高品位的成果。随意跟浪潮是不行的。教学和科研，究竟在怎样的程度上结合？在怎样的程度上区分？说起来容易，解决起来很难，要认真加以研究。

第四，重视高校思想政治理论课的学科定位和建设。从学科建设的高度来建设思想政治理论课是 20 世纪末提出来的，这一任务经过这些年已经有了很大的进展，但是问题并没有完全解决。

第五，抓紧队伍的培养。在马克思主义理论队伍建设上，首先要确定培养目标。胡锦涛同志在 2005 年 11 月 10 日中央政治局学习会上的讲话中，要求建设一支政治强、业务精、作风正的马克思主义理论队伍，特别是要加强对马克思主义理论拔尖人才的重点扶持，造就一批学贯中西、在国内外有广泛影响的马克思主义理论大家；要加强对崭露头角的学术新秀的重点培养，造就一批各学科各专业的领军人物；要加强对高校马克思主义专业人才的重点扶持，造就一批具有较高素质、有志于从事马克思主义理论研究的后备人才。这里明确提出了造就三个层次人才的任务，即马克思主义理论大家、学科的领军人物、较高素质的后备人才，这给我们抓好队伍建设指明了方向。我们要按这个要求作出培养马克思主义理论三个层次人才的规划。其次要处理好普遍提高和重点培养的关系。要建设好马克思主义理论学科，必须全面提高马克思主义理论队伍的素质，重视各层次人才的培养，但也要突出学科专业领军人物的培养。古话说："千军易得，一将难求。"一个单位有1—3个学科、专业领军人物就可以把马克思主义理论学科抓上去。胡锦涛同志2006年6月5日《在中国科学院第十三次院士大会和中国工程院第八次院士大会上的讲话》中，对培养创新型科技人才特别是领军人物的意义、对领军人物的主要素质和品格作了理论概括。这些精神是适合于塑造马克思主义理论学科领军人物的，我们应遵照执行。再次，要创造优秀人才成长的良好条件。总的来说，现在人才成长的条件是比较好的，但在某些单位也存在某些不太好的倾向，如把人才的成长看成是教师个人的事情，没有培养规划，让其自生自灭；对青年优秀人才特别是领军人物的要求过于苛刻，出自某种忌妒心理而产生种种不负责任的背后议论，工作上不配合、不支持，国家给予的重点扶持条件不能落实到位等，这些都需要加以改变。这里我倡议，为了全面推进中国特色社会主义这一宏伟壮丽的事业，全国高校的各马克思主义理论学科点在励精图治加强自身建设的时候，不要局限于本单位，应以宏阔的视野、博大的胸怀，加强彼此之间的联系和协作，多进行沟通，相互尊重、相互支持、相互帮助、相互提供条件，共同为我国马克思主义理论学科造就一大批理论大家、领军人物，特别是在青年专家中造就这样的人才。最后，要重视培养学科建设的战略家（"学科建设战略家"的概念是由武汉大学马克思主义理论与思想政治教育学科点沈壮海教授提出的）。有专家提出学科建设战略家的问题，我以为是很正确的。科技发展史表明，许多优秀科学家的成长、科学成果的产生，都与科学研究的规划者、组织者、管理者密切有关。这种人的作用、常常大于一般的科学家的作用。所以马克思主义理论学科要有大的发展，必须重视学科建设战略家的培养。这种学科建设的战略家应有良好的素质和品质，如要有崇高的思想境界、远大的学术眼光、恢宏的学术气度、丰富的学科知识、严谨的治学态度，善于根据社会经济发展的要求和哲学社会科学发展的趋势进行谋略和制度创新，作出规划，营造拔尖人才、学术新秀、后备人才成长的环境和条件。为把马克思主义理论学科建设推到前沿，我们迫切需要造就一批学科建设的战略家。

第六，加强评估工作。现在马克思主义理论一级学科学位授权点及其二级学科学位授权点的规模已相当大，为保证马克思主义理论学科建设的有序、规范与高质量推进，必须加强学科评估工作。为此，首先要深入研究马克思主义理论一级学科建设的基本规范与质量标准，制定出建设的评估体系，用以引导建设方向、监测建设现状、推动学科发展、保证建设质量。

三 马克思主义理论一级学科建设与高校思想政治理论课的关系

马克思主义理论一级学科建设与高校思想政治理论课的关系，是一个带有全局性、根本性、方向性的问题。目前，对待这个问题存在两种倾向：一是有些高校在马克思主义理论学科建设中排斥从事思想政治理论课教学的单位或教师，认为这样的单位和教师是教公共课的，水平低，不应该进入专业学科建设，不把学科学位授予权点放到承担思想政治理论课教学的单位，不遴选符合条件的思想政治理论课教师担任博士生导师，使这些单位的思想政治理论课教学得不到学科的依托和支撑；二是从事思想政治理论课教学的一些同志，把专业、学科建设神秘化，认为这是大专家的事，与己无关，“事不关己，高高挂起”。这两种倾向都是不正确的。高校思想政治理论课建设，包括学科体系、课程体系、教材体系、教学体系建设（含教学内容、教学方法和教学手段）、师资队伍建设、教育规律的探索等，都应纳入马克思主义理论一级学科建设的范畴，按照高校思想政治理论课的特殊要求，不断探索解决问题的途径，要将思想政治理论课教学中遇到的难点、热点问题，特别是关于我国社会主义现代化建设实践中的重大理论问题和实践问题，列入马克思主义理论一级学科建设的科研项目加以研究，作出有深度、有创见、有说服力的解答，用以武装高校思想政治理论课的教师，并丰富到教材和教学内容中去。要通过多方面努力，使马克思主义理论一级学科真正成为高校思想政治理论课的坚实学科基础，借以保证高校思想政治理论课真正作为一门科学，建立在社会实践和科学最新发展水平上，使高校思想政治理论课教学能够融强烈的思想政治性于浓厚的学术性之中，具有很强的现实针对性、实效性和说服力。现在关于这方面的研究，总体上说还很弱。我们正在逐步实施高校思想政治理论课的“05 方案”，有许多理论和实际问题需要研究，如在我国改革开放时期，高校马克思主义理论教育的发展经过了哪些重大改革，历次改革的背景、主要内容、主要特点如何，有哪些教育教学经验，又有哪些尚待解决的问题；“98 方案”中“两课”课程体系与“05 方案”中思想政治理论课新体系是什么关系，如何全面理解新的思想政治理论课的理论体系，又如何协调好思想政治理论课新体系中诸要素如教材建设、教学要点、教学参考资料、教辅材料、主课堂教学、辅助课堂教学、第二课堂与社会实践教学、教学方法和方式、教育教学的环境和条件、教学效果、教师队伍建设等的关系。对这些问题的探讨，直接影响贯彻“05 方案”的自觉性。但目前在马克思主义理论学科建设中，对这些重要问题的研究尚未形成气候。

高校思想政治理论课要按照马克思主义理论一级学科的要求进行建设，以提高自身的科学品位。高校思想政治理论课的根本任务是进行马克思主义理论教育，而马克思主义首要的和基本的特点是它的科学性。正是因为这样，马克思主义在创立以后不到半个世纪的时间里，就“在世界的一切文明语言中都找到了自己的拥护者”。[①] 这就是邓小平深刻讲过的道理，他说：“世界上赞成马克思主义的人会多起来的，因为马克思主义是科学。”既然马克思主义是科学，处理它与高校思想政治理论课的关系，就要注意以下方面：

马克思主义理论一级学科建设要把高校思想政治理论课建设纳入其中并摆到重要位置。这就要求对高校思想政治理论课教学进行学科定位。应该说，我们党和国家是把马克思主义理论学科建设与高校思想政治理论课统一起来考虑的。中央正是在调研高校思想政治理论课教育过程中提出设置马克思主义理论一级学科的。之所以提出这个问题，重要原因之一，正在于要为高校思想政治理论课建设提供学科体系的支撑，而且在学科学位授予权单位评审中，评委们同意某些高校设置马克思主义理论博士点，也是考察了思想政治理论课教学的问题。因此，在马克思主义理论一级学科建设中，应该重视高校思想政治理论课建设，要把高校思想政治理论课建设纳入马克思主义理论学科建设，就要把专门传播马克思主义的课程当作科学来对待，其改革和建设就必须建立在马克思主义理论学科建设基础之上。学科是教育教学的基础和依托，离开马克思主义理论的学科体系，思想政治理论课就会失去科学性，也会偏离正确的政治方向，失去马克思主义理论教育的功能。所以高校的思想政治理论课应按照马克思主义理论一

---

① 《马克思恩格斯选集》第 4 卷，人民出版社 1995 年版，第 212 页。

级学科建设的根本要求进行规范。从思想政治理论课教师的角度来说，我以为有几个突出的问题需要解决：

第一，要增强学科意识。我们有些从事思想政治理论课教学的教师学科意识薄弱，甚至当了研究生导师后也不懂得什么是学科，还有的同志认为提出马克思主义理论学科建设是新问题。应该说，重视马克思主义理论的学科建设，是马克思主义发展史上的一个优良传统。马克思、恩格斯把毕生的精力贡献给无产阶级革命事业，他们为无产阶级锻造理论武器，其内在的根本目的在于指导无产阶级实现改变旧世界创立新世界这一特殊的实践任务，在这个过程中，他们也非常重视马克思主义理论的学科建设。恩格斯曾经说："社会主义自从成为科学以来，就要求人们把它作为科学来对待，就是说，要求人们去研究它。"① 这就是要求进行科学社会主义的学科建设。他们创立了马克思主义哲学、马克思主义政治经济学、科学社会主义等马克思主义理论中的各门学科，对这些学科及相互关系进行了科学研究和科学论证。在 19 世纪 40 年代中期，马克思、恩格斯共同创立了唯物主义历史观，继后马克思在《资本论》中对唯物史观作了科学论证，使其由一种假设变成科学。继后，按照马克思、恩格斯之间的自然分工，主要由马克思在 19 世纪五六十年代创立了政治经济学的科学体系，主要由恩格斯在 19 世纪 70 年代创立了马克思主义世界观体系。又在马克思的赞同和支持下，由恩格斯在《反杜林论》等多部著作中，对马克思主义作了多方面的展开。马克思、恩格斯晚年，又对东方社会的历史和发展道路、对古代社会、对马克思主义哲学的历史发展、对资本主义发展趋势和无产阶级革命的斗争策略进行了多方面的探索、论证、补充和阐述，继续深化和完善了他们建构起来的理论大厦。马克思主义创立以后，仅 40 多年的传播和发展，就"在世界的一切文明语言中都找到了拥护者"。这是与马克思主义创始人重视学科建设以使马克思主义成为博大精深的科学体系密切相关的。马克思早在《黑格尔法哲学批判导言》中就说过："理论只要彻底，就能说服人。所谓彻底，就是抓住了事物的根本。"② 按照马克思主义的认识论，抓住事物根本的理论，应该是正确反映客观世界的科学理论。同样，列宁也很重视马克思主义理论的学科建设，他在 19

① 《马克思恩格斯选集》第 2 卷，人民出版社 1995 年版，第 636 页。

② 《马克思恩格斯选集》第 1 卷，人民出版社 1995 年版，第 9 页。

世纪末20世纪初，捍卫、丰富和发展了马克思主义，实现了马克思主义理论的重大飞跃，把马克思主义推进到一个新的阶段——列宁主义阶段。这自然是以他及其领导的俄国布尔什维克党新的实践和新的经验为基础的，也是与他回应新世纪实践的呼唤，密切结合时代的特点，密切结合资本主义国家政治经济发展的新变化与落后的资本主义俄国的国情所作的巨大的科学研究和理论创造是分不开的。

中国的马克思主义者从马克思主义在中国传播伊始，就继承了马克思列宁主义创始人的优良传统，高度重视马克思主义理论的学科建设。如李大钊1919年在当时代表先进思潮的《新青年》第6卷第5号上发表的《我的马克思主义观》，在系统介绍唯物主义历史观的基本观点及其研究方法时，十分注重其学科性。李大钊强调，唯物史观立论的目标，旨在把握历史发展的真实基础，正是因为马克思发现了人类的经济活动这一历史发展的基础，才建立了科学的唯物主义历史观。李大钊论述了唯物主义历史观的重大科学价值，他指出，有了唯物史观的研究方法，历史学才有可能像自然科学那样研究历史，使历史学成为科学；像自然科学那样研究社会，使社会科学成为科学；像自然科学那样研究人类社会的发展，使社会主义理论成为科学。其他马克思主义者如陈独秀、毛泽东、李达、瞿秋白等都十分强调唯物史观的科学性。[①] 在马克思主义普遍真理与中国实际相结合的探索中，到20世纪30年代，毛泽东在一系列文章中深刻阐明了坚持唯物主义思想路线、坚持理论与实际相结合原则的重要性，初步形成了毛泽东思想。在社会主义建设时期，毛泽东思想得到进一步丰富和发展。我们党在十一届六中全会《关于建国以来党的若干历史问题的决议》等多个文件中，科学地概括了毛泽东思想的科学体系。进入改革开放新时期以来，我们党适应新时期的时代要求，在毛泽东思想的基础上，又创立了邓小平理论和“三个代表”重要思想两大理论成果。

党的十六大以来，中国特色社会主义理论又有许多发展和创新。

第二，要加强马克思主义理论的整体性研究和教育。“98方案”与“05方案”相比，其不足之处在于，在课程设计中，如果把毛泽东思想和邓小平理论视为中国化的科学社会主义理论体系的话，那么可以说，它设计的马克思主义基本理论层面的教育是按马克思主义的三个主要组成部分

① 黄楠森：《邓小平理论的哲学基础研究》，中国人民大学出版社2004年版，第18—23页。

进行的，这样的教学当然也起到了积极作用，但是不利于从整体上给学生一个完整的马克思主义概念。现在“05方案”中的“马克思主义基本原理”则是从马克思主义三个主要组成部分的内在统一和有机协调上进行教学的，这种规定更符合马克思主义作为一个完备、严整的世界观和方法论的本性，更有利于帮助学生树立马克思主义的完整概念，准确把握马克思主义的科学精神、科学态度、科学方法，有利于帮助学生运用马克思主义立场、观点和方法认识重大的理论问题和现实问题，有利于防止和抵制反马克思主义思潮对马克思主义的肢解。对马克思主义进行总体性、综合性研究和教育，这是马克思主义理论一级学科和其中的核心学科“马克思主义基本原理”的鲜明特点，而这一点正是我们思想政治理论课教师所不足的，也是“85方案”不能坚持的原因。这一次不能重蹈覆辙。为此要求我们对马克思主义基本原理和重要理论观点进行较深入的研究。

1. 要对一些熟知的问题展开研究，把一些基本概念、范畴、原理真正搞清楚。黑格尔说，熟知不等于真知。这恐怕是对的。对于说过多遍的东西，如“马克思主义基本原理”，虽然大家都说，但真让一个人科学界定什么是“马克思主义基本原理”，科学说明“马克思主义基本原理”，不一定能回答得上来。又如，对马克思主义理论进行整体性研究，究竟怎样进行，这种研究与分门别类的研究有什么不同，马克思主义理论体系中哪些基本原理、基本概念、基本范畴是属于马克思主义理论整体性的，而不只是某一部分中应有的，这些都是很难的问题。

也有一些常说的问题，如辩证唯物主义方法和历史唯物主义方法。如果把辩证唯物主义与历史唯物主义仅仅理解成方法，那就完全错了。它首先是理论，是世界观、历史观，这是它的核心部分，然后才是方法。方法来源于知识、原则、理论，是由知识转化而来的。

还有，现在流行的提法是，实践的观点是马克思主义首要的基本的观点。对不对？按照黄楠森先生的意见，这是不确切的。马克思主义强调的实践不是无条件的实践，不是盲目的实践，而是有科学思想指导的实践，因此马克思主义哲学首要的基本特点，应该是它的科学性，它的实践性必须以科学性为前提。是否是科学，这是马克思主义哲学首先要明确的问题。马克思、恩格斯在哲学史上第一次把历史观，后来又把世界观变成了科学。同样，科学社会主义与空想社会主义相区别的首要的基本特点也不是实践性，而是科学性。①

2. 要做综合的研究。这里不必担心做综合性研究会使自己成为杂家，失去专家身份。事实上只要研究方向明确，学科知识领域的扩展不仅不会影响自己的专门领域，而且会形成一种综合力量、一种理论合力，从而深化自己专门领域的研究成果。

如马克思创立唯物主义历史观，自然与马克思研究哲学特别是费尔巴哈唯物主义哲学有关。费尔巴哈唯物主义的本体论和认识论，缩短了马克思由唯心主义转向唯物主义的距离，费尔巴哈关于人的实在性的观点，关于人与自然统一的观点，关于人的本质存在于团体之中的观点，为马克思主义架设了一座从绝对观念通向现实的人及其历史的桥梁，特别是费尔巴哈对宗教的批判，从人的本质异化中寻找宗教的根源，叩击了通过分析宗教根源而通向唯物史观的大门。

但是创立唯物史观的来源并不限于哲学，而是广泛吸收了非哲学领域中的成就，尤其是对英国古典政治经济学和 19 世纪三大空想社会主义的改造起了重要作用。②

3. 要加强马克思主义发展史的研究和教学。马克思主义理论一级学科中专门设置了马克思主义发展史这个二级学科，还设置了马克思主义中国化研究这个二级学科，其中包括对马克思主义中国化历史进程及其三大理论成果的研究。这其实就是中国化的马克思主义史研究。现在“05 方案”中没有马克思主义发展史课程，但是马克思主义发展史研究涉及“05 方案”中的两门课程：一是“马克思主义发展基本原理概论”。因为任何一条基本原理都不是偶然产生的一个观点，而是对长期实践和理论探索的成果的概括。马克思主义发展史正是在一定的历史和理论背景下，马克思主义基本原理形成和发展的基本过程和轨迹，是马克思主义理论整体性在历史方面的展开，只有把握了这一过程，才能更准确地把握马克思主义基本原理，所以列宁要求历史地把握马克思主义的每一原理。党中央也明确要求对党的干部进行马克思主义发展史的教育。二是毛泽东思想、邓小平理论和“三个代表”重要思想概论。这就是马克思主义中国化历史

---

① 黄楠森：《邓小平理论的哲学基础研究》，中国人民大学出版社 2004 年版，第 18—23 页。

② 陈先达：《人类对历史规律的探索》，载《陈先达文集》第 1 卷，中国人民大学出版社 2006 年版，第 19—22 页。

过程中产生的三大理论成果，现设置为一门课程。虽然它作为一门理论课程，是以理论逻辑展开的，但是它的理论逻辑正是反映了中国化马克思主义发展的历史逻辑，这就要求历史地把握中国化的马克思主义，既要注意把握中国化马克思主义发展中的阶段性特点，又要注意把握它发展中的历史连续性，即更好地把握它发展中的一脉相承和与时俱进的关系。这种课程设计有助于帮助学生全面地、历史地掌握中国化马克思主义的科学体系、科学精神、科学价值，也有利于帮助学生具体地认识中国化马克思主义与时俱进的宝贵理论品质，有助于防止和抵制割裂毛泽东思想、邓小平理论和“三个代表”重要思想的错误。应该说，从中国化马克思主义发展史的角度设计毛泽东思想、邓小平理论和“三个代表”重要思想课程，是“98 方案”和“05 方案”共同的特点和优点，都注意到了马克思主义理论发展史的教育。而“98 方案”的不足则是忽视了中国社会经济政治发展历史的教育。

从马克思主义理论发展史的高度进行教学，对我们许多教师来说，由于历史和现实的原因，是一个缺项，因此要求我们大多数教师扩展知识领域，加强这方面的研究。

4. 要加强国外马克思主义研究。马克思主义是国际性的学说，在马克思主义理论教学中如果不了解国外马克思主义发展的历史和现状，我们就不能深刻地理解马克思主义基本原理的普遍性和实际运用的具体性，就不能从比较中把握中国特色社会主义理论的创造性和历史贡献，就不能从世界全局、国际共产主义运动发展全局上帮助学生树立“两个必然”的深刻观念，确立建设中国特色社会主义的共同理想和共产主义的崇高理想，甚至对一些重大问题都将弄不清楚，如对“苏联模式”等问题。然而，由于历史和现实的原因，我们在这方面的知识有所欠缺，以至于对国外马克思主义的内涵都搞不清楚，需要补课。

5. 要加强对反马克思主义社会思潮的研究。马克思主义是在斗争中发展的，每一步发展都得经过战斗，只有深入地了解和系统地研究马克思主义发展中每一个阶段错误思潮产生的背景、主要内容、思想实质、传播特点和渠道、影响和危害，才能更好地划清马克思主义与反马克思主义的界线，更好地掌握马克思主义的精神实质。现在我们在这方面缺乏研究，如 19 世纪 40 年代马克思、恩格斯与封建社会主义、资产阶级社会主义、小资产阶级社会主义以及空想社会主义的斗争，在 19 世纪六七十年代马克思主义与蒲鲁东的小资产阶级社会主义、巴枯宁的无政府主义、拉萨尔的“普鲁士王国政府的社会主义”以及杜林的“特殊普鲁士的社会主义”的斗争；19世纪末20世纪初列宁及其战友与伯恩斯坦主义、考茨基主义以及托洛茨基主义的斗争；20世纪中期开始的马克思主义者与赫鲁晓夫直到戈尔巴乔夫的民主的人道的社会主义的斗争；20世纪最后20年至今我们与民主社会主义、新自由主义、历史虚无主义等错误思潮的斗争，现在都需要加以系统的研究。通过这种研究，我们会发现，反马克思主义思潮许多基本理论观点也是一脉相承的，今天意识形态领域的一些谬论无非是昨天、前天的一些怪论的翻版，可以发现反马克思主义思潮泛起、消失的规律，可以了解到马克思主义在各个时期战胜反马克思主义的经验，这可以大大增强我们教育教学的针对性。

（原载《思想理论教育》2006年第19期）

关于高校思想政治理论课程学科支撑问题的思考

关于马克思主义理论学科为高校思想政治理论课程提供学科支撑的问题，已经有很多文章作了探讨，本文再就这个问题谈两点看法。

一　对马克思主义理论学科为高校思想政治理论课程服务的重要性的认识

马克思主义理论学科为高校思想政治理论课程提供学科支撑的问题，其重要性可以从多方面展开。这里我想谈三点看法：

第一，设立马克思主义理论一级学科的重要动因旨在为高校思想政治理论课程服务。

在我国，设立马克思主义理论一级学科及其所属二级学科自然是从党和国家工作的全局，从发展马克思主义科学，巩固马克思主义在我国意识形态领域的指导地位，保证我国社会经济发展的正确方向、道路和理论旗帜出发的。它要为我国的社会走向、历史走向、民族走向、思想道德走向提供根本的思想理论基础。但是，提出设立马克思主义理论学科又是与高校思想政治理论课程的改革、建设的要求紧密联系的。从设立马克思主义理论学科的工作过程看，设置马克思主义理论学科直接的重要动因就是要适应高校思想政治理论课程改革的要求。国务院学位委员会和教育部在设置马克思主义理论学科的时候，是连同高校思想政治理论课程的改革和建设的要求统一考虑的，并且正是在关于高校思想政治理论课程改革的文件中正式提出来的。因此，为高校思想政治理论课程服务不仅是马克思主义理论学科义不容辞的责任，而且是马克思主义理论学科建设的题中之义。

第二，为高校思想政治理论课程提供学科支撑是巩固马克思主义指导地位大局中的重要问题。

关于高校思想政治理论课程的地位，以往我们宣传得比较多的是，高校的思想政治理论课程是高校贯彻国家社会主义意识形态，对青年大学生进行马克思主义理论教育的主阵地、主渠道。而对于这种教育同时是用马克思主义武装全党、教育全国人民、巩固马克思主义指导地位的重要方面，甚至在一定意义上是更重要的方面则强调得不够。历史和现实实践都充分证明，谁赢得了青年，谁就赢得了未来。在我国高校学习的本专科生、研究生数量大、分布面广，一代接一代，他们是我国未来的建设者和接班人，他们中的优秀人才将成为党和国家各方面的栋梁之材。这些青年的思想理论素质如何，社会主义觉悟的高低，对社会主义、共产主义信仰的程度，对共产党的信任状况，关系着国家的未来。这说明，高校思想政治理论课程的教育质量事关党和国家的大局。因此，马克思主义理论学科建设服务于高校思想政治理论课程，不是一个局部的小问题，而是一个关系全局、关系长远的大问题，我们必须站在党和国家事业发展大局的高度，以强烈的政治责任感来充分认识它的意义。

第三，为高校思想政治理论课程服务是当前高校思想政治理论课程改革关键时刻的迫切要求。

高校思想政治理论课程“05 方案”实施以来，取得了很大的进展。现在，中央组织编写的四门课的高质量教材已经全部出版，2007 年秋季，全国高校都启用了新的教材。这对于提高高校思想政治理论课程的教学质量无疑具有重要意义。现在的问题是，如何把这四门课的高质量教材体系转化为教学体系和教学内容，使教材中的基本理论观点、科学方法有效地进课堂、进学生的头脑。这涉及多方面的工作，但关键有两点：一是促进思想政治理论课程教师理论素质的提高，使之适应高质量教材的教学要求；二是加强对包括青年大学生在内的广大人民群众关注的重大理论和现实问题的研究并作出有深度、有力度、有很强说服力的科学说明，并把对这些问题的科学分析、科学论证、科学认识同教材中的原理结合起来，有针对性地向青年大学生作出科学阐释。不解决这两个关键问题，即使有高质量的教材，仅照本宣科、就原理讲原理，仍然难以为青年大学生所接受，特别是难以使他们把原理的学习和现实生活的认识统一起来。而解决这两个关键问题，马克思主义理论学科要义不容辞地肩负起这个责任。历史的经验值得注意，高校思想政治理论课程“85 方案”与“98 方案”的改革，应该说都是取得了一定成就的，当时的一些设计也不乏创新思想，但是，后来都没有始终如一地坚持下去，其中一个重要原因就是师资队伍的状况不适应改革的要求。鉴于历史的经验，这一次改革我们必须高度重视从马克思主义理论学科建设的高度来支持高校思想政治理论课程的教育教学。

二　马克思主义理论学科如何为高校思想政治理论课程提供学科支撑

对于这个问题，我也有两点看法：一是在认识上把握好角度，解决如何提供学科支撑的问题；二是要着力探索可操作的具体措施，把为高校思想政治理论课程提供学科支撑的认识变为实践。前者是说，既要从马克思主义理论学科一级学科层面的建设，也要从马克思主义理论学科二级学科层面的建设来综合考虑服务于思想政治理论课程建设的问题，不能仅从一个层面考虑问题。后者是说，要从途径和渠道、办法和措施上加紧探索，制定一些切实可行又便于操作的具体制度、政策和规范，把马克思主义理论学科建设为高校思想政治理论课程服务落到实处。这两者当然都不是说马克思主义理论学科建设就等同于高校的思想政治理论课程建设。显然，一个是学科，一个是课程，尽管高校思想政治理论课程是综合的课程，展开来，它包括四门具体课程，但毕竟它只是课程，不同于学科。两者相比较，马克思主义理论学科的内涵和承担的任务比高校思想政治理论课程的内涵和承担的任务要丰富得多、宽泛得多。

为什么要在马克思主义理论一级学科及所属二级学科建设的整个过程中都要始终如一地重视高校思想政治理论课程的建设？

我以为，这是由“两个内在统一性”决定的：一是马克思主义理论一级学科及所属二级学科的有机统一性；二是高校思想政治理论课程构成的内在统一性。从前者说，如马克思主义基本原理、马克思主义发展史、马克思主义中国化研究、国外马克思主义研究、思想政治教育等学科在研究对象、研究领域之间是有内在联系的，正是有这种不可分割的内在联系，我们不能认为为高校思想政治理论课程服务仅仅是某一个学科的任务。马克思主义基本原理学科是其他四个二级学科的基础和核心，马克思主义发展史是马克思主义基本原理形成过程和发展的轨迹，马克思主义中国化的实质是马克思主义的基本原理同中国的具体实际和时代发展相结合。国外马克思主义研究是对当代国外马克思主义相关的理论、思潮、流派的发生、演进及基本思想进行研究的学科，其主要内容仍然是一些国家的共产党人在把马克思主义基本原理与本国实际相结合的过程中对马克思主义研究的推进和发展。思想政治教育是运用马克思主义理论与方法，专门研究人们思想品德形成、发展和思想政治教育规律，培养人们正确世界观、人生观和价值观的学科。因此，各二级学科都应为思想政治理论课程提供学科支撑，都要充分注意按照高校思想政治理论课程（含本科、硕士、博士研究生课程）的特点和要求，把有关课程体系、教材体系、教学体系（含教学内容和教学方法、教学手段）、师资队伍建设、教育规律的探索、教学中的难点热点以及如何突出思想政治理论课程的主渠道作用等问题，纳入学科建设整体工作之中加以研究。用研究的成果武装高校思想政治理论课教师，丰富教材、教学内容和教学形式，提高思想政治理论课程的思想政治性、科学性、针对性和实效性。当前，要特别注意加强对如何将中央组织编写的高质量的教材内容和体系转化为教学内容和教学体系的研究，以适应教学实践的需要。从高校思想政治理论课程说，它的各门具体课程虽然各有特定的研究对象、特殊的研究领域和具体的教学目的，但是各门具体课程不是孤立的，无论从理论内容、社会功能、总的教学目的和意图来说，还是从教师的教学任务安排、教学方案的设计来说，或是从学生接受教育，逐步树立马克思主义的世界观、方法论、人生观、价值观等来说，彼此都是有紧密联系的。因此马克思主义理论学科建设为高校思想政治理论课程提供学科支撑，首先必须从整体性、综合性考虑，而且要一以贯之，渗透于学科建设的始终。

但是，马克思主义理论一级学科中的某个二级学科同高校思想政治理论课程中某门或某几门课程的确存在某种对应关系。比如，“马克思主义基本原理”“马克思主义发展史”学科同“马克思主义基本原理概论”课程，“马克思主义发展史”“国外马克思主义研究”特别是“马克思主义中国化研究”学科同“毛泽东思想、邓小平理论、三个代表重要思想概论”和“中国近现代史纲要”课程，“马克思主义基本原理”“思想政治教育”学科同“思想道德修养与法律基础”课程的联系就更直接一些。因此，与高校思想政治理论课程中的某门或几门具体课程有比较直接对应关系的二级学科，应该更多地考虑如何为有对应关系的课程服务的问题，认真研究有关课程的理论体系（含基本范畴、基本原理）、教材体系、教学体系、教学方式等，用新的理论视野、新的理论结论、新的思想观点、新的科学论证、新的科学知识、新的典型材料为其提供直接的学科支撑。

我们以为，在马克思主义理论一级学科现有的构成中，尚无与“中国近现代史纲要”课有比较直接对应的二级学科。从一级学科的构成上来解决这一问题，当然是一个重大的举措。就目前马克思主义理论一级学科的构成来说，“马克思主义中国化研究”学科对于“中国近现代史纲要”课程的对应是比较明显的。正如有的学者指出过的，“中国近现代史纲要”是在吸取“85 方案”开设“中国革命史”和“中国社会主义建设”课程进行社会历史发展的教育，“98 方案”开设“毛泽东思想概论”和“邓小平理论概论”课程进行理论历史发展教育的基础上设置的新课程。它把历史发展教育和理论历史发展教育这两个方面结合起来，实现了中国近现代社会发展和马克思主义中国化理论发展的统一，构成了较为全面的历史教育。而“马克思主义中国化研究”正是专门研究以中国近现代社会历史发展的过程为背景、马克思主义同中国具体实践相结合过程中的基本经验、基本规律以及马克思主义中国化理论成果的学科。特别是在一些现行的培养方案中，一些马克思主义中国化研究学科点设置的马克思主义在中国的传播与发展、马克思主义中国化的历史进程与理论成果、中国化的马克思主义与当代中国、中国特色社会主义理论与实践等研究方向，能够较好地为“中国近现代史纲要”提供学科支撑。

为高校思想政治理论课程服务是一个内涵不断扩大、程度不断加深、永无止境的过程，就目前来说，解决如何服务的问题，我以为要注重考虑以下一些方面。

要突出师资培养。这包括两个方面，一是在岗教师的培训、提高。有条件的马克思主义理论学科点，如国家重点学科可在教育主管部门的支持和指导下，定期或不定期地举办专业培训班，轮训在职教师，以提高其综合素质，特别是理论素质。培训的内容既可以是综合性的，也可以是专题性的（或某一门课程教学的研讨）。二是培养新的师资。根据党和国家对高校思想政治理论课教师的特殊要求，注意在马克思主义理论各二级学科的人才培养方案中，从研究方向和学位课程的设置上、论文选题和实践教学的安排上、培养方式的选择上作出相应规划，以培养适应新的课程改革方案教学的思想政治理论课教师。

要重视研究思想政治理论课程中的重大理论问题和现实问题，特别是难点、热点问题，将研究的最新成果汇编后，供思想政治理论课教师参考。或者就这些问题请专家作专题讲座，将他们的讲稿编印成册，发给授课教师，以提高他们对这些重大理论问题和现实问题的科学认识，便于他们结合各高校教学的具体情况分析和解决难点、热点问题，增加教学内容的科学含量。还可以考虑抽调国家重点学科点上的高水平导师组成专家讲授团，分赴一些思想政治理论课教师力量薄弱、理论信息比较闭塞的地方高校作专题报告，或者对相关地区思想政治理论课教师进行巡回指导。

要重视研究思想政治理论课程建设的历史经验和发展规律。我们党一贯重视高校的思想政治理论课程教育，长期以来，特别是在改革开放新时期，积累了建设和改革的丰富经验。同时，其他马克思主义政党执政的社会主义国家也在思想政治理论课程教育教学上积累了值得重视的正反经验，历史经验中蕴含着思想政治理论课程的教育规律，我们要以马克思主义为指导，对这些经验进行科学总结，并结合我国社会发展新时期、新阶段的实际和全面建设小康社会的任务要求，认真研究思想政治理论课程建设的规律，为当前和今后的思想政治理论课程教育教学提供更为具体的理论指导。

要重视政策倾斜和政策研究。从政策倾斜说，不仅要把符合条件、标准的思想政治理论课教师适时地遴选为硕士生或博士生导师，使其研究方向能直接或间接地为思想政治理论课程教育教学服务，而且要研究管理体制问题，即在设立了马克思主义学院（马克思主义研究院、社会科学部）的高校，要把马克思主义理论学科点（含博士、硕士点）设置在这些单位，以便从马克思主义理论学科建设与高校思想政治理论课建设的关联中，统一考虑其建设与管理问题。在科研项目上，要注意吸收思想政治理论课教师参与课题研究，帮助他们找刊物和出版社发表和出版科研成果；在硕士生、博士生招生录取工作中，注意优先录取符合条件和标准的思想政治理论课教师，其研究方向和论文选题的确定亦要考虑适应思想政治理论课程教育教学的要求。

从政策研究来说，目前影响思想政治理论课程教育的突出问题是经费困难。这涉及多方面的问题。如科研经费不足，教师的岗位津贴没有制度保证以致年终难以落实，难以像其他专业的教师那样出席国内学术会议、进行国外访学等。这也涉及管理体制问题。目前，有些高校教师不愿建立马克思主义学院。据了解，主要有两方面原因：一是认识问题，如马克思主义理论学科在学校的地位是否有建立独立学院的价值，有人至今不承认马克思主义理论是一个学科，特别是不承认高校思想政治理论课程的科学性，误认为它只是在贯彻一种意识形态，还有同志考虑在目前的形势下，坚持真理的旗帜是鲜明些好还是隐蔽些好。二是经费问题。这个问题比较突出，在一些高校思想政治理论课教师中也反映得比较强烈，就是思想政治理论课教师的岗位津贴及其他相关劳动报酬没有制度保证。

此外，高校思想政治理论课教师还存在申请科研课题难以获准、科研成果难以发表等问题。对于这些易挫伤高校思想政治理论课教师积极性甚至影响队伍稳定的问题，马克思主义理论学科亦应重视从制度、政策的高度来加强调查研究，写出资料翔实、论证充分、结论得当的研究报告，供领导机构制定政策时参考，以促进上述种种问题的解决。

（原载《思想理论教育》2007 年第 11 期）

抓好马克思列宁主义、毛泽东思想经典著作的研读和教育

——马克思主义理论学科建设的一个根本性问题

一　问题的提出

在中央组织实施的马克思主义理论研究和建设工程强有力的推动下，我国高校马克思主义理论学科发展很快，马克思主义理论教育特别是中国特色社会主义理论体系教育取得了重大成就。这些成就，无论是在学科体系、教材体系、教学内容、教学方法上，还是在人才培养、科研成果上，都得到充分体现，从而稳定了高校思想政治理论课教师队伍，提升了其教育教学的质量。同时也加强了马克思主义在高校的指导地位，加强了党的思想理论阵地，促进了高校哲学社会科学的繁荣发展。这是当前我国思想理论战线健康向上的大好形势的重要表现。

现在的问题是要进一步发展这种大好形势。从马克思主义理论学科建设来说，就是要始终坚持以中共中央国务院〔2004〕16号文件的精神为指导思想和理论依据，按照国务院学位委员会和教育部下发的学位〔2005〕64号文件及其附件二的具体要求，以提高教育质量为中心，进行规范化建设。这方面要做的事情很多，其中重要的或基础的一环，就是要抓好马克思列宁主义、毛泽东思想经典著作的学习、教育。这项工作，既关乎教材、教学内容，也关乎教师队伍建设、人才培养。在一定意义说，关乎马克思主义理论学科的根本性质、发展方向和社会服务功能。现在提出这样的问题，是因为本学科的某些学科点、某些指导教师对这个带根本性的问题有所忽视。其具体表现多种多样，如：有的未将马克思列宁主义、毛泽东思想经典著作课列入重要学位课程；有的在学位课程设置中虽然规定有这门课程，但建设得很差，教育质量不高；有的学科点在一批老教师退休之后，已经没有真正能讲授马克思主义经典著作的教师，只好随

便应付；更有甚者，用西方马克思主义研究和教学代替中国特色社会主义理论体系教育和马克思列宁主义、毛泽东思想经典著作的教育，如此等等。造成这种情况的原因是多方面的，其中，思想上不重视，没有把马克思主义理论教育和毛泽东思想教育特别是把马克思主义经典著作的教育作为马克思主义理论学科的最重要、最基础的学位课程，甚至受马克思主义“过时论”的影响，认为马克思主义经典著作是一百多年前的“老东西”，没有研究的现实价值，不能不是一个重要原因。总之，不管具体情况如何，上述种种表现，严重影响了马克思主义理论人才培养的质量。

二 重要指导意义

我们党一贯重视马克思主义经典著作的学习和教育，党的几代领导核心都反复强调马克思主义经典著作的学习和教育的重大意义。2010 年 9 月 27 日习近平同志在中国浦东干部学院座谈会上的讲话，再次强调马克思主义理论素养是领导干部的看家本领，是我们党克敌制胜的根本法宝。缺乏马克思主义理论素养的领导干部，不可能是合格的成熟的领导干部。他指出：领导干部学习马克思主义理论，在现阶段主要是学习中国特色社会主义理论体系。干部教育培训中马克思主义理论教育的内容，重点也是中国特色社会主义理论体系。他要求将这一精神充分体现在各级党校、行政学院和干部学院的培训内容、教学布局、教材建设上。同时他又强调说：干部教育培训工作在重点抓好中国特色社会主义理论体系教育的同时，还要抓好马克思列宁主义、毛泽东思想经典著作的学习教育。马克思主义经典著作是马克思主义理论的本源。学习马克思主义经典著作，有利于从源头上完整准确地理解马克思主义，系统掌握马克思主义科学真理，也有利于深化对中国特色社会主义理论体系的理解和运用。没有马克思主义的理论基础，就谈不上把马克思主义基本原理同中国具体实际相结合。延安时期，毛泽东同志要求，党内要有相当多的干部每人读一二十本、三四十本马列的书。新中国成立后，他多次强调学马列著作的重要性。邓小平同志说，读马列要精，这个“精”主要是指马克思主义导师们的经典著作。江泽民同志、胡锦涛同志也都强调老祖宗不能丢，丢了就丧失根本。2009 年底，出版了 10 卷本《马克思恩格斯文集》和 5 卷本《列宁专题文集》。这两部文集，是党中央实施马克思主义理论研究和建设工程所取得的标志性成果，全面反映了马克思主义的科学体系，是党员、干部学习马克思主义经典著作的权威性教材。党校、行政学院和干部学院都应当开设马克思主义经典著作课程，专门讲授一些有代表性的篇目，指导学员把马克思主义经典著作的学习同马克思主义中国化理论成果的学习结合起来，更好地掌握马克思主义立场、观点、方法。建议中共中央党校、国家行政学院、三所干部学院对这个问题进行研究，在教学计划中加以安排。

习近平同志这一段话，是直接针对中共中央党校、国家行政学院、三所干部学院讲的，这些单位的教育对象是领导干部，这自然同我们地方高校有许多不同的特点、不同的要求、不同的做法。但是他强调要重视马克思主义理论教育、重点学习中国特色社会主义理论体系，在重点抓好中国特色社会主义理论体系教育的同时，还要抓好马克思列宁主义、毛泽东思想经典著作的学习教育等精神，总结了我们党的历史经验，反映了我们党长期形成的优良传统，指出了在新的历史条件下党对领导干部的政治要求，有很强的现实针对性。这是完全适用于我们地方高校的，特别是给我们马克思主义理论学科建设进一步指明了方向，对我们有极为重要的指导意义，我们应该全面领会和很好贯彻。

三　研读经典的重要性和方法

习近平同志的讲话，已经把研读马克思列宁主义、毛泽东思想经典著作的重要意义、学习内容、学习要求和学习方法讲得十分明确。这里，根据习近平同志的讲话精神，笔者着重就学原著的意义和方法提出一些看法。

研读马克思主义经典著作，即钻研经典作家的原著，这是掌握和运用马克思主义世界观、历史观和科学方法论的必然要求，也是马克思主义经典作家给追随者和后继者的忠告。1884 年 8 月 13 日，恩格斯在给格奥尔格·亨利希·福尔马尔的信中就提出：要“研究原著本身”[①]。1890 年 9 月，在致约·布洛赫信中，他再次强调：“我请您根据原著来研究这个理论，而不要根据第二手的材料来进行研究。”[②] 在这封信中，继后在 1894 年 1 月 25 日于伦敦致西瓦尔特·博尔吉乌斯的信中[③]，恩格斯这位社会主

① 《马克思恩格斯全集》第 36 卷，人民出版社 1975 年版，第 200 页。
② 《马克思恩格斯文集》第 10 卷，人民出版社 2009 年版，第 593 页。
③ 《马克思恩格斯文集》第 10 卷，人民出版社 2009 年版，第 670 页。

义的“保姆”和导师，还开列了一系列重要阅读书目，以供有志于研究唯物主义历史观的人们学习。

恩格斯之所以提出这样的要求，除了有当时的特殊背景外，更为重要的是马克思主义原著即马克思主义的载体，是其理论的文字存在和表达形式。钻研经典作家的原著，在一定意义上说，就是跨越历史时空，面对大师，直接与经典作家对话、交流，把他们的原论直接传给后继者。研读原著具体来说有四点意义：

第一，要真切地了解经典作家思想形成的根据和发展轨迹，就必须研读原著。只有这样，才能完整、准确地理解、领略这些思想的精髓、底蕴和历史发展脉络。恩格斯在为《资本论》第三卷写的序言中就说过：“一个人如果想研究科学问题，首先要学会按照作者写作的原样去阅读自己要加以利用的著作，并且首先不要读出原著中没有的东西。”①

第二，要在正确地理解经典作家有关思想的同时，有效地学习他们观察和处理问题的立场和科学方法，就必须研读原著。列宁在建议青年们研究国家问题要看看恩格斯的著作《家庭、私有制和国家的起源》时说过：“我所以提到这部著作，是因为它在这方面提供了正确观察问题的方法。它从叙述历史开始，讲国家是怎样产生的。”② 他还指出，要正确地分析国家问题，必须对它的整个发展过程作历史考察。

第三，要不让“一些简述读物和别的第二手资料引入迷途”③，就必须研读原著。这个论断是恩格斯当年在给格奥尔格·亨利希·福尔马尔的信中着重提出的。今天，简述读物和第二手资料多得不可胜数，在这种背景下，恩格斯的论断对我们有多么重要就不言而喻了。

第四，要有效地抵制和反对错误思潮对马克思主义理论的歪曲、肢解，就必须研读原著。这是从现实出发的。当前，我国意识形态领域继续保持积极健康向上的良好态势。但是，在充分肯定意识形态领域主流的同时，要清醒地看到，意识形态领域并不平静，思想理论领域呈现十分活跃、十分复杂的状态。一些错误思潮往往采取折中主义的、混合主义的手法，提出一些模棱两可、似是而非的观点，歪曲、肢解马克思主义的基本

① 《马克思恩格斯文集》第7卷，人民出版社2009年版，第26页。

② 《列宁专题文集·论辩证唯物主义和历史唯物主义》，人民出版社2009年版，第284页。

③ 《马克思恩格斯全集》第36卷，人民出版社1975年版，第200页。

原理，以混淆视听。面对多种思潮的交流、交融和交锋，只有研读原著，才能正本清源，与各种错误观点划清思想界限。

学习、研读马克思主义经典著作，应采取正确的态度和方法。这可以从多个方面探索，笔者以为以下方面值得重视。

第一，要在研读文本上下苦功夫。

在《资本论》第一卷出版以后，马克思说过："我所使用的分析方法至今还没有人在经济问题上运用过，这就使前几章读起来相当困难。""这是一种不利，对此我没有别的办法，只有事先向追求真理的读者指出这一点，并提醒他们。在科学上没有平坦的大道，只有不畏劳苦沿着陡峭山路攀登的人，才有希望达到光辉的顶点。"① 他还说："万事开头难，每门科学都是如此。"② 谁怕下功夫，谁就无法找到真理。这一点，是每一个研读马克思主义经典著作的人都需要明了和有精神准备的。但是，马克思主义既然是科学真理，只要愿意付出定能学懂学通。列宁曾向大学生建议说，为了弄清国家这个"最复杂最难弄清的问题"，要多花些时间把"马克思和恩格斯的主要著作至少读几本"③。他告诫大学生："起初也许有人又会因为难懂而被吓住，所以要再次提醒你们不要因此懊丧，第一次阅读时不明白的地方，下次再读的时候，或者以后从另一方面来研究这个问题的时候，就会明白的。"他强调："想认真考察和独立领会它的人，都必须再三研究，反复探讨，从各方面思考，才能获得明白透彻的了解。"④ 这些话，既鼓励了我们研读马克思主义经典著作的信心，也指出了我们研读马克思主义经典著作的方法。

第二，要认真领会并学会运用科学的方法。

我们在阅读马克思主义经典著作时，既要把握其中提出和论证的重要思想理论观点，又要重视研究和掌握形成这些理论观点时运用的立场和采用的方法。恩格斯多次指出："马克思的整个世界观不是教义，而是方法。它提供的不是现成的教条，而是进一步研究的出发点和供这种研究使用的方法。"⑤ 列宁还明确指出："马克思主义的全部精神，它的整个体

---

① 《马克思恩格斯文集》第 5 卷，人民出版社 2009 年版，第 24 页。
② 《马克思恩格斯文集》第 5 卷，人民出版社 2009 年版，第 7 页。
③ 《列宁专题文集·论辩证唯物主义和历史唯物主义》，人民出版社 2009 年版，第 281 页。
④ 《列宁专题文集·论辩证唯物主义和历史唯物主义》，人民出版社 2009 年版，第 282 页。
⑤ 《马克思恩格斯文集》第 10 卷，人民出版社 2009 年版，第 691 页。

系，要求人们对每一个原理都要（α）历史地，（β）都要同其他原理联系起来，（γ）都要同具体的历史经验联系起来加以考察。”① 马克思主义经典著作中包含着极其宝贵的科学方法，我们研读马克思主义经典著作时必须予以高度重视、认真领会和全面把握。

第三，要始终坚持理论联系实际。

理论联系实际，是马克思主义的优良学风，又是我们学习马克思主义理论的重要方法。在这方面，总的说要具备问题意识，带着问题有针对性地学。展开来说有三点特别值得注意：一是要注意联系历史实际，把握马克思主义某一理论提出的社会历史条件，包括经济的、政治的、思想的和文化的多个方面，特别是重大的历史事件；二是以马克思主义理论为指导，去思考和解答自己在理论领域中未曾遇到过的问题或感到困惑的问题；三是要关注历史的和现实的社会思潮，通过分析、比较、对照，深刻地把握理论，以期澄清是非，划清界限，提高理论水平。

第四，要注重理论的应用和创新。

毛泽东说过：“对于马克思主义的理论，要能够精通它、应用它，精通的目的全在于应用。”② 因此在初步掌握马克思主义理论立场和观点之后，要自觉地以此为指导，去进一步学习、研究当代中国和当代世界的历史和现实，自觉地努力探索人类社会发展的规律、社会主义建设规律和共产党执政规律。为此，要把马克思主义经典著作的研究同中国特色社会主义理论体系的研究很好地结合起来，高度关注重大的理论和现实问题，在分析新形势、研究新情况、解决新问题的理论和实践双重探索中，推动理论的创新。

当然，发展理论，创新理论，是一项艰苦的科学工作，需要思想家费尽自己的心血。理论工作者要抱着慎重和严肃的态度，不能有任何轻率和随意。恩格斯早就讲过：“即使只是在一个单独的历史事例上发展唯物主义的观点，也是一项要求多年冷静钻研的科学工作，因为很明显，在这里只说空话是无济于事的，只有靠大量的、批判地审查过的、充分地掌握了的历史资料，才能解决这样的任务。”③ 恩格斯的这个论断应成为我们理

---

① 《列宁选集》第 2 卷，人民出版社 1995 年版，第 785 页。
② 《毛泽东选集》第 2 卷，人民出版社 1995 年版，第 815 页。
③ 《马克思恩格斯文集》第 2 卷，人民出版社 2009 年版，第 599 页。

论创新的座右铭。

第五，读书、讲授、讨论和写作相结合。

一般说来，弄懂马克思主义经典著作并不太容易。为了学有成效，要以个人刻苦读书为基础，辅之以教师讲授，然后在仔细研读，联系实际，反复思考，充分准备的基础上开展讨论，最后将读书的收获加以整理，写成论文。读书、讲授、讨论和写作相结合，长期坚持，必见成效。

［原载《贵州师范大学学报》（社会科学版）2011 年第 1 期］

理论界和学术界面临的重大而紧迫的时代课题

——论打造具有中国特色的学术话语体系

2012年6月，李长春同志在全国马克思主义理论研究和建设工程工作会议的讲话中提出一个重要问题。他说："如何在学习借鉴人类文明成果的基础上，用中国的理论研究和话语体系解读中国实践、中国道路，不断概括出理论联系实际的、科学的、开放融通的新概念、新范畴、新表述，打造具有中国特色、中国风格、中国气派的哲学社会科学学术话语体系，是理论界和学术界面临的重大而紧迫的时代课题。"① 深刻领会和把握这一重要论断，以高度的理论自觉和理论自信，做好这个重大而紧迫的时代课题，关系着马克思主义理论研究和建设工程的深入推进，中国特色社会主义实践成果、理论成果、制度成果的不断提升，中国特色社会主义的实践特色、民族特色和时代特色更加鲜明，意义十分重大。

一　重大而紧迫的时代课题

打造具有中国特色的哲学社会科学学术话语体系，可以说是理论界和学术界面临的重大而紧迫的时代课题，概括地说是由话语体系的极端重要性所决定的。

（一）话语体系事关话语权由谁来掌握

这里讲的话语权，是指的一个阶级、一个政党的话语权。对一个阶级及其政党来说，有无话语权直接反映着它在意识形态领域、思想文化领域有无指导权、主动权。对于一个执政党来说，表明它的执政、领导的理念和实践是否全面、完整。所以任何阶级及其政党都要争话语权。在现代，

---

① 李长春：《在马克思主义理论研究和建设工程工作会议上的讲话》，《人民日报》2012年6月4日第2版。

资产阶级及其政党是如此，无产阶级及其政党也是如此。就阶级、政党、国家的关系说，不论政权的形式如何，在本质上国家总是一定阶级通过自己的政党进行统治的工具。在这个意义上，一个阶级及其执政党的话语权也是这个国家的话语权。而话语权则与话语体系紧密相连。这是因为，由概念、范畴及其逻辑结构等构成的话语体系不同于语言系统。语言本身没有阶级性，同一语言可以为不同阶级的人们用来交流思想。但话语体系不同，它是表达一定思想和观点、反映一定利益和要求的载体，本身具有鲜明的阶级性。不同阶级的人们为了表达、论证和维护自身的阶级利益，必须造就自己的话语体系，从而构建自己的哲学社会科学。这是一个阶级及其政党是否达到理论上的觉悟、觉醒，是否对自身理论的科学价值及其创新发展有坚定信心的标志，是一个阶级及其政党是否建立起自己真正的哲学社会科学的标志。

从人类历史发展规律来说，在阶级和有阶级存在的社会里，不同的阶级、社会集团具有不同的甚至对立的利益。这决定以研究人与人之间社会关系为对象的社会科学，由于研究的内容不同于自然科学，除少数学科如语言学、逻辑学等外，其他学科大多具有强烈的阶级性。关于这个问题，马克思在《资本论》第一卷第一版序言中论及政治经济学领域时，曾经明确地指出："在政治经济学领域内，自由的科学研究遇到的敌人，不只是它在一切其他领域内遇到的敌人。政治经济学所研究的材料的特殊性质，把人们心中最激烈、最卑鄙、最恶劣的感情，把代表私人利益的复仇女神召唤到战场上来反对自由的科学研究。"① 对这个问题，西方资产阶级经济学家也是承认的。例如，凯恩斯就公开说过："如果我当真要追求阶级利益，那我就得追求属于我自己那个阶级的利益。……在阶级斗争中会发现，我是站在有教育的资产阶级一边的。"② 正是这样，他总是以摧毁马克思主义经济理论体系为己任。不同阶级的思想家、理论家通过什么来表达本阶级的利益呢？就是通过打造自己的一套话语体系。其他阶级接受这套话语体系就意味着接受其思想理论。诺贝尔经济学奖获得者美国经济学家索洛说："社会科学家和其他人一样，也是有阶级利益、意识形态倾向以及一切种类的价值判断。……所有的社会科学的研究……都与上述

---

① 《马克思恩格斯文集》第5卷，人民出版社2009年版，第10页。

② ［英］凯恩斯：《劝说集》，蔡受百译，商务印书馆1962年版，第244—245页。

（阶级）利益、意识形态和价值判断有关。不论社会科学家的意愿如何，不论他是否觉察到这一切，甚至他力图避免它们，他对研究主题的选择，他提出的问题，他没有提出的问题，他的分析框架，他使用的语言，很可能在某种程度上反映了他的（阶级）利益、意识形态和价值判断。”① 索洛在这里讲的反映阶级利益、意识形态、价值判断的工具的“主题的选择”“分析框架”“使用的语言”，实际上就是话语体系，它不是中性的，而是有阶级性的。这表明，话语体系的确直接关系到阶级的话语权，而阶级的话语权是实现一个阶级在意识形态领域里的指导权、主动权的重要体现。正是这样，中国共产党作为马克思主义执政党，要确保意识形态领域的话语权掌握在忠于党、忠于人民、忠于马克思主义的人的手里，全面实现和巩固自己的执政和领导地位，以推进中国特色社会主义事业，就必须打造具有中国特色的哲学社会科学学术话语体系。

（二）话语体系事关筑牢思想防线

资产阶级在统治世界几百年的时间里，已形成了一整套代表资产阶级利益的话语体系。但是资产阶级总是用它狭隘的、特殊的阶级利益冒充全民的普遍的利益，并且以强大的经济、科技和武力为后盾，将其话语体系转化成了价值判断上的是非问题：强的就是真理，弱的就是错误，在社会思想领域中强化这种统治霸权；近代以来西方列强推行殖民主义，疯狂地瓜分世界，在其殖民地半殖民地国家实行奴化教育，强制人们接受资产阶级的话语体系。久而久之，人们逐渐习惯了这套话语体系，反而觉得不接受、不使用其话语体系，就是没有与国际接轨、离开了人类文明大道。实质上是深深地陷入了资产阶级的思维陷阱。然而，一种思维观念，先进的也好、落后的也好，一旦被社会认同，成为传统意识、思维习惯就不易消除。其中落后的习惯就成为一种可怕的惰性力量。资产阶级的话语体系就是如此。如果一个国家、一个民族被这种可怕的惰性力量所束缚，就会丧失民族精神和民族气派，丧失国格和人格，这种国家、民族是没有希望的。毋庸讳言，在我国的确有人正站在西方立场上，用一种背离主流的、西化的话语体系抢占话语权，肆无忌惮地抹黑中国、唱衰中国。为抵制这种错误思潮，避免其蔓延，迫切需要进一步筑牢思想防线，抓紧建立自己的话语体系。

① 吴易风：《关于西方经济学的几个问题》（下），《经济学动态》1999 年第 3 期。

（三）话语体系事关理论落后于实践状况的改善

我们党成立 91 年、在全国执政 63 年、领导改革开放 34 年以来，推动中国经济社会发生了深刻变革和快速发展，创造了人类历史上少有的发展奇迹，创造了社会主义的中华文明，这包括物质文明、精神文明、政治文明、生态文明建设成果，其中最根本的是，开辟和拓展了中国特色社会主义道路，创立和发展了中国特色社会主义理论体系，形成和完善了中国特色社会主义制度。这包括多个方面，如经济上的社会主义市场经济体制，政治上的社会主义民主政治，思想文化上的社会主义核心价值体系，社会建设上的一切以有利于民生为出发点和立脚点，对外关系上的既坚决拒绝外来干预，又主动扩大开放，积极学习别国的先进经验，促进世界进步事业与和平发展，等等。

这些发展奇迹，是在马克思主义指导下，中国人民前仆后继、不屈不挠斗争的成果，是海纳百川、集八方精义创造出的全新的中华文明形态，是世界文明史上的一种伟大创举，一种新的胜利。它展示了中华民族的伟大前途，在多层面上推进了人类文明的发展。创造这些发展奇迹的伟大实践包含着极为丰富的智慧和经验，理应用中国理论研究和话语体系给以科学解读，以进一步把握共产党执政规律、社会主义建设规律、人类社会历史发展规律。然而，正如李长春同志批评的："我们的理论研究和学术创造还落后这一伟大实践，一些人没有立足于这一伟大实践进行理论研究和学术创新，而仍然习惯于简单套用西方的范畴、理念和结论，用西方话语来解释中国丰富独特的发展实践，削中国实践之足、适西方理论之履。"①应该说，李长春同志批评的这种现象不是个别的、偶然的。如果不改变这种状况，我们的理论研究和学术创造就不能充分反映马克思主义中国化的最新成果，充分反映中国特色社会主义丰富实践，充分反映各学科领域最新的哲学社会科学成果。我们必须以对马克思主义的永恒信仰，对社会主义、共产主义的坚定信念，对中国特色社会主义伟大事业的坚强信心，以肩负实现中华民族伟大复兴的伟大使命感，根本改变理论研究落后于实践的状况，努力增强理论自觉和理论自信，打造具有中国特色、中国风格、中国气派的哲学社会科学学术话语体系，以便升华中国特色社会主义实践

① 李长春：《在马克思主义理论研究和建设工程工作会议上的讲话》，《人民日报》2012 年 6 月 4 日第 2 版。

成果、理论成果、制度成果，使中国特色社会主义的实践特色、民族特色和时代特色更加鲜明。

（四）话语体系事关中华文化的国际影响力

深入开展对外交流，努力扩大我国在国际学术领域的话语权和影响力，对于我们全面建设小康社会、加快推进社会主义现代化，实现中华民族的伟大复兴，具有重要意义。因此，在新的历史起点上，更加着眼于推动中华文化走向世界，进一步形成与我国国际地位相对称的文化软实力，提高中华文化的国际影响力，营造良好的外部思想舆论环境，是我国理论界、学术界的重要职责。以勤劳著称于世的中华民族，在长达五千年的历史变迁中，创造了源远流长、博大精深的中华文化，为人类文明作出了重大贡献。在中国共产党领导下的中国人民作为促进世界和平与发展的积极力量，为履行自己对世界的庄严承诺，为人类和平与发展的崇高事业作出无愧于时代的新的更大贡献，也一定能够在弘扬中华优秀传统文化的基础上，创造出中华文化新的辉煌。如今，肩负这样的神圣使命，我们要充分利用国际学术交流平台，主动宣传我们党领导人民推进改革开放和现代化建设所取得的巨大成就、创新理论成果和宝贵经验，宣传我国坚持走和平发展道路、坚持互利共赢开放战略的理念，宣传我国推动建设持久和平、共同繁荣的和谐世界的主张，增进国际社会对我国基本国情、发展理念、内外政策的了解和认识，充分展现我国和平发展、民主进步、文明友善的国家形象。为此我们就要善于运用国外受众（包括国际学术机构、知名学术团体特别是国外智库）易于理解和接受的形式和手段，努力做到“中国立场、国际表达”，用具有中国特色、中国风格、中国气派的哲学社会科学学术话语体系，讲好讲活讲深中国故事，不断增强中国哲学社会科学在国际上的亲和力、感染力和影响力。让更多的国外专家学者增加对当代中国的了解和认识。显然，如果不用中国自己的，而是简单套用西方话语体系，削足适履，中国共产党及其领导下的中国人民全面建设小康社会、加快推进社会主义现代化的历史主动性和伟大的创造性，就不仅不可能得到科学表达，而且还犹如明珠暗投，灿烂光辉会被阴暗遮蔽住，影响中华文化的国际影响力。可见，打造具有中国特色的学术话语体系，事关大局，我们绝不可以掉以轻心。

二 中国理论的话语体系与中国的学术话语体系

自从李长春同志在马克思主义理论研究和建设工程工作会议上发表重要讲话以后，媒体上关于打造具有中国特色、中国风格、中国气派的哲学社会科学学术话语体系的文章日益增多，这是件大好事，表明越来越多的人开始关注这个问题，而且提出了不少很有价值的见解，使人耳目一新。但是阅读一些文章，似乎觉得还需要进一步弄清一个问题，即中国理论的话语体系与中国的理论研究、学术话语体系有无区别。弄清这个问题，关系着我们应该打造什么样的话语体系。

对于这个问题，应该适当区分中国理论的话语体系与中国的理论研究、学术话语体系。从多年的历史经验看，任何一个新的口号的提出，都可能被不同政治倾向、理论立场的人作出方向不同、内涵不同的解释。在当下极其复杂的意识形态状况下，如对中国理论的话语体系与中国的理论研究、学术话语体系不作明确区分，不清晰地界定各自的特定内涵，有可能会产生不良的后果。所谓中国理论的话语体系就是毛泽东思想体系和中国特色社会主义理论体系，或换言之，叫中国化了的马克思主义理论话语体系。它早已有一整套十分成熟的概念、范畴、术语、命题及其构成的原理。这套概念、范畴、术语、命题及其构成的原理，是中国共产党人在长达90多年的理论创新和社会实践中，从我国革命、社会主义建设和社会主义改革的实际要求出发，从独特而丰富的实践经验中，从治国理政、发展社会主义的中华文明的战略高度，紧密联系历史悠久的中华民族优秀传统文化，适应社会主义意识形态领域的形势、建设的长期要求和未来的发展趋势，逐步形成发展起来的。

经过我们党的教育，中国理论的话语体系已为全党、广大人民群众所接受、所熟知，已经和正在日益扩大、不断深化为中国人民革命、建设和改革的巨大物质力量。对于中国化了的马克思主义理论话语体系，现在不是需要重新或另行打造的问题，而是需要立于巩固中国共产党执政地位和马克思主义指导地位的高度，不断增强理论自觉和理论自信，在理论和实践的进一步探索中维护、坚持、丰富、发展和完善的问题，以使之更好地体现规律性、把握时代性、富于创造性，服务于马克思主义新天地、新领域的开创，马克思主义中国化发展新境界的开辟。现在值得注意的是，有人为了否定中国化马克思主义基本原理，阉割其革命精神、磨灭其科学态度，总是想毁掉中国化的马克思主义理论话语体系。他们或者打着“理论创新”的幌子，刻意杜撰一些不明不白的名词、概念、范畴、术语，去置换中国化马克思主义理论话语体系中的科学概念（如用“社会主义宪政”去置换“社会主义民主”或“社会主义法治”），或者歪曲其基本概念（如把无产阶级革命、被压迫民族反对帝国主义和殖民主义的革命指责为“恐怖主义”），或者否定其基本概念（如对生产资料公有制、共同富裕、阶级斗争、人民民主专政、社会主义本质等概念的否定），或者制造混乱、割裂它和马克思主义经典表述之间的联系。值得警惕的是，这些人为欺世盗名，经常用的一个手法是，直接把他们杜撰的东西称之为“马克思主义”的、“中国特色社会主义”的名词、概念。对此我们必须严加防范、善于识别真伪并予以坚决抵制，绝不能让他们利用“打造学术话语体系”的口号来扰乱我们的思想和理论创新工作。

所谓中国的理论研究、学术话语体系，同中国理论的话语体系紧密相关，但又有所不同。就它同中国理论的话语体系的关系说，它是从哲学社会科学多学科的角度对其进行研究的话语体系，是中国理论的话语体系研究成果的话语表达，同时又是推动中国理论话语体系研究的工具。其基本任务是对中国理论的话语体系做升华工作，使之进一步科学化、学术化。这包括多方面、多领域的探索创新工作。如：对中国理论的话语体系做科学解读和发挥；探讨中国理论的话语体系的理论来源、时代背景、内容构成、内在联系、精神实质、逻辑框架、指导作用、创新发展、通俗化、大众化、时代化；更重要的是通过对党领导人民创造的新鲜经验的及时总结，通过学习借鉴人类文明成果，不断深化对我国经济社会发展规律的认识，不断概括出理论联系实际的、科学的、开放融通的新概念、新范畴、新表述，丰富中国化的马克思主义理论体系；担负中国理论的话语体系的对外介绍、交流工作；建立和发展以中国理论的话语体系为指导的完整的哲学社会科学体系、学科体系和教材体系。将上述各个方面的内容呈现或充分展示在哲学和各门社会科学之中，以推动哲学社会科学充分反映马克思主义中国化最新成果、充分反映中国特色社会主义丰富实践、充分反映本学科领域的最新进展，进一步促进哲学社会科学的繁荣发展。

做好用中国的理论研究和学术体系解读中国实践、中国道路这项工作，其重要性和迫切性是显而易见的。当下，如李长春同志所说，一些人习惯于“简单套用西方的范畴、理念和结论，用西方话语体系来解释中国丰富独特的发展实践，削中国实践之足、适西方理论之履”。实际上这里包含两种情况：一是明明是讲“中国丰富独特的发展实践”，非要“用西方话语体系来解释”，用西方的理论观点、逻辑思路和分析方法来进行观察、分析，如明明研究的是中国经济问题，却言必称科斯、萨缪尔逊、弗里德曼，以西方学者怎么说为圭臬，仿佛只要是他们说的就是天经地义的真理。经济学领域如此，其他一些学科领域也不少见这种现象。二是“削中国实践之足、适西方理论之履”。这就是把“中国丰富独特的发展实践”硬塞到西方理论的框架中，按西方理论的标准，来剪裁、取舍“中国丰富独特的发展实践”，以迎合西方理论的要求。似乎这才算“学术”、才有“时代性”。实际上，中国的奇迹和经验，唯有用中国化的马克思主义话语体系才能说清楚。用西方的话语体系来解释，犹如隔靴搔痒，不着要害。用西方的话语体系讲不清中国的奇迹和经验，那为什么有人又要坚持这样做呢？对于极少数代表性人士说，恐怕最深刻的原因，是包含着强烈的政治诉求。也有学者尖锐指出，这种现象反映了一种崇洋、迷洋的殖民心态。我国曾在长达一个多世纪时间里处于殖民地、半殖民地地位，这种社会环境在一些知识分子中造成了相当严重的崇洋、迷洋的殖民心态。新中国成立以后，我国走上了社会主义道路，民族自尊心、自信心大大增强，但我国社会主义建设是在资本主义包围下进行的，经济文化水平又远比发达资本主义国家落后。改革开放以来，随着与资本主义世界交往的增多，西方的文化渗透加深，使其殖民心态又死灰复燃。加上苏东剧变以后，世界社会主义运动跌入低潮，有的人社会主义信念发生动摇，对马克思主义产生了怀疑。在这种情况下，西方话语体系在某些人心目中占据了主导地位。这些批评，应该说不是无的放矢的。当然，这里要区分自觉和不自觉两种情形。自觉者是极少数，绝大多数是由于受舆论环境、不良风气的影响。但不管怎么说，这种现象同我们的基本理论和基本实践是不相容的。这种情况存在也表明，在当代中国创造中国化的马克思主义理论的话语体系是根本性的，我们已取得了巨大的成就，但不能限于此，还必须在中国理论话语体系指导下，打造为之服务的中国哲学社会科学的理论研究和学术话语体系。提出和强调这个问题，正是面对新情况，增强理论自觉和自信的一种体现。

三 正确把握打造学术话语体系的思路

打造中国特色的学术话语体系，并非易事，需要理论界、学术界的共同努力。这里仅从思路上提出几点看法，以供研究。

（一）坚定理想信念

马克思主义认为，人们活动的一切都要通过自己的大脑。思想支配行动，有什么思想就会有什么行动。因此，打造中国学术话语体系，不是一个纯学术问题。朝着什么方向，沿着什么路径，打造什么样的学术话语体系，首先要解决理论导向问题。在这里，核心是要确立坚定的理想信念，即确立共产主义的崇高理想，确立中国特色社会主义的共同理想，坚定对马克思主义的信念，对中国共产党领导的信念，对中国特色社会主义道路、中国特色社会主义理论体系、中国特色社会主义制度的坚定信念。

理想信念，对马克思主义执政党和有觉悟的社会主义建设者来说，是一个非常严肃的问题。有了坚定的理想信念，才会以热爱社会主义祖国的炽热情怀，站在中国的立场上，关注、考虑中国的问题；有了坚定的理想信念，才会面向中国特色社会主义伟大实践，按照中国共产党的基本理论和基本实践的要求，坚持实事求是的思想路线，以科学的态度，理论联系实际的优良学风，去探索在推进中国特色社会主义道路上出现的新情况、新问题，总结新的经验。总之，只有怀抱崇高理想，才能充满奋斗激情。反之，如果没有共产主义的崇高理想、中国特色社会主义共同理想，没有对马克思主义理论、对中国特色社会主义道路及其理论体系和社会制度的坚定信念，打造中国学术话语体系，就没有方向，没有原则，没有标准，没有热情，没有动力。现在一些人习惯于简单套用西方话语体系，甚至怀着殖民心理，乐于当看客和骂客，原因也许有多方面，但核心问题是没有确立坚定正确的理想信念。由此决定他们既没有热情，也没有马克思主义水平来打造反映中国伟大实践的话语体系。所以打造中国学术话语体系，确立坚定的理想信念，是要解决的首要问题。

正是这样，中共十七届四中全会通过的《中共中央关于加强和改进新形势下党的建设若干重大问题的决定》要求，在进行社会主义核心价值体系教育中，要把理想信念教育作为重中之重。打造中国学术话语体系，不是与加强社会主义核心价值体系建设和教育性质不同的两件事，而是属于加强社会主义核心价值体系建设这个总问题中的问题，是根据这个总问题的要求，面对意识形态领域出现的新形势，提出的新的任务、新的要求。

（二）夯实马克思主义理论基础

恩格斯指出："一个民族想要站在科学的最高峰，就一刻也不能没有理论思维。"① 马克思主义是党和国家的根本指导思想，同时也是我们学术研究、理论创新的理论基础和指导线索。打造中国的理论创新和学术研究的话语体系，是一项严肃的政治任务，也是一项艰苦的科学研究工作，不牢牢掌握马克思主义世界观和方法论是不行的。这是因为：其一，打造中国的理论创新和学术研究的话语体系，需要从党和人民伟大实践创造中总结经验，经过深思熟虑，抽象出具有规律性、本质性的认识。而要做好这件工作，不可避免地要对历史和现实中的一定的事实和另一些事实加以比较对照；尽量精确地研究清楚各种不同的事实及它们在相互关系上表现出的不同发展形态、发展阶段，研究清楚并精确地把握一系列已知的状态、它们的连贯性以及不同发展阶段之间的联系和转化。从事件及其发展的整个具体环境的研究中，把握住每个历史时期各自固有的规律。这就绝对需要掌握和运用唯物辩证法。反之，如果不掌握科学理论，没有辩证的理论思维，就会连两件自然的事实也联系不起来，或者连二者之间所存在的联系都无法了解。轻视理论是自然主义的、因而是走向不正确思维的最确实的道路。按照这种思路，怎么能做好科学的总结、概括和抽象工作呢？马克思主义既是科学的世界观、方法论，又具有最合理的价值观。要克服上述不正确的思路，唯一的途径就是学习、研究和掌握马克思主义理论。列宁说："沿着马克思的理论的道路前进，我们将愈来愈接近客观真理（但决不会穷尽它）；而沿着任何其他的道路前进，除了混乱和谬误之外，我们什么也得不到。"② 其二，恩格斯在《资本论》第一卷英文版序言中曾指出："一门科学提出的每一种新见解都包含这门科学的术语的革命。"③ 中国的理论创新和学术研究的话语体系是由一系列概念、范畴、术语、命题、判断、逻辑推理所构成的理性思维形式。构建这样新的理性思维形式即逻辑体系，无疑是一场"术语的革命"，必须遵循科学发展的

---

① 《马克思恩格斯文集》第9卷，人民出版社2009年版，第437页。

② 《列宁专题文集·论辩证唯物主义和历史唯物主义》，人民出版社2009年版，第50页。

③ 《马克思恩格斯文集》第5卷，人民出版社2009年版，第32页。

规律，从人类认识和真理发展的总和中，吸纳、继承经过世代相继的人们头脑中的加工而传承下来的思想材料，并根据现实的需要加以改造、提升、丰富，加工制造出新的学术话语这种思想产品。显然，没有深厚的马克思主义理论功底，这是根本不可能想象的。因此，打造中国的理论创新和学术研究的话语体系，必须夯实马克思主义理论基础。

夯实马克思主义理论基础，必须以准确把握中国化马克思主义特别是以中国特色社会主义理论体系为重点，深入学习研究《邓小平文选》《江泽民文选》、十六大以来的重要文献。但是要真正正确而全面地领会中国特色社会主义理论体系，必须把握其本源和基础，这就是马克思列宁主义、毛泽东思想。现在由于党的中心工作的转移，党的、国家的、学术领域的队伍的“新陈代谢”，思想政治教育的重点、理论灌输力度等多方面的原因，对马克思列宁主义、毛泽东思想基本原理的掌握，特别是对马列经典著作、毛泽东著作的学习、研究已成为薄弱环节，这对于我们坚持马克思主义基本原理和创造性地运用马克思主义进行理论创新和学术研究是很不利的。因此，打造中国的理论创新和学术研究话语体系，要以认真学习研究马克思列宁主义、毛泽东思想的经典著作，掌握马克思列宁主义、毛泽东思想的基本原理，并与中国特色社会主义理论体系的学习研究紧密结合为理论前提。

（三）总结中国革命、建设和改革的实践经验

实践是理论源泉、发展依据、检验标准。思想只能从实践中来。我们只有以高度的理论自觉和理论自信，准确把握世界发展大势，准确把握社会主义初级阶段基本国情，深入研究我国发展的阶段性特征，着力抓住经济社会发展的重大现实问题，人民群众最关心的现实利益问题，改革发展稳定中的突出问题，深入总结党领导人民在解决这些问题过程中创造的新鲜经验，深入研究这些经验及其内部联系，做好理论概括、创新工作，才能打造中国的理论创新和学术研究话语体系。

研究中国积累的丰富而独特的实践要抓住重点。党的十七大报告把改革开放 30 余年的经验概括为“十个结合”。在庆祝中国共产党成立 90 周年大会上，胡锦涛同志在讲话中，回顾中国发展进步的伟大历程，又再次概括了中国共产党在领导中国人民完成三件大事中获得的基本经验。胡锦涛同志强调：“经过 90 年的奋斗、创造、积累，党和人民必须倍加珍惜、长期坚持、不断发展的成就是：开辟了中国特色社会主义道路，形成了中

国特色社会主义理论体系，确立了中国特色社会主义制度。……面对风云变幻的国际形势，面对艰巨繁重的国内改革发展稳定任务，我们党要团结带领人民继续前进，开创工作新局面，赢得事业新胜利，最根本的就是要高举中国特色社会主义伟大旗帜，坚持和拓展中国特色社会主义道路，坚持和丰富中国特色社会主义理论体系，坚持和完善中国特色社会主义制度。"[①] 旗帜、道路、理论体系和社会制度，这些成就的获得来之不易。它是我们党对经济落后国家率先进入社会主义以后，对如何进行建设和巩固社会主义的探索成果，对紧密结合现时代特征和中国具体实际，对什么是马克思主义、怎样对待马克思主义，什么是社会主义、怎样建设社会主义，建设什么样的党、怎样建设党，什么是发展、怎样发展等基本问题深化认识的成果。它反映了共产党执政规律、社会主义建设规律和人类历史发展规律。在它丰富的内涵中，富含创造这些成就的政治智慧和历史的、现实的、新鲜的经验。我们总结中国革命、建设和改革的实践经验，必须紧紧抓住这些重点、根本问题，做好理论升华工作，从中提出开放融通、理论联系实际的新范畴、新概念、新表述，构建中国的理论创新和学术研究话语体系。

（四）善于吸收人类文明成果

中国的理论创新和学术研究话语体系，作为一种思想表达系统，无疑要到中国物质的经济事实中、政治关系中去发现，但它必须继承、借鉴以往的思想材料、观念形式。这主要是继承和发扬中国传统文化中的优秀遗产，借鉴和吸收西方国家先进文化中的优秀成果，做到“兼容并蓄”、开放融通。在这方面，列宁有许多重要论断：如“必须取得资本主义遗留下来的全部文化，用它来建设社会主义……没有这些，我们就不能建设共产主义社会的生活”[②]；“无产阶级文化并不是从天上掉下来的，也不是那些自命为无产阶级文化专家的人杜撰出来的。如果硬说是这样，那完全是一派胡言。无产阶级文化应当是人类在资本主义社会、地主社会和官僚社会压迫下创造出来的全部知识合乎规律的发展”[③]；等等，对我们特别具有现实指导意义。马克思主义之所以能为千百万人所接受，并成为他们手

① 胡锦涛：《在庆祝中国共产党成立 90 周年大会上的讲话》，人民出版社 2011 年版，第 7、9 页。

② 《列宁专题文集·论无产阶级政党》，人民出版社 2009 年版，第 215 页。

③ 《列宁专题文集·论社会主义》，人民出版社 2009 年版，第 394 页。

中不可战胜的改造世界的武器，正在于“马克思依靠了人类在资本主义制度下所获得的全部知识的坚固基础”①，亦可谓人类知识的总和。事实上，在人类文明史上，一切有广泛影响的思想理论，甚至是根本观点错误的思想理论，作为人们以这样或那样的方式反映客观世界的产物，其中都有可能蕴含着社会历史中某些真实关系，包含着某些真理性的内容、有益的思想材料和可取的思维方式。从认识论上说，即使错误、教训也可以“老马识途”，为后人探求真理提供镜鉴。因此，打造中国的理论创新和学术研究话语体系，无论是从历史的必然看，还是从理论创新的需要看，都必须坚持人类文明的继承性，重视继承和吸收前人创造的一切文明成果，反对历史虚无主义。俗话说，“百川归海，有容乃大”，创新话语体系也是如此。

但是，讲“兼容并蓄”、开放融通，绝不意味着要把我们的学术话语体系搞成一个“大杂烩”。继承和吸收传统文化和西方文化中的成果，必须立足于现时代的高度，以马克思主义为指导，坚持“古为今用”“洋为中用”的方针。因此，为我所“用”的，必须是用马克思主义的立场、观点、方法分析、批判、改造、加工过的，有助于创造出中华文化新的辉煌的优秀成果，不是照抄照搬的东西。“兼容并蓄”必须坚持与扬弃糟粕、吸取精华相统一。必须以服从巩固和发展中国特色社会主义，服务于工人阶级和广大人民群众的根本利益、伟大实践为准则。同时“要着眼于推动中华文化走向世界，形成与我国国际地位相对称的文化软实力，提高中华文化国际影响力”②。

（原载《学习与实践》2012 年第 10 期）

① 《列宁专题文集·论马克思主义》，人民出版社 2009 年版，第 296 页。

② 《胡锦涛文选》第 3 卷，人民出版社 2016 年版，第 539—540 页。

构建马克思主义理论研究学术话语体系简论

2012年6月2日，李长春同志在全国马工程工作会议上提出“打造具有中国特色、中国风格、中国气派的哲学社会科学学术话语体系，是理论界和学术界面临的重大而紧迫的时代课题”以后，引起了学术界的广泛注意，中央和地方的报纸杂志发表了一系列论文，提出了许多有价值的见解，但也存在一些问题需要进一步深入讨论。

一　话语体系内涵解析

什么是话语体系？这是我们研究对象中最基本的概念。不弄清这个概念，我们讨论的问题、研究的对象就没有确定性，就会各说各的。笔者以为，话语体系是一个阶级、民族、国家在理论与实践活动中赖以确立话语权的前提、基础和表达形式的概念系统，具有鲜明的意识形态特色。所以，在进行马克思主义实践观教育中讨论这个问题具有重要意义。弄清话语体系要注意三个问题。

1. 话语体系作为话语权的前提、基础和表达形式，不同于语言。话语权这个概念是由法国社会学家米歇尔·福柯1970年12月在关于话语与社会权力关系的论述中最早使用的。他指出：“话语是权力，人通过话语赋予自己权力。”福柯这两句话的独到意义有两点：其一，他把话语与权力连接起来，区分开了话语权和语言两个概念。语言不属于上层建筑，只是思维外壳，无任何意义的意识形态色彩，没有任何阶级性；“话语权”则不一样，它是被赋予了权力（利、益）功能的语言，即承载着某个特定社会，具有特定经济政治地位的人们（社会集团）的实际权力（利、益），有确定的阶级内涵。其二，他说“人通过话语赋予自己权力”，意即话语是人获得权力（利、益）的手段或工具。没有这种手段或工具，人就不能赋予自己以权力（利、益）。这表明话语权及其作为前提、基础和表达形式的话语体系的极端重要性。

2. 话语体系不是个别概念、范畴，而是一个严密的逻辑系统。诺贝尔经济学奖获得者、美国经济学家索洛说："社会科学家和其他人一样，也是有阶级利益、意识形态倾向以及一切种类的价值判断。……所有的社会科学的研究……都与上述（阶级）利益、意识形态和价值判断有关。不论社会科学家的意愿如何，不论他是否觉察到这一切，甚至他力图避免它们，他对研究主题的选择，他提出的问题，他没有提出的问题，他的分析框架，他使用的语言，很可能在某种程度上反映了他的（阶级）利益、意识形态和价值判断。"① 索洛所讲的反映阶级利益、意识形态、价值判断工具的"主题的选择""分析框架""使用的语言"等即话语体系的构成要素。这些要素按照一定的规则构成一个逻辑系统。

3. 话语体系的有无、强弱关系重大。没有话语体系，话语权就无从谈起。在国际关系中，话语体系关系一个国家、民族的地位。在国内关系中，话语体系关系一个阶级及其政党在意识形态领域、思想文化领域有无指导权、主动权，也折射出其经济政治地位。对于一个执政党来说，话语体系关乎其执政、领导的理念和实践是否全面、完整，关乎其执政的基本理论、基本路线、基本政策和发展战略能否在全国范围发布、畅通和实施。所以资产阶级的政治家、思想家对此十分敏锐，有多种形象的说法。如拿破仑曾说："一支笔杆胜过两千条毛瑟枪。"艾森豪威尔说："一美元的外宣费等于五美元的国防费。"尼克松在水门事件之后说："三份不友好的报纸比一千把刺刀更可怕。"这些话从一个侧面反映出话语体系及话语权的重要性。我曾把话语体系及其话语权对我国的重要性概括为四个方面：关系中国实践能否得到科学解读，关系抵制错误思想、筑牢思想防线，关系"削中国实践之足、适西方理论之履"错误的纠正，关系扩大中华文化的国际影响力。

二 当前我国理论研究学术话语体系存在的问题

关于这个问题，李长春同志 2012 年 6 月 2 日在全国马工程工作会议上的讲话中，主要批评的是"削中国实践之足、适西方理论之履"的问题。他说：我们的理论研究和学术创造还落后于中国特色社会主义这一伟

① 吴易风：《关于西方经济学的几个问题》，《经济学动态》1999 年第 2 期。

大实践，“一些人没有立足于这一伟大实践进行理论研究和学术创新，而仍然习惯于简单套用西方的范畴、理念和结论，用西方话语来解释中国丰富独特的发展实践，削中国实践之足、适西方理论之履”①。类似的话习近平同志2012年6月19日在视察中国人民大学《资本论》教学与研究中心时也讲过。他说：“现在我们好像有一种风气影响，好像谁能够（掌握）西方最时尚的理论，谁就最时髦，好像是最受欢迎，这个是值得商榷的。特别是我们教学战线，你们要坚守，要旗帜鲜明，要理直气壮。”②中央领导同志这些论断实际上指出了三点：一是理论研究的指导思想问题。在我国做学问、研究问题究竟是以马克思主义为指导，还是以西方理论为指导？二是在我国做学问、研究问题的根本立足点问题。当下，从主要的、基本的方面说，是立足于中国特色社会主义的伟大实践，还是立足于西方的理论？这当然丝毫不是说不要学习、研究外国的东西，其基本精神就是毛泽东同志早在延安整风运动中批评过的。他说：“许多研究马克思列宁主义的学者也是言必称希腊，对于自己的祖宗，则对不住，忘记了。”③“在学校教育中，在在职干部的教育中，教哲学的不引导学生研究中国革命的逻辑，教经济学的不引导学生研究中国经济的特点，教政治学的不引导学生研究中国革命的策略，教军事学的不引导学生研究适合中国革命特点的战略和战术，诸如此类……这样一来，就在许多学生中造成了一种反常的心理，对于中国问题反而无兴趣，对党的指示反而不重视，他们一心向往的，就是从先生那里学来的据说是万古不变的教条。”④ 这些情况反映出理论研究严重脱离中国实际。三是对中国丰富独特发展实践的解释，是用中国化的马克思主义话语体系，还是简单套用西方的范畴、理念和结论？这两种话语体系反映出两种根本不同的立场，依据其观察同一事物所作出的结论亦不同。如习近平同志讲到改革时曾举例说：“有人把改革定义为往西方普世价值、西方政治制度方面改，否则就不是改革。这

---

① 李长春：《在马克思主义理论研究和建设工程工作会议上的讲话》，《人民日报》2012年6月2日第2版。

② 习近平：《在哲学社会科学工作座谈会上的讲话》，《时事报告》2016年第6期。

③ 《毛泽东选集》第3卷，人民出版社1991年版，第797页。

④ 《毛泽东选集》第3卷，人民出版社1991年版，第798—799页。

是偷换概念，曲解我们的改革。”[①] 这类例子不胜枚举。如对于中国特色社会主义，有人污蔑它是“资本社会主义”“国家社会主义”“新官僚资本主义”“全新的社会主义”即民主社会主义；对于社会主义现代化，有人忘记事物的本质，离开中国的发展道路，只讲四化，不讲社会主义；[②] 对于市场经济，江泽民同志说：“我们搞的是社会主义市场经济，‘社会主义’这几个字是不能没有的。”[③] 而有人却解读为自由放任的市场经济，等等。当前突出的倾向，是以西方话语体系为圭臬，或企图取代、或企图歪曲中国特色社会主义的基本概念、范畴，穿凿附会的事屡见不鲜。除上述中央领导人指出的“西化”倾向外，对于儒化当代中国的话语体系的主张也应引起注意。

三 我国理论研究学术话语体系存在问题的原因分析

我国理论研究学术话语体系当前存在问题的原因是复杂的，概括起来有四个原因。

1. 国际原因。资产阶级在统治世界几百年的时间里，形成了一整套代表资产阶级利益的话语体系，并在社会思想领域中不断强化其统治霸权；近代以来西方列强在殖民地半殖民地国家实行奴化教育，强制人们接受资产阶级的话语体系。久而久之，人们逐渐习惯了这套话语体系，以致在资产阶级的思维陷阱里难以自拔。现在，美国为摆脱困境实施重返亚太战略，把中国作为主要对手的战略修补和部署已经到位，在经济、政治、军事、意识形态领域加紧对我国进行“西化”、分化，尤其是在意识形态领域，大力推行它的人权理念、普世价值，产生了不容忽视的影响。苏东剧变以后，世界社会主义运动跌入低潮，有人对社会主义信念发生动摇，对马克思主义产生了怀疑。这些国际原因使西方话语体系在某些人心目中占据了主导地位，使其觉得不接受、不使用资产阶级的话语体系，就是没有与国际接轨，离开了人类文明大道。

2. 历史原因。有专家指出，我国曾在长达一个多世纪里处于殖民地、

---

① 《习近平在新进中央委员会的委员、候补委员学习贯彻党的十八大精神研讨班开班式上发表重要讲话》，《人民日报》2013 年 1 月 6 日第 1 版。

② 《邓小平文选》第 3 卷，人民出版社 1993 年版，第 204 页。

③ 江泽民：《社会主义市场经济体制是同社会主义基本制度结合在一起的》，中央文献出版社 2006 年版，第 203 页。

半殖民地地位，这种社会环境在某些知识分子中造成了相当严重的崇洋、迷洋的殖民心态。新中国成立后，亲美、崇美、恐美等错误思想受到批判，崇洋、迷洋的不健康心态得到根本改变，但在国际经济全球化、我国改革开放新的历史背景下，其残余又显露出来。

3. 错误思潮的影响。长期以来，一些错误思潮的流行通过各种媒体向人们包括学者进行思想渗透，产生了一定的负面影响。加上我国社会存在的一些消极现象特别是党政机关的腐败现象，强化了这种负能量的作用。

4. 不良学风的危害。这主要是指理论与实践分离、言行不一“两张皮”等现场。口头上的马克思主义，行动中也许是自由主义。马克思自己在理论研究过程中，“他所引证的任何一件事实或任何一个数字都得到最有威信的权威人士的证实的”①。而在我们学界，信手抄来、懒于思考、不分良莠、食洋不化等等却并非个别现象。以上四种因素交互作用，导致了前述种种问题。

四　马克思主义理论研究学术话语体系的构建路径

首先，要区分马克思主义理论话语体系和马克思主义理论研究学术话语体系。马克思主义理论话语体系，包括中国化的马克思主义理论话语体系已很完备，而且已为广大人民群众所熟知，不需重新构建，而是要进一步丰富、发展和大众化，便于群众掌握。当前亟须构建的是马克思主义理论研究学术话语体系，即以马克思主义为指导和理论基础的，具有中国特色、中国风格、中国气派的哲学社会科学学术话语体系。

其次，要正确理解构建马克思主义理论研究学术话语体系的要求。新中国成立60多年来，特别是实施中央马工程以来，总的说来，我国的马克思主义理论研究学术话语体系已经建立起来，现在提出“构建”，不是要对业已建立的理论研究学术话语体系全部废弃，从头开始。也不是要把各学科领域的专业术语统统去掉，都写成马克思主义理论教科书。如果这样，我们就陷入了历史虚无主义的泥潭。我们要进一步解决的主要是话语权问题，即马克思主义世界观和方法论在各学科领域的指导地位和基础理论地位的问题。马克思主义认识论强调真理是具体的，具体问题应具体分

① ［法］保尔·拉法格：《忆马克思》，人民出版社1953年版，第101页。

析，这要求我们构建马克思主义理论研究学术话语体系也必须根据不同情况分别对待。目前的任务是要对业已形成的理论学术话语体系进行改造、加工、提升和创新，使之更加具有中国特色、中国风格、中国气派，当然也不能完全排除重建的问题。概括起来，准确的提法是改进、完善我国马克思主义理论研究学术话语体系。

再次，改进、完善马克思主义理论研究学术话语体系，包括多方面的工作。一是学习。要把学习马克思、恩格斯、列宁等经典著作与学习中国特色社会主义经典文献结合起来，真正弄懂马克思主义基本原理和中国化马克思主义的基本理论。二是要批判错误思潮。如近些年来的“西方宪政民主”“普世价值”“公民社会”“新自由主义”“西方新闻观”“历史虚无主义”等等，以及各种质疑改革开放、质疑中国特色社会主义性质的言论，严重损害了我国理论研究学术话语体系。这要求我们通过科学批判，澄清是非，划清思想界限。三是鉴别，即组织水平高、强有力的专家队伍对我国各学科领域最基本的特别是新引进的学术名词和概念、范畴进行系统梳理，提出鉴别、处理（吸收或废除）的建议。四是加工，即对所惯用的而又不能表达创新实践的概念、术语加以改造、提升，赋予其具有时代气息的新的内涵，克服理论脱离实际的弊病。五是创新，即在学习借鉴人类文明成果的基础上，对党领导人民进行革命、建设和改革的历史经验和现实经验进行深刻总结，对现实实践、探索和阐发开拓创新的路径和境界进行深入研究，从两个基本方面概括出理论联系实际的、科学的、开放融通的、能够反映我国经济社会发展规律的新概念、新范畴、新表述。六是进一步完善以马克思主义为指导的完整的哲学社会科学体系、学科体系和教材体系，以充分反映马克思主义中国化最新成果、充分反映中国特色社会主义丰富实践、充分反映本学科领域的最新进展，进一步促进哲学社会科学的繁荣发展。

（原载《学校党建与思想教育》2013 年第 14 期）

对马克思主义理论学科建设的几点建议

自马克思主义理论学科设立以来，学科建设和发展取得了显著成绩。这突出表现在平台建设、队伍建设、教材建设、人才培养、科学研究以及学术活动、学理研究、学术导向等方面。仅就人才培养说，马克思主义理论学科培养出来的多位学者，成了多所高校马克思主义学院的领导和博士生导师，作为顶梁柱和主要力量在发挥作用。他们中间还有中央马克思主义理论研究和建设工程首席专家、长江学者、省管专家。就科学研究说，马克思主义理论学科的专家承担了大量省部级课题特别是国家和教育部社科基金重大招标课题，或者委托课题，推出了多项重要科学研究成果，等等。总之，这个学科创建以来，为巩固马克思主义在意识形态领域的指导地位，巩固全党全国人民团结奋斗的共同思想基础，加强高校思想政治理论课教育教学作出了重要贡献。正是这样，我们才能谈论马克思主义理论学科的学科影响力、学术影响力、学者影响力的问题。但是在马克思主义理论学科的发展和前进中，也存在一些待解决甚至令人堪忧的问题。集中起来说，主要有两大方面：一是坚持学科建设规范、提高人才培养质量问题；二是坚持党性和科学性的统一、更好地服务于党的思想理论建设和整个中国特色社会主义建设问题。针对这些问题，笔者谈几点思考和建议，供各位同仁参考。

2013 年 8 月 19 日，习近平在全国宣传思想工作会议上的讲话中说："我一直在思考一个问题，这就是：我们中国共产党人能不能打仗，新中国的成立已经说明了；我们中国共产党人能不能搞建设和发展，改革开放的推进也已经说明了；但是，我们中国共产党人能不能在日益复杂的国际国内环境下坚持住党的领导、坚持和发展中国特色社会主义，这个还需要我们一代一代共产党人继续作出回答。做好意识形态工作，做好宣传思想工作，要放到这个大背景下来认识。”① 习近平还说：“一个政权的瓦解往往是从思想领域开始的，政治动荡、政权更迭可能在一夜之间发生，但思想演化是个长期过程。思想防线被攻破了，其他防线就很难守得住。我们必须充分认识意识形态工作的极端重要性，把意识形态工作的领导权、管理权、话语权牢牢掌握在手中，任何时候都不能旁落，否则就要犯无可挽回的历史性错误。”②

马克思主义理论学科建设是意识形态工作的重要方面，无疑应该放到习近平指出的这个大背景下来认识，并自觉地担当起“把意识形态工作的领导权、管理权、话语权牢牢掌握在手中”③，任何时候都不使之旁落，不犯无可挽回的历史性错误的责任。我以为应该从这样的高度，而不是仅仅从个人的、个别学校的或个别地区的利益得失出发，来思考我们的学科建设问题。这样，认识的局限性才会少一些，才会有利于统一思想。基于这种考虑，我想提出以下三点建议。

一 要进一步强化马克思主义基础理论教育

提出这个问题理由有三：

1. 从学科属性和基本内涵看，马克思主义理论学科的各个二级学科，同马克思主义理论的关系，借一位领导同志的话说，“是一棵树，不是两棵树；是一个血脉，不是两个血脉；是一个家族，不是两个家族。”学者们也许可以对马克思主义理论作出多种解读，但按国务院学位委员会和教育部学位〔2005〕64 号文件附件二的规定，马克思主义理论这个概念只能是我们中国共产党理解、确认的概念，马克思主义的立场、观点和方法是整个学科及各二级学科的基础、基石和根本。所以马克思主义理论学科点上的教师、博士生，必须有深厚的马克思主义理论基础。

2. 从培养目标看，要使受教育者逐渐形成马克思主义的世界观、人生观、价值观和科学方法论，必须加强马克思主义基础理论教育。马克思主义是科学，是系统的理论体系，不能自发地产生于普通人的意识中，只能从外面进行灌输。关于这个问题，列宁说得明确：“工人本来也不可能

① 《习近平关于社会主义文化建设论述摘编》，中央文献出版社 2017 年版，第 31—32 页。

② 《习近平关于社会主义文化建设论述摘编》，中央文献出版社 2017 年版，第 21 页。

③ 《习近平关于社会主义文化建设论述摘编》，中央文献出版社 2017 年版，第 34 页。

有社会民主主义意识，这种意识只能从外面灌输进去，各国的历史都证明：工人阶级单靠自身的力量，只能形成工联主义的意识。”① 没有马克思主义科学原理、科学方法、科学精神的灌输，就不可能形成马克思主义的世界观、人生观、价值观和科学方法论。工人阶级尚且如此，一般社会成员就更是如此。近些年来，有人批判马克思主义的灌输论，这是荒诞无稽的。因为“灌输论”是列宁从意识形态领域斗争规律和从科学社会主义理论的高度，批判作为国际机会主义变种的俄国经济派贬低社会主义意识的作用，贬低党在工人运动中的领导作用，崇拜自发性的谬论时作出的重大论断，不是从技术操作层面讲的什么“我打你通”“生硬灌输”的具体方法。批判列宁的“灌输论”，就意味着否定马克思主义理论教育的意义。

3. 从研究生质量看，由于马克思主义理论学科缺少本科层次的专业教育，仅有的思想政治教育专业招生学校少、招生规模小，有的学校的思想政治教育专业还停止了招生，这样绝大多数研究生生源来自其他学科，甚至理工科，马克思主义理论基础普遍较差。如果在研究生阶段不加强对学生的马克思主义基础理论教育，就很难保证人才培养质量。当前，研究生教育中明显存在着学科理论基础薄弱的问题，有的博士生快毕业了，还说不清什么是马克思主义基本原理，甚至对什么是马克思主义、什么是反马克思主义、马克思主义究竟是一个还是有多个（如果马克思主义只有一个，为什么世界上有各种各样的马克思主义说法）等问题缺乏清晰的认识。有的博士生在整个攻读博士学位期间，没有扎扎实实读几本马克思主义经典著作。马克思主义基础差明显反映在研究生的学位论文和发表的文章中。从一些论文看，涉及哲学问题，不区分马克思主义哲学和西方哲学；涉及经济理论问题，不区分马克思主义政治经济学与西方经济学；涉及社会主义理论问题，不区分科学社会主义与形形色色、五花八门的非科学的社会主义；突出的是在多种社会思潮彼此交锋、相互激荡的复杂形势下，无法划清中央提出的四个是非界限。如有人说，马克思主义的阶级斗争理论违反人性，挑起了人类之间的大屠杀，这种谬论在我们博士生中是有共鸣的。对中央有关加强意识形态工作的指示，研究生中有的不敏感，有的反映出一些不良看法。这都说明需要加强马克思主义基础理论武装，

① 《列宁选集》第1卷，人民出版社1995年版，第317页。

提高明辨是非的能力。

4. 从坚守马克思主义阵地看，近些年来，在如何对待马克思主义的问题上，社会上出现了四种情况：即诋毁马克思主义、怀疑马克思主义、曲解马克思主义、淡化马克思主义。这四种情况，在马克思主义理论学科队伍中，肯定比某些受资产阶级自由化影响的重灾区学科，其影响要好得多，但难说一点都未受影响。在各种会议、学术活动中我们经常听到一些教师反映某个学校、某个学科点在方向设置、课程安排、教材使用、教学环节、学术活动、学术导向方面存在这种那种问题。如在研究方向、研究课题上尽量回避意识形态性强的问题，热衷于做一些“中性”的问题、一些操作技术层面的问题，难说不是受影响的反映。

基于上述几点理由，我建议要加强马克思主义基础理论教育。加强马克思主义基础理论教育，这不是一句造造舆论、装装门面的大话、套话、空话，做好这一点，要有扎实的具体措施，最根本的，一是要增加马克思列宁主义、毛泽东思想和中国特色社会主义名著的课程、课时和学分；有的专家主张对马克思主义理论专业的博士生，应扎扎实实读几本书，不要笼统地开一门马克思主义经典著作课，这个意见值得认真思考；二是要精读10卷本《马克思恩格斯文集》和5卷本《列宁专题文集》中的代表性篇目，精读《毛泽东选集》《毛泽东文集》，并把学习这些马克思主义经典著作的权威性教材，同学习《邓小平文选》《江泽民文选》和科学发展观中的代表性篇目、习近平系列重要论述结合起来；三是组织阅读中央马克思主义理论研究和建设工程中的哲学、政治经济学、国际共产主义运动和马克思主义历史理论经典著作导读等教材。

加强马克思主义基础理论教育，丝毫不排除学习借鉴古今中外相关的思想材料。毫无疑问，学习借鉴古今中外相关的思想材料是丰富发展马克思主义理论体系，繁荣发展马克思主义理论学科的重要途径之一，必须重视。特别是习近平总书记强调：“中国优秀传统文化的丰富哲学思想、人文精神、教化思想、道德理念等，可以为人们认识和改造世界提供有益启迪，可以为治国理政提供有益启示，也可以为道德建设提供有益启发。”①他还列出了15种优秀传统文化思想：道法自然、天人合一；天下为公、大同世界；自强不息、厚德载物；以民为本、安民富民乐民；为政以德、

---

① 《习近平关于社会主义文化建设论述摘编》，中央文献出版社2017年版，第143页。

政者正也；苟日新日日新又日新、革故鼎新、与时俱进；脚踏实地、实事求是；经世致用、知行合一、躬行实践；集思广益、博施众利、群策群力；仁者爱人、以德立人；以诚待人、讲信修睦；清廉从政、勤勉奉公；俭约自守、力戒奢华；中和、泰和、求同存异、和而不同、和谐相处；安不忘危、存不忘亡、治不忘乱、居安思危。

他强调“要认识今天的中国、今天的中国人，就要深入了解中国的文化血脉，准确把握滋养中国人的文化土壤”①；强调“这些思想文化体现着中华民族世世代代在生产生活中形成和传承的世界观、人生观、价值观、审美观等，其中最核心的内容已经成为中华民族最基本的文化基因。这些最基本的文化基因，是中华民族和中国人民在修齐治平、尊时守位、知常达变、开物成务、建功立业过程中逐渐形成的有别于其他民族的独特标识”②；强调“只有不断发掘和利用人类创造的一切优秀思想文化和丰富知识，我们才能更好认识世界、认识社会、认识自己、才能更好开创人类社会的未来”③；等等，遵照这些精神，我们更应该重视学习、研究、借鉴中国优秀传统文化思想。

但是我以为要注意正确地全面地理解习近平总书记关于发掘和利用人类创造的一切优秀思想文化和丰富知识的讲话精神，具体到马克思主义理论学科建设上，需把握好四点：一是我们所说的中国优秀传统文化思想是一个综合概念，不是专指某一种学说。二是要用我们党的马克思主义理论、立场和观点去分析鉴别中国传统文化思想，从中吸取精华，去其糟粕。不是不加以批判鉴别地统统吸收。包括对儒学，我们所肯定的是其中的精华，不是它的体系和种种形式。儒学体系，包括尊孔、拜孔的种种形式是服务于奴隶制和封建专制主义的，我们必须否定它。五四运动在这方面作出了重要贡献，今天必须肯定。不要说共产党人不能尊孔、拜孔，蔡元培等三任教育部长，都反对尊孔、拜孔；现在有人发表文章，以韩国、新加坡为例，论证中国以儒学为指导也能实现现代化，等等。我以为这种

---

① 习近平：《在纪念孔子诞辰 2565 周年国际学术研讨会暨国际儒学联合会第五届会员大会开幕会上的讲话》，《人民日报》2014 年 9 月 25 日第 2 版。

② 习近平：《在纪念孔子诞辰 2565 周年国际学术研讨会暨国际儒学联合会第五届会员大会开幕会上的讲话》，《人民日报》2014 年 9 月 25 日第 2 版。

③ 习近平：《在纪念孔子诞辰 2565 周年国际学术研讨会暨国际儒学联合会第五届会员大会开幕会上的讲话》，《人民日报》2014 年 9 月 25 日第 2 版。

观点是不能认同的。且不说，现代化有社会主义现代化和资本主义现代化之分，就是从生产力的角度说，以儒学为指导，也不能使中国实现现代化。儒学在中国曾长期占统治地位，如果以儒学为指导能实现现代化，那中国不早就实现现代化了吗？历史的真实是，儒学不仅不能解决中国的一切问题，不仅未能挽救中国历史上历代王朝的灭亡，而且以孔子为代表的儒学处于支配地位时并不是中国历史上最强盛的时期，而中国历史上最强盛的时期恰恰是儒学的地位不占优势的时期。如：汉代前期的盛世，所尊奉的是黄老学说，孔子并无地位。唐代是中国历史的光辉时期，盛行的是佛教，尊奉的也是道家，儒学并不占优势。宋代最尊孔而且创造了新儒学，可宋代最弱，徽、钦二帝被俘，连皇帝都保不住。南宋时期，理学“一枝独秀”，但还是无力回天，最后南宋被不尊孔的蒙古族铁骑战败，亡于江南。所谓中国以儒学为指导能实现现代化的观点，反映了作者对社会主义制度，对马克思主义没有自信，这种精神状态是要不得的。三是这方面的研究，不能离开坚持、丰富发展、创新马克思主义理论体系这个主脉；离开了这个主脉就走偏了方向。四是各种不同性质的学科，在做这方面研究时承担着轻重不同、内容方面不同的任务。马克思主义理论学科不能把研究古代的、国外的思想材料作为学科建设根本的主导的方面，否则会改变本学科的属性，也不符合习近平总书记讲话的精神。

近年来，国外社会主义运动引起我深深的思考。如西欧左翼政党为欧洲议会选举建立的政党联盟现有 21 个欧洲国家的 26 个共产党或左翼政党加入，这些共产党大都放弃了马克思主义的指导，搞意识形态多元化，放弃了共产党的无产阶级政党性质和组织原则，不承认社会主义是一种社会制度，等等，这很值得深思。西欧是共产主义运动的发源地，现在这些党抛弃了马克思主义的指导地位，这还能称之为共产党吗?!

二　要进一步关注重大理论和现实问题研究

理论与实践的统一，是马克思主义的根本原则、根本观点和优良学风。关注重大理论和现实问题研究，是坚持马克思主义这个根本原则、根本观点和优良学风的具体要求。现在这方面的课题很多，譬如，党的十八大报告提出：“发展中国特色社会主义是一项长期的艰巨的历史任务，必须准备进行具有许多历史特点的伟大斗争”[1]，这究竟意味着什么？又如，习近平总书记强调国有企业是全面建设小康社会的重要力量，是中国特色社会主义的重要支柱，是我们党执政的重要基础。要保持国有企业平稳较快发展，这究竟应该怎么搞？习近平总书记在庆祝人民代表大会制度成立60周年、人民政协成立65周年大会上的讲话有什么重大意义和现实针对性？这些都应深入地研究。就保持国有企业平稳较快发展来说，习近平总书记在2014年“两会”期间参加安徽代表团会议时，特地强调说：“要吸取过去国企改革的经验和教训，不能在一片改革声浪中把国有资产变成谋取暴利的机会。”[2] 这很明确，曾经发生过的“在一片改革声浪中把国有资产变成谋取暴利的”思路，是新自由主义的干扰所致，一定不能再发生。但究竟如何深化国有企业的改革呢？我以为正确的思路是，一要把国有企业做大做强；二要确保劳动者管理企业的权利。为此应努力改善和加强国有企业内部的科学管理，提高管理的科学化水平，参照“鞍钢宪法”的设计，建立卓有成效的有利于增强工人阶级主人翁意识，发挥工人阶级的积极性、主动性和创造性的规章制度，借以提高劳动生产率，促进生产力的发展。我们学科点上的专家应在这方面为党和政府提供高质量的研究报告。

还有，现在腐败现象是一个带普遍性的问题，究竟根源是什么？无疑这与人们对社会主义市场经济体制的片面理解有关，与国外反社会主义势力的渗透有关，与资产阶级自由化泛滥有关。但是与我们教育方面的不足有无关系呢？应该说有关系。譬如说，现在师生中的个人主义思想比过去严重突出了。而我们知道，个人主义特别是极端个人主义，是生产资料私有制在人们意识中的反映，是小资产阶级心理的表现，也是新自由主义的一个基本观点。新自由主义认为，个人自由主义是自由市场制度存在的基础。个人有了自由选择的权利，才能保证社会的进步和创造。显然，如果一个人以个人主义价值观为核心，那他必然视个人价值高于一切。认为尊重个人利益就是尊重人性。社会公共利益和他人利益要服从他个人的特殊利益。为达到个人目的，他甚至不惜损害和牺牲社会的公共利益和他人利益。这种利益观表现在政治和法律关系，如民主和集中、民主和纪律、权

① 《十八大以来重要文献选编》（上），中央文献出版社2014年版，第82页。
② 《习近平关于深化国有企业改革的讲话》，《中国经济网》2017年8月4日。

利和义务等关系上，就必然要求国家、集体、他人的利益服从其个人利益。思想庸俗化是发生变质危险的起点。如果一个人坚守这种价值观，必然与社会主义核心价值观发生尖锐冲突，在他们获取一定地位的时候，就会发生各种各样的问题。如何应对这些问题，我们也应该作出回答。

我以为，探究重大的现实问题，并作出深刻的理论分析和理论说明，马克思主义理论学科就能更好地为贯彻党的基本理论、基本路线、基本纲领、基本经验、基本要求服务，会更加符合中国的国情和实际，在坚持和发展中国特色社会主义发展道路、理论体系、社会制度中显示出特殊功能、特殊地位和特殊贡献，会更鲜明地体现马克思主义理论教育是中国共产党的建设特别是思想政治理论建设的不可分割的重要组成部分。

三 要进一步关注社会思潮

社会思潮是社会生活特别是意识形态领域斗争的晴雨表，当前这个问题是很突出的。只要我们留心，不论是传统媒体，还是新型媒体，都可以看到各种不同的反映和表现。现在新自由主义、民主社会主义、历史虚无主义、宪政民主、普世价值等错误思潮表现突出。这里我想说几件突出事情，2014 年 8 月 15 日《求是》杂志发表了署名李文的重要文章，即《新自由主义的经济“成绩单”》。其核心要点是：新自由主义的泛滥，在世界各国造成的灾难性后果。文章列出了一个清单，反映了新自由主义对世界的危害。正是这样，新自由主义在世界多个国家都受到了批判。但是奇怪的是，新自由主义在我们中国至今有很大的市场，它已经成为一些干部的思维方式，并通过他们转变成现实政策。这种现象很值得研究。再如，王伟光发表了《坚持人民民主专政，并不输理》，这篇文章基本上是解读马克思、恩格斯、列宁和我们党的领导人关于无产阶级专政的理论，却遭到围攻。邓小平在《坚持四项基本原则》一文中，曾要求思想理论界对整个社会主义历史时期的阶级斗争问题进行“继续研究”。而且这个问题，在我们的党章、我国宪法中都是写得清清楚楚的，应该说，研究这个问题是很正常的。然而却遭到了围攻，这种现象值得我们深深思考。我们也应看到，这种现象发生以后，中央的态度明确而坚定，很多坚持马克思主义原则的理论工作者很快作出反应，写了反击的文章。这表明，在我国，坚持马克思主义的力量还是强有力的。

就社会主义时期的阶级斗争和无产阶级专政本身说，我以为要坚持三个基本观点。其一，这是国际共产主义运动中长期探索而未解决好的重大问题。列宁在1918年10月写的《无产阶级革命与叛徒考茨基》中说："从资本主义过渡到共产主义是一整个历史时代。"① 只要这个时代没有结束，就存在阶级和阶级斗争。生产资料社会主义改造完成以后还存不存在阶级斗争，他没有明确地讲；斯大林断定社会主义时期没有阶级斗争，人们在政治上、道义上一致，没有矛盾，但是后来实际上存在的阶级斗争的发展却导致了苏联的演变，这说明客观存在的斗争不以你是否承认为转移；毛泽东肯定社会主义时期存在阶级斗争，无论在社会主义理论上还是在实践上都作出了重大贡献。但是毛泽东提出在社会主义条件下，还要坚持"以阶级斗争为纲"，并发动了多次政治运动，出现阶级斗争扩大化，犯了错误。所以他在这个问题上，是既作出了重大理论贡献，也留给我们深刻的历史教训。改革开放以来，邓小平强调："社会主义社会中的阶级斗争是一个客观存在，不应该缩小，也不应该夸大。实践证明，无论缩小或者夸大，两者都要犯严重的错误。"② 在这个基础上，党的十一届六中全会对社会主义社会中的阶级斗争才作出的论断，这是总结国际国内的经验教训作出的科学结论。其二，党的十一届六中全会关于阶级斗争的论述："在剥削阶级作为阶级消灭以后，阶级斗争已经不是主要矛盾。由于国内的因素和国际的影响，阶级斗争还将在一定范围内长期存在，在某种条件下还有可能激化。既要反对把阶级斗争扩大化的观点，也要反对认为阶级斗争已经熄灭的观点。"③ 这个论断说明了阶级消灭、阶级斗争不是主要矛盾和"阶级斗争还将在一定范围内存在，在某种条件下还有可能激化"这两方面的客观事实。这两方面的客观事实表明，社会主义历史时期的阶级和阶级斗争，包括许多理论上和实践上复杂和困难的问题，需要深入地展开研究。其三，改革开放时期一定范围的阶级斗争的具体表现，集中起来就是坚持还是反对社会主义方向道路问题。这反映在经济领域，是坚持还是反对社会主义基本经济制度；反映在政治领域，就是坚持还是反对社会主义根本的和基本的政治制度；反映在思想文化领域，就是坚持还是反对马克思主义指导地位。改革开放30多年来两种改革开放观

---

① 《列宁选集》第3卷，人民出版社2012年版，第612页。
② 《邓小平文选》第2卷，人民出版社1994年版，第182页。
③ 《关于建国以来党的若干历史问题的决议》，人民出版社1981年版，第56页。

的斗争一直没有停止过。而且有时阶级斗争显得特别激烈。正是这样，邓小平才反复强调在四项基本原则中，坚持人民民主专政这一条不低于其他三条。江泽民说："我们纠正过去一度发生的'以阶级斗争为纲'的错误是完全正确的，但这不等于阶级斗争已不存在了。只要阶级斗争还在一定范围内存在，我们就不能丢弃马克思主义的阶级和阶级分析的观点和方法。这种观点和方法始终是我们观察社会主义同各种敌对势力斗争的复杂政治现象的一把钥匙。"① 习近平总书记也强调要坚持和运用马克思主义阶级观。可见，要求探讨社会主义社会阶级斗争的问题是我们党的一贯的观点。所以我建议马克思主义理论学科领域的同行遵循邓小平关于"大家可以继续研究"② 的指示，关注并参与这方面的研究。

马克思主义理论学科的教师和学生们，在马克思主义遭诋毁、怀疑、曲解、淡化的情况下，在各级高校争省级、国家级、世界级一流过程中，一如既往，成为中国共产党坚守马克思主义在意识形态领域领导权、管理权和话语权的坚强阵地和平台，成为我们党坚持社会主义办学方向、全面贯彻党的教育方针的得力推手和坚不可摧的支点。

（原载《思想理论教育导刊》2015 年第 3 期）

① 《江泽民文选》第 3 卷，人民出版社 2006 年版，第 83 页。
② 《邓小平文选》第 2 卷，人民出版社 1994 年版，第 182 页。

马克思主义理论学科建设三要点

习近平总书记在中共中央政治局第二十次集体学习时指出，“要根据时代变化和实践发展，不断深化认识，不断总结经验，不断实现理论创新和实践创新良性互动，在这种统一和互动中发展21世纪中国的马克思主义。”① 经过十年建设发展，马克思主义理论学科在教材、教师、教法、教研、教点等方面取得了斐然成绩。面向未来，马克思主义理论学科在新的历史起点上，必须实现内涵发展、科学发展、有效发展、协同发展，在建设中国特色、中国风格、中国气派的哲学社会科学中发挥思想罗盘作用。为此，要在以下三个方面“更上一层楼”，下功夫、花力气，理论创新和实践创新良性互动，更好地发挥马克思主义理论学科的领航作用。

坚定马克思主义信仰

马克思主义是科学的世界观和方法论，马克思主义关于自然、人类社会和人类思维的基本原理，是放之四海而皆准的科学真理。迄今为止，唯有马克思主义实现了其他任何理论体系、任何世界观和历史观都不可能有的价值功能和科学功能的完美结合。坚定马克思主义信仰，坚持以马克思主义为指导，是我国哲学社会科学健康发展的基本经验。

马克思主义理论学科直接关系党和国家事业发展全局。要实现更大发展，必须坚定马克思主义信仰，坚定不移地把马克思主义的科学世界观方法论即立场、观点和方法贯穿到马克思主义理论学科建设的全过程，体现在学术研究、理论教学、人才培养等各个方面。

从现实情况看，党的十八大以来，随着党中央“四个全面”战略布局的协调推进，全面建成小康社会即将实现，邓小平同志的预言——

---

① 《习近平总书记系列重要讲话读本》，人民出版社2016年版，第203页。

"世界上赞成马克思主义的人会多起来的，因为马克思主义是科学"① 正在日益突显出来。另外，正如中国社会科学院院长王伟光所讲的那样，"现在有些人也在讲马克思主义，但他们讲的马克思主义是停留在口头上的，心里并不信。我们要打心眼里认为马克思主义就是真理。在真信的基础上才能做到坚信，也就是说在风平浪静情况下，真信容易，但在大风大浪情况下，真信就不容易。所以，要坚信马克思主义，做到坚定不移"。

发展马克思主义理论学科，进一步坚定马克思主义信仰，必须反对几种错误观点：一是割裂马克思主义的科学性和意识形态性的统一。这种观点认为，社会科学只有同意识形态相分离，才能保障其科学性和客观性。对于马克思主义来说，要保持它的科学性，就要淡化其意识形态性。二是鼓吹真理多元论，宣扬真理是多元的，彼此"平权"，不存在谁指导谁的问题；称马克思主义也是一个学派，谈不上对其他学派的指导。三是马克思主义"过时论"。这三种错误观点，第一种旨在制造科学性和意识形态性的对立，要害在于妄图把马克思主义排除在科学之外，又以客观主义的虚伪口号从科学中阉割马克思主义的革命性；第二种旨在制造认识领域里的混乱。真理绝不是多元的，所谓真理是对客观事物的本质及其发展规律的正确反映。在同一条件下对同一对象的真理性认识，会有深浅、宽窄的差别，但不可能有正确或错误两种截然相反的认识同时都是真理，所谓真理多元是荒诞无稽的。第三种不过是老调重弹，其所谓的根据就是"时代变了"。然而这种根据恰恰不能作为根据。因为，时代的根本性质，马克思主义所揭示的资本主义的基本矛盾、人类历史发展的大趋势并没有变，改变的只是具体的时代条件、政治形势等。

凸显马克思主义理论学科的整体性特色

教育部《关于调整增设马克思主义理论一级学科及所属二级学科的通知》（学位〔2005〕64 号）指出，马克思主义是科学的世界观和方法论，是反映客观世界特别是人类社会的本质和规律的科学真理。它既应该从哲学、政治经济学、科学社会主义等方面进行分门别类的研究，更应该进行整体性研究，完整地把握马克思主义的科学体系。"马克思主义理论"就是一门从整体上研究马克思主义基本原理和科学体系的学科。

---

① 《邓小平文选》第 3 卷，人民出版社 1993 年版，第 382 页。

在马克思主义理论一级学科建设的十年实践中，虽然对“马克思主义理论”学科进行整体研究的问题也进行过一些讨论，但从实际效果看，这个问题并未得到很好解决。究其原因，一是对这个新建立的学科特色缺乏敏感性，未能充分认识马克思主义理论一级学科与原来按马克思主义三个主要组成部分设置的马克思主义哲学、政治经济学和科学社会主义的联系和区别；二是受原有学科知识、学科背景的限制，不愿进行必要的学科知识的转换，安于“就汤下面”；三是关于学科整体研究特色的讨论，意见过于宽泛，把不同层次的问题编织在一起，使人难以捉摸和把握。

学科特色是学科本质的外部表现。如果不具备学科特色，马克思主义理论学科就没有设置的必要，建立起来后，也只是做马克思主义哲学、政治经济学和科学社会主义学科，甚至相近学科的重复劳动。果真如此，那马克思主义理论学科就失去了它应有的价值。

对马克思主义理论学科进行整体性研究，一要提高认识，由不重视到重视，思想先行就好办；二要解放思想，破解因循守旧的禁锢；三要加强团结，通力合作，深入研究马克思主义理论学科内部各二级学科的特定地位及其内部联系，深入研究马克思主义理论学科与相近学科的外部联系，着力探索、发现凸显整体性特色的要素和机制，在科学论证的基础上，加以提炼概括，逐步形成带规律性的理论结论。较长时期以来，有学者倡导马克思主义理论学科的开放性，鼓励多学科专家加入马克思主义理论学科建设，这对于避免自我封闭、凝聚更多学术力量，特别是促进马克思主义理论学科的整体性研究和分学科的专门领域研究相结合、实现宏观研究和微观研究相统一具有积极意义。但同时也要掌握好“度”，不要因此忽略马克思主义理论学科自身的专门领域、专业特色，否则就没有所谓相对独立的学科，因为学科本来就是“按照学问的性质而划分的门类”。

以提高人才培养质量为中心，走内涵式发展道路

马克思主义理论学科经过十年发展，学科体系逐步完整，学科点的区域分布也日渐合理。根据学科建设现状，要按照“稳定规模、提升质量、优化队伍、调整结构、完善体系、强化管理”的总体思路，走内涵式的学科发展道路。

要充分认识人才培养质量是学科的生命力和存在的价值所在。要把人才培养质量第一的意识贯穿到学科建设的各个方面、各个环节。教师队伍

建设是马克思主义学科建设经常性的基本任务，必须持之以恒，始终抓住不放。

教师队伍建设中，应着力抓好学科领军人物的培养。要在下述两方面提出要求，采取切实有力的措施：一是对马克思主义、共产主义的坚定信仰，对中国共产党、对社会主义制度、对祖国和人民的无限热爱和忠诚；二是具有马克思主义理论和实践运用的扎实功底。要求他们在对马克思主义经典著作的熟悉、掌握和运用方面，真正下点苦功夫。

要编撰和使用好马克思主义理论研究和建设工程统一教材。教材是传授知识的基本遵循，阅读教材是学生获得知识的基本途径。十年来，马克思主义理论学科在这方面作出了很大努力，但仍然存在尚未解决的问题。一是教材本身确实还存在待修改、待完善的地方；二是马工程的教材经过很多专家之手，十分精炼，要真正把握它的内涵和要义并不容易；三是有的教师讲课时习惯于自由发挥，现在要求统一使用规范性的工程教材，一时还难适应。为此，要花力气对中央和教育部马工程已编撰出版的教材使用好。对于还未编撰的教材，宜由中央和教育部马工程在全国范围内统一组织、调配力量，集中时间，争取取得好的成果。

要深入开展马克思主义理论的学术研究。马克思主义理论研究，首先要与社会需求紧密结合，适应坚持和发展中国特色社会主义的需要，研究重大理论问题和现实问题，当好智库，为党和国家提供咨询；其次，要深入研究本学科建设的规律，为学科多方面建设提供规律性指引；最后，要深入研究本学科的研究方向、课程设置、教学模式、教学内容、教材建设、队伍建设、人才培养等诸方面的基本问题，为学科建设提供学理支撑。在如何研究的问题上，要坚持理论与实际、历史与逻辑的统一，把马克思主义整体性研究与哲学、政治经济学、科学社会主义等学科研究相结合；要正确处理思想理论发展中继承和发展的关系，特别是要正确认识、处理好马克思主义基本原理和马克思主义中国化理论成果的关系，毛泽东思想和中国特色社会主义理论体系的关系。

要建设好各种学科依托、学术平台、研究基地（中心）。马克思主义理论学科建设，任重而道远，需要建设好各种科学依托，如学术平台、研究基地等。要根据我们的国情国力，加大投入，选准对象，在全国高校、党校、军校中选择一批有条件的单位建成重点马克思主义学院，建设一批高端的研究基地、研究中心、高水平智库等，发挥好马克思主义理论学科服务于巩固全党全国各族人民团结奋斗的共同思想基础的作用。

积极推动马克思主义理论“走出去”，扩大国际学术交流。随着中国特色社会主义事业的兴旺发达，国外马克思主义研究机构、代表性人物也更加关注中国。马克思主义理论学科应加大对国外马克思主义研究机构、研究力量的关注，加强同世界一流马克思主义学术机构和国际知名学术团体的联系，举办国际学术会议，不断发出中国声音，注重选派马克思主义理论优秀人才对外交流。通过扩大国际学术交流，加强与国外学术机构、学术团体、知名专家的学术交流和对话，及时掌握国外马克思主义研究的最新进展和前沿问题，吸收借鉴世界马克思主义研究的优秀成果，向国际社会广泛深入地宣传介绍中国特色社会主义道路、理论体系和制度，推动中国马克思主义学术成果走向世界，不断提升中国马克思主义的学术话语权。

（原载《光明日报》2015 年 12 月 31 日第 16 版）

培养马克思主义理论学科领军人物

加强马克思主义理论学科建设，要从培养人才抓起，长远规划、持之以恒。其中，学科领军人物在学科建设中具有重要地位，他们在把握政治导向、开拓研究方向、设置科研课题、组织科研力量、运用科研成果、形成学术派别、传承学术思想等方面发挥着十分关键的作用。

令人欣喜的是，近年来在马克思主义理论学科建设中涌现出不少学科领军人物，他们活跃在学术前沿，主动回应国家社会发展需求，推出不少有分量的学术成果。但也要承认，其中不少学者的学术权威性、理论感召力、思想牵引力、社会影响力以及人格魅力还不够，与新形势下马克思主义理论学科发展的要求相比还有一定差距。当前，我们要继续探索马克思主义理论研究队伍建设和人才成长规律，努力培养一批适应我国哲学社会科学发展要求的马克思主义理论学科领军人物。对这样的学科领军人物，应提出更高要求。

对马克思主义、社会主义、共产主义抱有坚定信仰，对党、国家和人民无限热爱和忠诚。坚持以人民为中心的研究导向，积极为党、国家和人民述学立论、建言献策，这是对马克思主义理论学科领军人物的基本要求，也是首要要求。高校和研究机构对此应有清醒认识和自觉意识，制定具体要求、规划和措施，努力使学科领军人物形成科学的世界观、人生观、价值观，树立为人民做学问的理想，把个人学术追求同国家和民族发展紧紧联系在一起。

精通马克思主义理论并善于将其运用到实践中。马克思主义理论学科领军人物理应精通并善于运用马克思主义理论尤其是马克思主义中国化的理论成果。当前，尤其要深入研究习近平新时代中国特色社会主义思想。目前，一些学者身上还存在科研态度不端正的问题，不少人兼职多、会议多、出差多，读书少、深度思考少。这样的状态不利于他们进一步成长提高。学科领军人物要真正发挥自己在学科建设中的作用，进一步成为学贯中西的思想家、理论家，就必须静下心来搞研究，在观察实际问题的基础上深入思考，在理论上真正做到有所创造、有所发现、有所前进。

勇于和善于批判错误思潮。当前，意识形态领域的斗争尖锐复杂，西方敌对势力一直没有放弃在意识形态上对我进行颠覆和渗透，我们必须坚决打赢这场没有硝烟的战争，守好我们的思想阵地。这就要求我们必须坚持马克思主义在意识形态领域的指导地位，用马克思主义来固本培元。马克思主义理论学科领军人物在意识形态领域斗争中应发挥关键作用。面对复杂形势，学科领军人物应勇于并善于批判错误思潮，在同错误思潮的斗争中磨砺，而不能只在温室中成长。这既是对学科领军人物运用马克思主义立场、观点和方法分析问题、解决问题能力的锻炼，有利于他们在辨析和批判错误思潮中深化对马克思主义理论的认识，同时也是培养他们坚持真理、敢于亮剑、无所畏惧品格的重要手段。

做学科发展的战略谋划家。马克思主义理论学科领军人物要有学术战略眼光，站在学科前沿进行思考谋划，善于设置研究议题、凝聚学科力量、整合研究资源。这就要求他们有高度责任心、使命感，时刻关注马克思主义理论学科的发展状况，研究其发展规律，并以此为根据深入思考学科发展方向。高校和研究机构在人才培养过程中，应注意加强引导监督，在考核、评估机制方面体现对学科领军人物担负科研职责的要求，促使他们成为学科发展的战略谋划家。

（原载《人民日报》2017 年 10 月 24 日第 14 版）

在改革开放中马克思主义理论学科的创建和发展

习近平总书记站在历史的高度和时代的前列，以把握历史规律的高度自觉和强烈的使命担当，科学概括中国改革开放40年理论和实践双重探索的波澜壮阔历程，提供给一个国家、一个民族实现振兴的最重要的启示："在历史前进的逻辑中前进，在时代发展的潮流中发展。"① 这一启示反映了一个国家、一个民族实现振兴的重要历史规律。它既贯穿于一个国家和一个民族的整体发展中，也体现在其社会生活的各主要方面。马克思主义理论学科是在改革开放中创建和发展起来的。它一经建立起来就得到快速发展，取得骄人的成就，自然也体现了这一历史规律。在纪念改革开放40年之际，我们试遵循这一历史规律来回溯、观察和认识马克思主义理论学科，看它是怎样"在历史前进的逻辑中前进，在时代发展的潮流中发展"的。

一　创建马克思主义理论学科的历史回顾

马克思主义理论学科的创建，有厚重的历史背景与实践基础。改革开放前30年我国就奠立了研究生教育最初步的基础。"文化大革命"以后，1977年，研究生教育逐步恢复。1980年，全国人大常委会审议通过了《中华人民共和国学位条例》。1981年，国务院批准了《中华人民共和国学位条例暂行实施办法》。新中国学位制度正式建立。从1982年至20世纪90年代中期，国家相继出台了一系列政策和配套管理措施。学位与研究生教育得到全面规范的制度管理，教育规模扩大，增长速度加快。马克

① 习近平：《开创共创繁荣 创新引领未来——在博鳌亚洲论坛2018年年会开幕式上的主旨演讲》，人民出版社2018年版，第6页。

思主义理论学科就是以此为前提建立起来的。

1. 马克思主义理论学科创建的时代背景与实践基础

马克思主义理论学科创建的宏大背景是改革开放的伟大实践。这场伟大的革命推动了马克思主义理论学科的创建和发展。

其一，改革开放中建立了国家学位与研究生教育的制度。这为马克思主义理论学科学位授权点的创建提供了学位制度的前提和基础。

其二，改革开放使我国经济、政治、思想、文化、社会、生态文明建设都发生了很大变化。多方面的辉煌成就为马克思主义理论学科建立和发展提供了物质的、政治的、精神的文明基础和社会对教育的更高层次的需求。

其三，改革开放伟大实践在社会的各个领域提出了许多新的问题。20世纪80年代中期至21世纪头五年，突显出来的问题集中为四个：什么是马克思主义，怎样对待马克思主义？什么是社会主义，怎样建设社会主义？建设什么样的党，怎样建设党？实现什么样的发展，怎样发展？这些重大的时代课题，直接关乎社会主义道路和中华民族的命运，必须在前人探索的基础上，从理论和实践的结合上、社会生活的整体上、战略全局上进行探讨，作出科学说明，这就提出了建立具有整体性特征的学科要求，马克思主义理论学科便应时而生。

其四，改革开放在取得巨大成就和宝贵经验的同时，也遇到了新的问题。一方面是，如社会主义市场经济体制的实施引起的一些新问题新思考：等价交换原则、追求利益最大化与发展社会主义民主、坚定共产主义理想、弘扬社会主义核心价值观、保持马克思主义政党先进性和纯洁性等关系问题，都需要作出经得起社会生活实践检验、人民群众信服的理论说明。另一方面是，西方敌对势力乘我国改革开放之机，加紧对我国进行思想文化渗透，妄图阻断我国改革的历史进程，改变我国改革的社会主义方向道路。如尼克松就说过，西方大国针对社会主义国家的“第三次世界大战在第二次世界大战结束以前就开始了。……到现在已进行了三分之一世纪”①。西方敌对势力不希望看到一个强大的中国。苏东剧变以后，更把矛头集中指向中国，加紧对我国进行渗透和颠覆活动，妄图达到“西化”“分化”中国的目的。在西方向中国发动的这场“没有硝烟的第三次

① 《邓小平年谱（1975—1997）》上，中央文献出版社2004年版，第21页。

世界大战”中，20世纪80年代中期至21世纪初，有两股反动思潮充当着急先锋。一股是西方反共主义，一股是民主社会主义。这两股反动思潮以资产阶级的民主、自由、人权等政治观点为核心，以资产阶级的抽象人性论、多元主义和趋同论为理论基础，以拜金主义、享乐主义、极端个人主义为根本的价值观，以历史虚无主义为主要工具，以我国的党政高级干部和高级知识分子为主要腐蚀对象，千方百计策动“颜色革命”、加紧和平演变中国。按日本《选择》月刊1991年11月号文章的说法是：《美国的目标使中国解体，从而除去最后一个眼中钉》。

在西方反共思潮、民主社会主义思潮的侵蚀下，国内产生了三种性质、程度不同而又相互联系、彼此呼应的东西：资产阶级自由化的政治观点、资产阶级自由化观点的思想理论基础、是非混淆的理论观点。冲击社会主义意识形态，使其受到严重挑战。在国际大气候、国内小气候的作用下，党的意识形态工作严重削弱了。反映在高校，市场经济的利益多元、价值多样，影响到青年学生的政治思想和价值观的培育、专业学习和生活方式，给我们用社会主义主流意识形态和社会主义核心价值观培养大学生造成困难；此外，改革开放过程中产生的，如社会腐败现象、贫富差距过大等社会矛盾及一些热点问题，也在青年学生头脑中产生了某些困惑和不良看法。在这种社会背景下，高校思想政治理论教育出现了令人堪忧的情况。面对新情况新问题，党中央为了彻底改变主流意识形态弱化状况，也为了从理论上深化人类历史发展规律、社会主义建设规律、共产党执政规律的认识，进一步深入回答前述的“四大”基本问题，实施了中央马克思主义理论研究和建设工程，马克思主义理论一级学科作为其重要组成部分相应建立。

2. 马克思主义理论学科创建的主体条件与基本过程

20世纪80年代初，新时期社会实践对思想政治工作（教育）提出了更加科学化的要求，与此相应，理论上也推出了一批科学研究成果。为适应社会需要，1984年4月，教育部发出《关于在十二所院校设置思想政治教育专业的意见》，决定采取正规化的方法培养大专生、本科生和第二学士生等各种层次的思想政治工作专门人才。“为高等院校培养思想政治工作人员，同时摸索兴办这类专业的经验。”首批南开大学等12所院校增设思想政治教育专业，进行本科学制试点。同年6月，为培养高校思想政治工作骨干，教育部又发出《关于在六所高等院校开办思想政治教育专业第二学士学位班的意见》，批准清华大学等6所高校开设思想政治教育专业第二学士学位班。继后，全国多所高校陆续开办了思想政治教育专业。1987年12月21日，国家教委颁布《普通高等学校社会科学本科专科目录》，首次将“思想政治教育”列入“马克思主义理论、思想政治教育类”学科门类本科专业目录中，专业代码为0804。1993年7月，国家教委颁布的《普通高等学校本科专业目录》，在教育学学科门类下设思想政治教育学科类，设思想政治教育专业；1998年7月，教育部颁布实施的《普通高等学校本科专业目录》中，在法学门类下设思想政治教育专业，授法学学士学位。

关于研究生教育。1986年5月，国家教委作出了《关于加强高等学校思想政治工作的决定》，提出要认真办好思想政治教育专业，包括第二学士学位和研究生班，为正规化培养从事思想政治工作的专门人才走出一条新路。1987年9月，国家教委又印发了《关于思想政治教育专业培养硕士研究生实施意见》的通知，决定从1988年开始培养思想政治教育专业硕士研究生。1988年9月，复旦大学、南开大学、武汉大学等10所院校以思想政治教育专业的独立名义首批招收硕士研究生，这标志着学科和专业建设的架构性探索取得重要进展。

1988年，教育部批准中国人民大学许征帆教授在其“科学社会主义原理”博士点下设立马克思主义原理研究方向。这在新中国博士生教育层次中，首开马克思主义理论教育研究方向。1990年，国务院学位委员会第九次会议通过了《授予博士、硕士学位和培养研究生的学科、专业目录》，在法学门类政治学一级学科下设马克思主义基本原理、中国社会主义建设、中国革命史、世界政治经济与国际关系等马克思主义理论教育和思想政治教育硕士学位授权点。当时这些专业硕士点并没有以马克思主义理论学科命名，也不同于后来的马克思主义理论一级学科及所属的二级学科名称，但起到了马克思主义理论学科建设先声的作用，为后来的马克思主义理论学科建设，确立了基本的研究取向，形成了基本的学科建设力量，积累了学科建设的经验，奠定了学科建设的重要基础。

1994年，中共中央在《关于进一步加强和改进学校德育工作的若干意见》中明确指出要加强思想政治教育的科研和学科建设。1995年10月，国家教委制定了《关于高校马克思主义理论课和思想品德课教学改革的若干意见》,《意见》中明确提出:“要把马克思主义理论教育与思想政治教育作为人文社会科学的重点学科进行建设”。国务院学位委员会、国家教委整合“马克思主义理论教育”“思想政治教育”两个学科,统称为“马克思主义理论教育与思想政治教育专业”,置于法学门类中,作为政治学一级学科内的一个二级学科。经过博士点申报,认真论证和严格评审,1996 年 4 月 29 日,国务院学位委员会批准武汉大学取得“马克思主义理论与思想政治教育”博士学位授权学科、专业点,并于 1996 年 5 月 13 日颁发[学位(1996)12 号]文件予以正式公布。同年,中国人民大学“科学社会主义原理”博士点的“马克思主义原理”研究方向免于申请,直接转为马克思主义理论与思想政治教育博士点。是年秋,清华大学也获得“马克思主义理论与思想政治教育”博士学位授权学科,这三个博士学位授权学科点属于全国第六批博士和硕士学位授权学科、专业点,是全国第一批马克思主义理论教育与思想政治教育博士学位授权学科点。这在中国马克思主义理论教育史上是一件从未有过的了不起的大事,它标志着马克思主义理论学科层次已经完备,其学科建设迈上了新的发展平台。实现了多年来我们想把高校公共政治理论课提到学科的高度来建设的愿望。此后几年,经过几届博士学位授权学科点的申报,中山大学、南京师范大学、东北师范大学等多所高校相继获得“马克思主义理论与思想政治教育”博士学位授权。

2002 年,中国人民大学、武汉大学、中山大学马克思主义理论与思想政治教育学科点经国家严格评审,被确立为国家级重点学科,马克思主义理论学科的建设开始进入又一个新的发展时期。2005 年,中央实施马克思主义理论研究和建设工程,决定设立马克思主义理论一级学科。是年底,国务院学位委员会和教育部颁发了《关于调整增设马克思主义理论一级学科及所属二级学科的通知》,于 2006 年 1 月单独组织对马克思主义理论一级学科及所属 5 个二级学科的评审。经过评审,我国马克思主义理论学科建立一级学科博士点为 21 个、硕士点为 73 个,二级学科博士点为 103 个、二级学科硕士点为 453 个。2008 年国务院学位委员会又增设了一个“中国近现代史基本问题研究”二级学科。这项重要举措的实施,扭转了一度出现的马克思主义理论学科萎缩的趋势,增强了马克思主义理论工作者的归属感和自豪感。[①]

上述史实表明，我国马克思主义理论学科能够成为一门学科特色鲜明、生命活力强大、发展前景良好的重要学科，是我国党的领导机关和几代学人紧密结合、接力奋斗的成果。

3. 马克思主义理论学科建立的根本政治保障

在我国的学科群中，直接受中央领导关注，由中央思想政治工作领导小组批准、采取特事特办的学科是不多见的。也许马克思主义理论学科是唯一的。党中央对马克思主义理论学科的高度重视表现在多方面，这里略说几点。其一，马克思主义理论学科设置方案是经中央思想政治工作领导小组批准的。其二，马克思主义理论学科第一批学位授权点的评审是单独安排的（在第十届评审之后）。这从 1980 年设立学位制度以来是从未有过的事。其三，该学科评审第一次批准的学位授权点数量，即一级学科博士点 21 个、硕士点 73 个，二级学科博士点 103 个、二级学科硕士点 453 个，超过了哲学、政治经济学、国际共产主义运动和科学社会主义、中共党史、政治学等相近学科十多年发展的总和。国务院学位委员会和教育部批准马克思主义理论学科这么多授权点，考虑和决定是很周到、很正确的。因为首先马克思主义理论学科不是一般学科，它的研究对象是我们党立党立国的指导思想——马克思主义。马克思主义是一门科学，只有如实地把它作为一门科学看待，深入地加以研究，挖掘、阐释其中的科学真理，党的指导思想才能获得坚实理论基础。所以马克思主义理论学科的建立和发展，必然会对我国坚持和发展马克思主义，巩固马克思主义在意识形态中的指导地位，产生重大而深远的影响。其次，由我国社会主义的社会性质所决定，在哲学社会科学中，在整个意识形态领域，必须坚持马克思主义的指导地位。这是我国社会主义建设事业的政治理论保证。再次，我国有 1700 多所高校，每所高校都设有马克思主义理论这门课程，不少学校还把它作为领航学科，进行重点建设。这是与其他学科所不同的。所以马克思主义理论一级学科点的数量多是自然的。[②]

---

① 参见梅荣政《马克思主义理论学科十年建设的回顾与展望》，《思想理论教育》2015 年第 12 期；梅荣政、李红军：《改革开放以来马克思主义理论学科建设的历史过程和主要经验》，《思想理论教育导刊》2008 年第 1 期。

② 参见靳辉明《关于马克思主义理论学科建设的几点思考》，《思想理论教育导刊》2006 年第 11 期。

二 马克思主义理论学科快速发展及其基本经验

马克思主义理论学科若从1996年教育部修订研究生专业，设置马克思主义理论与思想政治教育专业，作为政治学一级学科内的一个二级学科算起，迄今已22年了。若从2005年国务院学位委员会、教育部颁发《关于调整增设马克思主义理论一级学科及所属二级学科的通知》，建立一级学科算起，已13个年头了。它适应我国改革开放和社会主义现代化建设对坚持、发展、创新马克思主义理论的呼唤，社会对马克思主义理论教育的需求，发展是很快的。现在全国马克思主义理论一级学科博士学位授权点约80个，大多数在高校。从学科点分布说，马克思主义理论学科已遍布祖国的东西南北中，形成了覆盖面宽广，同我国经济社会发展状况基本适应的布局。在人才培养上，马克思主义理论学科已向党和国家机关、高校或其他主流意识形态部门输送了一批又一批高层次人才，特别是补充、加强了高校思想政治理论课教师队伍，提升和丰富了思想政治理论课的教学内容，创新了其教学方法和手段（特别是科技手段的运用），提高了思想政治理论课的教学质量。现在多所985高校、211高校以及省属高校的马克思主义学院院长，或马克思主义理论学科带头人，多为马克思主义理论学科培养的博士生、硕士生。近几年还涌现一批长江学者。在科学研究方面，马克思主义理论学科承担了国家社会科学基金和教育部社会科学基金众多项目，特别是重大项目。多项高质量科研成果获得各级各类奖励。值得称颂的是，马克思主义理论学科承担的项目，多是马克思主义基础理论问题、改革开放和社会主义现代化建设中的重大现实问题。对这些问题进行战略性、综合性、前瞻性研究的成果，在国内政界、学界产生了重大影响，有的译成了外文，在世界多个国家发行。其中包括编撰出版了中国首部也是世界上首部《马克思主义大辞典》，填补了学术空白。在对外学术交流上，其规模、效果和影响都是空前的。应该说，经过十多年建设，马克思主义理论学科已经形成了研究对象明确、功能定位科学、层次结构齐全、学位点布局基本合理、相对独立完整的学科体系。国务院学位委员会、教育部颁发的《关于调整增设马克思主义理论一级学科及所属二级学科的通知》，对建立马克思主义理论学科提出的要求是："加强马克思主义理论体系研究、马克思主义发展史和马克思主义中国化研究、思想政治教育研究，推进党的思想理论建设，巩固马克思主义在高等学校教育教学中的指导地位，加强高校思想政治理论课建设、培养思想政治教育工作队伍。”应该说，这些要求已经达到。现在，马克思主义理论学科正担当着新时代党和国家赋予它的使命和职责：培养担当民族复兴大任的时代新人。

马克思主义理论学科快速发展，根本在于党的坚强领导，党和国家重视主流意识形态建设工作。从学科自身说，以下经验使党和国家有关方针、政策得以落地生根，调动了马克思主义理论学科点上教师的积极性和创造性，形成了建设马克思主义理论学科建设的强大动力。

1. 旗帜鲜明地坚持马克思主义的指导地位

习近平指出：“坚持以马克思主义为指导，是当代中国哲学社会科学区别于其他哲学社会科学的根本标志，必须旗帜鲜明加以坚持。……我国哲学社会科学坚持以马克思主义为指导，是近代以来我国发展历程赋予的规定性和必然性。在我国，不坚持以马克思主义为指导，哲学社会科学就会失去灵魂、迷失方向，最终也不能发挥应有作用。正所谓‘夫道不欲杂，杂则多，多则扰，扰则忧，忧而不救。’”[①] 马克思主义理论学科是以马克思主义原理及其形成发展和创造性运用为研究对象的，坚定不移地坚持马克思主义指导地位，是天经地义的事；近几十年，随着我国改革的不断深入、开放的日趋扩大，整个国家处于社会大变革、利益大调整、思想大活跃、观念大碰撞的时期，社会思想意识多元、多样、多变的特点突出，意识形态领域形势复杂严峻。在哲学社会科学学科建设中，唯有高举马克思列宁主义、毛泽东思想、中国特色社会主义理论体系的大旗，着力把握好习近平新时代中国特色社会主义思想，有针对性地做好思想理论引导，才能把它的真理性力量以及由此产生的强大凝聚力感召力引领力，深入到马克思主义理论学科建设领域、教学领域、科学研究领域，坚定从事马克思主义理论教学和研究人员的政治信仰、理想信念、价值追求，使其在政治上有主心骨、思想上有定盘星、行动上有指南针。在坚持什么、反对什么，提倡什么、抵制什么上，做到立场坚定、旗帜鲜明、毫不含糊。十多年来，马克思主义理论学科在建设中，尽管遇到种种错误思潮的干扰，但在这方面始终坚定不移、一以贯之。这是学科快速发展的一条最基本的经验。

---

① 习近平：《在哲学社会科学工作座谈会上的讲话》，《光明日报》2016 年 5 月 19 日第 1 版。

2. 始终坚持社会主义办学方向

办学方向问题是我国整个教育要解决好的首要问题，学校、学院、学科、学人、学术都应在各自的定位上把握住这个问题。十多年来，马克思主义理论学科建设，总的说来，在这个方向道路问题上突出了三个方面：一是各个层次的培养方案和各个环节的重要举措，都紧扣党的教育方针的要求，围绕培养德智体美全面发展的社会主义建设者和接班人的总目标进行。对于这一点大多数马克思主义理论学科点都有清醒意识。二是坚持与改革开放和现代化建设实践同向同行。密切关注社会主义改革和现代化建设实践的需求，根据本学科的属性、特点和功能，坚持为中国特色社会主义经济、政治、社会、文化、生态建设服务。十多年来，特别是在坚持、发展、创新社会主义改革和现代化建设理论、推进马克思主义中国化、时代化、大众化，发展21世纪中国马克思主义，强化主流意识形态建设、不断增强“两个巩固”、高端智库建设、中央马克思主义理论研究和建设工程建设、各级中国特色社会主义研究中心（基地）建设等方面发挥了学科支撑作用。三是确保党中央关于意识形态、宣传思想、高校思想政治工作等重要精神的落实着地。党的十八大以来，党中央对意识形态、宣传思想工作高度重视，召开了一系列会议，习近平发表了多次重要讲话，中央还出台了一系列进一步加强意识形态建设和宣传思想工作文件和制度。这些重要讲话、文件和制度，从多个侧面为马克思主义理论学科的建设和发展提供了基本遵循。本学科点在培养方案、学科方向设置、教材建设、课堂教学、教学方法、科研方向、队伍建设等多方面予以贯彻，确保党对教育事业的全面领导，立德树人的根本任务，社会主义办学方向在学科建设的各个环节得到具体体现。这是学科快速发展的又一条基本经验。

3. 坚持把建设一支高素质的师资队伍作为基础工作

新中国成立特别是改革开放以来，党中央国务院的所属部门颁发了一系列关于加强教师队伍建设的重要文件。这些文件明确规定了教师队伍建设的定位、任务、规划、要求、制度、设想、编制等，清楚阐述了有关教师职务评聘、酬金分配、政治待遇、社会地位、工作重点等。2005年11月10日，胡锦涛在讲话中明确提出要造就三个层次的马克思主义理论人才的任务，即马克思主义理论大家、学科的领军人物、较高素质的后备人才。继后根据胡锦涛讲话的精神，李长春提出了培养马克思主义理论人才的具体要求。党的十八大以来，党中央更大大加强了马克思主义理论队伍的建设工作。习近平多次充分肯定和高度评价广大教师，长期以来贯彻党的教育方针，教书育人，呕心沥血，默默奉献，为国家发展和民族振兴作出的重大贡献。党和国家出台了一系列有关教师队伍建设的政策。遵照这些精神，马克思主义理论学科在建设中，本着出成果出人才，重在出人才的精神，把教师队伍建设作为学科建设的基础、关键、保证和长远大计。以学科点为人才培养基地，通过教学实践、科研课题、专题讲座、集中培训、访学拜师、攻读学位、出国访学，参加学术会议，调查研究，“走红军路”，从政治素质、思想道德素质、专业素质、科学研究能力、社会实践能力、作风修养等多方面，加强对马克思主义理论人才的培养，全面提高了马克思主义理论课教师的素质，推出了一批又一批优秀中青年理论人才，有力地推进了马克思主义理论学科建设。

4. 坚持为提高思想政治理论课教育教学水平服务

从一定意义上说，马克思主义理论学科的设置，是思想政治理论课教育教学直接提出的需求。特别是思想政治理论课“05 方案”的颁布和实施，对马克思主义理论学科的建立形成了倒逼。所以坚持为思想政治理论课教育教学服务，是马克思主义理论学科建设必须坚持的一条带方向性的原则，也是其得以快速发展的重要经验。十多年来在思想政治理论课的教材编写与修订、教学内容的提升、教学方法的改进、教学团队的组织、教学力量的凝聚、教学水平的提高、教学疑难问题的解答、教师队伍的补充、教学骨干的培训、教师队伍的稳定、教学质量的评估等方面，马克思主义理论学科起到了很好的支撑作用。从另一个角度也可以说，广大思想政治理论课教师是活跃在马克思主义理论学科平台上的生力军和主体力量。马克思主义理论学科平台主要是思想政治理论课教师的平台。

5. 坚持以清醒的学科意识规范学科建设

建设好马克思主义理论学科，培养马克思主义理论研究和教育人才，是党和人民赋予的使命。所谓学科，意即按照学问的性质划分的门类（或作出的学术分类）。学科意识是有意识地把学科作为教育教学的基础和依托，按照学术分类研究学问。学科建设，即立于现时代社会实践和一门科学最新发展水平之上，对这门学科进行科学化建设，使其研究对象具有明确性和精准性，研究内容具有系统性和完整性，逻辑表述（基本概念、范畴、原理）具有规范性和严谨性，凸现和弘扬该学科领域的科学真理。

马克思主义理论学科作为新建立的学科，一开始建设，就重视了它的科学性。注意研究它的科学内涵，探讨它内部各组成部分之间的联系与区别，它的学科属性、业务范围、学科边界、发展趋向、与相近学科的关系。注意从研究对象上、构成内容上、基本范畴或原理的排序上考察，把握它的科学体系。

2006 年 10 月，在第一届马克思主义理论学科博导论坛上，国务院学位办的负责同志就明确提出两条要求：其一，马克思主义理论学科姓马，而不是非马；其二，不能借船出海。所谓姓马，而非非马。一是说要把本学科真正建设成为马克思主义理论学科，而不要建设成马克思主义理论学科以外的其他学科；二是说在学科建设中要坚持马克思主义方向。马克思主义理论学科要成为高校坚持正确的政治方向和理论方向，坚持和发展马克思主义的重要阵地。十多年来马克思主义理论学科以上述文件和国务院学位办的指示精神为指导思想和理论依据，明确学科整体性研究的规定性和主要特征，以马克思主义基本原理为基础、纲要、核心和贯穿于其他几个学科的红线。以马克思主义发展史（实际上是马克思主义原理的展开，它是从马克思主义的形成、发展过程和在世界上传播的角度，进一步阐明和讲解马克思主义的基本原理和理论内容）、马克思主义中国化研究（马克思主义在中国的传播、发展和创造性的运用，是马克思主义在中国重大发展的理论成果）、国外马克思主义研究（马克思主义在世界其他国家和地区的发展和运用）、思想政治教育（用马克思主义理论研究成果教育学生，用马克思主义立场、观点和方法培育青年学生的世界观、人生观和价值观。研究新时期高校思想政治教育与思想政治工作的特点和规律）、中国近代史基本问题研究（马克思主义基本原理在中国近现代史中的贯彻和运用）、党的建设研究（马克思主义政党基本原理及其在中国共产党建设中的创造性运用和发展）为学科体系构成，既注意排除借船出海等不良倾向，又重视正确处理学科的一般性质与特色、学科边界与学科交叉等关系，使学科得到健康稳定的发展。①

三 改革开放再出发中的马克思主义理论学科建设

中国特色社会主义进入了新时代，改革开放面临再出发。马克思主义

① 参见靳辉明《关于马克思主义理论学科建设的几点思考》，《思想理论教育导刊》2006 年第 11 期。

理论学科建设如何适应国家大势，谱写新征程上的壮丽篇章？马克思主义理论学科建设者必须共同回答这个严肃问题。本文试提出如下几点。

1. 要提升对马克思主义理论学科内涵的认识

第一，牢固树立“育新人”的目标观。就是要把培养德智体美劳全面发展的社会主义建设者和接班人作为一切教学活动、教学环节、培养过程的总目标。换言之，就是马克思主义理论学科点的一切教学活动、教学环节、培养过程的设计，都要根据本学科属性和独特要求，具体体现培养德智体美劳全面发展的社会主义建设者和接班人的总目标。不能“两张皮”，仅把总目标口号化、标签化。

第二，始终坚持“立德树人”的质量观。坚决克服唯分数、唯升学、唯文凭、唯论文、唯帽子的顽瘴痼疾，以培养能担当民族复兴大任的时代新人为标准来考量学科建设质量。这种“时代新人”应该具有哪些素质，习近平在全国哲学社会科学座谈会上的重要讲话（2016 年 5 月 17 日）、在全国高校思想政治工作会议上的重要讲话（2016 年 12 月 7—8 日）、在全国教育大会上的重要讲话（2018 年 9 月 10 日）及其他场合重要讲话中，已经作了全面论述。需要以培养什么人、培养的人听谁的话、跟谁走这个教育首要问题为中心进行专门的系统研究，并作出精准解读和科学阐释，首先要在坚定理想信念、厚植爱国主义情怀、加强品德修养、增长奋斗精神、增强综合素质上下功夫。进而转化为制度、政策、质量考核指标，切实践行。

第三，深刻领悟马克思主义是完整世界观。整体性是马克思主义理论学科的规定性和主要特征。学科建设实践表明，要真正把握这一规定，必须透彻了解马克思主义是完整的世界观，并以此为支撑来处理马克思主义理论学科体系内各二级学科及其研究方向之间的关系，彰显它区别于马克思主义哲学、政治经济学和科学社会主义等学科的特色。所谓马克思主义是完整的世界观，马克思列宁主义经典作家多有论述。如 1885 年，恩格斯在一篇评论中说，“我们党有个很大的优点，就是有一个新的科学的世界观作为理论的基础”①。他在《反杜林论》（1876—1878 年）及其第二版序言（1885 年）中，在《路德维希·费尔巴哈和德国古典哲学的终结》（1888 年）中，在《致纳尔·桑巴特》（1893 年）的书信中，反复强

① 《马克思恩格斯文集》第 2 卷，人民出版社 2009 年版，第 599 页。

调他们创立的学说是共产主义世界观。列宁这样的论断更多。如，他说《共产党宣言》“这部著作以天才的透彻而鲜明的语言描述了新的世界观”，其内容是：“社会生活领域也包括在内的彻底的唯物主义、作为最全面最深刻的发展学说的辩证法、以及关于阶级斗争和共产主义新社会创造者无产阶级肩负的世界历史性的革命使命的理论。”① 列宁还指出：“马克思学说……给人们提供了……完整的世界观。马克思学说是人类在19世纪所创造的优秀成果——德国的哲学、英国的政治经济学和法国的社会主义的当然继承者。”② 马克思的学说“完备而严密，它给人们提供了决不同任何迷信、任何反动势力、任何为资产阶级压迫所作的辩护相妥协的完整的世界观”③。显然，恩格斯、列宁在这些地方讲的世界观不仅仅指哲学世界观，而是含马克思主义哲学、政治经济学、科学社会主义三个主要部分在内的“马克思的观点和学说的体系”④，所以“十分完备而严整”。国务院学位委员会2005年《关于调整增设马克思主义理论一级学科及所属二级学科的通知》把整体性作为马克思主义理论学科的规定性和主要特征，深刻反映了研究对象的本质。

深刻领悟马克思主义是完整的世界观，对它进行整体性研究，意义重大。其一，这是历史经验的提示。在很长一个时期，包括苏联时代，仅注重对马克思主义三个方面的分门别类研究。到20世纪60年代初，才发现忽视整体性研究的缺陷。苏联从整体性视角出版了《马克思主义原理》。在我国，范若愚、胡绳、吴黎平等老一代马克思主义理论大家，在20世纪50年代就发现忽视马克思主义整体性研究的弊端，如：游离于马克思主义整体，仅仅从其某个方面去把握和研究马克思主义学说，虽然可以对某个方面的问题研究得很细、很深，但不利于完整把握马克思主义立场、观点和方法。又由于社会现象错综复杂，经济、政治、社会和思想问题往往相互交织，若缺乏对马克思主义的完整把握，就难于全面认识和解决复杂的社会问题。毛泽东曾批评苏联《政治经济学教科书》的作者们，说“没有哲学家头脑的作家，要写出好的经济学来是不可能的，马克思能够写出《资本论》，列宁能够写出《帝国主义论》，因为他们同时是哲学家，

① 《列宁选集》第2卷，人民出版社1995年版，第416页。

② 《列宁选集》第2卷，人民出版社1995年版，第309—310页。

③ 《列宁选集》第2卷，人民出版社1995年版，第309页。

④ 《列宁选集》第2卷，人民出版社1995年版，第418页。

有哲学家的头脑，有辩证法”[①]，蕴含的就是这个道理。这也说明，即使需要突出马克思主义学说中某个方面的研究，以整体为前提去突出重点也有助于避免片面性。从高校思想政治理论课教学来说，过去存在的问题之一，就是把同哲学、政治经济学等专业课一样，讲得过细、很专，冲淡了思想政治理论教育的功能。学生听课以后，知识性的东西知道得不少，但谁也说不清楚什么是马克思主义。这就失去了马克思主义理论教学的意义。[②]

再从意识形态领域的斗争来说，从20世纪20年代以来，在国际范围内，就出现了肢解马克思主义科学体系的严重现象。一些人从马克思主义科学体系中取出某些观点，片面地加以夸大，使其脱离马克思主义其他原理、失去马克思主义的根本精神。如卢卡奇在《什么是正统的马克思主义?》中称，即使改变了马克思主义的一切结论、原理，只要仍然坚持辩证法，就是坚持马克思主义，而且是正统的马克思主义。工人国际法国支部书记摩勒说：“任何一个法国社会党人无须要承认辩证唯物主义……不过所有法国社会党人把历史唯物主义视为研究人类社会史的无懈可击的方法。”[③] 有的西方学者，如科拉科夫斯基、塔克尔等宣称马克思主义发挥了宗教的作用，把马克思歪曲为“道德学家或宗教思想家”。这些观点在国内有一定的市场。它表明，坚持马克思主义整体性研究对捍卫马克思主义真理性、科学精神有多么重要。

正是这样，范若愚、胡绳、吴黎平等我国老一代马克思主义理论家、教育家曾致信党中央，建议在高校开设“马克思主义原理”课，从整体上讲授马克思主义基本原理。1985年春天，胡乔木给国家教委的信，讲的就是这个意思。当时，主持国家教委思想政治理论课教育的彭珮云，根据胡乔木信中的精神，召开了几次研究开设“马克思主义原理”课的会议。讨论开设马克思主义理论课的问题，并且决定，80年代作准备，90年代全面展开。后因为学科建设没有跟上等原因，问题没有得到解决。现在有了马克思主义理论学科，其核心和根本要求是从整体上、从三个组成

---

① 《毛泽东文集》第8卷，人民出版社1999年版，第160页。

② 靳辉明：《关于马克思主义理论学科建设的几点思考》，《思想理论教育导刊》2006年第11期。

③ J. 布劳恩塔尔：《国际史》第3卷，杨寿国等译，上海译文出版社1992年版，第246—247页。

部分的有机统一上，研究和讲解马克思主义的基本原理及其发展，把握马克思主义的科学体系。我们应从马克思主义是完整世界观的理论高度把握好这一规定性。

第四，强化马克思主义经典、原理及创造性运用的教学。习近平反复多次强调掌握马克思主义原理的必要性和重要性。十多年来马克思主义理论学科建设在这方面有很大的长进。但是距习近平要求原原本本学习和研读马克思主义经典著作，学习毛泽东思想、邓小平理论、“三个代表”重要思想、科学发展观，学习习近平新时代中国特色社会主义思想；从理论和实践、历史和现实、当前和未来的结合上，深入学、持久学、刻苦学、带着问题学、联系实际学。真正把马克思主义这个看家本领学精悟透用好；把读马克思主义经典、悟马克思主义原理当作一种生活习惯、当作一种精神追求，用经典涵养正气、淬炼思想、升华境界、指导实践等的要求，相差甚远。习近平在纪念马克思诞辰200周年大会上的讲话中，充分肯定了从《共产党宣言》发表170年，马克思主义所阐述的一般原理的完全正确性，具体列举了要坚持和运用辩证唯物主义和历史唯物主义的世界观和方法论，马克思主义立场、观点、方法，马克思主义关于四大方面的规律：世界的物质性及其发展规律，人类社会发展的自然性、历史性及其相关规律，人的解放和自由全面发展的规律，认识的本质及其发展规律。五大方面的观点：实践观、群众观、阶级观、发展观、矛盾观。又提出了学习马克思，要学习和实践马克思主义九大方面的思想：关于人类社会发展规律的思想，关于坚守人民立场的思想，关于生产力和生产关系的思想，关于人民民主的思想，关于文化建设的思想，关于社会建设的思想，关于人与自然关系的思想，关于世界历史的思想，关于马克思主义政党建设的思想。这既高度评价了马克思主义基本原理、基本观点的时代价值，又为新时代推进马克思主义中国化、时代化、大众化，发展21世纪中国化马克思主义指明了基本遵循。新时代强化马克思主义经典、原理及创造性运用教育，要根据这些精神来思考和具体部署。

2. 要以时不我待的态度来抓紧师资队伍建设

师资队伍建设历来是学科、专业建设的基础。新时代本学科加强师资队伍建设，第一，要端正认识。以往一谈师资队伍建设，有人以为就是把教师作为被动教育对象，进行改造提高。加上思想政治理论课的特殊重要性，授课教师也常常受关注多、受督促多、受指责多，挨板子多，使其心理负担重，以致缺乏尊严感和职业自信。应该说，这是一种误解。习近平指出，教师是人类灵魂的工程师，人类文明的传承者，承载着传播知识、传播思想、传播真理，塑造灵魂、塑造生命、塑造新人的时代重任。全党全社会要形成弘扬尊师重教的社会风尚，提高教师政治地位、社会地位、职业地位，让广大教师享有应有的社会声望，在教书育人岗位上为党和人民事业作出新的更大的贡献。[①] 这些话，表达了党中央对教师也包括马克思主义理论学科、思想政治理论课教师的亲切关怀、高度评价和充分信任。同时也包含有师资队伍建设的精义。换句话说，师资队伍建设目的是，党和国家通过卓有成效的培养手段，帮助教师获得人类灵魂工程师，人类文明传承者的全面素质，具有与自己政治地位、社会地位、职业地位、社会声望相应的光荣感、使命感和责任感。第二，要着力解决教师严重缺编的紧迫问题。按国家规定的思想政治理论课教师与学生的比例算，教师严重缺编是相当普遍的问题。其原因，一是有的单位置国家有关师生比例的规定于不顾，你规定你的，我策划我的。二是有的人事部门根据主观臆想，规定了种种不切实际的政策。诸如，本校毕业的博士生不能留本校工作；本科不是“985”“211”高校毕业的博士生，再优秀也不能留校工作；进入高校工作需有几年试用期，如此等等，使众多马克思主义学院进不到人。学校规模不断扩大，教师严重缺编，不仅使教师整天上课，无时间进行科学研究、参与学科建设、知识无法更新，教学质量难于提高，而且使一些骨干教师过度劳碌，身心疲惫，健康状况不好。这种状况必须通过改革现行体制机制抓紧解决。第三，从国家层面到学校层面再到学科层面，都要用明确、规范的制度措施，抓紧落实造就三个层次的马克思主义理论人才，即马克思主义理论大家、学科的领军人物、较高素质的后备人才的任务。马克思主义是我们立党立国的根本理论基础，造就三个层次的马克思主义理论人才，远不只是关乎本学科发展，更关乎党、国家和民族的长远大计。近些年，一个不容忽略的问题是，我国一批学养深厚的马克思主义理论大家日渐衰老，或陆续辞世，这将对我国坚持和发展马克思主义带来深刻影响，造就三个层次的马克思主义理论人才已时不我待。现在一些高校不惜重金竞相“挖人”，反映出高层次马克思主义理论人才的

---

① 《习近平在全国教育大会上强调：坚持中国特色社会主义教育发展道路 培养德智体美劳全面发展的社会主义建设者和接班人》，《人民日报》2018 年 9 月 11 日第 1 版。

匮乏和恐慌。然而在国内高校相互“挖人”，对整个国家来说，于事无补。有的高校寄希望于从国外引进人才，对非马克思主义学科来说，不能说不是一条路径，但对马克思主义理论学科来说，很可能适得其反。我们必须立足于自己培养。至于三个层次人才的选拔和教育，自然要把立德树人融入思想道德教育、科学理论知识教育、社会实践教育各环节，培养拥护中国共产党领导和我国社会主义制度、立志为中国特色社会主义奋斗终身的有用人才。关于这个方面，习近平总书记讲过多次，已很具体了，此处不做阐释。第四，要抓紧两头，以老带青。与理工科不同，马克思主义理论学科（其他哲学社会科学也一样）的人才，需要长期的知识积累、学术积淀、思维训练、实践磨炼。人才成长不能拔苗助长。这要求我们在人才工作中，抓紧两头，以老带青。既高度重视青年教师的成长，又要十分重视发挥老专家传帮带的作用。做好老中青结合这篇文章。这样才能人才辈出，一代传一代，后浪推前浪，一浪比一浪高。如果按不少单位所做的，教师一到60岁，也就是学术上刚有厚实积累，就不区分情况一律退休，不仅是人才资源的巨大浪费，而且难于解决好学术传承问题。事实上，不少60岁以上的马克思主义理论专家不仅学涵深厚、著作等身、影响广泛，而且身体刚健、精力充沛、思维敏捷，将他们编入“旅游大队”实在可惜。我们是否可以考虑，立足中国实际，研究一下西方形成学派的机制，看有无可借鉴之处。

3. 抓紧形成更高水平的人才培养体系

习近平指出：“要努力构建德智体美劳全面培养的教育体系，形成更高水平的人才培养体系。”① 要把立德树人融入思想道德教育、文化知识教育、社会实践教育各环节，贯穿高等教育各领域，学科体系、教学体系、教材体系、管理体系要围绕这个目标来设计，教师要围绕这个目标来教，学生要围绕这个目标来学。凡是不利于实现这个目标的做法都要坚决改过来。马克思主义理论学科在这方面应起领航作用。目前在学科体系、教学体系、教材体系、管理体系上，马克思主义理论学科都还存在同培养社会主义建设者和接班人这个根本任务，同构建德智体美劳全面培养的教育体系，形成更高水平的人才培养体系总目标不相适应的问题。就学科体

---

① 《习近平在全国教育大会上强调：坚持中国特色社会主义教育发展道路 培养德智体美劳全面发展的社会主义建设者和接班人》，《人民日报》2018年9月11日第1版。

系看，如何看待和处理一级学科内部各二级学科及研究方向之间的关系，完成按一级学科培养人才的任务，尚未妥当解决。就教学体系看，与实现习近平提出的培养担当民族复兴大任的时代新人的要求，特别是把崇尚劳动、尊重劳动，懂得劳动最光荣、劳动最崇高、劳动最伟大、劳动最美丽的道理，成为辛勤劳动、诚实劳动、创造性劳动的人的道理，把坚定理想信念、厚植爱国主义情怀、培养奋斗精神的要求，贯穿到教学内容、教学环节中去，还要下大功夫；就教材体系看，无论是硕士教育，还是博士教育，全国还是各自为政，没有一套统一的规范性教材；就管理体系看，扭转不科学的教育评价导向，坚决克服唯分数、唯升学、唯文凭、唯论文、唯帽子的顽瘴痼疾，从根本上解决教育评价指挥棒问题，难度和阻力很大。如为了扭转某些学术机构压制、阻难马克思主义理论学科人才晋升职称的不良倾向，在相关单位建立党委直接领导下的，由马克思主义理论学科专家组成的独立的职称评审机构，废除“唯论文”的评审标准已刻不容缓。在这个问题上，尽管有其他学科的专家以马克思主义理论学科不应该搞“例外”为由加以反对，但由于马克思主义理论学科事实上在一些评审中受到歧视，只被视为意识形态，不被看成科学，马克思主义学者因之受到不公正的待遇，享受不到按国家学科建设统一标准和流程来获得本应获得的职称。在这种特殊环境下、特殊氛围中，为了扭转不科学的教育评价导向，坚持公平正义，不得不加快改革，另立新规。

（原载《马克思主义理论学科研究》2018 年第 5 期）